本项目受国家社科基金、国家人口计生委、中共山东省委宣传部资助研究出版

当代齐鲁文库·山东社会科学院文库
THE LIBRARY OF CONTEMPORARY SHANDONG
SELECTED WORKS OF SHANDONG ACADEMY OF SOCIAL SCIENCES

山东社会科学院 ◎ 编纂

新中国人口五十年 (上)

路遇 ◎ 主编

中国社会科学出版社

图书在版编目(CIP)数据

新中国人口五十年：全2册/路遇主编.—北京：中国社会科学出版社，2016.12
　ISBN 978-7-5161-8502-5

　Ⅰ.①新… Ⅱ.①路… Ⅲ.①人口—历史—研究—中国—现代 Ⅳ.①C924.2

　中国版本图书馆CIP数据核字(2016)第154223号

出版人	赵剑英	
责任编辑	冯春凤	
责任校对	张爱华	
责任印制	张雪娇	
出　版	中国社会科学出版社
社　址	北京鼓楼西大街甲158号
邮　编	100720
网　址	http://www.csspw.cn
发行部	010-84083685
门市部	010-84029450
经　销	新华书店及其他书店
印刷装订	环球东方（北京）印务有限公司
版　次	2016年12月第1版
印　次	2016年12月第1次印刷
开　本	710×1000　1/16
印　张	84
插　页	4
字　数	1375千字
定　价	345.00元（全2册）

凡购买中国社会科学出版社图书，如有质量问题请与本社营销中心联系调换
电话：010-84083683
版权所有　侵权必究

《山东社会科学院文库》
编委会

主　　任	唐洲雁　张述存
副 主 任	王希军　刘贤明　王兴国（常务） 姚东方　王志东　袁红英
委　　员	（按姓氏笔画排序） 王　波　王晓明　刘良海　孙聚友 李广杰　李述森　李善峰　张卫国 张　文　张凤莲　张清津　杨金卫 侯小伏　郝立忠　涂可国　崔树义 谢桂山
执行编辑	周德禄　吴　刚

《山东社会科学院文库》
出版说明

党的十八大以来，以习近平同志为核心的党中央，从推动科学民主依法决策、推进国家治理体系和治理能力现代化、增强国家软实力的战略高度，对中国智库发展进行顶层设计，为中国特色新型智库建设提供了重要指导和基本遵循。2014年11月，中办、国办印发《关于加强中国特色新型智库建设的意见》，标志着我国新型智库建设进入了加快发展的新阶段。2015年2月，在中共山东省委、山东省人民政府的正确领导和大力支持下，山东社会科学院认真学习借鉴中国社会科学院改革的经验，大胆探索实施"社会科学创新工程"，在科研体制机制、人事管理、科研经费管理等方面大胆改革创新，相继实施了一系列重大创新措施，为建设山东特色新型智库勇探新路，并取得了明显成效，成为全国社科院系统率先全面实施哲学社会科学创新工程的地方社科院。2016年5月，习近平总书记在哲学社会科学工作座谈会上发表重要讲话。讲话深刻阐明哲学社会科学的历史地位和时代价值，突出强调坚持马克思主义在我国哲学社会科学领域的指导地位，对加快构建中国特色哲学社会科学作出重大部署，是新形势下繁荣发展我国哲学社会科学事业的纲领性文献。山东社会科学院以深入学习贯彻习近平总书记在哲学社会科学工作座谈会上的重要讲话精神为契机，继续大力推进哲学社会科学创新工程，努力建设马克思主义研究宣传的"思想理论高地"，省委、省政府的重要"思想库"和"智囊团"，山东省哲学社会科学的高端学术殿堂，山东省情综合数据库和研究评价中心，服务经济文化强省建设的创新型团队，为繁荣发展哲学社会科学、建设山东特色新型智库，努力做出更大的贡献。

《山东社会科学院文库》（以下简称《文库》）是山东社会科学院"创

新工程"重大项目，是山东社会科学院着力打造的《当代齐鲁文库》的重要组成部分。该《文库》收录的是我院建院以来荣获山东省优秀社会科学成果一等奖及以上的科研成果。第二批出版的《文库》收录了丁少敏、王志东、卢新德、乔力、刘大可、曲永义、孙祚民、庄维民、许锦英、宋士昌、张卫国、李少群、张华、秦庆武、韩民青、程湘清、路遇等全国知名专家的研究专著18部，获奖文集1部。这些成果涉猎科学社会主义、文学、历史、哲学、经济学、人口学等领域，以马克思主义世界观、方法论为指导，深入研究哲学社会科学领域的基础理论问题，积极探索建设中国特色社会主义的重大理论和现实问题，为推动哲学社会科学繁荣发展发挥了重要作用。这些成果皆为作者经过长期的学术积累而打造的精品力作，充分体现了哲学社会科学研究的使命担当，展现了潜心治学、勇于创新的优良学风。这种使命担当、严谨的科研态度和科研作风值得我们认真学习和发扬，这是我院深入推进创新工程和新型智库建设的不竭动力。

实践没有止境，理论创新也没有止境。我们要突破前人，后人也必然会突破我们。《文库》收录的成果，也将因时代的变化、实践的发展、理论的创新，不断得到修正、丰富、完善，但它们对当时经济社会发展的推动作用，将同这些文字一起被人们铭记。《山东社会科学院文库》出版的原则是尊重原著的历史价值，内容不作大幅修订，因而，大家在《文库》中所看到的是那个时代专家们潜心探索研究的原汁原味的成果。

《山东社会科学院文库》是一个动态的开放的系统，在出版第一批、第二批的基础上，我们还会陆续推出第三批、第四批等后续成果……《文库》的出版在编委会的直接领导下进行，得到了作者及其亲属们的大力支持，也得到了院相关研究单位同志们的大力支持。同时，中国社会科学出版社的领导高度重视，给予大力支持帮助，尤其是责任编辑冯春凤主任为此付出了艰辛努力，在此一并表示最诚挚的谢意。

本书出版的组织、联络等事宜，由山东社会科学院科研组织处负责。因水平所限，出版工作难免会有不足乃至失误之处，恳请读者及有关专家学者批评指正。

《山东社会科学院文库》编委会
2016年11月16日

课题组分工简介

课题负责人

  路　遇

第一章　总论

  路　遇　1937年生，山东社会科学院研究员。国家社会科学规划评审组成员，中国人口学会理事，中国老年学学会理事，山东省人口学会常务副会长，山东省老年学学会副会长，享受国务院政府特殊津贴，山东省专业技术拔尖人才。原山东社会科学院人口所所长、国家计生委人口专家委员会委员。主要著作有《清代和民国山东移民东北史略》、《中国人口通史》（合著）、《山东省人口迁移和城镇化研究》（主编）、《人口问题论》、《人口志编纂学》、《山东省志·人口志》（主编）、《农村人口治理与发展》、《中国农村计划生育综合治理研究》（合著）、《中国生育文化发展研究》等。

第二章　人口规模

  翟振武　1954年生，社会学博士，留学美国，中国人民大学教授、博士生导师、社会与人口学院院长。教育部人文社科重点研究基地人口学基地（中国人民大学人口与发展研究中心）主任，国家社会科学规划评审组成员，国家人口计生委专家委员会委员，中国人口学会副会长，北京市人口学会会长，享受国务院政府特殊津贴。主要论著有《人口数据分析方法及应用》、《常用人口统计公式手册》、《现代人口分析技术》、《中国人口50年代人口政策的回顾与再思考》、《中国人口规模与结构的矛盾分析》等。

第三章　妇女生育水平

  于学军　1964年生，法学博士，美国博士后，研究员，国家人口计生委政策法规司司长，中国人口学会常务理事，享受国务院政府特殊津贴。主要论著有《中国人口老化的经济学研究》、《中国人口老化对经济发展的影响：是积极的？还是消极的？》、《中国进入后人口转变时期》、《中国人口转变与战略机遇期》等。

第四章　人口死亡水平

黄荣清　1946年生，首都经济贸易大学教授、博士生导师、人口研究所所长。中国人口学会常务理事，中国城市人类学会常务理事，享受国务院政府特殊津贴。主要论著有《关于中国人口死亡力与普查误差》、《中国各民族人口的增长——分析与预测》、《中国民族人口的演进》、《人口分析技术》、《中国人口死亡力资料汇编》等。

第五章　人口身体健康素质

高尔生　1943年生，上海市计划生育科研所研究员、博士生导师。WHO人类生殖健康研究中心主任。国家人口计生委技术专家委员会委员，WHO/HRP流行病学专家委员，国家计生委避孕节育优质服务工程首席科学家，中国人口学会理事，上海市人口学会副会长，上海市计划生育研究会副会长，享受国务院政府特殊津贴，国家计生委科技先进个人等。原上海市计生所所长。主编著作有《婴儿死亡率研究》、《计划生育统计与评价》、《医学人口学》、《少数民族生殖健康》，译著《生殖健康流行病学研究方法》、《卫生研究中样本含量的确定》等20余部。

第六章　人口教育科技素质

王秀银　1949年生，山东社会科学院研究员、人口所所长。山东省人口学会副会长，山东省人口研究基地首席专家，山东省巾帼优秀科技工作者，山东省"十佳"理论工作者，山东省有突出贡献中青年专家，享受国务院政府特殊津贴。主要著作有《人口迁移研究》、《人口控制比较研究》（合著）、《现代人口管理学》（主编）、《关于人口现代化的几点思考》等。

第七章　人口性别结构

马瀛通　1964年生，中国人口信息研究中心研究员。享受国务院政府特殊津贴。原国家计生委人口专家委员会委员。主要论著有《出生性别比新理论与应用》、《人口控制辨析论》、《人口控制实践与思考》、《人口统计分析学》、《重新认识中国人口出生性别比失调与低生育水平的代价问题》等。

第八章　人口年龄结构

穆治锟（穆光宗）　1964年生，法学博士，中国人民大学教授。《人口研究》副主编，中国人口学会理事。研究方向为老龄经济学、人口计划生育理论、人口资源环境经济学。主要著作有《家庭养老制度的传统与变革》、《挑战孤独·空巢家庭》、《中国人口现状与对策》（合著）、《中华人民共和国老龄问题国家报告》（合著）等。

第九章　人口地理分布

张善余　1942年生，华东师范大学教授、博士生导师。享受国务院政府特殊津贴。长期从事人口地理研究。承担10余项国家自然科学基金等课题。主要著作有《中国人口地理》、《世界人口地理》、《人口地理学概论》、《人口垂直分布规律和山区人口合理再分布研究》、《世界经济地理》（合写）等。

第十章　人口迁移与流动

王桂新　1953年生，理学博士，留学日本，复旦大学教授、博士生导师、人口所学术委员会主任。中国人口学会人口迁移和城市化专业委员会委员，中国地理信息系统协会资源与环境专业委员会委员，上海市人口学会理事，上海高校优秀青年教师，教育部优秀青年教师研究基金获得者。主要著作有《中国人口分布与区域经济发展》、《区域人口预测方法与应用》、《上海人口与可持续发展研究》等。

第十一章　人口城市化

丁金宏　1963年生，理学博士，英国博士后，华东师范大学教授、博士生导师、人口研究所所长。主要论著有《人口空间过程：胶东半岛的实证研究》、《论外来人口与城市社区整合》、《开放区域土地人口容力模型》、《论城市两地户口婚姻的增长、特征及其社会政策寓意》、《中国人口迁移原因别流场特征探析》《中国对非正规就业概念的移植与发展》、《上海流动人口犯罪的特征及其社会控制》等。

第十二章　婚姻人口

鹿立　1954年生，山东社会科学院研究员、人口所副所长。山东省人口研究基地学术带头人、山东省人口学会副秘书长、山东省妇女理论研究会副秘书长、山东省"十佳"理论工作者。主要论著有《山东农村妇女地位半个世纪变迁》、《谁扛再就业大旗——再就业主体行为研究》等。

第十三章　家庭人口

郭志刚　1954年生，法学博士，北京大学教授、博士生导师。国家社会科学规划评审组成员，国家人口计生委专家委员会委员，北京市政府顾问团成员，北京市人口学会副会长，北京大学老龄健康与家庭研究中心副主任，北京市老龄问题研究中心副主任。主要著作有《当代中国人口发展与家庭户的变迁》、《社会统计分析方法——SPSS软件应用》（主编）、《社会调查研究的量化方法》、《中国第四次全国人口普查资料分析》（主编）等。

第十四章　少数民族人口

张天路　1927年生，首都经济贸易大学教授。北京市民族团结先进个人、爱国立功标兵，享受国务院政府特殊津贴。长期从事民族人口学研究。主要著作有《民族人口学》、《西藏人口的变迁》、《新西藏人口五十年》、《中国少数民族社区人口研究》（主编）、《中国穆斯林人口》（合著）、《中国少数民族人口调查研究》等。

第十五章　劳动力资源构成与配置

姚裕群　1951年生，中国人民大学教授。国家职业资格与职业分类专家委员会专家，中国劳动就业研究会理事，中国人力资源管理专业委员会副秘书长。主要著作有《人口大国的希望》（主编）、《走向市场的中国就业》、《人力资源开发利用与管理研究》、《失业率测验量与失业风险控制》、《APEC 中国人力资源开发研究报告》、《市场体制下的就业理论与就业促进》等。

第十六章 人口与资源环境

朱宝树 1943 年生，华东师范大学教授、博士生导师。享受国务院政府特殊津贴。主要论著有《人口生态学》（主编）、《从离土到离乡》（主编）、《城市化再推进和劳动力再转移》（主编）、《农村人口向小城镇转移的新态势和新问题》、《中国经济体制转轨时期城镇就业问题研究》等。

第十七章 计划生育事业

李宏规 1938 年生，中国人民大学兼职教授。原国家计划生育委员会副主任。现任中国人口学会副会长，中国人口学会生殖保健分会会长，中国计划生育协会专职副会长，全国人大教科文卫委员会委员。主编著作有《计划生育技术与生殖保健》、《计划生育手册》、《希望之路》、《成功之路》、《必由之路》、《光明之路》、《治本之路》、《全国计划生育节育抽样调查报告集》、《中华人民共和国人口与计划生育法读本》等。

第十八章 人口普查和抽样调查

孙兢新 1933 年生，国家统计局高级统计师。国务院第五次人口普查办公室专家咨询组组长。原国家统计局副局长、国务院第四次人口普查领导小组副组长兼办公室主任、国务院第三产业普查协调小组成员兼办公室主任、中国人口学会副会长、国家计生委人口专家委员会委员。主编著作有《跨世纪的中国人口》、《环渤海——东北亚的黄金地带》、《当代中国西藏人口》、《当代藏族人口》等。

第十九章 户籍管理制度

张庆五 1926 年生，中国人民公安大学教授。原国家公安部户籍处处长、公安大学人口管理科学研究所所长。享受国务院政府特殊津贴。长期从事户籍管理、人口统计学研究。主要著作有《户籍管理概要》、《户口迁移与人口流动调查》、《户口管理与人口普查》、《人口统计体制研究》、《流动人口调查研究》等。

万　川　1963年生，北京人民警察学院教授、三级警监。主持和参加《中国警察制度史》、《治安行政管理学体系研究》、《公安派出所规范化建设专题研究》、《公安教育制度化、规范化专题研究》等科研项目的研究工作。主要著作有《公安行政管理学》、《户政管理教程》（主编）、《户口迁移手册》等。

第二十章　新中国领导者人口思想

杨魁孚　1940年生，中国人民大学兼职教授。原国家计划生育委员会党组副书记、副主任。现任中国计划生育协会常务副会长、全国政协委员（人口资源环境委员会副主任）。出版著作有《中国计划生育全书》（第一副主编）。主编著作有《中国人口问题纲要》、《中国少数民族人口》、《中国计划生育效益与投入》、《计划生育宣传教育》等。

第二十一章　人口科学研究进展

李竞能　1927年生，南开大学教授、博士生导师，天津市政府咨询委员会委员，中国人口学会顾问。原南开大学人口所所长、中国人口学会副会长、国家计生委人口专家委员会委员、国家社会科学规划评审组成员。主要著作有《人口理论新编》、《当代西方人口学说》（主编）、《人口经济理论研究》、《现阶段中国人口经济问题研究》、《中国人口丛书》（副总主编）、《天津人口史》（主编）等。

第二十二章　人口大事记

高春燕　1946年生，中国社会科学院研究员、人口所国际人口比较研究室主任、《中国人口年鉴》副主编。主要从事年鉴编纂、比较人口学、社区人口学研究。主要论著（含合著、合译）有《社区人口与发展》、《中国民族人口研究》、《人口、生殖健康服务与社区发展》、《中国、印度、印度尼西亚、孟加拉国人口政策比较研究》、《社会保护、人类安全与人类发展》、《中国人口现代化管理研究》、《城市邻里与当代农村社会》等。

目 录

第一章 总论 …………………………………………………… (1)
　第一节 人口学科学体系 …………………………………… (1)
　　一 人口学科学体系的形成和发展 ……………………… (1)
　　二 本书人口学科学体系结构 …………………………… (7)
　第二节 中国人口转变 ……………………………………… (20)
　　一 人口转变理论的产生与发展 ………………………… (20)
　　二 20世纪中叶——中国人口转变的起始时间 ………… (24)
　　三 50~60年代——中国人口转变的前期阶段 ………… (32)
　　四 70~90年代——中国人口转变的深入阶段 ………… (33)
　　五 21世纪上半叶——中国人口转变的后期阶段 ……… (36)
　第三节 新中国人口发展中的几个问题 …………………… (41)
　　一 新中国人口问题与中国历史人口 …………………… (41)
　　二 初级阶段基本国情与中国人口问题 ………………… (44)
　　三 "左"倾错误与中国人口发展 ……………………… (47)
　　四 实行计划生育是一项基本国策 ……………………… (52)
　　五 中国可持续发展中的人口问题 ……………………… (55)
　　六 中国人口现代化问题 ………………………………… (58)
第二章 人口规模 ……………………………………………… (63)
　第一节 50年代人口规模迅速膨胀 ………………………… (64)
　　一 人口总数从估计值到准确结果 ……………………… (64)
　　二 令人堪忧的人口压力 ………………………………… (66)
　　三 50年代人口增长的趋势 ……………………………… (67)
　　四 关于中国人口规模的争论 …………………………… (68)

第二节　60年代人口规模增长大起大落 ……………………（72）
　　一　人口首次出现负增长，人口规模总量减少 ……………（72）
　　二　人口增长的补偿性回升 …………………………………（74）
　　三　1964年人口普查中关于人口规模的统计结果及比较 …（76）
　　四　"文化大革命"中人口规模的再度急剧膨胀……………（80）
　　五　人口规模对社会经济资源的压力 ………………………（81）

第三节　70年代人口规模增长由快向慢转变 …………………（83）
　　一　全面开展计划生育 ………………………………………（83）
　　二　人口增长率迅速下降，人口净增量逐年下降 …………（85）
　　三　人口再生产类型的转变 …………………………………（86）
　　四　人口增长变化的解释 ……………………………………（86）

第四节　80年代人口增长的波动与反复 ………………………（89）
　　一　"控制人口规模"急刹车的社会效应 …………………（90）
　　二　1982年第三次人口普查中关于人口规模的统计结果 …（91）
　　三　控制人口增长过程中的曲折 ……………………………（93）

第五节　90年代人口规模的惯性增长和人口内在增长趋势 …（97）
　　一　1990年第四次人口普查中关于人口规模的统计结果 …（97）
　　二　人口规模由实质性增长转变为惯性增长 ………………（98）
　　三　对90年代中国人口规模和人口增长量的估计与修正 …（101）
　　四　2000年人口普查中关于人口规模的统计结果 …………（102）
　　五　中国人口增长发生了方向性的改变 ……………………（103）
　　六　中国人口规模控制的成本与代价 ………………………（104）

历史的结论 …………………………………………………………（105）

第三章　妇女生育水平 ……………………………………………（109）
第一节　生育水平的转变 …………………………………………（115）
　　一　50年代和60年代的高生育水平时期……………………（118）
　　二　70年代的生育水平下降时期……………………………（122）
　　三　80年代的生育水平徘徊时期……………………………（124）
　　四　90年代的低生育水平时期………………………………（126）
　　五　稳定当前的低生育水平任重道远 ………………………（129）

第二节　生育模式的演变 …………………………………………（131）

第三节　妇女生育水平的转变特点 ……………………… (137)
一　迅速转变性 …………………………………………… (138)
二　控制干预性 …………………………………………… (139)
三　不彻底性 ……………………………………………… (140)
四　不稳定性 ……………………………………………… (141)
五　不平衡性 ……………………………………………… (142)
第四节　妇女生育转变的原因 …………………………… (144)
历史的结论 ………………………………………………… (148)

第四章　人口死亡水平 ……………………………………… (154)
第一节　旧中国的人口死亡状况 ………………………… (154)
一　粗死亡率 ……………………………………………… (155)
二　平均预期寿命 ………………………………………… (156)
三　婴儿死亡率 …………………………………………… (157)
四　死亡原因 ……………………………………………… (158)
第二节　50年来的人口死亡变动 ………………………… (161)
一　死亡率迅速下降期（1949～1957年） ……………… (162)
二　死亡率变化的反复期（1958～1965年） …………… (164)
三　死亡率的稳定下降期（1966～1981年） …………… (166)
四　迈入人口低死亡率时期（1982～2000年） ………… (169)
第三节　城乡人口死亡率及其变动 ……………………… (171)
一　城镇人口死亡率 ……………………………………… (172)
二　农村人口死亡率 ……………………………………… (174)
第四节　地区人口死亡率及其变动 ……………………… (175)
一　东部地区的人口死亡率 ……………………………… (176)
二　中部地区的人口死亡率 ……………………………… (177)
三　西部地区的人口死亡率 ……………………………… (178)
四　关于人口死亡率的地区差别 ………………………… (179)
第五节　各民族人口死亡率 ……………………………… (180)
一　各民族人口死亡率及其变动 ………………………… (182)
二　各民族人口预期寿命及其变动 ……………………… (183)
历史的结论 ………………………………………………… (189)

第五章 人口身体健康素质 (192)
第一节 人口生长发育水平 (192)
  一 形态发育的动态变化 (193)
  二 生理机能发育的动态变化 (203)
  三 运动素质的动态变化 (205)
  四 人口生长发育中存在的问题 (205)
第二节 人口寿命 (208)
  一 预期寿命的动态变化 (209)
  二 去死因寿命的动态变化 (216)
  三 寿命表死亡概率及生存人数的动态变化 (218)
第三节 婴幼儿死亡率 (220)
  一 婴幼儿死亡率总体变化 (220)
  二 婴幼儿死亡的分布差别 (223)
  三 婴幼儿死亡原因 (236)
  四 挑战与展望 (238)
第四节 人口粗死亡率 (239)
  一 人口粗死亡率 (240)
  二 死因构成和顺位 (242)
  三 死因别死亡率 (246)
  四 潜在寿命损失率 (250)
第五节 疾病与残疾 (253)
  一 发病与患病 (253)
  二 残疾现患率和残疾构成 (259)
第六节 身体健康素质影响因素 (262)
  一 政策与体制 (262)
  二 经济水平和卫生投入 (262)
  三 生态环境 (263)
  四 遗传因素 (263)
  五 生活习惯和社会习俗 (264)
历史的结论 (265)

第六章 人口教育科技素质 (267)

第一节　初显成效时期（1949～1965年） ………………… (268)
　　一　新中国成立以来17年教育科技事业的调整和发展 ……… (268)
　　二　扫盲工作的显著成效 ………………………………… (271)
　　三　受教育人口的迅速增加 ……………………………… (274)
　　四　科学技术队伍的发展壮大 …………………………… (283)
第二节　遭受挫折时期（1966～1976年） ………………… (286)
　　一　教育科技事业遭受的严重冲击 ……………………… (286)
　　二　一代新文盲产生 …………………………………… (288)
　　三　受教育人口质量下降 ………………………………… (289)
第三节　稳步提高时期（1977～2000年） ………………… (293)
　　一　科学教育事业发展的春天 …………………………… (294)
　　二　青壮年文盲基本扫除 ………………………………… (296)
　　三　人口平均受教育年限的大幅度提高 …………………… (299)
　　四　蓬勃发展的科学技术队伍 …………………………… (319)
历史的结论 ………………………………………………… (324)

第七章　人口性别结构 ……………………………………… (328)
第一节　人口性别结构变动中的常用指标概念 ……………… (332)
第二节　新中国成立时的人口性别结构状况 ………………… (334)
第三节　50～60年代的人口性别结构变动 ………………… (339)
第四节　70年代的人口性别结构变动 ……………………… (341)
第五节　80年代的人口性别结构变动 ……………………… (348)
第六节　90年代的人口性别结构变动 ……………………… (358)
历史的结论 ………………………………………………… (368)

第八章　人口年龄结构 ……………………………………… (371)
第一节　人口年龄结构的总体变迁 …………………………… (371)
　　一　人口年龄结构的定义和分类 ………………………… (371)
　　二　人口年龄结构的变化 ………………………………… (372)
　　三　老年人口总量和比例的变化 ………………………… (374)
第二节　新中国成立初期的人口年龄结构 …………………… (375)
第三节　第二次人口普查时的人口年龄结构 ………………… (378)
第四节　第三次人口普查时的人口年龄结构 ………………… (383)

第五节　第四次人口普查时的人口年龄结构 ……………………(387)
第六节　第五次人口普查时的人口年龄结构 ……………………(391)
历史的结论 …………………………………………………………(396)

第九章　人口地理分布 ……………………………………………(399)

第一节　新中国成立促成活跃的人口再分布（1949～1958年）………………………………………………………………(400)
　　一　人口分布变动的基本态势及主要影响因素 ………………(400)
　　二　人口分布变动较突出的代表性省区 ………………………(405)
　　三　人口分布变动的社会经济效益 ……………………………(408)

第二节　经济困难时期人口分布不正常的波动（1959～1961年）………………………………………………………………(410)
　　一　暂时经济困难对不同地区经济形势的影响 ………………(410)
　　二　经济困难对不同地区人口自然变动和人口迁移的影响……(412)
　　三　三年困难时期，中国人口分布格局的变化 ………………(418)

第三节　政策因素促使人口分布重心移向内地边疆（1962～1978年）………………………………………………………(419)
　　一　中国人口自然变动的地区差异有所扩大 …………………(419)
　　二　人口迁移加快了内地边疆的人口发展速度 ………………(423)
　　三　人口分布格局的变化及其评价 ……………………………(426)

第四节　新时期人口地理分布的新格局（1979～2000年）………(431)
　　一　人口分布社会经济大环境的深刻变化 ……………………(431)
　　二　人口分布格局变动的主要特点 ……………………………(434)
　　三　自然增长和人口迁移对人口分布变动的影响分析 ………(442)

历史的结论 …………………………………………………………(444)

第十章　人口迁移与流动 …………………………………………(456)
　　一　本章的有关概念及重点考察、研究的对象 ………………(457)
　　二　本章所使用的主要数据来源 ………………………………(459)

第一节　人口可自由迁移，以农村人口迁移为主（1949～1957年）………………………………………………………………(460)
　　一　恢复时期（1949～1952年）的人口迁移 …………………(460)
　　二　"一五"计划时期（1953～1957年）的人口迁移 …………(464)

第二节 人口迁移潮起、潮落（1958～1965年）……………（471）
  一 "大跃进"时期（1958～1960年）的人口迁移 ………（471）
  二 "二五"计划后半期和调整期（1961～1965年）的
   人口迁移 ……………………………………………（475）
第三节 非经济性迁移构成人口迁移主流（1966～1977年）（483）
  一 以经济建设为目的的人口迁移 ………………………（483）
  二 上山下乡人口迁移 ……………………………………（486）
第四节 "民工潮"、"出国潮"蓬勃兴起（1978～2000年）（494）
  一 人口迁移逐步趋强并渐显高度活跃态势 ……………（494）
  二 农村人口的非户籍乡—城迁移始终为迁移主流 ……（499）
  三 迁移原因及机制发生了重大转变 ……………………（501）
  四 人口迁移流动的城乡—区域模式出现新的变化 ……（504）
  五 工程移民与"出国潮" …………………………………（507）
历史的结论 ……………………………………………………（513）

第十一章 人口城市化 …………………………………………（520）

第一节 平稳城市化时期（1949～1957年）………………（521）
  一 政治经济形势 …………………………………………（521）
  二 人口城市化的基本特征 ………………………………（523）
第二节 城市化虚涨与挫折时期（1958～1965年）………（528）
  一 政治经济形势 …………………………………………（528）
  二 人口城市化的基本特征 ………………………………（530）
第三节 城市化停滞时期（1966～1977年）………………（535）
  一 政治经济形势 …………………………………………（535）
  二 人口城市化的基本特征 ………………………………（536）
第四节 加速城市化时期（1978～1992年）………………（541）
  一 政治经济形势 …………………………………………（541）
  二 人口城市化的基本特征 ………………………………（543）
第五节 高速城市化时期（1993～2000年）………………（550）
  一 政治经济形势 …………………………………………（550）
  二 人口城市化的基本特征 ………………………………（552）
历史的结论 ……………………………………………………（557）

第十二章 婚姻人口 …… (567)

第一节 结婚 …… (567)
一 结婚率 …… (567)
二 初婚 …… (572)
三 再婚 …… (580)

第二节 未婚和终身不婚 …… (584)
一 未婚 …… (584)
二 终身不婚 …… (590)

第三节 离婚 …… (593)
一 粗离婚率 …… (593)
二 离婚人口基本特征 …… (600)

第四节 丧偶 …… (603)
一 丧偶率 …… (604)
二 丧偶人口基本特征 …… (605)

第五节 夫妻年龄差及婚姻挤压 …… (609)
一 夫妻年龄差 …… (610)
二 婚姻挤压 …… (614)

历史的结论 …… (616)

第一章 总 论

第一节 人口学科学体系

一 人口学科学体系的形成和发展

（一）宣告中国人口学学科形成的一个伟大历史性事件

人口学，在20世纪末和21世纪初，在中国已经发展成为独立学科，并初步形成了自己的科学体系。

江泽民同志在2002年7月16日到中国社会科学院考察工作时指出："要推进改革开放和现代化建设，要把建设有中国特色社会主义事业不断推向前进，就必须深入了解社会，不仅要深入了解中国社会，还要深入了解世界这个大社会；不仅要了解社会发展的历史，而且更重要的是要研究当今社会发展的现实问题。这就需要我们加强理论研究和理论创新，加强哲学、经济学、政治学、国际政治和经济、法学、历史学、民族学、新闻学、人口学、社会学、文学、语言学、考古学等各学科的研究。要大力加强对各门传统学科的研究，大力加强对各门新兴学科和交叉学科的研究，大力加强对各门学科的理论和体系的建设，大力加强各门学科的方法和手段建设。在科学技术发展的今天，哲学社会科学尤其要加强对信息技术等先进手段的运用。"[①]

我们认真学习江泽民同志的论述，使我们感到对人口学学科的建设和发展至少有以下三点启示：1. 这个讲话，肯定了人口学在中国已经成为一门独立的学科。2. 这个讲话，揭示了人口学在中国成为独立学科的社会背景：是推进改革开放和现代化建设、把建设有中国特色社会主义事业

---

① 江泽民同志讲话摘要，载《光明日报》2002年7月17日。

不断推向前进的迫切需要。3. 这个讲话，为人口学学科的建设和发展指明了方向：人口学作为一门新兴学科和交叉学科，要大力加强其理论和体系的建设、方法和手段的建设，尤其要加强对信息技术等先进手段的运用。

作为党和国家的最高领导人①，肯定人口学这门科学为独立学科，这必将载入中国人口学学科发展的史册。

（二）300年来世界人口学发展为人口学科学体系形成奠定了基础

一门学科的发展取决于社会实践对其需求的程度，人口学的发展同样取决于社会实践对认识各种人口变量的需求程度。人口学产生于西方发达国家并非偶然，这是因为世界人口转变首先是从欧洲发达国家开始的。这种社会人口的变动也就吸引了一些学者对其进行研究，这就产生了人口学。对于世界人口学发展的历程和阶段，学界已有共识。②

人口学发展的第一阶段大体是17～18世纪，是人口学创立和缓慢发展时期。这个时期以被誉为"人口学之父"的卡布坦·约翰·格兰特（Captain John Graunt，1620～1676）为代表人物，他在1662年出版的《关于死亡的自然的和政治的观察》一书中，揭开了人口学作为独立学科的序幕。在这一段还有威廉·配第（William Petty，1623～1687）、弗朗斯瓦·魁奈（F. Quesnay，1694～1774）、鸠·彼得·苏斯密尔希（Johann – Peter Sussmilch，1707～1767）等重要人物。

人口学发展的第二阶段大体在18世纪末到19世纪上半叶，是关于过剩人口理论的争论。这一段是马尔萨斯（Thomas Robert Malthus，1766～1834）撰写《人口论》与康多塞（Antoine De Condorcet，1743～1794）、葛德文（William Godwin，1756～1836）的争论时期。正是在批判马尔萨斯主义的人口理论中产生了马克思主义人口理论。

人口学发展的第三个阶段大体在19世纪后半期到20世纪初。这一阶段针对发达地区死亡率开始下降，以研究死亡率为主，是人口学知识逐步积累的阶段。

---

① 江泽民时任中共中央总书记、国家主席。
② 见邬沧萍《人口学在21世纪是一门方兴未艾的朝阳科学》，《人口研究》，2002年第1期，第7页。

人口学发展的第四个阶段大体在20世纪初至第二次世界大战前。这一阶段针对发达地区出生率已明显下降，以研究生育、生育率为主的人口再生产为重点，并逐渐形成与今天近似的现代人口学。

人口学发展的第五个阶段大体是在第二次世界大战以后。这一阶段主要是发展中国家人口急剧增长，发达国家开始出现了人口老龄化等新问题新情况。这一阶段的研究推动了人口学的空前繁荣。

在二次世界大战以后，到20世纪七八十年代人口学学科体系的研究，随着人口学的繁荣而得到重要发展。在国际上影响比较大的著作主要有：

1978年法国罗兰·普列萨主编的《人口学辞典》。书中主要列有生育生物计量学、经济人口学、历史人口学、数理人口学、医学人口学、潜势人口学、纯人口学、质量人口学、数量人口学、社会人口学、人口计量学、人口遗传学、人口学遗传学计13个分支学科。

1982年国际人口学会出版的《多种语文人口学辞典》，其主要分支学科列有历史人口学、古人口学、表述人口学、人口统计学、理论人口学、数理人口学、形式人口学、人口研究、经济人口学、社会人口学、人口素质、群体遗传学、生物计量学、人口理论等。西方人口学者在人口学学科体系上大多分为"人口学"（纯人口学或正规人口学）和"人口研究"两部分。"人口学"是研究传统的人口变量，即人口规模、结构、发展、分布等及各变量间相互关系；"人口研究"是研究人口变量与经济社会等其他非人口变量的关系。

1976年苏联出版的由瓦连捷伊主编的《人口学体系》是专门论述人口学学科体系的。这本书把人口分支学科体系包含的内容搞得比较宽泛。

(三) 新中国50年人口学的繁荣推动了人口学科学体系的新发展

新中国人口学的发展，就其思想源流讲，既有西方人口学说的影响，又有中国历史人口思想的背景。在中国古代，历朝统治者和许多政治家、思想家，为适应当时的政治、经济、军事形势的发展，都非常重视人口。西周武王伐纣统一天下之后很重视多生人口。春秋战国时期有孔子、孟子、韩非子等的众民与寡民之争。清代学者洪亮吉提出人口过多与生产、生活资料不足相矛盾的思想，他与马尔萨斯把人口过剩完全说成是自然规律不同的是，认为兼并是造成人口问题的重要社会原因。到中国近代，随着社会性质的变化，人口问题日益尖锐，人口思想纷纭复杂。改良派代表人物康有为、梁启超、严复，民主革命派代表人物孙中山，早期马克思主义代表人物陈独秀、李大钊等都有独到的人口思想，都把社会制度的改良和革命看作解决中国人口问题的根本出路。20世纪二三十年代社会学派学者陈长衡、孙本文、陈达等主张生育节制，围绕马尔萨斯人口论或适度人口论，针对中国人口状况发表见解。

新中国成立后的50年代有一场非常重要的人口问题的讨论。作为这次讨论的最重要的人口学成果是马寅初的《新人口论》。该书指出中国人口增长率比解放前明显加快，其原因：结婚人数增加；医疗卫生及福利事业发展；老年人死亡率减少；社会秩序空前安定；尼姑、和尚、娼妓问题得到解决；传统观念影响深；奖励一胎多婴家庭。指出如果这样发展下去，会对生产力造成障碍。该书揭示了人口增长同国民经济发展之间的矛盾：人口多同生产设备水平之间的矛盾；人口多同积累资金之间的矛盾；人口多同工业原料增长的矛盾；人口多同提高科学技术之间的矛盾；人口多同粮食增产之间的矛盾。该书提出控制人口增长的建议：把人口计划纳入经济计划当中；搞好人口动态统计；大力宣传控制人口的观点；实行晚婚；制定相应行政措施保证控制人口的实施。从以上诸要点来看，《新人口论》是中央提出节制生育的方针后，马寅初在学术上深入阐发论证的结晶，是在大量调查和反复研究的基础上，结合党的方针政策而形成的马克思主义与中国经济发展的实际结合，在中国人口学发展史上占有光辉的一页。

20世纪70年代后期，国家开始实行改革开放政策，人口学研究的禁锢被打破，人口研究机构初步恢复，人口研究队伍初步形成，国际交往不断增多。中国人口学界在全国实行计划生育的实践推动下，结合实际重新探索社会主义社会人口规律，提出并探讨马克思主义的"两种生产理论"的内涵及其在人口决策中的作用，分析人口增长同经济发展以及现代化的关系，提出了建立中国人口科学体系的任务。随着分支学科的发展，出现了刘铮教授主编的《人口理论教程》（1985）[1]、《人口学辞典》（1986）[2]

---

[1] 刘铮主编：《人口理论教程》，中国人民大学出版社1985年版。
[2] 刘铮主编：《人口学辞典》，人民出版社1986年版。

等重要著作。《人口理论教程》最主要的贡献是建立了以两种生产理论为基石、以人口再生产过程和人口规律为主要对象，包括人口质量、人口结构等各个方面的马克思主义人口理论体系。该书对人口科学体系作了概括：人口学是一门综合性的社会科学，它包括三个组成部分：人口理论、人口统计学和人口分支学科，如人口经济学、人口社会学、数理人口学，等等。

在20世纪80年代中后期至90年代，中国人口学的研究日趋繁荣，并向纵深发展。在这个时期人口学仍然把控制人口过快增长、降低生育率作为重中之重来研究，其他诸如对生育和生育率、死亡和死亡率、人口素质、人口迁移与城市化、人口老龄化、家庭人口学、女性人口、人口与经济发展、人口资源环境与可持续发展以及历史人口学、民族人口学等专题研究都有长足的进步。成功地进行了大规模的人口普查和人口抽样调查。出版了一大批具有学科建设价值的学术专著。总之，中国人口学的研究出现了空前未有的繁荣局面。

中国人口科学研究的深入发展，为中国人口科学体系的形成和发展奠定了坚实的基础，创造了极好的条件。在20世纪90年代中期，国家计生委分管宣传教育的原副主任、国家哲学社会科学规划评审组成员杨魁孚同志、中国人口学会常务副会长、国家哲学社会科学规划评审组人口学科组组长田雪原研究员，根据中国人口学研究发展的大趋势，向国家哲学社会科学规划领导小组提出了把人口学从社会学中分离出来、并列于其他学科的独立学科的建议。领导小组经过反复论证，再三权衡，审视了中国人口学发展的现实和远期发展预测，认为人口学为独立学科的主客观条件已经成熟，毅然于1996年批准，将人口学单独作为一个学科列入"国家社会科学基金项目1997年度课题指南"之中，并且在人口学之下列有15项具有分支学科性质的内容：人口学原理、人口经济学、人口社会学、人口学说史、人口史、人口统计学、人口地理学、人口生态学、区域人口学、人口系统工程、人口预测学、人口规划学、人口政策学、计划生育学、人口学其他学科。从而形成了一个学科群，自成体系。人口学作为独立学科并已形成一个学科体系，正式得到国家的承认，这对中国人口科学体系的形成和发展树起了一个里程碑。

与此同时，人口学学科体系的研究得到国家哲学社会科学规划领导小组的高度重视，于1996年并列立了两项关于人口学学科体系研究的重点项目。一项是中国人民大学人口研究所查瑞传教授承担的项目"人口学学科体系研究"，后因查教授作古，未见成果。另一项为西南财经大学人口研究所吴忠观教授承担的项目"当代人口学学科体系研究"。作为此项目的最终成果是吴忠观教授主编的专著《当代人口学学科体系研究》①，于2000年出版。这项研究成果的最大成就在于把人口学当作一门独立的学科研究，构造了当代人口科学体系，以人口学为母学科，一系列分支学科为子学科，形成了一个庞大的人口科学群，从不同的角度、不同的层次、不同的方面、使用不同的方法，对人口现象和人口过程进行研究。

世纪之交，邬沧萍教授审视了世界人口学发展的300年历史，特别是新中国50年人口学蓬勃发展的历史，结合他本人多年从事人口学教学和研究的体会，参照多数人口学者的共识，更完善地概括出了人口学研究的对象：

"人口学是研究人口各种变量的现象和过程，研究人口诸变量之间的相互关系及其发展变化规律，研究人口变量与社会经济、生态环境等变量之间的相互关系的一门学科。"②

这个定义，首先抓住了人口学研究对象的本质和核心。这个本质和核心就是人口变量（Variables），并把它作为人口研究的出发点和归宿，而不像以前那样简单地定义为研究人口发展或者研究人口数量、结构等等。其次，人口学各种变量的现象和过程则是指研究静态下的人口变量和动态变化中的人口变量，就是说，既研究人口变量的静止状态现象，又研究人口变量的动态过程。再次，是说既研究各种变量之间的数量相互关系，也研究人口各种变量之间的发展变化规律。最后，是说还要研究人口各种变量与社会、经济、生态环境等其他变量之间的相互关系。

在这个基础上，邬沧萍教授对人口学学科体系的最新概括是，以人口学作为母体或本体，分为4个分支学科群：理论基础、指导思想的分支学科；从人口变量和亚人口派生出来的分支学科（专门研究）；人口变量与

---

① 吴忠观主编：《当代人口学学科体系研究》，西南财经大学出版社2000年版。
② 邬沧萍：《人口学在21世纪是一门方兴未艾的朝阳科学》，《人口研究》，2002年第1期，第3页。

非人口变量相互关系的分支学科；人口学方法类的分支学科。具体见图 1—1。①迄今为止，这个图所表示的人口学学科体系的学科群算是比较科学和完善的。

```
理论基础、指导思想的分支机构
  人口理论
  人口史
  人口学说史
```

```
人口变量与非人口变量相互
关系的分支科学
  （专门研究）
  经济人口学（人口与经济）
  社会人口学（人口与社会）
  人口与资源
  人口与环境
  工商人口学（人口与市场）
  人口政策
```

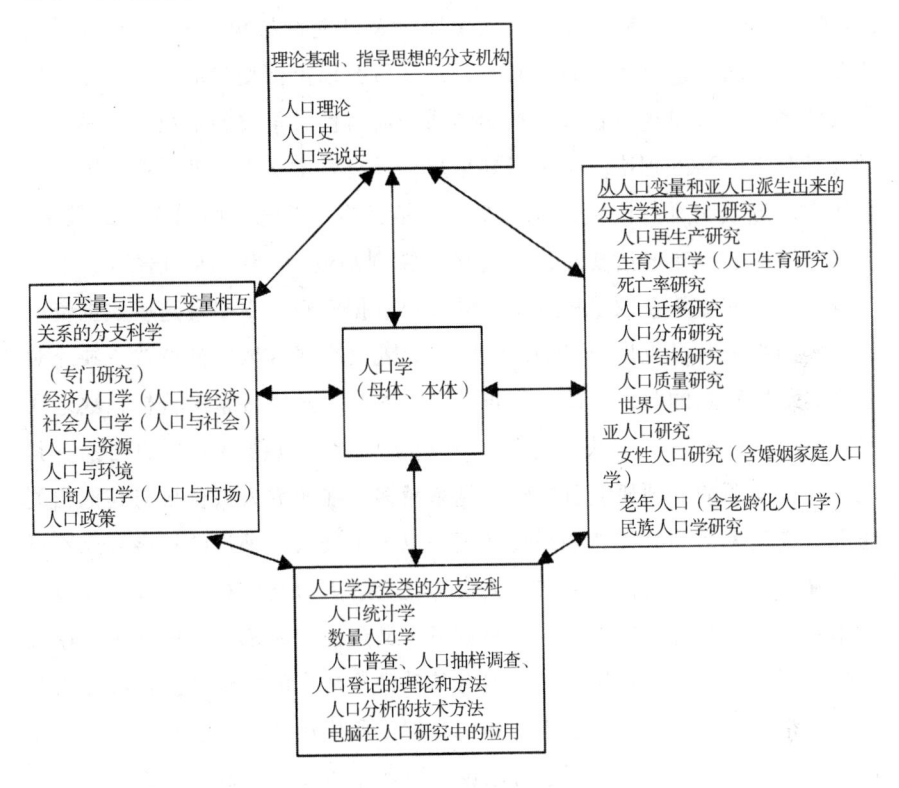

```
人口学
（母体、本体）
```

```
从人口变量和亚人口派生出来的
分支学科（专门研究）
  人口再生产研究
  生育人口学（人口生育研究）
  死亡率研究
  人口迁移研究
  人口分布研究
  人口结构研究
  人口质量研究
  世界人口
  亚人口研究
  女性人口研究（含婚姻家庭人口学）
  老年人口（含老龄化人口学）
  民族人口研究
```

```
人口学方法类的分支学科
  人口统计学
  数量人口学
  人口普查、人口抽样调查、
  人口登记的理论和方法
  人口分析的技术方法
  电脑在人口研究中的应用
```

图 1—1　人口学学科体系

二　本书人口学科学体系结构

根据我们对人口学及其科学体系的理解，结合新中国 50 年人口发展的实践，对本研究课题人口学科学体系框架作了设计。本课题是以人口变量为主体，兼顾亚人口变量、理论、历史、方法以及人口变量与其他相关学科变量相互关系进行总体设计的。主要分为 5 个部分：一是理论与历史；二是人口变量；三是亚人口变量；四是人口变量与其他相关科学变量相互关系；五是研究方法和方法论。

---

① 邬沧萍：《对人口学学科体系的重新认识》，《人口学刊》，2002 年第 5 期，第 8 页。

(一) 理论与历史

1. 关于人口理论。

人口理论是人口科学体系的重要组成部分。它的研究对象是人口（含亚人口）变量发展过程及其规律性，人口变量与相关的社会、经济、资源、环境诸变量之间的本质联系，以及研究以上诸变量的方法、方法论形成的理论。人口理论在人口科学体系中占有极其重要的地位，它是人口学及其分支学科的理论基础和指导思想。马克思主义人口理论在中国人口学体系的形成中所占位置尤为重要。这是因为，首先，中国人口的数量、质量、结构、分布等诸变量纷纭复杂，特别是近30年，人口普查、抽样调查、专项调查等获取了极其丰富的人口数据资料。在研究这些数据资料的时候如果离开马克思主义的理论指导，就会变成纯数字的游戏，缺乏对事物的本质联系的分析，缺乏真正的科学的社会经济因素的分析，缺乏联系社会生产方式对人口决定作用的分析，也就难以得出科学的结论。其次，人口问题的专项研究分支学科越来越多，在研究人口变量与其他相关非人口变量关系的时候，如果离开了马克思主义人口理论的指导，也不可能正确认识和分析人口与经济、人口与社会、人口与资源、人口与环境之间相互关系及其规律性。最后，马克思主义辩证唯物论、历史唯物论在人口学科研究中是具有指导意义和占有基础理论地位的方法论。在研究人口变量的时候，所运用的方法不论如何合理，所应用的处理技术不论怎样先进，如果离开马克思主义哲学方法论，仍然难以获得正确的结论。

我们在设计本课题各专题的时候，始终遵循把马克思主义理论作为指导思想的原则。在本书的编写大纲中有这样一段话：

"本项研究，必须以马克思主义、毛泽东思想、邓小平理论和'三个代表'重要思想为指导思想，自觉运用辩证唯物论和历史唯物论，客观地展现50年中国人口发展的曲折、悲壮、辉煌的历程，深入地分析新中国50年的若干重大历史人口事件，正确地总结我们党的三代领导集体如何在领导全国人民解决中国人口问题的实践中，继承、丰富和发展了马克思主义人口理论的。这一指导思想并非是一句空话、一句套话，它必须实实在在地成为贯穿全书始终的生命线，必须是全面地客观地历史地说明这50年的人口历史，既对50年人口发展的辉煌成绩和经验予以充分肯定，又对人口50年发展的失误和教训作出实事求是的分析，力避主观性、片面性和表面性，绝不能搞形而上学和历史唯心论。"

全书始终坚持贯穿了这一指导思想。

为了阐明新中国 50 年对马克思主义人口理论的贡献，还特设了三个专题：

第一章总论。在这一章中详细论述了人口学已在中国形成了一门独立的学科，并列于其他一级学科之中，对人口科学体系的形成作了分析；对新中国人口转变的起始时间、过程、特点、动因、完成时间作了探讨；对新中国人口发展历史背景、初级阶段的基本国情、"左"倾错误给中国人口发展带来的教训、计划生育基本国策、可持续发展中的人口问题、中国人口现代化问题等进行了阐释。

第二十章新中国领导者人口思想。这一章对新中国成立后的 50 年，党和国家主要领导人从中国基本国情和社会主义现代化建设需要出发，创造性地运用和发展了马克思主义人口理论作了系统论述。论述了毛泽东关于革命加生产即能解决中国人民吃饭问题、人口多是中国的基本国情、人口非控制不行、要有计划地生育、提倡男女平等、人口德智体全面发展等重要人口思想；论述了周恩来关于计划生育、把人口纳入国家计划、大力开展计划生育宣传教育以及制定有效政策和措施、搞好避孕药具的研制工作等重要人口思想；论述了邓小平关于人多是中国的基本国情、人口问题是个战略问题、人均水平的重要性、计划生育是中国的基本国策、努力提高人口素质等重要人口思想；论述了江泽民关于充分认识我国人口与计划生育工作的重要性长期性和艰巨性、人口问题是可持续发展的关键、在市场条件下控制人口增长属于政府调控职能、建立人口计划生育工作领导责任制、开展计划生育工作必须坚持群众路线、综合治理人口问题、努力建设先进生育文化等重要人口思想。

第二十一章人口科学研究进展。这一章主要考察了新中国成立 50 年中国人口科学研究的历程，涵盖了在各个发展主要阶段、主要领域具有代表性的观点和研究成果。中国的人口理论工作者，结合中国人口发展的实践，提出了许多有价值的人口理论观点，例如，关于社会主义人口规律、人口再生产和物质资料再生产、人口和经济相互关系的理论观点，关于中国生育率、死亡率、人口自然增长率变动以及人口转变的理论观点，关于中国人口迁移、流动、非农化和城市化的理论观点，关于中国人口素质和生活质量的观点，关于中国人口自然构成变动及其特点的理论观点，关于中国人口和可持续发展的理论观点，关于新中国人口是历史时期人口继续的观点等。

2. 关于人口历史。

人口发展同其他事物发展一样，都有自己的发展过程，人口自产生以来就经历着自己发展的漫长的过程，这个过程我们称之为人口发展历史。要研究人口发展的规律性，就必须研究人口发展历史，人口发展规律是从人口发展的历史事实和人口数据资料中提炼出来的。本书的性质就是一部史书，写的是新中国50年人口发展的历史及其发展规律。在本书编写大纲中要求准确把握史书的性质：

"必须十分明确我们写的是一部中国人口50年的专题发展史。写历史要坚持'有史有论，以史为主，史论结合，论从史出'的原则。'史'要写出50年人口变量的动态发展过程及其阶段性，重要的史实、重大的事件、重要的问题不能遗漏；'论'是指史论，是在写史实的基础上引申出理论，即要深入总结历史的经验和教训，升华为理论，从而揭示50年人口发展的历史规律。总之，每个专题都应写成一部唯物的经得住时间检验的专题信史。应当注意的是，既不能写成专题论文，先立论，再找史实论证，也不能写成历史资料汇编，缺乏人口发展内在规律的揭示。"

这段话清楚地讲明了两个意思：

其一，是说人口发展的历史是人口科学体系中具有重要理论意义的有机组成部分。大纲要求"写出50年人口变量动态发展全过程及其阶段性"。"人口变量动态发展过程"这本来就是人口学的核心内容，"过程"就是历史，显示的是"人口变量动态发展"的历史。没有这个历史也就不存在人口学。所以，人口学体系中"人口历史"是其有机组成部分，不可或缺。

其二，是说人口理论来源于人口历史。人口历史是过往的人口变量发展着的活生生的事实，人口理论就是从人口历史事实中抽象出来，产生出来的，这就是"论从史出"的意思。每个专题史的最后设有"历史的结论"，便是从这个专题人口变量发展的历史事实中抽象出来的人口理论。

全书设置的每一个专题，都是一部50年来人口变量发展的专题史。本书的第二十二章人口大事记，作为"一书之经"，全面准确地反映了50

年中国人口发展的重大事件、重要活动和重要信息，标示出人口发展的历程性的实录，次序分明地勾勒出人口发展的轨迹，提纲挈领地体现了中国人口发展的历程。

通观20世纪80年代以来出版和发表的研究中国人口发展史的大量论著，就是研究历史人口数量、出生、死亡以及人口分布、人口迁移、人口结构、人口素质等变量的，为人口学体系中历史人口学这一分支学科奠定了坚实的基础。

(二) 人口变量（人口自身变量或人口内在变量）

人口学研究的核心内容就是人口变量及其相互之间的关系。这大体相当西方学者所讲纯人口学或者正规人口学研究对象，即人口规模、结构、发展、分布等人口变量及各变量之间的相互关系。

本项目设计的内容是以人口变量为主体展开的。在本项目立项纲要中写道："本项目的设计是以人口（含亚人口）的数量、素质、结构、分布等诸要素变量为主线，紧密结合人口的出生、死亡、迁移等变量的变迁过程和人口变量与经济、社会、资源、环境等非人口变量之间的关系而进行的。"

其中，所讲人口的数量、素质、结构、分布、出生、死亡、迁移诸变量即为人口自身变量或人口内在变量。这些变量是本书设计的主体内容，涵盖了本书的第二章至第十四章，其中后三章为亚人口变量。这充分体现了人口自身变量在人口学体系中的核心和母体地位。

第二章至第四章是研究人口再生产类型转变的三个人口变量。人口再生产是人口学特有的研究对象，是指人口新一代出生、成长和老一代衰老、死亡不断重复的世代更替过程，其实质是人类自身的再生产。我们主要从人口自然变动的角度来研究人口再生产，也就是研究人口再生产过程的内部变量的相互关系。这些内部变量主要是指出生、死亡、自然增长三个变量。第二章至第四章就是围绕人口再生产的这三个基本变量展开的。

第二章人口规模，研究的是新中国50年人口总数量动态变化趋势，由1949年的5.4亿发展到2000年的近13亿，发展历程曲折而惊心动魄。人口规模与人口总量其内涵并没有什么实质性差别，本书讲人口规模而不称人口总量，主要是为了便于将人口再生产规模与物质生产规模作比较分析，人口规模大、增长趋势快，势必对物质生产的规模造成巨大压力。这里讲的人口规模实质上就是人口再生产规模，它作为人口再生产的因变量，主要取决于人口的出生率、死亡率这两个变量的变化情况。关于影响人口规模的迁移变化，在改革开放前中国基本上是封闭人口，其国内迁移不影响全国人口规模大小；改革开放后，国际人口迁移虽有增多，但对十多亿人口的大国的人口规模来讲，其影响也是微乎其微。所以，我们可以把这一章的人口规模，与下面两章的出生、死亡水平看作是研究中国人口再生产的三项基本变量。

第三章妇女生育水平，研究了新中国50年在社会经济发展水平相对较低的条件下，用较短的时间使妇女生育水平下降到更替水平之下，有效地控制了人口的过快增长，实现了人口再生产类型基本转变的历史，揭示了生育水平转变的特点、原因。这段生育转变历史告诉我们，马克思主义人口理论是中国生育转变的理论基础，完善的生育政策是中国生育转变的关键，为在经济社会发展基础上的生育根本转变创造了良好条件。当前和今后相当长的一个时期的基本任务是稳定低生育水平，进而实现生育水平的彻底转变。

第四章人口死亡水平，分析了新中国50年人口死亡水平变化的历史，总结了人口死亡率变动规律和在降低人口死亡方面的基本经验，同时找出了目前存在的问题。这段历史告诉我们，人口死亡是人口转变的重要因素之一，不了解人口死亡的规律，就不可能掌握人口变动的规律。到20世纪末，中国人口已经实现了从高死亡率向低死亡率的转变，并正在迈向死亡率最低的世界先进行列。实践证明，经济的发展，社会的安定，医疗卫生事业的发展，是中国人口死亡率转变的根本保障。

第五章至第六章是研究人口素质的变量。人口素质变量也是人口的基本变量。之所以把人口素质作为人口变量来研究，这是因为任何事物都是质与量的统一，同样的人口数量级的人口具有的社会含意常常是迥然不同的，因为人口数量的背后存在着不同的人口素质；人口素质的指标也是在不断发展和变化的，比如人口教育科技素质指标，人口健康素质指标等。这两章里只研究了人口的教育科技素质和身体健康素质，而没有列入人口思想道德素质。其原因并非人口思想道德素质不重要，而是因为对50年人口思想道德素质尚不能用确切的量化指标来表达，其中有些成分不确定性大，可比性差；而文化科技素质和身体健康素质，基本上都可以用量化指标来测定，并可以从有关统计资料中获取数据。我们相信，随着科技的进步，研究的深入，比较统一的人口思想道德素质的变量也一定能标识出来。

第五章人口身体健康素质。从人口的健康水平角度，研究了中国人口50年的身体发展水平、人口寿命、婴儿死亡率、人口粗死亡率、残疾率以及危害中国人口健康最严重疾病等动态变化。研究结果显示，国民健康素质、平均预期寿命大为提高，死亡率、婴儿死亡率、孕产妇死亡率大大下降，基本消灭或控制了烈性和急性传染病。同时也指出防病治病任务依然十分繁重，一些急慢性传染病、地方病尚未得到完全控制；多年来，卫生事业投入不足；一些先进科学的防病治病知识、健康生活方式有待加大力度向广大农村地区传播。

第六章人口教育科技素质，分"文化大革命"前、中、后三个阶段，围绕人口教育科技素质的主要影响因素，描述和分析50年中国人口教育科技素质发展的历程。"文化大革命"前的17年人口教育科技素质的提高取得初步成效；"文化大革命"中10年动乱，使人口教育科技素质的提高遭受极大挫折；"文化大革命"后20多年人口教育科技素质的提高得到长足的发展。总结50年的经验教训显示，必须将人口教育科技素质的提高纳入国家发展战略，这是中国实现现代化的根本保证。

第七章至第八章是研究人口结构。人口结构变量在人口学中是同人口数量、人口素质同一层次、同等重要的变量，它对人口再生产和经济社会发展有着重要的影响。人口结构一般分为人口的自然结构、地域结构和社会结构。在本研究中只选择了人口的自然结构，即人口性别结构和年龄结构。这是因为人口的性别结构和年龄结构是人口最基本的结构，是其他各类别的人口结构的自然基础，不论哪一种人口结构都渗透着人口的性别、年龄结构。比如劳动力资源结构就特别受到人口性别结构和年龄结构的制约，劳动力资源的规模取决于劳动年龄人口在总人口中所占比重和劳动参与率，后者又往往因劳动年龄人口的性别比不同而发生差异。另外，人口的地域结构和社会结构在本研究的其他专题中已经得到不同程度的体现。

第七章人口性别结构，以出生性别比为中心研讨了新中国成立后50年各个历史时期的人口性别结构变化情况。特别关注的是20世纪80年代以后出生性别比的异常问题。这就警示我们，必须在经济社会不断发展的条件下，加强监管力度，使之早日恢复出生性别比的正常。

第八章人口年龄结构。中国5次人口普查不同年龄组人口所占百分比产生了重要变化，0~14岁的青少年人口比例呈下降趋势，15~64岁劳动适龄人口和65岁及以上的老年人口均呈上升趋势。从20世纪60年代中期开始从年轻型向成年型变化，到1990年已完全转变为成年型人口，2000年已明显转变为老年型人口，显示中国已经进入了老龄化社会的行列，而且在可预见的将来是不可逆转的一个态势。

第九章至第十一章为人口分布、迁移和城市化。这是以人口分布为中心的一组人口变量，它们之间互相渗透、互相制约、互相促进。人口分布是指一定时点人口在地理空间上的分布状态，它同人口数量、人口素质、人口结构同为人口内涵四大要素。具有一定数量、质量和结构的人口，必然是生活在一定地域空间上的人口，有人口就会有在地理空间上的分布状态。人口迁移同人口出生、人口死亡共同构成人口过程，它又是人口分布和城市化的重要促进因素。人口城市化实际上就是城乡人口分布变动的过程，是乡村人口变为城市人口、农业人口变成非农业人口的过程，这其中就包括乡村人口通过迁移向城市聚集的过程，是人口分布的一种形态。人口分布、迁移、城市化这组人口变量在新中国成立后的50年，特别是自1978年改革开放以来产生着急剧的变动和发展，是中国现代化进程加快的重要标志。

第九章人口地理分布，详细研究了新中国成立50年中国人口地理分布发展变化的演变过程。大体说来这个过程分为改革开放之前之后的两个时期。前半期受生产力水平和其他一些因素的限制，农业社会高度依赖土地粮食承载力的分散型人口分布模式占据了绝对优势。人口分布既缺乏活力，又缺乏可持续性。自改革开放以来，生产力大发展，市场经济体制逐步健全，许多农民挣脱了土地和传统生产方式的束缚，改变着中国人口的分布，向着一个新的工业化分布模式演进。

第十章人口迁移与流动，考察了改革开放前后中国人口迁移的"两重天"。改革开放前人为设置的户籍制度和二元社会体制限制了人口迁移。由于人口迁移战略、政策的失误，造成了"大跃进"时期暴涨暴落的乡→城→乡"U型"迁移，"文化大革命"时期城市知识青年"上山下乡"、干部下放劳动改造的"反"城市化城→乡迁移以及"三线"迁移。

改革开放后，拨乱反正，进行经济体制改革，使人口迁移日趋活跃，健康发展。"民工潮"、"出国潮"的出现，农村人口向城市迁移、中西部地区人口向东部沿海地区迁移，说明人口迁移流动正逐步向市场规律的方向发展。

第十一章人口城市化，对新中国成立50年的人口城市化分为平衡发展、虚涨与挫折、加速发展三个阶段进行了考察。通过考察中国人口城市化的得失，得出了中国人口城市化道路必须遵循的基本规律，强调人口城市化要与国民经济发展相适应，城市化的区域选择必须做到均衡与非均衡的统一，城市化要构筑在合理的城市规模体系基础上，政府应提高制定城市化发展政策的科学性等。

（三）亚人口（或分人口）

新中国成立后的50年，中国经济社会发生了巨大变化，特别是改革开放以来，市场经济体制的建立，作为社会主体的人口，参与纷纭复杂社会经济活动的行为空前活跃，不同特征的人口群体受到人口学研究的重视。比如不同婚姻状况的人口、不同家庭类型的人口、不同年龄的人口、不同性别的人口、不同经济条件的人口、不同行业职业的人口、不同教育程度的人口、不同地域的人口、不同民族的人口、不同健康状况的人口等都受到关注，有些作了专门的人口学研究，有的有显著研究成绩者甚至成为人口学的分支学科。所以叫亚人口或分人口，因为这些人口是在总人口之下依某种特征列为第二个层次的人口。由于对亚人口研究的重视程度日益提高，也就理所当然地把它作为人口学科学体系中的重要部分分离出来进行专门研究。

在亚人口变量中我们选择了婚姻人口、家庭人口、少数民族人口这组人口变量。这是因为婚姻和家庭都是直接影响生育行为与人口再生产的基本社会关系，婚姻人口、家庭人口都是人口再生产任务的直接承担者；少数民族人口问题，在国家的统一、发展中具有其特殊性，而且民族人口学又是一个有研究成绩的学科。因此，我们选择了这三个方面亚人口来研究。至于其他亚人口，由于本研究的篇幅所限，不可能全部涵盖。同时，有些亚人口已经在本研究的其他专题中有所体现，例如不同受教育人口、不同健康状况人口已在人口素质研究中体现，不同年龄、性别人口已在人口结构研究中体现，不同地域人口已在人口分布研究中体现。

第十二章婚姻人口，对结婚人口、未婚人口、离婚人口、丧偶人口等进行了系统研究。研究结果显示，50年中人口结婚率由新中国成立初期较大波动态势转变为20世纪末较平衡的中等平台水平；平均初婚年龄和晚婚率有较大提高；离婚率在50年代中期略微上扬之后，60年代至80年代近30年间一直处于较低水平，但90年代开始逐渐上升；50年中丧偶人口及终身不婚人口比重始终较低且变化较小。

第十三章家庭人口，研究50年家庭变化历程，从家庭结构与规模的不同侧面，利用人口统计数据描述家庭变迁的不同阶段，各阶段有关家庭人口统计指标的量化水平，导致家庭变化的社会经济原因和人口原因，以及新中国50年中重大历史事件对中国家庭发展所产生的特殊影响。研究显示，50年来平均户规模的变化主要反映了人口结构的变化，中国人口立户模式和立户水平基本稳定，分化立户水平的变化大都由于某一政策出台所导致的时期影响，代际关系对于养老保障仍十分重要。

第十五章少数民族人口，对少数民族的人口数量、人口分布、性别年龄构成、婚姻家庭、生育率、受教育水平等人口学特征作全方位研究。50年来由于全面贯彻党的民族人口政策，少数民族人口增长2.07倍，总和生育率转变为低生育水平，受教育水平有很大提高，妇女平均初婚年龄有较大提高，年龄构成向成年型转变，有的民族已向老年型转变。同时指出，民族人口数量增长仍嫌过快，低生育水平仍需进一步稳定，受教育水平较低，成人文盲率相当高，人口与经济社会、资源、环境可持续发展还很不协调。

（四）人口变量与非人口变量相互关系的研究

美国人口学家威尔金森（Wilkinson）曾经指出："当考察人口变动的生物学的、社会的、经济的、法律的和历史的决定因素时，当要揭示和预测人口过程同社会关系、自然资源之间的相互影响时，通常把这个学科定名为'人口研究'。"[①] 其实在人口学的发展过程中，常常出现人口学与其他社会科学交叉的现象，形成了一些边缘学科。考察新中国50年人口学发展历程，特别是20世纪70年代后期改革开放以来，人口学在中国得到前所未有的发展与繁荣。究其原因，是源于人口发展对社会发展

---

① 彭松建：《西方人口经济学概论》，北京大学出版社1987年版。

的重要性，把人口与经济、社会、资源、环境结合起来研究，形成了人口学的一些分支学科或者一些研究领域。比如人口变量与经济变量关系的研究，形成经济人口学；人口变量与社会变量关系的研究，形成社会人口学；人口变量与资源环境变量的研究形成人口与可持续发展的领域，等等。本项研究从人口与经济、人口与资源环境、人口与社会的角度，选择了与中国现代化建设最为密切相关的三个研究领域，设计了十五章至十七章。

第十五章劳动力资源构成与配置，是经济人口学的核心内容。在社会生产过程中，劳动力资源不仅是开发的对象和客体，而且更是开发的动力和主体，从而成为联结人口过程和经济过程的重要纽带。在新中国50年的发展当中，特别是建立市场经济体制以来，劳动力资源的构成和配置始终是一个关系现代化建设全局的极其重要的问题。本章阐述了50年来劳动资源基本情况和各时期的劳动资源配置利用问题。新中国成立后，劳动适龄人口的总量和占总人口的比重都表现出不断增加的趋势；1982年以后劳动适龄人口增长速度减缓，这是20世纪70年代以后我国生育率迅速下降的后果。劳动力资源的配置随着所有制结构的变化而变化，走过了从计划到市场的发展过程；随着市场经济体制的确立和完善，劳动力资源配置和就业将完成向市场导向机制的全面转换，这将有利于中国经济社会进一步发展和中国人口的现代化。

第十六章人口与资源环境，是中国可持续发展战略的中心内容。50年来人口资源环境问题实际上已经成了制约中国经济社会发展的重要因素。本章描述了50年人口与资源环境关系演进发展的历史轨迹。50年的人口、经济、资源消耗——环境污染三者的增长水平大体呈现为由"高、低、低"型向"低、高、高"转型，是中国历史上又一次环境恶化时期。在通向经济与人口、资源环境协调发展和可持续发展的道路上，中国正处于一个十分关键而紧迫的历史转折关头，必须进一步增强全民族的忧患意识和历史紧迫感及使命感，加快建立完善突发性事件的应对和预警机制，努力实现中国人口与资源环境关系的历史性转折。

第十七章计划生育事业，是全中国人民的一项伟大事业。实行计划生育是实现中国社会主义现代化建设宏伟目标和可持续发展的重大战略决策，是一项必须长期坚持的基本国策。50年来，特别是改革开放以来，经过全党全国人民的艰苦努力，计划生育事业取得了举世瞩目的成就，在经济不发达的条件下，有效地控制了人口过快增长，使生育水平下降到更替水平以下，实现了人口再生产类型从高出生、低死亡、高增长到低出生、低死亡、低增长的历史性转变，成功地探索了一条具有中国特色的综合治理人口问题的道路，有力地促进了综合国力的提高、社会进步和人民生活的改善，对稳定世界人口作出了积极贡献。对于全国人民这样一项功在当代、利在千秋的丰功伟业，是对影响人口学诸变量方方面面变化的伟大事业，不能不书，不能不写。本章记载了中国计划生育事业的"曲折、悲壮、辉煌"的历程。计划生育工作开始于20世纪50年代，历经50年代末至60年代初和60年代后期两次大的挫折与停顿，70年代初在全国范围内逐步推行。先在大中城市，而后推向小城镇和农村；先在东、中部地区，而后推向西部、边远地区；先在汉族居民中实行，而后推向少数民族居民中，直至全国城乡居民中广泛实行计划生育。实事求是地对50年计划生育事业的巨大成绩和经验教训予以总结。历史证明，中国实行计划生育的决策是完全正确的。

（五）方法和方法论的研究

任何一门独立的科学都有其独立的一套方法和方法论。人口学经过300年的发展已经成为一门独立的学科。随着自然科学、社会科学、信息科学的迅猛发展，人口学在研究方法上已有很大的发展和极为丰富的积累。第二次世界大战以后，特别是20世纪60年代以来，随着人口学的迅猛发展，新的人口学方法，诸如寇尔—德曼区域模型生命表、分层抽样技术、中介变量分析与邦戈茨生育率模型、非线性人口分析，等等，并逐步形成了一整套人口学方法论体系，分离出了许多成熟的方法论分支学科，诸如人口统计学、现代人口分析技术、数理人口学、人口社会调查方法，等等。

本书是一部当代人口发展史，涉及人口发展的方方面面。全书22个专题，在每个专题研究过程中都展示了丰富多彩的研究方法。在全书总体设计上就其方法论讲也有自己的特点，坚持了两条方法论原则：

一条是"有横有纵，纵横结合，横排竖写"。之所以采用撰写志书和史书相结合的这一设计原则，这与新中国50年人口发展的特点有关。首先，撰写这段人口历史不同于撰写古代人口历史。古代时间长，有许多朝代，可以很自然地一朝一代地排下来，而共和国人口历史只有50年，无法按朝顺代来排。其次，人口史与政治史、经济史不同，政治经济发展呈现的阶段性时间可以很短，50年也完全可以分段先后排列。而人口发展却不同，50年前出生的一代人口，现在大多数还存活着。鉴于人口生命周期比较长，人口的内涵外延又很丰富，很难将50年人口发展的各种变量都统一划分阶段来写。正是由于这样的原因，本书只能采用志书的方法分专题横向排列。但是，这部书既然是写史，又必须体现史书的特点，所以，对每个专题的要求是必须按照其变量纵向发展的顺序来竖写，体现每个专题变量的历史发展进程。全书在结构上的纵横合理安排，从而赋予了这部书方法论的创新特点。

另一条是"有史有论，以史为主；史论结合，论从史出"的原则。这条原则在"理论与历史"专题中作过阐述。这16个字是我们从写人口史的实践中作出的系统概括。这条原则的宗旨就是写历史既要写清楚历史事实，又要揭示出历史发展规律，规律从史实中揭示出来。这条原则既是理论与史实关系的正确原则，又是研究历史的一种方法论。

本书研究方法和方法论的专题设有两章，即第十八章人口普查和抽样调查、第十九章户籍制度，均隶属于人口统计分支学科。选取这两章，不仅在于它们是获取人口学研究资料的最基础的手段，更重要的是在于中国的五次人口普查、许多抽样专项调查、经常性的户籍统计，就其规模之大、系统性之强，以及获取资料的丰富性、准确性来说，在世界上其他任何国家都是不能比拟的。中国的人口普查、抽样调查和户籍登记在国际上也产生了重大影响。

第十八章人口普查和抽样调查。首先系统地介绍了中国在1953年、1964年、1982年、1990年、2000年成功进行的五次全国人口普查。对每次普查的特点与组织实施、主要数据、数据质量评估、主要收获均作了简明扼要的说明。其次，详细介绍了中国人口抽样调查所采取的两种形式，一是定期的人口抽样调查；二是人口专项抽样调查。总之，50年来，通过人口普查和抽样调查，在不同的发展阶段，均取得了丰富、准确的人口数据，在国家制定国民经济和社会发展规划、制定人口计划生育政策、推动人口科学事业的发展等方面发挥了重要作用。这些资料不仅是中国的宝贵财富，也是全人类的共同财富，深入开发这些信息资源必将对中国以及全世界的人口与发展产生积极的作用和广泛的影响。

第十九章户籍管理制度，阐述了50年中国户籍管理制度建立、发展、演变的历史。本章强调了新中国成立后户籍管理制度的历史功绩，它在证明公民身份、保护公民合法权益、配合行政管理等为社会主义建设服务诸多方面发挥了不可替代的作用。同时也分析了现行户籍制度的弊端。提出了深化户籍管理制度改革的内容，强调要建立适应社会主义市场经济体制、与社会主义本质和根本任务相适应的户籍管理制度。

第二节 中国人口转变

一 人口转变理论的产生与发展

人口转变一般是指在不同的社会经济条件下，或者说在不同的社会经济发展阶段上，以人口的出生、死亡、自然增长的不同状况为标志的发展从低级向高级阶段转变的过程；这一过程是社会经济现代化体现在人口发展过程上的必然结果。

"人口转变（Demographic Transition）论"初创于20世纪30年代。从18世纪后期到19世纪中叶，北欧、西欧、北美诸国相继完成了产业革命，实现了工业化、现代化，确立了资本主义生产方式。随着生产力、科学技术、医药事业的发展，人口死亡率持续下降，而生育率继续过去的高水平，因而自然增长率升高，人口增长迅速。19世纪中叶以后，发生了急剧变化，几乎所有西欧、北欧国家出生率都持续大幅度下降，一直到20世纪30年代末。在这种背景下，一些人口学家、经济学家、社会学家试图描述此过程，寻找其原因、后果，探索其规律，确定对策，人口转变理论应运而生。到20世纪第二次大战后发达国家出生率虽然因出生婴儿热而普遍回升，但是50年代后期即普遍下降。到70年代初期以后，即陆续进入稳定的零增长，人口转变趋于完成。人口转变的理论也随之深入发展。

人口学界比较公认的人口转变理论的奠基者是法国经济学家和人口学家阿道夫·兰德里（Adolphe Landry，1874~1956）。他的《人口革命》一书是人口转变理论的奠基之作。此书虽然没有提出"人口转变"的概念，而是用"人口革命"（Demographic Revolution）。但人口转变的基本观点已经提出，并把人口转变分为三个阶段，即原始阶段、中期阶段和现代阶段。在他看来，经济因素特别是生产力的发展是人口转变的主要动因。在同一时期，美国沃伦·汤普逊（W. S. Thompson，1887~1973）在他所发表的《人口》(1929)和《人口问题》(1930)里，也探讨了人口转变问题，把世界人口分为三类地区，实际上也论述了人口转变的三个阶段。他和兰德里都被视为人口转变论的前驱和奠基人。

20世纪40年代之后，人口转变理论进一步丰富和发展。美国人口学者弗兰克·诺特斯坦（F. W. Notestein，1902~1983）建立了人口转变的理论体系，被认为最先阐述了人口转变论的本义。他把人口转变具体划分为四段：前工业化时期、工业化早期、进一步工业化时期、完全工业化时期。他最先提出了死亡率的下降一般先于生育率的下降的思想，提出了发展中国家的人口转变问题和人口零增长的思想，并且从经济社会的变动上较为全面深刻地论证了人口转变的原因。继诺特斯坦之后，英国人口学家布莱克（C. P. Blacker）把人口转变更具体地划分为五个阶段：高位静止阶段、早期扩张阶段、后期扩张阶段、低位静止阶段、减退阶段。美国人口学者安利斯·寇尔（A. J. Coale）对古典人口转变论做了理论上的修正，更加强调了新避孕技术在生育率下降中不可轻视的作用，以及教育对生育率下降的作用等。

进入20世纪80年代至世纪末，人口转变理论深入发展，对生育率下降和人口转变的动因作了进一步研究。澳大利亚人口学家约翰·考德威尔（J. C. Caldwell）提出了著名的"财富流理论"，认为生育率下降是家庭内经济结构变化的结果。芝加哥大学教授贝克尔（G. S. Becker）认为收入、价格、风尚等是决定对孩子需要减少和促进生育转变的基本力量。美国人口学家理查德·伊斯特林（R. A. Easterlin）则把经济、社会、文化以及政府的政策决策综合起来研究生育率下降问题，从现代化引起的经济、社会、文化发展，来分析生育观念的转变。人口转变理论研究的深入，还表现在有越来越多的国家的学者应用于分析本国的人口发展过程，并根据各国的实践经验来丰富和发展人口转变理论。

中国人口学者自20世纪80年代以来，随着计划生育的普遍深入开展和中国人口科学的发展，对人口转变理论作了广泛宣传和深入研究，并取得了丰硕成果。

刘铮教授在20世纪80年代初就把西方人口转变理论介绍到中国。在他的手稿《人口转变论》[①]（1981）里系统介绍了人口转变论产生的历史背景、人口转变的基本内容、衡量人口转变过程的标志、发展中国家的人口转变问题以及对人口转变论的评价。他认为，人口转变论注意到人口发展和生产力、社会发展之间的关系，并把它看作人口发展变化的原因。但是，西方人口转变论的弱点有三：其一，它没有把人口再生产类型的变化置于社会生产力和生产关系的矛盾运动中来考察，只是看到资本主义工业的发展、生产力的发展对生育率下降影响的表面现象，而没有深入分析产生这些现象内部的生产关系的原因，因此，它有很大的片面性；其二，人口转变论创始人认为，资本主义社会低生育率已使人口过剩为人口不足所代替，把资本主义相对过剩人口说成超历史的过剩人口，掩盖了资本主义社会的基本矛盾；其三，人口转变论者站在资产阶级立场，害怕和反对革命。

李竞能教授在他主编的《当代西方人口学说》[②]第十章专门评述了当代西方人口转变论，肯定了人口转变论的基本原理已被大多数人口学者所接受；同时也指出它是一个待完善的理论，实质上没有摆脱马尔萨斯人口原理的影响。在他主持的国家社会科学基金规划"九五"项目最终成果《现代人口理论研究发展概论》[③]第四章里，对古典人口转变论与现代人口转变论作了比较，他指出："古典人口转变论主要根据欧洲的历史经验进行研究，而现代人口转变论则进而分析发展中国家以至全世界人口转变过程；前者重视分析转变过程及其发展阶段，而后者则更重视分析生育率下降和人口转变的动因；前者着重从经济发展的角度分析人口转变的动因，而后者则把经济、文化、人口各种因素综合起来进行动因分析；前者主要考察自然生育率的转变过程，而后者还考察计划生育条件下的生育率转变过程。无论是古典的还是现代的人口转变论，都为科学地预见人口发展趋势作出了不可磨灭的贡献。"李竞能教授等所写的《经济发展对人口

---

① 《人口转变论》，载《刘铮人口论文选》，中国人口出版社1994年版。
② 李竞能主编：《当代西方人口学说》，山西人民出版社1992年版。
③ 李竞能：《现代人口理论研究发展概论》，国家社科规划"九五"项目最终成果鉴定稿，未发表，2002年6月。

转变的作用》[①] 一文对中国人口转变的动因进行了经济分析：生产力性质的转变和相应的经济制度的转变，是影响人口转变的决定性因素；但是，经济发展对人口转变的影响并不都是直接的，有时是间接的，往往是通过一些中间变量来发生作用的，因此，单纯用经济因素很难具体和充分说明人口转变的复杂过程；人口政策对人口转变的影响要以一定的社会经济发展为条件，只有最终实现经济现代化和相应的生活方式现代化，中国的人口转变过程才能彻底排除各种不稳定因素。换言之，虽然实行计划生育加速了中国生育率下降和人口转变过程，但是，生育政策的力度是有限的，完成人口转变的关键在于实现社会经济和生活方式的现代化。

彭希哲教授主编的《传统变革与挑战》[②] 一书，对西方人口转变论作了比较系统的评介。他介绍了西方人口转变论的发展、演变过程，评介了西方有关生育率下降的各种理论观点：生育率变动的经济分析，生育率变动的社会学研究，代际财富流理论，中间变量理论，计划生育的作用，传播理论，供求加节育成本模型，生育率变动的制度分析，生育率变动的人类学和文化研究，社区研究和多层次分析等。

吕荣侃教授等出版的《论世界人口转变的中国道路》[③] 一书，是中国系统研究人口转变的第一部专著。该书系统论述了人口转变的经济、社会、人口背景、产生发展的历史以及人口转变的动因、机制等问题。其中最精彩的有以下两点：第一点是精辟分析了人口转变的原因和机制，对发达国家和发展中国家的共同基础与各自的特色进行了系统分析，特别是对发展中国家人口转变的必要性和可行性即客观必然性及其实现的方式进行了理论概括。他对所谓的发达国家人口转变是"自然发生的"，而中国的生育率下降则是"强制执行"的结果的观点进行了批驳。作者指出，中国的人口转变是由"社会自觉控制"的计划生育开始的，中国在实现现代化的过程中，通过国家权力、通过集中的有组织的社会力量，来推动人口转变，减轻人口压力，加速现代化的进程，正是历史的要求；但是，它的最后完成还必须以经济、社会的转型为基础。第二点是以此理论为基

---

① 李竞能等：《经济发展对人口转变的作用》（1984），载《人口与发展》，中国人民大学出版社1987年版。

② 彭希哲主编：《传统变革与挑战》，复旦大学出版社1992年版。

③ 吕荣侃、龚学信、刘庆胜：《论世界人口转变的中国道路》，中国文联出版社2003年版。

础，把中国人口转变的道路简要概括为：人口转变是由社会自觉控制开始并持续发展的，伴随这一过程，为经济社会发展，为社会转型创造一个较好的人口环境，逐步建立起人口转变的经济社会基础，群众婚育意愿改变，最后稳定地完成人口转变，建立起人口与经济、社会发展的良性互动。首先是"用避孕药加速发展"，然后是"发展成为最好的避孕药"，二者相互渗透、相互推动、有机统一。这同以欧洲为代表的发达国家的人口转变一样，二者都是世界人口转变潮流中的一支，有着共同的基础，"殊途同归"。

二 20世纪中叶——中国人口转变的起始时间

世界人口转变是世界人口发展的必然趋势，中国人口转变是世界人口转变的重要组成部分。但因时代与国情的不同，中国人口转变有着自己的特点。我们先来研究中国人口转变的起始时间问题。这个问题中国人口学者已经作了许多有益的探讨，大体上有两种意见。

第一种意见是把中国人口转变的起始时间划定在20世纪上半叶，甚至前推到19世纪。比较有代表性的是侯杨方的《中国人口史·第六卷·1910～1953年》（以下简称"侯书"）。侯书中说："至少从20世纪20年代开始，中国人口已经开始了人口转变，进入了人口转变的第二阶段，即向高生育率和死亡率正处于下降过程的转变，人口增长速度开始加速。"又说："几乎所有研究中国人口转变的论著总是将中国人口转变的期限划定在1949年以后，但人口的变化过程并非是戏剧性的，它是一个无法用政治事件截然断开的长期和连续的过程，是与科学技术特别是医疗技术和公共卫生制度的建立和发展分不开的。"[①] 说"几乎所有研究中国人口转变的论著"，也不是这样。在中国人口学者中有的将中国人口转变的期限划定在19世纪上半叶即中国古代社会末期，有的划定在19世纪下半叶即中国近代社会的中前期，有的划定在20世纪上半叶中国近代社会的中后期即民国时期。总之，把中国人口转变的起始时间划定在20世纪上半叶及其以前，这算一种意见。

---

① 侯杨方：《中国人口史·第六卷·1910～1953年》，复旦大学出版社2001年版，第610～611页。

第二种意见是把中国人口转变的起始时间划定在20世纪中叶，以新中国成立为标志。当然，持此种意见的学者比较多。田雪原教授2002年指出："1949年中华人民共和国成立后，迅速经历了人口再生产类型的转变，很快由高、高、低转变到高、低、高。"①吕荣侃教授2003年在系统研究了中国人口转变的全过程后认定："1949年中华人民共和国的建立，开辟了一个新时代，经济、社会、文化开始了新的发展时期，死亡率开始显著地稳定地下降，第一次人口转变真正开始了。以中华人民共和国的建立作为第一次人口转变的起点，是比较合适的。"他进一步指出："历史时期的划分不可能像切豆腐那样整齐划一，只能选择重大的历史事件作为标志，人口史也是一样。建国前与建国后的死亡率不可能是没有联系的，也不可能原来很高，一下子就下来了。但是，显著的下降确是在建国后。"②

以上两种意见究竟哪种意见比较符合中国人口转变的实际情况呢？借鉴世界人口转变的经验和全面考察中国人口转变的历史进程，我们认为是后者而不是前者，也就是说把转变的起始时间划定在20世纪中期，较为妥当。其标志性的事件是中华人民共和国的成立。对于前一种意见吕荣侃教授在他的《论世界人口转变的中国道路》一书中作了比较清楚的回答。这里只着重说一下为什么把中国人口转变的起始时间放在20世纪中期，即以新中国成立为标志比较妥当，同时对侯书中相关内容略作评价。

从人口再生产的角度考察，人口历史大体经历了三个基本阶段或者说三种基本类型。第一个阶段为高出生率、高死亡率、低自然增长率的原始传统型阶段，大体上是原始社会、奴隶社会、封建社会、半殖民地半封建社会；第二个阶段为高出生率、低死亡率、高自然增长率的过渡型阶段，大体是在自由资本主义前期，第二次世界大战后进行了民族民主革命的发展中国家；第三个阶段为低出生率、低死亡率、低自然增长率的现代型阶段，大体上是自由资本主义过渡到垄断资本主义直至国家垄断资本主义的发达国家、苏联社会主义国家、部分经济发展水平较高人口控制较好的发

---

① 田雪原：《中国人口科学发展的昨天、今天与明天》，《人口研究》，2002年第4期，第2页。

② 吕荣侃等：《论世界人口转变的中国道路》，中国文联出版社2003年版，第188页。

展中国家。人口转变的起始时间，就是指的从高、高、低类型向高、低、高类型过渡的转折点。

确定人口转变起始时间的特定标准是什么。根据我们的考察，至少必须同时具备两点。一是死亡率持续快速下降，而不是曲折缓慢下降；二是死亡率持续快速下降的社会动因机制基本形成。前者是后者的结果，后者是前者的动因，二者存在着内在的因果联系，必须结合在一起进行分析。

死亡率持续快速下降是人口转变由高、高、低型向高、低、高型过渡的转折点的重要标志。总结世界人口转变的经验，许多研究人口转变理论的学者都指出了这一点。1909年人口转变理论的奠基者法国人口学家阿道夫·兰德里所写《人口的三种主要理论》、1929年美国人口学家沃伦·汤普逊所写《人口》、1947年英国人口学家布莱克所写《人口增长的阶段》、1953年人口转变理论的建立者美国人口学者诺特斯坦所写《人口变动的经济问题》、1966年著名人口学者克尔克（D. kirk）所写《人口转变》都得出了这个结论。特别是系统论述人口转变内容的切斯耐思（Jean Claude Chesnais）1992年出版《人口转变：阶段、模式和经济影响》一书，论述了人口转变的三个主题条件，"第一个条件就是：首先是死亡率按年表顺序下降，随后是生育率下降，如果出现意外是方法错误。"[①]

中国人口死亡率持续快速地按年表顺序下降从何时开始？从现在掌握的统计数据看，是从1949年以后。1949年全国人口死亡率为20‰，此后逐年下降，到1957年快速下降到10.80‰。仅仅8年死亡率就下降了几乎一半，这是典型的死亡率的按年表顺序持续快速下降。此间的人口预期寿命也由48岁左右提高到59.7岁，年平均提高近一岁半，体现了死亡水平下降之快。在1949年之前却找不到这样按年表顺序持续快速下降的数据。当然，历史上没存留下这样的统计数据，从逻辑上讲，也并不能确认历史上就没有这样的事实。不过，我们可以利用历史上遗留下来的一些局部调查资料，以及学者们经过研究而有价值的估算数据，大体判断20世纪上半叶中国人口高死亡水平的状态。乔启明根据旧中国几次乡村调查结果，

---

① 转引自李竞能《现代人口理论研究发展概论》，国家社科规划"九五"项目最终成果鉴定稿，未发表，2002年6月。

计算 20 世纪上半期全国乡村人口平均粗死亡率为 30‰。① 陈达根据 1917～1933 年全国各地区 31 处死亡率报告的资料，估计全国的死亡率为 33.0‰。② 1959 年联合国经济社会事务部根据 1953 年中国人口普查数据和其他有关生命统计，估算 1900～1943 年之间中国人口的死亡率为 33.4‰。③ 这一结果为治学严谨的姜涛研究员和吕荣侃教授所肯定并加以引用。④ 我们认为，在没有确切实际的统计数据的条件下，根据已有资料，结合对社会条件的具体分析而作出某种严肃认真的估算推论，虽不能认为是准确数据，但其参照价值还是有的，关键是对其价值的定位要准确。黄荣清教授在全面研究了民国时期全国人口死亡率（25‰～30‰）、婴儿死亡率（200‰）、预期寿命（35 岁）之后，得出结论说："当时中国的人口确实处于高死亡力状态。"⑤ 我们引用上述数据，从宏观上判定 20 世纪上半叶中国人口总体的"高死亡力状态"，中国的人口再生产仍处于"高、高、低"型，其死亡率仍处于高位状态，并没有明显出现按年表顺序持续快速下降的状况。

至于人口死亡率的下降问题，可以这样说，人类从诞生，经历了漫长的原始社会到奴隶社会、封建社会、半殖民地半封建社会，总是在为自己生存作不懈的斗争，生产力在曲折缓慢中提高，人类的生存条件不断改善，因而死亡率也在曲折缓慢的状态中下降。而且这种下降，从总体上是在渐渐呈现加速度。鉴于这种情况，总不能说人类一诞生就开始了人口转变，还是要看人口转变的特定条件是否已经具备。

一个社会是否开始了人口转变，不仅要看人口死亡率按年表顺序持续快速下降的数据，更要分析这种下降的社会动因机制是否基本形成。如果这种机制尚未基本形成，即使有死亡率下降的迹象，也不能认为已经开始了人口转变；相反，如果这种机制已经形成，死亡率开始了持续快速下降，即使死亡率因某种特殊原因而波动，也不能否认已经开始了

---

① 乔启明：《中国农村社会经济学》，第 101～102 页。
② 陈达著、廖宝昀译：《现代中国人口》，天津人民出版社 1981 年版。
③ 联合国：《亚洲及远东人口，1950～1980》，1959 年。
④ 见姜涛《中国近代史》，浙江人民出版社 1993 年版，第 117 页；吕荣侃《论世界人口转变的中国道路》，中国文联出版社 2003 年版，第 188 页。
⑤ 见本书黄荣清撰写第四章第一节。死亡力是表示人口死亡的综合水平。

的人口转变的事实。特别是在新中国成立前缺乏准确的死亡率数据的条件下，在判断中国人口转变的初始时间时，强调社会动因转变机制这一点尤其重要。

我们之所以把中国人口转变的初始时间判定在20世纪中叶新中国成立前后的这段时间，是因为这时人口转变的社会动因机制已基本形成。其表现有三：

一是此时废除了封建土地所有制。旧中国以封建地主土地所有制占主导地位的土地所有制，是严重束缚社会生产力的发展，使90%以上广大农民陷入水深火热之中，造成人口死亡率很高的根本经济原因。孙中山先生在20世纪上半期提出"耕者有其田"的口号，这个口号在20世纪上半期没有得到实现，而是在20世纪中期的土地改革中实现了，从而改变了中国大多数人口生存的命运。没收封建地主阶级的土地归农民所有，变封建地主土地所有制为农民土地所有制，是解放生产力，发展农业生产，提高农民生存条件，降低人口死亡率的根本措施。新中国成立前已有1.2亿人口在解放区实行了土地改革。新中国成立后到1952年底，土地制度的改革已在全国范围内基本完成。全国有3亿多农民，无偿地获得7亿亩土地和大量生产资料，免除了过去向地主交纳350亿公斤粮食的地租，从根本上消灭了封建剥削制度，使广大农民焕发了前所未有的积极性，推动了农业生产的恢复与发展，使在饥饿死亡线上的农民有吃有穿。据统计，1952年与1949年相比，农民收入一般增长30%，人均消费水平约增长20%，这为人口死亡率持续快速下降创造了经济条件。这和西方国家人口转变起始的特点不同，从某种意义上讲，如果说西方发达国家的人口转变始于工业革命，那么中国人口转变则起始于全国的土地革命。这是一场改变中国大多数人生存条件的社会性质的革命。

二是社会秩序日趋稳定。新中国成立前后，中国大陆相继解放和统一，消除了国内数十年的战乱，各级人民民主政权逐步建立；同时，在全国范围内掀起了大张旗鼓地镇压反革命的群众性政治运动，保障了人民生命财产的安全，安定了社会秩序，基本上消除了战争死亡率，而20世纪上半叶却不具备这个条件。

三是医疗卫生条件改善。在新中国成立前中国人民长期得不到健康保障，疾病丛生，缺医少药等严重情况，是使人口死亡率居高不下的重要原因。新中国成立后，提出了医疗卫生工作"面向工农兵服务"的方针，以及"防治结合、预防为主"和"团结中西医"的方针，在广大农村、城市街区和工矿企业普遍建立起基层卫生组织和各种专业防疫机构，加强中西医团结，大规模开展爱国卫生运动，使城乡落后的卫生面貌大为改观，人民群众的疾病死亡率、婴儿死亡率大大下降。

仅以上三项说明，20世纪中期新中国成立前后全国人口死亡率持续快速下降的社会动因机制已经基本形成，标志着中国人口转变已经开始。

侯书据以判断中国人口转变至少于20世纪20年代就开始的社会条件是什么呢？侯书讲，一是现代医疗与公共卫生体系的建立；二是救灾和救济体系的建立；三是现代交通对救灾和移民所起的积极作用[1]。这是对于中国20世纪初的社会性质缺乏根本的认识。那是什么社会？是半殖民地半封建社会，90%以上的农民生活在帝国主义、封建主义、官僚资本主义残酷剥削与压迫之下，经济社会极端落后，现代医疗条件根本不存在，何谈"公共卫生体系"，民生凋敝，饿殍遍野，这已是铁的事实，任何人都无法改变。在这种条件下，说广大农民的死亡率能显著下降是难以令人信服的。侯书提到世纪末有过现代医学训练的传教士来到中国，李鸿章接受外国领事馆和传教社团的建议，选择8名留美学生接受西方传教士的培训课程，并培养出一批中国医生，1921年天津英租界工部局设自来水厂，1929年医学专家率团访问中国，等等。培养一批医生也好，设自来水厂也好，外国专家访问中国也罢，这对于中国为数不多的城市中的极少数人的健康可能产生某些作用，但是对于旧中国的4亿多农民的健康究竟能起多大的作用？那时的农民半年糠菜半年粮尚不可得，能得益于这些卫生设施吗？至于说"救灾和救济体系"，在20世纪20年代军阀混战，半殖民地半封建的国弱民穷，不可能有真正起作用的"救灾和救济体系"的。当然，有一些救济活动，但极其微小薄弱，无异于杯水车薪，对于占中国人口大多数的农民的死亡率下降发生的作用也是极其有限的。至于说现代交通，提到1876年英国商人在中国建立的全长14.5公里的吴淞铁路等。这些活动不过是西方帝国主义为加强在经济上对中国的侵略，使中国更深地陷入半殖民地的深渊，从本质上使中国更加贫困落后、依附于帝国主义

---

[1] 见侯杨方：《中国人口史·第六卷·1910~1953年》，第十四章，第二节。

的伎俩而已。在20世纪初的那种社会条件下，修两条铁路，对广大贫苦农民的健康寿命究竟能起什么作用，那是值得怀疑的。总之，以这些事件做依据，来说明在20世纪初就开始了中国人口转变，是在于没有抓住中国人口转变的社会动因机制中的根本。

这里有一点需要提及的是，在研究中国近代史问题的时候，使用西方人撰写的有关中国近代史的文献，要特别小心，应仔细鉴别、选择和分析。这是因为中国百年近代史，是一部西方帝国主义侵略压迫中国的历史，是一部中国人民反侵略反压迫的历史。对这段历史的认识，由于所处地位的差别，相当多的西方人往往与中国人的认识是不一样的，如果不用唯物史观去加以鉴别和选择，就有可能得不出符合中国历史实际的结论。

还需要一提的是，侯书中对与人口转变相关的几个历史事件的评价也值得商榷。

其一，对孙中山人口思想的评价。侯书离开当时的历史条件对孙中山的人口思想几近讥讽的语气予以否定。孙中山的人口思想固然包含一些不科学的成分，以及对各国人口增长情况了解不确切的缺点，但是，他从解决当时中国社会主要矛盾的需要出发，他的人口思想渗透着反抗西方列强侵略的斗争精神，出发点是富强国家、壮大民族，以抗击列强的民族压迫，具有显著的革命意义。这是孙中山人口思想的灵魂，不容忽视。

其二，对1945年国民党六大决议案的评价。1945年5月，在当时学术界推动下，国民党第六次全国代表大会的决议正式承认生育节制为合法。侯书认为这一事件"具有重要的划时代的意义"，"不能抹煞它在历史上的光辉"，"直至30多年后才被再一次确认，并得以实施"。这种评价实在欠妥。当时抗日战争尚未结束，交织着民族矛盾和阶级矛盾，内忧外患，人民群众在水深火热之中，有实行节制生育的条件吗？唐朝有个叫王梵志的诗人写道，人口"续续生出来，世间无处坐，若不急抽却，眼看塞天破"。其对策是"生儿不用多，了事（能干）一个足"，就是说，一对夫妻如果能生一个聪明健康的孩子就满足了。如果抽掉封建社会的社会条件，王诗人的意见几乎就是现代的计划生育政策，岂不更"光辉"，更具有"划时代的意义"吗？对于国民党六大决议案，诚如葛剑雄教授所指出的，"在当时的条件下不仅未能付诸实施，连在学术界和思想文化界也没有受到重视。"① 的确，只有适合历史条件需要的东西才是有价值的。至于说这个决议案"30年后才被再一次确认，并得以实施"，显然是指20世纪70年代在全国开展的计划生育，是确认并实施了国民党六大决议案。30年前与30年后中国的社会条件与人口条件都大不一样，30年前中国人口被认为是4亿多，30年后8亿多；30年前中国社会条件是内忧外患，急需推翻三座大山，30年后则是社会主义建设的和平时期，人口压迫生产力。70年代中国政府作出在全国实行计划生育的决定，并非是对国民党六大决议案的"确认"和"实施"，而是根据中国70年代人口条件和经济社会条件的具体情况而作出的英明决策。要称得上"光辉"和"划时代"的，倒是20世纪70年代之后所产生的一系列文献，特别是：

1971年7月8日，国务院转发卫生部军管会、商业部、燃料化学工业部《关于做好计划生育工作的报告》（[71]国发文51号），提出："要加强领导，深入开展宣传教育，使晚婚和计划生育变成城乡广大群众的自觉行动。"

1980年7月25日，中共中央发出《关于控制我国人口增长问题致全体共产党员、共青团员的公开信》，向全国人民发出号召："提倡一对夫妇只生育一个孩子。"

1991年5月21日，中共中央、国务院《关于加强计划生育工作严格控制人口增长的决定》，要求全党全国人民必须"坚决地、认真地、持久地执行计划生育的基本国策"。

2000年3月2日，中共中央、国务院《关于加强人口与计划生育工作稳定低生育水平的决定》，提出"在实现了人口再生产类型的转变之后，人口与计划生育工作的主要任务将转向稳定低生育水平，提高人口出生素质。"

以上文献之所以称得上"光辉"和"划时代"，是因为正是这些文献顺应时代潮流，实实在在地推动了中国人口生育转变的伟大实践。

其三，对中华人民共和国成立的评价。侯书批评了一些学者用1949年中华人民共和国成立这个"政治事件"，将长期和连续的人口变化过程

---

① 葛剑雄：《中国人口史》第一卷，复旦大学出版社2003年版，第158页。

"截然断开"。这种把新中国成立视为一般"政治事件"也欠妥。且不说中华人民共和国的成立是 20 世纪继十月革命之后世界上最伟大的政治事件,单从中国人口转变这个意义上说,新中国的成立开辟了中国人口发展的一个新时代,是改变中国社会性质的伟大事件,它标志着与人口再生产"高、高、低"型相联系的半殖民地半封建社会的结束,与人口再生产"高、低、高"型相联系的社会主义社会初级阶段的开始。中国人口转变虽不能机械地像切豆腐那样从 1949 年 10 月 1 日那天使人口的发展突然中断而开始,但它确实是中国人口转变形成社会动因机制的标志性事件,是在中国人口历史发展的链条中发生人口转变的转折性的一个关键环节。

总的来说,中国人口转变的起始时间大体划定在 20 世纪中叶,其标志性事件为新中国的成立,是比较妥当的。

三 50~60 年代——中国人口转变的前期阶段

这一阶段以人口死亡率的持续快速下降,出生率仍停在高位并略有波动为其主要特征,以中华人民共和国成立为其标志性事件。

这一阶段中国人口再生产类型实现了从高出生、高死亡、低自然增长到高出生、低死亡、高自然增长的过渡。其转变的决定性因素是死亡率的持续快速下降,死亡率由 1949 年的 20‰下降到 1970 年的 8.03‰,下降幅度近 12 个千分点。死亡率的下降,又使平均预期寿命延长,从 1945 年到 1949 年的 39.1 岁提高到 1970 年到 1974 年的 64.1 岁。

这一时期分析死亡率变化的特点,又分为三段:一是死亡率迅速下降期(1949~1957 年)。死亡率从 1949 年的 20‰下降到 1957 年的 10.8‰。下降的原因,从社会条件来讲有三:生产的恢复与发展;医疗卫生事业的发展;国内环境安定。在这种条件下,中国的婴儿死亡率、疾病死亡率大幅度下降,因战争、饥饿而死亡的人数极少;而生育却维持在原来高水平,出生率一般在 30‰以上,多数年份在 37‰,总和生育率在 5.6~6.5 之间。因此,自然增长率迅速提高,呈现出高出生、死亡率迅速下降、高自然增长状态。

二是死亡率的短暂异常上升时期(1958~1961 年)。死亡率 1958 年开始上升到 11.98‰,1959~1961 年三年平均死亡率上升到 18‰以上,而平均出生率却下降到21‰，自然增长率下降到3‰，形成了一个人口增长的低谷。此种情况主要是工作上的"左"的错误所造成，而没有破坏人口转变的社会动因机制，因此，人口再生产3年后很快恢复到原来的状态。

三是死亡率的继续下降时期（1962~1970年）。在中央"调整、巩固、充实、提高"的方针下，国民经济恢复，1962年人口死亡率又迅速下降到10.02‰，与1957年持平。此后，到1970年持续下降到7.6‰的水平。而这时期的出生率也恢复到1957年前的高水平，历年均在33‰以上，自然增长率历年均在25‰以上。

把以上三段连贯起来看，剔除1959~1961年短暂的三年异常时期，中国人口转变的前期阶段是以死亡率的持续下降为其基本特征的，出生率则维持在高水平上略有波动，呈现出了人口再生产类型由高出生、高死亡、低增长到高出生、低死亡、高增长转变的典型特征。

四 70~90年代——中国人口转变的深入阶段

这一阶段以人口出生率的显著持续稳定下降、辅之以人口死亡率下降趋缓为其基本特征。20世纪70年代初中国政府在全国范围内大力推进计划生育政策为其开始时间的标志性事件。

这一阶段中国人口再生产类型实现了从高出生、低死亡、高增长到低出生、低死亡、低增长的历史性转变。其转变的决定性因素是出生率、生育率的显著持续快速下降。出生率从1970年的33.43‰下降到2000年的14.03‰，总和生育率从1970年的5.81下降到2000年的1.80。

这一时期大体经历了30年，分析生育水平下降的特点又分为三段。

一是70年代生育水平的快速下降。人口出生率由1970年的33.43‰下降到1979年的17.82‰，总和生育率由1970年的5.81下降到1979年的2.75。这10年的生育水平呈直线下降趋势，中间没有明显的波动。中国人口的生育率之所以能以直线下降，其直接因素是中国政府面对人口总量的强势增长给社会经济、人民生活带来的巨大压力和直接影响，不得不下定决心在全国范围内大力推行计划生育，要求育龄夫妻在生育孩子上做到"晚、稀、少"，即晚婚、晚育、少生，加间隔较长。因而使这一时期的人口出生率、总和生育率急剧下降，由于死亡率的趋缓和稳定，自然增长率也相应快速下降。

二是80年代生育水平的波动徘徊。1980年至1990年，出生率由18.21‰回升到21.06‰，总和生育率由2.24回升到2.31，总体上看稍有回升，比较平稳地保持在比更替水平略高的水平上。但是这10年中有两次回升的波动。第一次是1981～1983年，以1982年最高，出生率达22.28‰，总和生育率为2.86。其主要原因是1980年公布的《婚姻法》中男22周岁、女20周岁可以登记结婚的规定，造成了结婚生育年龄提前的状况，导致一孩生育的堆积，而主要不是《中共中央关于控制人口增长问题致全体共产党员、共青团员的公开信》发布引起的后果。第二次向上波动是1985～1988年，最高的是1987年，出生率达23.33‰，总和生育率达2.59。其原因一是年龄结构的变动，1962年后第二个人口增长高峰出生的人到1984年陆续进入生育期；二是在1984年生育政策合理调整的过程中，不是因为调整政策不当，而是工作措施没有跟上，造成了某些地区的计划生育工作失控。80年代生育水平两次的波动上扬，证明了2000年《中共中央、国务院关于加强人口与计划生育工作稳定低生育水平的决定》当中所讲的一个真理：任何政策的偏差、工作的失误以及外部环境的不利影响，都可能导致生育率的回升。不过80年代计划生育工作的成绩还是巨大的，现行的生育政策得到稳定和完善，地区间生育水平差距缩小，高孩次生育率下降，总体生育水平仍然得到有效控制。

三是90年代生育水平稳中有降。1991年至2000年，出生率由19.68‰降到14.03‰，总和生育率由2.14降到1.80，而且是几乎整个90年代总和生育率均稳定在更替水平之下。

生育率的转变是人口转变的核心和精髓。更替水平在人口转变的历程中具有里程碑的意义，是现代人口转变的转折点。中国人口转变自70年代初至90年代末的近30年的时间，总和生育率得到显著持续稳定的下降，并达到和稳定在更替水平之下，它对中国人口转变实现零增长，从而最后完成人口转变，提供了最主要的前提条件。

在中国人口转变的第二个阶段的转变过程中，体现了中国现代人口转变的基本特征。在人口学界比较早而且比较系统分析中国现代人口转变的特征，体现在1994年的两份材料中。翟振武等主编的《跨世纪的中国人口与发展》①一书，其中专门设置了"中国人口转变的特征"一题；吕荣侃的《中国人口转变的主要特征》②论文。他们认为中国人口转变过程（即指此文讲的中国人口转变从过渡型向现代型的转变）主要有以下特征：其一人口转变的陡峻性，主要是指出生率、总和生育率下降的陡峻性；其二中国人口转变的不平衡性，主要表现在地区间的不平衡、城乡间的不平衡、不同文化程度育龄妇女之间的不平衡；其三中国人口转变的可逆性，只要政策上有改变、工作上有放松，总和生育率立即反弹，出生率立即大幅度回升，人口转变随时可以逆转，特别是农村。

此后由于计划生育工作实践的深入，对这些特征的认识逐步深化，在计划生育战线上的同志以及不少人口学者对人口转变的特征都作了更进一步的探讨。本书第三章由于学军、李建新共同撰写的第三节"妇女生育水平的转变特点"，③对中国现代人口转变的特征作了更深入的分析。其特征增至5条：迅速转变性；控制干预性；不彻底性；不稳定性；不平衡性。其中第1、4、5条与翟、吕所讲的三点相同，在此基础上又作了更深入细致的分析。而增加的第2条控制的干预性，则从中国人口转变机制上作了分析，指出中国人口转变不再像西方国家那样是一种自发过程，国家从70年代明确地干预人口的生育过程，计划生育国策是促进中国人口迅速转变的重要原因，与西方传统的人口转变相比，中国人口转变有着明显的政府干预和控制的特性。增加的第3条讲不彻底性。中国人口转变正是因为在政府干预、社会经济发展还不十分充分的条件下实现，所以就出现了不彻底性。具体表现在两个方面：一方面生育观念转变不彻底，中国传统生育文化的烙印远未消除；另一方面是社会经济发展水平低，产生旧观念的经济基础和文化土壤还存在。

中国人口转变的第一、第二个阶段贯穿了新中国成立后的整整50年，实现了人口再生产由高出生、高死亡、低增长向高出生、低死亡、高增长类型的过渡和由高出生、低死亡、高增长向低出生、低死亡、低增长类型的历史性转变。

---

① 翟振武等主编：《跨世纪的中国人口与发展》，1994年人口研究增刊。
② 吕荣侃：《中国人口转变的主要特征》，1994年7月18日，《中国人口报》理论版。
③ 本书第三章"妇女生育水平"的第三节"妇女生育水平的转变特点"，于学军、李建新撰写。

五 21世纪上半叶——中国人口转变的后期阶段①

20世纪与21世纪之交,在中国人口学界开展了一次关于中国人口转变的讨论。② 此次讨论的最大贡献是加深了对新中国五十年人口发展转变的进程、内容,特别是对世纪之交人口状态的认识。当然,讨论的题目是围绕着世纪之交中国人口转变的进程是否完成的问题展开的。由于中国人口转变的特殊性和复杂性,以及学者们观察问题的角度不同,持不同意见是完全正常的。而且此次讨论尚未结束,仍有不少学者就这个问题陆续发表论文和出版专著发表个人意见。

我们认为,无论从形式人口学的角度还是从人口研究的角度看中国人口转变,似乎都还有比较长的路要走。

(一)从与人口再生产类型相关的人口变量看。它涉及出生率和总和生育率、死亡率和平均预期寿命、自然增长率等变量。到20世纪末总和生育率已降到1.80,在更替水平之下,为人口的零增长创造了必备的前提条件。但是这种低水平又是不稳定的,正像2000年中央《决定》中讲的:"任何政策的偏差、工作的失误以及外部环境的不利影响,都可能导致生育率的回升。" 2000年出生率降到14.03‰,是新中国成立50年最低的一年。但与死亡率联系起来看,高于死亡率7.58个千分点,说明人口的惯性增长仍在起作用。2000年的死亡率已降到6.45‰,几乎降到了人类死亡率的下限,而且死亡率在低水平上已经维持了24年。但从死亡率发展的趋势看,由于年龄结构的原因,死亡率还要回升,但在20世纪末还没有到出现回升的转折点。这一点对人口转变的完成的判定是重要的。2000年平均预期寿命为72.43岁,比50年代初的48岁左右提高24岁。但与人口转变完成的发达国家相比,尚有相当的空间。2000年自然增长

---

① "后期阶段"这个提法,是源于2003年在杭州召开的中国生育文化研讨会期间,笔者与吴忠观教授共同斟酌后提出的。

② 2000年上半年,于学军和李建民分别为《中国人口科学》和《人口研究》撰文,提出中国进入"后人口转变"时期。叶明德和李建新分别对于、李的观点提出了质疑。随后,吕荣侃、朱国宏、陈剑、罗淳、赵时亮等学者也加入了讨论。此次讨论的论文大都收在于学军、李建新主编的《低生育水平下的中国人口》一书中,中国人口出版社2001年版。吕荣侃等的专著《论世界人口转变的中国道路》,中国文联社出版2003年版。

率为7.58‰，人口的增长量每年仍在1 000万人以上，离人口实现稳定零增长还有相当大距离。从以上人口变量的现状看，不能说中国人口转变已经完成。

（二）从人口转变引起的人口自然结构变量的异常看。它涉及人口年龄结构和性别结构等诸变量。中国人口转变中的年龄结构问题主要是总和生育率、出生率的快速下降促使中国老龄化速度加快，65岁及以上人口占总人口比重，已从1971年的4.20%上升到2000年的7%，进入老年型国家。中国老龄人口总量增长快，2000年65岁及以上人口突破9000万。这种状况给中国经济社会的发展带来负面影响，也增加了尽快解决老年人口社会保障的难度。中国人口转变中的性别结构问题主要是出生性别比的升高。从80年代初至90年代末的20年，年年攀升。这是在与中国当前经济社会基础相联系的性别歧视、男孩偏好的重男轻女思想以及人口转变中总和生育率、出生率迅速下降条件下的必然反映。由于中国人口转变的特殊性引起的负面后果，老龄化的加快、出生性别比持续攀高尚未得到消除之前，不能说中国人口转变已经完成。

（三）从人口转变与人口其他变量之间的关系看。诸如人口素质、人口分布等变量与人口再生产类型的转变相比并不同步，而是滞后。有人会说，为什么把中国人口转变涉及的人口变量的面铺得这么宽？其一，人口诸变量本来就是统一于人口的本身，它们是互相联系、互相制约、互相促进的，可谓牵一发而动全身。因此，讲人口转变时涉及诸多人口变量是一件正常的事，关键是我们是否意识到这种联系的存在。其二，研究人口现代化已经提到政府、社会、学者的日程。中国的人口转变与中国的人口现代化，就其内容、进程等诸方面讲有着诸多趋同性，应当把二者放在一起来研究，这就不能不涉及更多的人口变量指标。实际上，近几年已有诸多学者注意到这个问题。李竞能教授指出，人口转变除包括人口再生产类型转变之外，还包含生育观和生育行为的转变，人口年龄构成类型的转变，人口文化素质、生活质量、生活方式的转变。[①] 胡伟略教授指出，在有计划地推进人口转变时，要把人口增长速度的下降与人口质量提高、人口结

---

① 李竞能：《人口理论新编》，中国人口出版社2001年版，第78页。

构改善、人口分布均衡等问题结合起来进行。① 陈剑教授联系现代化进程指出,作为现代化的结果,完整意义的人口转变,至少包括人口城市化进程、非农化进程、人口增长,还应包括人口构成、人口素质等方面。② 人口转变中的人口素质变量、人口城乡分布变量,都可以进行量化。比如,中国人口城市化的水平由1949年的10.6%,发展到2000年的36.09%,中国人口素质2000年现代化综合实现程度为45.63%。从这些指标看,距人口转变的完成仍有不小的差距。所以,全面衡量人口变量的转变程度,并不能得出中国人口转变已经完成的结论。

(四)从人口变量与相关的经济社会变量的关系看。人口变量的变化与发展,其动因主要不能从人口变量与人口变量内部之间关系中去寻找,而应当从社会生产方式的变革中,从生产力和生产关系矛盾运动中,从经济、政治、文化的现代化发展中去寻找。只有抓住社会动因机制才能抓住人口变量发展变化的本质。正是从这个观点出发,我们认为中国人口转变社会动因机制并未真正彻底形成,其根基并不坚固,因为制约人口转变的社会经济基础仍很薄弱,现代化实现的程度还很低,与总和生育率降到更替水平之下并不同步。中国人口再生产类型指标在形式上似乎实现了"三低",总和生育率(1.80)已经步入发达国家行列。但中国的社会经济现代化程度却远远滞后。中国现代化战略研究课题组的研究报告指出③,在20世纪后期世界现代化进程取得较大发展,但发展极不平衡。15个发达国家在20世纪60年代完成第一次现代化(以发展工业经济为基本特征的经典现代化),在20世纪八九十年代全部进入第二次现代化(以发展知识经济为基本特征的新现代化)。31个中等发达国家,到20世纪末已经完成第一次现代化,部分进入第二次现代化。29个初等发达国家在20世纪末尚未完成第一次现代化,但已受到第二次现代化的影响,其中第二次现代化指数排在倒数第二名的是中国。中国仅仅排在倒数第一的阿尔巴尼亚的前面。这就明确地告诉我们,中国第一次现代化实现,达到中等发达国家水平路程还尚远。

---

① 胡伟略:《人口社会学》,中国社会科学出版社2002年版,第33页。
② 陈剑:《现代化,人口转变与后人口转变》,《市场与人口分析》,2002年第6期。
③ 胡鞍钢等:《大国兴衰与人力资源开发》,《经济日报》,2003年5月18日。

（五）从人口转变进程在地区间的不平衡看。就人口出生率来讲，到 2000 年全国已降至 14.03‰，在经济社会发展较快的东部 10 多个省市大都降至 10‰左右，而在经济社会发展较慢的西部地区和省份出生率仍高达 20‰左右。这就是说，像西部这些后进地区，即使在强有力的行政制约措施条件下，仍没有进入低生育水平的行列。要使西部地区特别是边远贫困地区降到低生育水平，并且稳定住，这将需要较长的时间。另外，农村和城市人口出生率也存在着相当的差别。从这个角度讲，也不可轻言全国人口转变的完成。

以上分析，使我们深切地体会到，中国人口转变在社会主义现代化基本实现之前，在人口自身诸变量之间的关系基本实现均衡协调之前，在人口数量实现零增长之前，轻易宣布它的完成是不妥当的。

那么，什么时候才能真正完成中国的人口转变呢？这决定于中国现代化的进程和人口变量的发展状态。

首先，中国的现代化基本实现之时，就是中国人口转变完成之日。中国基本实现社会主义现代化的历史进程，至少需要一百年的时间[1]。这一百年是从 20 世纪 50 年代中期算起，到 21 世纪中叶。

中国共产党第十六次代表大会报告重申：我国正处于并将长期处于社会主义初级阶段，到本世纪中期基本实现现代化，把我国建设成富强民主文明的社会主义国家[2]。

这里还有两个权威研究报告作佐证。

中国现代化战略研究课题组的研究报告，在研究了自 1820 年西方资本主义国家开始启动工业化以后，在将中国经济发展的特点与世界各国经济发展的特点作了对比之后，得出了中国 2000 年基本达到小康、2020 年全面达到小康、2050 年基本实现现代化的结论[3]。

中国科学院可持续发展研究组的研究报告，按 2000 年中等发达国家的平均水平设计 8 大指标：人口发展、经济发展、社会发展、生活质量、

---

[1] 江泽民：《高举邓小平理论伟大旗帜，把建设有中国特色的社会主义事业全面推向 21 世纪》，人民出版社 1997 年版。

[2] 江泽民：《全面建设小康社会，开创中国特色社会主义事业新局面》，人民出版社 2002 年版。

[3] 胡鞍钢等：《大国兴衰与人力资源开发》，《经济日报》，2003 年 5 月 18 日。

教育发展、科技发展、信息化程度和生态化。按此指标计算，中国20世纪末的实现程度只有中等发达国家的40.42%，预计达到目前中等发达国家水平的时间为2050年[①]。

这两项实证研究也说明，中国到21世纪末基本实现现代化的设想是实事求是的。

第二，低生育水平得到稳定、人口数量实现零增长（±2‰）、其他人口变量实现良性发展。

根据中国现代化战略研究课题组的研究报告预测，2021～2050年，是中国经济向成熟推进期，经济持续上升，人均收入大趋同，基本实现现代化。中国人口增长的特点是：人口低增长率，并出现零增长或负增长[②]。

根据国家计生委2001～2050年中国总人口变动情况预测（总人口按TFR=2.0计算）：中国总人口2042～2044年达到最高15.79亿，到2050年略微下降到15.69亿[③]。这就是说中国人口出生率和死亡率相对平衡，自然增长率为零左右的时间在2044年左右，人口惯性增长基本消失。有关预测还显示，到2050年，中国人口男性预期寿命为76.51岁，女性为80.53岁[④]。

其他有关预测显示，到21世纪中期，人口城市化水平将达到60%，受高等教育人口、非农业人口的比例会显著上升，其他人口变量也将基本实现稳定均衡协调状态。

总之，21世纪末，随着现代化的基本实现，中国特色社会主义经济、政治、文化全面发展，中国人民家庭财产普遍增加，人民生活水平更加富足，全民族的思想道德素质、科学文化素质和健康素质显著提高，再加上稳定现行计划生育政策，加强先进生育文化的建设，人民群众的婚育观念将逐步实现根本性的转变。可以预计，中国人口转变的实现大体在21世纪中期。

[①] 中国科学院可持续发展研究组：《2001中国可持续发展战略研究报告》，科学出版社2001年版。
[②] 胡鞍钢等：《大国兴衰与人力资源开发》，《经济日报》，2003年5月18日。
[③] 国家计生委：《人口与计划生育常用数据手册（2002）》，2003年。
[④] 同上。

在 21 世纪中叶之后中国人口如何发展？从久远的方向预测，必定沿着人口、经济、社会、资源、环境协调发展和可持续发展的道路继续发展。但是，未来人口究竟如何具体发展，则应该由子孙后代的实践去回答。我们要坚持正确的方向，但不可能也不必要去对遥远的未来作具体的设想和描绘。

第三节　新中国人口发展中的几个问题

一　新中国人口问题与中国历史人口

20 世纪 90 年代国家计生委的负责同志向中央汇报工作时，中央主要领导同志曾不止一次提出，为了解决好当前的人口现实问题，要重视研究历史人口。中央为什么这样重视历史人口的研究？这是因为新中国人口是历史中国人口的继续，新中国人口是由历史中国人口演变而来的。如果不能深入地了解中国历史人口发展的特点和规律，不了解现在的人口与历史的人口的渊源关系，也就难以深刻认识和解决好现实的人口问题。

新中国人口最显著的一个特点是人口再生产规模大、人口总量增长快。1953 年中国进行了第一次全国人口普查，在此基础上，通过科学估算，确定了大陆 29 个省、自治区、直辖市 1949 年底的总人口为 5.4 亿。然而中国第五次人口普查则显示，2000 年中国大陆 31 个省、自治区、直辖市人口为 12.7 亿。仅仅 51 年，中国人口总量增加 7.3 亿，增长 1.4 倍，年均增长 1 400 万，年均增长率为 18‰。中国从奴隶社会进入封建社会开始，到 1840 年鸦片战争前夕为止，整个中国封建社会的人口年均增长率大体为 1‰。这就是说新中国人口年均增长率为中国封建社会的 18 倍之多。新中国的人口再生产所以形成规模大、人口总量增长快这样的特点，固然与新中国的经济、政治、文化诸因素有关，但是，如果从深层次上考虑，它与中国历史人口有着渊源关系。从人口再生产本身的特点看，人口再生产有其惯性作用。旧中国留给新中国的人口总量规模大，显示着育龄人群的庞大。人的再生产与物的再生产不同，物的再生产可以关停并转，而育龄人群总是要生育的，有这样庞大的人口基数，预示着人口规模的迅速扩大。新中国成立后的人口出生率、总和生育率由于社会安定，沿着历史人口高生育水平惯性的高增长也是历史的必然。新中国成立后的人口死亡率却由于消除了历史上经常出现的社会动乱、自然灾害和疾病饥荒，而持续大幅度下降。再加上历史人口年龄结构轻的特点，新中国人口再生产的规模之大、速度之快是不言而喻的。从社会生产角度看，中国2000多年的封建社会，是一个农业社会，是小农经济的汪洋大海，农业人口占了绝对的优势。众所周知，在小农经济条件下，由于生产力水平的落后，生产效益主要依赖于劳动力的多寡和强弱，要求人口的高增殖。再从传统的中国生育文化讲，由于"多子多福"、"传宗接代"的影响，一直是崇尚多生多育。而新中国成立后，小农经济并未得到迅速消除，多生多育的传统生育观念也未得到根本转变。由此看来，新中国人口再生产的规模大、增速快，从渊源上讲是根植于中国的历史人口状况。

随着中国人口生育率的迅速下降，异常的人口出生性别比已成为人们关注的一个重要问题。从1990年、2000年中国第四次、第五次人口普查资料看，自进入20世纪80年代起，中国人口出生性别比就呈逐年上升趋势，1980年出生性别比为107.05，已经超出自然生育状态出生性别比102～107的上限，到20世纪90年代出生性别比继续上升，90年代末已上升为122.65。其原因中外学者作了许多研究，普遍认为主要是在生育上许多家庭有生育男性的偏好，即是说存在着重男轻女的传统思想。无男孩的家庭便通过性别选择性人工流产实现其生男孩的目的。重男轻女的思想是从哪里来的？从经济生产需求上看，在目前中国社会经济状况下，尤其是中国农村地区，农业生产仍延续着小农生产并占着主导地位，生育男孩首先是生产上的需求，这就使得在传统农业社会形成的重男轻女思想得到延续。从养老送终的需求看，在中国社会养老保障制度仍不健全，特别是农村许多地区根本就没有建立养老保障制度，养老送终主要依靠自己的儿子和孙子，而女儿孙女从夫居后要赡养丈夫家的老人，无赡养自己父母和祖父母的条件。从种的延续上看，传统社会的"传宗接代"、"不孝有三，无后为大"社会性别意识仍然顽固地渗透在文化习俗、精神生活和心理需求等各个方面，在一些人的头脑中"只有儿子才能传宗接代，才能顶门立户"的思想还相当严重，没有儿子被人家视为"断子绝孙"。总而言之，中国现实社会当中"重男轻女"的思想，从深层次上分析，都是源于中国历史人口生育文化的思想。而这种传统社会的重男轻女思想影响支配着人们，特别是农民一定要生儿子，而性别选择余地又很小。这就是中国人口出生性别比自80年代以来步步攀升的根本原因。

中国人口文化素质较低，而且提高缓慢，这是尽人皆知的事实。从1982年、1990年、2000年三次全国人口普查的数据看，全国6岁以上人口文化程度综合指数分别为5.15、6.04、7.23。这就是说，1982年中国6岁以上人口总体文化教育水平处在小学5年级，1990年处在小学毕业，2000年处在初中低年级。再拿中国受高等教育的人口与世界各国进行比较。根据联合国教科文组织1998年发布的《世界教育报告》，1995年每10万人口中的高等教育在校学生数世界各国平均为1 434人，其中发达国家为4 110人，发展中国家为824人，中国只有461人。中国不仅大大落后于发达国家，而且仅相当于发展中国家平均水平的一半。1995～2000年，中国的高等教育虽然发展较快，但与世界平均水平比差距甚大。中国人口文化教育素质提高比较缓慢，固然与中国仍处于社会主义初级阶段经济社会不发达有直接关系，同时，与中国历史上人口文化教育素质低密切相关。一个国家人口的文化教育水平的高低，是由其经济社会多种因素促成的，其中人口的历史因素占据着重要地位。在中国历史上，文化教育十分落后，广大劳动人民被剥夺了受教育的权利。新中国成立前，全国人口中80%是文盲、半文盲，全国学龄儿童入学率只有20%，全国高等学校在校学生仅有15.5万人。如果逆推到中国的近代、古代，人口的文化素质之低更可想而知了。可以说中国历史上人口文化教育素质低，是套在新中国人口文化素质脖子上的一副沉重枷锁。要想摆脱这副枷锁，必须经过长期艰苦的努力。

农村人口多更是中国人口的一大特点。现今中国的人口，住在农村的多，住在城市的少，这是中国不发达的一个重要标志。回顾新中国成立以来的50年，1949年的城镇化率为10.6%，经过50年之后，才慢慢爬到2000年的36.22%。不要说与发达国家相比，就是与世界各国平均城市化率相比也相差许多。中国农村人口占的比重这么高，而改变这种状况又如此之艰难，究其原因，是历史上的中国人口主要是由经济文化落后的农村人口所组成。特别是在中国古代，城镇极少，是一个名副其实的农村、农业、农民的三农国家。历史的中国农业人口多又是新中国向城市化、现代化迈进的重要制约因素。

综上所述，新中国人口规模大、增长快、人口素质低、人口城市化水平提高缓慢，异常的出生性别比等，在很大程度上与中国历史人口状况相关。由此看来，我们只有对中国人口的历史状况有一个深刻的认识，也才能够正确认识中国人口的现状，从而为实现中国人口的现代化树立长期作战的思想准备。

二　初级阶段基本国情与中国人口问题

解决新中国的人口问题，不仅要了解旧中国的历史人口，更要对于所处社会主义初级阶段的基本国情有深刻认识和准确把握。因为新中国的人口问题根植于社会主义初级阶段的基本国情。社会主义初级阶段的基本国情是解决新中国人口问题的根本依据。

新中国成立后，中国政府对国情的认识经历过多次曲折，付出了巨大代价。直到党的十一届三中全会以后对现在所处的历史阶段才有了一个正确的认识，明确回答：中国正处在社会主义初级阶段。

对社会主义初级阶段，党的十三大、十五大、十六大报告中都有精辟的阐述。

党的十三大报告中说："我国社会主义初级阶段，是逐步摆脱贫穷、摆脱落后的阶段；是由农业人口占多数的手工劳动为基础的农业国，逐步变为非农业人口占多数的现代化的工业国的阶段；是由自然经济半自然经济占很大比重，变为商品经济高度发达的阶段；是通过改革和探索，建立和发展充满活力的社会主义经济、政治、文化体制的阶段；是全民奋起，艰苦创业，实现中华民族伟大复兴的阶段。"[1]

党的十五大报告中说："社会主义初级阶段，是逐步摆脱不发达状态，基本实现社会主义现代化的历史阶段；是由农业人口占很大比重、主要依靠手工劳动的农业国，逐步转变为非农业人口占多数、包含现代农业和现代服务业的工业化国家的历史阶段；是由自然经济半自然经济占很大比重，逐步转变为经济市场化程度较高的历史阶段；是由文盲半文盲人口占很大比重、科技教育文化落后，逐步转变为科技教育文化比较发达的历史阶段；是由贫困人口占很大比重、人民生活水平比较低，逐步转变为全体人民比较富裕的历史阶段；是由地区经济文化很不平衡，通过有先有后

---

[1] 《十三大以来重要文献选编》，人民出版社1991年版，第12~13页。

的发展，逐步缩小差距的历史阶段；是通过改革和探索，建立和完善比较成熟的充满活力的社会主义市场经济体制、社会主义民主政治体制和其他方面体制的历史阶段；是广大人民牢固树立建设有中国特色社会主义共同理想，自强不息，锐意进取，艰苦奋斗，勤俭建国，在建设物质文明的同时努力建设精神文明的历史阶段；是逐步缩小同世界先进水平的差距，在社会主义基础上实现中华民族伟大复兴的历史阶段。""我国社会主义社会仍处在初级阶段。"①

党的十六大报告中说："我国正处于并将长期处于社会主义初级阶段"，"我国生产力和科技、教育还比较落后，实现工业化和现代化还有很长的路要走；城乡二元经济结构还没有改变，地区差距扩大的趋势尚未扭转，贫困人口还为数不少；人口总量继续增加，老龄人口比重上升，就业和社会保障压力增大；生态环境、自然资源和社会经济发展的矛盾日益突出；我们仍然面临发达国家在经济科技等方面占优势的压力；经济体制和其他方面的管理体制还不完善；民主法制建设和思想道德建设等方面还存在一些不容忽视的问题。"②

从1987年党的十三大到2002年党的十六大对社会主义初级阶段的三次论述可以看出，中国共产党对中国国情的认识是正确的、一贯的，而且是逐步深化的。中国共产党所制定的建设有中国特色社会主义的基本路线和一系列基本政策，都是从社会主义初级阶段的基本国情出发，都是把社会主义初级阶段基本国情作为根本依据。

如果从解决中国人口问题的角度解读党对社会主义初级阶段的三次论述，便会得到极大的启发。这实际上讲的也是社会主义初级阶段的人口基本国情，也是制定人口基本国策和一系列正确解决中国人口问题方针政策的根本依据。

首先，对人口内在诸变量的发展状况作了比较全面的论述：

我国人口众多，人口总量继续增加；文盲半文盲人口占很大比重，人口的科技教育文化素质比较低；城乡二元经济结构未改变，农业人口占很大比重；地区差距扩大的趋势尚未扭转，贫困人口占很大比重；老龄人口

---

① 《中国共产党第十五次全国代表大会文件汇编》，人民出版社1997年版，第16~17页。
② 《十六大报告辅导读本》，人民出版社2002年版，第16~17页。

比重上升。

其次，对决定和制约人口发展的经济、社会、文化、资源环境诸多非人口变量的状况也作了重要论述：

人口与经济发展的矛盾，人民日益增长的物质文化需要同落后的社会生产之间的矛盾仍然是我国社会的主要矛盾，生产力还比较落后，实现工业化和现代化还有很长的路要走；人口与社会发展的矛盾，就业和社会保障压力增大；人口与文化发展的矛盾，科技、教育还比较落后，民主法制建设和思想道德建设等方面还存在不容忽视的问题；人口与资源环境的矛盾，生态环境总体恶化，自然资源遭到破坏的总体趋势没有得到改变，影响人口的生存环境。

以上就是中国社会主义初级阶段的人口基本国情，也是制定一系列社会主义初级阶段人口基本政策和方针的根本依据。

正是在这样的人口基本国情条件下，才制定了集中力量进行现代化建设，把经济建设作为全党全国工作的中心，把发展社会生产力摆在首要地位的基本路线，为人口的全面发展提供雄厚的物质基础。

正是在这样的人口基本国情条件下，才提出了实行计划生育的基本国策，颁布了《中华人民共和国人口与计划生育法》，制定了严格控制人口数量过快增长的生育政策，总结出了综合治理人口问题的基本经验，提出了稳定低生育水平的方针等。

正是在这样的人口基本国情条件下，才提出了科教兴国、科技创新的战略，把科技和教育摆在优先发展的战略地位，积极发展各类文化事业，大力弘扬和培育民族精神，以提高全民族思想道德素质、科学文化素质和健康素质。

正是在这样的人口基本国情条件下，才提出了实施可持续发展战略，正确认识人口问题是制约可持续发展的关键因素，合理开发和节约使用各种自然资源，强化城乡污染治理，增强全民环保意识，正确处理经济发展同人口、资源环境的关系，促进人与自然的和谐，推动整个社会走向生产发展、生活富裕、生态良好的文明发展道路。

正是在这样的人口基本国情条件下，国家颁布实施一系列有关老年人和老龄工作的法规和政策，建立养老、医疗等社会保障制度，增加对老年人各项事业的投入，弘扬中华民族敬老、养老、助老的传统美德，积极促进健康老龄化，实现老有所养、老有所医、老有所教、老有所学、老有所为、老有所乐。

正是在这样的人口基本国情条件下，国家提出了在发展市场经济的条件下，努力加快人口城市化的步伐，改革已不适应市场经济发展的户籍制度，促进二元经济结构的转型，促进劳动力向非农产业转移的进程，建立合理的城市规模体系，逐步实现非农业人口占多数、包含现代农业和现代服务业的工业化、现代化国家。

正是在这样的人口基本国情条件下，国家提出了农村扶贫开发，实施"八七"扶贫攻坚计划；提出了西部大开发战略，加强西部和贫困地区基础设施和生态环境建设，加强农业基础，切实改善西部和贫困地区的生产和生活条件，尽快消除贫困人口，走东西部地区和城乡人民共同富裕的道路。

正是在这样的人口基本国情条件下，在发展经济的基础上，国家出台了一系列扩大就业和社会保障政策，要求各级政府把改善就业环境、增加就业岗位作为重要职责，千方百计促进就业、再就业；完善城镇企业职工基本养老、医疗保险制度，继续扩大各项社会保险覆盖面，搞好农村新型合作医疗工作，发展社会福利、社会救济、优抚安置和社会互助等社会保障事业，逐步解决好下岗职工、失业人口、新就业人口的就业再就业以及社会保障工作。

综上所述，中国的人口问题不是孤立存在和发展的，要认识解决好中国人口问题，就必须深刻认识中国正处于并长期处于的社会主义初级阶段的基本国情。

三 "左"倾错误与中国人口发展

"一九五八年，党的八大二次会议通过的社会主义建设总路线……忽视了客观的经济规律。……轻率地发动了'大跃进'运动和农村人民公社化运动，使得以高指标、瞎指挥、浮夸风和'共产风'为主要标志的'左'倾错误严重地泛滥开来。……庐山会议后期，毛泽东同志错误地发动了对彭德怀同志的批判，进而在全党错误地开展了'反右倾'斗争。……主要由于'大跃进'和'反右倾'的错误，加上当时的自然灾害和苏联政府背信弃义地撕毁合同，我国国民经济在一九五九年到一九六一年发生了严重困难，国家和人民遭到重大损失。""一九六六年五月至一九七六年十月的'文化大革命'，使党、国家和人民遭到建国以来最严重的挫折和损失。"①

"左"倾错误不仅给国家的经济建设和政治生活带来了严重的后果，而且给人口的发展也带来了惨痛的教训。

（一）把学术问题当成政治问题来批判，控制人口增长的正确主张被压制

1957年10月4日《人民日报》发表了《不许右派利用人口问题进行政治阴谋》的署名文章，点名或不点名地批判了费孝通、吴景超、陈达、李景汉、马寅初等人。指责他们是利用人口问题向党向社会主义进攻。说他们算人口过多与积累资金的矛盾的账，是用"算账的办法，来证明社会主义是搞不成的。""右派利用人口问题的战略意义就在：一方面，在理论上和思想上开辟颠覆社会主义的道路；另一方面，在理论上和思想上开辟资本主义复辟的道路。"1958年陈伯达、康生，先后点名批判马寅初及其《新人口论》。北京大学和全国主要报刊上的批判文章达数百篇之多。其实，《新人口论》是中央提出节制生育的方针后，马寅初在学术上、理论上的深入阐发和论证的重要文献，是在大量调查和反复研究的基础上，结合党的方针政策而形成的马克思主义与中国经济发展的实际结合。就是在这种"左"倾错误的政治环境中，人口方面的正确意见被压制，从20世纪50年代末到70年代中期，再也没有人发表人口方面的学术文章，人口问题的研究变成了禁区。这种正确意见被错误地批判，给以后相当长的时期内中国人口的控制工作带来了不可弥补的损失。

（二）主要是"左"倾错误造成的1959~1961年连续三年的困难时期，人口死亡率的大幅升高和其后10年的人口大幅膨胀，给中国人口的生产再生产造成了严重的后果

1959~1961年，人口出生率由1958年的29.22‰先后降至24.78‰、20.86‰、18.02‰；死亡率由1958年的11.98‰先后升至14.59‰、25.43‰、14.24‰；人口自然增长率由1958年的17.24‰先后

---

① 《中国共产党中央委员会关于建国以来党的若干历史问题的决议》，载《三中全会以来重要文献选编》，人民出版社1982年版。

降至10.19‰、-4.57‰、3.78‰。从而造成了新中国人口再生产历史上的一个陡峭的低谷！这里特别再讲一下人口死亡问题。死亡率从1958年开始上升，到1960年达到顶峰，按统计部门公开发表的数字25.43‰，也是新中国五十年来最高的。一些地区，特别是那些浮夸风刮得严重的地区，人口死亡率更是高得惊人。1960年安徽省人口死亡率高达68.6‰，贵州为52.33‰，河南省为39.56‰，其他一些省的死亡率高于40‰。出现这么大面积的高死亡率，可以说在中国近代史上也是罕见的。古今中外的人口发展史表明，当社会遭受大灾大难时，不可避免地要波及到人口，人口的发展也不可避免地遭到大灾大难。1959～1961年中国人口的大量死亡，这个历史教训是惨痛的！

三年困难之后，中央对整个国民经济进行调整。随着经济状况的好转，1962年至1965年人口出生率补偿性急剧增长，分别为37.22‰、43.60‰、39.34‰、38.06‰。1966年发动"文化大革命"，"左"倾错误发展到顶峰。"文化大革命"造成的社会混乱状况，使人们的自发生育泛滥，人口自由出生不受政府和社会任何干预，人口严重失控，中国人口的规模在补偿性增长的基础上，继续高速膨胀。1962年至1971年连续10年中国人口的出生率均在30‰以上。人口在这样高的平台上增长，给中国人口的发展带来了严重的后果。在这10年出生的人口生命周期中，不同年代的入学、就业、婚配等方面都出现了明显的拥挤现象，尤其是对中国人口老龄化趋势产生着极大的影响。可以预计21世纪二三十年代随着这批人进入老年组，老年人口急剧增加，人口的老龄化将进入中国老龄化最严重的时期，给中国人口养老保障带来巨大挑战。这个历史教训同样也是深刻的。

（三）在"左"倾错误指导下的10年"文化大革命"使整个民族的文化教育科技素质停滞不前甚至有所下降

10年"文化大革命"教育科技战线是重灾区。"文化大革命"中提出了"两个基本估计"：即新中国成立后17年"毛主席的无产阶级教育路线基本上没有得到贯彻、执行"；原有教师队伍的"世界观基本上是资产阶级的"。这"两个基本估计"全盘否定了新中国成立后17年的教育工作。"文化大革命"期间，大搞停课闹革命，高等学校中等专业学校及部分中小学中断招生达4年之久，砍掉106所高等学校，停办大批中等专业学校，各级各类学校的教育质量严重下降。"文化大革命"中，科学技术事业遭到严重破坏，把学有专长的专家学者一概诬蔑为资产阶级知识分子、反动学术权威，散布"知识越多越反动"等谬论，搞什么所谓"横扫盘踞在思想文化阵地上的大量牛鬼蛇神"。所谓"牛鬼蛇神"，大都是各个不同层次、不同部门的学科、学术带头人和科研教学的业务骨干。这场科技教育事业的灾难，直接后果是全国人口的文化教育科技素质的严重下降。

其表现，一是一代新文盲的产生。在各类学校停课闹革命、教育管理部门处于瘫痪的状态下，新中国卓有成效的扫除文盲活动在"文化大革命"中基本停顿下来。在"文化大革命"中虽然取得小学毕业文凭实际上并没有受到起码文化知识教育而毕业后又没有再升学的青少年人口，已成为事实上的文盲，导致大批新文盲的产生。

二是在"文化大革命"中，农村公办小学下放到大队上来办，城市将小学改由街道办事处管理，导致小学教学条件和教学质量下降，相当一批名义上的小学毕业生实际处于文盲半文盲状态。

三是中等教育由于学校教学秩序混乱，师资、校舍不足，导致教学质量严重下降，高中毕业生不及初中生水平，初中毕业生不及小学生水平。

四是高等教育受到的摧残和破坏更为严重，多年停止招生，不少高等学校被砍掉，到1970年全国高等学校在校生只剩4.8万人。"文化大革命"中的所谓大学，有名无实，失去了高等教育的意义。"文化大革命"期间至少为国家少培养100万名合格的大专以上毕业生和200万名以上的中专毕业生。

"左"倾错误造成的人口的文化教育科技素质下降，从长远看其负面影响更为严重，造成各行各业尤其是科学技术事业发展长期的人才断档和紧张。

（四）在"左"倾错误长达近20年的时间里，人口城市化停滞不前，甚至出现了倒退现象

从三年困难时期的第一年1959年人口城市化水平18.4%算起，经过20年到1978年反而下降到17.92%。1958年至1960年大跃进，搞工业化的高速发展，脱离了基本国情，大批农村劳动力涌入城市，导致城镇人口猛增，这期间城镇人口迅速提高4个百分点，城市发展处于失控状态。此后大跃进失败，1961年调整政策，又把涌入城市的劳动力放回农村，造

成1961年至1963年的城镇化水平下降。国民经济走出低谷进入恢复性的增长阶段后,1964年城镇人口才又开始增长。此后的10年"文化大革命"给中国社会经济发展带来了前所未有的灾难。在"文化大革命"中,政治动乱,造成经济停滞不前,以至到了崩溃的边缘,动员知识青年上山下乡,严格的户籍制度使城乡隔离,农民难以进城,1966~1978年中国的人口城市化水平一直在百分之十七点几上徘徊不前。众所周知,人口城市化的发展是社会稳定、经济发展、工业化、现代化的必然结果。但是,"左"倾错误给中国社会带来的是社会动乱,经济遭受破坏,也就谈不上什么真正意义上的工业化、现代化,人口城镇化的发展也就理所当然地遭受严重的挫折。近20年的"左"倾错误,给中国人口城市化带来的损失是巨大的,教训是深刻的。

(五)"左"倾错误使中国人口资源环境问题恶化

"左"倾错误造成了"大跃进"、"文化大革命"这样的重大决策失误。重大决策的失误不仅给经济发展和社会进步带来不可弥补的损失,而且也对人口发展、生态环境保护以及资源合理开发利用带来了不可弥补的损失。

第一次重大决策失误是1958年的"大跃进"。为了达到钢产量的高指标,全民动员、土法上马、大炼钢铁,许多地区砍光了森林,有些成熟林甚至原始森林被毁于一旦;挖河、挖田掏铁沙,破坏了沿河灌溉系统和许多良田。为了加快工业步伐,小企业大批上马,管理混乱,不符合环保要求,"三废"排放任其自流,环境污染在许多地区蔓延,不少地区出现烟雾弥漫、污水横流、渣滓遍地的状况。片面强调"以粮为纲",引起了大面积的毁林开荒、毁草开荒、围湖造田。

第二次重大决策失误是10年"文化大革命"。"文化大革命"的爆发,使工业生产和城市建设等领域刚刚建立起来的极为有限的环境保护政策,被当作资本主义和修正主义的"管、卡、压"受到批判和否定,资源破坏、环境污染无遏止地蔓延开来。人口迅速膨胀,人均耕地锐减,人地关系日趋紧张。

总之,近20年的"左"倾错误,使人口高增长、经济低增长、资源消耗——环境污染高增长,破坏了人口、资源、环境的协调发展和可持续发展。这种不可持续发展的状态的负面影响是深远的,短期内难以扭转。

四 实行计划生育是一项基本国策

中国共产党第十二次代表大会的工作报告中指出："在我国经济和社会的发展中，人口问题始终是极为重要的问题。实行计划生育是我国的一项基本国策。"《中华人民共和国宪法》规定："国家推行计划生育，使人口的增长同经济和社会发展计划相适应。"21世纪初始年又颁布了《中华人民共和国人口与计划生育法》，重申"我国是人口众多的国家，实行计划生育是国家的基本国策"。

为什么把实行计划生育作为中国的一项基本国策？首先，中国是世界上人口最多的发展中国家。新中国成立后，由于社会安定，生产发展和医疗卫生条件的改善，人民安居乐业，人口再生产迅速进入高出生、低死亡、高增长类型。从人口转变的规律讲，应当说这是当时必然出现的现象。但由于对中国人口迅速膨胀带来的后果认识不足，因而错过了新中国成立后第一次人口出生高峰期间控制人口过快增长的时机。20世纪60年代，中国进入了新中国成立后第二次人口出生高峰。从1962年至1972年，中国年平均出生人口2 669万，累计出生3亿，1969年中国人口突破8亿。由于没有制定明确的人口政策，因而又错过了在新中国成立后第二次人口出生高峰期间控制人口过快增长的时机。从70年代开始，中国政府才越来越深刻地认识到人口过快增长对经济社会发展带来的不良后果，才痛下决心在全国城乡大力推行计划生育。由于人口增长惯性作用的内在规律，到2000年第五次全国人口普查，全国人口已增至近13亿，预计到21世纪中叶全国人口可增至16亿，然后才能进入零增长和负增长。其次，中国经济社会发展中的许多矛盾和问题都与人口问题分不开。例如，中国的人均耕地、人均淡水资源只及世界人均水平的四分之一，每年新增加的国民收入约有四分之一被新增的人口消费掉，人口的过快增长给人民群众的就业、教育、住房、交通、医疗等方面造成很大困难等。人口问题是社会主义初级阶段长期面临的重大问题，是制约中国经济和社会发展的重要因素。能否解决好人口问题，直接关系到人民生活改善、全民素质提高和中华民族兴衰，关系到世界和平与发展。为了实现中国人口与经济、社会、资源、环境相互协调的可持续发展，中国必须推行计划生育，控制人口数量，提高人口素质。总之，把推行计划生育定为基本国策，这是由中国人口多、底子薄、耕地少、人均资源相对不足，经济社会发展水平不平衡的基本国情所决定的。

在贯彻计划生育基本国策过程中，在计划生育实践中中国政府成功地坚持了以下原则：

一是坚持人口与发展综合决策的原则。加快经济和社会发展，高度重视科技和教育，努力提高人民生活水平和国民素质，把人口与计划生育工作纳入经济和社会发展的总体规划，制定完善的各项政策，促进人口与经济、社会、资源、环境协调发展。

二是坚持执行法定的生育政策。这条政策在30年的计划生育实践中逐步完善，其基本表述是："国家鼓励晚婚晚育，提倡一对夫妻生育一个子女，依照法律法规合理安排生育第二个子女。少数民族也要实行计划生育。具体政策由各省、自治区、直辖市制定。"这条政策将长期稳定。

三是坚持综合治理人口问题。动员全社会力量，建立政策引导、部门指导、各方配合、群众参与的综合工作机制，做到优势互补、资源共享、各负其责，采用法律、教育、经济、行政等措施综合治理人口问题。总之，经过近30年的努力，中国成功地探索了一条具有本国特色的综合治理人口问题的道路，逐步形成了适应市场经济要求的人口控制体系和计划生育工作管理体制。

四是坚持国家指导与群众自愿相结合的方针。国家制定政策并提供必要的保障措施，兼顾国家利益和个人利益、长远利益和近期利益、整体利益和局部利益，实行行政管理与群众工作相结合以促进群众生育观念的根本转变为立足点，组织和引导群众积极参与人口和计划生育工作，提高群众实行计划生育的自觉性。

五是坚持整体推进与分类指导相结合的原则。在抓好全国计划生育工作的同时，继续把工作重点放在农村特别是中西部地区的农村。发挥城市和东部地区的示范作用，进一步落实宣传教育为主、避孕为主、经常性工作为主的"三为主"方针，推动不同地区计划生育工作均衡发展。

六是坚持以人的全面发展为中心。尊重人民群众作为计划生育主人的地位，维护其合法权益，把计划生育工作与发展经济、帮助群众勤劳致富、建设文明幸福家庭有机结合起来。

七是坚持科学的工作管理机制。以人为本，增强计划生育工作的科学性，把宣传教育、综合服务、科学管理三者有机统一起来，建立完善依法管理、村（居）民自治、优质服务、政策推动、综合治理的工作机制和属地管理、单位负责、居民自治、社区服务的管理机制。

八是积极建设社会主义先进生育文化，引导群众树立科学、文明、进步的生育观念，依靠科技进步，提供优质服务，建立健全奖励和社会保障制度，开展人口与计划生育工作。

以上8项原则，是经过30年计划生育工作实践总结出的成功经验。

新中国成立50年来，特别是改革开放以来，经过全国人民的坚持不懈努力，中国的计划生育工作取得了举世瞩目的成就。

一是实行计划生育使人口的过快增长得到有效控制。在经济还不发达的情况下，用较短时间，使生育水平下降到更替水平以下，全国基本实现了人口再生产类型从高出生、低死亡、高增长到低出生、低死亡、低自然增长的现代人口再生产模式的历史性转变。

二是实行计划生育促进了国民经济的发展和人民生活水平的提高。实行计划生育以来，全国累计少生3亿多人，为国家和社会节约了大量抚养成本，缓解了人口过多对资源和环境的压力，促进了经济发展和人民生活水平的提高。

三是实行计划生育促进了教育、卫生等各项社会事业的发展。到2000年全国基本实现和普及九年义务教育和基本扫除青壮年文盲目标，基本实现人人享有初级卫生保健服务，人口平均预期寿命提高到71岁，达到中等发达国家水平。

四是实行计划生育促进了妇女地位的明显提高，儿童权利得到保障，老年人生活水平不断提高。

五是实行计划生育使全社会对人口问题的认识不断深化。

六是中国实行计划生育的成功经验，为其他许多国家提供了有益的借鉴。

但是，也必须清醒地认识到，实行计划生育不是权宜之计、一朝一夕的事，而是必须长期坚持的基本国策。进入21世纪，人口过多仍是中国的首要问题。未来相当长的时期，中国人口数量还将持续增长，预计年均净增1 000万人以上，人口素质不高的状况短期内难以根本改变，劳动就业压力会进一步加大，人口老龄化问题会更加突出，人口与经济、社会、资源、环境之间的矛盾依然尖锐。目前，中国生产力水平还较低，地区发展不平衡，社会保障制度尚不健全，传统生育观念的影响还将长期存在，实行计划生育仍有相当难度。任何政策的偏差、工作的失误以及外部环境的不利影响，都可能导致生育率的回升。计划生育面临许多新情况、新问题，管理体制、工作方法、服务质量以及干部素质不能完全适应形势的发展，这些都必须在长期坚持实行计划生育基本国策的实践中加以解决。

五 中国可持续发展中的人口问题

自从1995年以来，中国就把可持续发展确定为国家现代化建设中的一项基本发展战略，制定和实施了一系列重大政策和措施，积累了十分宝贵的经验，成为世界各国推行可持续发展的典范。

"可持续发展"的概念是什么？它有几个基本要素？人们的理解差异很大。从联合国会议文件内容看，可持续发展源于环境保护。强调环境保护、搞好环境保护是实施可持续发展的关键。而许许多多的经济学家、社会学家、环境学家等都在按照自己的理解或需要来定义可持续发展，结果是众说纷纭，莫衷一是。但是，有一点是明确的，可持续发展应贯穿着"人与自然的平衡、人与人的和谐"的基本理念，至于不同的国家和地区对可持续发展提出哪些要素，这要由不同国家和地区的具体发展情况而定。中国由于人口众多，资源相对不足，经济社会发展程度不高且不平衡，这就决定了中国实施可持续发展战略的内容。从90年代中期到党的十六大的文献中可以了解到，中国的可持续发展必须处理好人口、资源、环境与发展之间的关系。"发展"又非单指经济的发展，而是包含了经济发展和社会发展这两方面的内容。这可从党的十六大提出的全面建设小康社会的综合指标中得到确认。这样一来中国提出的可持续发展应包含"人口、资源、环境、经济、社会"5个要素。其中，经济、社会发展是可持续发展的出发点和落脚点，而人口、资源、环境是可持续发展的制约条件。从历史上看制约经济社会发展的条件还有战争、疫病以及饥荒等。至于制约经济社会发展的内部条件，我们学习党的十五大、十六大报告得到启示，经济体制改革和经济增长方式的根本转变是中国经济发展的内部条件，政治体制改革、民主法制建设和文化体制改革、文化建设是中国社会发展的内部条件。在制约"发展"的条件中，为什么只选人口、资源、环境三项而不选其他条件？这是因为发展的内部条件，诸如经济、政治、文化体制改革，经济增长方式等，都是发展本身内部有机组成部分，这是发展中的应有之义，不存在选择与否的问题。至于战争、疫病、饥荒等条件是历史发展中常见的但又是不确定的影响因素，这些在新中国基本得到消除。因此，审视中国现代化建设新阶段的基本国情，选择"人口、资源、环境"为影响可持续发展的三个重大因素。

在可持续发展中，人口因素与其他因素是什么关系？占什么位置？这又是我们必须回答的问题。

首先，人口发展与经济社会发展。在这对矛盾中，经济社会的发展是起决定作用的，它决定人口的发展，没有经济社会的发展，人口就难以发展。但是，也必须承认人口的发展对经济社会的发展产生重大影响，或者起促进作用，或者起延缓甚至阻碍作用。这是唯物史观在观察人口发展与经济社会发展时必须坚持的基本观点。在实现党的十六大提出的全面建设小康社会的经济社会发展目标中，人口的发展究竟能起什么作用？从根本上来讲，它能够为工业化现代化建设创造一个良好的人口环境。一是从人口的数量来讲，人口数量增长的快慢，直接影响着小康标准的实现。在国家制定的全国人民生活小康水平的基本指标体系中，人均指标占了很大分量，主要包括：人均国内生产总值，人均收入水平（城镇人均可支配收入、农村人均纯收入），人均居住水平（城镇人均使用面积、农民人均钢砖木结构住房面积），人均蛋白质摄入量，城乡交通状况（城市每人拥有铺路面积、农村通公路行政村比重），等等。由此可以看出，人口数量增长的快慢，将直接影响这些人均指标的实现，所以说人口因素是影响小康指标的重要因素。二是从人口素质来讲，中国现代化的根本任务仍然是实现工业化，坚持以信息化带动工业化，以工业化促进信息化。走这条新型工业化道路，首要的是有高素质的劳动者。这是因为，科学技术作为第一生产力的重要作用要靠高素质的劳动者去发挥，科技进步要体现在高素质劳动者身上，经济增长量和效益要靠高素质的劳动者去改善，社会的文明进步要靠高素质的劳动者去建设。总之，高素质的人口对加快经济社会的发展具有至关重要的作用。三是从人口结构看，人口老龄化社会的早日到来，人口出生性别比的步步升高，城乡人口二元结构的长期存在等，都严重地影响着现代化建设中的经济社会发展。由此看来，人口因素对全面实现小康社会过程中的经济社会发展具有举足轻重的作用，占有重要的位置。

其次，人口与资源环境。人口与资源环境都是可持续发展的制约影响因素。二者之间的关系怎么定？它们的位置怎么摆？这也是我们必须要弄清楚的问题。在1999年3月，中央召开的人口、资源、环境工作座谈会上，江泽民同志指出："人口、资源、环境的关系，人口是关键。"朱镕基同志则进一步指出："人口和计划生育问题是我国可持续发展的关键问题，……必须把人口问题放到可持续发展战略的首要位置……。"人口、资源、环境三者之间人口是关键，这一点已经很清楚。至于说首要位置，要弄清哪些要素之间人口占首要位置。"可持续发展"中的重心是在"可持续"三个字上，表示"发展"的可持续性。至于"发展"二字，在党的十一届三中全会以后，在党的基本路线、基本纲领中都有强调，"发展是硬道理"，"发展是执政兴国的第一要务"，"聚精会神搞建设，一心一意谋发展"，等等，这已是很明确的问题。后来又提出可持续发展，着眼点自然是在制约影响可持续性的因素上。人口问题在可持续发展中占首要位置，即是指人口、资源、环境三要素之中人口占首要位置。

为什么说人口与资源环境相比人口是关键，人口占首要位置？其一，人口与资源环境的关系，人口是人的因素，具有主观能动性，是开发利用和保护资源环境的动力；但同时也是破坏资源、恶化环境的力量。资源环境是自然因素，物的因素，它要受人口群体的支配，尽管人口群体可以去破坏它，它也会对人类进行报复，但毕竟是被动的反作用。其二，再从人口、资源、环境三者对经济社会发展的可持续性作用的强度分析，人口是社会的主体，是最重要的社会生产力，是有一定生产经验、劳动技能和管理水平的劳动者，是经济社会发展的主导力量，这是资源环境所不能相比的。所以，人口同资源环境相比，在可持续发展中，人口是关键，人口占首要位置。

到21世纪中期，中国人口将继续增加，人口总量高峰、就业人口高峰、老龄人口高峰将接踵而至，人口素质不高的状况短期内难以根本改变，贫困人口问题依然突出。今后必须坚持贯彻计划生育基本国策，稳定低生育水平，提高人口素质，高度重视劳动就业、人口老龄化、人口流动和迁移、出生人口性别比等问题，逐步实现人口的零增长和人口的现代化，为国家基本实现现代化和可持续发展创造良好的人口环境。

六　中国人口现代化问题

《中国大百科全书（社会学卷）》中说："传统社会和现代社会是具有相互排斥特征的社会，由传统向现代演进的过程就是现代化。"人口的发展决定于社会的发展，社会由传统向现代演进的过程就有一个人口由传统向现代演进的过程，这个过程所显示的就是人口现代化。新中国五十年人口发展历程就是人口现代化发展的历程，只不过是经历了一个曲折的过程，只是在70年代以后才加速了它的进程。

（一）人口现代化的内容

人口现代化的核心内容是讲人口再生产类型现代化和人口素质现代化的统一。显然，人口现代化从理论上讲应当包括人口内涵的诸变量的现代化。诸如人口增长模式的现代化，人口素质的现代化，人口结构的现代化，人口分布的现代化等诸方面。这些都是应当详细研究的。那么，人口现代化的核心内容是什么呢？它的核心内容应当如同其他事物一样，就是质和量的统一，就是人口质的现代化和量的现代化的统一。国家的人口政策的内容是控制人口数量、提高人口素质，抓住了人口现代化的核心和本质。抓住了人口的质和量的现代化，人口其他方面的现代化也就迎刃而解。比如人口的结构现代化、人口的分布现代化、人口城市现代化等，它是同人口的质和量的现代化紧密联系在一起的，是人口的质和量的表征，人口的质和量的现代化解决了，结构、分布的现代化也就好办了。人口数量的现代化是个什么概念？人口多了是现代化还是人口少了是现代化？我们讲人口现代化，主要是从人口的社会属性方面讲的，有些人口的生物属性方面的东西是很难判断它的现代化内容是什么。例如，人口的出生性别比，它可分为正常和不正常，是出生性别比正常是现代化还是不正常为现代化？毫无疑问不正常当然不是人口现代化的标准，然而正常也并非人口现代化所独有，非现代社会的自然生育其出生性别比大都是正常的。所以在人口的生物属性方面有些东西就难以判断它的现代化内容是什么。人口的数量变化是受社会因素制约的。为了避免单纯孤立地判断人口数量现代化的问题，我们提出人口再生产类型现代化。人口再生产类型现代化是指以现代科技为基础的与社会生产相适应的低出生率、低死亡率所形成的低人口自然增长率的人口再生产模式的现代化。它体现着人口现代化进程中人口数量自然变动的规律和趋势。这种人口再生产类型模式的实现是与社会经济文化等诸社会要素紧密地联系在一起的，它是人口的社会属性现代化建设一种标志。中国目前人口再生产类型可说基本实现了三低，但是否说人口再生产类型已经现代化了呢？还不能这么说，因为中国人口再生产类型的"三低"在很大程度上是通过计划生育政策的引导实现的，还存在不稳定性。要想使其稳定住，还需要很长的时间，还需要做很多工作，任重而道远。人口质的现代化首先是指与现代化建设相适应的掌握了现代科学技术的人才和劳动者的现代化。科学技术是第一生产力，没有高素质的人口，现代化建设的发展是难以想象的。但也不应忽略了人口身体健康素质的现代化和人口思想道德素质的现代化。有的讲思想道德素质怎么现代化，不同制度下的意识形态不同，价值观不同，判断标准就不同。社会主义制度下的思想道德标准，当然与西方资本主义制度下的思想道德标准是不同的，但这只是问题的一个方面。另一个方面，与现代化建设相适应的市场经济的理念，WTO的原则，如公平竞争原则、非歧视原则、统一法制原则、权利与义务平等原则、协商原则、透明度原则等，这些现代化的理念，应当说是共同的。总之，我们搞人口现代化就是要着重搞好人口再生产类型的现代化和人口素质的现代化，并且把二者有机地统一起来，因为二者是互动的。这就是我们讲的人口现代化的核心内容。这里讲的是其核心内容，并非是全部内容，诸如人口社会结构的现代化，人口社会分布的现代化等，这都是需要研究的，而且在现代化实践中需要加以推进的。总之，人口现代化的内容，必须联系与现代化建设内容相适应的人口社会属性的诸变量来确定，这样就把人口现代化有机地置于社会主义现代化建设之中。

（二）人口现代化与现代化建设

人口现代化是现代化建设内容中的应有之义。现代化事业蕴含着人口现代化的内容。周恩来在1964年第三届全国人大的政府工作报告中，就提出了在不太长的历史时期，把我国建设成为一个具有现代农业、现代工业、现代国防和现代科学技术的社会主义强国。他在四届人大政府工作报告中又重申了四个现代化的要求。试想，无论是实现农业的现代化、工业的现代化，还是实现国防的现代化、科学技术的现代化，实现哪一个现代化能离开人口的现代化？现代化事业需要现代化的人去搞。如果把人口现代化含义从四个现代化中剥离出来，就等于抽掉了四个现代化的灵魂，实现四个现代化就成了一句空话。所以，实现四个现代化本身就体现着人口现代化的含义。党的十五大提出社会主义初级阶段是基本实现社会主义现代化的历史阶段。在描述这个阶段的内容时，一连用了七个"逐步"，用了"逐步摆脱"、"逐步转变"、"逐步缩小"等字样，而且直接提出人口逐步转变的就有三条，即"农业人口"的逐步转变，"文盲半文盲人口"的逐步转变，"贫困人口"的逐步转变。这些转变实际上是指由传统人口向现代人口转变的人口现代化。党的十六大提出了全面建设小康社会的奋斗目标，并强调大力实施可持续发展战略，强调指出这是实现现代化建设第三步战略目标必经的承上启下的发展阶段，经过这个阶段的建设再奋斗几十年，到21世纪中叶基本实现现代化。同时，强调指出了这个阶段的人口问题，贫困人口还为数不少，人口总量继续增加，老龄人口比重上升，就业和社会保障压力增大等，改变这种状况是人口现代化的重要目标。这就说明，党的十五大、十六大是把人口现代化与现代化建设紧密联系在一起的。

从目前国际上最常用的测度现代化水平的指标看，无论是农业产值、服务业产值占国民生产总值的比重，还是非农劳动力占总劳动力的比重、识字人口比重、适龄青年中大学生的比重，或者是平均预期寿命、婴儿死亡率、城市人口占总人口的比重、人口自然增长率等方面，可以说每项指标都是衡量人口现代化程度的指标，与人口现代化密切相关。要实现现代化，必须有良好的现代化人口环境，现代化的人口是现代化事业的根本。但是也必须指出，人口现代化是在中国实现现代化过程中提出的，它与现代化建设同生、同步。在中国悠久的历史上，如原始社会、奴隶社会、封建社会不可能提出人口现代化的任务。只有在中国社会发展到今天，有了现代化的实践，才有人口现代化的问题。人口的现代化与现代化的社会实践密不可分。

（三）人口现代化的进程

人口现代化是在社会主义现代化进程中实现的。中国的社会主义现代化过程是一个很长的历史进程，社会主义初级阶段仅仅是基本实现社会主义现代化的历史阶段。然而，就是这个初级阶段，在党的十五大、十六大报告中讲，至少需要一百年的时间，即到21世纪中叶才能基本实现。至于巩固和发展社会主义现代化，则需要更长的时间。人口的现代化将伴随社会主义现代化进程逐步实现，同样不是一蹴而就的，至少需要到21世纪中叶才能基本实现，不会也不可能超越一定的历史阶段。在基本实现人口现代化后，要巩固和发展仍然需要长得多的时间。这就是说，在研究人口现代化的时候，企求在短时间内达到一个这样那样的预测指标，就算实现人口现代化了，那是不现实的。我们必须把人口现代化的过程看作一个动态的不断发展的长期历史过程，将其融入到社会主义现代化建设的整个进程之中。

新中国五十年人口的现代化达到了什么程度？有的学者对此作了简要计量[①]。这项计量是采用中国科学院可持续发展研究中心界定中等发达国家水平的方法，即以当代发达国家人口发展的平均水平为人口现代化水平。将中国的人口发展水平与上述平均水平作一比较，得出中国人口现代化的实现程度。计量的结果是，1999年中国人口再生产类型现代化实现程度为53.63%，中国人口素质现代化综合实现程度45.63%，中国人口结构现代化综合实现程度45.03%。综合以上三个数据，得出1999年中国人口现代化总实现程度为48.10%。这个数字还是很宝贵的，它说明中国人口现代化程度，经过新中国50年的努力尚未过半。它与同期中国整体现代化的实现水平40.4%相比，高7.7个百分点，但仍在40%～50%同一个档次之中。人口现代化程度之所以显得较高，主要是因为在全国推行计划生育而使中国的人口再生产类型转变加速。

我们也必须清醒地认识到，在中国人口现代化的道路上，仍面临着诸多困难和挑战：人口总量将在较长时期内继续增长，给经济、社会、资源、环境和可持续发展带来巨大压力；人口总体素质较低的状况在短期内还难以根本改观，与科学技术迅猛发展的要求不相适应；劳动年龄人口大量增加，就业压力居高不下；在经济尚不发达情况下进入老龄社会，给建立完备的社会保障体系增加了难度；地区间经济和社会发展不平衡现象将长期存在，消除贫困的任务依然艰巨；流动人口增加、农村人口进入城镇

---

① 王秀银：《关于人口现代化的几点思考》，《人口研究》，2002年第4期，第13页。

以及人口在不同地域间的重新分布，对传统的经济社会管理体制以及相关人口政策产生重大影响；在完善社会主义市场经济体制的过程中，各种矛盾和问题将进一步显现，人口与发展问题面临的复杂性依然存在。总之，中国的人口现代化任重而道远。

第二章 人口规模

从1912年以来,关于中国人口数量的统计数值多达几十个,范围从4亿到4.8亿不等,而4.5亿则是流传最广、接受程度最高的估计值。1941年至1944年的联合国人口统计年鉴公布的中国人口也是4.5亿。虽然20世纪40年代中国人口一直在缓慢增长,但由于战乱和饥荒的影响,多数机构估计1948年的中国人口规模仍然为4.5亿上下,见表2—1。1940年至1949年之间的人口出生率和死亡率一直缺乏令人信服的全国统计数据,多数专家估计出生率和死亡率大体上维持在35‰~40‰左右,出生率略高于死亡率。

表2—1　　　　　1945~1948年全国人口数统计　　　　　(人)

年份	人口数	资料来源
1947	463 198 093	内政部人口局《户政导报》4期(1948)
	462 798 093	"内政部"《中华民国年鉴》(1951,台北)
1948	474 032 668	《中国经济年鉴》(1948)
	464 663 798	"内政部"《中华民国年鉴》(1951,台北)
	463 493 418	内政部人口局《全国人口统计》(1948)

资料来源:路遇、滕泽之:《中国人口通史》,山东人民出版社2000年版。

从中国人口发展的历史轨迹看,1949年以前,中国人口数量的变化经历了三个大的发展阶段。第一阶段,从夏至西汉末年(公元前21世纪到公元初),大约2 000多年间,人口沿着一条缓升的总量线波动,直至接近6 000万;第二阶段,从东汉至明末(公元初到17世纪初),大约1 600多年间,人口围绕着一条水平的总量线(6 000万~7 000万)上下波动；第三阶段，从明末至清后期（17世纪初到1850年①），大约200年间，人口沿着一条向上倾斜的总量线波动，人口最终达到4亿3 000万左右。②

虽然从公元2年到1850年之间，人口平均年增长率仅为0.1%左右，但人口总量却越来越大，增加速度也越来越快。特别是清代的康雍乾时期，人口急剧增长，在不到200年的时间内人口总量从不足1亿人增加到了4亿多人。相对于中国人口发展史的前两个阶段来说，这个阶段的人口增长实在是太快太猛了。尽管从1912年以来中国人口总量的统计数字一直徘徊在4亿到4.8亿之间，尽管1949年以后中国人口规模的数据不十分准确，但是，中国人口占世界人口总数的五分之一以上，中国是世界第一人口大国的事实却是无可怀疑的。

伴随着人口规模的急剧增长，庞大的人口规模以及它的增长对中国社会经济发展的重大影响越来越引起政治家和学者高度重视。在半殖民地、半封建的旧中国，极端的贫穷落后突出了人口规模问题，而庞大的人口规模，反过来又进一步加剧了中国的贫穷和落后。从20世纪开始，围绕人口规模的讨论和争论始终没有中断。在1949年，以美国国务卿发表《中国问题白皮书》和中国共产党主席毛泽东发表《历史唯心观的破产》为标志，这个问题的争论达到了顶峰。

第一节 50年代人口规模迅速膨胀

一 人口总数从估计值到准确结果

1949年10月1日，中华人民共和国宣告成立。它标志着世界第一人口大国半封建半殖民地社会的结束，标志着一个新时代——社会主义时代的开始。

新中国成立之初的人口统计很不完善，更谈不上准确。根据1948年国民党政府的统计数字，有人估计新中国成立之初的人口数为4.75亿，这个数字得到很多人的相信，并被广泛引用。事实上，新中国成立之初的

---

① 葛剑雄教授将1850年作为区分中国历史人口发展阶段的界线之一。本书取此说。
② 朱国宏：《中国历史人口增长再认识：公元2～1949》，《人口研究》，1998年第3期。

人口早已大大超过 4.75 亿。

1953 年，中国进行了有史以来第一次科学的人口普查。为了配合全国各级人民代表大会的选举，同时也为制订国民经济第一个五年计划（1953~1957 年）提供基础人口数据，中央人民政府政务院决定于 1953 年 6 月 30 日进行第一次全国人口普查。这是中国历史上第一次采用现代人口调查方法进行的普查。从中央到县，逐级成立了人口调查登记办公室，办公室由统计部门、民政部门和各有关部门组成。全国动员了国家干部、教师、大中学校学生、人民团体干部和其他人员共 250 多万直接参加普查。普查采取户主到登记站登记或者必要时由调查员逐户访问的办法。登记之后，由人口登记办公室组织人员对登记的报表普遍进行审查和必要的现场复查，纠正差错。全部数据采用手工方法按县、省、中央 3 级汇总。为检查普查数据质量，各级调查办公室于普查后在全国 343 个县和城镇进行了复查，覆盖人口达到 5 295 万，占全国调查人口的 9%。复查结果是重报人口占 1.29‰，漏报人口占 2.55‰，两项相抵，漏报 1.16‰。普查的质量是高的。

1953 年的人口普查，具备了现代人口普查的基本特征：（1）官方性——即由政府发布命令统一组织；（2）全国性——包括全国所有的国民；（3）个体性——按人个别进行登记填报；（4）同时性——以一个统一的特定时间为标准进行调查；（5）系统性——将普查资料编制成统一的统计表格。1953 年的人口普查是中国现代人口普查的历史开端。

普查结果表明，全国在 1953 年 6 月 30 日 0 时的总人口为 601 938 035 人，其中直接调查人口 574 205 940 人，间接调查人口 27 732 095 人。在间接调查的人口中，边远地区居民为 8 397 477 人，台湾省为 7 591 298 人，国外华侨 11 743 320 人。除去华侨、留学生和台湾省人口，仅大陆人口就达到 5.8 亿之多。这是我国第一次用现代调查方法获得的准确人口总数。在人口结构方面，0~14 岁人口占总人口的 36.0%，65 岁以上老年人口仅占总人口的 3.6%，中国属于年轻型的人口。大陆人口中，汉族为 547 283 057 人，占大陆人口的 93.94%；少数民族为 35 320 360 人，占 6.06%。全国大陆城镇人口为 77 257 282 人，乡村人口为 505 346 135 人，分别占大陆人口的 13.26% 和 86.74%。

与此同时，我国内务部通过抽样的方式，对全国 3 018 万人进行了人口的动态调查。调查数据显示，我国人口出生率为37‰，死亡率为17‰，自然增长率为20‰。按照1953年全国总人口的基数计算，我国每年出生人口高达2 200多万人，每年净增长1 200万人。与20世纪40年代相比，中国的出生率仍然维持在高水平上，死亡率则明显下降，人口自然增长率有较大幅度的提高。很明显，中国正从高出生、高死亡、低增长阶段迈入一个高出生、低死亡、高增长的新阶段。按照人口发展的规律，中国不可避免地要面临一个人口急剧增长和膨胀的时期。

二 令人堪忧的人口压力

6亿人口的庞大数目，远远超过了原来4.5亿的估计值。高达20‰年人口增长率，令人惊讶不已。而未来每年人口至少净增长1 200万以上的发展趋势，更是让人堪忧。第一次全国人口普查和人口抽样调查的结果，震动了当时的国家领导人。庞大的人口规模以及它对资源和经济的巨大压力，不仅让决策者，也让学术界开始冷静客观地考虑控制人口过快增长的问题。对潜在矛盾感受最深的莫过于担负实际经济领导人的周恩来总理。普查结束刚刚2个月，他在谈到第一个五年建设计划基本任务时，表达了自己的忧虑："我们的农业发展很不平衡，在地区的分布上，有的地区人口很密，每人平均得不到一二亩地；有很多地区则人口极少，移民也不容易一下都移了去。所以，在长期内发展生产要靠增加单位面积产量，这就需要我们很大的努力。我国的人口还在增加着。我们大致算了一下，我国人口大概每年平均要增加一千万，那么十年就是一万万。中国农民对生儿育女的事情是很高兴的，喜欢多生几个孩子。但是，这样一个增长率的供应问题，却是我们的一个大负担。人多，这是我们的一个优点。但是，优点也带来了困难，这样多的人口，要满足他们的需要，就是一个很大的负担。其中农业是负担的一个主要方面。"[①] 为了有效地控制人口规模的过快增长，刘少奇于1954年12月召开了一个节制生育的座谈会，代表党中央明确宣布："党是赞成节育的"，"我们已经有了六万万人，每年生的比死的多得多。全国每年出生二千多万人，除掉死的还增加一千多万人，中

---

① 周恩来：《第一个五年建设计划的基本任务》（1953年9月29日），《周恩来经济文选》。

国大概不会因为节育闹人口恐慌"。①

与此同时，学术界开始有控制人口增长观点的论文发表，新闻媒体上也陆续出现了许多主张节制生育的舆论。马寅初、吴景超、邵力子等专家学者，都加入进了讨论。一时间，中国人口规模是否过大，怎样有效控制人口规模，怎样在群众中推行避孕节育等话题竟成了 20 世纪 50 年代学术界和新闻界的热点之一。

三 50 年代人口增长的趋势

从 1950 年至 1958 年，人口出生率先是在 37‰的高水平上维持了 5 年，然后开始缓慢下降至 1958 年的 29.22‰。1959 年突然下降到 24.78‰，是受 1959～1961 年自然灾害影响的非正常现象。与出生率的缓慢下降相反，由于卫生事业的迅速进步，危害人民群众的许多流行病，如天花、疟疾、痢疾、血吸虫等，得到了有效的控制，人口死亡率出现了前所未有的大幅度下降，从 1949 年的 20‰直线跌落到 1958 年的 11‰，几乎下降一半。在如此短的时间内，死亡率下降如此之快，在世界人口史上，也是一个奇迹。正是由于出生率变化的"慢"和死亡率变化的"快"同时发生，20 世纪 50 年代人口增长率不断攀升，从 1949 年的 16‰快速增加到 50 年代中期的 2‰～24‰。年平均增加人数也从 1949 年的 1 000 万人增加到 1957 年的 1 479 万人。人口总规模也从 1950 年的 55 196 万人迅速增加到 1959 年的 67 207 万人。人口增长呈现一种加速的态势。如图 2—1。

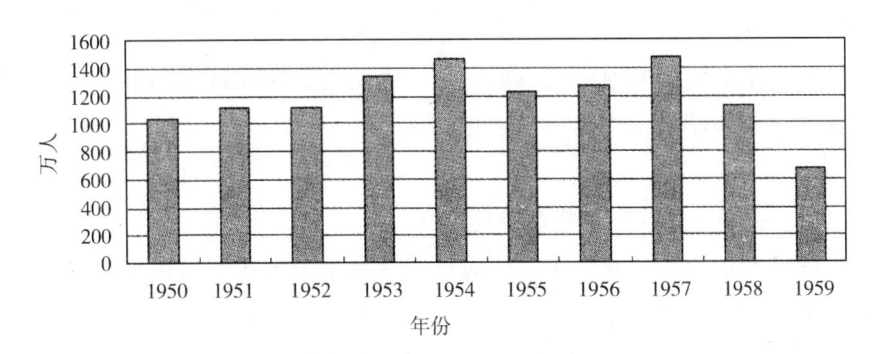

图 2—1 50 年代人口增长数

---

① 刘少奇：《刘少奇文选》，人民出版社 1981 年版。

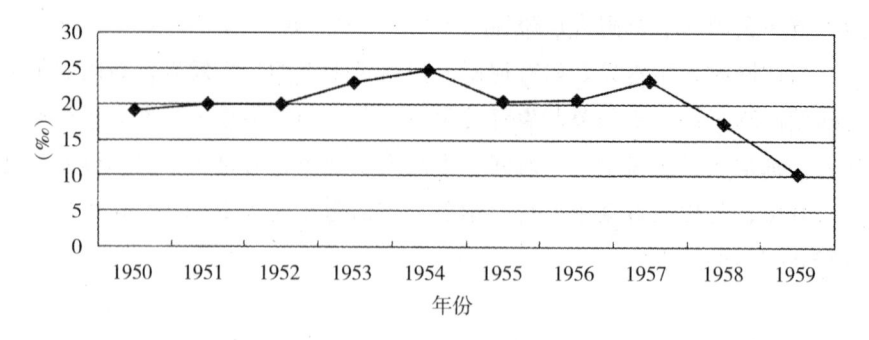

图 2—2 50 年代人口增长率

50年代中国人口规模"由缓到快"的增长，确定了20世纪下半叶中国人口变化的基本格局。70年代以后，人们常常用"基数大、增长快、

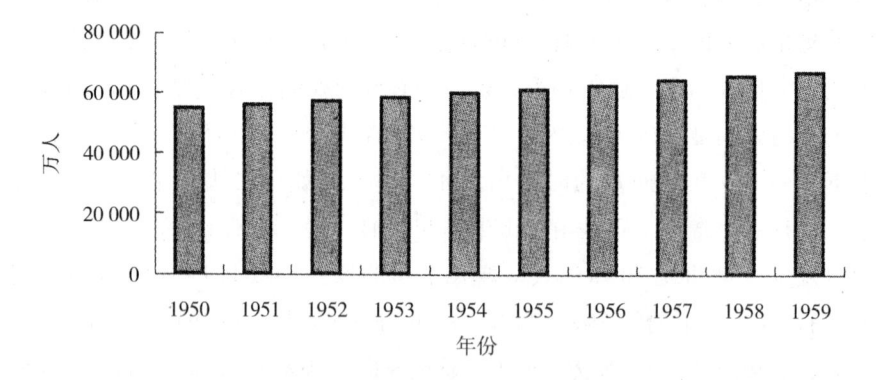

图 2—3 中国 50 年代人口规模

资料来源：《中国人口统计年鉴1988》，中国统计出版社1988年版。

负担重"来刻画形容中国人口的特征。事实上，这些特征的形成在很大程度上与50年代人口快速增长有密切关系。

四 关于中国人口规模的争论

1953年的人口普查结果，使人口问题再度引起人们的高度关注，并掀起了一场热烈的讨论。

1954年9月，全国人民代表大会在北京召开。著名民主人士邵力子在第一次会议上，发表了呼吁控制人口、提倡避孕节育的讲话。在这样的会议上提出控制人口问题，立即在社会上产生了很大影响。邵力子在讲话中提出，"人多是喜事，但在困难很多的环境里，似乎也应有些限度"。

1955年7月，马寅初在全国人大一届二次会议浙江小组会议上提出书面发言——《控制人口与科学研究》，阐述他对中国人口规模的看法，主张控制人口，结果遭到多数人的反对，有的人甚至对他的观点进行严厉批评，认为是马尔萨斯主义。看到当时的气氛还不宜于讨论这个问题，马寅初暂时主动收回了发言稿。

1954年1月1日，白建华在《人民日报》上发表文章《六万万人——我国社会主义建设的伟大力量》。面对现实，他一方面承认人口迅速增长有可能造成生活上的某些困难；另一方面，他又认为我国还有广大未开垦的土地和丰富的资源，工农业生产增长速度远远超过人口增加速度，人民生活的逐步改善是有充分保证的。另一位学者赵靖文则直截了当地引用苏联的人口理论说明，"社会主义国家决不惧怕人口的高速增长，而是为人口的高速增长创造一切有利条件。"①

对于从理论的角度分析中国要不要和为什么要控制人口规模的问题，很多学者专家避而不谈。邵力子、马寅初等人的呼吁在学术界的反应并不热烈。

1956年中央提出了"百花齐放、百家争鸣"的方针。在宽松的政治环境下，一批人口学专家学者受到鼓励，打消了顾虑，开始就人口问题发表意见。

但真正把人口理论讨论推向高潮的是发生在1957年初的两个事件。第一个是1957年2月15日，由罗青（北京劳动干部学校校长）在人口学家陈达的住所主持召开了一个人口研究座谈会。费孝通、吴景超、戴世光、赵承信、李景汉、潘光旦、雷洁琼等14人在会上发言，气氛宽松，情绪热烈。会议还收到陶孟和、朱祖晦、毕士林、苏汝江的书面意见。会后，《人民日报》发表了新闻报道。由于参加会议的都是国内最著名的人口学家和社会学家，他们聚集一起，共同发表对人口问题的意见，影响力远远超过单篇文章的发表。"一石激起千层浪"，学术界从这个会议的召开中受到极大鼓舞。

第二个事件是1957年3月30日，《文汇报》编辑部召开的人口问题讨论会。会上十几名专家进行了发言。他们的观点各不相同，有的甚至针

---

① 赵靖文：《对近代中国的反动人口理论的批判》，《新建设》，1955年第2期。

锋相对，但这并没有妨碍他们进行认真的、心平气和的学术探讨。有的专家认为中国人口已经过多，急需有计划地控制人口快速增长，如华东师范大学教授胡焕庸（发言题目是《我国人口增加率超过各国》）、上海文史馆馆员陈长蘅（发言题目是《有计划地控制我国人口增加》）、上海市卫生局副局长李穆生（发言题目是《人口增长与生产发展不相适应》）、上海第一医学院教授许世谨（发言题目是《人口增加过速会推迟经济发展》）；另外一些专家则表示了不同的意见。

讨论会为本来就升温的人口问题讨论又加了一把火。《文汇报》于4月8日、9日两天连续发表了这十几位专家的发言，在社会上引起了巨大的反响。4月27日，《文汇报》又刊登了两篇老人口学家的长文，一篇是《马寅初谈人口问题》。认为"人口太多就是我们的致命伤"；"不能再这样无计划生育下去，要推迟结婚年龄、避孕；这还不够，要用行政手段控制生育"；"现在总的情况是劳力多，资金少"；"马尔萨斯认为人口按几何级数增加这一点没有错"。另一篇是叶元龙的《论最适当的人口数目》，认为"一个国家的人口数目是否适当，要看它的就业和失业情况、平均每人产量和人民的生活水平。根据这三个标准看，到了过渡时期结束时，人民的生活水平将会比现在更高。到那时人口的最适当数目无疑是完全可以达到的。总之，社会主义经济制度对资本主义制度的优越性正是在于：它不知道有人口过剩，它的人口的最适当数目迟早总是可以达到的"。同时，《文汇报》还配发了评论员文章——《开展我国人口问题讨论》，动员老人口学家"重整旗鼓，早日出山"，"建立无产阶级的人口学"。

在这段时期，无论是赞成人口控制的，还是反对人口控制的，都有平等的机会发表自己的意见，心平气和地与对方争论。《文汇报》4月8日、9日和27日的版面都采取了赞成意见和反对意见同时刊登的形式，无疑为这场重大问题的争论创造了一个畅所欲言的环境。之后，《人民日报》、《光明日报》、《健康报》、《大公报》、《大众日报》、《北京日报》及许多地方报纸纷纷发表文章，讨论人口问题。人口问题的讨论如同开闸的河水，短时间内相关文章达到几百篇。

《新建设》第4期发表了董杰的《建立无产阶级的人口学》。文章的作者以坦率的语言尖锐地批判了中国不存在人口问题的观点："从最近公开发表的几篇有关中国人口问题研究和对马克思人口理论阐述的论著来看，仍有人认为我国人口现在似乎并没有存在着什么问题，中国人口高速增加也不是什么问题，只要社会主义生产力发展了，人民对于经济文化迅速发展的需要同当前经济文化不能满足人民需要的状况之间的矛盾解决了，人口增加再快些、再多些好像也不成其为什么问题。"文章在分析了我国人口总数、出生率、分布迁移等问题后，郑重提出，否认人口规律的客观存在，企图以社会基本经济规律代替人口规律，以及否认人口的变动和发展对社会经济文化和发展的反作用，认为只要经济问题解决，人口问题立即随之而解决，也是一种片面的看法。

陈长蘅作为研究中国人口问题的开创者，研究人口问题已有30年，在学习了马列主义以后，对自己过去关于中国人口问题的言论进行了梳理和自我批评，并同时形成了关于中国人口问题系统的观点。他认为"解放后旧中国长期的人口压迫已大半消逝，但早婚繁育习惯尚存，同时死亡率已锐减，故人口增加太快。这会牵累国家工业化和农业现代化的速度，拖长过渡时期。孙中山的民族主义并不主张鼓励增加人口，并认为人口众多的农业国是帝国主义的理想殖民地。马尔萨斯所谓人口按几何级数增长并非毫无根据，但他不懂得普遍降低自然增加率只有推翻资本主义才能实现。王亚南的人口理论没有结合我国实际情况，不能解决问题。"

孙本文在《八亿人口是我国最适宜的人口数量》一文中，通过对人口增长、人口与生活资料和人口与就业的关系的深入分析首次明确提出了我国适宜的人口数量，"社会主义事业日益发展，工、农业生产及生活资料日益提高，八亿人口以内，全国人民一定可以生活得很好，所以我认为，八亿人口是我国最适宜的人口数量。"①

吴景超发表于《新建设》第5期的《中国人口问题新论》则是一篇很有影响的文献。1957年7月5日《人民日报》全文刊发了马寅初的《新人口论》（即在人代会上的书面发言），也引起了强烈反响。

在讨论中，也有一些人发表文章表示不同意马寅初、吴景超、陈长蘅等人的观点。王亚南在《再论马克思主义的人口理论与中国人口问题》②一文中，明确提出不同意吴景超的观点；刘毅在《论我国社会主义工业

---

① 孙本文：《八亿人口是我国最适宜的人口数量》，《文汇报》，1957年5月11日。
② 王亚南：《再论马克思主义的人口理论与中国人口问题》，《新建设》，1957年。

化与人口问题——和吴景超先生讨论我国人口问题》①中提出："我对吴先生在中国人口问题上的基本观点和几个假设都有不同的意见。"所谓基本观点上的分歧就是刘毅认为使我国人口的自然增殖率稳定在较旧时代略高的水平上是比较适宜的，它有助于社会主义工业化的迅速发展，而吴景超的观点则相反，他认为中国必须实现节育。

正当中国的人口研究处于百花齐放的春天时，风云突变。1957年6月8日，《人民日报》发表社论《这是为什么》，号召全国人民反击右派分子的进攻。中国政治舞台上的变化，对人口学的发展产生了巨大的影响，但这种影响并未立即表现出来。当时人口问题的探讨者们也未认识到政治对人口学的潜在影响，仍然沉浸在人口学理论本身的讨论中。同年7月5日《人民日报》仍然发表马寅初的《新人口论》就是证明。但随着反右斗争在全国的深入开展，许多教授、学者、民主党派人士、爱国人士、作家、科学家、中小学教师和大学生等都被越刮越猛的政治风暴卷了进去。人口学界上空的乌云也愈来愈浓。马寅初最终受到严厉的公开批判，并被撤销北京大学校长职务，其他一些老人口学家也被纷纷打成右派。人口学界万马齐喑，变成了一潭死水。

20世纪50年代，是中国人口发展史上具有特殊意义的时期。首先，它是后来50年中国人口发展变化的一个历史起点。人口规模的变化状况在很大程度上左右和影响了后来50年人口规模的基本格局。其次，由于在生育率依然维持在高水平上的同时，死亡率大幅度下降，导致50年代人口增长的高峰，形成后来的"人口包袱"。

第二节 60年代人口规模增长大起大落

一 人口首次出现负增长，人口规模总量减少

1958年到1961年4年期间，农业生产水平下降，1959年粮食减产200亿~300亿斤，农副产值比1958年下降13.6%。而到1960年，粮食产量更跌至2 870亿斤，比1957年的3 901亿斤减少了26.4%，低于1951年的水平。从1957年至1960年，人均消费量大幅度减少，粮食减

---

① 刘毅：《论我国社会主义工业化与人口问题——和吴景超先生讨论我国人口问题》，《学术月刊》，1957年。

少 19.4%（其中农村减少 23.7%），猪肉减少 69.9%，农副产品供应的严重短缺，使得人民生活陷入了极为困难的境地。

国家经济政策和方针的错误及自然灾害的影响使人民生活困难，并导致人口出生率下降，死亡率升高，人口自然增长率下降，并在 1960 年破天荒地出现了负数。出生率从 1958 年的 29.22‰ 猛降到 1959 年的 24.78‰，1960 年又降到 20.86‰，1961 年更是降到了 18.13‰。而死亡率则从 1958 年的 11‰ 水平飙升到 1960 年的 25.43‰，创新中国成立以来死亡率的最高值。农村地区死亡率更是高达 28.6‰，比正常年份高出一倍多。由于出生率和死亡率的这种戏剧性变化，人口自然增长率从 50 年代的高水平上突然急剧下降，从 1957 年的 23.23‰ 下降到 1959 年的 10.19‰，并在 1960 年首次，也是迄今为止唯一一次出现负增长（-4.57‰），全年总人口净减少 304 万，1960 年的出生率和自然增长率都创出了计划生育以前时期的历史最低点。

从 1949 年至 60 年代中国人口出生率、死亡率和自然增长率的变化趋势图上，可以清楚地看到这一时期人口增长率的骤然下降。如图 2—4 和表 2—2 所示。

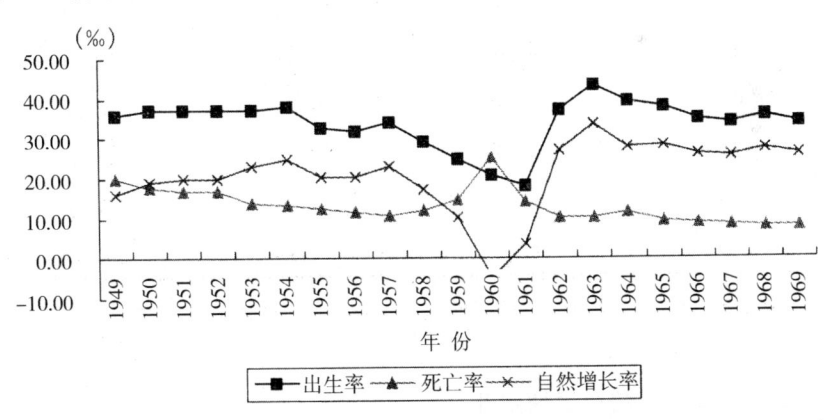

图 2—4　中国 1949~1969 年人口自然变动情况

表 2—2　　　　　　中国 1949~1969 年人口自然变动情况　　　　　　（‰）

年份	出生率	死亡率	自然增长率
1949	36.00	20.00	16.00
1950	37.00	18.00	19.00

续表

年份	出生率	死亡率	自然增长率
1951	37.00	17.00	20.00
1952	37.00	17.00	20.00
1953	37.00	14.00	23.00
1954	37.97	13.18	24.79
1955	32.60	12.28	20.32
1956	31.90	11.40	20.50
1957	34.03	10.80	23.23
1958	29.22	11.98	17.24
1959	24.78	14.59	10.19
1960	20.86	25.43	-4.57
1961	18.13	14.33	3.80
1962	37.22	10.08	27.14
1963	43.60	10.10	33.50
1964	39.34	11.56	27.78
1965	38.06	9.55	28.51
1966	35.21	8.87	26.34
1967	34.12	8.47	25.65
1968	35.75	8.25	27.50
1969	34.25	8.06	26.19

资料来源:《中国人口统计年鉴1988》,中国统计出版社1988年版。

二 人口增长的补偿性回升

人口增长的补偿性回升,人口发展既受社会经济条件的改变而相应变动,又具有一定的历史连续性。新中国成立以来,人口的出生率除了在50年代前半期出现因社会环境由长期战乱转为安定团结时的补偿现象(维持在37‰的高水平)以外,随着国民经济的进一步发展,人民受教育水平的逐步提高,妇女就业增加和地位的提高,50年代中期开始逐渐下降,这是正常的发展过程。同时,随着经济的发展、医疗水平的提高和卫生保健的改进,死亡率直线下降,速度很快。但是 1958 年至 1961 年间,由于严重自然灾害的侵袭,出生率不正常地猛然下跌,死亡率陡然增高,打断了新中国成立后人口稳步发展的正常进程。但人口发展有自己的内在规律。1961 年,人口增长率已出现回升趋势。1962 年,随着经济状况的好转,出生率迅速回到 37‰ 以上,比 1961 年翻了一番还多,1963 年更是陡增到新中国成立以来的最高水平 43.37‰,总和生育率也达到创纪录的 7.5。死亡率也在 1962 年重新降到 1957 年的 10.02‰ 水平,并继续沿着递降的轨道发展。1962 年至 1965 年这一阶段是人口补偿性急剧增长的时期,与 1961 年全年人口增长 249 万形成鲜明对比的是,1962 年一年人口增加 1 794 万,1963 年增加 2 270 万,1964 年增加 1 927 万,1965 年增加 2 026 万(见图 2—5),其时全国总人口达到 72 538 万,年均增长率达到 29.7‰,其中 1963 年的增长率达到顶点 33.5‰。在以后的几年中,人口增长率始终保持在 27‰ 左右。从图 2—4 中也可以看到这种补偿性生育带来的人口增长的高峰。

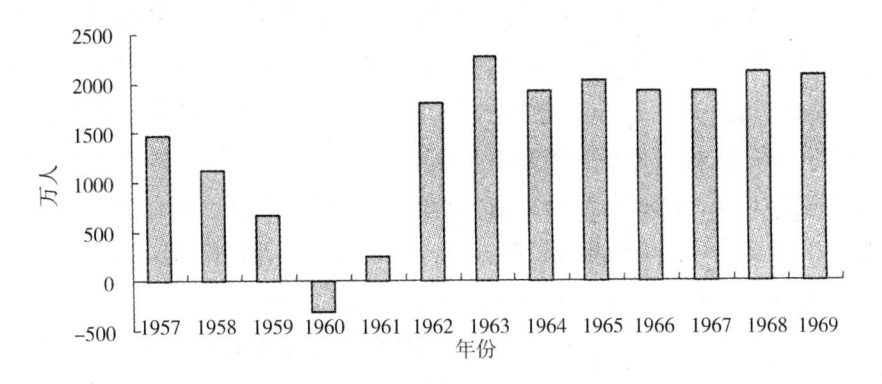

图 2—5 中国 1957～1969 年年净增长人数

资料来源:《中国人口统计年鉴 1988》,中国统计出版社 1988 年版。

表 2—3　　中国 1957～1969 年人口出生、死亡和净增长人数　　(万人)

年份	出生人数	死亡人数	净增人数
1957	2 167	688	1 479
1958	1 905	781	1 124
1959	1 647	970	677
1960	1 389	1693	-304

续表

年份	出生人数	死亡人数	净增人数
1961	1 189	939	249
1962	2 460	666	1 794
1963	2 954	684	2 270
1964	2 729	802	1 927
1965	2 704	678	2 026
1966	2 579	649	1 928
1967	2 563	636	1 927
1968	2 757	636	2 121
1969	2 715	639	2 076

资料来源：《中国人口统计年鉴1988》，中国统计出版社1988年版。

在1962年至1965年出现人口增长的强烈回升后，在以后各年的人口金字塔上都出现了该队列人口的凸出部。随着该队列人口年龄的增长，在他们生命周期中，在不同的年代的入学、就业、婚配等事件上都出现了明显的拥挤现象，尤其是对中国的人口老龄化趋势产生极大的影响。到2022年后，人口金字塔中该时期出生的大规模人口队列移入老年组，使金字塔顶部跳跃式加大。人口老龄化形式至此由底部老龄化向顶部老龄化转变。由于生育水平的持续下降，底部与顶部基本保持相同宽度，年轻人口与老年人口大致平衡。2030年以后，随着"文化大革命"时期由于人口失控造成的人口再度膨胀时期出生的队列进入老年组，老年人口急剧增加，人口老龄化已属于顶部老龄化。随着年龄的推移，年龄金字塔的顶部逐渐加大，宽度大于低年龄人口，意味着老年人口将多于少年儿童人口，社会抚养比中老年抚养比的比重将增加，同时也为我国的养老保障制度带来巨大的挑战。

三 1964年人口普查中关于人口规模的统计结果及比较

1964年人口普查时全国总人口规模为6.946亿（不包括台湾省和港澳同胞国外华侨等人口）。全国汉族人口为6.546亿，少数民族人口达到0.400亿。从城镇发展的水平看，城镇人口0.979亿人，乡村人口5.967

亿人。农业人口 5.803 亿人，非农业人口 1.143 亿人。

城镇人口比非农业人口少 1 640 万人，可见当时非农业人口当中有相当庞大的一部分生活在农村，反映了当时中国反常的"逆城市化"现象。由于农业生产萎缩和停滞不前，农业剩余已经养活不了太多的城镇人口，同时由于工业生产停滞，新增加的劳动力大部分因为无法参与生产而闲置，促使国家把大批的非农业人口（本来应该从事非农业生产的人口）推到农村参与农业生产。这种反常的现象进一步暴露了中国人口在特殊制度背景下高度过剩的严峻形势。

与 1953 年人口普查进行比较，1953 年的人口规模为 6.019 亿人，汉族人口 5.473 亿人，少数民族人口 0.353 亿人。城镇人口 7 726 万人，乡村人口 5.053 亿人。从 1953 年到 1964 年，经过 11 年的发展，城镇人口仅增加 2 064 万，现实经济条件已经昭示了中国当时的供养能力的不足。

从表 2—3 可以发现，在新中国成立初，出生人数迅速增加，随后有所下降，在三年困难时期人口异常变动以后，从 1962 年开始了人口的恢复性增长。死亡人数则除了三年困难时期以外，基本呈下降趋势。出生和死亡的综合作用使得中国人口在"文化大革命"前呈现出高速增长的态势。通过相关分析，可以发现，出生人数与自然增长的相关系数为 0.953，而死亡人数与自然增长的相关系数为负 0.824，可见出生和死亡变动对人口自然变动都有较强的解释力，但是出生人口变动对人口自然变动的解释力相对更强一些。如果剔除 1959 年、1960 年、1961 年的异常情况，出生人数与自然增长的相关系数为 0.964，而死亡人数与自然增长的相关性则大大降低，只有负 0.656，进一步表明了出生人口变动在人口自然变动中所起的主导作用。

比较 1964 年和 1953 年人口普查的两个年龄金字塔，可以看出，从新中国成立一直到 60 年代中期，中国人口的结构处于明显的金字塔形，反映出人口的自然扩展趋势。但是也可以看出一个比较大的变化，除了三年困难时期人口的异常变动，新中国成立以后的出生人口有较大增加，同时死亡率迅速下降，使少年人口迅速增加，从而导致整个人口规模的膨胀。

男　女

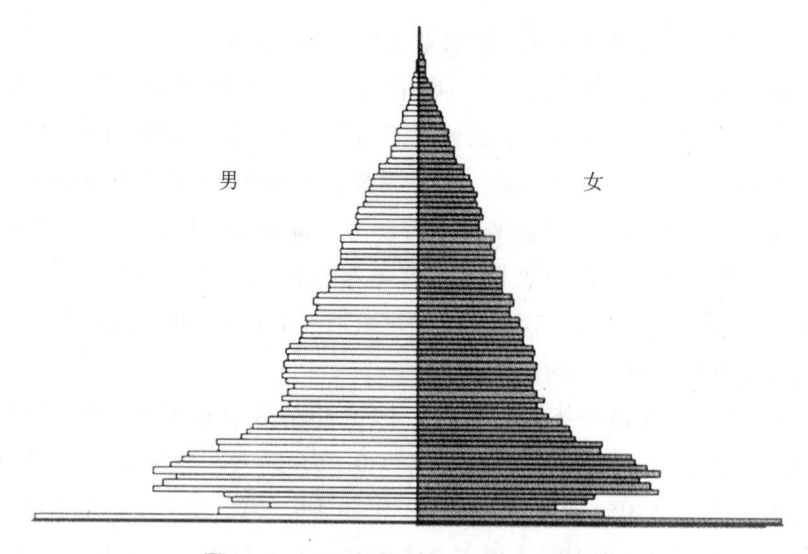

图 2—6　1964 年普查时人口年龄金字塔

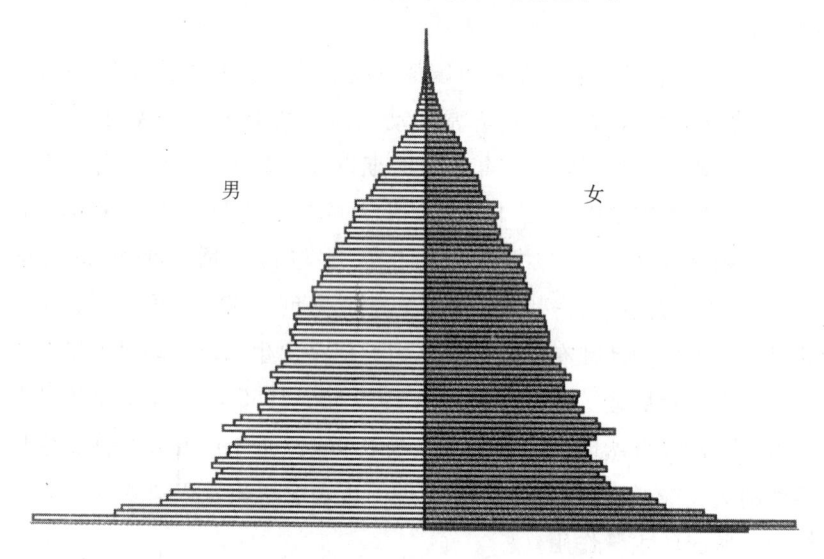

男　女

图 2—7　1953 年普查时人口年龄金字塔

表 2—4　　　　　各省人口规模及在全国的排名次序　　　　　（万人）

省（区市）	1953 年普查 人口规模	排名	1964 年普查 人口规模	排名
北京	277	25	757	24
河北	3 598	5	4 569	4

续表

省（区市）	1953年普查 人口规模	排名	1964年普查 人口规模	排名
内蒙古	610	23	1 235	22
山西	1 431	17	1 802	17
辽宁	1 855	12	2 695	11
吉林	1 129	21	1 567	20
黑龙江	1 190	20	2 012	16
上海	620	22	1 082	23
江苏	4 125	4	4 450	5
浙江	2 287	10	2 832	10
安徽	3 034	8	3 124	9
江西	1 677	14	2 107	12
福建	1 314	18	1 676	19
山东	4 888	2	5 552	2
广东	3 477	6	4 280	6
广西	1 956	11	2 085	13
湖南	3 322	7	3 718	7
湖北	2 779	9	3 371	8
河南	4 421	3	5 033	3
四川	6 230	1	6 796	1
云南	1 747	13	2 051	15
贵州	1 504	16	1 714	18
西藏			125	28
陕西	1 588	15	2 077	14
甘肃	1 293	19	1 263	21
青海			215	26
新疆	487	24	727	25
宁夏			211	27

资料来源：《中国人口统计年鉴1988》，中国统计出版社1988年版。

表2—4反映了从1953年和1964年中国各省人口的变动情况。四川省、山东省与河南省一直是人口总量分别居前三位的人口大省。然而从这三个省从1953年到1964年人口的增加量上来看，四川省增加566万人，山东省增加664万人，河南省增加612万人，四川省虽然人口总量居第一位，但是人口增量却最少。非常突出的是河北、黑龙江、辽宁、内蒙古等省（区市）的人口增长非常迅速，在各省人口总量排名中均有上升。河北省人口从3 598万人增加到4 569万人，增加971万人，成为人口增幅最大的省份；黑龙江省从1953年的第20位上升到1964年的第16位，人口从1 190万增加到2 012万，增加822万人；辽宁省人口从1 855万人增加到2 695万人，增加了840万人；内蒙古自治区人口从610万人增加到1 235万人，增加了625万人。还值得注意的是北京市人口增长非常迅速，从277万人增加到757万人，增加了480万人，即增加了1.7倍，反映了北京作为首都在新中国成立后人口的情况。

四 "文化大革命"中人口规模的再度急剧膨胀

"文化大革命"时期是中国人口规模再度急剧膨胀的时期（见表2—5）。出生人口数在1968年达到了最高峰2 757万人，人口净增量达到2 121万。出生人口在1966年到1972年之间一直保持在2 500万以上的高位，又由于死亡人数相对保持稳定，平均每年死亡600多万，使人口净增量保持在1 900万以上。如此巨大的人口增量，使"文化大革命"期间本来就停滞不前的国民经济雪上加霜。

表2—5　　　　1966年到1975年的出生数和自然增长数　　　　（万人）

年份	1966	1967	1968	1969	1970	1971	1972	1973	1974	1975
出生人数	2 578	2 563	2 757	2 715	2 736	2 567	2 566	2 463	2 235	2 109
死亡人数	649	636	636	639	622	613	656	621	661	671
自然增长数	1 928	1 927	2 121	2 076	2 114	1 954	1 910	1 842	1 574	1 438

资料来源：《中国人口统计年鉴1988》，中国统计出版社1988年版。

对出生人数、死亡人数与人口自然增长进行的相关分析表明，出生人数与自然增长之间的相关系数为0.998，而死亡人数与自然增长之间的相关系数为负0.688，可见"文化大革命"时期人口的自然增长量的变动主要应该由出生人口变动来解释，死亡人口数基本上保持了稳定，这是与"文化大革命"前的情况有很大不同的。这个时候，如果任由出生人数保持在高位而不进行干预，后果将是非常严重的。

直到1971年以后，中国政府终于开始痛下决心，大力在全国推行计划生育政策，使中国出生人口数从1973年开始出现较大幅度的下降。然而由于中国人口基数大，加上50年代出生高峰的影响，人口增长依然处于高位运行。

从新中国成立到1957年"一五"计划完成，计划经济制度在中国基本上建立起来了。通过对农业、手工业和资本主义工商业的改造，政府基本上控制了城乡经济。随着人民公社制度和户籍制度的建立，绝大部分的人口被堆积在农村。这是中国人口快速增长的制度背景。通过"上山下乡运动"进行的城市人口向农村的转移，成为解决中国人口矛盾的一项重大政策。

从某种意义上说，中国社会主义制度是一种普遍性福利制度。在这种制度下，人们的生育行为不是普遍的少生，而是普遍的多生。这是新中国成立以后人口迅速增长的根本制度原因，更是"文化大革命"时期人口急剧增长的根本制度原因，而医疗水平的提高是造成这个时期人口急速增长的技术原因。

五　人口规模对社会经济资源的压力

人们的生育行为是一种外部性很强的行为，在经济比较落后的国家，生育一般是私人收益大于私人成本但小于社会成本的行为。也就是说，人们生育得越多，就能够越多抢占公共资源，使自己获益更大。如果没有政府行政行为的介入，"多生"将会成为私人的理性选择。反之，在一个公共资源稀缺的社会，比如发达的市场经济社会，即使没有政府行为的介入，理性的人们也不会倾向于"多生"。

从官僚资本和私人资本占主导地位的社会向国家资本占主导地位过渡，这是新中国成立以后，过渡时期中国政府所面临最大的挑战。这个时期的主要特点是公共资源急剧增加。随着社会主义公有制的建立，物质资源的"公有化"程度发展到了极大限度。然而这里潜藏着一个重大漏洞是制度设计者所始料不及的，也就是只顾"物"的"公有化"而忽视了

"人"的公有化。当带着私利的个人与公共资源相结合，并成为一种普遍的生产关系时，西方新制度经济学中有关"公地的悲剧"的著名案例就开始发生作用。这时候，人口迅速增加以及经济机制运转失灵就毫不奇怪了。

从历史上看，当工农联盟的新政权建立时，也意味着新政权全面"接管"了旧中国遗留下来的庞大的人口。也许当时的部分学者和政府官员对新中国的人口问题有初步意识，然而在革命胜利、高奏凯歌的初期，大多数人对未来是充满信心的，前面似乎没有什么解决不了的难题。

当时立刻遇到的首要问题比如庞大公职人员的就业和吃饭问题。解放之初，政府就一直为庞大的公职人员的吃饭和就业问题所困扰。1949年12月，周恩来在对参加全国农业会议、钢铁会议、航务会议的人员讲话时强调指出，由于战争仍在进行，军费在财政支出中还要占很大比重，军队人数当时是470万，还要把被俘虏或改编的国民党军队包下来，文职人员也要包下来，到1950年将达到550万人。在1949年上海曾经试图实行精兵简政，裁减人员，在上海、南京都遇到了很大阻力。当时全国共有900万人要依靠政府供养，然而新政府有很大的气魄解决这部分人口的问题，办法是三个人的饭五个人吃，把他们全包下来。

由于中国实行重工业优先发展的战略，重工业是资本密集型工业，因而使就业岗位的供给远远不能满足广大人民日益增长的需求，在中国人口迅速增长、农村人口大量涌入城市的情况下，这种矛盾越发尖锐。这时候政府再也无法把这些城市新增人口和农村流入人口全部包下来了，农村成为新增人口的"吸收器"。

然而农村的人民公社"大锅饭"制度，决定了农村的资源也是高度"公有化"的。由于农业生产具有分散性的特征，使得对生产性人口的激励和监督都难以进行，结果是公共资源的效率低下并且受到侵蚀。在公共资源占绝对统治地位的条件下，人口压力带来的不仅是粮食不够吃的问题，它还会带来教育资源不足、水不够喝、房子不够住、路不够走等问题。这时候政府面对人口压力所能采取的政策是对人口微观行为进行干预，促进人们"少生"。

人口压力在不同的制度条件下对资源的作用机制和重点是不一样的。在计划经济制度下，对社会经济资源的压力主要体现为"大炼钢铁"、

"围湖造田"、"毁林开荒"等造成的效率低下、资源浪费和生态破坏。当计划经济向市场经济过渡时,意味着非公共资源开始增加。一方面意味着人们受到的约束增加,资源的利用效率提高;另一方面由于在过渡时期人们可以更加自由地追求个人利益,因而人们对公共资源的盗窃、掠夺更加防不胜防。比如公共的森林、矿山、土地、草场、水资源,等等,都可能面临灾难性的破坏。

第三节 70年代人口规模增长由快向慢转变

一 全面开展计划生育

在经历了1958~1961年人口增长的低谷期后,从1962年起到1973年止,是自1953~1957年第一次人口增长高峰期以来的第二次人口增长的高峰期,长达12年之久。其中1962~1965年属于人口急剧补偿性增长,1966~1973年的高潮则是由于"文化大革命"的十年动乱中人口失控造成的出生率提高。这12年间,中国人口规模从6.6亿增加到8.9亿,年均人口增长率为25.6‰,最高年份是1963年达到33.33‰。这一时期为我国历史上人口增长速度最快,持续时间最长(12年)的时期,人口总共增长2.3亿人,年平均增加1946万人,年均增加人数比第一个高峰期的1311万人增长了48.4%。

从1961年人口出生率骤然上升和死亡率大幅度下降开始,1962~1973年的这12年间,中国的出生人口数基本上维持在2500万以上,而死亡人口数和死亡率都呈现出在波动中缓慢下降的趋势,这一时期人口的快速增长主要是由高数量的出生人口造成,如表2—6和图2—8所示。

表2—6　　　中国1962~1973年人口自然变动情况　　　(万人)

年份	出生人数	死亡人数	自然增长人数	人口规模
1962	2 460	666	1794	65 859
1963	2 954	684	2270	68 054
1964	2 729	802	1927	69 458
1965	2 704	678	2026	72 358
1966	2 579	649	1930	74 542

续表

年份	出生人数	死亡人数	自然增长人数	人口规模
1967	2 563	636	1927	76 368
1968	2 757	636	2121	78 534
1969	2 715	639	2076	80 671
1970	2 736	622	2114	82 992
1971	2 567	613	1954	85 229
1972	2 566	656	1910	87 177
1973	2 463	621	1842	89 211

资料来源：《中国人口统计年鉴2000》，中国统计出版社2000年版。
《中国人口年鉴2001》，《中国人口年鉴》编辑部，2002年。

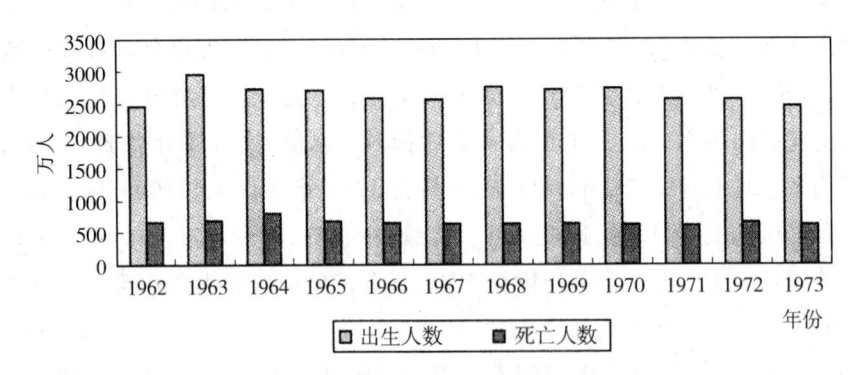

图 2—8　中国 1962～1973 年出生人数与死亡人数

1966年开始的"文化大革命"导致经济迅速滑坡，并陷入崩溃的边缘。与此同时，全国职工人数突破5 000万人，工资支出突破300亿元，粮食销售量突破800亿斤。"三突破"对当时本来就不堪重负的经济无异于雪上加霜。人口总量与经济发展的矛盾空前尖锐。

在人口规模的巨大压力下，1971年7月，国务院以51号文件形式批转了《关于做好计划生育工作的报告》。明确指出："除人口稀少的少数民族地区和其他地区外，都要加强对这项工作的领导，深入开展宣传教育，使晚婚和计划生育变成城乡群众的自觉行为。"作为国家计划的一部分，人口计划以人口自然增长率的形式正式提出，要求人口自然增长率逐年降低，争取到1975年，一般城市降到10‰以下，农村降到15‰以下。

这个文件第一次明确号召在全国城乡范围内普遍推行计划生育，成为后来大规模计划生育运动的起点。1973年7月，国务院成立计划生育领导小组，各地区亦相应建立了计划生育机构，中断了几年的计划生育工作又重新恢复，并发挥强大作用。

二 人口增长率迅速下降，人口净增量逐年下降

从20世纪70年代初开始至1980年，是在全国范围内全面地轰轰烈烈地推行计划生育的年代，成千上万的干部和医生都投身到这场伟大的社会行动中，从城镇到村庄，几亿育龄妇女的生育行为都受到了深刻和广泛的影响。

全国人口出生率从1974年的24.82‰降到1978年的19.28‰，再降到1979年的17.82‰；人口自然增长率从1974年的17.48‰下降到1978年的12‰，再降到1979年的11.61‰；1974年全国年净增人口1 574万，1978年则减少为1 147万，1979年为1 125万。妇女总和生育率从1970年的5.8下降到1978年的2.7，其下降速度之快，在世界上都是罕见的。人口规模也从1974年的9.1亿缓慢增加到1979年的9.6亿。从图2—7和图2—8中可以看出，从1976年开始，年人口净增量和自然增长率数值已经较低，其后的1977年、1978年、1979年下降的幅度比较小。中国在控制人口出生和增长方面取得了举世瞩目的辉煌成绩，扭转了在此以前持续了20余年的高生育和高增长的局面。这是中国人口发展史上，特别是新中国成立以来人口发展的一个历史性的转折。

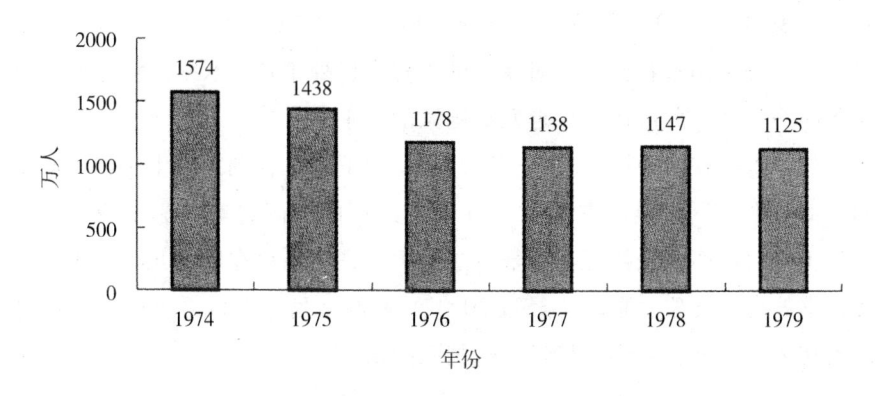

图2—9 1974～1979年中国人口年净增量

资料来源：《中国人口统计年鉴2000》，中国统计出版社2000年版。

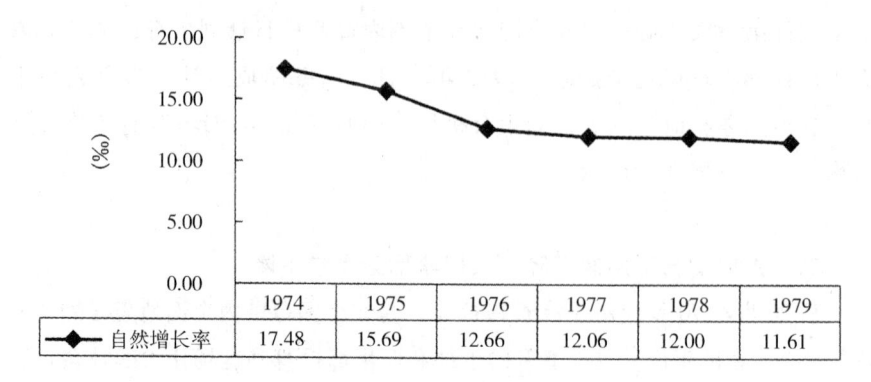

	1974	1975	1976	1977	1978	1979
自然增长率	17.48	15.69	12.66	12.06	12.00	11.61

图2—10 1974~1979年中国人口自然增长率

资料来源：《中国人口统计年鉴2000》，中国统计出版社2000年版。

三 人口再生产类型的转变

自1963年中国的生育水平达到最高后，人口出生率和生育率都开始下降，在农村下降比较缓慢，而在城市急剧下降，很快就达到了相当低的水平。人口生育状况的变化除了反映在出生率和总和生育率水平上，更反映在生育模式上。1961年的总和生育率（3.287）降到1952年（6.472）的一半，但各年龄生育率下降比例十分近似，生育率曲线形状与1952年基本一样。而1978年的曲线完全是另一种情况，生育开始得晚，集中在20~30岁之间，然后便急剧下降。这表明70年代以来我国生育率已经向现代化、工业化社会的类型转变。本来随着经济的发展，这一转变过程必然会出现的，而70年代我国推行的计划生育政策则大大促进了这一转变过程。与发达国家相比，当时我国的生育率仍处于较高水平，但性质上已属于同一类型，此后逐渐接近发达国家的水平。

死亡水平在新中国成立初二十几年急剧下降后，到六七十年代已经降到较低水平，下降得比较缓慢，70年代后期的下降趋势更为平稳。其中青壮年的死亡率已经接近一些最发达的国家，但还存在婴幼儿和少年儿童死亡率偏高的现象。总之，经过30年的发展，我国人口再生产类型已经逐渐转为现代型，并逐渐接近发达国家的水平。

四 人口增长变化的解释

20世纪70年代中国的人口发展出现了方向性的变化，它主要体现在以下几方面：

1. 指导思想上发生了方向性的转变。这一转变包含两方面的内容：第一，明确地、肯定地认识并承认了中国人口太多，增长太快，必须努力加以控制。现在看起来，这种认识似乎已是人所共知、不言而喻的事实和道理。然而，新中国成立后很长一段时间，占压倒优势的理论却认为"人口高速增长是社会主义社会的人口规律"。所以，认识上的这个转变，在中国来说是具有决定意义的。第二，认识到在人们的生育行为方面政府必须介入。人口数量和增长速度快慢是关系到社会、经济发展和人民生活福利水平乃至未来国家、民族生死存亡的大事，而对人口数量增长速度起决定作用的生育行为却是由各个家庭与每对夫妇来分散进行的。为了保证人口数量与社会、经济发展相适应，与资源、环境相协调，就不可避免地必须由政府来干预人们的生育行为。有了以上两点认识上的转变，才会出现70年代中国在人口数量控制方面的惊人成绩。

2. 由政府制定生育政策，明确规定生育规范。近二三十年来已有不少发展中国家制定了实行计划生育（国际上通称"家庭计划"）的政策，提出并宣传政府提倡和鼓励的晚婚与少生的标准（一般都是提倡生两个子女），所以政府也是介入和干预人们生育行为的。不过，其他国家的政府介入往往局限于宣传、倡导、提供知识和技术指导、提供避孕节育的器材和手术，并且结合生产经营从经济上加以诱导。中国则除了上述活动外，还有政府的直接介入和行政管理。不只提倡一对夫妇生两个子女（70年代）或生一个子女（1979年以后），而且规定除特殊情况外只能生两个或只能生一个。

3. 在上述认识和行动的基础上，70年代中国的生育率、出生率和自然增长率都急剧大幅度下降。尽管由于中国人口在历史上已经形成了年轻的年龄结构，年轻人的人数大大超过老年人，即使在生育率大大降低的情况下，每年出生人数仍超出死亡人数很多，全国人口仍以14‰以上的增长率增加，但是连续若干年中国都出现了出生人数持续减少的局面。这就扭转了出生人数一贯增长的格局。理论认识上的转变，政策上的改弦更张迅速产生了实际效果。

4. 这一变化的意义不仅在于一段时期人口增长速度的降低，更重要的是人口的增长由此结束了有史以来的自发、自流状态，变成了从全社会和整个国家着眼的有目标、有计划的发展过程。这是一个质的飞跃。当然，由于社会、经济发展水平和条件的限制，一部分群众的生育意愿与国家计划的要求还会有距离，人口的增长发展还不能完全变成一种宏观计划行为，但已经从原则上将人口发展从原来普遍存在并被人认为是天经地义的自发行为转到了向有目标、有计划发展转变的轨道上来了。政府直接目的是减缓人口过快增长。在这点上。中国政府取得了显著成绩，并为全世界所认识和称赞。在这过程中——人口增长发展从自发、自流向有目标、有计划的这种转变，其意义要重大而深远。

5. 由于70年代初国家提出的生育标准为"晚、稀、少"，在政策上把法定最低初婚年龄从婚姻法原来规定的男20岁和女18岁提高到政策要求的男25岁和女23岁，把最多生育子女数限制在两个以下，一二孩间隔必须在4年以上。尽管实际上很多地方并未真正完全达到这种要求，但还是有不少地方、不少的人按要求去做了。特别是在一些大城市和经济文化发达、工作认真的先进地区。即使在那些起步晚、变化小的地区，也终究有某部分人在某种程度上推迟了结婚和生育，拉长了间隔，限制了本来可能生育的第二孩以上的高孩次生育，从而出现了一种由于政策骤紧而造成的"急刹车"现象，使生育率逐年高速下降。这种突然而来的、不正常的急剧降低的生育率原会随着时间的推移而逐渐回升到一个正常的、较突变前原有水平略低的水平，但由于全国各地政策推行的开始时间不同，力度与效果有很大差别。一些先进地区开始出现回升之时正值另一些地区逐渐推广和加强计划生育。两相抵消，便形成了全国比较均匀而稍平缓的连续降低过程。所以，各地区步调上的不完全一致，避免了全国生育水平过急的下降和随后的回升。而另一方面，全国生育水平平缓、均匀下降的背后则掩盖着各地情况与工作水平的很大差异。

6. 随着连续多年出生人数的减少，儿童与少年在人口中所占比重不可避免地逐渐下降，青壮年和老年人的比重则相应上升，人口年龄结构便开始向着老龄化的方向变动。可以预期，再过40年以后，65岁以上老年人的数目将大大增多（由于出生人数最多的人们开始陆续进入65岁以上年龄组），比重也将急剧提高。所以，80年代以来人们开始为中国人口老化而担心。但是也必须清醒地看到：人口老化是控制人口增长的必然结果，也是不可避免的。当前和未来中国老年人的人数众多是由于过去出生的婴儿人数过多。目前和未来由于生育水平较以前降低而导致老年人比重上升即人口老化，并没有使老年人绝对数目增多，因而也不会使社会负担增加。不过，人口老化确实是个重要人口现象，涉及社会保障和经济活动等一系列问题，必须引起高度重视和认真研究，并切实探索问题的解决办法。

7. 70年代末期人们开始意识到人口作为一种客观存在的事物，除了量的规定性以外，也应具有质的规定性；除了数量的多少以外，也还有质量的高低（严格讲，质的规定性与质量高低并不是一回事），于是开始探讨人口质量问题。党和政府也把"提高人口素质"作为中国人口发展方针的一个组成部分，这无疑是对人口现象的认识的深化和扩展。

70年代是中国人口发展进程中出现巨大转折的时期。在此时期，由于政府的介入，婚姻生育行为从以往的个人自发行动转入宏观控制指导下的轨道；在从中央到基层村组、居委会的一整套严密组织系统的基础上，保证了政策的贯彻实施；生育水平从原来自发状态下平均每对夫妇生育将近6个子女降到接近3个子女的水平，人口再生产类型发生了转变。

第四节　80年代人口增长的波动与反复

20世纪70年代末的十一届三中全会以后，中国政治和经济形势发生了历史性变化，全国各项工作转移到以经济建设为中心的轨道上来。改革开放方针的实施使人口的地区分布、行业职业构成、迁移流动等都相应有所变化。同时，在70年代初婚年龄大幅度提高、生育率普遍急剧下降之后，最初的"急刹车"效应已经过去，进一步提高甚至维持较高的婚龄遇到阻力；生育率已降到较低水平，进一步下降也比70年代困难得多。然而，从有利的方面看，党和政府在总结新中国成立以来处理人口问题的正反两方面经验教训的基础上，进一步明确了控制人口增长的战略意义，把计划生育定为一项基本国策，又更全面科学地表述为"控制人口数量，提高人口素质"，并将其列入宪法，加强了领导，健全了组织，完善了政策，使控制人口更有力地坚持下去。80年代人口规模虽然仍在增长，但与70年代逐渐减缓的特征相比，它增长的速度却表现出明显的波动与反复。

一 "控制人口规模"急刹车的社会效应

1980年9月第五届全国人民代表大会第三次会议上,国务院正式宣布调整计划生育政策:"国务院经过认真研究,认为在今后二三十年内,必须在人口问题上采取一个坚决的措施,就是除了在人口稀少的少数民族地区以外,要普遍提倡一对夫妇只生育一个孩子,以便把人口增长率尽快控制住,争取全国总人口在本世纪末不超过十二亿。"其后不久,中共中央发表了《关于控制我国人口增长问题致全体共产党员、共青团员的公开信》,号召党团员带头执行新的计划生育政策。1980年计划生育政策的转轨,可以归纳为以下三点:"提倡一对夫妇只生育一个孩子"已经不是原来意义上的"提倡",因为在70年代后期,在计划生育工作中也曾提出过"一对夫妇生育子女数最好一个"的号召,并且是经中央批转同意的,这才是名副其实的"提倡"的含义。1980年的"提倡",实际上变成了除有特殊困难者外,一对夫妇只能生育一个孩子的政策;从70年代"最多两个"转变为严格控制生育第二个孩子,城乡无一例外;70年代,政府对少数民族地区采取不宣传和提倡计划生育的政策,1980年则改为实行比汉族宽的计划生育政策。

应该指出,在提出新的生育政策时,农村经济体制改革对农民家庭生育行为产生什么样的影响,会给农村计划生育工作带来多大的困难,一时尚难看清。其后的农村改革实践说明,在一定时期内它增加了在农村控制人口、推行计划生育的难度。农村体制改革,弱化了集体经济生产职能,恢复和强化了家庭经济生产职能,弱化了集体分配,强化了家庭自主分配。农村家庭成为从事经济活动的自主的基本单位,同时又是生育的基本单位。两种社会生产融为一体,顺理成章的是,家庭生育行为、生育模式、生育性别偏好等,在没有外来难以抗拒的强力干扰下,将取决于家庭从事经济活动、发家致富的需要。在粗放型即劳动密集型技术经济发展阶段,强体力劳动成为家庭经济生产的顶梁柱。因此,增殖人口,适当扩大家庭规模,性别偏向男性,就成为现阶段家庭经济生产职能的内在要求。而国家在宏观人口控制和微观生育政策上却步步抽紧,在经济文化还很落后的农村普遍要求一对夫妇只生育一个孩子。这样,宏观与微观各自向对立两极转化,矛盾尖锐化就是不可避免的了。但是,从全国的角度,新的计划生育政策的实施，使本来就比较低的生育率进一步降低，人口增长率的反弹力不断增大。

二 1982年第三次人口普查中关于人口规模的统计结果

第三次人口普查结果显示，1982年7月1日中国总人口达到103 188万人，大陆29个省区市（不包括福建省的金门、马祖等岛屿）的居民和现役军人共100 817万人。全国人口超出10亿，约占世界总人口的22%。中华人民共和国成立以前，中国人口基数就是很大的。1949年年底中国人口有5.4亿以上。新中国成立后的最初20年，在社会经济条件发生巨大变革的同时，人口也以前所未有的速度增长。1953年人口普查时，大陆人口为58 060万。比1949年年底的54 167万人增长7.19%。平均每年增长2.0%。1964年人口普查时，大陆上的人口增至69 458万，比1953年普查时又增长19.63%，平均每年增长1.64%，这个速度大大超过解放前百余年的人口增长率（1840～1949年的109年间平均每年增长

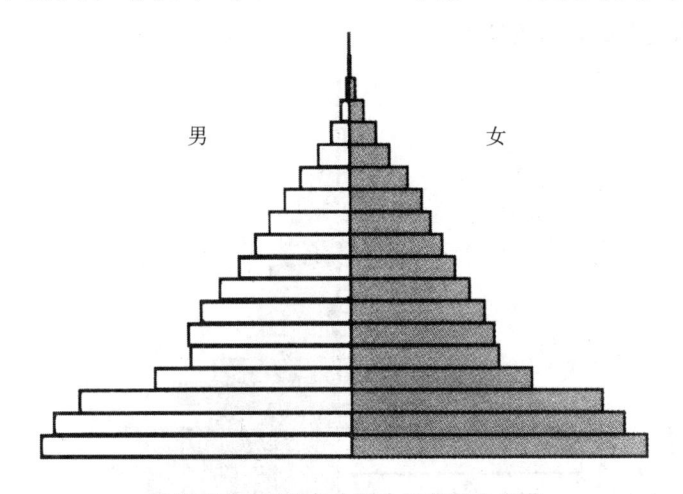

图2—11 1964年中国人口年龄金字塔

0.25%）。中国人口的发展从过去的高出生、高死亡、低增长转变为高出生、低死亡、高增长。这是中国人口在最近30多年发展中所经历的第一个转折。它是新中国成立后社会经济发展、医疗卫生条件改善、人民生活水平提高的结果。

20世纪60年代初人口一度减少，1962年后又继续高速增长，从

1964年人口普查到1982年人口普查，18年间总人口增长了45.15%。平均每年增长2.09‰。超过了同时期的世界人口平均年增率（1.97%）。但是从各年度的人口增长速度来看，18年当中大致以1973年为转折点出现一个比较明显的突变。从1964年年中至1973年年中；前9年期间每年增长率均在2%以上，平均为2.69%，后9年期间每年增长率均在2%以下。平均为1.50‰。可见，自从70年代初中国大力加强计划生育工作以来，人口增长得到了有效控制，开始向低出生、低死亡、低增长的类型过渡。这是中国人口发展的第二个转折。

观察两次普查时的中国人口5岁组年龄金字塔的形状，可以看出，1964年人口是典型的增加型人口，而1982年人口年龄金字塔中出现明显的凸出部和凹入部，前者是1962~1973年出生高峰人口的体现，这批人在第三次人口普查时恰处于10~14岁、15~19岁两个年龄段，因此在金字塔中这两个年龄段人口的数量特别突出。而后者正是1958~1961年人口低增长的体现，这批人在1982年恰处于20~24岁年龄段，因此金字塔中该年龄段人口明显收缩。

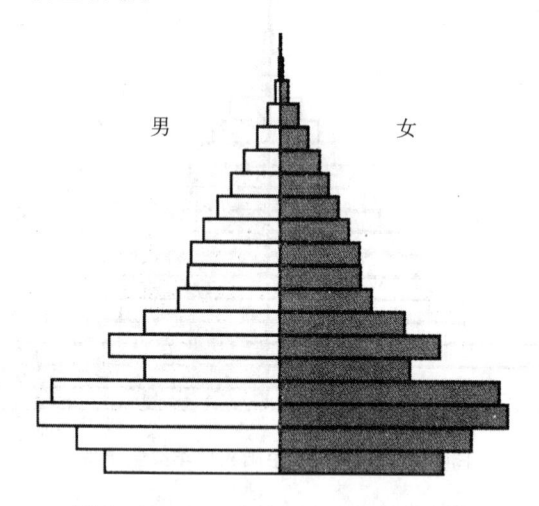

图2—12　1982年中国人口年龄金字塔

分省地看，1982年中国大陆29个省区市中，人口规模最大的是四川省，达到9 971万，其次是河南省和山东省，分别为7 442.2万和7 441.9万；人口规模最小的地区是西藏自治区，只有189万人，再次是青海省和宁夏回族自治区，均只有340万人。在第二次人口普查中，这几个省、自治区人口规模在全国各省的排序位置基本没有改变，只是山东省和河南省位置掉了个，但各地区人口规模的增长幅度不一样。从1964年到1982年，四川省的人口规模增加了46.7%，河南人口规模增加了47.9%，山东省人口规模增加了34%，西藏自治区人口规模增加了51.2%，青海省人口规模增加了58.1%，宁夏回族自治区人口规模增加了61.1%。

三　控制人口增长过程中的曲折

1984年4月，中共中央以批转国家计划生育委员会党组《关于计划生育工作情况的汇报》即中央7号文件名义，宣布对政策进行调整。中央要求"要把计划生育政策建立在合情合理、群众拥护、干部好做工作的基础上"，继续提倡生一个孩子。"同时要进一步完善计划生育工作的具体政策"，其主要内容包括：在农村适当放宽生育二胎的条件；严禁超计划二胎和多胎；严禁生育问题上搞徇私舞弊和不正之风；人口在一千万以下的少数民族允许一对夫妇生育二胎，个别可生育三胎，不准生四胎。人们通常把上述具体政策形象地概括为"开小口、堵大口、煞歪口"的方针。关于在农村如何做到开小口、堵大口，有效地控制住我国人口的过快增长，国家计生委在全国有计划地设置试点县，进行实验，以便分别不同情况，总结试点经验，分类指导和完善农村计划生育政策。其实，就在发布7号文件前，就已经吸取了山东省开小口、堵大口的行之有效的经验，即在符合一定条件下，允许农村独女户夫妇再生一个孩子的办法。中央肯定了这一经验，1986年5月，中共中央批转了《关于"六五"期间计划生育工作情况和"七五"期间工作意见的报告》。（中发〔1986〕13号）中央指出："实行计划生育、控制人口过快增长的关键，是从实际出发，制定出经过教育，绝大多数群众能够接受的有利于控制人口增长的政策。"同年12月，中央领导再次明确指出，农村应该有个长期、稳定、得到多数农民支持的计划生育政策，除过去规定的一些特殊情况可以生育两个孩子外，要求生育第二胎的独女户，间隔若干年后可允许生二胎。中央7号文件及其后发布的有关文件的基本精神是完全正确的。

7号文件下达后，各省、自治区、直辖市都在认真结合当地社会、经济、资源、环境和人口发展态势以及计划生育的实际控制能力，完善计划生育的具体政策。但是，在调整政策的过程中，由于有些地方领导对政策的突然调整很不适应，造成"小口"开放后失控、"大口"又没有堵住的局面。出生率从1984年的19.9‰迅速回升到1987年的23.3‰，自然增长率也相应从1984年的13.08‰反弹到1987年的16.61‰。每年净增人口从1984年的1 351万跳至1987年的1 795万，增加了444万。出生率的快速回升，引起了各个方面的高度关注。究竟是什么原因导致这种回升？学术界、有关部门乃至中央决策层都存在着不同认识。有人认为回升的主要原因是政策调整，有人则认为是育龄妇女年龄结构变化，也有人认为两方面原因都有。为此，国家计划生育委员会于1988年3月向中央呈报《计划生育工作汇报提纲》，中央政治局常委会讨论了计划生育工作，并原则同意"汇报提纲"，在纪要中明确："我国计划生育工作的现行政策是：提倡晚婚晚育、少生优生，提倡一对夫妇只生育一个孩子；国家干部和职工、城镇居民除特殊情况经过批准外，一对夫妇只生育一个孩子；农村某些群众确有特殊困难，包括独女户，要求生二胎的，经过批准可以间隔几年以后生第二胎；不论哪一种情况都不能生三胎；少数民族地区也要提倡计划生育，具体要求和做法可由有关省、自治区根据当地实际情况制定。"并且指出："上述政策，是今后相当长的时期内必须坚持贯彻执行的。要保持这个政策的稳定，以利于控制人口。"中共中央政治局常委会纪要强调"把计划生育政策建立在既坚定而又可行的基础上，这是中央的决策"。

表2—7　　　　80年代中国人口出生率、死亡率与自然增长率　　　　（‰）

年份	出生率	死亡率	自然增长率
1980	18.21	6.34	11.87
1981	20.91	6.36	14.55
1982	22.28	6.60	15.68
1983	20.19	6.90	13.29
1984	19.90	6.82	13.08
1985	21.04	6.78	14.26
1986	22.43	6.86	15.57

续表

年份	出生率	死亡率	自然增长率
1987	23.33	6.72	16.61
1988	22.37	6.64	15.73
1989	21.58	6.54	15.04

资料来源：《中国人口统计年鉴2001》，中国统计出版社2001年版。

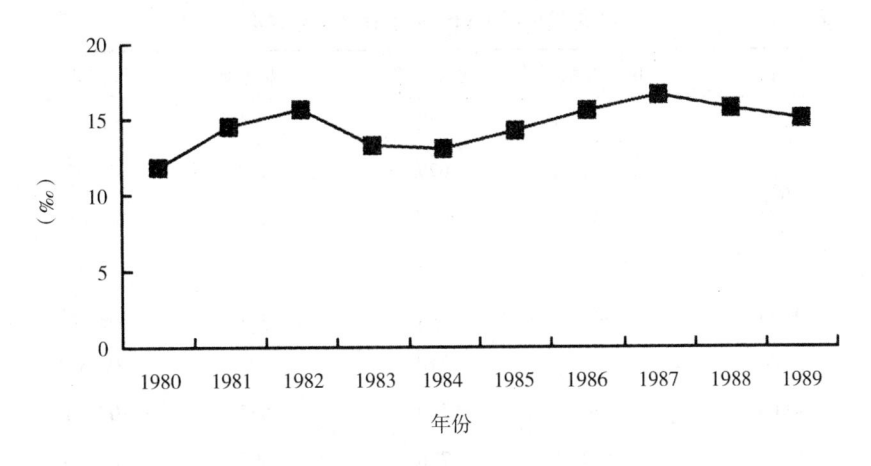

图2—13 80年代中国人口自然增长率

截至20世纪80年代末90年代初，全国各省、自治区和直辖市根据中央7号文件精神，结合本地区的实际情况，制定了各省、自治区、直辖市计划生育条例，并经相应地区人大常委会审议通过，作为地区法律文件执行，标志着完善计划生育政策暂告一个段落。我国现行计划生育政策较之1980年9月紧缩的计划生育政策，已经发生了很大的变化，向农民家庭最低限度的合情合理的生育数量要求大大地向前迈进了。根据1980年紧缩的计划生育政策，可粗略估测出育龄妇女政策生育率当时在1.05～1.10之间，而国家计划生育委员会统计规划司根据各省区现行的计划生育条例测算的政策生育率全国为1.62，城镇居民为1.2，农村为1.76。就农村而言，调整后的现行计划生育政策其政策生育率较之1980年提高了0.66～0.71。政策放宽以后，实际生育率并没有因此而上升，反而略微下降了一些。例如执行一孩政策的1981年、1982年和1983年，平均总和生育率为2.64，但1985～1990年平均总和生育率为2.40，下降了0.24，而且这还是在受到一孩政策消极滞后效应条件下取得这个成绩的。这一数据强有力地说明,在其他条件不变的情况下,只要生育政策向合理民情靠近一些,生育率不仅不会反弹,倒是更低了。80年代末期,人口出生率和增长率从高点上又开始回落,到1989年,出生率降为21.58‰,增长率降为15.04‰。经历这次波动后,整个90年代出生率和增长率一直呈现下降趋势。

表2—8   80年代中国人口规模及自然变动情况   (万人)

年份	出生人数	死亡人数	净增人数	人口规模
1980	1 779	619	1160	98 705
1981	2 069	629	1440	100 072
1982	2 238	663	1575	101 654
1983	2 058	703	1354	103 008
1984	2 055	704	1351	104 357
1985	2 202	710	1493	105 851
1986	2 384	729	1655	107 507
1987	2 522	726	1795	109 300
1988	2 457	729	1728	111 026
1989	2 407	730	1678	112 704

资料来源:《中国人口统计年鉴2001》,中国统计出版社2001年版。

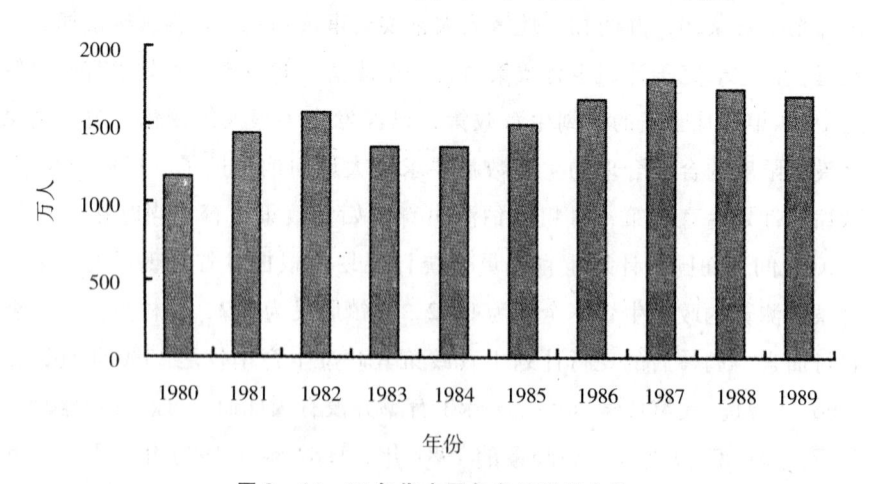

图2—14 80年代中国年自然增长人数

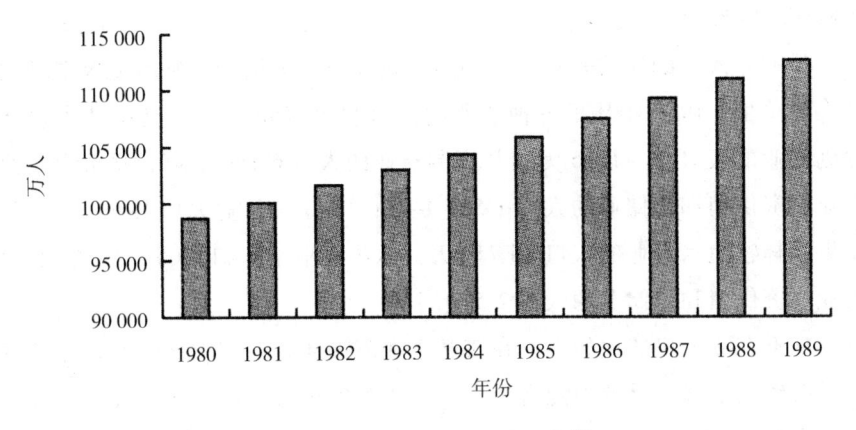

图 2—15　80 年代中国人口规模

第五节　90 年代人口规模的惯性增长和人口内在增长趋势

一　1990 年第四次人口普查中关于人口规模的统计结果

1982 年，中国的总人口规模为 100 391 万（不包括 423.8 万解放军现役军人、台湾 1 827 万人、港澳地区 537.8 万人），其中男性人口 51 528 万，女性人口 48 864 万。1990 年中国的总人口规模为 113 051 万（不包括 319.91 万现役军人、台湾以及金门、马祖等地的人口数 2 020 万，香港、澳门地区 613 万人），其中男性人口 58 182 万，女性人口 54 869 万。这期间增加人口 12 660 万人，平均每年增加 1 583 万人。

1982 年市镇人口 20 631 万（市人口 14 525 万，镇人口 6 106 万），1990 年市镇人口共 29 614 万（市人口 21 122 万，镇人口 8 492 万）。这期间平均每年增加 1 223 万。

对比两次普查结果可以发现，中国的高等教育得到了快速的发展，同时基础教育发展迅速，文盲人口大大减少。1982 年中国具有大学毕业文化程度的人口 442.8 万，初中文化程度人口 17 819.7 万，1990 年具有大学文化程度的人口有 1 576 万人（其中大学本科 614 万人，大专 962 万人），比 1982 年增加了 2.6 倍，初中文化程度的人口有 26 338 万人，比 1982 年增加了 8 518 万人，平均每年增加初中文化程度人口 1 065 万人。1982 年在 6 岁及 6 岁以上人口中，文盲、半文盲人口 28 368 万，1990 年下降到 20 485 万人。

从就业人口的比较来看，这期间从业人口大大增加，基本上等于增加的人口总量。1982 年从事各种职业的人口共 52 150.6 万，其中从事农林牧副渔业的人口 38 415.5 万，从事制造业的人口 6 166.8 万，从事商业饮食业物资供销和仓储业的人口 1 550.8 万；1990 年从业人口共 64 724 万，从事农林牧渔水利业的人口 46 759 万，从事工业的人口 8 658 万，商业饮食业物资供销和仓储业的人口 2 577 万；

从不在业人口的比较看，在校学生和离退休人口增加比较快，家务劳动者有较大下降，反映出随着中国经济改革的进行，妇女参加社会经济活动的人数增加。1982 年不在业人口有 14 515.6 万，其中在校学生共 2 635.9 万人，家务劳动者 8 014.1 万人，市镇待业人口 340.1 万，退休退职人口 1 149.1 万。1990 年不在业人口共 17 026 万，其中在校学生共 3 916 万，料理家务人口 6 893 万，市镇待业人口 574 万，离休退休退职人口 2 151 万。离退休人口增加了 1 002 万人，平均每年增加 125 万人。

从 15 岁及 15 岁以上人口的婚姻状况来看，1982 年在 15 岁及 15 岁以上人口中，未婚人口 19 012 万，有配偶的人口 42 377 万，丧偶的人口 4 764 万，离婚人口 395.5 万；1990 年在 15 岁及 15 岁以上人口中，未婚人口 20 540 万，有配偶人口 55 737 万，丧偶人口 4 989 万，离婚人口 484 万。

二 人口规模由实质性增长转变为惯性增长

20 世纪 90 年代是中国人口政策开花结果的时期。中国在经济还不发达的情况下，有效地控制了人口过快增长，使生育水平下降到更替水平以下，实现了人口再生产类型从高出生、低死亡、高增长到低出生、低死亡、低增长的历史性转变，总和生育率下降到更替水平以下。这是中国几十年人口与计划生育政策实施的必然结果，也是中国人口控制的最重大的成就。

总和生育率下降到更替水平以后，中国的人口规模就开始从实质性增长的阶段转变为惯性增长的阶段。按照发达国家的经验，当总和生育率下降到更替水平以后，人口数量很快就能稳定下来，惯性增长不明显。中国的人口转变与发达国家的人口转变有明显的不同。因为西方发达国家总和生育率达到更替水平是一个自然的人口转变过程，人口年龄结构并没有剧烈的变动；而我们国家的人口转变是在原有人口的高增长条件下，采取

"急刹车"的方式使总和生育率达到甚至低于更替水平的，因此人口的惯性增长需要很长的时间。

人口惯性是指达到生育更替水平以后人口继续增长的趋势。因为过去的高生育率，低龄组人口较多，达到或低于生育更替水平后，人口还会继续增长数十年。随着低龄组人口逐渐生儿育女，出生人数剧增，将超过死亡人数。但随着他们年龄继续增大，死亡人数将逐渐增加，赶上甚至超过出生人数。因此，要使出生人数和死亡人数接近约需要经过几十年的时间。

表2—9　　90年代中国人口出生率、死亡率与自然增长率　　（‰）

年份	出生率	死亡率	自然增长率
1990	21.06	6.67	14.39
1991	19.68	6.70	12.98
1992	18.24	6.64	11.60
1993	18.09	6.64	11.45
1994	17.70	6.49	11.21
1995	17.12	6.57	10.55
1996	16.98	6.56	10.42
1997	16.57	6.51	10.06
1998	16.03	6.50	9.53
1999	15.23	6.46	8.77

资料来源：《中国人口统计年鉴2001》，中国统计出版社2001年版。

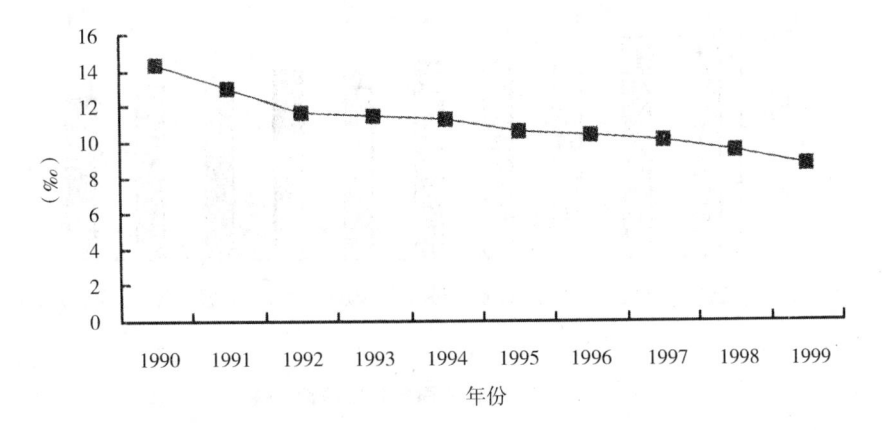

图2—16　90年代中国人口自然增长率

表 2—10　　　　90 年代中国人口规模及自然变动情况　　　　（万人）

年份	出生人数	死亡人数	净增人数	人口规模
1990	2 391	762	1629	113 274
1991	2 258	768	1490	114 511
1992	2 119	771	1348	115 563
1993	2 126	780	1346	116 597
1994	2 104	771	1338	117 674
1995	2 063	792	1271	118 788
1996	2 067	799	1268	119 866
1997	2 038	801	1237	120 903
1998	1 991	807	1184	121 818
1999	1 909	810	1099	122 812

资料来源：《中国人口统计年鉴 2001》。

人口增长的惯性运动，使得中国在 21 世纪 20 年代后相继进入劳动力总数、人口总数和老年人口总数"三大"高峰。21 世纪中叶，中国人口总量达其峰值时约为 15 亿左右。这是此前生育水平持续低于更替水平的必然结果。人口从 21 世纪初始的 13 亿增至约 15 亿，是客观的不依人的主观意志为转移的惯性增长。人口在等于或低于更替水平前提下的增长，

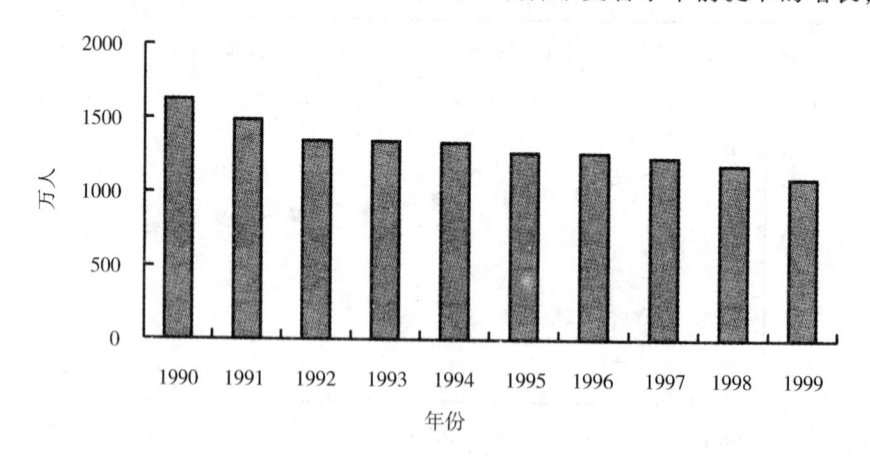

图 2—17　90 年代中国年自然增长人数

只是其表象而非其内在的质。当一个人口降至更替水平或以下并保持下

去，这就决定了人口的增长最终达到它的峰值并停止下来。人口总量在达其峰值之前的数十年增长，实质是实现停止增长或负增长的前奏。中国人口在等于或低于更替水平下的增长，完全是年龄结构变动所导致的惯性增长。这种增长既是不可避免的过程，也是实现零增长的必经阶段。

三　对 90 年代中国人口规模和人口增长量的估计与修正

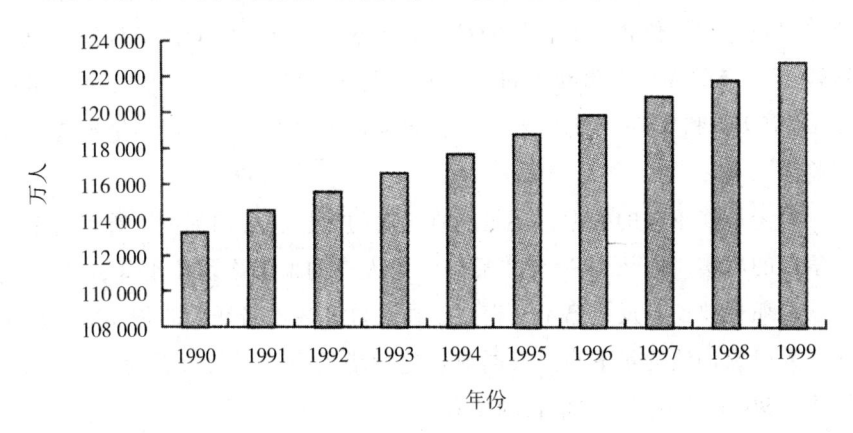

图 2—18　90 年代中国人口规模

表 2—11　　　　90 年代中国人口总量和增量修正表　　　　（万人）

年份	修正后人口总量	修正后人口增量	修正前人口总量	修正前人口增量
1990	114 333	—	114 333	—
1991	115 823	1 490	115 823	1 490
1992	117 171	1 348	117 171	1 348
1993	118 517	1 346	118 517	1 346
1994	119 850	1 333	119 850	1 333
1995	121 121	1 271	121 121	1 271
1996	122 389	1 268	122 389	1 268
1997	123 626	1 237	123 626	1 237
1998	124 761	1 135	124 810	1 184
1999	125 786	1 025	125 909	1 099
2000	126 743	957	124 261	1 648

注：修正前的数据来源于《中国统计年鉴 2000》。

从表2—11可以看出，在《中国统计年鉴2002》中，国家统计局根据2000年"五普"的情况对1998年、1999年、2000年的人口数据进行了调整。从修正前和修正后的数据比较可以发现，不管是修正前的年人口增量还是修正后的年人口增量，进入20世纪90年代以后都呈现下降的趋势。根据2000年第五次全国人口普查机器汇总数据，2000年的人口规模竟然比1999年下降了1 648万，这显然是不合理的。国家统计局对2000年人口数进行了修正。修正后的结果为126 743万人，但这个数据与原来1999年公布的人口总量相差过小，只增加了843万人，于是又进一步修正了1999年和1998年的数据，使这连续几年的人口增量逐年呈平滑下降的趋势。

无论从修正前的数据，还是从修正后的数据，我们都可以看到一个无可争辩的事实，即从1990年以后，中国人口的增长率稳步下降，80年代出现的那种波动与反复已不复存在。在人口基数不断增大的条件下，每年净增人口数仍然逐年下降。很明显，这种增长率和增长人数的平稳下降，构成了90年代中国人口增长的特点。

1990年中国的户籍人口共112 174万人，其中具有农业户口的人口数为90 181万，非农业户口的人口数21 993万。根据"五普"数据，2000年中国大陆户籍人口共123 433万，农业户口人数共92 872万，非农业户口人数共30 509万人。中国在这十年间农业户籍人口共增加了2 691万，平均每年增加852万，非农业户口增加了2 691万人，平均每年增加269万人。

1990年中国的常住人口共110 013万，流动人口共2 161万（包括常住本县市一年以上、户口在外县市的人口共2006万，住本县市不满一年、离开户口登记地一年以上的人口共155万）。而根据"五普"数据，其中常住人口共108 941万，流动人口共13 620万。

四 2000年人口普查中关于人口规模的统计结果

2000年第五次人口普查，截至11月1日零时，按照国家统计局统计公布，祖国大陆31个省、自治区、直辖市（不包括福建省的金门、马祖等岛屿，下同）和现役军人的人口共126 583万人（其中男性为65 355万人，女性为61 228万人）。大陆人口中，0～14岁的人口为28 979万人，15~64 岁的人口为 88 793 万人，65 岁及以上的人口为 8 811 万人。

根据国家统计局公布的未经调整的普查资料，6 岁及 6 岁以上人口共 115 670 万，其中大学文化程度人口（包括研究生、本科、大专人口）共 4 402 万人，接受中等教育的人口（包括中专和高中人口）共 13 828 万人，接受初中教育的人口 42 239 万；接受小学教育的人口 44 161 万（以上各种受教育程度的人包括各类学校的毕业生、肄业生和在校生），参加过扫盲班的人口有 2077 万，未上过学的人口 8963 万。

户籍人口共 123 433 万，其中常住人口 108 941 万，流动人口（指外出半年以上的人口和全户外出的人口）共 13 611 万人。农业户口人数共 92 872 万，非农业户口人数共 30 509 万。15 岁及 15 岁以上人口共 95 808 万，其中文盲人口 8 699 万。居住在城镇的人口 45 877 万人，乡村人口共 78 384 万。

按照长表推算，6 岁及 6 岁以上人口中，在校生人数共 24 544 万人。按照从业状况看全国从业人员共 70 345 万人，其中从事农林牧渔业的人口 45 318 万人，制造业 8 772 万人，建筑业 1 889 万人，交通运输、邮电通信业 1 724 万人，批发和零售贸易、餐饮业和仓储业 4 801 万人，金融保险业 416 万人，教育、文化艺术及广播电影电视业 1 801 万人。

未工作人口共 24 635 万人，其中在校学生 5 137 万，料理家务 7 385 万人，离退休 4 347 万人，丧失工作能力的人口 3 850 万人，失业人口共 2 611 万人。

从 15 岁及 15 岁以上人口的婚姻状况来看，未婚人口 12 032 万人（男性 7 389 万人，女性 4 644 万人），初婚有配偶的人口 54 581 万人，再婚有配偶的人口共 1 421 万人，离婚人口 642 万人（男性 432 万人，女性 210 万人），丧偶人口共 1 719 万人。可以看出，未婚人口与 1990 年相比大大减少，减少了 8 508 万人，反映了中国人在 90 年代以后晚婚的倾向。同时离婚人口比 1990 年增加 158 万人，丧偶人口大大减少，比 1990 年减少了 3 270 万人，这似乎可以从大量的再婚人口得到解释。

五 中国人口增长发生了方向性的改变

中国人口从一个增加型人口向一个缩减型人口的转变，是一个具有历史意义的伟大事件，对中华民族的发展具有深远的意义。因为当总和生育率下降到更替水平以下之后，人口的净再生产率必定小于1，从而使人口的内在增长率变为负值，这标志着中国人口增长的方向性的改变。虽然在人口内在增长率为负值的情况下，人口依然在增长，但是这种增长只是一种惯性增长，是最终走向人口负增长的一个过渡阶段。

之所以能够取得这样的巨大成就，与我们国家的人口控制政策是分不开的。我国实行计划生育近30年，不仅有效遏制了人口的过快增长，而且带来了巨大的经济效益，促进了社会的发展。1971年至1998年，在计划生育因素和经济社会发展因素共同作用下，我国共计少出生人口6.34亿，其中因计划生育而少出生人口3.38亿，并由此为全社会节省少年儿童抚养费7.4万亿元。

1979年至1998年，在实行计划生育的条件下，我国人均国内生产总值从417.7元增至6 490.1元，居民消费水平从227元增至3 094元；而如果不实行计划生育，同期人均国内生产总值和居民消费水平只能分别从363元增至4 099.5元、从197.3元增至1 954.4元。

在实行计划生育的条件下，1970年至1997年，我国人均粮食产量从293.2公斤增至401.7公斤，基本实现了粮食自给，如果不实行计划生育，将使我国陷入严重的粮食短缺；1997年，我国人均耕地面积、森林面积、水资源分别为1.15亩、0.11公顷、2 275立方米，如果不实行计划生育，则将分别降至0.93亩、0.09公顷、1 836立方米。

劳动年龄人口的年增速或年增量，因1970年开始普遍实行计划生育，而从1985年起便呈显著的大幅下降。20世纪90年代中后期较80年代中后期的劳动年龄人口增加量及增速，都锐减了一半多。这不仅极大地缓解了劳动力供大于求的矛盾，极大地减轻了就业压力，而且还为此间的产业结构调整、劳动用工制度改革等方面，提供了良好的年龄结构客观环境与机遇。这是计划生育成效的滞后效应。

六　中国人口规模控制的成本与代价

无可否认，中国的人口规模控制取得了举世瞩目的成就。然而中国在人口得到控制的同时也付出了相应的代价。

首先，人口规模控制加速了中国人口的老龄化，使中国在经济仍不发达的条件下必须面对许多国家在经济发达的条件下才需面对的问题。这个挑战对中国的发展而言是史无前例的。虽然人们普遍认为，中国人口转变是社会经济发展和计划生育相互作用的结果，社会经济因素在人口转变中起了重要的作用，但是毫无疑问，计划生育政策大大加快了生育水平的下降，从而加快了人口的老龄化。

西方人口老化对西方社会的影响是明显的、消极的。这些发达国家都是在经济发展水平高的条件下老年人口达到或超过14%。日本1998年已达16.2%，人均国民生产总值在36 000美元以上。20多年以后，我国老年人口的比例也将达到这个水平，而经济发展水平却会有很大的差距。届时，过快的老龄化人口反过来会对社会经济发展产生消极的影响。可以想见，未来中国人口老龄化问题将会比现在发达国家的问题更突出。人口老龄化可能影响经济增长的速度和质量，一是人口老龄化以及过高的养老保险缴费会给中国的劳动力成本和产业竞争能力带来不利影响；二是人口老龄化还会对消费需求产生影响；三是人口老龄化还可能对人口与劳动力的学习和创新能力产生负面影响。这三者综合起来将影响中国的出口和内需，从而对中国经济增长造成不利影响。

其次，人口控制使中国的独生子女家庭空前增多，由此所引发的一系列社会问题也是人口政策实施的代价。当然，独生子女在家庭中得天独厚的物质条件，构成独生子女成长有利的环境。然而独生子女家庭成员少，过于简单的家庭结构，不能给孩子提供复杂多变的生活环境，容易使孩子长大后，不会处理微妙的人际关系，不利于其参与社会化的过程。更为重要的是，在市场经济环境下，劳动力高度流动，独生子女长大以后如果离开家庭到异地工作，最终有可能带来严重的家庭养老问题。

最后，城市劳动力人口的短缺问题，这是中国城市严格实行计划生育政策以及城市经济发展对劳动力人口需求共同作用的结果。这个问题基本上可以通过农村人口向城镇的转移而得到解决。

历史的结论

中国人口规模经历了20世纪五六十年代的高速增长，并且在60年代度过了人口规模增长的最高峰后，从70年代开始了人口规模增长的快速下降。但是下降的过程并不平坦，80年代人口增长过程出现了反复和波动。直到90年代初，在现代化过程和计划生育政策的双重作用下，总和生育率最终突破更替水平，达到1.8的低生育水平，使人口内在自然增长率首次达到负值，实现了人口增长的方向性的改变。

20世纪下半叶中国人口的巨大变化，可能是中国社会最深刻的变化之一。这半个世纪是中国人口发展史上最重要的、最伟大的转折时期。

第一，这个时期使中国人口摆脱了历史上在农业经济条件下的盲目增长和收缩的历史循环，人口增长速度出现了趋势性的下降，并逐步向零增长接近，为中国现代化的顺利推进铺平了道路。几千年来，中国人口一直在波动中增长。其间虽有不少时期人口增长率也曾出现过负值，人口规模也出现过绝对缩小，但那都是因为战争、饥饿、自然灾害等原因而出现的暂时现象。从中国人口发展的历史来看，增长一直是它的"趋势"和主旋律。从表面上看，中国人口的规模现在仍在继续增长，人口自然增长率仍为正值，但由于总和生育率已经降到更替水平以下，人口内在自然增长率其实已经是负值。现在人口规模的继续增长，只是人口年龄结构导致的人口惯性。只要中国的总和生育率继续维持在更替水平以下，年龄结构的影响就会逐渐消失，人口的自然增长率就会逐渐接近人口的内在自然增长率，先达到零增长，然后达到负增长。总和生育率降到更替水平，表明中国人口规模增长的趋势已经发生方向性的改变，中国人口规模已经由增长的趋势变为缩减的趋势。这是中国人口增长过程中本质性的变化，是中国人口发展史上的一个里程碑。

第二，中国人口再生产类型的转变极大地缓解了中国庞大人口对资源环境的重压，为进一步优化中国的发展环境，拓宽发展空间，创造了最为宝贵的客观条件。几百年来，特别是近100多年来，巨大的人口规模像一个沉重的包袱，深深地影响着中国的经济发展。中国一直以它的地大物博自豪于世界。确实，从总量上，中国众多的自然资源储量都名列世界前茅，它是名副其实的自然资源大国。但是，当用人均指标衡量时，它立刻就成了资源贫匮的落后国。显然，人口总量严重拖了中国发展的后腿。正因为人口问题在中国的发展中占有关键性和瓶颈性的地位，因此，上百年来，上到国家领导，下至平民百姓，无一不高度关注人口问题。在从孙中山、陈独秀、李大钊一直到毛泽东、刘少奇、周恩来、邓小平等著名政治家的视野中，人口问题始终是他们优先考虑解决的重大问题之一。在学术界，"人满为患"的思潮更是广为传播。特别是每当中国力图抓住机遇，加快经济发展时，人口规模的压力让所有的人忧心忡忡。人口多，底子薄，人均资源少，既成了中国的突出国情，也成了中国追求发展的最大障碍之一。过去的50年中，中国人口规模在经历了急速扩张后，从20世纪70年代后期开始，不仅人口增长率不断下降，在人口基数不断扩大的条件下，人口规模的净增量也逐年缩小。20世纪70年代初，人口净增量每年高达2000万以上，而到21世纪初的时候，人口年净增量已经降到1 000万以下。从大规模计划生育工作开展以来，中国累计少生了3亿人口。人口规模的这种减速增长，大幅度减轻了中国现代化建设过程中的人口压力。一百多年来无数政治家和学者忧心忡忡的人口规模过大，人口总量过剩的"天大难题"终于获得了相当程度的缓解。并且，人口总规模有望在2040年左右达到最高峰后，逐步下降。这是包括马寅初在内的无数关心中国发展的仁人志士们的多年梦想。20世纪后20年中国人口规模增长过程的这种变化，为中国最终摆脱人口规模过大的沉重包袱，顺利实现现代化建设，奠定了坚实的基础。

第三，对于世界人口的发展而言，中国人口从高速增长到低速增长转变的历史过程，既为世界人口转变提供了新的模式和经验，又为缓解世界人口过快增长的局面作出了重大的贡献。中国是世界第一人口大国，它的人口状况和发展，对世界人口的状况和发展具有举足轻重的重大意义。在十几亿人口的大国，通过人口政策对人口规模发展进行自觉主动地调整，是一项伟大的社会工程，也是一次前无古人的社会试验。正如一位外国学者所说，这次试验如果成功，世界将从中收益，这次试验如果失败，世界也将为之付出代价。让人欣喜的是，30年的实践证明，控制人口规模过快增长的这项伟大工程取得了令人满意的预期效果。世界人口增长速度近20年不断下降，其中中国人口规模增长速度的大幅下降是重要原因之一。另外，中国对人口规模进行调控的实践和经验，为世界其他国家，特别是发展中国家提供了新的模式和道路。第二次世界大战以后，许多发展中国家都面临着人口增长速度过快、人口规模过大而严重阻碍经济发展的重大难题，如何解决这个难题，始终是各国领导人的一块心病。发展中国家的人口问题不仅错综复杂，而且没有任何前人的经验可以借鉴。各国基本上要靠自己来摸索解决人口问题的道路。中国的人口规模世界第一，在解决问题的难度上世界上没有任何一个国家可以与之相比。中国在20世纪后30年成功解决人口规模过快增长的做法，可能很多发展中国家无法模仿，但是，中国的成功实践至少向发展中国家展示了解决人口问题的一种新的可能性和新的模式。无论是在人口理论上和人口实践上，中国的模式都是一个巨大的创新，一个巨大的贡献。

  在过去的50年，中国人口规模经历了由盲目急剧增长向减速低增长的历史性转变。虽然中国人口规模的增长在21世纪前30年还不会停止，但它增长的速度却会沿着20世纪90年代所形成的越来越慢趋势发展下去。到2035年左右，中国人口将实现零增长，并逐渐进入负增长阶段，那将是中国人口发展史上的一个新的里程碑。届时中国人口的总规模可能不再成为世界第一，但是，中国人口规模由"世界最大"向"不是世界最大"变化的历史轨迹却将作为世界人口史上最辉煌的篇章之一载入史册。

第三章 妇女生育水平

妇女的生育水平是新中国成立50年来人们最关心的问题之一，因为它是直接决定人口规模大小，是决定人口再生产过程和人口发展趋势的最主要的人口学因素。中国是世界上人口最多的国家，人口过多妨碍了经济的发展和社会的进步，对资源、环境和生态构成了巨大的压力，是实现可持续发展的最关键的环节。因此，要实现人口与社会经济的协调发展，首要任务是控制过快的人口增长。正是基于这种认识，中国过去50年人口与计划生育政策的第一要务就是降低妇女的生育水平、控制出生人口数量。

为了评估由于计划生育工作的开展而导致妇女生育水平的下降所带来的人口学后果，20世纪90年代中后期，国家教委与联合国人口基金合作的P04项目中开展了"中国人口控制评估与对策"研究、国家计生委主持开展了"中国计划生育的效益与投入"研究和"计划生育家庭发展与变化"研究等全国性的调查研究。结果显示，由于开展了有效的计划生育工作，中国妇女的生育水平逐步下降，全国因此少出生了3亿左右人口[1]。2000年12月19日，中国政府颁布的《中国21世纪人口与发展》白皮书指出："实行计划生育以来，全国累计少出生3亿多人，为国家和社会节约了大量的抚养成本，缓解了人口过多对资源和环境的压力，促进了经济发展和人民生活水平提高"。

考察妇女生育水平的变化，我们不能不首先了解一下衡量其高低的各类指标。测度生育水平的指标有许多，包括粗出生率、生育率、一般生育率、年龄别生育率、总和生育率、人口再生产率，等等。在实践中，到底使用哪一个或几个指标要取决于我们的研究目的和数据的可获性。粗出生

---

[1] 杨魁孚、陈胜利、魏津生主编：《中国计划生育效益与投入》，人民出版社2000年版。

率的优点在于资料容易获得，计算简单，因而几乎世界所有国家均用这个指标；其主要缺点是受人口年龄性别构成的影响大。若人口中生育年龄的女性多，或人口较年轻，已婚率高的地区则粗出生率会偏高。因此，粗出生率只能粗略地反映一个国家和地区的生育水平。我们常说的生育率本身并不是一个具体的指标，而是代表着一组指标，如一般生育率、年龄别生育率、总和生育率、累计生育率、终身生育率，等等。生育率和出生率有着极为密切的关系，生育率水平是出生率水平的基础。一般情况下，妇女生育率越高，出生率也高；出生率低，意味着妇女生育率也低。但出生率除了受妇女生育率的影响之外，还受育龄妇女占总人口比重的影响。

就直接生育行为来说，人口的出生只与妇女有关，更确切地说与育龄妇女有关。育龄妇女是指处于有生育能力年龄的妇女，根据妇女的生理状态，国际上把育龄妇女的年龄界定为15岁到49岁。因此，生育率是指在一定时期内出生人口数与育龄妇女数之比。生育率可以全部育龄妇女为分母计算，得出一般生育率，其缺点是受妇女年龄结构影响较大，故较少使用。为了解决这一缺陷，可分年龄计算生育率，得到各年龄妇女的生育率，称为年龄别生育率。

年龄别生育率消除了育龄妇女内部年龄构成对生育水平的影响，故比一般生育率又进了一步，它能反映不同年龄育龄妇女的生育水平，不同地区不同时期同一年龄别生育率可以直接比较。总和生育率是假定同时出生的一批妇女，按照某年的年龄别生育水平度过其一生的生育过程，每个妇女可能生育的子女数。它能综合反映各年龄组育龄妇女生育率，能确切地说明某一人群的生育水平。它不受人口性别、年龄构成对生育水平的影响，故不同地区、不同年度的总和生育率可以直接比较，因而应用甚广，是测量生育水平的最好指标。

毫无疑问，选择一个适宜的测度指标是准确考察妇女生育水平的关键。通过比较上述指标的优缺点，考虑到过去50年间中国人口与计划生育统计信息的可获性，在我们的考察和分析中，主要使用粗出生率（以下简称"出生率"）和总和生育率两项指标。

在新中国成立的1949年，中国人口出生率高达36‰。除了"三年自然灾害"导致人口出生率非正常下降外，在1971年前的20多年间，人口出生率持续地居高不下，保持在30‰以上。1963年甚至达到了43.37‰

的高水平。到了 70 年代，由于开始实行计划生育政策，人口出生率开始大幅度下降，从 1970 年的 33.43‰，下降到 1979 年的 17.82‰。80 年代，由于农村经济体制改革、计划生育政策的调整和新《婚姻法》的颁布实施等因素的影响，使得人口出生率徘徊在 20‰左右。进入 90 年代，由于社会经济发展水平的提高、社会主义市场经济体制的建立和计划生育工作的深入发展等多方面的作用，中国人口出生率进一步下降。2000 年，已经下降到了 14.03‰，大大低于同期的世界平均人口出生率。

如果我们用另外一个指标，即妇女的总和生育率来衡量妇女生育水平，也可以看到类似的结果。1949 年的妇女总和生育率为 6.14。50 年代和 60 年代，基本都保持在 6 左右的高水平上。1963 年达到了 7.5，是过去 50 年的最高水平。进入 70 年代，总和生育率开始大幅度下降，1970 年总和生育率还高达 5.81，而到 1979 年已经降低到了 2.75。80 年代，总和生育率在 2.5 左右上下波动，既没有大幅度回升，也没有大幅度下降。从 90 年代初开始，中国妇女总和生育率持续地低于更替水平。从人口学的角度看，生育的更替水平对于一个国家或地区的人口转变具有特别重要的意义，标志着人口转变的一次飞跃，因为它是人口实现零增长最主要的前提条件。如果总和生育率高于更替水平，无论如何人口将继续增长；而如果总和生育率低于更替水平，经过若干年份的调整后，人口即可实现零增长或负增长。

通过对新中国成立 50 年来妇女生育水平的回顾，我们可以看到，新中国成立后的 50 年间，妇女生育水平经历了曲折的变化，但总的趋势是不断下降的过程。概括起来说，可将 50 年的妇女生育水平的变化历史大致划分为四个阶段：50 年代和 60 年代的高生育水平时期、70 年代的生育水平快速下降时期、80 年代的生育水平的徘徊时期和 90 年代的低生育水平时期。经过几十年的努力，20 世纪 90 年代以来的妇女生育水平持续地低于更替水平，标志着中国进入了低生育水平国家的行列，人口再生产类型最终也实现了由"高出生、低死亡、高增长"到"低出生、低死亡、低增长"的历史性转变。

妇女生育水平的高低对人口变化的影响是直观的，但是妇女生育的早晚、胎次间隔的长短和孩次结构的分布也对人口再生产有显著的影响。即便是在生育水平相同的条件下，不同的生育模式也会产生不同的人口后果。例如，晚育可以缩短妇女的生育期，相对减少某一时点的人口总量。如果妇女的平均初育年龄为20岁，100年会有5代人，而平均初育年龄为25岁，100年却只有4代人。因此，在回顾妇女生育水平变化历史的同时，我们也需要对新中国成立50年来妇女的生育模式进行考察。

生育模式是指育龄妇女年龄别生育率在时间序列水平分布的表现方式，描述的是育龄妇女年龄别生育率水平的综合状态，反映一定时期妇女生育水平的变动趋势。从世界各国生育模式的一般趋势来说，随着社会经济发展水平的提高，生育水平逐步下降，生育模式也由早婚、早育、多育的状态转向晚婚、晚育、少育。高生育率模式的特点是生育高峰期长而分散，育龄期开始早而结束迟，曲线高而长；低生育率模式的特点则是生育高峰期短而集中，育龄期开始迟而结束早，曲线低而短。目前发展中国家多属于高生育模式，而发达国家则多属于低生育模式。

在过去50年，中国育龄妇女的生育模式也发生了实质性的变化。20世纪50年代和60年代，属于典型的高生育模式，表现为"早生、密生、多生"。70年代初期，中国政府提出"晚、稀、少"的计划生育政策，实质上是提倡一种生育模式。通过多年的努力，中国妇女的生育模式70年代初期开始向现代生育模式转化，经过80年代的一段波动后，生育模式逐步从50年代和60年代的"早、密、多"演变为90年代以来的"晚、稀、少"。

以上我们概述了生育水平和生育模式的变化问题。事实上，人们的生育行为是受其生育意愿所支配，因此，在讨论生育问题时不能不注意生育意愿的变化，也就是说，我们要清楚人们期望多生还是少生？期望早生还是晚生？期望生男还是生女？不同人群在不同时期有着不同的生育意愿，而具有相同生育意愿的人们也会由于种种原因会产生出不同的生育结果。因此，在研究人口生育水平和生育模式及其对未来人口发展趋势的影响时，对生育意愿的研究就显得格外重要。我们所说的生育意愿是在统计分析的基础上，把个体的生育意愿按其所在人口的特征进行分类归纳而成为一个人口群体的生育意愿。

生育意愿作为意识形态的一个组织部分，往往决定或支配着人的生育行为。但是，最终的生育结果并非完全等同于生育意愿，这就是说人们的生育行为并非总是与他们的生育意愿完全吻合。

尽管通过生育意愿调查所表现出来的期望孩子数不是一个十全十美的测度指标，但它仍然在一定程度上反映出人们对生育数量的预期变化。事实也的确如此。80年代，有关部门进行的许多大型抽样调查结果表明，90年代以前人们的生育意愿多数为2个以上，而且最好为一男一女。其中，出生于1949年以前的妇女平均期望的孩子数在3个以上[①]。例如，1985年和1987年国家统计局对七省市进行的全国生育力调查结果表明，群众在"不考虑当前人口政策"的条件下所想要的孩子数，平均起来大致为2.5个。90年代以来进行的类似调查结果却显示，人们的意愿生育子女数下降到了2个以下。在90年代比较有代表性的抽样调查中，我们尚未发现平均生育意愿子女数超过更替水平的结果。例如，1991年中国社会科学院人口研究所进行的"中国家庭经济和生育研究"抽样调查结果显示：城市妇女平均期望生育数为1.65，农村妇女平均期望生育数为1.89个。1997年国家计划生育委员会组织的"全国人口和生殖健康抽样调查"的结果显示：城市妇女平均期望生育数为1.56个，农村妇女平均期望生育数为1.80个。

由于中国地域辽阔，民族众多，社会经济发展不平衡，在生育水平的下降和生育模式的转变过程中，存在城乡、地区、民族等多方面的差异。但是不同人群中妇女的生育水平和生育模式的差别是必然的，过去、现在和将来都会存在。事实上，在过去的50年间，不同人群之间的生育水平和生育模式的差距是在不断缩小的。

我们了解不同人群中妇女的生育水平和生育模式的差异，目的不在于要消灭这些差距，而是要明白哪些人生育水平高一些或低一些，这部分人的生育水平对于全国生育水平变化影响有多大，以便我们有针对性地制定相应的人口、社会和经济政策，调节不同人群之间生育水平过大的差距。

由于中国社会经济制度和人口与计划生育政策具有鲜明的中国特色，中国的生育水平和生育模式转变与其他国家相比，具有其自身的特点。认真分析和了解这些特点，对于指导中国今后的人口与计划生育工作有着重

[①] 刘铮：《人口理论》，中国人民大学出版社1986年版；辜胜阻：《婚姻 家庭 生育》，武汉大学出版社1988年版；陈剑、姚敏华：《人口与计划生育百科知识丛书》，团结出版社1990年版。

要的意义。概括地说，中国妇女的生育转变具有以下几个特点：一是速度快。中国人口出生率从30‰左右下降到20‰左右，仅用了20年的时间。二是不平衡。主要表现在以下三个方面：地区之间不平衡、城乡之间不平衡、民族之间的不平衡。三是可逆转性。欧美、日本等发达国家业已实现的生育转变从总体上看是不可逆转的。尽管有的国家采取了鼓励生育的措施，但是仍然未能逆转其生育转变的总趋势。中国则不同，由于现阶段的生育政策同群众的生育意愿尚有差距，只要计划生育工作有所放松，生育水平就可能发生逆转。这说明目前中国的低生育水平还不稳定，还具有不可忽视的反弹潜力，初步实现的生育转变也仍有某种可逆转性。

从中国人口生育率在计划控制前与计划控制后的变化比较中，我们可以看到，中国政府的人口与计划生育政策在这种变化过程中起了直接的作用。中国人口与计划生育政策的完善过程和中国妇女生育水平、生育模式、生育意愿的变化过程是交织在一起的。回顾1949年以来中国人口的发展历程，我们可以看到，中国人口生育率对中国政府生育政策的变动很敏感，每次生育政策的调整都在不同程度上带来了生育水平的变化。仅此一点，便足以说明中国政府的人口与计划生育政策对生育水平的影响程度。

在短短的几十年里，中国人口的生育水平实现了量和质的双重转变，引起了全世界的瞩目。中国人口生育转变的原因也成了学界研究的热点问题之一。由于中国人口生育转变时期恰逢政府提倡和加强计划生育工作的时期，人们自然会将妇女的生育转变主要归因为人口与计划生育的政策效应。然而，随着学术研究的深入和发展，人们逐渐认识到：中国妇女生育转变的实现并非仅仅由人口与计划生育政策所致，社会经济的发展最终起到了决定性的作用。除了上述因素，还有其他许多影响人口生育水平变化的因素，比如，传统观念、宗教信仰、社会治安、家庭结构，等等。

总之，经过几十年的努力，中国妇女的生育水平已经接近发达国家妇女的生育水平，从总体上看，中国也步入了低生育水平国家的行列。但是我们必须清醒地认识到，中国目前的这种低生育水平是在生产力尚不发达、社会经济发展比较慢、传统生育观念影响比较深的情况下实现的。由于地区发展工作的不平衡性，还有少部分地区未达到低生育水平。即使是达到低生育水平的大部分地区，其低生育水平也主要是依靠强有力的行政手段实现的。因此，进入低生育水平时期并不意味着中国人口问题已经解决。

由于人口基数大，在今后若干年，人口过多仍然是中国社会主义现代化进程中长期面临的重大问题。即使维持目前较低的生育水平，中国依然面临着巨大的人口压力，人口与经济、社会、资源、环境之间的矛盾依然尖锐。因此，必须继续抓紧抓好计划生育工作，长期稳定低生育水平，才可能实现人口与经济、社会、资源、环境的协调发展和可持续发展。

第一节 生育水平的转变

作为人口变动最基本的要素，妇女的生育问题始终引人注目。人们之所以关心妇女的生育问题，归根到底是关心生育水平的高低和生育数量的多少，因为它直接关系到每个家庭结构的变化、关系到人口数量的增长、关系到人民生活质量的改善、关系到社会经济水平的提高、关系到可持续发展目标的实现。新中国成立后，妇女生育水平逐步实现了由高水平到低水平的历史性转变。概括起来说，可以大致将50年的生育水平变化划分为四个阶段：20世纪50年代和60年代的高生育水平时期、70年代的生育水平下降时期、80年代的生育水平徘徊时期和90年代的低生育水平时期，见图3—1、图3—2、表3—1。

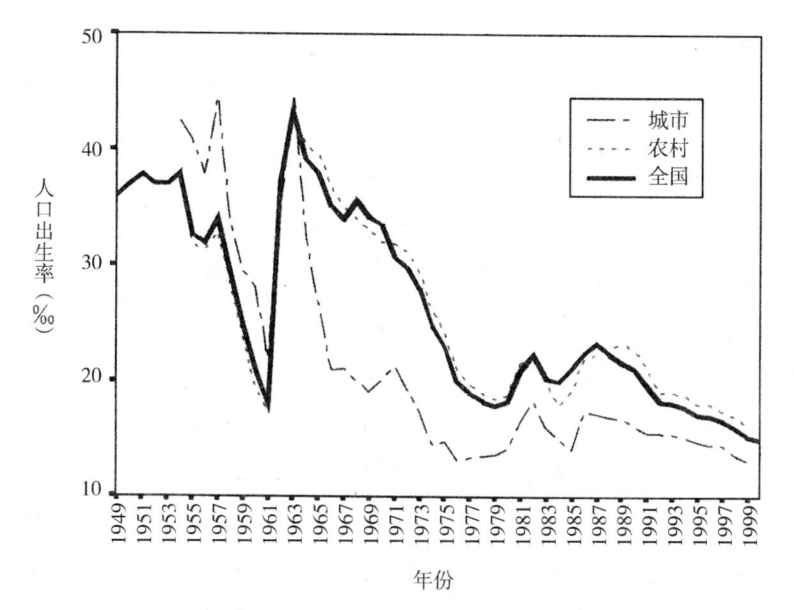

图3—1 新中国成立后50年来中国城乡人口出生率变化

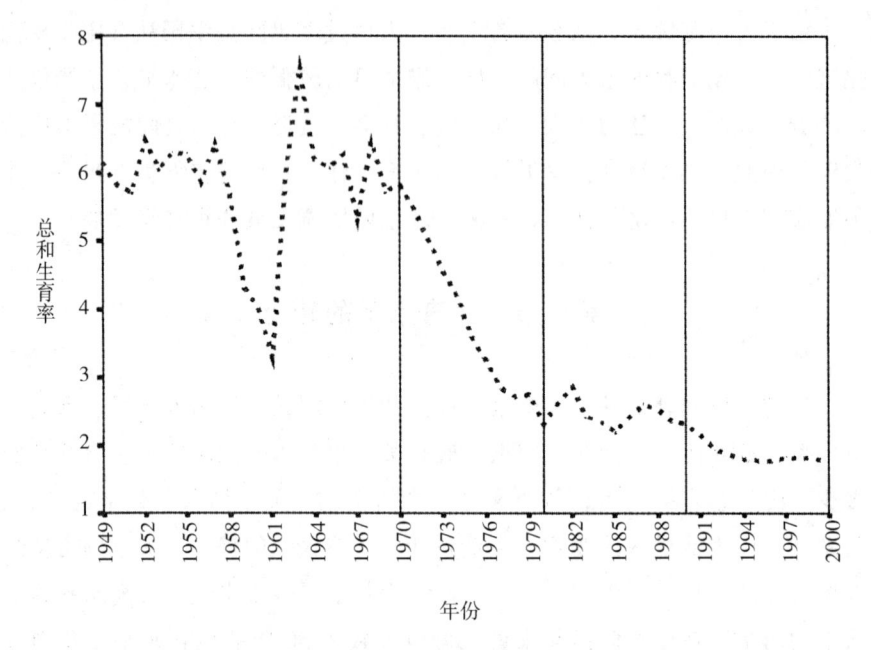

图 3—2 新中国成立后 50 年来中国妇女总和生育率的变化过程

表 3—1　1949~1989 年中国人口总和生育率、出生率、死亡率和自然增长率

年份	总和生育率	出生率‰	死亡率‰	自然增长率‰
1949	6.14	36.00	20.00	16.00
1950	5.81	37.00	18.00	19.00
1951	5.70	37.80	17.80	20.00
1952	6.47	37.00	17.00	20.00
1953	6.05	37.00	14.80	23.00
1954	6.28	37.97	13.18	24.79
1955	6.26	32.60	12.28	20.32
1956	5.85	31.90	11.40	20.50
1957	6.41	34.03	10.80	23.23
1958	5.68	29.22	11.98	17.24
1959	4.30	24.78	14.59	10.19
1960	4.02	20.86	25.43	-4.57
1961	3.29	18.02	14.24	3.78

续表

年份	总和生育率	出生率‰	死亡率‰	自然增长率‰
1962	6.02	37.01	10.02	26.99
1963	7.50	43.37	10.04	33.33
1964	6.18	39.14	11.50	27.64
1965	6.08	37.88	9.50	28.38
1966	6.26	35.05	8.83	26.22
1967	5.31	33.96	8.43	25.53
1968	6.45	35.59	8.21	27.38
1969	5.72	34.11	8.03	26.08
1970	5.81	33.43	7.60	25.83
1971	5.44	30.65	7.32	23.33
1972	4.98	29.77	7.61	22.16
1973	4.54	27.93	7.04	20.89
1974	4.17	24.82	7.34	17.48
1975	3.57	23.01	7.32	15.69
1976	3.24	19.91	7.25	12.66
1977	2.84	18.93	6.87	12.06
1978	2.72	18.25	6.25	12.00
1979	2.75	17.82	6.21	11.61
1980	2.24	18.21	6.34	11.87
1981	2.63	20.91	6.36	14.55
1982	2.86	22.28	6.60	15.68
1983	2.42	20.19	6.90	13.29
1984	2.35	19.90	6.82	13.08
1985	2.20	21.04	6.78	14.26
1986	2.42	22.43	6.86	15.57
1987	2.59	23.33	6.72	16.61
1988	2.52	22.37	6.64	15.73
1989	2.35	21.58	6.54	15.04

续表

年份	总和生育率	出生率‰	死亡率‰	自然增长率‰
1990	2.31	21.06	6.67	14.39
1991	2.14	19.68	6.70	12.98
1992	1.95	18.24	6.64	11.60
1993	1.86	18.09	6.64	11.45
1994	1.80	17.70	6.49	11.21
1995	1.78	17.12	6.57	10.55
1996	1.78	16.98	6.56	10.42
1997	1.82	16.57	6.51	10.06
1998	1.82	16.03	6.50	9.53
1999	1.80	15.23	6.46	8.77
2000	1.80	14.03	6.45	7.58

资料来源：国家统计局，《中国统计年鉴》，中国统计出版社2002年版。其中，1991～2000年的总和生育率为笔者的估计值。

一 50年代和60年代的高生育水平时期

从统计数据上看，1949年的人口出生率高达36‰，而1969年仍旧高达34.11‰。上溯到30年代和40年代，我们就会发现，新中国成立初期的高生育水平实质上是旧中国高生育水平的延续。这一阶段，除了城镇少数妇女的生育水平有所下降外，绝大多数的妇女基本处于无计划控制的自然生育状态。但是与此前情况不同的是，由于人民生活水平有所提高，医疗卫生条件改善，人口死亡率开始下降。除了受1959～1961年间发生的三年自然灾害影响外，新中国成立后，中国人口死亡率不断下降。1949年人口死亡率高达20‰，而到了1965年就降到了10‰以下，此后再也没有回升到10‰以上的水平。

与此同时，这一阶段的妇女生育水平却没有太大的变化。从50年代和60年代历年的人口出生率和妇女总和生育率来看，除了50年代末和60年代初的三年困难时期外，1949～1970年中国妇女的生育水平一直持续地居高不下。人口出生率多在30‰以上，总和生育率基本在6左右，基本处于无节制、无计划的生育状态。一方面由于人口出生率基本没变化；另一方面由于人口死亡率大幅度下降，导致了人口自然增长率的上升。1949～1970 年，除个别特殊年份外，中国年人口自然增长率均在 20‰ 以上，达到了近半个世纪的最高峰。到 60 年代末期，全国总人口已突破 8 亿，比新中国成立初期净增大约 2.6 亿人口。

一直以来，有些人以三年自然灾害时期为界，将 50 年代和 60 年代出现的两次人口增长高峰：第一次为 1952～1957 年的增长高峰，第二次为 1962～1967 年的增长高峰，归结为解放后妇女生育水平的提高，其实不然。从统计数据上看，在 50 年代和 60 年代，中国妇女的生育水平没有实质的变化，应该同属于一个阶段，与 30 年代和 40 年代一样，都基本处于无节制的自然生育状态。这一时期政府提倡的节制生育政策只是对部分城市居民产生了一定的影响，但是由于这一时期的城市人口一直低于 20%，实际上从整体上看，中国妇女的生育生平一直没有下降[①]。只是中间几次受自然的和人为的冲击，出现过短暂的波动而已。因此，这一时期出现的两次人口增长高峰并非妇女的生育水平提高，而是人口死亡率的下降和人均预期寿命的提高所致。

在新中国成立之前，没有人能准确地说出中国的总人口到底是多少。人们多是沿用已经耳熟能详的数字：四万万中国人。这种认识甚至于也影响了当时的某些党和国家主要领导人。在 1949 年 9 月，毛泽东就在中国人民政治协商会议第一次会议的开幕词中说，中国的人口总量已经达到了 4.75 亿。为了了解中国的基本国情，中国于 1953 年 7 月 1 日进行的第一次全国人口普查。普查数据结果表明，当年中国的人口总数已经达到了 5.94 亿。毫无疑问，这一普查结果与当时人们普遍估计的人口数量有相当大的差异。出乎意料的不仅仅是人口总量，也包括妇女生育的水平和人口自然增长的速度。

1949 年中华人民共和国成立后，政府着力于医治战争的创伤，完成民主革命的任务。经过 3 年的经济恢复时期，中国社会秩序转入安定，工农业生产得到迅速发展，人民群众安居乐业，开始休养生息。新中国成立初期的头几年，人口问题并没有引起政府的关注。而且由于人口再生产的

---

① 事实上，由于受年龄结构的影响，在整个 50 年代，城市人口出生率一直高于农村。

特点，人口增长对社会经济发展的影响不可能在短期内反映出来。因此，政府没有采取系统的政策措施降低当时很高的生育水平。相反，为了维护妇女的权益和保护子女的健康，政府明文规定不准进行人工流产。这在事实上起到了鼓励人口增长的作用①。

由于1953年第一次人口普查结果的压力，加之从50年代中后期开始，一些具有远见卓识的人士已经开始认识到了人口的压力和负担，提出了实行计划生育，进行人口控制的倡议，从1953年第一次全国人口普查后到1970年这段时期内，中国政府已经意识到妇女生育水平过高、人口增长过快已经妨碍了经济的发展和人民生活水平的提高，并开始酝酿和实施节育政策，中央政府允许有条件的人工流产和使用避孕药具。但这一时期人们对人口问题和计划生育政策的认识并不一致，因而也未能形成政府的一贯指导思想。特别是由于天灾和人祸使得初始的节育政策没有得到始终如一的贯彻和落实。对马寅初的批判、三年自然灾害和"文化大革命"使得全国性节育活动的推广和宣传一再被中断。

在50年代和60年代期间，党中央和国务院颁布的一系列政策和措施，还是对妇女的生育水平有一定的抑制作用。其中在1955年和1962年的两个重要文件在这一阶段，乃至后来的节制生育运动中起到了至关重要的作用。特别是1955年的文件可以视为新中国成立后中国政府在节制生育问题上第一个态度鲜明的政策性文件，也标志着中国节制生育工作的正式开始。

1955年3月1日中共中央《对卫生部党组关于节制生育问题的报告的批示》（总号［55］045）中指出："节制生育是关系到广大人民生活的一项重大政策性问题。在当前的历史条件下，为了国家、家庭和新生一代的利益，我们党是赞成适当地节制生育的。各地党委应在干部和群众中（少数民族地区除外），适当地宣传党的这项政策，使人民群众对节制生育问题有一个正确的认识"。这一文件在当年起到了立竿见影的效果，从统计数据上看，1955年当年的人口出生率马上从此前连续多年的37‰以

---

① 1950年4月20日，国家卫生部和军委卫生部联合发布了《机关部队妇女干部打胎限制的办法》。1952年，在上述文件的基础上，卫生部制定了一个面向全民的《限制节育及人工流产暂行办法》。

上，下降到了32.6‰。

1962年12月18日，中共中央、国务院发出了正式文件《关于认真提倡计划生育的指示》（中发［62］698号）。文件明确指出："在城市和人口稠密的农村提倡节制生育，适当控制人口自然增长率，使生育问题由毫无计划的状态逐渐走向有计划的状态，这是中国社会主义建设中既定的政策"。针对三年自然灾害后补偿的生育高峰，文件指出："鉴于最近几年来放松了节制生育和计划生育的工作，中共中央和国务院认为有必要向各级党委和政府重申重视和加强对这一工作的领导"。由于文件是在1962年底签发的，加之当时宣传手段单一和信息传播滞后，因此对于1963年的生育水平影响不大，而且1963年还创造了新中国成立后的最高生育水平。从1964年开始，全国人口出生率开始逐渐下降，此后再没有大的波动。城市妇女的总和生育率于1965年开始降到4以下，此后也再没有回升到4以上。

应该承认，尽管这一时期的人口与计划生育工作尚在酝酿、讨论和形成之中，但是总体上说，降低妇女的生育水平、控制过快的人口增长已经逐渐成为政府的主导思想。在新中国成立初期的社会经济发展水平下、在几千年封建思想的影响下、在"传宗接代"传统思想的禁锢下，中国政府能够在纷乱的国际和国内形势下，排除各种阻力，冲破传统观念，制定明确的政策，公开号召节制生育，表现出了老一代党和国家领导人的远见卓识。

从历史发展的角度说，正是因为50年代和60年代不断形成的节制生育的思想，在城市和农村宣传和推广节育观念，提倡自愿的计划生育，才为70年代开展的全国性的、大规模的、带有指令性的计划生育工作准备了舆论条件，打下了群众基础，创造了技术条件①。1955年3月1日中共中央《对卫生部党组关于节制生育问题的报告的批示》表明了中国政府对当时中国人口问题的认识，也第一次以中央文件的形式表明了对节制生育运动的支持态度。这个文件也标志着中国是世界上最早实行计划生育的国家之一，仅比印度提倡计划生育政策晚了3年。

总结这一阶段的历史，我们可以看到，这一阶段妇女生育水平居高不

---

① 见翟振武：《20世纪50年代中国人口政策的回顾与再评价》，《中国人口科学》，2000年第1期。

下归根到底是因为当时中国所处的社会经济发展阶段决定了人们的生育观念和生育行为，符合一般的人口规律，也是生育转变的一个必经阶段。即便是在高度计划体制下的社会主义中国，降低妇女的生育水平也不能逾越一般的社会发展规律。何况在多年战争废墟中站立起来的新中国毕竟没有社会主义建设的经验，也不能摆脱当时国际环境的影响，能够在一手抓生产的同时，开始考虑抓人口问题已实属难能可贵。

二 70年代的生育水平下降时期

无论从中国人口与计划生育的实践，还是从妇女的生育水平变化的事实上看，我们都可以将1970年作为一个分水岭，划分为计划控制生育前和计划控制生育后两个不同的时期。70年代初期，中国政府开始了在全国范围内大力推进计划生育政策，并取得了举世瞩目的成绩。

从统计数据上看，人口出生率由1970年的33.43‰降到1979年的17.82‰，这意味着，1979年每1 000个人中出生的孩子数为17.82个，比1970年时的每1 000个人中出生33.43个孩子少了15.61个。以总和生育率来衡量，1970年为5.81，而到1979年则降为2.75，这说明，70年代中国育龄妇女平均生育孩子的数量减少了3.06个。相应地，人口自然增长率也从1970年的25.83‰，下降到了1979年的11.61‰。尤其值得说明的是，在整个70年代，中国妇女的生育水平连年持续地呈直线下降的趋势，期间没有明显的波动。

在如此短暂的时期内，妇女生育水平下降幅度之大令国外学者感到大惑不解。事实上，这一成绩的取得与当时的中国特殊的社会背景密不可分。一方面，当时的计划生育政策允许每个家庭生育两个，甚至三个孩子，这样的政策虽然与百姓家庭，尤其是农民家庭的生育意愿有一定的差距，但仍然在可以接受的范围内；另一方面，当时以人民公社为主体的农村生产和分配体制对广大农民的生育意愿和生育行为具有很大的影响和约束作用[1]。

事实也的确如此。新中国成立20年人口净增了2.6亿，特别是两次

---

① 见梁秋生、李哲夫：《中国人口出生控制成效的比较分析》，《人口研究》，2003年第1期。

人口增长高峰给中国的社会经济发展带来了巨大的压力,也直接影响了人民生活水平的提高。面对规模如此之大、增长速度如此之快、生育水平如此之高的人口,中国政府开始深刻地反思了自己过去的人口和计划生育政策,下定决心开展全国性的计划生育,力图在短期内使人口增长与经济发展协调共进。

1971年7月8日,国务院转发卫生部军管会、商业部、燃料化学工业部《关于做好计划生育工作的报告》(〔71〕国发文51号)中指出:"计划生育,是毛主席提倡多年的一件重要事情,各级领导同志必须认真对待。除人口稀少的少数民族地区和其他地区外,都要加强对这项工作的领导,深入开展宣传教育,使晚婚和计划生育变成城乡广大群众的自觉行动,力争在第四个五年计划期间做出显著成绩。"

这份文件文字不多,但是字斟句酌,很有分量。解读这份文件,我们应该注意到几点:第一,这是毛泽东主席的指示;第二,除了特殊地区,要在全国普遍开展计划生育;第三,各级领导要重视;第四,以宣传教育为主;第五,要在第四个五年计划期间有显著成绩。这也是新中国成立后第一次明确号召在全国城乡普遍实行计划生育政策,昭示着中国政府大力推行有中国特色的计划生育政策的开端。

1973年,国务院正式成立了计划生育领导小组,把计划生育办公室从卫生部门单列出来,这一变化标志着中国节制生育工作真正地摆到了议事日程。与此同时,人口控制指标被纳入国民经济发展计划,表明了中国政府对计划生育工作的重视程度。地方也成立了计划生育领导组织机构,加强了领导。这些举措说明,当时的政府在控制人口增长的问题上已达成了统一的认识。

1973年12月在北京召开的全国计划生育汇报会上,开始提出了"晚、稀、少"的概念。1974年末在中共中央转发河北省《关于召开全省计划生育工作会议的情况报告》中,肯定了按"晚、稀、少"的方针要求开展计划生育工作。这说明,"晚、稀、少"的方针已经成为全国统一的计划生育政策。1978年10月,中央批转《关于国务院领导小组第一次会议的报告》,具体提出了一对夫妇生育子女最好一个,最多两个和生育间隔三年以上的要求。这些政策上的措施,加之在广大农村建立起来的"赤脚医生"队伍在避孕、节育的宣传及服务,使中国育龄妇女生育水平从70年代初开始大幅度下降。

中国人口生育率过高不仅为中国政府所认识,在现实生活中,孩子多对家庭特别是对妇女,也存在压力。随着妇女地位的提高,职业妇女人数逐渐增加,越来越多的夫妇不希望要过多的子女。"晚、稀、少"的生育政策符合当时的实际情况,从一开始就为多数群众所接受。当时的中国并没有一套完整的计划生育组织机构和严密的网络体系,但"晚、稀、少"的生育准则却在70年代的生育人群中,显示出了惊人的效力。

1978年以后,中国的社会经济发生了重大变革,开始了以经济建设为中心和改革开放的新时期。随着对人口问题的认识进一步加深,在认真总结新中国成立以来经验教训的基础上,政府把实行计划生育定为基本国策。明确的人口控制目标和发展规划,提交到了全国人民代表大会的决议中,并纳入了国家计划。逐步建立健全了各级计划生育机构,制定了有关的法规,并向广大人民群众进行深入的宣传教育工作,为育龄夫妇提供避孕节育技术和社会性服务。与此同时,有关人口和计划生育的普查和调查提供了人口与计划生育分析研究的详细数据和资料,为分析形势,研究对策,提供了有利条件。

三 80年代的生育水平徘徊时期

无论从计划生育政策内容,还是从对计划生育政策执行力度看,20世纪80年代均比70年代更严格、更强化。然而全国平均生育水平并未产生如70年代那样的大幅度下降。在这10年中,全国人口出生率因政策的调整完善和年龄构成的影响在波动中稍有回升,育龄妇女总和生育率则在波动中起伏徘徊。从统计数据上看,1980年的人口出生率为18.21‰,而到了1989年仍然为21.58‰,整个80年代基本都保持在20‰左右的水平,没有下降,但也没有大幅度提高。以总和生育率来衡量,1980年为2.24,1982年回升到2.86。1985年回落到2.20后,1987年又回升到了2.59。经过两次短暂回升,1989年又回落到2.35。相应地,人口自然增长率也随着人口出生率的波动而小幅度地上下起伏。

继70年代实行"晚、稀、少"政策之后,80年代中国生育政策经历了两个重要阶段,其中两个重要事件可作为两个时期的起点。首先是1980年9月25日,中共中央发出了关于控制中国人口增长问题致全体共产党员、共青团员的公开信。提倡"一对夫妇只生一个孩子"。接着是1984年4月中，中共中央批转国家计划生育委员会党组《关于计划生育工作情况汇报》（中央7号文件），在强调计划生育是中国的基本国策，是关系到中华民族兴旺发达的大事的同时，提出"要把计划生育政策建立在合情合理，群众拥护、干部好做工作的基础上"。两次政策上的调整和完善所引起的生育波动及其他人口学后果已经为确凿的统计分析结果所证实，更主要的是，它给人口与计划生育工作带来的影响是深远的，教训是深刻的。它提示人们：人口再生产具有自身特点，对人口再生产的干预要瞻前顾后，谨慎从事。

在生育水平的宏观变化趋势上，80年代与70年代截然不同。70年代妇女总和生育率大幅度下降，80年代则是在一个较低水平上徘徊，但就是跨越不了更替水平这一"瓶颈"。这种变化过程体现了某种客观规律性和必然性，同时也是计划生育政策内在潜力与外部环境的反映。与80年代相比，70年代的计划生育政策使生育水平快速下降的优势条件有：（1）起始生育水平高，下降幅度大；（2）在当时的育龄人口中，年龄稍大些育龄妇女已经有了2~3个，甚至4~5个孩子，再生一个的愿望并不强烈；（3）由早婚早育向晚婚晚育的过渡期中，生育人数相对减少；（4）医疗卫生条件的改善和婴儿死亡率的急速下降为生育率的下降提供了先决外部条件。

80年代的情况则有了新变化。首先是生育水平起点低，1980年的育龄妇女总和生育率为2.24，已经接近了更替水平2.1。其次，经过10年的推移，原来已经生育四五个孩子甚至五六个孩子的妇女大多已退出生育期，而尚未生育或仅生育1孩的妇女群体加入了80年代的育龄人口。1980年11月，新《婚姻法》的颁布使过去按照行政管理规定所要求的婚育年龄提前，从而导致一孩生育堆积。这些因素直接影响到整个80年代中国妇女的生育状况，从而使生育水平徘徊波动。尽管80年代的计划生育政策没能收到如70年代那样生育水平大幅度下降的效果，但计划生育工作成效仍功不可没。最大的成绩就是使现行的人口与计划生育政策得到了稳定和完善，为90年代中国人口转变历史性的飞跃奠定了坚实的基础。

事实上，80年代的妇女生育在以下两个方面取得了进展：第一，全国各地区间的生育水平差距缩小了。到80年代末期，除了西藏自治区和新疆维吾尔自治区以外,再也没有一个地区的总和生育率高于3.0。第二,高孩次的生育率下降了。根据1988年2‰生育率抽样调查资料分析,中国农村妇女在一生中生育三个或以上的比例从1979年的76%下降到了1987年的52%。因此,我们不能因为80年代育龄妇女总和生育率的徘徊而否定计划生育工作的成绩。在一定的社会经济发展水平下,生育水平受政策的影响是有一定限度的,计划生育政策的效力随生育水平的下降而递减已被理论和实践所证实。而且,生育水平不可能永远保持如70年代那样快的下降速度,果真如此,中国育龄妇女的总和生育率早就达到0了。世界上发达国家人口生育率转变的历程也告诉我们,在生育率由高水平下降到接近更替水平时,往往需要经历一段相对稳定或波动时期,这是一种普遍规律。比如日本育龄妇女的总和生育率在1953年降到了3.0以下,1960年降到了更替水平以下2.0,而后又回升到更替水平以上,经过10多年的徘徊,终于在1975年再次降到2.0以下,并于1977年达到中国目前的水平1.80。

四 90年代的低生育水平时期

20世纪末期,多次大型的全国抽样调查结果显示,中国的妇女生育水平已经在冲破了80年代的徘徊局面,总和生育率已经降低到了更替水平以下。尽管我们无法获得准确的总和生育率来描述90年代妇女的生育水平,人口出生率的变化可以从一个侧面解释这一阶段的情况。从历年国家统计局出版的《中国统计年鉴》中,我们可以获得各年的全国人口抽样变动调查结果。从统计数据上看,90年代以来,中国人口出生率的下降趋势非常显著,从1990年的21.06‰,下降到2000年的14.03‰,10年间大致下降了7个千分点。相应地,人口自然增长率也从1990年的14.39‰,下降到了2000年的7.58‰。尤其值得一提的是,1998年的人口自然增长率首次在非天灾人祸的条件下降低到了10‰以下的低水平,取得了历史性的突破,实现了老一辈国家领导人的夙愿。

尽管人们对1990年第四次人口普查以前生育水平的估计存在一些争论,比如马瀛通等人认为[①],生育率反弹是中国80年代人口控制中的一

[①] 见马瀛通:《控制第三次人口生育高峰,实现本世纪末人口控制目标》,《中国人口科学》,1989年第1期。又见马瀛通:《人口控制实践与思考》,甘肃人民出版社1993年版。

大特征。但是，由于80年代中国进行了一系列的生育节育调查，包括1982年千分之一生育调查、1988年千分之二生育节育调查等，数据相当丰富，而且各个调查数据之间的差异基本都可以解释。特别是1990年第四次人口普查把中国人口生育研究带向一个新的高潮。1990年前的争论只是在丰富且基本可信数据的基础上观点和角度的差异，而对1990年第四次人口普查所显示的1989年总和生育率为2.35的结果大家基本认可。

但是，中国90年代的生育水平却是令人困惑和烦恼的问题。问题首先出在1992年国家计划生育委员会的38万人调查。该调查公布的全国1991年和1992年总和生育率分别为1.65和1.52，大大低于总和生育率为2.1的更替水平。1989年第四次人口普查所显示的总和生育率2.35，而1991年突然跌到1.65左右的水平，两年间下降了0.7，这一出人意料的变化自然引起了国内外许多学者的议论和猜测。一般认为，作为一个发展中国家，中国人口的总和生育率已经接近更替水平，在当时的社会经济条件下，进一步的下降是比较困难，而在两年间下降了0.7，实在令人费解。

于是，人们自然想到出生数据漏报和瞒报是对总和生育率低估的原因。曾毅在人口因素分解法分析的基础上认为，1991～1992年中国总和生育率并不像38万人调查所报告的那样远远低于更替水平，而大致在2.1左右。与1989年的总和生育率相比，1991年的总和生育率确有下降。下降幅度的三分之一左右是由于初婚年龄上升造成的，三分之二是由已婚妇女生育率下降造成的[1]。其他一些学者基本赞同曾毅的分析，认为总和生育率不可能在短期内下降幅度如此之大[2]。

人们不相信38万人调查的结果，也没有其他可信的数据来源，大家期待着1995年国家统计局的"小普查"结果。然而事实令人失望，1995年全国1%人口抽样调查数据显示：农村育龄妇女的总和生育率只有1.56，甚至比政策生育率还低0.2，结果肯定是不准确的。2000年，人们迎来了企盼已久的第五次人口普查。但是，最终的结果比以往更令人难以

---

[1] 曾毅：《我国1991～1992年生育率是否大大低于更替水平?》，《人口研究》，1995年第3期。

[2] 见于学军、王广州：《90年代以来中国生育水平的估计》，国务院人口普查办课题报告。

接受：2000年第五次全国人口普查直接统计的总和生育率竟然为1.22。

纵观1990年以来的所有人口调查，还是1990年第四次人口普查（简称"四普"）数据为最全面最可靠。虽然也有人从局部或个别漏报和错报现象对四普数据的准确性提出质疑，但这并未妨碍它仍然是世界上最成功的人口普查之一，也是我们所能获得的信息最丰富、最准确的人口数据来源。为了确定1990年到2000年的生育水平，中国人口信息研究中心有关课题组参考近年人口抽样调查获得的信息，特别是国家统计局发布的年度人口数据，以1982年第三次人口普查和1990年第四次人口普查数据为调整的基础，采用间接模拟估算的办法，得出以下结论。

下表显示，中国人口信息研究中心估计的结果与国际权威机构的判断基本一致。基本结论是：从90年代初开始，中国育龄妇女总和生育率持续地低于更替水平（2.1）。在过去的十年间，中国妇女的生育水平的确已经降到了比较低生育水平。根据各省市自治区第五次人口普查公报，我们可以看到这一趋势。比如，湖南省第五次人口普查时的人口出生率为11.45‰，死亡率为6.79‰，自然增长率只有4.66‰，比1990年分别下降了12.48、0.44和12.04个千分点。再比如，2000年广东省人口出生率下降到了15‰左右，全省已婚育龄妇女平均生育1.8个子女，而在1990年第四次人口普查时，广东省的已婚育龄妇女平均生育2.48个子女，当时的人口出生率为22.26‰。即使是生育水平较高的贵州省，1999年11月1日至2000年10月31日，育龄妇女一般生育率为71.31‰，比1990年第四次人口普查的97.32‰下降26.01个千分点；总和生育率为2.19，比第四次人口普查的3.02下降0.83。

表3—2　　　不同机构对中国1990~2000年间生育水平的估计

年份	中国人口信息研究中心的估计	美国人口咨询局的估计	亚太经社会的估计
1991	2.14	2.2	2.2
1992	1.95	1.9	2.2
1993	1.86	2.0	2.0
1994	1.80	1.9	1.9
1995	1.78	1.8	1.8

续表

年份	中国人口信息研究中心的估计	美国人口咨询局的估计	亚太经社会的估计
1996	1.78	1.8	1.8
1997	1.82	1.8	1.8
1998	1.82	1.8	1.8
1999	1.80	1.8	1.8
2000	1.80	1.8	1.8

资料来源：美国人口咨询局的估计来自《World Population Data Sheet》，PRB，1991~2001；亚太经社会的估计来自《ESCAP population Data Sheet》，ESCAP，1991~2001。

从人口学的角度看，更替水平对于一个国家或地区的人口转变具有特别重要的意义，因为它是人口实现零增长最主要的前提条件。如果总和生育率高于更替水平，无论如何人口将继续增长；而如果总和生育率低于更替水平，经过若干年份的调整后（指人口惯性的逐渐减弱），人口即可实现零增长或负增长。从这个意义上讲，今后中国人口增长的主要原因是来自人口惯性，而非高生育水平。相应地，中国人口与计划生育的工作重心是如何稳定已经取得的低生育水平，直到人口增长的惯性消失，最后实现人口的零增长和负增长。中国育龄妇女的总和生育率早在80年代初就开始接近更替水平。经过十年的徘徊，终于自90年代初开始有了一个质的飞跃，10年来持续稳定地保持在更替水平以下。育龄妇女总和生育率的更替水平在人口转变的历程中具有里程碑的意义，是人口转变的转折点，标志着人口转变的一次飞跃。从这个意义上讲，中国的人口发展在世纪之交成功地跨越了更替水平这一"瓶颈"，实现了历史性的飞跃。

五 稳定当前的低生育水平任重道远

由于中国人口转变的特殊性，中国育龄妇女的低生育水平背后还有诸多不稳定的因素。从总体上看，当前人口与计划生育工作重点不应是进一步降低生育水平，更不是提高生育水平，而是稳定目前的生育水平。今后我们应更多地借助社会经济发展的力量，依靠法律法规的约束，加之人口与计划生育的改革和创新来进一步调节生育水平。尽管中国已经进入了低生育水平国家的行列，但是目前稳定低生育水平仍然任重道远。

育龄人口数量还没有达到峰值。由于人口增长自身的惯性力量，中国育龄妇女人口数量在未来的十多年中还将继续增长。预计随着计划生育优质服务和避孕节育知情选择的深入开展，采取绝育的育龄妇女比例会有进一步的下降。这无疑会加重计划生育工作者的工作量。而且90年代由于少生和迟生导致生育率下降的背后也积聚了一股庞大的生育势能，使得中国庞大的育龄人口中，蕴藏着巨大的"生"机。

人口结构的变化和地方计划生育条例的调整将使政策生育率提高。现行计划生育政策不变，不意味着政策要求的生育水平不变。由于人口结构的自然变化会使政策生育率有所波动。比较明显的是，生育政策较为宽松的人口群体，如少数民族人口和可以生二孩地区的人口比例会有所上升，而这部分人口的增加会带动整个政策生育率的提高。

实际生育水平与政策要求生育水平仍有差距。应该说中国人口的生育观念已经随社会经济的发展和教育水平的提高而发生了质的变化，绝大多数人并不希望生育3个或3个以上孩子。进入90年代后，人们的生育意愿又有了进一步的变化：人们的意愿生育子女数下降到了2.0以下。在90年代比较有代表性的抽样调查中，我们尚未发现平均生育意愿子女数超过更替水平的数据。在平均生育意愿子女数略有降低的同时，人们对孩子的性别选择性却提高了。这将是我们未来长期面对的一个问题。问题不在于个人和家庭的生育意愿高，而在于国家从宏观全局出发而制定的生育政策规定的政策生育率低。这是一个两难的选择，是没有办法的办法。尽管计划生育政策在作有限的调整，个人和家庭也在不断调整自身的生育思维和方式，使这种差距在不断地缩小，但仍将存在相当长的时期。

下降空间有限。从长期的发展趋势看，随着全国社会经济的发展，特别是中西部地区和少数民族地区的进步，会使目前生育水平相对偏高地区（大约占总人口的20%左右）的总和生育率进一步下降。但是，进一步下降的空间是相当有限的。因为考虑到生育政策较为宽松的人口群体，如少数民族人口和可以生二孩地区的人口比例会有所上升的事实，这部分地区生育水平下降的潜力将大打折扣。而且，从全国的生育水平看，总和生育率已经降到了1.8的低水平，十分接近发达国家总计17亿人口平均为

1.6的水平。在某种程度上说，1.6~1.8的水平已经属于生育率的底线，这是由人类自身的发展规律和人类自身繁衍的本能所决定的。

社会保障水平相对较低仍然是农民多生的基本动因。人们之所以想多生的一个重要原因是"养儿防老"，"养儿防空虚"。这一问题的解决有赖于社会保障制度的完善和社会保障水平的提高。而社会保障制度的建立和完善是一项长期的任务，在可预见的将来，农村养老问题仍将主要依靠家庭子女、配偶和亲属的个人转移支付。此外，土地是农民的根本，也是农民生存的底线。在农村现行的土地分配制度下，多一个人就多一块地，而且一旦拥有，就是30年的使用权。

生育水平的地区差异将持续存在。首先，中国目前大约有三分之一的省份，占有30%的人口，生育水平已经相当低，相信人口增长势头基本得到了抑制，今后工作的重点是如何抓好计划生育服务工作，靠优质的服务和社会经济的发展巩固已有的低生育水平；其次，有三分之一的省份，占有50%的人口，生育水平较低，但不够稳定，需要进一步的努力加以引导和约束；再次，有三分之一的省份，占有20%的人口，生育水平还相对比较高，这是中国今后人口与计划生育工作要特别关注的地区。地区发展不平衡现象的存在也决定了中国计划生育工作的长期性和艰巨性。

第二节 生育模式的演变

所谓生育模式，是指育龄妇女在总体平均意义下单位时间内（通常指一年），每个育龄妇女平均活产婴儿数具体在每个年龄上生育的分布形式。由于一国或一地区在不同时期内的经济、文化、人口结构、人口政策的不同，使妇女的生育模式有很大的差别。如果说上节我们讨论了中国女性人口生育率的变化是侧重于生育水平的高低的话，那么，本节除了考虑中国人口生育的数量性问题外，还要考察时间性问题，即生育的年龄、胎次、间隔等。如前所述，1970年是中国人口发展历史上的里程碑，它不仅是生育水平"计划"与"非计划"的分水岭，同时也是中国女性人口生育模式变化的分水岭。这是因为，70年代初，党和政府提出的"晚、稀、少"的政策本身，实际上是提倡一种婚育模式，即晚育、少育加间隔。

1952年，中国育龄妇女从18岁起就逐渐进入了较高生育期，生育率达到166‰，直至43岁，生育率才降至107‰，生育旺盛期长达26年。22～26岁为最旺盛生育年龄段，计5年，生育率均超过300‰，其中23岁为生育峰值年龄，生育率达313‰。19～21岁和27～37岁为次旺盛生育年龄段，计14年，生育率均超过200‰。18岁及38～43岁为较高生育年龄段，计7年，生育率在100‰以上，"早、密、多"是50年代生育状况的主要特点。60年代，妇女生育模式类似于50年代，只是旺盛生育年龄段的生育率高于50年代。从总体上看，50年代和60年代的生育模式表现为生育曲线高而宽，育龄期开始早、结束晚，曲线呈钟形，是一条比较典型的早育、多育、密育的生育模式曲线[1]。

随着社会经济文化条件的改善，70年代计划生育政策的逐步推行，以及婚姻、家庭观念的转变，育龄妇女的生育模式已发生了显著的变化。这种变化始于70年代初期，尤其是90年代表现得更为鲜明。1981年，中国育龄妇女的较高生育期开始于21岁左右，比1952年晚3岁，生育率

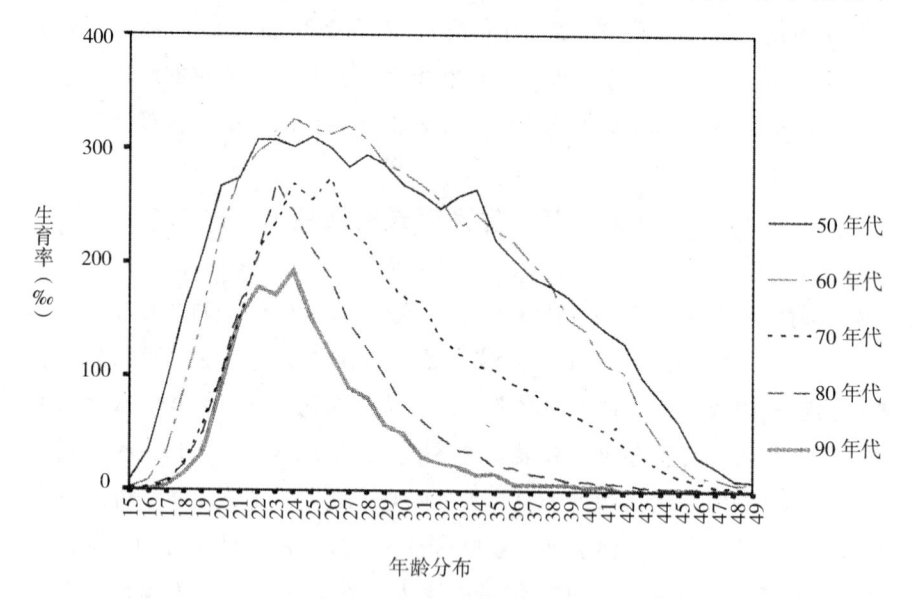

图3—3　不同年代妇女生育年龄分布模式比较

---

[1] 本节对生育模式分析的数据来源于姚新武编的《中国生育数据集》，中国人口出版社1995年版。

达131‰；30岁左右，生育率为102‰，已走出了较高生育期，比1952年提前13岁，生育旺盛期只有10年，比1952年少16年。生育峰值年龄为25岁，生育率达301‰。1981年最旺盛生育年龄段比1952年少4年，次旺盛生育年龄段少10年。70年代后期，尤其是80年代的生育模式，表现为生育曲线峰值低而峰区窄，育龄期开始晚、结束早，曲线呈锥形，是一条近似于晚育、少育、稀育的生育模式曲线。到了90年代，中国妇女的年龄别生育率曲线更加平缓，峰值也得到进一步削减，形成了比较典型的"晚、稀、少"生育模式。

表3—3　　　　1970~1990年妇女平均初婚、初育间隔

年份	平均初婚初育间隔（年）	平均一、二胎生育间隔（年）
1970	2.35	2.84
1971	2.33	2.85
1972	2.32	2.86
1973	2.34	2.84
1974	2.24	2.85
1975	2.18	2.84
1976	2.13	2.87
1977	2.09	2.90
1978	2.06	2.98
1979	2.04	2.95
1980	2.02	2.64
1981	1.93	2.88
1982	1.93	2.97
1983	1.89	3.04
1984	1.86	3.09
1985	1.84	3.23
1986	1.84	3.25
1987	1.78	3.25

续表

年份	平均初婚初育间隔（年）	平均一、二胎生育间隔（年）
1988	1.70	3.25
1989	1.64	3.30
1990	1.66	3.36

资料来源：转引自于学军等，"中国80年代的早婚早育状况及其对人口控制的影响"，《人口研究》，1994年第1期。

从统计数字上看，尽管从70年代开始中国妇女生育模式已进入晚育、少育、稀育类型，领先于不少发展中国家，但同时我们也注意到80年代仍有早婚、早育现象。1979年党的十一届三中全会以来，中国社会经济发展迅速；与此同时，中国女性平均初婚年龄在经历了20多年的提高之后却从1980年开始出人意料地逐年下降，从1980年的22.85岁下降到了1990年的22.09岁。这一现象引起了国内外有关人士的关注，人们从不同的角度去解释引起这种现象的原因，但是因为所利用的指标体系不同，所得到的结果也大相径庭。例如有的学者采用"女性早婚率"这一指标的变化来描述中国妇女的早婚状况。统计数字表明，中国女性早婚率在1980~1990年间经历了一个先长后降的变化过程。对此一些人的解释是，由于1980年新《婚姻法》的颁布，使新的法定婚龄取代了原来行政上规定的最低的婚龄，造成了"抢婚"、"婚姻堆积"。而后随着改革开放的不断深入和国民经济的不断发展，早婚率在经历了一个短暂的回升后，于1983年开始下降。

从表面上看，这种说法本身固然有一定的道理，但问题不是如此简单的，至少有两点可以讨论的。第一，新《婚姻法》修改的是法定最低初婚年龄，这与早婚率有什么关系呢？新的法定婚龄取代了原来行政上规定的婚龄，可能对晚婚率产生一定的影响，但违法的早婚为什么多了呢？既然原来行政上规定的婚龄失去了效力，那么，新的《婚姻法》在婚姻行为中应具有更强的约束作用，违法婚姻应该是减少而不是增多。第二，直到1990年，中国女性的早婚率才下降到17.8%，即差不多每5个初婚女性中就有1个是20岁以前成为新娘的，仍没有达到10年前15.5%的水平。为什么早婚从1980年到1982年用2年的时间上升了12.5个百分点，而从1982年到1990年用了8年的时间却只下降了10.2个百分点呢？其实，这里有些误会是由于我们所使用的指标不同而造成的。早婚率并不是衡量早婚行为最佳、最广泛的指标，因为正如粗出生率受年龄结构的影响一样，早婚率＝早婚人数/总初婚人数×100％，同样受总初婚人口年龄结构的影响。因此，为了消除年龄结构的影响，采用已婚人口占同龄段人口的比例是一个比较好的选择。这样一来，我们可以看到女性早婚问题的另一番情景：中国15～19岁已婚女性人口占同龄段人口的比例经历了升→降→升的过程，而且第二次升高的起点比第一次升高的起点高，达到的峰值高，它说明中国女性的早婚问题在80年代后期并没有明显改善的迹象。

根据1990年第四次人口普查10％抽样资料计算的结果显示，1989年大陆30个省、自治区、直辖市育龄妇女平均初育年龄为23.42岁，比1982年第三次人口普查时提前了0.84岁。其中农村育龄妇女的平均初育年龄为22.93岁，也比1981年提高了0.84岁。1989年育龄妇女的年龄别生育高峰年龄为23岁，比1981年提前2岁。15～20岁生育的妇女占当年全部生孩子妇女的比例从1981年的3.68％上升到了1989年的12.61％。1989年，全国共有301万婴儿是20岁或20岁以下妇女所生，而且其中42.7万是第二胎，占14.2％。这一数字意味着，在1989年出生的全部婴儿中，每8个人中就有1个是低于或刚到法定婚龄的妇女所生。按最保守的概念，即把15～19岁龄妇女的婚育定义为早婚早育，那么，1989年，早育的孩子总数为135万，占当年生育孩子数的5.64％。1980～1990年间，中国15～19岁女性人口生育孩子数占当年生育孩子总数的比例一直呈上升趋势。这种趋势与1980～1990年间中国15～19岁已婚女性人口占同龄人口比例的变化趋势是一致的，只是早育与早婚之间存在1至2年的"时滞"。

同样，从1980～1990年间中国15～19岁女性累计生育率的变化也可以看到中国女性早育的状况。1980～1990年间，中国15～19岁女性累计生育率基本上是呈上升趋势的，与此同时，15～19岁的累计生育率占相应年份总和生育率的比例也基本上是呈上升趋势的。由此可见，早婚不仅带来了早育，而且还带来了多育。通过对80年代中国早婚早育状况的分析，我们可以看到，80年代中国婚育模式发生了实质性的变化，即初婚初育时间前移。80年代中国已婚率和生育率峰值的出现提前，而且跨越的幅度大。

80年代婚育模式的变化对生育转变产生了消极影响，这种婚育模式的直接后果是80年代中国妇女生育水平的波动与徘徊。由于婚育年龄的下移造成的时期生育率上升，在一定程度上抵消了队列生育率的下降成效，结果出现了年度人口出生率和自然增长率的上升。根据1990年第四次人口普查资料，低于或刚刚达到法定婚龄妇女的生育率占全部生育率的1/10左右。在福建和江西省，则达到了1/6。如果消除21岁以下妇女中的生育现象，中国妇女的总和生育率会立即下降到2.0。推迟结婚、推迟生育会减缓人口的时期增长，并有助于降低妇女的终身生育水平。

进入90年代以后，由于中国进一步加强了计划生育和婚姻管理工作，特别是有更多的人认识到了早婚早育对未来生育模式的不利影响。1992年下半年，民政部、国家计生委等七个部门联合发文，要求"加强婚姻管理制止早婚早育"，各地各部门纷纷采取措施，加强了婚育管理，使80年代早婚早育状况有所改善。据1992年国家计生委组织的38万人调查资料中，80年代中、后期，全国女性初婚、初育，总体看来变化不大，但在1989年总和初婚率略有下降，紧接着1990年一孩总和生育率也随之下降。1991年、1992年初婚、初育又发生较大变化，这两年总和初婚率分别为0.87和0.90，一孩总和生育率均为0.92。在中国，这么低的时期初婚、初育总水平就是意味着初婚、初育年龄模式发生了猛烈的变化，也就是说，这两年有很大一部分妇女推迟了初婚，也有较多的妇女推迟了初育，使总和初婚率、一孩总和生育率也相应地下降；初婚、初育年龄稳定以后，又先后都上升，分别升至0.99和0.98左右稳定下来。

这是一个可喜的变化，随着中国改革开放的发展和深入，随着中国市场经济的逐步建立和完善，人们的思想观念，包括婚育观念都会发生巨大的变化，从长远的观点看，人们的婚育观念会趋向有利于生育模式的方向发展。目前我们所要做的是继续以约束机制和诱导机制，把体制转换过程中的婚育管理工作做好，尽力缩短人们婚育观念向现代化转变的过程。

总之，自中国实行计划生育以来，随着改革开放和社会经济的发展，人们的婚姻、生育、家庭观念已经和正在发生着深刻的变化，传统的"早婚早育"、"多子多福"、"传宗接代"、"重男轻女"等观念正在为越来越多的育龄群众所摈弃；晚婚晚育、少生优生，男孩、女孩都一样，建立幸福、美满、和谐的小家庭,追求现代、科学、文化生活方式,已经成为不可阻遏的时代潮流。概括起来说,我们可以将新中国成立50年来的生育模式变化过程总结为以下几个阶段:20世纪50年代和60年代,妇女的生育模式表现为早生、多生、生育间隔短;70年代的妇女生育水平开始大幅度下降,但是早生和生育间隔短的现象依然存在;80年代的生育水平相对较低,早生现象有所改善,但是生育间隔短的问题没有太大改变;90年代基本实现了真正的"晚、稀、少"生育模式。

第三节 妇女生育水平的转变特点[①]

自第二次世界大战以后,绝大多数国家纷纷独立,走向了和平和发展的道路。在这种大的格局之下,世界人口也发生了前所未有的变化,世界人口从1950年的约25亿增加到20世纪末的60亿,50年世界人口翻了一番多。人口出生率、死亡率也都从较高的水平下降到较低的水平,1999年世界人口的出生率为23‰,死亡率为9‰,世界人口正处在转变之中。

发达国家的人口转变由于始于18世纪的工业革命以后,所以二次大战以后人口变化程度较小,其中死亡率基本上稳定在9‰~10‰左右,出生率则在战后持续了一段"婴儿热"之后迅速下降,到20世纪末出生率已接近死亡率的水平,趋于人口静止,部分发达国家已出现人口负增长。从1950年到20世纪末,发达国家的人口仅由8亿多增加到接近12亿,增加了不到一半。欠发达国家的人口变化则截然不同,20世纪50年代出生率和死亡率均处于很高的水平,经过半个世纪,死亡率迅速大幅地下降,从50年代左右的24‰下降到20世纪末的10‰以下。

与此同时,出生率虽然变化幅度不如死亡率,但也出现了明显的下降,由50年代初期的44‰高水平下降到了20世纪末的25‰左右的水平。正是欠发达国家人口转变这种死亡率短期内迅速下降的特点,使欠发达国家人口总量规模迅速膨胀,其人口规模从1950年的17亿增长到20世纪末的48亿多,半个世纪人口增加了近2倍,大大超过了发达国家人口的增长速度。同时,欠发达国家的人口占世界总人口的比重也由1950年的

---

① 本节为于学军和李建新共同写作完成。

67.75%上升到世纪末的80.38%,极大地改变了世界人口的分布格局。

中国作为世界的人口大国,作为世界人口的一部分,中国人口变化与世界人口变化同步,特别是与欠发达国家人口同步,人口转变也始于20世纪50年代初期。然而中国人口变化和转变又与众不同,无论是出生率还是死亡率变化速度和幅度都快于世界上其他绝大多数国家,特别是发展中国家的人口大国(如印度、印度尼西亚等)。正因为如此,中国人口之变化极大地影响了整个发展中国家地区的人口变化,从而影响了世界人口的变化与走向。世纪之交,中国人口转变已经进入了低出生、低死亡、低增长的"三低"阶段,1999年,中国人口出生率、死亡率分别为15.23‰、6.46‰,人口自然增长率已经低于9‰。这个增长率已低于世界平均水平14‰,大大低于整个发展中国家的平均水平(含中国为17‰,不含中国为20‰)。虽然与发达国家已趋于零增长还有一段距离,但目前中国人口的增长是由年龄结构引起的惯性增长,而不是人口转变增长。

纵观中国人口转变,会发现与西方传统人口转变相比有许多不同,西方人口转变理论既是西方人口变化历史的总结和描述,也是人口变迁的解释和抽象。以西方人口转变为参照系,中国人口转变的不同既表现在人口转变的时空上,表现在过程上,也表现在诱发人口转变的原因上,这些都显示出中国人口转变的自身特征。下面我们来具体讨论中国人口转变之特征。

一 迅速转变性

一般认为,中国人口的转变始于20世纪50年代,比西方国家迟一个到一个半世纪。从人口的高出生、高死亡到人口的低出生、低死亡的转变的过程来看,中国人口转变的确是非常迅速的。人口转变一般是从死亡率下降开始的,中国人口转变也不例外。自新中国成立以来,除3年自然灾害以外,人口死亡率迅速下降直至稳定到6‰~7‰的水平。从1949年的20‰降到了1957年的10.8‰,在短短不到十年里,人口死亡率降了近50%。在西方最早国家的人口转变中,死亡率降低同样大的程度花费了近百年的时间,例如,英格兰和威尔士人口死亡率从27‰下降到15‰花了100年左右。中国人口死亡率转变如此迅速主要得益于新制度的建立,即公有制的分配制度保证了绝大多数人口的基本生活,和有效的医疗卫生体系特别是广大的农村地区。1949年以后，全国人口出生率水平一直保持在35‰~40‰左右的高水平，60年代中期，虽然部分城市人口的出生率已开始转变，但就全国而言，人口出生率的转变始于70年代初期，始于70年代的全国计划生育的蓬勃开展。

事实上，中国人口转变迅速这一特征与发达国家历史上的人口转变相比尤为显著。西方学者的研究也指出，中国人口转变大大快于发达国家，例如，丹麦人口转变始于1780年，到1930年人口才到达"低出生、低死亡"阶段，历时150年；而始于20世纪50年代的中国人口转变在不到50年的时间，即不足丹麦人口转变的1/3的时间，就进入了人口的"三低"阶段，足见中国人口转变之迅速。与第二次世界大战以后人口迅速转变的日本相比，中国人口转变也毫不逊色。日本战后十年，是人口迅速转变的十年，人口死亡率从1947年的14.6‰降到1957年的8.3‰，同期人口出生率从34.3‰下降到17.2‰，降了50%，是日本人口史上生育率水平变化最快的十年。此后，出生率一直在18‰左右徘徊，70年代中期之后出生率降到15‰以下，90年代之后又一进步降到10‰以下，世纪之交已接近零增长。值得注意的是，日本人口转变不应当被认为是始于第二次世界大战以后。实际上，在明治维新（19世纪60年代）日本开始走向现代化道路之后，人口转变也就随之开始了。在19世纪末期，日本人口死亡率已在20‰以下，出生率在30‰左右。除20世纪上半叶两次世界大战对日本人口变动有所冲击和影响外，日本人口基本上处在人口转变之中。从这个意义上讲，日本人口转变实际上历时一个世纪甚至更长的时间。所以，与日本相比，中国人口转变是迅速的。

二 控制干预性

与西方发达国家的人口转变相比，中国人口转变机制有所不同。西方传统人口转变是自发的，是伴随着工业化、现代化进程而缓慢地发生的。西方人口在19世纪初之前，出生率高达35‰，死亡率也在30‰左右。19世纪初期，由于工业化和医疗、公共卫生条件的改善，使死亡率出现下降，西方人口转变由此开始。到19世纪后期，出生率也开始下降，但大幅下降是在社会经济发展到一定的水平、死亡率下降很久之后的20世纪初出现的。20世纪上半叶西方各国才陆续完成了人口转变，整个人口转变如同其现代化一样自然而然地缓慢地完成，历时百余年。显然西方人口转变是工业化、现代化的结果，是生育观念、生育行为转变的结果。

中国人口转变不再是一种自发过程，实际上，中国作为"外生型"现代化国家，自新中国成立以后，人口转变就如同工业化、现代化一样，是在政府干预下进行的。人口死亡率奇迹般地迅速下降，直接与公有制的建立和医疗制度的普及以及有关提高人民群众健康水平的政策有关，因此中国人口转变首先就表现在政府干预之下的死亡率急速下降上。对于生育率的明确干预虽始于70年代初期，但并不是说，20世纪五六十年代中国政府对人口生育完全处于一种放任的状态。实际上，20世纪五六十年代虽然在人口理论学界对马寅初先生积极主张控制人口有所批判，但在人口政策中依然有明确的提倡节育的倾向。1971年7月国务院下发了《关于做好计划生育工作的报告》的51号文件，强调贯彻落实毛泽东"人类要控制自己，做到有计划地增长"的指示。1973年7月成立了计划生育领导小组，并形成了全国统一的计划生育政策，即"晚、稀、少"政策。1978年，国家在修改的新宪法中，第一次把"计划生育"纳入法制的轨道。同年，中共中央以中发69号文件批转国务院计划生育领导小组《关于国务院计划生育领导小组第一次会议的报告》，明确提出"提倡一对夫妇生育子女数最好一个，最多两个，生育间隔三年以上。"80年代中期全国各省、市、自治区相应地出台了计划生育条例，坚持实行严格的计划生育基本国策。可以看出，中国人口生育率70年代以后迅速转变的轨迹与计划生育政策的变化是直接相关的，国家从70年代明确地干预人口的生育过程，严格控制人口出生数量，这一切直接导致了中国人口生育率迅速下降和迅速转变，虽然社会经济发展是影响生育率转变的宏观变量，但毫无疑问，严格的计划生育国策是促进中国人口迅速转变的重要原因。因此，与西方传统的人口转变相比，中国人口转变有着明显的政府干预和控制的特性。

三 不彻底性

正因为中国人口转变不同于西方发达国家在工业化、现代化之后顺理成章地完成的，而是在政府有力的干预之下实现的，是在社会经济发展还不十分充分的条件下完成的，所以，人口转变并不十分彻底。具体表现在两个方面：一是中国人的生育观念有着中国传统文化的深深烙印。中国人对多子女的偏好不仅是农耕经济的需求，也是一种更深层次的精神需要和终极意义需求。新中国成立以来，传统生育文化经历一次又一次冲击和"洗礼"，特别是70年代计划生育以后，旧的一些生育观念如"重男轻女"、"传宗接代"等都已淡化特别是在城市人口中。但是，作为相对独立的、上千年所形成的根深蒂固的生育观念要在短时间内彻底转变是不可能的，也是不现实的，旧观念的转变和新观念的形成都需要足够长的时间；二是社会经济发展水平低，产生旧观念的经济基础和文化土壤还存在。例如，不少农村地区由于没有健全的养老保障体系，因此"养儿防老"还十分盛行，养儿防老仍是这些地区追求多生多育的动力。实际上，中国现今社会经济发展水平（如人均GDP不足千美元、农业人口比重高、社会保障制度不完善、人口文化水平低等）与现代化标准相比还有不小的距离，从这个意义上讲，中国人口转变是超前的、是未完成的。由此可见，从社会经济发展水平、从生育文化、生育观念上考察，中国的人口转变具有不彻底性，还须进行到底。

四 不稳定性

中国人口转变的不稳定特性主要表现在生育率水平的不稳定上。中国人口死亡率的变化，自1949年以来，除了"大跃进"时期的剧烈反弹外，一直是迅速的下降和低水平的稳定两种状态。而新中国成立以来，生育率水平的变化除迅速下降之外，还呈现出不稳定。事实上这种生育水平的不稳定和潜在的不稳定与人口转变的不彻底性有关，不彻底的、强控性的人口生育率转变是中国人口转变不稳定特性的直接原因。20世纪70年代以来，在计划生育工作促进下，人口生育率水平呈快速的线性下降；80年代以后，人口的生育率水平出现了较大的波动，这一方面与80年代初的生育政策有关；另一方面也反映出中国生育率反弹的势能，表现出了生育率转变的不稳定性。进入90年代，虽然人口转变的机制发生了变化，计划生育工作也有了长足的进步，生育率水平也进入了更替水平之下的低水平，但是由于人口转变的不彻底性和超前性，因此，中国目前所实现的低生育水平依旧存在着波动和反弹的可能性，低生育率水平不稳定依旧是中国人口转变之特征。正是基于这种认识，所以在20世纪与21世纪之交，党中央、国务院提出了稳定低生育率水平的决定，强调了今后一段时间继续巩固和稳定低生育率水平的必要性和重要性。

五 不平衡性

从生育水平来看，20世纪90年代初期的全国人口转变按总和生育率水平大致可划分成三类地区：第一类地区总和生育率在更替生育水平之下的地区，这些地区是上海、北京、浙江、天津、辽宁、吉林、黑龙江、四川、江苏、山东等10个省、市，其人口占全国的37.9%左右。第二类地区是总和生育率在2.2~3.0之间，这些地区是河北、山西、内蒙古、安徽、福建、江西、河南、湖北、湖南、广东、广西、陕西、甘肃等13个省、区，其人口总数占全国的52.8%。第三类地区是海南、贵州、云南、西藏、青海、宁夏、新疆等7个省、区，总人口占全国的9.1%。90年代末，虽然全国各地的人口继续朝着"三低"水平转变，但以上不平衡格局基本上没有发生多大变化，全国人口转变的不平衡性依然存在。以出生率为例（见表3—4），1998年，上述一类地区的出生水平基本上在12‰以内，其中三个直辖市出生率不到10‰，上海市已经出现负增长；二类地区人口出生率基本上在18‰以下；三类地区的人口出生率则基本上在18‰以上，其中云南、贵州、西藏和青海等省、区的人口出生率都在20‰以上。从大区域看，上述三类型地区的划分，基本上与全国东、中、西部的划分相吻合，一类地区大部分是东部地区的省、市；二类地区的大部分是中部地区的省；三类地区除海南省以外都是西部地区的省、自治区。可见，中国人口转变也形成了由东部地区先行，逐步向西部递进的不平衡特征，这一点与人文发展指数所反映的东、中、西梯度差异是一致的。

表3—4　　　　　1999年全国各地区人口自然变动情况　　　（单位：万人、‰）

地 区	年末总人口	出生率	死亡率	自然增长率
全 国	125 786	14.64	6.46	8.18
北 京	1 257	6.50	5.60	0.90
天 津	959	9.68	6.73	2.95
河 北	6 614	12.99	6.26	6.73

续表

地区	年末总人口	出生率	死亡率	自然增长率
山　西	3 204	15.93	6.07	9.86
内蒙古	2 362	13.32	6.08	7.24
辽　宁	4 171	10.38	7.05	3.33
吉　林	2 658	10.68	5.45	5.23
黑龙江	3 792	10.55	5.49	5.06
上　海	1 474	5.40	6.50	-1.10
江　苏	7 213	10.50	6.94	3.56
浙　江	4 475	10.64	6.35	4.29
安　徽	6 237	15.10	6.50	8.60
福　建	3 316	11.06	5.85	5.21
江　西	4 231	16.51	7.02	9.49
山　东	8 883	11.08	6.27	4.81
河　南	9 387	14.07	6.35	7.72
湖　北	5 938	11.57	6.37	5.20
湖　南	6 532	11.72	7.12	4.60
广　东	7 270	15.32	5.40	9.92
广　西	4 713	14.96	6.93	8.03
海　南	762	17.26	5.23	12.03
重　庆	3 075	11.90	6.94	4.96
四　川	8 550	13.80	7.02	6.78
贵　州	3 710	21.92	7.68	14.24
云　南	4 192	19.48	7.82	11.66
西　藏	256	23.20	7.40	15.80
陕　西	3 618	12.51	6.38	6.13
甘　肃	2 543	15.61	6.44	9.17
青　海	510	20.68	6.78	13.90
宁　夏	543	17.97	5.65	12.32
新　疆	1 774	18.76	6.96	11.80

数据来源：国家统计局《2000年中国统计年鉴》。

从城乡两类不同地区的人口转变来看,差异性也是十分明显的。无论是死亡率转变,还是生育率转变,城乡人口的差别都是存在的。城镇人口与乡村人口的转变自50年代初起始于死亡率的转变,并且二者的差距不是很大。生育率转变自60年代中期开始分道扬镳,60年代中期占总人口不到20%的城镇人口的生育水平开始下降,70年代中期之后,城镇人口的出生率水平一直稳定在14‰~16‰之间,自然增长率除个别年份以外,均在10‰以下。占全国总人口80%以上的乡村人口生育率的转变始于70年代开始的计划生育,并且始终高于城镇人口的生育水平。1990年全国第四次人口普查,城市人口的总和生育率为1.83,镇人口总和生育率为2.35,农村人口总和生育率为2.60。90年代末城乡人口这种差距依然存在,实际上农村人口转变比城市人口转变要慢一拍。总之,全国各地区特别是东、中、西部地区,城乡地区的人口转变存在着明显的差异,不过随着社会经济的发展和计划生育工作的深入和完善,这些差异正在缩小。

不难看出,中国人口转变在速度、过程、原因等方面都与西方传统人口转变有着不同之处,有着自身的特点。把握人口转变的特征无疑对新时期贯彻党中央"稳定低生育水平的决定"有着重要的意义。事实上,"稳定低生育水平的决定"本身蕴涵着对目前中国低生育水平的一个基本判断,即现阶段中国人口的生育水平并不是一个稳定的低水平,存在着波动性、存在着不彻底性和不平衡性。从这个意义上讲,中国人口转变可以被认为是一种形式上完成了的人口转变,因此,新时期稳定低生育水平的决定是将中国人口转变进行到底的重要措施和手段,是实现人口可持续发展的重要步骤。

第四节 妇女生育转变的原因

我们在以上几节回顾了中国妇女生育水平和生育模式的转变过程和特点,本节我们重点分析生育转变的原因。为什么在短短的二三十年里中国人口的生育水平和生育模式发生了如此巨大的变化,实现了量和质的双重转变,引起了全世界的瞩目。多年来,中外学者对这一现象进行了不懈的探讨。基本的观点是:在计划控制下,政府的计划生育政策对生育率的变化起了至关重要的加速作用,但生育率下降最终还是取决于经济的发展、社会的进步和文化程度的提高。概括起来讲，人们总结了如下一些影响人口生育率变化的因素：

1. 政府的人口政策。从中国人口生育率在计划控制前与计划控制后的变化比较中，我们可以看到，中国政府的人口计划，即计划生育政策在这种变化过程中起了直接的作用。

2. 经济发展水平。从总体的统计关系来看，无论是从时间序列的变化看，还是从某个时期分地区的情况看，总的趋势是经济发展水平与女性人口的生育率呈反方向发展。

3. 文化教育水平。新中国成立以来，中国文盲和半文盲在总人口中的比重明显下降，其变动趋势同妇女生育水平是同方向的。城市文盲率低于农村，其生育率也低于农村。从地区差异看，大体上也是文盲率越低的地区，妇女总和生育率也越低。反之，文盲率越高的地区，妇女总和生育率也越高。

4. 医疗卫生条件。居民平均每千人口拥有的医生数、医院床位数是反映一个国家或地区医疗卫生事业发展水平的两个重要指标。新中国成立后，中国每千人口医生数、医院床位数与总和生育率的变化呈相反的方向变化。

5. 避孕普及率。避孕率反映育龄夫妇少生、按计划生甚至不生育的要求和国家或地区对生育的政策要求，对生育率必将产生直接影响。从1970年到2000年，全国已婚育龄妇女避孕率上升了大约70个百分点；同一期间，全国妇女总和生育率由5.81下降到1.80左右。

6. 城市化水平。市镇总人口占总人口的比重反映一个国家或地区社会经济发展的水平，同时反映居民中传统生育观念的影响程度，因而是间接反映生育水平的一个因素。从总的趋势看，城市化程度越高，总和生育率与多孩率越低；反之，城市化程度越低，总和生育率与多孩率越高。

生育是一种生物现象，又是一种社会现象。生育作为一种生物过程，最高生育力在理论上一般可确定为一个妇女在不实行任何限制的条件下，一生最多可生15~20个孩子。但是，这种生育上的最大生物潜能无论在历史上还是在目前都从来没有在绝大多数人群中实现过。这说明，生物因素只是给人的生育提供了可能，但要把这种可能变为现实，还要受到人们所处的社会经济环境因素的制约。

对女性人口生育率的影响因素可分为直接影响因素和间接影响因素。人口学家邦戈茨认为，直接因素是指那些直接与生育相关的生物学及行为学因素，包括自然生殖力水平、已婚比例、避孕比例及效果、人工流产、产后不孕时间等。其他社会、经济、文化、宗教等因素是通过上述直接因素间接地发生作用，即社会经济因素→直接决定因素→生育率。

邦戈茨因此而建立了估计育龄妇女总和生育率（TFR）的数学模型：$TFR = Cm \times Cc \times Ca \times Ci \times TF$。其中：$Cm$是婚姻指数，用来测度育龄妇女处于婚姻状态的比重。$Cc$是避孕指数，用来测度已婚育龄妇女的避孕状态。$Ca$是流产指数，用来测度妇女怀孕后的流产情况。$Ci$是产后不孕指数，用来测度妇女生育后出现的暂时或永久不孕的情况，这是反映妇女生理特征和身体状况的指数，很少受社会因素的影响，因而它的数值也比较稳定少变。TF是总和生育力或称为总和期望生育率，它是指如果婚姻、流产、产后不孕等制约人类生育行为的因素不存在的情况下的生育水平，通常认为在这种自然生育状态下，平均一个妇女一生可以生育15个孩子左右。

邦戈茨模型向我们展示了影响育龄妇女生育率的四个最主要的直接因素。值得注意的是，直接因素并不意味着是决定因素或根本因素。长期的观察和大量的研究表明，一些间接的社会经济因素才是决定生育的决定性因素，这些因素包括：自然环境、经济发展水平、个人收入水平、教育程度、健康状况、宗教信仰、妇女地位、政府政策等。这些社会经济因素的共同作用往往决定影响生育水平的直接因素的几项甚至全部，如政府政策可以直接决定婚姻指数、避孕指数和流产指数的高低，而妇女地位和教育程度对产后不孕指数有很大的影响。总之，社会经济的发展使女性人口不可能完全实现其生殖力的极限，也使女性人口的自然生育率水平呈现出千差万别的格局。

人类的生育与动物的繁殖不同，动物的繁殖是受生物学规律支配的自然过程。人类的生育也是生理过程，但生物学规律是通过一定社会的婚姻制度和家庭关系，并在人们一定的生育观支配下实现的。一定社会的婚姻、家庭制度和生育观又总是由一定的社会生产方式所决定的，并受该社会的政治、法律、思想、文化、宗教、道德等上层建筑、意识形态因素所制约。例如，在人类历史上或不同社会制度下，妇女生理可能的生育力，彼此之间差异甚小，但现实的妇女生育率差异却很大，这主要是社会经济条件的不同所决定的。随着历史的发展，妇女生育率差别将逐渐缩小，这也是社会经济因素所决定的。

影响生育率差异的因素归根到底决定于社会生产力的发展水平和生产关系的性质。在不同社会生产方式下，人口增殖的社会条件有重大差别。生产力的决定作用表现在，生产力对劳动力的数量和质量的要求是影响人们生育行为的根源。手工劳动主要靠增加劳动力来发展生产，劳动力再生产周期短，劳动力培育费用低，这些经济因素长期起作用的结果导致人们多育。现代化生产的发展主要靠提高科学技术水平，因此并不要求劳动力数量相应增加，而是要求劳动力质量不断提高。与现代化相适应的是少育。同时，科学的节育措施的普及也为少育提供了物质条件。现代化生产发展对生育率的作用又是在一定的生产关系下实现的，在不同社会制度下实现的原因、过程和后果不同。在资本主义制度下，现代化生产发展客观上要求的少育，是由资本积累增长和资本有机构成提高形成相对过剩人口规律所引起的，是在劳动者长期经受失业和贫困的痛苦过程中自发实现的。在社会主义社会，现代化生产发展要求的少育，是人口有计划发展的过程；其目的是为使全体人口物质和文化生活的需要得到满足并在德、智、体方面得到全面发展。

除社会经济因素之外，一定社会的政治、文化教育、婚姻和家庭、保健卫生和社会保险、伦理道德和宗教等方面，也在不同程度上影响生育率的变动。虽然社会生活的这些方面对生育率的影响，归根到底是受一定的社会生产方式制约的，但仍有其相对独立的作用。文化教育水平的高低是影响生育率差异的重要因素。一般说来，人们的文化教育水平提高，易于接受科学的节育措施，并倾向于晚婚和少育，以便节省更多的时间和精力从事劳动、学习和参加社会活动。保健卫生事业的发展和科学节育措施的普及为降低生育率提供物质条件。社会福利和社会保险的发展为降低生育率提供社会保证。婚姻和家庭是影响生育率变动的重要因素，一般来说，早婚为早育和多育提供了可能，在尚未普及科学节育措施的地区更是如此。与自然经济相联系的家长制大家庭倾向于早育和多育，与现代化生产相联系的小家庭则倾向于晚育和少育。上层建筑的各个领域，也影响生育率的变动。在各种意识形态中，人们的生育观直接影响人们的生育行为。

一国政府也会根据统治阶级的利益，实行一定的政策和制定法律来干预人们的生育行为，现代世界上已有愈来愈多的国家采用政策法令干预的办法影响生育率的变化。

尽管从统计数字上看，中国育龄妇女的总和生育率已经在更替水平之下，但我们应该清楚地认识到，中国育龄妇女总和生育率的下降是在社会和经济发展水平不高的条件下，只用了30年的时间取得的。事实上，中国过去30年生育水平的大幅度下降和基本稳定一方面得益于社会经济的发展，更主要的一方面是中央政府对人口问题认识的统一，并果断地实行了计划生育政策。然而，如同其他社会经济政策一样，生育水平受政策的约束力是有一定限度的，计划生育政策的效力随生育水平的下降而递减的理论已经被国内外的实践和经验所证实。何况中国人口与计划生育政策的外部环境在过去30年间已经发生了天翻地覆的变化。对此，我们必须有清醒的意识。为了在变化了的社会经济环境下稳定来之不易的低生育水平，在可预见的将来我们必须坚定不移地坚持"三个不变"，落实"三为主"，推广"三结合"，尽快实现"两个转变"，达到控制人口数量，提高人口素质，改善人口结构，实现计划生育工作的良性循环，促进人口与经济、社会、资源、环境的协调发展和可持续发展。

历史的结论

新中国成立50年间，在社会经济发展水平相对较低的条件下，在传统的生育观念影响较深的情况下，在特殊的政治制度环境下，用相对较短的时间使妇女生育水平下降到更替水平以下，有效地控制了人口的过快增长，实现了人口再生产类型的历史性转变。总结50年的经验和教训，我们可以得出如下一些历史结论：

（一）正确的理论指导是实现生育转变的基础

1949年新中国成立以来，中国的人口与计划生育工作取得了举世瞩目的成绩。这一伟大成绩的取得是与中国人口科学自身的发展，及其对人口与计划生育工作的指导密不可分的。与此同时，中国人口科学研究的进步也极大地丰富了世界人口控制的理论和实践，是世界人口学界的一个重要组成部分。其实，从50年代初期开始，中国学术界就对人口政策展开了讨论。尽管由于历史条件、政治环境、信息来源、技术手段、分析方法等各方面的限制，当时还不能对中国人口问题进行详尽的研究，但是许多人运用辩证唯物主义的观点，实事求是地分析研究中国社会、经济和人口问题，提出了许多非常宝贵的意见和建议。邵力子较早地提出普及避孕知识，指导避孕方法，供应避孕药物；马寅初在对中国人口问题进行深入研究的基础上，认为我们的经济是计划经济，生育也要有计划，提出了"提高人口素质，控制人口数量"的建议，主张一对夫妇生两个孩子，并用行政手段控制生育；孙本文则明确提出，八亿人口是中国最适宜的人口数量，一定要在未达到八亿人口以前，有计划地控制人口，使人口增长速度缓慢下来。吴景超提出，要以计划按比例发展的规律来看待中国的人口问题，因此中国必须实行计划生育[1]。

上述见解是中国人口与计划生育理论思想宝库中很有价值的财富，值得后人珍视。遗憾的是，在极左思潮的影响下，50年代关于节育和计划生育问题的讨论被打入冷宫，成了一片理论禁区。党的十一届三中全会确立了改革开放政策后，在"百花齐放，百家争鸣"的原则指导下，中国的人口科学研究得到了复兴和发展。随着人们思想的解放，人口学界突破过去的理论禁区提出了两种生产理论。马克思主义的两种生产理论无疑是中国开展计划生育工作的重要理论基础，是中国人口与计划生育实践的总结，也是指导未来人口与计划生育工作的指南。两种生产理论应该在实践中不断充实、发展和完善。理论产生于实践，又要在实践中发展和完善。理论必须经受实践的考验，在不断创新中求得自身的发展。把理论当作一成不变终极真理，变成僵死的教条，是违背马克思主义辩证法的。在过去的50年里，在党的三代领导集体领导下，中国的人口与计划生育事业坚持以马克思主义人口理论为指导，成功地探索出了一条具有中国特色的综合治理人口问题的道路。

（二）完善的生育政策是降低生育水平的关键

从长期看，生育水平与社会经济发展密切相关，即生育水平的高低最终取决于社会经济发展水平。但是人口经济学的理论也告诉我们，经济水平的发展对生育观念和生育水平的转变具有"正反馈"的双向作用，即

---

[1] 孙沐寒、姜宝廷、姚力：《中国计划生育论集》，红旗出版社1987年版。

经济发展的初期，收入的增加会刺激生育率的提高，只有经济发展到一定的临界值水平后，生育观念和生育水平才会随收入的增加而下降。在经济发展水平还不足以促使生育水平下降之前，必须依靠外在的力量来干预生育水平，使人口再生产与物质再生产相适应，使人口与经济、社会、资源和环境协调一致。理论和实践都证明，"先生育、后计划"，"先污染、后治理"，"先破坏、后恢复"的做法是不可取的。实践证明，如果我国不实行计划生育政策，单纯依靠经济、社会发展的力量来降低妇女生育水平，现在全国的总人口会比目前多出3亿左右，会严重阻碍我国改革和社会经济发展的步伐，制约生产力的快速发展。

中国人口和计划生育政策的完善过程与中国人口生育率的变化过程是交织在一起的。回顾1949年以来中国妇女生育水平的变化和发展历程，我们可以看到，中国人口生育率对中国政府生育政策的变动很敏感，每次生育政策的调整都在不同程度上带来了生育水平的变化。仅此一点，便足以说明中国政府的人口政策对中国妇女生育水平的影响程度。对中国这样一个人口多、底子薄、资源相对贫乏的国家来说，要在现代化进程中争取一个良好的人口环境，仅仅依靠社会发展的力量无法跳出人口增长和经济发展的"劣性均衡陷阱"，必须依靠政府强有力的生育政策进行引导，以加快生育水平下降的速度。50年的事实充分说明，为了中华民族的可持续发展，实事求是地以计划生育政策促进生育转变是完全必要的、可行的和有效的。

（三）中国生育转变对世界人口发展作出了贡献

中国的计划生育是世界上规模最大、持续最久、力度最强的活动之一。总的来说，与世界其他发展中国家相比，中国人口的生育水平已经降低到了一个相当低的水平。在一个占世界人口1/5的国度里，在一种比较落后的社会经济条件下，能取得如此巨大的成绩，是非常了不起的。中国和亚洲其他发展中国家和地区的经历表明，人口变动与社会经济发展，特别是生育水平和经济水平之间的关系不是简单的线性相关关系。中国的经历对许多发展中国家理解和认识在社会经济不发达阶段的人口态势，具有重要的借鉴意义，因为中国的妇女的生育水平和生育模式转变历程、特点和类型，既不同于今天的发达国家，也不同于其他发展中国家所走过的道路。

中国实行计划生育政策，严格控制人口的过快增长，在较短的时间内实现了生育率的显著下降，用了20多年的时间走完了发达国家需要100多年才能走完的道路。这在一定程度上缓解了由于人口增长过快给社会和经济发展带来的压力，对社会主义现代化建设，起到了重要的作用，促进了中国的社会进步和经济发展，中国作为占世界总人口近1/5的发展中国家，其本身的繁荣富强无疑对世界的稳定与发展有着举足轻重的影响，所以说，中国实行计划生育，不仅有利于中华民族的繁荣昌盛和子孙后代的幸福，也是对世界稳定和发展的贡献。正如邓小平同志所指出的，中国到21世纪中叶达到中等发达国家的水平，意味着占世界1/5的人口摆脱了贫困，这是中国真正对人类作出的贡献。

（四）转变后的生育水平需要进一步稳定

新中国成立后，尽管人民群众成了社会的主人，但是中国作为一个处在社会主义初级阶段的发展中国家，经济还不发达，生产力水平较低。20世纪50年代和60年代高生育水平的主要原因是家庭生产和收入在很大程度上依赖于劳动力数量的多少。同时，中国的消费水平比较低，未成年人的抚养费用低，多生多育对家庭有明显的经济效益，这在农村尤为明显。中国农村人口占全国总人口70%以上，农村人口出生率高，决定了全国人口出生率也高。由于中国长期的封建统治，在自然经济基础上形成的封建道德观念根深蒂固，如多子多福、传宗接代等观念在农村影响很大，早婚和多育的风气较为盛行。另外，当时人民的科学文化素质还不高，缺乏科学的生育、节育知识。至关重要的是70年代前，中国政府没有制定出系统的、明确的和有效的控制人口增长的政策和措施，因此在较长时间内中国的妇女生育基本处于无计划的状态。

为了中华民族的生存和发展，为了人口与社会经济的协调共进，为了改变传统的婚育观念，降低过高的妇女生育水平，中国政府进行了长期不懈的探索和努力。广大人民群众也为了国家的整体利益，理解和支持国家的人口与计划生育政策，并在一定程度上牺牲了个人和家庭的局部利益。在过去的50年，中国的人口与计划生育工作经历了一条曲折的道路：对人口过快增长问题的认识，从分歧到逐渐统一；对计划生育工作的方式和方法，从实践摸索到逐步完善。国际社会对中国的人口与计划生育工作的态度也经历了一个从大肆攻击到逐渐理解和赞赏的转变过程。中国人口伴随不断变化的国际国内环境，经过了50年代和60年代无计划的高速增长、70年代生育水平的大幅下降、80年代的徘徊波动，终于在世纪之交，在社会主义市场经济的新形势下，伴随人口与计划生育工作的"两个转变"，以及"三为主"的落实和"三结合"的推广，在综合治理人口问题的道路上实现了历史性的飞跃①，进入了低生育水平时期。

然而，生育水平降到了更替水平以下不意味着人口数量实现了零增长，更谈不上适度的人口规模。我们只能说，多年来人口增长过快的势头得到了初步的控制，在解决人口数量的问题上，我们实现了一个历史性的转折。要实现在适度规模上的静止人口状态，我们还有很长的路要走。由于计划生育政策的干预在中国人口生育水平的下降过程中起了至关重要的作用，加之目前的生育政策与人们的生育意愿之间仍然存在一定的差距，特别是相对落后的社会经济发展水平和不完善的社会保障制度决定了目前的低生育水平是不稳定的，任何政策的偏差、工作的失误以及外部环境的不利影响，都可能导致生育水平的反弹。

（五）对生育水平的政策调整要与时俱进

人口再生产与物质再生产不同，人口生产的一个周期为一代人。一个人出生后平均要存活70年左右，始终要影响着家庭和社会。任何人口政策和计划生育政策不可能立竿见影，需要很长时间才能见效。相应地，人口政策和计划生育政策必须瞻前顾后，面对新形势、新情况、新问题，进行及时调整和完善。遇到的问题，现在无动于衷，不谈不议，等到问题来临之际将为时已晚。世界上没有一成不变的政策，更没有完美无缺的政策。政策是用来解决问题的，问题有了变化，政策也需要作相应的调整。如同所有政策一样，人口政策和计划生育政策也需要随着社会经济环境的变化加以进一步完善。

一项控制人口过快增长的生育政策往往要与问题积累同样长的时间才能充分发挥效果，需要有决心和耐心，不要因为种种因素的干扰而在这个问题上发生动摇。特别是由于控制人口过快增长的政策主要是对长期利益起作用，近期却需要一定数量的投入，长期与短期、宏观与微观利益在一

---

① 关于"第一次伟大的历史性飞跃"的论述，详见国家计划生育委员会主任张维庆在世界60亿人口日大会上的发言。

定时期、一定程度上会存在矛盾，因此更需要决策者具有远见卓识，确定在国力所能够承受的条件下，长期利益与短期利益相适应的发展策略。

目前，中国已经进入全面建设小康社会、加快推进社会主义现代化建设的新的发展阶段。同样，中国人口与计划生育政策的外部环境和人口本身的形势在过去二十多年间已经发生了天翻地覆的变化，过去行之有效的调控手段和政策效力在不断递减。因此，在新世纪全面建设小康社会的过程中，我们应该把握时代脉搏，顺应时代的要求，重新审视人口形势，在"三个代表"重要思想指引下，制定相应的人口发展战略，为全面建设小康社会、加快推进社会主义现代化营造良好的人口环境。

第四章　人口死亡水平[①]

长寿和健康，可说是人类永不停止追求的目标。它是人类生活质量高低衡量的尺度，也是社会文明和繁荣的标志。但是，它的实现，其实只是近几十年才成可能。科学技术的进步，生产力的发展，人类战胜自然灾害能力的增强，物质资料生产的丰富，才使人们能免除衣食之忧；医疗卫生技术的发展，使严重危害人们生命的恶性传染病得到了控制，许多痼疾得以治愈，一些过去被认为是回天无力的病人也能恢复健康。当然对普通人来说，要享受到这一切，还要依赖于社会制度。所以说，人口死亡率的大小，生产力，社会制度是决定因素。当然，我们也要注意构成这个人口的生活习惯（文化因素）、居住地的地理环境的影响。本章通过回顾分析中国50年的人口死亡水平的变化，意在总结人口死亡率变动的规律和我们在降低人口死亡方面的经验，找出目前尚存在的一些问题，使人口死亡率进一步下降，使我国人口的健康水平走在世界前列。

第一节　旧中国的人口死亡状况

我们的现在，是历史的延续。要清楚这50年我国人口死亡的变动，我们首先必须了解它是在什么基础上发展而来的。为此，我们这里先简要回顾一下新中国成立以前，即1949年以前我国的人口死亡状况。

严格地说，要全面准确地知道旧中国的人口死亡是很困难的。这是因为，对人口死亡的了解，其前提是有无人口死亡统计资料。现代的人口统计制度是由工业革命的兴起，资本主义经济的发展才逐步建立和完备的。

---

①　写作过程中，翟德华协助收集整理资料。

近代中国，处于半殖民地、半封建社会状态，外临被帝国主义列强瓜分的危险，内处军阀割据、争权夺利、混乱的社会局面，百业凋零，民不聊生。当时的统治者无暇也无力去建立包括死亡统计在内的全国的人口统计制度。由于没有系统完备的统计，我们只能根据零星的资料和一些个别调查研究资料，来推测20世纪前半叶的情况。下面，我们将根据这些不完整的资料，估计当时的人口死亡率、预期寿命和婴儿死亡率等。

一 粗死亡率

在1917～1933年，全国各地区先后有31处有死亡率报告，其中仅有17处报告比较合理。根据上述资料，陈达估计全国的死亡率为33.0‰[1]。

1936年国民党政府实业部编《中国经济年鉴》中公布了1936年各省区人口死亡率表。其中包括普通死亡率和婴儿死亡率，现摘录如下（见表4—1）。

表4—1　　　　　　　1936年各省区人口死亡率

省区	普通死亡率‰	婴儿死亡率‰	省区	普通死亡率‰	婴儿死亡率‰
全国	27.6	156.2	华南	30.4	157.0
			福建、广东	34.3	184.4
华北	24.5	155.2	浙江、江西	25.9	154.1
河北、山西	25.1	157.1	云南、贵州	26.9	171.4
陕西、山东	25.1	157.1	四川	40.0	191.2
河南、安徽	25.1	157.1	江苏、安徽	27.8	135.4
绥远、山西	19.3	136.1	浙江、湖北	27.8	135.4
陕西	19.3	136.1	四川、云南	25.1	200.5

资料来源：国民党政府实业部编《中国经济年鉴》第三编（1936年），第二章，(B) p.37～38.

另外，在1938年9月，国民党政府内务部编制的《卫生统计》中也有各省区人口死亡率。各省区的人口死亡率从20‰至45‰不等。低的如

---

[1] 陈达著、廖宝昀译：《现代中国人口》，天津人民出版社1981年版。

陕西、山西、江西、云南等省，人口死亡率在20‰左右，高的如绥远、四川在45‰左右。各省区平均在28.2‰①。

从以上两个统计来看，当时中国人口的死亡率约为27‰至28‰。由于这两项统计都没有包括全国范围，所以可认为是不完全统计。另外，统计时期正是抗日战争爆发的前后连年，由当时的条件，人口死亡的漏报也是在所难免，所以一般研究认为，当时的人口粗死亡率应该在25‰～30‰左右。

二　平均预期寿命

人口死亡率（或称粗死亡率、总死亡率）指标的计算受年龄结构的影响，用它来表示人口死亡力（死亡风险）② 尚不够准确。在死亡统计上，由各年龄的死亡率计算编制的生命表得出的0岁平均预期寿命（或简称平均预期寿命、期望寿命、预期寿命）被认为比较合理。我国首次尝试编制的寿命表是袁贻瑾医师，他在1931年根据广州附近李氏家谱对1365～1849年间出生的3 784个男子和3 752个女子的死亡情况作出的。计算结果，20岁时平均期望寿命男子为37.70岁，女子为39.70岁。由于袁贻瑾医师根据家谱编制寿命表，家谱人口登记的完整性影响计算结果的可靠性，近500年（484年）的历史跨度，社会经济发展变迁较大，用它来表示中国人口的平均寿命，其结果代表性也让人置疑。

关于当时中国人口的平均预期寿命，比较有影响的研究有以下几项：

1933年，肖浮德（H. E. Seifert）等根据南京金陵大学的17省101个区域1929年至1931年的农业人口调查资料，对2718名男性死亡人口和2 682名女性死亡人口分别计算平均寿命，得出出生期望寿命男子为34.85岁，女子为34.63岁。学术界常称之为中国农民预期寿命。从计算的结果看，男女寿命都较低，且二者之差较小，说明当时中国农民死亡率水平可能较高。与之相应的婴儿死亡率也很高。

1935年，南京市也计算过人口寿命，男子为29.82岁，女子为38.22

---

① 国民党内政部编：《卫生统计》，1938年版，第114—118页。
② 把人口变化比作物质的运动，物质的运动是由于"力"的作用，由于人口变化是由生育、死亡引起的，所以就有生育力、死亡力的说法。这里的死亡力并不指具体的某个指标，而是泛指人口所面临的死亡风险。

岁。与上面的农民生命表对应,学术界称之为中国城市人口出生预期寿命。从计算的结果看,男女寿命也都较低,但二者寿命之差令人怀疑。一般而言,死亡水平较高时,男女寿命之差较小。与1933年上面的结果比较,南京市男性人口的出生预期寿命低于农村,女性高于农村,这也是值得推敲的。

1940年至1944年,陈达根据云南省呈贡县死亡人口资料制成两类六种寿命表。一类是包括霍乱在内的寿命表,男女合计平均寿命为32.80岁,男子为31.90岁,女子为34.20岁;另一类是不包括霍乱死亡人数的寿命表,男女合计平均寿命为36.00岁,男子为33.80岁,女子为38.00岁[1]。

另外,赵锦辉对日伪时期东北的人口统计资料进行整理并计算得出,1938年,东北中国人的预期寿命,男性为39.23岁,女性为38.50岁。台湾在日本殖民地统治时期,1930年,男性的预期寿命为40.00岁,女性为44.85岁,1936年,男性的预期寿命为41.20岁,女性为46.70岁。[2]

上面的几项调查和研究结果表明,当时中国人口的平均预期寿命在30岁至40岁之间,用35岁来估计大概是不会有太大的误差的。因为,按照稳定人口的理论,如果以35岁来估计中国人口的预期寿命,则人口死亡率应在28.6‰,如果以40岁来估计中国人口的预期寿命,则人口死亡率应在25.0‰,如果以30‰来估计人口死亡率,则人口的预期寿命在33.3岁[3]。

三 婴儿死亡率

从1909年到1934年,有18个区域曾先后出版了关于婴儿死亡率的报告。各地区、各时期的婴儿死亡率有很大差别。由前面的表4—1可知,1936年各省区婴儿死亡率的平均值为156.2‰。从1938年的《民国卫生

---

[1] 陈达著、廖宝昀译:《现代中国人口》,天津人民出版社1981年版。
[2] Samuel H. Preston, Nathan Keyfits, Robert Schoen, Causes of Death, Syudies in Population, pp. 700~710.
[3] 如果一个人口的死亡、生育保持不变,则人口的极限就成为静止人口,静止人口的死亡率与预期寿命互为倒数。

统计》中，各省区婴儿死亡率的平均值为163.8‰，各省区的差别也很大，低的如福建省，婴儿死亡率仅为87.3‰，而高的绥远省，达429.9‰。而按1933年南京金陵大学的调查，北方农村的婴儿死亡率，男性为152‰，女性为159‰，南方农村的婴儿死亡率，男性为166‰，女性为147‰。全部人口的婴儿死亡率为男性为160‰，女性为152‰。从1983年联合国人口司编制的模式生命表可以知道，预期寿命在33～35岁之间，在各种死亡模式下，婴儿死亡率差别是很大的，男性婴儿死亡率大约在175‰至250‰之间，女性在160‰至230‰之间。结合我国的这些零星资料，以200‰来估计大概是可以的。

四 死亡原因

人口高死亡率往往是和人们的严重营养不良和恶性传染病流行（且这两者也有密切联系）有关。旧中国，特别是20世纪前30年，对许多恶性传染病，当时人类还没有找到迅速克制的办法，加上全国被军阀割据，处在四分五裂之中，内忧外患。军阀政府只知横征暴敛，扩大地盘，哪有心思考虑发展生产力，提高人民的生活水平。所以，灾荒、饥馑、传染病流行往往交替发生。对此，著名的社会学者乔启明在江苏省江阴调查时有一段如实的描述："1931年洪水刚退去，痢疾、疟疾便猖獗起来，该年9月至11月死于这两种病的人数相当可观。1932年，流行性霍乱甚至比上一年的痢疾和疟疾更为严重……这样的高死亡率真令人难以置信。""1932年是干旱年，继霍乱之年，白喉和脑膜炎接连发生，……这两种病夺去了大量生命。……1932年疟疾、伤寒、痢疾，特别是疟疾情况甚为严重，在9至12月期间，大批人死于疾病。……从1933年8月至1934年4月初，江阴登记区传染病接二连三地发生，登记第三年的年平均死亡率高为52.0‰，这个数字即使在死亡率高的国家中也是罕见的。幸好，接下去的一年死亡率很低，仅23.8‰。将这一高死亡率抵消了"[①]。由江阴的情况也可窥见全国一斑。

与人口死亡资料相比，关于人口死因的统计和调查资料更少。

[①] 南京大学人口研究所、江苏省社科院经济研究所编：《近代中国人口统计的一项实验》，1984年。

据20世纪二三十年代北京和南京的资料，导致人口死亡的主要疾病是各种传染病特别是肺结核占有相当大的比重，呼吸系统和消化系统疾病也占死因的前位；从死亡专率看，传染病的死亡专率相当高。这说明当时人民的卫生条件差，面对流行性疾病无力抵抗（参见表4—2）。

表4—2　　　　北京市和南京市死亡专率和死因构成变化

死因	北京市第一卫生区			南京市		
	1926~1931 死亡专率 1/10万	1932~1933 死因构成 %	顺位	1935 死亡专率 1/10万	1934 死因构成 %	顺位
肺结核	303	14.40	2	159.0	8.3	4
呼吸系统	260	17.30	1	377.1	23.5	1
急性传染病	235	14.00	3	58.1	4.5	8
消化系统	354	13.80	4	278.3	19.8	2
心肾病	166	6.70	6	64.0	1.9	10
抽风病	125	5.50	7	101.2	4.7	7
衰老及中风	120	6.90	5	80.3	5.5	5
初生产溺、早产	91	4.60	8	46.0	3.2	9
其他病	135	2.70	10	298.2	11.5	3
麻疹	88	2.60	9	147.9	60.0	6

资料来源：《中国人口问题之统计分析》，中正书局，民国33年（1944年）版。

另外据历史资料，在原"关东州地区"，中国人在1918年第一位的死亡原因是传染病，死亡率为702.0/10万，其死亡人数占总死亡人数的27.89%。第二位死因分别是呼吸系统胃肠疾病，死亡率分别为537.7/10万和432.0/10万，各占总死亡人数的21.36%和17.16%。1938年，呼吸系疾病和精神神经病为第一和第二位死因，死亡率为415.3/10万和387.2/10万，各占总死亡人数的20.65%和19.25%。第3位死因为胃肠疾病，占总死亡的14.35%，第4位为传染病，占总死亡的13.68%。[①]

[①] 赵锦辉、乔国良主编：《人口死亡学》，黑龙江教育出版社1995年版，第140页。

"在国民党统治时期，各种疾病经常大规模流行。据不完全统计，从抗日战争到新中国成立前夕，患霍乱而死亡的人数达10万人以上。上海市在新中国成立前50年间，曾有12次霍乱大流行，其中1938年死亡2400余人，鼠疫在南北各省时有发生，仅1910年、1920年、1947年三次在东北流行，死亡人数达10万人。日本帝国主义占领我国期间，在东北设立细菌制造所，用飞机散布疫源。1945年东北解放前夕，日本帝国主义为销毁罪证将该所炸毁，使带菌生物流窜，再次发生鼠疫流行。天花在不少地区也猖獗流行，1939~1949年间，全国各地天花患者约有38万人。新中国成立前，黑热病最初在山东、河北、河南、湖北、安徽、江苏6省蔓延，到新中国成立初期，全国约有患者53万人。血吸虫病，在我国长江沿岸和江南13个省、市、自治区广泛流行，严重威胁1亿多人的健康和生命。其他如伤寒、白喉、猩红热、疟疾等传染病的发病率也都很高。此外，还有不少传染病在我国各地流行，如结核病十分普遍，全国每年死于结核病者约100万。据国民党政府公开的材料记载，当时大城市的产妇平均死亡率为15‰，小儿死亡率城市平均为130‰，农村为170‰，婴儿死亡率竟达200‰。至于工矿企业职业病和职业中毒更是经常发生，据湖南锡矿务局1898~1947年近50年间统计，因患矽肺死亡的工人达9万多人。"[①]

在旧中国，不仅由于饥馑、传染病造成人口大批死亡夺去许多人的生命，连年的战争也直接夺去许多人的宝贵生命。例如，在1937年7月至1945年9月的8年抗日战争期间，中国军队伤亡人数为380万，居民伤亡人数为1 800万人。

旧中国的人口死亡资料，大多为20世纪二三十年代的。当时，发达的资本主义国家的人口预期寿命已经达到55~60岁。例如，1921~1930年荷兰男性的预期寿命为61.9岁，女性为63.5岁；法国在1920~1923年，男性的预期寿命为52.19岁，女性为55.87岁；德国在1933年男性的预期寿命为59.75岁，女性为62.63岁；日本在1935~1936年，男女预期寿命也已达到46.92岁和49.63岁。与发达地区相比，当时我国的人

[①] 张怡民主编：《中国卫生50年历程》，中国古籍出版社1949~1999年版，第13—14页。

口确实处于高死亡率状态。尽管在30年代后，抗菌素、消炎药相继发现[1]并开始大量生产用于临床，人类在抵御造成大量死亡的恶性传染病上已经掌握了主动，公共卫生在增进人口健康的重要性也逐渐为人们所重视。但在当时的社会条件下，政府也无心无力在改善人民的健康上花更多的力量，所以，人口的死亡率一直居高不下。据1988年的2‰人口调查，在20世纪40年代末期，全国人口的平均寿命为39.1岁，婴儿死亡率在201.48‰[2]。

新中国的人口，它的死亡率的变化，就是建立在以上基础上的。

第二节 50年来的人口死亡变动

在20世纪后50年，中国社会发生了翻天覆地的变化，从一个落后的半封建、半殖民地国家发展为繁荣昌盛的社会主义强国，人口也从高死亡率状态改变到稳定的低死亡率状态。但是，这一切来之不易，在前进的道路上也曾有反复曲折。从人口死亡的变化明显地反映出来。

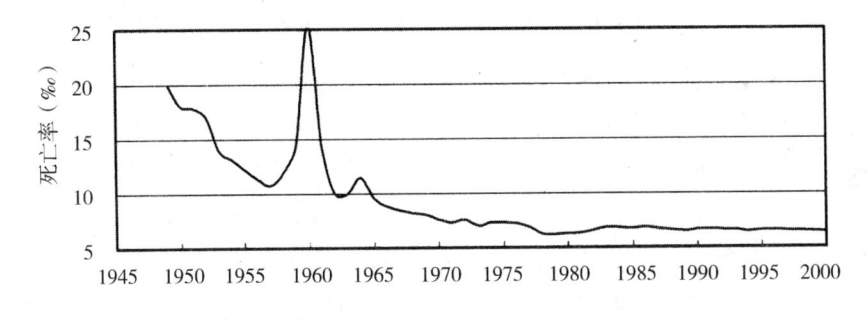

图4—1 中国人口死亡率的变动（1949~2000年）

图4—1为新中国成立以来，中国人口死亡率的变化情况。由图上我们可以知道，中国人口死亡率大致经历了四个不同的变化时期：即从1949年到1957年，死亡率迅速下降；从1958年到1964年，死亡率变动的反复，这一时期的人口死亡率经历了由低到高，再从高降低的变化；从

---

[1] 青霉素在1928年被发现，磺胺制剂在1930年被生产。
[2] 阎瑞、陈胜利：《40年来中国人口分年龄死亡率与寿命水平的研究》，中国生育节育抽样调查北京国际研讨会论文集，中国人口出版社1993年版，第518页。

1965年到1981年，死亡率持续稳步下降；从1982年至2000年，死亡率几乎停滞在一个水平上。相应于死亡率变化的不同时期，同时考虑数据资料的可利用情况，我们把中国人口死亡的变动划分为四个不同时期，它们分别称之为死亡率迅速下降期；死亡率变化的反复期；死亡率的稳定下降期；迈入人口低死亡率时期。以下，我们将按这个划分，对四个时期分别详细叙述。

在详细分析人口死亡状况之时，有必要对新中国成立以来的人口死亡资料作一些简单说明。人口死亡的资料，依赖于人口统计（关于我国人口统计的详细情况，请参阅第18章、19章）。应该说，各国的人口统计制度的建立都经历过从无到有逐步完善的过程，新中国成立后，政府在建立和逐步完善现代的人口统计制度方面，做了大量工作，取得了巨大的成绩。但我们同时又不能不看到，到目前为止，我国的人口统计制度尚不完备。例如，从人口死亡上来说，在发达国家，人口死亡资料的取得，主要从人口动态统计，即经常性的人口登记上得到，我国虽然从20世纪50年代起就有了人口登记，但由于人口登记的结果不甚正确，统计的结果也很不详细，所以只能靠人口抽样来补充。但抽样调查，除了有抽样误差外，受样本的限制，不可能反映人口死亡的全面。全面的人口死亡状况，只能等10年一次的人口普查资料。10年中的变化就无从知道。这样，要确切地知道新中国成立以来的人口死亡的演变，从资料上说是不足的：有些年份较多，有些年份就很少，甚至没有。而即使存在的死亡资料，可能也存在缺陷；本章中有关50年期间的死亡资料，部分来自当时的调查，部分来自事后的回顾性调查资料，部分属于一些研究者经过技术处理的推算资料。

一　死亡率迅速下降期（1949~1957年）

这一时期是我国国民经济恢复时期和第一个五年计划时期。

新中国的成立，结束了旧中国多年的战乱，社会生活秩序逐步恢复正常。全国人民在中国共产党的领导下全身心地投入国家的建设之中。1952年底，全国工农业生产已达到历史的最高水平。1952年，农村完成了土地改革，以后开始了农业生产合作社，1955年下半年出现了农业合作化高潮，1956年上半年，全国资本主义工商业基本上实行了全行业的公私合营。1956年,全国农业和手工业的社会主义改造也基本完成。从1953年开始的第一个五年计划顺利提前完成。广大农民和工人的生活状况得到较大的改善。

新中国成立后,政府把面向工农兵,团结中西医,预防为主,群专结合作为医疗卫生方针,始终把加强城乡卫生建设,特别是乡村卫生机构的建设,作为卫生工作的重点。国家在城市职工中施行劳动保险和公费医疗制度,使城市职工的治病医疗有了保证。为了有效地防止疾病,全国普遍建立了卫生防疫站,在全国广泛开展了群众性的爱国卫生运动。对于严重危害人民健康的流行病和急性传染病,开展了专业队伍和群众结合的大规模防治工作,一些严重流行的烈性传染病如天花、古典型霍乱、鼠疫、斑疹伤寒被控制,到50年代末已基本消灭[1]。其他疾病的发病率和病死率也都有所下降。另外,政府在禁毒、禁娼方面取得了巨大的成功。

社会的繁荣和进步,使人民的健康水平有了很大的提高,人口死亡率也有大幅度下降。全国人口死亡率从1949年的20‰下降到1952年的17‰,平均每年下降1个千分点,到1957年,进一步又迅速下降到10.80‰,从1949年到1957年8年间,普通死亡率几乎下降了一半。(参见图4—1)

从人口预期寿命看,50年代初期大约在48岁左右[2],有学者根据1957年的人口调查结果,估计人口的预期寿命为59.7岁,男性为59.6岁,女性为59.9岁[3]。即不到10年,人口的预期寿命提高了10岁左右。

从世界范围看,中国这一时期人口死亡率的下降速度是非常突出的。日本死亡率的下降速度在世界各国中是很快的。日本在1920年死亡率为20.3‰,1950年为10.9‰,即从20‰下降到10‰花了30年时间,我国仅用了8年时间。50年代上半期,世界人口的粗死亡率大约为20.3‰,其中发达国家约为10‰,发展中国家的粗死亡率大约为25‰。世界人口预期寿命为45.8岁,其中发达国家的人口预期寿命为65.1岁,发展中国

---

[1] 张怡民主编:《中国卫生50年历程》,中国古籍出版社,第16页。

[2] 梁济民、陈胜利主编:《全国生育节育抽样调查分析数据卷(死亡、迁移)》,中国人口出版社1993年版。

[3] 中国1982年人口普查北京国际讨论会论文集:《十亿人口的普查》,北京:1984年版,第676页。

家的人口预期寿命为41.0岁。直到20世纪80年代上半期，世界人口的粗死亡率降到10.3‰，其中发达国家约为9.6‰，发展中国家的粗死亡率大约为11.0‰，世界人口预期寿命为58.9岁，其中发达国家的人口预期寿命为73.0岁，发展中国家的人口预期寿命为56.6岁[①]。我国的人口死亡，只用仅8年时间就完成了世界30年的下降历程，下降的速度是惊人的。

二 死亡率变化的反复期（1958～1965年）

这一时期包括了"大跃进"、"人民公社"、"三年自然灾害"和国民经济调整时期。

1957年，我国提前实现了第一个五年计划以及在政治和社会上取得的"胜利"，使共产党的一些领导同志产生了骄傲自满的情绪，急于求成，夸大了主观意志和主观努力的作用，无视经济发展规律。在"一天等于二十年"的口号下，全国各行各业都刮起了浮夸风，导致国民经济严重失调，工农业生产大幅滑坡，城乡人民生活困难。

1958年8月中共中央政治局在北戴河召开扩大会议，通过了《关于在农村建立人民公社的决议》，10月1日新华社报道，全国农村已基本实现了公社化。在"一大二公"的口号下，全国农村刮起了"共产风"，严重地挫伤了农民生产积极性。

随后发生三年（1959～1961年）"自然灾害"，非正常人口死亡的直接原因是饥饿、严重的营养不良，很多人因饥饿浮肿和消化系统病导致死亡。

死亡率从1958年起开始上升，到1960年达到顶峰。对这一段历史，长期以来迟迟没有发表有关的统计数字。按现在发表的数字，1958年的死亡率为11.98‰，1959年为14.59‰，1960年的死亡率为25.43‰，是新中国历年来最高的。而国内外研究都认为，这还可能是个缩小的数字。

一些地区，特别是那些浮夸风刮得严重的地区，人口死亡率更是高得惊人。1960年，安徽省的人口死亡率高达68.6‰！贵州省达52.33‰，

[①] 〔日〕早濑保子编：《发展中国家的死亡率与死因构造的变化》，亚洲经济研究所统计资料集，1986年。

河南省为39.56‰，其他还有一些省的死亡率高于40‰。出现这么大面积的高死亡率，可以说在中国近代史上也是罕见的。

党中央在1960年冬确定了农村人民公社的所有制的性质，执行"三级所有，队为基础"，实行"分级管理、分级核算、按劳分配、多劳多得"的原则。中央对整个国民经济进行调整，拟定了"调整、巩固、充实、提高"的八字方针，并采取了许多果断措施。由此，到1962年底，国民经济严重失调的比例关系开始有所平衡；农业生产下降趋势开始扭转。从1963年到1965年，由于调整方针的贯彻执行，工农业生产已恢复到接近或超过1957年的水平，城乡人民的粮食、副食品的供应定量也已接近1957年的标准。

由于措施得力，人口高死亡率的局面得到了扭转。1961年全国死亡率下降到14.24‰，以后又进一步下降，到1963年、1964年，死亡率恢复到1957年10‰~11‰的水平（1964年，从图4—1上看有个反复。这可能是统计上引起的。1964年在实施第二次人口普查时，进行了户口整顿，把过去漏报的死亡人口补上了，所以引起当年人口死亡率数字增加）。1965年又下降到9.5‰，低于过去历史水平。

1962年在全国范围内进行了大规模的抽样调查，涉及115个市、489个乡镇和1142个乡村。依据调查的数据计算，1962年婴儿死亡率，市为29.62‰，镇为29.72‰，乡村为68.42‰；市人口平均寿命为62.01岁，镇人口平均寿命为57.89岁，乡村人口平均寿命为57.03岁。1962年市人口寿命稍低于1957年，乡镇人口比1957年提高2岁[1]。1963年又进行了较大规模的抽样调查，涉及8699万市人口，711万镇人口和10 424万农村人民公社人口。依据部分市、镇、乡村人口调查资料计算1963年市婴儿死亡率为35.49‰，镇婴儿死亡率为37.58‰，乡村婴儿死亡率为101.52‰；市人口平均寿命为65.30岁，镇人口平均寿命为62.43岁，乡村人口平均寿命为60.01岁。依据1963年调查资料推算全国的婴儿死亡率为男84.42‰，女为84.12‰，男女婴儿合计死亡率为84.27‰；男平均寿命为61.63岁，女平均寿命为61.95岁，男女合计平均寿命为61.81岁[2]。这

---

[1] 王维志：《中国人口寿命问题研究》，《中国人口科学》，1991年第3期。

[2] 同上。

个结论与 1988 年生育回顾调查结论较为一致。

关于这一时期中国人口的死亡率,国内外学者有不少研究,除前面提及外,现摘录部分以供参考。

蒋正华的研究认为,1959 年的死亡率为 26.91‰,1960 年的死亡率为 31.58‰,1961 年为 24.38‰,1964 年为 14.93‰。[①]

据阎瑞、陈胜利利用 1988 年 2‰ 人口生育节育调查结果的研究,1960~1964 年,中国人口的平均预期寿命为 57 岁,男性为 56 岁,女性为 58 岁。婴儿死亡率为 85.62‰,男性为 89.28‰,女性为 81.69‰。而另一个研究表明,1963 年全国人口的预期寿命为 61.22 岁,男性为 60.97 岁,女性为 61.43 岁。婴儿死亡率,男女合计为 84.27‰,男性为 84.42‰,女性为 80.72‰。[②] 但上述研究可能未充分反映出 1960~1962 年的情况。这是因为,1988 年的调查,离事件发生已经有 25 年以上,时过境迁,当时许多死亡事件的发生根本不可能完全反映在现在的调查表上。如全户人口都已死亡的肯定会遗漏,而这种情况当时并不少见。从数据上看,1960 年出现了人口负增长,粗死亡率达到了 25‰~30‰,相当于旧中国二三十年代的水平,如果预期寿命在 50 岁以上,则根本不可能出现人口负增长的。

国外学者班尼斯特研究认为,1964 年,中国婴儿死亡率为 87.1‰,男性为 89.4‰,女性为 81.7‰。

三 死亡率的稳定下降期(1966~1981 年)

1966 年 5 月至 1976 年 10 月是"文化大革命"时期。在这一时期,工农业生产有很大的反复。粉碎"四人帮"反革命集团后,各项事业开始走向正常。1978 年 12 月中国共产党召开了有历史意义的十一届三中全会,1979 年提出了对国民经济进行"调整、改革、整顿、提高"的八字方针。农村实行各种形式的联产承包责任制,调动了农民的生产积极性,使农业生产得到了迅速发展。

[①] 蒋正华:《中国人口动态参数的识别》,第三次全国人口普查科学讨论论文,1983 年。
[②] 阎瑞、陈胜利:《40 年来中国人口分年龄死亡率与寿命水平的研究》,中国生育节育抽样调查北京国际研讨会论文集,中国人口出版社 1993 年版。

1965 年 6 月 26 日，毛泽东主席指示，把"医疗卫生工作的重点放到农村去"，对促进农村医疗网的建设，培养农村初级医务人员（"文化大革命"中称为"赤脚医生"）有重要作用。

从 1965 年以后，死亡率继续稳步下降。到 1981 年，死亡率已下降到 6.36‰。死亡率下降，除了死亡率下降的作用外，年龄结构也起了重要作用。这是因为人口中，死亡率低的人口群体比例增加。有人做过这样的研究，比较 1963 年和 1981 年的总（粗）死亡率，如果保持 1963 年的年龄别死亡率不变，以 1981 年的人口年龄结构，则 1981 年的死亡率也能下降到 7.48‰，能使 1963 年的死亡率下降 2.56 个千分点，占死亡率下降数的 70%，换句话说，由于年龄别死亡率降低使总死亡率下降的作用只占到总死亡率下降的 30%[①]。

这一时期的人口死亡率的详细情况，可以由以下一些重要的人口调查得知：（1）1973~1975 年中国 24 个省（市、区）的死因调查；（2）1975 年人口调查；（3）1978 年人口调查。此外，1982 年人口普查，提供了 1981 年详细的死亡资料。

1973~1975 年卫生部肿瘤防治研究所在全国 29 个省（市、自治区）8.5 亿人口中进行了连续 3 年（1973~1975 年）的全死因回顾性调查。根据调查结果，研究者选择了其中资料完整的 24 个省（市、自治区）（除湖北、甘肃、广西、广西和山东）累积的 20 亿人口资料，编制了分地区生命表和全国生命表，得到中国男性婴儿死亡率为 48.93‰，预期寿命为 63.62 岁，女性婴儿死亡率为 42.79‰，平均预期寿命为 66.31 岁[②]，并利用全死因方法研究常见疾病对人口预期寿命的影响。虽然这项调查还并不是严格意义上的概率抽样，调查结果中有些地区的预期寿命可能要高于实际情况，但它可以说是在第三次人口普查前内容最详细、范围最广的一项人口死亡调查，包括的内容如按地区、年龄、性别的死因分类资料，至今仍是国内公开发表的最全面的资料之一。

1975 年的人口调查涉及 26 个省（自治区、直辖市）的 48 个市、20

---

① 袁永熙主编：《中国人口》（总论），中国财政出版社 1991 年版，第 152 页。
② 戎寿德、黎均辉等：《我国 1973~1995 年居民平均期望寿命的统计分析》，《人口与经济》，1981 年第 1 期。

个市辖区和 117 个县共 9 957 万人口，占全国人口的 10.77%。其中，市调查 4 498 万人，县调查 5 459 万人。显然，1975 年调查市县的人口城乡比为 45.2%：54.8%，同时县人口中还包括一部分镇人口，实际是 1∶1，而当年全国城乡人口比为 17.3%：82.7%，因此 1975 年的人口调查并不能代表全国的情况。依据调查的部分市资料计算的市镇婴儿死亡率为 10.00‰，0 岁平均预期寿命为 69.65 岁；依据调查的部分县资料计算的县婴儿死亡率为 20.17‰，0 岁平均预期寿命为 67.19 岁。为推算全国的死亡状况，要对全国人口年龄和死亡人口年龄数字按比例调整重新计算。计算的结果，1975 年男性婴儿死亡率为 27.85‰，女性婴儿死亡率为 27.15‰，男性平均预期寿命为 65.34 岁，女性平均预期寿命为 67.08 岁。

1978 年调查是 1975 年的延续，涉及 23 个省市的部分市县，其中，17 个市、21 个市辖区、52 个县和 2 个镇。但调查的范围偏重于大城市和较发达的地区，调查虽经过调整，但计算的寿命指标和死亡率指标仍然偏高。

1982 年中国进行了第三次人口普查，这次普查是新中国成立以来第一次全国范围内（在前两次，未调查西藏）完全意义上的人口普查，首次获得了全国范围内的分年龄死亡数据。为保证调查的质量，在普查中以无锡为试点，采取多种措施对死亡人数进行核实。普查后，进行抽样调查，死亡漏报率为 0.44%，达到了很高的精度。婴儿死亡的漏报率可能略高一些。在原始死亡报告不调整的情况下，蒋正华运用自修正迭代方法，以 1982 年人口普查报告的 1981 年按性别、年龄和居住地（不包括西藏）死亡数据编制了 1981 年的全国和分省生命表。按计算结果，1981 年全国男性婴儿死亡率为 35.56‰，女性婴儿死亡率为 37.72‰，全国男性 0 岁平均预期寿命为 66.43 岁，女性 0 岁平均预期寿命为 69.35 岁[①]。后来，黄荣清在编制全国人口死亡数据集中也未加修正死亡数据的情况下计算了全国的生命表。与蒋正华不同的是，黄荣清认为第三次人口普查调查的范围虽然覆盖了中国大陆，即当时的 29 个省、自治区和直辖市及全部解放军。但公布的死亡人口数据是除西藏地区的 28 个地区的，同时未包括军

---

① 蒋正华、张为民、朱力为：《中国人口平均期望寿命的初步研究》，《人口与经济》，1984 年第 3 期。

人死亡的合计数。据黄依据28地区死亡人口汇总数据计算，1981年全国男性婴儿死亡率为38.73‰，平均预期寿命为66.21岁，女性婴儿死亡率为36.63‰，平均预期寿命为69.14岁。黄荣清进一步认为如考虑到西藏人口死亡力较高，包括西藏在内的全国死亡力指标至少有2‰的误差[①]。1986年周有尚等人对占全国人口2.5‰的62个地区进行婴儿死亡抽样调查，计算所得调查地区的婴儿死亡率为51.1‰。同时假定1981～1986年间婴儿死亡率没有发生变化的话，推算1981年城镇、乡村及全国婴儿死亡率分别低估4%、44%和27%[②]。1991年外国学者Poston利用周的结论，并对全国的县婴儿死亡率进行筛选，在排除明显存在误差的县婴儿死亡率后将1981年全国婴儿死亡率调整为55.2‰。这是对1981年中国婴儿死亡率的最高估计[③]。但多数中国学者认为根据经验和其他一些大规模的抽样调查，1981年中国婴儿死亡率估计不会超高50‰。因此大多数的中国学者在发表的婴儿死亡率研究成果中所使用的1981年全国调整死亡率以此为限，并徘徊在40‰左右。

第三次人口普查（1982年）时，中外学者一般都把注意力放在婴儿死亡率的漏报上。但第四次人口普查（1990年）后，人们注意到普查时人口死亡漏报，不仅在婴儿死亡上，在其他年龄也同样存在。为此，有人重新对1981年时的人口死亡水平进行了估计，认为1981年中国人口的预期寿命，男性为64.55岁，女性为67.47岁[④]。

在20世纪80年代前期，世界人口的普通死亡率为10.6‰，预期寿命为59岁，发展中国家大约为56.6岁，发达国家为73.0岁。从上面的数字我们可以知道，不管哪种估计，在人口死亡率上，和发展中国家比，我们是佼佼者，但与发达国家相比，还有相当差距。

四 迈入人口低死亡率时期（1982～2000年）

从20世纪80年代开始，我国的社会经济可以说步入了发展的"黄金

[①] 黄荣清：《中国80年代的死亡水平》，《中国人口科学》，1994年第4期。
[②] 周有尚、饶克勤、张德英：《中国婴儿死亡率分析》，《中国人口科学》，1989年第2期。
[③] 达德利、鲍思顿：《中国婴儿死亡率模式》；瞿振武主编：《人口数据分析方法及其应用》，外文出版社1992年版。
[④] 黄荣清：《利用留存率估计普查间人口预期寿命的方法》，《人口研究》，1997年第1期。

时期"。国民经济持续快速健康发展，经济运营质量与效益提高，综合国力进一步加强，人民生活不断改善。人民的医疗卫生条件得到改善，健康水平提高，人口死亡率继续下降。

继第三次人口普查后，我国成功举行了第四次人口普查（1990年）和第五次人口普查（2000年）。这两次人口普查提供了丰富的人口死亡资料。另外，人口死亡统计制度日益完善，卫生系统建立了城乡疾病监测网，并不时地公布有关信息。此外，国家计划生育委员会在1988年举行的2‰妇女生育节育调查，也提供了许多有关部门人口死亡率的数据。

从总人口死亡率来看，自从1977年下降到7‰以下后，20多年来，一直在6‰~7‰左右徘徊。这是因为在人口死亡率下降的同时，我国人口年龄结构中老年人的比例越来越高，抵消了由于人口死亡率下降而减少人口死亡发生的作用。类似的现象，如我国的邻国日本，死亡率也经历了20多年（从1966年至1992年）6‰至7‰左右的徘徊期[①]。

按照1990年人口普查资料计算，1989~1990年，中国人口的预期寿命为70.06岁，男性的预期寿命为68.35岁，女性的预期寿命为71.91岁，婴儿死亡率为27.33‰，其中男性婴儿死亡率为25.49‰，女性为29.38‰。

但按照"四普"前后两次的人口生育调查的结果看，人口死亡率要高于普查结果，特别是婴儿死亡率，差别要更大一些。例如，按1988年2‰人口生育节育的调查，1987年，全国人口的预期寿命为66.98岁，男性为65.63岁，女性为68.43岁，婴儿死亡率，男女合计为40.3‰，男性为39.9‰，女性为40.8‰。而1992年的调查，得到人口的预期寿命为69.63岁，男性为68.35岁，女性为70.89岁，婴儿死亡率，男女合计为36.1‰，男性为30.7‰，女性为41.8‰[②]。

1990年普查时，把死亡人口划分为三个时期统计：普查时的前半年（1990年1月1日至1990年6月30日），普查前半年至1年内（1989年7月1日至1989年12月31日），普查前1年至1年半（1989年1月1日至

---

① 〔日〕国立社会保障人口问题研究所编：《人口统计资料集》，2001/2002年，第41页。
② 由于普查时点为年中，死亡人口指普查前1年内的发生数，所以跨越两个日历年度。这里的数字见黄荣清、刘琰编著《中国死亡人口数据集》，中国人口出版社1995年版，第4页。

1989年6月30日)。人们在使用不同资料时发现结果有相当的差别,一般是靠普查时间越近,则死亡率越高,由此人们联想到人口普查的死亡漏报问题。对死亡漏报率的估计以及在修正基础上重估人口死亡水平,有不少研究。其中,黄荣清根据两次普查(1982年和1990年)的人口存活率计算,得到两次普查(1982~1990年)间,中国人口的预期寿命,男性为65.67岁,女性为68.44岁。(请注意,关于80年代的估计数与1988年的生育节育调查结果非常接近。这个数字大概可以认为20世纪80年代中国人口总体的死亡水平。)而1990年人口的预期寿命,男性为66.80岁,女性为69.43岁。[①]

根据第五次人口普查资料的计算,2000年全国人口的平均预期寿命为72.43岁,其中,男性为70.65岁,女性为74.33岁,婴儿死亡率为26.27‰,其中男性为22.12‰,女性为31.22‰。按照过去的经验,一般来说,普查的死亡人口会有些漏报。把漏报部分考虑在内,我国人口的预期寿命已经超过了70岁。

按照联合国的统计,20世纪90年代下半期,即1995~2000年,世界人口的预期寿命:男性为62.9岁,女性为67.1岁。其中,发达国家男性预期寿命为71.1岁,女性的预期寿命为78.6岁;发展中国家男性预期寿命为61.4岁,女性的预期寿命为64.6岁。我国目前的人口预期寿命,远远高于发展中国家的平均水平。和发达国家比,虽然尚有一定差距(相当于它们70年代初的水平),但已经越来越接近了。从我国目前的社会经济发展态势看,人民的健康将进一步提高,人口死亡率还将以较快的速度下降,我们完全有理由认为,在不太长的时期内,人口死亡水平将接近发达国家的水平。

第三节 城乡人口死亡率及其变动

中国是一个典型的二元经济社会。城市集中了全国大部分社会资源,政府的各项政策向城市倾斜,城市居民享有较高的福利和较好的卫生医疗

[①] 黄荣清:《关于中国人口死亡力与普查误差》,(日)日本大学人口研究所研究系列5,1996年。

服务，所以城镇人口健康水平较高，人口死亡率较低，而农村则相反。本节将分别观察城镇和农村死亡率几十年的变动，比较和分析两者的差别和变动趋势。

一 城镇人口死亡率

在工业化和城市化初期，城市人口死亡率往往比农村人口高。这是因为在城市化初期，城市的基础设施（如上下水道、垃圾处理）的建设尚未引起人们足够的重视，而拥挤的城市环境（建筑物密集、人口密集）导致环境卫生较农村差，容易滋生传染病的发生。一旦发生了传染病，由于人口密集，传染的速度也快。特别当恶性传染病发生后，囿于当时的医疗技术条件尚无法控制，所以，城市较农村往往有极高的死亡率。人们为了避免传染，往往躲避到人口较少的农村去。第一节曾提到的20世纪二三十年代南京和北京的人口死亡率，死亡率之高一点也不亚于中国其他地区，可能就是一个例子。

由于科学技术的进步，如细菌、病毒的发现，抗菌素、磺胺药和各种消炎药的出现和大量生产，预防疫苗接种的推广等，到20世纪50年代初，人们已经完全有能力控制那些严重危害人的生命的传染病了。新中国成立以后，政府就立即着手解决城市的失业问题。50年代初，城市职工实行了公费医疗和劳保制度，由于生活和医疗都有了保证，城市居民的健康水平迅速地得到提高。李光荫根据北京市的人口死亡资料，编制了北京城区1950年及1953年生命表，求得1950年平均寿命，男性为53.38岁，女性为50.22岁，1953年男性平均寿命为61.18岁，女性为60.52岁。这表明，短短数年，人口的平均寿命已有大幅度的提高。这虽然仅是一个市的情况，但从北京的变化也可窥见全国城市人口死亡变化的一般。

从粗死亡率的变化看（图4—2），50年代初期，死亡率下降以后上升，到1960年达到峰值，达13.71‰，以后就迅速下降，1963年就恢复到1957年时的水平，1965年时下降到6‰以下。以后20多年，中间除1976年由于唐山大地震，死亡率一度上升至6.60‰外，其余年份，一直在5‰到6‰之间徘徊。

在第三次人口普查以前，由一些大规模的全国性的人口调查结果显示的城市人口死亡状况如下：

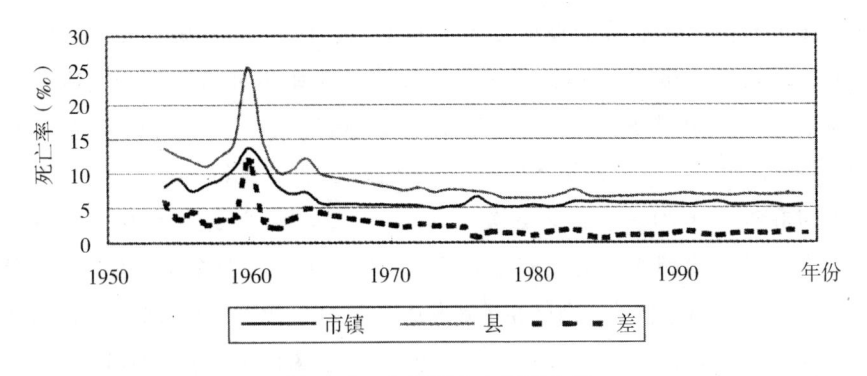

图 4—2 全国城乡人口死亡率

表 4—3　一些年份的城市人口的预期寿命与婴儿死亡率

年份及范围	预期寿命			婴儿死亡率（‰）		
	男女合计	男性	女性	男女合计	男性	女性
1957 市	63.47	63.60	63.13	33.19	32.36	34.1
1963 市	65.82	65.64	65.99	33.84	34.48	33.16
镇	64.73	64.4	64.9	32.63	32.74	32.52
1975 市	69.61	68.31	70.95	14.12	14.52	13.7
1978 市	71.27	69.55	73.09	9.39	9.74	9.09

资料来源：中国人口情报资料中心编：《中国人口资料手册》，1986 年。

由三次人口普查结果得到的城镇人口死亡状况如下：

表 4—4　三次普查城镇人口的预期寿命与婴儿死亡率

年份	预期寿命			婴儿死亡率（‰）		
	男女合计	男性	女性	男女合计	男性	女性
1981	70.87	69.08	72.74	24.16	25.27	22.96
1989~1990	72.77	70.70	75.05	17.06	17.77	16.78
2000	76.11	74.01	78.35	12.34	10.69	14.24

资料来源：根据三次人口普查结果计算得到。

无论是人口抽样调查，还是人口普查，可能都有一定误差，会对实际的人口预期寿命有一些高估，对婴儿死亡率会有低估（但与其他的一些调查比较，城镇死亡人口的调查误差还是相当小的）。即使考虑了这些因素，城市人口死亡率的下降也是显而易见的。1957年，城市人口的预期寿命已经超过了60岁，以后虽然有些反复，但到70年代上半期，估计人口预期寿命已超过了65岁（发达国家在70年代上半期的预期寿命为71.4岁），相当于发达国家50年代下半期的水平。到80年代中期，人口的预期寿命接近70岁。由第五次人口普查（2000年）结果计算，1999～2000年，我国市镇人口的预期寿命已达到76.11岁，若充分考虑了死亡漏报，以75岁左右来估计，则已经达到发达国家90年代下半期的水平，也即是说，目前，我国城镇人口的死亡率，已经与发达国家的平均水平相当了。

二 农村人口死亡率

由人口粗死亡率的变动看（参考图4—2），农村人口死亡率一直高于城市。虽然总的趋势是下降的，但波动比城市大。在死亡力迅速下降期，在1957年达到了11.07‰。以后就开始上升，1960年达到25.58‰，以后虽然也开始下降，但下降的速度要比城市慢，直到1964～1965年才回复到1957年的水平。以后死亡率虽有下降，直到1978年以后，才降到7‰以下。以后一直在6‰～7‰浮动，中间还有5年高于7‰。

根据现有的一些重要的人口调查和三次人口普查，有关农村的人口死亡率的重要指标整理如下（见表4—5）：

表4—5　　　　　　　人口的预期寿命与婴儿死亡率

年份	预期寿命			婴儿死亡率（‰）		
	男女合计	男性	女性	男女合计	男性	女性
1957	59.54	59.23	59.76	60.14	59.44	+61.32
1963	60.89	60.68	60.98	92.77	92.93	92.61
1975	65.80	65.02	66.10	28.30	28.62	27.95
1978	67.99	66.66	69.34	23.50	23.50	23.50
1981	66.95	65.56	68.36	40.27	41.23	39.23
1989～1990	69.18	67.59	70.91	29.92	32.43	27.66
2000	70.63	69.00	72.38	33.09	27.59	39.72

注：1957、1963、1975、1978年的资料来源同表4—3，1981、1989～1990、2000年的数据来源同表4—4。

由于普查前的几次人口调查都不是概率抽样调查，且调查往往选择容易调查到的地方，如交通便利的地方。而那些偏僻的地方又恰恰是死亡率高的地区，所以上面的数字，可能是低估了农村人口死亡率。观测表4—5的数据可以知道，在1957年以前，农村人口的预期寿命在60岁以下。在1960年，农村人口死亡率高达25‰以上，则人口的预期寿命在45岁以下。1963年，预期寿命与1957年接近。到70年代中期，估计预期寿命超过了60岁。1978年的调查可能与实际有较大差距，我们弃之不用。1982年人口普查，得到农村（县）人口的预期寿命为66.95岁，考虑到农村死亡人口有较大的漏报（参考第二节、第三节），当时的寿命估计不会超过65岁。按照2000年普查结果，全国县人口的预期寿命为70.63岁，由于第五次人口普查结果才公布不久，对数据的准确性尚未充分讨论，死亡人口的漏报肯定是存在的，但不知程度如何。按照经验，现在农村人口的预期寿命在68～69岁左右。

把表4—5的数字同表4—3、表4—4相比较，可以发现，在2000年普查以前，城乡人口的预期寿命的差总是保持在3～4岁，当然，若考虑到农村死亡人口的漏报率要大于城市，则这种差距还要大一些。一般来说，处于较高死亡率的人口，在相同的生活条件改善下，预期寿命的提高要快一些。但这里，城乡人口的预期寿命提高程度相同，则意味着城市人口的生活水平提高要比农村高。而更引人注目的是，2000年，城乡人口的预期寿命的差大5岁以上，高于过去的差距，这是否就意味着现在我国城乡死亡率的差距不但没有朝缩小方向变动，而是朝扩大方向变动呢。

第四节 地区人口死亡率及其变动

我国地域辽阔，由于历史和自然条件等原因，各地区的社会经济发展非常不平衡，这种差别也反映到人口死亡率上。下面，我们按各地区在全国的地理位置，把大陆31个省（自治区、直辖市）划分为东、中、西部地区[①]，分别来看一下三个地区死亡力的变动。需要说明的是各地

---

① 东部地区包括8省2直辖市：它们是北京、天津、辽宁、山东、上海、江苏、浙江、福建、广东、海南；中部地区包括9省2自治区：它们是河北、山西、内蒙古、吉林、黑龙江、安徽、江西、河南、湖北、湖南、广西；西部地区包括6省1直辖市3自治区：重庆、四川、贵州、云南、西藏、陕西、甘肃、青海、宁夏、新疆。

的死亡数据资料质量上有很大差别，完整程度也不同，在使用时必须有所留意。

一 东部地区的人口死亡率

东部沿海地区是我国经济发达地区，这里有全国的政治、文化中心——北京，有老工业基地，商业金融中心，全国最大的城市——上海，与其他两个地区相比，本地区居民的收入较高，卫生保健条件也好。所以，人们的健康状况较好，死亡率较低。

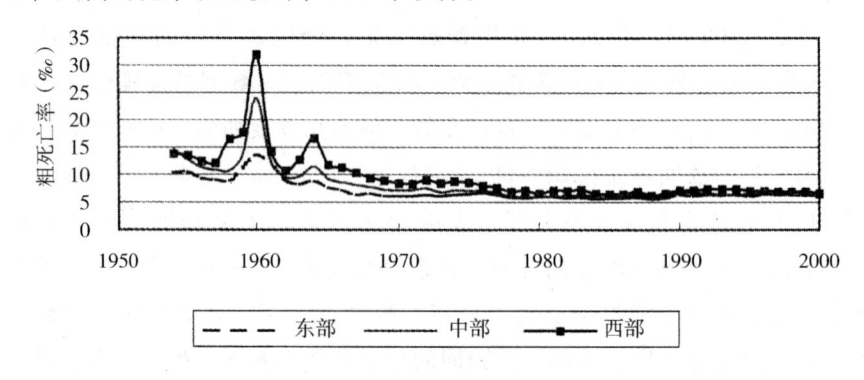

图 4—3 中国东中西地区粗死亡率变动

从粗死亡率看（参考图 4—3），在 1957 年已经下降到 9‰ 以下。在 1960 年时死亡率曾一度升高至 13.58‰，只相当于全国死亡率的一半左右。以后，死亡率不断下降，1962~1963 年恢复到 1957 年的水平，1967 年以后下降到 6‰~7‰，1978 年以后，达 5‰~6‰，1990 年以后，由于人口老龄化的作用，粗死亡率有所上升，目前在 6‰ 以上。

在第三次人口普查以前，没有完整的各省（市、自治区）的分年龄人口死亡资料，所以无法算出人口的预期寿命。由三次人口普查结果算得的人口预期寿命和婴儿死亡率如下表：

表 4—6　　中国东部地区人口的预期寿命与婴儿死亡率

年份		预期寿命			婴儿死亡率（‰）		
		男女合计	男性	女性	男女合计	男性	女性
1981	均值	70.64	68.83	72.45	23.30	23.63	22.97
	标准差	1.35	1.46	1.41	6.50	5.48	7.70

续表

年份		预期寿命			婴儿死亡率（‰）		
		男女合计	男性	女性	男女合计	男性	女性
1989~1990	均值	72.86	70.80	74.99	16.36	15.77	17.05
	标准差	1.39	1.54	1.38	6.10	5.22	7.26
2000	均值	75.42	73.35	77.60	11.59	9.95	13.68
	标准差	1.47	1.62	1.31	6.09	4.54	8.33

注：这里的均值是以省为单位的简单平均。表4—7与表4—8与此同。

从表4—6看，若不考虑死亡漏报，从1981年到2000年的20年间，婴儿死亡率下降了一段，预期寿命提高了近5岁。按照这个水平，东部地区现在的人口死亡率和全国城镇死亡率相当，已经达到和接近发达国家的平均水平了。

从2000年人口普查的资料看，东部地区中人口预期寿命相对较低的山东省，也已达到73.92岁，而预期寿命最高的上海市，已经达到78.85岁。这个水平在发达国家中也可说是屈指可数的。

二 中部地区的人口死亡率

中部地区地处全国腹地，经济发展处于"中间"阶段，人口死亡力相当于全国的平均水平。

从粗死亡率的变动看（参见图4—3），中部地区的死亡率介于东部和西部之间。在死亡率迅速下降期，1957年，死亡率达到10.8‰，1960年上升至24.03‰，上升了1倍以上，略低于全国人口死亡率（不考虑各地死亡报告的误差），以后开始持续下降，1965年，降至低于1957年的死亡率，1978年以后，大致在6.5‰左右徘徊。

从1981年以来，婴儿死亡率下降了36‰，现在为24.19‰，预期寿命提高了4.18岁，现在达到72.38岁。无论是从粗死亡率、婴儿死亡率还是预期寿命，其水平和变化都和全国比较接近（见表4—7）。

在中部地区的各省区中，黑龙江省人口死亡率较低。2000年，人口预期寿命达到74.05岁；江西省在中部地区死亡率相对要高一些，2000年的预期寿命为70.03岁。由标准差来看，死亡率的内部差别不大。

表 4—7　　　　　中国中部地区人口的预期寿命与婴儿死亡率

年份		预期寿命			婴儿死亡率（‰）		
		男女合计	男性	女性	男女合计	男性	女性
1981	均值	68.10	66.79	69.45	33.38	34.44	32.26
	标准差	1.83	1.75	1.91	10.25	10.82	9.90
1989~1990	均值	69.59	68.04	71.30	26.83	24.31	29.74
	标准差	1.26	1.26	1.38	10.98	8.05	15.86
2000	均值	72.38	70.69	74.22	24.19	19.69	29.79
	标准差	1.16	0.86	1.57	10.35	5.91	16.82

三　西部地区的人口死亡率

大部分西部地区，从人的生活和生产来说，环境比较严酷。西南多高原山地，缺少平坦土地；西北大漠荒野，严重缺水。由于自然环境和一些历史原因，这里的经济基础较差。无论是生活水平还是卫生医疗条件，西部都不如东部和中部，所以人们的健康水平较低，死亡率较高。

从粗死亡率的变动看，西部地区的死亡率总是在东部和西部之上。在死亡率迅速下降期（参见图 4—3），1957 年，死亡率为 12.2‰，1960 年上升至 32.04‰，都高于全国人口死亡率，以后开始持续下降（从图 4—3 上看，1964 年死亡率似乎又出现一个次"高峰"，那一年的死亡率高于周围几年。其实这是由于统计误差造成的。1964 年，在第二次人口普查前，全国进行了户口整顿，把过去漏报的死亡人口补上，所以出现了当年人口死亡率统计值的上升）。1965 年，恢复至 1957 年的死亡率，1978 年以后，死亡率下降到 8‰ 以下，1997 年，死亡率才下降到 7‰ 以下。

从 1981 年以来，婴儿死亡率下降了 43%，现在为 39.41‰，预期寿命提高了 6.23 岁，现在达到 69.39 岁（这里都未考虑统计误差）。西部地区的死亡率，相当于我国农村地区的死亡率。但近 20 年，无论是从婴儿死亡率下降还是从预期寿命提高上说，其速度还是比较快的。

表 4—8　　　　　中国西部地区人口的预期寿命与婴儿死亡率

年份		预期寿命			婴儿死亡率（‰）		
		男女合计	男性	女性	男女合计	男性	女性
1981	均值	63.16	62.41	63.90	69.36	73.57	64.88
	差准标	2.24	2.18	2.39	24.61	27.20	21.98
1989~1990	均值	66.24	65.05	67.51	52.04	53.28	50.78
	标准差	2.80	3.07	2.64	27.67	25.87	19.55
2000	均值	69.39	68.00	70.96	39.41	36.58	42.67
	标准差	2.59	2.51	2.79	16.86	14.16	20.30

注：1982年人口普查时，西藏未进行人口死亡调查，所以，1981年的数据中不包括西藏。

西部各省区的死亡力差别比较大。这从标准差的数值上就可以知道，西部预期寿命和婴儿死亡率的标准差，高于东、中部。在西部各省、区中，西南的重庆市、四川省和西北的宁夏，人口死亡力较低，2000年，人口预期寿命达到 71 岁；而西南的贵州、云南、西藏，死亡率较高，2000年的预期寿命仅为 65~66 岁。这也是我国人口预期寿命最低的三个地区。

四　关于人口死亡率的地区差别

从以上三个地区的叙述中，我们可以知道，死亡率在我国的地区差别，是非常大的。死亡率低的地区，如上海、北京，人口的预期寿命在60年代初已达到 65 岁[①]，已经相当于西南的贵州、云南、西藏三个地区现在的预期寿命。则这三个经济落后地区的死亡率和国内最发达地区相差35~40 年。若与国际比较，上海、北京的死亡率已经跨入了世界低死亡率行列，而落后地区的死亡率相当于目前世界的平均水平，为发达国家50 年代前期的水平，也要相差 40 年。

[①] 李慕真主编：《中国人口》（北京分册），中国财政经济出版社 1987 年版，第 134~135 页。

现在我们关心的是，从改革开放以来，人口死亡率的地区差别是向缩小方向变动还是保持原状，或朝着扩大方向变动。

比较表4—6、表4—7和表4—8可以知道，1981年，中部地区人口预期寿命较东部要平均低2.54岁，男性低2.04岁，女性低3.00岁，西部地区人口预期寿命较中部要平均低4.94岁，男性低4.38岁，女性低5.55岁。到1989～1990年，中部地区人口预期寿命较东部要平均低3.27岁，男性低2.76岁，女性低3.69岁，西部地区人口预期寿命较中部要平均低3.35岁，男性低2.98岁，女性低3.79岁。即是说，在80年代，中部和西部的死亡率差别有所缩小，但东部和中部的差距反而有所加大。2000年，中部地区人口预期寿命较东部要平均低3.04岁，男性低2.66岁，女性低3.38岁，西部地区人口预期寿命较中部要平均低2.99岁，男性低2.69岁，女性低3.26岁。这说明，在90年代，东中西的死亡率差别有所缩小。从20年的变化看，西部的死亡率下降较快，所以和东部、中部的差距有所缩小，但中部与东部的差距并没有缩小。

地区死亡力的差别，其实根本的和决定性因素是发展过程中的城乡差别。东部、中部和西部城镇死亡率的差别，其实并不很大。如1989～1990年，东部比中部，中部比西部，城镇人口的预期寿命都没有超过1岁。而农村间的死亡率的差别就比较大。东部较中部，预期寿命大2.94岁，而中部较西部，预期寿命大3.96岁。所以越是不发达地区，城乡差别就越大。东部城镇预期寿命，较农村大1.97岁，而中、西部，城乡差距分别为3.14岁和6.11岁。

第五节 各民族人口死亡率

中国是一个多民族的统一国家，除人口占大多数的汉族外，还有55个少数民族。少数民族大多居住在祖国的西部和内蒙古地区。在近代，新中国成立以前，少数民族和汉族一样，生活艰苦，饱受辛酸，处于高死亡状态。这可以从一些民族的人口数量变动上看出。如蒙古族、藏族等许多民族，人口长期处于负增长状态。个别地区的统计及一些零星的调查数据也可证实。例如伪"满洲医科大学卫生系"日籍教授三蒲运一在1940年以蒙古族农牧民为对象的一个社会调查中,得到的结果为:出生率为37.30‰,死亡率为44.20‰,婴儿死亡率为295‰,人口自然增长率为-6.90‰[①]。另据调查,东北地区朝鲜族在1931~1935年的死亡率为24.0‰[②]。川南叙永苗族在1943年的死亡率高达50.6‰,等等。

新中国成立以后,每个民族作为祖国大家庭的一员,当家作主,在建设自己的家园同时,不断提高自己的生活水平,健康水平不断提高。政府在改善少数民族地区的卫生医疗条件,普及卫生知识,推广新法接生,开展妇幼保健等方面,作出了很大的努力。改革开放后,政府在开展内地省市对民族地区各项事业(包括医疗卫生)的支援,培养少数民族的医疗卫生专业人才等方面,加大了力度。这一切,都促使了少数民族人口死亡率的下降。

由于我国的经常性人口统计中无民族别的统计,在前三次(1953年、1964年、1982年)人口普查也未调查分民族人口的死亡状况,所以我们无法详细知道各民族人口的死亡率及它的变化。但从各民族的人口在新中国成立以来都有较快的增长,可以推测他们的死亡率在下降。另外,一些个别地区的调查也可佐证(见表4—9)。

表4—9　　　　　20世纪一些民族人口死亡率的变动　　　　　(单位:‰)

年代	蒙古族	撒拉族	毛南族	新疆少数民族
50年代	17.9	—	14.7	19.4
60年代	12.7	20.4	13.9	9.4
70年代	5.9	12.9	11.5	8.3
80年代	3.8	6.9	7.1	10.8

资料来源:袁永熙主编:《中国人口》(总论),中国财政经济出版社1991年版,第160页。

以下,我们主要根据第四次人口普查和第五次人口普查资料,分析中国各民族人口的死亡状况。

[①] 田雪原主编:《中国民族人口》,中国人口出版社2002年版,第171页。
[②] 赵锦辉:《1949年前近40年中国人口死亡水平和原因分析》,《人口研究》,1994年第6期。

一 各民族人口死亡率及其变动

根据第四次（1990年）人口普查资料计算，1989～1990年，汉族人口的粗死亡率为6.22‰，55个少数民族人口的粗死亡率为6.94‰。少数民族人口死亡率比汉族高0.72个千分点。

若分民族看，粗死亡率小于5‰的民族有6个，他们是锡伯、乌孜别克、仫佬、赫哲、满、裕固等民族，以锡伯族人口死亡率最低，为3.87‰。粗死亡率在5‰和6‰之间有8个民族，6‰和8‰之间有21个民族，8‰和10‰之间有8个民族，大于10‰的有12个民族，其中粗死亡率大于12‰的有6个民族，他们是珞巴、佤、独龙、门巴、布朗、德昂等民族，以珞巴族死亡率最高，达14.80‰，其次为佤族，为13.84‰。少数民族平均死亡率（以每个民族为单位的简单平均，以下所说的"平均"与此意义同）为7.86‰，标准差为2.60‰。

由2000年普查计算，其中汉族人口死亡率为5.87‰，少数民族为6.27‰，少数民族人口总死亡率较全国高出0.37个千分点，高出汉族0.4个千分点。若分民族看，少数民族平均死亡率（简单平均，以下所说的平均都是以每个民族为单位的简单平均）为6.51‰，标准差为1.80‰。按照统计学的理论，55个少数民族中的68%，即38个民族在6.51‰±1.80‰，即（4.71‰，8.31‰）之间。死亡率小于4.71‰的民族有7个，她们是京族（2.91‰）、乌孜别克族（3.50‰）、塔塔尔族（3.50‰）锡伯族（3.77‰）、赫哲族（3.81‰）、俄罗斯族（3.99‰）、高山族（4.28‰）、满族（4.61‰）其中京族死亡率最低。死亡率高于8.31‰的有10个民族。她们是独龙族（10.41‰）、门巴族（10.03‰）、佤族（9.73‰）、拉祜族（9.57‰）、傈僳族（9.41‰）、哈尼族（9.15‰）、珞巴族（8.55‰）、怒族（8.84‰）、布朗族（8.58‰）、景颇族（8.54‰）。有最高的死亡率为独龙族。死亡率较汉族低的，除前面7个民族外，还有13个民族。关于各个民族的总死亡率见表4—10。

与10年前相比，大部分民族的总死亡率有较大幅度的下降，但也有总死亡率上升的民族。从全国来看，1990年全国人口的总死亡率从6.28‰下降至5.90‰，下降了0.38个千分点。汉族下降了0.35个千分点，少数民族下降了0.67个千分点。少数民族的死亡率下降幅度要大于汉族。若分民族看，55 个少数民族平均下降了 1.35 个千分点，下降幅度是相当大的。2000 年死亡率的标准差比 1989~1990 年小，这说明各民族死亡率的差异有所缩小。但两年死亡率差的标准差达 1.41‰，与死亡率的平均差相比，标准差比较大，说明各民族死亡率的变化有较大差异。如果分民族来看，珞巴族下降幅度最大，下降了 5.95 个千分点。死亡率下降幅度在 4‰至 5‰之间有 2 个民族，她们是塔吉克族和佤族；下降幅度在 3‰至 4‰之间有 3 个民族；在 2‰至 3‰之间有 10 个民族，在 1‰至 2‰之间有 12 个民族。另外，有 21 个民族下降幅度在 1‰以内，有 6 个民族的总死亡率有所上升，她们是普米族、畲族、满族、仫佬族、毛南族、裕固族。其中裕固族的死亡率上升最快，达 1.15 个千分点。以上详细数字也见表 4—10。

若分性别看，2000 年，全国男性人口死亡率为 6.43‰，女性为 5.34‰。其中汉族男性死亡率为 6.39‰，女性为 5.31‰；少数民族男性死亡率为 6.88‰，女性为 5.62‰。少数民族男性平均死亡率为 7.22‰，标准差为 2.0，即 38 个民族在 5.22‰和 9.22‰之间。男性死亡率，以京族为最低（2.76‰），独龙族最高（13.19‰）。女性平均死亡率为 5.78‰，标准差为 1.84‰。女性人口中，以乌孜别克族最低（1.89‰），拉祜族最高（9.09‰）。

男女死亡率差的平均值为 1.43‰，标准差为 1.27‰。从平均值与标准差之比来看，标准差是比较大的。绝大部分男性死亡率要高于女性，男性死亡率与女性死亡率差异最大的为独龙族，达 5.48‰。但有 4 个民族女性死亡率高于男性，她们是京族、保安族、东乡族和基诺族。其中基诺族女性死亡率较男性高出 2.23 个千分点。

二 各民族人口预期寿命及其变动

总死亡率虽然从一个方面反映了人口死亡风险的大小，但它只是一个粗略的指标。由于死亡风险在不同年龄的人口群体中有很大差异，所以人口的年龄结构对总死亡率有很大影响。我们可以用一个更好的指标，通过编制出的生命表，计算 0 岁平均预期寿命（简称平均预期寿命，预期寿命）来度量人口总体的死亡风险。

要编制出一个较为精确的生命表，需要一定数量的人口来保证。这是因为，编制生命表的基础数据是年龄别死亡率（或死亡概率），死亡率的大小，在大部分年龄，是千分位数，在最低的年龄段，甚至是万分位数。由于死亡的发生是个随机事件，有很大的偶然性，所以，如果年龄段人口数在千人左右甚至千人以下，在观察时间，多发生一个人的死亡或者少发生一个人的死亡，则死亡率的大小就会改变许多，对于只有几百人的一个年龄段，甚至会出现无人死亡。这样求出的死亡率没有稳定性，其编制的生命表也就没有意义了。我国各民族的人口数量差异很大。在少数民族中，人口多的超过了1 000万人，人口少的尚不足1万人。例如2000年普查时，3万左右及3万人以下的民族，有珞巴族、高山族、赫哲族、塔塔尔族、独龙族、鄂伦春族、门巴族、乌孜别克族、裕固族、俄罗斯族、保安族、德昂族、基诺族、京族、怒族、鄂温克族等16个民族。3万至5万人口的民族，共3个。他们是普米族、阿昌族、塔吉克族。人口数量多的民族，编制生命表自然没有问题，人口少的就必须对原始数据进行一系列加工。本文在编制生命表时，这些人口少的民族，特别是3万左右及3万人以下的民族、预期寿命不是普查得到的直接结果，而是依据普查结果进行估计的数字，可能会有较大的误差，或者年度之间有较大的波动。在作死亡率对比分析时，我们必须留意。

1989～1990年，汉族人口的预期寿命为70.46岁，少数民族的预期寿命为66.24岁，两者的差为4.22岁。

少数民族分民族看，预期寿命在60岁以下的有12个民族，最低的为佤族，为50.80岁，其次为珞巴族，为52.52岁。预期寿命在60～65岁的有16个，在65～70岁的有19个，在70岁以上的有8个民族，其中以锡伯族最高，为72.97岁，其次为京族，为72.94岁。55个民族的预期寿命的平均值为64.09岁，标准差为5.44岁。

表4—10　　　　各民族人口死亡率与预期寿命

民族	死亡率（‰）		预期寿命（岁）	
	2000年	1990年	2000年	1990年
汉族	5.87	6.94	73.34	70.46
少数民族	6.27	6.22	69.03	66.24
蒙古族	5.70	5.83	68.55	66.43

续表

民族	死亡率（‰）		预期寿命（岁）	
	2000年	1990年	2000年	1990年
回族	4.95	5.43	73.36	70.56
藏族	7.29	9.00	66.00	61.66
维吾尔族	6.20	8.70	68.14	63.43
苗族	7.04	7.57	66.52	64.37
彝族	7.89	8.52	63.96	61.74
壮族	5.98	6.26	71.94	68.60
布依族	7.72	8.72	65.63	62.74
朝鲜族	6.00	6.94	73.77	67.61
满族	4.61	4.56	74.77	71.98
侗族	6.79	6.83	67.96	66.55
瑶族	5.93	7.43	69.62	65.67
白族	6.56	7.10	69.15	66.75
土家族	6.45	7.03	70.43	66.81
哈尼族	9.15	10.16	59.04	57.94
哈萨克族	5.19	6.93	67.39	62.55
傣族	6.89	7.59	66.66	64.81
黎族	5.17	6.41	70.36	66.32
傈僳族	9.41	10.39	59.58	57.98
佤族	9.73	13.84	56.80	50.80
畲族	6.05	6.02	72.41	70.35
高山族	4.28	6.30	70.43	70.48
拉祜族	9.57	11.99	56.38	54.36
水族	6.66	7.46	67.18	64.25
东乡族	5.73	5.99	67.48	67.40
纳西族	7.72	7.98	67.60	65.74
景颇族	8.54	11.09	60.56	56.91
柯尔克孜族	5.97	9.87	67.89	61.04

续表

民族	死亡率（‰） 2000年	死亡率（‰） 1990年	预期寿命（岁） 2000年	预期寿命（岁） 1990年
土族	5.39	7.29	67.81	62.39
达斡尔族	6.15	7.25	66.80	62.58
仫佬族	4.97	4.50	73.21	72.85
羌族	5.14	6.32	72.26	66.96
布朗族	8.58	12.38	60.63	54.70
撒拉族	5.34	6.37	71.67	66.39
毛南族	6.50	5.69	69.35	68.82
仡佬族	7.20	7.28	67.01	64.47
锡伯族	3.77	3.81	75.61	72.97
阿昌族	6.68	9.41	66.92	61.11
普米族	8.22	8.19	63.52	63.82
塔吉克族	5.79	10.03	70.18	62.19
怒族	8.84	11.73	62.06	56.80
乌孜别克族	3.50	4.37	74.48	71.18
俄罗斯族	3.99	5.22	75.11	68.48
鄂温克族	6.38	7.19	66.63	59.63
德昂族	8.19	12.05	67.00	54.62
保安族	5.24	5.69	71.94	68.09
裕固族	6.07	4.92	70.75	69.26
京族	2.91	5.22	77.58	72.94
塔塔尔族	3.50	5.76	69.53	66.63
独龙族	10.41	12.51	66.02	58.70
鄂伦春族	5.64	7.49	66.98	60.80
赫哲族	3.81	4.51	69.96	68.25
门巴族	10.03	12.41	64.01	56.48
珞巴族	8.85	14.80	68.99	52.52
基诺族	7.92	8.02	63.91	65.58

资料来源：由1990年、2000年人口普查资料算出。

由 2000 年普查资料计算，全国少数民族人口预期寿命为 69.03 岁，汉族为 73.34 岁，汉族较少数民族预期寿命高 4.31 岁。各民族按预期寿命大小分组如表 4—11。

表 4—11　　按预期寿命大小对少数民族分组（2000 年）

预期寿命 e_0（岁）	民族个数	民族
$e_0 > 70$	18	京、锡伯、俄罗斯、满、乌孜别克、朝鲜、回、仫佬、畲、羌、壮、保安、撒拉、裕固、高山、土家、黎、塔吉克
$65 \leqslant e_0 < 70$	26	赫哲、瑶、塔塔尔、毛南、白、珞巴、蒙古、维吾尔、侗、柯尔克孜、土、纳西、东乡、哈萨克、水、仡佬、德昂、鄂伦春、阿昌、达斡尔、傣、鄂温克、苗、独龙、藏、布依
$60 < e_0 < 65$	7	门巴、彝、基诺、普米、怒、布朗、景颇、傈
$e_0 < 60$	4	僳、哈尼、佤、拉祜

从各个民族平均来看，55 个少数民族预期寿命平均值为 67.99 岁，标准差为 4.62 岁，说明各民族预期寿命差别还是相当大的。预期寿命高的为京族（77.58 岁）、锡伯族（75.61 岁）、俄罗斯族（75.11 岁）、满族（74.77 岁）、乌孜别克族（74.48 岁）、朝鲜族（73.77 岁）、回族（73.36 岁）等 7 个民族。她们的预期寿命较汉族要高，而预期寿命低的有拉祜族（56.38 岁）、佤族（56.80 岁）、哈尼族（59.04 岁）、傈僳族（59.58 岁）、景颇族（60.56 岁）、布朗族（60.63 岁）等 6 个民族。她们的预期寿命都在 60 及 60 岁以下。

与 10 年前相比，汉族人口预期寿命提高了 2.88 岁，少数民族提高了 2.79 岁，少数民族预期寿命提高的幅度要低于汉族。但若以 55 个少数民族进行简单平均，则少数民族预期寿命平均提高了 3.90 岁。即是说，大部分民族预期寿命提高的幅度要高于汉族。与 10 年前相比，少数民族预期寿命提高幅度在 2.88 岁以上的有 32 个。其中珞巴族、德昂族达 10 岁以上，有 15 个民族提高了 5~10 岁。提高幅度在 2.88 岁以下的有 23 个，其中高山族、普米族、基诺族等 3 个民族略有下降。

若分性别看，少数民族男性预期寿命为 67.14 岁，汉族为 71.46 岁。男性以京族预期寿命为最高，达 75.55 岁，其次为锡伯族（73.82 岁）、满族（73.03 岁）。这 3 个民族的预期寿命较汉族（71.46 岁）高，除这 3 个民族外，预期寿命在 70 岁以上的还有 7 个民族，即共有 10 个民族。预期寿命较低的，在 60 岁以下的共有 9 个民族，其中以拉祜族最低，仅 55 岁。预期寿命在 67 岁以上，即接近或超过全体少数民族人口预期寿命的少数民族有 25 个，在 67 岁以下的有 30 个。

少数民族女性预期寿命为 71.10 岁，汉族为 75.33 岁。在 71 岁以上的少数民族共有 23 个，其中有 13 个民族在 75 岁以上，超过了汉族。以俄罗斯族为最高，女性预期寿命达 78.79 岁，京族、赫哲族亦超过了 78 岁。有 32 个民族的女性预期寿命在 71 岁以下。其中，在 65 岁以下的民族有 8 个，在 60 岁以下有 3 个，她们是拉祜族（57.78 岁）、佤族（58.47 岁）、哈尼族（59.46 岁），以拉祜族的预期寿命为最低。

一般来说，女性的预期寿命要高于男性。少数民族男性预期寿命较女性低 3.96 岁，汉族为 3.87 岁。少数民族男女寿命差大于汉族。55 个少数民族，男女平均预期寿命差为 4.54 岁，其中，男女寿命差在 10 岁以上的有 3 个。她们是高山族、俄罗斯族、独龙族。以高山族的差别最大，达 12.02 岁。寿命的性别差为 5~10 岁的有 19 个民族，在 3~4 岁的也有 19 个；在 0~3 岁有 11 个民族，有 3 个民族的女性预期寿命低于男性。她们是基诺族、塔吉克族和东乡族。

现在再来回顾分析一下前面粗死亡率增大的 6 个民族。除了普米族以外，与 1990 年相比，其他民族的预期寿命都有不同程度提高，如满族，提高了 2 岁多，可见，这些民族总死亡率提高，是由于人口老龄化引起的。普米族在粗死亡率、预期寿命上都略有下降，考虑人口死亡率的随机性和波动，可认为普米族的人口死亡力基本上没有变化。

通过对以上的分析我们可以知道，中国民族和民族之间，死亡力有很大的差别。一些民族，其死亡力已经赶上或接近发达国家的水平，而死亡力高的民族，不但高于世界平均水平（20 世纪 90 年代下半期，世界人口的平均寿命约为 65 岁，发展中国家的平均寿命为 63 岁），而且高于发展中国家的平均水平。只相当于 80 年代初期发展中国家的平均水平（56.6 岁）。

中国民族众多，各民族死亡力差别很大。但通过分析，我们不难发现，死亡力低的民族，基本上是城镇人口比例高的民族。如俄罗斯族、乌孜别克族是各民族城镇人口比例最高的 2 个民族，2000 年，城镇人口比例达 81.36% 和 68.43%（全国的城镇人口比例为 36.92%），而其他几个死亡力低的民族，城镇人口的比例都高于汉族。而死亡力高的民族，无一例外，都是城镇人口比例低的民族。如拉祜族、佤族都是各民族中城镇人口比例最低的几个民族之一。2000 年，拉祜族城镇人口比例为 6.64%，佤族为 9.77%。所以说到底，民族人口死亡率的差别，根本上是社会经济发展程度上的差别，突出地表现在城乡差别上。

进一步观测可以发现，死亡率高的民族主要分布在西南，尤其是云南的怒江、澜沧江流域。这是值得我们引起注意的。

历史的结论

人口死亡是人口变动的决定因素之一。可以说，不了解人口死亡的规律，就不可能掌握人口变动的规律，可见人口死亡研究在人口研究中的位置。而人口死亡研究的意义还不仅于此。当社会确定"以人的全面发展为中心"为发展目标时，人的健康长寿常被列入发展目标之首。这是因为健康长寿是人类共同的理想，它是超时代的，不因社会制度不同而异。人的健康长寿可以有许多指标来衡量，但人口死亡研究中常用的"平均预期寿命"恐怕又是健康长寿指标中最重要、不可替代的指标。

以上我们简要地回顾了新中国成立以来的半个世纪中国人口死亡的变化。当然，这只是粗线条的，限于篇幅，有关细节不可能一一展开。这里，特别推荐以下的一些重要研究以充实本文的内容：(1) 由已故学者孙敬之先生主编的《中国人口》丛书（包括总论及各省、市、自治区分册、港澳卷共 31 册，由中国财政经济出版社从八十年代末陆续出版），其中的有关人口死亡和死亡率章节，集 20 世纪 80 年代初及以前的人口死亡研究的大成，值得一读；(2) 由国家统计局组织编写的《跨世纪的中国人口》（包括综合卷及各地分卷共 31 册，由中国统计出版社于 1994 年出版），集中了第四次人口普查（1990 年）的人口死亡数据研究成果；

(3) 由查瑞传等主编的《中国第四次人口普查资料分析》（中国高等教育出版社，1996年出版），其中的"中国人口死亡分析"篇，特别利用了第四次人口普查资料，分析了不同人群（按教育水平、婚姻状况、职业等）的死亡差别。当然，在死亡研究方面的成果远不止这些，这里就不一一介绍了。

总的来说，经过50年，我国人口已经实现了从高死亡率向低死亡率的转变，并且正在迈向死亡率最低的先进行列。总结50年的转变历程，我们有以下的经验教训：

1. 发展是各项事业的保证。我们只有坚持经济建设为中心，坚持改革开放，不断推进经济的发展，才能带动各项事业的进步。只有经济发展了，人民生活水平才能得到不断提高，卫生事业的发展才有坚实的基础，人民享受卫生医疗保健才有保障，人民的健康水平才会不断提高。

2. 社会制度对人口死亡率有很大的影响。中国所以能在较低的经济收入水平下实现人口死亡率的较快下降，得益于政府重视公共卫生，长时期实行较为平均的收入分配，并向弱势群体倾斜的政策。因此，在今后包括医疗体制改革在内的社会改革中，如何在公平与效率之间找到平衡，促进城乡协调、地区平衡，实现各民族共同发展，使绝大多数人在经济发展中都能不断得益，使人口中的弱势群体能得到救助，对提高全民族的健康水平来说，是一项带根本性的问题。我国城乡差别、地区差别、民族差别尚比较大，从目前的情况看，似乎不仅没有缩小，反而有扩大的趋势，这是值得注意的。

3. 经验证明，当经济发展到一定水平，文化因素对死亡率的下降作用，甚至比经济因素作用更大。因此，保持社会安定，促进社会和谐，提倡精神文明、提倡科学、健康的生活方式，对进一步降低人口死亡率有重要作用。

4. 环境公害，已经成为威胁人类健康的普遍问题。我国在实现经济现代化的过程中，决不能走"先污染、再治理"的路，为了中华民族的健康和世代昌盛，必须重视环境保护。

5. 当前，从我国总体死亡水平看，婴儿死亡率相对较高，女性儿童死亡率异常。所以，在加强妇幼保健，在全社会消除性别歧视方面，我们必须要做更大的努力。

6. 人类在不断进步，细菌、病毒也在发生变化。过去，天花、霍乱、伤寒、鼠疫等曾一度是人类的致命杀手。由于科学技术的进步，人类已经有防治的方法，但这并不表示人类就可一劳永逸了，旧的可能卷土重来，新的细菌、病毒还会产生。如过去一度销声匿迹的结核病现在有上升趋势，而新发生的艾滋病、埃博拉病毒以及最近发生的 SARS 病毒，正严重地威胁着人类的生命，都提醒人类与疾病的斗争没有结束。重视科学进步、重视公共卫生，是人类健康不断提高的保证。

7. 完善人口死亡统计制度。人口死亡研究，依赖人口死亡统计资料。目前，我国的人口死亡统计还存在着许多问题：一是不准确，死亡人口中漏报程度还较高；二是不及时，由于死亡漏报较高，死亡统计本来是经常性的动态统计，现在只能依靠 10 年一次的人口普查，无法及时反映人口死亡变动情况；三是不详细，要把握死亡的变化，掌握死亡原因是很重要的。在这方面的统计，我们做得也较差。以上这一些，都影响了我们对死亡研究的深入。

第五章 人口身体健康素质

第一节 人口生长发育水平[①]

人体的生长表现为组织、器官、身体各部分以至全身的大小、长短和重量的增加。人体的发育是指功能的分化和不断完善，心理、智力和体力的发展。生长发育是在机体与外环境的相互作用下实现的。遗传决定生长发育的可能性，环境决定生长发育的现实性。我们常用形态指标（身高、体重、胸围等）、生理机能指标（血压、肺活量、初潮年龄等）和运动素质指标（反映机体爆发率、耐力和柔韧性的指标）来评价人群的身体素质生长发育水平。人体的生长发育有一定的规律性，各类指标间也有密切的联系。

成年前，人体的形态发育指标基本上都随着年龄的增大而有不同程度的增长，但各年间增长的速度和幅度不同。根据不同年龄阶段的增长速度和幅度，基本上可以分为匀速增长、快速增长（突增）、缓慢增长和相对稳定四个阶段。

婴儿出生后 0~2 岁形态发育出现第一次快速增长期，其后增长速度缓慢，经较长一段时间的匀速生长逐渐过渡到青春期。一般男生 7~11 岁、女生 7~9 岁左右处于这一阶段。这一阶段各形态指标各年龄组间的年增长速度极为接近，增长幅度的年龄间差别范围很小，呈匀速增长。男生 12~15 岁、女生 10~12 岁左右处于形态发育的快速增长阶段。各项指标的增长值均有大幅度的提高，呈现突增的趋势，尤以突增高峰年龄段最为显著。快速增长之后，男生 14~18 岁、女生 13~18 岁左右，形态发育

---

① 本节与赵双玲共同完成。

指标进入缓慢增长阶段。男女生的多数形态指标在 19～21 岁达到稳定阶段。

一 形态发育的动态变化

新中国成立初期到改革开放初期，同年龄学生的形态发育有增长的趋势。上海市 1960～1970 年期间男生身高平均增加 1.47cm，体重平均增加 0.73kg，女生身高平均增加 1.28cm，体重平均增加 0.55kg（表 5—1）。浙江省的生长发育资料也显示，与新中国成立初期（1955 年）相比，1980 年同年龄组学生的身高均值有所增加。18 岁组男生的身高增加 1.24（167.13～165.89）厘米，体重增加 0.20（54.47～54.27）千克，女生身高增加 2.96（158.12～155.16）厘米，体重减轻 0.13（49.80～49.67）千克（表 5—2）。

表 5—1　　　　1931～1985 年各阶段上海市学生生长发育情况

时期	发育情况	男 身高厘米	男 体重千克	女 身高厘米	女 体重千克
1931～1944 年	低潮	-7.2	-3.45	-5.7	-3.2
1944～1960 年	加速	4.4	2.06	4.0	2.43
1960～1970 年	减慢	1.47	0.73	1.28	0.55
1970～1985 年	稳定	2.02	1.32	1.60	0.79

资料来源：《中国学生体质与健康研究》，北京：人民教育出版社 1987 年版，第 818 页。

表 5—2　　　　1955～1980 年浙江省学生平均身高、体重

年龄（岁）	身高（厘米）1955 年 男生	身高（厘米）1955 年 女生	身高（厘米）1980 年 男生	身高（厘米）1980 年 女生	体重（千克）1955 年 男生	体重（千克）1955 年 女生	体重（千克）1980 年 男生	体重（千克）1980 年 女生
7	117.24	116.27	119.87	119.12	20.36	19.96	20.84	20.16
10	128.89	129.15	133.63	133.96	24.87	24.86	26.76	26.55

续表

年龄(岁)	身高（厘米） 1955年 男生	身高（厘米） 1955年 女生	身高（厘米） 1980年 男生	身高（厘米） 1980年 女生	体重（千克） 1955年 男生	体重（千克） 1955年 女生	体重（千克） 1980年 男生	体重（千克） 1980年 女生
13	144.78	144.62	149.94	150.76	33.99	34.84	37.02	37.56
16	161.88	153.72	165.42	157.17	48.79	46.44	50.63	46.97
18	165.89	155.16	167.13	158.12	54.27	49.80	54.47	49.67

资料来源：《中国学生体质与健康研究》，北京，人民教育出版社1987年版，第993、995页。

改革开放后，随着中国经济、社会的发展和城乡居民收入的增加，人们的膳食营养逐步改善，儿童少年的生长发育开始呈现快速增长的趋势。对全国16个省会城市调查资料的分析显示，1979至1985年6年间，学生生长发育水平显著提高。形态指标身高、体重、胸围的增长幅度大、速度快。城乡男女学生各年龄组、各项指标均有大幅度增长。城市男生各项指标平均增长值明显高于女生；乡村男生亦明显高于女生；乡村男女生均明显高于城市男女生（表5—3）。

表5—3　　　1979～1985年16个省会城市男女学生形态指标增长情况

	身高 城男	身高 城女	身高 乡男	身高 乡女	体重 城男	体重 城女	体重 乡男	体重 乡女	胸围 城男	胸围 城女	胸围 乡男	胸围 乡女
最大增长年龄（岁）	13	13	13	13	13	13	13	14	13	14	13
最大增长值	3.80	3.09	5.76	4.61	2.94	2.33	3.77	3.86	2.63	1.84	2.48	3.13
7～18岁平均增长值	1.88	1.47	2.75	2.00	1.30	0.86	1.79	1.40	1.20	0.78	1.44	1.37

注：身高：厘米；体重：千克；胸围：厘米；最大增长年龄：均值增长幅度最大的年龄组；最大增长值：均值增长最大幅度；7～18岁平均增长值：7～18岁均值增长算术平均数。

资料来源：《中国学生体质与健康研究》，北京：人民教育出版社1987年版，第189页。

1979～1985年6年间，人体纵向生长快于横向生长，使学生体型发生相应的变化，主要表现为向"细长型"方面发展。身高是反映人体纵向生长的空间线形整体指标,而胸围则是反映人体横向生长的整体指标。由两个指标构成的艾里斯曼指数(胸围－1/2身高)不仅可以评价胸廓的发育程度,而且可以反映人体横向生长与纵向生长的比例关系。与1979年相比,1985年7～18岁城乡男生艾里斯曼指数平均下降分别为0.34和0.65,女生分别为0.22和0.85。由体重和身高构成的布罗科指数"体重－(身高－100)"来看,与1979年相比,1985年城乡7～18岁男生指数平均下降分别为0.58和1.08,女生分别为0.78和1.00。学生普遍存在"身长体轻"的特点。

随着中国经济的持续快速发展,1985～2000年间中国城乡男女学生身高、体重和胸围继续快速增长,且在不同阶段不同指标的增长速度不同,城乡男女学生之间也存在明显的差异。

身高:1985～2000年15年间,7～18岁城市男生同年龄组身高增长幅度为1.9～6.5厘米,平均增长4.2厘米。按十年计算,平均增长2.8厘米。其中1985～1995年10年间平均增长3.0厘米,1995～2000年按10年计算平均增长2.5厘米。乡村男生身高增长幅度为2.4～6.7厘米,平均增长4.8厘米,按10年计算,平均增长3.2厘米。其中1985～1995年平均增长3.5厘米,1995～2000年按10年计算平均增长2.5厘米。城市女生同年龄组身高增长幅度为1.2～4.8厘米,平均增长3.2厘米。按10年计算,平均增长2.1厘米。其中1985～1995年平均增长2.2厘米,1995～2000年按10年计算平均增长1.9厘米。乡村女生身高增长幅度为1.6～6.1厘米,平均增长3.8厘米,按10年计算,平均增长2.5厘米。其中1985～1995年平均增长2.8厘米,1995～2000年按10年计算平均增长1.9厘米。结果也显示,前10年身高平均增长速度都明显快于后5年,乡村男女生的表现尤为突出(表5—4)。这表明在过去15年中,城乡男女学生身高增长和速度的变化特点是"前快后慢",即在整体处于快速增长期的前提下,生长速度在逐渐放慢。

体重:1985～2000年15年间,7～18岁城市男生同年龄组体重增长幅度为3.1～7.9千克,平均增长5.8千克。按10年计算,平均增长3.9千克。其中1985～1995年平均增长3.8千克,1995～2000年按10年计算平均增长4.2千克。乡村男生体重增长幅度为1.9~5.1千克，平均增长3.5千克，按10年计算，平均增长2.3千克。其中1985~1995年平均增长2.5千克，1995~2000年按10年计算平均增长2.4千克。城市女生同年龄组体重增长幅度为2.2~5.7千克，平均增长3.6千克。按10年计算，平均增长2.4千克。其中1985~1995年平均增长2.5千克，1995~2000年按10年计算平均增长2.4千克。乡村女生体重增长幅度为0.4~4.2千克，平均增长2.1千克，按10年计算，平均增长1.4千克。其中1985~1995年平均增长1.6千克，1995~2000年按10年计算平均增长1.2千克。从城乡男女生18岁体重增长率的变化看，后5年增长速度明显高于前10年，即体重的增长速度表现出"前慢后快"的特点（表5—5），这一结果的出现可能与中国从20世纪80年代中期进入90年代，尤其是1995年后人民生活水平和影响状况有了极为显著的提高有关。

胸围：1985~2000年15年间，7~18岁城市男生同年龄组胸围增长幅度为1.4~4.8cm，平均增长3.0cm。按10年计算，平均增长2.0cm。其中1985~1995年平均增长1.7cm，1995~2000年按10年计算平均增长2.6cm。乡村男生胸围增长幅度为-0.1~2.0cm，平均增长0.7cm，按10年计算，平均增长0.5cm。其中1985~1995年平均增长0.2cm，1995~2000年按10年计算平均增长1.0cm。城市女生同年龄组胸围增长幅度为1.8~4.1cm，平均增长2.8cm。按10年计算，平均增长1.8cm。其中1985~1995年平均增长1.6cm，1995~2000年按10年计算平均增长2.3cm。乡村女生胸围增长幅度为0.0~2.3cm，平均增长0.9cm，按10年计算，平均增长0.6cm。其中1985~1995年平均增长0.2cm，1995~2000年按10年计算平均增长1.4cm。1985~2000年胸围的变化特点与体重基本相似。增长幅度和增长速度也呈现"前慢后快"的特点。值得注意的是，乡村男生15年间18岁时的胸围没有明显增长。女生的情况与男生不同。乡村女生1985年明显高于城市女生（差值为1.7cm），但从1985~2000年，乡村女生胸围没有明显提高，增长值和增长率都低于城市女生，从而造成2000年城市女生18岁胸围超过了乡村女生（表5—6）。

表 5—4　1985 年、1995 年和 2000 年间城乡男、女生身高每 10 年增长值

(cm)

年龄（岁）	城市男生 1985~1995 年	城市男生 1995~2000 年	农村男生 1985~1995 年	农村男生 1995~2000 年	城市女生 1985~1995 年	城市女生 1995~2000 年	农村女生 1985~1995 年	农村女生 1995~2000 年
7	2.5	1.2	3.1	1.3	2.4	1.5	3.1	1.0
8	2.7	3.1	3.0	3.2	2.7	2.3	3.4	1.7
9	2.9	2.5	3.2	3.0	3.0	2.6	3.5	2.6
10	3.2	3.1	3.4	2.9	3.2	2.8	4.2	2.6
11	4.0	2.0	4.1	2.0	3.7	2.2	4.6	2.9
12	5.1	2.8	5.5	2.5	4.1	1.6	5.0	2.2
13	5.0	2.2	5.4	1.8	2.3	1.3	2.6	0.8
14	4.2	1.7	5.2	2.7	1.5	2.0	2.3	1.7
15	2.8	2.7	3.9	2.8	1.5	1.6	1.6	1.9
16	1.8	3.0	2.5	3.1	0.9	1.8	1.4	1.9
17	1.1	3.0	1.7	2.9	0.7	1.8	1.0	1.6
18	0.6	2.6	1.5	1.7	0.4	1.5	11.0	1.2
7~18 岁平均增长	3.0	2.5	3.5	2.5	2.2	1.9	2.8	1.9

资料来源：《2000 年中国学生体质与健康调研报告》，北京：高等教育出版社 2002 年版，第 97 页。

表 5—5　　1985 年、1995 年和 2000 年间城乡男、女生体重每 10 年增长值

(kg)

年龄（岁）	城市男生 1985~1995 年	城市男生 1995~2000 年	农村男生 1985~1995 年	农村男生 1995~2000 年	城市女生 1985~1995 年	城市女生 1995~2000 年	农村女生 1985~1995 年	农村女生 1995~2000 年
7	1.9	2.6	1.2	1.3	1.7	1.6	1.2	1.1
8	2.3	3.4	1.4	2.2	2.0	2.3	1.4	1.3
9	2.9	3.1	1.6	2.3	2.4	2.9	1.6	2.3
10	3.7	4.6	1.9	2.9	3.0	3.4	2.2	2.1
11	4.6	4.3	2.7	2.3	3.9	3.0	2.9	2.2
12	5.5	4.7	3.6	3.0	4.4	2.7	3.4	1.6
13	5.8	3.7	4.1	1.5	3.3	1.3	2.3	0.0
14	5.3	3.1	3.9	2.1	2.3	2.4	1.8	0.2
15	4.2	5.0	3.0	2.4	2.2	2.4	1.0	0.5
16	3.6	4.6	1.9	2.5	1.9	2.2	0.7	1.0
17	3.0	5.3	1.2	2.9	1.3	2.1	0.2	0.9
18	2.3	5.8	0.9	2.7	1.0	2.5	0.1	1.2
7~18 岁平均增长	3.8	4.2	2.3	2.4	2.5	2.4	1.6	1.2

资料来源：《2000 年中国学生体质与健康调研报告》，北京：高等教育出版社 2002 年版，第 98 页。

表 5—6　　1985 年、1995 年和 2000 年间城乡男、女生胸围每 10 年增长值

(cm)

年龄（岁）	城市男生 1985~1995 年	城市男生 1995~2000 年	农村男生 1985~1995 年	农村男生 1995~2000 年	城市女生 1985~1995 年	城市女生 1995~2000 年	农村女生 1985~1995 年	农村女生 1995~2000 年
7	0.9	2.4	0.0	0.9	1.0	1.5	0.0	1.1
8	1.2	3.2	-0.1	1.3	1.0	2.1	-0.1	1.2
9	1.6	3.1	-0.1	1.8	1.3	2.9	0.0	1.9
10	2.0	4.5	-0.1	2.3	2.0	3.2	0.5	2.0
11	2.7	3.7	0.5	1.6	2.7	2.5	1.1	2.2
12	3.1	3.4	1.0	2.0	2.9	2.3	1.4	1.7
13	3.0	2.2	1.1	0.8	2.1	1.7	0.4	0.7
14	2.5	1.5	0.9	0.8	1.6	2.2	0.3	1.0
15	1.7	2.0	0.5	0.3	1.5	2.3	-0.1	1.2
16	1.1	1.6	-0.1	0.2	1.3	2.4	-0.3	1.5
17	0.7	1.8	-0.8	0.2	1.1	2.2	-0.6	1.1
18	0.4	2.0	-0.9	0.1	0.7	2.6	-0.8	1.5
7~18 岁平均增长	1.7	2.6	0.2	1.0	1.6	2.3	0.2	1.4

资料来源：《2000 年中国学生体质与健康调研报告》，北京：高等教育出版社 2002 年版，第 99 页。

这一结果表明，生活在中国不同经济发展水平和地理环境的儿童青少年群体，经过 15 年的时间，各项身体形态指标都有了明显的提高，表明中国城乡男女学生仍然处在"生长发育长期趋势"的快速增长阶段。这一结果也证实了中国经济整体实力的增强和生活环境的极大改善对中国城乡男女学生生长发育水平提高产生了重要的影响。

维尔维克指数〔（体重 kg + 胸围 cm）/身高 cm × 100〕是将反映身体形态基本特征的身高、体重和胸围结合在一起，综合反映人体的充实度发育发达程度的指标。与 1985 年前相比，2000 年中国城乡学生的维尔维克指数均有增长。身体质量指数（体重 kg/身高 cm² × 10⁴）又称为"体块指数"，主要用于评价机体身体成分和肥胖度。15 年间中国城乡男女学生该指数值也有不同程度的提高。结果显示，经过 15 年的变化，中国城乡男女学生的身体发育匀称度有不同程度的改善，身体成分也有不同程度的改善，由从"细长型"向"匀称型"转变的趋势（表 5—7）。

表 5—7　　　　　1985～2000 年 7～18 岁学生平均维尔维克
指数和身体质量指数增长值

性别	类别	维尔维克指数		身体质量指数	
		1985～1995 年	1995～2000 年	1985～1995 年	1995～2000 年
男生	城市	2.2	1.8	0.9	0.7
	乡村	0.0	0.6	0.2	0.3
	差值	2.2	1.2	0.7	0.4
女生	城市	1.7	1.3	0.7	0.4
	乡村	-0.2	0.5	0.1	0.1
	差值	1.9	0.8	0.6	0.3

资料来源：《2000 年中国学生体质与健康调研报告》，北京：高等教育出版社 2002 年版，第 109、110 页。

用身高增长速度最快的 3 个相邻的年龄组表示青春突增期。调查发现 1985～1995 年间中国学生的青春突增期有提前的趋势，但 2000 年与 1995 年相比没有明显变化（表 5—8）。

表 5—8　　　　1985 年、1995 年和 2000 年城乡男女学生
青春突增期的变化趋势（岁）

类别	身高 1985年	身高 1995年	身高 2000年	体重 1985年	体重 1995年	体重 2000年	胸围 1985年	胸围 1995年	胸围 2000年
城市男生	12~14	12~14	12~14	12~14	12~14	12~14	12~14	12~14	12~14
乡村男生	12~14	12~14	12~14	12~14	12~14	12~14	12~14	12~14	12~14
城市女生	10~12	10~12	10~12	12~14	10~12	10~12	12~14	10~12	10~12
乡村女生	12~14	10~12	10~12	12~14	12~14	12~14	12~14	11~13	11~13

资料来源：《2000 年中国学生体质与健康调研报告》，北京：高等教育出版社 2002 年版，第 140 页。

以 1985 年制定的中国学生身高标准体重（身高/体重）的百分之八十分位数（P80）为标准，将学生的营养状况分为以下 7 类：①重度营养不良：$< 0.6 \times P80$；②中度营养不良：$0.6 \times P80 \sim 0.7 \times P80$；③轻度营养不良：$0.7 \times P80 \sim 0.8 \times P80$；④较低体重：$0.8 \times P80 \sim 0.9 \times P80$；⑤正常体重：$0.9 \times P80 \sim 1.1 \times P80$；⑥超重：$1.1 \times P80 \sim 1.2 \times P80$；⑦肥胖：$> 1.2 \times P80$。调查结果显示，1995~2000 年中国学生的营养状况有显著改善，城市男、女生的轻度营养检出不良率分别从 3.99% 和 7.94% 降为 2.88% 和 5.8%。但乡村男女生几乎没有变化。各群体中度以上营养不良率的变化也很小。

1979 年的调查结果显示，27 个少数民族男、女学生各年龄组身高、体重的均值均低于汉族学生的城乡合并均值，也均低于汉族乡村学生的均值。大多数少数民族学生的生长发育水平落后于汉族学生，但各少数民族学生与本省汉族学生之间的差异普遍低于少数民族与全国汉族学生间的差异。这说明，少数民族学生生长发育水平虽然与遗传因素有关，但地域差异、经济发展水平等环境因素的作用更为重要。1985~2000 年少数民族学生与汉族学生同步增长，少数民族学生的身高、体重和胸围等形态指标有明显增长。除个别民族外，7~18 岁学生的营养不良检出率均有下降。但不同民族间的增长差异较大。

对中日两国学生 1979 和 2000 年调查资料的比较分析显示（表 5—9），1979 年中国城乡 7~17 岁学生各年龄组的平均身高均低于日本，但到

表5—9　　　　　　　　1979年和2000年中日两国男、女生身高情况比较　　　　　（单位：cm）

年龄(岁)	男生 1979年 中国 城市	男生 1979年 中国 乡村	男生 1979年 日本	男生 2000年 中国 城市	男生 2000年 中国 乡村	男生 2000年 日本	女生 1979年 中国 城市	女生 1979年 中国 乡村	女生 1979年 日本	女生 2000年 中国 城市	女生 2000年 中国 乡村	女生 2000年 日本
7	121.2	117.3	121.3	125.6	122.0	122.5	120.4	116.3	120.4	124.4	121.0	121.7
8	125.7	121.2	126.7	130.8	127.2	128.1	125.0	120.1	126.0	130.2	126.1	127.5
9	130.6	125.5	131.8	136.0	132.2	133.6	130.1	124.5	131.7	135.6	131.9	133.5
10	135.3	129.9	137.0	141.3	136.8	139.1	135.6	129.5	138.1	141.6	137.5	140.3
11	139.9	133.8	142.4	146.3	141.5	145.3	141.2	134.1	145.0	147.8	143.6	147.1
12	145.2	138.9	149.6	153.2	147.8	152.9	147.1	140.1	150.2	152.8	149.5	152.1
13	151.8	144.1	156.8	160.9	155.3	160.0	151.6	145.6	154.0	157.1	153.1	155.1
14	158.3	150.7	163.0	166.7	161.5	165.5	154.8	150.0	155.6	159.1	155.8	156.8
15	163.8	157.0	166.7	170.1	165.6	168.6	155.8	153.2	156.2	160.0	156.8	157.3
16	167.0	161.8	168.5	172.0	168.2	170.1	157.3	154.9	156.6	160.4	157.9	157.7
17	168.6	164.4	169.4	172.8	168.8	170.8	158.1	155.7	156.7	160.6	157.2	158.1

资料来源：《2000年中国学生体质与健康调研报告》，北京：高等教育出版社2002年版，第86页。

2000 年，中国城市学生各年龄组的身高已超过日本学生，乡村学生的身高绝对值虽与日本还有一定的距离，但差距小于 1979 年。1979~2000 年间，中国城乡学生身高体重的增长值均大于日本学生。

从 1979 到 2000 年，中日两国学生的身高和体重突增期的年龄范围各自都有不同程度的提前。中国城乡男生 1979 年身高突增期普遍比日本晚 1 年。到 2000 年，中日学生的身高突增期都提前了 1 年，但中国城乡男女学生身高突增期依然落后日本 1 年，即中国城乡男女学生身高比日本学生推迟 1 年进入快速增长期。体重突增期的变化与身高相似，中国学生也比日本学生推迟 1~2 年进入突增期。结果提示，尽管中国学生身高和体重生长速度整体加速，但直到 2000 年，日本学生仍比中国学生优先进入突增期。这说明，尽管中国改革开放 20 年综合国力大幅度提升，但在经济发展的整体水平、社会卫生保健、营养水平、社会生活环境和学校体育工作的开展等方面对体质的改善与日本还有一定的距离，使得中国学生生长发育的潜力未能充分发挥。

二 生理机能发育的动态变化

1979~1985 年间，城乡学生的生理机能有较大幅度的提高，呼吸机能有明显改善，城乡男女学生肺活量的平均增长值均有统计学意义（表 5—10）。

表 5—10　　1979~1985 年 16 个省会城市男女学生肺活量增长情况　　（ml）

	城男	城女	乡男	乡女
最大增长年龄（岁）	14	13	17	13
最大增长值	312	161	305	206
7~18 岁平均增长值	179	89	175	106

资料来源：《中国学生体质与健康研究》，北京：人民教育出版社 1987 年版，第 191 页。

但 1985~2000 年 15 年间，儿童少年的身体机能改善幅度并不明显，甚至出现了明显的负增长。反映身体机能的肺活量指标在 1985~1995 年 10 年间，7~18 岁城市男生平均降低了 65.3ml。但 1995~2000 年肺功能下降的趋势有所改善，平均增长了 46.3ml。乡村男生 1985~1995 年间平均降低了78.5ml，1995～2000年间平均增长了3.4ml。城市女生1985～1995年间平均降低了96.1ml，1995～2000年间平均增长了4.4ml。乡村女生1985～1995年间平均降低了122.6ml，1995～2000年间平均降低了31.4ml（表5—10）。

城乡男生18岁肺活量均值在1985年存在99ml（分别为4 091.0和3 992.0ml）的差异，到2000年扩大到197.7ml（分别为3 960.8和3 763.1ml），而且城乡男生在1985～1995年间均存在一个明显的下降趋势。1995～2000年间城乡男生18岁肺活量均有不同程度的提高，但城市男生增长的幅度（159.4ml）明显大于乡村男生（29.2ml）。城乡女生肺活量均值的差异特点基本同男生，只是差异程度不同，同样存在城乡差异逐渐增大以及前10年明显下降和后5年逐渐增长的趋势。但乡村女生这一特点不明显，在1995～2000年间乡村女生肺活量依然存在负增长。

城乡女生的月经初潮年龄也显示，中国学生的生长发育处于加速趋势。1985年中国城乡女生的月经初潮年龄分别为13.17岁和13.83岁，95%可信限分别为13.14～13.20岁和13.80～13.85岁。2000年城乡女生月经初潮的平均年龄分别降至12.73（95% CI12.06～13.36）岁和12.66（95% CI12.66～13.57）岁。

中国科学院遗传研究所通过对近万名妇女的调查也发现，中国妇女绝经延迟。他们对内蒙古呼和浩特市216对汉族母女绝经年龄进行了回忆调查，发现女儿平均绝经年龄为48.89岁，母亲平均绝经年龄为47.08岁，女儿的平均绝经年龄比母亲的绝经年龄延迟了1.81岁。用"现状法"对2 240名妇女调查的结果表明，妇女的实际绝经年龄还在继续延迟，呼和浩特市汉族妇女平均绝经年龄已达50.6岁。他们还统计了2 677名在不同年限绝经的妇女绝经年龄，结果发现，1957～1965年妇女绝经年龄为46岁左右，1966～1976年为48岁左右，近年来则已延迟到50岁以上。用现状法调查了4425名呼和浩特市蒙古族、回族妇女及附近农村妇女的绝经年龄发现，不同民族以及城乡妇女间绝经年龄没有明显差异，都在50.5～50.8岁之间。

三 运动素质的动态变化

1985～2000年15年间，中国儿童少年的身体素质和运动能力变化更加令人担忧。1995～2000年间，中国城乡7～18岁男女生50m跑成绩基本无明显变化，这说明学生的速度素质没有提高。反映男生力量素质的斜身引体和引体向上成绩有不同程度的提高。反映女生力量素质的仰卧起坐成绩15年间也有不同程度的提高。值得注意的是在1995～2000年间男女生的力量素质出现了负增长的趋势。总之，中国城乡男女学生肌肉力量在过去15年间都有不同程度的增加，乡村男女学生的增长幅度大于城市男女学生，但后5年的下降趋势应引起足够的重视。反映学生下肢爆发力的立定跳远成绩在过去15年间总体上有不同程度的提高，但1995～2000年5年间城市男女生均有程度不同的下降。反映耐力素质的50m跑和男1 000m、女800m跑成绩在15年间均出现下降趋势，说明中国学生的耐力素质明显下降（表5—11）。

四 人口生长发育中存在的问题

（一）城乡差异的继续扩大

因为历史的原因，农村学生的生长发育水平落后于城市学生。50年来虽然农村学生的形态、机能和素质指标也有不同程度的提高，但其增长幅度小于城市学生，城乡差异有逐渐扩大的趋势（表5—12）。这既与城乡经济发展水平的差异有关，也与城乡教育水平、人口文化素质、家庭子女数有一定的联系。农村人口占中国人口的大多数。为全面提高中国的人口素质，必须采取针对性的措施，尽快提高农村人口的生长发育水平。

（二）生理机能和体能素质提高不尽理想

反映肺功能的肺活量虽然在1985年前有增加，但1985～1995年间呈现下降趋势。7～18岁学生中75%的年龄组学生肺活量下降。2000年与1995年相比，中国学生的速度素质、耐力素质、柔韧性素质、爆发力素质、力量素质等均有所下降，除反应速度素质50m跑成绩下降幅度较小外，其他方面的下降幅度明显。学生的耐力素质和柔韧性素质在1995年比1985年下降的基础上又有所下降。

表 5—11 1985~2000 年中国城乡 18 岁学生的运动素质指标平均值

素质指标及单位	城市男生 1985 年	城市男生 1995 年	城市男生 2000 年	城市女生 1985 年	城市女生 1995 年	城市女生 2000 年	乡村男生 1985 年	乡村男生 1995 年	乡村男生 2000 年	乡村女生 1985 年	乡村女生 1995 年	乡村女生 2000 年
50 米跑（秒）	7.5	7.4	7.5	9.4	9.2	9.4	7.7	7.5	7.5	9.34	9.2	9.3
立定跳远（厘米）	224.0	232.1	232.0	163.7	173.2	172.2	217.4	230.2	230.7	163.4	173.0	171.7
1000 米跑（秒）	239.0	243.4	252.8	—	—	—	229.8	234.6	241.7	—	—	—
800 米跑（秒）	—	—	—	244.6	244.7	256.1	—	—	—	229.0	231.7	242.4
引体向上（次）	8.1	8.3	6.2	—	—	—	7.7	9.0	8.1	—	—	—
仰卧起坐（次）	—	—	—	23.7	34.2	35.5	—	—	—	21.4	32.7	33.2

表 5—12　　1985 年、1995 年、2000 年城乡 18 岁男女学生身高、体重和肺活量的均值差异

性别	类别	身高/cm 1985 年	身高/cm 1995 年	身高/cm 2000 年	体重/kg 1985 年	体重/kg 1995 年	体重/kg 2000 年	肺活量/ml 1985 年	肺活量/ml 1995 年	肺活量/ml 2000 年
男生	城市	169.7	170.3	171.6	56.4	58.7	61.6	4 091.0	3 801.4	3 960.8
	乡村	166.8	168.3	169.2	55.8	56.7	58.1	3 992.0	3 773.9	3 763.1
	差值*	2.9	2.0	2.4	0.6	2.0	3.5	99.0	67.5	197.7
女生	城市	158.2	158.6	159.4	49.6	50.6	51.8	2 827.0	2 646.6	2 681.1
	乡村	156.1	157.1	157.7	50.5	50.4	51.0	2 837.0	2 611.3	2 565.2
	差值*	2.1	1.5	1.7	-0.9	0.2	0.8	-10.0	34.7	120.9

* 差值 = 城市 - 乡村

资料来源：根据《2000 年中国学生体质与健康调研报告》资料整理计算（北京：高等教育出版社 2002 年版）。

学生生理机能和身体素质下降的主要原因是体育锻炼不足（锻炼时间和强度均不够）。2001 年 5~6 月对北京、长春、沈阳等市部分中小学校的学生及家长的问卷调查显示，1/3 的学生每天平均体育锻炼时间不足 1 小时，而且一般学生的运动强度不足。学生选择不积极参加体育锻炼的前三位原因分别为怕累（52.5%）、没有自己喜欢的项目（48.6%）和没有养成锻炼的习惯（48.2%）。家长认为孩子不积极参加体育锻炼的前三位原因则分别为怕累（68.6%）、没有养成锻炼的习惯（35.6%）和没有场地和器材（35.2%）。由此可见，学生体育锻炼不足的原因有学校场地不足及时间与体育活动内容安排上的问题，也与学生自身缺乏刻苦锻炼的意志有关。由于独生子女的增多，学生中怕苦、怕累的思想较为普遍，在参加锻炼时避"重"就"轻"。社会对教育的偏见、对教学质量评估的片面理解而给学校带来的压力及一些学校本身存在片面追求升学率的做法也在很大程度上影响了学校体育活动的开展。随着社会生活节奏的加快及升学压力、社会竞争的加大，睡眠不足、精神紧张也是影响学生健康的不可忽视的原因。

（三）肥胖学生增多

肥胖学生明显增多，已成为城市青少年学生的重要健康问题。以体重

超过身高标准体重百分之八十分位数的 1.2 倍为肥胖,与 1995 年相比,2000 年 7~18 岁学生中的肥胖检出率,城市男生由 5.9% 上升为 10.1%,城市女生由 3.0% 上升为 4.9%;乡村男生由 1.6% 上升为 3.7%,乡村女生由 1.2% 上升为 2.4%。其中 7~12 岁小学生是肥胖检出率最高的人群,尤其是城市男生,肥胖检出率上升最快,由 1995 年的 6.97% 上升到了 2000 年的 10.7%。学生肥胖人数的增多既与体育锻炼缺乏有关,也是营养科学知识的宣传普及滞后,热量、脂肪等摄入过多及食物结构的不尽合理有直接的关系。

总之,新中国成立五十年来中国人口的生长发育动态趋势说明,人口的生长发育与社会发展密不可分。新中国成立后,中国城乡人口的发育指标均开始提高。改革开放后,随着中国社会、经济和文化事业的飞速发展,人口生长发育的速度更快,儿童少年的发育指标与发达国家间的差距已逐渐缩小。但应看到,中国人口的生长发育中还存在一定的问题:城乡差异进一步扩大;生理机能和身体素质的发育相对滞后;与发达国家相比,人口生长发育的潜力尚无充分显示;社会发展后期新的发育问题(如肥胖)逐渐增加。儿童少年是国家的未来和希望,人口的生长发育素质是人口素质的基础,也是国家发展的基础。有关部门应根据中国儿童少年的生长发育动态及存在的主要问题采取因地制宜的措施,不断促进中国人口素质的提高。

第二节 人口寿命[①]

反映人口寿命的指标主要有预期寿命(life expectancy,即 e_x)、去死因寿命、寿命表死亡概率(q_x)、寿命表生存人数(l_x)等。这些指标本身可用来评价居民健康水平,尤其是出生时预期寿命 e_0 值(life expectancy at birth),已成为评价国内外不同地区、不同时期居民健康水平的最好单项指标。人口寿命的上升是衡量社会进步、文明发展的重要标志之一。

[①] 本节与王炳顺共同完成。

一 预期寿命的动态变化

平均预期寿命（average life expectancy）又称平均寿命，是反映一个国家或地区人口健康状况和生命素质的重要综合指标，也是人口预测的一个重要参数。平均预期寿命高低主要受社会经济条件和医疗水平等因素的制约，经济发展的不同时期和不同国家有很大差别。

平均预期寿命通常表示为一个人口群体从出生起平均存活的年龄，它根据人群的年龄别死亡率应用寿命表法计算出来。常用的寿命表有两类，一是队列寿命表（cohort life table），是观察同龄人从出生到死亡的历程，这需要很多年跟踪，不易进行；另一是现时寿命表（currentlife table），是以现时人口一次普查和死亡登记资料，假定同时出生的"一代人"（通常为10万人）按照该特定人群的年龄组死亡率先后死去，平均每人可能存活的岁数。在寿命表中，还可计算活到某一年龄组时尚存活的人数，已经活到某一年龄时还可能存活的岁数。该寿命表法的计算有两个假设前提，即人口无变迁和现时死亡概率不变，适用于往后推算。实际上随着经济、文化和科学的发展，许多疾病逐渐得到有效治疗的控制，年龄别死亡率曲线右移，因此这个算法的结果通常是保守的。平均预期寿命与死亡率密切相关，二者呈反向关系。死亡率高则平均预期寿命短，死亡率低则平均寿命长。

平均预期寿命不是从死亡方面反映一个人口的生命过程，而是从正面反映一个人口的寿命长短，它是某一时期内某人口死亡水平的综合反映，国际上常用同期的人口平均预期寿命作为国家与国家、地区与地区之间的比较指标。各地各时期平均预期寿命比较时应当注意：（1）平均寿命与平均死亡年龄不同，后者指每年死亡人口的平均年龄，它受到出生率及人口的年龄构成的影响，故在不同地区算得的结果不能直接比较；（2）平均余命也称生命期望值，是指某年龄人的余命的平均值，即某年龄开始到死亡为止的平均存活年限。比如从60岁开始到死亡为止，人的平均存活年限为18年，那么60岁人的平均余命就是18年。平均余命与平均寿命是两个不同的概念，但对0岁人来说二者是一致的；（3）近来国际上采用健康预期寿命（healthy life expectancy 即 disability – adjusted life expectancy，DALE 或者 health – adjusted life expectancy，HALE）这一概念，它改变过去只以死亡率和发病率为基础的传统测定方法，即它不仅要反映生存状况，还要反映生存者的健康现状和功能情况，它考虑到各国常见病和流行病的发病率、居民的生活习惯、暴力倾向、饮食结构、吸烟及酗酒者占全国的人口比例、医疗卫生条件以及地理环境和气候等多种因素，考虑居民一生中可能罹患疾病的时间、完全生活自理等生活质量指标。这种Sullivan方法或者其他完全健康加权等方法得出的健康预期寿命比原先计算方法的结果要偏低（低13%~15%，甚至29%），如下表5—13。

表5—13　　　1998年上海市平均期望寿命和健康期望寿命　　　　　（岁）

年龄组	期望寿命	健康期望寿命	病伤残寿命	健康期望寿命/期望寿命
0~	77.13	54.81	22.32	0.71
20~	57.89	37.13	20.85	0.64
40~	38.64	20.33	18.31	0.53
60~	20.58	8.57	12.01	0.42
85~	5.19	2.42	2.77	0.46

（一）全国概况

新中国成立以来，中国已前后进行5次人口普查（1953年、1964年、1982年、1990年、2000年），并据以编制全国寿命表。对中国人口死亡状况的全面了解得益于第三次人口普查，其后的人口普查对中国人口死亡状况的认识更加深入。

由于新中国成立前经济落后、医药卫生条件差等原因，一般认为，中国当时人口平均预期寿命只有35岁。另据黄龙生等报道，解放前（1942年左右）中国人口平均寿命42岁左右，这一寿命也只相当于19世纪末美国和荷兰的水平。新中国成立初期国民经济迅速恢复发展，人民生活水平提高，平均寿命开始延长，50年代中期为57岁左右，1957年城市平均预期寿命已达64岁。然而1960~1962年三年困难时期，死亡率剧增特别是婴幼儿死亡率增加，使平均寿命下降，60年代中期经济恢复发展导致平均寿命迅速回升，1963年上升至61.7岁，1981年为67.9岁，1990年为68.5岁。到如今已达71岁，进入了世界上"长寿国家"（人均预期寿命在70岁以上）的行列。表5—14显示中国人口预期寿命历年变化情况。

表中 1953~1980 中国人口预期寿命资料由 Judith Banister 重估的，是根据中国人口普查、死亡率调查和生育率调查数据推算而得，推算大饥荒非正常死亡 3 000 万人。从表 5—14 数据可以看出随着社会生产力的发展、医疗卫生事业的进步，平均预期寿命伴随死亡率的下降和人口身体素质的提高而延长。50 年来中国成为世界上平均预期寿命提高最快的国家之一。

表 5—14　　　　　　　中国人口预期寿命历年变化

年份	平均预期寿命（岁） 总	男	女	年份	平均预期寿命（岁） 总	男	女
1953	40.3	39.8	40.8	1980	64.9	64.4	65.3
1955	44.6	43.8	45.5	1985[b]	69.0	67.0	71.0
1960	24.6	24.3	25.3	1990[c]	68.6	66.8	70.5
1965	57.8	56.3	59.3	1996[d]	70.8	68.7	73.0
1970	61.4	60.3	62.5	1998[e]	71.2	69.4	73.1
1975	63.8	62.7	64.8	2000[e]	71.4	69.6	73.3

数据来源：a：1953~1980 年，Judith Banister, China's Changing Population, Stanford, California, Stanford University Press, 1987：116。

b：联合国人口年鉴。

c：根据人口普查和人口变动抽样调查数据计算。

d：根据 1995 年全国 1% 人口抽样调查数据计算，由国家统计局人口与就业司提供。

e：国家统计局第五次全国人口普查资料计算。

以 2000 年进行的第五次全国人口普查资料计算，中国人口平均预期寿命已达 71.40 岁，其中男性为 69.63 岁，女性为 73.33 岁。此次推算的中国人口平均预期寿命与 1990 年普查数据相比，提高了 2.85 岁，其中男性提高了 2.79 岁，女性提高了 2.86 岁。这说明近十年来，随着中国社会经济的健康快速发展，人民生活水平和生活质量不断得到提高，与此同时医疗卫生设施的不断完善和卫生技术人员的不断增长，有效地降低了死亡率，保障了人民健康水平的提高，延长了中国人口平均预期寿命。

（二）城乡比较

中国从 50 年代开始就实行了死亡报告制度，但由于种种原因，对报告统计却没有形成完整的系统。由于大城市技术力量较强，管理也相对较好，死亡数据报告的质量就高。北京和上海市从50年代后期开始逐年编制了寿命表，对于人口死亡提供了较好的基础。我们以上海为代表来看城市居民半个世纪来人口平均预期寿命变化（图5—1）。从1952年的54.05岁到2001年的79.66岁，49年共增长25.61岁。平均每年增长约半岁。年度增长最快的是1954年（比上年增长7.81%），其次是1953年（比上年增长7.57%），这2年增长了8.70岁。其中从1990年到2000年提高3.31岁，高于同期全国平均增长水平。

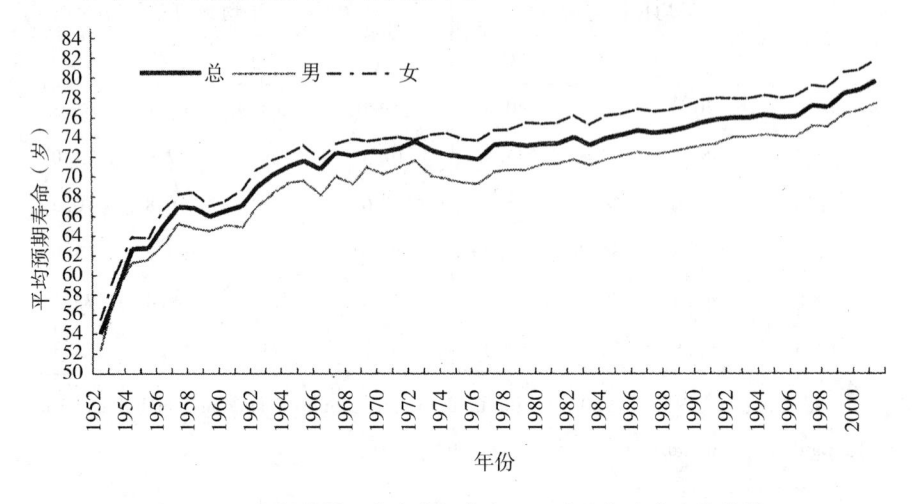

图5—1　上海市居民半个世纪来人口平均预期寿命变化曲线

（绘图数据来源：2000年上海统计年鉴）

据统计，中国农村（县）人口平均预期寿命，1957年为59.64岁，其中男性为59.23岁，女性为59.76岁。以后逐年提高，到1985~1990年提高到68.7岁，比解放前的35岁左右提高了将近一倍，这只用了短短的40年，提高速度之快、幅度之大举世罕见。（详见表5—15）

表5—15　　　　　　中国农村人口各时期平均预期寿命

年份	平均预期寿命（岁）		
	总	男	女
1957	59.6	59.2	59.8
1963	60.9	60.1	61.0
1975	67.2	66.4	68.1

续表

年份	平均预期寿命（岁）		
	总	男	女
1978	67.9	66.7	69.2
1985~1990	68.7	68.0	70.9
2000	69.5	—	—

数据主要引自张纯元主编：《中国农村人口研究》。

由于中国农村人口占绝大部分，以及传统的城乡二元管理体制作用，城乡发展存在历史差距。相比而言农村经济落后，食物结构和营养水平及医疗卫生保健条件均不如城市。表5—16展示了70年代以来不同时期中国人口平均预期寿命的城乡差别。由于农村人口平均预期寿命逐年增长速度不如城市，20多年来城乡人口平均预期寿命差值从2.5增加到5.7，有逐年扩大趋势。

表5—16　　　不同时期中国人口平均预期寿命的城乡间比较

年份	平均预期寿命（岁）				
	总	市	镇	县	城乡差值
1975[a]	68.2	—	69.7[e]	—	67.2	2.5
1978[a]	68.2	—	71.3[e]	—	67.9	3.4
1981[b]	67.9	70.4	—	71.4	67.2	4.1
1990[c]	68.6	72.3	—	72.5	68.3	4.1
2000[e]	71.4	—	75.2[e]	—	69.5	5.7

数据来源：a：《1981中国统计年鉴》，23/26省市部分地区资料。
b：《1986中国人口年鉴》。
c：查瑞传，曾毅，郭志刚主编《中国第四次全国人口普查资料分析（上）》。
e：为市镇按城镇合计。

2000年人口普查结果显示，城镇人口平均预期寿命为75.21岁，农村为69.55岁，相差5.66岁。这一差距说明中国城乡在生活水平、生活质量以及医疗卫生条件上有明显的差异。大力发展农村经济，改变贫困地区的经济落后状况，使农村医疗卫生事业也不断取得新的进展，同时加快城市化建设，提高农村人口生活质量，不仅可以缩小城乡差距，也将减小城乡人口身体素质的差距，促进中国人口平均预期寿命的进一步提高。

（三）性别比较

无论何时、何地女性平均预期寿命普遍高于男性。这在世界各地几乎是一致的规律。表5—17显示了不同时期中国人口预期寿命特定年龄段的性别间差别，各时期男女出生时预期寿命的差值多数处于2岁半到3岁半之间。

图5—2显示了上海市女性与男性人口平均预期寿命之差变化情况，1967年以前，差值在2～4岁之间波动，1973年以后，差值在4～5岁之间徘徊。

表5—17　不同时期中国人口预期寿命特定年龄段的性别间比较

时期 （年）	预期寿命 男 0岁时	10岁时	20岁时	预期寿命 女 0岁时	10岁时	20岁时	0岁时差值 （女—男）
1953～1964[a]	42.2	44.3	36.1	45.6	49.7	41.2	3.4
1964～1982[a]	61.6	57.2	48.0	63.2	59.6	50.4	1.6
1973～1975[b]	63.6	59.5	50.5	66.3	62.4	53.0	2.7
1981[b]	66.2	60.4	50.9	69.1	63.3	53.8	2.9
1989～1990[b]	68.4	61.1	51.5	71.9	65.0	55.4	3.5

引自（美）李中清、王丰：《人类的四分之一：马尔萨斯的神话与中国的现实》。
数据来源：a：Coalc（1984）；b：黄荣清和刘琰（1995）。

（四）地区比较

中国幅员辽阔，自然条件复杂，人口密度不均匀，加上历史条件与社会经济因素等综合影响，所以各地区人口平均预期寿命存在地域差异。蒋正华等根据第三次人口普查的结果得出：在各地区中，中央直辖市上海、北京的人口平均预期寿命最高，西北、西南地区的人口平均预期寿命较低，最高和最低相差10岁左右。华北、东北两地区的人口平均预期寿命相差甚少，中南地区人口平均预期寿命略低，而西北、西南地区人口平均预期寿命远低于其他地区。这些差异从已故的孙敬之教授任主编《中国人口（总论）》及各省区的系列著作亦可以看出。

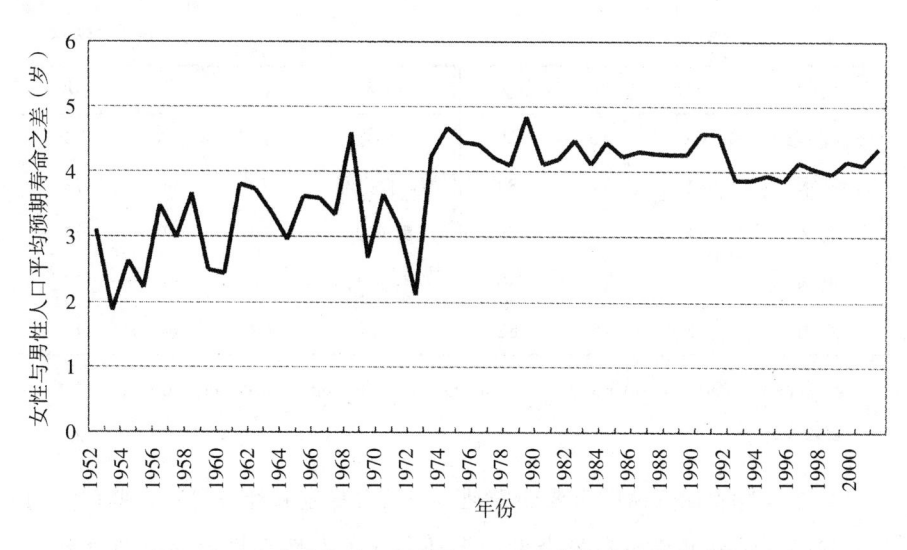

图 5—2　上海市女性与男性人口平均预期寿命之差变化曲线

绘图数据来源：2000 年上海统计年鉴。

（五）国际比较

与世界人口平均预期寿命的比较看（表 5—18），2000 年世界人口的平均预期寿命为 67 岁，发达国家和地区为 75 岁，发展中国家和地区为 64 岁。其中日本 81 岁，中国香港 80 岁，澳大利亚 79 岁，加拿大 79 岁，美国 77 岁，德国 77 岁。中国人口的平均预期寿命比世界平均水平高 4 岁，比发展中国家和地区高 7 岁，但同发达国家和地区比较还有差距，约低 4 岁。

表 5—18　中国与世界各地平均预期寿命（岁）比较（2000 年）

国家	合计	男	女	国家	合计	男	女
中国	71	69	73	俄罗斯	67	61	73
世界	67	65	69	非洲	52	51	53
发达国家	75	72	79	埃及	65	64	67
发展中国家	64	63	66	赞比亚	37	37	38
发展中国家*	62	61	64	大洋洲	74	72	77
亚洲	66	65	68	澳大利亚	79	76	82
印度	61	60	61	北美洲	77	74	80

续表

国家	合计	男	女	国家	合计	男	女
印度尼西亚	64	62	66	美国	77	74	79
日本	81	77	84	拉丁美洲	70	66	73
欧洲	74	70	78	墨西哥	72	69	75
英国	77	74	80	南美洲	69	66	73
法国	78	75	82	巴西	68	64	71

数据来源：2000 World Population Data Sheet of Population Reference Bureau。

* 不含中国

影响平均预期寿命的重要因素是各国社会稳定和经济状况，典型实例是，1990～1994年俄罗斯社会发生大动荡，男女性平均预期寿命分别从63.8岁和74.4岁，下降到57.7岁和71.2岁，同期美国则分别从71.8岁和78.8岁提高到72.4岁和79.0岁。这段时间中国平均预期寿命增加很快，男女性平均预期寿命都增加了近2岁。半个世纪以来，世界人口的平均预期寿命由47岁升至66岁，增长40%；中国人的平均预期寿命却由35岁升至71.4岁，增长逾100%。根据英国、法国、美国等经济发达国家的资料计算，他们的人口平均预期寿命从41岁提高到64.6岁，用了整整100年的时间，平均每10年增长2.36岁。与之相对应，中国的人口平均预期寿命从35岁提高到68.5岁却仅用了新中国成立以后的40年时间，且在经历了这个高速跨越后，最近10年平均增寿2.85岁，仍然保持了较好升势。这数字是来之不易的。10年间，中国经济实力迅速增强，国内生产总值首次突破1万亿美元；人均国内生产总值超过800美元，人民生活实现"小康水平"，超额完成了"翻两番"的任务，顺利实现了现代化发展的第二步战略目标。经济的发展由此带来医疗卫生水平的提高、生活方式的健康化、人居生态环境的改善、老龄人口颐养的保障，等等，都是中国人口平均预期寿命增高背后的强大支撑。

二 去死因寿命的动态变化

去死因寿命计算方法是，先计算去某死因后各年龄组的死亡概率，然后，按全死因预期寿命计算公式计算而得。评价主要死因对平均预期寿命的影响更直观的一种表达为减寿年数或增寿年数，为去某死因寿命与平均预期寿命之差。

各死因对平均预期寿命的影响可以从下图5—3宋桂香等报道的1951~1980年主要死因对平均预期寿命的影响发现：呼吸系统疾病、消化系统疾病和意外死亡减寿年数历年变化不大，基本上维持在一个水平；从1960年开始，男女均是循环系统疾病居于首位；7组死亡原因男女减寿年数对比可见，1951年除意外死亡外，女性都大于男性，1980年则相反；1951年减寿年数最高的三组死因是传染病及寄生虫病、结核病和循环系统疾病，而到1980年是循环系病、肿瘤和呼吸系统疾病。

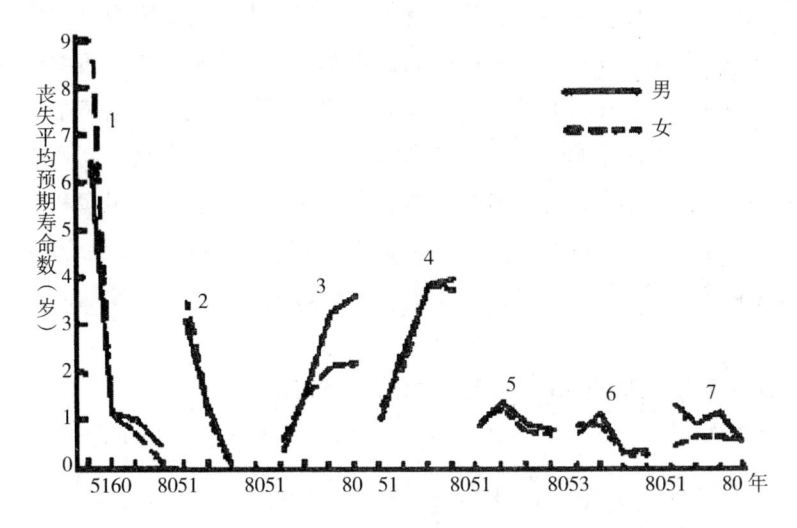

1. 传染病及寄生虫病 2. 结核病 3. 肿瘤 4. 循环系病
5. 呼吸系病 6. 消化系病 7. 意外死亡

图5—3 七组死因丧失的寿命数（上海，1951~1980）

到了90年代各死因对平均寿命的影响顺位与1980年的这一状况并无多大变化。据李茂等的报道，长沙市城区1992~1996年居民平均期望寿命为男性71.26岁，女性75.36岁；对居民寿命影响最大的仍是心脑血管疾病，去除该死因后，可提高寿命7.58岁；其后依次是肿瘤、呼吸系疾病、意外死亡和消化系疾病（见表5—19）。可见积极防治心脑血管疾病对平均期望寿命的提高至关重要。

表5—19　　长沙市城区 1992~1996 年居民去除主要死因后增加寿命　（岁）

死因类别	男性 去死因寿命	男性 增加寿命	女性 去死因寿命	女性 增加寿命	合计 去死因寿命	合计 增加寿命
心脑血管病	77.63	6.37	83.87	8.51	80.77	7.58
肿瘤	73.74	2.48	77.06	1.70	75.36	2.17
呼吸系疾病	72.49	1.23	76.93	1.57	74.61	1.42
意外死亡	72.20	0.94	75.94	0.58	73.97	0.78
消化系疾病	71.61	0.35	75.60	0.24	73.50	0.31

由上可见，随着社会和经济的发展，人民生活水平的不断提高，中国疾病模式已经从传染性疾病转换到退行性疾病。人们既要重视日常生活合理的营养，还应增强自我保健意识和保健能力。必须从系统的角度对待现代卫生服务问题。在新时期需要加强对高危人群的检测，对脑卒中、心脏病、高血压、恶性肿瘤、阻塞性肺部疾患、糖尿病等高发病、高死亡、高伤残的慢性病要做到早发现、早诊断、早治疗。这些疾病中很多和行为与生活方式密切相关，因而需加强健康教育，倡导良好的生活方式、心理、行为和习惯。进一步增进人民健康水平，提高中国人口平均预期寿命。

三　寿命表死亡概率及生存人数的动态变化

死亡概率（q_x）表示同时出生的一代人死于某年龄段的概率，为寿命表死亡人数（$_nd_x$）与生存人数（l_x）之比。它通常由年龄别死亡率（$_nm_x$）推算。

从下面的 1953 年、1964 年和 1985 年上海市某区居民寿命表死亡概率（$_nq_x$）半对数图（图5—4）可以看出死亡概率曲线呈"V"字形。各个年代死亡概率的变化基本类似：婴儿死亡概率高，10 岁左右为低谷，以后又逐渐上升，至 50 岁（或 40 岁）以后，死亡概率成倍上升。男女性死亡概率变化规律一致，死亡概率在性别间有差异。各年代死亡概率的变化发展速度比较可以看出：总体上尤其男性各个年龄组的死亡概率都随着时代发展社会进步而变小。

生存人数（l_x）是寿命表中的另一个指标，表示活到准确年龄即整周岁年龄 x 的人数，它反映在一定年龄别死亡率的一代人的生存过程。除寿

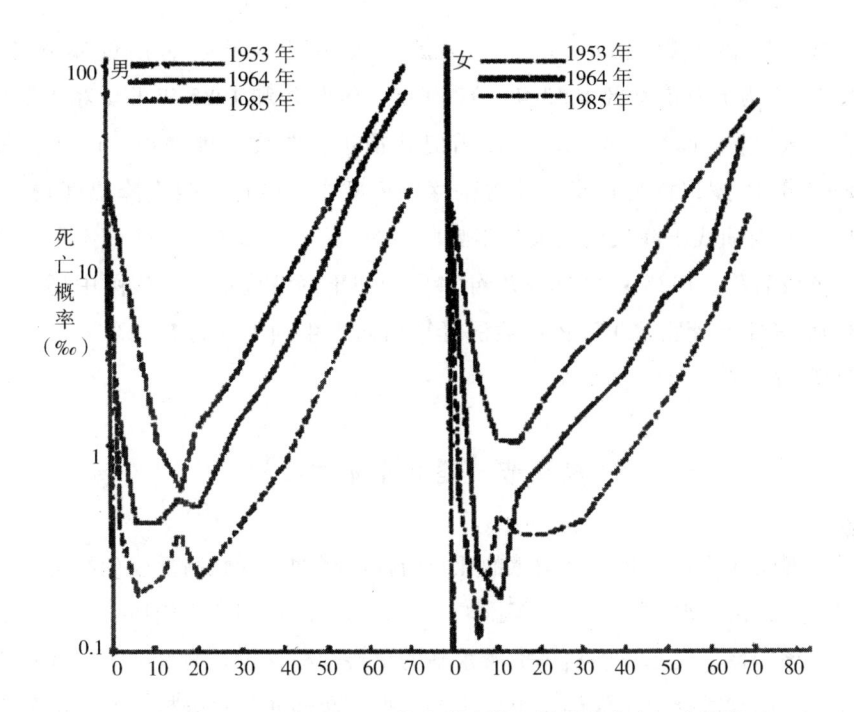

图 5—4 1953 年、1964 年和 1985 年上海市某区居民寿命表死亡概率（$_nq_x$）

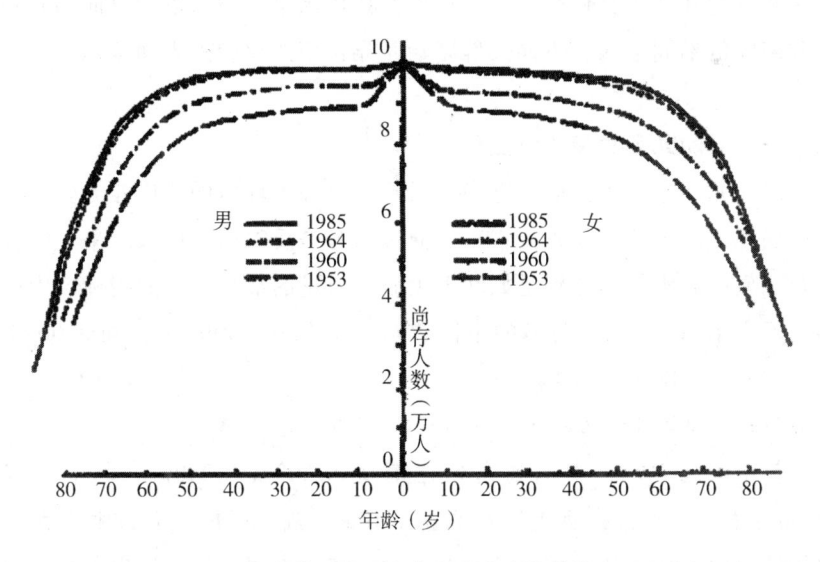

图 5—5 上海市某区居民寿命表尚存人数曲线 l_x（万人）

命表中基数即出生人数 l_0 为任意选定的值之外（一般设为 100 000），其余各年龄的尚存人数 l_x 均是从 l_0 依年龄序列推算出来的。计算同时出生一代人尚存半数人口（l_{50}）时年龄的大小可以反映居民健康水平。图5—5为上海市某区1953年、1960年、1964年和1985年男女寿命表尚存人数（l_x）曲线。可以看出随着时代前进，曲线高度增加。1953年和1960年10岁以前死亡率高使得生存概率减少，尚存人数下降幅度较大。1953年时曲线下降坡度最大的年龄段为50岁，之后曲线下降坡度最大的年龄段后移，1985年为60~70年龄组曲线下降坡度最大。该图中还可以根据1981年死亡水平，依内插法计算出新出生的男婴将有一半人可以活过73.71岁。

第三节 婴幼儿死亡率[①]

婴幼儿死亡率是一个敏感的死亡指标，婴幼儿死亡高低受到社会发展水平、经济状况和卫生条件等影响，尤其与妇幼保健工作的质量有关。因此，该指标不仅是反映居民健康水平的重要指标，也是衡量一个国家社会经济发展与医疗卫生保健水平的重要依据。婴幼儿死亡分析主要包括死亡率水平分析和死因分析两部分。婴幼儿死亡水平分析可以从纵向的趋势分析和横向的不同地区、不同人群婴幼儿死亡率的比较三方面考虑。

一 婴幼儿死亡率总体变化

婴幼儿期，由于机体发育尚未成熟，对外界环境的适应能力较差，容易因病死亡。因此，婴儿死亡率一向被认为是反映居民健康水平、社会经济及卫生服务水平，特别是妇幼卫生服务质量的最为敏感的指标。中国的婴儿死亡率50年来有明显的下降，从解放初期200‰左右到2000年的32‰左右，下降了80%以上。

（一）新中国成立之初的婴幼儿死亡率

新中国成立前，中国婴儿死亡率高达200‰~250‰，其中大城市120‰左右，农村及边远地区可高达300‰。新中国成立后，由于大力加强妇幼保健工作，特别加强孕产期保健，健全组织，培训接生人员，推行新法接生，大力防治婴幼儿传染病、常见病、多发病，从而使婴儿死亡率

[①] 本节与彭猛业共同完成。

迅速下降。1954 年 14 省市 5 万余人的调查结果显示，婴儿死亡率为 138.5‰。1958 年 19 省市调查为 80.8‰，其中城市 50.8‰，农村 89.1‰。在 1959~1961 年三年困难时期，各地人口损失程度差异很大。国外学者班尼斯特对当时的婴儿死亡率有一个估计，1960 年为 284‰。然而这个估计值可能偏高，因为在困难时期人口出生率大幅度下降，在饥荒严重的地区出生的婴儿很少，能生下的婴儿应该受到相当的重视。世界银行对当时的婴儿死亡率也有个估计数，1960 年在 165‰左右，这个估计值比班尼斯特的要低得多。江西省 1960 年婴儿死亡率为 104‰，但江西是在困难时期人口损失比较少的省份。在人口损失最严重的河南省，1960 年的婴儿死亡率与班尼斯特估计的全国数字接近。随着经济的复苏，中国婴儿死亡率水平又有了很大的下降。班尼斯特估计 1962 年全国婴儿死亡率为 89‰，1963 年为 87‰。城市的婴儿死亡率明显低于全国水平。1950 年北京市婴儿死亡率为 95.5‰，上海市为 82.1‰。1952 年北京市城区婴儿死亡率下降至 65.7‰，上海市区下降至 81.17‰。1962 年北京市城区为 21.7‰，上海市区为 20.69‰。1965 年北京市婴儿死亡率为 27.9‰，上海市为 13.0‰。

(二) 七八十年代婴幼儿死亡率

1973~1975 年全国 29 个省、市、自治区死亡原因回顾调查结果表明，婴儿死亡率下降至 47.04‰。1950 年至 1980 年，中国婴儿死亡率的年平均下降速率在 5.0%以上，此下降速率既快于同期发展中国家平均下降速率 (2.5%)，也快于发达国家年平均下降速率 (4.6%)。1982 年全国人口普查的结果表明，婴儿死亡率已降至 34.08‰。1983 年国家儿童情况抽样调查结果为 30.0‰。1985 年全国 36 个市 72 个县，近 1 亿人口居民死亡原因调查结果表明，婴儿死亡率城市为 14.0‰，农村为 25.1‰，1989 年对 1985 年调查点的调查表明，婴儿死亡率城市已降至 13.8‰，农村为 21.7‰。

(三) 90 年代中国婴幼儿死亡率

儿童是祖国的未来，中国政府一贯重视儿童的健康成长。为了常规地获得真实可靠的婴幼儿死亡数据，1991 年中国卫生部成立了国家儿童死亡监测网，该网覆盖全国 81 个监测点。1995 年以来，至少有 24 省增加了省内监测点。1995 年孕产妇死亡监测网同儿童死亡监测网合并，覆盖面达到116个县。历年的监测数据表明，90年代以来，中国的婴儿死亡率、5岁以下儿童死亡率的年平均下降速率分别为6.50%和5.85%。目前，没有一个人均年收入和中国相近的国家降低到如此水平。截至2000年，全国婴儿死亡率下降到32.30‰，城市下降到11.80‰，农村下降到37.00‰。值得注意的是，中国1991年以来监测获得的婴儿死亡率水平明显高于1990年第四次人口普查以及70、80年代获得的婴儿死亡率水平，这可能与以往统计中婴儿死亡漏报率较高有关。

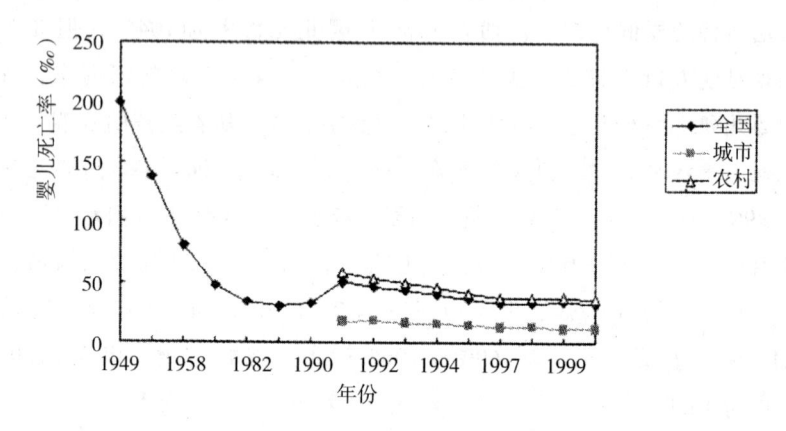

图5—6 半个世纪以来中国城乡婴儿死亡率的变化图

说明：上图中1990年以前的数据来源于全国性抽样调查以及第三、第四次人口普查。1991年以后的数据为卫生部监测数据。

（四）国际比较

由于历史和地理原因，世界各国经济发展、卫生状况等差别很大，由此造成不同国家和地区婴儿死亡率水平相差悬殊。由表5—20可以看出，发达国家婴幼儿死亡率水平明显低于发展中国家。中国婴幼儿死亡率水平低于发展中国家的平均水平。

由联合国提供的数据可知，2000年婴儿死亡率由低到高排列，居于前五位的是瑞典（3.49‰）、冰岛（3.58‰）、新加坡（3.65‰）、芬兰（3.82‰）和日本（3.91‰）；排在最后五位的国家是安哥拉（195.78‰）、阿富汗（149.28‰）、塞拉利昂（148.66‰）和莫桑比克（139.86‰）。列表的227个国家中，中国的婴儿死亡率为第123位。

90年代以来世界各地区婴幼儿死亡率的下降幅度较大，10年中全球婴儿死亡率下降了10.94%，5岁以下儿童死亡率下降了10.75%。

从过去 10 年的下降速度来看，北非婴儿死亡率和 5 岁以下儿童死亡率下降最快，均在 38% 以上，高于发达地区的下降速度；下降速度最慢的是大洋洲，婴儿死亡率和 5 岁以下儿童死亡率的下降速度分别为 1.49% 和 2.11%。中国的儿童死亡监测数据表明，与 1991 年相比，2000 年中国新生儿死亡率下降了 31.11%，婴儿死亡率下降了 35.85%，5 岁以下儿童死亡率下降了 34.92%，各项指标已经接近或超过了发达地区同期下降水平。世界银行《2000/2001 世界发展报告》公布的数据显示，1999 年中国人均 GNP 为 3 291 美元，排世界 206 个国家中第 128 位，相当于世界人均水平（6490 美元）的一半；美国人均 GNP 为 30 600 美元，居世界第四位，相当于中国人均 GNP 的 9.3 倍。作为一个中下收入国家，中国的儿童健康事业能取得如此大的成就，这与中国政府一贯重视儿童的健康成长，合理地分配和利用卫生资源是分不开的。

表 5—20　　中国与世界各国与地区婴儿死亡率（‰）
（估计值）的比较，2000 年

排序	国家/地区	婴儿死亡率	排序	国家/地区	婴儿死亡率
1	瑞典	3.49	123	中国	28.92
3	新加坡	3.65	133	泰国	31.48
5	日本	3.91	208	刚果	101.71
11	法国	4.51	220	索马里	125.77
26	（大不列颠）联合王国	5.63	226	阿富汗	149.28
39	美国	6.82	227	安哥拉	195.78

资料来源：United States Central Intelligence Agency, The World Factbook 2000。

二　婴幼儿死亡的分布差别

（一）地区差别

从全国范围来看，中国儿童的健康状况存在明显的地区差异，总的趋势是边远地区婴幼儿死亡率高于内地和沿海；西南、西北、中南地区高于华东、华北、东北，京津沪地区最低。近 50 年来，各地婴幼儿死亡率的下降速度也存在明显的地区差异。

表 5—21　　中国各大区和一些选择省、市、自治区婴儿死亡率（‰），1940～1988 年

省、市、自治区	1940~	1950~	1960~	1970~	1980~	80年代与50年代之比(%)
全国	—	125.1	74.4	—	39.3	—
京津沪	73.6	64.9	23.2	23.7	14.5	22.3
东北	120.0	69.8	45.2	28.7	22.9	32.8
华北	193.0	88.4	64.6	49.8	29.9	33.8
华东	181.6	114.8	66.2	43.7	32.5	28.3
中南	279.0	137.2	81.0	41.5	43.0	31.3
西南	504.1	182.6	106.1	67.3	57.5	31.5
西北	354.5	150.4	86.8	64.6	51.6	34.3
天津	—	42.0	34.1	20.1	17.8	42.4
辽宁	125.0	68.8	41.8	24.4	13.5	19.6
河北	250.0	73.3	60.4	40.4	24.9	34.0
浙江	222.2	96.9	55.7	41.6	30.8	31.8
湖北	666.7	179.0	86.2	50.3	54.3	30.3
海南	—	119.7	33.7	26.1	32.1	17.6
四川	500.0	182.6	91.2	59.6	36.7	20.1
云南	500.0	215.5	120.5	73.9	76.3	35.4
宁夏	333.3	162.3	83.4	59.5	32.0	19.7
新疆	111.1	215.6	110.2	111.0	100.7	46.7

资料来源：高尔生、李鲁、宋桂香主编：《婴儿死亡率研究》，1997 年。

表 5—21 显示了 20 世纪 40～80 年代中国各省、自治区、直辖市婴儿死亡率。50 年代不同地区婴儿死亡率差异很大，云南省、新疆维吾尔自治区婴儿死亡率高达 216‰，而天津的婴儿死亡率只有 42.0‰，前者是后者的 5.14 倍。60 年代，婴儿死亡率高达 100‰ 以上的有贵州省（128.7‰）、云南省（120.5‰）、湖南省（112.2‰）、新疆维吾尔自治区（110.2‰），上海市婴儿死亡率最低为 23.6‰，最高和最低之间仍相差

5.45倍。七八十年代，除新疆维吾尔自治区婴儿死亡率仍高达100‰以上外，其他地区均在80‰以下，各地区间的差异在逐渐缩小。在过去的近30年中，各地婴儿死亡率下降速度也各不相同。北京市、上海市、辽宁省、海南省、四川省和宁夏回族自治区婴儿死亡率下降幅度较大，80年代的婴儿死亡率为50年代的1/5或不到；下降速度相对较慢的有贵州省和黑龙江省，80年代婴儿死亡率为50年代的1/2。

进入90年代，由于各地发展不平衡，贫富差距有进一步拉大的趋势，各地卫生事业的发展也极不平衡。尽管在最近10年中，全国、城市、农村新生儿、婴儿、5岁以下儿童死亡率都有较为明显的下降，但不同地区的下降速度仍存在较大的差距。2000年中国新生儿死亡率下降到22.8‰，婴儿死亡率下降到32.2‰，5岁以下儿童死亡率下降到39.7‰，但贫困地区婴幼儿死亡状况仍令人堪忧。中国9省、直辖市中299个贫困县5岁以下儿童死亡率调查显示，1992～1993年中国5岁以下儿童死亡率为53.1‰～57.4‰，而贫困地区5岁以下儿童死亡率远远高于全国的平均水平，其中云南省、广西壮族自治区、青海省和重庆市的贫困县仍高达100‰以上。1997年这些贫困地区5岁以下儿童死亡率有了明显下降，但仍高于全国42.3‰的平均水平，部分地区与中国2000年的奋斗目标仍有较大的差距。近年来，在联合国儿童基金会的合作下，对中国边远地区三百个贫困县进行了初步摸底调查结果表明，婴儿死亡率有的可高达70‰～90‰，一般均在50‰以上，充分反映了中国婴儿死亡率分布不均匀的现状。由此可见，这些贫困地区在降低婴幼儿死亡率方面还需要做大量工作。

(二) 城乡差别

城乡婴幼儿死亡率存在差别，农村婴儿死亡率高于城市已被认为是一种普遍现象。造成城乡婴儿死亡率差别的根本原因是城乡的经济水平不同。发展中国家同一地区的城市和农村，其经济水平城市高于农村。经济水平高，人民生活好，身体素质好，自我保健意识亦强，婴幼儿死亡率也就低。因此，可以认为婴幼儿死亡率的城乡差别是城乡社会经济、文化教育及医疗卫生事业发展不均衡的结果。

中国城乡婴幼儿死亡率亦符合农村高于城市这个普遍规律。据1988年全国卫生统计年报，将城市分为大、中小两类，农村则根据社会经济发展状况分为三类地区，大城市婴儿死亡率为 12.66‰，中小城市为 18.08‰，一类农村（如京、津、沪部分县及江、浙部分县）为 21.04‰，二类农村（如江西、湖北、广东等部分县）为 26.27‰，三类农村（即甘肃、安徽、贵州部分县）为 48.8‰。1998 年监测评估数据表明，儿童死亡率的城乡差距较大，贫困地区的儿童死亡率较高。如重庆市婴儿死亡率，城市为 13.61‰，农村为 24.78‰；五岁以下儿童死亡率城市为 19.60‰，农村为 34.29‰。陕西全省婴儿死亡率为 32.9‰，10 个贫困县平均为 59.40‰；全省五岁以下儿童死亡率为 36.64‰，10 个贫困县平均为 73.22‰。

但半个世纪来，这种城乡差异呈现逐渐缩小的趋势。由表 5—22 可以看出，50 年代，婴儿死亡率的城乡差异特别显著。西南地区城乡绝对差异高达 100.6‰，京津沪城乡差异也高达 48.7‰。60 年代，西南地区城乡绝对差异已急剧下降至 52.4‰，京津沪城乡差异则降至 18.9‰。70 年代，除西北的城乡差异仍高达 40.5‰外，其他地区的城乡差异均降至 26‰以下。80 年代，除中南、西南地区城乡差异还大于或等于 20‰外，其他地区的城乡差异已降至 17‰以下，而京津沪城乡差异仅有 3.3‰。中国监测地区的资料显示，90 年代婴幼儿死亡率在 10 年间的变化，新生儿死亡率的城乡差异由 1991 年的 25.4‰下降到 2000 年的 16.3‰，婴儿死亡率由 40.7‰下降到 25.2‰，5 岁以下儿童死亡率由 71.1‰下降到 45.7‰，各项指标的下降率均在 36% 以上。中国城乡婴儿死亡率的这一变化，与区域经济文化之发展，尤其与农村经济的发展有关。从上海婴儿死亡率的城乡差异变化来看，差异呈现越来越小的变化趋势，甚至出现 1994 年以后城市高于农村的情况。

表 5—22　中国各大区域城乡婴儿死亡率的城乡差别（‰），1940~1988 年

地区	出生队列				
	1940 ~	1950 ~	1960 ~	1970 ~	1980 ~
京津沪	24.9	48.7	18.9	9.7	3.3
东北	94.7	45.6	33.4	11.5	5.0
华北	—	29.2	32.6	24.2	6.5
华东	—	65.9	36.3	25.6	15.8

续表

地区	出生队列				
	1940~	1950~	1960~	1970~	1980~
中南	89.0	64.8	39.3	19.0	21.6
西南	—	100.6	52.4	23.1	20.8
西北	—	42.3	51.0	40.5	16.6

资料来源：高尔生、李鲁、宋桂香主编：《婴儿死亡率研究》，1997年。

尽管中国婴幼儿死亡率的城乡差异呈现缩小的趋势，但这种城乡差异仍是不可忽视的。要将中国婴幼儿死亡率水平降低到接近发达国家的水平，就要进一步降低农村婴儿死亡率，则这种城乡差异也就会进一步降低。只有这样，才能真正实现城乡儿童享有同等的健康权。

表5—23　　　　　上海市城乡婴儿、新生儿死亡率　　　　　（‰）

年份	婴儿死亡率率			新生儿死亡率		
	市区	郊县	差别	市区	郊县	差别
1977	11.20	16.15	4.95	7.57	9.64	2.07
1980	10.34	15.70	5.36	6.80	9.84	3.04
1985	12.59	15.89	3.30	8.48	10.55	2.07
1990	10.49	11.61	1.12	6.72	7.83	1.11
1995	10.90	8.63	-2.27	6.12	6.53	0.41

资料来源：高尔生、李鲁、宋桂香主编：《婴儿死亡率研究》，1997年。

（三）性别差异

人类固有遗传特征决定了一般情况下男性的出生比例高于女性。出生性别比为1.03~1.07∶1.00。同时男婴的死亡率高于女婴，直至成年期形成性别的生物学平衡。按照国际公认的男女性婴幼儿死亡水平的比值（以下简称死亡性别比）标准，男性与女性婴儿死亡率的比值在1.2~1.3之间，男性与女性幼儿（1~4岁）死亡率的比值在1.0~1.2之间。

50~80年代，中国婴儿死亡率的性别差异，在符合这个男高女低规律的同时，随着年代的增加，差异呈缩小趋势，1944~1949年死亡性别比为1.31,到1985~1987年降低为1.03。死亡性别比略低于国际公认的标准值。

表5—24　中国婴儿死亡率的性别差异,1944~1987年

年份	男婴死亡率(‰)	女婴死亡率(‰)	男女比值	男女差值
1944~1949	226.48	172.38	1.31	54.10
1955~1959	123.67	112.78	1.10	10.89
1965~1969	66.57	59.84	1.11	6.73
1975~1979	45.11	40.84	1.10	4.27
1985~1987	37.58	36.48	1.03	1.10

资料来源:高尔生、李鲁、宋桂香主编:《婴儿死亡率研究》,1997年。

20世纪80年代末90年代初,婴幼儿死亡性别模式发生了一些改变。根据中国1990年人口普查1%抽样数据,1989年出生队列中,男婴死亡率为29.1‰,女婴死亡率为37.3‰,女婴死亡率比男婴高出8.2个千分点,是男婴死亡率的128%,而正常情况下女婴死亡率应明显低于男婴。如果假设正常情况下男女婴儿死亡率的比值应在1.3:1,则1990年人口普查统计的1989年出生女婴在1990年年中以前超常死亡的人数(可能包括部分被故意错报成已死亡的尚存活弃婴)为18万人左右。表5—25显示,1981~1990年,尽管5岁以上各年龄组女性人口死亡率的下降幅度均大于男性人口;但0岁组女婴的死亡率却反而有所上升,至1990年已明显高于男婴的死亡率;1~4岁女性幼儿的死亡率也一直高于男性。上述现象表明5岁以下,尤其是1周岁以下的女婴死亡率异常偏高。

表5—25　1981年和1990年分性别的年龄别死亡概率的比较

年龄(岁)	1981年 男	1981年 女	比值	1990年 男	1990年 女	比值
0~	0.0361	0.0342	1.06	0.0313	0.0369	0.85
1~	0.0160	0.0177	0.90	0.0098	0.0109	0.90
5~	0.0065	0.0054	1.20	0.0042	0.0033	1.27
10~	0.0039	0.0037	1.05	0.0032	0.0024	1.33

续表

年龄（岁）	1981 年			1990 年		
	男	女	比值	男	女	比值
15 ~	0.0054	0.0047	1.15	0.0052	0.0043	1.21
20 ~	0.0071	0.0067	1.06	0.0074	0.0064	1.16
期望寿命	66.4	69.3	0.96	67.6	70.9	0.95

资料来源：1. 中国人口情报研究中心编：《中国人口资料手册》，1987年。
2. 路磊、魏小凡：《中国1990年简略生命表》，《人口研究》，1992年第1期。

婴幼儿死亡率性别差异是由生物因素和社会因素共同决定的，由于女性婴幼儿在健康方面较男性婴幼儿具有生物学优势，在只有生物因素作用时，女孩的死亡率应低于男孩。因此，在分析婴幼儿死亡率性别差异，判断女性婴幼儿死亡率是否偏高时，首先需要确定只受生物因素作用时的死亡率性别差异的标准值。目前比较公认的是 Hill - Upchurch 标准。这是 Kenneth Hill 和 Dawn M. Upchurch 利用19世纪至20世纪欧洲西北部国家婴幼儿死亡数据构造的、认为是没有性别偏好的婴幼儿死亡率性别比标准。根据 Hill - Upchurch 标准，不同水平的男性5岁以下儿童死亡概率都对应有一个标准的死亡率性别比，婴儿死亡率女 - 男性别比介于0.767到0.846，1~4岁幼儿死亡概率的性别比为0.814到0.966。在判断婴幼儿死亡率性别差异是否超出正常范围时，以 I 作为女性婴幼儿生存劣势指标，I 等于实际的女 - 男死亡率性别比减去 Hill - Upchurch 标准值的差。对于婴儿死亡率女 - 男性别比相对于 Hill - Upchurch 标准值超出的水平用 I（0）表示；对于幼儿死亡概率女 - 男性别比超出的水平用 I（4）表示。如 I 为正值，则表示女性婴幼儿死亡率偏高。

90年代以来，女性婴儿死亡率相对男性婴儿偏高的现象仍持续存在，甚至有加重的趋势（表5—26），并且这种反常现象存在着明显的地区差异和城乡差别。表5—27显示，I（0）大于0.4的有浙江、福建、江西、山东、河南、广西，说明这些省份女性婴幼儿死亡率偏高较为严重。表5—28显示，在大城市、中小城市和一类农村，实际的婴幼儿死亡率女—男性别比与 Hill - Upchurch 标准值相差不大，而二类农村和三类农村超出标准的幅度较显著，尤其是在三类农村。因此，可以认为女性婴幼儿的生存劣势主要存在于农村地区，尤其是在三类农村。

表 5—26　　　　90 年代全国婴幼儿死亡率的性别差异

年份	婴儿死亡率实际女-男性比	I（0）	幼儿死亡率实际女-男性比	I（4）
1990	1.15	0.38	1.06	0.23
1992	1.36	0.59	1.31	0.48
1995	1.31	0.54	0.93	0.10
1997	1.31	0.53	0.99	0.16
1999	1.33	0.56	0.84	0.01

资料来源：1. 1990 年数据来源于第四次全国人口普查。
2. 1992 年数据来源于 1992 年生育率抽样调查。
3. 1995 年、1997 年和 1999 年数据来源于该年全国人口变动情况抽样调查。

表 5—27　　　　中国 1990 年分省婴幼儿死亡性别差异状况

省区名	5 岁以下儿童的死亡概率	婴儿死亡率女-男之比	1~4 岁儿童死亡率女-男之比	I（0）	I（4）
北京	0.0135	0.856	1.000	0.097	0.208
山西	0.0270	0.995	0.889	0.227	0.071
上海	0.0171	0.805	0.789	0.043	-0.010
浙江	0.0251	1.209	0.879	0.441	0.064
福建	0.0310	1.356	1.237	0.586	0.413
江西	0.0561	1.391	1.273	0.611	0.414
广西	0.0408	2.256	1.204	1.482	0.365
四川	0.0553	1.156	1.154	0.376	0.297
云南	0.0963	0.976	1.078	0.184	0.185
陕西	0.0323	1.049	1.000	0.278	0.174
新疆	0.0942	0.851	0.996	0.060	0.104

资料来源：韩世红、马敏：《关于中国婴幼儿死亡性别模式异常的研究》，《中国卫生统计》，1999 年。

表 5—28　　　90 年代中国婴幼儿死亡率按城乡分布的性别差异

地区类型	婴儿死亡率 I(0) 范围	婴儿死亡率 I(0) 中位数	1~4岁幼儿死亡率 I(4) 范围	1~4岁幼儿死亡率 I(4) 中位数
大城市	0.04~0.16	0.09	-0.03~0.10	0.02
中小城市	0.02~0.21	0.12	0.03~0.22	0.13
一类农村	-0.21~0.25	0.16	-0.21~0.04	-0.04
二类农村	0.18~0.35	0.21	0.05~0.23	0.11
三类农村	0.27~0.64	0.42	0.17~0.34	0.24

资料来源：90 年代全国卫生统计年报。

将中国的婴幼儿死亡率性别差异与 35 个发展中国家的数据进行比较（见表 5—29）。将 I(0) 和 I(4) 从低到高排序，中国的 I(0) 在 36 个国家中是最高的，I(4) 则排在第 23 位。由此可见，和其他发展中国家相比，中国女性婴幼儿死亡率偏高的程度相当严重。如果以上结果能够得到进一步的证实，则意味着部分女孩受到明显的忽视、伤害。由于普查和抽样调查收集的有关婴儿死亡率的数据质量不够可靠，还不能仅凭此作出十分肯定的结论，故对上述分析结果应采取慎重的态度。

表 5—29　　　各发展中国家婴幼儿死亡率性别差异程度的比较

I(0)的排序	国家	I(0)	I(4)	I(4)的排序	I(0)的排序	国家	I(0)	I(4)	I(4)的排序
1	斯里兰卡	-0.153	0.139	21	25	马拉维	0.088	-0.049	4
5	布隆迪	-0.054	0.190	29	30	马达加斯加	0.168	0.027	8
10	加纳	0.015	0.090	17	33	哥伦比亚	0.203	-0.327	1
15	苏丹	0.040	0.097	19	34	约旦	0.249	0.090	18
20	马里	0.062	0.083	14	36	中国	0.530	0.156	23

中国的数据为 1990 年、1992 年、1995 年、1997 年和 1999 年这 5 年的中位数，其他 35 个发展中国家的数据是 Hill 和 Upchurch 利用自 1984 年以来"人口与健康调查"的资料计算得到的。

（四）时间差别

1．新生儿死亡的周龄、日龄分布

新生儿死亡率的高低与孕妇保健、产科服务及新生儿护理工作质量有关。这些因素又决定于社会经济状况及医学科技发展水平。由于新生儿死亡在婴儿死亡中占很大比重，降低婴儿死亡率的工作重点应放在降低新生儿死亡率方面。

新生儿死亡若按周龄分布，死于第一周的占 71.7%，第二周降至 16.9%，到第四周只相当第一周的 1/20 左右，占 3.9%；若按日龄计算，死于出生当天的占 33.80%，死于前三天的占 50.76%（表 5—30）。上述分布城乡基本趋于一致，但大城市日龄分布的首日死亡比例和周龄分布的第一周死亡比例均略高于中小城市和农村，分别为 36.3%、33.2%、33.5% 和 75.5%、72.4% 及 71.4%。

表 5—30　　　　中国新生儿死亡日龄分布（%），1986

日龄	合计	男	女	大城市	中小城市	农村
0~	33.80	33.97	33.60	36.34	33.22	33.53
1~	9.37	9.64	9.05	9.81	9.17	9.33
2~	7.59	7.91	7.19	10.14	8.17	7.41
3~	6.89	6.75	7.06	6.13	6.82	7.00
4~	4.91	4.95	4.86	4.79	5.59	4.81
5~	4.57	4.46	4.71	4.35	4.92	4.67
6~	4.55	4.67	4.41	3.90	4.47	4.62
7~13	16.89	16.76	17.03	14.72	15.65	17.13
14~20	7.50	7.26	7.81	6.91	7.94	7.57
21~27	3.92	3.63	4.28	2.90	4.03	3.93
合计	100.00	100.00	100.00	100.00	100.00	100.00

资料来源：高尔生、李鲁、宋桂香主编：《婴儿死亡率研究》，1997 年。

上海市新生儿死亡的周龄分布与全国分布趋势相似，1991~1995 年早期（即第一周）新生儿死亡占新生儿死亡的 74.22%，市区 69.38%，郊县 79.95%。早期男性新生儿死亡占男性新生儿死亡 74.18%，市区 69.83%，郊县 79.10%。早期女性新生儿死亡占女性新生儿死亡 74.26%，市区 68.90%，郊县 80.46%。市区都低于郊县。无论市区或郊县，男或女，新生儿各周龄死亡构成比，随周数的增加呈下降趋势。第一周占到 70% 以上，第二周约为第一周的 1/6，以后各周呈 2/3 趋势下降。

上海市新生儿早期（第一周）死亡的日龄分布高于全国平均水平和全国大城市平均水平。1991～1995年发生在产后第一天死亡占早期新生儿（出生后7天内）死亡41.91%，市区38.87%，郊县45.03%；以后随天数的增加其构成比下降。发生在产后第一天男婴死亡占早期男婴新生儿死亡41.05%，市区39.52%，郊县42.57%，市区低于郊县。发生在产后第一天女婴死亡占早期女婴新生儿死亡42.87%，市区39.52%，郊县47.88%，也是市区低于郊县。

早期新生儿死亡构成比中，市区与郊县、男与女之间相差不大，基本上新生儿死亡构成比第一天都将近40%左右，第二天是第一天的1/2，第三天是第二天的2/3，第四天是第三天的2/3，第五天是第四天的2/3，第五、六和七天相差不大。

2. 婴儿死亡的月龄分布

婴儿死亡的月龄分布规律总体上表现为婴儿死亡以新生儿（0～27天）死亡最多。1986年卫生部抽样调查数据显示，婴儿死于第一月占68.04%。

表5—31显示，婴儿死亡率的月龄分布以未满一个月的新生儿为多，占2/3左右。以后死亡比例迅速下降，满月后第一个月婴儿死亡只占8.53%，第二个月占5.51%，满六个月后各月百分比均在2%以下，死亡时月龄在6个月以上者，只占婴儿死亡总数的9%左右。

表5—31　　　　中国婴儿死亡月龄分布（%），1986年

月龄	合计	男	女	大城市	中小城市	农村
0～28天	68.04	68.64	67.31	75.64	63.80	67.79
1	8.53	8.55	8.50	6.48	8.81	8.70
2	5.51	5.54	5.48	5.57	5.45	5.51
3	3.76	3.58	3.98	2.99	5.59	3.62
4	2.75	2.54	3.00	2.16	3.21	2.67
5	2.41	2.24	2.61	1.50	2.66	2.47
6	2.18	2.18	2.18	1.33	2.38	2.24
7	1.69	1.64	1.76	0.83	2.34	1.71
8	1.65	1.59	1.73	1.08	1.68	1.71

续表

月龄	合计	男	女	大城市	中小城市	农村
9	1.21	1.27	1.13	0.91	1.19	1.24
10	1.15	1.10	1.22	0.83	1.05	1.20
11	1.12	1.13	1.11	0.67	1.96	1.07
合计	100.00	100.00	100.00	100.00	100.00	100.00

资料来源：高尔生、李鲁、宋桂香主编：《婴儿死亡率研究》，1997年。

3. 婴幼儿死亡的年龄分布

婴幼儿不同阶段的身心发育状况不同，抵御各种死亡危险的能力存在较大的差异。婴幼儿死亡的分布，无论过去还是现在都遵循与婴幼儿存活时间呈反比的趋势。

中国的婴幼儿死亡的年龄分布同样遵循这一规律。1997年在广西、陕西、四川、云南、甘肃、青海、江西、内蒙古8省区299个贫困县开展的调查表明，项目地区5岁以下儿童死亡中婴儿死亡平均占77.3%，各省这个比例在67%~89%之间；婴儿死亡中，新生儿死亡所占百分比各省在62%~83%之间，平均为66.9%。1994~2000年成都市5岁以下儿童死亡中，各年度婴儿死亡占到71.86%~76.39%，新生儿死亡占到46.33%~55.59%。2000年郑州市儿童死亡监测数据表明，5岁以下儿童死亡中婴儿死亡高达84.48%；婴儿死亡中，新生儿死亡占到78.80%。

（五）中国婴幼儿死亡率的民族差别

民族（种族）间经济发展、文化水平和宗教习俗的不同，直接与间接地影响着各自民族（种族）的母婴保健水平，进而反映在婴儿死亡率的种族差别上。

中国人口的分布，汉族人口主要聚居在经济文化发达的沿海内陆平原地区，而少数民族大部分居住在边远地区，或山区、牧区。虽然少数民族地区的社会经济、文化教育、医疗卫生事业已得到迅速发展，婴儿死亡率出现显著下降，但与汉族人口的婴儿死亡率作同期比较，少数民族婴儿死亡率总体上要明显高于汉族（表5—32）。根据1990年人口普查资料，少数民族中婴儿死亡率在50‰以上的有藏、维吾尔、苗、彝、布依、侗、傣、黎、傈僳、水、东乡、纳西、景颇、柯尔克孜、土、撒拉、仫佬、阿昌、普米、怒、保安、京、独龙、门巴、基诺等 30 个民族,其中在 100‰以上的还有哈尼、布朗、塔吉克、德昂和珞巴等族。当然也有低于 20‰以下的,如满、达斡尔、锡伯、裕固等族。

表 5—32　　　　　中国汉族与少数民族的婴儿死亡率　　　　　　　　(‰)

年份	汉族	环比增值%	少数民族	环比增值%	民族差值
1950~1954	137.1	—	157.3	—	20.2
1955~1959	115.2	-15.97	160.0	1.72	44.8
1960~1964	83.1	-27.86	116.0	-27.50	32.9
1965~1969	61.0	-26.59	89.6	-22.76	28.6
1970~1974	48.6	-20.33	81.5	-9.04	32.9
1975~1979	39.8	-18.11	71.3	-12.52	31.5
1980~1984	35.8	-10.05	69.3	-2.81	33.5
1985~1987	33.6	-6.15	66.2	-4.47	32.6

资料来源:高尔生、李鲁、宋桂香主编:《婴儿死亡率研究》,1997 年。

从 1950~1987 年近 40 年的婴儿死亡率呈递减趋势,少数民族婴儿死亡率下降 57.91%,平均年递减率为 1.57%,汉族的婴儿死亡率下降 75.49%,平均年递减率为 2.04%。由于同期汉族婴儿死亡率下降比少数民族更快,因此少数民族与汉族的婴儿死亡率差值始终约有 30 个千分点的距离。但并非每个少数民族婴儿死亡率下降的速度均低于汉族。资料显示,40 年间中国西藏婴儿死亡率由 1951 年的 430‰,降为 1981 年的 155.2‰和 1987 年的 136.0‰,1990 年已降至 97.4‰,后者比 1951 年下降了 332.6 个千分点,下降幅度之大为人类史上所罕见。这与解放后,不断提高民族人口的文化素质和经济收入水平,转变某些不利于人口存活的传统习俗,大力发展医疗卫生事业(包括西医、藏医等),实行全民公费医疗(这是中国大陆唯一享受此待遇的地区),以及发展妇幼卫生事业等分不开的。

中国是一个有 56 个民族的多民族国家,汉族人口占绝对多数,达到全国总人口数的 91.59%。虽然总体上汉族的婴儿死亡率比少数民族低,却不能说明其余 55 个少数民族婴儿死亡率均高于汉族。进一步作壮族、回族、维吾尔族、藏族和满族等有较大人口规模的少数民族与汉族的婴儿死亡率的比较分析（表5—33），可以发现：

（1）城乡差别。不论城市婴儿死亡率，还是农村婴儿死亡率，汉族均高于满族，而均低于壮族、回族、维族和藏族。

（2）性别差异。男婴死亡率汉族与满族基本相同，而低于其他各族；女婴死亡率汉族要高出满族30%以上，与回族基本持平，低于其他三个民族。

从以上6个民族婴儿死亡率水平来看，满族婴儿健康水平高于其他民族，甚至高于汉族，而维吾尔族婴儿死亡率明显高于其他民族。这与满族主要聚居京津及东北三省经济文化发达地区，维族散居新疆交通医疗落后地区的实际相一致。

表5—33　　　　　　　　中国不同民族婴儿死亡率　　　　　　　　（‰）

因素	分组	汉族 人数	汉族 率	壮族 人数	壮族 率	回族 人数	回族 率	维族 人数	维族 率	藏族 人数	藏族 率	满族 人数	满族 率
城乡	城市	39 835	35.3	554	61.4	787	40.7	634	102.5	690	71.0	873	25.2
城乡	农村	45 554	50.1	1168	57.4	1 309	55.0	1 433	152.8	2 245	93.5	985	46.7
性别	男	44 302	44.5	862	52.2	1 040	56.7	1 055	136.4	1 531	95.4	950	44.2
性别	女	41 087	41.9	860	65.1	1 056	42.6	1 012	138.3	1 404	80.5	908	28.6

资料来源：高尔生、李鲁、宋桂香主编：《婴儿死亡率研究》，1997年。

三　婴幼儿死亡原因

（一）新生儿死亡原因

新生儿期由于器官发育不成熟，功能不健全，抵抗力低下，生命脆弱，容易患病导致死亡。50年代中国新生儿主要死因是破伤风，70年代主要死因是肺炎，80年代（1984～1986年上海郊县资料）早产居首。1986年分析了全国20个单位9 815例新生儿尸检材料，结果发现，新生儿主要死因以呼吸系统疾病、畸形和神经系统病最多，约占82.8%。90年代，新生儿主要死因进一步向新生儿窒息、先天畸形和早产儿转变（1997年青岛资料）。

从中国九城市的资料中可以明显看出，新生儿前两位死因未发生明显变化，仍为早产和肺炎，第三、第四、第五的死因发生明显变化，由消化系统疾病、外伤、营养缺乏向先天畸形，先心病转变。在农村地区，新生儿疾病始终是第一死因，死因位次下降最明显的是第二位的新生儿破伤风，至1985年已退出前五位，而先天畸形、先心病的位次上升至前五位。

(二) 婴儿死亡原因

半个世纪以来，中国婴儿死因发生了很大变化，传染性疾病、营养缺乏、新生儿破伤风和消化系疾病等死亡率下降幅度很大，逐渐退出了前五位死因，而先心病、先天畸形则跃入前五位。

从九城市婴儿的死因可以看出，由1958年以肺炎（第一死因）、传染病、营养缺乏、消化系疾病为主到1985年向以新生儿病、肺炎（第二死因）、早产、先天畸形、先心病为主转变；在中国七农村地区，1976年六个地区新生儿破伤风为前五位死因，而在1985年，新生儿破伤风及营养缺乏、传染病基本都退出前五位死因，无论城市或农村地区，进入80年代，新生儿病、肺炎、早产、先天畸形是婴儿死亡的四类主要原因。

上海市婴儿死亡原因亦在不断变化，市区的变化：（1）传染病在1951年为第一死因，1955年为第三死因，1960年为第五死因，1965年之后未进入前五位死因。（2）新生儿疾病在1975年后一直为第一死因。（3）50年代初先天异常未进入前八位死因，1965~1970年为第四、五位死因，1975年为第三位死因，1990年后为第二位死因。郊区的变化：（1）呼吸系疾病1975年前逐步上升为第一死因，从1975年到1990年又逐年下降为第三位死因。（2）基本上以新生儿疾病为第一死因。（3）先天异常1960年前进入前18位死因，以后位置不断前移，到1990年后为第二死因。

中国贫困地区婴儿死亡的前三位原因依次是肺炎、窒息、早产和低出生体重。值得注意的是，这些地区感染性疾病，包括肺炎、腹泻、新生儿破伤风等合计占40%以上，提示在贫困地区降低婴儿死亡率的关键是预防感染。

(三) 5岁以下儿童死亡原因

50年来，随着妇幼保健工作的加强，医疗卫生技术的提高，中国儿童死亡率不断下降，其中感染性疾病的死亡率下降较快。在儿童死因顺位中显示出肺炎、腹泻、传染病位置逐渐后移，而其他一些死因如出生窒息、早产儿低体重等的死因顺位呈前移趋势。

1997年全国监测数据显示，全国5岁以下儿童死亡率为42.29‰，其中，5岁以下儿童肺炎死亡率比1991年下降44.6%，5岁以下儿童腹泻死亡率比1991年下降67.8%，儿童麻疹发病率与死亡率比1978年分别下降98.1%和99.0%。1997年的死因顺位依次为肺炎、出生窒息、早产和低出生体重、腹泻。1998年，婴儿可避免的死亡原因仍是各地区婴儿和5岁以下儿童死亡的主要原因，其中肺炎死亡在多数地区是第一位死因，其他死因多为早产和低出生体重、出生窒息。但西藏自治区婴儿的第二位死因是腹泻，也是5岁以下儿童的第一位死因。2000年，全国5岁以下儿童死亡原因中，出生窒息上升为第一位，肺炎下降到第二位，早产儿和低出生体重排列在第三位。

四　挑战与展望

当今世界，科技革命迅猛发展，经济全球化趋势增强。为增强综合国力，实现经济全面进步，必须要提高国民素质、开发人力资源。因而，要从儿童早期着手，培养、造就适应新世纪需要的高素质人才队伍。90年代以来，中国政府先后颁布实施的《妇女权益保障法》、《母婴保健法》、《九十年代中国儿童发展规划纲要》和《中国妇女发展纲要》。其中，《九十年代中国儿童发展规划纲要》是中国第一部以儿童为主体、促进儿童发展的国家行动计划。各级政府和有关部门坚持"儿童优先"的原则，加强领导，强化责任，制定政策，认真落实，基本实现了《九十年代中国儿童发展规划纲要》提出的主要目标，使中国儿童生存、保护和发展取得历史性的进步。经过近10年的努力，儿童发展的24项全球目标有21项已经实现。儿童发展的条件和环境明显改善，生存、发展、受保护和参与权利得到了有效保障，整体素质进一步提高。

但是，作为人口众多的发展中国家，我们仍然面临诸多的问题和挑战，如：儿童发展的整体水平仍然需要提高，儿童发展的环境需要进一步优化；地区之间、城乡之间在儿童生存、保护和发展的条件与水平存在明显差异；在山区和边远地区人均收入十分低，仍有数百万儿童生活在贫困中；随着流动人口数量的增加、城镇化水平的提高和农村人口的转移，这些人群中儿童的保健、教育、保护问题十分明显，亟待解决；艾滋病病毒携带者和艾滋病患者中的儿童数量呈上升趋势；侵害儿童权益的违法犯罪行为时有发生。因此，改善儿童生存、保护和发展条件，促进儿童健康成长，仍然是今后一个时期的重要任务。近年来，受工业化与城市化进程加快、社会竞争激烈化、经济发展的地区不平衡、高流量传媒的普及化及其不可控性以及环境污染等因素的影响，儿童安康成长面临着诸多挑战：

——每年有将近 100 万的 5 岁以下儿童死亡；

——占全国人口不到 4% 的贫困地区儿童，其死亡数和营养不良数却占全国的 15%；

——每年近 2 万少年儿童非正常死亡、40 万～50 万左右孩子受到车祸、中毒、溺水、触电、被杀、自杀等的意外伤害；

——37.8% 的农村儿童处于中重度生长迟缓；

——30% 左右的中小学生有心理异常表现，15% 患有各种心理障碍及疾病。

儿童是祖国的未来，民族的希望，今天儿童的安康维系着我们民族和事业的明天。从"儿童优先"原则出发，中国政府于 2001 年发布了《中国儿童发展纲要（2001～2010 年）》。《纲要》提出了降低婴儿和 5 岁以下儿童死亡率的奋斗目标："婴儿和 5 岁以下儿童死亡率以 2000 年为基数分别下降 1/5"。降低新生儿窒息和 5 岁以下儿童肺炎、腹泻等构成主要死因的死亡率。新生儿破伤风发病率以县为单位降低到 1‰ 以下。免疫接种率以乡（镇）为单位达到 90% 以上。将乙肝疫苗接种纳入计划免疫，并逐步将新的疫苗接种纳入计划免疫管理。《纲要》的发布和实施，必将进一步促进中国儿童的健康成长和儿童事业的持续发展。

第四节 人口粗死亡率[①]

人口的出生和死亡都是自然界的新陈代谢现象。一个人群的死亡水平可以用死亡率来衡量。在一个国家或一个地区中，死亡率的高低在很大程度上取决于社会生产力发展水平。死亡率的高低直接依赖于社会经济条件，这些包括：医疗卫生和保健事业的发展，以及抵御各种传染病的条件；预防各种自然灾害的能力；物质和精神生活水平；劳动和休息的调节

---

① 本节与彭猛业共同完成。

等。当这些社会经济条件变化时，死亡状况也随之发生变化。

引起死亡的原因从生物学的表现可归结为两大类：一类为生理性死亡，即老死。这是由于蛋白质的硬化以致各器官组织不能维持新陈代谢，机体完全衰竭而死亡，是生命的自然终结。另一类是病理性死亡，即因严重疾病使重要生命器官发生不可恢复的损害，或急性的意外打击而引起的死亡。历史上灾荒、传染性疾病和战争对人口死亡率有很大影响，引起大量的病理性死亡。但是这两类死亡原因均受社会条件的制约。到目前为止，由于生产力不够发达，人类对很多疾病在医学上还不能控制，生理性死亡极少。

世界卫生组织把死亡原因（疾病）分为三大类。第一类为感染性疾病和母婴疾病，包括传染病（01～07）、上呼吸道感染（31）、肺炎（321）、流感（322）、产科疾病（38～41）和围产期疾病（45）；第二类为慢性非传染性疾病，即除去第一类疾病和意外死亡及不明原因疾病后的所有疾病，统计编码为 08～30、32～37（32 中除去 321 和 322）、42～44；第三类为意外死亡（47～56），外部原因编码为 E47～E56。不明原因疾病（46）不列入任何类别。

一 人口粗死亡率

反映人口死亡水平的一个常用指标是粗死亡率，简称死亡率。粗死亡率是指一个国家或一个地区人口中每年每千人口中的死亡人数。它受经济条件和卫生水平等因素的影响，还与人口的年龄构成有关。

在 50 年代初期，中国的死亡率很高，在 20‰左右，随着社会经济的发展，医疗设施和生活环境的改善，死亡水平开始大幅度下降，1957 年降到了一个低点：11‰，但是在 1958～1962 年间因自然灾害以及一些政策的失误，引起了大饥荒，形成死亡率回升，1960 年高达 25.4‰，比同年出生率的 20.9‰还要高，以至全国人口总数下降。1963 年以后经济逐渐开始恢复，死亡率再度下降。1978 年以后由于人口结构向老龄化发展，故粗死亡率有所上升。但对死亡率进行标化后仍下降，显示死亡水平仍呈下降趋势。从 1977 年至今，死亡率一直稳定在 6‰～7‰ 之间。

50 年来，中国死亡率的变化有以下几个特点：（1）死亡率呈逐年下降趋势。(2) 各个年龄组的死亡率均明显下降。对1999年死亡年龄结构的分析表明，在死亡者中，城市和农村65岁以上的人分别约占70%和60%，而农村5岁以下儿童的死亡率（47.7‰）明显超过城市（14.3‰）。(3) 死亡率在城乡间存在着明显的差异。1999年大城市居民死亡率为6.2‰，高于中、小城市的4.7‰。同样，农村富裕地区的人口死亡率高于社会经济欠发达的地区。(4) 男性死亡率高于女性。1999年的统计数据显示，无论城市还是农村，男性死亡率均高于女性，死亡率相差1个千分点左右。(5) 中国人口死亡率水平与国际上比较，虽然与发达国家仍有一定距离，但同发展中国家相比，不但下降速度快，幅度大，而且它的转变也很有特点。即中国所有年龄阶层的死亡率均在迅速下降，而婴幼儿死亡率和成人传染病、感染性疾病的死亡率有了大幅度下降。

表5—34　　　　1949~1999年中国人口出生率、死亡率、
　　　　　　　　自然增长率的动态变化趋势　　　　　　　　（‰）

年份	总计 出生率	总计 死亡率	总计 自然增长率	市 出生率	市 死亡率	市 自然增长率	县 出生率	县 死亡率	县 自然增长率
1949	36.00	20.00	16.00	…	…	…	…	…	…
1952	37.00	17.00	20.00	…	…	…	…	…	…
1957	34.03	10.80	23.23	44.48	8.47	36.01	32.81	11.07	21.74
1965	37.88	9.50	28.38	26.59	5.69	20.90	39.53	10.06	29.47
1970	33.43	7.60	25.81	…	…	…	…	…	…
1975	23.01	7.32	15.69	14.71	5.39	9.32	24.17	7.59	16.58
1980	18.21	6.34	11.87	14.17	5.48	8.69	18.82	6.47	12.35
1985	21.04	6.78	14.26	14.02	5.96	8.06	19.17	6.66	12.51
1990	21.06	6.67	14.39	16.14	5.71	10.43	22.80	7.01	15.79
1995	17.12	6.57	10.55	14.76	5.53	9.23	18.08	6.99	11.09
1999	15.23	6.64	8.77	13.18	5.51	7.67	16.13	6.88	9.25

资料来源：摘自《中国统计年鉴·2000》。

表 5—35　　　　世界部分国家的出生率和死亡率，1980~2000 年

年份	出生率（‰）				死亡率（‰）			
	1980	1990	1995	2000	1980	1990	1995	2000
世界	27.2	25.3	—	—	10.4	9.2	—	—
中国	18.2	21.1	17.1	16.1	6.3	6.7	6.6	6.7
印度	34.4	30.2	28.3	24.8	12.9	9.7	9.0	8.9
日本	13.5	10.0	9.5	10.0	6.1	6.7	7.4	8.2
韩国	22.3	16.3	15.2	15.1	6.4	6.3	5.3	5.9
马来西亚	31.4	28.9	27.0	25.3	6.5	4.8	4.6	5.3
新加坡	17.1	18.4	15.7	12.8	6.2	4.8	4.8	4.2
泰国	27.7	20.9	17.9	16.9	7.5	6.0	6.2	7.5
南非	36.2	31.9	—	24.6	21.6	9.2	—	14.7
墨西哥	34.0	31.7	30.2	23.2	6.9	5.4	5.1	5.1
美国	15.9	16.7	14.8	14.2	8.8	8.6	8.8	8.7
法国	14.9	13.4	12.5	12.3	20.2	9.3	9.1	9.1
德国	11.0	11.4	9.3	9.4	12.1	11.5	10.7	10.5

资料来源：1. 世界银行：《世界发展指标》，2000 年。
2. United States Central Intelligence Agency, The World Factbook 2000.

二　死因构成和顺位

（一）新中国成立之初的死因

新中国成立初期，中国人口的死亡原因以传染性疾病和呼吸系病为主，以后短期内主要死亡原因的死因别死亡率有了很大下降。1957 年部分城市的十大死亡原因的死因构成比：呼吸系统疾病占总死亡的 16.86%；急性传染病占 7.93%；肺结核（仅此一种疾病）占 7.51%，反映结核对人民健康的巨大危害；其他死亡原因依次为消化系疾病占 7.31%，心脏病占 6.61%，脑血管病占 5.46%，恶性肿瘤占 5.17%，神经系疾病占 4.08%，损伤和中毒占 2.66%，其他占 1.98%。

（二）70 年代死因

与新中国成立初期相比，中国人口主要死因别死亡率和死亡原因构成

均发生了重大变化。根据70年代在全国范围内进行的死亡原因调查，1973～1975年心脏病是中国人口的第一位死亡原因，死亡率是129.11/10万，其死亡人数占人口总死亡的17.20%；第二、三位死因是呼吸系统疾病和恶性肿瘤，分别占总死亡的15.70%和10.28%。前三位疾病死亡人数共占总死亡的43.18%。第四位死因是意外死亡，占总死亡人数的9.40%；第五位死因是消化系统疾病，占总死亡的8.89%。前五位死亡原因共占死亡总数的61.47%。然后依次是传染性疾病、脑血管病、新生儿病、结核病和泌尿系统疾病。前十位死因死亡人数共占总死亡人数的92.12%。

70年代男、女性主要死因基本相同。男、女性前三位死亡原因的顺序一致，但频率和比重略有不同。女性心脏病和呼吸系统疾病死亡率都高于男性，如女性心脏病死亡占总死亡的19.23%，而男性略低一些，占15.35%（表5—36）。

表5—36　　　　1973～1975年全国前十位死亡原因死亡率
（1/10万）和死亡原因构成比（%）

死亡原因	男 率	男 构成	男 序	女 率	女 构成	女 序	合计 率	合计 构成	合计 序
心脏病	117.72	15.35	1	141.09	19.23	1	129.11	17.20	1
呼吸系病	117.52	15.33	2	118.20	16.11	2	117.85	15.70	2
恶性肿瘤	87.77	11.45	3	65.96	8.99	3	77.14	10.28	3
意外死亡	82.01	10.69	4	58.61	7.99	7	70.60	9.40	4
消化系病	72.60	9.47	5	60.62	8.26	6	66.76	8.89	5
传染病	64.08	8.36	6	63.40	8.64	5	63.75	8.49	6
脑血管病	59.73	7.79	7	64.55	8.93	3	62.57	8.34	7
新生儿病	50.98	6.65	8	41.51	5.66	8	46.36	6.18	8
结核病	46.01	6.00	9	40.44	5.51	9	43.29	5.37	9
泌尿系病	15.11	1.97	10	12.92	1.76	10	14.04	1.87	10

资料来源：周有尚等：《中国人口主要死因及平均预期寿命研究（1973～1975）》，同济医科大学卫生系。

(三) 八十年代以来的死因

进入八九十年代，中国人口死亡原因又发生了许多变化。这些变化既反映中国的死亡原因在向发达国家死亡原因谱转变，但又反映出转变不完善。从全国情况来看，前几位死亡原因是恶性肿瘤、脑血管病、心脏病、呼吸系病、损伤和中毒。如果按地区划分，中国目前人口死亡原因模式可分为三种：

第一种类型：由恶性肿瘤、心脑血管病、意外伤亡等由生活方式和行为为主引起的疾病已在原因中占突出地位，这类地区婴儿死亡率低、平均寿命较高，主要包括大城市和沿海经济发达的农村地区。在这些地区中，恶性肿瘤、心血管病、脑血管病是最主要的死亡原因，而这三类疾病属于慢性病。根据对北京等36个城市及部分市区的调查，在2000年一些城市以恶性肿瘤为第一位死亡原因，死亡率为146.61/10万，占总死亡的22.18%，与70年代的87.48/10万比较，有明显增加；脑血管病是第二位死亡原因，死亡率为127.96/10万，占总死亡的21.85%，与70年代的87.61/10万比较，也有较大增加；由于肿瘤增加的幅度较大，而使其处于死亡原因的第二位。第三位死亡原因是心脏病，由70年代的120/10万左右，下降为106.65/10万上下，恰好和呼吸系统疾病相反，后者死亡率由70年代的60/10万上升为79.92/10万以上，可能和肺心病的重新归类有关。原来一些被认为是肺心病死亡而归入心脏病类的死亡，现被认为其原发病是肺气肿，则死亡原因归类时计入呼吸系统疾病死亡中，因而导致心脏病死亡下降，呼吸系病死亡增加。其他各主要原因依次为损伤和中毒、消化系统疾病等（表5—37）所示。

第二种类型：人口死亡原因谱由传染性疾病和呼吸系统疾病死亡为主向以心脑血管病和恶性肿瘤死亡为主转变，死亡模式正迅速发生变化，婴儿死亡率和各年龄别死亡率下降，平均寿命逐步提高。部分中、小城市和经济水平日益提高的广大农村的死亡原因谱属此类型。对北京等地90个县的调查显示，在这些地区，呼吸系统疾病仍是第一位死亡原因，如表5—37所示。1990年中国部分县第一位死亡原因是呼吸系统疾病，死亡率为142.16/10万，占总死亡的23.11%；其次是恶性肿瘤、脑血管病和心脏病，分别占总死亡的18.40%、18.40%和12.37%；损伤与中毒是第五位死亡原因，占总死亡的11.03%；肺结核排在第八位，说明传

表5—37　　2000年部分市、县、边远地区前十位主要疾病死亡专率及死亡原因构成

顺位	市 死亡原因	市 死亡专率(1/10万)	市 占死亡总人数的%	县 死亡原因	县 死亡专率(1/10万)	县 占死亡总人数的%	边远地区 死亡原因	边远地区 死亡专率(1/10万)	边远地区 占死亡总人数的%
1	恶性肿瘤	146.61	22.18	呼吸系病	142.16	23.11	呼吸系病	222.55	30.31
2	脑血管病	127.96	21.85	恶性肿瘤	112.57	18.40	损伤和中毒	94.21	12.83
3	心脏病	106.65	15.73	脑血管病	115.20	18.40	消化系病	76.77	10.46
4	呼吸系病	79.92	15.31	心脏病	73.43	12.37	传染病*	67.43	9.18
5	损伤和中毒	35.57	6.90	损伤和中毒	64.89	11.03	心脏病	61.10	8.22
6	消化系病	18.38	3.31	消化系病	23.89	3.98	脑血管病	6.27	6.27
7	内分泌病△	17.99	2.34	泌尿・生殖系病	9.27	1.51	新生儿病	5.50	5.50
8	泌尿・生殖系病	9.01	1.56	肺结核	7.39	1.19	恶性肿瘤	3.77	3.77
9	精神病	6.70	1.22	新生儿病*	697.05	1.14	肺结核	3.68	3.68
10	神经病	5.53	0.86	内分泌病△	6.84	1.11	内分泌病△	2.68	2.68
—	十种死因合计	—	91.26	十种死因合计	—	92.24	十种死因合计	—	92.90

统计范围：(1)包括北京等36个市全市或部分市区资料，(2)包括北京等90个县的资料。
* 新生儿病死亡专率系以每10万出生人数为分母计算的。** 不含肺结核。△内分泌、营养、代谢及免疫疾病
资料来源：(1)卫生部统计信息中心(2)顾杏元，龚幼龙主编：《社会医学》，上海医科大学出版社，1990年第1版。

性疾病仍对人口死亡起重要作用。

第三种类型：人口死亡原因谱以传染病、呼吸系统疾病和营养不良为主，其死亡模式是婴儿死亡率高，孕产妇死亡率高，平均寿命较低。这些地区分布在经济欠发达的农村地区、边远地区、牧区和少数民族聚集地区。在这些地区传染病和呼吸系统疾病以及一些传统行为导致的意外事故死亡还产生着重要影响。根据卫生部对这些地区的调查，传染病和呼吸系统疾病等的死亡率是比较高的（表5—37）。

近年来，城市人群和农村人群的疾病模式都发生了转变，感染性疾病及母婴疾病死亡率持续下降，意外伤害的死亡率基本维持恒定，而慢性病死亡率稳步上升，死亡率的变化趋势直接导致了三大类疾病构成比的改变，这种变化在农村人群中表现更为显著。与1991年相比，农村人群中感染性疾病及母婴疾病在总死因中所占比例下降4.9%，慢性病的比例上升了7.8%；而城市人群中感染性疾病及母婴疾病占总死因的比例仅下降了2.1%，慢性病占总死因的比例仅上升了2.7%。可见，农村人群疾病模式的转变速度大大高于城市人群。

总之，城乡居民的死亡模式仍有差异。城市医疗保健网比较完善，感染性疾病、围产期疾病和产科疾病的死亡率远远低于农村。同时，城市居民由于不良的生活环境和生活方式，肿瘤、心血管疾病等慢性病成为第一位的杀手，其死亡率高于农村。随着农村的发展，生活方式的转变，一些慢性病的死亡率上升幅度更大，肿瘤、心血管疾病的城乡差别日益缩小。但需注意，农村人群中一些传染病和母婴疾病仍是卫生工作的重点。

三 死因别死亡率

(一) 三大类疾病死亡率

在过去50年中，中国人口疾病死亡模式已发生了重大变化，传染病及母婴疾病的死亡率大幅度地下降，意外伤害的死亡率基本维持在恒定的水平，而慢性疾病死亡率迅速增加（图5—7）。预计在21世纪，中国人群的死亡疾病模式继续向发达国家的死亡疾病模式过渡，即传染病及母婴疾病的死亡率继续下降，但由于中国受到经济、医疗水平的限制，这类疾病仍然是一个潜在的危险；另外，慢性病和意外伤害将成为严重的公共卫生问题。

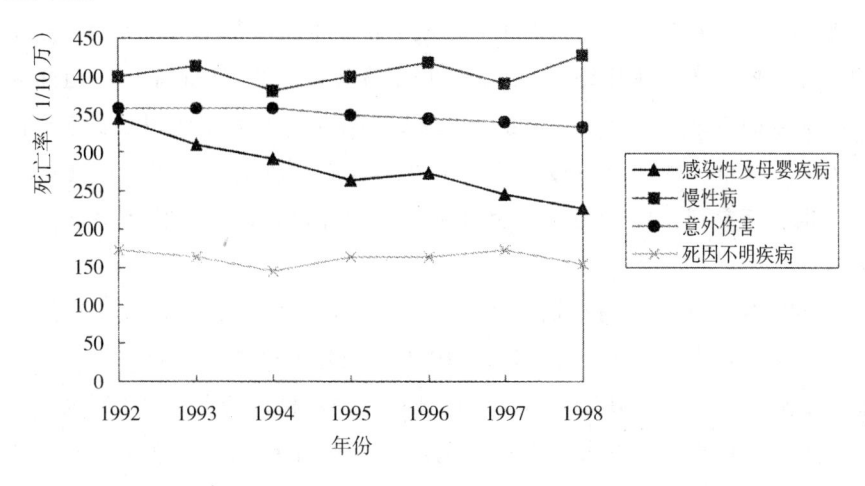

图 5—7 1992～1998 年全国疾病监测系统三大类疾病死亡率的变化趋势

资料来源：卫生部疾病控制司，中国预防医学科学院，1998 年中国疾病监测年报。

(二) 感染性疾病、产科及围产期疾病死亡率

感染性疾病主要指 ICD-9（国际疾病分类第九版）中 01—07 的传染性疾病，以及肺炎（321）、流感（322）和上呼吸道感染（31）。该类疾病的死亡率逐年下降，与 1991 年相比，1998 年肺炎、肺结核、败血症、病毒性肝炎、痢疾、破伤风死亡率均有不同程度的下降，肺结核、痢疾、败血症的死亡率下降幅度分别达到了 49%、73%、46%。

支气管肺炎是感染性疾病的第一位死因，1998 年监测地区共报告 1 464 例死亡案例，死亡率为 16.50/10 万，校正后为 21.28/10 万。该疾病城乡差别很大，1998 年农村人群的死亡率是城市人群的 2.1 倍。从农村和城市人群支气管肺炎的年龄别死亡率可以看出，支气管肺炎主要威胁婴幼儿和老年人。1998 年 5 岁以前和 60 岁以后的死亡人数共有 1 343 例，占总死亡人数的 92% 以上。0 岁组的支气管肺炎的死亡率达到了 482.52/10 万，是婴儿时期的第一位死因。

总人群传染性疾病的前四位死因分别是肺结核、病毒性肝炎、败血症和痢疾。1992 年至今，痢疾和破伤风的死亡率下降幅度较大；死因顺位

列在前三位的传染性疾病中，肺结核死亡率呈缓慢下降趋势，但病毒性肝炎和败血症的死亡率变化不大；病毒性肝炎的死亡率在1996年以前还时而低于败血症的死亡率，而近年来已成为传染性疾病的第二位死因。这表明，肺结核和病毒性肝炎的防治工作仍不容忽视，尤其是在农村。近年来农村地区的传染性疾病死亡率虽有下降，但主要传染病的绝对死亡水平仍显著高于城市。因此，在慢性病和意外伤害成为主要公共卫生问题的同时，也应该看到，传染病仍没有得到完全的控制，医务工作者对此不能放松。

1998年监测地区围产期疾病死亡率为6.04/10万，城市和农村人群的死亡率分别为1.99/10万、7.23/10万，农村人群的总体死亡水平和分病种的死亡水平都远高于城市。无论城市还是农村，新生儿死于呼吸窘迫综合征的比例最大，城市和农村分别占77.4%和63.1%。新生儿次位死因是早产和产伤。

1998年监测地区产科疾病全人群报告死亡率为0.70/10万，城市死亡率为0.15/10万，而农村人群的死亡率为0.86/10万，是城市人群的5.73倍。与1997年相比，城乡之间的差距略有缩小（1997年农村人群的死亡率是城市人群的5.82倍）。随着农村母婴保健工作的加强，产科疾病今后会得到进一步的控制，城乡差别有望进一步缩小。

（三）慢性病死亡率

随着中国人群疾病模式的转变，慢性病在总死亡中的比例逐年增加，已成为威胁中国人群健康的第一大类疾病。慢性病中肿瘤、心脑血管疾病、慢性呼吸道疾病是中国人群的前三位死因。近年来随着经济的发展、生活方式的改变及农村城市化，城市和农村心脑血管疾病、肿瘤的死亡率持续增加。如图5—8所示，1994年~1998年间，心脑血管疾病的死亡率增加了19.7%，肿瘤的死亡率增加16.5%；而慢性呼吸道、消化道和泌尿生殖系统疾病的死亡率无明显变化。

肿瘤是中国城市人口第一位死因，农村人口第二位死因。2000年中国城市人口恶性肿瘤死亡率为146.61/10万，农村为112.57/10万。肿瘤是中老年人群的主要死因。30岁以后男女性肿瘤的死亡率都逐渐上升，30~65岁年龄段肿瘤死亡人数占各年龄全部肿瘤死亡人数的45.4%；青壮年人群的早死，造成了潜在寿命损失年的增加。可见，肿瘤对社会、家

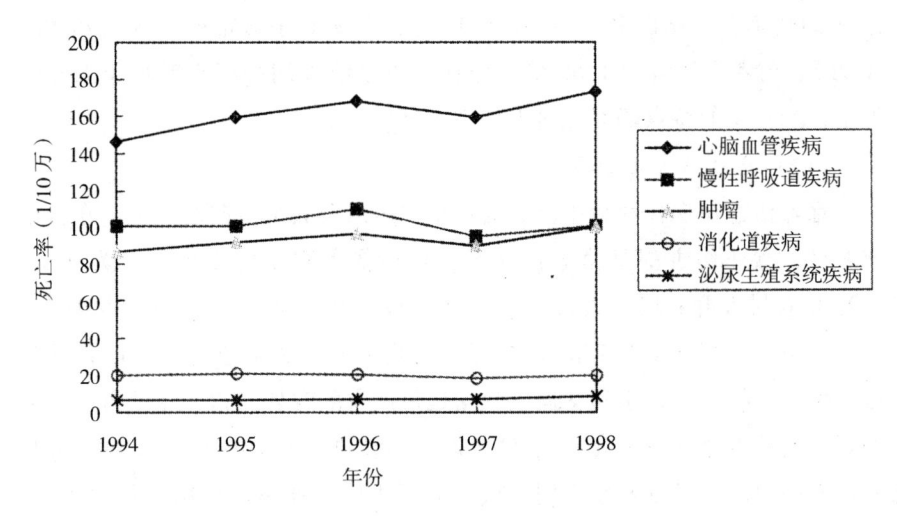

图 5—8 1994～1998年全国疾病监测系统 5 种主要
慢性疾病死亡率的变化趋势

资料来源：卫生部疾病控制司，中国预防医学科学院，1998年中国疾病监测年报。

庭及个人所带来的身体和经济方面的损失都是巨大的。

心脑血管疾病是威胁城市人口的第二位死因，农村人口的第三位死因。2000年中国城市脑血管病死亡率达到127.96/10万，农村达到115.20/10万。随着经济的发展和生活方式、饮食习惯的改变，该类疾病的死亡率逐年上升。心脑血管疾病中，脑血管病是第一位死因。1991～1998年全国疾病监测资料显示，脑血管病的死亡率呈上升趋势。与1991年相比，死亡率已上升了49.6%，平均每年上升6.2%，其在心脑血管疾病中所占的比例也由1991年的55.6%上升到了60.4%。这种上升趋势无论城市和农村，男性或女性均很明显，但农村人群的上升幅度更大，其脑血管病的死亡率与城市人群的差别日趋缩小。缺血性心脏病的死亡率也呈上升趋势，与1991年相比上升了56.6%，其在心脑血管疾病中所占的比例也上升了2.3%。高血压的死亡率近年来基本维持恒定，城市和农村人群的死亡率无明显差别。风湿热和风湿性心脏病死亡率呈下降趋势，与1991年相比，死亡率下降了36.1%，在心脑血管疾病中所占的比例也下降了3.6%。

慢性呼吸系统疾病是农村人群的第一位死因，是城市人群的第四位死因。2000年农村死亡率（142.16/10万），明显高于城市死亡率（79.92/10万），前者是后者的1.68倍。慢性呼吸系统疾病的死亡率近年来维持恒定，死亡率的特点仍是农村人群高于城市人群。

（四）意外伤害死亡率

意外伤害在现代社会中已成为一个严重的公共卫生问题，无论在城市或农村，意外伤害都是第五位死因。意外伤害在农村表现得更为严重。1998年农村人群和城市人群的意外伤害报告死亡率分别是58.79/10万、32.77/10万，前者是后者的1.79倍。城市和农村人群意外死亡的各种死因顺位也不相同，自杀和交通事故均是最严重的意外死亡，在城市，二者的死亡人数占全部意外死亡的41.5%，在农村占51.6%；二者在城市和农村人群中的相对重要性不同，城市人群中以交通事故为第一位的死因，而农村人群中自杀是第一位的死因。

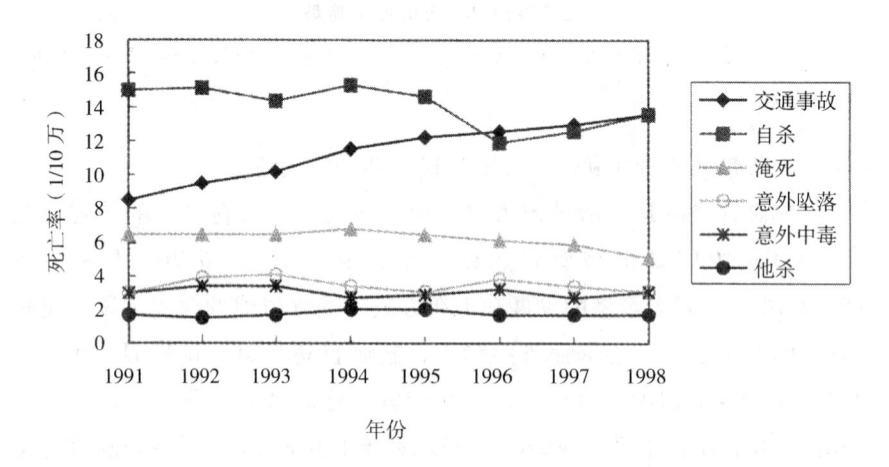

图5—9 1991~1998年全国疾病监测系统主要意外死亡变化趋势

资料来源：卫生部疾病控制司，中国预防医学科学院1998年中国疾病监测年报。

四 潜在寿命损失率

长期以来，世界各国均以死亡率、期望寿命等作为反映居民身体素质状况、衡量不同疾病对生命危害的重要指标。但是这些指标有其局限性，它不能区分不同年龄组人群的死亡对寿命造成的损失。从指标反映的对象看，死亡率多反映老年人群组的死亡情况，是客观的反映。而潜在寿命损失年，简称减寿人年（PYLL）则是反映一个国家劳动力人群组损寿的原因，是积极的发现。特别是在一些人口老龄化的国家和地区，社会经济的发展主要依赖于劳动力人群的数量和素质。因此，近年在许多国家的死亡统计中又增加了 PYLL 指标，用来衡量各类疾病对"早死"的影响，从预防"早死"，保护劳动力的角度来估计各类疾病的相对作用。

潜在寿命损失年由 Dempsay 于 1947 年首次提出，即某一人群在一定时间内（通常为一年），在目标生存年龄（通常定为 70 岁）以内，因死亡造成的寿命损失的总人年数。在 PYLL 基础上可进一步计算潜在寿命损失率和潜在寿命损失年构成比。其中 PYLL 率表示地区人口中一年内平均每人寿命损失量；潜在寿命损失年构成比表示因某死因死亡的 PYLL 占总 PYLL 的百分比。PYLL 弥补了死亡率、标化死亡率、期望寿命的不足，在定性分析的基础上定量地评价某死因在特定年龄上的危害程度及重要性。

20 世纪 90 年代中国慢性疾病的现患率达 25%，占死亡总数 79%，潜在寿命损失年数（PYLL）占 50%，其中以呼吸系统疾病、恶性肿瘤、脑血管病和心脏病为多。肺心病、哮喘、气管炎和肺气肿的慢性阻塞性肺病每年约造成 100 万人死亡和 500 万～1000 万伤残。伤害死亡所造成的潜在寿命损失远大于慢性疾病（每例死亡的 PYLL，伤害 25 年，癌症 9 年，心脑血管病 3 年）。

（一）PYLI 率的地区差异

同一类疾病在不同地区的标化 PYLL 率有所不同。由表 5—38 可以看出，损伤和中毒 PYLL 率在四个地区基本一致，为 10‰～16‰；而恶性肿瘤的地区差异较大，河南的最低，为 9.21‰，说明河南恶性肿瘤死亡的年龄相对"老年化"，而沈阳则高达 25.63‰，说明沈阳恶性肿瘤死亡的年龄相对"年轻化"。心脏病的 PYLL 率在沈阳和河南的较大，为 5‰～30.52‰；而对宁波和德清的寿命损失较小，只有 1‰～2‰。

不同地区 PYLL 率顺位有所不同。就 PYLL 顺位而言，损伤和中毒是河南省和浙江德清的第一死因，恶性肿瘤是浙江宁波第一死因，而循环系统疾病则是沈阳的第一死因。

（二）PYLL 率的时间变化趋势

死亡率的顺位仅侧重于每一种死因死亡数的多少，而不能区分不同年龄组人群死亡对寿命造成损失的差异，从而难以反映具有很大意义的低年龄段死亡，潜在寿命损失则考虑不同年龄组对寿命影响的不同。

表 5—38　　　　　　中国部分省市 PYLL 率及 PYLL 顺位

死因	河南 (1995~1999年) 标化PYLL率(‰)	河南 PYLL顺位	宁波 (1990~2000年) 标化PYLL率(‰)	宁波 PYLL顺位	德清 (1996~1999年) 标化PYLL率(‰)	德清 PYLL顺位	沈阳 (1997年) 标化PYLL率(‰)	沈阳 PYLL顺位
损伤和中毒	15.84	1	10.04	2	14.18	1	14.84	3
恶性肿瘤	9.21	2	12.37	1	9.52	2	25.63	2
心脏病	5.36	3	1.31	4	1.87	4	30.52*	1
脑血管病	4.98	4	1.9	3	2.56	3	—	—
新生儿疾病	6.67	5	—	—	—	—	3.41	7
呼吸系统病	4.37	6	1.11	5	1.85	5	5.58	4
先天异常	3.4	7	—	—	—	—	4.21	5

* 表示循环系统疾病。

标化采用的标准人口为 1990 年全国人口普查资料。

合肥监测点资料显示，近 10 年来寿命损失均以恶性肿瘤为最高，其 PYLL 率顺位与死因率顺位均是第一位，构成上前者则高于后者，表明恶性肿瘤不仅是该市居民"早死"的主要原因，而且有"年轻化"态势。损伤与中毒的 PYLL 构成远远高于其死亡构成（5.84%~8.28%），PYLL 率顺位比死亡率顺位提前 3 位，表明低年龄组死亡所占比例较大，损伤与中毒为青年型死因，寿命损失较大。脑血管病则由 1990 年 1.63‰ 下降到 0.64‰，显示逐渐"老年化"趋势。呼吸系统疾病、心脏病、消化系统疾病的 PYLL 构成较其死因构成低，以呼吸系统疾病位次后移更为明显，显示死亡多发生于高年龄组，是主要导致老年人寿命损失的疾病。对这 6 种主要死因及全死因的 PYLL 率下降影响最大的是恶性肿瘤、脑血管病，影响最小的是损伤与中毒和呼吸系统疾病，这与近 10 年来死亡率下降，预期寿命延长，人口老龄化趋势一致。

第五节 疾病与残疾[①]

一 发病与患病

半个世纪以来，影响人民健康水平的疾病谱也发生了巨大的变化。新中国成立初期，各种急慢性传染病、寄生虫病广泛流行，成为危害中国人民健康最严重的疾病。但是，到50年代末，中国就已经消灭或控制了严重影响人民健康和生命的一些烈性和急性传染病；进入80年代以来，影响人民健康的主要的疾病已转变为非急性传染病：如心脑血管疾病、恶性肿瘤等。本节主要描述50年来中国人口传染病、心脑血管疾病、恶性肿瘤的发病、患病以及残疾的发展趋势，从而揭示新中国成立50年来卫生事业所取得的成就和面临的新挑战。

（一）传染病

1．急慢性传染病防治工作成绩斐然

（1）烈性传染病得到消灭或控制

新中国成立初期，长期的战争给新中国留下一个烂摊子，天花、鼠疫、霍乱、回归热、斑疹伤寒、性病等烈性和急性传染病猖獗流行。1953年鼠疫的发病率比1950年减少了92.9%。1960年开始，人间鼠疫在中国得到了控制，同时消灭了天花，比全球范围内的灭绝提前了十多年。基本消灭古典型霍乱、黑热病、回归热、斑疹伤寒等。

（2）消除和基本消除血吸虫病

"千村薜荔人遗矢，万户萧疏鬼唱歌"形象地说明了当时血吸虫病在中国流行情况。解放初期，全国有12个省、市、自治区的347个县流行血吸虫病，现症病人1 100万人。为了消灭严重危害人民健康和生命的疾病，党中央始终把除害灭病工作作为一项重要任务来抓，开展爱国卫生运动。到了1958年左右，中国大部分血吸虫流行疫区基本消灭了血吸虫病的高发态势。到1995年末391个血吸虫流行县中已有278个县达到消除和基本消除标准。

（3）结核病发病率

[①] 本节与沈月平共同完成。

结核病是与社会经济条件、医疗水平和生活劳动条件关系密切的一种疾病。新中国成立前，大城市患病率高达5%。新中国成立后，首先在一些大城市建立了防痨机构，重点开展了城市团体防痨，随后在农村也进行了一些试点。到60年代，大城市患病率降到2%左右。儿童结核病在全国已基本控制。结核病的报告登记率和死亡率继续保持下降趋势。根据全国疾病监测调查报告，1995年年末活动性肺结核病人登记率为26.3/10万，较5年前下降了56.9%，较10年前下降了65.5%。

(4) 50年来，全国法定报告传染性疾病发病和死亡大幅度下降

1994年基本消除了丝虫病；1995年以来，未再发现国内的脊髓灰质炎野病毒株；消灭麻风病的斗争已进入最后攻关阶段；1998年底，儿童计划免疫的"四苗"报告接种率均达到96%以上，有效地控制了麻疹、百日咳、白喉、脊髓灰质炎等传染病。总之，50年来，全国法定报告传染性疾病发病和死亡在逐年大幅度下降，急性传染性疾病发病率由新中国成立初期的2万/10万下降到1980年的2076.17/10万，到2000年发病率已降到185.98/10万。从1980年至2000年期间，全国法定报告传染病发病率平均年下降11.3%（表5—39）。

表5—39　　　　　全国法定报告传染病发病及死亡情况

时期（年）	发病率（1/10万）	死亡率（1/10万）	病死率（%）
1980	2 076.17	3.07	0.15
1985	872.33	2.00	0.23
1990	292.22	1.15	0.40
1995	176.24	0.34	0.19
2000	185.98	0.26	0.14

资料来源：《中国卫生年鉴2001》。

2. 性传播性疾病（STD/STI）

性传播性疾病是一组主要以性接触或类似性行为接触为主要传播途径的严重危害人群身心健康的传染性疾病。根据1991～2000年性病调查报告，中国目前最常见的性病为淋病（48.29%）、尖锐湿疣（23.75%）、非淋菌性尿道炎（18.66%）、梅毒（6.50%）等。艾滋病感染和发病人数增加较快。

新中国成立前，中国性病流行猖獗，1949年新中国成立时，估计全国约有1 000万左右的性病患者。当年上海的性病患病率曾高达10%，梅毒的患病率城市达5%~10%，农村为0.5%~4%。新中国成立后，政府十分重视性病的防治工作，到1964年正式宣布基本消灭了性病。

80年代改革开放以来，随着国门的大开，商品经济大潮的冲击，人口流动增多，人们生活方式和思想观点有了改变。STD在中国从沿海向内地、从城市向农村呈逐步蔓延趋势。1985年全国STD/STI报告发病只有58 000人，但到2000年报告发病人数猛增到859万人，近20年来平均年增长39.5%。1985年HIV/AIDS全国报告发病人数分别为5/1人，到2000年报告发病人数猛增到4056/2639人，近20年来平均年增长率分别为63.85%和55.0%。至2001年12月累积报告艾滋病感染者36 500例，实际感染人数估计为80万~100万人。在中国，艾滋病感染已经进入快速增长期。

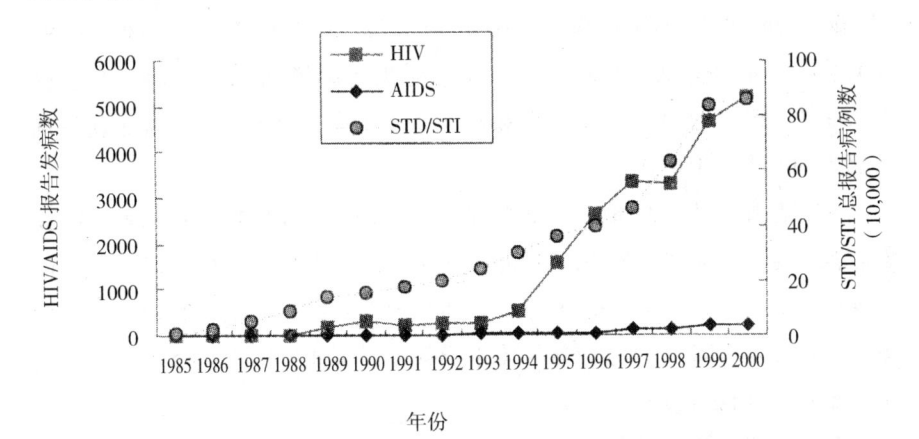

图5—10 引自联合国HIV/AID中国专题小组2002报告：
中国HIV/AIDS的现状13~19页

（二）心脑血管疾病

广义的心脑血管疾病包括心脏和脑血管疾病。心脏病指高血压心脏病、冠心病、风湿性心脏病、肺心病、先天性心脏病、心肌炎等。脑血管疾病主要指脑卒中（脑出血、脑栓塞、脑梗塞、蛛网膜下出血）。在心脑血管病中，对健康危害最严重的是肺心病、风心病、高血压心脏病、脑卒中和冠心病。

1. 心脑血管疾病

60年代后期,心、脑血管疾病死亡率呈逐年缓慢增长。心脏病和脑血管疾病已经成为全国城乡前二位的主要致死原因,这两类疾病在城市居民中的死亡专率分别为124.88/10万、114.69/10万,占总死亡人数的44.18%;在农村居民中的死亡专率分别为154.52/10万、98.75/10万,占总死亡人数的40.13%。

2. 高血压病

高血压既是一种疾病,又是其他心血管病的主要危险因素,高血压病可导致高血压心脏病及脑卒中。大部分国家约有20%的成年人受到影响,是值得引起关注的严重公共卫生问题。

中国1959~1991年32年间进行了3次全国15岁以上人群的抽样调查,临界和确诊高血压年龄标化患病率:1959年为5.11%,1979~1980年为7.73%(7.52%),1991年为13.58%(11.26%)。前21年间(1959~1980年)实际患病率增加了51.27%,后11年间(1980~1991年)实际患病率增加47.99%(年龄标化患病率增加25.13%),其上升势头极为迅猛。估计全国有临界和确诊高血压病人近1亿人,每年新发确诊病人300万~350万。

中国高血压发病的地区分布特征是:(1)华北、东北地区属于高发及较高发地区;而西北及东南沿海各地则以属于低发及较低发区,可能的因素是体重指数(BMI,kg/m^2)、钠和钾的摄入差异以及气候差异;(2)城市患病率明显高于农村,除了体重指数外,可能的因素是城市人口所受的应激量和应激强度较农村高。

高血压发病上升的趋势引起社会普遍关注,高血压发病正朝中青年人群逼近。广东省的一项调查显示:1991年高血压患病率出现跳跃性增加的年龄为45岁,1998年的调查则提高到40岁,而男性更提早到35岁。对赤峰市不同年龄段患病率进行分析发现,20岁年龄段发病率为11.08%,30岁年龄段为21.71%,40岁年龄段为34.57%,50~60岁为42.98%,与以往高血压病发病规律相比,高血压发病有年轻化、低龄化的趋势。

3. 脑卒中

中国属于脑卒中高发区,1982~1984年全国抽样调查,6城市(哈尔滨、银川、长沙、广州、上海和成都）合计发病率 219/10 万，21 省农村合计发病率 185/10 万；患病率城市为 620/10 万，农村为 429/10 万。发病率北方高于南方；沿海地区高于西部，城市高于农村。

北京市人群 15 年间（1984~1998）的人群中脑卒中标化发病率呈上升趋势，年增加率 9.0%，其中男性年增加率 11.4%，女性为 8.2%，男性较女性明显。四川省德阳地区城市居民 1991~2000 年 10 年的脑卒中监测研究显示：男性脑卒中发病率由 1991 年的 54.06/10 万，增加到 2000 年的 143.70/10 万，10 年增加了近两倍；女性由 44.99/10 万增加到 108.61/10，10 年增加了近一倍。上海人群 1991~1999 年的监测结果也是如此。

4. 冠心病

中国冠心病年龄标化发病率虽然较低（<100/10 万），但正在重复工业化国家发展初期的发病趋势。40 岁以上人群中，中国北方冠心病患病率约为 4%~7%，而南方较低，约为 1%~2%，患病率有上升趋势。如北京首都钢铁公司对 40~59 岁男性工人调查，冠心病 1974 年为 2.33%，1980 年为 3.86%，1981~1982 年为 4.3%。中国多省市（中国 MONICA：多国家心血管病动态趋势和决定因素的监测方案）研究表明：急性冠心病事件北方高于南方（但广东高发），城市高于农村，近年有上升总趋势。

5. 风心病

中国心血管病的流行比发达国家约晚 30~40 年，还存在着发达国家已很少见的肺心病和风心病问题。肺心病和风心病的发生均同呼吸道感染如慢性支气管炎和咽部链球菌感染有关，主要分布在较不发达地区，尤其是农村。

风湿热发病率高低直接反映风心病发病情况。风湿热的发病率在发达国家从 20 世纪初、应用青霉素预防之前就开始下降，目前发病率已降至 5/10 万以下。中国也是如此，近几十年风湿热发病率和风心病患病率已明显下降。1980 年广东省学龄儿童风湿热检出率为 83/10 万，1986~1990 年的平均发病率为 20.28/10 万，与 1980 年相比，学龄儿童风湿热呈明显下降趋势。中国 1994 年对 6 省市近 27 万人口中的 5~18 岁的中小学生进行的风心病患病率调查表明：总患病率为 22/10 万，随年龄的增加而升高，农村高于城市，性别间无显著性差异。

1975~1976年全国抽样调查表明：肺心病总患病率为4.69‰，北方高于南方，高原山区高于平原，农村高于城市，煤矿工人尤其是矽肺患者的患病率较高。1992年在北京、湖北、辽宁某些地区农民中调查了10万多人，肺心病的患病率为4.69‰，基本与前相似。

（三）恶性肿瘤

恶性肿瘤是一组严重威胁人类健康和生命的疾病，不同部位肿瘤有100多种。近年来，无论是在发达国家还是在发展中国家，其发病和死亡都有不断上升的趋势。中国虽然是发展中国家，但已成为癌症大国。据世界卫生组织报告1996年全球癌症新发病例1 000多万，中国约占20%。50年来，在中国，恶性肿瘤发病和死亡的显著特点是：1. 恶性肿瘤的发病和死亡总的来说呈上升趋势，成为第一、二位死因；2. 癌谱发生剧烈变化，并有地区差异。3. 像上海等发达城市，恶性肿瘤发病趋势和癌谱正与西方发达国家接近。

根据研究表明：上海市恶性肿瘤发病与西方发达国家一样，23年来男女性恶性肿瘤的发病率有轻微的下降趋势，男性标化发病率由1972~1974年的247.5/10万下降到1992~1994年的215.2/10万，女性标化发病率由173.6/10万下降到154.0/10万。由于生活水平的提高，生活方式的现代化，饮食习惯特别是脂肪摄入的增加，发达国家常见的恶性肿瘤如女性乳腺癌，男女大肠癌等同样已成为上海市民常见的肿瘤之一。23年间上海市区男女性大肠癌的发病率增长了1倍左右，女性乳腺癌发病率增加了一半，已成为上海市女性最常见的肿瘤。像男性前列腺癌在美国是男性最常见的肿瘤，在上海该肿瘤的发病率同样增长迅速，23年间增加了近1倍，估计这种趋势还会保持下去。与生活和饮食条件差有关的"穷病"，如食管癌、胃癌、肝癌则有较大幅度的下降，尤其是食管癌男女性发病率下降了近2/3左右，已退出上海市男女常见恶性肿瘤行列。

北京市区近20年来恶性肿瘤的发病趋势与上海基本一致。王启俊等通过研究北京城区居民1982年~1997年癌症发病趋势发现：北京市城区恶性肿瘤发病率呈逐年升高趋势，男性标化发病率从162.8/10万上升到

176.7/10 万，女性从 130.0/10 万上升到 140.9/10 万，15 年间上升 8.5%。1985～1997 年不同部位肿瘤中，男女性以肺癌居首位（占 22.8%）。女性中乳腺癌为最多发肿瘤（占 18.9%）。15 年间男女肺癌、结直肠癌、胰腺癌呈上升趋势，而胃癌、食管癌呈下降趋势，其中宫颈癌大幅度下降。

二 残疾现患率和残疾构成

各种急慢性疾病、遗传病、出生缺陷和各种残疾是影响人口健康素质的重要因素。当今全世界残疾人总数约有 4.5 亿～5 亿，中国约有 6000 万残疾人。因此，积极开展残疾预防，有效进行残疾康复，是提高中国人口素质的一个重要内容。

残疾的定义是指由于先天和后天疾病、意外伤害等各种原因所致的人体解剖结构、生理功能的异常/或丧失，从而导致部分或全部丧失正常人的生活、工作和学习的能力，无法担负其日常生活和社会职能。残疾可分为视力残疾、听力/语言残疾、智力残疾、肢体残疾、精神残疾五大类。

（一）残疾总人数

1987 年，中国进行了首次残疾人抽样调查。在 29 个省、自治区、直辖市中共调查了 369 448 户，1 579 316 人。结果发现，有残疾人的家庭为 66 902 户，占总调查户数的 18.11%，即中国居民平均每五户半人家就有一个残疾人户。调查确诊的各类残疾有 77 345 人，占调查人口 1 579 316 人的 4.89%，也就是说每 20 人中就有 1 名残疾人。据此推算，全国约有各类残疾人共 5 164 万。在调查的五类残疾中，以听力/语言残疾患病率最高，为 21.81‰，智力残疾、视力残疾、肢体残疾和精神残疾的现患率依次为 12.68‰、10.08‰、9.16‰、2.47‰。在残疾程度上，除了精神病残疾以重度残疾为主外，其他均以轻度残疾为主。据估算，1996 年全国残疾人总数已达 6 000 万人。

（二）残疾的城乡分布

根据 1987 年调查，中国残疾人分布存在着明显的城乡差别。这不仅表现在乡村残疾人的比例远远大于城镇居民，而且乡村的残疾的现患率也明显高于城镇（见表 5—40）

表5—40　　　　　　　1987年市、乡、镇的残疾现患率

地区类别	调查人数	残疾人数	现患率（‰）
市	201 667	8 127	40.30
镇	257 806	11 570	44.88
乡	1 119 843	57 648	51.48
合计	1 579 316	77 345	49.00

（三）出生缺陷

根据中国1987年进行的全国残疾人抽样调查结果推算，全国约有5100多万残疾人和2200多万各种遗传病患者，其中一部分致残原因是出生缺陷。出生缺陷中比重较大的是智力残疾。

造成出生缺陷的原因很多：中国一些地区严重缺碘，碘营养不良儿童的智商明显低于正常值；在部分地区，食物中叶酸缺乏，造成神经管畸形的高发；妇女孕期的贫血、营养不良、接触环境中的有毒有害物质、感染病毒、胎儿宫内缺氧以及遗传因素都可能造成胎儿大脑损伤、宫内发育迟缓和胎儿畸形。近年来，由于职业危害因素造成对女职工身体的损害，导致出生缺陷儿多发在一些地区有上升趋势。在贫穷落后地区，近亲婚育导致的先天愚型和残疾发生率也尚未得到有效控制。

出生缺陷存在地区差异：总的来说，农村地区新生儿出生缺陷和残疾的发生率远远高于城市；神经管畸形的发生率南方就比北方低得多，南方人群发生率只是1.01‰，北方达到了4.11‰。北方最严重的三个地区，就是陕西、山西和河北，山西每年光神经管畸形的发生率就是10.1‰。

上海90年代末每年出生缺陷发生率约在8‰至9‰，主要是唇腭裂、多指趾、神经管缺损、先天愚型等。7岁以下儿童现残率为9.68‰，其中智力残疾占首位，为53.2%，并有明显遗传倾向。通过婚检，发现不宜生育的对象中，因不听劝告再次怀孕分娩的婴儿出生缺陷发生率高出一般人群的近7倍。

中国从80年代中期在全国范围内开始对出生缺陷进行系统监测。据1986年10月至1987年10月期间全国出生缺陷调查表明，所调查的1 243 284例围产儿中有出生缺陷者共16 172例，发生率为13.01‰，缺陷的种类达101种之多，排列前10位的为无脑儿、脑积水、开放性脊柱裂、

唇裂、腭裂、心脏病、唐氏综合征等。据推算，中国每年约有 30 万缺陷儿童降生。

近年来的出生缺陷检测结果表明，中国新生儿出生缺陷发生率在逐年下降。1986～1990 年全国农村地区出生缺陷发病率为 6.98‰，出生缺陷的发生率呈逐年下降趋势。对天津市 1986～1997 年出生缺陷进行了动态监测研究，结果发现 1986 年出生缺陷发生率最高为 12.0‰，以后逐年有所下降，至 1997 年为 7.5‰。1988～1992 年中国神经管缺陷（NTD）发生率的变化趋势研究发现：NTD 发生率由 1988 年 25.3/万下降到 1992 年的 18.0/万，5 年下降了 28.9%，年下降率 8.2%，农村 NTD 下降幅度为 30.5%，城市为 26.7%；无脑畸形、脑膨出发生率分别下降了 34.2%、48.5%；北方 NTD 下降幅度为 30.5%，南方为 27.8%。

（四）精神病患病率

中国精神病患病率 70 年代为 5.4‰，80 年代初为 10.54‰，到 90 年代末上升到 13.47‰，精神卫生问题应当引起全社会的关注。近年来中国的精神残疾患病率正以每 10 年 1 倍的速度增长。目前，中国的精神疾病患者，已占总人口的 30‰，其中重症患者占到 10‰。随着中国社会经济的快速发展，城市化和人口老龄化进程的加快，以及竞争压力、失业、生活节奏变化等因素的影响，精神障碍对中国人民健康的危害越来越突出和严重。调查显示，中国人群中抑郁症、神经症、酗酒、药物依赖、自杀发生率均呈明显上升趋势；儿童行为问题，大、中学生心理卫生问题日渐突出；老年精神障碍如老年性痴呆、老年期抑郁症在老年人群中的比例逐年增高。

有关部门对北京 16 所大学的调查表明（1982）：大学生因病休学的首要原因为肝炎、肺结核等各类传染性疾病，然后则是精神疾病。有焦虑不安、恐怖、神经衰弱和抑郁情绪等问题的大学生竟占学生总数的 16% 以上。对北京 2 万多名中学生进行的测试表明：当今中学生有 1/3 的人存在各种各样的心理问题。

据广东省卫生厅最新披露，估计目前全省各种精神疾病患者已达 100 万左右，其中重型精神疾病患者将近 70 万人，每年新发病人约 3 万多人，并有逐年上升的趋势。广东省精神疾病总患病率已由 80 年代的 1% 上升到 90 年代的 1.4%，重型精神疾病患病率由 0.9% 上升到 1%。

第六节 身体健康素质影响因素

一个国家全体国民的身体健康素质受国家政策、社会体制、经济水平、卫生条件、生态环境、遗传因素、生活习惯等因素的影响。

一 政策与体制

良好的社会体制可以制定良好的社会与卫生发展政策和策略,从而能够极大地促进社会经济的发展、科学技术的进步和卫生保健服务的发展,可大大降低疾病的发病和人口死亡水平,提高人口平均寿命,促进身体健康素质的提高。新中国成立后,中国政府提出了"预防为主"的工作方针,把防治严重危害人民生命健康的传染病、地方病和慢性非传染病作为卫生工作的主要任务。全国各地陆续组建各种专业预防保健机构和队伍,开展群众性爱国卫生运动,迅速改变了全国的卫生面貌。改革开放以来,社会安定,经济发展,卫生防病工作逐步走上经常化、制度化、规范化和法制化的轨道,各地还大力开展了多种形式的健康教育、实行计划免疫,推行全民加碘,广泛开展创建卫生城市、卫生镇等活动,对于增强人民健康意识,预防各种疾病,提高群众健康水平和卫生文明水平起到了积极作用。经过50年的艰苦奋斗,全国疾病控制工作取得了巨大成就。

二 经济水平和卫生投入

良好的社会体制,可以保持一个国家经济水平的持续繁荣。研究证实,社会经济水平与身体健康素质有关。社会经济发展可增加人均收入、提供教育水平并提供更好的就业机会、改善卫生条件。同样,收入的增加可以提高购买力,这可使得儿童保健状况、住宅、衣着、教育、环境卫生和个人卫生状况改善,降低传染病的发病和死亡的危险性,不断地应用现代医疗卫生服务技术。在发达和发展中国家,收入最低的阶层、受教育时间短、体力劳动者处于死亡和患病的高危险中。贫困阶层所处的贫困状况使得其在患病的每个阶段都处于劣势。他们通常易患传染病。一方面是由于缺乏免疫接种服务;另一方面是因为患营养不良。贫穷人口住房条件较差,其住宅不能给人提供受到热、冷、风、雨及损害时的保护。

新中国成立50年来，特别是改革开放20年来，中国综合国力上升到世界第六位，商品经济的发展，全国许多地区解决了温饱问题，并向小康型生活或富裕型过渡或转变，从而改善了国民的营养水平，使得像佝偻病、缺铁性贫血、蛋白质·热量不足等慢性营养性疾患大大降低。城市和农村的住房、医疗条件的改善，使得急慢性传染病的发病和死亡率急剧下降。冰箱等家电的普及，使得新鲜蔬菜水果等食品的摄入增多，腌制品摄入大大减少，与贫穷有关的恶性肿瘤如食管癌、胃癌发病率和死亡率在逐年下降。河南省林州（原林县）市，江苏省淮安市食管癌发病率和死亡率的下降就是例证。

三　生态环境

生态环境是人类赖以生存和发展的自然环境，这种自然环境指的是自海平面往上十几公里空气对流层和一部分平流层范围内的空间，直到海平面往下十几公里的海底层这个广阔的领域。人类同自然环境相互联系、相互作用、相互影响。

人类生存的环境不同，与其相关的有机物质也不同，所以具有不同的疾病模式。人类的生活习惯、城乡背景、贫民窟的状况、干旱或水资源短缺、环境卫生、住宅材料、通风、拥挤状况、动物驯化、气候、污染等生态因素以不同的方式对疾病产生不同的影响。

中国北方地区由于寒冷的气候，导致高血压及心血管疾病的发病率高于南方；肝癌胃癌等恶性肿瘤往往发生在南方沿海潮湿地区。中国某些地区是许多媒介生物的滋生地，疾病如腹泻等在这些地方发生率高。近年来，像肺癌等恶性肿瘤发病率和死亡率的持续上升，可能与工业化生产带来的大气污染有关。

四　遗传因素

随着医学科学因素的发展，人们对疾病病因认识的不断深入。现在一般认为，除了少数疾病之外，绝大多数疾病，尤其是慢性非传染性疾病都是遗传因素与环境因素相互作用的结果。即便以往认为完全是有细菌、病毒等病原生物引起的传染性疾病，仍然存在着个体差异，也与遗传因素有关。根据在疾病发生中遗传因素与环境因素的相互作用，可人为的将人类疾病分为以下几类：

1. 由遗传因素决定的疾病，如血友病A、白化病、色盲等
2. 基本上由遗传因素决定的疾病，如蚕豆病、半乳糖血症等
3. 多因子遗传病，如某些先天性畸形、精神分裂症、肿瘤、高血压、糖尿病等
4. 基本上由环境决定的疾病，如中毒、狂犬病等。

近亲结婚是易导致出生缺陷的增加。在中国某些边远农村地区，本村人群结婚的比例达到30%以上，从而导致了人口素质的下降，出现了一些"傻子村"。

五 生活习惯和社会习俗

对死亡原因的一项研究显示，导致死亡的各种因素所占的比重是：生活方式占48.5%、遗传占26%、环境因素占16%、医疗保健占11%。吸烟、酗酒、饮食习惯、个人卫生、性生活等生活方式对疾病的发生和死亡影响较大。

吸烟问题是最为广泛的影响健康因素，其对人类健康的危害是巨大的。几乎所有的肿瘤发生都与吸烟有关。世界上有30几个队列或病例——对照研究表明吸烟是肺癌的危险因素，一天抽20支香烟的肺癌危险度是不吸烟者的10倍左右。吸烟也是高血压、心脏病的罪魁祸首。肺癌死亡者的90%、支气管炎死亡者的75%、65岁以下冠心病致死的病例的25%是由吸烟导致的。中国成年男性吸烟率较高，达67.5%左右，吸烟是目前影响国民身体健康素质的主要危险因素之一。

过量饮酒可直接或间接影响身体健康素质甚至生命。酗酒是车祸的重要原因。嗜酒者的寿命比正常人平均缩短10～12年。酗酒可导致肝硬化、食管癌的高发。

不良的饮食习惯导致疾病的发生。如常吃泡菜、咸菜、鱼露、烫食容易导致食管癌、胃癌的发生。饮食过量，特别是脂肪的过多摄入易导致肥胖、高血压、大肠癌、乳腺癌等疾病的发生。

现今，随着改革进程的加快，社会竞争的日益加剧，生活、学业压力的加大，从而导致近年来高血压、精神性疾患发病率增加。

历史的结论

（一）历史经验

新中国成立 50 年来，国民身体健康素质大为提高。全国人口平均期望寿命从 1957 年的 57 岁上升到 1997 年的 70.8 岁，全国人口的死亡率由 1949 年的 20‰ 下降到 1999 年的 6.46‰，婴儿死亡率从 200‰ 降低到 2000 年的 32.2‰，孕产妇死亡率由 1 500/10 万下降到 2000 年的 53.0/10 万。已经基本消灭或控制了烈性和急性传染病，慢性病防治工作也取得了一些成效，各种恶性肿瘤的 5 年生存率有了很大的提高。究其原因，主要有以下几点：

1. 政府的正确政策，安定的社会环境。

2. 社会的经济文化、人民的生活水平不断提高。

3. 大力推行"人人享有初级卫生保健"和计划生育优质服务：推行婚前医学检查、产前检查、药物干预、食盐加碘、农村改水改厕。

4. 积极发展社会保障事业，确保了失业、医疗、养老和计生保险的落实。

5. 医学科技的进步使得人们拥有更优良的医疗服务和健康的生活方式。

6. 开展全民健身运动，使体育事业的发展和增强人民体质结合起来，促进了全民身体健康素质的全面提高。

（二）面临的新挑战

首先，防病治病任务依然十分繁重，一些急、慢性传染病、地方病尚未得到完全控制，国际上出现新的传染病的情况下，多种慢性非传染病疾病如心、脑血管病、肿瘤等，已日益成为严重威胁人民健康的因素；伴随工业化、城市化进程所发生的环境污染，职业性危害和营养失衡性疾病以及性病、艾滋病、意外伤害等呈上升趋势。

其次，多年来，卫生尚投入不足，目前中国卫生总费用占国民生产总值的比例，在发展中国家尚属于中低水平；卫生资源布局不合理，城市与乡村、发达与欠发达地区的卫生条件存在相当大的差距，相当部分农村贫困人口居民还未能享有基本医疗服务。

一些先进、科学的防病、治病知识，健康的生活方式有待于加大力度向广大农村地区传播。

进入21世纪，国民身体健康素质的全面提高，在于坚持"以人为本"、"人人享有基本保健"的基本路线和基本方针不动摇，深化卫生体制改革，开拓卫生事业发展道路，加大对农村偏远地区、弱势群体的卫生投入，在全国建立起适应社会主义市场经济和人民健康需求的、比较完善的卫生体制。

第六章 人口教育科技素质

中华民族是善于科学思考和发明创造的优秀民族。在古代，曾经培养造就了一大批世界第一流的教育家、科学家、发明家、工匠和技师：有举世闻名的一代宗师孔子；有发明世界第一台地震仪的号称全才科学家的张衡；有早于外国一千年，将圆周率推算准确到小数点后七位数字的数学家祖冲之；有设计并监造了世界第一座大跨度单孔石拱桥的工匠李春；有世界最先发明活字印刷术的发明家毕昇；有倾毕生心血著成"东方医学巨典"《本草纲目》的医学家李时珍；有遍历五岳，问奇于名山大川，开世界石灰岩研究先声的地理学家徐霞客……正是这些知名的和无数不知名的教育和科技工作者，谱写了中国古代人口素质提高的辉煌历史。然而，16～17世纪以后，随着资本主义的兴起，现代教育和科学技术在西方获得了迅速的发展，生产力发生了巨大的飞跃，中国却被远远地抛在后面。其原因，主要是中国几千年封建统治和自然经济抑制了新生产力的产生，闭关锁国的"天条"把先进的教育制度和科学技术拒于国门之外。帝国主义侵略虽然惊醒了一些中国的有识之士，猛醒到发展科学教育的重要。但是，已沦为半殖民地、半封建社会的中国，在帝国主义、封建主义和官僚资本主义的三重压榨之下，科学教育事业几近停滞状态。中华人民共和国成立前的旧中国，共有高等学校205所，1912～1947年的35年间大学毕业生累计数只有21万人，平均每年仅6 000人。中学不到5 000所，小学29万所，分布也很不合理。各级各类学校在校生仅占全国总人口的5.6%。当时在全国大约5亿人口中，80%是文盲。科研机构到解放前夕只有40来个，且残缺不全，科研人员不到1 000人。

新中国人口的教育科技素质就是在这种极其薄弱的基础上逐步发展的。50年来，在政治经济发展的不同阶段中国人口教育科技素质的提高呈现出不同的特征。本章将分"文化大革命"前、中、后三个阶段，围绕人口教育科技素质的主要影响因素，描述和分析 50 年来中国人口教育科技素质提高的历史进程。

第一节 初显成效时期（1949～1965 年）

人口教育科技素质与教育科技事业发展紧密相关。1949～1965 年是中国社会主义教育科技事业调整发展、奠定基础时期。尽管在这期间存在随"大跃进"运动伴之而来的极左路线的干扰，但新中国成立后 17 年中国教育科技事业发展成绩是显著的，人口教育科技素质提高取得初步成效。

一 新中国成立以来 17 年教育科技事业的调整和发展

（一）改造旧教育

教育是科学技术进步和人才培养的基础，是提高人口教育科技素质的最基本途径。新中国成立后，党和人民政府对教育事业进行了积极而谨慎的工作。1949 年 12 月在北京召开了第一次全国教育工作会议，讨论并具体确定了全国教育工作的方针、性质、任务、目的和有关政策。会后，对旧的教育进行了一系列调整和改革。

收回教育主权 新中国成立之初，中国境内有外国教会办的学校 20 余所，中等学校 500 余所，初等学校 1 100 余所。中央人民政府对此问题的立场是：在一个独立民主的国家里，不允许外国人办学校，除非是他们的侨民自己设立而为教育他们的子女的学校。这也是世界通例。1950 年抗美援朝战争开始以后，中美实际上已进入交战状态，中国政府命令将接受美国津贴的学校全部处理完毕。1953 年后，在接办私立学校过程中，一并接收了外资津贴的中小学。

接管整顿私立学校 解放之初，除了依靠境外力量办的教会学校尤其是教会办的高等学校之外，采取了管而不接的政策。抗美援朝运动开始以后，从接管教会学校开始，进而将私立大学全部接管。1952 年起，分别各种不同情况，先后将中学和小学分批接管。这种从高等学校开始，然后中等学校，再后初等学校的接管工作，至 1956 年基本完成。

改革学制 1951年10月1日，政务院公布了《关于改革学制的决定》。这是新中国实行的第一个学制。第一，它充分保障了全国人民，尤其是工农劳动人民和工农干部受教育的权利和机会；第二，新学制将初等教育由4年初级小学和2年高级小学改为5年一贯制，有利于使劳动人民的子女能够受到完全的初等教育；第三，新学制的中等教育包含技术学校以及其他各类中等专业学校，适应了国家建设对于初、中级专业技术人才的需求。

调整教育结构 根据国家建设和社会发展的需要，在中等教育阶段，增设了工业、农业、交通、运输等方面的技术学校，以及其他行业（贸易、银行、供销合作、艺术等）的中等专业学校。高等教育的调整体现在专业的设置和布局两个方面。调整的重点是加强工程类和师范类的院系，发展专门学院和专科学校，以培养各种专门人才和中等学校、高等学校的师资。具体的做法，一是对原有大学的院系加以调整；二是建立新的院校。在高等学校的布局上，1955年开始加强了内地尤其是西南、西北地区高等学校的设置。

改革教学 在进行教学改革方面，苏联的教学思想发挥了很大的影响作用，尤其是大学和中等专业学校受影响较大。主要表现在：按苏联高校模式设置专业，统一教学计划和教学大纲；翻译苏联教材；按苏联教学组织形式设置教研室；学习苏联教学环节的安排；学习苏联学制，将部分高校学制延长至5年，除保留少数师专、医专外，理工科专科停止招生。

在新中国成立初期的7年左右时间里，通过改造旧教育，全国各级各类学校都得到了很大的发展。教育布局全面展开，学生人数迅速增长，形成了宏大的教育体系，为后几个五年计划有秩序地实施及以后社会经济的发展和建设成功地准备了人才，提高了人民的受教育水平。

(二) 探索教育发展道路

从1956年中国共产党第八次代表大会召开到1966年"文化大革命"开始前的10年，是探索中国教育发展道路的10年。同这一时期社会主义建设的道路一样，社会主义教育发展道路也经历了一个曲折的过程。

确定教育方针 1957年，毛泽东在《关于正确处理人民内部矛盾的问题》中提出了我国的教育方针："我们的教育方针，应该使受教育者在德育、智育、体育几方面都得到发展,成为有社会主义觉悟的有文化的劳动者。"① 这一教育方针不仅指出了教育工作务必达到的目的,而且也指明了青年一代发展的方向。

教育"大跃进" 1958年的教育大跃进是当时中国各行各业大跃进的产物。在总路线的指引下,中央也给教育提出了大跃进的指标。1958年9月,中共中央、国务院提出:全国在3到5年的时间内,基本上完成扫除文盲、普及小学教育、农业合作社社社有中学和使学龄前儿童大多数都能入托儿所和幼儿园的任务;争取在15年左右的时间内,基本上做到使全国青年和成年,凡有条件和自愿的,都可以受到高等教育;再以15年左右的时间从事提高的工作。当时,一些工厂、人民公社、机关、街道宣布办起了高等学校、中等专业学校、农业学校、普通中小学、幼儿园,以及红专大学、劳动大学、市民学校等名目繁多的各种形式的学校。有的工厂、人民公社还宣布办成了从幼儿园到高等学校的"教育体系"、"教育网",实现了"人人劳动、人人学习"的"共产主义教育制度"。1958年10月1日《光明日报》报道:从1至8月,全国扫除文盲9 000万,比8年来扫盲总数多2倍,全国67%的县市基本扫除了文盲;全国学龄儿童入学率已达93.9%,87%的县市基本普及小学教育;新建中学26 000余所,全国中学生比1957年增长47%;全国中等专业学校已达6 000余所,在校学生比1957年增长220%;新办高校800余所,全国已有高校千所以上;业余学校比1957年增长5倍半,学生达5 000余万人;许多省初步建立起自己的高等教育体系,很多省决定在15年内普及大学教育。现在看来,上述数字带有很大的浮夸成分。

教育调整 1958年的教育"大革命"盲目地破除了既有的教育规章制度,打乱了正常的教学秩序。1961年中共八届九中全会提出了国民经济"调整、巩固、充实、提高"的方针,此后,教育工作按此方针进行了一系列的调整。一是压缩规模,合理布局;二是强调对知识分子的团结和使用;三是规范学校的管理。同其他行业一样,教育系统也制订了一系列教育工作的条例,如"高教六十条"、"中学五十条"、"小学四十条"等。

---

① 《毛泽东著作选读》下册,人民出版社1986年版,第780~781页。

教育改革　毛泽东于1964年春节召集教育工作座谈会并发表了著名的"春节谈话"。毛泽东对于教育的关心，主要是在阶级斗争的框架中，考虑中国坚持走社会主义道路的问题。1964年以后在防止资本主义复辟思想指导下，教育系统根据毛泽东"春节谈话"精神推行了教育改革。主要包括：推行"两种教育制度"，即全日制的学校教育制度和半工半读的学校教育制度；缩短学制，小学的基本学制为5年一贯制，中学为4年一贯制，设高等学校2年制预科等；改革课程，如推行"少而精、启发式"教学，将阶级斗争作为学校教育尤其是高等教育的一门主课，安排学生参加"四清"运动等。

总起来看，新中国成立后17年党和政府对教育科技事业是十分重视的，在财力有限的情况下，合理安排了智力投资。据不完全统计，1950~1965年国家用于发展教育的事业费达到305.15亿元，占国家财政总支出的5.86%；同期国家用于教育的基本建设投资达到47.44亿元，占国家基建投资总额的2.07%。在国家财力的支持下，一大批新的教育机构和科研机构成立起来，成为培养科技人才和提高全国人口教育科技素质的基本阵地。

二　扫盲工作的显著成效

扫盲，即对不识字和识字少的人进行识字教育，使其具有初步的读、写、算能力。1949~1965年，是中华人民共和国成立后扫盲工作具有显著成效的阶段。

(一) 扫盲标准、对象和任务

扫除文盲的标准包括两项内容：文盲个人脱盲的标准和基本扫除文盲单位的标准。关于文盲个人脱盲的标准，1953年11月中央扫除文盲工作委员会规定：干部、工人一般可定为认识2 000个常用汉字，能阅读通俗书报，能写二三百字的应用短文；农民一般可定为认识1 000个常用汉字，大体上能阅读最通俗的书报，能写农村中常用的便条、收据等。1956年3月中共中央、国务院《关于扫除文盲的决定》规定工人识字标准是2 000个左右；农民大约认识1 500个字，能够大体上看懂浅近通俗的报刊，能够记简单的账，写简单的便条，并且会做简单的珠算。关于基本扫除文盲单位的标准，1958年1月教育部规定：凡年龄在14~40岁的青壮年厂矿职工，非文盲达到其总数的85％，农民、城市居民和手工业合作社社员青壮年，非文盲达到其总人数的80％，就是基本上扫除文盲。关于扫除文盲对象的范围，也在1956年3月中共中央、国务院《关于扫除文盲的决定》作了规定：扫除文盲的对象以14～50岁的人为主，超过50岁的文盲如果愿意识字，欢迎他们参加学习；共产党员、青年团员、干部、青年和各条建设战线上的积极分子中的文盲，应该自觉地积极地竞相参加学习，摆脱文盲状态。

（二）扫盲方法

在中国，扫除文盲是一项群众性工作。中国共产党和人民政府广泛动员社会各方面的力量，包括工矿企业、城市街道、农村基层组织、工会、共青团、民兵、妇联等群众团体和全日制学校广大师生等参加扫盲工作。做法是：学习时间由生产组织统一安排；解决教师问题的原则是"以民教民，能者为师"，动员识字的人教不能识字的人；教学辅导工作依靠全日制学校的力量来做；识字教材由地方教育行政部门组织力量编写；教学内容密切结合群众的生产、生活需要；教学方法多种多样，不拘一格。教学组织，因人因地因时制宜，有集中的班级教学，有分散的小组学习，还有"小先生"包教形式等。各种学习组织大都是业余学习，在农村一般是农闲多学，农忙少学，大忙放假。针对干部坚持业余学习困难较多的特点，许多地点采取短期集中脱产扫盲的方式。

（三）三次扫盲高潮

20世纪50年代，中国曾先后掀起三次扫盲高潮。第一次出现于1951～1953年。中华人民共和国成立以后，广大工人农民在政治上当家作主、经济上翻身之后，迫切要求文化上的翻身，一个全国性的扫盲运动迅速开展。"速成识字法"的创造和推行，对第一次扫盲高潮起了杠杆作用。为了推动扫盲运动的健康发展，1952年9月教育部、全国总工会在北京召开了全国扫除文盲工作座谈会，会上提出开展扫盲运动是一项"迫切和重大的政治任务"，还提出了"大张旗鼓、稳步前进、由点到面、限期完成"的方针。1953年2月召开的第一次全国扫盲工作会议，进一步肯定了全国推行速成识字法以来的成效，同时指出工作中存在盲目冒进的偏向。1953年，全国参加扫盲学习的工人、农民3 190万人，1949年到1953年共扫除文盲701万人。

第二次扫盲高潮出现于 1955~1956 年。这时城乡社会主义改造已经完成，全国掀起了社会主义建设高潮。1955 年 10 月，毛泽东在中共七届六中全会上做结论时说："要在合作化中间把文盲扫掉"。同年毛泽东在《莒南县高家柳沟村青年团支部创办记工学习班的经验》一文按语中指出："我国现在文盲这样多，而社会主义建设又不能等到消灭了文盲以后才去开始进行，这就产生了一个尖锐的矛盾。……这个严重的问题必须在农业合作化的过程中加以解决，也只有在农业合作化的过程中才能解决。"扫除文盲运动，再次被提到重要的地位。1956 年初，周恩来在二届政协二次会议上作政治报告时发出了"向现代科学文化进军"的号召，进一步激发了全国人民学科学、学文化的积极性。为了推动扫盲运动的深入开展，1956 年 3 月，全国扫除文盲协会成立，陈毅副总理为会长。协会宗旨是协助政府开展扫盲运动，如期完成扫盲任务。是年 3 月 29 日，中共中央、国务院发出了《关于扫除文盲的决定》，要求"在五年或七年内基本上扫除文盲"。在党中央的号召下，全国迅速出现了又一次扫盲热潮。1955、1956 两年内共扫除文盲 1 100 万。

第三次扫盲高潮出现于 1958 年。1957 年，中国第一个五年计划超额完成。1958 年 2 月教育部、团中央、全国总工会、全国妇联和全国扫盲协会联合召开了 18 个省市扫盲先进单位代表会议，到会单位的代表向全国提出了在第二个五年计划期间基本上扫除青壮年文盲的倡议，陈毅在大会讲话中号召来一个文化学习高潮。在"大跃进"的形势下，1958 年扫盲教育出现了"千人教，万人学"、"三代同堂"、互教互学的学习热，参加扫盲学习的人数达到空前的规模。但也有不少浮夸现象和形式主义做法。据当时统计，1958 年在过去的扫盲基础上全国共扫除文盲 4 000 万，出现了几千个基本上扫除青壮年文盲的单位（包括 600 多个县市）。

（四）扫盲成效

由于各级党政领导和广大群众的努力，中华人民共和国成立 17 年中扫盲工作取得显著成绩。20 世纪 50 年代基本扫除了干部中的文盲，60 年代基本扫除了职工中的文盲。

到 1965 年，全国共扫除文盲 10 272 万人，平均每年扫除 604 万人。1949~1965 年历年扫盲人数见表 6—1。

表 6—1　　　　　　　1949～1965 年扫盲人数　　　　（单位：万人）

年份	扫盲人数	年份	扫盲人数
1949	65.7	1958	4000.0
1950	137.2	1959	2600.0
1951	137.5	1960	573.3
1952	65.6	1961	45.8
1953	295.4	1962	16.7
1954	263.7	1963	22.5
1955	367.8	1964	74.7
1956	743.4	1965	142.2
1957	720.8		

资料来源：《中国教育年鉴（1949～1981）》，中国大百科全书出版社 1984 年版，第 1037 页。

1964 年全国大陆第二次人口普查结果，再次证明新中国成立之初十几年中国扫盲工作的重大成效。这次普查出的 12 岁及以上文盲半文盲人口 26 340 万人，占总人口的比率为 38.11%，其中城镇人口文盲率 20.18%，乡村人口文盲率 40.54%，总文盲率由中华人民共和国成立前的 80% 下降到 38.11%，年均下降 2.8 个百分点，速度显然是很快的。

该期全国文盲率的迅速下降，除了扫盲工作的成效外，还有另外两个因素起了重要作用。一是初等教育的发展。小学在校学生由 1949 年的 2439 万人发展到 1965 年的 11 621 万人，学龄儿童入学率由 1949 年的 20% 提高到 1965 年的 84.7%。17 年间小学累计毕业 7 000 万人。这些人进入人口总体，降低了文盲人口比重。二是文盲人口的自然淘汰。人口的年龄组越高，文盲率也越高。17 年中自然死亡的老年人口当中有 80% 以上的文盲，这就大大减少了文盲人口的绝对数量。

三　受教育人口的迅速增加

（一）初等教育人口

初等教育是使受教育人口打下文化知识基础和作好初步生活准备的教育，对象一般是 6～12 岁儿童。中华人民共和国成立以前，初等教育发展最好的年份1946年，全国小学在校学生数为2 368万人；学龄儿童入学率为20%左右。

1950~1951年，中国农村土地改革后，农民群众迫切要求送子女上学。1951年8月，教育部召开的第一次全国初等教育和师范教育会议提出了小学教育工作的目标：1952~1957年争取全国平均有80%的学龄儿童入学；从1952年开始，争取10年之内全国儿童初等教育基本上达到普及。会议还确定五年内培养百万人民教师的奋斗目标，并规定了相应的措施。到1952年年底，小学在校学生由1949年的2 349万人增加到5 110万人，学龄儿童入学率达到49.2%。

1953年11月，政务院提出今后几年内小学教育在整顿巩固的基础上有计划有重点地发展的要求。1956年1月，最高政务会议讨论通过的《1956~1967年全国农业发展纲要（草案）》规定：从1956年开始，按照各地情况，分别在7年或者12年内普及小学教育。同年5月教育部提出了加速小学教育发展的措施，即在一般地区，根据需要和可能，增加小学的招生名额，并且对实施小学义务教育积极地进行准备。到1957年，小学在校学生发展到6 428万人，学龄儿童入学率达到61.7%。

1958年9月，中共中央、国务院发布《关于教育工作的指示》，提出"调动一切积极因素，鼓足干劲、力争上游、多快好省地扫除文盲，普及小学教育"，"全国应在三到五年的时间内，基本上完成扫除文盲、普及小学教育"。在"大跃进"的影响下，当年小学在校学生达到8 640万人，比1957年猛增34.4%；学龄儿童入学率达80.3%，比1957年猛升18.6个百分点。

1961年2月，中共中央批转中央文教小组报告，提出文化教育工作必须贯彻执行"调整、巩固、充实、提高"的方针，普通教育要着重全面提高教育质量。1962年5月，中共中央对教育部党组的批示进一步指出：1958年以来，中国教育事业有了很大的发展，成绩是显著的；但是，由于发展过快，规模过大，超过了国民经济的负担能力，特别是超过了农业生产水平，也超过了教育事业本身的发展条件，影响了教育质量的提高。经过调整，1962年，小学在校学生数比1958年减少19.9%，学龄儿童入学率下降24.2个百分点。

1963年以后，普及小学教育再次提上全国教育工作日程。1964年1

月，教育部召开的全国教育厅局长会议提出：要积极发展小学，特别是简易小学，解决贫下中农子女入学问题，逐步普及小学教育。同年6月2日《人民日报》发表社论，肯定了阳原县儿童都能到离家一里左右的学校上初小，到五里左右的学校上高小，全县学龄儿童入学率达到90%以上的经验。1965年，全国又肯定了农村"半农半读"的教育方式，要求实行"全日制"和"半农半读"两条腿走路。1965年，小学在校学生数达到11 621万人，比1962年增长67.84%，学龄儿童入学率达到84.7%，比1962年上升28.6个百分点。

总起来看，新中国成立后的17年全国小学教育发展是迅速的、健康的。1965年与1949年相比，小学校数增长3.9倍，在校学生数增长3.8倍，毕业生数增长9.3倍（见表6—2）。全国第二次人口普查资料表明：1964年全国共拥有小学程度人口19 582万人，每千人口中具有小学程度的人口全国平均为281.9人，其中城镇349.5人，乡村270.8人；就地区分布来看，华北区312.4人，东北区346.2人，华东区260.8人，中南区302.5人，西南区256.6人，西北区229.9人。

表6—2　　　　　　　　1949～1965年全国小学教育发展状况

年份	学校数（万所）	在校学生数（万人）	学龄儿童入学率（%）	毕业生数（万人）
1949	34.68	2 439.1	—	64.6
1950	38.36	2 892.4	—	78.3
1951	50.11	4 315.4	—	116.6
1952	52.70	5 110.0	49.2	149.0
1953	51.21	5 166.4	50.3	293.5
1954	50.61	5 121.8	51.5	332.5
1955	50.41	5 312.6	53.8	332.9
1956	52.90	6 346.6	62.6	405.1
1957	54.73	6 428.3	61.7	498.0
1958	77.68	8 640.3	80.3	606.3
1959	73.74	9 117.9	79.3	547.3
1960	72.65	9 379.1	76.4	734.0

续表

年份	学校数（万所）	在校学生数（万人）	学龄儿童入学率（%）	毕业生数（万人）
1961	64.52	7 578.6	63.4	580.8
1962	66.83	6 923.9	56.1	559.0
1963	70.80	7 157.5	57.0	476.8
1964	106.60	9 294.5	71.1	567.4
1965	168.19	11 620.9	84.7	667.6

资料来源：《中国教育年鉴（1949～1981）》，中国大百科全书出版社1984年版，第1021、1024页。

(二) 中等教育人口

中等教育是在初等教育基础上继续实施的中等普通教育和专业教育。实施中等教育的学校为各类中等学校，普通中学为其中主要部分，担负着为高一级学校输送合格新生以及为国家建设培养劳动后备力量的双重任务。中等专业学校，包括中等技术学校、中等师范学校，担负着为国民经济部门培养专业技术人员的任务。

1949年中华人民共和国成立时，全国初级中等学校在校学生总数为95.1万人，其中初级中学占87.4%，初级中等专业学校（包括初级师范）占12.6%。高级中等学校在校学生总数为31.9万人，其中高级中学占65%，中等专业学校（包括中等师范学校）和技工学校占35%。1949年12月，教育部召开的第一次全国教育工作会议指出了全国中等学校中普通中学多、技术学校少，不能适应恢复发展经济需要的状况，要求在今后若干年内，中等教育应着重发展技术教育，以大量培养中级建设干部。到1952年，初级中等学校在校学生总数发展为255.9万人，其中初级中学占87.1%，初级中等专业学校占12.9%；高级中等学校总数发展为58.2万人，其中高级中学占44.7%，中等专业学校和技工学校占54.3%。

1955年7月，第一届全国人大第二次会议通过的"一五"计划提出了国家将有计划地调整、扩大和开办各类中等专业学校，并充分地利用企业和机关的有利条件，训练培养各类建设人才的要求。1956年5月，高教部进一步提出加速发展中等专业教育的具体措施。但当时中等教育的结构并未出现明显改善。1957年，初级中等学校在校学生发展为543.0万人，其中初级中学占99%，初级中等专业学校占1%；高级中等学校在校学生增加到169.6万人，其中高级中学占53.3%，中等专业学校和技工学校占46.7%。

1958年3月，教育部提出大力创办农业中学、工业中学和手工业中学。同年9月，中共中央、国务院在《关于教育工作的指示》中提出"普通教育与职业（技术）教育并举"的要求。在"大跃进"的形势下，初级中等学校在校生总数达到981.1万人，其中初级中学占74.8%，初级中等专业学校、农业中学和职业中学占25.2%；高级中等学校在校生总数达到234.7万人，其中高级中学占50.2%，中专和技工学校占49.8%。1961年以后教育工作执行了"调整、巩固、充实、提高"的方针，农职中学和中等专业学校大幅度下降。到1962年，初级中等学校在校生总数为646.3万人，其中初级中学占95.7%，初级中专、农业、职业中学占4.3%；高级中等学校在校学生总数为192.6万人，其中高级中学占69.5%，中等专业学校和技工学校占30.5%。

1964年8月，刘少奇作了"两种劳动制度、两种教育制度"的重要讲话。1965年3月和10月，教育部先后召开全国农村半农半读教育会议和全国城市半工半读教育会议。此后半工（农）半读的中等学校迅速发展。1965年，初级中等学校在校生总数发展为1170.9万人，其中初级中学占68.6%，农业、职业中学和初级中等专业学校占31.4%；高级中等学校在校生总数发展为279.37万人，其中高级中学占46.8%，中等专业学校、农业、职业中学和技工学校占53.2%。

总之，新中国成立后的17年中，中国中等教育的发展与初等教育一样迅速。1965年与1949年相比，普通中学数增长3.6倍，其中高中增长1.6倍，初中增长4.7倍；普通中学在校学生数增长8.0倍，其中高中增长5.3倍，初中增长8.7倍；普通中学毕业生数增长6.5倍，其中高中增长4.9倍，初中增长6.9倍。17年累计，我国共培养出初中毕业生1675.6万名，高中毕业生354.6万名，同时还培养出中等专业人员295.9万名，工业中学、农业中学以及各种职业中学毕业生63.2万人。（详见表6—3、表6—4）据全国第二次人口普查资料，1964年全国共拥有初中程度人口 3 235 万人，高中程度人口 912 万人。每千人口中具有初中文化程度的平均 46.7 人，其中城市 127.6 人，乡村 33.3 人；每千人口中具有高中文化程度的 13.1 人，其中城镇 53.9 人，乡村 6.4 人。就地区分布看，1964 年每千人口中具有初中文化程度的人口，华北区平均 56.3 人，东北区平均 67.7 人，华东区平均 44.9 人，中南区平均 44.5 人，西南区平均 34.1 人，西北区平均 49.4 人；每千人口中具有高中文化程度的人口，华北区平均 15.0 人，东北区平均 19.1 人，华东区平均 13.5 人，中南区平均 11.2 人，西南区平均 10.5 人，西北区平均 15.3 人。

表 6—3   1949~1965 年全国普通中学教育发展状况

年份	高中 学校数（个）	高中 在校学生数（万人）	高中 毕业生数（万人）	初中 学校数（个）	初中 在校学生数（万人）	初中 毕业生数（万人）
1949	1 597	20.72	6.1	2 448	83.18	21.9
1950	1 541	23.80	6.2	2 472	106.69	23.4
1951	1 321	18.44	5.9	2 673	138.37	22.5
1952	1 181	26.02	3.6	3 117	222.99	18.5
1953	1 206	36.00	5.6	3 227	257.26	39.8
1954	1 249	47.80	6.8	3 543	310.87	57.6
1955	1 330	57.98	9.9	3 790	331.98	87.0
1956	2 029	78.41	15.4	4 686	438.06	78.5
1957	2 184	90.43	18.7	8 912	537.70	111.2
1958	4 144	117.88	19.7	24 787	734.14	111.6
1959	4 144	143.57	29.9	16 691	774.30	149.1
1960	4 690	167.49	28.8	17 115	858.52	142.2
1961	4 431	153.30	37.9	14 552	698.46	189.2
1962	4 434	133.91	44.1	15 087	618.89	158.4
1963	4 303	123.53	43.3	15 296	638.08	152.3
1964	4 149	124.68	36.7	15 065	729.35	138.6
1965	4 112	130.82	36.0	13 990	802.97	173.8

资料来源：《中国教育年鉴（1949~1981）》，中国大百科全书出版社 1984 年版，第 1000~1001 页。

表 6—4　　　　　　1949~1965 年全国中等专业教育发展状况

年份	中等技术学校 学校数（个）	在校学生数（万人）	毕业生数（万人）	中等师范学校 学校数（个）	在校学生数（万人）	毕业生数（万人）	职业中学等 学校数（个）	在校学生数（万人）	毕业生数（万人）
1949	561	7.71	2.38	610	15.18	4.8	—	—	—
1950	500	9.78	2.20	586	15.94	5.29	24	0.44	—
1951	669	16.29	2.22	744	21.98	3.47	41	1.33	—
1952	794	29.04	4.08	916	34.52	2.74	51	1.88	0.01
1953	650	29.94	5.81	788	36.90	6.00	58	2.81	0.22
1954	557	30.00	7.17	632	30.80	9.78	87	5.11	0.42
1955	512	31.81	9.68	515	21.90	13.83	65	3.65	0.71
1956	755	53.85	7.47	598	27.34	9.89	56	3.17	0.04
1957	728	48.22	9.57	592	29.58	5.04	58	2.22	0.73
1958	2 085	108.35	10.13	1028	38.63	8.97	20 062	200.75	2.20
1959	2 341	95.45	17.08	1365	54.01	11.81	22 350	220.32	2.14
1960	4 261	137.74	16.31	1964	83.85	10.47	22 623	230.94	15.09
1961	1 771	74.09	21.60	1072	46.21	12.35	7 269	61.37	16.12
1962	956	35.27	15.91	558	18.22	14.58	3 721	26.70	4.53
1963	865	32.07	10.71	490	13.07	8.90	4 303	30.78	2.42
1964	1 125	39.73	10.30	486	13.43	6.17	15 108	112.34	4.94
1965	871	39.24	7.34	394	15.50	1.80	61 626	443.34	13.60

资料来源：《中国教育年鉴（1949~1981）》，中国大百科全书出版社 1984 年版，第 981~984 页、1017~1020 页。

（三）高等教育人口

高等教育即建立在中等教育基础上的各种专业教育，一般分专科教育、本科教育和研究生教育。高等教育担负着培养各种高级专门人才包括科学研究人才的任务。

新中国成立初期对旧有的高等学校进行了社会主义改造。据统计，1946 年全国有高等学校 207 所，在校学生 15.5 万人；1949 年有 205 所，在校学生11.7万人，且有一部分私立学校和受外国教会津贴的学校。根据《中国人民政治协商会议共同纲领》规定的任务，首先对国民党政府遗留下来的高等学校进行了社会主义改造；其次是对全部接收外国津贴的教会大学，收回教育主权；分期分批地接办了私立高等学校并予以改造；再次是在老解放区干部学校的基础上举办革命大学、干部学校和学习苏联教育经验，创办社会主义新式大学（样板是中国人民大学和哈尔滨工业大学）。在高等教育的接管、恢复、初步改造之后，按照苏联办高等教育的经验，又先后进行了两次大的全国范围的院系调整。一次是在1952年下半年；另一次是在1953年。1954~1957年间又进行了部分的院系调整。经过几次院系调整，中国的高等教育有了很大的发展，教学质量有了显著提高。同时，高等教育的布局也较前合理，边远地区的高等教育得到了加强。但院系调整中的有些做法也出现偏差，如要求过高过急，盲目仿效苏联，对文科、政法、财经等专业人才的培养重视不够等。到1957年，全国有高等院校229所，设置专业333种，在校学生数达44.1万人。1957年和1949年相比，高等教育招生人数增加了4倍。与此同时，文科学生数量的比重也发生了变化。

1958年，中共八届二次会议制定了"鼓足干劲、力争上游、多快好省地建设社会主义"的总路线，全国掀起了"大跃进"的高潮。在教育方面中共中央发出《关于高等学校和中等技术学校下放问题的意见》，提出除少数综合大学、某些专业学院和某些中等技术学校仍由教育部或中央有关部门直接领导外，其他高等学校和中等技术学校都可以下放，归各省、市、自治区领导；改变统一招生的制度，一般高等学校和中等技术学校，可以就地招生，某些综合大学和带有全国性的高等和中等专业学校，可以到外地设考区招生。同年9月，中共中央、国务院《关于教育工作的指示》又提出"以十五年左右的时间来普及高等教育"的高指标。这一年，高等学校由1957年的229所，猛增到791所，在校学生由44.1万人猛增到66万人。1959年8月，中共八届八中全会通过了关于反对右倾机会主义的决议，11月中央文教小组相应讨论制定了教育事业的长远发展规划，提出在"四五"计划时期，高等学校将发展到约占全国劳动力的1%的人（即200万人）在校学习。1960年高等学校继续由1959年的841所增加到1289所，在校学生也由1959年的81.2万人增加到96.2万人，比1957年的学生数44.1万人增加了110.8%。由于速度发展过快，规模过大，超过了国民经济的负担能力，特别是超过了农业生产水平，也超过了教育事业本身的发展条件，影响了教育质量的提高。

1961年1月，中共八届九中全会制定了对国民经济实行"调整、巩固、充实、提高"的方针。是年2月，中央批转的中央文教小组《关于1961年和今后一个时期文化教育工作安排的报告》指出：高等学校要把提高质量摆到第一位；新建的高等学校必须调整；集中力量办好64所重点高等学校。次年召开全国教育工作会议讨论了高等学校和中等专业学校缩短战线、压缩规模、合理布局和通过调整工作集中提高教学质量等问题，提出进一步调整教育事业的意见。主要内容是：大幅度裁并高等学校，特别是专科学校；保留下来的高等学校要逐步缩小规模。经过调整，1965年高等学校减少到434所，在校学生减少到67万人，分别为1960年的34%和70%。

新中国成立后的17年中，中国高等教育在探索中发展。高等学校数增长1.12倍，在校学生数增长4.79倍，共培养大学毕业生155.45万人，培养研究生14 792人。（参见表6—5）全国第二次人口普查资料表明，1964年全国拥有大学程度人口288万人，每千人口中具有大学程度的平均为4.2人，其中城镇25.2人，乡村0.7人；就地区分布看，华北区平均7.5人，东北区平均6.4人，华东区平均3.9人，中南区平均2.8人，西南区平均2.8人，西北区平均4.9人。

表6—5　　　　　1949~1965年中国高等教育发展状况

年份	高校数（个）	在高校本专科学生数（万人）	本专科毕业生数（万人）	研究生招生数（人）	研究生毕业生数（人）
1949	205	11.65	2.14	242	107
1950	193	13.75	1.76	874	159
1951	206	15.34	1.87	1273	166
1952	201	19.11	3.20	1785	627
1953	181	21.22	4.81	2887	1177
1954	188	25.30	4.71	1155	660

续表

年份	高校数（个）	在高校本专科学生数（万人）	本专科毕业生数（万人）	研究生招生数（人）	研究生毕业生数（人）
1955	194	28.77	5.45	1751	1730
1956	227	40.32	6.32	2235	2349
1957	229	44.12	5.62	334	1723
1958	791	65.96	7.24	275	1113
1959	841	81.19	6.98	1345	727
1960	1289	96.16	13.61	2275	589
1961	845	94.72	15.13	2198	179
1962	610	82.97	17.73	1287	1079
1963	407	75.01	19.88	781	1512
1964	419	68.53	20.45	1240	895
1965	434	67.44	18.55	1456	1665

资料来源：《中国教育年鉴（1949~1981）》，中国大百科全书出版社，1984年版，第965~971、964页。

四 科学技术队伍的发展壮大

中国人口科技素质的提高是与科学技术事业的发展同步进行的。新中国成立时，全国科学技术人员不超过5万人，其中专门从事科学研究工作的人员不足500人，专门的科研机构只有30多个。科技力量微弱而又缺乏组织，科研成果也少得可怜。新中国成立后，一些旅居国外的著名科学家如华罗庚、李四光等陆续回国，为发展祖国的科学技术事业效力。1949年11月，在北京成立了中国科学院，辖22个研究机构，有研究人员224人，郭沫若为院长，李四光为副院长。至1952年，已拥有包括多学科的31个研究所。广大自然科学工作者，开始了有组织、有计划的科学研究工作，取得了可喜的成绩。

中共中央于1956年1月召开的关于知识分子问题的会议，是号召全国人民向科学进军的动员令，对调动知识分子的积极性和提高全国人民的教育科技素质，产生了巨大影响。会上周恩来作了《关于知识分子问题的报告》。报告指出：在社会主义时代，比以前任何时代都更加需要充分地提高生产技术，更加需要充分地发展科学和利用科学知识。因此，我们要又多、又快、又好、又省地进行社会主义建设，除了必须依靠工人阶级和广大农民的积极劳动外，还必须依靠知识分子的积极劳动。[①] 报告还明确指出：我国知识界的面貌已经发生了根本变化，我国知识分子的绝大部分已经是工人阶级的一部分，并成为国家各方面生活中的重要因素。正确地解决知识分子问题，充分地动员和发挥他们的力量，为伟大的社会主义建设服务，已经成为努力完成过渡时期总任务的一个重要条件。当前的根本问题，就是我们的知识分子的力量，无论在数量方面、业务水平方面、政治觉悟方面，都不足以适应社会主义建设急速发展的需要；而我们目前对于知识分子的使用和待遇中的某些不合理现象，特别是一部分同志对于党外知识分子的某些宗派主义情绪，更在相当程度上妨碍了知识分子现有力量的充分发挥。我们必须加强领导，克服缺点，采取一系列有效措施，最充分地动员和发挥现有的知识分子的力量，不断地提高他们的政治觉悟，大规模地培养新生力量来扩大他们的队伍，以适应国家对于知识分子的不断增长的需要，这就是我们党目前在知识分子问题上的根本任务。[②] 报告提出了1956~1967年科学发展的远景规划，并向全党和全国人民发出了"向科学进军"的伟大号召。

在中共中央召开的知识分子问题会议精神的鼓舞下，中国数百万知识分子，为了改变中国科学文化落后的面貌，奋起直追，掀起了向科学进军的热潮，全国文化科学事业出现了繁荣景象。中国共产党采取正确政策，组织大批科学家投入了国家的各项科学研究工作，并卓有成效地争取海外科学家回国参加建设。许多知名科学家基于为民族复兴贡献力量的爱国心，放弃了国外优厚的工作、生活和学习条件，冲破重重阻力，毅然返回祖国。他们中的许多人如钱学森、赵忠尧、李薰等，成了中国重要科学领域的开拓者和研究工作的组织者。中国原有的科学研究基础一般都很薄弱，许多重要的学科如动力学、采矿学、无机化学、遗传工程学等都还没

---

① 《周恩来选集》下卷，人民出版社1984年版，第159~160页。

② 同上书，第161页。

有建立起来。到 1954 年中国科学院 2071 名研究人员中，副研究员以上的只有 392 人，科研力量和科研水平远不能适应国家要求。1955 年 6 月，从全国优秀科学家中选了 233 位学部委员。与此同时，建立了研究生制度，设立了自然科学奖金，确立了学术职称，创办了《中国科学》和各学科的学报，并与苏联和东欧人民民主国家科学院建立了正式的合作关系，开展了国际学术交流，为中国以后科技人才的培养打下良好的基础。1956 年 3 月，在国务院直接领导下，成立了科学规划委员会，集中了以李四光、竺可桢、茅以升、童第周、华罗庚、钱三强、钱学森、严济慈等为代表的优秀科学家 200 多人，经过半年多时间，制定了《1956 到 1967 年 12 年全国科学发展远景规划纲要（草案）》。规划拟定了 57 项重大科学技术任务，将原子能的和平利用、无线电电子学、半导体技术、自动化技术、计算机技术、喷气和火箭技术等新兴科学技术列为发展重点。规划的主要任务在 1962 年提前五年完成，从而建立和发展了中国一批新兴科学技术领域，促进了一系列新兴工业部门的诞生和发展，对中国科技体系的形成起了决定性的作用。中国的科学技术在这七年时间里得到快速发展，缩小了与世界先进水平的差距。1958 年，中国第一台电子管计算机试制成功，并在中国第一颗原子弹的理论设计和核爆炸问题研究中起了重要作用；1959 年，半导体三极管、二极管研制成功；1964 年，第一次核试验成功，第一枚自己设计制造的运载火箭成功发射；1965 年，人工合成牛胰岛素在世界上首次获得成功。规划的顺利实施对中国的科研机构布局和科技队伍的培养起到了积极的推动作用。到 1962 年，全国科研机构已由规划伊始时的 380 个增加到 1 296 个，这些机构遍布了各主要学科领域和技术领域；专业从事研究工作的科技人员从 6 万人发展到近 20 万人。之后，中国在 1962 年又制定了《1963 年至 1972 年科学技术发展规划》，规划确定了重点科研项目 374 项，3 205 个中心问题和 1.5 万个研究课题。这一规划对推动中国科技事业的持续发展起到了重要的历史作用。

随着知识分子政策的落实和科技事业的大发展，科技队伍迅速壮大。全国科技人员，1957 年有 120 万人，1965 年发展到 230 万人；专门科研人员，1955 年有 8 000 人，1965 年发展到 12 万人。科研机构，1955 年有 800 多个，1965 年发展到 1 714 个，形成了中国科学院、高等学校、产业部门、国防部门和地方科研机构五方面组成的科技大军。

第二节 遭受挫折时期(1966~1976年)

1966年5月~1976年10月的"文化大革命",使党、国家和全国人民遭受到新中国成立后最严重的挫折和损失。在这十年中,教育科技领域成为"重灾区",整个民族教育科技素质停滞不前甚至有所下降。

一 教育科技事业遭受的严重冲击

(一) 学校秩序混乱

从1966年6月1日中央人民广播电台广播北京大学哲学系聂元梓等7人写的"全国第一张马列主义的大字报"之后,高等学校和中等学校先后不同形式、不同程度地乱了起来。同年7月,大中学校放假半年闹革命。此后,学校中打、砸、抢、武斗等事件层出不断。1967年初,尽管以中共中央、国务院、中央军委、中央文革小组名义发出了"复课闹革命"的通知,但没有收到实效。当各地各级成立了"革命委员会"这一新的权力机构以后,为了整顿学校,1968年7月起,各级学校先后进驻了"军宣队"、"工宣队"或"贫宣队",同时,种种教育革命也开始"试验"了起来。

自从"夺权"以后,或者更早一点,即"文化大革命"一开始,教育部的工作就陷于瘫痪状态。一直到"文化大革命"结束,全国大、中、小学的学制、课程、招生等,从未有过一个统一的章程。教育权实际上下放到各省、市、自治区。此外,种种教育改革的举措,始终处于"试验"状态,不断地在变。如果对"文化大革命"中的教育革命加以概括,这实际上是一场学校政治化的运动,而完全忽视了其传播科学文化知识的基本方面。

(二) 基本否定新中国成立十七年教育工作成绩

1971年,由张春桥、姚文元一伙炮制的《全国教育工作会议纪要》出笼。《纪要》作出了分别针对教育部门各级党政领导和广大教师的"两个基本估计"。一个是,解放后17年,在毛主席革命路线照耀下,教育方面也有一些进步,但是,由于一小撮叛徒、特务、走资派把持教育部门领导权，疯狂推行反革命修正主义路线，毛主席的无产阶级教育路线基本上没有得到贯彻、执行，教育制度、教学方针和方法几乎全是旧的一套。另一个是，原有教师队伍中，比较熟悉马克思主义并且站稳无产阶级立场的是少数；大多数是拥护社会主义、愿意为人民服务的，但是世界观基本上是资产阶级的。《纪要》还把所谓"全民教育"、"天才教学"、"智育第一"、"洋奴哲学"、"知识私有"、"个人奋斗"、"读书做官"等称为17年资产阶级统治学校的精神支柱，全盘否定中华人民共和国成立以后17年的教育工作。此后，这"两个基本估计"以及所谓"臭老九"的帽子，沉重地压在广大知识分子特别是教师头上。一大批学有专长、兢兢业业工作的专家、教授，大、中、小学的教师以及干部惨遭诬陷、打击，其中许多人被迫害致死，大多数教师在"资产阶级知识分子"帽子的压制下，接受名目繁多、没完没了的"再教育"、"思想改造"，精神压抑，经济困窘。1949年以后教育工作者苦心经营17年、已经具有一定规模的校舍、图书、仪器、设备遭受严重的破坏。更严重的是，"文化大革命"破坏了中华民族优秀的文化传统和学校的良好风尚。"文化大革命"期间，高等学校、中等专业学校及部分中小学中断招生达4年之久，砍掉了106所普通高等学校，停办了大批中等专业学校，基本上撤销了半工半读学校和农业中学及其他职业中学，中等教育畸形发展，各级各类学校的教育质量严重下降。到了"文化大革命"后期，全国各地几乎没有一所学校的玻璃是完整无缺的，学生手中的课本无不充斥着空洞的政治口号和被歪曲的历史，一代青少年丧失了受科学文化教育的机会。

(三) 科技事业遭到破坏

"文化大革命"开始后，林彪、江青等把学有专长的科技专家诬蔑为"死抱住洋框框不放，看不起群众，更看不起群众的实践经验，阻碍科学技术发展的资产阶级技术权威"，诬蔑中国千百万知识分子都是资产阶级知识分子，散布"自然科学基础理论是西方资产阶级科学家编造出来的"、"知识越多越反动"等谬论，声称"在短短几个月里，亿万工农兵、广大革命干部和革命知识分子，以毛泽东思想为武器，横扫盘踞在思想文化阵地上的大量牛鬼蛇神，把所谓的资产阶级的'专家'、'学者'、'权威'、'祖师爷'打得落花流水，使他们威风扫地。"实际上，"文化大革命"中受到打击的"资产阶级知识分子"绝大多数是各个不同层次、不同部门的学科、学术带头人和科研教学的业务骨干。据统计,"文化大革命"在山东省知识分子中即制造5.12万起冤假错案;7 004人被停发工资;5 146人被抄家;515人私房被挤占;51万人被整材料装进本人档案;4 481人的入党、就业、转干受到影响。[①] 科技人员的积极性因此而受到严重挫伤,极大地影响了科技事业的发展。

"文化大革命"中,四人帮还利用手中的权力,撤销科技管理部门,瓦解科学研究机构,否定基础理论研究,下放科技人员,停止高等学校和科研部门研究计划,毁弃仪器设备和情报资料,科研工作基本处于无序状态。该期内科研拨款也大大减少。1965年,山东省科技三项费用共拨付900万元,其中包括国家财政拨款、山东省财政拨款、山东省经委拨款。1970～1976年山东省财政科技三项费用拨款均为零,山东省经委拨款也有所减少。1965年山东省科学事业费为331.9万元,1976年为319万元。10年不仅没有增长,反而减少13万元,其中1968～1970年每年140万元左右,不及1965年的1/2。[②] 这些都对科技事业的发展和人口科技素质的提高产生了很大的负面影响。

二 一代新文盲产生

在各类学校停课闹革命、教育管理部门处于瘫痪的状态下,新中国轰轰烈烈的扫除文盲活动在"文化大革命"中基本停顿下来。这就导致一代新文盲的产生。据第三次全国人口普查资料,1982年的15～19岁人口中有1 177万文盲半文盲,20～24岁组有1 065万文盲半文盲,25～29岁组有2 074万文盲半文盲,30～34岁组有1 912万文盲半文盲,35～39岁组有1518万文盲半文盲。1982年15～39岁的青壮年文盲合计7 746万人。而1982年的15～39岁青壮年人口,有的是在"文化大革命"中出生的,大部分则在"文化大革命"中度过求学及扫盲的最佳年龄期,所以"文化大革命"中扫盲工作的停顿对之后表现出的相应年龄组大量文盲的

---

① 《山东科技五十年》,山东省科学技术委员会编,山东科学技术出版社1999年版,第42页。

② 同上。

存在有着直接的关系。

除了上面所谈及的文盲人口外,"一代新文盲"还包括在"文化大革命"中虽然取得某学校文凭但实际上并没有学到起码文化知识的青少年人口。尤其是"文化大革命"中、后期毕业后没有再升学的小学生,成为事实文盲的比例较高,估计有两三千万之多。

三 受教育人口质量下降

(一) 初等教育人口

1966年6月"文化大革命"开始以后,各校先后停课搞运动。直到1967年2月、10月,中共中央、国务院几次发出通知,才陆续复课。1968年11月,《人民日报》发表山东省嘉祥县马集公社教育组两名干部的一封信。信中建议所有农村公办小学下放到大队来办,国家不再投资或少投资小学教育经费,教师都回本大队工作,国家不再发工资,改为大队记工分。该报编者按语表示支持并号召就此建议展开"讨论"。在此以后,大批农村公办小学教师被强行下放回原籍,改拿工分,本人及其子女被转为农业户口。许多城镇中小学由工厂接办。上海、北京、沈阳等一些大、中城市将小学改为由街道办事处管理。小学教育事业遭受严重破坏。表6—6示出,1966~1971年连续6年小学生在校人数没有达到1965年的水平。"文化大革命"中、后期中央曾多次提出普及小学教育问题,随之小学教育较前有所发展。1971年8月,中共中央批转的《全国教育工作会议纪要》提出:争取在第四个五年计划期间,在农村普及小学五年教育,有条件的地区,普及七年教育。小学在校人数自1972年开始增长,1976年达到15 005.5万人,比1965年提高29%。1966~1976年期间全国共培养小学毕业生16 520.3万人。由于该期间中学因大量发展而师资、校舍不足,小学的大批教师被调到中学,小学校舍、设备也被中学挤占,导致小学教学条件和教学质量下降,相当一批名义上的小学毕业生实际处于文盲、半文盲状态。1974~1976年统计的学龄儿童入学率为93%~96%。但笔者根据1982年人口普查推算出的7~12岁学龄人口及学龄儿童在校人数计算出的学龄儿童入学率不足85%,基本还是1965年的水平。

表 6—6　　　　　　1966~1976 年全国小学教育发展情况

年份	学校数（万所）	在校学生数（万人）	学龄儿童入学率（%）	毕业生数（万人）
1966	100.7	10 341.7	—	900.5
1967	96.42	10 244.3	—	899.5
1968	94.06	10 036.3	—	1 428.5
1969	91.57	10 066.8	—	1 489.5
1970	96.11	10 528.0	—	1 652.5
1971	96.85	11 211.2	—	1 376.0
1972	100.92	12 549.2	—	1 414.9
1973	103.17	13 570.4	—	1 349.0
1974	105.33	14 481.4	93.0	1 521.0
1975	109.33	15 094.1	95.0	1 999.4
1976	104.43	15 005.5	96.0	2 489.5

资料来源：《中国教育年鉴（1949~1981）》，中国大百科全书出版社 1984 年版，第 1021~1024 页。

（二）中等教育人口

从统计数据看，"文化大革命"期间的中学教育有了快速发展。学校总数由 1965 年的 18 102 所增加到 1976 年的 192 152 所，11 年增长近 10 倍。在校学生数由 1965 年的 933.79 万人增加到 1976 年的 5 836.58 万人，11 年增长 5 倍以上，其中高中在校学生增长 10.3 倍，初中在校学生增长 4.4 倍。期间毕业的高中生为 2 287.6 万人，初中生为 8 161.9 万人，合计 10 449.5 万人。（见表 6—7）但由于学校秩序混乱，师资、校舍不足，发展速度超越了当时的客观物质条件和教学管理水平，导致相当一批质量下降：高中毕业生不及初中生水平，初中毕业生不及小学生水平。

中等专业教育在"文化大革命"中发展较缓。中等专业学校个数 1976 年为 2443 所，比 1965 年仅增长 0.93 倍。在校学生数 1976 年为 68.99 万人，比 1965 年仅增长 0.26 倍。1966~1976 年全国共培养中专毕业生 167.63 万人。（见表 6—7）由于中等专业学校以"学工"、"学农"代替文化课学习的倾向往往比普通中学更加严重，所以同样存在教学质量下降状况。

表6—7　　1966~1976年全国普通中学教育发展情况

年份	高中 学校数（个）	高中 在校学生数（万人）	高中 毕业生数（万人）	初中 学校数（个）	初中 在校学生数（万人）	初中 毕业生数（万人）	中等技术学校 学校数（个）	中等技术学校 在校学生数（万人）	中等技术学校 毕业生数（万人）	中等师范学校 学校数（个）	中等师范学校 在校学生数（万人）	中等师范学校 毕业生数（万人）
1966	—	137.28	28.0	—	1 112.52	162.0	—	33.60	8.04	—	13.43	3.86
1967	—	126.46	26.8	—	1 097.24	186.4	—	22.37	11.81	—	8.41	5.22
1968	—	140.79	79.4	—	1 251.47	519.0	—	9.80	13.52	—	3.01	6.22
1969	—	189.14	38.0	—	1 832.35	361.4	—	2.32	8.18	—	1.52	2.10
1970	—	349.70	67.6	—	2 292.15	618.9	—	3.17	1.68	—	3.23	1.13
1971	—	558.69	100.4	—	2 568.92	835.0	955	9.80	3.80	636	11.96	5.10
1972	28 029	858.03	215.9	64 937	2 724.41	1 035.5	735	14.71	3.62	645	19.54	5.87
1973	29 365	923.28	349.4	67 959	2 523.15	1 129.4	1 058	26.43	3.80	737	21.82	8.40
1974	31 589	1 002.74	417.9	69 032	2 647.62	1 060.6	1 234	34.89	7.83	725	28.54	8.80
1975	39 120	1 163.68	447.0	84 385	3 302.43	1 047.7	1 326	40.50	12.33	887	30.23	12.44
1976	60 535	1 483.64	517.2	131 617	4 352.94	1 206.0	1 461	38.55	19.02	982	30.44	16.10

资料来源：《中国教育年鉴（1949—1981）》，中国大百科全书出版社1984年版，第1000~1001，981~984页。

(三) 高等教育人口

1966~1976年"文化大革命"期间，相对于初等教育和中等教育，高等教育受到的摧残和破坏更为严重。1966年到1969年，高等学校停止招生4年。1971年4月，国务院召开的全国教育工作会议提出"要逐步改变院校布局不合理的状况"，全国对原有高等学校采取搬、并、迁、散等方法砍掉了108所高等学校，其中有不少是重点高等学校。很多学校的校舍被侵占，仪器设备、图书资料严重损失。到1970年全国在校高等学校学生只剩了4.8万人。从1970年开始，在少数高等学校进行招收工农兵学员试点工作，学制均改为3年。至1976年，在校学生规模仍未达到1965年的水平。1966~1976年的11年中，高等学校仅毕业103.3万人，其中67万是1965年以前入学的。（参见表6—8）在这期间，挂名大学的成人高等学校数和学员人数，飞速增长。1968年7月21日，毛泽东为《人民日报》将于次日发表的调查报告《从上海机床厂看培养工程技术人员的道路》写了"编者按"："大学还是要办的，我这里主要说的是理工科大学还要办。但学制要缩短，教育要革命，要无产阶级政治挂帅，走上海机床厂从工人中培养技术人员的道路。要从有实践经验的工人、农民中选拔学生，到学校学几年以后，又回到生产实践中去。"这就是著名的"七·二一指示"或"七·二一道路"。同年9月，上海机床厂办起了全国第一所"七·二一工人大学"。很快地各地纷纷仿效。据教育部统计，到"文化大革命"结束的1976年，全国工人大学有33 374所，在校学生数为148.5万人。1966年5月7日，毛泽东曾给林彪写了一封信，信中讲到："学生也是这样，以学为主，兼学别样，即不但学文，也可学工、学农、学军，也要批判资产阶级"，"学制要缩短、教育要革命，资产阶级知识分子统治我们学校的现象再也不能继续下去了。"这封信的内容被称为"五·七道路"。1968年10月，《人民日报》发表了关于黑龙江省柳河创办"五·七"干部学校的文章，此后，在走"五·七道路"的名义下，机关、学校、科研部门、文艺单位等纷纷去农村办起各自的"五·七干校"，农村地区也纷纷办起了"五·七"农民大学。据有关资料，吉林省在此期间举办"五·七"农民大学56所，山西省为254所，广东省有586所。总体来看，"文化大革命"期间虽然创造了各种名目的高等教育的形式，各类统计数字也很可观，但这些都是典型的泡沫发展的现象。无论从师资、学员的文化水平、设备或是学习的内容，都与高等教育相去甚远，所谓"大学"，有名无实，失去了高等教育的意义。

表6—8　　　　　　1966~1976年全国高等教育发展状况

年份	学校数（个）	在校学生数（万人）	毕业生数（万人）
1966	—	53.38	14.07
1967	—	40.89	12.48
1968	—	25.87	15.02
1969	—	10.86	15.01
1970	—	4.78	10.27
1971	328	8.34	0.59
1972	331	19.37	1.70
1973	345	31.36	3.01
1974	378	43.00	4.33
1975	387	50.10	11.90
1976	392	56.47	14.92

资料来源：《中国教育年鉴（1949~1981）》，中国大百科全书出版社1984年版，第964~971页。

"文化大革命"影响了全国教育事业的正常发展。据教育部门统计，"文化大革命"期间至少为国家少培养100万名合格的大专以上毕业生和200万名以上的中专毕业生，造成各行各业尤其是科学技术事业发展较长时期的人才断档和紧张。这种人才损失是十分沉痛的，影响是长久的。

第三节　稳步提高时期（1977~2000年）

1976年10月粉碎"四人帮"后，十年"文化大革命"结束。1978年12月召开的党的十一届三中全会，开辟了改革开放和社会主义现代化建设的新时期。从此，中国走上一条建设有中国特色社会主义的康庄大道，中国人口的教育科技素质进入最好的历史发展时期。

一　科学教育事业发展的春天

（一）推翻"两个估计"

粉碎"四人帮"后，邓小平同志坚持解放思想、实事求是的思想路线，对新中国成立后的 17 年的教育工作进行了正确评价。1977 年 8 月，邓小平在科学和教育工作座谈会上指出："对全国教育战线 17 年的工作怎样估计？我看，主导方面是红线。应当肯定，17 年中，绝大多数知识分子，不管是科学工作者还是教育工作者，在毛泽东思想的光辉照耀下，在党的正确领导下，辛勤劳动，努力工作，取得了很大成绩。特别是教育工作者，他们的劳动更辛苦。现在差不多各条战线的骨干力量，大都是建国以后我们自己培养的，特别是前十几年培养出来的。如果对 17 年不作这样估计，就无法解释我们所取得的一切成就了。"① 这一评价，彻底打破了教育工作者思想上的枷锁。1979 年 3 月，中共中央作出撤销"四人帮"炮制的《全国教育工作会议纪要》的决定，推翻了"两个估计"，为正确总结、评价中国社会主义教育科技事业的成就和问题，为进入教育科技发展的新时期奠定了思想基础。

（二）恢复高校入学考试

"文化大革命" 10 年，高考制度被废除了 10 年，国家出现了严重的人才断档。在 1977 年 8 月全国科学和教育工作座谈会上，邓小平明确表示："今年就要下决心恢复从高中毕业生中直接招考学生，不要再搞群众推荐。从高中直接招生，我看可能是早出人才、早出成果的一个好办法。"② 不久，中共中央、国务院决定当年立即恢复高考。1977 年冬天，570 万考生走进了曾被关闭 10 年之久的考场。当年全国高等学校录取新生 27.3 万人；1978 年，610 万人报考，录取 40.2 万人。1977 级学生于 1978 年春天入学，1978 级学生秋天入学，两批招生仅相隔半年。此外，部分高等学校和科研机构也进行了研究生考试录取工作。恢复高考是拨乱反正的又一重要标志。人才选拔的公平、公正和科学原则的重新确立，改变了当时年轻一代沉闷、迷惘的精神状态，激发了亿万人民群众学科学、

---

① 《邓小平文选》第 2 卷，人民出版社 1994 年版，第 49 页。
② 同上书，第 55 页。

学文化、积极向上的生机和活力，整个社会的风气为之一新。

(三) 召开全国科学大会和全国教育工作会议

1978年，全国科学大会和全国教育工作会议的先后召开，成为新时期科学教育事业大发展的里程碑。全国科学大会提出并明确了一些重大理论和实际问题：(1) 明确了科学与教育在社会主义现代化建设中的地位，即"社会主义现代化，关键是科学技术现代化"，"科学技术人才的培养，基础在教育"；(2) 重申了马克思主义关于"科学技术是生产力"的基本观点；(3) 提出了向科学技术现代化进军，必须建设宏大的又红又专的科学技术队伍；(4) 肯定了绝大多数知识分子是社会主义社会的劳动者，是工人阶级的一部分。全国教育工作会议对新时期教育事业发展提出的基本要求是：(1) 提高教育质量，提高科学文化的教学水平，更好地为社会主义建设服务；(2) 学校要大力加强革命秩序和革命纪律，造就有社会主义觉悟的一代新人，促进整个社会风气革命化；(3) 教育事业必须同国民经济发展的要求相适应；(4) 尊重教师的劳动，提高教师的质量，等等。上述两次重要会议为教育科技领域的"拨乱反正"、恢复和发展指明了方向。

(四) 落实知识分子政策

1978年11月，中央组织部发出《关于落实党的知识分子政策的几点意见》。强调对知识分子要有正确估计，做好复查和平反冤案、假案和错案工作；要充分信任、放手使用知识分子；努力改善知识分子的工作条件和生活条件。根据这一精神，全国教育界和科技界数以万计的冤假错案迅速地被平反纠正，仅清华大学就平反了1 800多起冤假错案。针对期间技术职称提升停顿的情况，对"文化大革命革"前确定和提升的教授、副教授、讲师、助教等，恢复职务，根据"坚持标准，保证质量，全面考核，择优提升"的原则，分期分批地进行了职称评定工作。在高等学校恢复教师职务的同时，教育部从批准北京市三名小学教师为特级教师开始，建立了中小学教师可以评高级教师的制度。知识分子的劳动得到政府和社会的充分肯定，大大地激发了他们从事教学和研究工作的积极性。

(五) 确立教育科技优先发展的战略地位

随着党的十一届三中全会后国家工作重点的转移，党的十二大把教育确定为经济建设的战略重点之一，十三大把发展科学技术和教育放在经济发展战略的首要位置，十四大进一步把教育摆在优先发展的战略地位，十五大提出了科教兴国的重大发展战略，把提高全民族的思想道德素质和教育科学文化水平写入党的社会主义初级阶段的基本纲领。新一届政府明确把实施科教兴国作为最大的任务，并成立了国务院科教领导小组，对实施科教兴国战略进行具体规划和部署。这一系列重大决策和有力措施，提高了全党全社会对教育和科技的认识，极大地促进了教育科技事业的改革和发展。

二 青壮年文盲基本扫除

（一）扫盲新规定、新措施

针对"文化大革命"中扫盲工作基本停顿以及文盲人口年龄构成发生变化的状况，中国改革开放时期的扫盲重点一直放在基本扫除青壮年文盲上。据一些地区调查，在少年、青年、壮年中，文盲、半文盲占30%至40%，边远地区和少数民族地区达50%以上。1978年11月国务院《关于扫除文盲的指示》指出：中央政府要求各地采取有效措施，分别于1980年、1982年或稍长一点时间内，基本上扫除少年、青年、壮年文盲。要求努力做到"一堵、二扫、三提高"。"一堵"是抓好普及小学五年教育；"二扫"就是把12～45岁的少、青、壮年文盲基本扫除，即非文盲人数达到85%以上；"三提高"就是对已经脱盲的，要采取多种形式继续组织学习，使他们进一步巩固和提高。还要求城市、工矿地区的扫盲步伐应快于农村，脱盲标准应识2 000字，达到"四会"，即会读、会写、会用、会讲。

上述指示发布以后，扫盲工作一度得到推动。但由于改革开放初期百废待兴，扫盲尚没有被摆在突出位置，扫盲效果一时不够明显。1949～1965年的17年中，平均每年脱盲604万人。而1981～1988年的8年中，平均每年脱盲人数却只有256万人，其中的1987年、1988年甚至下降到150万人左右。于是，1988年2月国务院颁布《扫除文盲工作条例》，对扫盲的对象、标准、规划目标、政策措施进一步做了具体规定：凡15～40周岁的文盲、半文盲公民，除不具备接受扫盲教育能力的以外，不分性别、民族、种族，均有接受扫除文盲教育的权利和义务；鼓励40周岁以上的文盲、半文盲公民参加扫除文盲的学习；扫除文盲与普及初等义务教育应当统筹规划，同步实施；已经实现基本普及初等义务教育，尚未完成扫除文盲任务的地方，应在五年内实现基本扫除文盲的目标。《条例》除重申个人脱盲的标准和基本扫除文盲单位的标准外，同时强调扫除文盲实行验收制度和行政领导责任制。

国务院《扫除文盲工作条例》的颁布，为扫盲工作提供了法律保障。为了加快扫盲速度，90年代进一步采取了一系列重要措施。第一，1990年1月，中央10个部门团体联合召开了迎接国际扫盲年电话会议，提出了90年代平均每年扫除400万文盲的目标，并逐省逐年落实扫盲任务。第二，1992年党的十四大提出了到2000年底全国基本上普及九年义务教育，基本扫除青壮年文盲的宏伟目标。第三，1993年中共中央、国务院颁发的《中国教育改革和发展纲要》提出到20世纪末全国基本扫除青壮年文盲，使青壮年中的文盲率降到5%以下。同年国务院修改了《扫除文盲工作条例》，加大了各级政府的职责，提出了扫盲工作验收制度的新标准。第四，1994年原国家教育委员会对实现扫盲目标提出了三步走的意见：第一步，经济、教育条件好，占全国人口33%的10个省（市），到1996年前使青壮年文盲率降到5%以下。第二步，经济、教育条件比较好，占全国人口52%的14个省（区），到1998年使青壮年文盲率降到5%以下。第三步，经济、教育基础较差，占全国人口15%的6个省（区），到2000年使青壮年文盲率降到15%以下。西藏2000年以后达到第三步目标。第五，1994年国务院批准成立了有中央10个部委、团体组成的全国扫盲工作部际协调小组，共同检查推动扫盲工作。第六，建立检查、验收、评估督导和奖励制度。全国形成了国家检查评估省、省评估县、县评估乡的扫盲逐级评估检查制度。第七，多渠道解决扫盲经费。财政部和原国家教委联合下文，规定从农村教育费附加中拿出一定比例用于扫盲教育，地方教育部门列支一部分，乡村自筹一点。财政部拨出2 100万元多次表彰扫盲成绩显著的单位和个人。第八，国家、省、地、县教育行政部门设立了扫盲教育专门机构，乡镇配备了扫盲专职干部或教师，村委会负责文盲的组织动员，农村中小学教师承担扫盲教学工作。第九，扫盲教育的内容和学员的生产、生活需要紧密结合。多种形式办班扫盲，开发多种形式的扫盲教材和读物。

(二) 扫盲的主要成就

经过改革开放 20 余年的艰苦努力，中国的扫盲工作取得了巨大成就。

1. 文盲数量、文盲率大幅度下降

由于普及小学教育和扫盲教育的共同发展，改革开放以来，中国人口中的文盲数量和文盲率不断下降。据 1982 年、1990 年、2000 年全国三次人口普查数据，1982～2000 年的 18 年间，全国 15 岁及以上文盲人口由 22 314 万人减少到 8 699 万人，共减少 13 615 万人，年均减少 756 万人，高于新中国成立后 17 年年均扫除文盲数 604 万人的 25%。其中 1982～1990 年年均减少 519 万人，1990～2000 年年均减少 946 万人。说明 20 世纪 90 年代是新中国成立后 50 年扫盲速度最快的时期。总文盲率（文盲人口占总人口比重）由 1982 年的 22.23% 下降到 1990 年的 16.06%，2000 年的 7.00%，18 年下降 15.23 个百分点。全国由解放前 80% 的人口是文盲转变到 90% 以上的人口有文化，发生了翻天覆地的变化。据世界 131 个国家有关数据的比较，中国 2000 年的文盲率大大低于世界平均水平，已基本相当于中等收入国家的水平。

2. 青壮年文盲率下降迅速

中国扫盲教育的主要对象是青壮年。根据第三、第四、第五次全国人口普查数据计算，15～49 岁青壮年文盲率 1982 年为 23.47%，1990 年为 11.51%，2000 年为 2.67%，实现了全国青壮年文盲率降到 5% 以下的宏伟目标。据教育部门统计，全国 31 个省（区、市）中，有北京、天津、上海、吉林、黑龙江、辽宁、广东、江苏、山东、浙江、山西、河北、福建、湖南、海南、河南、广西、湖北、安徽、江西、四川、陕西、重庆、新疆等 24 个省（区、市），已按期实现基本扫除青壮年文盲的目标，在全国 2 800 多个县（区、市）中，已有 2400 个县（区、市）将青壮年文盲率降到 5% 以下。大批脱盲者把所学的文化知识作为进一步学习的桥梁，继续学习科学技术知识，特别是各项实用技术，提高了认识、掌握和运用科学技术知识的能力，对于推进我国社会主义物质文明和精神文明建设起到了积极作用。

3. 妇女文盲下降幅度大

扫除妇女中的文盲是中国扫盲工作的一个重点。解放初期，全国妇女人口中的文盲率在 90% 以上。据教育部门统计，通过 50 年来的努力，全

国共扫除妇女文盲 1.2 亿，女童的入学率大大提高，妇女文盲率大幅度下降。妇女文化素质的大幅提高，对提高妇女地位、妇女解放起到了重要作用。根据第三次、第四次、第五次全国人口普查数据计算，1982 年至今，青壮年妇女文盲率下降了 31.62 个百分点，在各项文盲率中降幅最大。

4. 少数民族地区的扫盲教育成效显著

由于受经济、文化、地理、历史等多种因素的影响，中国少数民族聚居地区文化教育相对落后，文盲充斥的现象较为普遍，文盲率普遍高于全国平均水平。改革开放以来，国家实行了民族平等和对民族地区倾斜的政策，使民族地区的教育得到了空前的发展，文盲率大幅度下降。1982 年至 2000 年，西藏自治区、宁夏回族自治区、新疆维吾尔自治区、贵州省、云南省、甘肃省文盲率下降的幅度快于全国 15.23 个百分点的平均水平。

5. 扫盲成就得到了国际社会的充分肯定

1984 年以来，中国参加了联合国教科文组织举办的国际扫盲奖评选活动，先后有 10 个单位获奖，其中有 6 个单位获大奖：1984 年四川省巴中县获"野间扫盲奖"；1985 年吉林省获"野间扫盲奖"荣誉奖；1986 年山东省五莲县荣获"娜杰达·克·克鲁普斯卡娅奖"；1987 年湖南省获得"野间扫盲奖"荣誉奖；1988 年贵州省松桃苗族自治县荣获"国际阅读协会扫盲奖"；1990 年河南省西平县获"娜杰达·克·克鲁普斯卡娅奖"；1991 年黑龙江省获"野间扫盲奖"荣誉奖；1992 年新疆荣获"野间扫盲奖"；1995 年全国妇联获"世宗国王奖"；1996 年宁夏回族自治区获"国际扫盲奖提名奖"；1999 年，黑龙江省安达市万宝山镇农民文化技术学校获"世宗王"荣誉奖；2000 年云南省获"世宗王"提名奖；2001 年甘肃天水市获"世宗王"奖。这些奖励和荣誉不仅反映了我国扫盲教育取得了举世瞩目的成就，对世界扫盲行动也作出了重要贡献。

三 人口平均受教育年限的大幅度提高

（一）初等教育人口

1. 初等教育的发展

1979 年 11 月，中共中央批转了湖南省桃江县委《关于发展农村教育事业的情况报告》。中共中央的批示指出：四个现代化，关键是科学技术现代化。培养科学技术人才，基础是教育，而小学教育又是这个基础的基础。批示要求各级党政领导机关，要把普及小学教育当成一件大事来抓，一定要切实抓好。1980年12月，中共中央、国务院发出《关于普及小学教育若干问题的决定》，明确提出了80年代在全国基本实现普及小学教育的历史任务。要求各省、市、自治区，根据各地区经济、文化基础和其他条件的不同，进行分区规划，提出不同要求，分期分批予以实现。经济比较发达、教育基础好的地区，应在1985年前普及小学教育，其他地区一般应在1990年前基本普及。极少数经济特别困难、山高林深、人口稀少的地区，普及期限还可延长一些。之后，教育部制订了《全日制五年制小学教学计划（修订草案）》和各科教学大纲，编写、审定了各科通用教材或试用课本，颁发了《小学生守则》。各地初步调整了小学的领导体制，加强了小学教育的领导；提高了教师待遇，开展了教师进修；修缮和修建了校舍，改善了办学条件；健全了学校有关规章制度；建立了正常的教学秩序，教育质量逐步提高，小学教育事业有了较大发展。1985年全国小学有83.2万所，在校生为13 370万人。全国小学学龄儿童入学率为96%，巩固率为97%，应届毕生毕业率为94%。经各省、自治区、直辖市人民政府教育部门的检查验收，达到普及初等教育标准的县（不包括市和市辖区）有731个，占全国总县数的37%。全国小学教职工为602万人，专任教师中，具有中师、高中毕业及以上学历的340万人，占61%。

自1986年始，中国的初等教育步入义务教育轨道。义务教育是指依照法律规定，适龄儿童和少年必须接受，国家、社会、学校、家庭必须予以保证的基础教育。凡宣布实施义务教育的国家或地方，均意味着政府向全社会公开承诺从此担负普及义务教育的主要责任，包括创建学校、输送教师、提供一定标准的日常教育费用，等等；意味着社会各方面必须为实现普及义务教育的目标而协同努力；意味着承担义务教育的学校不分性别、出身、民族、种族向全体适龄儿童开放；意味着家长送子女入学，保护儿童受教育权益已成为一项公民必须履行的社会义务，而不再仅仅是个人行为。根据《中华人民共和国宪法》提出的原则和1985年5月《中共中央关于教育体制改革的决定》提出的任务，1986年4月第六届全国人民代表大会第四次会议通过了《中华人民共和国义务教育法》，并于当年7月1日开始执行。为了便于各地贯彻实施《义务教育法》，1986年6月国务院教育主管部门就"普及九年制义务教育的基本要求"、"分地区、有步骤地实施义务教育"、"免收学费和实行助学金制度"、"学校的设置、布局和办学标准"、"教育经费和基建投资"、"师资"、"管理体制"、"残疾儿童的义务教育"、"考核与监督"、"有关法律的责任"等方面提出了原则性的意见，国务院办公厅就此转发了通知。由于各地人民政府遵循《中华人民共和国义务教育法》的规定要求，从本地的实际情况出发，按地区、分阶段、有步骤地实施九年制义务教育，精心规划，创造条件，狠抓落实，初等教育进一步普及。1990年，全国小学学龄儿童入学率达到97.8%；小学生流失得到控制，流失率为2.4%；小学毕业生升学率达到74.6%。占全国人口91%的地区，按标准普及了小学阶段义务教育。2000年，全国小学学龄儿童入学率达到99.1%，按标准普及小学阶段义务教育的地区进一步扩大。中国普及初等教育的另一个重要成绩是保证了女童和残疾儿童的入学。1996年，全国女童入学率达到了98.6%。一向被认为入学比较难的贫困地区、少数民族地区的女童，1996年的入学率也达到了98%以上。1996年，全国有特殊教育学校1 426所，在校学生32万人，残疾儿童入学率已达50%以上。他们不但学到了文化知识，还学习掌握一门生产技术，毕业后能够自食其力。1977~2000年全国普通小学发展状况见表6—9。

表6—9　　　　　1977~2000年全国小学教育发展状况

年份	学校数（万所）	在校学生数（万人）	学龄儿童入学率（%）	毕业生数（万人）
1977	98.2	14 617.6	96.5	2 573.9
1978	94.9	14 624.0	95.5	2 287.9
1979	92.3	14 662.9	93.0	2 087.9
1980	91.7	14 627.0	93.9	2 053.3
1981	89.4	14 332.8	93.0	2 075.7
1982	88.1	13 972.0	93.2	2 068.9
1983	86.2	13 578.0	94.0	1 980.7
1984	85.4	13 557.1	95.3	1 995.0
1985	83.2	13 370.2	96.0	1 999.9

续表

年份	学校数（万所）	在校学生数（万人）	学龄儿童入学率（%）	毕业生数（万人）
1986	82.1	13 182.5	96.4	2 016.1
1987	80.7	12 835.9	97.2	2 043.0
1988	79.3	12 535.8	97.2	1 930.3
1989	77.7	12 373.1	97.4	1 857.1
1990	76.6	12 241.4	97.8	1 863.1
1991	72.9	12 164.2	97.8	1 896.7
1992	71.3	12 201.3	97.2	1 872.4
1993	69.7	12 421.2	97.7	1 841.5
1994	68.3	12 822.6	98.4	1 899.6
1995	66.9	13 195.2	98.5	1 961.5
1996	64.6	13 615.0	98.8	1 934.1
1997	62.9	13 995.4	98.9	1 960.1
1998	61.0	13 953.8	98.9	2 117.4
1999	58.23	13 548.0	99.1	2 313.7
2000	55.36	13 013.3	99.1	2 419.2

资料来源：《新中国五十年统计资料汇编》，国家统计局国民经济综合统计司，中国统计出版社1999年版；

《中国统计年鉴2001》，国家统计局，中国统计出版社2001年版。

2. 初等教育人口的特征

据1982年、1990年、2000年全国人口普查资料，中国改革开放时期初等教育人口的发展变化主要显示以下特征：

（1）小学人口绝对量增长，相对量呈先升后降趋势。全国已受过及正在接受小学教育人口的绝对量由1982年的35 535万人，增长到1990年的42 021万人，2000年的45 191万人。前8年增长6 486万人，后10年增长3 170万人，18年年均增长536万人。2000年小学人口较1982年增长幅度为27.2%，基本与总人口增长幅度26.1%持平。每千人中的小学人口数，1982年为354人，1990年上升为372人，2000年下降到357人。

前8年的上升，反映了小学教育普及的过程；后10年的下降，反映出在小学教育普及基础上接受更高层次教育人口比重增加的过程。

（2）女性小学人口增长幅度高于男性。1982～2000年，男性小学人口由20 459万人增长到21 703万人，增长6.08%；女性小学人口由15 075万人增长到22 458万人，增长48.98%；女性小学人口增长幅度高于男性42.90个百分点。说明女性人口普及小学教育的进程虽滞后于男性，但到了20世纪末期，普及小学教育在女性人口中也已经基本实现。

（3）小学人口的年龄分布除15～39岁成年组呈减少态势外，6～14岁少年组、40～59岁成年组、60岁及以上老年组均呈增加态势。1982～2000年，6～14岁少年组小学人口由14 996万人增加到15 051万人，占同龄人口比重由67.21%增加到75.78%；40～59岁成年组小学人口由5 354万人增加到12 000万人，占同龄人口比重由31.39%增加到43.41%；60岁及以上老年组小学人口由1 254万人增加到4 786万人，占同龄人口比重由16.36%增加到43.41%。这几个年龄组小学人口绝对量和相对量的同时增加，是对普及小学教育和扫除文盲成果的一个有力证明。同期15～39岁成年组小学人口由13 929万人减少到12 324万人，占同龄人口比重由33.21%减少到22.34%，则表明该年龄组中等教育及高等教育人口的相对增加。

（4）小学人口的区域分布呈现较为复杂的变动态势，反映出不同省市自治区普及初等教育所处的不同阶段。从1982～1990年各省市自治区千人中拥有的小学程度人口数来看，大体有三种类型：①小学人口在总人口中的比重在低水平上一直下降，如京、津、沪地区，1982年小学人口比重即大大低于全国平均水平，1990年、2000年进一步降低，北京、上海2000年只有全国平均水平的一半。说明此类地区早在1982年前就基本普及了初等教育，近十几年来主要进行普及中等教育的工作，2000年的小学人口基本由在校学生组成。河北、山西、辽宁、吉林、黑龙江、广东6省的小学人口比重虽然高于前三个直辖市，但低于其他省区，且呈连续下降趋势，说明这些省普及初等教育的时间晚于三直辖市，但早于其他省区。②小学人口在总人口中的比重一直上升，如安徽、贵州、云南、西藏、甘肃、青海、宁夏、新疆8省区，说明这类地区无论在20世纪80年代还是在90年代，都处于正在普及初等教育阶段。到2000年，大部分省区已经或即将度过这一阶段，但个别省区如西藏、青海、宁夏因小学人口比重尚未达到一定的水平，普及初等教育的任务还是很艰巨的。③小学人口在总人口中的比重先升后降，如内蒙古、江苏、浙江、福建、江西、山东、河南、湖北、广西、海南、四川11省区，说明这类地区大体在80年代末90年代初即完成了普及初等教育任务，现已迈入普及中等教育阶段。

（5）小学人口分布在农林牧渔业中的人数最多，占同行业人口比重最高。1982年、1990年、2000年农林牧渔业中的小学人口分别为14 275万、21 089万、19 543万人，占本行业人口比重分别为37.16%、45.10%、43.12%，二者均居各行业之首。1982~2000年其他行业小学人口比重都有大幅度降低，唯独农林牧渔业上升了近6个百分点。这一方面与农林牧渔业人口在在业总人口中的比重最高有关；另一方面反映出农林牧渔业人口教育水平仍基本处于普及初等教育阶段。2000年，小学人口比重较高的行业还有建筑业（22.56%）、商业、饮食业（18.19%）、工业（16.32%）。同年小学人口比重较低的行业为科学研究综合技术服务业（2.00%）、教育、文化艺术事业（2.22%）、卫生体育和社会福利业（3.80%）。小学人口的职业分布特征与上述行业分布特征基本吻合：小学人口在农林牧渔劳动者中人数最多，所占比重最高；各类专业技术人员中所占比重最低。

（二）中等教育人口

1. 中等教育的发展

改革开放以来，中国的中等教育处于调整阶段，主要方向是逐步压缩"文革"中盲目膨胀起来的普通高中，恢复和发展中等技术专业学校和职业高中。1978年全国有初中11.31万所，普通高中4.92万所，布点分散，效益较差。从80年代开始，全国进行了中等学校布局调整，采取适度规模办学，对一些学校进行撤并，普通中学数量明显减少。到2000年共有初中6.27万所，高中1.46万所。与此同时，职业教育的比重不断加大。1979年，中国高中阶段教育的毕业生中，有普通高中毕业生726.5万人，而职业教育仅有中专毕业生18.1万人，技工学校毕业生12万人，约占当年高中段毕业生总数的4%。加之高等学校招生规模较小，造成了千军万马过独木桥的局面，当年高中毕业生升学率仅有3.8%。绝大多数青少年既不能升学，又没有就业所需的技能。20多年来中等职业教育的发展，彻底改变了中等教育结构单一的局面。2000年，全国中等职业学校（含职业高中、普通中专、技工学校、成人高中、成人中专）已达2.16万所，在校学生1 317.1万人，占高中阶段在校学生的52%。（详见表6—10、表6—11）职业教育培养的人才量大、面广、专业门类繁多，涉及为第一产业、第二产业和第三产业服务的各类专业。在农村经济的发展中，职业学校毕业生发挥了科技示范和生产带头作用，提高了广大农民运用科技脱贫致富的能力。在第二产业，职业学校的毕业生多为应用型、工艺型的人才，是生产第一线的管理者、组织者和生产技术骨干，在把科学技术变成社会财富中起着重要的作用。在第三产业发展中，职业教育更占有不可替代的重要地位。据国家旅游局分析，全国涉外饭店近几年新增的第一线员工中80%以上是职业学校的毕业生。目前，中专学校1/3和职业高中1/2的专业设置是面向第三产业的，这对改变中国第三产业落后的局面，促进中国经济结构的调整起了积极的作用。

表6—10　　　　　1977～2000年全国普通中学教育发展状况

年份	高中 学校数（所）	高中 在校学生数（万人）	高中 毕业生数（万人）	初中 学校数（所）	初中 在校学生数（万人）	初中 毕业生数（万人）
1977	64 903	1 800.0	585.8	136 365	4 979.9	1 558.6
1978	49 215	1 553.1	682.7	113 130	4 995.2	1 692.6
1979	40 289	1 292.0	726.5	103 944	4 613.0	1 657.9
1980	31 300	969.8	616.2	87 077	4 538.3	964.8
1981	24 447	715.0	486.1	82 271	4 144.6	1 154.2
1982	20 874	640.5	310.6	80 775	3 888.0	1 032.1
1983	18 876	629.0	235.1	77 598	3 768.8	960.3
1984	17 318	689.8	189.8	75 903	3 864.3	950.4
1985	17 318	741.1	196.6	75 903	3 964.8	998.3
1986	17 111	773.4	224.0	75 856	4 116.6	1 057.0
1987	16 930	773.7	246.8	75 927	4 174.4	1 117.3
1988	16 524	746.0	250.6	74 968	4 015.5	1 157.2
1989	16 050	716.1	243.2	73 525	3 837.9	1 134.3

续表

年份	高中 学校数（所）	高中 在校学生数（万人）	高中 毕业生数（万人）	初中 学校数（所）	初中 在校学生数（万人）	初中 毕业生数（万人）
1990	15 678	717.3	233.0	71 953	3 868.7	1 109.1
1991	15 243	722.9	222.9	70 608	3 960.6	1 085.5
1992	14 850	704.9	226.1	69 171	4 065.9	1 102.3
1993	14 380	656.9	231.7	68 415	4 082.2	1 134.2
1994	14 242	664.9	209.3	68 116	4 316.7	1 152.6
1995	13 991	713.2	201.6	67 029	4 657.8	1 227.4
1996	13 875	769.3	204.9	66 092	4 970.4	1 279.0
1997	13 880	850.1	221.7	64 762	5 167.8	1 442.4
1998	13 948	938.0	251.8	63 940	5 363.0	1 580.2
1999	14 127	1 049.7	262.9	63 086	5 721.6	1 589.8
2000	14 564	1 201.3	301.5	62 704	6 167.6	1 607.1

资料来源：《新中国五十年统计资料汇编》，国家统计局国民经济综合统计司，中国统计出版社1999年版；

《中国统计年鉴2001》，国家统计局，中国统计出版社2001年版。

表6—11　　1977～2000年全国普通中等专业教育发展状况

年份	中等技术学校 学校数（所）	中等技术学校 在校学生数（万人）	中等技术学校 毕业生数（万人）	中等师范学校 学校数（所）	中等师范学校 在校学生数（万人）	中等师范学校 毕业生数（万人）	职业中学 学校数（所）	职业中学 在校学生数（万人）	职业中学 毕业生数（万人）
1977	1 457	39.1	17.9	1 028	29.8	16.1	—	—	—
1978	1 714	52.9	11.9	1 046	36.0	11.3	—	—	—
1979	1 980	71.4	7.9	1 053	48.5	10.2	—	—	—
1980	2 052	76.1	20.1	1 017	48.2	20.9	3 314	45.4	7.9
1981	2 170	63.2	36.5	962	43.7	24.0	2 655	48.1	9.4
1982	2 168	62.8	24.2	908	41.1	20.4	3 104	70.4	13.1

续表

年份	中等技术学校			中等师范学校			职业中学		
	学校数（所）	在校学生数（万人）	毕业生数（万人）	学校数（所）	在校学生数（万人）	毕业生数（万人）	学校数（所）	在校学生数（万人）	毕业生数（万人）
1983	2 229	68.8	23.0	861	45.5	14.5	5 481	122.0	21.6
1984	2 293	81.1	23.8	1 008	51.1	13.8	7 002	174.5	27.8
1985	2 529	100.9	26.1	1 028	56.2	16.8	8 070	229.5	41.3
1986	2 741	114.6	32.1	1 041	61.1	17.5	8 187	256.0	57.6
1987	2 854	122.3	38.9	1 059	65.1	18.9	8 381	267.6	75.0
1988	2 957	136.8	39.2	1 065	68.3	20.4	8 954	279.4	81.0
1989	2 940	149.3	36.5	1 044	68.5	22.6	9 173	282.3	86.3
1990	2 956	156.7	42.8	1 026	67.7	23.4	9 164	295.0	89.3
1991	2 977	161.6	49.6	948	66.1	24.4	9 572	315.6	94.5
1992	2 984	174.3	50.7	919	66.6	23.6	9 860	342.8	96.7
1993	3 046	209.8	50.7	918	72.2	22.8	9 985	362.6	102.5
1994	3 093	241.4	50.4	894	78.4	22.6	10 217	405.6	107.6
1995	3 152	287.4	59.4	897	84.8	24.5	10 147	448.3	124.0
1996	3 206	334.8	73.8	893	88.0	28.1	10 049	473.3	139.6
1997	3 251	374.3	86.3	892	91.1	29.4	10 047	511.9	150.1
1998	3 234	406.0	98.7	875	92.1	30.6	10 074	541.6	162.8
1999	3 147	425.0	109.3	815	90.5	30.9	9 636	533.9	167.8
2000	2 963	412.5	119.6	683	77.0	31.1	8 849	503.2	176.3

资料来源：《新中国五十年统计资料汇编》，国家统计局国民经济综合统计司，中国统计出版社1999年版；

《中国统计年鉴2001》，国家统计局，中国统计出版社2001年版。

根据联合国教科文组织1998年发布的《世界教育报告》，1985年世界在校中学生总数为2.92亿，1995年增长至3.72亿，中国两个年份的中学在校生数为5 170万人和6 380万人。在中等教育毛入学率方面，世界平均水平在1985~1995年间从48.5%上升到58.1%，中国则由39.7%

上升到66.6%。而从中国政府公布的初中和高中的毛入学率数据折算，1995年中国中学总和入学率约为56%左右。中国中等教育从低于世界平均水平近10个百分点，到接近世界平均水平，是改革开放以来中国中等教育发展取得突出成就的体现。但是，中国与发达国家中等教育的整体水平还有很大差距。比如欧洲发达国家1995年中等教育毛入学率为111.4%，达到完全普及的程度。[1]

2. 中等教育人口的特征

据1982年、1990年、2000年全国人口普查资料，中国改革开放时期中等教育人口的发展变化主要显示以下特征：

（1）中等教育人口绝对量和相对量均呈增长态势。绝对量由1982年的24 473万人增长到1990年的35 327万人，2000年的57 088万人，18年间增长133.31%，大大高于总人口增长幅度。其中高中程度人口由1982年的6 653万人增长到1990年的8 989万人，2000年的14 109万人，18年的增长幅度112.07%；初中程度人口由1982年的17 820万人，增长到1990年的26 338万人，2000年的42 989万人，18年的增长幅度141.24%。每千人口中的中等教育人口由1982年的244人增长到1990年的313人，2000年的451人，18年的增长幅度84.84%。其中每千人的高中程度人口由1982年的66人增长到1990年的80人，2000年的111人，18年的增长幅度68.18%；每千人的初中程度人口由1982年的178人，增长到1990年的233人，2000年的340人，18年的增长幅度91.01%。

（2）中等教育人口的性别差异迅速减小。1982～2000年，男性高中程度人口由4 100万人增长到7 952万人，增长幅度19.52%；女性高中程度人口由2 553万人增长到6 157万人，增长幅度141.17%。同期男性初中程度人口由11 171万人增长到23 802万人，增长1.13倍；女性初中程度人口由6 649万人增长到19 187万人，增长1.89倍。由于女性中等教育程度人口增长速度大大高于男性，中等教育人口的性别比发生了大幅度下降。高中程度人口性别比由1982年的174.25下降到1990年的155.80，2000年的129.15；初中程度人口性别比由1982年的168.01下

---

[1] 《2000年中国教育绿皮书》，国家教育发展研究中心，教育科学出版社2000年版，第55页。

降到 1990 年的 153.71，2000 年的 124.05。

（3）各年龄组中等教育人口均呈增加趋势。1982～2000 年，6～14 岁少年组高中程度人口由 10 万人增长到 61 万人，在同龄人口中所占比重由 0.04% 提高到 0.31%；初中程度人口由 1 936 万人增加到 4 211 万人，在同龄人口中所占比重由 8.68% 提高到 21.20%。后者反映出普及 9 年制义务教育所取得的成绩。同期 15～39 岁成年人口组高中程度人口由 5 957 万人增长到 9 843 万人，在同龄人口中所占比重由 14.20% 提高到 17.84%；初中程度人口由 13 977 万人增加到 28 501 万人，在同龄人口中所占比重由 33.32% 提高到 51.66%。该年龄组无论是高中程度人口还是初中程度人口在同龄人口中所占比重在诸年龄组中都是最高的。40～59 岁成年人口组、60 岁及以上老年人口组的中等教育人口也有较大幅度增加。

（4）中等教育人口的区域分布存在很大差异，但差异程度呈缩小趋势。1982 年，每千人中拥有的高中和中专人口上海市最多，为 203 人；西藏最少，为 12 人；云南为 28 人；贵州为 30 人；上海市分别为西藏、云南、贵州的 16.9、7.3、6.8 倍。2000 年，每千人中拥有的高中和中专人口北京市最多，为 232 人；西藏最少，为 34 人；贵州为 56 人；云南为 66 人；辽宁省分别为西藏、贵州、云南的 6.8、4.1、3.5 倍。1982 年，每千人中拥有的初中人口北京市最多，为 291 人；西藏最少，为 36 人；云南为 102 人；贵州为 114 人；北京市分别为西藏、云南、贵州的 8.1、2.9、2.6 倍。2000 年，每千人中拥有的初中人口辽宁省最多，为 401 人；西藏最少，为 61 人；贵州为 205 人；云南为 212 人；辽宁省分别为西藏、贵州、云南的 6.6、2.0、1.9 倍。统计分析结果表明，1982 年、1990 年、2000 年全国各省市自治区每千人中拥有的高中和中专人口的差异系数分别为 0.53、0.43、0.36，每千人中拥有的初中人口的差异系数分别为 0.31、0.25、0.22。这说明无论是高中程度还是初中程度人口，1982～2000 年各省市自治区间的差异程度均呈缩小趋势，同时说明，1982～2000 年各省市自治区每千人中拥有的高中和中专人口的差异大于每千人中拥有的初中人口的差异。

（5）中等教育程度人口分布较为集中的行业有所变化。从绝对量看，1982～2000 年，中等教育程度人口在绝大部分行业都有大幅度提高，但在各行业人口中所占比重的位次变化较大。1982年高中教育程度人口所占比重较高的前三位行业依次是：地质勘探和普查业（56.83%），教育、文化艺术业（51.78%），金融保险业（45.10%）；2000年高中教育程度人口所占比重较高的前三位行业依次是：卫生体育和社会福利业（49.44%），金融保险业（44.56%），教育、文化艺术事业（42.08%）。1982年初中教育程度人口所占比重较高的前三位行业依次是：商、饮、物资供销仓储业（41.72%），建筑业（40.15%），工业（39.90%）；2000年初中教育程度人口所占比重较高的前三位行业依次是：建筑业（54.93%），工业（52.44%），交通运输邮电通信业（50.78%）。这种变化既与各行业中等教育人口增加的程度不同有关，也与各行业高等教育人口增加的程度不同有关。值得注意的是，1982～2000年尽管农林牧渔业的初中人口有了较大增长，但18年中高中程度人口在农林牧渔业的绝对量却没有任何增加，占本行业人口比重则由5.44%下降到4.61%。就职业分布看，1982年、1990年、2000年三个普查年份都是科学技术人员的高中人口所占比重最高，农林牧渔劳动者所占比重最低。

（三）高等教育人口

1978年以来，中国的高等教育进入了一个规模持续扩大的时期。通过多种办学形式，高等教育人口获得前所未有的增长。

1. 高等教育的发展

中国的高等教育主要由普通高等教育、非普通高等教育、学位与研究生教育组成。

普通高等学校是中国高等教育的主体。1978年全国教育工作会议之后，教育部印发了《关于作好高等学校专业设置与改造工作的意见》，提出了新时期普通高等学校专业设置与改革的原则。针对高等学校的专业设置不规范且愈分愈细，愈分愈窄，1978年发展到810种，1980年突破1 000种的状况，1982年开始，教育部首先从工程技术学科开始调整专业划分。1984年修订了《高等学校本科专业目录》，将1982年高等工业学校设置的664种专业减少到255种，适当放宽了一些专业的业务范围，统一了专业名称。教育部还先后恢复理科、工科各学科的教材编审委员会的组织和工作，并逐步改为各学科教学指导委员会。这些委员会从1979年开始，在审定高校的专业目录、教学计划、教学大纲、教材建设计划以及教材的编审、出版中发挥了重大作用。与此同时，与文、理、工、农、医、财经、政法、外语等有关的各业务部委以及高等学校先后召开了各科类、各种形式的教学、教材工作会议，逐步审定并经教育部批准印发了各科类的教学计划、教学大纲，编审出版了大量教材。到1984年底，编审出版教材达6000余种，学校图书馆和实验室也得到了恢复和加强，高校的教学工作逐步走向正轨。1977~2000年，全国普通高等学校由404所发展到1 041所，全日制在校学生由62.5万人增长到556.9万人，毕业生由19.4万人增长到95.0万人。24年中共培养大学毕业生1 232.1万人。（见表6—12）。

表6—12　　1977~2000年全国高等学校发展和研究生培养状况

年份	高等学校 学校数（所）	高等学校 在校学生数（万人）	高等学校 毕业生数（万人）	研究生 学校数（所）	研究生 在校学生数（万人）	研究生 毕业生数（万人）
1977	404	62.5	19.4	226	—	—
1978	598	85.6	16.5	10 934	10 708	9
1979	633	102.0	8.5	18 830	8 110	140
1980	675	114.4	14.7	21 604	3 616	476
1981	704	127.9	14.0	18 848	9 363	11 669
1982	715	115.4	45.7	25 847	11 080	4 058
1983	805	120.7	33.5	37 166	15 642	4 497
1984	902	139.6	28.7	57 566	23 181	2 756
1985	1 016	170.3	31.6	87 331	46 871	17 004
1986	1 054	188.0	39.3	110 371	41 310	16 950
1987	1 063	195.9	53.2	120 191	39 017	27 603
1988	1 075	206.6	55.3	112 776	35 645	40 838
1989	1 075	208.2	57.6	101 339	28 569	37 232
1990	1 075	206.3	61.4	93 018	29 649	35 440
1991	1 075	204.4	61.4	88 128	29 679	32 537
1992	1 053	218.4	60.4	94 164	33 439	25 692
1993	1 065	253.6	57.1	106 771	42 145	28 214

续表

年份	高等学校 学校数（所）	高等学校 在校学生数（万人）	高等学校 毕业生数（万人）	研究生 学校数（所）	研究生 在校学生数（万人）	研究生 毕业生数（万人）
1994	1 080	279.9	63.7	127 935	50 864	28 047
1995	1 054	290.6	80.5	145 443	51 053	31 877
1996	1 032	302.1	83.9	163 322	59 398	39 652
1997	1 020	317.4	82.9	176 353	63 749	46 539
1998	1 022	340.9	83.0	198 885	72 508	47 077
1999	1 071	413.4	84.8	233 513	92 225	54 670
2000	1 041	556.1	95.0	301 239	128 484	58 767

资料来源：《新中国五十年统计资料汇编》，国家统计局国民经济综合统计司，中国统计出版社1999年版；

《中国统计年鉴2001》，国家统计局，中国统计出版社2001年版。

非普通高等教育主要由四个方面的力量组成。其一是成人高等教育。20多年来，成人高等教育的发展非常迅猛，已成为我国高等教育的重要组成部分。成人高等教育的任务，一是系统的学历教育，主要是对在职的具有中等文化程度和专业水平的人员，进行更高层次文化和专业教育或职业技术教育；二是对专科以上学历和中级以上职称的企事业技术人员和管理人员进行扩展知识、提高技能的继续教育；三是开展高等层次的单科及格证书教育、高等专业证书教育。成人高等教育在办学形式上，有普通高等学校办的函授、夜大学、干部专修科、教师班等；有独立设置的成人高等学校，如职工高等学校、农民高等学校、管理干部学院和教育学院等。2000年，成人高校发展到772所，在校学生353.6万人，毕业生88.0万人。其二是广播电视大学。1989年，广播电视大学已在全国范围内形成了由中央广播电视大学、43所省级广播电视大学、479所地市广播电视大学分校、1550所县级广播电视工作站组成的覆盖全国的广播电视高等教育网络系统。1997年全国注册电大视听生达25万人。其三是社会力量所办学校举办的高等专科教育学历文凭考试。1998年有学校157所，在校专科学生9.4万人。其四是高等教育自学考试制度。这是具有中国特色的高等教育制度。自学考试制度的创立为愿意接受高等教育的每个中国公民提供了公平的机会，为鼓励"自学成才"开辟了一条新的途径。到 2000 年，经过 20 年的努力，自学考试有了很大的规模，取得了很大的成绩，在籍考生远高于普通高校和成人高校的在校生数。1997 年通过国家考试获得专科和本科毕业文凭的有 28 万人。

学位与研究生教育制度作为高等教育的重要组成部分，它的建立和完善，既是高等人才培养事业发展的重要标志，又成为保证和提高培养质量的重要激励机制。10 年动乱之后，中国各条战线都出现了高层次专门人才严重匮乏、青黄不接的状况，学位制度的施行和研究生教育的恢复与发展，有力地缓解和改变了这一状况，极大地促进了经济建设和社会发展。截至 2000 年年底，全国在学研究生已达 30.1 万人，其中博士生 6.7 万人，硕士生 23.4 万人，当年毕业生 5.9 万人。1978～2000 年国内共培养并授予了 59.2 万名博士、硕士学位。（见表6—12）已经授予的学位，覆盖了哲学、经济学、法学、教育学、文学、历史学、理学、工学、农学、医学和军事学等学科门类。中国自己培养的学士、硕士和博士，正在中国的经济建设和社会发展中发挥着越来越重要的作用，其中有相当一批已成为教育、科研和技术工作中的骨干，取得了一批重要的成果。据统计，1997 年，在全国高校专任教师队伍中，具有研究生学历的比例，已从 1984 年的 7% 增加到 28%，达到 11.4 万人。在中国研究生教育战线上，已凝聚并汇集了国内各学科领域的主要学术带头人和骨干，有力地提高了教学和科研水平，加快了实验仪器设备的更新速度。研究生，特别是博士生已成为中国科研队伍中一支不可缺少的、最具活力的生力军。为了促进各行业高层次专门人才的成长，促进经济、教育、科技和社会发展，中国从 1985 年开始，为未能接受研究生教育、但具有较高学术水平和专业技术水平的人员开辟了在职人员以同等学力申请硕士、博士学位的渠道。截至 1997 年底，通过这条渠道获得博士、硕士学位者分别为 463 人和 18 142 人。1998 年，国务院学位委员会颁布了《关于授予具有研究生毕业同等学力人员硕士、博士学位的规定》。这一制度的建立，符合国家鼓励公民多渠道自学成才的一贯方针，极大地调动了广大在职人员钻研业务、刻苦学习、奋发向上的积极性。

尽管中国的高等教育取得了较快增长，但与世界各国比较，高等教育仍是中国的弱项。目前中国的初等教育已高于世界各国平均水平，中等教育大体相当于世界各国平均水平，高等教育却大大低于世界各国平均水平。根据联合国教科文组织1998年发布的《世界教育报告》，1995年每10万人口中的高等教育在校学生数世界各国平均为1 434人，其中发达国家为4110人，发展中国家为824人，中国只有461人，不仅大大落后于发达国家，而且仅相当于发展中国家平均水平的一半略强。[①] 1995～2000年，中国的高等教育又有了很大增长，但仍与世界平均水平差距甚大。今后中国人口整体教育科技素质提高的潜力在于高等教育的进一步发展。

2. 高等教育人口的特征

据1982年、1990年、2000年全国人口普查资料，中国改革开放时期高等教育人口的发展变化主要显示以下特征：

（1）高等教育人口的绝对量和相对量均呈高速增长态势，不仅大大高于总人口增长速度，而且大大高于初等教育和中等教育人口增长速度。绝对量由1982年的604万人增加到1990年的1 576万人，2000年的4402万人，2000年比1982年增长6.29倍，前8年年均递增12.74%，后10年年均递增10.82%。每千人中的高等教育人口由1982年的6.0人，增加到1990年的13.9人，2000年的36.1人，2000年比1982年增长4.80倍，前8年年均递增11.07%，后10年年均递增9.61%。

（2）女性高等教育人口增长速度高于男性，但在高等教育总人口中所占比重仍然较低。1982～1990年，女性高等教育人口由156万人增长到1687万人，增长9.81倍；男性高等教育人口由448万人增长到2715万人，增长5.06倍。从而使女性高等教育人口在高等教育总人口中的比重由1982年的25.83%上升到1990年的30.33%，2000年的38.32%，男女差距趋于缩小。但是到2000年止，高等教育人口男女性别比仍高达160.94，大大高于中等、初等教育人口的同类指标。

（3）高等教育人口主要分布在15～39岁年龄组。1982年、1990年、2000年15～39岁年龄组的高等教育人口分别占高等教育总人口的55.63%、67.94%、73.51%。15～39岁年龄组高等教育人口占同龄人口

[①]《2000年中国教育绿皮书》，国家教育发展研究中心，教育科学出版社2000年版，第57页。

的比重也多高于其他年龄组，2000年为5.87%，高于40~59岁组2.62个百分点，高于60岁及以上组3.81个百分点。反映出改革开放以来高等教育加快发展的成效。

（4）高等教育人口在各省市自治区的分布极不平衡。1982年，每千人中拥有的高等教育人口北京市最多，为49人；河南、云南两省最少，仅有3人；北京市为河南、云南两省的16.3倍。2000年，每千人中拥有的高等教育人口北京市仍然最多，为169人；西藏自治区最少，仅有11人；贵州省为19人；云南省为20人；北京市分别为西藏、贵州、云南的15.4、8.9、8.5倍。统计分析结果表明，1982年、1990年、2000年全国各省市自治区每千人中拥有的高等教育人口的差异系数分别为1.16、0.97、0.72，这说明各省市自治区高等教育人口分布的差异程度大大高于中等教育人口，同时说明，1982~2000年各省市自治区每千人拥有的高等教育人口的差异程度呈逐渐缩小趋势。

（5）高等教育人口在各个行业各个职业都有大幅度增长。这既表现在各行业职业高等教育人口绝对量的大幅度增长，也表现在高等教育人口在同行业职业人口中比重的大幅度增长。2000年，高等教育人口所占比重在20%以上的行业依次是：科学研究综合技术服务业（57.33%），教育、文化艺术事业（44.01%），金融保险业（41.52%），党政机关和群众团体（39.35%），卫生体育和社会福利业（26.90%），地质勘探和普查业（22.35%）；高等教育人口所占比重在10%以下的行业依次是：农林牧渔业（0.14%），建筑业（4.62%），商业、餐饮、物资供销和仓储业（5.16%）；工业（6.21%），交通运输邮电通信业（6.84%）。2000年，高等教育人口所占比重在30%以上的职业依次是：各类专业技术人员（40.25%），党政群企事单位负责人（34.95%），办事人员和有关人员（32.35%）；高等教育人口所占比重在5%以下的职业依次是：农林牧渔劳动者（0.09%），生产运输工人和有关人员（2.23%），商业服务工作人员（4.02%）。

（四）人口平均受教育年限

以上所有文盲、初等、中等、高等教育人口数及其所占比重等指标，形象地反映了1982~2000年全国及各省市自治区各种教育程度人口变动的状况，但它们却不能反映人口教育程度总的发展状况。为了便于对人口教育程度进行总体评价和比较,这里引入人口平均受教育年限指标。

1. 全国人口平均受教育年限

人口平均受教育年限的计算,关键是对各种文化程度人口受教育年限的确定。高等教育人口包括大专、本科、研究生毕业、肄业、在校生,根据各种高等教育人口实际受教育年限及其所占比重,这里确定高等教育人口平均受教育年限为15.5年。以同样的原则确定高中和中专人口平均受教育年限为11.5年,初中人口平均受教育年限为8.5年,小学人口平均受教育年限为5.5年,文盲人口平均受教育年限为1年。6岁及以上人口平均受教育年限计算公式如下:

6岁及以上人口平均受教育年限 = (高等教育人口数×15.5 + 高中人口数×11.5 + 初中人口数×8.5 + 小学人口数×5.5 + 文盲人口数×1) /6岁及以上人口总数

根据上述公式计算出全国1982、1990、2000年的人口平均受教育年限分别为5.15、6.04、7.23年。1982~2000年全国人口平均受教育年限提高2.08年。到2000年为止,全国人口平均教育水平不到初中毕业,提高的潜力还是很大的。

2. 男女人口平均受教育年限

1982、1990、2000年全国男性人口平均受教育年限分别为5.87、6.70、7.71年,女性人口平均受教育年限分别为4.32、5.35、6.65年。(见表6—13)说明女性人口教育程度一直低于男性,但二者之差距呈缩小趋势。1982年女性人口平均受教育年限低于男性1.55年,1990年低于男性1.35年,2000年低于男性1.06年。这是中国妇女社会地位提高并且需要进一步提高的重要标志之一。

表6—13　　　　中国男女性人口平均受教育年限　　　　（单位：年）

年份	1982	1990	2000
总人口	5.15	6.04	7.23
男性	5.87	6.70	7.71
女性	4.32	5.35	6.65

资料来源:根据全国1982、1990、2000年人口普查资料计算。

3. 各省市自治区人口平均受教育年限

就进行人口普查的三个年份1982、1990、2000年的情况来看，人口平均受教育年限居于各省市自治区前6位的均是北京、上海、天津和东北三省，居于后6位的均是西部5省区即西藏、云南、贵州、甘肃、青海和安徽。其他省区人口平均受教育年限由于期间增长幅度的不同，在各省市自治区中的位次多有变化。值得一提的是江苏、浙江二省的相反方向变化。江苏省1982年人口平均受教育年限为5.17年，在各省市自治区中居第15位；2000年人口平均受教育年限为7.45年，在各省市自治区中居第9位。18年间人口平均受教育年限提高44.1%，所居位次前移6位。浙江省1982年人口平均受教育年限为5.11年，在各省市自治区中居第17位；2000年人口平均受教育年限为7.07年，在各省市自治区中居第22位。18年间人口平均受教育年限提高38.4%，所居位次后移5位。（见表6—14）统计分析结果表明，1982年、1990年、2000年各省市自治区人口平均受教育年限差异系数分别为0.18、0.17、0.14，显示出地区差距逐渐缩小的趋势。

表6—14　　　　各省市自治区人口平均受教育年限　　　　（单位：年）

地区＼年份	1982	1990	2000	地区＼年份	1982	1990	2000
总计	5.15	6.04	7.23	河南	5.01	6.09	7.31
北京	7.23	8.28	9.51	湖北	5.34	6.19	7.37
天津	6.64	7.50	8.54	湖南	5.46	6.24	7.36
河北	5.44	6.04	7.29	广东	5.59	6.36	7.63
山西	5.76	6.63	7.59	广西	5.27	5.94	7.13
内蒙古	5.30	6.27	7.40	海南	4.71	6.18	7.27
辽宁	6.31	7.04	7.98	重庆	—	5.97	6.88
吉林	5.97	6.83	7.80	四川	4.82	5.68	6.69
黑龙江	5.91	6.80	7.81	贵州	3.93	4.75	5.89
上海	7.19	7.90	8.86	云南	3.82	4.72	6.03
江苏	5.17	6.21	7.45	西藏	3.02	2.50	3.49
浙江	5.11	5.90	7.07	陕西	5.30	5.94	7.33
安徽	4.24	5.21	6.64	甘肃	4.24	5.05	6.27

续表

地区\年份	1982	1990	2000	地区\年份	1982	1990	2000
福建	4.74	5.74	7.15	青海	4.33	5.04	5.96
江西	4.91	5.72	7.13	宁夏	4.52	5.45	6.73
山东	4.90	6.00	7.22	新疆	5.17	6.19	7.29

资料来源：根据全国1982年、1990年、2000年人口普查资料计算。

4. 各行业职业人口平均受教育年限

1982年、1990年、2000年平均受教育年限最长的行业都是科学研究综合技术服务业，其次是教育、文化艺术事业；平均受教育年限最短的行业都是农林牧渔业。2000年，科学研究综合技术服务业在业人口平均受教育年限为13.25年，相当于大专在校生水平；教育、文化艺术事业在业人口平均受教育年限为12.76年，略高于高中毕业水平；农林牧渔业在业人口平均受教育年限为6.59年，略高于小学毕业水平。就职业人口来看，1982年、1990年、2000年平均受教育年限最长的职业都是专业技术人员，最低的都是农林牧渔劳动者。2000年，各类专业技术人员平均受教育年限12.54年，党政群企事单位负责人11.74年，办事人员和有关人员11.65年，商业服务工作人员8.76年，生产运输工人和有关人员8.59年，农林牧渔劳动者6.34年。（详见表6—15、表6—16）

表6—15　　各行业人口平均受教育年限　　（单位：年）

行业/年份	1982	1990	2000
农林牧渔业	4.86	5.47	6.59
工业	7.70	8.54	9.06
地质勘探和普查业	8.83	9.70	11.04
建筑业	7.65	8.35	8.53
交通运输邮电通信业	7.59	8.43	9.32
商、饮、物资供销仓储业	7.90	8.19	8.88
住宅、公用事业管理和居民服务业	7.17	8.53	9.50
卫生体育和社会福利业	9.68	10.53	11.73
教育、文化艺术事业	10.63	11.42	12.76

续表

行业/年份	1982	1990	2000
科学研究综合技术服务业	10.98	12.09	13.25
金融保险业	9.48	10.82	12.71
党政机关和群众团体	9.21	10.63	12.14
其他行业	7.69	9.83	10.93

资料来源：根据全国1982、1990、2000年人口普查资料计算。2000年数据为根据9.5%抽样长表推算。

表6—16　　　　各职业人口平均受教育年限　　　　（单位：年）

职业＼年份	1982	1990	2000
各类专业技术人员	10.44	11.36	12.54
党政群企事单位负责人	8.65	10.46	11.74
办事人员和有关人员	9.13	9.14	11.65
商业工作人员	7.91	8.27	8.76
服务性工作人员	6.48	7.42	—
农林牧渔劳动者	4.80	5.57	6.34
生产运输工人和有关人员	7.48	8.13	8.59
不便分类的其他劳动者	9.03	9.67	8.25

资料来源：根据全国1982、1990、2000年人口普查资料计算。2000年数据为根据9.5%抽样长表推算。

四　蓬勃发展的科学技术队伍

十年动乱，使中国的科技事业横遭摧残。许多科研机构被撤销，大批科研人员遭受迫害，经过17年积聚起来的科技力量受到极大损失。粉碎"四人帮"后，特别是1978年全国科技大会的召开，迎来了科学技术大发展的春天，中国的科技事业和科技人才队伍从此进入了一个新的发展阶段。经过千万科技工作者的刻苦攻关，中国取得了举世瞩目的科技成果，国家科技实力大为增强。

(一) 科技实力

早在"文化大革命"前，中国科技工作者就已开发了一批尖端技术，取得了以"两弹一星"、人工合成牛胰岛素结晶为代表的一批科技成果。改革开放以来，中国科技领域更是硕果累累、繁花似锦。1978～1998年，中国成功发射了51颗卫星，其中返还式卫星的成功发射使中国成为继美国和原苏联之后第三个掌握卫星回收技术的国家。1981年成功地用一枚运载火箭发射了三颗卫星，成为继原苏联、美、法之后第四个掌握"一箭多星"技术的国家。1999年，中国成功发射并回收了第一艘"神舟"号无人试验飞船，标志着中国已突破载人飞船的基本技术，在载人航天领域迈出了重要一步。中国航天已走向世界参与国际竞争，开辟了航天高科技对外交流合作的广阔天地。此外，中国成功地完成了水下导弹发射；攻克了高温气冷堆、快中子增殖反应堆等关键技术；北京正负电子对撞机对撞成功；5兆瓦低温核供应反应堆、大亚湾核电站投入使用；原子级操纵技术和原子级加工技术居世界前列；在世界上首先培育成转基因杂交水稻；纳米电子学超离密度信息存储研究获突破性进展；"银河—Ⅲ"百亿次计算机研制成功；6 000米自制水下机器人完成洋底调查任务；乙型肝炎基因工程疫苗、单克隆抗体技术用于临床治疗。这些成果的取得，标志着中国科技人员在掌握原子能技术、空间技术、高能物理和生物技术、计算机技术、信息技术等方面，已达到和接近国际先进水平。

近年来，中国科技人员在国内外发表的论文数逐年增加。1999年，中国科技人员在国内科技期刊发表科技论文16.3万篇，比1989年增长87.4%。同时，中国科技人员发表的国际科技论文也有大幅度增长。据统计，1999年，中国科技人员在国际上发表论文（含期刊论文和会议论文）4.6万篇，是1989年的3.8倍，国际期刊和会议上发表的论文数的增长率都超过世界平均增长率，国际学术地位明显提高。按国际论文数排序，中国已从1989年的第15位跃居到1999年的第8位。高质量论文在国际上的影响加大，在国际著名期刊NATURE和SCIENCE上发表的文献1999年已分别达到10篇和8篇。

为鼓励和保护发明创造，促进技术交流和经济发展，1985年《中华人民共和国专利法》正式实施。十几年来，中国科技人员知识产权意识明显提高，专利申请量与专利授权量逐年上升。1985～2000年，中国专利局累计受理国内外专利申请 116 万件，授权专利 64 万件，其中 2000 年受理申请专利 17.1 万件，授权专利 10.5 万件。在已授权的专利中，大批成果得到应用，取得较好的经济效益和社会效益。中国的专利水平在国际上也产生较大影响。据 1997 年度对 120 个国家、地区（组织）的排序，中国当年的发明专利申请量和授权量分别居第 21 位和第 24 位。中国专利成果的快速发展，从一个方面反映了国家科技队伍创新能力和科技水平的提高。

从总体上看，中国的科学技术队伍已经初步具备了支撑经济社会发展和参与国际竞争的能力。

（二）科技人才队伍

前述科研成果的取得，是与党的十一届三中全会以来科研机构和科技人才的较快发展分不开的。政府部门、高等院校和大中型企业的科学研究和技术开发机构构成了中国科学技术体系的主体，成为开展科技活动的三大支柱。到 1998 年年底，全国共有科研和技术开发机构 21 663 个，其中政府部门属县及县以上独立研究与开发机构 7 496 个，占 34.6%；高校属研究与发展机构 3 241 个，占 15%；大中型工业企业办技术开发机构 10 926 个，占 50.5%。一支具有一定规模和水平的科技人才队伍逐步形成。到 2000 年，全国从事科技活动人员已达 322.4 万人，其中科学家工程师 204.6 万人，分别比 1991 年增长 40.0% 和 54.9%。1991～2000 年，每万名经济活动人口中科技活动人员由 35 人增长到 45 人，每万名经济活动人口中科学家和工程师由 20 人增长到 28 人，每万名人口中科学家和工程师由 11 人增长到 16 人。2000 年，全国从事 R&D 活动人员折合全时当量 92.2 万人年。就绝对量而言，中国 R&D 活动人员已位居世界第四，仅次于俄罗斯、美国和日本。但相对量与发达国家相比差距还比较大。据有关资料，每万名劳动力中从事 R&D 活动人员数中国只有日本、法国、德国的大约 1/10。[①] 就从事科技活动人员的分布结构来看，也有较大变化，企业的科技人员大幅度增加，2000 年已达到 148.5 万人，占全社会科技人员的 52.8%，比 1995 年提高了 5.8 个百分点。在制造业中，技术密集度

---

① 《中国科技统计年鉴 2000》，国家统计局、科学技术部编，中国统计出版社 2000 年版，第 232 页。

高的行业科技活动人员增加较快，传统产业科技活动人员相对减少。增长最快的 3 个行业是交通运输设备制造业、电气机械及器材制造业、电子及通信设备制造业，2000 年比 1995 年分别增长 13.9%、27.6% 和 29.1%；纺织业、设备制造业减幅最大，2000 年比 1995 年分别减少 10.7% 和 10.4%。就全国县以上政府部门属科技机构从事科技活动人员的资历和文化程度看，2000 年，全国县以上政府部门属科技机构从事科技活动人员共有 29.29 万人，其中具有博士学位的 0.76 万人，占 2.6%；具有硕士学位的 2.19 万人，占 7.48%；具有研究生学历的 3.04 万人，占 10.38%；具有本科学历的 12.10 万人，占 41.31%；具有大专学历的 7.10 万人，占 24.24%；具有高级职称的 7.69 万人，占 26.25%；具有中级职称的 10.34 万人，占 35.30%；具有初级职称的 7.34 万人，占 25.06%。(参见表 6—17)

表 6—17　全国县以上政府部门属科技机构从事科技活动人员的资历和文化程度（2000）

		科技活动人员	学位		学历			职称		
			博士	硕士	研究生	大学	大专	高级	中级	初级
总计		292 946	7 610	21 906	30 420	121 017	71 048	76 698	103 465	73 404
自然科学技术领域	合计	263 280	6 759	18 767	26 202	107 521	63 206	66 591	92 463	67 703
	中央属	91 851	5 732	11 885	18 054	39 091	17 187	31 172	32 120	18 813
	地方属	171 429	1 027	6 882	8 148	68 430	46 019	35 419	60 343	48 890
社会人文科学领域	合计	15 240	781	2 505	3 467	6 920	3 211	6 427	5 192	2 292
	中央属	4 030	603	1 054	1 703	1 413	609	2 093	1 246	415
	地方属	11 210	178	1 451	1 764	5 507	2 602	4 334	3 946	1 877
科技信息文献领域	合计	14 426	70	634	751	6 576	4 631	3 680	5 810	3 409
	中央属	4 900	58	385	459	2 496	1 163	1 487	1 920	905
	地方属	9 526	12	249	292	4 080	3 468	2 193	3 890	2 504

资料来源：中国科学技术网。从事科技活动人员由从业人员中的科技管理人员、课题活动人员、科技服务人员三部分人员组成。

中国人口科技素质的提高，还表现在各类专业技术人员的大幅度增加上。根据人口普查资料，全国专业技术人员由1982年的2 646万人，增加到2000年的4015万人，增长0.96倍。其中科学研究人员由15万人增加到291万人，增长18.4倍；工程技术人员和农林技术人员由291万人增加到571万人，增长0.96倍；飞机和船舶技术人员由6万人增加到119万人，增长18.83倍；医疗卫生技术人员由461万人增加到608万人，增长0.32倍；经济业务人员由770万人增加到1190万人，增长0.55倍；法律工作人员由18万人增加到52万人，增长1.89倍；教学人员由960万人增加到1 396万人，增长0.45倍；文艺、体育工作人员由51万人增加到516万人，增长9.12倍；文化工作人员由41万人增加到82万人，增长1倍；宗教职业者由3万人增加到12万人，增长3倍。在数量增加的同时，专业技术人员的受教育程度也大幅度提高，如前所述，专业技术人员的平均受教育年限由1982年的10.44年增加到2000年的12.54年。（参见表6—18）

表6—18　　　　三次人口普查的各类专业技术人员数　　　（单位：万人）

类别	1982	1990	2000
合计	2 646	3 439	4 015
科学研究人员	15	20	291
工程技术人员和农林技术人员	291	451	571
科学技术管理人员和辅助人员	30	8	—
飞机和船舶技术人员	6	14	119
医疗卫生技术人员	461	458	608
经济业务人员	770	1 184	1 190
法律工作人员	18	37	52
教学人员	960	1124	1396
文艺、体育工作人员	51	48	516
文化工作人员	41	84	82
宗教职业者	3	12	12
其他	—	—	11

资料来源：根据全国1982、1990、2000年人口普查资料计算。2000年数据为根据9.5%抽样长表推算，"科学技术管理人员和辅助人员"一项2000年普查未列入。

历史的结论

中国人口教育科技素质的提高是中华人民共和国成立50年的辉煌成就之一。进入21世纪，人民共和国将在又一个50年实现社会发展的第三步战略目标，即在全面建设小康社会的基础上，在新中国成立100周年的时候，将中国建设成为中等发达国家，使综合国力上一个新台阶，进而实现中华民族的伟大复兴。面对新时期的宏伟目标，提高人口教育科技素质不仅具有基础性和适应性，而且具有全局性和先导性。50年中国人口教育科技素质发展提高的实践，可以使我们得出以下几点结论：

（一）将提高人口教育科技素质纳入国家发展战略，是经济社会发展的不竭动力

中国是一个人口众多、自然资源缺乏、经济底子薄的发展中国家，同时，中国还处于社会主义初级阶段，一系列棘手的问题和深层次的矛盾迫切需要提高人口教育科技素质来解决。尽管中国的经济建设取得了很大成就，但主要是依靠劳动力和资金的大量投入而取得的。这种粗放型的经济增长模式，带来了环境和资源的沉重代价。只有全面提高劳动者素质，进一步提高其自我发展能力，推动科技进步和科技创新，中国经济才能改变传统的过度消耗物质资源的生产方式，获得可持续发展。国外经济学家的研究表明，一个人多受一年教育可使劳动生产率提高30%，一个熟练工人学习培训一年，劳动生产率要比过去提高1.6倍。目前，世界经济一体化、政治多极化的趋势日益明显，综合国力的竞争日趋激烈，知识经济发展迅猛。知识经济的核心是现代科学技术，它以知识的生产、处理、传播、应用为基础，从而决定了必须投资于教育，培养和开发人的创新能力及掌握应用知识信息的能力。"发展知识经济，提高人口素质"已成为世界上许多国家的基本国策。许多国家都把科技和教育作为基本建设优先投资的领域，对国民经济中人力资本投资与物质生产投资的比例作了重大调整。中国目前面临着加快工业化、追赶知识化的双重任务，使得中国人口教育科技素质的提高必须承担起双重使命：既要着眼于提高整个民族的科学文化素质，使国民经济发展从整体上转到依靠科技进步和提高劳动者素质的轨道上来，从而提高整个国民经济的知识含量；又要努力培养一大批

拔尖人才,追赶世界先进水平,为在世界激烈竞争的高科技领域中占有一席之地提供人才保障。中国在20世纪90年代后半期确立了科教兴国战略,表明国家在中华民族面向新世纪迎接新挑战时所表现出来的高度理智和伟大智慧,同时这也是保证中国国民经济持续健康快速发展的根本措施,是中国实现社会主义现代化,推动社会全面发展和民族复兴的必然选择。

(二)全面落实知识分子政策,是营造人才辈出、人尽其才良好环境的基本保证

在新中国成立初期,基本上执行了符合当时国情的知识分子政策,大批旧的知识分子转变为社会主义现代化的建设者,新的知识分子一批一批地成长起来。与此相反,十年动乱时期,知识分子成为专政对象,许多人受到打击迫害,中国教育科技事业遭到严重的破坏,从而严重影响了人口文化素质的提高。中共十一届三中全会后,重新确立和认真落实知识分子政策,为他们平反昭雪,恢复名誉,提高他们的社会地位,改善物质生活条件,并实行了各种鼓励学习和创造发明的政策与措施,出现了学习热潮,知识分子奋发努力为现代化建设争做贡献的空前盛况。实践证明,尊重知识,正确对待知识分子,是迅速提高人口教育科技素质的强大动力。

面对知识经济时代的挑战,在知识分子中造就一大批优秀的创新人才,是实现知识创新、科技创新、缩短与发达国家差距的关键。而造成一种有利于优秀人才健康成长的宽松环境,则是培养创新人才的关键。为此,一方面要尊重人才,提高人才的待遇,改善人才的工作环境和条件;另一方面要深化制度改革,建立一种有利于人才脱颖而出的人力资源管理体制和运行机制。包括适应社会主义市场经济体制的要求,改革计划经济条件下的人力资源管理体制,消除体制因素对人才的制约,最大程度地发挥人的作用;进行政府机构改革,转变政府职能,完善国家公务员制度;深化人事劳动制度改革,建立公开平等竞争择优的用人机制,大力推行劳动合同制和聘用合同制,建立和完善社会保障制度;贯彻按劳分配和按生产要素分配相结合的原则,探索技术、管理等生产要素参与分配的形式,加强知识产权保护;通过实施"百千万人才工程"、建立政府特殊津贴制度等措施,积极为高层次人才成长创造条件;发展完善人才市场体系,健全劳动与就业指导服务机构,规范人才竞争与流动秩序,促进人力资源的

合理流动，使市场在人力资源的配置中起基础性作用。

（三）大力开展人力资源开发的国际交流，应成为扩大对外开放的重要组成部分

人类的历史发展证明，不同民族、不同国家之间的交往不仅有利于世界的发展，也有利于交往国家本身的发展。中国的对外开放，不仅仅意味着吸引外资和引进国外技术，也包括疏通信息渠道，建设经济交往的桥梁，促进文化、教育的交流，乃至形成人才、资源、技术、信息、市场一体化的经济结构框架。中华人民共和国成立以来，除"文化大革命"时期外，政府一直重视出国留学生的派遣工作。1949~1965年主要是派往苏联，1978年以来，大大扩大了派遣国范围。自改革开放至今，在外学习的留学生达33万人，其中已有11万人学成回国，在祖国现代化建设中发挥着重要作用。中国还接收来自160多个国家和地区的留学生40万人。同时，大力开展引进国外人才智力工作，积极吸引和聘用海外高级人才。1978年以来，中国累计聘请了外国专家82.4万人次，派出专业技术和管理人员出国（境）培训37.8万人次。目前，外国人在华登记的就业人员有6万多人。尽管留学生中有相当大的比例学成之后仍留在国外，形成"人才外流"的局面，但是中国在付出了"智力损失"的代价之后，还会得到多方面的回报，越是从长远来看，这种回报越是丰厚。比如，充当中外政治、经济、科技、文化交流的桥梁；成为国际社会中支持中国的重要力量；带动大规模普通劳动者的劳务输出等。因此，应继续坚持"支持留学、鼓励回国、来去自由"的方针，向国外派遣留学生，鼓励留学人员回国服务或以适当方式为国服务。

（四）要增强提高人口教育科技素质的整体能力和可持续性，必须加大经费投入

教育规模扩大和经费短缺的矛盾，一直是中国人口科技教育素质提高进程中遇到的难题。1999年世界银行发布的《21世纪中国教育战略目标》指出，1997年中国财政性教育经费占国内生产总值（GDP）的比例是2.5%，无论同经合组织相比，还是同亚洲其他国家相比，其支出水平都是偏低的。要满足提高人口教育科技素质的需要，须继续努力提高政府教育拨款占GDP的比例，使其在近期达到4%后再确定渐进的更高目标。在积极发挥政府作用的同时，还应动员社会各方面力量，加大提高人口教

育科技素质的投入，形成人力资源开发的合力。如，继续鼓励民间投资流向教育事业；鼓励不同地区、不同部门开展合作，发展校市、校企"联姻"等合作形式，促进东西部人才开发对口支援；促进产学研结合，大力开展员工在职培训，培养高新技术和企业经营管理人才等经济建设急需的人才；促进高层次人才培养与科研活动相结合，建立博士后科研流动站和企业科研工作站，积极引导高层次人才向企业流动，提高企业的研究开发能力；鼓励教育学术界专家通过承担项目、联合培养人才和联合攻关等途径，与企业建立互利合作伙伴关系；发展高科技创业园区，为各类人才创新提供良好条件。

（五）坚持控制人口数量的基本国策，是提高人口教育科技素质的根本性措施

70年代以来，中国在控制人口数量方面取得了举世瞩目的成绩。因开展计划生育少生3亿多人口，节约社会抚养费和家庭抚养费7万多亿元，增加了社会和家庭对教育的投资，极大地促进了人口教育科技素质的提高。如果不开展计划生育，中国目前的总人口规模就会达到15亿以上，每个家庭会增加2～3个孩子，中国人口的平均受教育水平可能还停留在小学阶段。进入21世纪，虽然中国人口的生育水平已经下降到更替水平以下，自然增长率下降到1％以下，但总人口仍然要持续增长40～50年才能停止，届时人口规模将达到15亿～16亿，人口数量的压力仍然很大。况且，中国的计划生育是在经济文化不够发达的条件下开展的，群众的生育观念和国家的生育政策一直存在较大差距，现有的低生育水平还不够稳定，地区之间也很不平衡，尚存在生育率反弹的极大可能性。所以，要使未来的中国人口教育科技素质保持持续快速增长态势，必须继续坚持控制人口增长的基本国策不动摇。

第七章　人口性别结构

在人口学中，"构成"与"结构"常可以在描述诸如年龄、性别、婚姻状况、职业等特征的分布时交替使用。然而，对于"结构"而言，有时却仅仅只能用于指人口的年龄和性别特征分布。因此，人口性别结构是偏重于性别特征的年龄分布特定概念。人口若按性别划分，可以分性别人口结构，人口若按年龄性别划分，可以分年龄分性别人口结构。本文涉及的人口结构，是按年龄性别划分并偏重于性别特征的人口性别结构。

度量与分析人口性别结构是否合理的指标：一是性别比；二是性比例。这两个指标无论是从国内外的应用频率与应用广泛程度方面来说，还是从表征性别结构的直观与清晰方面来说，性别比都较性比例不仅使用频率高得多、广泛得多，而且也更加直观更加清晰。从学术角度讲，应用性别比来分析人口的性别结构状态与变动，理应也更为适宜。

在通常情况下，伴随着时间的推移，分年龄性别比既受相应初始年份出生性别比的影响，也受紧随各自出生性别比之后，一系列相应年龄的分性别分死因死亡水平差异的影响，从而导致分年龄性别比变动，以及受此影响同时所产生的人口性别比变动。其实，历年的出生性别比从出生时刻开始，都始终受着分性别分死因死亡水平差异的影响，而随之产生着相应年龄的性别比变动。可见，在人口性别结构中，出生性别比变动是最初的，也是最基本的性别结构变动。历年的出生性别比及其随后变动，基本上决定了一个人口生命周期内未来相应分年龄性别比及其人口性别比的变动。

今天的人口性别比变动，也是现分年龄性别比在其生命周期内历经相应不等时间之后，分别从各自的出生性别比，逐步变动至今的综合反映。可见，研究人口性别比及其变动，主要是研究各相关始于出生性别比自身的逐龄性别比变动，并分析其相应变动哪些是受人为因素影响所导致，哪些是受非人为因素影响所导致，哪些是与决策和工作有关联并需要通过改革与发展来加以解决。这是我们弄清问题、解决问题与促使人口性别结构变动趋于合理的基本前提。

"出生性别比是一种有严格值域界定的指标，超过或低于出生性别比的界定值域，就被视为异常，超过或低于界定值域的程度越大，说明出生性别比异常程度越深。这是因为，出生性别比指标是一种具有很强生物属性倾向特征的自然化指标。生物属性特征的指标有其相对独立、稳定、少受人为之外其他因素影响而发生变化的特征。正是基于出生性别比指标在主体上具有的这种自然化特征，才具有大数定律的特点，才具有其界定值域之外为异常现象之说，也才可能出现其后对异常值域成因分析的各种分歧。"[①]

在无人为干扰胎儿性别的条件下，因为出生性别比自身固有的显著稳定性始终不会改变，所以只要满足了统计上通常要求的检测出生婴儿量标准，或称足够量，出生性别比就根本不可能出现异常的问题。所谓的人口性别结构不合理，除了受年龄、性别与死因分的死亡水平差异影响外，其他影响则很小。

出生性别比指标正因为是一个人口在一定时期内，严格限定在出生时刻这一时点的全部出生男婴与女婴之比，所以，无论是在旧中国时期还是在20世纪50年代至60年代初的新中国初始期，凡是将或长或短地过了出生时点之后统计的出生性别比视为异常的，要么是因错误地沿袭了前人结论所致，即与前人的认识、结论一致；要么是因混淆了概念所致。之所以称其为错，主要是因为表征那时中国人口在历年出生时刻全部活产婴儿的出生性别比，在当时的条件限定下，一是根本没有现代的科技手段使其发生失调的可能性；二是根本也没有发生过失调；三是都将已发生了变动的出生性别比误作了原意义上的出生性别比。因此，只要将统计口径规范，所谓异常的出生性别比就势必还其正常的本来面目。

凡是出生性别比在历经变动后，其分年龄性别比相对自身出生性别比

[①] 马瀛通等：《出生性别比新理论与应用》，首都经济贸易大学出版社1998年版，第146~147页。

而呈现异常的，除了通过尽力降低各种死因别的相应男女死亡水平差异，来对这些异常的分年龄性别比进行极为有限的逐年调整外，所谓的调整人口性别结构则别无他途。

20世纪70年代末期，无论是我国总人口死亡水平还是分性别人口死亡水平，由于都已降至相当低的水平，其继续下降的速度不仅变缓且相对稳定，因而过去还能对异常分年龄性别比所起的极为有限调整作用，此后就变得更加微弱，以至可忽略不计。

始于20世纪80年代中期前夕发生的出生性别比异常，是我国人口史上首次发生的出生性别比异常。这种异常持续至2000年已有近17年，现还在继续，从而导致相应分年龄性别比的极不平衡与新的人口性别结构不合理问题。

在前不足7年期间，因人口出生率波动相对较大，从而导致以年龄、性别划分的相应人口数量之间差异也较大。然而，在现婚龄差条件下，令人意想不到的是，这反而竟成了其婚龄期内分年龄男女人口数量间的互相弥补，从而极大地消除了因异常出生性别比所导致的相应异常分年龄性别比，在一定条件下有可能导致的部分与数量相关的婚配性别比失衡问题。从此可以看出，出生性别比失调在一定条件下，并不等于必然要导致相应婚育期内的婚配性别比失调。这是因为人口出生率波动相对较大，其产生的相应年龄上分性别人口数量差异要远大于异常出生性别比对婚配性别比的影响作用。

在后10多年期间，出生性别比异常程度的进一步急剧加深，使其后的相应分年龄性别比失衡问题更加突出。尤其是在人口出生率波动变小的条件下，相应以年龄、性别划分的人口数量间的差异也变小。这样，由出生性别比严重失调导致的其后相应分年龄分性别人口数量间的严重不匹配，必将引发婚配失衡等相关社会问题。由此可以看出，在人口出生率波动相对较小，导致以年龄性别划分的相应历年人口数量比较均匀时，持续的出生性别比异常将导致相应婚育期内的婚配性别比失调。

人口再生产与物质生产是性质根本不同的两种生产。在社会发展进程中，物质生产结果，若出现了产业结构的不合理，则可通过对其实施诸如增、减、关、停、并、转等措施来加以调整；人口再生产结果，若出现了性别结构的不合理，要做到像调整物质生产那样，在较短时间调整人口的性别结构则是根本不可能的。

就人口性别结构问题来说，一旦形成既定事实，客观又是无法改变的。因此，对后10多年来形成的分年龄性别结构不合理本身来说，所谓的调整完全是一种苍白无力的空谈。如果假定可以通过与其他人口的人为迁移来解决，那么，我国人口性别结构的调整，要么是将不同年龄的多余男性迁出，要么是将不同年龄的不足女性迁入。然而，实际上，这种迁移的假定却又根本没有任何实施的可能性。故也只能将其称为是纸上谈兵，或将其称为是以理想化的迁移来奢谈调整人口性别结构。

面对我国异常的人口性别结构状况，所谓调整，决不是对已存在的异常分年龄性别比的调整。所谓调整，此处只能是以明天即将进入0岁的历年出生婴儿性别比对人口性别结构总体而言的调整。只有这样定义的调整才有实际意义。因此，调整的唯一可行途径是，必须进一步加强管理，将已持续了多年的出生性别比异常状态，从有效地控制住胎儿性别检测入手，使其尽快地复归正常，并使今后的新生人口尽早不再出现此类问题。否则，调整就是一种可言而不可及的事情。

对现人口性别结构的异常问题实施调整，只能是从尽快使新的出生人口性别比复归正常做起。其实质就是从恢复出生性别比正常开始，随着时间的推移，年复一年地由低龄向高龄一个年龄接一个年龄地进行更新调整。

在出生人口问题中，若把消除人为干扰胎儿性别作为其重要内容，那么，出生不仅是调整人口数量结构与控制人口总量的阀门，而且也是调整近期与未来人口性别结构的阀门。

人口中任何不合理的现分年龄性别比，都已成为无法改变的客观事实，人们对其都是无所为的。所谓对其调整的任何办法既不可行也无法实施。因此，可以肯定地说，所谓调整人口性别结构，实际上没有任何捷径可走，只能从宏观着眼，随着时间推移，逐步以新生人口的正常出生性别比及其自身变动，从微观来一个年龄接一个年龄地更新。可见，人口性别结构的调整，必是一个遵循其客观变动规律，采取唯一有所为的途径，循序渐进、一步一步实施的较长过程。

从概念上讲，出生性别比虽然只与一定时期内某人口出生的男女婴数量相对大小有关，与婴儿产后存活时间长短无关，但是在人口统计中，计算出生性别比的活产男女婴数的完整性与准确性都是最难把握的资料。通常计算出生性别比所依靠的资料基本上是回顾性调查资料，根据回顾性调查的既往经验，女婴死亡漏报的可能性要大大高于男性。因此，根据回顾性调查资料所计算的出生性别比就与婴儿死亡之间存在一定的联系。在我国，受这一因素的影响，依据回顾调查资料所计算的出生性别比肯定要略高于所谓的"实际"出生性别比。[①]

近期的新研究成果表明：按曾历经的活产子女先后（双胞胎及多胞胎除外，以下不再赘述）性别次序划分的育龄妇女，因主要受男性偏好与生育水平控制的影响，其再育出生性别比大不相同，尤其是再育数量分别占再育所在孩次出生总量的比重也大不相同，从而导致了第二孩及以上分孩次出生性别比随孩次升高而升高。

只要医疗卫生保健及社会保障体系的覆盖面日趋扩大，只要现代胎儿性别检测技术得到有效控制、人为干扰胎儿性别问题不再发生，只要以人为本的大小气候逐步形成，让广大农民看到希望，那么，妇女社会地位随着城市化进程必将不断提高，性别歧视必将普遍淡化，我国的人口性别结构变动就必然日趋合理。

在一个人口生命周期内，昨天的较大战争、天灾、人祸等特殊情况，如带有明显的性别差异，其对人口性别结构变动产生的影响，一般都可在今天与明天的人口性别结构中显现。

因此，分析与探索新中国成立50年来的人口性别结构变动，实际是从分析与探索其间性别结构的相对量性变化侧面，清晰地了解与反映新中国成立50年来的人口性别结构变动脉络。

第一节 人口性别结构变动中的常用指标概念

无论是从生物学的性别划分，还是从社会学的性别角色划分，性别都是人口最基本的属性之一。

在人口统计分析学中，为了便于观察与量性分析出生人口的性别结构

[①] 马瀛通等：《出生性别比新理论与应用》，首都经济贸易大学出版社1998年版，第174页。

分布状况，而专门设定了度量与测度的指标出生性别比。对某一人口一定时期内在出生时刻这一时点的全部出生婴儿数而言，以性别划分可有人口出生性别比；以性别孩次划分可有分孩次出生性别比；以其他标识划分可有相应标识分出生性别比。

所谓出生性别比，指的是在人口统计学上有足够量出生婴儿条件下，每出生百名女婴相对出生的男婴数。

所谓人口性别比通常也称总人口性别比，是粗略、综合、概括地反映某一人口总体，以性别划分的男女人口数量之比。表示该人口中每百名女性人数相对应的男性人数，在人口统计分析学中属时点静态指标。

一般来说，女性人口的平均寿命要高于男性，即男性的死亡水平要高于女性。因此，人口的死亡性别比通常是置于 105~125 之间。死亡水平男性高于女性的这种差别，若是从出生时男婴较女婴偏多这一点来看，实际上这也是各出生性别比随时间推移，其相应的分年龄性别比在其人口生命周期内，不断有所降低的一种规律性平衡。

死亡水平男性高于女性，也是反映出生性别比在出生时刻之后，伴随着时间的推移、分年龄性别比逐步降低的根本原因。在无人为干扰胎儿性别的情况下，伴随着时间的推移与分年龄性别比的趋低，不管人口性别比怎么波动，在人口惯性作用弱化到一定程度的时候，其变动态势虽会发生暂时的曲折，但却改变不了逐步降至 95~102 正常值域范围的总趋势。

在无人为干扰胎儿性别的条件下，以不同标识分的出生性别比值域变动规律呈明显的大数定律特征。所谓大数定律，是指对大量随机现象中普遍存在的必然性与规律性的抽象化总结。其核心内容：一是明确地指出，小量的观察很难从统计指标数值中得出必然的规律性的结论；二是十分肯定地认为，只有对所研究对象的随机现象进行充分而大量的观察，才能得出反映研究对象在一定条件下的必然性与规律性结论。

随着研究对象的观察单位数增加到足够量时，研究对象的规律才通过误差很小的稳定性统计指标值反映出来。所谓"足够量"，通常是指在统计学中95%的置信度上，要保证所检测的一个以随机原则获取的统计值，在其上下误差不超过一定的数值时所需要的观察样本量。为了便于清晰地认识此概念，而专门计算了观察的出生样本量与所检测的出生性别比在 101~112 各整数值时的相应波动范围，并列成表 7—1 所示。

表 7—1　　出生性别比 101~112 各整数值在 95% 置信度上的
　　　　　相应观察出生样本量与其出生性别比值波动范围

检测的出生性别比	所列观察样本出生量（样本出生婴儿数）下检测的出生性别比值波动范围				
	100 人	1000 人	1 万人	10 万人	100 万人
101	67.9~150.3	89.2~114.4	97.1~105.0	99.7~102.3	100.6~101.4
102	68.6~151.9	90.1~115.5	98.1~106.1	100.7~103.3	101.6~102.4
103	69.3~153.4	91.0~116.6	99.0~107.1	101.7~104.3	102.6~103.4
104	70.0~155.0	91.9~117.8	100.0~108.2	102.7~105.3	103.6~104.4
105	70.7~156.5	92.7~118.9	100.9~109.2	103.7~106.3	104.5~105.4
106	71.4~158.1	93.6~120.0	101.9~110.2	104.7~107.3	105.6~106.4
107	72.1~159.7	94.5~121.2	102.9~111.3	105.7~108.3	106.6~107.4
108	72.8~161.2	95.4~122.3	103.8~112.3	106.7~109.3	107.6~108.4
109	73.5~162.8	96.3~123.5	104.8~113.4	107.7~110.4	108.6~109.4
110	74.2~164.3	97.2~124.6	105.8~114.4	108.6~111.4	109.6~110.4
111	74.9~165.9	98.1~125.7	106.7~115.5	109.6~112.4	110.6~111.4
112	75.6~167.5	98.9~126.9	107.7~116.5	110.6~113.4	111.6~112.4

资料来源：摘自马瀛通等：《出生性别比新理论与应用》，首都经济贸易大学出版社 1998 年版，第 19 页。

这里需强调指出的是：在以出生性别比理论值域为标准的条件下，若检测以某一标识划分的出生性别比是否置于正常值域范围，关键不是直接取决于所检测的出生性别比本身是否正常，而是取决于所检测的出生性别比，是否置于理论值域的波动范围。所检测的出生性别比值域波动范围，又相应取决于所观察的样本量。这里还必须强调指出的是：千万不要以为所观察的样本量是来自人口规模的数量，必须切记是来自出生人口中的数量。这是我们科学地认识出生性别比与检测出生性别比所必须注意的问题。

第二节　新中国成立时的人口性别结构状况

1949 年 10 月 1 日新中国成立。时隔不久，根据中央人民政府政务院的指示，中央人民政府内务部、公安部和国家统计局，以 1953 年 7 月 1 日零时为标准时间，实施了属于现代人口普查范畴的新中国第一次人口普查。全国人口总计为 601 938 035 人，扣除台湾省、昌都地区、西藏以及国外华侨、国外留学生、驻外使领馆人员，实际普查登记的人口数为 5 813 294 48 人。若将没有包括在内的人民武装部队和年龄不详的人口数剔除，那么，全国经过调查的分年龄人口数总计为 567 446 758 人。1953 年我国第一次人口普查的分年龄分性别人口状况，见表 7—2 所示：

表 7—2　　　1953 年第一次人口普查的全国分年龄分性别人口状况

年龄组	男	女	性别比（女＝100）
0	9 716 971	9 264 877	104.88
1～6	50 981 511	47 034 922	108.39
7～13	42 158 614	36 412 670	115.78
14～17	21 437 599	18 862 387	113.65
18～25	39 552 277	37 500 548	105.47
26～35	40 487 743	38 238 703	105.88
36～40	18 589 797	17 232 861	107.87
41～45	15 922 251	14 812 626	107.49
46～55	26 337 003	25 233 560	104.37
56～60	10 092 592	10 081 942	100.11
61～70	12 308 495	13 951 797	88.22
71～99	4 383 364	6 848 264	64.01
100 及以上	1 590	1 794	88.63

资料来源：《中华人民共和国 1953 年人口调查统计汇编》，国家统计局人口统计司 1986 年 9 月翻印，根据第 139 页数据计算。

国际社会公认的人口性别比值域通常在 95～102 之间，人口性别比无论是低于 95 还是高于 102 都为异常。若是以此来判别我国 1953 年第一次人口普查时的总人口性别比 106.0，显然是偏高并属异常之列的。需指出的是，万不可将人口性别比与出生性别比混为一谈。之所以强调这一点，是因为就连曾是人口专家的一位国家计生委领导同志还在 1993 年举行的一次国务院新闻发布会上将这一概念混淆，从而造成不少地方的误解与工作上的问题。

根据1983年中国统计年鉴计算的1949~1953年的历年年末人口性别比分别为：108.16、108.07、107.99、107.90和107.55。数据表明：新中国成立后的人口性别比逐年下降，这既是我国人口性别比向正常逐步转化的反映，也是我国人口性别结构变动逐步趋于合理的综合反映。

1953年新中国首次人口普查的人口性别比为106.0，而以1983年中国统计年鉴计算的1953年年末人口性别比却高达107.55。分析表明：新中国首次人口普查虽然存有在所难免的较大误差，但是从那时的客观历史条件与历史背景看，其成效仍是显著的。

1953年人口性别比为106.0的异常现象，从对表7—2的分析中可粗略地获知：主要是由年龄组1~6岁、7~13岁、14~17岁、36~40岁和41~45岁的分年龄性别比分别为108.4、115.8、113.7、107.9和107.5的异常偏高所致。

若把根据1983年中国统计年鉴计算的1953年人口性别比107.55，假定为是1953年人口普查时的人口性别比，那么表7—3中的分年龄性别比就会更加异常偏高，即实际的分年龄性别比将会比表7—3所示的分年龄性别比高得多。

若粗略地将1953年人口普查时的一岁组分年龄性别比简单地加以分析，其中显著异常的分年龄性别比可粗略地汇成下表，见表7—3所示。

表7—3　1953年我国第一次人口普查中部分异常的分年龄性别比粗略状况

年龄	男	女	性别比（女=100）
3	8 697 268	8 007 151	108.62
4	7 546 407	6 898 968	109.38
5	7 363 261	6 666 363	110.45
6	7 230 335	6 463 196	111.87
7	6 681 793	5 920 412	112.86
8	6 039 983	5 305 705	113.84
9	5 949 569	5 154 920	115.42
10	5 804 301	4 976 612	116.63
11	6 082 982	5 216 355	116.61

续表

年龄	男	女	性别比（女=100）
12	5 971 373	5 079 000	117.57
13	5 628 613	4 759 666	118.26
14	5 595 222	4 676 110	119.66
15	5 471 631	4 602 599	118.88
16	5 203 638	4 690 338	132.26
19	5 444 975	5 014 400	108.59
31	3 934 654	3 664 621	107.37
36	3 850 042	3 568 222	107.90
39	3 750 704	3 429 278	109.37
40	3 595 719	3 299 495	108.98
41	3 260 934	2 930 479	111.28
42	3 184 905	2 936 132	108.47
43	3 187 931	2 991 513	106.58
44	3 224 844	3 043 320	105.96
51	2 566 245	2 422 925	105.92
55	2 288 818	2 139 821	106.96

资料来源：《中华人民共和国1953年人口调查统计汇编》，国家统计局人口统计司1986年9月翻印，根据第79页数据计算。

1953年人口普查时的0~14岁少儿人口或称儿童人口，总计为205 840 897人，其中男为108 452 318人，女为97 388 579人，少儿人口性别比为111.36；此间60岁及以上的老年人口总计为41 538 443人，其中男为18 676 652人，女为22 861 791人，老年人口性别比为81.69。

根据既往对出生性别比指标的应用与理性认识可知，出生性别比是一个严格遵从独立随机事件法则，具有显著大数定律特征的指标。在没有人为干扰胎儿性别的条件下，其值总是置于102~107之间。

1996年，由马瀛通等创立的马—冯—陈（M-F-C）出生性别比新理论，提出了出生性别比是遵从条件随机事件的全新理论，从而否定了长期以来国内外学术界一直把出生性别比作为是独立随机事件的基础理论。

这一新理论通俗地说，"即第二孩及以上各孩次出生性别比，都与母亲曾历经的活产子女先后性别次序这一条件相关。"然而，不同条件的随机事件所导致的不同孩次性别次序别出生性别比有"升"也有"降"，但是在妇女平均终身生育子女数较高而对出生性别又无法进行人为干预的条件下，这种"升"或"降"反映在总体人口出生性别比中，大部分都基本相抵。

若是因生育上的男性偏好，而致使只生有女孩而无男孩的母亲再育，这虽可导致以此为标识划分的母亲，其再育出生性别比，要较同孩次及其以下按此标识划分的出生性别比有大幅升高，但仍属正常。然而，由于其相对出生量占其总出生量的比重很小，因而使历年的总出生人口性别比受之影响不大。在通常情况下，其上限值理应也不会高出107太多。因此，历年的人口出生性别比，受之影响而有一定量的高于107乃至108，或受之反向影响而有一定量的低于102，都理应实属正常。

1953年人口普查时的0岁、1岁、2岁和3岁性别比分别为104.88、105.58、106.59和108.62。如果将0~3岁组中的每一单岁年龄性别比假定近似是出生性别比，那么，唯有出生于1949年7月1日至1950年7月1日期间，年龄为3岁人口其出生性别比为异常外，新中国成立一年之后的其余3年人口出生性别比，都已完全置于国际社会一直沿用的通常值域102~107之内。新中国成立之前的4岁至16岁各个分年龄性别比（已远远脱离了实际出生性别比理应变动的值域范围），伴随着年龄的增加基本是呈异常升高态势，即从109.38直至升到132.26。

凭借人口学的一般常识与那时的相关科技水平，仅从表7—3中的4~16岁各分年龄性别比及大于16岁的其他分年龄性别比，所存在的直观上如此之大差异就可以推断出：所谓"出生性别比"（分年龄性别比）异常的四大原因：一是旧中国溺女婴的恶习相当严重；二是女婴与女童没有像男婴与男童那样受到应有的照料而夭折；三是女性在少年、青年、中年时普遍受到歧视，其生存概率较同龄男性要低得多；四是普查登记的年龄或性别有误（如其中的16岁性别比为132.26则是占此因的比重很大）。

新中国成立后的0~2岁分年龄性别比，较其之前有令人吃惊的不同，其间接反映出的相应"出生性别比"基本为正常。这一事实雄辩地表明：一是旧中国严重的溺女婴恶习迅速得以纠正；二是妇女的社会地位与旧中国相比有了根本的不同；三是妇幼保健事业大大改善。

须指出的是：在抗日战争与国内革命战争期间，因壮年男性人口死亡率大大高于壮年女性人口死亡率，因而相应的分年龄性别比理应偏低才合乎逻辑。然而，符合这种逻辑关系的现象却没有出现，因此，就更足以说明反映旧中国人口性别结构异常的歧视妇女问题与社会问题有多么严重。

若将1953年人口普查时的0岁组性别比假定为是近似出生性别比，那么，根据统计学95%置信度上的相应观察出生样本量与出生性别比值域波动范围来判断，全国分省、自治区、直辖市的出生性别比，除山西和浙江的110.7和107.3属异常外，其余都在正常之列。由此可以看出：新中国成立以后的人口性别结构，从"出生性别比"开始已朝正常的方向发展。

第三节　五六十年代的人口性别结构变动

众所周知，在1959~1961年的三年困难时期，死亡率受非正常因素影响而产生了"垂直"式的巨幅回升，最低的1961年也高达14.33‰，最高的1960年竟超过了1949年的20.00‰为25.43‰。

根据1983年中国统计年鉴计算的1954~1959年历年年末人口性别比，分别为107.64、107.26、107.41、107.33、107.53和107.96；1960~1969年历年年末人口性别比，分别为107.39、105.94、105.31、105.63、105.20、104.85、105.05、105.00、105.01和104.84。

数据表明：在1959~1961年的困难时期，分性别死亡率差异形成的相应男女死亡人口规模，竟导致了人口性别比的相应波动。起初由于女性尤其是老年女性死亡率的巨幅回升大于男性，这不仅使死亡人口性别比有所下降，而且还使分性别死亡人口的规模也构成了对人口性别比的较大影响，从而导致了人口性别比1959年高于1958年。然而，紧接着就是男性尤其是老年男性死亡率的回升，反过来又大大超过了女性。同理，反而致使1960年的人口性别比不仅低于了1959年，而且还低于了1958年。分性别死亡率的这种显著差异，反倒恰恰使人口性别比受其影响加速了向正常值域逼近的速度。1961年的人口性别比继续下降，并首次跌破了106降至106以下。

三年困难时期一过，1962年的人口死亡率不仅恢复了正常而且继续了三年困难时期前的下降趋势，并较之1958年还有了显著的下降。此后多年的人口性别比基本是呈下降趋势。1965年的人口性别比跌破105降至104.85，并一直波动在近乎等于105的上下。

1964年，我国进行了第二次人口普查，大陆总人口为694 581 759人，其中男为356 517 011人，女为338 064 748人，人口性别比为105.46，较之1953年人口普查的106.0下降了0.54，较之根据1983年统计年鉴计算的1953年人口性别比107.55下降了2.09。总人口性别比的这种变动，间接地说明了新中国成立以后的分年龄性别比已发生了结构性的巨变，这是人口的性别结构向合理转化迈出的巨大步伐。

1953年第一次人口普查之后至1964年第二次人口普查间的出生人口，恰恰是1964年人口普查时的0～10岁人口。若将每个分年龄性别比都视为是从出生性别比历经长短不等时间后的变动结果，那么，就可列为表7—4，并根据表7—4来加以分析。

表7—4　　　　1964年全国0～10岁人口分年龄性别比

年龄	男	女	性别比（女=100）
0	14 509 500	13 974 327	103.83
1	15 515 387	14 732 717	105.31
2	8 025 093	7 544 061	106.38
3	5 961 473	5 573 791	106.96
4	7 450 438	6 855 169	108.68
5	7 758 234	7 125 623	108.88
6	1 069 9407	9 696 907	110.34
7	10 342 156	9 374 110	110.33
8	9 771 901	8 906 221	109.72
9	10 711 651	9 791 224	109.40
10	10 001 128	9 211 052	108.58

资料来源：《中华人民共和国第二次人口普查统计数字汇编》，国家统计局人口统计司1968年9月翻印，根据第135页计算。

如果将1953年时的0～10岁与1964年时的0～10岁各个分年龄性别

比加以比较，显而易见的是，第二次人口普查的 0~10 岁各分年龄性别比，都大大低于第一次人口普查时的同龄性别比。从两次人口普查的 0~2 岁分年龄性别比都置于 102~107 之内，就足以说明新中国成立后，溺女婴的恶习已从根本上得到遏制。其他分年龄性别比的巨变，不仅说明女婴死亡率大幅降低，女童照料得到大大改善，而且也说明健康水平大有提高。与此同时，还反映出妇女社会地位相应的也有了大幅度提高。然而，女婴与女童的死亡率，仍较男婴与男童的死亡率高得多，否则，历年的出生性别比就不会随着时间的推移或年龄的升高而升高。

从表 7—4 中 4~10 岁各个分年龄性别比的异常，就完全可以肯定，这是在历年出生性别比理应为正常的条件下，由女童的死亡率较男童的死亡率高得多所致。

有关分析中国人口出生性别比的资料来源可靠性问题，可在《出生性别比新理论与应用》一书中找到答案，即"总的来说，用于出生性别比分析的 1988 年 0.2% 人口生育节育抽样调查资料，其质量要比 1982 年的 0.1% 人口生育抽样调查资料的质量高得多。"[①]

根据 1988 年 0.2% 人口生育节育抽样调查资料计算，1950~1959 年期间的人口出生性别比为 105.92，1960~1969 年期间的人口出生性别比为 106.66。五六十年代人口出生性别比的完全正常，可以这样认为：如果将第一、二次人口普查的 0~2 岁各分年龄性别比假定近似地视为人口出生性别比，基本代表了五六十年代历年的出生性别比水平。

五六十年代伴随着女性人口尤其是少儿女性人口存活概率的大幅提高，1964 年的少儿人口性别比降至 108.03，较之 1953 年的 111.36 下降了 3.33。从少儿人口年龄为 0~14 岁的时间跨度，可知新中国的少儿人口性别比较旧中国要低得多，这就有力地表明：新中国成立以后的每百名分性别儿童中，女性儿童数量相对有了显著增加。

第四节 70 年代的人口性别结构变动

20 世纪 70 年代初，我国城乡普遍开始实施计划生育，严格控制人口

---

① 马瀛通：《人口控制实践与思考》，甘肃人民出版社 1993 年版，第 38 页。

的增长。整个70年代，我国人口的再生产，基本处在大多数群众历经教育普遍能接受的"晚、稀、少"生育政策控制下。这一方面充分地说明了，在广大群众中蕴藏着实施计划生育的积极性；另一方面也充分地说明了，生育政策限定的每对夫妇计划生育子女数（少数民族除外）最多两个，历经教育大多数群众普遍是可以接受的，即生育政策既宽严适度又合情合理。与此同时，还为积极响应提倡一对夫妇只生育一个孩子的家庭，留有了发挥其积极性的余地。再加之计划生育的各项服务，物质与精神方面的奖励与鼓励，以及伴之相应的处罚措施，时过不久，便随着计划生育宣传教育的广泛开展而成了家喻户晓人人皆知的大事。计划生育与人口控制很快形成了强大的社会舆论。

实施计划生育，因执行了一条实事求是、一切从实际出发，经过最大努力，最大限度地降低了妇女生育水平的生育政策。因此，表征妇女平均终身可能生育子女数的总和生育率，从1970年的5.71急剧下降至反映1979年计划生育成效的1980年的2.28，同期的自然增长率也从25.95‰骤降至11.87‰。总和生育率与自然增长率的双双下降过半，创造了世界近代人口史上举世瞩目、令世人称颂的生育率下降奇迹。

根据1983年中国统计年鉴计算的年末人口性别比，1970~1980年期间历年分别为105.90、105.82、105.78、105.86、105.88、106.04、106.15、106.17、106.16、106.00和105.98。

在通常情况下，由于每年出生的婴儿中男性人数均多于女性人数，除极少数国家及地区的男性平均寿命高于女性之外，绝大多数国家及地区的平均寿命是女性高于男性。这就意味着，除个别几个国家及地区外，每一个年龄组的出生性别比值都会随着时间推移而逐渐降低。

少儿人口即儿童人口（0~14岁），所占总人口的比重越大，人口越年轻，人口性别比就相对高一些。若65岁及以上的老年人口占总人口的比重越大，即人口的老龄化不断加深，人口性别比就相对低一些。1947年，国民党公布的我国1946年人口性别比为110。与之相比，新中国成立以后的人口性别比已日趋降低，从20世纪60年代初至80年代初，其值一直波动在105~106上下，说明妇女人数占总人口的比重在不断增加。

随着经济社会的发展，相应导致人口性别比异常的各种影响因素也将日趋弱化，从而使之渐渐地趋于正常。其间虽会有反复，但最终将会降至

95～102的正常范围。"1980年世界人口性别比为100.5。联合国1980年收集的106个国家和地区人口统计资料表明：发展中国家和地区的人口性别比，较之发达国家和地区高，人口性别比在105以上的国家只有9个，占8.5%，最高的利比亚为112.4。"[1]

20世纪80年代初，我国人口性别比仍较正常值偏高的原因是历史形成的。主要原因一是旧中国妇女的社会地位极其低下，女性死亡率高于男性，加之婴儿出生后部分女婴的被溺，致使这些分年龄人口性别比异常的高。也就是说，我国的人口性别比异常，绝大部分是旧中国长期历史形成于今的反映；二是新中国成立后的人口出生性别比及其变动，虽都正常又相当稳定，但要使人口性别比纳入正常值域，受人口惯性的影响，还必须要历经一个较长的时期才可办到；三是20世纪70年代的生育率虽然急剧下降，使少儿人口占总人口的比重降低，然而，到70年代末的人口构成却仍然较轻。

根据1988年全国0.2%人口生育节育抽样调查，1970～1980年期间的人口出生性别比为106.38。数据表明：生育率急剧下降的同时，出生性别比基本保持稳定，并置于正常值域范围。

在分析人口出生性别比升降变动时，通常是从分孩次出生性别比的升降变动加以说明的，根本还没有从影响母亲生育某一孩次之前，自身曾历经的活产出生顺序与性别次序为条件入手，来加以深入地分析、探索出生性别比与分孩次出生性别比的变动。这主要是因为母亲生育某一孩次的性别比，受制于这之前自身曾历经的活产出生顺序与性别次序这样的基础理论尚未确立。

1986年，马瀛通运用1982年中国0.1%人口生育抽样调查中，回顾调查的历年分性别分孩次出生人口原始数据带，按孩次出生顺序与性别次序划分，来观察与分析其相应的出生性别比变化。结果竟意想不到地发现其在相同条件与不同条件下，变动方向的一致性与异同性。

在历经多次反复分析与研究后，最终领悟到了其间是有规律可循的道理，首次大胆地提出了某一孩次性别次序别出生性别比的升降与该孩次母亲孕前所历经的活产子女先后性别次序有关的结论，并于1989年在他撰

---

[1] 马瀛通：《人口控制实践与思考》，甘肃人民出版社1993年版，第140页。

写的《人口统计分析学》一书中再次加以确认。

然而，鉴于数据资料对深化研究与探索这项有突破性意义的出生性别比专题，确实存在着质量缺陷与数量不足等问题。因此，还不能定量化地得出按出生顺序与性别次序分出生性别比的相应理论值。数年之后，"根据1988年中国0.2%人口生育节育抽样调查原始数据带汇总的全国历年出生顺序与性别次序分出生性别比资料，通过回顾调查的时间与所涉及的母亲年龄数，可知五六十年代的数据量小，是不足以说明问题的。70年代数据所涉及的母亲年龄数，基本可以从量性上反映出第一孩至第四孩的出生顺序与性别次序别出生性别比的变动规律。之所以能这样肯定，一是因为70年代我国尚无简便易行的B超仪检测胎儿性别技术；二是因为其他现代胎儿性别检测技术相对较为复杂，没有专业人员及相应设备是无法实施胎儿性别检测的。尤其这项工作又都仅局限在少数大医院，并还严格规定了除极个别因医学原因所必须外，一律严禁对胎儿进行性别检测。因此，单纯为了生男或生女而违规进行胎儿性别检测的几乎是微乎其微。若从总体构成比看，近乎零。因此，基本可以认定：在没有人为干扰胎儿性别的条件下，以20世纪70年代按出生顺序与性别次序划分的出生性别比作为重要参考资料，来揭示与探索此标识分的出生性别比变动规律，确定以出生顺序与性别次序划分的出生性别比理论值，不仅对相关人口学的理论发展有着重要价值，而且还能帮助人们科学地认识客观存在的这种人口现象。"①

"除20世纪50年代至60年代初期的资料，因调查所囊括的母亲年龄数少和样本量小而不足以用作出生性别比分析外，其余绝大部分资料都十分清晰地表明，出生顺序与性别次序别出生性别比的分布是有规律可循的。特别是只生有女孩的母亲再育，其再产的性别比普遍较其他出生顺序与性别次序别的再产性别比高得多，而只生有男孩的母亲再育，其再产性别比普遍较其他多数的出生顺序与性别次序别再产性别比低得多。"②

---

① 马瀛通等：《出生性别比新理论与应用》，首都经济贸易大学出版社1998年版，第79~80页。

② 同上书，第88页。

所谓出生顺序,是指母亲曾生的活产婴儿按其第一、第二、第三、第四…从低向高的有序排列。所谓性别次序,是指曾经历有活产的母亲,在再育之前其曾活产的婴儿性别按孩次出生顺序排列。如果某妇女生过3个孩子,第一孩为男、第二孩为男、第三孩为女,那么,性别次序就是:男男女。若以M表示男,以F表示女,则可表示为MMF。

根据中国20世纪70年代出生顺序与性别次序别出生性别比的规律性变动,所确定的出生顺序与性别次序别出生性别比理论值,如表7—5所示。

表7—5　　出生顺序与性别次序别出生性别比理论值（±2）

出生顺序与性别次序	性别比（女=100）	出生顺序与性别次序	性别比（女=100）
第一孩		第四孩	
M/F	106	mmmM/mmmF	100
第二孩		mmfM/mmfF	103
mM/mF	102	mfmM/mfmF	102
fM/fF	108	mffM/mffF	108
第三孩		fmmM/fmmF	102
mmM/mmF	101	fmfM/fmfF	108
mfM/mfF	106	ffmM/ffmF	107
fmM/fmF	105	fffM/fffF	112
ffM/ffF	110		

资料来源:摘自马瀛通等著:《出生性别比新理论与应用》,首都经济贸易大学出版社1998年12月版,第80页。

注:M、F分别表示所生孩次N中的男婴与女婴;m、f分别表示母亲生第N孩次之前,所历经的N~1次出生中的男、女。以性别划分按孩次出生顺序排列,即表中由英文小写字母m与f表征的性别次序,也可称其是出生性别比随之变动的条件。

1996年,这项研究最后终于从定性与定量两个方面,首次全面地突破了出生婴儿性别比一直被视为是独立随机事件的基础理论,全新地创立了出生婴儿性别比是条件随机事件的基础理论。因此,称其是出生性别比新理论或马一冯一陈出生性别比理论。

"出生婴儿性别比是条件随机事件"与"出生婴儿性别比是独立随

机事件",完全是两个根本不同的概念,也可以说是完全根本不同的两种基础理论。新出生性别比基础理论的创立,以及出生顺序与性别次序分的出生性别比理论值的提出,揭示了在通常条件下人口出生性别比与分孩次出生性别比变动的内在成因。这就为研究与分析通常条件下的各种出生性别比变动以及是否正常,提供了重要理论与理论数值范围的依据。

运用1988年全国0.2%人口生育节育抽样调查数据带汇总的相关数据,根据出生性别比新理论及其指标体系,可获取20世纪70年代出生顺序与性别次序别出生性别比,见表7—6所示。

表7—6　　1970~1979年第1~4孩的出生顺序与性别次序别出生性别比

出生顺序与性别次序	性别比（女=100）	出生顺序与性别次序	性别比（女=100）
第一孩		第四孩	
M/F	106.99	mmmM/mmmF	102.19
第二孩		mmfM/mmfF	106.43
mM/mF	102.59	mfmM/mfmF	105.10
fM/fF	107.14	mffM/mffF	99.20
第三孩		fmmM/fmmF	101.18
mmM/mmF	101.67	fmfM/fmfF	113.19
mfM/mfF	104.30	ffmM/ffmF	113.93
fmM/fmF	104.34	fffM/fffF	117.46
ffM/ffF	109.60		

资料来源:根据马瀛通等著:《出生性别比新理论与应用》,首都经济贸易大学出版社1998年12月版,第45~59页的表11中数据汇总。

表7—6中第1~3孩性别次序分出生性别比,都完全置于马—冯—陈出生性别比理论值域的范围。

鉴于此间在实施计划生育严格控制人口过快增长方面,贯彻执行了一条宽严适度的生育政策,加之,在广大群众中又蕴藏着实施计划生育的积极性,因而使妇女生育水平呈现出持续的急剧下降的态势。历史雄辩地说明:这是实施计划生育以来成效最卓著的时期。此间,因第三孩及其以上多孩生育水平的急剧下降,使生育水平加速降低并逼近更替水平。毋庸讳言，第四孩性别次序分出生性别比，因该孩次的出生量相对来说已很小，加之抽样可抽取的样本量就更小。所以，只能供作参考，但其变动趋势大致也可反映出其内在的规律。

根据马一冯一陈出生性别比理论及其理论值，可以推断出：妇女在生一个男孩之后就停止生育，即"生男即止"，则有妇女终身平均生育子女数为1.94；妇女生一个女孩之后就停止生育，即"生女即止"，则有妇女终身平均生育子女数为2.01；妇女生一儿一女之后就停止生育，则有妇女终身平均生育子女数为3.95。

第二次人口普查与70年代的出生性别比变动，可近似地根据1982年中国第三次人口普查时的0~18岁分年龄分性别状况（见表7—7所示）来分析。

表7—7　1982年中国第三次人口普查时0~18岁的分年龄分性别状况

年龄	男	女	性别比（女=100）
0	10 787 028	10 022 319	107.63
1	9 015 023	8 360 755	107.83
2	9 460 846	8 812 995	107.35
3	10 131 309	9 494 200	106.71
4	9 589 607	9 030 279	106.19
5	10 005 985	9 415 315	106.27
6	10 528 882	9 903 660	106.31
7	11 215 966	10 563 463	106.18
8	12 373 188	11 659 779	106.12
9	12 902 275	12 167 358	106.04
10	12 990 403	12 232 110	106.20
11	14 071 874	13 251 432	106.19
12	13 614 655	12 872 685	105.76
13	14 522 190	13 717 351	105.67
14	12 638 810	11 899 447	106.21
15	11 710 874	11 040 023	106.08

续表

年龄	男	女	性别比（女=100）
16	13 189 846	12 496 663	105.55
17	12 507 810	11 910 124	105.02
18	12 726 845	12 404 563	102.60

注：摘自国务院人口普查办公室、国家统计局人口统计司编：《中国1982年人口普查资料（电子计算机汇总）》，中国统计出版社1985年7月版，第272页。

表7—7中的18～13岁，是1964～1969年的出生人口，此间的分年龄性别比均置于102.60～106.21之间；12～3岁是1970～1979年的出生人口，此间的分年龄性别比均置于105.76～106.71之间。1982年人口普查获取的这些数据，再一次有力地向世人直接或间接地表明：中国在1964年第二次人口普查后，不仅出生性别比显现出了本身具有的大数定律特征，而且女婴与女童死亡率的下降速度，也要大于男婴与男童死亡率的下降速度。从一个侧面反映了女性的社会地位与健康水平又有了进一步的改善与提高。

20世纪70年代期间的分年龄性别比，之所以略高于60年代中期前后至60年代末的分年龄性别比，主要是因20世纪70年代实施计划生育后，生育文化中落后的传统男性偏好虽已有巨大的改观，但仍远滞后于生育水平的急剧下降。生育水平的下降，关键是三孩及以上多孩生育水平的下降。伴随着多孩生育水平的急剧下降，尤其在是多孩生育水平已降至较低水平时，多孩生育中的第三孩必然是相对占其比重最大。加之，只生有女孩而无男孩的母亲再育占多孩生育中的大部分，其所占比重又随孩次升高而增大。所以根据马—冯—陈出生性别比理论可知，不仅这些出生的多孩其性别比理应相对要高一些，而且出生性别比还会随着孩次的升高而升高。然而，可以断定的是，这仍属正常。鉴于这种多孩生育所占总出生人口的比重小，故对人口出生性别比的影响必会极为有限。

第五节　80年代的人口性别结构变动

1982年的中国0.1%人口生育抽样调查表明，党的十一届三中全会以来，计划生育工作及其效果有了进一步显著的提高。若紧缩生育政策未在一定范围内受到影响，反映1979年执行"晚、稀、少"生育政策效果的1980年全国总和生育率必将较降至的2.28还要低得多。

因紧缩生育政策，计划生育工作在全国大部分农村地区不得不从此步入了后来称之为"突击式"的方式。相当一部分只生有女孩的家庭以"游击"方式进行再育，受其影响而导致了出生性别比较其之前有所升高。

1980年受紧缩生育政策影响，1981~1982年的全国总和生育率，分别回升为2.63和2.86；1981~1982年的农村总和生育率，从1980年的2.49分别回升为2.93和3.20。政策紧缩导致的计划外抢生，其中大部分是有女无儿家庭。鉴于其所占的比重较大，从而使出生性别比有所升高。足见人口出生性别比的初始缓慢升高，是伴随着80年代初期的生育率回升而开始的。

若以1982年人口普查公布的1981年人口出生性别比108.47为依据，可以断定的是：1980~1982年的历年人口出生性别比均约在108左右，均仍属新出生性别比理论的正常值域范围。

从1990年中国第四次人口普查的10~1岁分年龄性别比可知：自进入20世纪80年代起，中国人口出生性别比就逐年呈由缓慢到加速的上升态势。人口出生性别比起初的缓慢上升，主要是受出生顺序与性别次序别出生性别比的影响。因此，凡断定80年代初期出生性别比为异常的，都是根据旧出生性别比理论做出的非正确结论。

80年代中期前夕，科学、简便、易行的B超仪检测胎儿性别技术，因能使生育中有男性偏好的家庭，通过胎儿性别选择性人工流产得以实现，所以，在明令禁止非因医学需要，不得应用B超仪进行胎儿性别鉴定的条件下，仍有少数拥有B超仪的单位和个人为部分家庭生育中有强烈男性偏好的孕妇做了胎儿性别检测，一旦胎儿鉴定为女性即实施人工流产（绝大多数为第二胎及其以上）。在应用B超仪进行胎儿性别检测禁而不止并日呈增多的情况下，人口出生性别比必然会逐年加速上升。这种人口出生性别比的异常升高，就是部分人以不正当地应用现代科技手段，人为自身破坏人口出生性别比所遵循的大数定律法则之果。如果任其下去，不仅酿成不合理的人口性别结构，而且因不合理的人口性别结构还会相应产生与之相关的一系列问题。

表7—8　1990年中国第四次人口普查0～10岁的分年龄性别比

年龄	男	女	性别比（女=100）
0	12 254 905	10 965 946	111.75
1	12 304 824	11 027 053	111.59
2	12 672 092	11 508 503	110.11
3	12 676 790	11 617 575	109.12
4	11 140 519	10 270 212	108.47
5	10 405 433	9 576 857	108.65
6	9 922 498	9 133 580	108.64
7	10 518 627	9 677 860	108.69
8	11 419 500	10 595 842	107.77
9	9 364 817	8 721 729	107.37
10	9 956 298	9 267 764	107.43

资料来源：摘自国务院人口普查办公室、国家统计局人口统计司编：《中国1990年人口普查资料》，中国统计出版社1993年4月版，第2页。

在分年龄死亡水平基本稳定或变动很小的条件下，从表7—8的分年龄性别比分析中，便可以推断出：整个20世纪80年代的人口出生性别比，除了20世纪80年代初期1980～1983年的人口出生性别比稍有升高，主要是因出生顺序与性别次序分出生性别比变动所致，并仍属正常之外，其后历年的人口出生性别比均呈加速升高的异常态势。此间的出生性别比异常上升，不难看出是在达生男孩目的后才终止再育，所以，人为干扰胎儿性别则成了导致生育率有所下降的一个重要成因。因此，才出现了此间在出生性别比异常升高之时的生育水平下降。但必须强调指出的是，二者之间根本没有任何的自然因果关系。

从表7—8中0岁性别比位居最高来分析，基本可以推断出：如果20世纪90年代再不果断地采取措施进一步加强管理，人口出生性别比的异常升高必然还要继续逐年加剧。

早在1983年4月19日，当《人民日报》首次向国内外报道中国第三次人口普查的1981年全国29个省、自治区、直辖市全年出生婴儿性别比为108.47之后，出生性别比问题就引起了中国政府的高度重视。有关中国出生性别比偏高问题的研究，自然也就成了国内外人口研究机构最为关注的一个焦点问题。

1986年，国家计划生育委员会在做了充分部署与准备后，提议并倡导各地计划生育委员会与人口科研及其相关机构一起专门召开了全国出生性别比研讨会，广泛而深入地分析研究了全国及各地区的出生性别比问题。这在国内是前所未有，在国际上也实属罕见。

一些西方学者与宣传媒体，对我国20世纪70年代及80年代初期的出生性别比随孩次增高而上升，以及对人口出生性别比从80年代初期就逐年缓慢上升，之后又呈加速上升的原因，虽已作出了多种猜测、质疑及分析，但始终是老调重弹。之所以如此，道理很简单，因为那时尚无令人置信的相关科研成果可以诠释，从而使尚存的疑点得以消除，尚存的问题得以圆满答复。

20世纪80年代以来，中国第一孩出生性别比，基本稳定在102～107的值域范围，但这并不意味着此间历年出生的第一孩中，不存在胎儿性别选择性人工流产问题。只不过是在第一胎做过胎儿性别检测的妇女中，极少有人以性别选择性人工流产为代价，来实现生第一胎为男孩的愿望。即使有性别选择性人工流产在第一胎发生，由于量少，也未能构成第一孩出生性别比的异常变动。

1988年，韩国的人口出生性别比为111.6。1989年，中国的人口出生性别比为111.9。人口出生性别比的值域上限若以107为标准，人口性别比的失调在只考虑胎儿性别选择性人工流产而不考虑任何其他因素影响的条件下，就可得出：1988年，在韩国总出生婴儿数中，至少要有13.66%的母亲在产前做过胎儿性别检测；其中6.6%的女胎被性别鉴定后人工流产；1989年，在中国总出生婴儿数中，至少要有10.14%的母亲在产前做过胎儿性别检测，其中4.9%的女胎被性别鉴定后人工流产。

在年度出生婴儿总数中，所谓产前做过胎儿性别检测的母亲至少所占百分数，是根据胎儿性别鉴定后人工流产的女胎所占百分数推算的。如果将胎儿性别鉴定后，未实施胎儿性别选择性人工流产的部分也包括在内，那么，曾在产前做过胎儿性别检测的母亲所占百分数，必将大大高于上述所谓产前做过胎儿性别鉴定的母亲至少所占百分数。

现代科学技术的传播与普及，总是从发达地区开始，逐级推进到欠发达地区的。胎儿性别检测技术在中国一经出现，就有了明确的规定：除非医学上的原因必须对胎儿进行性别鉴定外，任何单位和个人未经批准都严格禁止对胎儿做性别鉴定。然而，利用"B超"仪非法进行胎儿性别鉴定的，总体上仍是从发达地区向欠发达地区以三级扩散方式，从城市向镇，再向农村逐级逐渐蔓延。

虽然生育上的重男轻女强度欠发达地区大大高于发达地区，农村高于镇，镇又高于城市，但是由于应用B超仪实施检测胎儿性别的技术，首先是进入发达地区与城市的，因此，在生育中男性偏好依然存在的条件下，出生性别比失调首先也是从这里开始的，只是初期的失调程度没那么严重。紧接着是镇，再其后才波及到农村。关于生育中存在的男性偏好问题，此时由于在若干大城市的城区已相当弱化或基本消失，因此，运用胎儿性别检测技术，通过性别选择性人工流产达到生男孩目的的家庭微乎其微，根本还构不成使其人口出生性别比产生异常的变动。无论是大城市包括其所辖的农村，或是中小城市包括与不包括其所辖的农村，其人口出生性别比在此间都会首先发生异常变动，其区别在于异常程度的差异。由此可见，在计划限定生育子女数的条件下生育中的男性偏好仍相当强烈。

鉴于胎儿性别检测技术是呈三级逐级扩散，因而人口出生性别比的失调程度也将随之增大。当胎儿性别检测技术的扩散面在农村较为普遍时，异常的人口出生性别比终究要呈现出农村大大高于镇，镇要大大高于城市的显著差异。1990年，中国第四次人口普查获得的1989年分市、镇、县人口出生性别比分别为110.5、114.0和114.5。这一结果只不过是B超仪检测胎儿性别技术呈三级逐级扩散的初期反映，其后的市、镇、县人口出生性别比不仅仍要继续异常升高，而且其间差异还将进一步扩大。

如果将全国县的10～0岁分年龄性别比，假定粗略地视为出生性别比（见表7—9），可知从1980年起的全国市（不含市辖县）人口出生性别比，基本呈逐年上升趋势。始于20世纪80年代中期前夕，则又呈加速上升态势。

表7—9　　　　中国1990年人口普查的全国市（不含市辖县）
0～10岁分年龄性别比

年龄	男	女	性别比（女=100）
0	3 072 610	2 761 703	111.26
1	3 157 230	2 848 808	110.83
2	3 259 484	2 975 600	109.54
3	3 232 235	2 977 769	108.55
4	2 810 359	2 597 742	108.18
5	2 580 674	2 386 774	108.12
6	2 556 409	2 365 165	108.09
7	2 829 783	2 620 273	108.00
8	3 020 364	2 808 496	107.54
9	2 346 299	2 181 927	107.53
10	2 550 307	2 367 134	107.74

资料来源：摘自国务院人口普查办公室、国家统计局人口统计司编：《中国1990年人口普查资料》，中国统计出版社1993年4月版，第6页。

众所周知，全国的市区绝大多数的夫妻只生育了一个孩子。全国市的人口出生性别比变动只能说明，在20世纪80年代初期的出生人口中，主要是因有相当一部分第一孩及其以上的有女无儿家庭再育，加之中、小城市为生男孩而实施胎儿性别鉴定的一部分家庭，从而致使出生性别比虽有一定的升高，但却基本上仍可归属于正常。然而，从80年代中期前夕起，其人口出生性别比不仅产生了异常而且其异常程度也明显加深。无疑，这主要是因第一胎的胎儿性别鉴定及其之后的保留男胎流产女胎逐年增大所致。至于次要原因则有：部分只生有女孩的家庭再育，其出生性别比理应相对高一些；其他胎儿性别检测方法及其有利于怀孕男胎的诸方法。

如果将全国镇的10～0岁分年龄性别比（见表7—10），假定粗略地视为是镇的人口出生性别比，可知20世纪80年代初期的镇人口出生性别比逐年升高，主要也是由有女无儿家庭的再育占镇出生人口的比重大增所致。因此，此间镇的人口出生性别比并非为异常。始于80年代中期前夕，镇的人口出生性别比呈现出的异常升高及加速上升态势，就属异常。之所以称其为异常，关键因为这是人为对胎儿性别选择的结果。数据表明：始于80年代中期前夕，全国镇的胎儿性别检测及其之后的保留男胎流产女胎，要较之全国的市严重。因此，全国镇的人口出生性别比异常上升程度也要高于全国的市，并且这种趋势还在逐年加重。

表7—10　　中国1990年人口普查的全国镇0～10岁分年龄性别比

年龄	男	女	性别比（女=100）
0	2 984 376	2 657 367	112.31
1	3 027 449	2 706 861	111.84
2	3 104 690	2 807 283	110.59
3	3 118 158	2 845 843	109.57
4	2 768 118	2 539 734	108.99
5	2 623 714	2 403 577	109.16
6	2 481 265	2 274 332	109.10
7	2 585 041	2 362 989	109.40
8	2 790 329	2 571 276	108.52
9	2 324 072	2 151 329	108.03
10	2 456 718	2 277 449	107.87

资料来源：摘自国务院人口普查办公室、国家统计局人口统计司编：《中国1990年人口普查资料》，中国统计出版社1993年4月版，第10页。

如果将10～0岁的分年龄性别比（见表7—11），假定粗略地视为是出生性别比，可知从1980年起的全国县（不含县辖镇）人口出生性别比，基本呈逐年升高的趋势。其人口出生性别比在20世纪80年代初期到中期前夕的上升，主要是由有女无儿家庭的再育比重逐步加大导致。因此，并非异常。此后，其人口出生性别比呈现出的进一步加速异常升高则属异常之范畴。之所以称之为异常，关键在于这是对胎儿实施性别选择的结果。

表 7—11　　中国 1990 年人口普查的全国县（不含县辖镇）
0～10 岁分年龄性别比

年龄	男	女	性别比（女=100）
0	6 197 919	5 546 876	111.74
1	6 120 145	5 471 384	111.86
2	6 307 918	5 725 620	110.17
3	6 326 397	5 793 963	109.19
4	5 562 042	5 132 736	108.36
5	5 201 045	4 786 506	108.66
6	4 884 824	4 494 083	108.69
7	5 103 803	4 694 598	108.72
8	5 608 807	5 216 070	107.53
9	4 694 446	4 388 473	106.97
10	4 949 273	4 623 181	107.05

资料来源：摘自国务院人口普查办公室、国家统计局人口统计司编：《中国1990年人口普查资料》，中国统计出版社1993年4月版，第14页。

伴随着胎儿性别检测技术在农村的扩散及加速普遍，胎儿性别鉴定及其之后的保留男胎流产女胎比重，将会大大超过全国的镇。因此，全国县的人口出生性别比也将会大幅升高，并反映出明显的差异。

根据《全国生育节育抽样调查全国数据卷（合计）》计算，在1982～1987年间，全国总计抽取的出生婴儿样本量为249 783人，出生性别比为109.60。其中出生的第一孩为124 666人，占49.91%，出生性别比为105.73；出生的第二孩为72 393人，占28.98%，出生性别比为112.10；出生的第三孩为29 408人，占11.77%，出生性别比为114.33；出生的第四孩及其以上共计23 316人，占9.34%，出生性别比为117.44。除第一孩出生性别比置于正常值域内之外，其余各孩次出生性别比差异极为显著，不仅远高于1955年10月由联合国确认的出生性别比为102～107的上限107，而且还远高于各孩次性别次序别出生性别比理论值的最高上限。因此，经抽样调查和人口普查证实了的出生性别比日趋严重失调的结论理应已成定局。

然而，面对这种出生性别比异常，遗憾的是却采取了回避、不承认或只承认其中一小部分的态度。为了说明问题，我们在《出生性别比新理论与应用》[①] 一书中，对中外学者在 20 世纪八九十年代有关中国人口出生性别比异常问题的研究成果作了详尽的列举，限于本章篇幅，此处不再转列，请读者参阅此书。这里有属学者研究中存在的问题，也有政府主管部门对此问题认识不足的问题。

如果把始于 80 年代中期前夕，中国人口出生性别比异常升高的主要原因，归咎于统计不实的问题，那就是说，统计不实歪曲了客观事实，而实际上此间的中国人口出生性别比，客观上并不像统计结果所表征的那样异常的高。如果是这样，那么，我们研究的问题，就不应是人口出生性别比异常偏高的问题，而主要应是统计不实的问题了。对于此间中国人口出生性别比异常升高的主要成因不是统计不实问题，无论是承认还是否认，人口出生性别比的异常升高都是无可置疑的客观事实。

如果认为"中国出生性别比升高的主要原因，只能是瞒报漏报女婴所致"。那就从根本上否定了中国人口出生性别比异常升高的客观存在事实。

如果认定"在高出正常值的统计数字中，大约有 1/2 ~ 3/4 是瞒报、漏报女婴引起的"，这就等于否定了相关中国 1990 年人口普查的直接与间接的人口出生性别比，断定了出生性别比失调主要是因瞒报、漏报女婴所致，即实际的人口出生性别比要远比人口普查和相关统计调查的结果低。这一认定恰似告之全国：实际出生性别比较普查结果低，所低幅度高达 50% ~ 75%。众所周知，这一认定是在采用了一些学者专项研究成果和听取了多数学者的意见后做出的。

然而，事后的客观实际却偏偏证明：正确的结论与意见往往总是掌握在当时持反对意见而真正搞清了问题内在规律的少数人手中。由此可见，科研成果的科学性，既不取决于多数还是少数，也不取决于少数服从多数。作为决策者来说，决策的科学性取决于民主性与广泛性，尤其是主动将少数不同意见作为参考加以比较鉴别是何等的重要。

---

① 马瀛通、冯立天、陈友华等：《出生性别比新理论与应用》，首都经济贸易大学出版社 1998 年版，第 23 ~ 27 页。

至于其他原因，有的是以偏概全，有的是纯属误用资料导致结论似是而非；有的只看到相关的一面却没看到另一面，就盲目下定论；有的是一部分可取而另一部分不可取；有的是牵强附会；有的是全部可取但尚需进一步完善。这其中无一不涉及出生性别比的理论问题，因为不同的理性认识是导致不同结论的重要原因。

　　从新中国成立后的历次人口普查资料分析，完全可以断言：溺女婴问题已基本消失，即使时有此类偶发事件，也只不过是零星残存的陋习，在统计学上完全可以忽略不计；实施计划生育的20世纪70年代，生育率急剧的下降已堪称世界奇迹，然而，人口出生性别比却始终未发生过异常；20世纪80年代初期的人口出生性别比升高，主要是因在年度出生婴儿中，不同孩次顺序与性别次序别的母亲，其再育出生性别比不同和所占该孩次出生人口比重也不同导致；始于1984年的人口出生性别比加速升高，除80年代初期的原因之外，关键是因为再产孕妇的胎儿性别检测及性别鉴定后的保留男胎流产女胎。

　　只要真正地搞清了中国20世纪80年代人口出生性别比，之所以从缓慢上升到加速异常上升的原因，承认人口出生性别比异常升高是客观存在的事实，有的放矢的采取对策。人口出生性别比从异常恢复到正常，理应毫无疑义，但这也并非是易事。

　　2000年3月2日，在中共中央、国务院《关于加强人口与计划生育工作稳定低生育水平的决定》（以下简称《决定》）中，明确地规定了，在到2010年末的今后十年人口与计划生育工作目标中，将"出生婴儿性别比趋向正常"列为了其中的一项。

　　面对我国人口出生性别比异常偏高问题，中央在《决定》中，要求在2010年末之前使我国"出生婴儿性别比趋向正常"。这是事关我国人口性别结构中的异常问题能否得以逐步地纠正和能否逐步趋向合理的大问题。

　　1992年，针对1990年人口普查中全国市、镇、县人口出生性别比持续异常升高问题，马瀛通等明确而肯定地指出："在未来一段时间内，分孩次出生性别比与人口出生性别比都还将会进一步有所上升"。[①]

[①] 马瀛通等著：《出生性别比新理论与应用》，首都经济贸易大学出版社1998年版，第185页。

第六节 90年代的人口性别结构变动

中国在1989年之后的相当长一段时期内，如果不进一步采取有力措施，更加有效地制止胎儿性别鉴定，虽然城市的人口出生性别比继续上升的幅度相对要小一些，"但是镇的人口出生性别比继续上升的可能性仍然存在，尤其是县的人口出生性别比潜在继续上升的幅度还很大。这是因为最终能凭借胎儿性别选择，以人工流产女胎为代价，来达到生男孩目的的家庭数，毕竟是欠发达地区大大高于发达地区，镇大大高于城市，农村又大大高于镇。"[1]

对于20世纪90年代的我国分孩次出生性别比与人口出生性别比，因认识问题上存在的偏差，而未能采取及时有效的措施加以纠正，导致了其持续不断地上升。若是将中国2000年人口普查的10~0岁分年龄性别比，假定粗略地视为是1990~2000年的历年出生性别比，那么，我国20世纪90年代的历年人口出生性别比以及2000年人口出生性别比，则可详见中国2000年第五次人口普查时的全国0~10岁各分年龄性别比，如表7—12所示。

表7—12　中国2000年人口普查的全国0~10岁分年龄性别比

年龄	男	女	性别比（女=100）
0	7 460 206	6 333 593	117.79
1	6 332 425	5 162 822	122.65
2	7 701 684	6 309 027	122.07
3	7 897 234	6 557 101	120.44
4	8 257 145	6 967 137	118.52
5	9 157 597	7 775 962	117.77
6	8 866 012	7 604 128	116.59
7	9 590 414	8 324 342	115.21

---

[1] 马瀛通等著：《出生性别比新理论与应用》，首都经济贸易大学出版社1998年版，第172页。

续表

年龄	男	女	性别比（女=100）
8	10 014 222	8 737 884	114.61
9	10 674 963	9 407 063	113.48
10	13 811 030	12 399 014	111.39

资料来源：国务院人口普查办公室、国家统计局人口和社会科技统计司编：《中国2000年人口普查资料》，中国统计出版社2002年8月版，第570页。

表7—12显示的10～0岁各分年龄性别比，一方面表明：其分年龄性别比较1953年人口普查时最异常的15～5岁分年龄性别比，即较1938～1948年历年出生的人口分年龄性别比基本都偏高，有的甚至还高出很多；另一方面也表明：从进入20世纪90年代起，历年的中国出生人口性别比，除0岁之外都呈逐年持续异常升高的态势。

然而，在没有特殊的情况下，0岁性别比较1岁性别比突降4.86为117.79，既是不可能的也是不合逻辑关系的。因此，显然这是误报或瞒、漏报女婴所致。从此间的出生性别比连续上升趋势看，0岁的性别比最起码也要比1岁的性别比122.65还高。据此还可得出这样的结论：此间实际的历年人口出生性别比要较表7—12中普查的分年龄性别比还高，瞒、漏报女婴的可能性极小，甚至瞒、漏报男婴要大于女婴。

据中国2000年人口普查资料，1999年11月1日至2000年10月31日，全国大陆出生婴儿总计为14 114 536人，其中男婴为7 606 007人，女婴为6 508 529人，出生性别比为116.86。通过纵向比较与条件分析，显然，该出生性别比是大大低于实际的。此间的全国0岁死亡性别比为84.31，说明婴儿死亡水平是男婴低于女婴。然而，在1～10岁中，死亡概率从1岁起，就转变为男孩高于女孩，即其死亡性别比转变为大于100。死亡性别比1岁为109.74，2岁为120.27，3岁为123.60，4岁为134.84，5岁为144.96，此后继续上升，到10岁已达175.82。0～10岁的分年龄死亡性别比表明：分年龄性别比除0岁要较其出生性别比稍有升高外，1～10岁的各个年龄性别比理应都呈逐龄下降。这就表明：表7—12中的分年龄性别比数据间接地证明了近10来年的出生性别比失调，只能是怀孕妇女通过胎儿性别鉴定人为保留男胎流产女胎造成。

这种因人为极端因素而酿成的历年出生性别比异常升高，从而致使其后的相应分年龄性别比，也远远偏离了通常理应置于的值域范围。

　　无论是西方学者还是国内学者，凡是将新中国成立之前和20世纪80年代初期的"出生性别比"称之为失调的；都是误用概念之果。当然，其结论也是错误的。实际上，中国那时的出生婴儿，在出生时刻男女婴之比的出生性别比，一是不可能失调；二是根本也没有失调过。所谓的出生性别比失调，只不过是将出生时刻之后已发生了男女婴数量变动的性别比与出生时刻男女婴性别比混淆所致。

　　在生育问题上，即使男性偏好极其强烈，也只不过是个偏好问题。因为偏好终归改变不了怀孕的胎儿性别，即改变不了怀孕性别比或称改变不了第一性别比。加之，那时又没有简单而科学的方法与手段来进行大量的胎儿性别检测，并以胎儿的性别来决定是继续妊娠或终止妊娠。因此，那时人们在生育上的男性偏好与实现这种偏好，根本还是互不相干的两回事。此期间的出生性别比，只能是始终遵循与反映着具有大数定律性质的生物属性自然化特征，根本也就无所谓出生性别比异常之说。

　　至于旧中国长期间存在的溺女婴陋习，也是溺婴者在胎儿出生之后，当见到是女婴时才溺的。因为溺女婴或女婴死亡率过高而致成的0岁性别比异常，不是出生性别比失调问题，而是溺女婴或女婴较男婴死亡率高的问题。若是将出生之后的溺女婴数及男女婴死亡数都纳入出生统计之内，那时的出生性别比也就不存在失调的问题了。由此可见，旧中国时期的0岁及幼儿期的分年龄性别比异常，都不能误称为是出生性别比失调或主要是由出生性别比失调所致。

　　严格而准确地说，出生性别比虽不完全是但基本上可以认为是呈自然属性。因此，在旧中国时期，根本没有发生出生性别比失调问题的可能性。

　　然而，受社会、经济、部分落后传统文化等诸因素影响，即使在无出生性别比异常的条件下，受女性因无社会经济地位、备遭歧视而死亡率远高于男性的影响，旧中国的分年龄性别结构及人口性别比，也都处于严重异常状态。如果不将战争阵亡人数中绝大多数为男性排除在外，旧中国的分年龄性别结构及人口性别比，就更加异常。

　　简而言之，旧中国异常的分年龄性别结构及人口性别比，既不是源于出生性别比，也不能将出生性别比作为一个成因。

1955年10月，联合国在其出版物《用于总体估计的基本数据质量鉴定方法，手册Ⅱ》（Methods of Appraisal of Quality of Basic Data for Population Estimates, Manual Ⅱ）中，曾认定出生性别比的通常值域为102～107。20世纪80年代初期，我国的人口出生性别比虽然高出国际社会所确定的出生性别比值域上限，然而，在这里须强调指出的是，这完全是基于独立随机事件的基础理论作出的。1986年和1989年，马瀛通先后对此提出了异议，并在国内外首次提出了出生性别比值域的确定理应是基于条件随机事件基础理论，而不是独立随机事件基础理论。

1996年，马瀛通、冯立天、陈友华等，不仅从理论到实证，从指标体系、理论值域到理论数理模型，而且还从数据分析到新结论、新观点，可以说是全面而系统地阐述与论证了出生性别比应是遵从条件随机事件的新理论，并结合国内外实例与数据，做了详尽地分析与说明。这是首次专题从出生性别比新理论到实际应用的论述。

应用这一新理论，可知20世纪80年代初期的我国出生人口性别比，不管是较107偏高也罢，也不管是此时的分孩次出生性别比随孩次升高而升高也罢，基本上都是因受第二孩及以上有女孩无男孩的母亲再育所占比重过高等因素造成。这种出生人口性别比偏高及分孩次性别比随孩次升高而升高，虽然其性别比值均超出107，但却仍置于新出生性别比理论的相应值域内。因此，这种所谓偏高的性别比，基本上仍属正常值域范围而非属异常。

20世纪80年代初期的广大农村违规使用B超仪检测胎儿性别几乎还是一片空白。与此同时，B超仪才在较发达的地区出现，由于农村B超仪的数量有限，因此，违规使用B超仪的量，与市、镇有相当大的差距，远谈不上普及的问题。因此，80年代初期的出生人口性别比缓慢升高，与始于1984年持续至今都未止的异常人口出生性别比加速上升，是有质性区别的。

始于1984年至今的出生性别比异常升高，除了部分因有女孩无男孩的育龄母亲，其再育的性别比致使人口出生性别比有一定的升高之外，主要是由于违规使用B超仪进行胎儿性别检测的数量日趋增大，其中鉴定为女胎的相当一部分孕妇又做了人工流产，从而致使出生性别比异常升高。实事求是地说，真正意义上的出生性别比失调是始于1984年。完全可以说，这是中国历史上首次开始出现的出生性别比异常。此后至今的出生性别比才是的的确确的异常，并且异常程度日益加深。

始于1984年的我国出生性别比异常，决不是少数地区的个别现象，其涉及的范围十分广泛；所致成的分年龄性别比异常程度，无论是从我国历史上看还是从国际上看，都是绝无仅有的。

人口的性别结构，从出生性别比就开始严重失调的国家，目前只有我国和韩国。从持续时间及严重程度来看，我国较之韩国既时间长又严重。从1984年开始，中国的人口性别结构的不合理程度一年较一年加深，其成因就是源于出生性别比的重度失调。

出生率导致的历年出生人口数量，在相对差异变动日趋不大的条件下，若在较长的一段时期内，异常偏高的人口出生性别比失调问题仍得不到及时解决，那么，在未来婚配年龄期间，就难免会出现相应男女数量失衡的严重婚姻挤压问题。当然，也并非没有可能由此引发出相关的社会问题。

出生性别比异常程度高，若男女死亡水平差异变动很小，即使是对其进行极为有限的调整也无法实施。在出生率较低且相对稳定时，历年的出生人口差异不大。在这种条件下，异常高的分年龄性别比一年较比一年多，至2000年累计已达近17个年龄。因此，对由此而可能引发的相关社会问题，万万不可掉以轻心。

用居安思危来论及长时间存在的出生性别比失调将会带来的问题决不是耸人听闻。虽然婚配调节只是社会发展中一系列调节机制中的一环，仅仅因为此环节的调节欠畅，不可能会必然导致社会发展整体的失调。婚配调节在不同的经济社会发展阶段，要受相应时期婚配观念变化的制约，而各种影响婚配观念因素的作用力大小也将相应随着经济社会的发展而发生变化，并作用于婚配自身的调节。因此，万万不可将婚配调节仅仅视为简单的婚配年龄问题。尽管这样，婚配年龄人口的性别结构是否合理，终归也是影响婚姻挤压和社会稳定问题的一个重要环节和重要因素。

人口出生性别比异常偏高，从1984年算起至2000年已有17年，从90年代初期算起的出生人口，其未来在婚配年龄时的性别结构失衡问题从2010年起便逐年显现出来。进入21世纪后的人口出生性别比问题，可以说到了非解决不可的地步。对此务必要有清醒的认识，务必要引起高度的重视，万万不可有丝毫的疏忽大意。

在国内学者普遍将 1990 年人口普查的 1989 年出生人口性别比 111.92，认定为主要是因有 1/2～3/4 的女婴漏报或瞒报所致时，著者对此就持否定的结论，明确地指出：出生性别比如此异常地升高，从全国分省、自治区、直辖市和全国分市、镇、县来看，其出生性别比都普遍地持续升高，并且还大大地高出理论上的出生性别比值上限。任何对此采取不承认或回避的做法，都不是解决此问题的办法。那种通过相关计算与分析，对其作出否定回答的，也是不客观、不负责任的。

面对 20 世纪 80 年代末 90 年代初，我国异常程度相对已较深的出生性别比，不仅承认并且还认为有可能低估的只是极少数，即承认统计调查与普查所反映出的出生性别比失调问题，只不过是客观认识此问题的起码尺度，而实际出生性别比要比此间统计的结果或普查的结果还要高。因此，针对那时普遍存在的认识问题而不得不进一步警示性地指出：在其后的 90 年代，如果还照此下去，出生性别比仍将要继续不断地异常升高。

对于上述论断，中国 2000 年人口普查的结果则是最好的证明。从全国分市、镇、县来看，1990 年人口普查时的全国市（不含市辖县）0 岁性别比为 112.26，到 2000 年时恰好为 10 岁，其分年龄性别比已降为 110.64。1991～2000 年期间，历年全国市的出生人口，在 2000 年人口普查时分别为 9 岁、8 岁、7 岁、6 岁……1 岁、0 岁，其分年龄性别比见表 7—13 所示。

表 7—13　　　　中国 2000 年人口普查的全国（城市）
0～10 岁分年龄性别比

年龄	男	女	性别比（女=100）
0	1 396 760	1 235 879	113.02
1	1 282 946	1 116 087	114.95
2	1 402 729	1 214 237	115.52
3	1 426 952	1 246 414	114.48
4	1 468 439	1 287 120	114.09
5	1 568 969	1 377 212	113.92

续表

年龄	男	女	性别比（女=100）
6	1 554 749	1 375 680	113.02
7	1 602 921	1 426 240	112.39
8	1 625 139	1 447 514	112.27
9	1 666 412	1 494 254	111.52
10	2 089 550	1 888 619	110.64

资料来源：国务院人口普查办公室、国家统计局人口和社会科技统计司编：《中国2000年人口普查资料》，中国统计出版社2002年8月版，第573页。

中国1990年人口普查时的全国城市，在80年代末1989年出生的人口，即1岁人口，其分性别的男女人口之比，即其分年龄性别比为110.83。

表7—13所示的10～0岁分年龄性别比，虽然客观上是伴随着年龄的增大，其性别比也理应逐龄有所降低，在对此心中有数的条件下，将其假定视为粗略地反映全国城市在1990～2000年期间的历年出生性别比情况，也不失为是一种可行的分析方法。在全国城市10～0岁的分年龄性别比中，最低的分年龄性别比是出生于1990年，到2000年已是10岁的分年龄性别比。从10岁向1岁依次排序，分年龄性别比随着年龄的降低而持续升高。从中也间接地反映出：全国城市的人口出生性别比异常程度，在进入20世纪90年代后就更加严重。然而，遗憾的是，反映此间出生性别比严重失调的问题，却没能在计划生育工作中引起应有的足够重视，更没有像抓生育数量那样去抓这项工作。因此，始于20世纪80年代中期前夕的出生性别比日趋严重失调问题，非但没有得到有效地抑制，反而更加严重地逐年持续升高。

从表7—13所示的分年龄性别比中就足可以得出：在20世纪90年代的历年间，都有相当数量的城市孕妇，不但进行了胎儿性别检测，而且还人工流产了性别鉴定后的多数女胎。否则，表7—13中的分年龄性别比就不会出现如此的异常状况。城市出生人口中的绝大多数是由第一孩构成。仅仅为了生一个男孩而在第一胎就进行胎儿性别鉴定，尤其是第一胎性别为女时，就将其人工流产掉的终归是少数。其所占比重较全国的镇来说，显然要低得多，较全国的农村来说，那就更低了。

全国城市的人口出生性别比异常程度，在20世纪90年代的历年间都已相当严重，其上限值处在未突破116的范围。进入21世纪之后，若是对胎儿的性别监管工作日趋加强，城市的出生性别比继续升高或居高不下的趋势，必然会受到抑制，取而代之的将是逐步复归到正常值域范围。

虽然全国镇的人口出生性别比与全国城市的人口出生性别比变动趋势，基本上是大致相同，但镇的人口出生性别比严重程度却要较城市严重得多。中国2000年人口普查时的全国镇0~10岁分年龄性别比，见表7—14所示。

表7—14　　中国2000年人口普查的全国（镇）0~10岁分年龄性别比

年龄	男	女	性别比（女=100）
0	979 825	836 556	117.13
1	855 507	704 569	121.42
2	1 002 866	826 861	121.29
3	1 018 102	848 973	119.92
4	1 068 313	899 582	118.76
5	1 184 366	1 000 626	118.36
6	1 158 759	989 937	117.05
7	1 233 012	1 063 049	115.99
8	1 252 337	1 077 995	116.17
9	1 333 769	1 155 423	115.44
10	1 688 380	1 486 166	113.61

资料来源：国务院人口普查办公室、国家统计局人口和社会科技统计司编：《中国2000年人口普查资料》，中国统计出版社2002年8月版，第576页。

中国1990年人口普查时的全国镇0岁性别比为112.31，1岁即80年代末1989年出生的人口，其性别比为111.84。10年前的0岁，在2000年已为10岁。表7—14中1990年出生的10岁分年龄性别比（虽然中国2000年人口普查与中国1990年人口普查的时点相差了4个月，但作为性别比其间应无差异。），理应较112.31有所下降，可是却反而有所上升。显然，要么是1990年人口普查时0岁存在着相当数量的女婴漏报或瞒报，从而导致1990年的0岁分年龄性别比过于偏低，要么是2000年人口普查时的10岁人口中，存在着相当数量的女婴漏报或瞒报，或是10年前漏报及瞒报的女婴在10年后又得以补报。其他相关年龄的分年龄性别比在两次人口普查中出现的同样问题大体也是如此。

鉴于违规进行胎儿性别检测并日趋蔓延的问题，是呈三级逐级式扩散，因而违规进行胎儿性别检测首先是始于全国的城市，然后是全国的镇，之后才是全国的农村。众所周知，生育中的男性偏好，全国农村要较全国镇更为强烈。因此，因胎儿性别鉴定后人工流产女胎而导致的出生性别比异常升高程度，全国农村要较全国镇高得多，这可从表7—15中10～0岁分年龄性别比分布状况间接获知。表7—15所示的中国2000年人口普查时的全国农村（或乡村）0～10岁分年龄性别比如下所示。

表7—15　　　中国2000年人口普查时的全国（乡村）
0～10岁分年龄性别比

年龄	男	女	性别比（女=100）
0	5 083 621	4 261 158	119.30
1	4 193 972	3 342 166	125.49
2	5 296 089	4 267 929	124.09
3	5 452 180	4 461 714	122.20
4	5 720 393	4 780 435	119.66
5	6 404 262	5 398 124	118.64
6	6 152 504	5 238 511	117.45
7	6 754 481	5 835 053	115.76
8	7 136 746	6 212 375	114.88
9	7 674 782	6 757 386	113.58
10	10 033 100	9 024 229	111.18

资料来源：国务院人口普查办公室、国家统计局人口和社会科技统计司编：《中国2000年人口普查资料》，中国统计出版社2002年8月版，第579页。

中国1990年人口普查时的全国农村0岁分年龄性别比是111.74，1岁即1989年出生人口，其分性别的男女人口之比为111.86。全国农村1990年人口普查时的0岁性别比为111.74，在10年之后即是2000年人口普查时的10岁，其分年龄性别比为111.18。从此间相应的分男女死亡概率或死亡性别比来分析0岁到10岁的性别比变动，完全可以得出：不是该0岁性别比存在问题就是该10岁性别比存在问题。

根据近20来年的统计经验判断，有关年龄性别方面资料的数据质量，通常是在年龄升至10岁左右时，其可靠性是较大的。因此，要么是1990年人口普查时的0岁存有女婴漏报或瞒报，从而致使0岁性别比有些高估；要么是2000年人口普查时，原漏报或瞒报的部分女婴在年龄升至10岁时已得以补报，从而致使10岁性别比有些低估。否则，在逻辑上就讲不通。

表7—15中的全国农村10～1岁人口，都是20世纪90年代中的出生人口。年龄从高向低依次排列，即10岁、9岁、8岁……3岁、2岁、1岁，那么，相应其出生时间的年份则是从低向高依次排列，即1990年、1991年、1992年……1997年、1998年、1999年。从表7—15中可以看出，全国农村10～1岁分年龄性别比，在决非是因分年龄分性别死亡水平差导致的条件下，完全可以间接地反映出：此间历年的出生性别比，是随着时间的推移而呈逐年加速异常升高，其升高之幅度不仅远高于城市而且较镇也高得多。

违规使用B超仪进行胎儿性别检测，以及鉴定后的保留男胎流产女胎，所造成的出生性别比异常升高，若说是始于20世纪80年代中期前夕，从城市逐步向镇再向农村逐级扩散，那么，在对简单易行的现代胎儿性别检测技术管理不力的条件下，这种扩散模式到21世纪初基本已逐步完成。

全国农村2000年人口普查时的1岁性别比，虽已升至125.49，然而，随着时间的推移却又在0岁降至119.30。如果从20世纪90年代的相应客观条件和分年龄性别比逐年持续上升的态势分析，0岁较1岁的性别比根本不存有任何下降的可能性。因此，0岁性别比实际上要高于1岁性别比125.49。客观地说，实际也已间接地反映出普查有误，即此间的实际低年龄性别比相对于普查的结果还要高。当然，此间的各低年龄自身出生性别比相应也要较统计的结果高。

只要再根据中国2000年人口普查的相应结果，认真分析一下实际工作中对检测胎儿性别的B超仪实施的管理状况与效果，就可以断定20世纪90年代期间，全国及其分城市、镇和农村的10～1岁各分年龄性别比，已间接地反映出：此间的历年出生性别比继续不断地异常升高，不仅不是统计不实问题而且还有可能是低估问题。这就难免会令众多的学者及相关主管部门，在不改变其认识的条件下，更加吃惊，更加难以置信。然而，这却都是事实。

虽然进入21世纪后的我国人口出生性别比，继续异常上升的可能性尚存，但受老年人口比例上升加快的影响，其人口性别比的升幅不会过大。但是对人口出生性别比如此继续异常上升的趋势，已到了非纠正不可的地步。

至于旧中国酿成的人口性别比异常，在新中国成立后就开始朝趋于正常逐步迈进。然而，三十几年之后，因违规使用现代技术B超仪来检测胎儿性别，并伴随着时间的推移，从城市向镇再向农村逐级地扩散，不仅导致了历年异常的出生性别比及其之后异常高的分年龄性别比，而且其累计效应还终止并逆转了新中国成立后人口性别比开始逐年趋于正常的态势。如果任其下去，出生性别比及人口性别比的异常程度都将会逐年增大。因此，在当今和未来的相当一段时间内，要使中国的人口性别结构走向日趋合理的道路，只能从控制人为地进行胎儿性别选择做起。只要人口出生性别比复归到新出生性别比理论的值域内，人口的性别结构才能迈入趋于正常的轨道。数十年后，度量人口性别结构变动的相应性别比指标，最终才能置于合理的正常值域范围。

历史的结论

现今所谓调整人口性别结构，对于业已存在的异常高分年龄性别比来说，"调整"显然是无所为的。有所为的只能是对胎儿性别的检测实施严格有效的管理，并通过控制与监管未来历年的出生性别比，使之尽早复归正常。只有这样，我国未来的人口性别结构，才能逐步趋于合理，并在现不合理的人口性别结构惯性影响逐步消失后，才能从异常转变为正常。

在人口性别结构历经曲折变化的过程中，必须十分清楚地认识到：出生性别比与生育率下降及其下降速度，是根本毫不相干的两码事。

欧洲各国的生育率在历经了一个长期缓慢的下降过程之后，才从高生育率降为低生育率，其出生性别比始终稳定在正常值域范围。不仅如此，其他西方发达国家也都毫无例外地基本这样。这是出生性别比与生育率下降速度缓慢毫无关系的有力说明。

第二次世界大战之后，亚洲的日本作为战败国，虽然其生产力也遭受惨重破坏，农村人口又约占70%，但由于日本政府在恢复发展时期，通过大力支持民间团体从事家庭计划工作，并以此来控制战后的人口过快增长，使日本成为"二战"后世界人口激增中的例外。人口出生率从1947年的34.3‰急剧下降到1957年的17.2‰，短短10年，日本出生率就下降了一半。同期表征妇女终身可能生育子女数的总和生育率也下降了一半。日本分性别统计出生婴儿是始自1872年，至今其出生性别比不仅波动相对较小，而且一直都相当稳定地置于正常值域范围，平均出生性别比为105.7。它有力地说明：出生性别比与生育率下降速度急剧也根本无关。

中国20世纪70年代初，全国城乡普遍推行计划生育严格控制人口过快增长，使人口出生率从1969年的34.1‰急剧降至1979年的17.8‰，下降了一半。同期的总和生育率降幅也是一半。根据1988年全国0.2‰人口生育节育抽样调查资料计算的出生性别比表明：此间在生育率急剧下降的同时，出生性别比较其之前基本没有变化，始终都相当稳定地置于正常值域范围，平均为106.3。

道理虽说是如此地简单，然而面对我国20世纪80年代初期之后出现的出生性别比异常升高现象，却有为数不少的学者将之与生育率下降相联系并得出完全相关的错误结论。之所以这样，一是对出生性别比指标的性质缺乏认识；二是没有全面、历史地而只是局部、短期地看问题与分析问题之果，同时也是误用相关分析方法得出之果。

实际上，80年代初期之后，以胎儿的性别检测为手段，以保留男胎流产女胎为代价，来达到生育男孩目的的家庭，因逐年增多而使出生性别比持续异常升高。这种不正常的做法，在使数量为之不少的家庭在达到生男孩目的的同时，因相应也有数量为之不少的孕妇流产了女胎而减少了女婴出生数，从而使相应的出生率与生育水平降低。这种以出生性别比持续异常升高为代价换来的生育水平下降及低生育水平，是酿成严重新人口问题与社会问题的危险信号。

对持续多年异常的出生性别比问题，如若采取果断措施加以纠正，生育水平就难免有所回升，因为这是一件事情的两个方面。因此，对现在的生育水平务必要有一个客观而清醒的认识。只有这样，才能实事求是地解决问题，并在积极地稳定低生育水平同时，为社会经济的可持续发展提供一个良好的人口环境。

新中国50年来的人口性别结构变动表明：从新中国成立算起，伴随着社会经济的发展、女性在家庭与社会地位的提高，尤其是医疗保健事业与卫生条件的极大改善，大约仅用了10多年的时间，就出现了死亡水平的巨幅下降，人口平均预期寿命的大幅提高。其中少儿人口死亡水平尤其是婴儿死亡水平，不仅都是急剧下降而且下降的幅度还是女性大大高于男性。这就等于大大提高了少儿人口的存活概率尤其是女婴的存活概率，从而使少儿人口性别比尤其是使0岁的性别比都理应较旧中国有大幅的下降。

少儿人口中低龄部分的分年龄性别比，仅在新中国成立短短10多年之后就降至合理值域范围。须知这是在没有极端人为因素干扰可致使出生性别比异常的情况下，通过降低相应死亡水平尤其是降低相应女性死亡水平来实现的。

因此，可以说，始于20世纪60年代初期，少儿人口中的低年龄段分年龄性别比，基本上都大致反映了出生时刻具有自然属性规律的出生性别比，即出生性别比置于理论值域内。否则，紧随出生性别比之后的0岁及其他分年龄性别比，就不会置于低于出生性别比理论值域上限的相应值域。在此后的20多年时间里，出生性别比及其之后的分年龄性别比，始终都相应变动在正常值域范围。

直至1984年，一是可检测胎儿性别技术的B超仪进口数量已相当可观；二是在该技术下的生育男孩偏好，可通过胎儿性别的选择来实现；三是偏紧的农村生育政策使部分农村家庭加剧了胎儿性别选择。

这是出生性别比失调及失调加剧的三大要素。此问题的解决也须紧紧围绕这三大要素进行。随着社会生产力的不断解放与社会经济发展的日新月异，在各方面条件不断改善与监管力度不断加强的情况下，随着三大要素的解决，出生性别比的异常必将复归正常。

第八章 人口年龄结构

第一节 人口年龄结构的总体变迁

一 人口年龄结构的定义和分类

在各种人口结构中，人口的性别年龄结构具有基础性意义。人口年龄结构是指具有不同年龄标识的人口的组合或构成状况，反映的是过去很多年来人口出生、死亡和迁徙所最终形成的人口发展状况。当前的人口年龄结构又影响着以后若干年人口变动的过程。通过人口年龄结构，大体上可以看出人口再生产状况及其发展趋势以及整个人口的抚养情况，所以具有重要的社会经济含义。一般我们用单岁年龄组或五岁年龄组男女人口在总人口中所占的百分比来表示实际的人口年龄结构状况。但也可以根据需要，将年龄分组和人口的社会经济活动特征结合起来，将总人口分成青少年人口、劳动适龄人口和老年人口。

1900年，瑞典学者桑德巴在《人口年龄分类和死亡率研究》一书中将人口按年龄划分成不同的类型，对年龄结构与人口增长率联系起来考察，认为人口年龄结构包括了增长型、静止型和减少型。在该书中，他将50岁作为老年人的年龄起点。

这种人口年龄结构类型的划分是根据世界早期人口的发展状况提出来的，存在着一定的历史局限性。后来，随着人口平均预期寿命的延长，人口再生产类型发生了很大的变化。研究者从静态的角度提出了三种新的人口类型，即年轻型、成年型和老年型（参见表8—1）。静态人口类型的划分标准可以同动态人口类型对应起来。年轻型对应增加型，表明年轻人口多，表现为人口性别年龄金字塔是上尖下宽的形状；成年型对应稳定型，除高年龄组外，一般来说各年龄组人口数差别不大，人口年龄金字塔塔形较直；老年型对应减少型，中年以上人口比重较大，表现在人口年龄金字塔塔形上是下窄上宽①。

表 8—1　　　　　　桑德巴划分的人口年龄结构类型　　　　（单位:%）

	0～14 岁	15～49 岁	50 岁及以上
增加型	40	50	10
稳定型	26.5	50.5	23
减少型	20	50	30

资料来源：转引自刘铮等《人口统计学》，中国人民大学出版社 1986 年版，第 32 页。

表 8—2　　　　　　　　人口年龄结构类型

	年轻型	成年型	老年型
0～14 岁人口	40% 以上	30%～40%	30% 以下
65 岁以上人口	4% 以下	4%～7%	7% 以上
老少比	15% 以下	15%～30%	30% 以上
年龄中位数	20 岁以下	20～30 岁	30 岁以上

资料来源：转引自查瑞传主编《人口普查资料分析技术》，中国人口出版社 1991 年第 1 版，第 152 页。

1956 年，联合国发表的第一份关于人口老龄化的研究报告《人口老龄化及其社会经济后果》将 65 岁定义为老年的起始年龄并定义了人口年龄结构的经典分类。1982 年，维也纳召开的"世界老龄大会"将老年起始年龄界线定义为 60 岁。

二　人口年龄结构的变化

通过我国历次人口普查不同年龄组人口所占百分比的变化可以看出，0～14 岁的青少年人口比例是下降的趋势，而 15～64 岁的劳动适龄人口和 65 岁及以上的老年人口均呈现出上升的趋势。比较来看，15～64 岁劳

---

① 参见查瑞传主编《人口普查资料分析技术》，中国人口出版社 1991 年第 1 版，第 152 页。

动适龄人口的上升幅度更大些。这些变化可以从图 8—1 中一目了然。在过去 50 年中，我国人口的类型开始从增加型转变为减少型，再从年轻型转变为老年型，这是一个具有历史意义的巨变。

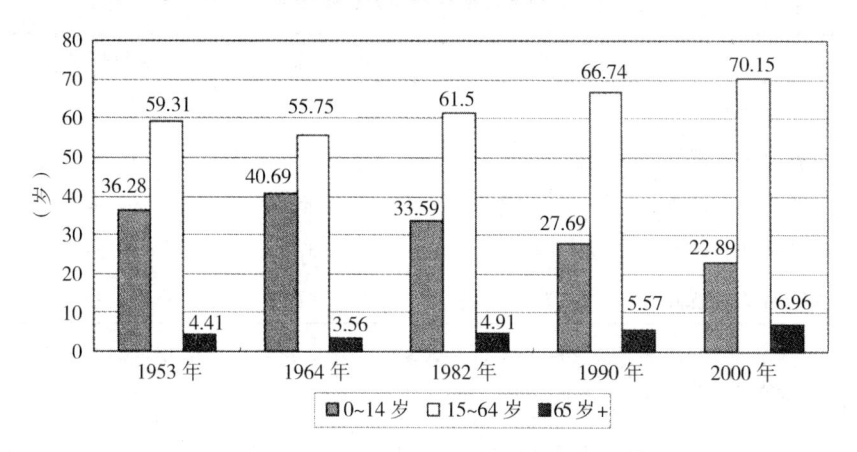

图 8—1 历次人口普查的人口年龄结构

表 8—3　　　　　　　我国历次人口普查时的人口年龄结构

	各年龄组人口比重（%）		
	0～14 岁	15～64 岁	65 岁及以上
1953 年人口普查	36.3	59.3	4.4
1964 年人口普查	40.7	55.7	3.6
1982 年人口普查	33.6	61.5	4.9
1990 年人口普查	27.7	66.7	5.6
2000 年人口普查	22.9	70.2	7.0

"人口抚养比"是人口学者习惯用来描述人口年龄结构社会经济含义的一个基础性指标。实际上，劳动适龄人口与少儿人口和老年人口的负担关系是不一样的，前者是抚养关系，后者则是赡养关系，总体上则是负担关系。所以，用传统的人口抚养比的说法难以达意。本文特意将传统的"老年抚养比"的说法修正为"老年赡养比"，将"总抚养比"的说法修正为"总负担比"。

根据表 8—4 所列数据，在过去 50 年里，少儿抚养比显著下降，2000年几乎是新中国成立初期的 1/2；老年赡养比略有上升；总负担比也有明显下降。所以从50年人口年龄结构的变化可以看出,社会经济发展良好的人口条件正在逐步形成。

表8—4　　　　　　我国历次人口普查时的人口年龄结构　　　　（单位:%）

	少儿抚养比	老年赡养比	总负担比
1953年人口普查	61.17	7.44	68.41
1964年人口普查	73.02	6.93	79.41
1982年人口普查	54.62	7.98	62.60
1990年人口普查	41.52	8.37	49.89
2000年人口普查	32.62	9.97	41.45

注释:少儿人口是指0~14岁年龄段人口,劳动适龄人口是指15~64岁年龄段人口,老年人口是指65岁及以上人口。

我国人口年龄结构从年轻型向成年型的变化开始于20世纪60年代中期。到1990年,中国的人口年龄结构已经完全转变为成年型人口。2000年,中国人口年龄结构已经明显转变为老年型人口。

三　老年人口总量和比例的变化

人口年龄结构变化总的趋势是从年轻型转为成年型和老年型,所以在人口年龄结构中,揭示老年人口总量和比例的变化对于了解人口年龄结构的总体变化是有意义的。对不同时期老年人口的增加和增长率进行统计分析,在一定程度上可以看出我国老年人口的变化对年龄结构变动的影响。

65岁及以上老年人口的增长率,1953年到2000年,65岁及以上老年人口的年平均增长率达到1.5%。其中,1953~1964年,平均增长率为0.01%;1964~1982年,平均增长率为2.7%;1982~1990年,平均增长率为2.8%;1990~2000年,平均增长率为2.4%。

80岁及以上高龄人口的增长率,50年里以及相邻的两次普查之间,1953年到2000年,80岁及以上老年人口的年平均增长率达到1.8%。其中,1953~1964年,平均增长率为-0.2%;1964~1982年,平均增长率为3.6%;1982~1990年,平均增长率为4.3%;1990~2000年,平均增长率为3.6%。

比较来看,在20世纪80年代,一般老年人口和高龄人口的增长速度都相对为快。2000年的65岁及以上的老年人口是1953年的3.3倍，同期的80岁及以上的高龄却增加了6.5倍。另一个明显的特征是，第二次人口普查以来，高龄人口的增长率要超过一般老年人口。也就是说，老年人口内部结构的变化明显比总人口年龄结构的变化要来得剧烈。

高龄化程度展示的是老年人口结构的内在变化轨迹，从第二次人口普查以来，高龄化程度是明显上升的趋势，这与高龄人口增长率的变化轨迹可以互证。

表8—5　　我国老年人口老龄化和高龄化态势的发展

	65岁及以上 老年人口（人）	80岁及以上 高龄人口（人）	高龄化程度 （%）
1953年人口普查	24 967 657	1 854 709	7.43
1964年人口普查	25 004 943	1 812 603	7.25
1982年人口普查	49 191 782	5 050 091	10.27
1990年人口普查	63 308 596	7 676 368	12.13
2000年人口普查	86 982 856	11 991 083	14.45

注释：高龄化程度是指80岁及以上的高龄人口占65岁及以上老年人口的比例。

第二节　新中国成立初期的人口年龄结构

根据1953年第一次人口普查资料可以得到如下的人口年龄结构金字塔。这是一个分布均匀、标准稳定的年龄结构，是一个十分典型的增长型的结构。从第一次人口年龄结构形状可以看出，人口年龄金字塔是上尖下宽，新中国成立之初中国人口的增长潜力极大。新中国人口具备了一切增长型人口的特征，譬如年轻人口比重大，老年人口比重小等。其时，0~14岁少儿人口比重很大，占总人口的36.28%；65岁及以上的老年人口比重很低，只占总人口的4.41%。年龄中位数是22.7，表明人口非常年轻。

从我们选择的江苏、河南和甘肃这三个具有一定区域代表性的省份来看，它们的人口年龄金字塔与全国的形态非常相近，而且这三个分别代表东部、中部和西部省份的人口具备了一目了然的同质性，都是典型的增长

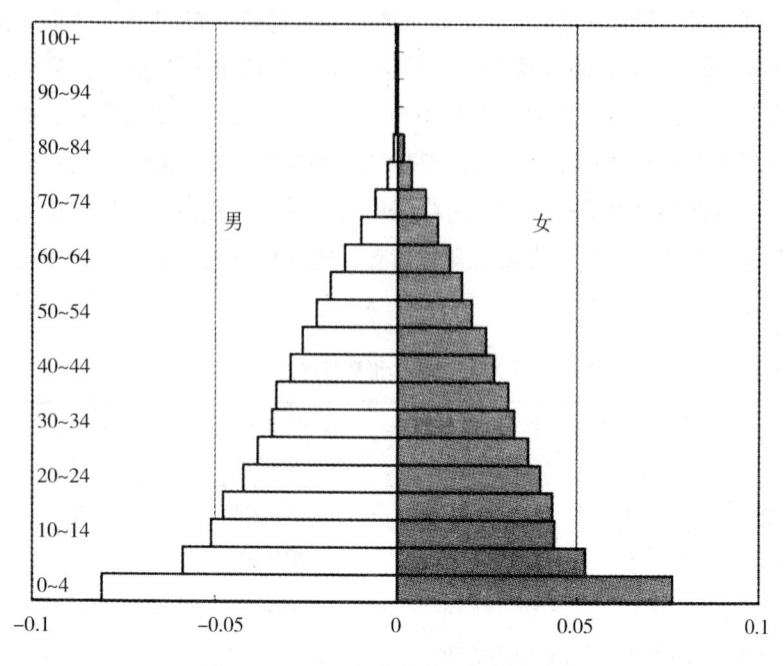

图 8—2　1953 年中国人口年龄金字塔

型人口。三者同质性如此之强，以至于我们可以用如出一辙来形容。

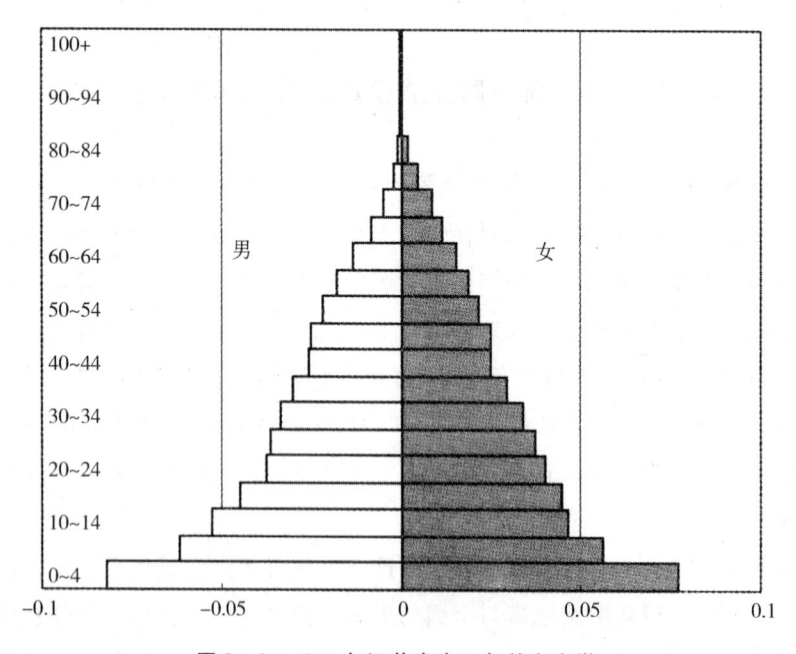

图 8—3　1953 年江苏省人口年龄金字塔

根据我们对有一定代表性的东、中、西部地区的比较，0～14 岁、15～64 岁和 65 岁及以上分人口的构成情况十分相似，都是劳动适龄人口占绝大多数，其次是少儿人口和老年人口，但存在着一些细微的差别。河南省 65 岁及以上的老年人口比例相对较高，甘肃省较低。相应地，少儿人口的比例甘肃省最高，河南省最低。江苏省一直处在中间状态。可以明显看出，作为主体人口的 15～64 岁人口所占的比例具有稳定性，区域差异很小。

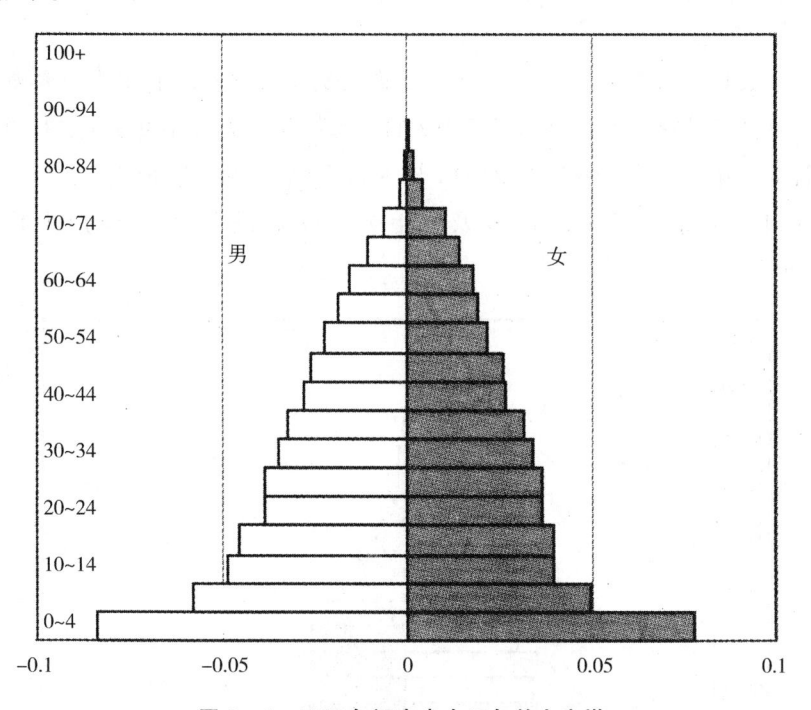

图 8—4　1953 年河南省人口年龄金字塔

表 8—6　　　　　1953 年时我国人口年龄结构的区域差异　　　　（单位：%）

	0～14 岁	15～64 岁	65 岁+	少儿抚养比	老年赡养比	总负担比
全国	36.3	59.3	4.4	61.2	7.4	68.4
江苏	37.6	58	4.5	64.8	7.8	72.6
河南	35.7	59.2	5.1	60.4	8.7	69.0
甘肃	39.6	57.3	3.1	69	5.4	74.4

但有意思的是，在人口学意义上，总负担比最高的依次是甘肃、江苏和河南省，少儿抚养比最高的依次也是甘肃、江苏和河南省，老年赡养比最高的依次却是河南、江苏和甘肃。江苏省作为中国经济相对发达的地区至少在1953年的时候并没有向我们展示经济因素对人口增长的抑制作用；相反地，在当时的经济条件下，我们感受到的却是明显的促进作用。

第三节 第二次人口普查时的人口年龄结构

从人口年龄金字塔来看，1964年第二次人口普查时我国人口年龄结构显示的依然是一个典型的增长型人口结构，年轻人口比重很大，生育潜力惊人。第二次人口普查时0~14岁人口占总人口比例40.7%，15~64岁人口比例是55.7%，65岁及以上人口比例是3.6%，年龄中位数是20.2。

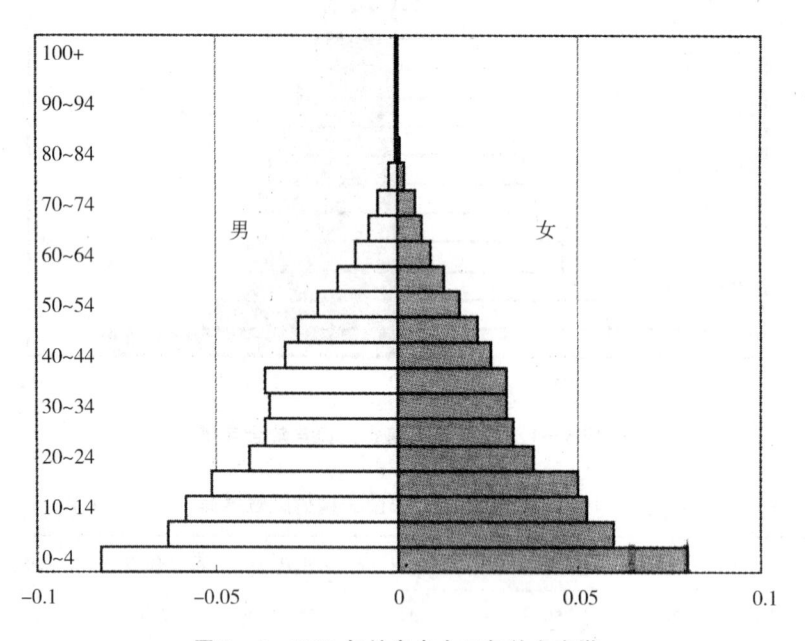

图8—5 1953年甘肃省人口年龄金字塔

虽然20世纪60年代前期由于"大跃进"和"三年自然灾害"导致了人口的大幅度减少，但并没有因此而改变人口增长的内在机制。这从0~14岁青少年年龄组所占比重的扩大（比1953年增加了4.4个百分点)、年龄中位数下降（比1953年下降2.5岁）以及相应的抚养比和老少比的变化中可以得到证明。

1953年到1964年期间，我国人口转变的总趋势是妇女生育率居高不下甚至有上升趋势，1953年总和生育率是6.05，1964年6.18（1963年甚至高达7.50）；与此同时，同期的人口粗死亡率不断下降，从14‰下降到11.5‰（1963年10‰）。特别是婴儿死亡率在初期有所下降。新中国成立前婴儿死亡率大约为200‰，人口平均预期寿命为34岁左右。新中国成立之初，婴儿死亡率降到80‰，人口平均预期寿命上升到60岁左右。结果，青少年人口有了显著的增长。1964年的10~14岁人口相当于1953年的最轻年龄组0~4岁的人口。在1953年的时候，0~4岁年龄组人口有了非常明显的增长，新中国成立后政局的稳定以及生产和生活的迅速恢复到正常的状态对人口的增长起到显著的推动作用，这种作用在第一次人口普查和第二次人口普查之间得到了保持。我们可以从1964年人口年龄金字塔的塔部0~4岁年龄组、5~9岁年龄组和10~14岁年龄组稳步增长的态势上得到证明。1953年到1964年这12年间，共出生人口2 480万，净增人口1 300万。

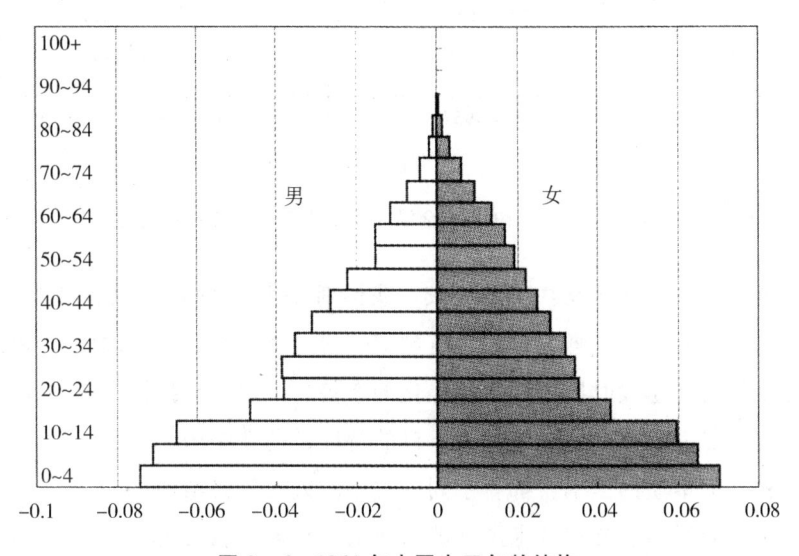

图8—6 1964年中国人口年龄结构

我们从1953~1964年二次人口普查之间的人口转变还可以看出，除了1957~1962年极不正常的人口波动之外，人口转变总的趋势是扩张性的。历史告诉我们，1957～1962年人口的波动是与"大跃进"政治运动所带来的负面社会经济后果紧紧相连的，它只是中国特定的政治结构在人口发展中的一个悲剧性的历史投射，却不是人口规律本身。在总体上，死亡千万之众这般剧烈的人口变动并没有显著改变1964年人口年龄金字塔上尖下宽的基本形状。只有仔细观察，我们才能从15～19岁以及20～24岁两个年龄组人口的身上看到人口有显著减少的痕迹，看到非理性的政治运动所留下的深刻的历史烙印。所以，总体来看，中国人口的发展并没有脱开自己的轨道，这也是20世纪中叶以来全球性人口转变增长的一个缩影。

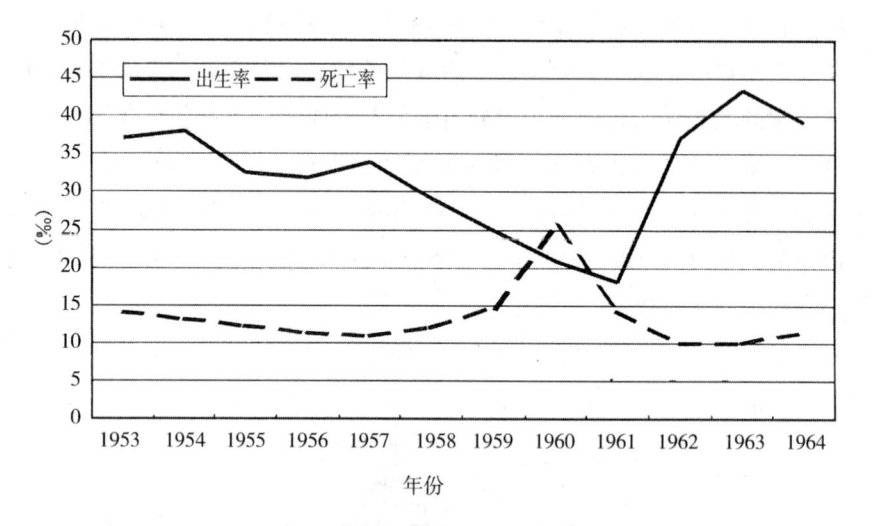

图8—7 1953～1964年全国人口出生率、死亡率的转变

通过对出生率和死亡率的比较，我们对1953～1964年我国人口年龄结构的变化有了更清晰的认识，就是随着青少年人口比重的加大，我国人口年龄结构在这段时期出现了年轻化的态势。人口年龄结构在第二次人口普查时依然呈现出典型的增长型人口的特征，与新中国成立之初的人口年龄结构并无本质的区别，都属于同一类型的人口年龄结构。

下面同样地，我们选择了江苏、河南和甘肃三省代表中国的三个经济发展地带来观察1964年人口年龄结构的区域差异以及二次人口普查的历史变迁。从人口年龄金字塔最底部的0～4岁年龄组来看，三个省份有明显的区别。江苏省人口开始收缩，这表明20世纪60年代初期的江苏省人口已经开始减慢增长。河南省同一年龄组与相邻的两个高年龄组（5~9岁、10~14岁）比较差别不大，几乎重合。甘肃省的人口金字塔底部则继续扩展。这表明到了20世纪60年代，东、中、西部的人口转变出现了明显的差别。从人口发展的省际差异来看，1964年的人口年龄金字塔开始由年轻型向成年型转变。

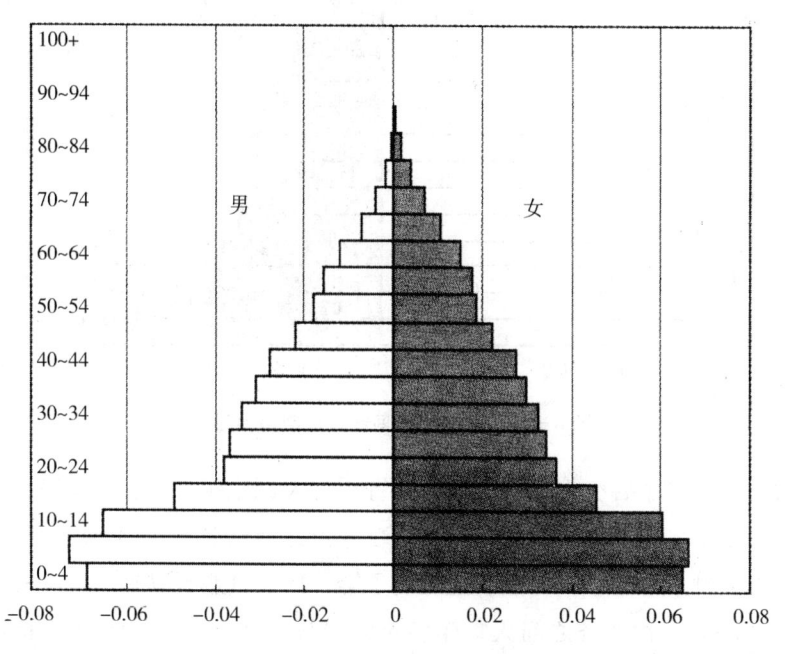

图8—8 1964年江苏省人口年龄金字塔

从历史变迁的角度看，甘肃省的变化最小，依然是非常典型的增长型人口年龄金字塔。江苏省作为中国经济最发达的地区之一，人口转变在我国版图上也差不多是最早出现的，反映在人口年龄金字塔上就是最接近塔部的人口开始收缩，这在第二次人口普查时已初露端倪。河南省人口在二次普查之间的人口增长是相当稳定的，10~14岁、5~9岁和0~4岁三个年龄组之间增长幅度的变化并不大，这从1964年河南省人口年龄金字塔的塔部可以清楚看到。

根据1964年普查时相关数据的整理计算，我们发现：（1）主体人口依然是15~64岁人口；其次是0~14岁人口；再次是老年人口。（2）老年人口的比例下降了。比较一下表8—6和表8—7，全国平均下降了0.8个百分点，江苏省下降了0.8个百分点，河南省下降了0.8个百分点，甘

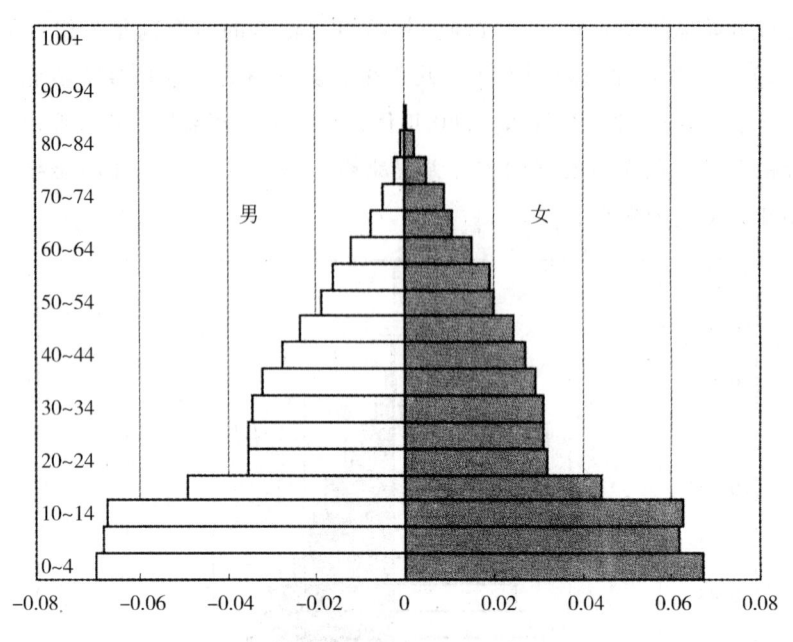

图 8—9 1964 年河南省人口年龄金字塔

肃省下降了 1 个百分点。与此同时，青少年人口比例上升了。全国上升了 4.4 个百分点，江苏省上升了 2.2 个百分点，河南省上升了 4 个百分点，甘肃省上升了 0.6 个百分点。这表明了第一次人口普查以来人口年轻化的趋势。(3) 二次普查之间人口年轻化的趋势同样可以从少儿人口抚养比的变化得到证实和支持。除了甘肃省，负担比是上升的趋势，全国上升了 11 个百分点，江苏省上升了 5.5 个百分点，河南省上升了 9.6 个百分点。显然，老年赡养比无论是全国还是各省都是下降的趋势，其中下降幅度最大的是河南省。同时，河南省少儿抚养比的上升幅度也是最大的，河南省上升了 11 个百分点，江苏省是 6 个百分点，甘肃省基本未变。

表 8—7　　　　　　1964 年时我国人口年龄结构的区域差异　　　　（单位:%）

	0～14 岁	15～64 岁	65 岁+	少儿抚养比	老年赡养比	总负担比
全国	40.7	55.7	3.6	73.0	6.9	79.4
江苏	39.8	56.5	3.7	70.5	6.6	77.1
河南	39.8	56.0	4.3	71.0	4.3	78.6
甘肃	40.2	57.7	2.1	69.6	3.6	73.2

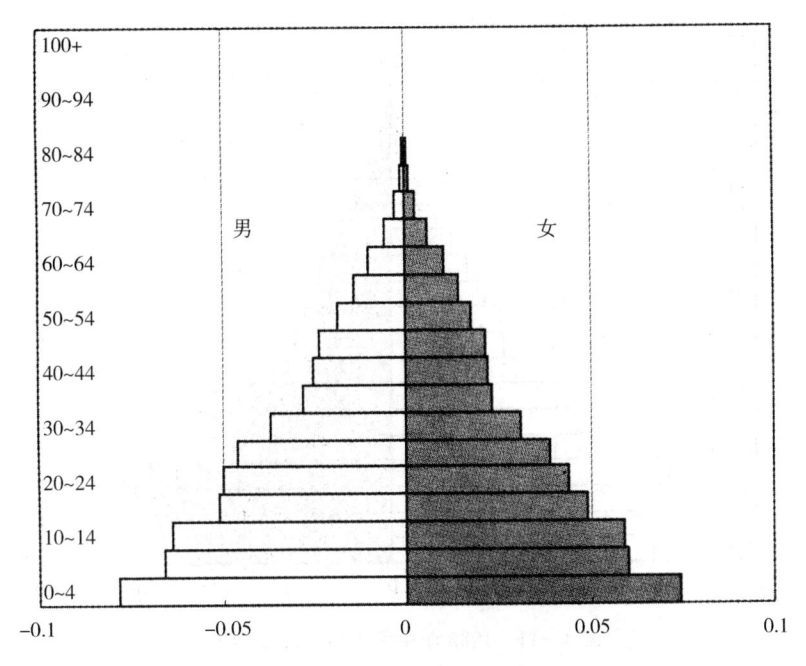

图 8—10 1964 年甘肃省人口年龄金字塔

第四节　第三次人口普查时的人口年龄结构

通过对第一次人口普查时人口年龄结构和第二次人口普查人口年龄结构的比较分析，我们已经得出结论：在 20 世纪 70 年代以前，中国人口属于典型的高增长型人口。1949 年以后人口迅速增长表现为塔部的迅速扩展，这种扩展一直持续到 20 世纪 60 年代。70 年代初期，由于声势浩大、成效显著的计划生育运动的开展，中国人口出生率开始了大幅度的下降。1964 年，出生率是 39.1‰，1972 年是 29.8‰，1982 年是 22.3‰。同期，总和生育率从 6.18‰下降到 4.98‰和 2.87‰。快速启动的人口转变极大地改变了中国人口年龄金字塔的塔部结构（参见图 8—12）。

到 1982 年，我国人口年龄结构已经明显包括了两种再生产类型的人口年龄结构：一种是高出生、高增长型的年龄结构；另一种是向低出生、低增长过渡型的年龄结构。这两种类型的划分大体可以以 20 世纪 70 年代初期为界，即以 1982 年的 10~14 岁人口为分界线，以后每个年龄人口都

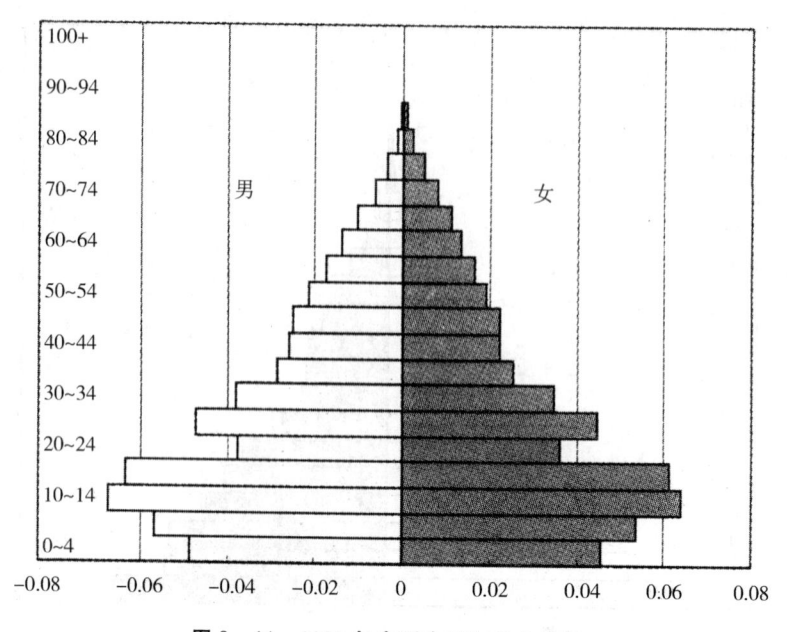

图 8—11　1982 年中国人口年龄金字塔

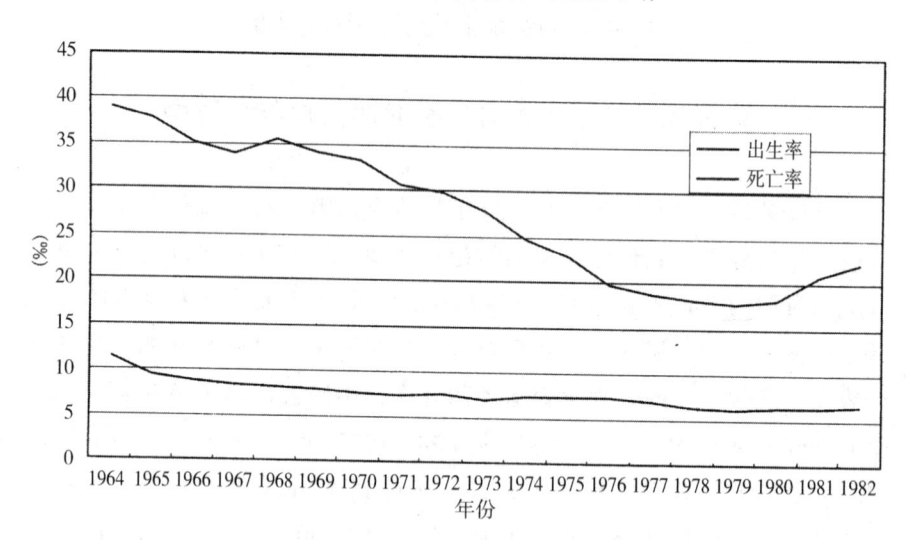

图 8—12　1964～1982 年全国人口出生率、死亡率的转变

出现了缩减的趋势。① 同时，我们注意到：金字塔上 20～24 岁年龄组明

---

① 邬沧萍：《中国人口年龄结构的特点》，载《十亿人口的普查——中国 1982 年人口普查北京国际讨论会论文集》（李成瑞主编），1984 年版，第 454 页。

第八章 人口年龄结构　385

显内缩，人数显著少于相邻年龄组，这是"大跃进"运动以及"三年自然灾害"期间生育减少和非正常死亡增多的结果。从70年代初开始，中国人口增长开始逐渐收缩，人口再生产发生了方向性的转变，开始从1964年的典型年轻型人口向成年型人口转变，所以具有里程碑式的意义。但当时的中国人口依然年轻，各项指标与1900年的瑞典和1955年的日本接近。总括来说，1982年的人口年龄结构表明年轻型的人口年龄结构正在向成年型甚至老年型的方向演变。

从第二次人口普查到第三次人口普查之间，我们可以清楚地看到人口转变的轨迹。粗出生率指标从60年代中期开始就逐渐下降，而粗死亡率保持着恒常的趋势。人口增长变化是逐渐收口的变化趋势。但1975年以后一直到1982年，却出现了明显的波动特性。人口转变的这些变化与1982年人口年龄金字塔塔部年龄组人口收缩的趋势是一致的。

比较一下1982年三个代表性省份的人口年龄金字塔，我们再次看到了70年代计划生育运动留下的历史烙印。无论是经济发达的江苏省还是经济相对不发达的河南省和甘肃省，在10~14岁年龄组之下的年龄组人口都是明显收缩的特征，0~9岁年龄组所经历的这段时间恰好是70年代

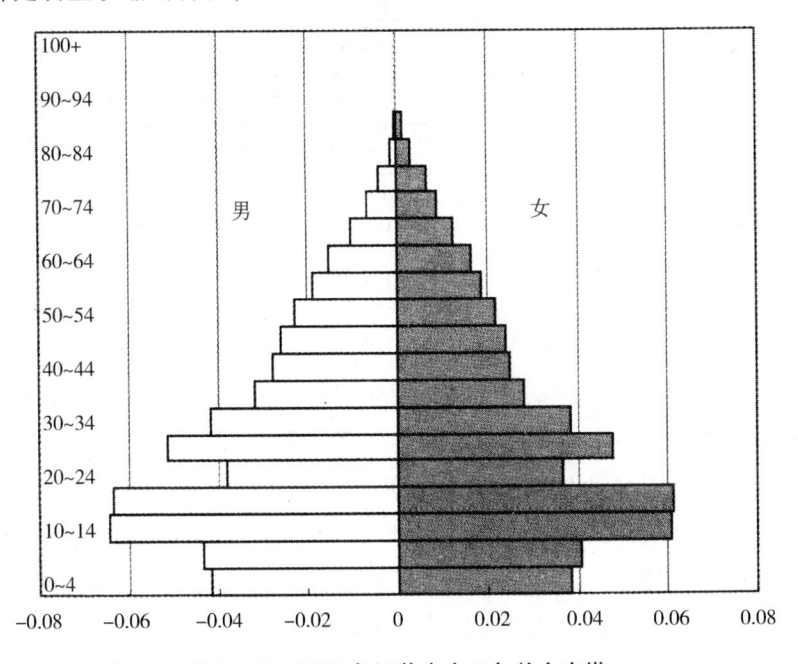

图8—13　1982年江苏省人口年龄金字塔

初期计划生育运动逐步展开的过程。但我们发现，江苏省的收缩具有猛烈的特征，而河南省和甘肃省却是逐步减少的趋势，这说明江苏省的工作更有效或者是群众接受计划生育的热情更高。总之，从1982年人口年龄金字塔的区域差异来看，无论哪个地区的人口年龄结构都无一例外地受到了人口政策的强烈影响。如果按照人口自身规律演变，人口年龄结构如此急剧的收缩是不可能有这么大幅度的。无论如何，1982年的中国人口年龄金字塔说明了在强大的人口政策的作用下，中国的人口发展到了一个全新的阶段，就是政策主导型的人口发展阶段。

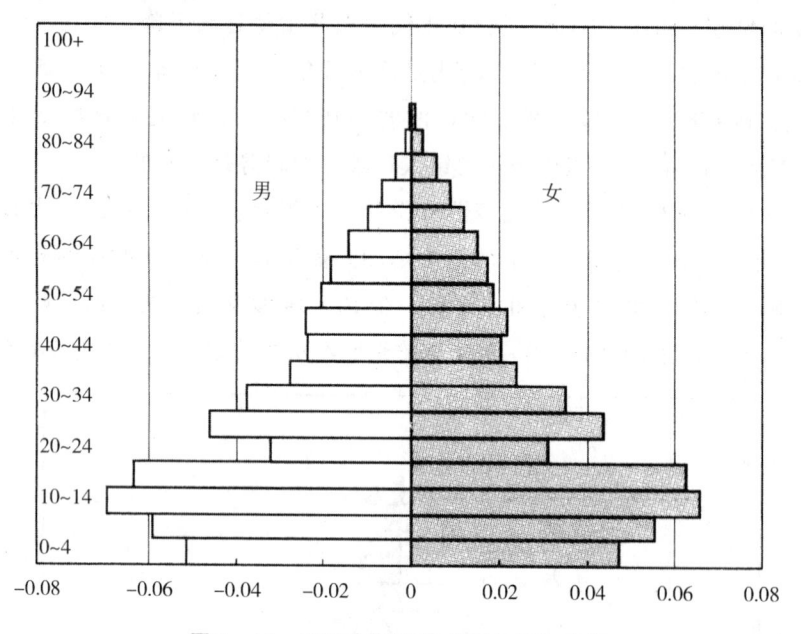

图8—14 1982年河南省人口年龄金字塔

从第三次人口普查时我国人口年龄结构的区域差异可以看出：（1）总负担比下降，少儿抚养比下降，而老年赡养比有所上升。这说明在二次人口普查之间的人口发展朝着成年化的趋势演变。（2）65岁及以上老年人口占总人口的比例无论是总体还是局部，无论是东部还是中西部，都是明显上升的趋势。15～64岁劳动适龄人口占总人口的比例无论是总体还是局部，无论是东部还是中西部，也是明显上升的趋势。与此同时，少儿人口比例明显下降。这说明了人口年龄结构向成年化方向演变的趋势。

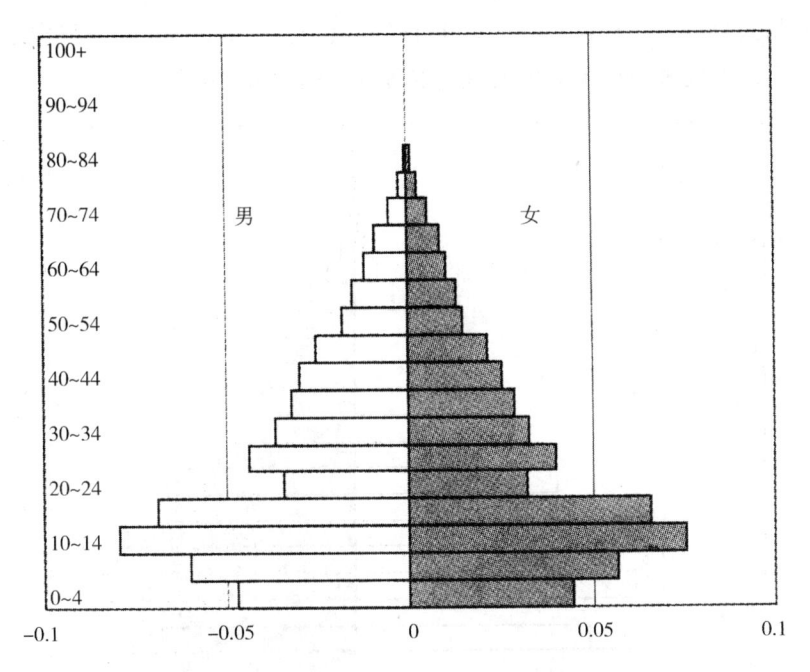

图 8—15　1982 年甘肃省人口年龄金字塔

表 8—8　　　　　　1982 年时我国人口年龄结构的区域差异

	0~14 岁	15~64 岁	65 岁+	少儿抚养比	老年赡养比	总负担比
全国	33.6	61.5	4.9	54.6	8.0	62.6
江苏	29.0	65.5	5.6	44.3	8.5	52.7
河南	34.9	59.9	5.2	52.3	8.7	67.0
甘肃	36.3	60.2	3.5	60.3	5.8	66.1

第五节　第四次人口普查时的人口年龄结构

1990 年我国人口年龄金字塔看上去有点像一个"葫芦"，形状很不规则（如图 8—16 所示）。这些不规则性说明了社会政治经济发展和政策性因素对人口发展的深刻影响。新中国成立后，中国人口发展多有波折，有些波动更是世所罕见。大的波动有三次人口出生高峰，而出生高峰背后就有人口年龄结构的影响。一般来说，不规则的人口年龄结构往往存在着较多的潜在问题。人口年龄结构对未来社会经济发展的影响是深远的，而不规则的人口年龄结构将产生很难预计的社会经济影响,一个有着既定结构的社会体制很难适应不规则人口演变所带来的冲击和挑战。

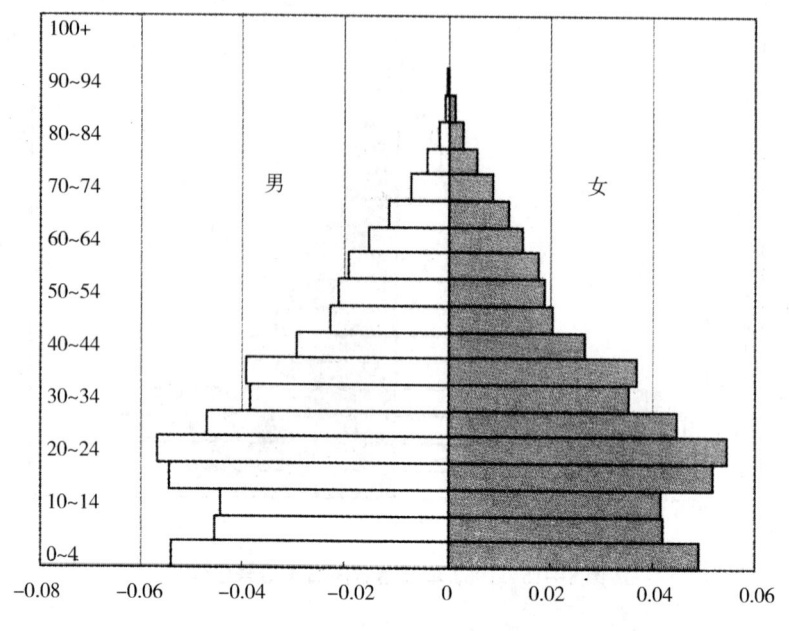

图8—16 1990年中国人口年龄金字塔

进一步观察,1990年中国人口年龄金字塔以20~24岁为界,此上人口呈现增长态势,这正是70年代之前中国人口放任式发展的历史真相。此下人口呈现不规则变化:10~24岁年龄组人口呈现缩减趋势,0~9岁年龄组人口呈现增长态势,这个年龄组恰好是第三次人口普查之后的十年间隔。也就是说,在第三次人口普查和第四次人口普查之间人口有反弹的迹象,实际上是第三次人口出生高峰影响的痕迹。这是很细微,也很重要的一个特点。这说明由于人口政策和经济文化因素的综合作用,80年代我国人口发展出现了更不规则的变化态势。

下面我们再结合二次普查之间的人口转变来说明1990年人口年龄结构的特点。从图8—17可见,出生率在20‰~25‰之间变化,而死亡率则稳定在6.7‰上下,出生和死亡的变化几乎是两条直线,彼此的距离既不拉开、也不缩小。这说明80年代中国的人口转变进入了一个缓冲地带,人口政策和民众意愿之间进入了拉锯战的状态。虽然出生率保持相对稳定的状态,但随着时间的流逝,人口的增量却越变越大,所以人口的基数也有所扩大，这就是为什么0~4岁年龄组人口比5~9岁年龄组人口规模更大的原因。

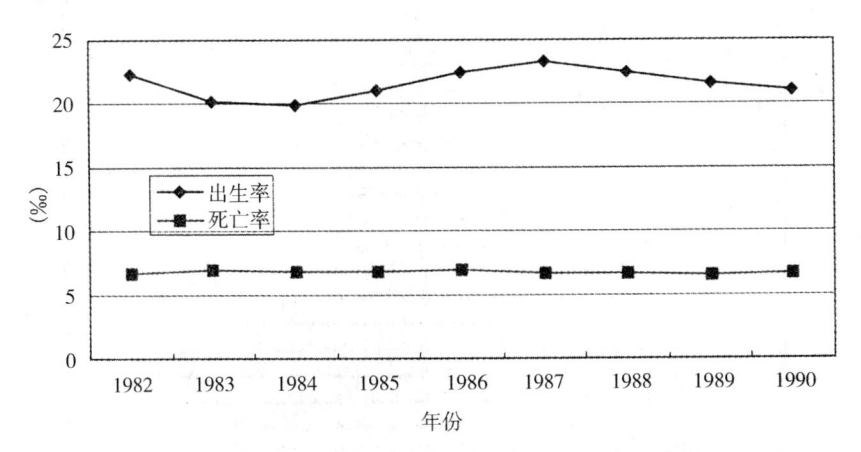

图8—17 1982~1990年全国人口出生率、死亡率的转变

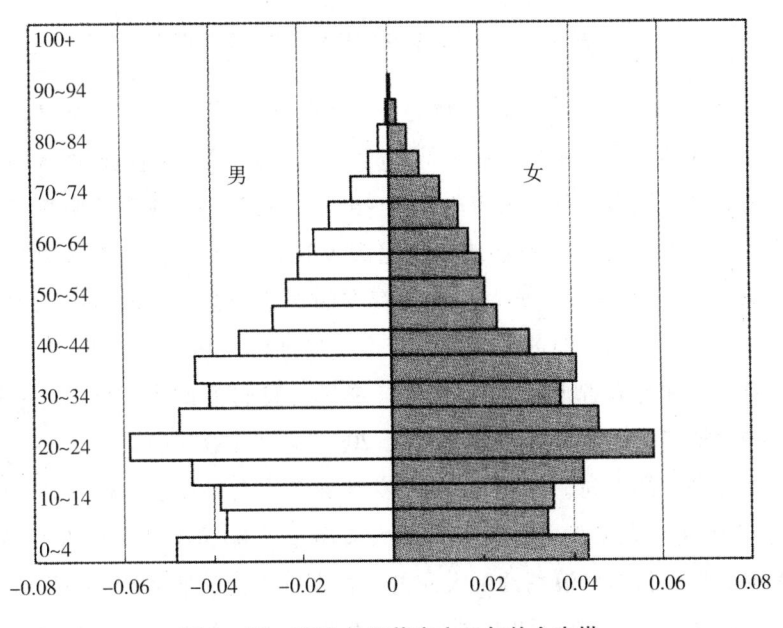

图8—18 1990年江苏省人口年龄金字塔

通过对1990年江苏、河南、甘肃三个省份人口年龄结构的比较，首先，我们观察到了和总人口年龄结构相似的情形，就是同一人口年龄结构上，存在着三种人口发展态势：20~24岁以上的人口是增长的态势，

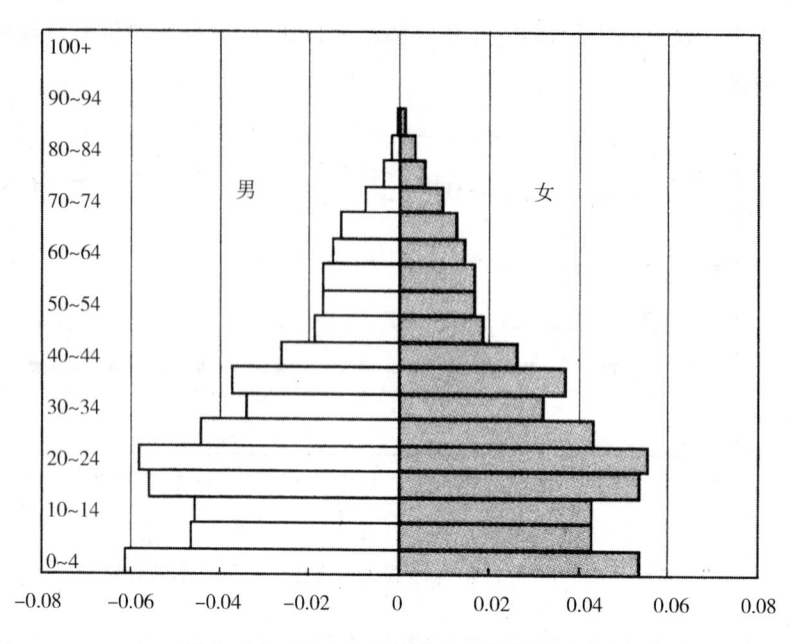

图 8—19 1990 年河南省人口年龄金字塔

10～24岁人口年龄组是人口缩减的态势,0～9岁的人口年龄组又是新一轮人口增加的态势。其次,我们同时发现了三个地处不同地区的人口年龄结构另一个共同点,就是最年轻的0～4岁年龄组的男性婴儿明显多于女性婴儿,这表明无论在发达地区还是欠发达地区,出生婴儿性别比的升高、偏高都是80年代后期一个普遍存在的严重问题。再次,这三个省份也存在着一些差别,江苏省人口年龄金字塔凹陷最厉害的是5～9岁年龄组,河南省和甘肃省则是10～24岁。最后,我们看到了河南作为中原人口大省,0～4岁年龄组的人口超过了20～24岁年龄组的人口,这一点江苏省和甘肃省都不同,都是20～24岁年龄组的人口最多。也就是说,河南省80年代后期出生并存活下来的人口超过了60年代后期出生的人口。河南省面临着新人口浪潮的巨大冲击,甘肃省作为欠发达地区、江苏省作为发达地区在80年代后期也同样面临着新出生高峰的挑战,但挑战的严峻性是河南省第一、甘肃省第二、江苏省第三。

通过比较表8—9和表8—8,首先我们看到,总负担比和少儿抚养比都明显下降,而且总负担比的下降主要是少儿抚养比的下降所致。与此同时,老年赡养比是上升的趋势。其次,15～64岁年龄组人口比例增加了5

个百分点,而 0~14 岁年龄组人口比例下降了 6 个百分点,65 岁及以上老年人口比例增加了 0.7 个百分点。这说明了人口年龄结构表现出的主要是成年化的倾向。再次,经济发展程度显然开始影响到人口年龄结构老年化的倾向。江苏省、河南省和甘肃省的老年人口比例以及老年赡养比从高到低展示了一种梯度差异。

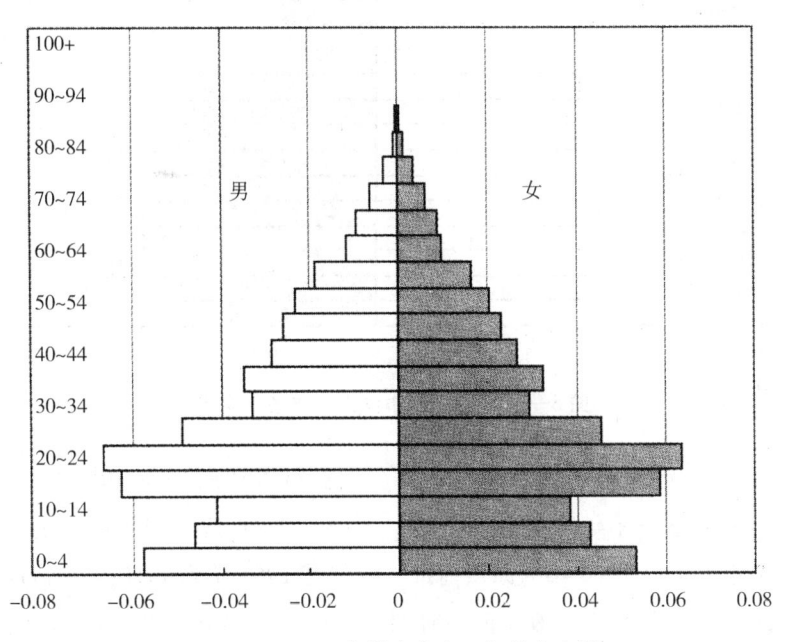

图 8—20 1990 年甘肃省人口年龄金字塔

表 8—9　　　　1990 年时我国人口年龄结构的区域差异　　　（单位:%）

	0~14 岁	15~64 岁	65 岁+	少儿抚养比	老年赡养比	总负担比
全国	27.7	66.7	5.6	41.5	8.4	49.9
江苏	23.7	69.7	6.6	34.1	9.4	43.5
河南	29.3	64.9	5.8	45.1	9.0	54.1
甘肃	28.0	68.0	4.1	41.2	6.0	47.1

第六节　第五次人口普查时的人口年龄结构

20 世纪 90 年代是人口转变出现戏剧性变化的年代。通过图 8—21,我们可以发现:10~14 岁以下的年龄组是逐年收缩的趋势,这意味着出

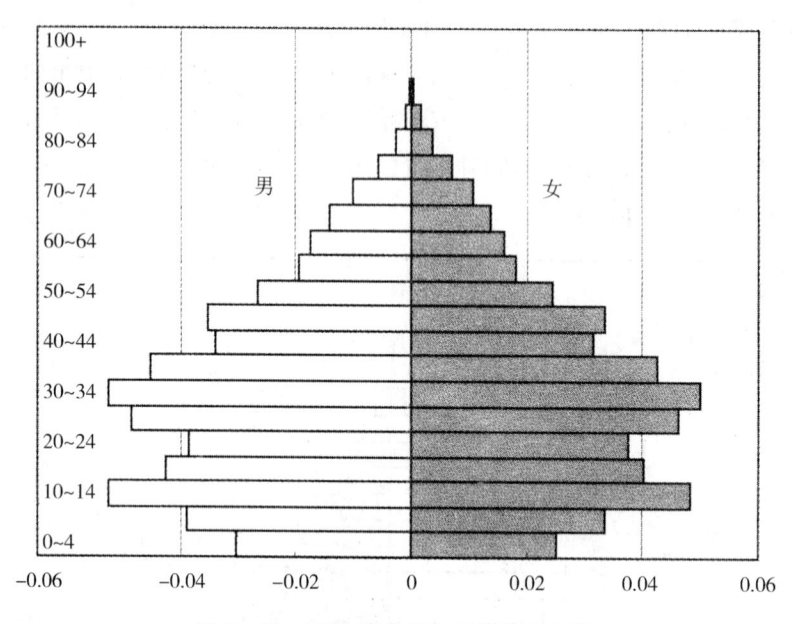

图 8—21　2000 年中国人口年龄金字塔

生人口在 90 年代有了进一步的下降。我们可以比较一下 30～34、25～29、20～24 这三个年龄组与 10～14、5～9、0～4 这三个年龄组的差别。前三个年龄组以 2000 年为原点前推，恰好是 1966 年到 1980 年这段时期，可称为"文革"肆虐、改革萌动时期；而后三个年龄组以 2000 年为原点前推，恰好是 1986 年到 2000 年这段时期，是改革深化、开放扩大时期。这两大时期的人口都出现了减少的趋势。但显然，后一时期的人口下降幅度更大。原因无他，就是在第一时期主要依赖的是 70 年代开始的计划生育运动的政策性效应，而后一时期则加入了越来越重要的社会经济因素的发展性效应。在经过 80 年代整个十年的人口膨胀之后，90 年代人口再度下降。人口发展的不规则性也因此更加凸显。

通过对四普和五普之间人口出生率和死亡率数据的分析，我们可以看到二次普查之间人口转变的大致轨迹。死亡率几乎恒定在 6.5‰ 的水平上，出生率则从 21‰ 降到接近 15‰ 的水平，人口转变是稳定和有效的。表现在人口年龄金字塔上，就是底部人口的再次收缩。

由于目前无法获得分省的性别年龄数据，所以我们换一个角度来看待人口年龄金字塔的区域差异，那就是城乡差异而不是省际差异。根据五普

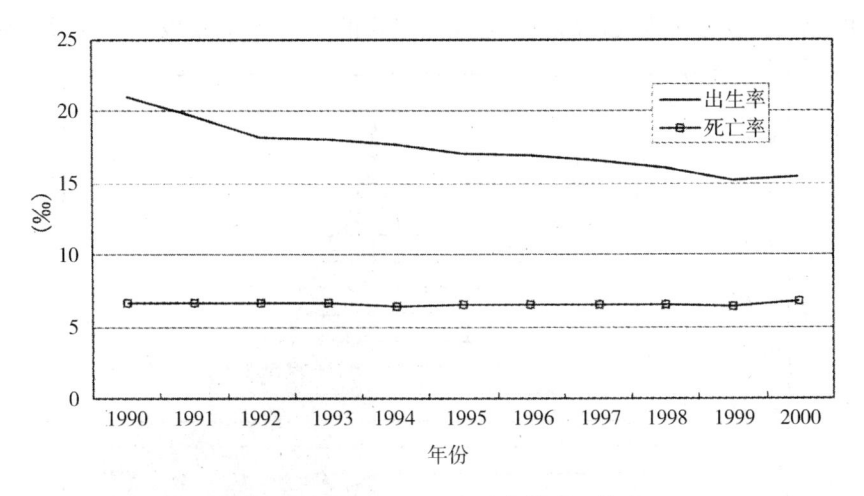

图 8—22　1990~2000 年之间的人口转变

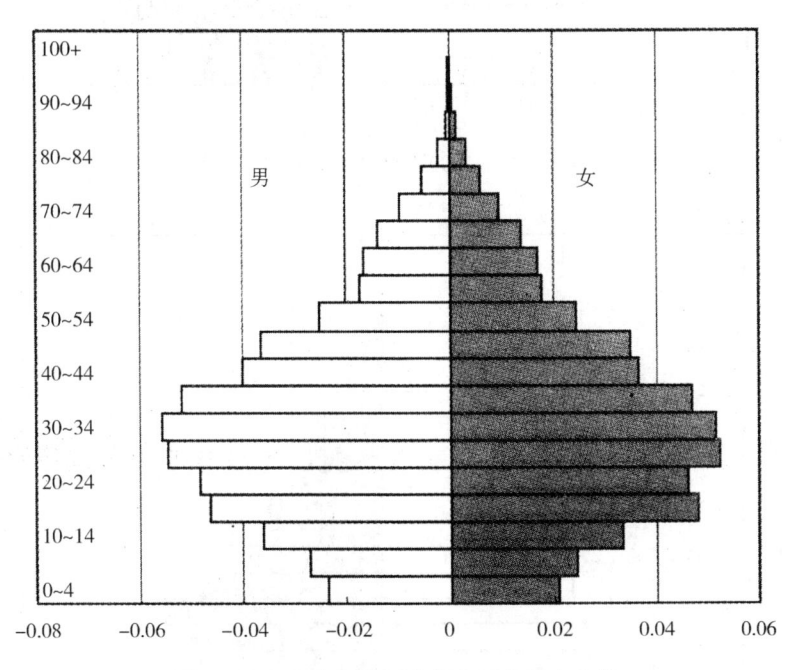

图 8—23　2000 年中国市级人口年龄金字塔

数据，我们获得了全国市、镇、乡三级的人口年龄结构图，通过比较，有如下结论：（1）乡级人口年龄金字塔最接近全国的情势，这大概与中国人口以乡村人口居多这一特点有关。对乡村人口来说，1986 年至 1990 年出生的人口最多，以此为界，形成了不同阶段人口的不规则波动。在整个

90年代，乡村出生人口的减少是相当迅疾的。(2) 对镇级人口来说，最

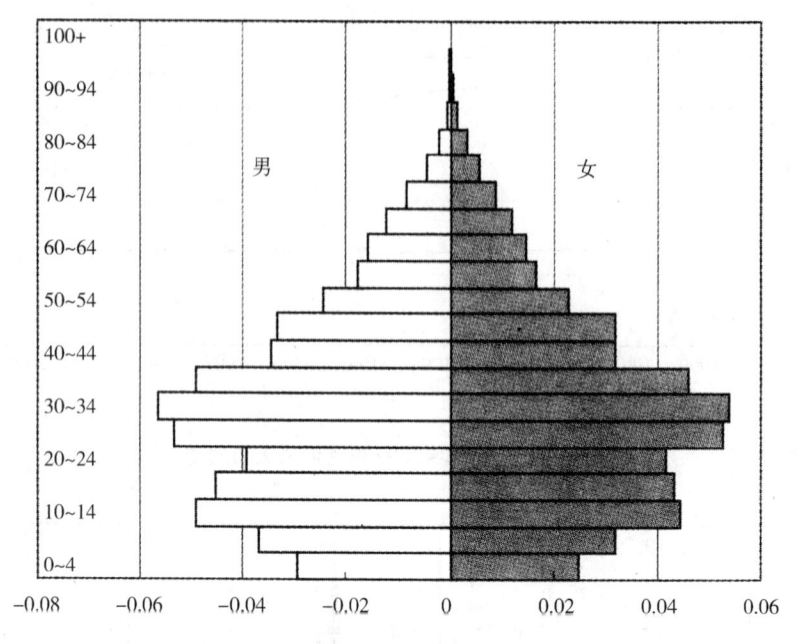

图8—24 2000年镇级人口年龄金字塔

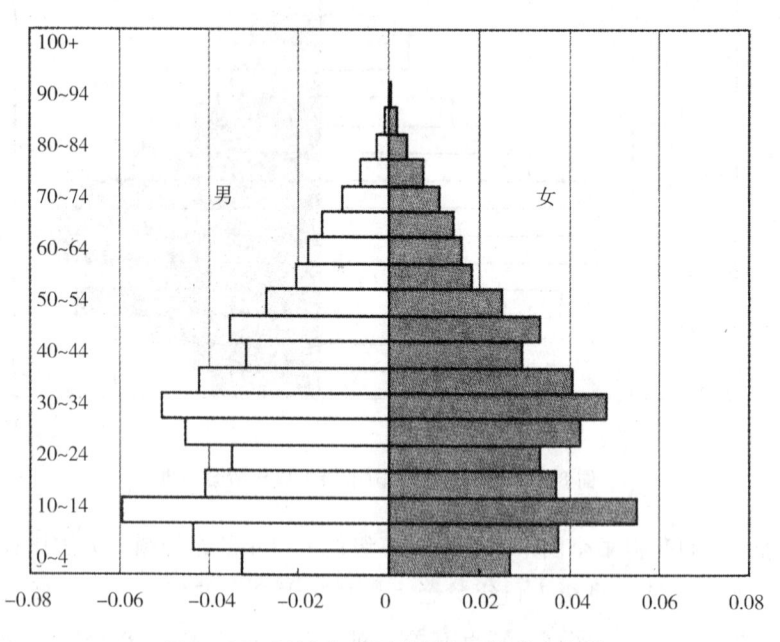

图8—25 2000年全国乡级人口年龄金字塔

多的是 1966 年到 1970 年出生的人口。和乡级人口一样，在 20~24 岁和 0~4 岁年龄组上形成了两个极其明显的凹槽，而在 10~14 岁年龄组上形成突角，在此之下，人口逐渐减少。这表明，在 90 年代，人口的减少在城乡同时发生了。（3）最有意思的是市级人口的发展变化。从 2000 年城市人口年龄金字塔可以看出，转折性的年龄组好似 30~34 岁，也就是说，1966 年到 1970 年出生的人口最多，此后逐年减少，而且减少趋势非常规律。只是到了 10~14 岁年龄组之后，减少的趋势更加明显了。显然，城市地区的人口变化早在 60 年代后期就开始了。这完全吻合经济发展继而更广义的现代化诱致人口变迁的经典论断。（4）从市、镇、乡三级的人口年龄结构的比较，我们可以得出一个强烈的印象，就是不同的经济条件决定了政策性因素作用于人口变迁的规则和不规则的程度。譬如，城市地区因为具备了内在的人口转变的因子，所以政策的作用只是强化了这种趋势。相反地，镇、乡两级的人口年龄结构由于缺乏经济社会发展程度的依托，缺乏人口转变的内在底蕴，所以强有力的人口政策导致的必然是很不规则的人口变迁。不过，从 10~14 岁以下年龄组的变化，我们可以得出结论：在未来的岁月里，由于经济社会现代化程度的不断提高，人口转变很可能变得流畅起来，反映在人口年龄金字塔上，将是更规则的变化走向。

进一步看 2000 年时我国人口年龄结构的城乡差异和省际差异，一个值得注意的动向是，乡村面临的人口压力似乎更大。譬如，总负担比、少儿抚养比和老年赡养比均最高。这与我们通常的印象不同。乡村 65 岁及以上的老年人口比例居然高于市镇。可信的解释是，大量的、持续的人口外流导致了乡村老年人口比例的相对上升。

表 8—10　　　　2000 年时我国人口年龄结构的城乡差异　　　　（单位：%）

	0~14 岁	15~64 岁	65 岁+	少儿抚养比	老年赡养比	总负担比
全国	22.9	70.0	7.1	32.7	10.2	42.9
市	16.6	76.7	6.7	21.6	8.7	30.3
镇	21.7	72.3	6.0	29.9	8.3	38.2
乡	25.5	67.0	7.5	38.1	11.2	49.3

比较一下四普和五普之间人口年龄结构的省际差异（参见表8—9），我们看到总负担比和少儿抚养比下降了，而老年赡养比则明显上升。这一点最直观地反映了20世纪90年代我国人口年龄结构老龄化的态势。2000年的人口年龄结构显示了中国人口老龄化不可阻挡的发展前景。

表8—11　　　　2000年时我国人口年龄结构的省际差异　　　　（单位：%）

	0~14岁	15~64岁	65岁+	少儿抚养比	老年赡养比	总负担比
全国	22.9	70.0	7.1	32.7	10.2	42.9
江苏	19.6	71.5	8.8	27.5	12.4	39.8
河南	25.9	67.0	7.1	38.7	10.6	49.3
甘肃	26.9	67.9	5.2	39.7	7.7	47.4

历史的结论

在70年代以前，中国人口属于典型的增长型人口，通过1953年、1964年的人口年龄金字塔，我们可以看到：人口年龄金字塔塔部人口的扩张持续到了20世纪60年代末。虽然1960年前后受到了非正常的影响，导致人口年龄金字塔的演变出现异常的凹陷，但并没有从根本上改变中国人口持续增长的态势。但通过区域比较分析，我们从江苏省看到了发达地区人口在20世纪60年代就开始缩减的趋势，虽然这在全国的版图上并不表现为主流，但这一重要信号却是打破大一统增长型人口格局的开始。事实上，从城乡比较看，差别就更明显。城市人口在60年代就开始下降了。这说明，大一统增长型人口格局已经开始了内部的分化。

通过1982年的人口年龄金字塔，可以看出中国人口于20世纪70年代初开始了逐年收缩的走势，具体表现为塔部人口的猛烈收缩。这的确可以说是新中国成立后五十年里中国人口发展的一个里程碑，即中国人口增长模式开始向低出生、低死亡、低增长类型转变。但应当承认，这种减少在某种意义上是一种非正常的变化，因为它并不是一个自然而然的历史进程，而是在很大程度上要归因于20世纪70年代坚定不移、大力推行的"晚稀少"生育政策的效果。这种人为扰动所导致的非正常性可以在"四普"和"五普"人口年龄金字塔所表现出的极其明显的不规则性上得以证实。

　　毫无疑问，其时中国的人口转变已经取得成效。譬如，1984年年龄中位数和平均年龄比1964年提高了，1984年的年龄中位数和平均年龄分别是22.9岁和27.1岁，1964年则分别是20.2岁和24.9岁。而且1982年的人口年龄结构已经类似于完成了人口转变的国家在此前人口转变过程中的年龄结构（以瑞典1860~1900年和日本1955年为例）。1982年中国的人口年龄结构已经介于发达国家和发展中国家之间的年龄结构状态。中国已经开始从一个典型的年轻型人口转变为一个不太成熟的成年型人口。[①]

　　在整个20世纪80年代，也就是"三普"和"四普"之间，由于遭遇了第三次人口出生高峰的冲击，所以无论是全国还是东中西部，都出现了人口年龄金字塔塔部人口进一步扩展的趋势，在1990年人口年龄金字塔中的0~14岁年龄段形成了一个增长型的小人口。10~14岁的年龄组则形成了一个深刻的凹槽。这是20世纪70年代后期计划生育成就的一个佐证。

　　1990年人口年龄结构的梯度差异说明了经济发展的地区差异对人口年龄结构老年化倾向的影响程度在不断加深。但同时我们看到了不规则的人口年龄结构在1990年变得更加明显。这种不规则性是过往人口年龄结构的后续影响和现实人口政策短时影响复合交错的结果。但不规则的人口年龄结构很可能会对未来社会经济发展带来困扰，影响深远而且复杂。

　　世纪之交，我们看到了新一轮的人口转变。在整个20世纪90年代，人口转变以更稳健、更有效的方式进行着。2000年的人口年龄金字塔以塔部人口继续有序的收缩提醒我们，中国开始进入了低生育、低死亡、低增长的历史时期。而且这种趋势无论城乡都表现出了一致性。只是，市人口的这种趋势比镇人口更早出现，而镇人口的这种趋势比乡人口更早出现。这种"差序格局"进一步说明了经济因素对于人口转变的影响力。更重要的一个信号是：以2000年为起点，中国人口进入了老龄化国家的行列，而且在可预见的将来是一个不可逆转的态势。

[①] 参见国务院人口普查办公室、国家统计局人口统计司主编《中国第三次人口普查资料分析》，中国财政经济出版社1987年版，第54页。

从人口学的角度说,人口年龄结构变化的原因不外乎出生率、死亡率和迁移率组合所导致的人口变动。首先,出生率变化与人口老龄化。生育率下降一般总是使人口年龄结构老化,因为生育率下降使年轻人口在总人口中的比重下降,从而相对增加老年人在总人口中的比重,使人口老龄化。其次,死亡率变化与人口老龄化。死亡率的下降通过对年轻人口和老年人口的不同影响而使人口年龄结构年轻化或老龄化。再次,迁移率变化与人口老龄化。迁移流动对人口年龄结构的影响也是多面的。替代性迁移可以缓解一个开放人口的老龄化程度,而青壮年人口的不断外出可以导致短期内人口年龄结构的迅速老化。譬如,2000年的城乡差别就支持了这个观点。在今后一段时期里,乡村人口的外流导致的乡村人口的继续老化可能是我们始料不及的。

人口年龄结构的年轻化和年老化(老龄化)所产生的影响是不同的。不同年龄组人口的此消彼长对于人口生存与发展外部环境的影响是重要的。在今后,人口年龄结构变化的人口后果主要就是老年人口增长和劳动适龄人口增长高峰的出现,人口老龄化的主要压力来自老年人口增长的压力。无论是社会后果还是经济后果,表现在不同的时期,人口年龄结构的变化都有不同的社会经济效应,譬如人口年龄结构对当年上山下乡的影响。对人口压力的消解方式取决于特定的社会体制和文化,但追根溯源,来自人口年龄结构的影响是基本的。不同年龄组的人口有着不同的对社会的期待和需求,这决定了不同的人口年龄结构必然会产生不同的影响,包括人口年龄结构变化的人口后果(如年轻化、成年化和老年化)、社会后果(如性配失调、婚姻挤压等)和经济后果(如劳动供给和人口负担等)。

第九章　人口地理分布[①]

人口地理分布是人口发展过程在地理空间中的表现形式。作为一种社会经济现象，人口地理分布主要受到人们的物质生产方式、生产力发展水平以及生产布局特点的制约，而这一切在任何时候又都离不开一定的自然环境的基础。此外，历史发展的延续性也有不小的影响。

在以上因素的制约下，旧中国人口地理分布的主要特点是：

（一）人口集中于国土的东南半壁，人口分布极不平衡。著名地理学家胡焕庸1935年发表了题为《中国人口之分布》的论文[②]，第一次明确指出了中国人口分布的这一最显著的特点，文中提出的瑷珲（今黑河）——腾冲线，是体现从古至今中国人口分布地区差异性的一条最基本的分界线，其西北半壁地势高峻，气候干寒，占全国土地总面积64%，1935年人口仅占4%，而东南半壁地势低缓，气候暖湿，比重分别为36%和96%，二者的人口密度相差达42倍。

（二）人口地理分布主要受制于农业生产条件，体现出中国长期停滞于农业社会的典型特征。各地区的人口密度与垦殖指数、农业生产率和粮食产量关系非常密切，而非农业因素就全国范围而言，影响甚小，直到1949年按省区计算的全国人口集中指数，相对于粮食总产量和农业总产值，仍分别仅为0.0881和0.1011，在分布上已接近重合；对比之下，相对于工业总产值则高达0.3762，充分显示出生产力的不发达状态。

（三）社会经济发展缓慢，人口再分布缺乏健康的活力。旧中国绝大

[①] 人口地理分布包括地区分布和城乡分布两个方面，本章内容仅限于地区分布。此外，本章中有关各地区人口自然增长和人口迁移的数据，均为笔者根据多种资料作出的推算数。

[②] 胡焕庸：《中国人口之分布》，《地理学报》，1935年第2期。

部分人口均为农民,他们终身被牢牢束缚在一小块土地上,产业转移规模极小,人口分布有时竟形同死水。生活的极度贫困、人口压力再加上频繁的天灾人祸,虽然也常常迫使丧失土地和生计的农民背井离乡,所引发的人口再分布有时也会达到很大的规模（典型的如清末民初对东北和内蒙古的大移民大垦荒）,但缺乏健康的驱动力,社会成本是高昂的。

新中国成立后,社会经济环境的巨变促使人口地理分布在长期形成的基础上发生了一系列的变化,根据不同时期的发展特点,可将建国后50年划分为以下四个阶段。

第一节 新中国成立促成活跃的人口再分布（1949～1958年）

一 人口分布变动的基本态势及主要影响因素

1949年新中国成立后,经过三年恢复时期,于1953～1957年间顺利执行了发展国民经济的第一个五年计划。与旧中国相比,全国的社会经济面貌发生了翻天覆地的巨大变化。1958年农业总产值比1949年增长了0.9倍,工业总产值更猛增了7.67倍。同时,人口也由54 167万增至65 994万,年平均增长率达到2.22%。

人口与经济的发展速度均远远超过了以往的任何时期,并由此促成活跃的人口再分布。

根据人口再分布指数,可将本阶段分为前后两个时期,各设定为4年。前半期指1949～1953年间,大部分属经济恢复时期,全国人口再分布指数为0.01773;后半期指1953～1957年间,基本上属第一个五年计划时期,全国人口再分布指数为0.00908（参见图9—1）。

从图9—1可见,前半期中国的人口再分布十分活跃,人口再分布指数较后期超出近一倍。究其原因,主要是解放初期整个中国的社会经济环境以及国际环境发生了巨大变化,出现了一系列与人口变动直接或间接有关的新因素,但不同地区之间的差异很大,这一态势不仅对人口的自然变动很有影响,还引发了一系列不同类型的人口迁移,从而导致了较大规模的人口再分布。

首先,从人口的自然变动来看,在新老解放区之间和城乡之间,以及

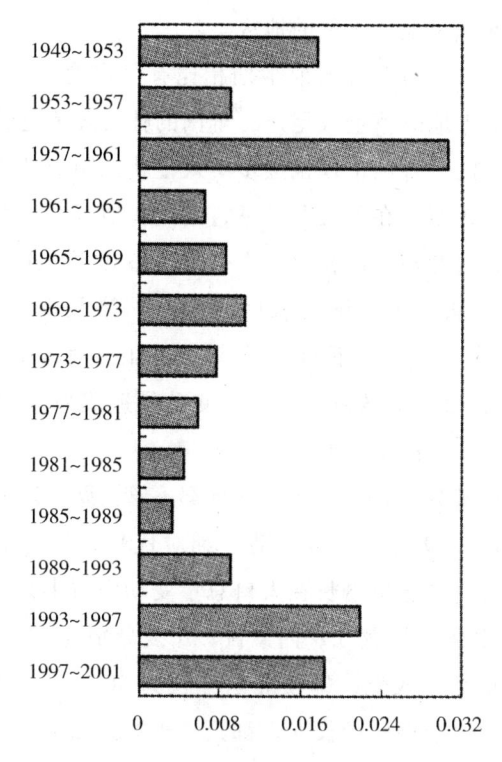

图9—1 中国按省区计算的人口再分布指数

在沿海、内地和边疆之间，差异十分明显。全国的大部分地区解放后社会形势迅速得到稳定，经济逐步恢复和发展，人民生活显著改善，由此促成人口出生率上升，死亡率下降，自然增长率大幅度提高。而另一些地区，由于解放较晚、匪患严重、地处边疆山区或原有基础太差等各种原因，恢复发展速度相对较慢，人口自然增长率提高的幅度即明显小于前一类地区。例如，1950年吉林省人口自然增长率高达29.30‰，天津市为22.64‰，对比之下，云南省仅为13.49‰，新疆更低至10.17‰，从而导致不同省区人口数量比例的显著变化。

前半期不同地区之间人口迁移的规模也很大，这在一个社会大变动的时期是十分自然的现象。其类型，除了由政府组织的干部和家属调动、工厂和工人迁移、救灾性移民等以外，由于土地改革实行的时间有先有后，以及政府尚未实施像后来那样的适当控制人口迁移的措施，故城乡居民的自发性迁移也占了很大的比重，吸引移民较多的除北京等大城市外，主要是一些解放较早或相对地广人稀的地区。

后半期全国人口分布态势与前半期相比有一定变化。在1953年，随着朝鲜战争结束和土地改革进入尾声，全国的社会环境更趋稳定，即使是一些解放较晚的地区，各项工作也逐步纳入正轨，国家开始执行发展国民经济的第一个五年计划。在此大背景下，全国各地区人文发展的某些差异性因素有所减小，致使与前期相比，人口出生率和死亡率均有趋近平均数的倾向。据计算，1954年全国各省区人口自然增长率的标准差为7.16（千分点，未含西藏自治区，下同），估计前几年更大（缺完整统计），而1957年仅为5.30，偏差明显减小，这一变动是造成后半期全国人口再分布指数大大低于前半期的重要原因。

中国由于人口基数大，历来人口迁移都不够活跃，除少数地区和少数时间外，人口变动一般均以自然变动占绝对优势，如1954～1958年间，全国仅有很少几个省区迁移增长在人口总量变动中占半数左右，其中青海占67%，新疆占56%，黑龙江、内蒙古、宁夏分别为53%、50%、46%，而其他省区该比重都比较低，即使北京亦仅为30%；一些人口净迁出的省区，净迁出量相比于自然增长，也都只是小数。因此，就整体而言，在中国人口分布格局的变动中，各地区人口自然增长率的差异一般都是主导性的因素，50年代也不例外。

后半期人口迁移仍相当活跃，一个重要的背景因素是国家于1953～1957年间执行了发展国民经济的第一个五年计划，开始了中国历史上史无前例的大规模基本建设，1958年掀起所谓"大跃进"的高潮，促进了人口的迁移。受当时国际形势影响，期内建设投资主要集中于北方和内地，如第一个五年计划限额以上厂矿建设单位合计有2/3分布在东北、华北、西北三个大区，而华东、华南和西南三大区只占1/3；全民所有制单位固定资产投资，按人口平均计算，前者合计比后者超出3倍，其中浙江省、贵州省与辽宁省相比，差额竟达13倍。再加上北方与南方相比，长期以来一直相对地广人稀（如1949年江苏省的人口密度比黑龙江省超过14.4倍，比内蒙古自治区超过65.6倍），所有这些都强有力地促进了人口再分布。

但期内也出现了一些抑制人口再分布的政策性因素。事实上，当新中国成立初期，百废待兴，户籍登记和管理制度尚处在草创阶段，不仅客观上难以控制人口的迁移流动，主观上也只有管理而没有控制的要求。因此当时中国人在法律层面上仍然享有选择居住地和进行人口迁移的自由，这一点在1950年11月召开的全国第一次治安行政工作会议的决议和1954年颁布的中华人民共和国宪法中都作了规定。

然而随着计划经济体制的确立，人口不受控制的自由迁移流动产生了一系列不相协调的矛盾，政府于是逐步增大了控制力度，如1953年4月17日中央政务院发出《关于劝止农民盲目流入城市的指示》，1957年12月18日中共中央和国务院又发出了《关于制止人口盲目外流的指示》。对比这两个指示，后者的强度和广度都大大超过前者。终于在1958年1月全国人民代表大会常务委员会通过了《中华人民共和国户口管理条例》，以法规的形式明确地把全国所有的人分为城镇户口和农村户口两大类型，对后者向城镇的迁移作了非常严格的限制。虽然如此，由于以上政策还处在制定和执行的初期，作用还不像后来的60～70年代那样大，因此有的学者认为："1949～1957年属于自由迁移时期"。[①] 这些再加上前述其他因素，均使得解放后的头七八年人口再分布一直相当活跃。

总起来说，1949～1958年间中国人口增长较快，人口分布变动也比较明显，期内对人口再分布影响较大的因素，概括而言，主要有以下几点：

（一）新中国成立所导致的社会经济形势的巨大变化；

（二）人口发展人文环境的地区差异很大，包括历史基础、生产力水平、人地关系；

（三）国家在计划经济体制下开始大规模建设，受国际形势和优先发展重工业的方针指导，生产布局对北方和内地有较大的倾斜；此外，国家对开发边疆也比较重视；

（四）政府的户口管理制度逐步建立，对人口迁移流动的控制由宽松渐趋严格。

以上因素既制约了中国人口再分布的强度，又引导了它的基本方向。其特点，一是向北方的倾斜，二是自沿海的退缩。综合起来，就是人口由国家的东南半壁流向西北半壁，由原先人口压力较重、收入偏低的人口稠

[①] 杨云彦：《中国人口迁移与发展的长期战略》，武汉出版社1994年版，第129页。

密地区流向压力较轻、收入较高的人口稀疏地区。

表9—1　　　　　中国六大区占全国总人口比重的变动（%）

地区	1949	1953	1958	1961	1965	1973	1982	1990	2000
华北	11.12	11.20	11.47	12.18	12.01	11.49	11.41	11.58	11.72
东北	7.40	7.54	8.06	8.90	9.11	9.07	9.06	8.79	8.44
华东	31.08	31.01	30.57	30.32	29.97	29.54	29.33	29.21	28.89
中南	27.66	27.13	26.85	26.67	26.76	26.87	27.09	27.58	28.24
西南	17.00	17.03	16.77	15.43	15.59	16.19	16.21	15.81	15.44
西北	5.74	6.09	6.29	6.58	6.56	6.84	6.91	7.03	7.27

资料来源：《中国人口统计年鉴》各年版，以下同此者均不再注明。

期内中国人口相对比重上升的省区大部分都位于北方，华北、东北、西北三个大区占全国总人口的比重均有所上升，合计比重由24.26%增至25.82%，增幅为1.56个百分点；其中位于最北部、紧连苏蒙边境的黑龙江、内蒙古和新疆三省区合计由3.94%升至4.74%，增幅为0.8个百分点，占了整个北方三大区增幅的一半以上，由此足见期内中国人口再分布对北方的倾斜度。而南方三个大区及其中的大部分省区，占全国的比重均有所下降，人口发展较迅速的只有一个江西省。1949年，不包括台湾、香港和澳门，中国大陆的人口分布重心位于东经113°47′20″，北纬32°20′47″，至1958年已到达东经113°50′，北纬32°28′17″，9年中向东大约仅移动了3′，向北则移动了将近8′。

从沿海与内陆地区的对比上看，期内地处沿海的河北、山东、江苏、浙江和广西占总人口的比重下降，福建和海南持平，全部沿海11个省区合计比重由42.38%降至41.68%，表现出对人口分布趋近于海岸位置的一般规律的背离，当时的国际形势显然与此有密切关系。

上述期间内，不包括三个老直辖市和西藏，中国各省区人口增长率与1949年人口密度的相关系数为-0.58，表现为一定程度的负相关。这说明原先相对的人口稀疏区人口发展较快，这些地区待开发的自然资源丰富，人口压力相对较小，人均收入也较高；而人口稠密区开发历史久，人口压力大，人均收入较低，发展则较慢。一般说来，人口再分布的方向总是由贫穷地区指向富裕地区，由开发潜力小的地区指向潜力大的地区，上

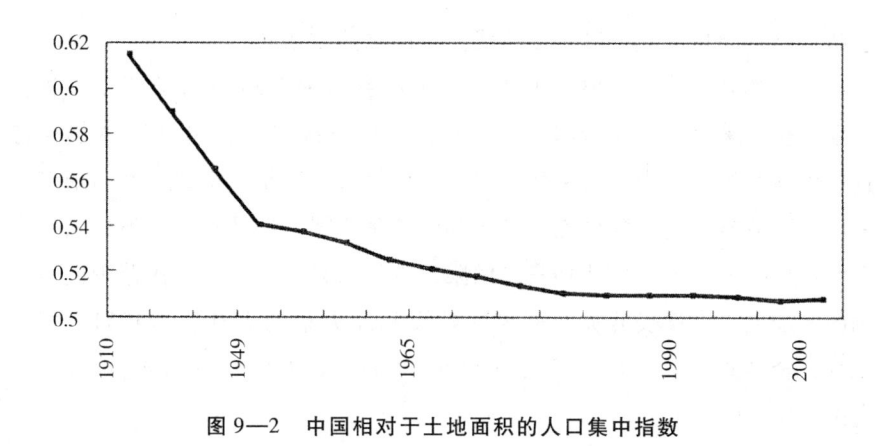

图 9—2 中国相对于土地面积的人口集中指数

述变动特点显然是符合这一规律的。通过不长时间的演变，中国人口分布明显地趋于均衡化，相对于土地面积的全国人口集中指数 1949 年为 0.5402，此后连续下降，1958 年已降至 0.5310（参见图 9—2）。这表明在当时农业社会的背景下，高度依赖于土地粮食承载力的中国人口分布，得到了一定程度的改善。

二 人口分布变动较突出的代表性省区

1949~1958 年间，全国人口年均增长率为 2.22%；31 个省区中，18 个高于平均增长率，人口比重有所上升。这些比重上升的省区连片分布于北方绝大部分地区，在南方仅作孤岛状分布，它们共同的特点是人均资源占有量大，收入较高，这一点在表 9—2 中可以看得很清楚。其中最突出的有：

——内蒙古。人口增长率居全国首位，占总人口的比重由 1.17% 增至 1.47%。该自治区解放较早，自然资源丰富，地广人稀，50 年代属于战略大后方，进行了大兴安岭林业基地和包头重工业基地等一系列重点建设，1949~1958 年间吸引了 180 多万省际移民，在纯增人口中占了将近一半。区内人口增长迅猛的主要是东北部林区、东南侧农区和包头—呼和浩特工业区，广大牧区增速相对较小。

——宁夏。增长率居全国第 2 位，比重由 0.23% 增至 0.29%。其居民中有许多回民，自然增长率一向较高。新中国成立后，特别是 1958 年宁夏回族自治区成立，外省移民大量迁入，9 年中净迁入约 40 万人，显著超过自然增长人数，进一步促成人口的高速度增长。

——黑龙江。增长率居第3位，比重由1.94%增至2.38%。该省自清末民初以来，一直是全国人口发展最快的省区之一，50年代继续保持这一增长势头。与内蒙古一样，黑龙江也具有解放早、资源丰富、地广人稀、地处战略大后方等特点，早在朝鲜战争之初，即从辽宁等地迁入了许多大工厂，第一个五年计划安排的限额以上项目之多，在全国范围内是少见的，加上大小兴安岭林业基地的建设和北大荒的大开垦（1954~1958年间，全省共开荒156万公顷），9年中净迁入200余万人，绝对数量居全国首位。

表9—2　　　　中国部分省区按几项指标排序的对比

排序	1949~1958人口增长率（%）		人均国民收入（元）				人均耕地面积（亩）	
			1952		1958			
1	宁夏	61.4	辽宁	405	黑龙江	211	内蒙古	11.1
2	内蒙古	59.7	黑龙江	367	辽宁	196	黑龙江	8.9
3	黑龙江	55.2	新疆	275	内蒙古	153	宁夏	8.3
4	青海	52.0	内蒙古	247	新疆	153	吉林	6.6
5	江西	46.3	吉林	213	吉林	141	甘肃	5.2
6	陕西	38.4	山西	193	河北	111	山西	5.0
7	新疆	36.0	青海	189	宁夏	107	新疆	5.0
8	辽宁	34.3	湖北	178	江西	104	陕西	4.5
18	安徽	23.0	江苏	138	安徽	78	云南	2.2
19	河北	22.8	湖南	137	湖南	78	广西	2.0
20	江苏	22.0	山东	117	河南	76	贵州	1.9
21	贵州	21.3	四川	115	陕西	75	福建	1.8
22	云南	20.9	河南	113	云南	63	四川	1.8
23	山东	19.9	云南	109	广西	62	湖南	1.7
24	河南	19.1	贵州	108	四川	59	广东	1.6
25	广西	17.1	广西	100	贵州	56	浙江	1.4

说明：三个老直辖市和西藏未参加排序。

资料来源：国家统计局编：《全国各省、自治区、直辖市历史统计资料汇编》，中国统计出版社1990年版。部分数据有增补。以下各表除另有说明者均同此。

——北京。新中国成立前是一个功能较单一的消费型城市。成为新中国的首都后，迅速发展为综合性的特大城市，除政府机关外，科学研究、高等教育、文化出版等事业非常发达，还兴建了许多工厂，干部、职工和学生因此大量迁入，人口增长率高居全国第4位。在1949～1952年间，因人口基数相对较小，迁移增长占了绝对优势，此后即转为以自然增长为主。

——江西。1949年占全国总人口2.52%，1958年达到2.91%，是黄河以南人口比重提升幅度最大的省区。其重要原因之一是该省在解放前的几十年中，受战争、疫疠等因素影响，人口减少了将近一半，成为江南突出的人口低密度区。新中国成立后人口的快速增长，带有一定的恢复性质，附近各省人口的大量迁入也起了推波助澜的作用。

在上述期间内，全国有13个省区低于平均人口增长率，其比重下降。它们差不多都位于南方，或者人均资源占有量小，或者收入低，人口压力都相对沉重。这些省区在地理上可组合为以下几片，其中每一片大体上都具有相似的人口变动特征。

——黄河下游片，包括河南、山东、河北三省。其人口增长率在全国分别居倒数第3、4、7位，合计比重由22.69%降至21.53%。三省开发历史悠久，人口压力重，自然灾害多，长期以来一直是中国国内人口迁移的主要来源地之一。加上地处中原，兵家必争，在抗日战争和解放战争中人力物力损耗很大，进一步增大了经济困难和人口外流的强度。政府为开发边疆，并缓解人口压力，也在三省组织了一系列各种类型的人口迁移，仅1955～1958年间组织山东前往黑龙江的垦荒移民就多达38万人，足见其规模之大。此外，各类自发性的人口迁移也持续不断，如由山东省流向东北，由河南省流向西北，由河北省流向北京、天津、内蒙古等。

——西南片，包括西藏、广西、四川、贵州、云南五省区。其中西藏期内的人口发展速度为全国最低。过去几百年中，由于社会经济的和自然的多种因素，西藏人口一直处于病态的停滞萎缩状态。50年代虽然已经和平解放，但尚未进行民主改革，人口发展的基本环境没有大的变化，死亡率高达28‰左右，与内地相差很大，再加上人口外流，均造成人口总量增长缓慢，其速度尚不及全国平均数一半。期内广西、云南、贵州、四川（不含现重庆市）的人口增长率分别居全国倒数第2、5、6、11位，合计占总人口的比重由17.35％降至16.78％。四省区大部分位于西南边疆少数民族地区，原有基础差，50年代不属于国家重点建设地区，落后面貌一时难以改变（如广西1950年人均国民收入相当于全国平均数60％，1958年仅为58％），均抑制了人口发展速度，并促成人口外流。云南和广西因人口死亡率高，期内自然增长率一直处于全国的下游。此外，四省区在抗日战争时均为后方，迁进不少外省人口，胜利后包括解放后，他们陆续返回，也有一定的影响。

——长江中下游片，包括湖北、湖南、安徽、江苏、浙江五省区。其共同特点是人口总量大，密度高，人口压力沉重。除武汉地区外，在50年代都不属于国家重点建设区，而1949年和1954年特大水灾的侵袭，更对人口与经济发展造成显著的不利影响。此外，人口迁出的规模也不小，如从安徽省、江苏省、浙江省迁往上海市，从湖南省迁至江西省、云南省、新疆维吾尔自治区等。

三　人口分布变动的社会经济效益

1949～1958的短短9年间，中国人口分布的一系列变动，总的来讲，都产生了良好的社会经济效益。

首先，人口再分布空前活跃，其强度之大是以往中国历史上所少见的。9年间中国大陆的人口分布重心向北偏东方向移动了14.1公里，年均达1.6公里，比过去近2000年间的年均0.5公里增大了两倍多。不少边疆地区的人口增长率都显著超过了第一次世界大战前后的高峰期。如近代以来全国人口发展最快的黑龙江省，在民国初期国内外移民大量涌入，1911～1936年间年平均人口增长率为3.68‰，而1949～1958年间则达到5％。内蒙古1912～1937年间年平均人口增长率为2.66‰，1949～1958年间竟猛增至5.34‰。青海、宁夏、甘肃、新疆等省区的人口发展速度也超过了以往的任何时期。

通过大规模的人口再分布，使得历来地广人稀的边疆地区得到了开发，这无论在政治上还是经济上都具有重要意义。中国人口对于国土东南半壁的集中度在一定程度上有所减小，就全国而言，人口分布明显趋于均衡化，这对一个当时尚处于典型农业社会的国家来说，无疑有利于协调人地关系，缓解人口压力，促进农业生产力的发展。上述 9 年中，全国耕地总面积增长 14%，黑龙江和内蒙古则达到 30%，这两个省区新增的耕地按全国人口分摊，人均达 0.15 亩之多。黑龙江省东北边境的三江平原，面积 7.5 万平方公里，到解放初许多地方仍是万古荒原，抚远、饶河、萝北等县人口密度仅在每平方公里 1 人上下；经过大移民大垦荒，至 1958 年建起几十个大型农场，不仅成为国家重要的商品粮基地，在巩固边防上也发挥了积极作用。

与人口高速增长区形成对照的，是原先的人口稠密地区大多人口发展相对缓慢，数以百万计的移民迁出，一些农业基础差、自然灾害频发的地区，人口迁出强度较大，如河南省的商丘、开封、新乡等地区，山东省的菏泽、聊城等地区，对减轻人口压力、促进休养生息是有利的。

从 1953 年起，国家开始进行大规模的经济建设，在这个过程中人口再分布起了必不可少的保证作用。北京、黑龙江等重点建设地区，人口增长快，一大批骨干城市在原先工商业基础薄弱的地区迅速兴起，典型的如黑龙江省的齐齐哈尔市解放初仅 16 万人，市内无大工业，后从辽宁省迁来了第一机床厂、第二机床厂、车辆厂等一批大工厂，又新建了第一重型机器厂、北满钢厂、热电厂等多项重点工程，1957 年人口已发展到 57 万人，成为中国北方重镇。又如内蒙古的包头市，解放初人口仅 8 万，随着包头钢铁公司、第一机械厂等重大项目的建设，移民大量迁入，1956 年迁移增长率竟高达 53%，即一年内迁入的人数相当于全市原有人口的一半还多，至 1958 年总人口已达 60 余万。类似的还有兰州、宝鸡、银川、呼和浩特、洛阳、石家庄、伊春、佳木斯、鸡西等一大批城市，它们在分布上基本都具有偏向北方、偏向内地的特点，从而对中国的城市地理和工业地理产生很大影响，在一定程度上改变了旧中国工业布局和城市人口分布过于集中在东南沿海的畸形状态。例如，1949 年黑龙江、内蒙古、青海、宁夏四省区的工业总产值合计仅略多于江苏省的半数，而到 1958 年即已超过了江苏省。很明显，上述变化既适应了当时的国际形势，也有利于改变落后地区面貌，促进区域经济的协调发展。

第二节 经济困难时期人口分布不正常的波动(1959～1961年)

一 暂时经济困难对不同地区经济形势的影响

20世纪50年代末至60年代初，由于重大的政策失误等原因，中国的社会经济发展遭遇了罕见的挫折，生产力水平大幅度滑坡，1962年与1959年相比，国民生产总值下降了32%，其中粮食产量与1958年相比，1959年减少15%，1960年、1961年两年更高达28%左右，从而造成了人口总量锐减等一系列的严重后果。应该指出，粮食生产在短时间内出现如此巨幅的下跌，除了苏联、东欧国家和一些发展中的小国外，在现代世界上是十分罕见的。例如，近30年来美国在1986～1988年间也曾有连续3年的粮食减产，但最大跌幅不超过14%，且属于过剩下的减产；在人口多、幅员广的发展中国家中，印度和巴西粮食生产的最大跌幅为5%，印度尼西亚则仅为2%；就新中国自身而言，除了三年困难时期外，粮食产量的最大跌幅亦仅为6.9%（1985年）。由此足以反映这次经济困难和粮食大减产的极端严重性。

虽然这次暂时经济困难是全国性的，但不同地区之间在影响程度和持续时间上仍有很大的差异。国民经济的下降除安徽、湖北、广西、四川4省区早在1958年即已开始外，大部分省区开始于1959年或1960年，并于1961年或1962年跌至谷底（仅河北、湖南两省直到1963年才见底）。其下降幅度以云南省的18%为最小，江西、江苏两省的20%次之，其他省区则普遍达到1/4、1/3到1/2，辽宁省竟超过60%。就全国而言，相对于工业、建筑业、交通运输业50%～70%的巨大跌幅，农业生产仅下降了26%。然而，"民以食为天"，粮食是人类生存发展最重要的物质基础，其产量及供应水平在当时情况下对中国各个地区的人口态势具有压倒一切的决定性影响。因此，以下着重从粮食产量变动和人均占有水平对除三个老直辖市和西藏以外的各个地区作一些分析：

粮食生产形势稍好的省区，包括江西、内蒙古、云南、吉林、黑龙江、新疆和浙江，人均粮食产量跌到谷底时仍达到250～300公斤，折合成品粮每人每天不少于1斤，大体上可以满足生理需求。1960年前后这些省区的粮食生产也出现了下跌，但其幅度多小于全国平均数，其中江西、云南和新疆是除西藏外（不降反升）各省区中降幅最小的。黑龙江、内蒙古等降幅虽然不小，但原有基数大，暴跌后在国内仍居上游。上述各省区绝大部分都属于前一阶段农业生产发展较快的人口导入区，无论就增产粮食还是减轻其他地区人口压力而言，在经济困难时期都对国家作出了宝贵的贡献。

表9—3　　　　　　　1960年前后中国各省区粮食生产形势

地区	粮食产量变动（%）*	人均粮食产量（公斤）1958	1961*	变动	地区	粮食产量变动（%）*	人均粮食产量（公斤）1958	1961*	变动
河北	-29.3	226.3	156.4	-69.9	湖北	-25.6	318.1	231.8	-86.3
山西*	-27.1	288.3	200.1	-88.2	湖南	-34.6	337.4	221	-116.4
内蒙古	-28.7	502.1	292.3	-209.8	广东*	-16.6	292.4	235.8	-56.6
辽宁*	-48.6	289.3	142.3	-147	广西	-15.1	270.5	227.2	-43.3
吉林*	-25.4	418.2	256.5	-161.7	海南*	-22.7	262.1	191.3	-70.8
黑龙江	-45.9	577.2	256	-321.2	四川	-48.6	442.5	176.6	-265.9
江苏	-19.9	267.4	212.9	-54.5	贵州*	-39.8	309.6	186.7	-122.9
浙江	-17.1	311.4	248.9	-62.5	云南*	-10	285.5	257.1	-28.4
安徽	-28.9	262.8	208.6	-54.2	陕西	-26.8	282.5	192.2	-90.3
福建	-27.4	302.5	204.1	-98.4	甘肃	-42.6	268	158.9	-109.1
江西*	-8.5	352	304.2	-47.8	青海	-33.1	272.4	170.2	-102.2
山东*	-32.3	227.1	157.1	-70	宁夏*	-32.9	373.3	221.3	-152
河南	-45.9	258.5	142.3	-116.2	新疆	-11	344	249.9	-94.1

说明：有*者为1958～1960，无*者为1958～1961，1960或1961分别为这两类省区粮食产量的低谷年。

粮食生产形势较差的省区，包括广东、湖北、广西、宁夏、湖南、江苏、福建和山西，人均粮食产量跌到谷底时在200公斤至235公斤之间，折合成品粮每人每天不足1斤，已出现明显的营养匮乏，其中部分地区达到严重的程度。上述省区原有的人均粮食产量在国内属中下水平，但50

年代末、60年代初农业减产的幅度一般略小于平均数，因而未成为"重灾区"。

粮食生产形势很差的省区，包括安徽、陕西、海南、贵州、四川、甘肃、山东、河北、河南和辽宁，除安徽外，人均粮食产量跌到谷底时仅为142～192公斤，折合成品粮每人每天远不足1斤，已属于全局性的严重营养匮乏。上述省区的农业生产在1960年前后都发生了暴跌，短短两三年内，四川和辽宁的粮食总产量下降了48%，河南下降46%，甘肃下降43%，贵州下降40%，已明显低于甚至大大低于战火纷飞的1949年，按人口平均比1949年差得更多，均达到了非"大崩溃"三字不足以形容的程度。安徽与其他省区相比有一点特殊性。该省1961年人均粮食产量跌到谷底时为208公斤，但作为主粮的稻谷和小麦与农业生产连续大滑坡前的1957年相比，下降幅度极大，全赖甘薯等杂粮才减小了粮食总产量的跌幅；但甘薯营养价值不高，且折算为粮食产量时有一定的"水分"（1964年前4折1，此后为5折1），因此粮食供应的困难与其他几省相比并不稍逊。

二 经济困难对不同地区人口自然变动和人口迁移的影响

暂时经济困难造成的最严重最直接的后果就是人口出生率锐降、大量的非正常死亡和人口总量的负增长。据《中国人口年鉴》数据，1959年、1960年、1961年中国人口的自然增长率分别为10.19‰、-4.57‰和3.78‰，3年总人口净减135万（实际上如根据1964年第二次人口普查数据回溯，应分别约为9.8‰、-26.6‰、-5.0‰，净减1486万人[①]），与50年代中期自然增长率20‰～24‰的正常水平相比，负增长的态势十分明显。但此种变动在不同地区之间差异很大，据统计，50年代中期全国人口自然增长率的省区差异相对于解放初期已显著减小，1957年标准差仅为5.30‰，但此后即逐年扩大，1958年为6.62‰，1959年为9.85‰，而1960年竟跃增至20.91‰（见图9—3），正是这种差异成为影响期内全国人口分布格局的主要因素。

根据1960年前后人口自然增长率的变动情况，可以把除西藏以外的

---

① 许涤新主编：《当代中国人口》，中国社会科学出版社1987年版，第9页。

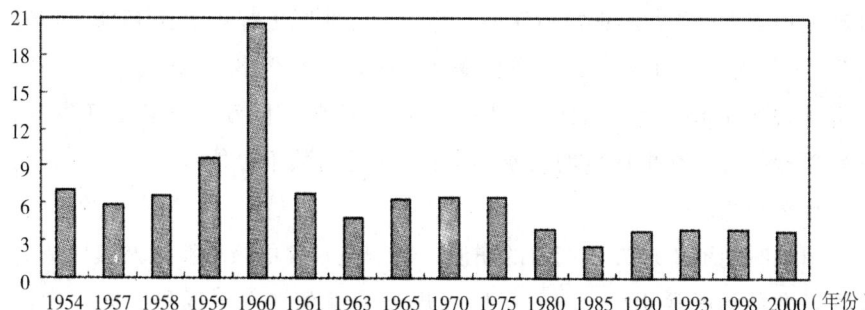

图 9—3 中国各省区人口自然增长率的标准差（千分点）

各个省区区分为以下几种类型：

（一）自然增长率显著下降，但仍为正数。包括北京、上海、天津、山西、内蒙古、吉林、黑龙江、浙江、福建、江西、陕西和新疆，合计约占全国总人口 1/4。其自然增长率降至最低时除少数几省在 7‰ 上下外，一般都高于 10‰，与前期正常水平相比，大约降低了 1/2～2/3，人口出生率的下降和死亡率的升高均尚属温和。此类省区中的三个老直辖市在粮食供应上可能多少受到国家的一点"照顾"，其他省区大部分都拥有较充裕的土地承载力，人均占有的耕地面积和粮食产量在全国居于最前列。浙江、福建两省特别是其民间，有一定的经济实力，又毗邻江西这一相对的粮食富裕区，均增大了承受能力。

（二）自然增长率大幅度下降，已接近零增长和负增长。包括河北、广东、江苏和宁夏，合计约占全国总人口 18%。其中宁夏类似于内蒙古和新疆，尚有一定的土地承载力的基础；其他三省均位于东部沿海，属经济大省，工业较发达，且毗连北京、天津、上海或香港，彼此之间有着千丝万缕的联系，这些因素均有助于减轻损失。

（三）自然增长率巨幅下降，出现不同程度的负增长。包括其他十几个省区，其人口合计占全国 57%。这些省区的人口负增长一般持续约 1 年，湖南、广西、贵州和青海为 2 年，四川则长达 3 年。负增长的幅度以 1960 年安徽省的 -57.2‰ 和四川省的 -42.24‰ 为最大。当然，实际情况可能比这些统计数据（部分已经过调整）所反映的更严重。如安徽省，1953 年第一次人口普查的总人口为 3 004 万，而 1964 年第二次人口普查的 11 岁及以上人口只剩下大约 2 240 万，11 年中的损耗率超过 25%，远远超过年均 1% 左右的正常损耗率，超出部分实际上都集中在 1958～1961 的 3～4 年内，由此推计，负增长率将比统计数高得多。当然其中包括了一部分省际迁出，但考虑到当时周边地区的情况（除江西省和浙江省外，安徽邻近各省全部出现负增长或零增长），迁出数不可能很大，大部分仍属于自然损耗。

困难时期不少地方生产力的崩溃，特别是粮食的极端匮乏及其所造成的人口大量不正常死亡，引发了巨大规模的逃荒性人口迁移。据《中国人口统计年鉴》的数据，1959 年和 1960 年中国迁入人口和迁出人口合计的人口迁移总量分别为 6 005 万、6 515 万，比正常水平的 1957 年增加了 670 万和 1 180 万。全国旅客周转量的激增也反映出人口的大流动：经济"大跃进"的 1958 年为 572 亿人公里，而 1959、1960 和 1961 年竟分别激增至 712 亿、883 亿和 1 105 亿人公里，增加幅度依次为 25%、54% 和 93%，其中 1961 年的水平直到 10 年后才重新达到，由此足以反映经济大滑坡下人口迁移流动激增之不正常。

农民大量外流逃荒无疑增大了社会上的不安定因素，引起了政府各部门的高度重视，其基本的指导思想就是要对大量的外流逃荒严加限制。1959 年 2 月发布的《中共中央关于制止农村劳动力流动的指示》即要求"在农民盲目外流严重的地区，必要时应在交通要道派人进行劝阻，对已经流入城市、工矿区而未找到工作的农民，应组织临时工作机构负责收容和说服动员，尽速遣返原籍"。为此，各地都普遍成立了劝阻农民盲目外流办公室、收容站、遣送站等，但直到 1962 年夏秋，部分地区农业生产形势稍有好转，外流强度才有所减弱。

由于户籍登记管理体制的不完善（尤其是在边远的农村和山区），以及一些地区为粉饰太平，把一部分死亡人口报为迁出人口[①]，因此有关三年困难时期各省区人口迁移的现有统计数据是不准确的。表 9—4 的数据来源于户籍统计，其中问题显然不少。3 年全国总人口据统计约减少 135 万，实际可能达到 1 486 万；全国人口净迁移量为 -369 万，实际上迁至境外的只有几十万人，而不可能更多，据此可以推断期内全国人口的自然减少大约为 1 450 万人。然而，如要按这种推断对各个省区的自然增长和

---

① 《中国人口》丛书，青海分册，中国财政经济出版社 1989 年版，第 179 页。

迁移增长进行逐项的修正，在定量上又缺乏足够的依据。因此，以下主要还是用户籍统计的数据对各省区的情况作一些分析，就大部分省区而言，误差应该说不会很大。

表9—4　　　1959~1961年间中国各省区人口年均增长率排序（‰）

地区	纯增率	自然增长率	迁移增长率	地区	纯增率	自然增长率	迁移增长率
新疆	70	13	55	浙江	7	12	-4
黑龙江	67	19	46	河北	4	6	-1
内蒙古	57	18	37	湖北	3	8	-5
北京	45	20	23	江苏	-1	4	-5
吉林	34	17	16	云南	-3	3	-6
陕西	28	14	13	广西	-4	-2	-2
海南	26	12	14	河南	-10	1	-10
天津	23	15	7	山东	-10	-2	-7
福建	23	12	11	湖南	-15	-1	-14
上海	21	19	2	贵州	-16	-3	-13
江西	19	12	7	青海	-19	-8	-11
山西	18	12	7	甘肃	-25	-7	-19
宁夏	18	4	13	西藏	-38	*	*
广东	12	9	3	四川	-38	-31	-8
辽宁	9	12	-3	安徽	-43	-17	-27

* 缺数据。

根据表9—4数据，1959~1961年这3年中全国有18个省区总人口保持增长，其中湖北、河北两省增幅很小，可以认为是零增长，其余省区基本上都属于前一阶段全国的人口高速增长区及主要的人口迁入区，它们的粮食生产或供应形势在全国范围内是比较好的（由于国家对商品粮的调拨和自国外的进口，一个省的粮食产量和供应量并不相等），这一点通过表9—3与表9—4的对比可以看得很清楚。其中新疆、黑龙江、内蒙古、北京等省区市仍延续前9年的势头，人口大幅增长，在全国范围内也显得非常突出。这几个省区的共同特点是人口自然增长率与前期相比下降相对温和，而人口的迁入则十分强劲。这既与土地和经济承载力有关，由前期大移民引发的"链式迁移"也起了不小的作用。

据统计，新疆在上述3年中合计净迁入96万人，竟相当于1958年全自治区总人口的16%，其中建于1954年的新疆军区生产建设兵团占了很大比重，兵团总人口在1958年为38.5万，到1962年已猛增至86.2万，增量中大部分都属于外来移民。

黑龙江省在1959~1961的3年中净迁入的人口合计高达236万，数量之大在该省历史上也是空前的，对比之下，同期内全省自然增长仅为97万人。除了因粮食相对富余吸引了大量外省自发性的逃荒农民外（1959年仅流入哈尔滨市的外省农民就多达13万人），政府为进行重点建设而组织的计划性移民规模也不小，这在当时的中国确是十分少见的。如1960年大庆油田大会战，7万多人从全国各地"万里赴戎机"；此外，前往大兴安岭林区、北大荒各农场以及几大煤矿的移民也很多，仅牡丹江和合江两大农垦局在1959年就从山东省吸收了5万多支边青年。

对内蒙古的移民在1959年和1960年也达到了历史上无出其右的高峰，两年净迁入共162万人，竟相当于自治区总人口的16%。期内包钢等重点工程进入了投产期，职工大量迁入，1960年包头市人口已接近百万，比两年前猛增了0.5倍以上。而逃荒型农民流入的规模则更大，仅1959年和1960年上半年得到政府安置者即多达70万人，他们大部分来自河北、山西、山东、辽宁等省。进入1961年，由于政府对工业和基本建设开始实行大调整的方针，再加上农业显著减产，对内蒙古的人口迁移出现了前所未见的大退潮，人口总量也出现负增长，长达半个多世纪的大移民史就此画上了句号。

北京市在1959年和1960年为了建设强大的工业基地和科学技术中心，再加上十年大庆等因素，人口也出现了高速度增长，两年增加了100万人，其中来自外省区的净迁移即多达70万人，明显超过以往任何一年。这种强劲势头明显脱离当时全国总的经济形势，1961年开始大调整后，北京市无论人口总量还是人口迁移都出现了负增长。

1959~1961年间，全国有12个省区人口总量减少，它们多是名列前茅的人口大省，从而对全国人口态势和人口分布格局产生深刻影响，其中负增长幅度最大的当首推安徽、四川、甘肃、青海和贵州。

安徽省在上述3年中总人口共减少约460万，减幅超过13%，是全国最高的，其中又以阜阳、宿县、六安、巢湖、宣城等几个地区最为严重。人口的减耗主要集中在1960年，一年内全省减少了360万人，减幅高达10.5‰。据估计①，这一年约有近100万农民外出逃荒，以此推计，自然减耗在260万人以上，自然增长率超过-80‰（报表统计数为-57.2‰）。

四川省一向被称为"天府之国"，农产品相当丰富，直到1958年人均粮食产量在全国所有省区中仍高居第3位，粮、油、肉、果等大量外调。但此后农业生产即大幅滑坡，3年中粮食减产了一半，减幅是全国最大的，加上在这种情况下，仍坚持向外省调运粮食（1959年四川省粮食总产量比1958年暴跌三成，粮食收购量却增加20%），结果酿成大灾荒，且持续时间很长，致使人口遭到严重损失。据统计，仅1960和1961两年，全省就减少了大约440万人，减幅达6%以上，其中绝大部分都属于自然减耗，省内的涪陵、乐山、万县、达县等地区损失尤为严重。

青海、甘肃两省在前一阶段移民大量迁入，人口发展速度位居全国之前列。从1959年起粮食连续几年大幅度减产，按人均计算跌到了全国最低水平，由此导致严重的负自然增长，移民也出现大退潮。如青海省1961年一年即净迁出37万余人（报表统计数，可能偏高），竟相当于全省总人口的15%。迁出人口中有很大一部分是前几年从外省区移入的农业垦荒型移民，由于在海拔3 000米的高原上不具备大规模垦殖的条件，很多地方种下庄稼连种子也收不回来，致使这类垦荒型移民基本上全部以失败告终，不仅虚掷了大量的人力物力，还严重破坏了草原生态环境。甘肃省在1960~1961年间也有几十万人迁出，除前期移民纷纷返回外，本省不少地方也有许多农民为逃荒而流向新疆、陕西、内蒙古等省区；此外，为解决城市人口缺粮问题，政府还动员干部职工到外省区"以工就食"，酒泉钢铁基地人差不多都走光了，兰州市也走掉1/10以上。到1961年底，青、甘两省总人口分别比1959年下降了18.7%和9.4%，其中青海省的玉树自治州和黄南自治州，甘肃省的武都地区、张掖地区和甘

---

① 《中国人口》丛书，安徽分册，中国财政经济出版社1987年版，第79页。

南自治州跌幅更大。

贵州省在旧社会被称为"地无三尺平,人无三分银",是中国突出的穷省,新中国成立后情况有很大改善,但从1959年起也遭遇到十分严重的经济困难。因底子薄,交通闭塞,更加重了损失,1961年总人口比1959年减少了7%。这些损失主要集中在遵义地区、毕节地区、黔东南自治州等地,其中湄潭县、金沙县等是全国突出的"重灾区"。

三 三年困难时期,中国人口分布格局的变化

三年困难时期,中国各地区的人口再生产和人口迁移态势均发生了激剧变动,其幅度或强度远远超过了前一阶段。在一部分省区继续保持人口高速度增长的同时,另一部分省区却出现了大幅的负增长,地区差异迅速扩大。1949～1958年间,全国人口年均增长率最高最低的省区之间相差3.82个百分点,而1959～1961年间竟剧增至11.47个百分点;全国人口再分布指数达到了近几十年无出其右的最高峰值(见图9—1),比解放初期增大约1倍,比50年代中期更增大了近2倍。这些都促使中国人口分布格局在短时间内发生了很显著的变化。导致这种显著变化的原因,既不是人口转变过程中受社会经济环境制约而出现的地区差异,也不是由生产力发展和产业结构调整促成的人口迁移和流动,因而可以认为是特殊背景下产生的一次不正常的波动。

期内人口分布格局变动最引人注目的特点,是中国的北方地区在前一阶段的基础上人口继续以较高速度增长,新疆、黑龙江、内蒙古、北京、吉林和陕西竟囊括了全国人口增长率的前六名,这6个省区占总人口的比重由1958年的10.4%锐增至1961年的12.0%。此外,位于北方的天津、山西、宁夏、辽宁和河北等省区比重也小有上升。期内另一片人口发展较快的地区位于国土的东南部,包括海南、福建、上海、江西、广东和浙江6个省市,1958年它们合计占总人口16.2%,1961年已增至17.0%。

位于以上北片和东南片之间的广大地区,在经济困难时期都承受了比较严重的人口损失,出现过1到几年的人口负增长,占全国总人口的比重均有所下降,如安徽省1958年占5.2%,1961年仅为4.5%。

此期内全国人口增长较快的地区主要位于北部尤其是东北部,以及东南部,因此中国大陆人口分布重心出现了向着东北方的快速移动。1958

年该重心位于东经113°50′，北纬32°28′17″，而1961年已到达东经114°，北纬32°38′38″，短短3年时间内向东移动了10′，向北移动了10′20″，平均每年向东北方移动达8.1公里，速度比人口再分布相当活跃的1949~1958年间的1.8公里快了3倍多。

与前一阶段一样，1959~1961年间对中国人口分布格局的变动起了基本制约作用的依然是土地的粮食承载力，其作用强度甚至变得更大了，这一点从相对于土地面积的全国人口集中指数上可以看得很清楚：1958年该指数为0.5310，1961年降至0.5238，年均下降速度比前9年快了1倍。人口再分布显著缩小了中国粮食生产的地区差异，除3个直辖市和西藏外，1958年各省区人均粮食产量的标准差为83（公斤），而1961年仅为44。所有这些都充分说明此期内中国人口分布在前一阶段已明显趋于均衡化的基础上，又急切地走向更大程度的均衡化，以获得人与土地或粮食承载能力之间的最低限度的平衡，充分显示出生产力水平低下的农业社会的基本特征。处在能否维持人的生理存在这样一条临界线附近，其他影响人口分布的因素都是次要的。

第三节　政策因素促使人口分布重心移向内地边疆(1962~1978年)

一　中国人口自然变动的地区差异有所扩大

1962~1978年间总的说是中国政治运动频繁、生产力发展缓慢的时期，尤其是"文化大革命"的发动使全中国遭到了一场持续时间长达10年的浩劫。经历了三年困难时期，中国的国民经济于1962年跌至谷底后通过一系列的政策大调整开始得到恢复，并在1965年重新达到1959年的水平。1966年"文化大革命"开始后，经济一直发展缓慢，并几度出现下滑。1976年与1965年相比，国民生产总值年均增长率为5.6%，按人口平均仅为3.2%。若与1959年相比，则分别仅为3.9%和1.8%，与先进国家的差距日趋悬殊。

与经济发展的缓慢形成鲜明对照的，是期内大部分时间中国人口的高速度增长。首先，三年困难时期后出现了持续3~4年的补偿性生育高峰，不少地方人口出生率达到了60‰左右的人类生理极限，全国平均的自然增长率也达到了28‰~33‰这一历史最高峰值。此后,"文化大革命"的爆发使全国许多地方长时间陷入事实上的无政府状态,并导致生育失控,平均自然增长率连续数年保持在25‰左右的高水平上,人口压力日趋沉重,其突出表现就是直到1977年全国人均口粮亦仅相当于1955年的水平。①

以上背景从总的来讲对于中国的人口转变进程起了延缓的作用,但这一进程在不同地区之间的差异却明显地趋于增大。从各省区人口自然增长率的标准差来看,1957年为5.30,经三年困难时期显著增大后,到1963年缩小至4.86,此后又有所增大,60年代中期到70年代中期一直高达6.30~6.50。1957年全国各省区自然增长率最高最低之间的差额是22.4个千分点,而1970和1975年则分别扩大至31.3个千分点和25.2个千分点。

导致上述省区差异明显增大的主要原因有以下几点:

(一) 新中国成立初期的人口再生产形势。受不同的社会经济环境影响,解放初各省区人口再生产形势的差异是不小的,如上海市自然增长率高达30‰~35‰,而新疆仅在10‰左右,在人口转变上明显属于不同的阶段。由于这一时期出生的人口到70年代将陆续进入婚育期,所表现出来的人口增长惯性有很大的差异。

(二) 补偿性生育高峰的高度和宽度。三年困难时期各省区的人口损失有大有小,这一点与随后出现的补偿性生育高峰有着直接的关系。损失较小者,如上海市和内蒙古自治区,生育高峰的峰值较低,波幅也较窄;而损失较大者,如安徽、青海等省,则是峰值高,波幅宽,对随后若干年的人口再生产影响很大。

(三) 计划生育的政策性差异。进入60年代,计划生育逐步提上了政府的政策层面。但在不同地区之间,无论政策要求,还是执行强度,差异始终都很大。1960年4月全国人大通过的《1956~1968年全国农业发展纲要》第29条规定:"除了少数民族的地区以外,在一切人口稠密的地方,宣传和推广节制生育。"1962年12月中共中央和国务院发出的《关于认真提倡计划生育的指示》中进一步明确要求"在城市和人口稠密

---

① 胡乔木:《按经济规律办事,加速实现四个现代化》,《人民日报》,1978年10月6日。

的农村提倡节制生育。"这种不同地区之间的政策性差异，在此后的很长时间里一直保持下来。再加上其他一些主客观因素，如民族结构、人口密度、生产力发展水平等，进一步加大了地区差异。

（四）人口迁移的不同影响。1962～1978年，中国人口迁移的基本方向一直是由东部沿海地区尤其是其中的城市，指向内地和边疆，不仅持续时间长，强度也比较大，从而直接影响到迁出区和迁入区人口的自然变动。典型的如上海市，人口自然增长率从1964年起直线下降，到70年代中期距零增长已是咫尺之遥，与大强度的人口迁出关系至密。

正是以上这些因素交叉渗透的影响，使中国人口自然变动或人口转变进程的地区差异较50年代中后期明显有所扩大。据此，可将中国各省区划分为差异鲜明的三种类型（见表9—5）：

表9—5　　　　60年代至70年代中期各省区人口自然增长率的变动

地区	1963～1975 下降%	1975 (‰)	地区	1963～1975 下降%	1975 (‰)
北京	90.3	3.41	陕西	51.9	13.54
上海	85.3	3.42	海南	50.7	16.86
天津	77.9	7.35	内蒙古	49.7	16.51
河北	75.2	10.20	广东	46.2	16.85
辽宁	69.5	8.35	山西	42.3	15.37
江苏	61.4	12.05	四川	45.6	20.28
湖北	60.2	11.40	广西	43.3	20.76
浙江	59.8	13.18	福建	40.7	22.29
吉林	63.5	13.74	青海	36.2	23.71
安徽	61.6	16.45	宁夏	29.0	28.60
河南	57.7	15.09	贵州	28.6	26.99
甘肃	57.3	13.54	云南	28.1	20.86
山东	56.7	14.03	江西	12.9	25.97
湖南	54.9	16.70	新疆	5.3	24.36
黑龙江	54.7	16.54			

说明：西藏未列入。

第一类，其人口自然增长率大幅度下降，人口转变进程迅速，包括表9—5左侧从北京到吉林的9个省区，合计约占总人口29%。它们绝大部分都位于东部地区，工业化和城镇化水平居于全国的最前列，在三年困难时期的人口损失及其后生育高峰的影响均相对较小，但1963～1975年间（1975年比1978年更能反映本阶段的特点）人口自然增长率的下降幅度仍高达60%～90%，显著超过其他省区，到70年代中期都已降至3‰～13‰的较低水平，在全国是最低的，率先进入了人口转变的中后期。期内影响这些省区人口自然变动的一个共同的重要因素是计划生育工作开始得早，且强度很大；此外，人口多属净流出，影响也不小。

第二类，自然增长率有中等程度的下降，包括表9—5中间从安徽到山西的11个省区，合计约占总人口43%。在地理位置上它们大体上正位于第一大块的内侧，工业化和城镇化水平处在全国的中游，1963～1975年间人口自然增长率的下降幅度在40%～60%之间，到70年代中期大约已降至14‰～17‰。这两个指标在全国也属于中间水平。就期内影响人口自然变动的一些重要因素而言，属于第二大块的省区不仅彼此之间差异较大，而且一省内部也往往同时存在着几种因素影响力相互抵消的情况，不像第一大块那样，作用方向相同，容易形成合力；如黑龙江省，工业化和城镇化水平较高，对人口转变有促进作用，但外来移民的源源流入，又有所抵消。

第三类，自然增长率小幅下降，包括表9—5右侧从四川到新疆的9个省区，人口合计占全国28%。它们大部分都属于西部的少数民族地区，生产力发展水平低，计划生育的政策力度小，再加上生育高峰和人口迁入的影响，使其人口转变相对滞后。1963～1975年间人口自然增长率的下降幅度是全国最小的，如新疆仅为5%，与东部沿海地区相差极大；到70年代中期这些省区的自然增长率均高达20‰～29‰，处在全国的最下游，并由此形成长久的生育惯性，促成人口比重的持续上升。属于这一大块的福建、江西两省位于东部，不存在民族结构的因素，人口转变出现明显的滞后，看来很重要的原因就是计划生育工作的力度不够，成效不大；此外，江西省多年的人口净迁入，也有一定的影响。

二　人口迁移加快了内地边疆的人口发展速度

1962～1978年间是新中国人口迁移的低潮期，户籍统计中迁入迁出人口的合计数除1962年因前期外出人员回流、实行经济调整后开始大量下放城镇职工而达到4400余万人，其余年份一般仅在2 500万～3 500万人，"文化大革命"高潮期的1967～1969年更只有1 200万人左右，均与50年代中期的5 000余万人相差很远。从而显著减小了中国人口再分布的活力。

人口迁移陷入低潮的原因主要是经济发展缓慢，计划经济体制的某些弊病显露无遗。在这种情况下，政府部门更加强化了对于人口迁移流动的控制，1962年4月和12月公安部先后发出的《关于处理户口迁移问题的通知》和《关于加强户口管理工作的意见》，以及1964年8月国务院批转的公安部《关于户口迁移政策规定》，对此都反复作了明确规定。

但期内也进行了几次全国性的较大规模的人口迁移，其政策性和计划性都很强烈。一是适应"备战备荒"的要求在内地山区开始了"大小三线"的建设，移民大量迁入有关省区。二是"文化大革命"中各地搞了许多政治性的人口迁移，在其中规模最大的"知识青年上山下乡运动"中，迁移人数多达1 700万人。此外，尽管政府严加控制，由于农村经济长期萧条（1969年全国人均农业国民收入比1957年低12%），不少地方农民生活艰难，因此向着相对地广人稀地区特别是边疆地区的自发性人口迁移仍然保持一定的活跃度。

本阶段虽然人口迁移的总的规模和强度都不很大，但方向一直比较恒定，即始终由东部尤其是沿海地区迁往内地边疆，因此累加起来对全国人口分布格局的直接间接影响仍然是十分明显的。

表9—6反映了1964～1982年中国各省区的人口迁移态势，它是根据第二次和第三次人口普查数据及生命统计资料用留存法推算的，无疑比日常户籍统计具有更高的精确度。其时间跨度与本阶段小有不同，但所反映的基本态势是完全一致的。

从表中可见，同前述人口自然变动一样，期内中国各省区根据人口迁移态势明显地也可以划分为三种类型：

第一类，净迁入率较高，明显地加快了人口总量的增长，包括表9—6

中左侧由西藏到北京的11个省区。其中净迁入率居全国最前列的7个省区全部位于相对地广人稀的边疆，绝大部分属于少数民族地区；7省区合计占中国土地总面积60%，1964年的人口比重尚不足10%。从而非常清楚地反映出这一时期中国人口迁移主要的流向特征。

期内西藏的人口净迁入率在全国高居首位。主要是由于西藏自治区于1965年成立，此后社会经济发展较快，为适应这一新形势，从内地陆续抽调了一批干部、职工援藏；加上其他性质的移民，共迁入十几万人。而西藏原有的人口基数很小，故迁移率较高。新疆、黑龙江、内蒙古和云南等省区在1965年前后和"文化大革命"中安置了大批外省区的"知识青年"，仅黑龙江省安置的"知识青年"就有40余万。还有不少自发迁入的农民，虽然总的迁移规模和强度远不如1961年以前（净迁入率下降了九成左右，参见表9—4），但仍属于国内较重要的人口导入区。青海、湖北和贵州在当时属"三线"地区，有不少内迁工厂和新建的工程项目，人口迁入较多，如贵州省仅1964~1965年接受内迁工厂的职工和家属即达8万多人。安徽省在三年困难时期人口损失很大，生产有所恢复后，部分外流人员陆续返回，以后作为"小三线"和"知识青年"安置地，也接纳了不少外来移民。

第二类，有少量的人口净迁入，包括表9—6中间从陕西到湖南的9个省区。它们全部位于国土的中部，在60年代中后期多属于"三线"地区，基本建设投资比重较大，陕西省和河南省第三个五年计划（1966~1970年）全民所有制单位固定资产投资额均超过江苏、浙江两省的总和；期内在这一地带修建了纵贯南北的太原—焦作铁路、焦作—枝城铁路、枝城—柳州铁路，以及横向的湘黔铁路、襄渝铁路等，内迁或新建的单位很多，陕西省尤其突出，从而促成了人口的迁入。但由于农村的贫困，外流人口也不少，因此净迁入率是很低的。

第三类，人口净迁出，包括表9—6右侧从江苏到四川的9个省区，除四川省位于内地外，其余8省区全部属东部地区，人口稠密，其土地面积合计占全国1/10，人口比重却超过1/3。因濒临东部沿海，在当时的国际形势下，大部分省区长期未列入国家重点建设地区，不仅投资不足（1963~1978年间，江苏、浙江两省全民所有制单位固定资产投资额按人口分摊，不到全国平均数1/3），为了"支内"、"支边"，还陆续内迁了不少单位或职工，仅上海市此类移民每年即多达几万人至十几万人；辽宁省作为国家主要的重工业基地，内迁的规模也很大。此外，这些东部沿海省区，还是"上山下乡"的"知识青年"的最主要的来源地。虽然由于农村生活条件稍强于中西部贫困地区，因而吸引了一部分人口迁入，包括婚姻迁入，但总的来讲，上述地区在1978年以前仍一直是人口的净迁出区。

表 9—6　　　1964～1982年中国各省区的人口迁移态势
(1：年均净迁移率‰，2：净迁移人口占期内纯增人口比重%)

地区	1	2	地区	1	2
西藏	0.73	40.9	广西	0.07	2.6
新疆	0.52	17.2	河南	0.06	2.5
青海	0.36	11.6	天津	0.05	4.1
黑龙江	0.35	13.4	甘肃	0.04	1.7
内蒙古	0.26	10.6	湖南	0.03	1.2
宁夏	0.23	7.1	江苏	-0.03	-1.6
云南	0.21	8.5	浙江	-0.04	-2.1
安徽	0.14	5.4	吉林	-0.07	-3.7
湖北	0.13	6.9	广东	-0.07	-3.3
贵州	0.09	3.4	福建	-0.14	-5.7
北京	0.08	7.1	上海	-0.20	-38.8
陕西	0.08	4.2	山东	-0.20	-12.2
河北	0.07	4.3	辽宁	-0.21	-13.7
山西	0.07	3.9	四川	-0.31	-14.4

资料来源：杨云彦：《中国人口迁移与发展的长期战略》，武汉出版社1994年版。

人口特别是青壮年的迁出，还从婚姻和生育的方面影响到人口的数量及增长率，如北京市就因为人口迁移的原因，造成1963～1965年和1973～1976年两个结婚数量和结婚率的低谷，[1] 人口出生率随之也出现了同步的下降。当然，这一部分人口迁到外省区，由于迁移原因的特殊性和

---

[1] 《中国人口》丛书，北京分册，中国财政经济出版社1987年版，第301页。

时代背景的特殊性，很多人并没有在迁入地结婚生育的意愿，因此基本上未出现生育同步迁移的现象，这与正常情况下相同年龄段的人口迁移是有区别的。

和东部省区不同，四川深处内陆，60 年代中后期成为"三线"建设的"重中之重"，基本建设投资规模远远超过其他任何省区，接受内迁人员达 40 余万。但此种迁移造成了大量夫妻两地分居，再加上其他一些原因，因此其巩固率不高，进入 70 年代一部分人员又迁出了四川。进出相抵后，净迁移数并不大。而四川省内却存在着广大农村人口压力重、生活贫困的问题，且长期得不到明显改善，甚至还有每况愈下之势。1976 年全国农民平均消费水平比 1958 年上升 26%，四川省却下降了 10%，其人均收入已退居全国最下游，正是这种日趋沉重的压力，促使人口外流，其绝对数量和净迁出率在全国所有省区中均高居首位，川东川中丘陵山区尤其突出。值得注意的是，在外流人口中，婚迁的女性占了相当大的比重，她们的足迹遍及全国许多地方的农村。婚龄女性人口的大量迁出，既减小了四川省的人口总量，也抬高了同龄性别比，客观上降低了人口出生率。

三　人口分布格局的变化及其评价

对照表 9—5 和表 9—6，可以看到一个显著的特点，即除少数例外，1962～1978 年间人口自然增长率低、下降幅度大的省区，人口普遍净迁出；而人口自然增长率高、下降幅度小的省区，人口则普遍净迁入。这两种同向的作用力连续十几年叠加在一起，使中国人口分布格局发生了明显的变化，但变化的力度与 50 年代相比，已有所减弱。

根据全国按省区计算的人口再分布指数的变动，可以将这一时期划分为以下几个阶段：

1961～1965 年间全国人口再分布指数为 0.0066，大大低于前十余年。期内属严重经济困难后的恢复期，建设规模很小，政府为克服困难，以"壮士断腕"的决心"下放"了几千万城镇人口[①]，但这种"下放"基本上只涉及一个省区内部的城乡人口迁移，对全省总人口及全国按省区计算的人口再分布指数影响不大。从政策因素上看，期内政府对非计划性即民

---

① 冯同庆：《实际有惊但求无险》，《中国人力资源开发》，1995 年第 1 期。

间的人口迁移的控制愈加严格，加上从1962年起大力强调"以阶级斗争为纲"，随之在城乡普遍开展"社会主义教育运动"即"四清运动"，对人口迁移产生了很大的抑制作用。在人口自然变动方面，各省区都处在补偿性生育高峰，自然增长率的差异很小，1963年其标准差仅为4.86，大大低于前期。所有这些均抑低了人口再分布指数。

1965～1969年间全国人口再分布指数为0.0087，较前4年明显增大，期内"三线"建设大规模开始，不久"文化大革命"爆发，许多地方内乱连绵，客观上减弱了政府的控制力，所以这一阶段计划性的和自发的人口迁移都较前期活跃。此外，在度过补偿性生育高峰后，各省区受不同的社会经济环境影响，人口自然变动的差异逐渐增大，对人口再分布也有促进作用。

1969～1973年间全国人口再分布指数进一步增大至0.0104，促升因素主要是"知识青年上山下乡"等较大规模的人口迁移事件。当此类迁移浪潮渐趋平伏后，人口再分布指数即显著下降，1973～1977年间仅为0.0078。

受较高的人口自然增长率和迁移增长率推动，期内中国人口再分布的主要方向是边疆地区和少数民族地区，宁夏、青海、新疆、黑龙江、贵州、云南、海南、内蒙古和西藏1961～1978年间的人口增长率高居全国的前9位，它们合计占总人口的比重大幅度上升：1961年为12.4%，1978年已达14.0%。与50年代人口增长率领先的省区多位于北部相比，本阶段此类省区多位于西部，这无疑是一个引人注目的新特点。

期内中国人口再分布的次要方向是中部地区，它们占总人口的比重多少有上升。其主要原因是区内大部分省区在三年困难时期皆属"重灾区"，人口损失大，比重显著下降，进入本阶段后出现一定程度的恢复性增长，安徽、甘肃、四川、湖南、重庆、河南等都具有这种性质。此外，由"三线"建设带动的人口迁移也起了一定的作用。

由于自然增长率较低，再加上人口净迁出，期内东部特别是临海省区的人口增长率多处在全国的下游，其中上海、北京、天津、河北、辽宁、山东和江苏分列最末7位，17年中上海的年平均人口增长率仅为0.18%，与居全国第1位的宁夏的3.33%相差十分悬殊。1961年上述7省区合计占总人口27.8%，到1978年已降至25.2%，降幅是相当大的。位于内地的山西、陕西两省人口比重也略有下降，原因是它们在三年困难时期损失相对较小，恢复性增长的因素不像其他内地省区那样明显。

以上主要向着边疆的人口再分布态势，从省区的分析中可以看得很清楚，而如果从地市一级行政区进行分析，反映得就更清楚了。如果说50年代到60年代初中国人口向着边疆的人口再分布，是到达边疆省区的内地的话，那么本阶段则进一步推进到边疆的边疆。根据与本阶段在时间跨度上大体相近的第二次和第三次人口普查的资料，1964～1982年的18年间，中国边疆省区的人口增长率超过内地更超过沿海省区，而在边疆省区内部，边境或偏远地区又显著超过偏于内地的核心地区。如黑龙江省，位于边境的大兴安岭、黑河和合江三地区的人口增长率大大超过省内其他地区，尤其是哈尔滨、齐齐哈尔两市所在的本省核心区域，其中大兴安岭地区高达9.5倍，在全国范围内也遥遥领先；同样地，位于边境的新疆博尔塔拉州、塔城地区和阿勒泰地区增长率达1.3～1.5倍，内蒙古的呼伦贝尔盟和阿拉善盟达1.0～1.2倍，云南的西双版纳州和文山州达0.7～0.8倍，青海省的海西自治州达1.3倍，均显著超过本省区的其他地区。这些事实充分表明，中国人对于本国一切可以利用的地理空间的占有，已一步步走到了极限。

1978年，中国相对于土地面积的人口集中指数在经历了逐年的连续下降后，降到0.5102的历史新低点，比1961年降低了0.0146，显示中国人口分布在前一时期的基础上，又走向更大程度的均衡化。与前期一样，均衡化的基本动力还是对于土地和粮食承载能力的追求。到1978年，中国相对于第一产业增加值和粮食产量的人口集中指数也创下了显著低于新中国成立初水平的新低；如果把三个老直辖市去除，人口分布与农业和粮食生产的分布已接近于完全重叠。

在以上对本阶段中国人口再分布方向的分析中，还有一个特征很值得引起注意，那就是这个方向十分明确地表现出对于中国最大城市和经济中心上海市在地理方位上的背离。期内上海市几乎从不间断地承受着大强度的计划性人口外迁，自然增长率迅速降至很低的水平，致使人口发展速度远远低于其他任何省区，其中心市区还出现了全国罕见的人口总量绝对减少。在全世界处于和平时期的所有发展中国家里，也从未有过先例。期内从全国范围来看，人口增长率最高的9个省区正是距离上海市最远的9个省区，实际上，在各省区与上海市的距离和人口增长率之间，确实存在着相当明显的正相关，即与上海市相距较远者，增长较快，比重上升，相距较近者，增长较慢，比重下降。据分析，把北京、天津两直辖市和三年困难时期人口遭遇严重损失的安徽省除外，其余各省区1961~1978年间的人口增长率，和其省会与上海市的直线距离之间的相关系数竟高达0.6706，如果把宁夏由直线距离更改为实际的铁路运输距离，则相关系数将进一步达到0.70以上。这毫无疑问是一种明确的正相关。

对于上述的正相关现象应该如何看待呢？当然，首先要指出的是，上海市代表着中国现代生产力的最高发展水平，从上海市到周边地区再到遥远的边疆，发展水平渐次降低，这种由历史因素形成的社会经济环境的梯度或差距是一个客观存在，到一定阶段必然会对人口转变进程产生深刻影响，并在人口的自然变动上反映出来。应该说，这一点是出现上述正相关现象的首要的原因。但也要看到，60~70年代特殊的政策背景对于中国人口转变进程的地区差异确也起了扩大的作用，使得正相关出现得竟然如此地明确。

其次，需要指出的是，对于生产布局、城镇化和人口再分布等重大国策，中国政府部门从50年代就逐渐形成了一种思路，并在60~70年代得到进一步的强化，总的说就是适当控制沿海地区特别是大城市的发展，重点面向内地和边疆。这种指导思想的形成很显然是出于实现全国各个地区包括少数民族地区社会经济协调发展的思考，这方面确实取得了显著的成效，此外还有适应当时复杂的国际形势的需要。但值得研讨的是，其中是否也包含了因忽视世界各国工业化的共同经验而产生的某种片面性，这些共同经验都要求在工业化进程中应该高度重视资本的集聚和人口的集聚，不断推进产业结构和劳动力结构向着非农化的调整，并在一定的阶段实行适当的区域发展不均衡战略，而中国在某种程度上看来是反其道行之了。中国虽致力于国家的工业化和解决粮食问题，但相当长的一段时间内，不仅工业发展的速度和效益未臻理想，粮食供应形势也迟迟得不到明显改善，其原因当然是多方面的，而上述片面性很可能也是其中重要原因之一。

1961~1978年间的人口再分布还改变了前十几年中国大陆人口分布重心一直向着东北方向移动的趋势，使之转向西北方，1978年该重心位于东经113°46′21″，北纬32°32′13″，与1961年相比，向北移动了6′25″，向西亦移动了3′39″。前文中曾经指出，50年代中国人口再分布的主要方向是向北，东北、华北和西北三大区人口相对比重都持续增大，其中东北尤为强劲，构成对中国大陆人口分布重心的主要牵引力。进入本阶段，西北地区仍一如既往地保持上升势头，而华北在60年代前半期，东北在60年代后半期，均出现了人口相对比重由升到降的历史性转折（参见表9—1），致使人口分布重心的移动方向转向西北。华北、东北人口比重下降的原因，主要是人口转变进程加速以及人口迁移规模大大减小，而隐含在这后面的背景因素则是经过长时期的人口膨胀之后，人口压力已经日趋沉重。对中国大陆人口分布重心产生向西拉力的另一个因素，是西南地区的人口相对比重经历了前一时期的大幅度下降后，在本阶段出现了带有恢复性的回升，"三线"建设的因素在其中也起了一定的作用。

表9—7　　1961～1978年间中国各省区人口增长率的排序（%）

地区	增长率	地区	增长率	地区	增长率	地区	增长率
宁夏	74.4	西藏	57.7	湖南	46.5	江苏	36.7
青海	72.0	安徽	56.9	河南	46.3	山东	35.2
新疆	70.9	广西	56.7	重庆	46.3	辽宁	34.2
黑龙江	64.1	江西	56.5	广东	44.3	河北	31.7
贵州	64.0	甘肃	53.6	湖北	42.9	天津	23.2
云南	61.8	福建	52.7	浙江	41.7	北京	17.2
海南	60.6	吉林	51.1	山西	41.0	上海	3.1
内蒙古	58.9	四川	50.5	陕西	40.5		

除了移动方向由东北转向西北外，1961～1978年间中国大陆人口分布重心的移动速度与50年代相比显著放慢了，17年共向北偏西方向移动了12.9公里，年均移动仅0.76公里，尚不足50年代一半，这说明期内中国人口再分布的活力确实有所减弱。究其原因，毫无疑问主要是生产力发展的迟缓以及计划经济体制下的种种政策性制约；此外，随着人口总量的迅速膨胀，广大边疆地区的地广人稀在发展过程中已渐渐成为陈年往事，"棒打獐子瓢舀鱼"的美好时光一去不复返，对人口再分布的吸引力

和承受力越来越小，尽管人口再分布仍在向着最边远最荒僻的地区顽强推进，但其容量毕竟是十分有限的。到70年代中后期，人口压力在全中国范围内几乎已是无处不在了。

对于1961～1978年间中国人口分布格局的变动，可作如下小结：

（一）使人口分布变动的主要因素是人口转变进程的地区差异扩大，且作用力与人口迁移同向。

（二）人口再分布指数变动经历了低—高—低的几个阶段。60年代中期至70年代初受政策因素影响，人口再分布相对活跃。

（三）人口再分布的主要方向是边疆地区，其次是中部地区，东部沿海地区的人口相对比重进一步减小，全国人口分布更趋均衡。相对于土地面积、第一产业规模和粮食产量的人口集中指数均降至新低点。

（四）各省区的人口增长率和与上海市的距离有明显的正相关，显示出生产力发展水平及各种社会、政治因素对人口分布和人口变动的制约作用。

（五）中国大陆人口分布重心由前期向东北方移动转向西北方，但移动速度显著放慢，表明中国人口再分布的活力有所减弱。

第四节　新时期人口地理分布的新格局(1979～2000年)

一　人口分布社会经济大环境的深刻变化

1978年后，中国进入了实行改革开放的新时期，迄今已20余年。与前期相比，全国的社会经济面貌在不长时间内发生了举世瞩目的巨大变化，对人口地理分布产生深刻影响，使之出现了具有历史意义的新格局。

从人口分布的角度分析，上述社会经济的巨大变化主要表现在以下几个方面：

（一）生产力水平大幅度提高，产业结构发生显著变革，社会主义市场经济体制初步确立，人民生活实现了从贫穷到温饱再到小康的历史性跨越。所有这些既对人口再分布提出了强劲的经济需求，又为之提供了坚实的物质基础。

长期以来，中国人口分布一直受着低生产力水平和以农业为主的产业结构的制约，大部分人被牢牢束缚在土地上，这种状况不仅显著抑低了中国人口再分布的活力，还使得不断走向均衡化成为人口再分布的主要趋势。而改革开放后中国生产力水平的大幅度提高，一个突出表现就是工业化和城镇化快速发展，人均粮食占有量从20世纪70年代末的不足320公斤迅速增长到80年代末的360公斤和90年代末的410公斤。与此同时，农业占全部劳动力的比重相应地由70%以上下降至不到50%，农业占GDP的比重更由30%左右降至16%，由此从土地上解放出数以亿计的农村剩余劳动力，使之不仅可以而且也必须在产业和空间两个方面实行就业大转移。国际经验表明，这种大转移正是工业革命促使许多国家人口分布发生急剧变化的基本动因。

前已述及，从20世纪50年代中期起，中国在户籍等方面相当严格地实行了一系列旨在控制人口迁移和人口再分布的政策，这实际上是对当时落后生产力和生产方式的一种适应。很显然，在人均粮食占有量和工业化水平都较低的情况下，大规模的人口再分布是缺乏物质基础的，它不过是生存压力的无序转移，由此必然会对社会经济产生多方面的消极影响，这在不少发展中国家确是屡见不鲜的。而中国在很大程度上避免了此类现象的出现，虽然也有人口再分布活力过小等问题，但总的说来还是利大于弊的。

自改革开放促使生产力大发展以来，中国原先旨在控制人口迁移和人口再分布的户籍政策逐步有所松动，且幅度越来越大，这实际上是上层建筑对于迅速变革的经济基础的新的适应。当90年代初全国基本解决温饱问题，取消了实行多年的粮食计划供应后，控制中国人口再分布的最主要的一道铁闸便被打开了，在全国范围内随即涌动起人口迁移流动的大潮，其规模之大是过去根本难以想象的，不仅强有力地推动了生产力发展，也促使人口地理分布在不长时间内发生了一系列的显著变化。

（二）在全国社会经济高速发展的大背景下，区域差异出现了新格局。受结构因素和区位因素的双重影响，不同地区之间发展水平和发展速度的差距有所扩大，这种差距通过经济收入和就业容量等因素的作用，对人口再分布产生强大的推动力。

由于历史的和人文的多种因素，近代以来在我国的东部沿海、内地和广大边疆之间出现了社会经济发展水平上的明显差距，1952年除三个老直辖市外的其他省区人均GDP的最大最小值即相差达3.1倍。此后通过国家一系列经济政策包括生产布局政策的作用，这一差距到1978年已缩小至2.8倍，但近20余年差距又逐步扩大，到2000年已达到4.1倍。1952~1978年间除个别省区GDP增幅达7~8倍外，绝大部分省区增幅都在3~5倍，差异不大，而1978~2000年间，大部分省区GDP增幅仍为3~5倍，却有广东等5个省区高达11~16倍，差距比前一时期明显扩大。

与前一时期相比，中国经济发展地区差异新格局的突出表现是东部地区特别是东南沿海地区在全国相对地位的大幅度提高，而广大的中西部地区均相对明显下降。1952~1978年期间，三大地区占全国GDP总量的比重变化甚小，1978~2001年间则出现了相当悬殊的高低落差：东部地区的比重大幅上升了7个百分点，中部和西部地区分别下降了4个和3个百分点，而且这一落差主要形成于人口迁移流动高潮迭起的90年代。相对于GDP，三大地区占全国基本建设投资总额比重的变化更为引人注目：东部地区由第三个五年计划（1966~1970年）的26.4%急升至1996年的56.3%，从而与其他两大地区的显著下落形成了鲜明对照。

从省区来看，近20余年位于国土东南部的沿海沿江各省区在全国经济中的相对地位普遍都有大幅度的提高，广东、福建、浙江、江苏、山东、河南、安徽、湖北的GDP增长率在不包括三个老直辖市和西藏的所有25个省区中分列前1~8位（海南、重庆分别计入广东、四川两省），而此前26年它们仅依次排在第20、13、16、21、8、23、25、17位。期内相对地位出现下降的省区大部分位于中国的北方，一小部分位于西南：1952~1978年间宁夏、青海、辽宁、陕西、广西、黑龙江、山西的GDP增长率在25个省区中分列前1~7位，而1978~2000年间则依次退居第18、24、21、15、16、23、22位；此外云南、甘肃和内蒙古的相对下降也很明显。

在任何时候，经济差异都是推动人口再分布的最重要的因素之一。改革开放以来中国区域经济发展态势的上述新格局及差异的扩大化，无疑也将对人口地理分布产生深刻影响。

（三）全国各地区人口转变态势的差异，既直接制约着人口自然变动，又对人口迁移产生了不同的推力或拉力，形成了对人口分布的双重影响。

经历了20多年的快速推进后，就全国而言，人口转变在中国已基本完成，但不同地区之间的差异仍然十分明显。就人口自然增长率而言，按省区计算的标准差在从20世纪70年代到80年代中期的一段时间内曾显著减小，但此后又有所扩大（见图9—3）。自上海市于1993年率先出现负自然增长后，东部地区其他一大批市县也相继进入零增长和负增长阶段，而与此同时中西部不少地区人口自然增长率仍然偏高，迄2000年全国各省区人口自然增长率相差的最大值仍达14个千分点左右，各县市人口自然增长率相差的最大值更接近30个千分点。

人口转变态势的这种差异对人口地理分布的影响有一点是与过去相同的，那就是自然增长率的不同直接关系到人口变动速率的高低，而另外有两点影响则是过去所没有或不甚明显，可以说是在本阶段才新出现的。

首先，中国人口自然增长率总的说来是西高东低。而如前所述，中国近20余年经济发展地区差异的新格局却正好与此相反，也就是说，人口自然增长率相对较低，甚至为零为负数的地区，经济发展速度快，劳动市场容量大；人口自然增长率较高的地区，经济发展却相对缓慢，劳动市场容量较小，这就在人口与经济的协调发展上出现了矛盾，致使两类地区的人均收入和就业压力相差日渐悬殊。过去，在计划经济体制下，这种差异只能由各个地区自己内部消化；而在市场机制渐趋成熟的现阶段，这一压力差便很自然地形成了对于人口再分布的推动力，直接通过人口的迁移流动表现出来。毫无疑问，生产要素根据市场原则的这种重新配置或转移，既可以促进生产力发展，又有利于不同地区之间的相对协调。

其次，我国一些地区已踏入老龄化社会，且程度迅速加深，出现了不少与其他地区不同的人口经济现象或问题，如劳动力结构性缺口、大量高龄或病残老人需要照料等，客观上逐渐提出了通过人口迁移流动增加新鲜血液的需求。而另一些地区老龄化程度较低，青壮年人口总量十分庞大，按照市场原则对前一类地区实施补充，对社会经济的健康发展显然是很有利的。

二 人口分布格局变动的主要特点

1979~2000年间，在社会经济高速度发展的大背景下，中国人口地理分布相比于前一时期发生了一系列引人注目的变化，除了史无前例的城镇化高潮外，这些变化主要表现在以下三个方面：

（一）人口再分布的活力显著增大。从反映人口分布变动强度的人口再分布指数来看，上述22年可分为对比鲜明的前后两个半期。前半期人口再分布指数逐渐下降（见图9—1），即从1977~1981年间的0.00592降至1985~1989年间的0.00332，达到了新中国成立50年来的最低点；后半期人口再分布指数则迅速上升，1993~1997年间高达0.02185，超过了新中国成立后除三年困难时期外的任何一个阶段。

与过去相比，上述前半期在经济增长率大幅提高的情况下，人口再分布指数却逐期下降到最低水平，其原因是多方面的。首先，在20世纪60~70年代中国政策性的人口迁移及其回迁比较频繁，进入80年代此类人口迁移基本上全部平伏下来。其次，过去因生活困难，不少农民曾外流逃荒谋生；1979年后全国农村实行家庭联产承包，把人和地紧密地挂上了钩，加上生活显著改善，极大地减少了农民的逃荒。虽然后来因劳动生产率提高解放出越来越多的农村剩余劳动力，但由于这一时期乡镇企业充分发挥了"蓄水池"的作用，农村剩余劳动力的转移基本上是"离土不离乡"。全国外出打工的农民在80年代初只有200多万，直到1989年也仅增长到2000余万，且绝大部分不出省，对按省区计算的人口再分布指数影响甚微。第三，在70年代只有部分地区，主要是东部大城市，开始实行计划生育，而80年代这项工作已逐步在全国绝大部分地区推开，并迅速取得显著成效。加上年龄结构性因素的作用，促使一些省区的人口自然增长率出现断层式下降（如宁夏从1972年的32.56‰降至1985年的13.30‰）。而与此同时，原先一些自然增长率相对较低的东部省市却出现了补偿性的回升，致使全国人口自然增长率的省区差异大大缩小，其标准差在1985年前后降到了新中国成立50年中的最低点，从而显著抑低了人口再分布指数。

应该指出，人口再分布指数只能从某一个侧面反映出人口分布的变动。例如甲乙两个地区，甲人口自然增长率很高，乙很低，但甲地区的人口大量向乙地区迁移流动，这样的变动，人口再分布指数即难以真实反映。80年代在一定程度上就属于这种情况。

进入90年代，中国的人口再分布空前活跃，人口再分布指数比80年代中后期增大了四五倍，分析其原因，很重要的就是全国人口迁移流动的规模大大超过了前一时期。第五次人口普查数据显示，2000年与5年前相比，全国有3 400万人的常住地发生了跨省区的变动，比10年前的第四次人口普查增加了2倍；2000年全国流动人口总量为12 107万，其中跨省流动4 242万，也比10年前有大幅度的增长。此外，全国人口自然增长率的省区差异由于多种原因，其中包括年龄结构性因素的作用，在前一阶段有所缩小的基础上又显著扩大，对人口再分布指数也起了促升作用。

（二）历史性地终止了人口分布长期的均衡化趋势，其主导性的制约因素逐步由粮食生产能力向工商业优势区位演化。前文中已经指出，多年来中国人口再分布的方向一直是从人口稠密地区指向人口稀疏地区，从开发历史悠久的地区指向新开发地区，它导致人口分布均衡化，这种变化趋势归根结底是为了在小农经济生产方式下不断实现人和地，或者说人口与粮食供应能力的平衡。

自改革开放以来，中国的生产力高速度发展，产业结构和生产方式已发生重大变革。过去，粮食生产能力是制约一个地区人口规模及其增长率的基本物质前提；而进入新时期后，随着人均粮食产量的大幅度提高和人们的经济活动大量由第一产业向第二、第三产业转移，粮食生产能力对一个地区人口发展的影响力已明显减小，取而代之的则是工商业发展区位。1978~2000年间，中国按省区计算的相对于粮食产量的人口集中指数从0.0645的低点上升至0.1113，相对于第二产业增加值的人口集中指数则从0.2684降至0.2243，这些清楚表明中国的人口分布模式已开始由农业社会向工业社会演化。

以上变化促使人口分布由分散重新走向集中，城镇化进程的空前加速就充分反映了这种新趋势。从省区或地区这样更大的空间层面上看，近20余年中国人口分布均衡化的终止也很明显：按31个省区计算，相对于土地面积的全国人口集中指数曾长期下降，1949年为0.5402，1977年已降至0.5108，而此后就在0.5100~0.5075的水平上稳定下来（见图9—2）；而按2 300多个市县计算的人口集中指数则明显地由降转升（1990年为0.5921，2000年为0.5981），这样的情况在中国的漫长历史中还是第一次出现。

（三）人口再分布的方向与前30年相比出现重大逆转。

首先，在中国的三大地区之间，东部地区，特别是东南沿海地区，人口占全国的相对比重明显上升，从图9—4中可见，1953~1978年间东部地区的人口增长率在东、中、西三大地区中是最低的，1978~2000年间转变为最高，东部地区占全国总人口的比重因此由降转升：1978年为37.5%，2000年已达38.9%，中、西两大地区则均由升转降。2000年人口分布重心位于东经113°39′16″，北纬32°25′17″，与1978年相比，移动方向转为西南。

其次，在中国的三大地形区之间，平原的比重上升，丘陵、山区的比重下降。1953~1982年间平原的人口增长率在三类地形区中是最低的，此后反转为最高，平原占全国总人口的比重因此由降转升：1982年为43.6%，2000年为45.3%；期内丘陵占全国总人口的比重略有下降，山区则大幅下降。早在80年代，全国就有几十个位于山区丘陵的县人口绝对减少。第五次人口普查数据显示，1990~2000年间人口绝对减少的县市大幅度增加到约500个，其人口和土地面积均约占全国1/5，从大兴安岭、燕山、秦岭、大巴山经武陵山、南岭直至武夷山、天目山，中国几乎所有的主要山区在十年中人口减少5%、10%乃至更多的县市可谓比比皆是。中国的丘陵、山区目前与零自然增长尚有距离。在这种情况下，人口总量竟持续大幅减少，足见人口外流的强度之大。

以上两个变化体现了人口分布趋向沿海、趋向平原、趋向温暖湿润气候的一般规律。而在前一时期，由于种种主客观原因，中国人口再分布的基本方向与上述规律是有所背离的。

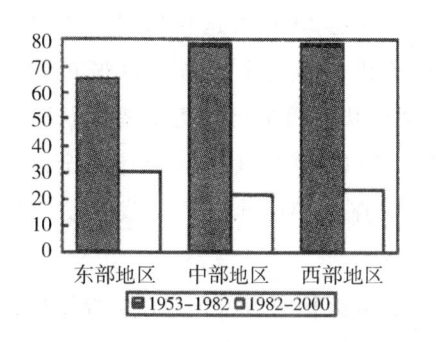

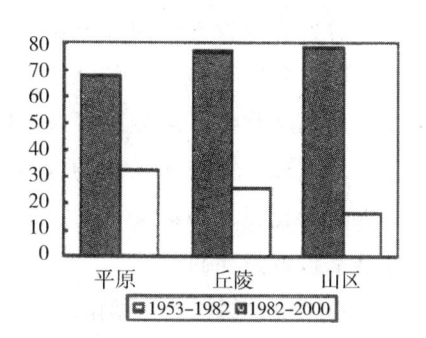

图9—4 不同时期中国几类地区人口增长率的对比（%）

中国人口分布格局的大变动在各省区不同时期人口增长率和占全国总人口比重的对比中也可以看得很清楚。表9—8提供了各省区占全国总人口的比重及人口增长率排序的变动,从中可见,1978~2000年与1953~1978年相比,有15个省区人口增长率的排序上升,有14个省区下降,从中反映出前后两个阶段人口再分布的方向,据此可以勾画出中国人口分布变动的新格局。

1978~2000年与1953~1978年相比人口增长率排序下降的14个省区大致可以组合为三大块:

第一块由黑龙江、吉林、内蒙古和辽宁四省区组成,它们都位于中国的东北部,上述前后两个阶段其人口增长率排序下降幅度之大在14个省区中分列前3位和第5位,前一阶段人口的高速增长和后一阶段的低速增长在全国范围内都是很突出的。4省区开发历史都不长,19世纪以来通过大移民、大垦荒促使人口和经济呈现跳跃式的快速发展,新中国成立后的头30年中作为国家重点建设地区大体上仍保持这一势头,1953~1978年间4省区合计占全国总人口的比重由8.8%大幅上升到10.9%。但自进入实行改革开放的新时期后,国家的经济体制实行了大转轨,生产布局重心也有所转移,而上述4省区受重工业多、国有大企业多、资源性产业多等体制性和结构性因素影响,经济发展速度相对缓慢。1978~2000年间内蒙古、黑龙江和辽宁的GDP增长率在全国29个省区中(海南、重庆分别计入广东和四川)分居倒数第1、3、5位,黑龙江的工业增长率居倒数第1位,就充分显示出这一点。过去,内蒙古、黑龙江和吉林等省区余粮多,荒地多,森林煤矿多,人口容量较大,对外省自发外流的农民很有吸引力,而近20年来这种情况已有很大变化,移民不仅不再流入,反而有所流出。再加上4省区因城市发达、居民文化水平高等因素人口转变进程较快,目前已接近于零增长阶段,均促成了人口增长率的大幅度下降,到2000年4省区合计占全国总人口的比重已下降至10.4%,这种下降在它们的全部人口发展史中还从来没有发生过。

第二块包括江西、湖南、广西、贵州、重庆和四川,它们在地理区位上正好夹在广东和上海——江苏两大经济高速增长区之间,经济发展速度和投资水平远不能与之相比(1999年6省区基本建设投资合计只与上海、江苏相当,人均不足其三成),近似于两峰之间的低谷。受"两峰"的强烈吸引,人口大量外流。共同构成了近20余年全中国最主要的人口流出区，与前一时期相比，人口增长率在各省区中的排序均明显下降。与本块相连的浙江省人口增长率的排序也有大幅下降，但它和前几个省区有一定的区别。该省是近20余年中国经济发展最快的省区之一，其中工业生产的增长率高居首位，但其人口仍然大量外流，在20世纪80年代的省际迁移中属净迁出，90年代才转为净迁入，加上自然增长率较低，均抑低了总人口的增长率。浙江省的平均人口密度在所有省区中虽不属最高，但"七山一水两分田"，平原十分狭窄，尽管经济发展很快，人口压力仍颇感沉重。

第三块包括陕西、青海和新疆，都位于大西北。在前一时期，移民大量迁入，自然增长又快，人口增长率在全国长期处于前列。近20年来，移民显著减少，甚至转为净迁出，人口增长率的排序因此有所下降，但其中新疆占全国总人口的比重仍有小幅上升。

人口增长率排序上升的15个省区可分为以下几种类型：

第一类是3个老直辖市。在20世纪60～70年代，其人口一直大量迁出，加上计划生育工作开展得最早，强度也最大，进入70年代自然增长率已大大低于其他省区。自实行改革开放以来，3市作为全国最大城市，充分发挥出龙头、核心的巨大作用，人口迁移态势也发生了根本性的逆转，不仅前期迁出的移民陆续返回，还成为吸引全国人口迁移流动的"众矢之的"，净迁入率已多年在各省区中位居最前列。3市的人口自然增长率虽进一步下降，但降幅在各省区中相对较小，这些均促使3市人口增长率的排序大幅度上升。

第二类是以广东、河北、山东和江苏为代表的东部沿海省区，它们都是中国的人口大省。在前一时期主要受国家生产布局政策的影响，其经济发展相对缓慢（1952～1978年间，江苏、广东两省的GDP增长率在全国各省区中分居倒数第5、第6位，其中第三产业增长率为倒数第1、第4位），人口也大量迁出。而进入新时期以来，这些东部沿海省区经济持续高速发展，其速度在全国显著领先，外来人口大量涌入，山东省和江苏省在省际迁移中由长期的净迁出逆转为净迁入，广东省的人口增长率更因省际净迁入远远超过其他任何省区而一举跃居全国之首位。

第三类是宁夏、云南、甘肃等西部省区，其人口自然增长率因民族结构等因素偏高，宁夏、云南两省区还有省际的净迁入，人口增长率的排序因此有所上升。

表9—8　　　中国各省区占总人口的比重及人口增长率的排序

地区	占全国总人口%			人口增长率排序		
	1953	1978	2000	1953~1978	1978~2000	变动
上海	1.6	1.1	1.3	31	5	26
西藏	0.2	0.2	0.2	26	7	19
北京	0.9	0.9	1.1	16	2	14
广东	5.1	5.3	6.8	14	1	13
河北	5.8	5.3	5.3	27	14	13
天津	0.8	0.8	0.8	22	11	11
甘肃	2	2	2	18	12	6
山东	8.5	7.5	7.2	30	25	5
湖北	4.8	4.8	4.8	19	16	3
河南	7.6	7.4	7.3	21	18	3
江苏	6.6	6.1	5.9	25	22	3
山西	2.5	2.5	2.6	15	13	2
宁夏	0.3	0.4	0.4	4	3	1
云南	3	3.2	3.4	11	10	1
安徽	5.3	4.9	4.7	24	23	1
海南	0.5	0.6	0.6	6	6	0
福建	2.3	2.6	2.7	9	9	0
新疆	0.8	1.3	1.5	2	4	-2
广西	3.4	3.6	3.6	13	15	-2
四川	8.1	7.4	6.6	28	30	-2
重庆	3.1	2.8	2.4	29	31	-2
青海	0.3	0.4	0.4	5	8	-3
湖南	5.7	5.4	5.1	23	28	-5
贵州	2.6	2.8	2.8	10	17	-7
浙江	3.9	3.9	3.7	20	27	-7
陕西	2.7	2.9	2.9	12	21	-9

续表

地区	占全国总人口%			人口增长率排序		
	1953	1978	2000	1953~1978	1978~2000	变动
辽宁	3.5	3.5	3.4	17	26	-9
江西	2.9	3.3	3.3	8	20	-12
内蒙古	1.3	1.9	1.9	3	19	-16
吉林	1.9	2.2	2.2	7	24	-17
黑龙江	2.1	3.3	2.9	1	29	-28

总的说来，新时期中国人口地理分布的变化既是社会经济环境巨大变革的产物，又对这种变革产生出强大的推动力，具有多方面的积极意义。最突出的就是在全国生产力大发展、产业结构和生产布局大调整的新形势下，较好地促进了人口与经济的协调发展。既为工业化进程中释放出的数以亿计的农村剩余劳动力开辟了实行产业转移的巨大空间，又充分满足了经济高速增长地区对劳动力的巨大需求。典型的如深圳特区，20年人口猛增约20倍，其中外来人口的比重即高达87%（2000年）。珠江三角洲上另一颗耀眼的明珠东莞市外来人口也占到78%。

应该看到，在20世纪50~70年代，中国出于当时特定国内国际因素下"备战备荒"的考虑，生产布局重点强烈地偏向于内地和边疆；但进入新时期后，适应全球化大趋势和外资流入的需求，生产布局重点理所当然地移向东部沿海，而人口分布的变化在这个过程中很好地发挥了配合作用。很显然，如果没有源源不断的劳动力输入，"世界工厂"是不可能建成的。此外，人口再分布还为疏解人口压力，实现人口、资源、环境之间的相互协调创造了条件。近20年不少地区特别是生存发展条件较差的山区人口增长缓慢甚至持续减少，客观上减轻了人口压力，有利于休养生息，实现人口、经济发展与生态环境的良性循环。从促进控制人口数量、改善人口素质的目标来看，合理规模的人口再分布也是非常必要的，归根结底，这些都是有助于增强国家、民族的人口活力。

新时期由于人口再分布规模的显著扩大及其方向的反转，在变动过程中也不可避免地会出现一些问题：有的地区人口流出强度过大，甚至全部流出，成了"无人区"，①妨碍了社会经济的正常发展；而另一些地区则经历了长时间、大强度的人口流入，在人口管理、交通、就业和社会治安等方面也必然会产生种种新的矛盾。但"发展是硬道理"，只要加以必要的重视，上述各种问题在发展的过程中都是可以解决的。

三 自然增长和人口迁移对人口分布变动的影响分析

中国由于历史悠久、人口总量庞大，再加上其他社会经济因素的制约，长期以来一直是一个人口再分布和人口迁移均不够活跃的国家，这种状况迄今没有大的改变。在人口分布的变动中，起主导作用的是人口自然增长率的地区差异，而人口迁移只在局部地区有较大影响。1978~2000年间，全国自然增长了3亿人以上，相比之下，人口净迁入和净迁出的省区之间的净迁移量仅略多于3 000万人，不过只相当于前者的1/10。

在20世纪60~70年代，中国人口地理分布中的一个比较普遍的现象是自然增长率低的地区人口多为净迁出，自然增长率高的地区则多为净迁入，这二者的叠加效应，扩大了人口增长率的地区差异。如1964~1978年间，东部地区与中、西部地区之间年平均自然增长率相差2~4个百分点，实际人口增长率却相差了5~6个百分点，对人口再分布指数起了促升作用。进入新时期以来，上述现象发生了反转，表现为不少自然增长率低的地区人口净迁入，自然增长率高的地区则多为净迁出，这二者之间的抵消，在一定程度上缩小了人口增长率的地区差异。如1978~2000年间，东部地区人口的年平均实际增长率比自然增长率高了3个百分点，中、西部地区却低了大约2个百分点。

从省区考察，1978~2000年间自然变动和迁移变动的重叠或抵消对人口增长率的影响就更复杂了。据估算，期内全国有13个省区人口增长得益于移民的净迁入，其中上海、北京两市人口的净迁入超过自然增长达2倍，天津市和广东省（含海南）的净迁入相当于自然增长的六成左右，新疆相当于30%，这些省区人口增长率在全国领先显然与接纳了大量移民关系十分密切；此外，辽宁、浙江、福建、江苏、宁夏、山东、山西、云南等省区也因移民的净迁入不同程度地增大了人口增长率。

---

① 王继忠：《这里将成元人区》，载《中国农民报》，1990年7月23日。

其余省区期内人口均为净迁出，在四川省（含重庆）净迁出抵消了自然增长的30%，在江西、湖南、安徽、广西和黑龙江等省区抵消了1/5～1/4，在贵州、湖北和河南3省大约抵消了1/8；由于人口特别是青年的大量迁出，客观上还抑低了出生率。这些均对人口变动产生不小的影响。

表9—9　　　　　　　　　1978～2000 中国各省区人口的增长

地区	自然增长	迁移增长	迁移占纯增(%)	地区	自然增长	迁移增长	迁移占纯增(%)
上海	177	399	225.4	西藏	86	-3	-3.5
北京	180	354	196.7	陕西	868	-43	-5
天津	167	110	65.9	青海	161	-8	-5
广东	2 400	1 437	59.9	吉林	628	-49	-7.8
新疆	534	158	29.6	甘肃	760	-68	-8.9
辽宁	714	130	18.2	河南	2460	-271	-11
浙江	799	127	15.9	湖北	1 647	-193	-11.7
福建	905	113	12.5	贵州	969	-129	-13.3
江苏	1432	172	12	黑龙江	687	-127	-18.5
宁夏	191	15	7.9	广西	1375	-288	-20.9
山东	1 862	57	3.1	安徽	1 653	-379	-22.9
山西	865	9	1	湖南	1 682	-408	-24.3
云南	1 185	12	1	江西	1 294	-337	-26
内蒙古	554	-1	-0.2	四川	2458	-747	-30.4
河北	1725	-37	-2.1				

说明：海南、重庆分别计入广东、四川二省。

一般认为，由自然增长率地区差异造成的人口分布的变动是一种被动型的人口再分布，而由人口迁移造成的变动则是主动型的人口再分布，很显然，相比之下后者具有更积极的社会经济意义。表9—8中显示的两个时期人口增长率排序变动较大的省区，大多数是由于人口迁移态势发生重大变化造成的。

据推算（西藏未列入），1978～2000年间与1953～1978年间相比，全国有广东（含海南）、上海、山东、辽宁、江苏、浙江、福建、北京和天津等9个省区的省际净迁移人数有正增长（按正增量由大到小排列），其中前7个省区由净迁出转变为净迁入，后2个省区一直为净迁入，但后一个阶段净迁入量显著增大。1953～1978年间，9省区合计净迁出1 100万人，1978～2000年间合计却净迁入2 900万人，正增量多达4 000万人，这一负一正的变化对全国人口分布态势的影响确是举足轻重的。前后两个阶段相比，9省区人口增长率在所有省区中的排序均有所上升，算术平均排序由第21.2位大幅提高到第9.4位。在地理分布上，上述9省区齐刷刷地都位于东部沿海，这就非常清楚地反映出期内中国由人口迁移带动人口再分布的基本方向。

全国其他省区在以上对比期内的省际净迁移人数均为负增长，它们绝大部分都位于内地和边疆，人口增长率的排序普遍有所下降（合计的算术平均值由第11.8位降至16.9位）。其中又可区分出以下三种情况：

（一）两阶段均为净迁入，但后一阶段的净迁入量显著减小。包括宁夏、新疆、山西和云南，1953～1978年间4省区合计净迁入530余万人，1978～2000年间降至190余万。

（二）由净迁入转变为净迁出，包括青海、吉林、甘肃、河北、贵州、陕西、内蒙古、湖北、广西、江西和黑龙江，11省区在前一阶段合计净迁入1450万人，后一阶段却合计净迁出1 280万人。

（三）两阶段均为净迁出，但后一阶段的净迁出量显著增大。包括河南、安徽、四川（含重庆）和湖南，1953～1978年间4省区合计净迁出900余万人，1978～2000年间增加至1 800余万。

历史的结论

（一）新中国人口地理分布的基本特征

1. 受多种因素制约，人口地理分布变动相对缓慢。

人口地理分布是历史的产物。一方面，它随着生产力发展和生产布局的调整而处在不间断的演变过程中，另一方面，从总的看来，它又远不如后者变化得那么活跃，而是表现出极大的惰性。中国是一个历史悠久的文明古国，且人口总量庞大，分布稠密，1949年新中国成立时已达5.4亿余人，平均每平方公里超过56人。再加上中国的自然条件存在着诸多局限，许多地区不适宜大量居住人口。所有这些客观因素都决定了中国人口地理分布的变动不可能像一些新兴的或低密度的国家那样活跃。如中国的人口再分布指数大大低于美国（见图9—5），其中就包含了一定的不可比性。

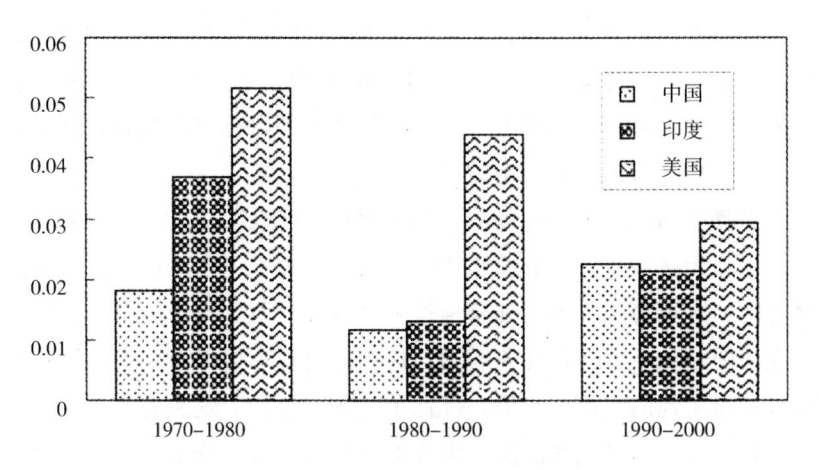

图9—5　三个国家人口再分布指数的对比

说明：印度统计时间分别为1971、1981、1991、2001年。

资料来源：印、美数据取自两国人口普查部门官方网站。

但另一方面也应该看到，中国人口地理分布确实存在着变动相对缓慢的问题，这一点从中国和印度人口再分布指数的对比中可以看得很清楚。中印两国在历史基础、人口特征和经济水平等方面有着很高的可比性，而且中国的平均人口密度显著低于印度，近几十年经济的发展速度又超过印度，在这种情况下中国的人口再分布指数反而较低，就充分反映出上述变动相对缓慢的问题。究其原因，主要就在于中印两国的社会经济体制存在着明显的差异，在中国，人口再分布较多地受到了制度或政策性的制约与调控。

2. 政治和政策因素对人口地理分布具有强烈影响。

中国作为一个社会主义国家，人口变动是社会经济发展计划的重要组成部分，因而受到政治和政策因素的强烈影响；在实现严格计划经济的时期，其力度和广度是几乎其他所有的国家都难以相比的。这种影响集中表现在以下几个方面：第一，计划生育政策存在区域差异，而成为导致不同地区人口自然变动出现明显差距的重要因素。第二，计划性生产布局在不断变化，随着国家经济建设重点的转移，不同地区之间出现了投资规模和发展速度的此消彼长，从而直接影响到对劳动力的需求及人口容量。第三，政府通过户口登记、生活资料和生产资料的供给等途径，直接或间接控制着全体居民的居住地及其迁移；此外，政府还直接组织了大量经济性和政治性的人口迁移。第四，中国多年来实行的是行政区经济体制，各省区"分灶吃饭"，与人口密切有关的许多工作，如计划生育、医疗、教育、劳动就业、社会保障等等，在很大程度上都以行政区划界，这对于跨省区的人口再分布无疑有一定的抑制。

上述政治和政策因素的影响，其积极的一面是减少了人口分布变动中可能存在的无序或盲目，有助于增大一定生产力水平下人口、资源与经济发展之间的区域协调程度，部分地避免或减缓了不少发展中国家在这一方面出现的问题和矛盾。但应该看到，这样做也很有可能会干扰人口分布按照自身规律实现的集聚或扩散，降低了它促进生产力发展的能动性以及适应生产布局变化的灵敏度。某些由政府组织的人口再分布，由于违背了客观规律，还会造成重大的人力物力上的损失。进入90年代中国逐渐确立了社会主义市场经济体制，政策因素发生了一系列深刻变化，人口再分布因此活力大增，在促进生产力发展上发挥了显著作用，也从另一个侧面反映出上述制度或政策性的制约的影响。

3. 人口分布格局主要受制于人口自然变动的地区差异。

中国是世界上一个人口迁移率很低的国家，其中省际迁移率和省内跨市县迁移率大约分别仅相当于美国、日本的 1/7~1/9 和 1/3~1/4，即使与许多发展中国家相比，也明显偏低。而相对于人口迁移率，中国的自然增长率却比较高，且地区差异悬殊，世界上很少有其他国家像中国这样在一国之内并存着从典型的后期扩张到绝对衰减的几个人口转变阶段。按一级行政区计算，中国人口自然增长率的标准差目前在 4 左右（千分点），而美国和日本分别仅为 2.5 和 1.3；中国自然增长率的最高值与最低值之间的差额虽已由前期的 25 个千分点缩小到现在的 14 个千分点，但仍显著超过美、日等国。其原因就在于中国无论自然环境和人文环境，还是生产力水平和产业结构，地区差异都非常大。美国 51 个一级行政区之间人均收入最高最低相差不到 1 倍，中国的省、直辖市和自治区之间相差却达 5 倍，即使去除 3 个老直辖市，也达到 2 倍多。为适应这种情况，政府在社会经济发展的不少领域，也实行了相应的差别政策。

以上特点造成中国人口分布格局主要受制于人口自然变动的地区差异，相比之下，人口迁移的影响力要小得多。当然，也有少数省区在某个时期人口迁移达到了与自然增长旗鼓相当的程度，如黑龙江、内蒙古、上海等，但就绝大部分省区而言，人口迁移无论是净迁入还是净迁出，其数量均远不能与自然增长相比。例如，解放后近半个世纪人口迁移相对强度最大的北京市净迁入量只占纯增人口之三成，新疆占 1/4，黑龙江、内蒙古和天津不到 1/5，西藏和青海约为 1/9，其他人口净迁入的省区，如宁夏、陕西、云南、山西、广东、湖北等比重就更小了；在人口净迁出的省区中，强度最大的四川省的净迁出量约相当于纯增人口 1/6，安徽为 1/9，山东为 1/10，辽宁、湖南、浙江仅约 6%，……对比之下，其他国家人口迁移在人口分布格局变动中的作用往往要大得多。如日本，战后经济高速增长期内人口迁移非常活跃，进入 90 年代，由于泡沫经济破灭、人口严重老龄化等因素，迁移率已显著下降，但全国仍有 2/5 的一级行政区净迁入率或净迁出率超过甚至大大超过自然增长率。在美国，尽管自进入后工业化社会以来人口再分布的规模已有所减小，此外，巨大数量的国际移民对某些在国内迁移中为净迁出的地区起了填补作用，但迄今仍然有近半数的一级行政区以迁移变动占据优势，有几个州净移民竟占到纯增人口 4/5 左右。

一般说来，人口自然增长率的地区差异造成的是被动的人口再分布。一些省区人口自然增长快，相对比重不断上升，另一些省区人口自然增长慢，相对比重不断下降，全国人口分布格局逐渐发生变化。这种变动虽然也有其社会经济意义，但各省区之间生产要素的相互交换流通较少，就全国而言，显然缺少一种积极的变革因素。而迁移流动则是主动的人口再分布，具有多方面的积极意义，今后理应有更大的发展。

(二) 影响中国人口地理分布的主要因素

1. 自然环境。

从古到今中国的绝大部分人口始终分布于国土的东南半壁，若从黑龙江省的黑河向西南方云南省的腾冲画一条直线，该线东南一侧包括台湾省在内占全国土地总面积的43%，人口比重却超过94%，而西北一侧面积占57%，人口则不到6%，两边的平均人口密度相差达22倍，且数千年没有大的改变，预计未来基本格局也不可能发生明显的变化。

造成中国人口分布这一最主要特点的原因就在于中国地理环境的地区差异，其中地形条件和气候条件又起了基本的制约作用。表9—11的数据充分反映了中国人口分布与自然条件与经济发展水平的关系，从中可见，中国绝大部分人口都分布在热带、亚热带以及温带湿润半湿润区，尤其是其中地形相对平坦的平原和丘陵，而中国这类地区基本上都位于国土的东南半壁，全人口密度要超过其他几类气候、地形区几十倍，甚至一两百倍。地形、气候对人口分布的作用主要表现在生物生产率的不同，进而决定了一个地区的土地人口承载潜力。据计算[①]，我国亚热带（淮河以南）的平均承载密度为每平方公里426人，南温带（长城至淮河）为279人，而西北干旱区为32人，青藏高原区则仅为4人。正是这种悬殊差异对中国人口分布产生了基本的制约作用。

新中国成立50年来，与过去相比，生产力和科学技术的进步不可谓不大，但人口分布仅就东南、西北两部分的比例而言，则始终变动甚小，西北半壁比重仅有微幅的上扬。从社会经济角度考察，这种微幅上扬固然有其必然性，也产生了一些积极成果，但其生态代价也非常巨大。例如，新中国成立后不少地区出于发展农业生产的愿望，以感情代替科学，在干旱草原和高原上大规模移民垦荒，结果不仅生产效益甚低，还严重破坏了自然生态系统。近年来，中国整个西北半壁江山沙漠化、沙尘暴、水源枯竭等生态灾难愈演愈烈，其原因当然非出一端，但科学界已经公认，人口增长过多过快产生的大规模滥垦滥伐滥牧是其中最主要的原因。这就非常明确地向人们提出了警示，人口的发展，包括实施人口再分布，都必须尊重自然规律，高度重视自然环境因素的作用，否则，不仅难以实现可持续发展，还将产生现实的严重危害。

2. 民族因素。

中国是一个多民族国家，少数民族虽然只占全国总人口9%，但分布范围占60%。其人文状况及所居住的地理环境均与汉族有较大差异，不

[①] 中国科学院国情分析研究小组：《生存与发展》，科学出版社1989年版，第130页。

表9—11　中国各大气候、地形类型区的人口和经济分布

气候、地形类型	面积, 万 km²	1990年 万人	2000年 万人	增长率 %	人/km²	GDP/km²*	粮食/km²*	人均GDP*	人均粮食*
热带	8	1 605	1 831	14.1	218.3	156.1	127.7	88.4	72.3
亚热带	231	61 336	67 605	10.2	292.0	231.8	211.3	102.6	93.5
其中:平原	34	19 488	23 602	21.1	696.1	857.6	392.2	160.1	73.2
丘陵	57	21 377	22 862	6.9	402.7	262.8	329.0	84.9	106.3
山地	141	20 471	21 141	3.3	150.1	66.8	118.6	57.7	102.5
温带湿润半湿润	165	39 877	43 303	8.6	261.8	212.5	232.5	104.9	114.8
其中:平原	52	24 145	26 596	10.2	507.8	419.7	485.9	106.3	123.1
丘陵	62	9 190	9 909	7.8	158.3	144.8	136.8	117.7	111.2
山地	51	6 568	6 825	3.9	135.0	83.5	90.6	80.8	87.7
温带半干燥	113	7 196	7 940	10.3	70.4	34.5	44.1	63.6	81.2
温带干燥	172	2 172	2 618	20.6	15.2	9.9	13.0	84.2	110.9
高原	269	836	936	12.0	3.5	1.6	1.8	60.4	65.5
合计	960	113 048	124 261	9.9	129.4	100.0	100.0	100.0	100.0

* 以全国平均数为100。

仅人口转变进程和自然增长率差距很大，迁移流动也有不同的特点，成为影响全国人口分布总体格局的一个重要因素。

50年来，全国少数民族人口发展得比汉族快，而少数民族地区发展得更比汉族地区快。宁夏、新疆、内蒙古三个自治区1949～2000年人口增长率在所有省区中即高居前三位，此外，少数民族较多的青海、海南、吉林、甘肃、云南、贵州等省区增长率也较高。它们占全国总人口的比重均有明显上升，对人口分布重心向北向西的移动产生了不小的拉力。

少数民族地区人口比重的上升，主要是由于从60年代起少数民族人口的自然增长率一直高于汉族，1964～1982年间高4.5个千分点，1982年后仍大约高3个千分点。这种差距主要是不同的人文环境和不同的人口转变进程造成的，少数民族中计划生育政策相对宽松，甚至不实行计划生育，也有不小的影响。至于民族成分的更改，所影响的主要是所在地区的民族结构，与人口总量关系不大；但一部分人更改民族成分后，生育行为也可能有一些变化。

另一个导致少数民族地区人口比重上升的因素，是人口迁移，这里指的基本上是来自汉族地区的汉族移民，而少数民族对汉族地区的人口迁移，虽然随着经济文化的发展，比过去有很大的增长，但与前述汉族移民相比，数量仍然是很少的。由于移民的迁入，增多了自然增长的人数，也有不小的影响。

值得注意的是，汉族对少数民族地区的人口迁移规模虽大，但迄今受其明显影响的实际上只是一部分地区，其中主要的是内蒙古东部和南部，宁夏的北部，青海从海东地区到海西自治州的整个北半部，新疆的天山北麓和巴音郭楞州，以及云南的西双版纳州，而整个藏族聚居区，内蒙古牧区，以及新疆的伊犁、喀什、和田等地区和克孜勒苏州，汉族移民始终很少。

3. 经济因素。

人口地理分布归根结底是一种社会经济现象，它的基本的制约因素是生产力发展水平和生产方式；而与生产力水平和地理环境密切相关的产业结构，以及不同时期生产布局的变化，对之也有影响。从世界历史来看，生产方式每发生一次划时代的变革，人口分布状况及其特点就会出现明显的变化。

新中国成立前是一个经济、文化落后的半殖民地半封建国家，产业结构以农业占极大比重，小生产犹如汪洋大海，工业则非常薄弱，且高度集中在沿海少数大中城市。新中国成立后，特别是实行改革开放以来，中国的社会经济取得了伟大进步，但在世界上仍然是一个人口压力重、生产力水平不高的发展中国家。工业化和现代化尚远未完成，农业在全体居民的经济活动中仍占了很大比重，受这些基础条件的影响，乡村人口相对分散的分布模式迄今仍占据绝对优势。由于产业结构的限制，大量人口被束缚在土地上，人口再分布缺乏强大的推动力；自然条件、土地的生物生产潜力和农业生产水平，简言之，一个地区能够提供给居民的食品数量，对人口分布的地区差异起着基本的制约作用。工商业地理区位的吸引力近十余年虽比过去显著增强，但总的来讲，仍只是一个次要因素。

耕地是土地资源中的精华，是粮食生产最基本的物质资料，中国的人口分布因此一直与耕地的分布及其生产率息息相关。据分析，2000年31个省区人口密度与1996年垦殖指数的相关系数为0.6044，已表现出一定程度的正相关；考虑到中国国土之辽阔，各地差异之悬殊，可以把不包括4个直辖市和近年受人口流入影响较大的浙江、广东、福建3省的其他所有省区按地理方位划分为南北两大组，则每一组的人口密度与垦殖指数之间将达到高度的正相关：

北方13省区（河北、山西、内蒙古、辽宁、吉林、黑龙江、山东、河南、陕西、甘肃、宁夏、青海、新疆）相关系数0.9182；

南方11省区（江苏、安徽、江西、湖北、湖南、广西、海南、四川、贵州、云南、西藏）相关系数0.9163。

以上特征从中国相对于各主要经济指标的人口集中指数中可以看得很清楚。据计算，2000年中国相对于第一产业增加值和粮食产量的人口集中指数分别为0.08和0.11，而相对于第二、第三产业增加值的人口集中指数则达到0.22左右。这说明中国人口分布主要受农业和粮食生产分布的吸引，第二、第三产业的作用力则远为次要。这一特征与发达国家正好相反，如美国，近年相对于农业净产值的人口集中指数为0.28~0.29，而相对于制造业净产值的人口集中指数却仅在0.1左右。这就充分表明，就主要的制约因素而言，中美两国在人口分布上完全分属两种不同的模式。中国正处在由农业社会向工业社会演变的过程中，美国则早已进入后工业化阶段，生产力发展水平的悬殊差距必然会在人口分布方式上反映出来。

人口集中指数的变动也反映出改革开放前后的明显差异。中国相对于第一产业增加值和粮食产量的人口集中指数在实行改革开放的前夕降到了最低点，仅在0.064左右。去掉三个老直辖市，全国人口分布与粮食生产已近乎重叠，这说明绝大部分人都在忙于解决吃饭问题，充分显示出生产方式的落后性。实行改革开放以后，相对于第一产业增加值和粮食产量的人口集中指数明显趋于增大，表明中国人口分布已开始"摆脱"粮食生产，向第二产业靠拢，这无疑是工业化取得显著进展的一个标志。

新中国成立初期，中国相对于第二产业增加值的人口集中指数很高，1953年仍在0.37以上，这是工业布局非常畸形的一个明证。旧中国77%的工业总产值集中在仅占国土面积12%的东部沿海狭长地带，上海、天津、沈阳、青岛等几个大城市在其中又占了大部分，而广大内地边疆工业均十分落后，许多地方基本上是一片空白。经过几十年的努力，这一状况在一定程度上有所扭转，但总的说来，工商业对人口分布的吸引力仍有待进一步地增强。

表9—12提供了2000年中国省区人口密度与多种自然、社会和经济因素的相关分析数据。从中可见，人口密度与国民收入和产业结构等有显著相关甚至高度相关，此外，地形特征等自然因素对人口分布影响也很大。从不同侧面反映出市场经济大发展的新形势下各种因素对人口地理分布的影响。

表9—12　　2000年中国各省区人口密度（人/km^2）与主要影响因子的相关分析

相关因子（K）	线性相关系数	回归公式
1. 单位国土面积上的GDP(万元/km^2)	0.9649	$D = 189.171 + 0.359K_1$
2. 人均第三产业增加值(元)	0.8686	$D = -127.263 + 0.153K_2$
3. 人均GDP(元)	0.8685	$D = -287.445 + 0.008181K_3$
4. 人均第二产业增加值(元)	0.8466	$D = -205.979 + 0.159K_4$
5. 人均投资额(元)	0.8280	$D = -110.147 + 0.156K_5$
6. 平原占总面积比重(%)	0.7507	$D = -28.508 + 13.682K_6$

续表

相关因子(K)	线性相关系数	回归公式
7. 城镇人口比重(%)	0.7102	$D = -445/056 + 20.646K_7$
8. 单位国土面积粮食产量(t/km^2)	0.6846	$D = -40.45 + 4.174K_8$
9. 垦殖指数	0.6028	$D = -132.799 + 20.567K_9$
10. 二三产业占 GDP 比重(%)	0.5719	$D = -2449.509 + 34.333K_{10}$
11. 高原山地占总面积比重(%)	0.5360	$D = 811.431 - 8.954K_{11}$
12. 年平均气温(℃)	0.2778	$D = 111.447 + 21.027K_{12}$
13. 年平均降水量(mm)	0.2178	$D = 175.074 + 0.222K_{13}$
14. 人均第一产业增加值(元)	-0.2924	$D = 767.337 - 0.347K_{14}$
15. 少数民族比重(%)	-0.3760	$D = 496.19 - 8.359K_{15}$
16. 人均粮食产量(kg)	-0.4610	$D = 941.105 - 1.662K_{16}$
17. 人口自然增长率(‰)	-0.5307	$D = 743.504 - 69.347K_{17}$

(三) 增强人口再分布活力，促进社会经济可持续发展

新中国成立后的 50 年中，考察人口地理分布格局的变动，总的说来可以分为实行改革开放之前之后的两个时期。前半期受生产力水平和其他一些因素的限制，农业社会高度依赖土地粮食承载力的分散型人口分布模式占据了绝对优势。人口再分布既缺乏强劲的活力，又缺乏可持续性。而自改革开放以来，中国的生产力得到大发展，社会主义市场经济体制日益健全，1 亿多农民挣脱了土地和传统生产方式的束缚，在全国范围内涌动起人口迁移流动的大潮。种种事实表明，在土地的粮食承载力之外，工商业的地理区位已开始对中国人口分布产生越来越大的影响，传统的农业时代分布模式，已经朝着一个新的工业化模式演进，它既包括城乡的对比关系，也包括不同地区之间的对比关系。这一转变虽然迄今还只是初步的，但今后可望逐步加速。如何遵循市场经济规律，增强中国人口再分布的活力，并合理引导它的方向，以促进社会经济可持续发展，无疑是一个应予以高度重视的重大课题。

目前，中国正在深化改革。在未来几十年内，中国的生产力按人均计算将达到中等发达水平，数以亿计的农民将投身到非农产业的广阔天地中去，城镇化会有巨大发展，城乡人口迁移流动的规模将是以往任何时期都

难以比拟的。在此过程中，生产布局面貌将发生一系列变化，沿海沿江肯定将进入世界新兴工业化地区的行列，内地和边疆通过西部大开发将缩小与先进地区之间的差距。未来几十年内中国的人口状况也将发生巨变，不少地区将步入很深的老龄化社会，人口会长期保持负自然增长，而另一些地区则仍将保持一定的人口增长势头。所有这些都说明中国存在着进一步推进人口再分布的社会经济需求。

在这种形势下，首先有必要加深对合理人口再分布重要的社会经济意义的认识，坚决破除在此问题上一切与市场经济法则相抵触的保守观念。要看到生产力发展及其对人口和劳动力的需求在地区之间的不平衡是始终存在的，人口再分布正是调节这种不平衡的重要杠杆，其合理发展无疑是建立社会主义市场经济的必要条件。还要看到，中国迄今仍然是一个人口分布相对凝固化的国家，这种状况理应随着现代化进程逐步得到改善。

为了促进人口再分布，一些相关的体制性因素要不断在发展的过程中修改完善，如户籍登记管理制度、行政区经济体制等，以尽早在全国范围内建成一个统一的，能促进人口、劳动力和其他生产要素在计划流动和自由流动中达到最佳配置的社会环境和经济环境。

关于未来几十年中国人口分布格局的演变，除了城镇化以外，还有两个主要趋势是完全可以预期的。

首先，东部沿海地区占全国总人口的比重将有所增大，中部地区将减小，西部地区仅有微幅上升。在各省区中，西藏、广东的增长幅度较大，新疆和海南次之，而四川、重庆、浙江和辽宁的增幅最小。

其次，山区占全国总人口的比重将减小，平原将增大，这一点与前一趋势有着很密切的关联。中国是一个多山的国家，山地丘陵占总面积71%，人口占55%，但在全国经济总量中，其比重却相当低，与平原的差距还在不断扩大。据统计，丘陵地区乡村人口人均粮食产量近年比平原低1/10，山区则低1/3，人均工业产值相差更大，不少山区工业化和城镇化还没有真正开始。广大山区除了在经济上陷于贫困外，生态环境也遭到一定程度的破坏，有的已出现生态危机。这种状况是由历史、自然、地理、社会、经济等多方面的不利因素造成的，应予强调的是近几十年人口增长过多过快，超过了资源承载能力，这无疑是最重要的原因之一。

因此，在未来社会经济发展包括西部大开发的进程中，应该高度重视山区人口合理再分布的问题。除了继续加强计划生育工作外，还应针对广大山区人口超载，生态失衡，存在较多难以根本改善的不利条件的情况，适当调整山区与平原的人口比例，通过劳务输出、异地开发和人口迁移流动等多种途径，逐步、适度、有序地引导山区，特别是高、深、偏、远山区和石山区的剩余劳动力乃至部分人口向外部转移，以减轻人口压力，休养生息，促使人口、经济和生态环境早日走向良性循环。从20世纪80年代初起，许多省区已在山区环境移民上做了大量的工作，累计迁移了数以百万计的人口；2001年国家在内蒙古、宁夏、贵州、云南4省区又启动了"易地扶贫搬迁试点工程"，共有40万人通过易地搬迁摆脱了贫困。这些均从一个侧面反映出未来中国人口再分布的大方向。

第十章 人口迁移与流动

人口的迁移与流动，是三大人口变动之一。新中国成立以来，随着出生、死亡两大变动的明显弱化及其地区差异的逐步减小，人口的迁移、流动却日趋活跃，正成为影响中国区域人口增长、分布的主导因素，构成中国人口变动与发展的重要内容。

新中国成立以来，深受经济体制和经济社会发展影响的人口迁移与流动，也像中国的经济体制改革和经济社会发展一样，经历过颇多曲折，发生过重大变化，表现出比较明显的阶段性特征。总体而言，大致可划分为以下四个阶段，各阶段的特征主要表现为：

第一阶段，大致为新中国成立到"一五"计划[①]期末的1957年之间。在这一时期，尚未建立户籍制度，人口可自由迁移，且主要以农村人口迁移为主。

第二阶段，基本为"二五"计划时期，即1958年到1965年期间。在这一时期，随着"大跃进"的暴涨、骤挫，人口迁移也潮起潮落，大量农村人口由农村涌入城市又被"挤"出城市、回归农村的"U型"迁移和被动迁移，为当时人口迁移的一大特征。

第三阶段，大致从"三五"计划期首、"文化大革命"开始的1966年到改革开放开始之前的1977年。在这一时期，除汹涌澎湃、席卷全国的"红卫兵""串联"大潮短期涨落以外，人口的经济迁移相对较弱，而

---

① 即新中国成立以来制定的第一个"五年"发展计划，在此简称为"一五"计划。本章如果使用第N个"五年"计划，也将同本注，简称为"N五"计划，如称第六个"五年"计划时，简称为"六五"计划。

以城市"知识青年上山下乡"和干部下放劳动、接受工农再教育的城→①乡迁移成为人口迁移的主流。

第四阶段，即从开始改革开放的1978年到2000年。这一时期历时20余年，尽管其间也经历过一些曲折和变化，但总的来看的确是改革开放带来了人口迁移与流动。首先，改革开放把大量农民从土地上解放出来并迁向各级城市就业谋生形成巨大的"民工潮"，推动国内人口迁移空前活跃；其次，改革开放打开了"国门"，形成了出国留学、就业的出国大潮。"民工潮"、"出国潮"的兴起和涌动，是这一时期中国人口迁移发生重大变化的两大标志。另外，"上山下乡"知识青年、下放改造干部及"三线"建设移民在改革开放、拨乱反正中纷纷回流东迁、返城；以"三峡"移民为主的工程移民，也显示了这一阶段中国向市场经济体制转变、"以经济建设为中心"、积极推进现代化建设的发展态势。

需要指出的是，由于中国独具特色的户籍制度和二元社会体制的影响，以及人口迁移本身的复杂性，使中国的迁移、流动主体以及他们的迁移、流动类型都相对比较复杂；由于中国人口迁移、流动的复杂性以及调查统计条件及水平的制约，又使中国关于人口迁移、流动的数据资料极为稀缺，而且口径不一，相互矛盾之处甚多。因此，现首先对有关概念和本章重点考察、研究的对象及所用的主要数据资料等问题作如下界定和说明。

一　本章的有关概念及重点考察、研究的对象

（一）迁移、流动人口

根据户籍和"常住"的概念，中国的迁移、流动人口，主要包括以下三类：户籍迁移人口，即伴随户籍变更的迁移人口；非户籍迁移人口，即未伴随户籍变更的迁移、流动人口；而常住迁移人口，则是由于迁移、流动而改变常住地的人口，其中既包括户籍迁移人口，也包括非户籍迁移人口。

关于"常住"的概念，主要是根据因迁移、流动而改变居住地时间

---

① 本章在说明区域人口迁移时在迁出地与迁入地两区域之间所加的箭头符号"→"表示两区域之间人口迁移的流向。

的长短定义的。改革开放以来，中国在人口普查或人口抽样调查时曾做过两种定义：1990年人口普查把因迁移、流动而改变居住地时间在1年以上时称为"常住"，1987年、1995年1%人口抽样调查和2000年人口普查则把因迁移、流动而改变居住地时间在半年以上时称为"常住"。

（二）迁移与流动

关于迁移和流动，都属人口移动——人口地理或空间位置的变动，二者之间并没有严格的区分，但在中国建有特殊户籍制度的条件下，在具体使用上往往又有所区别。一般地说，伴随户籍变更或常住地变更半年（或1年）以上、跨越区县界的人口移动，多称为人口迁移；而未伴随户籍变更或常住地变更不满半年（或1年）、跨越区县界的人口移动，多称为人口流动。有时仅简单地把伴随户籍变更的人口移动称为人口迁移，把未伴随户籍变更的人口移动称为人口流动，有时甚至更简单地把人口迁移、流动统称为人口迁移或人口移动。因此在伴随常住地变更的条件上，人口迁移与人口流动的概念往往是相互交叉的。本章不想在概念上纠缠，拟遵循约定俗成的概念或已被当时人口调查（如2000年人口普查）明确的定义，根据所引用的资料等具体情况酌情择用，或称人口迁移，或称人口流动，或称人口的迁移与流动。

（三）国内人口迁移与国际人口迁移

人口迁移通常被划分为国内人口迁移和国际人口迁移。中国的国内人口迁移又多被进一步划分为省际人口迁移和省内人口迁移。省际人口迁移即为跨越省级行政区界的人口迁移，省内人口迁移为跨越区县界但未跨出本省的人口迁移。国内人口迁移又根据迁移的地域层次，划分为包括农村与农村、城市与城市及农村与城市之间的城乡迁移或流动。本章主要以国内人口迁移为考察研究对象，国内人口迁移又以省际人口迁移为主。而在考察国内城乡人口迁移时，一般都包括省内人口迁移与省际人口迁移两者。

另外，由于人口迁移、流动的复杂性以及受人口调（普）查与统计水平制约，在1990年人口普查之前，中国几乎没有做过系统的人口迁移调查。所以和出生、死亡数据相比，中国人口迁移数据是信度较低、最不完备的人口数据。这给本章的研究造成极大的困难，在一定场合下不得不使用一些个别地区或年份的迁移数据来说明问题。

(四) 关于城镇及城镇人口

近年来，人们对统称城市与城镇及其人口时往往不同，有时称城镇（包括行政区划上的市与镇）及城镇人口，有时称市镇（同上）及市镇人口，有时亦称为城市（也包括镇）及城市人口，三种称呼虽然不一，但都基本是同义的。本章在行文时有时采用不同的称呼，只是根据其出现的场合或习惯择而用之。

二　本章所使用的主要数据来源

(一) 公安部门统计的户籍迁移数据

从时间系列数据来看，以国家公安部门统计的户籍迁移人口数据相对最完整。其主要问题是：第一，公安部门户籍统计提供的迁移数，实际上是在调查期间内所有移民个体发生迁移行为的迁移事件次数的合计数而非迁移人口数。如同一个人若在一年内发生 2 次迁出行为，则户籍统计的迁出数即为 2 人而非 1 人；第二，误差很大，不仅各地区统计的迁出人数与迁入人数相差悬殊，迁移增长、自然增长与总人口增长无法平衡，而且各地区迁出、入人数的合计数与全国的迁移数也相差很大，不能平衡。

(二) 人口普查和人口抽样调查迁移数据

从移民属性变量来看，以人口普查和人口抽样调查迁移数据最详实。其主要问题是：第一，人口普查和人口抽样调查获得的迁移数据，虽然是迁移人口数，但它仅是在调查时点的迁移人口数，而非调查期间的迁移人口数。如有一移民在调查期间迁入某地但在调查时点之前又迁出该地或在该地死亡，这样在调查时点调查的迁移人口数就无法包括调查期间内这样的迁移人数；第二，在不多的几次人口普查和人口抽样调查中，对移民或人口迁移的定义不同，如 1990 年人口普查把移民定义为在迁入地居住一年以上或虽不足一年但离开迁出地一年以上者，而 1987 年、1995 年人口抽样调查和 2000 年的人口普查则对移民的定义是半年。这样就给比较不同调查时间的迁移人口数带来口径上的不一致性。

(三) 其他数据

主要包括统计部门提供的有关人口、劳动力资料及其他研究机构完成的不定期的人口迁移调查资料等。

在此说明，尽管如上所说各种人口迁移数据都存在这样那样的问题，但由于缺乏充分、可靠的依据,所以本章在使用相关迁移数据时一般都仅限于调查时对迁移数据的定义而不再进行调整。另外,文中20世纪80年代以前有些未说明资料来源的数据或相关资料,一般均引自孙敬之主编的《中国人口》各省区分册;而且1980年以前所使用的迁移数据基本为户籍统计数据,1980年开始所使用的迁移数据主要来自此间进行的上述四次人口普查和人口抽样调查,由于二者调查统计口径不同,故相互之间基本无可比性。

第一节 人口可自由迁移,以农村人口迁移为主(1949~1957年)

中国人口迁移与流动的第一阶段,大致为新中国成立到"一五"计划期末的1957年之间。在这一时期,中国从新中国成立起步,实现政权更替、恢复经济发展为当时首要任务。特别是在这一时期尚未建立独具中国特色、长期以来对中国人口迁移流动具有深刻影响的户籍制度,所以虽然存在一定有组织的计划迁移,但总的来看以农村人口的自由迁移为迁移主流。在此期间,伴随政权更替及经济恢复发展的有组织的计划迁移和自由迁移主流,形成新中国成立以来第一个比较稳定的人口迁移活跃期。

由于受政权更替及经济恢复和发展的影响,中国这一时期的人口迁移在不同时间也表现出不同的特点,大致可以划分为恢复时期和"一五"计划时期两个阶段。

一 恢复时期(1949~1952年)的人口迁移

这一阶段,中国在政治上推翻了旧制度,建立了新政权。在中国共产党的领导下,社会渐趋稳定,经济得以迅速恢复和发展。在此背景下,主要形成了两方面的人口迁移。

(一) 政权更替形成的人口迁移

新中国成立初期,主要形成两股人口迁移流:一是因接管和建立新政权形成的人口迁移,二是安置旧政权人员及居民返迁形成的人口迁移。

1. 接管和建立新政权形成的人口迁移

因为中国解放战争及新政权的建立,基本是从北向南、"由农村包围城市"逐步推进的，这就决定了随着解放战争及新政权建设的空间推进，形成了一股自北向南、主要由农村迁向城市的人口迁移。特别像北京、上海等大城市，大批干部迁移进城接管旧政权，建立新政权，形成较大规模的主要由农村迁向城市的人口迁移。如北京市在继1949年和1950年人口净迁出之后，从1951年开始转变为人口净迁入。其中，1951年迁入25.6万人，净迁入12.5万人；1952年迁入19.3万人，净迁入11.0万人。①上海市在1950年迁入56.7万人，1951年迁入人口进一步增加到100.4万人，迁入率分别为11.39%和19.22%，② 也与此密切相关。在解放战争及新政权建设自北向南推进的过程中，作为建立新政权较早并培养派出大批干部的吉林省，1949年仅从吉林市迁往关内解放区的人口就达0.8万人，1950~1952年吉林省又净迁出人口38.2万人。而解放较迟、接受"南下"干部比较多的湖南省，1950~1952年3年之内净迁入96.6万人，1953年又接纳"南下"干部0.9万人；江西省1949年仅7月一个月就迁入0.6万名来自东北地区的"南下"干部。

2. 旧政权人员的安置及居民返迁形成的人口迁移

由于政权更替，解放前留居城市的大批国民党军政人员、闲杂人员及一些居民，主要被安置返迁农村或自行返迁故里，形成与接管、建立新政权迁移人口（主要由农村到城市）相反的主要由城市迁向农村的人口迁移。如北京市1949年宣告新政权成立当年即迁出31.8万人，1950年迁出15.1万人，两年分别净迁出20.5万人和3.2万人；③ 上海市1950年也迁出62.3万人，净迁出5万多人。北京、上海市的这些迁出人口，虽并非都是旧政权遣返人员，但无疑这类人员都占有较大的比例。特别是国民党中央政府所在地江苏省南京市，1949年4月底国民党溃败逃离时，残留了大量流散军人和失业人员，加上当时滞留的遭受水患之灾的山东、安徽等省的避难农民，估计约有30万人以上。随着新政权的成立，第二年

---

① 八大城市政府调研机构联合课题组：《中国大城市人口与社会发展》，中国城市经济社会出版社1990年版，第146页。

② 上海市统计局编：《上海市人口统计资料汇编：1949~1988》，中国统计出版社1989年版，第49页。

③ 八大城市政府调研机构联合课题组：《中国大城市人口与社会发展》，中国城市经济社会出版社1990年版，第146页。

(1950年)即着手遣返，其中遣返安徽省五河、灵璧、凤阳等县和山东省稚县、济南、龟山等地的就多达17万人。① 又如，在1950~1951年间，中国人民解放军从云、贵、川等省遣送大批国民党战俘返回故里，其中仅经过湖南省长沙接待站遣送的就达6万人之多。

（二）经济恢复和发展形成的人口迁移

新中国成立后，在中国共产党的领导下，经济迅速恢复和发展，成为诱发人口迁移的重要动因。特别是中央政府还出台《城市户口管理暂行条例》（中央人民政府公安部1951年7月16日公布），以"保障人民之安全及居住、迁徙自由"，② 因此在当时形成了十分活跃的人口迁移。

由于新出台的《城市户口管理暂行条例》，不仅未限制人们的迁移行为，相反还给以保障，也就是说此间新政府实行的是自由迁移政策，所以当时除由政府组织的一些计划性迁移以外，更多的则主要是由经济恢复和发展形成的自发性人口迁移。

在主要由经济恢复和发展形成的自发性人口迁移中，既有农村人口向城市迁移的乡→城迁移，也有东部沿海人口稠密地区农民沿传统路线迁向东北、内蒙古及西北边疆省区开垦拓荒的由农村到农村的乡→乡迁移。由于当时经济发展的重点在城市地区，所以主要由经济恢复和发展形成的自发性人口迁移基本以农村人口向城市迁移的乡→城迁移为主。如上所述，主要受经济恢复和发展而带来的农村人口向城市迁移的乡→城迁移影响，上海市仅1951年就迁入人口100.4万人，净迁入43.78万人，净迁入率高达8.38%，形成上海市新中国成立以来的第一个人口迁入高峰。又如，天津市1951年仅通过招收职工即迁入14.7万人，其中约有86.4%迁入前为农村人口。

---

① 杜闻贞主编：《中国人口—江苏分册》，中国财政经济出版社1987年版，第145页。
② 《城市户口管理暂行条例》，由中央人民政府公安部1951年7月16日公布，是新中国成立以来最早的由中央颁布的关于城市户口管理的法规。其第一条明确规定"为维护社会治安，保障人民之安全及居住、迁徙自由，特制定本条例。"该条例第五条对户口变动中迁出、迁入做出了如下具体规定：
"凡迁出者，得于事前向当地人民公安机关申报迁移，注销户口，发给迁移证……"；
"凡迁入者，须于到达住地三日内，向公安派出所申报入户。有迁移证者，应呈缴迁移证；无迁移证者，应补交其他适当证件。被解放之伪官兵，及释放之犯人，须持军事机关或人民司法机关、人民公安机关之证件，申报入户。"

但是，在这一阶段，新政府也意识到组织计划移民的必要性，所以制定了一些相关政策法规，提倡和组织了一些主要由农村迁向农村的计划性人口迁移。

这一阶段出台的一些相关政策法规，主要有1952年7月25日中央政府颁发的《政务院关于劳动就业问题的决定》。该决定针对城市各种失业人员就业问题和城乡大量剩余劳动力充分就业等问题，提出了组织移民开荒的必要性，指出：

"……对于失业工人，应普遍予以登记，并分别介绍就业或予以专业训练。对于不能即时就业或参加转业训练的失业工人，生活确实困难者，应采用'以工代赈'、'移民开垦'、'生产自救'等方法予以安置，或予以临时救济或长期救济。……"

"农村中大量的剩余劳动力……必须有计划有步骤地向东北、西北和西南地区移民，在不破坏水土保持及不妨害畜牧业发展的条件下，进行垦荒，扩大耕地面积。……"

"城市与工业的发展，国家各方面建设的发展，将要从农村吸收整批的劳动力，但这一工作必须是有计划有步骤地进行，而且在短期内不可能大量吸收。故必须大力说服农民，以克服农民盲目向城市流动的情绪。"

1952年10月31日，中央政府又就华北、华东、中南、西南农村中大量剩余劳动力的状况，提出《中央劳动就业委员会关于解决农村剩余劳动力问题的方针和办法》，将移民开垦作为八项措施的第一项。并具体指出："扩大耕地面积，有计划地向东北、西北、西南边远地区移民开垦。……已知的可耕地尚有十五亿亩以上没有耕种，其中百分之七十（即十亿亩以上）在东北、内蒙古、西北三个地区。海滨地带也有许多荒地可以开垦。……"并建议："首先把从事农业的劳动改造队移到东北、西北地区去开垦，并可在适宜开垦的地区有计划地建立少数国营牧场（并不一定是机械化的）作为移民的据点，也可考虑组织屯垦军队去开垦。"

在上述中央政府一系列政策、法规的调控、指导和组织下，形成了一股主要由东部沿海人口稠密地区迁向东北、内蒙古、西北等边远地区、以开垦拓荒为主要目的、具有明显组织计划性特征的农村人口迁移。如西北地区的新疆维吾尔自治区，历来是中国计划性垦荒移民的重要迁入地区，在 1949～1952 年间，共迁入 63.9 万人，其中农民最多，有 25.56 万人，其次是军人和干部，分别为 12.78 万人和 7.10 万人；从迁移原因来看，无疑以"自流"迁入人口最多，约占 35.57%，但"分配"、"支边"和"随迁"等属于计划性迁移的人口也分别占 21.30%、2.84%、2.84%，合计约达 27% 的高比例。[①] 内蒙古自治区也是当时重要的人口迁入地区，在 1950～1952 年间，全区净迁入 43.67 万人，年均 14.56 万人。但总的来看，由于新中国宣告成立不久，中央政府的相关政策、法规也刚刚出台，所以新政府组织的计划性人口迁移也只刚刚起步，规模不大。

二 "一五"计划时期（1953～1957 年）的人口迁移

在经过三年恢复之后，中国开始实施"一五"计划，明确以经济建设为中心，加快了经济发展的步伐，也迎来了新中国成立以来以东部沿海地区人口向黑龙江、新疆等东北、西北边疆省区迁移为主的第一个比较稳定的人口迁移活跃时期。

表 10—1　　改革开放前中国人口迁移基本状况（1954～1977）

年份	总迁移率（%）	年份	总迁移率（%）
1954	7.33	1966	3.92
1955	8.17	1967	3.65
1956	9.42	1968	4.43
1957	8.37	1969	4.66
1958	9.65	1970	4.23
1959	9.02	1971	3.67
1960	9.84	1972	3.68
1961	6.15	1973	3.10
1962	6.71	1974	2.96
1963	3.98	1975	3.49
1964	4.04	1976	3.40
1965	4.53	1977	3.21

资料来源：严蓓：《新时期中国人口迁移》，湖南教育出版社 1999 年版，第 85 页。

[①] 周崇经主编：《中国人口（新疆分册）》，中国财政经济出版社 1990 年版，第 134、140 页。

这一阶段的人口迁移，主要表现出以下几个特点：

（一）人口迁移十分活跃，形成新中国成立以来第一个比较稳定的人口迁移活跃期。如1954年，全国迁出、入人口为2 200万人，1955年增长为2 500万人，1956年进一步增长到3 000万人。表10—1显示，该期间每年中国人口迁移的总迁移率也普遍很高，几乎都在8%以上，其中1956年高达9.42%，为新中国成立以来历年总迁移率最高的几个年份之一。从各省区人口净迁移来看，在1953~1957年期间，作为当时全国重要人口迁入地的黑龙江省、辽宁省和内蒙古自治区净迁入人口规模均超过100万人，其中辽宁省净迁入126.2万人，内蒙古自治区净迁入110万人，而黑龙江省仅1954~1957年即净迁入112.8万人。

在这一阶段，中国人口迁移之所以如此活跃，不仅受经济快速发展及生产力地区布局调整的强力作用，而且也与政府的自由迁移政策密切相关。具体地说，这一阶段中国比较活跃的人口迁移，主要受以下几方面因素的影响：第一，政府仍实行自由迁移政策，允许并鼓励人口自由迁移。如前所述，中央政府早在1951年7月就出台了《城市户口管理暂行条例》，"保障人民之安全及居住、迁徙自由"。1955年6月9日国务院全体会议第十一次会议又通过了《国务院关于建立经常户口登记制度的指示》，指出："由于离婚、分居、合居、失踪、寻回、认养、认领、雇工、解雇等原因引起的户口变动，都应由户主或者本人报告当地乡、镇人民委员会，或者报告当地乡、镇以下行政组织负责人转报乡、镇人民委员会按迁出迁入的规定，办理登记或者注销。"从1951年的"条例"及1955年的"指示"可以看出，当时政府对人口迁移几乎没有限制，仍实行自由迁移政策，允许城乡居民在城乡之间或城镇之间自由迁移。第二，中国在经过三年恢复之后，开始实施"一五"计划，大力推进工业化建设，加快国民经济的发展。而且为了改变旧中国工业偏集东部沿海的不合理布局，政府在大力推进工业化建设的同时，也有计划地组织东部沿海城市的工厂企业及其职工、家属按"建制"整体迁往内地和边疆地区。与此同时，还抽调了东部沿海城市的一大批工厂企业管理干部、技术人员志愿到一些新兴工业城市和重点建设地区工作。第三，工业化的推进，工厂企业的发展和扩张，不断扩大着对劳动力的需求。为了满足大量新建、扩建工厂企业建设和发展的需求，除从农村招收大批农民进入城镇以外，还吸收了大量自发进入城镇的农民就业。第四，1952年10月，中央政府就在《中央劳动就业委员会关于解决农村剩余劳动力问题的方针和办法》中提出，要"有计划地向东北、西北、西南边远地区移民开垦"，并建议首先把从事农业的劳动改造队移到东北、西北地区去开垦，……"根据中央政府的这些政策、法规，国家开始组织东部沿海人口稠密地区向地广人稀的东北和西北地区的黑龙江、新疆、内蒙古等省区进行计划性集体移民（包括城镇青年、复员转业军人及闲散人员等），前往开垦荒地、发展农业。同时也允许和鼓励华北和东部沿海人口稠密地区的大批农民继续自发地沿着传统的迁移路线迁往东北、内蒙古、西北等边疆省区开垦拓荒，发展农业。以上这些原因相互联系，共同作用，致使此间中国人口迁移十分活跃，迁移规模持续增长，形成新中国成立以来第一个比较稳定的人口迁移活跃期。

（二）工业移民和拓荒移民同时并举，东部沿海人口稠密地区人口向东北、西北和华北地区的新建工业区或垦荒区迁移为当时人口迁移的主流。

1. 工业移民——主要向"三北"新建工业区迁移

在"一五"计划期间，中国政府为了加快工业化步伐，改变旧中国不合理的工业布局，不仅有计划地组织东部沿海城市的一些工厂企业迁往东北、西北、华北等内地和边疆地区，同时也加快了这些地区新建、扩建工业企业的建设和发展。随着东部沿海城市工厂企业向内地、边疆地区的转迁，使得大批职工及其家属随同企业成"建制"迁移。与此同时，政府还抽调了东部沿海城市的一大批工厂企业管理干部、技术人员志愿到新兴工业城市和重点建设地区支援那里的经济建设，形成了一股从沿海迁向内地、由城市到城市的城市人口的城→城迁移。如上海市作为当时全国最大的工业基地，承担了支援外地工业化和经济建设的重要任务。据统计，在1950～1957年间，上海市支援外地建设共迁出43.52万人，其中"一五"计划时期即迁出33.65万人。其支援外地建设人口的流向，主要是辽宁、吉林和黑龙江等东北三省。① 为了适应国家新建、扩建工矿企业的建设和发展，政府也从农村招收了大批农民进城，并吸收大量自发进入城镇

---

① 胡焕庸主编：《中国人口—上海分册》，中国财政经济出版社1987年版，第140页。

的农民就业，形成一股主要由农村迁向城市的农村人口的乡→城迁移。另外，1956年秋季以来，安徽、河南、河北、江苏等省灾区和非灾区的农民、复员军人及乡、社干部盲目外流现象严重，而且一般也基本都是流向"三北"地区的几个大城市与一些新建城市或工业建设重点地区。

作为"三北"内地和边疆等新工业重点建设和发展地区，则接纳和迁入了大量外来人口。如据不完全统计，在1953~1954年两年间，仅吉林省长春第一汽车制造厂从外省招聘或接收分配来厂的工人就有1万多人（尚不包括随迁家属），可见新工业区接受移民数量之大。又如，全国"一五"计划时期共有156项重点工程，其中在陕西省就集中部署了20余项，致使陕西省仅1955年就净迁入人口达32.34万人；甘肃省兰州市的人口也从1953年的39.73万人增加到1959年的123.36万人，其中大部分迁入人口为由于兰州炼油厂、兰州化学工业公司等大型工矿企业的建设需要而至。内蒙古自治区也是当时一人口入迁大"户"，随着一批大中型工矿企业、国营农牧场和教育文化设施的兴建，人口入迁规模不断增大，在1953~1957年5年之间，净迁入人口达109.94万人，年平均21.99万人，其中1956年一年即净迁入34.81万人。[①]

2. 垦荒移民——主要向"三北"新垦荒地区迁移

垦荒移民的目的地，主要是黑龙江、新疆、青海、内蒙古等"三北"地区地广人稀的边疆省区，而其迁出地则主要为东部沿海人口稠密地区。如东部沿海地区人口规模大、密度高的山东省，历来就是向黑龙江等边疆地区迁出垦荒移民的重要省份之一，不仅有大量自发性农村垦荒移民源源不断迁出，而且也有政府组织的较大规模的计划性垦荒移民迁向这些地区。据不完全统计，仅就政府统一组织的计划性垦荒移民来看，全省组织的大规模的计划性垦荒移民从1955年开始，到1960年结束，前后持续了6年之久，涉及70多个县市，共迁出约100多万人。如1955年山东省向省外组织移民13 453户、58 848人，其中迁往黑龙江省10 961户、47 489人，迁往吉林省1 982户、8 945人，迁往内蒙古自治区510户、2 414人。在当年涉及迁出垦荒移民的28个县市中，以菏泽地区的梁山县最多，全县迁出28 329人，约占全省迁出移民总数的48%；1956年的移

[①] 宋迺工主编：《中国人口—内蒙古分册》，中国财政经济出版社1987年版，第164页。

民垦荒是在农业合作化高潮中进行的,全省以临沂、菏泽、济宁、泰安、聊城5个地区为重点,共迁出 189 179 人。其中除迁往青海省回民 2 135 户、10 195 人,迁往黑龙江省汉民 16 090 户、62 927 人外,主要组织了 105 944 名青壮年垦荒队,到黑龙江省的 34 个县建立了 425 个移民新村。当年秋季又动员青壮年移民的家属 3 116 户、10 113 人迁往这些新建移民村。1957 年根据中央指示,主要是做好 1956 年移民的巩固工作。该年山东省除向黑龙江省遣送了 10 715 户、40 187 名移民家属以外,基本没有再动员新的移民。① 另外还有大量自发性农业移民,也同样选择迁向黑龙江、新疆、内蒙古等地广人稀的边疆省区。

从垦荒移民主要迁入地来看,如黑龙江省从 1955 年开始大规模接受来自外省的计划性集体移民,当年接受山东集体移民 10 085 户、44 010 人;1956 年接受山东集体移民 17 648 户、180 165 人,接受河南集体移民 3 112 户、15 903 人,另外还分别接受河北集体移民 907 人、北京集体移民 239 人、辽宁集体移民 3 305 人。1958 年接受山东集体移民 10 412 户、54 200 人,接受原移民家属 4 811 户、19 473 人。据统计,在 1952~1958 年间,由外省市迁入黑龙江省的垦荒人口达 63 690 户、379 755 人。其中来自山东的集体移民最多,达 338 944 人,约占黑龙江迁入外省移民总数的89%。另外,黑龙江省还接受了大量的自发性入迁移民,仅 1955~1957 年 3 年内,就安置外省自发流入灾农 248 869 人。② 其中垦荒移民占有相当的比重。内蒙古自治区也是当时的一个主要移垦地区。1956 年一年就分别从河北、山西、陕西等省迁入集体插社移民 17 237 人,青年垦荒队员 2 442 人,合计达 19 679 人。其中来自河北省的垦荒移民为 17 184 人,约占总数的 87.32%;从山西、陕西两省迁入的也都占6%以上。③ 青海省 1955 年和 1956 年先后从山东、河南、河北、安徽、北京、天津等省市迁入移民 69 728 人,加上零星的外省移民共达 74 592 人。但截至 1958

---

① 田方、林发棠主编:《中国人口迁移》,知识出版社 1986 年版,第 339~340 页。

② 熊映梧主编:《中国人口——黑龙江分册》,中国财政经济出版社 1989 年版,第 154~155 页。需要说明的是,本文献给出的黑龙江省 1955 年接收的来自山东省的集体移民户数、人数均与前述另一文献给出的山东省 1955 年迁向黑龙江省的集体移民户数、人数不同,在此两者均按原文献列出,供读者参考。

③ 宋通工主编:《中国人口——内蒙古分册》,中国财政经济出版社 1987 年版,第 174 页。

年3月，这些移民中先后有 22 408 人返回原籍，约占移民总数的 30%。此后不久，移民基本上都离开了安置地，说明当时政府组织的计划性农业移民返迁率还是相当高的。①

（三）自发性迁移与计划性迁移同时并存，以自发性迁移为主，但计划性迁移也占有较高的比重。

从以上可以看出，在这一阶段，不管是工业迁移还是垦荒迁移，都是既有自发性迁移，又有政府组织的计划性迁移。已如上述，由于此间还没有出台户籍制度，政府允许自由迁移，人口迁移受区域经济发展水平、就业机会及耕地富裕程度等经济和自然因素的影响较大，所以总的来看当时以自发性迁移为主，只不过因资料比较欠缺而不能很好地反映和把握其全貌，但我们从一些零星资料仍然可大致窥其一二。如上所述，黑龙江省 1952~1958 年间接纳外省市计划性迁入人口 379 755 人，年均约 5.43 万人；而 1955~1957 年自发流入灾农 248 869 人，年均约 8.30 万人，自流迁入强度明显高于政府组织的计划性迁移。又如新疆维吾尔自治区 1953~1956 年间共迁入人口 105.71 万人，其中自流迁入 41.65 万人，约占迁入人口的 39.4%，而"分配"和"支边"等计划性迁移人口为 35.9 万人，约占迁入人口的 34.0%，前者明显超过后者（参阅第二节表 10—3）。

在政府组织的计划性人口迁移中，除前述一些迁移类型以外，还有一种比较典型、根据被称之为劳动力就业招收调配制度进行调配的劳动力迁移。

表10—2　　　1955 年和 1956 年部分地区间劳动力平衡调配计划（人）

1955 年				1956 年			
调出地区	人数	调入地区	人数	调出地区	人数	调入地区	人数
合计	18 922	合计	18 922	合计	60 974	合计	60 974
上海	9 806	甘肃	6 745	上海	38 026	甘肃	15 350
		兰州	117			陕西	22 326
		西安	3 000			山西	350

---

① 翟松天主编：《中国人口—青海分册》，中国财政经济出版社 1989 年版，第 185 页。

续表

1955 年				1956 年			
调出地区	人数	调入地区	人数	调出地区	人数	调入地区	人数
		太原	44	天津	10 000	内蒙古	10 000
济南	5 286	兰州	3 286	张家口	1 500	山西	1 500
		包头	2 000	山东	3 248	陕西	509
北京	14	大同	14			山西	940
天津	2 058	包头	2 000			铁路	1 799
		大同	58	江苏	8 200	河南	6 000
太原	124	大同	124			铁路	2 200
张家口	1 000	大同	1 000				
山东	634	兰州	132				
		西安	500				
		大同	2				

资料来源：何光主编：《当代中国的劳动力管理》，中国社会科学出版社1990年版，第125页。

在"一五"计划时期，政府为了适应大规模基本建设的需要，决定首先在建筑业尝试实行劳动力统一招收调配制度。从1955年开始，劳动力的统一招收调配又从建筑业扩大到工矿企业和交通运输部门。这是因为随着经济建设的迅速发展，"一五"计划时期新建、扩建的重点建设项目开始陆续竣工和投产，需要大量补充劳动力，而东部沿海城市劳动力盈余较多，技术力量也相对较强。为了克服劳动力配置的地区不平衡现象，保证重点建设项目顺利进行，政府认为有必要并决定在各地区及国民经济各部门之间尝试建立劳动力招收和调配的统一管理制度。

劳动力的统一招收和调配，不仅保证了重点建设地区和单位所需的劳动力，而且也解决了一些东部沿海城市和企业多余劳动力的出路问题。以后各个时期，有些重点建设地区和单位急需的劳动力，特别是技术骨干人员，一般仍由上级政府对各地区、各部门采取统一调配的办法加以解决。表10—2所示，为1955年和1956年中国部分省区之间劳动力的调配计划及人数。由此可以看出，在这两年内，上海、天津、山东、江苏等东部沿海大城市或人口稠密地区都是劳动力调出，而陕西、甘肃、内蒙古等西北及华北边疆地区都是劳动力调入，劳动力调配迁移的基本流向主要表现为由东部沿海经济较发达的人口稠密地区迁向西北、华北等内陆及边疆地区。

第二节 人口迁移潮起、潮落（1958～1965年）

中国人口迁移的第二阶段，基本为以"二五"计划时期（1958～1962年）为主的8年，即从1958年到1965年期间。在这一阶段，虽然在期初即1958年就出台了独具中国特色、长期以来对中国人口迁移产生深刻影响的户籍制度，但由于当时政府选择了超常的"大跃进"运动式的国家发展战略，导致经济发展及人口迁移严重失控。随着"大跃进"运动及经济活动的暴涨、骤挫，人口迁移也潮起、潮落，大量农村人口由农村涌入城市又被"挤"出城市、回归农村的"U型"迁移和被动迁移，成为当时人口迁移的一大特征。

根据"大跃进"运动及经济活动的暴涨、骤挫及与其密切相关的人口迁移潮起、潮落的周期性发展，这一时期的人口迁移大致可以划分为以下两个阶段，各阶段的人口迁移在总体上也表现出明显不同的特征。

一 "大跃进"时期（1958～1960年）的人口迁移

"大跃进"时期的人口迁移，主要表现出如下特点：

（一）人口迁移超常活跃，以"大跃进"运动诱发的农村人口涌向城市的狂潮般乡→城迁移为迁移主流。

由于在第一阶段特别是"一五"计划时期，中国经济迅速恢复和发展，取得显著成就。然而受当时对国际、国内形势的认识及决策水平的局限，中央政府决策层产生了尽快赶超帝国主义、早日实现共产主义的激进思想，选择并确立了以重工业为主的工业化路线和"大跃进"运动式的经济发展战略。以重工业为主的工业化和"大跃进"运动式经济发展战略的强行推进，使城市工业生产迅速扩张，劳动力需求急剧增长，由此诱发人口迁移高度活跃，并形成自新中国成立以来规模空前、形势浩大的农村人口涌向城市的乡→城迁移大潮。根据第一节表10—1可以看出，虽然在"一五"计划时期，中国经济迅速发展，人口迁移十分活跃，但随着"大跃进"运动的兴起，人口迁移更趋活跃。1958年、1959年和1960年三年间，中国人口迁移的总迁移率都高达9.0%以上，形成新中国成立以来人口迁移的最高峰。

由于这一高度活跃的人口迁移，主要是由以推进重工业化为主的"大跃进"引起的，所以又以人口由农业、农村涌向非农业和城市的非农化、城市化迁移为主流。由于此，使农业劳动力大量减少、比例下降，而第二、三产业等非农业劳动力则迅速增加、比例提高。如1958年一年之间，全国第一产业劳动力比例陡降20多个百分点，跌至58.2%的水平；而第二、三产业劳动力比例则相反猛升了17个和近6个百分点，二者所占比例分别提高到26.4%和15.4%。① 与此相应，由于大量农村人口转向非农业、迁入城市，使城市人口猛增，城市化水平暴涨。据测算，在1958~1960年"大跃进"的3年间，农村人口向城市的迁移总数，几乎每年都在1 000万人以上，"大跃进"开始的1958年甚至达到3 200万人。② 在当时北京、天津、上海三大直辖市中，除上海市以外，北京和天津两大城市均为人口净迁入，北京市在1959年和1960年的迁入人口均在50万人以上。即使像内蒙古这样比较落后的边疆地区也同样如此。包头市1960年非农业人口比1957年增加了50.35万人，增长1.16倍；职工人数增长到36.32万人，比1957年增长了2.5倍。在其人口增长中，迁移增长42.93万人，年均14.31万人，占人口增长总数的85.26%。③ 非农人口、城市人口的猛增，带来城市化水平的暴涨，1960年中国城市人口比重已迅速提高到接近20%，形成自新中国成立至20世纪80年代初期长达30余年城市化水平的高峰。④

---

① 王桂新：《中国人口分布与区域经济发展》，华东师范大学出版社1997年版，第173页。
② 杨云彦：《中国人口迁移与发展的长期战略》，武汉出版社1994年版，第114页。
③ 宋迺工主编：《中国人口—内蒙古分册》，中国财政经济出版社1987年版，第171页。
④ 王桂新：《中国人口分布与区域经济发展》，华东师范大学出版社1997年版，第255~256页。

(二) 政府组织的计划"支边"型及自发性人口迁移仍在持续发展。

在"大跃进"运动带来人口由农业、农村涌向非农业和城市的非农化、城市化乡→城迁移大潮的同时，国家自50年代初期开始组织的计划"支边"型及传统自发性人口迁移也仍在持续进行。

1. 政府组织的计划"支边"型人口迁移

政府组织的计划"支边"型人口迁移，主要包括工业移民和垦荒移民两个方面。作为工业移民，东部沿海大城市等较发达地区继续派遣管理人员及技术人员支援内地和边疆地区建设。如上海市从1958年开始，不仅对来自外省市的人口入迁实行严格的控制，而且继续抽调大批职工及其家属支援外地建设。这类移民基本属由城市到城市的城→城迁移。另一方面，国家组织迁向边疆地区的计划性农业垦荒移民也仍在继续且呈加强趋势，部分移民地区甚至还制订了庞大的移民计划。如江苏省仅在1959~1960年间就组织了12万青壮年劳动力迁往新疆维吾尔自治区支边垦荒，而且随后又陆续迁出其家属4万余人。这些移民入疆后，为后来江苏省人口自流入疆起到了很好的"媒介"作用。[①] 河南省从1956年到1958年也组织迁出52.9万人，其中支援大西北19.58万人，迁往东北地区1.58万人，迁向湖北省14.35万人。仅1958年一年即组织迁出20.8万人，其中迁向宁夏回族自治区4.5万人，甘肃省2万人，湖北省3.2万人。[②] 新疆维吾尔自治区是当时接纳组织支边垦荒移民的主要地区，中央政府曾提出从国内人口密集的江苏、安徽、湖北和上海市向新疆移民200万人的计划。1957~1960年间执行了江苏、安徽、湖北三省的移民计划，由三省组织迁入大约80多万人，其中从江苏省迁入59.6万人，约占新疆区际总迁移人口的26.7%。[③] 又如1958年开始的向青海省的第二次垦荒移民，共迁入青年劳动力12万余人，但因种种原因，这批人返迁率很高，至1960年底已有将近一半的移民离开青海省。1958年农垦部也同时组织近10万名转业官兵迁移至黑龙江省办国营农场，1959年黑龙江省又吸引了

[①] 杜闻贞主编：《中国人口—江苏分册》，中国财政经济出版社1987年版，第145页。

[②] 貊琦主编：《中国人口—河南分册》，中国财政经济出版社1987年版，第143页。

[③] 周崇经主编：《中国人口—新疆分册》，中国财政经济出版社1990年版，第140~141页。

近 5 万名山东支边青年。

表 10—3　　　　新疆维吾尔自治区原因别省际迁入人口数

(1949～1976 年，万人)

期间	合计	分配	支边	随迁	自流	其他
1949～1956	169.61	44.87	15.20	26.41	77.22	5.97
1949～1952	63.90	21.30	2.84	2.84	35.57	1.42
1953～1956	105.71	23.57	12.36	23.57	41.65	4.55
1957～1966	460.37	49.13	75.47	72.64	255.46	7.66
1957～1960	223.50	24.03	64.88	36.05	93.74	4.81
1961～1962	85.33	3.69	5.74	14.36	59.48	2.05
1963～1966	151.54	21.41	4.85	22.23	102.24	0.80
1967～1976	245.16	18.28	1.25	62.69	161.71	1.04
1967～1972	155.97	14.51	1.25	41.96	97.64	0.42
1973～1976	89.19	3.77	—	20.73	64.07	0.62

资料来源：周崇经主编：《中国人口—新疆分册》，中国财政经济出版社 1990 年版，第 140 页。

2. 自发性人口迁移

伴随着政府组织的计划"支边"型人口迁移，自发性人口迁移也同时在继续进行。如内蒙古自治区在 1957～1960 年三年间，从区外自发流入人口 1 010 779 人，除劝返 138 135 人以外，其他 872 644 人均定居内蒙古自治区。其中，来自河北省 348 579 人，占 39.95%；山东省 114 618 人，占 13.13% 人。[①] 在同一期间，新疆维吾尔自治区也自流迁入 93.74 万人，约占同期迁入人口的 42%（表 10—3）。另外，由于"大跃进"的失误及其所带来的农村人口迁移特别是强壮劳动力的流失，使农业生产受到很大影响。到 1959 年春，一些地方开始出现粮食紧张，后期甚至出现严重的饥荒，导致大量人口的非正常死亡，灾民纷纷离乡背井，投亲靠友，形成一股庞大的"灾害"避难性人口迁移流。在主要迁入地如黑龙

[①] 宋迺工主编：《中国人口—内蒙古分册》，中国财政经济出版社 1987 年版，第 174～176 页。

江、内蒙古以及新疆维吾尔自治区等地，1960年出现了最大的一次人口净迁入高峰。而有些受自然灾害和"左"的路线严重干扰的地区，则经历了人口的大迁出。如1960年，山东、安徽和湖南三个人口大省人口净迁出规模分别为114.4万人、86.7万人和53.1万人。

不难看出，"大跃进"所诱发的人口迁移主要是农村人口迁向城市的城市化乡→城迁移，而计划"支边"型及自发性人口迁移则主要表现为由东向西、向北的空间迁移模式，这一类人口迁移主要为以农业垦荒为目的的农村人口从农村到农村的乡→乡迁移，但也伴以工业迁移即从城市到城市的城→城迁移。

二 "二五"计划后半期和调整期（1961~1965年）的人口迁移

"二五"计划后半期和调整期（1961~1965年）的人口迁移，与"大跃进"时期的人口迁移比较，既发生了重大转变，又在某些方面表现出一定的继承性，其主要特点如下。

（一）超常活跃的城市化乡→城迁移骤然转向、"落潮"，大量城市人口离城返乡，"U型"迁移和被动迁移成为当时人口迁移的主要特征。

"大跃进"运动的失误冒进，城市人口的异常暴增，自然灾害对农业、农村"雪上加霜"的打击，使中国经济一时陷于困境，于是在1961年中国即开始了对国民经济的大规模调整。1961年1月，中国共产党召开第八届九中全会，决定从1961年起，正式对整个国民经济实行"调整、巩固、充实、提高"的方针，大幅度地压缩基本建设，对工业实行关停并转，精简职工和减少城镇人口。同年5月的中共中央工作会议又决定城市各机关、企业、事业的职工，特别是1958年以来从农村招收的职工，凡是能够回农村的，都动员回农村支援农业生产。1962年5月，中共中央、国务院决定进一步精简职工和减少城镇人口，要求1957年以前来自农村的职工，凡是能够回乡的，也应当动员回乡。这样，在政府的强力干预下，使当时的人口迁移主流发生了以下两大转折性变化：

超常活跃的城市化乡→城迁移大潮突然逆转为离城返乡的"反"城市化城→乡迁移

如北京市从1960年代初期进行经济调整，大批50年代末招工进城的农民被动员返乡务农；上海市也根据"调整、巩固、充实、提高"的方针政策，在1961~1962年两年时间内即精简职工31万人，其中迁往市外大约11万人，大部分返回原籍，少量由政府部门统一安排。[①] 因此，在"一五"计划期间的两个阶段（1958~1960年和1961~1962年），原来大量被招进或自发流入城市的农村劳动力纷纷离城返乡，回归原籍，在短短数年时间里，中国以农村人口迁移为主体的人口迁移主流，就完成了一个由农村迁向城市的城市化乡→城迁移逆转为由城市迁向农村的"反"城市化城→乡迁移的"U型"、被动回归迁移周期。这一短暂、庞大的"U型"、被动回归迁移，在中国以及世界人口迁移史上都是极具特色的。另外，在精简、返迁职工的同时，对于城镇新增长的劳动力，除了对大专院校及技工学校毕业生、复员退伍军人继续实行统一分配以外，对其他不能升学、需要就业的青年学生和社会闲散人员，也采取动员下乡的办法。从1962年起，国家就开始了有组织、有计划地动员城镇青年下乡。在50年代末、60年代初，安置城市青年下乡的方向主要是到国营农、牧、林、渔场。从1962~1966年上半年，全国城镇知识青年"上山下乡"人数累计有129万人，其中插队87万人，占67%；到国营农场的有42万人，占33%。1966年下半年由于"文化大革命"，"上山下乡"工作就基本中止了。在城→乡迁移过程中，大量城市人口离城返乡、非农劳动力回归农业（村），造成人口、劳动力非农化和城市化水平大幅回落的"低度化"。到1963年6月，全国即共减少职工1 887万人，减少城镇人口约2 600万人。这一"非农化"、城市化也如"大跃进"运动潮起、潮落一样几乎跌回到"大跃进"开始之前的水平。如第一产业劳动力比例重新回升到80%以上，第二、三产业的劳动力比例也相应都跌回到10%以内；城市化水平也同样跌回到"大跃进"开始之前18%左右的水平，并由此开始了漫长的停滞发展时期。[②] 超常活跃的城市化乡→城迁移大潮突然回落，转呈明显减弱趋势如第一节表10—1所示，由于农村人口向城市的迁移受到严格控制，使1961年的人口总迁移率由1960年的9.84%骤跌到6.15%，除1962年稍有恢复（到6.71%）外此后仍呈下跌趋势，到60年代中期已下跌到4%左右。如果说1961~1963年的人口总迁移率低是

[①] 胡焕庸主编：《中国人口—上海分册》，中国财政经济出版社1987年版，第143页。
[②] 王桂新：《中国人口分布与区域经济发展》，第173、255页。

受经济困难影响的话,那么1965年全国总迁移率也仅为4.53%,则进一步表明该阶段人口迁移量的萎缩和迁移强度的减弱。毫无疑问,导致这一阶段人口迁移强度明显减弱的主要原因,首先在于1958年出台的户籍制度对农村人口向城市的迁移进行了严格的限制。1958年1月9日全国人民代表大会常务委员会第九十一次会议通过的《中华人民共和国户口登记条例》,对于农村人口向城市迁移作出比较严格的规定:"公民由农村迁往城市,必须持有城市劳动部门的录用证明,学校的录取证明,或者城市户口登记机关的准予迁入的证明,向常住地户口登记机关申请办理迁出手续。"该条例是根据此前中共中央和国务院发出的"关于制止农村人口盲目外流的指示"在户籍管理上的反映。条例颁布的同一天,公安部部长罗瑞卿就此条例作出说明,解释了关于制止农村人口盲目流入城市的原因:"因为近几年来,农村人口盲目流入城市的现象比较严重,而有些机关、企业单位,也没有认真执行紧缩城市人口的方针,甚至私自招工,随便写信向农村索要户口证明;有些单位对于从农村盲目流入城市没有户口的人员,不仅不积极协助政府动员还乡,反而利用机关、企业的某些便利,让其长期居住。这样就更加助长了这种混乱情形的严重性,给城市的各项建设计划和正常的生活秩序带来了许多困难,使得有些城市的交通、住房、供应、就业、上学等等问题,都出现了一定的紧张局面。同时,由于农村劳动力的大量外流,也影响农业生产建设的开展,对于发展农业生产不利,也就对整个社会主义建设不利。……而且,我国当前情况是城市劳动力已经过多,农村生产则有很大潜力,可以容纳大量劳动力。因此政府正在动员干部和大、中、小学毕业学生下乡上山,这就更不难了解要制止农业人口盲目外流的必要"。[①] 虽然中国的户籍制度在1958年初就已经出台,但由于当时恰遇"大跃进"运动,所以一时未能真正发挥出其对农村人口向城市迁移的控制作用。一旦认识到"大跃进"的危害,特别是"大跃进"所带来的农村人口涌向城市的乡→城迁移的问题以及对其加以控制的必要性时,户籍制度对农村人口向城市迁移的控制作用才得以真正发挥出来。正是主要由于户籍制度的控制作用,才使"大跃进"之后人口迁移量明显萎缩,迁移强度大幅度减弱。直至改革开放20余年以

[①] 罗瑞卿:《关于中华人民共和国户口登记条例草案的说明》,《中国人口年鉴》,1985年。

后的今天，户籍制度仍然对中国农村人口向城市的迁移具有明显的控制作用。但需要说明的是，中国的户籍迁移统计资料主要是反映了户籍人口迁移的情况，因此以上所说统计资料所反映的人口总迁移率的降低只能说明当时户籍人口的迁移强度减弱了，但并不一定表明整个人口迁移活动有如此明显的减弱。事实上，这一时期中国农村人口由农村到农村的自发性迁移仍然相当活跃，并一直延续到60年代。如比较典型的有，新疆维吾尔自治区1961~1962年间流入自发迁移人口59.48万人，1963~1966年间又自发流入102.24万人，其中绝大部分属于农村向农村的乡→乡迁移（表10—3）。吉林省1961~1962年间也自发迁入21.1万人，其中86.6%流入了农村地区。

（二）政府组织的计划"支边"型及自发性人口迁移仍在持续且呈加强趋势。

与"大跃进"时期城市化乡→城迁移大潮同时，政府组织的计划"支边"型及自发性人口迁移仍在持续进行一样，在上述"大跃进"退潮形成"反"城市化城→乡迁移的同时，政府组织的"支边"型及自发性人口迁移也仍然在持续进行，而且呈增强趋势。

关于政府组织的计划"支边"型人口迁移，流向基本与以前相同，主要是由东迁向西北、东北、华北的内地及边疆地区。从工业移民及农业垦荒移民来看，仍然是东部沿海较发达地区或人口稠密地区继续派遣职工及农民支援内地和边疆地区的建设。早在1958年8月，中共中央政治局扩大会议就正式作出《关于动员青年前往边疆和少数民族地区参加社会主义建设的决定》，认为劳动力不足是加速边疆和少数民族地区的社会主义建设的重大困难，为了使边疆和少数民族地区的社会主义建设事业能够同内地一样获得迅速发展，齐头并进，中央决定从1958~1963年5年内从内地动员570万青年到这些地区去。动员对象，主要是农村青年，必须是本人自愿、身体健康、家庭拖累不大的青年，也动员一些有生产经验的壮年劳动力，男女人数大致相等，各行各业人员要大致配套。这次支边行动，涉及地区之广，动员人数之多，社会影响之大，都是前所未有的。为了支持国家精简城镇人口的政策，各级干部和部分地区的城镇青年也自愿到边疆地区，支援边疆地区的社会主义建设事业。如上海市在1963~1965年期间，动员了9万余名社会青年及应届中学毕业生迁往新疆支援边疆建设。① 江苏省也在 20 世纪 60 年代经济困难和调整时期，组织部分职工迁往省外，1963～1969 年间又组织 2.3 万知识青年到新疆、陕北和内蒙古等地插队落户，支援边疆地区的建设。经过两年的努力，有 17 个省、自治区动员和接收安置支边青年及退伍军人 99.7 万人，另有随迁家属 44.6 万人。其中，从山东省迁去黑龙江省 23.1 万人、吉林省 8.4 万人、辽宁省 7.3 万人；从江苏、安徽、湖北三省迁去新疆 25.1 万人；从河南省迁去甘肃省 10.4 万人、青海省 8.3 万人；从浙江省迁去宁夏回族自治区 8.1 万人；从湖南省迁去云南省 2.3 万人。政府还统筹安排退伍军人去四川省西部 0.3 万人，去海南岛和广东省湛江地区 6.5 万人。在支边青年中，有 49.8 万人安置在国营农场，21 万人插入人民公社，28.9 万人进入工矿、交通、文教等企事业单位。

这次"支边"迁移行动在"大跃进"运动的背景中进行。1960 年，经济上的严重困难使得"支边"工作无法继续进行，已经到达边疆地区的移民也因安置措施不落实而大批返回原籍。到 1961 年底，在前往"支边"的 140 多万支边青年和家属中，已有 47 万人返迁回流。1962 年去甘肃、青海、宁夏 3 省区的 25 万支边人员只剩下 9 万人；其中河南省去青海省的 8 万农民在 3 000 米的高原建起 23 个农场，垦荒种地，结果连种子也没有收回，被迫全部返回原籍。

在"大跃进"运动受挫、国家组织的移民行动明显受其影响而基本停止以后，地区之间的劳动力流动、特别是东部沿海人口稠密地区农村劳动力向西北、东北、华北内地及边疆地区的自发性迁移并未停止。特别在一些边疆地区，自发性人口迁移规模已经超过政府组织的计划性人口迁移。如表 10—3，作为中国历来重要人口迁入区的新疆维吾尔自治区，在 1961～1962 年间，自发性迁入人口 59.48 万人，占同期全区迁入人口的 69.71%；1963～1966 年间，自发性迁入人口 102.24 万人，占同期全区迁入人口的 67.47%，这两个时期自发性迁入人口的比重均明显超过"大跃进"期间的同一比重。可见在"大跃进"及其所带来的人口迁移大潮

---

① 胡焕庸主编：《中国人口—上海分册》，中国财政经济出版社 1987 年版，第 142～143 页。

回落、政府组织的计划性移民行动基本停止以后，自发性人口迁移已成为当时人口迁移的重要形式，特别在新疆等一些重要人口迁入地区甚至已成为迁入人口的主流。

（三）"三线"建设、饥荒避难与人口迁移。

推进"三线"建设，把不少东部沿海地区大城市的工厂企业搬迁到"三线"地区，进"山"、"钻洞"，由此也揭开了中国"三线"移民的序幕。如上海市在1958～1965年间，就源源不断地迁出了23.86万职工和家属，支援内地的"三线"建设。其中1958～1962年迁出20.22万人，占84.74%，目的地主要为陕西、甘肃、青海三省和华东地区的江西省；1963～1965年间迁出3.64万人，占15.26%，迁出目的地除上述西北三省外，又增加了西南地区的云南、贵州和四川三省。①

西南地区四川、云南、贵州三省及内蒙古自治区等地都是当时被国家重点建设的所谓大"三线"地区，河南、江西、安徽等省为国家重点建设的小"三线"地区。四川省作为中国重点建设的大"三线"地区之一，从1964年开始，即先后从云南、贵州、河北、广东、青海、北京、辽宁、安徽等省市调入大批工程技术人员以及随迁家属等约3万人。特别在60年代还先后从东北、华北、华东地区各省成"建制"迁入大批工厂、科研单位及大专院校，随迁职工达40万人，是新中国成立以后政府组织的最大规模的计划性省际人口迁移事件。但随着改革开放及对"三线"建设的重新认识，迁入的这些工厂企业、科研单位和大专院校及其职工、家属相当一部分从70年代开始先后迁返。② 内蒙古自治区也是当时国家重点建设的大"三线"地区之一。从50年代末期到60年代中期，国家为了加强该区的"三线"建设，有计划地组织了北京、天津、上海、烟台等城市的一批中、小企业成建制地迁入内蒙古各地。在1959～1966年期间，先后有15个工厂的职工及其家属共15 184人（职工4 864人，家属10 320人）分别搬迁到包头、呼和浩特等城市。其中，来自天津市有11个工厂，职工3 464人，家属7 774人，各占同期迁入工厂、职工及家属的70%以上（表10—4）。

---

① 胡焕庸主编：《中国人口—上海分册》，中国财政经济出版社1987年版，第142页。
② 刘洪康主编：《中国人口—四川分册》，中国财政经济出版社1988年版，第156页。

表 10—4　　　内蒙古自治区"三线"建设时期外省市建制迁入人口（人）

年份	合计	天津	北京	上海	烟台
总计	15 184	11 238	197	339	3 410
1959	797	600	197	—	—
1960	339	—	—	339	—
1964	1 039	1 039	—	—	—
1965	7 179	7 179	—	—	—
1966	5 830	2 420	—	—	3 410

注：根据该页表 6—3 作成。

资料来源：宋迺工主编：《中国人口—内蒙古分册》，中国财政经济出版社 1987 年版，第 173 页。

另外，1960 年前后还造成了新中国成立以来第一次大规模的由饥荒避难引起的"被动"迁移——东部沿海一些人口稠密地区的饥荒灾民，纷纷涌向黑龙江、内蒙古、新疆等省区地广人稀的边疆地区避难迁移。但此后随着国民经济的调整、各地灾情及生产形势的好转，出逃避难的灾民陆续返回故里，形成当年饥荒避难"被动"迁移人口的大规模回流，使得一些原来的人口净迁入地区一时转变为人口净迁出地区，而一些原来的人口净迁出地区相反转变为人口净迁入地区。如 1962 年，内蒙古、黑龙江、新疆等省区一些原来的人口净迁入地区普遍转变为人口净迁出，而山东、湖南、安徽等省一些原来的人口净迁出地区普遍转变为人口净迁入，就与此间大规模的饥荒避难迁移人口的返迁回流密切相关（表 10—5）。

表 10—5　　　　1957～1965 年间中国部分省区的
省际人口净迁移人口（万人）

年份	内蒙古	黑龙江	新疆	山东	湖南	安徽
1957	15.0	24.3	10.8	-2.7	1.6	2.8
1958	30.0	53.2	13.9	-17.2	0.1	26.4
1959	56.2	82.1	29.4	-64.6	-1.4	12.9
1960	106.0	86.1	28.8	-114.4	-53.1	-86.7
1961	-43.7	-2.1	15.6	18.6	-9.4	-3.0

续表

年份	内蒙古	黑龙江	新疆	山东	湖南	安徽
1962	-25.3	-33.7	-19.6	41.2	7.8	16.1
1963	1.0	-37.1	3.0	-18.0	1.8	15.5
1964	1.1	19.8	15.0	-39.1	0.6	1.4
1965	3.5	12.5	20.0	-35.8	-3.2	-4.3

注：本次调查样本地区包括北京、内蒙古、辽宁、吉林、上海、浙江、福建、江西、河南、湖北、青海、新疆等12个省市区。

资料来源：《中华人民共和国人口统计资料汇编，1949—1985年》，中国财政经济出版社1988年版。

概括上述可以看出，这一阶段中国的人口迁移总体上主要表现出以下特点：

第一，与"大跃进"所带来的人口迁移主要是农村人口迁向城市的城市化乡→城迁移相反，"大跃进"落潮与国民经济调整及其影响下的人口迁移则主要转变为城市人口迁向农村的城→乡迁移模式；而政府组织的计划"支边"型、自发性人口迁移，在迁移流向上没有什么变化，基本都还是主要表现为相同或相似的由东向西、向北的空间迁移模式，而且这一类人口迁移主要为以农业垦荒为目的的农村人口从农村到农村的乡→乡迁移，但也伴以工业迁移、即从城市到城市的城→城迁移。

第二，"三线"建设所带来的计划性人口迁移，是这一阶段政府组织、多以"建制"形式迁移的重要类型。与政府组织的其他计划"支边"型及自发性人口迁移的空间模式一样，"三线"建设所带来的人口迁移也基本上表现为由东向西、向北的空间迁移模式，而且也属从城市到城市的城→城迁移。从表10—5也可大致看出，虽然各个地区的人口净迁移状况有一些变化，但总的趋势还是表现出人口由东主要向西、向北迁移，是这一阶段省际人口迁移的基本空间模式。

第三，1958年政府出台的户籍政策，虽然在"大跃进"时期没有明显发挥什么作用，但自"大跃进"落潮、进行国民经济调整时开始，这一户籍政策及所建立起来的户籍制度就对人口迁移特别是农村人口向城市迁移发挥了强有力的控制作用，使全国人口迁移强度减弱，转入低潮。这也是本阶段人口迁移的一个显著特点。

第四，随着户籍制度的建立，人口迁移转入低潮，特别是政府组织的如计划"支边"型人口迁移明显减弱，但作为其补偿，自发性人口迁移却反呈增强趋势，甚至成为某些地区人口迁移的主要形式。

第三节 非经济性迁移构成人口迁移主流(1966~1977年)

中国人口迁移的第三阶段，大致从"三五"计划期首、"文化大革命"开始的1966年到改革开放开始之前的1977年，以"文革10年"为主体，前后历时12年。在这一阶段，除汹涌澎湃、席卷全国的"红卫兵""串联"流动大潮短期涨落以外，总的来看，由于主要受户籍制度以及以此为基础建立起来的二元社会体制的制约，人口迁移处于低潮阶段。如根据户籍统计，在期初的1966年，迁移人口为1400万人，到1967~1969年进一步减少到500万~600万人，成为新中国成立以来迁移人口最少的年份，在1970~1976年间，也都大致稳定在1500万~1600万人之间。[①] 从人口迁移率来看，在此长达10余年的时间里，只有1968~1970年3年全国人口总迁移率略高于4.0%，其他年份均低于4.0%，1974年甚至降低到2.96%（参阅第一节表10—1）。

考察这一阶段的人口迁移类型，虽然有以发展经济和落实战备为目的的人口迁移发生，如"三线"建设计划性迁移及自发性垦荒迁移，也都几乎贯穿始终，但迁移强度很弱。与此不同，城市"知识青年上山下乡"和干部下放劳动、接受工农再教育的迁移则表现出较大的强度，成为这一时期中国人口迁移的主流。众所周知，历时10年的"文化大革命"又被称为"十年浩劫"，在这10年期间，中国经济社会发展受到严重破坏，甚至已到崩溃的边缘。长期以来深受户籍制度以及以此为基础形成的二元社会体制的制约，使人口迁移活力不足，陷于低潮。

一 以经济建设为目的的人口迁移

这一时期以发展经济和落实战备为目的的人口迁移，主要包括由

[①] 《跨世纪的中国人口》（综合卷）编委会编著：《跨世纪的中国人口》（综合卷），中国统计出版社1994年版，第240页。

"三线"建设引发的人口迁移和同样主要由东迁向西北、向华北等边远省区的自发性垦荒迁移。

(一)"三线"建设计划性人口迁移

已如第二节所述,中国"三线"建设的实施,在内地"三线"建设地区工厂企业的新建和迁建,引发了主要由东部沿海地区城市向西北、西南及内蒙古自治区等"三线"建设地区的人口迁移。"三线"建设及其所引发的计划性人口迁移,始于1964~1965年间,于1969年、1970年达到高潮,几乎一直延续到改革开放之初。到改革开放以后的80年代,不少原来搬迁建设的"三线"企业又纷纷成"建制"或部分地向原迁出地回撤,职工及家属也相应随其返迁。据初步估计,"三线"建设所涉及的迁移人口达151.27万之多,这些迁移人口的迁出、迁入,涉及除新疆、宁夏、青海和西藏以外的24个省区,可见其影响范围之广。

应该说,与"二五"计划时期比较,在"三五"计划期间(1966~1970年),"三线"建设更被置于首要地位,如在"三线"建设地区安排的投资占国家同期总投资的42.4%,计划施工的大中型项目有55.8%分布在"三线"地区。随着"三线"建设的全面展开,大批位处"一线"即东部沿海地区城市的工厂企业纷纷以整个建制或部分地迁往内地,其中以迁往西南"大三线"地区为主,也有不少迁往各地"小三线"建设地区。另一方面,为了支援新建"三线"项目,也先后从东部沿海较发达地区组织、抽调了大批干部、工人和技术人员。如上海市,在1966~1979年间,为支援外地"三线"建设,共组织迁出26.24万人。[①] 江苏省从60年代到70年代中期,随着部分工厂向"三线"内迁,也约有10万职工分别迁往湖南(湘东)、湖北(襄樊地区)、四川、贵州和安徽(皖南广德、宁国)等地。[②] 可以看出,"三线"建设所带来的人口迁移,乃属国家组织的一次较大规模的计划性工业移民,其流向主要是从东部沿海地区迁向内地特别是西南、西北地区和各地的小"三线"地区,是城市之间主要由东向西、由大城市迁向小城市的城→城迁移。

[①] 胡焕庸主编:《中国人口—上海分册》,中国财政经济出版社1987年版,第146页。
[②] 杜闻贞主编:《中国人口—江苏分册》,中国财政经济出版社1987年版,第146页。

(二) 自发性垦荒迁移

在这一阶段，户籍制度以及以此为基础形成的二元社会体制已十分完善，伴随户籍变更的人口迁移已受到严格的控制，所以伴随户籍变更的人口迁移，特别是农村人口向城市的城市化乡→城迁移更受到严格的限制。新疆、内蒙古自治区和黑龙江省等中国北部边疆三省区，是当时中国自发垦荒移民选择迁入的三大省区。如新疆维吾尔自治区1967～1976年的10年间共迁入自发性迁移人口161.71万人，占这10年间新疆维吾尔自治区区际迁入移民的66.0%，其中1973～1976年间则占区际迁入移民总数的71.8%，可见其绝对量和相对量都是比较大的（参阅第二节表10—3）。又根据黑龙江省民政厅资料，在1966～1979年间，该省平均每年接纳近20万省外自发流入移民。根据1970～1978年统计，黑龙江全省共迁入自发流入移民178万人，其中来自山东省的约占一半，其他依次来自辽宁、吉林、河北、江苏、安徽、河南、内蒙古等省区。这些自发性流入移民，多数是农民，男性多于女性；青壮年多，单身者多，带眷属的少。[①] "文化大革命" 10年间，内蒙古自治区的自发人口迁入也形成了一个高峰。据有关部门统计，这10年期间自治区自发净迁入人口约24.6万人，其中以来自辽宁、山东和河北省的较多（表10—6）。

表10—6　内蒙古自治区自发净迁入人口数及其迁出地（1966～1976年）

迁出地	合计	辽宁	山东	河北	山西	陕西	河南	甘肃	安徽	其他省区
净迁入人数(人)	246 019	50 455	38 043	34 247	9 165	5 219	4 559	1 769	1 592	100 970
%	100.00	20.51	15.46	13.92	3.73	2.12	1.85	0.72	0.65	41.04

资料来源：内蒙古自治区公安厅：关于自流人口统计资料。转载于宋迺工主编：《中国人口—内蒙古分册》，中国财政经济出版社1987年版，第177页。

上述说明，尽管在此期间人口迁移已受到户籍制度的严格控制，也处 "文化大革命" 十年浩劫之中，但自发性人口迁移、特别是长期以来主要迁向东北、西北土地资源比较丰富的边疆地区的垦荒移民，仍然一直在持

---

① 熊映梧主编：《中国人口—黑龙江分册》，中国财政经济出版社1989年版，第157～158页。

续地进行着，而且其规模相当可观，可达数百万人。已如前述，仅新疆维吾尔自治区1967～1976年10年间的自发性迁入人口数，就已超过全国"三线"建设涉及的人口迁移数，足见其迁移人口规模之一般。

二 上山下乡人口迁移

城市知识青年"上山下乡"和干部下放接受再教育引发的"反"城市化的城→乡迁移以及拨乱反正、反思和纠正"文化大革命"错误，使当年"上山下乡"知识青年和下放接受再教育的干部回归返城的乡→城迁移。第二节所说的由"大跃进"带来的人口迁移，主要是大量农村人口由农村涌入城市又被"挤"出城市、回归农村的乡→城→乡"U型"迁移，这一"U型"迁移仅历时三五年时间。与此相比，"文化大革命"期间城市知识青年"上山下乡"和干部下放接受再教育所引发的人口迁移，虽然也是一次大规模的回归、"U型"迁移，但二者之间却有明显不同：一是迁移主体不同。"大跃进"时期的迁移主体主要是农村人口，而"文化大革命"时期"上山下乡"或下放接受再教育的迁移主体主要是城市人口；二是"U型"迁移的方向不同。"大跃进"时期的迁移主流方向是乡→城→乡"U型"迁移，"文化大革命"时期"上山下乡"或下放接受再教育形成的人口迁移主流方向则是城→乡→城"U型"迁移；三是回归、"U型"迁移的周期不同。"大跃进"时期的"U型"迁移周期仅历时三五年时间，而"文化大革命"时期"上山下乡"或下放接受再教育的"U型"迁移周期则长达数年甚至达10余年之久。

（一）城市知识青年"上山下乡"、干部下放接受再教育形成全国性的城→乡迁移，这是该大规模"U型"迁移的第一阶段即从城市迁出阶段的人口迁移。

在第二节已提及，城市知识青年"上山下乡"的提法，早在20世纪50年代中期就已出现。1956年中共中央政治局提出的《1956年至1967年全国农业发展纲要（草案）》中就曾经提出："城市的中、小学毕业的青年，除了能够在城市升学、就业外，应当积极响应国家号召，下乡上山去参加农业生产，参加社会主义建设的伟大事业。"可以看出，当时动员城市知识青年"上山下乡"是以农村合作化运动和城市解决失业问题为背景的，其基本出发点是试图把解决城镇失业问题同改变农村落后状况结合起来。在"文化大革命"开始的1966年下半年到1968年夏季的两年多时间里，学校基本停课；大学不招生，工厂基本不开工，"上山下乡"也基本处于停顿状态；"老三届"初、高中毕业生近千万人滞留城市（镇）无事可干。于是，1968年4月，一些大、中城市开始恢复中断了两年的"上山下乡"工作。同年12月，《人民日报》引述了毛泽东的指示："知识青年到农村去，接受贫下中农的再教育，很有必要"。随后即在全国范围内掀起一个城市知识青年"上山下乡"的高潮。总的来看，从历史的角度考察，城市知识青年"上山下乡"的城→乡迁移，从50年代开始，1962年形成较大规模；"文化大革命"开始并遍及各地，形成全国性高潮，1969年达到最大规模，为267.38万人，其次是1975年，为236.86万人。从1962年到1979年间，全国参与"上山下乡"的知识青年累计达1 776.48万人；[1] 其中"文化大革命"期间即在1967~1976年间，全国参与"上山下乡"的知识青年估计可达1 500万人左右。[2]

考察从1966年"文化大革命"开始以后城市知识青年"上山下乡"所形成的人口迁移，既有跨省区"上山下乡"形成的人口迁移，又有本省区内"上山下乡"形成的人口迁移。就跨省区"上山下乡"形成的人口迁移来说，根据不完全统计，从迁出规模看，以北京、天津、上海三大直辖市迁出"上山下乡"的知识青年较多，几乎都在35万人以上，其中又以上海市最多，更达60余万人。上海市在1966~1976年"文化大革命"十年期间，又经历了新中国成立以来的第二次人口大迁出，累计净迁出90.37万人。而这次人口大迁出又主要是由知识青年"上山下乡"造成的。如在知识青年"上山下乡"比较集中的1968~1976年之间，上海市迁向外省区的知识青年达60.16万人。其中在1969年和1970年，两年共迁出48.06万人，占迁出知识青年总量的79.89%。[3] 从迁入地及迁入规模来看，以黑龙江、安徽、云南和内蒙古等省区接纳"上山下乡"知识青年最多，几乎都在10万人以上，特别是黑龙江省多达40多万人。

---

[1] 李德滨：《当代中国移民的经验》，《人口研究》，1995年第2期。
[2] 杨云彦：《中国人口迁移与发展的长期战略》，武汉出版社1994年版，第112页。
[3] 胡焕庸主编：《中国人口—上海分册》，中国财政经济出版社1987年版，第146页。

黑龙江省在20世纪60年代中期到1979年间，仅从北京、天津、上海和浙江、四川等五省市即迁入知识青年40.2万人，其中北京10.4万人、天津6.7万人、上海16.98万人、浙江5.82万人、四川0.4万人。到黑龙江省"上山下乡"的知识青年被安置的一个重要特点，就是大部分被安排在国营农场，少数到农村插队落户。① 内蒙古自治区当时主要承担了对北京、天津、上海、江苏、河北等省市知识青年的安置。截至1979年底，由外省市迁入内蒙古自治区的知识青年总数达98 623人，这些知识青年主要来自天津市，约占50.78%；其次是北京市，占25.39%；上海为2.30%，其他省市合计一起约占21.53%。②

表10—7、表10—8分别大致给出了"文化大革命"期间中国城市知识青年在此阶段跨省区"上山下乡"迁移的主要迁出地、迁入地及其迁移人数。可以看出，城市知识青年跨省区"上山下乡"迁移的主要迁出地几乎都为东部沿海地区经济比较发达的省市，除北京、天津、上海三大直辖市以外，还有山东、江苏、浙江、河北等一些地少人多的省份以及当时的人口大省四川等地，而接受跨省区"上山下乡"知识青年插队落户、即跨省区"上山下乡"迁移的主要迁入地基本都分布在东北、华北、西北、西南等内地及边疆省区，如除黑龙江、安徽、云南、内蒙古等省区以外，还有陕西、宁夏、贵州、山西、河南等省。

由表10—7、表10—8可以看出，除北京、天津、上海三大直辖市跨省区"上山下乡"知识青年的迁出数几乎都在35万人以上之外，其他省区基本都在10万人以下。当然这并不说明其他省区"上山下乡"的知识青年人数实际上真比三大直辖市少那么多。因为根据当时的政策规定，总的来看，北京、天津、上海三大直辖市的知识青年大多跨省区"上山下乡"，而其他城市特别是中小城市（镇）的知识青年则基本"上山下乡"到本省区的农村地区，所以对除北京、天津、上海三大直辖市以外的其他省区来说，其城市知识青年更多的是"上山下乡"到本省、区农村地区，而跨省区"上山下乡"迁移者相对较少。

---

① 熊映梧主编：《中国人口—黑龙江分册》，中国财政经济出版社1989年版，第157页。
② 宋酒工主编：《中国人口—内蒙古分册》，中国财政经济出版社1987年版，第179～180页。

表 10—7　　"文化大革命"10 年间中国跨省区"上山下乡"知识青年的迁出状况（万人）

迁入地＼迁出地	天津	北京	山东	浙江	江苏	河北	四川	上海
小计	34.90	50.00	2.49③	10.82	7.30②	1.24④	4.40④	60.16①
黑龙江	6.70	10.00	—	5.82			0.40	∨
河北	4.22	1.09	—	—	—		—	—
内蒙古	5.00	2.50	0.51	—	∨	∨	—	∨
宁夏	0.16	0.43						
陕西	—	2.72	—	—	∨		—	—
青海	—	—	0.75					
甘肃	—	—	0.68					
安徽	—	—	—	5.00	∨		—	∨
云南	—	—	—	—	—		4.00	∨
江苏、浙江	—	—	—	—	—		—	10.00
其他地区	19.42	33.26	0.55	—	∨		—	∨

注：表中的"∨"表示该两省区之间有知识青年迁移发生，但具体数据不详；"—"表示该两省区之间基本没有发生知识青年"上山下乡"的迁移（本章作者补充）。

① 为 1968～1976 年间的数据；
② 为 1963～1976 年间的数据；
③ 为 1964～1965 年间的数据；
④ 为数据起始年份不详。

资料来源：严善：《新时期中国人口迁移》，湖南教育出版社 1999 年版，第 92 页。

表 10—8　　"文化大革命"10 年间中国跨省区"上山下乡"知识青年的迁入状况（万人）

迁入地＼迁出地	小计	北京	天津	上海	浙江	四川	江苏	其他
黑龙江	40.30	10.40	6.70	16.98	5.82	0.40	—	—
内蒙古	9.86	2.50	5.01	—	—	—	—	2.35
云南	10.66	0.84	—	5.71	—	4.11	—	—

续表

迁入地＼迁出地	小计	北京	天津	上海	浙江	四川	江苏	其他
安徽	15.00	—	—	5.00	5.00	—	5.00	—
山西	5.00	4.00	0.70	—	—	—	—	0.30
陕西	—	2.72	—	—	—	—	∨	—
宁夏	—	0.43	0.16	—	—	—	—	∨
河北	7.9	1.09	4.22	—	—	—	—	1.98
贵州	—	--	--	1.06	—	—	—	∨

注：表中的"∨"表示该两省区之间有知识青年迁移发生，但具体数据不详；"—"表示该两省区之间基本没有发生知识青年"上山下乡"的迁移（本章作者补充）。"小计"栏空缺者表示该省区总计迁入知识青年数不详。

资料来源：同表10—7，第93页。

中国城市人口1966年为13 313万人，到1972年增加到14 935万人，6年时间年增率为1.93%（计1 622万人），而同期全国总人口年增率则为2.64%，比城市人口年增率高0.71个百分点；1966年城市化水平为17.86%，到1972年则下降为17.13%，6年时间下降了0.73个百分点。

（二）城市"上山下乡"知识青年和下放改造干部回归、返城形成全国性"U型"城市化乡→城迁移，这是该大规模"U型"迁移的第二阶段即回归、返城阶段的人口迁移。[①]

进入70年代，"文化大革命"高潮将过、渐近尾声，城市知识青年"上山下乡"和干部下放改造的相关政策开始有所松动，而且已有部分下放改造干部因工作需要陆续返迁，少数"上山下乡"知识青年也开始通过推荐上大学、"顶替"招工或病退等原因陆续回城。1976年粉碎"四人帮"之后，特别是1977年开始恢复大学招生考试，为大批"上山下乡"

[①] 在此说明，从全国来看，"上山下乡"知识青年和下放改造干部的回归返城从70年代初期即已开始，大致延续到70年代末期基本结束。因此按照本章人口迁移阶段的划分，"上山下乡"知识青年和下放改造干部的回归返城迁移横跨1966～1977年和1978～2000年两个迁移阶段。但考虑这一人口迁移在时间上主要发生在前一阶段，而且也为了保持对这一人口迁移过程的完整描述和两节之间文字篇幅的相对平衡，故对在时间上跨出本节迁移阶段，如到80年代初期有关"上山下乡"知识青年和下放改造干部的回归返城迁移仍放在本节介绍。

知识青年打通了回归返城的重要渠道。"上山下乡"知识青年和下放改造干部或通过"顶替"招工、或通过高考入学等渠道，离乡返迁回城，重新开始自己的学习或工作生活，从而完成了自己"上山下乡"、回归返城的城→乡→城"U型"迁移历程。

城市"上山下乡"知识青年和下放改造干部的回归返城，造成了当年一些主要迁出地和迁入地人口迁移规模及人口增长的超常变动，特别像北京、天津、上海三大直辖市，还因此而形成了一次人口迁入高峰。如上海市在1968～1976年跨省区"上山下乡"迁出的60.16万人，到1982年底已有将近一半按政策返迁上海。知识青年返沪几乎都集中在改革开放初期的1978年、1979年和1980年三年。特别是1979年，知识青年返沪达到顶峰，导致该年上海市净迁入人口26.49万人，形成新中国成立以来的第三次人口净迁入高峰。[1] 上海知识青年"上山下乡"的迁出高峰是1969年，而其回归返城的高峰是改革开放初期的1979年，据此可以认为，上海乃至全国城市知识青年"上山下乡"、回归返城的"U型"迁移周期大致历时10年之久。

而从对城市"上山下乡"知识青年当年接纳、现在迁出的主要地区来看，则形成了一次人口大迁出。如黑龙江省，从70年代初起就有知识青年开始回归返城。据1979年统计，北京市知识青年返迁9.8万人、天津市返迁6.2万人、上海市返迁15.9万人、四川省返迁0.1万人，可见当时原来接纳的40多万知识青年，已有32万、约占80%的知识青年回归返城。[2] 迁入内蒙古自治区的外省市知识青年，也从1971年开始即通过升学、参军、招工、病退等途径迁往其他省或回迁原籍。到1979年底，迁向北京、天津、上海及其他省区的知识青年共71 829人，占当年迁入总数的72.83%。其中迁向北京17 966人，迁向天津35 877人，迁向上海1 743人，迁向其他省区16 243人，分别占自上述各省市原迁入人数的71.75%、71.63%、76.68%和76.51%。[3] 表10—9所示大致反映了这一时期中国城市知识青年"上山下乡"、回归返城"U型"迁移的总体情

---

[1] 胡焕庸主编：《中国人口—上海分册》，中国财政经济出版社1987年版，第150页。
[2] 熊映梧主编：《中国人口—黑龙江分册》，中国财政经济出版社1989年版，第157页。
[3] 宋迺工主编：《中国人口—内蒙古分册》，中国财政经济出版社1987年版，第180页。

况。可以看出，自 1970 年开始已有 400 余万人迁离农村。知识青年、下放干部离乡回城的高潮形成于 1975～1979 年，此间每年迁离农村、回归返城的人数呈持续增加趋势，到 1979 年达到高潮，当年离乡返城多达 395.4 万人。[①]

表 10—9　　1962～1981 年中国城市"上山下乡"知识青年的迁移变动情况（万人）

年份	"上山下乡"人数	调离农村人数	年末实际在乡人数
1962～81 年累计	1 776.6	1 499.5	—
1962～1966	129.3	—	—
1967～1968	199.7	—	—
1969	267.4	—	—
1970	106.4	401.4	533.2
1971	74.8	—	—
1972	67.4	—	—
1973	89.6	—	—
1974	172.5	60.4	681.5
1975	236.9	139.8	757.3
1976	188.0	135.3	809.7
1977	171.7	103.0	863.7
1978	48.1	255.3	641.9
1979	24.8	395.4	246.9
1980	—	88.5	158.4
1981	—	23.1	135.3

原注：由于统计中有重、漏、差错等原因，上山下乡人数减去调离人数不等于年末实际在乡人数；各阶段、年份的累计数与第一行的累计数也不相等（本章作者补充）。

资料来源：《中国劳动工资统计资料》（1949～1985），转引自杨云彦：《中国人口迁移与发展的长期战略》，武汉出版社 1994 年版，第 147 页。

从全国来看，此间城市"上山下乡"知识青年和下放改造干部回归、返城迁移的途径（或原因）主要有以下两个方面：

[①] 李德滨：《当代中国移民的经验》，《人口研究》，1995 年第 2 期。

第一，高考入学返城。如上所述，中国于1976年粉碎"四人帮"，1977年开始恢复大专院校的招生考试。因为大专院校基本都分布在各类城市，北京、上海等跨省区迁出"上山下乡"知识青年较多的大城市，更是中国大专院校高度集中的地方，所以中国恢复大专院校的招生考试，正为一些渴望离乡返城、志愿入读大学的知识青年开辟了途径，创造了条件。如北京、上海等城市，当时大专院校每年的招生人数一般都在数千人左右，其中相当一部分都是原来从这些城市"上山下乡"迁向内地及边疆地区的知识青年。笔者1978年考入上海一所面向全国招生的重点大学读书，当时所在班级共有30人左右，其中当年上海"上山下乡"到其他省区的"插兄"、"插姐"竟有半数之多；又如贵州省1977年、1978年每年因高考入读大学迁出本省的考生均在1 500人左右，其中大部分亦是当年"上山下乡"来此接受再教育的城市知识青年。可以说，城市"上山下乡"知识青年通过高考入学、离乡返城，是"文化大革命"结束拨乱反正期中国农村人口向城市迁移的一种具有重要意义的特殊形式。

第二，落实政策返城。高考入学，仅是一部分城市"上山下乡"知识青年离乡、返城的途径，还有一部分"上山下乡"知识青年及下放干部则主要是通过落实政策等途径离乡返城。1976年粉碎"四人帮"、宣告"文化大革命"结束以后，当时的一项重要工作就是"拨乱反正"、落实政策。其中之一就是调整和落实相关政策，"解放"当年受"文化大革命"干扰迫害、驱赶出城的"上山下乡"知识青年和下放改造接受再教育的干部，允许他们通过"子女顶替"、恢复职务、安排工作等多种方式回归返城，从而为一大批"上山下乡"知识青年和下放改造干部创造了条件，使他们得以陆续返迁回城。

城市"上山下乡"知识青年和下放改造干部的返迁回城的直接结果，一方面，即使在农村人口向城市迁移受户籍制度严格控制、城市人口计划生育成效显著好于农村的情况下，也仍然使城市人口得到较快的恢复性增长，城市化水平也得到较大幅度的提高。如到1982年，中国城市人口增加到21 131万人，与1972年相比10年时间年均增长率为3.53%，比同期全国总人口年增率1.54%高近2个百分点；城市化水平1982年为20.79%，比1972年提高了3.66个百分点；另一方面，就是使部分内地和边远省区由原来知识青年"上山下乡"和干部改造下放时期的人口净迁入地区转变为该阶段的人口净迁出地区，原来的人口净迁出地区相反转变为人口净迁入地区。

第四节 "民工潮"、"出国潮"蓬勃兴起（1978～2000年）

第四阶段，即从开始改革开放的1978年到2000年。这一时期历时20余年，尽管其间也经历过一些波动和变化，但总的趋势是随着改革开放的推进和由计划经济体制向市场经济的转变，中国以户籍制度为核心的二元社会体制明显弱化，产业变动、城市化进程以及国民经济增长空前加速。与此同时，深受这诸多因素影响和制约的人口迁移，也自新中国成立以来进入一个全新的发展阶段："民工潮"和"出国潮"蓬勃兴起和涌动，是这一时期中国人口迁移空前活跃、迅速发展的两大重要标志。总的来看，这一时期的人口迁移与流动，主要表现出如下一些特征。

一　人口迁移逐步趋强并渐显高度活跃态势

改革开放以来，中国的人口迁移并不是一开始就是十分活跃和平稳发展的，而是伴随着改革开放的不断深入和经济的快速、持续发展而逐步趋强并渐显高度活跃态势。概而观之，可大致划分为以下几个阶段（参阅表10—10、图10—1）：

（一）平稳发展期（1978～1983年）

改革开放以来，中国人口迁移的第一阶段自1978年到1983年。在这一阶段，由于改革开放刚起步不久，尚处"摸着石头过河"的初期探索阶段，改革开放的推进以稳妥为主。因此，在这一阶段的人口迁移，除受当时对"文化大革命"拨乱反正的影响，主要有如"三线"移民返迁及"上山下乡"知识青年回城等带有一定补偿、回归性质的人口迁移表现比较活跃以外，在整体上仍主要承接过去的发展趋势，基本没有大起大落，发展相对比较平稳。

中国自1978年启动的改革开放，是首先从农村地区开始的。农村地区的改革开放，实行家庭联产承包责任制，促进了人民公社制度的解体，将原来"一个人的活几个人干"转变为"有几个人的活用几个人干"，由此把大量的农村隐性过剩劳动力从土地上解放出来，形成了规模巨大、几乎可无限供给的农村剩余劳动力迁移"资源"。根据农业部门的调查，1985年大多数农村地区的剩余劳动力占农村劳动力总数的30%~50%，绝对规模在1亿人以上，如果再加上被抚养人口，则总数可达2亿人。①

如此巨大规模的农村剩余劳动力出路何在？当时城市就业制度的改革尚未触及，横断于城乡之间的户籍制度以及以此为基础建立起来的二元社会体制也仍被视为不可侵犯之"物"，因此农村剩余劳动力向城市迁移的大门仍然关而闭之，农村劳动力向城市迁移继续受到严格的控制。如1981年，国务院发出的《关于严格控制农村劳动力迁向城市和农业人口转为非农业人口的通知》规定：第一，在城市地区严格禁止雇佣农村劳动力；第二，万不得已必须雇佣来自农村的劳动力时，须得到国务院批准；第三，在国家计划中需要增加人员的情况下，要首先雇佣城市的待业青年；这样还不足时须得到各地人民政府的批准。同时还指示，城市临时雇佣的农村劳动力必须全部迁回农村，以强化户籍和粮食的管理。可见尽管改革开放已经开始，但政府对农村人口向城市迁移的严格控制仍如同改革开放之前。这种情况下，作为农村经济发展能量的积聚和释放，终于在原有社队企业的基础上爆发了乡镇企业的发展。中央政府也频频发文，大力推动乡镇企业的发展，并积极鼓励农村剩余劳动力向乡镇企业转移。苏南地区率先创造的"离土不离乡"、"进厂不进城"的农村剩余劳动力转移模式，成为当时中国农村劳动力"就地转移"的主流模式；乡镇企业也相应成为当时吸纳农村转移劳动力的巨大"蓄水池"。因此，在这一时期，改革开放及经济的发展，并未带动人口迁移同步增长，中国的人口迁移，除受改革开放初期对"文化大革命"拨乱反正影响，自1978年以来连续二三年，主要有"三线"建设移民返迁及"上山下乡"知识青年回城形成一定补偿、回归性人口迁移表现比较活跃以外，在整体上仍主要延续改革开放以前的基本趋势呈平稳发展态势，人口迁移量大致保持在1 400万~2 300万人之间。② 省际年间迁移人数及迁移率基本都分别在100万人和1‰以下。

---

① 刘铮等著：《我国沿海地区小城镇经济发展和人口迁移》，中国展望出版社1990年版，第21页。

② 《跨世纪的中国人口（综合卷）》编委会编著：《跨世纪的中国人口（综合卷）》，中国统计出版社1994年版，第240页。

表 10—10　　改革开放以来中国省际迁移人数及迁移率的演变

年份	总人口（万人）	迁移人数（万人）	迁移率（‰）
1982	100 072	94.86	0.95
1983	101 654	104.94	1.03
1984	103 008	119.62	1.16
1985	104 357	1 51.62	1.45
1986	105 851	180.24	1.70
1987	107 507	204.57	1.90
1988	109 300	228.90	2.09
1989	111 026	252.23	2.27
1990	112 704	265.39	2.35
1991	114 333	274.59	2.40
1992	115 823	290.03	2.50
1993	117 171	3 10.21	2.65
1994	118 517	319.33	2.69
1995	119 850	356.08	2.97
1996	121 121	439.39	3.63
1997	122 389	551.97	4.51
1998	123 626	657.95	5.32
1999	124 810	873.85	7.00
2000	125 909	1 088.39	8.64

资料来源：总人口为当年年初（上一年年末）数（根据中国统计年鉴），省际迁移人数为作者根据1987年、1995年1％人口抽样调查和1990年、2000年人口普查数据内插并加以适当调整处理得到，迁移率根据前二者得到。

（二）渐趋增强期（1984～1994年）

随着改革开放的深入和农村经济的发展，农村剩余劳动力被越来越多地解放出来，作为农村剩余劳动力转移"蓄水池"的乡镇企业已难以容纳，农村剩余劳动力"离土不离乡"、"进厂不进城"、囿于农村的"就地转移"、"就地流动"模式正欲待突破。改革开放以来乡镇企业的发展，已有效地加快了集镇及小城镇的建设。与此同时，为了适应经济发展的需要，政府对人口迁移特别是农村剩余劳动力转移、流动的控制开始有所缓

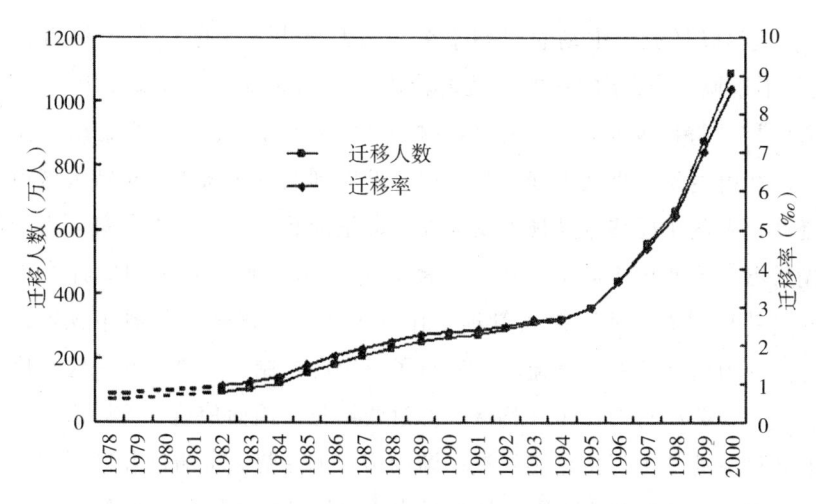

图 10—1　改革开放以来中国省际迁移人数及迁移率的演变

资料来源：根据表 10—10，1978～1981 年间的虚线为假想数。

和。1984 年 10 月《国务院关于农民进镇落户问题的通知》出台，规定"除县城外的各类县镇、乡镇、集镇，包括建制镇和非建制镇，全部对农民开放"，"凡申请到集镇务工、经商、办服务业的农民和家属，在集镇有固定住所、有经营能力或在乡镇企业单位长期务工的，公安部门应准予落常住户口，及时办理入户手续、发给《自理口粮户口簿》，统计为非农业人口"。这项新政策，放宽了农民迁移进镇的标准，为农村剩余劳动力迁移进镇创造了一定的条件，是新中国成立以来对户籍制度及农民就业政策的首次重大改革。

　　在这一阶段，改革开放也已由农村发展到城市，城市的"保障就业或安置就业"制度开始受到冲击，劳动力市场的初步建立，快速的城市建设和经济发展，已创造并提供了农村劳动力入迁、就业的竞争机会和"空间"容量，使农村剩余劳动力向城市迁移、就业成为可能。政府部门也相继出台了一些以促进农村劳动力流动、到城镇就业为目的的各种政策，并加强了对城镇外来劳动力的管理。如 1986 年 7 月国务院同时颁布了《国营企业实行劳动合同制暂行规定》和《国营企业招用工人暂行规定》，允许国营企业招收农村劳动力。于是，步步深入的改革开放，给中国人口迁移，特别是农村人口向城市的迁移流动注入了巨大的启动力，激发长期受计划经济体制及城乡分割制约所形成、集聚起来的迁移流动

"势能"得以释放，推动农村剩余劳动力开始由原来的"离土不离乡"、"进厂不进城"、囿于农村的"就地转移"、"就地流动"模式，向"离土又离乡"、"进厂又进城"、走出农村的"异地转移"、"异地流动"模式转变，并由主要向小城镇迁移流动逐步发展到向各级城市甚至特大城市迁移流动，表现在迁移流动规模及强度上即呈渐趋扩大、增强态势。由于此间先后出台了《国务院关于作好劳动就业工作的通知》及国家计委等部门的《关于"农转非"政策管理工作分工意见的报告》等政策规定，对农村劳动力向城镇的迁移流动，实行了一定的控制和管理，在一定程度上缓和了农村劳动力向城市迁移流动的过快增长，因而使这一阶段农村劳动力的迁移流动基本保持稳定发展、渐趋增强的趋势，如省际年间迁移人数大致由 120 万增加到 320 万，迁移率由 1‰左右上升到 2.5‰以上。

（三） 高度活跃期（1995～2000 年）

1992 年邓小平发表著名的"南行讲话"以后，中国进一步加大了改革开放的力度，由此所带来的东部沿海地区城市开发及经济建设高潮的兴起，以及外企、外资的大举进入，都有力地刺激了东部沿海地区城市经济的高速增长，创造了丰富的劳动就业机会。而且伴随改革开放的发展，城市住房、粮食及日常生活用品供给的市场化，逐步解除了没有户籍的外来人口在城市就业、生活的后顾之忧。特别在进入 90 年代后期，已建立 40 余年的十分稳固的户籍制度继 1984 年进行首次重大改革之后，又开始了新一轮的改革。如公安部于 1995 年就向国务院上报了《小城镇户籍制度改革试点方案》，1997 年 6 月国务院批转了这个试点方案并在有关省市进行了为期两年的试点；上海、广州、厦门等一些大城市也自行出台了类似"蓝印户口"、"居住证"制度等一些新政策，初步打开了农村人口入迁居住的大门；一些经济比较发达、改革力度较大的省区更是根据自身实际，开始对户籍制度进行大胆的改革。如浙江省在全国率先开展户籍制度改革，近年来在拆除户籍藩篱、打破城乡壁垒方面屡有"大手笔"，据有关部门 2001 年底统计，此前三年多来，浙江省城镇净迁入人口达 190 余万人，其中仅 2001 年以来即达到 66 万多人。[①] 甚至一些省区已开始考虑取

---

① 沈锡权、顾大炜：《拆除户籍藩篱——浙江领跑户籍制度改革》，新华网，2001 年 12 月 29 日。

消农业户口、非农业户口的划分，实行统一登记为"居民户口"的城乡户口登记管理一体化改革。十数年改革开放、经济发展效果的积累，终使进入 90 年代后期，在地区、城乡之间显著的经济收入差异及就业机会的推、拉作用下，中、西部地区人口向东部沿海地区及农村人口向城市地区的迁移流动规模急剧膨胀，使人口迁移进入高度活跃期。1995 年，省际迁移人数及迁移率分别为 350 多万和 3‰左右，到 2000 年短短数年即分别迅速增加到 1 000 多万和 8‰以上，均增加 2 倍左右。

二 农村人口的非户籍乡一城迁移始终为迁移主流

中国是一个发展中国家，至今人口仍以农村人口和农业户籍人口为主体，到 2000 年人口普查时，全国农村人口和农业户籍人口仍分别占总人口的 63.08% 和 75.27%，这就决定了中国迁移人口也同样以农村人口和农业户籍人口为主体。正如以上所说，率先开展的农村经济体制的改革，把大量的农村隐性剩余劳动力从土地上解放出来，形成了规模巨大、几乎可无限供给的农村剩余劳动力潜在的迁移"资源"。在城市改革开放、人口迁移控制政策逐步缓和、城乡—区域经济发展差异等多种因素的共同作用下，这些潜在的迁移"资源"即参与迁移活动，转变为现实的迁移流动人口。如表 10—11 所示，改革开放以来中国迁移人口中，农村迁出人口一般都占迁出总人口的 60% 左右及以上，显示了农村迁出人口为中国迁移人口的主体特征。当然，根据该表也可看出，农村迁出人口所占比例呈下降趋势。1982～1987 年间，其比例为 68% 左右，此后渐趋下降，到 1995～2000 年间，已大约下降到 59%，十余年时间下跌了近 10 个百分点。这主要是因为随着农村人口的大量迁出、城市化水平的逐步提高，农村人口的比例趋向下降，作为农村迁出人口的"潜在"资源不断减少。而且随着城市改革开放的深化，城市人口的迁移活动也日渐活跃起来，这也在一定程度上影响了农村迁出人口相对比例的下降。

由表 10—11 还可以看出，改革开放以来，约占中国迁移人口 60% 以上的农村迁出人口，又主要选择迁入了城市。除 1990～1995 年间以外，农村迁出人口选择迁向城市的比例几乎都高达 70% 以上。中国迁移人口的主体——农村迁出人口，又绝大部分选择迁向城市，由此所形成的乡→

城迁移，构成了改革开放以来中国国内人口迁移的主流。加之日趋活跃的城市人口迁移，使中国迁移人口选择迁向城市的比例，呈明显上升趋势。到 1995~2000 年间，中国迁移人口选择迁向城市的比例已直逼 90%（88.15%）。因此可以说，改革开放以来中国的人口迁移，与城市化是密切联系在一起的；人口迁移是城市化的重要形式之一，日趋活跃的人口迁移，必定推动和加快中国城市化的发展。

表 10—11　改革开放以来中国农村、城镇迁移人口的演变

期间	迁出入	农村（县）万人	%	市、镇 万人	%	农村迁向市镇人口 万人	%
1982~1987	迁出	2 076.02	67.99	977.24	32.00	1 545.19	74.43
	迁入	721.50	23.63	2 331.69	76.37		
1985~1990	迁出	2 130.11	62.48	1 279.00	37.52	1 671.82	78.48
	迁入	590.47	17.30	2 822.29	82.70		
1990~1995	迁出	1 985.55	59.75	1 337.43	40.25	194.71	60.17
	迁入	948.96	28.56	2 374.02	71.44		
1995~2000	迁出	7 316.24	58.70	5 148.17	41.30	5 065.50	68.96
	迁入	1 710.94	11.85	12 728.14	88.15		

资料来源：根据 1987 年、1990 年 1% 人口抽样调查和 1990 年、2000 年人口普查资料计算。

由于直到 20 世纪末，中国的户籍制度本身并未进行根本性改革，城市居民社会保障制度还是一个很强的封闭系统。城市社会保障"资源"的稀缺性，城市居民的"本地"权益及下岗、失业劳动力的再就业保护等问题，都构成了农村迁入人口获得城市居民特别是城市非农业户籍居民的巨大障碍。所以虽然人口迁移已极为活跃，农村人口和农业户籍人口是人口迁移流动的主体，但他们还基本都是未伴随户籍的迁移，他们入迁入城市就业、生活，而户籍仍在农村，为典型的城乡人、户分离人口，他们与城市本地居民的重要区别之一就是不能享受城市居民的社会保障和医疗保障。所以在一定意义上说，农村迁出人口或农业户籍人口为中国人口迁移流动的主体，也就意味着未伴随户籍的迁移流动，即"非"户籍人口

迁移流动为中国人口迁移流动的主流。① 这一特征,在一定程度上也可以从人口调查的人、户(籍)分离情况得以说明。如根据1982年人口普查,"居住本县、市(区)半年(或一年)以上,户口在外、县市"和"居住本县、市(区)不足半年(或一年),离开户口登记地半年(或一年)以上"、即人与户分离的"两款"人,约占当时总人口的0.66%,到1990年人口普查时,"两款人"的比例已上升到1.91%,到2000年人口普查时,这一比例已进一步骤然上升到11.62%,说明随着时间的推移和改革开放的进展,尽管农村迁出人口比例有下降倾向,但人、户分离的迁移、流动或未伴随户籍变更的迁移流动却反呈急剧增强趋势;90年代后期人口迁移流动的高度活跃,主要是未伴随户籍变更的人口迁移流动、即"非"户籍人口迁移流动的高度活跃。另外,从以下"务工经商"理由对人口迁移特别是对省际人口迁移影响的显著增大也说明了这一点。

很明显,在中国独特的户籍制度和以农村人口及农业户籍人口为主体的条件下,中国改革开放以来的人口迁移流动,形成了以农村迁出人口为主体、城镇迁出人口为辅和以未伴随户籍变更的"非"户籍人口迁移流动为主流、户籍人口迁移流动为辅的迁移流动的"二元"特征;农村迁出人口集中选择迁向城市的"非"户籍乡→城迁移,构成了改革开放以来中国人口迁移的主流及其"非完全"迁移特征,也构成了中国"非完全"城市化这一城市化发展的重要形态。

三 迁移原因及机制发生了重大转变

改革开放以来中国的人口迁移与流动,虽然明显受改革开放进程特别是户籍制度及城市居民社会保障制度等体制性因素的制约,但伴随着改革开放的不断深入,人口迁移流动原因及机制仍然发生了重大转变,这一转变主要表现为影响原因逐步由以社会原因为主转变为以经济原因为主、发生机制逐步由以计划组织为主转变为市场调节占主导地位。

(一)迁移原因的变化

首先从人口迁移的单项原因考察。改革开放以来,对人口迁移流动影

---

① 随着改革开放的深化,户籍制度的"衍生"权益逐渐减少,城市人口对户籍的概念已有所淡化,在发生迁移行为时未必很在乎户籍问题,不伴随户籍变更的迁移行为也时有发生,所以这也在一定程度上强化了中国人口未伴随户籍变更迁移流动的主流特征。

响最大的"首位原因"在80年代初期为"工作调动",受该原因影响而迁移的移民比例约为20%,自80年代后期开始则转变为"务工经商",受其影响而迁移的移民比例在20世纪80年代后期和90年代后期分别上升为25%和30%以上。特别对省际人口迁移来说,受"务工经商"这一"首位原因"影响而迁移的移民比例竟分别急剧上升到30%和65%左右(表10—12、表10—13)。说明随着时间的推移及改革开放的进展,不仅影响人口迁移流动的"首位原因"发生了变化,而且"首位原因"对人口迁移、特别是省际人口迁移流动的影响亦明显增强。

表10—12　　　改革开放以来中国原因别迁移人口比例的变化(%)

期间	工作调动	分配录用	务工经商	学习培训	投亲靠友	拆迁搬家	退休退职	随迁家属	婚姻迁入	其他
1982～1987	20.57	5.10	8.24	8.72	13.27	—	2.60	19.78	15.76	5.96
1985～1990	11.87	6.03	25.12	12.14	9.84	—	1.56	10.44	13.94	9.06
1995～2000	4.28	3.11	30.73	11.66	5.02	14.52	—	12.85	12.02	5.03

资料来源:同表10—11。

表10—13　　　改革开放以来中国原因类型别省际
迁移人口比例的变化(%)

期间	工作调动	分配录用	务工经商	学习培训	投亲靠友	拆迁搬家	退休退职	随迁家属	婚姻迁入	其他
1982～1987	19.89	5.26	8.57	9.02	13.35	—	2.54	18.68	15.54	6.15
1985～1990	15.06	4.53	29.46	8.38	10.39	—	1.48	10.86	13.66	6.18
1995～2000	2.67	1.55	64.75	6.30	5.02	0.79	—	9.25	5.48	4.18

资料来源:同表10—11。

由于"工作调动"迁移基本属城镇人口的"专利"和伴随户籍变更的迁移,"务工经商"迁移则主要为农村人口及未伴随户籍变更的迁移,这些未伴随户籍变更迁移流动到城镇"务工经商"的农村人口又被称为外来人口或农民工,所以"务工经商"迁移人口的显著增多,不仅进一步说明了上述农村人口及其未伴随户籍变更的迁移流动为迁移主体和主流的事实,而且也从一个方面反映了随着改革开放的推进"民工潮"的蓬勃兴起和发展。

如果把迁移原因"工作调动"、"分配录用"和"务工经商"归类为经济原因，把"学习培训"、"投亲靠友"、"拆迁搬家"、"退休退职"、"随迁家属"和"婚姻迁入"归类为社会原因，则在80年代前期影响人口迁移流动的原因明显以社会原因为主，如受社会原因影响而引发的省际迁移人数几乎占迁移总数的60%，而经济原因的影响显然小得多，引发的省际迁移人数只大约占迁移总数的34%。随着改革开放的不断深入，社会原因的影响逐渐减弱，经济原因的影响明显增强，到1985~1990年间，社会原因引发的省际迁移人口比例约下降到45%，经济原因形成的省际迁移人口比例相反上升为50%；特别进入90年代后期，社会原因引发的省际迁移人口比例已下降到约27%，而经济原因对省际人口迁移的影响已进一步增强，影响的迁移人口比例已几乎接近70%，为社会原因引发迁移人数的2.5倍以上（表10—14）。这也说明，随着改革开放的进展，中国人口的迁移已越来越演变为以受经济原因影响为主导的经济型迁移，因而与经济发展的关系越来越密切，对经济发展的作用越来越明显。

表10—14　　　　改革开放以来中国原因类型别省际
迁移人口比例的变化（%）

期间	经济型			社会型	其他
	小计	计划型	市场型		
1982~1987	33.72	25.15	8.57	59.13	6.15
1985~1990	49.05	19.59	29.46	44.77	6.18
1995~2000	68.97	4.22	64.75	26.84	4.18

资料来源：根据表10—13。

（二）迁移机制的变化

人口迁移流动原因的变化，在一定意义上也反映出人口迁移流动机制的变化。如表10—14所示，如果根据经济原因影响人口迁移的计划性和市场化特征，进一步把"工作调动"和"分配录用"作为组织计划性迁移，把"务工经商"作为市场自发性迁移，则可以明显看出，在经济原因形成的人口迁移中，归属组织计划性省际迁移人口的比例在80年代初期约为25%，80年代后期大致下降到20%，到1995~2000年间进一步下降为4%左右。与此相反,归属市场自发性的省际迁移人口在1980年代前期仅占8%左右,80年代后期即大致上升为30%,到1995～2000年间则进一步迅速增长到约65%。这显示人口迁移流动机制的变化与改革开放的进展基本是一致的,即随着改革开放的进展及改革力度的增大,人口迁移流动机制也相应发生了重大转变,由改革开放初期的计划组织为主转变为市场自发占明显主导地位。

四 人口迁移流动的城乡—区域模式出现新的变化

由前述可知,在经济体制改革之前,主要受计划经济体制、生产力平衡布局及政治意识形态等多种因素的制约和影响,人口主要由东部沿海地区向中西部地区迁移、由城市向农村迁移,曾为很长一段时间中国城乡—区域人口迁移的主流模式。实施改革开放以来,随着改革开放、由计划经济向市场体制的移行,中国城乡—区域人口迁移模式发生了重大逆转:人口主要由中西部地区向东部沿海地区迁移、由农村向城市迁移,成为改革开放以来中国城乡—区域人口迁移的基本模式。[①]

在改革开放、逐步由计划经济向市场体制转变的条件下,由于主要受自然环境结构及区域经济发展差异的影响,中国城乡、区域经济发展相对稳定的总体格局,决定了改革开放以来农村人口主要向城市迁移、中西部地区人口主要向东部沿海地区迁移的基本模式没有发生根本性变化。但由于改革开放的进展及改革力度的增大,人口迁移原因及机制逐步转变为以经济原因和市场机制为主,人口迁移的流向选择越来越趋向理性,特别由于改革开放以来区域经济发展及差异变化的新动向,使人口迁移流动的城乡—区域模式也出现了一些新的变化。

(一) 人口迁移城乡模式的变化

人口迁移城乡模式的变化,主要表现为农村迁出、迁入人口的比例逐渐下降,城市迁出、迁入人口的比例明显上升,迁移人口越来越选择向城市迁移集中。前已述及,由于随着农村人口的大量迁出、城市化水平的逐步提高,农村人口的比例趋向下降,作为农村迁出人口的"潜在"资源不断减少;城市改革开放的深化,也使城市人口的迁移活动日渐活跃起

[①] 王桂新:《中國の人口移動と經濟開發》,《統計》(日),1994年第12號。

来，从而造成农村迁移人口比例的下降和城市迁移比例的上升。如表10—11所示，在改革开放初期的1982～1987年间，农村迁出、迁入人口分别占67.99%和23.63%，到1995～2000年间，两比例已分别下降为58.70%和11.85%；与此相反，城市迁出、迁入人口的比例则由1982～1987年间的32.00%和76.37%上升为1995～2000年间的41.30%和88.15%。农村迁出、迁入人口的比例逐渐下降，城市迁出、迁入人口的比例明显上升，说明人口迁移与城市化密切相关，活跃的人口迁移促进了城市化的发展；特别是20世纪90年代后期中国人口迁移流动的高度活跃，主要是农村人口向城市迁移流动的城市化乡→城迁移的高度活跃，选择迁向城市的移民比例已直逼90%。尽管这种活跃的乡→城迁移及其所形成的城市化形态具有"不完全"性特征，但在一定意义上，这样的人口迁移流动，也仍将加速中国城市化的进程，促进中国经济社会的发展。

(二) 人口迁移区域模式的变化

改革开放以来人口迁移区域模式的变化，主要表现为以下两个方面：

第一，人口向东部沿海地区的集中化迁移流动趋势愈益增强。如表10—15所示，在80年代，东、中、西三地区迁出人口比例还大致相当，各占三成左右，但到90年代则出现明显变化，东部沿海地区迁出人口比例显著减小，中部地带迁出比例迅速增大，西部地带迁出比例基本稳定。与此相反，从迁入人口比例来看，三地区从80年代以来即存在很大差异，开始大约五成多集中选择迁入东部沿海地区，近五成大致均分迁入中、西部地区。后选择迁入东部地区的人口迅速持续增加，到90年代后期其所占比例已上升到76%以上；而选择迁入中、西部地区的人口比例则呈下降趋势，尤以中部地区最甚，90年代后期二者所占比例已分别下降为9%和15%左右。东、中、西三地区迁出、入人口比例的反向变化，显示改革开放以来，中国省际迁移人口的流向表现出显著的"向海性"特征；这一特征，使迁移人口向东部沿海地区的集中化趋势越来越明显。另外，还有一个不太明显但却很有意义的变化，就是与80年代比较，90年代以来中、西部地区迁移人口的分布发生了逆转：迁出人口比例中部地区超过西部地区，迁入人口比例西部地区超过中部地区。如西部地区的新疆，90年代后期的人口迁入率已高居全国第四位。这一变化的意义在于，它显示了90年代以来实施的西部大开发战略已初见成效，西部地区已呈人口入迁的相对集中化趋势，迁移流动人口正在用自己的"足"投支持西部大开发的票。

表10—15　改革开放以来中国省际人口迁移的东、中、西三地带差异

迁移变量	期间	1982~1987	1985~1990	1990~1995	1995~2000
迁出人口比例（%）	合计	100.00	100.00	100.00	100.00
	东部地带	31.76	33.08	26.29	18.51
	中部地带	34.83	31.39	38.74	46.95
	西部地带	33.41	35.54	34.97	34.54
迁入人口比例（%）	合计	100.00	100.00	100.00	100.00
	东部地带	52.02	54.58	65.05	76.41
	中部地带	24.65	23.99	14.71	9.06
	西部地带	23.33	21.42	20.25	14.53

注：本章所说三大地带，是指中央政府提出西部大开发战略以后新划分的三大地带，其中东部地带包括北京、天津、河北、辽宁、上海、江苏、浙江、福建、山东、广东、海南11个省、直辖市；中部地带包括黑龙江、吉林、山西、安徽、江西、河南、湖北、湖南8个省；西部地带包括重庆、四川、贵州、云南、广西、西藏、陕西、甘肃、青海、宁夏、新疆、内蒙古共12个省、自治区、直辖市。

资料来源：同表10—11。

第二，人口入迁集中化趋势珠三角后来居上、势压长三角。如表10—16所示，向东部地区越来越集中化的入迁人口，又主要表现为向泛长江三角洲（包括上海、江苏、浙江）和泛珠江三角洲（广东）越来越强势的集中。① 到90年代后期，选择入迁该两三角洲的迁移流动人口已达1 800多万，占全国迁移人口的比例由80年代前期的20%左右猛增到56%以上。从两三角洲来看，选择入迁长三角的迁移流动人口在80年代前期尚为珠三角的3倍以上，后差距不断减小，到90年代前期二者已基本接近，但进入90年代后期，选择入迁珠三角的迁移流动人口猛增，一越反超长三角，几乎达入迁长三角迁移流动人口的1.7倍。对泛长江三角

---

① 这里所指的长江三角洲和珠江三角洲，均为泛三角洲的概念，即长江三角洲包括上海、江苏、浙江三省市，珠江三角洲包括广东省。而且为称谓方便，有时将二者简称为长三角和珠三角。

洲来讲，在90年代后期，上海、江苏、浙江两省一市的迁入人口均有明显增长，但从其所占比例来看，则只有浙江省的入迁人口比例迅速上升，而江、沪两地则或衰减或稳定不前。在人口迁移流动机制市场化程度比较高的情况下，迁移流动人口对迁移流向的选择，是其用"足"对区域发展活力及经济增长趋势投票结果的反映。因此，以上迁移流动人口的集中化趋势说明，至少在90年代后期，珠三角的发展势头明显超越长三角；而在长三角，浙江省的发展势头又明显超越江、沪两地。

表 10—16　　泛长江三角洲与珠江三角洲地区省际人口迁入趋势的变化

区域	迁入人数（万人）				迁入人口占全国迁移人口的比例（%）			
	1982~1987	1985~1990	1990~1995	1995~2000	1982~1987	1985~1990	1990~1995	1995~2000
两三角洲合计	126.57	305.00	410.11	1 829.19	20.22	27.56	38.49	56.67
长三角（小计）	96.85	179.25	215.48	679.09	15.47	16.2	20.22	21.04
上海	37.19	66.55	72.05	216.78	5.94	6.01	6.76	6.72
江苏	47.45	79.11	96.83	190.84	7.58	7.15	9.09	5.91
浙江	12.21	33.59	46.60	271.47	1.95	3.04	4.37	8.41
珠三角（广东）	29.72	125.75	194.63	1 150.10	4.75	11.36	18.27	35.63

资料来源：同表 10—11。

五　工程移民与"出国潮"

如前所述，改革开放以来，人口迁移流动在日趋活跃的同时，迁移流动类型也十分丰富。如除以上所述由"务工经商"等原因形成的农村人口迁向城市的乡→城迁移及由"工作调动"、"毕业分配"等原因形成的城市人口在城市之间的城→城迁移等组织计划性及自发性人口迁移以外，国内人口迁移还有三峡工程移民等工程性移民和国际迁移（出）的出国潮等重要类型。关于农村人口迁向城市的乡→城迁移和城市人口在城市之间的城→城迁移，都已基本包含在以上根据四次人口调查所考察的人口迁移流动之中，而四次人口调查的资料却未必能很好地反映三峡工程移民和国际迁移（出）的"出国潮"，所以现再对三峡工程移民和国际迁移

(出)的"出国潮"做一简单补充性考察。

(一)"三峡"移民——规模空前的工程移民

新中国成立以来,国内人口迁移除以上所说各种人口迁移类型以外,还有一种非常重要的迁移类型——因工程建设项目而形成的工程移民。与通常所说的国内人口迁移不同,工程移民主要是一种非志愿或计划性移民。这类移民主要是由于水库、交通、城市基础设施等工程建设而产生的。据估计,新中国成立以来全国因工程建设而形成的非志愿移民总数在40 00万人以上,这些非志愿移民对中国工程建设及经济发展作出了重大贡献。

新中国成立以来的工程移民,以水库及水电站的建设移民为主。根据国家水利部门统计,新中国成立到90年代初期40多年间,全国一共建坝86 000余座,淹没耕地3 000万亩,移民1 000多万人,有19个省移民超过10万人,其中山东省151万人,湖南省10万人,湖北省93万人,河南省92万人,广东省69万人。从1949～1991年所建的377座大型水库、水电站,共造成水库移民608.2万人。其中移民超过10万人的有6座,即浙江省新安江水电站移民29万人,山东省东平湖水库移民28万人,河南省三门峡水库移民40万人,湖北省丹江口水库移民39万人,湖南省柘溪水库移民14万人,广东省新丰江水库移民12万人。[①]

长江为中国第一大江,新中国成立以来的水库、水电站的建设,有不少都是围绕长江水系建设的。特别是在1993年,中国政府作出上马建设三峡工程的决定,并于1994年12月14日决定三峡工程正式开工。三峡工程是中国、也是全世界迄今为止最大的水利枢纽工程。根据设计要求,三峡工程水库正常蓄水位175米,总库容393亿立方米;水库全长600余公里,平均宽度1.1公里;水库面积1 084平方公里。按此设计,三峡工程水库将淹没湖北省、重庆市的20个区、县(市),直接淹没区有人口84.75万人,房屋3 473.15万平方米。有2座城市、11座县城、116个集镇及大量工矿企业、港口码头等基础设施需全部或部分重建。目前,三峡工程建设正在有条不紊地进行,若干大型阶段性工程已相继告捷。如三峡工程135米水位线以下的库底清理工作基本完成,导流明渠也已截流成

[①] 杨云彦:《中国人口迁移与发展的长期战略》,武汉出版社1994年版,第139页。

功，到2003年6月三峡水库已下闸蓄水。

三峡工程作为一项举世瞩目的全球超级工程，不仅技术要求高，施工难度大，更由于其水库正常蓄水位175米、总库容393亿立方米的设计，使所建水库全长600余公里，平均宽度1.1公里，面积达1 084平方公里。这样，就不可避免地带来大面积的移民和大规模的移民工程。根据设计规划，在三峡工程的实施、完成过程中，与之关联的移民工程将在2009年三峡工程竣工时同步完成，自80年代开始试点到完成前后历时20余年，整个三峡地区将最终迁出移民113万人，其中包括农村移民50多万人。可见三峡工程移民规模之大，历时之长，实为中国甚至全世界工程移民之最。与三峡工程的土木工程不同，移民工程乃涉及人的工程，因而难度更大，任务更重，被认为是三峡工程中难度最大、也最让人牵肠挂肚的"重中之重"。

如上所述，三峡水库的建设将淹没湖北省、重庆市的20个区、县（市），直接淹没区域有人口84.75万人，房屋3 473.15万平方米。如湖北省宜昌地处三峡工程坝区库首，承担着坝区征地搬迁和库区移民安置的双重任务。三峡工程将征用和淹没宜昌市陆地面积100.5平方公里，涉及宜昌、兴山、秭归3县22个乡（镇），移民人数为13.6万人。另外还需搬迁秭归、兴山两座县城、12个集镇、8个场镇，迁建各类企业234个，移民任务非常之艰巨。

三峡库区移民既有库区内的短距离搬迁，又有库区以外跨省区的远距离搬迁。在开始很长一段时间，三峡移民以库区内搬迁为主。这样虽然使库区居民免受离乡背井之累，但也造成了库区人口密度过高、影响生态环境、不利库区移民生活的矛盾。为了解决这些矛盾，国务院在1999年对三峡库区移民政策作出重大调整，扩大了三峡库区移民跨省区的远距离搬迁安置规模，决定将三峡库区的12万多农村移民外迁安置，其中将约7万人安置到上海、广东、安徽等11个经济较为发达的沿海、沿江省市，4.5万人安置到重庆市和湖北省的非库区地区。按照计划，在这12万多三峡外迁移民中，以重庆市迁出最多，达10万人左右。

三峡工程的建设，得到了全国各地的积极响应；三峡移民工程的开展，更得到了全国各地的大力支援。特别是东部沿海经济比较发达的省市，纷纷敞开大门欢迎三峡移民前往落户。2001年，伴随着1 000多名三峡重庆库区移民启程前往上海市和江苏省，即拉开了三峡移民大规模外迁的序幕。当年，三峡重庆库区将外迁 54 000 多名三峡农村移民，比计划超出 4 000 多人，共计 13 000 多个家庭。其中将有 43 000 多人迁向上海、安徽等 11 个省市的 103 个县（市），其余的 1 万多人将安置到重庆市非库区地区的 5 个县（市）。①

根据三峡工程"分期蓄水、连续移民"的建设方针，三峡移民工作从 1993 年开始全面展开，过去 10 年平均每年移民 6 万多人。截至 2001 年底，全国已累计安排 287 亿元资金用于三峡移民，到 2002 年 7 月底，三峡工程搬迁安置水库移民进一步增加到 64.6 万人，约占全库区规划动迁移民总数的一半。其中约有 14 万农村移民被外迁安置到全国 24 个省市。②

按照计划，三峡工程需移民动态总人数约 113 万人，今后 7 年还有近 50 万人需搬迁安置，其中需外迁农村移民 17 万人，平均每年还要移民 7 万多人，移民工作任务仍相当艰巨。③

（二）国际迁移——"出国潮"的兴起与发展

尽管直到现在，相对于中国庞大的人口规模、增长及国内人口迁移规模，人们还是普遍认为：中国的国际人口迁移完全可以忽略不计。单就规模而论，也许尚且如此。但若从新中国成立尤其自改革开放以来国际人口迁移从无到有、由弱趋强的发展势头，特别是国际人口迁移对中国推进改革开放及现代化建设的重大意义，则不能不引起人们的高度关注。

应该看到，1978 年开始实施的改革开放，不仅引发了大规模的国内人口迁移流动大潮，而且也"对外开放"，打开了新中国成立以来几乎一直关闭的中国人口国际迁移的大门，催生了中国人口国际迁移——"出国潮"的兴起。对外改革开放的进展，经济全球化的拉动，正在推动着中国人口国际迁移的持续发展。

改革开放以来中国人口国际迁移（出），主要有出国留学、家庭团聚、劳务输出、婚姻及技术移民等多种形式或途径，迁出人口迅速增长，

---

① 据新华社重庆 7 月 7 日电，《华声报》，2001-07-08，记者代群。
② 《国务院三峡工程建设委员会主任郭树言讲话》，《中新网》，北京 9 月 10 日消息，2002 年 9 月 10 日。
③ 《中新网》，2003 年 1 月 27 日电，编辑宋方灿。

规模不断扩大。根据1982年、1990年和2000年人口普查对"原住本县、市，现在国外工作或学习，暂无户口"的人所进行的调查可知，1982年（调查时点）中国大陆"原住本县、市，现在国外工作或学习，暂无户口"的人有5.69万人，约占当时总人口的0.006%；1990年即增加到23.70万人，约占当时总人口的0.02%；2000年进一步增加到75.67万人，约占当时总人口的0.06%，显示改革开放以来中国大陆的出国留学或工作人数呈迅速增长态势，谓之形成"出国潮"实不为过。根据1990年人口普查，这些"原住本县、市，现在国外工作或学习，暂无户口"的人，主要来自上海、北京、福建、广东四省市。其中上海6.6万人，占27.99%；北京5.0万人，占20.65%；福建3.0万人，占12.48%；广东1.9万人，占7.88%。到2000年人口普查时，这些"原住本县、市，现在国外工作或学习，暂无户口"的人，除各地区均比1990年有较大增长以外，更主要集中来自云南、福建两省，分别达22.00万和13.34万人，二者合计约占全国三成左右。

表10—17　　　　1957年以来中国出国及回国留学人数　　　　（人）

年份	出国留学人员	学成归国留学人员	年份	出国留学人员	学成归国留学人员
1957	529	347	1990	2 950	1 593
1962	114	980	1991	2 900	2 069
1965	454	199	1992	6 540	3 611
1975	245	186	1993	10 742	5 128
1978	860	248	1994	19 071	4 230
1980	2 124	162	1995	20 381	5 750
1985	4 888	1 424	1996	20 905	6 570
1986	4 676	1 388	1997	22 410	7 130
1987	4 703	1 605	1998	17 622	7 379
1988	3 786	3 000	1999	23 749	7 748
1989	3 329	1 753	2000	38 989	9 121

资料来源：国家统计局编：《中国统计年鉴2001》，中国统计出版社2001年版，第653页。

表 10—17 也显示，1978 年改革开放以来中国出国留学人数呈急剧增长趋势。在 1978 年改革开放之前，中国出国留学人员尚不过千人，此后迅速增加，到 1993 年即跨越 1 万人大关，到 2000 年进一步迅速增长到近 4 万人。据估计，自 1978 年到 2000 年间，中国各类出国留学人员达 36 万人左右，加上 10 万多人先以其他身份出国、后在国外转为留学身份的人，合计一起可达 50 万人。其中国家公派 5 万余人，单位公派 10 万余人，自费出国留学人员 30 万人以上。①

另根据公安部门统计，从 1979 年到 1990 年的 12 年间，经公安部门批准因私出国的人数约为 136 万人，年均 11 万多人，其中 80 多万为移民，自费出国留学的人数约 14 万人。②

据教育部门统计，1978 年到 2002 年，中国出国留学人员已达 58 万多人，目前仍在国外的留学人员有 43 万多人，其中 27 万人在国外高校学习。③

中国出国人员去向遍及世界各地，但主要以欧美、日本、澳大利亚等发达国家及东南亚国家或地区为主。总的来看，去欧美的主要以深造为主，去日本、澳大利亚的以攻读语言和打工为主。

自 80 年代末期特别是 90 年代以来，不少早先随"出国潮"出国留学的人员已学成归国，形成出国留学人员的回归迁移（表 10—17）。1978 年到 2002 年，中国出国留学人员已有 15 万多人学成回国，在 2002 年一年就有 1.8 万留学人员回国，比前年增长 47%。这些留学回国人员，已在各条战线上发挥着重要作用。教育部及地方政府也纷纷出台优惠政策，吸引和支持优秀留学人员长期回国工作或短期回国服务。截至 2002 年 6 月，仅教育部就资助 21 批 2 万多回国留学人员，资助金额达 4 亿元人民币。目前全国已创办了 60 多个留学人员创业园，留学人员在国内创办的企业达 5 000 多家，年产值逾 100 亿元。留学人员不仅带回来高新技术，也带回了先进的管理经验，缩短了中国和先进国家的差距。④

---

① 李建新：《全球化与中国人口》，《人口学刊》，2002 年第 3 期，第 14—19 页。
② 《跨世纪的中国人口（综合卷）》编委会编著：《跨世纪的中国人口（综合卷）》，中国统计出版社 1994 年版，第 270 页。
③ 《文汇报》，2003 年 1 月 28 日，新华社北京 1 月 27 日。
④ 同上。

劳务人员输出也是改革开放以来"出国潮"的重要组成部分。从新中国成立到改革开放之前，中国政府组织的劳务输出几乎为零。1978年开始的改革开放也打开了劳务输出的大门，使劳务输出人员逐年增多。进入90年代，劳务输出人员进一步迅速增长。1992年即突破10万人，1995年超过20万人，到90年代末期已达30万人以上。中国劳务人员的输出地区，在80年代还主要是局限于发展中国家或地区，进入90年代，开始向发达国家转移。目前，中国劳务输出正朝着多国家、多领域、多层次方向发展。可以预料，基于中国富足的劳动力资源，随着对外改革开放、经济联系的加强及全球化的推进，中国的劳务输出队伍必将继续扩大，从而推动"出国潮"的进一步发展。

历史的结论

通过考察新中国成立50年来人口迁移的发展历程，主要可以得出如下结论：

（一）改革前后，人口迁移与流动发生重大转变

中国在人口变动及发展过程中，与出生、死亡变动比较，人口迁移变动惯性相对较小，因而更容易受经济社会发展及人为政策的影响。因为从总体特别是从经济体制来看，以1978年末召开的中国共产党第十一届三中全会开始推进经济体制改革为界，大致将新中国成立以来的50年间划分为经济体制改革之前和改革之后两个阶段。在经济体制改革之前，从新中国成立时起步，经济发展水平较低，以实行社会主义计划经济体制为主导；而在1978年开展经济体制改革之后，经济体制的改革及向市场经济的转轨，使中国的经济社会发展明确"以经济建设为中心"，经济获得较快的发展。主要由于此，新中国成立50年来经济体制、政府的迁移政策及受此影响的人口迁移表现出明显不同的特征。

1. 改革开放前的人口移动。

从新中国成立到1978年改革开放，某些阶段、个别形式（如自发性垦荒移民）的人口迁移对中国区域开发和经济发展起到了一些积极作用，也存在不少问题：

第一，人类社会的发展和现代化的历程说明，没有人口迁移，就没有

工业化和城市化，也就不可能实现现代化。中国人民经过数千年的浴血奋斗和创业发展，也同样总结出一与上类似但更加通俗、易懂、又具中国特色的著名"定律"："树挪死，人挪活"。新中国成立初期，也曾红火了一阵子，胜利大军进城，人口迁移频繁，国民经济得以迅速恢复和发展。然此后不久，在推进"重工业"优先发展战略的同时，推出人民公社、户籍制度等一系列制度和政策，以一道道"篱笆"和"围墙"，建立起二元社会体制，把地区与地区之间、城市与乡村之间一一分离圈隔开来，人一出生，就要在自己祖先生存、遗留下来的"领地"生、老、病、死。其结果，只是建起了失衡的产业结构体系。人口迁移受到限制，发展缺乏活力。可以说，以户籍制度限制人口迁移，属于带有全局性、根本性的制度，影响深远。

第二，局部性人口迁移遇到问题不少。这样的人口迁移主要有三次。一次是"大跃进"时期暴涨、骤落的乡→城→乡"U型"迁移。这次非常规"U型"迁移，尽管仅历时二三年，时间不长，但由于暴涨、骤落，强度很大。再一次是"文化大革命"时期城市知识青年"上山下乡"、干部下放劳动改造的城→乡迁移。还有一次就是"三线"移民。由于改革开放之前的人口迁移主要属政府组织的计划性迁移，而这三次人口迁移，又是政府政策直接造成的最主要的计划性人口迁移。

2. 改革开放后的人口移动。

1978年中国共产党第十一届三中全会以后开始的经济体制改革，使人口迁移出现转机。首先在农村地区解体了人民公社，推行家庭联产承包责任制，形成了可供给的农村剩余劳动力迁移"资源"；城市也相继开展了劳动就业制度的改革，初步形成了半开放的劳动力市场，加之在改革开放新形势下城市建设和经济发展的加速，创造并拓展了农村人口入迁、就业的竞争机会和"空间"容量；与此同时，户籍制度的改革、二元社会体制的弱化，也在一定程度上缓和并逐步开启了控制人口迁移、特别是农村人口向城市迁移流动的"大门"，使数十年来受计划经济体制及城乡分隔制约所形成、积聚起来的农村人口迁移"势能"得以释放，掀起区域人口迁移、特别是乡→城人口迁移大潮。改革开放的进展，人口迁移政策的不断改革和完善，使改革开放以后的人口迁移发生了若干重大转变：

第一，人口迁移日趋活跃，迁移新形式不断涌现。改革开放后的人口迁移呈日趋活跃之势，蓬勃兴起了"民工潮"和"出国潮"。这是改革开放的"产物"。

第二，农村人口及其未伴随户籍变更的迁移流动为迁移主体和主流。改革开放之前，虽然以农村人口为主体的自发性人口迁移一直延续未断，也存在未伴随户籍变更的迁移流动，但总体来说城镇人口伴随户籍变更的计划性迁移占有一定的主导地位。而改革开放之后，尽管程度有限，但广大农民生存环境及空间得以改善和拓展，使农村人口转变为迁移流动人口主体，并以未伴随户籍变更的迁移流动成为人口迁移流动的主流。

第三，经济性人口迁移及市场化作用机制越来越强化。改革开放之后，经济性人口迁移流动已在人口迁移流动中逐步转居明显主导地位，人口迁移机制也发生了由改革开放之前计划体制的刚性制约向以市场化调控作用为主的显著转变。

第四，农村人口主要向城市迁移、中西部地区人口主要向东部沿海地区迁移成为人口迁移的基本城乡—区域空间模式。改革开放前，支边、垦荒迁移，"三线"移民以及城市知识青年"上山下乡"、干部下放改造等大规模人口迁移，决定了东部沿海地区人口向中西部地区迁移、城市人口向农村地区迁移、即经济较发达地区人口向较落后地区迁移为当时人口迁移的重要甚至主流空间模式。而改革开放以后，农村人口主要向城市迁移、中西部地区人口主要向东部沿海地区迁移，即经济较落后地区人口向经济较发达地区迁移已成为人口迁移的基本空间模式。

当然在此期间的人口移动也有不少需要解决的问题。

(二) 教训、经验与改革

人类社会发展及人口迁移的历史，特别是中国改革开放前后人口移动的事实，可以向人们提供很好的经验和借鉴。

1. 没有人口迁移，就没有现代化的发展。如上所述，人类社会的发展和现代化的历程说明，工业化和城市化是现代化的两个重要方面，而使工业化和城市化成为可能的人口学动因主要就是人口迁移。在一定意义上可以说，没有人口迁移，就没有工业化和城市化，也就不可能实现现代化；工业化、城市化和现代化的历史，也就是人口迁移的历史。中国人民经过数千年的浴血奋斗和创业发展，也同样总结出一与上类似但更加通俗、易懂、又具中国特色的著名"定律"："树挪死，人挪活"。

2. 人口迁移必须遵循理性决策和市场规律。人口迁移对实现现代化至关重要，这一点毫无疑问。但人口迁移必须遵循市场规律也绝不能忽视。因为违背市场规律的人口迁移，不仅不能促进现代化的进程，相反却会阻碍现代化的发展。如在改革开放以前，政府发动的"大跃进"移民、"三线"移民以及城市知识青年"上山下乡"、干部下放改造等大规模计划性人口迁移，就是违背市场规律的人口迁移。这几次人口迁移，规模不可谓不大，但却毫无发展意义，相反却大大延缓了中国现代化的发展进程。以上所说新中国成立以来很长一段时间中国与发达国家之间的差距不断扩大，就与这几次人口迁移的影响后果密切相关。改革开放以后，逐步向遵循理性决策和市场规律方向发展的人口迁移和流动，已成为推动中国经济社会发展和现代化进程的重要动力，更从正面有力地证明了这一点。

3. 改革开放以来人口迁移对现代化发展的推动作用已初现其效。经济体制改革以来的人口迁移，尽管尚处转轨过程中，也还存在一些这样那样的问题，但在整体上对激发社会活力、加快经济发展和现代化进程的作用却已有目共睹。如已促进了生产要素的优化配置与劳动产出效率的提高，缓和与满足了城市地区劳动力结构性不足的矛盾和经济迅速发展对劳动力的需求，"U型"迁移和资金流转已形成农村发展新的经济增长点，加快了城市化的发展进程和城市化水平的提高，抑制和缩小了区域经济发展水平及收入差距的扩大，对控制人口增长、改善区域人口结构、实现人口合理再分布发挥了重要作用。[①] 从全国来看，在1982～2000年间，省际人口迁移规模与国内生产总值GDP及人均GDP的相关系数都达0.9以上，呈高度正相关；几乎每增加1万人，大约可增加国内生产总值GDP100亿元，人均GDP约提高8元，更说明了人口迁移对加快经济发展的推动作用。这些事实都说明，经济体制改革以来，人口迁移对中国现代化发展的推动作用已初现其效。

4. 进一步深化改革，推动人口迁移健康、持续发展。尽管改革开放已取得很大成就，户籍制度等阻碍人口迁移的制度性障碍已开始缓解，人口迁移已逐步向遵循理性决策和市场规律的方向发展，人口迁移对现代化

[①] 王桂新：《中国农村劳动力乡—城迁移与区域发展》，《华东师范大学学报》（社科版），1998年第4期。

发展的推动作用已初现其效，但也不能不看到，户籍制度以及以此为基础的二元社会体制等制度性障碍还依然存在，这些制度性障碍对人口迁移的制约作用还十分明显，如城乡劳动力市场还呈明显分割状态，农村人口向城市的迁移还受到很大的控制，即使已迁居城市的农村人口仍被作为"外来人口"或"民工"而难以成为真正的城市居民。特别是户籍制度以及以此为基础的二元社会体制40余年的影响，不可能轻而易举地革除。所以，这就决定了今后还必须进一步深化改革，通过不断地改革，革除户籍制度以及以此为基础的二元社会体制等制度性障碍，努力创造良好的制度环境和市场条件，以保证人口迁移的健康、持续发展，使人口迁移在推动中国现代化进程、建设"小康社会"的发展过程中发挥更加积极的作用。

（三）21世纪人口迁移流动趋势展望

中国是世界第一人口大国。人口数量增长，被视为中国的主要人口矛盾。经过几十年计划生育的努力，出生率已得到有效控制而呈稳定下降趋势。而与此相比，中国农村还有数以亿计的剩余劳动力有待转移，城市化的发展也还明显滞后，……。历史是一面镜子。根据人口迁移"潜力"及经济体制改革前后人口迁移的转换和发展，展望中国未来人口迁移前景，可以推断：在二十一世纪前二三十年，人口迁移则将更趋活跃，并成为推动中国现代化发展的重要"引擎"。具体地说，中国未来人口迁移将主要呈现以下发展趋势[1]：

第一，人口迁移将更趋活跃。改革的不断深入，将会把中国进一步推向市场经济。因此计划经济时期形成的户籍制度、就业体制等一系列制度和政策将会逐步改革，分隔地区和城乡的"篱笆"、"围墙"将会彻底拆除，人人平等、公平竞争、尊重个人选择的市场迁移机制将会建立完善起来。在市场经济条件下，中国"树挪死、人挪活"的千古"定律"将会受到尊重。人口迁移本身具有"连锁"迁移规律：一部分人的迁移，可以引发另一部分人的迁移；迁移过的人口，更容易发生第二次、第三次（甚至更多）迁移。这些，都将使未来人口迁移更加活跃。预计到新世纪

---

[1] 王桂新：《人口迁移，将成为推动中国现代化发展的重要"引擎"》，《人口研究》，2000年第1期；《新华文摘》，2000年第6期。

二三十年代，中国人口迁移年总迁移率超过3%，省际迁移率达到1%并不是不可能的。

第二，经济落后地区人口向经济较发达地区迁移，即中、西部地区人口向东部沿海地区迁移，仍将是未来二三十年区域人口迁移的主流。区域人口迁移的这一基本格局，自经济体制改革以来几乎没有什么变化，未来二三十年也不会发生大的变化。但在这一基本格局下，将可能发生如下一些"局部"性变化：一是由于"极化"效应，未来人口向东部沿海地区的迁移可能会更加"集中化"，特别是向长江三角洲和珠江三角洲地区的"集中化"；二是由于"平衡"效应，迁向东部沿海地区的人口可能会由过去迁向少数几个省市转向迁向更多省市的"多元化"迁移；三是选择向一些自然资源丰富或新的重点开发地区的人口迁移将会有所增强。未来区域人口迁移的这些发展动向，将有利于实现中国人口合理再分布，促进区域人口与资源、环境、经济、社会相互协调和可持续发展。

第三，农村人口将加速向城市迁移，推动中国城市化进入一个新的加速发展阶段。在改革开放初期，农村人口被鼓励向非农产业转移，但要离土不离乡，进厂不进城，由此导致城市化的发展至今仍明显滞后。随着改革的深入，户籍制度、就业体制等若干分隔城乡的"篱笆"和"围墙"，以及由此长期形成的"心的沟"得以逐步拆除，农村人口在向非农产业转移过程中，既可离土，也可离乡，还可进城，参入与城市人口的平等竞争。未来二三十年，农村人口将加速向城市迁移，并成为城市人口增长的主要来源。农村人口向城市的迁移将呈多元化特征，既有向大城市迁移的，也有向中小城市迁移的，还有新建城市、"就地"转移的。农村人口向城市迁移的加速，将使城市数量增多，规模扩大，质量提高，推动中国城市化进入加速发展阶段。城市化的滞后发展将得以改善，并反过来促进中国产业结构的调整和升级，扩大消费需求，拉动经济增长。在21世纪二三十年代，中国将可能出现常住人口达2000万人的特大型城市（如上海），形成以此为"龙头"和核心，大、中、小城市有机结合的城市体系，城市化水平有望达到60%。

第四，区域、城乡人口迁移将形成主流与逆向副流相辅相成、同时并存的双向迁移模式。根据拉文斯坦的人口迁移理论，人口迁移在形成主流的同时，也将形成逆向副流。中国经济体制改革以来的人口迁移，就存在主流和逆向副流。随着未来人口迁移规模和强度的增大，人口迁移逆向副流的形成将更加明显。即在区域、城乡人口迁移过程中，既形成由西向东、由农村向城市的迁移主流，也存在由东向西、由城市向农村的逆向迁移副流。主流与逆向副流相辅相成、同时并存的双向迁移模式，将进一步加快人流、物流、资金流、信息流的流动、交换、反馈和传播，有利于缩小地区之间的差异，促进地区经济增长和现代化进程的平衡发展。

第五，人口迁移的主体将主要是受教育水平较高具有较高素质的人口，因而活跃的人口迁移将形成高强度、高质量、高能量的"三高"人口迁移流。一方面，户籍制度、就业体制等二元社会体制的彻底改革，将创造人人平等、尊重个人选择的公平竞争环境，有利教育水平较高、适应能力较强、敢于挑战求新的具有较高素质的人发挥优势，参入迁移和竞争；另一方面，随着教育的发展和普及，未来人口的教育水平将有一个普遍的提高。所以在未来迁移人口中，教育水平较高、适应能力较强的具有较高素质的人将占有更高的比重，从而也使未来的人口迁移在规模和强度增大的同时，质量和能量也将明显提高。因此，这将使未来人口迁移形成更强大的"引擎"，对推动中国现代化的加速发展，发挥更大的作用，创造更高的效益。

第十一章　人口城市化[①]

新中国人口城市化是在复杂的政治经济形势推动下波折前进的过程，这一过程大体可分为平稳时期（1949~1957年）、虚涨与挫折时期（1958~1965年）、停滞时期（1966~1977年）、加速时期（1978~1992年）和高速时期（1993~2000年）五个阶段。由于历史和城市发展政策方面的原因，中国的城市化进程长期落后于工业化、现代化步伐；沿海与内地的经济发展、地理环境差异塑造了中国城市化和城市体系的空间格局。

新中国成立以来，城镇建制标准几经变化，城镇人口的统计也有户口统计、人口普查、城市规划等不同的口径。户口统计来源于公安部门的户口登记，主要依据职业将人口划分为非农业人口和农业人口两大类。户口统计数据的优点是数据具有年度连续性；但由于农业人口与非农业人口在城乡之间相互流动渗透，非农业人口只能近似地反映实际城镇人口。人口普查按常住地性质划分市、镇、县三类人口，市人口与镇人口合计为城镇人口，是比较理想的属地城镇人口统计口径，主要的问题一是缺乏时间上的连续性；二是历次人口普查对市、镇区域的具体划分标准不同，常住人口的"常住时间"标准也不同，使历次普查的城镇人口的可比性受到一定限制。城市规划中把相对连片的城镇建设用地范围划作建成区用地，建成区中的常住人口统计为城镇人口，比较符合城镇发展的实际和规划的需要，但缺点是"建成区"缺乏严格统一的划分标准，许多中小城市没有相关的统计，难以作全国或大区域的统计分析。本章一般以历次人口普查资料和《中国人口统计年鉴》、《中国统计年鉴》、《中国人口年鉴》为主

---

① 本章白冰冰参加了资料收集和撰写工作。

要数据来源。

本章统一采用"城市化"而不采用"城镇化"的表述方式，但是对于"城镇"、"城市"、"城镇人口"、"城市人口"概念，视具体所指择用；城市化水平以城镇人口占总人口的比重表示。

第一节　平稳城市化时期（1949～1957年）

一　政治经济形势

（一）经济恢复与土地改革

新中国成立初期，政治经济形势十分复杂。新民主主义新中国政权虽然诞生了，但由于此前帝国主义的长期侵略和掠夺，国民党的腐朽统治，以及长期的战争影响，整个国民经济是一个千疮百孔的烂摊子。国际上以美国为首的西方列强拒绝承认新中国，并企图以政治孤立、军事包围和经济封锁的政策，把新中国扼杀在摇篮里。

新中国面临的首要任务就是尽快恢复国民经济。中央政府加强对经济的直接控制，发挥人民银行的控制功能，集中财政、扩大税基，有效制止了战时延续而来的极度通货膨胀，国民经济迅速得以稳定。由于国家财力所限，加上抗美援朝的影响，1949～1952年，国家很少新建大型工业项目，经济建设的重点是重建在战争中遭受严重破坏的工厂、铁路和城市，使东北工业基地和沿海中心城市逐渐恢复经济功能，从而使国民经济在稳定中得到了发展。

与此同时在农村开展了土地改革运动，到1953年春，除部分少数民族地区外，新中国解放区土地改革基本完成，全国3亿多无地或少地的农民无偿分得4 700万公顷土地和大量生产资料，并开始了农业合作化的最初尝试，到1952年底全国40%的农户参加了互助组。土地改革解放了农村生产力，有力地促进了农业的恢复和发展，中国农村大地开始焕发勃勃生机。

从1949～1952短短三年的时间内，不仅实现了恢复国民经济的目标，工农业生产有了明显的发展，而且还支撑和打赢了抗美援朝战争。1952年，工农业总产值达到827.2亿元，比1949年增长了77.5%，比历史上最高年增长了20%，工业在国民经济中的比重有了相当的提高，人民物质文化生活得到了初步改善。

(二) 社会主义改造与建设

随着社会秩序的安定和国民经济的恢复发展，中央政府着手制定国民经济发展的中长期计划，1955 年正式公布了国民经济发展的第一个五年计划（1953～1957 年），核心内容一是通过合作化开展农业、手工业和资本主义工商业的社会主义改造，二是通过重点工程建设推动国家工业化。

当时提出了集体化先于机械化方针，于 1956 年基本完成了合作化过程。这种激进的合作化过程在当时是不切实际的，农村的生产力水平仍然很低，粮荒和长期的农产品供给紧张，客观上影响了工业化和城市化的步伐。

在农村推行合作化的同时，城市也开展了对工商业和手工业的社会主义改造。1952 年，全民所有制、集体所有制、私营经济和公私合营企业、个体经济分别占城镇从业人员的 47.8%、0.9%、15.8% 和 35.5%。1956 年基本完成生产资料的社会主义改造后，私营经济基本上被消灭了，城镇个体从业者由 1953 年的近 900 万人减少到 16 万人，国家也因此背上了安排所有城镇劳动力就业的沉重包袱。

"一五"时期的经济建设，特别是工业化的成就依然是主要的。工业由新中国成立初期的重建为主转向新建为主，集中力量建设以苏联帮助中国设计和建设的 156 项骨干工程以及限额以上的 694 个大中型建设项目（实际完成 921 个）。"一五"期间国家对基本建设的总投资达 493 亿元，超过原定计划 427.4 亿元的 15.3%；加上地方和企业的自筹资金，全国实际基本建设投资总额达 588 亿元，新增固定资产达 492 亿元，相当于 1952 年底全国拥有固定资产总值 1.9 倍，施工的工矿建设单位达 1 万个以上，限额以上的有 921 个，比计划新增 227 个，到 1957 年底全部投产的有 428 个，部分投产的有 109 个，初步建成了中国工业布局的骨架。整个"一五"期间，中国的国民收入年均增长 8.9%，人口平均期望寿命由 1949 年的 36 岁增加到 1957 年的 57 岁[①]。

[①] R. 麦克法夸尔、费正清编，谢亮生等译：《剑桥中华人民共和国史，1949～1965 年》，中国社会科学出版社 1998 年版，第 162 页。

二 人口城市化的基本特征

（一）国民经济的快速恢复和发展推动了城市数量、城镇人口的稳健增长，城市建设欣欣向荣

国民经济的迅速恢复以及"一五"计划顺利实施，有力地推动了这一时期中国人口的城市化进程，特别是一五期间的骨干工业项目基本建在城市，或形成新的城市，使城市数量和规模不断增长。

1947 年全国设市城市仅有 69 个，其中台湾省 9 个，大陆 60 个[①]。新中国成立初期经过建制调整，1949 年底全国设市的城市增加到 136 个。此后的 8 年中建制市的数量稳步增长，到 1957 年达到 178 个，比 1949 年增加 42 个，平均每年增加 5 个。与此同时城镇人口由 1949 年的 5 765 万人增长到 1957 年的 9 949 万人，平均每年增长 7.1%，城市化水平（不包括台湾，下同）由 1949 年的 10.6% 提高到 15.4%，平均每年提高 0.65 个百分点。就当时的农业支持能力来说，是个很快的城市化速度。

由于"一五"计划头两年的大规模工业建设，农村劳动力转移和城市人口增长过快，农业产值的增长速度随之大大下降，人均粮食产量从 1952 年的 288 公斤下降到 1954 年的 285 公斤。因此，1955 年不得不降低了工业建设速度，当年城镇人口占全国总人口的比重下降，农业劳动者占工农业劳动者的比重反弹，成为 1950～1957 年城市化快速发展时期唯一的城市化逆转的年份[②]（图 11—1）。

1955 年的城市化水平回落也有市镇建制标准调整的因素。新中国成立初期中央原则规定，人口在 5 万以上的城镇准予设市，1951 年底政务院在《关于调整机构和紧缩编制的决定》中，从精简机构的目的出发，规定"凡人口在 9 万以下的城镇，一般不设市"。1955 年 6 月 9 日国务院颁布《关于设置市镇建制的决定》，这是新中国成立后第一个关于市镇设置的规定。规定聚居人口在 10 万以上的城镇可以设市，但属于重工矿基地、省级地方国家机关所在地、规模较大的物资集散地或边远地区的重要

[①] 周一星：《城市地理学》，商务印书馆 1995 年版，第 107 页。
[②] 苏少之：《1949～1978 年中国城市化研究》，《中国经济史研究》，1999 年第 1 期，第 41 页。

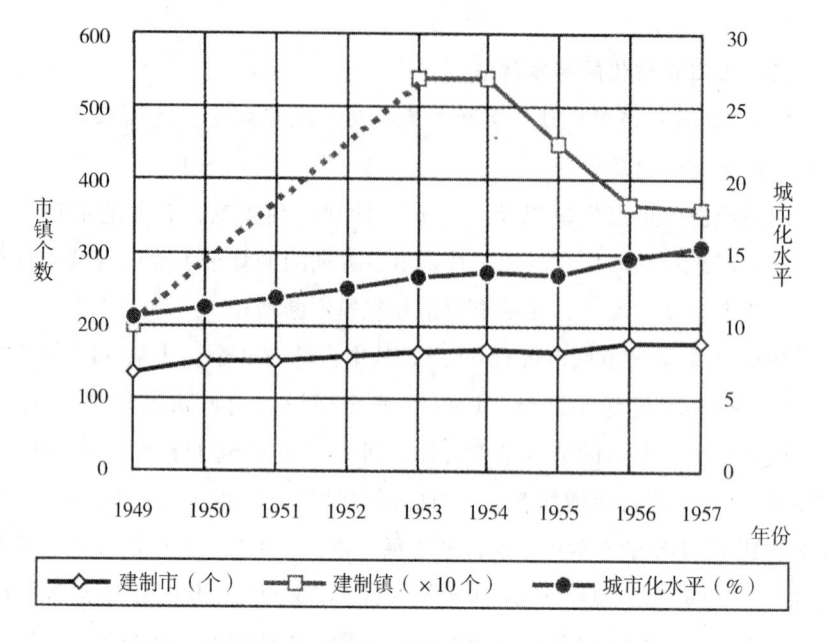

图 11—1　1949～1957 年中国城市化水平与市镇数量变化

资料来源：《1988 年人口统计年鉴》、《1986 年中国城市统计年鉴》。

城镇，如有必要，可以设市；建制镇被规定为经省、自治区、直辖市批准的镇，其常住人口在 2000 人以上，其中非农业人口要占 50% 以上。1955 年 12 月，国务院颁布《关于城乡划分标准的决定》，使城镇的划分界限更加明确。市镇建制设置标准的细划为城镇设置提供了法律依据，城镇建制走上规范有序的轨道，城镇人口的统计数据也越来越可靠。同时市镇设置门槛的不断提高，客观上又使城镇数量与城镇人口的统计值趋小。

在这一阶段，中国城市增长的主要因素是农村人口的迁入，尽管当时城镇人口的自然增长率平均高达 3%，超过农村人口自然增长率，但在城镇人口增长总量中，城镇人口自然增长 1 641 万人，占总增量 39.2%，而机械增长 2 543 万人，占总增量的 60.8%。

新中国成立初期的快速城市化改变了旧中国留下的破败城市形象。随着经济建设的大规模开展，许多城市都设立了专门的城市建设机构，仅华北地区就有北京、天津、包头、大同、太原、石家庄、唐山、邯郸与张家口九个城市于 1952 年 10 月成立城市建设委员会，成为首批设立城市建设委员会的城市。城市建设委员会与计划委员会分工，专职领导城市规划设计和监督检查城市的一切建设工作，并设规划设计、监督检查等专门机构。1954年11月成立了国家城市建设委员会，负责城市建设与管理，提出城市建设的方针和重点，协助对市、镇建制进行调整，对重点城市的建设，编制城市建设规划，指导生产设施和生活设施的统一配套建设。

城市失业问题显著减轻，1949年全国城镇失业人口474万人，失业率高达26.3%；国民经济恢复时期和"一五"建设时期，国家结合经济建设花了很大力气安排237.8万失业人员就业，到1957年城市失业下降到200多万人，失业率降至5.9%[①]。城市生活设施建设也取得较大成效，全国建起了1亿平方米的职工宿舍，改善了城市住房条件；改造了一批城市的给排水和公共交通设施。城市的教育文化、医疗卫生也有了迅速的发展。再加上成功的禁烟、禁娼、禁赌，打击旧城市中遗留下来的流氓恶势力，城市建设发展，人民生活改善，社会治安良好，城市呈现出一片欣欣向荣的景象。当然总的来说在新中国成立初期的城市建设中还是重视生产设施，轻视生活设施，强调"变消费中心为生产中心"城市建设观念，生活服务设施普遍"欠账"。

(二) 在"重重轻轻"的工业化政策驱动下，大中城市的增长快于小城市

新中国成立初期仿效苏联的"重重轻轻"的工业发展道路，一是限制消费，扩大投资，投资率从新中国成立前的5%猛增到超过20%；二是基本建设资金大半集中投向工业部门，农业部门的投入不足8%；三是工业投资集中投向生产资料生产部门，特别是冶金、化工、煤炭、石油、机械制造等重工业部门；四是基建投资集中投向骨干工程，其中苏联援建的156项重大工程吸收了一半左右的工业投资。

这些规模大、结构重的工业项目多以大中城市为依托，或者自身就具备了形成大中城市的骨架，导致这一时期城市发展的规模选择性：大中城市得到了快速发展，而小城市的发展非常缓慢。1949～1957年全国设市城市数量增长了31%，其中特大城市、大城市和中等城市的个数都增加一倍以上，而小城市仅增加了8%（表11—1）。

[①] 当代中国丛书编辑部编：《当代中国的劳动力管理》，中国社会科学出版社1990年版，第50页。

表 11—1　　1949～1957 年不同规模等级城市数量变动

规模等级	城市个数 1949	城市个数 1957	增加倍数
合计	136	178	0.31
特大城市	5	10	1.00
大城市	8	18	1.25
中等城市	17	36	1.12
小城市	106	114	0.08

资料来源：顾朝林：《中国城镇体系历史、现状、展望》，第 187 页。

以重工业为导向的工业化政策也牺牲了农业的利益，制约了小城镇的发展。农业成为重工业积累的主要来源，而资金从农业到重工业的转移是以压低农产品的价格来实现的，这就挫伤了农民的生产积极性，造成了农产品供给和需求的不平衡。在粮食短缺的背景下，政府采取对农产品的统一收购和定量供应的方法来保障工业和城市对农产品的需求。

50 年代初期，由于土地改革的巨大成功，大大地解放了农村生产力，乡村手工业和商品流通也随之获得了较快的恢复和发展，在此基础上广大小城镇从多年的战争和破坏中得到恢复并呈现了初步的繁荣。1949 年全国的建制镇共计 2 000 余个，1952～1953 年建制镇迅速增加，1953 年全国建制镇达到 5 402 个，比 1949 年增长一倍多。但是在随之而来的社会主义改造中，小城镇的小型工业、商业受到打击，加上"重重轻轻"的工业化政策严重削弱了城市化的农业基础，农村小城镇在最初几年的快速膨胀后日渐萎缩萧条。1953 年秋实行粮食统购统销之后，小城镇的粮行、米市、粮油加工作坊很快衰落，建制镇的数量便逐年下降，特别是 1955 年和 1956 年两年，每年减幅达 800～900 个。1956 年为了制止粮食和其他实行统购配给制的农业品的"黑市"交易，关闭了大部分农村集市，同时取消了县下的区建制，合并了许多乡镇，进一步限制了小城镇的发展，到 1957 年全国建制镇数量降到 3 596 个，相当于 1953 年高峰时的 73.2%[①]

[①] 当代中国丛书编辑部编辑：《当代中国的城市建设》，中国社会科学出版社 1990 年版，第 34、66 页。

(图 11—1)；全国建制镇的总人口虽由 1953 年的 3 372 万人增加到 3 717 万人，但年增长率仅 12.3‰，远不及同期的人口自然增长水平，镇人口实际是相对减少了。

（三）骨干工业项目向内地扩散使得城市发展的空间格局趋于均衡

"一五"时期苏联援建的重点项目的布局十分重视区域均衡，强调通过这些工程项目带动内地的长期发展，当时的项目选址原则包括：基本不放在 1949 年前建立起来的沿海工业城市发展；投资中心转向华北、西北和华中的新工业中心；为西南地区的发展打好基础。

这样的工业布局有力地推动了武汉、兰州等内地中心城市成长，并产生了一大批新的中心城市。1949~1957 年累计新设城市 71 个，新建的工业城市有包头（新区）、洛阳（涧西区）、株洲、茂名、白银等；大规模扩建的工业城市有兰州、西安、武汉、大同、成都、沈阳、吉林、长春、哈尔滨、抚顺、鞍山、石家庄、上海、郑州、湛江、天津、北京、宝鸡、大连、太原等 20 个城市；一般扩建的城市包括邯郸等 74 个城市。新建与扩建城市主要分布在湖南、四川、云南、甘肃、黑龙江、内蒙古、山西、河北、安徽、福建等省区。与此同时，在安徽、山东、浙江等省连续撤销了 20 多个城市。上述的新建城市中，河北峰峰，辽宁葫芦岛，河南汝南，湖北老河口，四川北碚、合川，云南河口、麻栗等 8 城市因种种原因相继撤销市建制[①]。因此，到 1957 年底全国实有设市城市 178 个，比 1949 年增加了 30.9%，平均年递增 5 个新城市。以东、中、西来划分，东部地区净增城镇 10 个，中部地区净增 17 个，西部地区净增 11 个，对比三个地带的人口总量，中西部的城市增长显著快于东部，改变了旧中国工业与城市过分偏于沿海的不合理布局，促进了城镇体系的均衡布局。

内地的建设得到了沿海先进地区在人力资本和资源方面的大力支持，到 1957 年仅上海就迁出 25 万工人到西部工程工地，其中工程技术人员 2.8 万人[②]。

---

① 顾朝林：《中国城镇体系——历史、现状、展望》，第 169 页。

② R. 麦克法夸尔、费正清编，谢亮生等译：《剑桥中华人民共和国史，1949~1965 年》，中国社会科学出版社 1998 年版，第 183 页。

（四）配给制度和户口制度初步建立，逐步成为城市化的制度制约

1951年7月16日，中央人民政府公布了《城乡户口管理暂行条例》，要求凡在城市的居民，均需向公安机关申报户口，居住地变更需申报户口迁移。由于没有严格的制度约束，城乡人口可以自由迁移，新的城市的设立或旧城改造，需要从农村招收大量人员，客观上促进了新中国成立初期的人口城市化。

但是农民的过量盲目流动也引起了城市中的供给、就业和社会安全问题，1953年、1954年、1957年国家三次发文劝阻或防止农村人口盲目流入城镇。1955年6月9日，国务院公布了《关于建立经常性户口登记制度的指示》，要求在1953年第一次人口普查的基础上，建立更为严格的经常性户口登记制度，农村人口的自由迁移自此逐渐受到限制。

与此同时，为了缓解城市的供给紧张状态，城市实施农产品的凭票定量供应。从1952年起逐步开始了大规模的经济建设，城镇人口增长较快，加上农民消费水平不断提高，粮食市场从1952年秋开始出现紧张局面。1953年秋粮上市时，国营商业连续九、十两个月未完成粮食收购计划，而销售量却大大增加。私商积极抢购，农民特别是有余粮的农民贮粮观望，销量看涨，市场粮价大幅度上涨。为了保证城镇居民粮食等基本消费品的供应，国家采取紧急措施，开始对粮棉油等重要农副产品实行统购统销，1955年起在城市中通过发放证券限量配给，农业户口的农民没有这些供应券，即使流入城市也很难长期停留，成为城市化的又一制度制约。

第二节 城市化虚涨与挫折时期（1958～1965年）

一 政治经济形势

（一）"大跃进"

由于"一五"时期出现了农业和工业的严重的不平衡增长，农业产值的年均增长率为3.8%，只相当于工业的1/5。我国在农业发展问题上出现了急躁情绪，在不到半年的时间内全面推行人民公社制度，以推动农业生产"大跃进"。这股"大跃进"潮延伸到工业，1958年的积累率由1957年的24.5%激增到33.9%，1958～1960年平均每年兴建大

中型企业1 500多家，超过"一五"期间的五年的建设总量①；大量的农村劳动力在秋收季节放弃农业投入大炼钢铁运动，使农业蒙受巨大损失。

1959年7~8月召开的庐山会议，由纠正"左倾"冒进演变为针对彭德怀等人的反"右倾"。从而使中国1959年的国民经济计划指标从已经调整压缩的基础上又重新提高，1959年基本建设投资上升为344亿元，积累率高达43.9%，使大跃进造成了严重的后果。

大跃进还导致了严重的浮夸风，破坏了统计制度。

（二）大饥荒

连续几年遭受大面积的自然灾害，粮食产量大幅度下降，1959年、1960年和1961年每年减产1 000万~2 000万吨。而城镇数量和规模的增加，加重了城镇对粮食的需求，迫于粮食压力，政府不得不在有限的农业产量中增加统购粮数量，增幅达22.3%②，大大超过了农村的实际负担能力，导致在农村发生了一场罕见的饥荒。1960年，主要农产品人均产量低于50年代初期的水平，倒退了近10年，人均油料产量甚至低于1949年的水平。人民生活水平急剧下降，因缺吃少穿，非正常死亡的人数不断增加，1959~1960年的两年累计超过正常可能死亡数2 000多万人，农村地区死亡水平显著超过城市。

（三）大调整

1961年1月中共中央八届九中全会确立"调整、巩固、充实、提高"八字方针，但是实质性的调整阶段从1962年初的"西楼会议"开始。当时提出调整的重点之一就是从人力、物力、财力各方面切实加强农业。1963年农业总产值增加11.6%，粮食产量增加1 000万吨；1965年粮食总产恢复到1957年水平，但是由于总人口增长很快，人均粮食产量还是略有下降。与此同时工业也得到了恢复和发展，1963~1965年轻、重工业产值年均增长率分别为27%和17%。

---

① R.麦克法夸尔、费正清编，谢亮生等译：《剑桥中华人民共和国史，1949~1965年》，中国社会科学出版社1998年版，第386页。

② 钟水映：《人口流动与社会经济发展》，武汉大学出版社2000年版，第112页。

二　人口城市化的基本特征

（一）"大跃进"带来了城市化的虚涨

"大跃进"时期中国城市化的特点是城市发展失控，脱离了基本国情，具有很大的盲目性。工业尤其是重工业高速发展，为了配合经济上的狂热，各地放宽城市人口管理制度，纷纷大量招工，有的城市甚至在车站设立招工点大批接纳农村劳动力，可以说激起新中国成立后第一次"民工潮"。这股潮流一直延续到其后的大饥荒时期，这时民工进城已经不再是缘于城市就业岗位的召唤，而是农村粮荒的外推。

大批农村劳动力涌入城市，导致城镇人口猛增，城市的发展处于失控状态。从1957年到1960年，全国城镇职工人数由3 101万人猛增到5 044万人，增幅达62.7%；同期城镇人口也由9 949万人增加到13 073万人，平均每年增加1 000多万人；城市化水平也由15.4%上升到19.7%，平均每年提高1.4个百分点，是新中国成立后增长最快的时期之一[①]。与此同时，乡村劳动者由20 566万人，减少到19 761万人减少了3.9%。这一增一减，说明有大批农村人口转变为城镇人口（图11—2）。

这一时期增加的3 124万城镇人口中，自然增长只占26.6%，而机械增长占73.4%，主要是农村向城市的迁移和城镇建制的增加。1957年后中国城市数目也迅速增加，1961年全国设市城市突破200达到208个，这也是60年代达到的最高数量。建制镇的数量也有较快增长，由1957年的3 596个增加到1961年的4 429个，平均每年增加200余个。估计这一期间因建制变化增加的城镇人口250万人，占城镇人口增量的8.0%；由农村向城市的迁移量达2 046万人，占65.4%。

这一时期的快速城市化，前半段是由群众运动式的工业化推动的，后半段则是由农村饥荒推动的。它既缺乏坚实的现代工业部门支撑，又缺乏牢固的农业基础，是不可能持久的虚涨。

（二）调整政策导致城市化"缩水"

从1961年开始贯彻"调整、巩固、充实、提高"的八字方针，国家

[①] 苏少之：《1949~1978年中国城市化研究》，《中国经济史研究》，1999年第1期，第35页。

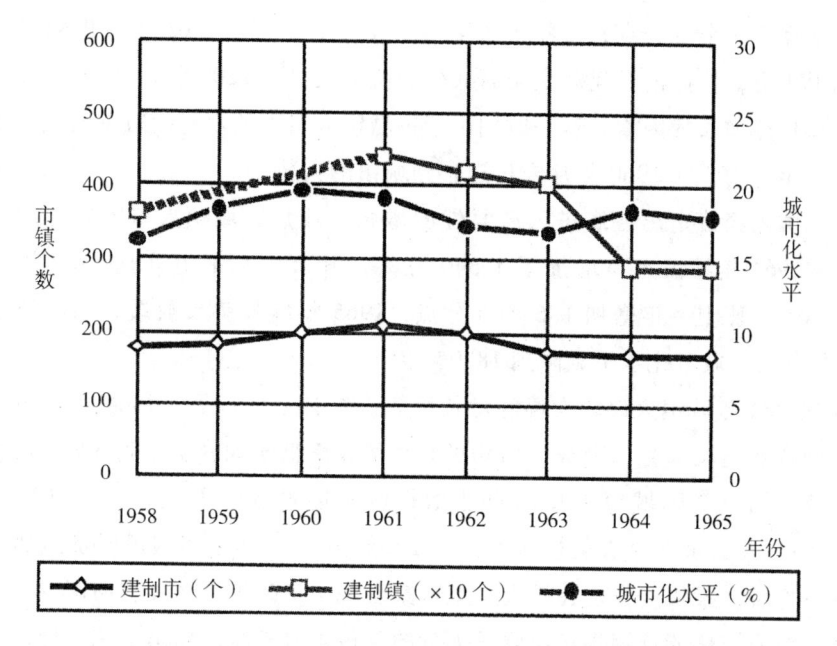

图 11—2　1958～1965 年中国城市化水平与市镇数量变化

资料来源:《1988 年人口统计年鉴》、《1986 年中国城市统计年鉴》。

决定缩短基本建设战线,压缩工业生产建设和教育等事业的规模,停建、缓建、关闭了一大批建设项目和工业企业单位,并且明确要求精简城市职工、减少城镇人口。1961 年中央要求 1960 年底 1.29 亿城镇人口的基础上,三年内必须减少城镇人口 2 000 万人以上,各级机关裁并机构、减少层次,减少现有人员 1/3 到 1/2,要求各机关、企事业单位的职工,特别是 1958 年以来从农村招收的职工,凡能回农村的,都要回去[①],这些好不容易进入城镇的农民又被迫回了农村。与此同时,城市开始小规模地动员知识青年上山下乡,到 1966 年上半年全国累计有 130 万城镇知识青年响应号召下放农村。

从 1961 年城镇人口数量开始下降,一直到 1964 年中国的城镇人口数量才有所回升。与 1960 年相比,1963 年中国城镇人口减少了 1 427 万人,全国共减少职工 1 887 万人,向农村迁移城镇人口 2 600 万人。城镇人口占全国人口的比重也由 1960 年的 19.7% 缩水回落到 1963 年的 16.8%,3

---

① 陈潮:《中国县市政区沿革手册》,中国地图出版社 1991 年版,第 43 页。

年下降2.9个百分点，每年平均下降近1个百分点。1963年城市数目降到174个，估计由于建制变化而减少的城镇人口有220万人。如果考虑到人口自然增长的因素，这一时期由于把城镇人口下放农村而减少的人数更高，超过1957~1960年从农村迁移到城镇的人数。

国民经济走出谷底进入恢复性的增长阶段后，城镇人口重新开始增长。1964年城镇人口增加了1 340万人，城市化水平上升到1964年的18.4%，比上一年增加1.6个百分点；1965年增长势头放缓，只净增近100万人，城市化水平微降到18.0%。

1964年城镇人口的大幅度增长可能有统计上的问题。1964年全国人口的自然增长率为3.78%，城镇的自然增长率低于农村，不到3%，据此计算，当年全国城镇人口的自然增长应不超过350万人，要达到净增1 340万人的水平，必须机械增长近1 000万人。1964年国民经济虽然进一步好转，投资规模也在扩大，但国家宏观经济政策是继续贯彻调整的方针。没有资料能证明当年招收了大量的农村人口进城。据国家统计局提供的数字，1964年城市职工仅增加了230万人，这些职工即使是全部从农村招收，与1 000万人也还有很大的差距。再考虑到这一年在调整市镇建制时，按照新的建制标准，撤销了一些不够条件的市镇建制（其中设市城市数目由1963年的174个减少到169个），因此，也不可能是由于建制的变动造成城镇人口的大量增加。另据《中国人口统计年鉴（1990年）》，1960年到1966年城镇人口占全国总人口比重变化的基本情况是，1960年至1965年城市人口占全国人口的比重逐年下降，到1966年这种趋势才得到抑制，从当时的经济发展形势来看，这组数据更为可信。

1963年的市镇设置标准提高也影响了城市人口数量和城市化水平的变动。1963年12月7日，国务院颁布《关于调整市镇建制、缩小城市郊区的指示》总的指导思想是压缩城镇人口，减少就业压力。严格掌握10万人口指标从严设市。强调市的郊区应尽量缩小，市总人口中农业人口比重一般不应超过20%。将设镇的人口下限提高到3 000人。1964年1月，中共中央和国务院发出了《关于动员和组织城市知识青年参加农村社会主义建设的决定》，到1964年底，建制市由1961年底的208个减少到169个，撤销市建制39个。1963年城镇设置标准的提高，使1964年建制镇的数量陡减1 145个，人口陡减459万人。这些在一定程度上加大了城化水平"缩水"的强度。

（三）城市规模的差别涨落

在"大跃进"时期城市化的整体波动，使不同等级的城市都经历了先涨后落的变化过程，但不同规模等级城市的变化幅度有所差异，中小城市人口增长幅度最大，并且在困难时期人口减少幅度也最大，这次城市化高潮衰退的损失也以中小城市最突出。大城市（包括特大城市）由1958年的30个增加到1961年的37个，1965年降为29个，变幅为21.6%；中等城市先由1958年的36个增加到1963年的52个，然后两年内迅速回落到43个，变幅高达44%；20万以下的小城市由1958年的110个增加到1961年的138个，1965年降到99个，变幅高达40%。中小城市由于自身经济基础的脆弱性，在外部环境不利的情况下，往往难以发挥区域经济的核心作用，城市功能弱化，对城镇职工的需求减少，引起城市化的波动（表11—2）。

表11—2　　　　　1958~1965年不同规模等级城市数量变动

规模等级	城市个数		增加倍数
	1958	1965	
合计	176	171	-0.03
特大城市	11	13	0.18
大城市	19	16	-0.16
中等城市	36	43	0.19
小城市	110	99	-0.10

资料来源：顾朝林《中国城镇体系历史、现状、展望》，第187页。

（四）工业建设仍然重内地轻沿海，造成内地省区城市化水平大幅度涨落波动

1958~1963年城镇人口的大起大落中，除个别地区外，绝大多数地区都经历了一个城镇人口由大幅度增加到大幅度减少的过程，1958~1960年城镇人口增加31.4%，1961~1963年城镇人口下降了10.9%。波动的幅度在沿海和内地之间有很大的差别，基本的趋势是内地省区的波动幅度显著高于沿海省区。

"大跃进"时期的工业建设仍然偏重于内地省区，由此带动了内地省

区城镇人口的大幅度增长，在1957～1960年间增加的城镇人口中，60.8%属于内地省区。可是由于内陆地区存在种种结构缺陷，特别是粮食生产的波动性大，根本无法承受突如其来的大量城镇人口，在大跃进后的困难时期中出现人口负增长的有12个省、自治区，其中10个在内地省区（按当时的行政范围，广西属于内地）。在这种情形之下，内地省区在调整时期不可避免地出现比沿海更大幅度城市化的缩水。

以全国平均变化过程水平为参照，可以把各省区划分为四种类型：

第一，1958～1960年城镇人口增加速度高于全国平均水平，1961～1963年城镇人口下降速度高于全国平均水平的有：河北、山西、内蒙古、江苏、浙江、安徽、江西、湖北、贵州、陕西、青海、宁夏、新疆，共13个省区，基本在长江流域和长江以北。

第二，1958～1960年城镇人口增加速度低于全国平均水平，1961～1963年城镇人口下降速度高于全国平均水平的有：山东、河南、湖南、四川、云南、甘肃，大体在中国的中部。

第三，1958～1960年城镇人口增加速度高于全国平均水平，1961～1963年城镇人口下降速度低于全国平均水平的有：北京、吉林、黑龙江、福建、广东，集中在东北和东南沿海，大部分属于经济相对发达地区。

第四，1960年比1957年城镇人口增加速度低于全国平均水平，与此同时1963年比1960年城镇人口下降速度低于全国平均水平的有：天津、辽宁、上海、广西，除广西外，都是经济相对发达的省区，城市化过程相对稳定。

（五）户口登记条例颁布，城乡之间的人口迁移受到更为严格的限制

为了城市社会稳定和适应当时供给不足的社会经济状态，1958年1月9日全国人民代表大会常务委员会第九十一次会议通过了《中华人民共和国户口登记条例》，严格控制农业人口迁往城市。条例规定，公民由农村迁往城市，必须持有城市劳动部门的录用证明，学校的录取证明，或者城市户口登记机关的准予迁入的证明，方可向常住地户口登记机关申请办理迁出手续。同时规定，公民因私事离开常住地外出、暂住的时间超过三个月的，应当向户口登记机关申请延长时间或者办理迁移手续，既无理由延长时间又无迁移条件的，应当返回常住地。

《条例》施行之初并不严格，事实上就在1958年，为了"大跃进"

的需要不得不从农村大量招工,结果使城镇人口在 1958~1960 年间迅速提高 4 个百分点。但是随着"大跃进"的失败,户口登记条例成为遣返此前大量招用的民工的主要法律依据,此后这一制度又被管理部门的有关规定逐渐细化,使得城乡之间的迁移变得日益困难。

第三节 城市化停滞时期(1966~1977 年)

一 政治经济形势

(一)"文化大革命"

1966 年 5 月至 1976 年 10 月是中国的"文化大革命"时期,这场"革命"给党、国家和各族人民带来严重灾难。

"文化大革命"给中国社会经济发展带来了前所未有的灾难,工农业生产停滞不前。大批城市官员、职工和知识分子政治上蒙冤受辱,上山下乡,加之国际局势日益恶化,"要准备打仗和三线建设"思想的提出和实施,使更多的人力和物力撤离城市,转向了偏远山区,投入到"三线建设"。这一时期城市发展受到人为限制,城市人口长期在低水平徘徊。

(二)经济大混乱

"文化大革命"前夕,中国国民经济正处于上升发展的时期,然而"文化大革命"的发生,对国民经济的发展造成了极大的冲击和破坏,"全国大串联"大大加重了交通运输的负担,许多物资积压运不出去,生产指挥系统不能正常工作,工业生产、基本建设、商业流通、金融电信都不同程度地受到影响。不过当时的混乱主要集中在文教和党政机关,1966 年各项生产建设事业仍取得了较好的成绩,工农业总产值 2 534 亿元,比上年增长 13.4%,但经济增长的潜力已经受到严重的制约。到 1967 年和 1968 年,由于"文化大革命"的进一步发展,全国出现严重混乱局面,致使经济管理结构基本上处于瘫痪状态,出现国民经济形势急剧恶化的后果。工农业生产大幅度下降,1967 年工农业总产值为 2 306 亿元,比上年下降近 10%;1968 年再次下降为 2 213 亿元,在 1967 年的基础上又下降 4.2%。其中工业总产值 1967 年 1 382 亿元,1968 年再次下降为 1 285 亿元;农业总产值 1967 年为 924 亿元,1968 年为 928 亿元,比上年略有提高。

经过两年的政治大动荡，1969年中国社会局势暂时处于相对稳定状态，武斗之风逐渐平息，这就在客观上有利于社会秩序、生产秩序、工作秩序的逐步恢复，因而经济开始回升。1969年，工农业总产值为2 613亿元，比上年增长23.8%，但主要工农业产品的产量多数还没有达到1966年的水平。1970年，党和国家又采取了一系列措施，主要是稳定农业的政策，内地建设铺开，加快地方"五小"工业的发展，下放企业管理权限的经济体制改革，使1970年经济获得了较大的发展。1970年工农业总产值3 138亿元，比上年增长25.7%，超过了1966年的水平。1971年到1975年仍处于经济的调整和缓慢增长期，其中1974年国民经济遭到严重的干扰和破坏，工农业总产值只完成了计划的95.6%，仅比上年增长1%。1975年全国工农业总产值比上年增长11.9%。从1975年11月以来，把各方面工作进行的整顿，说成是"复辟"。结果使国民经济的发展再度遭受挫折。1976年工农业总值为4536亿元，仅比上年增长1.7%。

由于十年"文化大革命"动乱使国民经济濒临崩溃，人民生活水平长期得不到改善。据估计，仅1974年到1976年间，由于"四人帮"的破坏，与国民经济正常情况相比，工农业总产值损失1 000亿元，财政收入少收400亿元。城市人口的增长和城市经济的发展受到了极大的制约。

二 人口城市化的基本特征

（一）经济发展缓慢，知青上山下乡，城市化水平"板结"

1977年中国有城市188个，仅比1965年的171个增加了17个。1966~1977年的12年间，中国的城镇人口只增加了3 356万人，城市化水平长期"板结"在17%~18%之间，也就是说城市与农村人口基本相同的速度增长，基本上都是自然增长，城乡之间的迁移流动被限制在最低限度（图11—3）。

城市化停滞不前的原因首先是经济上的。农业基础薄弱，1976年农业总产值按可比价格，比1965年增长35.3%，年均递增2.8%，其中粮食总产量年均递增3.6%，而同期全国人口却增加了30.8%，以年均25.7‰的速度增长。农业发展长期维系在一个低水平上，农业劳动生产率长期徘徊不前，从政府到农民本身都存在着对农业特别是粮食的担心，这种担心把农民牢牢地束缚在土地上。事实上，1972年和1977年，国家两

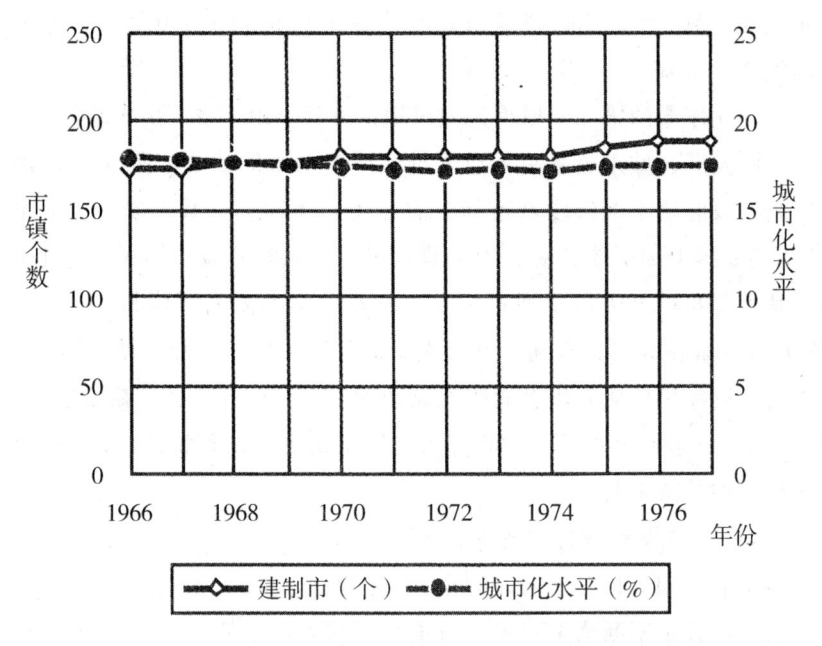

图 11—3　1966～1977 年中国城市化水平与城市数量变化

资料来源：《1988 年人口统计年鉴》、《1986 年中国城市统计年鉴》。

度实行过抽调大量农村劳动力进城的举措，但是农业劳动力人数减少，导致粮食总产量和人均产量的下降，农业劳动生产率并没有提高，反而出现了下滑。工业发展缓慢，1976 年工业总产值为 3 185 亿元，按可比价格，比 1965 年增加了 172.6%，年均增长 9.5%。不可忽视的是工业的发展是建立在压低消费支出的生产资料高积累基础上，人民生活水平长期得不到提高，1976 年人均粮食消费量为 191.5 公斤，比 1956 年还要少 4 公斤。1966～1976 年全国全民所有制职工工资不但没有提高，反而平均降低了 4.9%。

城市化停滞的第二个原因是限制非公经济，削弱了城镇的就业吸纳能力。1964 年，城镇个体劳动者一度达到 227 万人，占城镇从业人员的比重高达 4.9%。在"文化大革命"期间，城镇个体经济被视作资本主义的温床受到严厉的限制，个体劳动者受到歧视，许多人被强制性地动员到农村安家。到 1978 年全国城镇只剩下个体劳动者 15 万人，占城镇从业人口的比重不到 0.2%。这种单一的所有制结构和单一的就业渠道严重地限制了城镇就业岗位的增加。"文化大革命"结束后大批知识青年返城，到1978年底城镇积累的待业人员达到1 500万人，更使就业问题雪上加霜。

城市化停滞的第三个原因是城市知识青年上山下乡。由于政治动乱影响了经济发展，城市越来越无法安排新增劳动力的就业，所以从60年代中期起，政府便不断鼓励城市知识青年上山下乡，"接受贫下中农再教育"，还安排干部下放劳动。10年期间共有1 600万城镇知识青年上山下乡，其中有800万人后来通过招工、参军、上学离开了农村，但仍有近800万人还留在农村，直到"文化大革命"结束后才获准返城。同期城镇全民所有制和集体所有制企业职工只增加了2 700万，其中在城镇招收1 300万人，在农村招收了1 400万人，与上山下乡迁移抵消后，城市人口的净机械增长微乎其微。

(二) 城市规模结构"头重脚轻"

在工业化和城市发展的过程中，一方面原有的城市规模在不断扩大，大中城市的数量不断增多；另一方面由于城乡的分隔，商品经济的萎缩，劳动密集的小型工业发展不足，小城镇趋于衰落，中小城市的发展无以为继，数量减少，形成了城市结构头重脚轻的格局。从相关资料可以看出，1977年中国城市的数量为188个，只比1965年多17个，而20万人口以上的城市就增加了23个，20万人口以下的城市却减少了6个。说明大中城市主要是在小城市的基础上发展起来的，而在大中城市发展的同时，新形成的小城市的数量却不多，数量大大减少。这样，当大中城市因规模不断扩大，增加人口已受到各方面条件限制时，小城市和小城镇的发展不足，就成为城市化进程的严重障碍了。

到1977年全国100万人口以上的特大城市有15个，50万~100万人口以上的大城市有24个，大城市和特大城市占城市总数的20.8%，人口占全国城市人口的62.5%。其中100万人口以上的城市占全国城市人口的比重为38%；50万~100万人口的城市人口占全国城市人口的比重为24.5%；20万~50万人口的城市人口占全国城市人口的比重为22.7%；20万人口以下的城市人口占全国城市人口的比重为14.8%。

小城镇受到更大的冲击。由于1961年的城镇调整，到1965年全国建制镇已减少到2 902个。集市贸易被禁止，城镇居民被下放农村，经济一片萧条。小城镇住宅破旧，公共设施简陋，文化教育事业难以维持，有些已经和农村相差无几了。从 70 年代中后期起，由于一些地区兴办"五小"工业和社队企业，才给小城镇的发展重新带来了一些生机。到 1978 年，全国建制镇仅有 2850 个，几乎是一县一镇（表 11—3）。

表 11—3　　　　1966～1977 年不同规模等级城市数量变动

规模等级	城市个数 1966	城市个数 1977	增加倍数
合计	173	188	0.09
特大城市	13	15	0.15
大城市	18	24	0.33
中等城市	46	56	0.22
小城市	96	93	-0.03

资料来源：顾朝林：《中国城镇体系历史、现状、展望》，第 187 页；《1986 年中国城市统计年鉴》。

（三）受"三线"建设的影响，城市空间布局仍然偏重内地

从 60 年代中期开始的"三线"建设，又在原来工业和城市发展落后的大西南地区建设了一批新兴的工业基地和城市。著名的大型工业基地有四川省的攀枝花钢铁工业基地，湖北省的十堰汽车工业基地，贵州省的六盘水煤炭工业基地等，这些工业基地在发展中逐步形成了工业城市。一些西南地区原来工业基础薄弱的城市经过这个时期的建设，工业逐渐发展壮大，发展成为重要的工业城市。与中央政府主导下集中、大型化的工业建设相适应，中国在城市建设的过程中，中西部地区大中城市得到了较快的发展。从 1976 年与 1965 年的城市对比来看，西部地区城市由 30 个增加到 38 个，所占比例由 16.6% 增加至 18.2%；中部地区城市由 72 个增加至 83 个，所占比例基本没变；东部地区城市由 79 个增加到 88 个，所占比例由 43.6% 降为 42.1%[①]。

（四）城市基础设施受到冲击破坏，欠账严重

在"文化大革命"初期，政治动乱对城市建设造成严重的冲击和破坏。城市建设机构受到冲击，城市规划被废弃，城市建设"见缝插针"，

---

① 顾朝林：《中国城镇体系历史、现状、展望》，商务印书馆 1996 年版，第 197 页。

乱搭乱盖，影响了交通，破坏了城市布局，恶化了城市环境，对城市的长期发展带来了严重的障碍。"破四旧"的狂潮对城市文化古迹和园林的破坏更是空前的。70年代初期之后，社会秩序和经济秩序有所恢复，城市建设工作也重新开展起来，但成效有限。

在城市建设中由于强调缩小城乡差别，常常削弱城市特征，压低建设标准，甚至要求消灭工业特征，不建城市，工业基地向农村看齐。对城市化公用设施、文化服务建设长期投入不足，以致到80年代初积累了巨大欠账，表现为住宅紧张，市政公用设施和文化教育、医疗卫生设施严重不足，环境污染严重，直接影响着城市的生产和人民的生活。

（五）户籍管理制度更加严格，城市之间的迁移也受到限制

1966~1976年城市化的停滞，大大缩小了农村人口转变为"非农业户口"的渠道，政府主要通过严格执行户籍管理制度加以控制，农村劳动力向城市转移主要局限于城市大中专院校录取学生、复员军人转业、婚迁、城市郊区征用农民土地安排农民转向城市就业以及落实政策返城等，多为非经济因素转移。1977年，国务院批转公安部《关于处理户口迁移的决定》，基本原则是限制行政级别低的城镇人口向行政级别高的城镇迁移。充分显示了以户籍制度为核心的城乡隔离体制（本质是阻止农民进城）的作用，使中国城乡形成了典型的"二元经济"与"二元社会"。

（六）统计制度遭受破坏，城镇人口统计资料缺失

"文化大革命"期间，由于政治、经济秩序处于混乱状态，城市管理工作无序，使统计工作遭到重大挫折。统计机构被撤销，统计队伍被解散，大量统计资料散失。1967~1976年间，各种专业统计年报停止整理编印，只编印综合性统计资料，国家统计报表中断。甚至国家统计局也于1969年12月被撤销后并入国家计委，改组为国家计划革命委员会生产组，只留14人搞统计工作。统计人员岗位责任制被破坏，有些负责人借口统计数字为政治服务，随意修改数字，严重地影响了数字的真实性，也削弱了统计的监督作用。因此城镇统计资料残缺不全，镇数没有确凿的统计资料可查，许多城乡人口迁移的数据也只能通过其他资料间接获取。

第四节　加速城市化时期（1978～1992年）

一　政治经济形势

（一）十一届三中全会

"文化大革命"结束后，中国面临着拨乱反正，摆脱长期"左"的思想束缚，尽快扭转政治、经济领域混乱局面的艰巨任务。中共十一大尽管在揭批"四人帮"、宣布"文化大革命"结束、动员全党建设社会主义现代化强国等方面起了积极作用，但它没能从根本上完成拨乱反正和制定新时期正确的路线、方针的任务。1978年12月召开的党的十一届三中全会，标志着党和国家历史性的重大转折。在这次会议上，中共中央对党的历史上"左"的错误和新中国成立以来许多历史遗留问题进行了认真的清理。在思想上、政治上、组织上恢复和重新确立了马克思主义的正确路线，开展了全局性的拨乱反正。及时地把全党工作的重点和全国人民的注意力转移到了社会主义四个现代化建设上来，为随后的经济体制改革和国家领导体制改革奠定了基础。

（二）农村经济体制改革

1. 建立与完善农业生产责任制

中共中央在十一届三中全会指出，中国经济管理体制的一个严重缺点是权力过分集中，于是在1979年初开始探索以"农业生产责任制"为基础的农村经济体制改革，1980年8月，中共中央下发了《关于进一步加强和完善农业生产责任制的几个问题》的重要文件，强调应当把改善经营管理，贯彻按劳分配，加强和完善农业生产责任制，当作进一步巩固集体经济，发展农业生产的中心环节来抓紧抓好。到1983年初，全国农村实行不同形式的农业生产责任制的达93%，农业生产责任制调动了农民的生产积极性，促进了农业生产的发展和农业劳动生产率的提高。加之政府提高农副产品的收购价格，使中国农业出现了持续六年的高速增长，农民的收入迅速增加，农业剩余劳动力大量涌现出来，并开始逐步向非农产业转移、向城镇转移。

2. 乡镇企业异军突起

农业生产的发展促进了非农产业的发展。由于八十年代初期，国营企业改革相对滞后，社会总需求大于总供给，生活消费品和部分生产资料供应短缺，为农村乡镇企业的发展提供了市场机遇。加之国家实行一系列扶助乡镇企业发展的政策，使农村乡镇企业异军突起。1979～1988 年间，乡镇企业总产值从 493.07 亿元，增加到 1988 年的 6 495.66 亿元。乡镇企业成为吸纳农业剩余劳动力的主要渠道。农村非农产业劳动力占农村劳动力总数的比例，从 1978 年的 9.2% 上升到 1988 年的 19.4%，增长 10.2 个百分点。与此同时，全国农业劳动力从 1978 年的 28 373 万人，增加到 1988 年的 32 308 万人，而农业劳动力占全社会劳动力的比例，则从 1978 年的 70.5%，下降到 1988 年的 59.3%，下降 11.2 个百分点[①]。这是继 1958 年"大跃进"以后的又一次农业剩余劳动力大规模向非农产业转移。

（三）城市经济体制改革

农村经济的迅速发展，打破了原有的二元制经济结构模式，掀起了农村城市化。与此同时，中共中央开始逐步探索城市经济体制改革的道路。1978 年 10 月，在四川省的部分企业率先进行了扩大企业自主权的改革尝试；1981 年和 1982 年，工业企业普遍推行了经济责任制；1980 年，在 400 多个工业企业中进行了"以税代利、独立核算、自负盈亏"的改革，并从 1983 年 6 月开征国营企业所得税；同时在流通体制、计划和财政体制等领域开始了改革尝试。1984 年 10 月，中共十二届三中全会通过了《关于经济体制改革的决定》，系统地总结了新中国成立以来特别是十一届三中全会以来经济体制改革的经验，并提出和阐明了加快以城市为重点的经济体制改革思路，标志着城市经济体制改革在全国范围的全面展开。除了对上述企业自主权、税收制度、价格体系与价格管理体制等领域的改革继续深入外，对于所有制结构调整，市场机制在经济发展中的作用、劳动工资制度等领域的改革也有了新的突破。

（四）对外开放

由于 80 年代初期，中国采取了劳动密集型产业优先发展的策略，新型城市吸纳劳动力的能力迅速增加，中小城市迅速发展，大城市人口的比重大幅度下降。城市的功能逐步健全，服务性产业迅速发展，城乡之间的联系日趋紧密，城市现代化的辐射功能增强，城乡共同发展的格局开始形

---

① 陈廷煊：《城市化与农村剩余劳动力的转移》，《中国经济史研究》，1999 年第 4 期。

成。1980年8月，五届全国人大常委会第15次会议批准《广东省经济特区条例》，决定在广东深圳、珠海、汕头设立经济特区，同时又批准福建的厦门也建立经济特区。1984年4月，进一步开放大连、秦皇岛、天津、青岛、烟台、连云港、上海、南通、宁波、温州、福州、广州、湛江、北海等14个沿海开放城市。1988年，海南省设立经济特区。随着开放沿海城市、创办经济特区等发展战略的正式实施，促进了沿海的一些城市崛起，诸如深圳、珠海等城市迅速发展成为大城市。

随着工业化外向型发展，城市的发展也更趋于开放性。对外开放已形成沿海到内地渐次推进的全方位、多层次的城市化开放格局，某些中心城市在城市化过程中逐步具有了世界性和国际化的特征。

二 人口城市化的基本特征

（一）城市化水平直线上升

从1978年开始，中国的城市化进入了加速发展的时期，1992年达到了27.63%的水平，比1978年增加了9.71个百分点，平均每年增加0.69点，与"文化大革命"时期的城市化停滞形成鲜明对比[1]（图11—4）。

这一时期的城市化加速发展来自多方面的推动，首先是农村经济的迅速发展。随着农村经济体制改革的顺利实施，中国农业得到了迅速的发展，1992年农业总产值达9085亿元，比1978年增长5.5倍，农业总产值平均每年增长39.3%。农业摆脱了以粮为纲的单一结构模式，农、林、牧、副、渔业全面增长，不仅为解决温饱问题奠定了基础，而且实现了农产品由定量分配到敞开供应的转变。农村经济的发展为城市化奠定了基础，同时农村剩余劳动力的大量增加，也提高了来自于农村的城市化推力。

其次是农村乡镇企业的迅速发展，1992年乡办与村办工业总产值8 957.07亿元、占整个国民经济的24.2%，如果将农村合作经营工业与村个体工业产值计算在内，村镇工业总产值可占到整个国民经济的32.5%，农村乡镇企业的发展一方面促进了农村经济的发展，同时伴随着乡镇企业的发展而大量涌现的小城镇，本身也是具有中国特色的乡村城市化的重要

---

[1] 丁金宏：《论中国人口城镇化水平与机制》，《中国人口科学》，1993年第1期。

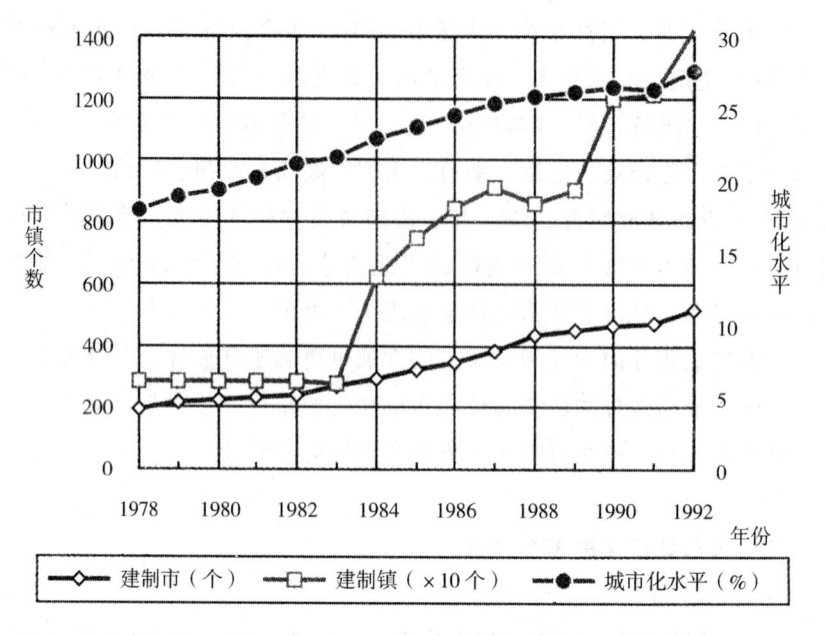

图 11—4　1978~1992 年中国城市化水平与市镇数量变化

资料来源：《1993 年中国人口统计年鉴》。1978~1987 建制镇资料来源于《2001 年中国人口年鉴》；1987~1989 年建制镇资料来源于：孔祥智《制度创新与中国农村城镇化》，中国经济出版社 2001 年版。1990~1992 年建制镇资料来源于：罗宏翔《建制镇人口规模的演变》，《人口学刊》，2001 年第 1 期。

表现形式。

（二）实施市带县新体制，放宽县改市、乡改镇条件，城镇数量不断增长

1982 年，中共中央以 51 号文件发出了改革地区体制、实行市领导县体制的通知，年末首先在江苏省试点，1983 年开始在全国试行。1984 年 11 月 22 日，国务院批转民政部《关于调整建镇标准的报告》，放宽了建镇设置的标准。规定凡县级地方国家行政机关，均应设置镇的建制，总人口在 20 000 人以上的乡，乡政府驻地非农业人口超过 2 000 人的可以设镇，总人口在 20 000 人以下的乡，非农业人口在 10% 以上的可以设镇。1986 年 4 月 19 日，国务院批转民政部《关于调整设市标准和市领导县条件的报告》，第一次在市镇建制中加入经济指标，规定总人口在 50 万以下的县，驻地所在镇非农业人口在 10 万人以上、常住

人口中农业人口不超过40%、年国民生产总值在3亿元以上的，可以撤县设市，总人口在50万以上的县，驻地所在镇非农业人口在12万人以上、常住人口中农业人口不超过40%、年国民生产总值在4亿元以上的，可以撤县设市。

新政策极大推动了城镇数量的外延发展，设市城市数量由1978年的193个增加到1992年的517个，增长了1.68倍，平均每年新增城市23个。在1984年建制镇政策调整之前，镇的数量一度下滑，1983年全国建制镇数量只有2 786个，比1978年减少64个。1984年建制镇数量开始大幅度增长，到1992年突破1万个，达到10 587个，比1983年增长了2.8倍，平均每年增加867个。

新的市镇设置政策促进了城市人口的外延增长。在1978～1994年间，城市非农业人口增长11 180万人，其中属于建制增长的4 419万人，属于城市内部增长的6 761万人。在城市内部增长中，1978年以前原有城市增长4 920万人，1978年以后新设城市增长1 841万人。换句话说，在全部增长的城市非农业人口中间，新设城市的建制增长占39.5%，新设城市内部增长占16.5%，两者合计56.0%。也就是说，新设城市的人口增长成为中国城市人口增长的主体。

新设城市的城市内部人口增长速度也远远高于原来的城市。在1978年前已经建市的城市在1979～1992年间的城市非农业人口平均年增长率远远低于改革开放以来设置的城市的非农业人口平均年增长率，这说明新设城市的人口增长势头比较强劲。

（三）城镇规模结构变动

从1978年到1992年，全国中小城市迅速发展，大城市人口比重大幅度下降，城市的功能逐步健全，服务性产业迅速发展。城乡之间的联系日趋紧密，城市现代化的辐射功能增强，城乡共同发展的格局开始形成。在1978年中国只有193个城市。到1992年城市数目增加到517个，城市数量增长了167.9%。其中1978年大、中、小城市分别为40个、59个、92个，各占20.7%、30.6%、48.7%，到1992年大、中、小城市分别增加到62个、140个、315个，各占12%、27%、61%。与此同时城镇总人口从17 245万人增加到32 372万人，城镇人口增长了87.7%。中国的城市化正在以空前的势头发展。（表11—4）

表 11—4　　　　　　1978~1992 年不同规模等级城市数量变动

规模等级	城市个数		增加倍数
	1978	1992	
合计	193	517	1.68
特大城市	15	32	1.13
大城市	27	30	0.11
中等城市	59	140	1.37
小城市	92	315	2.42

资料来源：顾朝林：《中国城镇体系历史、现状、展望》，第187页；《1993年中国城市统计年鉴》。

在这一时期，小城镇的发展也越来越受到重视。农村经济体制改革的成功，释放和激活了农村社会生产力，极大地促进了农村经济的发展，直接带动了全国范围的小城镇发展。据统计，这一时期小城镇人口在整个城镇人口中的比例，由1977年的5.4%稳步上升至1983年的6.1%。1984年后城镇人口的统计口径发生变化，1984年小城镇人口在整个城镇人口中的比例为13.0%，而1987年则上升为22.4%，上升了9.4个百分点。

（四）产业结构的升级扩大了城市发展的内涵，丰富了城市就业机会

改革开放以来，尤其是从党的十四届四中全会以来，中国产业结构摆脱了改革开放以前那种"农业基础薄弱，工业畸形发展，服务业水平低下"的局面，通过优先发展农业和轻工业，加强基础产业、基础设施建设，大力发展第三产业等一系列政策和措施，使中国产业结构逐渐趋于合理，并向优化和升级的方向发展。三次产业增长速度的不同导致了产业结构的明显变化。三次产业增加值在宏观经济总量中的比例关系，由1978年的28.1∶48.2∶23.7变为1989年的25∶43∶32。

从1978~1984年是产业结构升级的第一个阶段，是中国经济从"文化大革命"的严重破坏中得到恢复、农村改革全面展开的时期。这个时期产业结构变动的显著特点，是第一产业占国民生产总值的比重迅速上升。1984年，第一产业的比重达到32%，比1978年的28%提高了4个百分点。同期第二产业下降了5个百分点，第三产业只上升了1个百分点。这说明中国农村和农业改革极大解放了农业生产力，推动了第一产业的发

展，反映了资源配置向第一产业的倾斜。使得工农业比例不协调的状况得到极大改善。在工业化的过程中，第一产业的比重迅速提高，是举世罕见的一种现象。这是一种纠正第一产业发展不足的偏差而产生的暂时情况。这个时期，按当年价格计算的增加值的年均增长率，第一产业达到14.5%，超过二产10%和三产12.7%的速度。但是，由于这种结构变动具有补偿性和暂时性，从1985年开始，第一产业的比重就逐步下降。在这个时期，纺织轻工等消费品工业也取得了很大发展，满足了市场需要，但重工业处于调整之中，因此，第二产业的比重下降较多。

1985～1992年是产业结构升级的第二阶段，是中国非农产业较快发展的时期。第三产业的比重从28%左右上升到34%左右，达到历史的最高点。同时，第二产业比重保持在43%左右，而第一产业下降6个百分点。这个时期资源配置的最大特点，是劳动力大量转移到第三产业，推动了第三产业的发展。从总体上看，这个时期第三产业的发展，也带有补偿发展不足、调整比例关系的特征。80年代中期，中国国民生产总值比1980年翻了一番，农业和消费品工业的发展，使人民生活基本解决了温饱问题。这时，就业的压力和第三产业发展不足的矛盾日益突出出来，社会资源的配置逐步转向第三产业，促进了第三产业的发展，按当年价格计算的增加值年均增长率第三产业为20%，第二产业为17%，第一产业为14.5%。在这个时期，第三产业的就业人数增加3400万人，而第二产业只增加2500万人。到1994年，第三产业就业人数在总量上也超过第二产业。

第三产业的快速发展，标志着人们物质生活和精神生活的需求领域不断扩展，并日趋多样化，随之伴生了一系列新的生活理念、新的鉴赏对象和新的审美情趣。城市需求的多样化促进了城市第三产业的发展，城市就业渠道拓宽，对农村劳动力的吸纳能力增强。

中国的文化产业伴随着改革开放的不断深入逐步发展，并随着国家大力推进第三产业发展而迅速壮大起来。改革初期，一些文化单位率先进入市场开展经营活动，部分文化单位试行企业化经营，使文化产品和服务的社会生产属性逐步显现。进入90年代，党和政府明确提出建立社会主义市场经济体制，大力发展包括文化产业在内的第三产业，文化领域面向市场的改革步伐明显加快，文化产业开始进入快速发展时期。1990年至

1998年，全国文化系统文化产业的增加值由12.1亿元增加到83.7亿元，增长了6倍；文化产业机构由6.8万个增加到9.2万个，增长了35%；从业人员由49.5万人增加到72.1万人，增长了46%。与此同时，社会所办的文化产业发展更加迅猛。1990年社会所办的文化产业在总量上还远远小于文化系统，但到1998年，社会所办的文化产业的机构总数已经是文化系统的2.7倍，从业人员为1.5倍，所创增加值为1.5倍。包括文艺演出市场、电影电视市场、音像市场、文化娱乐市场、文化旅游市场、艺术培训市场、艺术品市场等在内的文化市场体系初步建立。

（五）城乡迁移政策有所松动，农民可以自理口粮进入小城镇，流动人口大量涌现

党的十一届三中全会后，政府开始逐步放松对人口迁徙的严格控制。首先终止了知识青年上山下乡，解决了落实政策人员、返城知青和精简下放干部、职工在城市落户的问题。"农转非"的控制指标，由不超过当地非农业人口1.5‰，调整为2‰。仅1984年到1988年的五年中，"农转非"人口累计达4 679万人。1984年1月1日，中共中央《关于一九八四年农村工作的通知》指出：越来越多的人离开耕地经营，转入小工业和小集镇服务业，"是一个必然的历史性进步"，"各省、自治区、直辖市可选若干集镇进行试点，允许务工、经商、办服务业的农民自理口粮到集镇落户"。同年10月国务院发出《关于农民进集镇落户问题的通知》，规定：凡申请到集镇（指县以下集镇，不含城关镇）务工、经商、办服务业的农民和家属，在城镇固定住所，有经营能力，或在乡镇企事业单位长期务工的，公安机关应准予落常住户口，发给《自理口粮户口簿》，统计为"非农业人口"；粮油部门要做好加价粮油的供应工作，可发给《加价粮油供应证》。

至1986年底，在不到三年时间里，全国办理自理粮食户口多达163万余户，计454万余人。此外，各地还陆续自行办理了集资性"农转非"。1992年8月，公安部代拟了《关于实行当地有效城镇居民户口制度的通知》，征求各方面意见；从10月开始，广东、浙江、山东、山西、河北等十多个省先后以省政府名义下通知，并着手试行；对办理了当地有效城镇居民户口的居民，按城镇常住人口进行管理，统计为"非农业人口"。在某些大城市实行"蓝印户口"制度，逐步将大城市自理口粮农业

户口纳入蓝印户口的管理范围①。

农业的发展一方面造就了越来越多的农村剩余人口，另一方面也解除了长期困扰城市发展的城市农产品供应问题，与户口制度相关联的粮油棉供应票证的越来越失去作用，为农民流动创造了条件。与此同时城市基础建设、产业升级以及居民生活水平提高，使得一些基础行业，如建筑、采矿、纺织、环卫等普遍存在招工困难，产生了对农业剩余劳动力的需求。所以从80年代初期，大量的农村剩余劳动力冲破户口制度的限制，流入城市寻找就业机会，形成了第二次民工潮。与大跃进年代的第一次民工潮相比，这次潮流具有更加强大而稳固的动力基础，因而数量更宏大，时间更持久。

1978~1988年的10年间，全国城市劳动力增加了4 753万人，城市劳动力占全社会劳动力的比例，从1978年的23.7%上升到1988年的26.3%。据中国1986年74城镇人口迁移抽样调查资料显示，自1978年以来流动人口呈上升的态势，80年代最大的一次迁移流动发生在1984~1985年。值得注意的是，1989~1991年继中国经济经历了前期的大发展之后，进入治理整顿的新阶段，受经济周期波动的影响，发生已转移的农业剩余劳动力向农业回流。在城镇建筑和服务行业的一部分农村劳动力回到农村，一部分乡镇企业关、停、并、转，已转移的劳动力又回到农业生产。三年间，城市劳动力占全社会劳动力比例不仅没有提高，反而有所下降，从1988年的26.3%，下降到1991年的26.1%。1991年乡镇企业开始进入回升阶段，情况开始有所好转。

（六）城市化区域差异加大

20世纪80年代以来，中国在实行"控制大城市规模"的城市发展方针的同时，却又将对外开放的重点放在东部沿海地区，政策和措施明显向东部沿海城市倾斜，从而加快了东部沿海地区的城市化和大城市的发展。相比之下，中、西部地区的城市化速度却相对较慢②。1978~1992年，中国新设城市321个，其中东、中、西各有148个、113个、60个，这一时期城市数量的增加在很大程度上是受到经济发展刺激的结果。而在经济发展相对落后的广大中西部地区，新设城市的数量落后于东部，在一定程度

---

① 殷志静：《中国户籍制度改革》，中国政法大学出版社1996年版，第11~15、30页。
② 王放：《论中国城市规模分布的区域差异》，《人口与经济》，2001年第4期，第9~14页。

上也是受到经济发展水平的制约。从这些新设城市在设置市时的人口规模来看，有59.9%的新设城市在设市时的市区非农业人口不足10万人，有34.3%的新设城市在设市时的市区非农业人口在11万~20万人之间，有5.8%的新设城市在设市时的市区非农业人口超过20万人。虽然人口规模并不是设置城市的唯一标准，不过从新设城市在设市时的市区非农业人口规模来看，表现出明显的空间特征，新设城市在设市时的市区非农业人口规模不足10万人的比重在东部是50.7%，在中部是54.5%，在西部更高达59.9%[①]。从南北差异来看，1978年后南方城市人口增长快于北方。

第五节 高速城市化时期(1993~2000年)

一 政治经济形势

(一) 更加开放的政治经济格局

1992年1月18日至2月21日，邓小平先后视察武昌、深圳、珠海、上海等地，发表了重要谈话，其中心思想，就是坚持党的基本路线不动摇，抓住有利时机，加快改革开放的步伐，集中精力把经济搞上去，把有中国特色的社会主义事业推向前进。1992年后，中国逐步加快了中西部地区对外开放的步伐，一批陆上边境口岸城市、长江沿岸城市、内陆地区省会城市开始享受沿海开放城市的优惠政策[②]。

中共十四届三中全会确定中国国有企业改革方向是建立现代企业制度，它标志着中国的微观经济体制改革由过去的让利放权、利改税、责任制、两极分离等政策性调整的阶段，转到以产权制度改革为主要内容的制度创新阶段。对外开放的力度增强，改革的范围和规模进一步扩大。从1991年到1995年，中国进出口贸易年均增长19.5%。到2000年，中国对外贸易额在世界贸易中的排序由1978年第32位跃升到第7位，从1994年以来，外商在中国直接投资每年都在300亿美元以上，到1995年末，国家外汇储备730多亿美元，国际支付能力增强。2000年尽管外商投资

[①] 李若建：《改革开放以来新设城市对城市人口的影响研究》，《西北人口》，1997年第4期。

[②] 周一星、曹广忠：《改革开放20年来的中国城市化进程》，《城市规划》，1999年第12期。

有所减少，但港澳台投资 1 293.05 亿元，比上年增长 6.2%，而且经济结构有了很大的变化，股份制经济 4 061.88 亿元，比上年增长 63.9%。对外开放的扩大，促进了国内经济发展，推动了经济体制改革，增强了同各国政府和人民之间的交往，也推动了各级城市的发展。

在建立社会主义市场经济体制的过程中，中国宏观经济体制改革迈出了实质性步伐，金融、财政、税收体制开始实施重大改革，市场在资源配置中的基础性作用明显增强，市场经济体制中的宏观调控体系的框架初步建立，为国民经济和社会发展注入了新的活力。

（二）社会主义市场经济制度的初步确立

1984 年 10 月，中共十二届三中全会第一次明确提出社会主义经济是公有制基础上的有计划的商品经济，这是社会主义经济理论在计划和市场问题上的第一次重大突破。1987 年十三大提出社会主义有计划商品经济的体制应该是计划与市场内在统一的体制；十三届四中全会后，提出建立适应有计划商品经济发展的计划经济与市场调节相结合的经济体制和运行机制。特别是 1992 年邓小平南方谈话中，又进一步深刻地阐述："计划多一点还是市场多一点，不是社会主义和资本主义的本质区别。计划经济不等于社会主义，资本主义也有计划；市场经济也不等于资本主义，社会主义也有市场。计划和市场都是经济手段。计划多一点还是市场多一点，不是社会主义与资本主义的本质区别。"

中共十四大将中国的经济体制改革目标，确立为建立社会主义市场经济体制，这不仅是一次对有中国特色的社会主义理论的重大突破和发展，而且为中国经济步入加速发展的"快车道"铺开了路轨。中共十五大指出，公有制实现形式可以而且应当多样化。非公有制经济是中国社会主义市场经济的重要组成部分。允许和鼓励资本、技术等生产要素参与收益分配。

（三）经济所有制形式的多样化

1952 年中国大陆共有 6 种所有制形式，到 1978 年基本上减为全民所有制职工和集体所有制两种，1978 年以后，中国社会劳动者的所有制类型又重新朝着多样化的方向变化。在 1986 年的统计资料中，社会劳动者的所有制结构又重新呈现出多种成分并存的局面，达到 10 种。总的趋势是社会劳动者所有制构成中公有制劳动者的比重已大大降低，其中全民所有制职工和集体所有制劳动者的比重由1978年的99.96%降至36.9%[1]，甚至低于1952年的水平，城乡个体劳动者和家庭承包制农民的比重则上升为62%。到1991年所有制形式已增至11种。1997年9月，中国共产党第十五次全国代表大会明确指出："非公有制经济是社会主义市场经济的重要组成部分。"此后各地政府又制定了一系列鼓励非公有制经济发展的政策、措施，极大地鼓舞了私营企业从业人员的创业热情，非公有制经济规模不断扩大，成为推动城市化的重要力量之一。

二 人口城市化的基本特征

（一）城市化持续快速增长，但是依然滞后于工业化步伐

据2000年11月1日第五次人口普查，中国城市化水平已达到36.09%，接近发展中国家的平均水平。与第四次人口普查相比，1990年代中国的城市化水平上升了9.86个百分点，平均每年将近上升一个百分点；而1980年代人口城市化水平平均每年上升0.7个百分点，说明1990年代中国的城市化水平在加速增长[2]（图11—5）。

城市化的高速发展主要是经济持续增长的推动。1992年以后，由于中国经济出现了持续高速增长，1992~2000年，全国乡镇企业总产值从9 581.1亿元增加到42 588亿元，增长344.5%。乡镇企业就业人数也大幅度增加，农村非农产业劳动力从1992年的10 625万人，增加到2000年的12 820万人，增长20.7%。从1992年到2000年，农村非农产业劳动力占农村劳动力的比例从22.3%上升到28.0%；农业劳动力占农村劳动力的比例从77.7%下降到72.0%。农业劳动力占全社会劳动力的比例从1992年的57.3%下降到2000年的50.5%[3]。

第三产业的进一步发展提高了城市化的内在质量，提高了城市人民生活水平。随着市场化改革的不断深入，城市就业和日用消费品供应日益纳入商品化轨道，福利保障制度也开始向社会化方向转轨。

但是中国的城市化水平仍然滞后于工业化。由于中国城市人均GDP

---

[1] 谢立中：《当代中国社会结构变迁》，《南昌大学学报》，1996年第2期。

[2] 黄扬飞、丁金宏等：《1990年代我国人口城市化的区域差异模式研究》，《人口研究》，2002年第4期，第72页。

[3] 根据《2001年中国统计年鉴》，第110、111页数据计算。

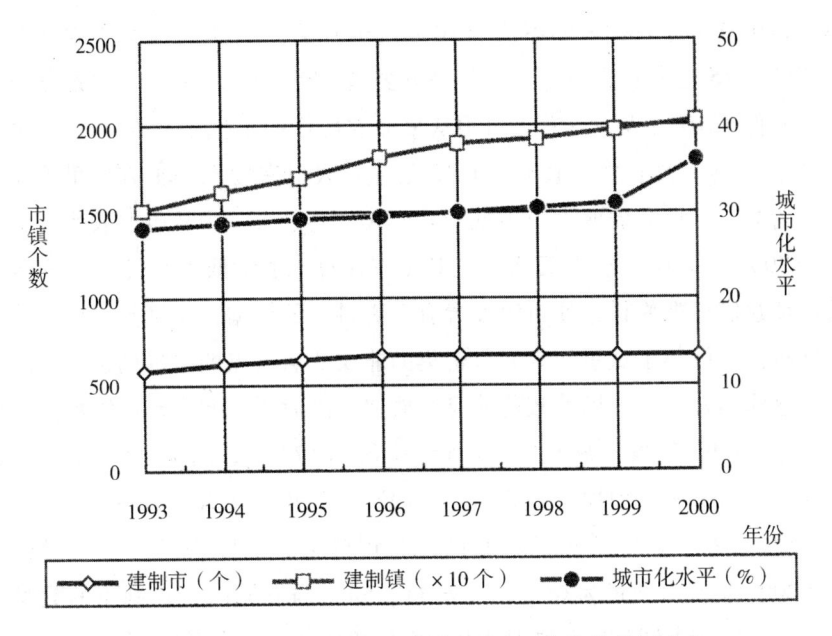

图 11—5　1993～2000 年中国城市化水平与市镇数量变化

注：1993～1999 年的城市化水平是根据 1990 年的基数和理念的统计调整得到的，2000 年是根据第五次人口普查计算的，2000 年的激增是这种统计口径差别的反映，1993～2000 年间更真实的变化过程可能是平滑线性增长。

是按城市户籍人口为基数统计的，而工业生产的 GDP 有很大一部分是乡镇企业和进城打工的农民生产的。我们把乡镇企业和进城打工农民生产的 GDP 都算在城市人口身上，就掩盖了进城农民和乡镇企业农民对工业生产和经济增长的贡献，使经济统计上反映的城市化滞后表现得更为突出。此外，由于城镇人口统计资料的混乱以及流动人口估算的偏差，城镇人口也不同程度地存在着低估。

（二）在县改市、乡改镇的热潮中城镇数量继续快速增长

1993 年 5 月 17 日，国务院批转民政部《关于调整设市标准的报告》，新的设市标准强调了分类指导的原则，按不同的人口密度，划分设市的人口标准与经济指标。并提出了地级市的设置标准：市区从事非农业的人口 25 万人以上，其中市政府驻地有非农业人口 20 万人以上，工农业总产值 30 亿元以上。设立县级市的标准按照人口密度的不同，分为三类，人口密度在每平方公里 400 人以上的县，驻地非农业人口不低于 12 万人，县

总人口中从事非农生产的不低于30%,并不少于15万,全县工农业总产值不低于15亿元;人口密度在每平方公里100~400人的县,驻地非农业人口不低于10万人,县总人口中从事非农生产的不低于25%,并不少于12万,全县工农业总产值不低于12亿元;人口密度在每平方公里100人以下的县,驻地非农业人口不低于8万人,县总人口中从事非农生产的不低于20%,并不少与10万人,全县工农业总产值不低于8亿元。1993年的城镇建制标准修订,使市镇设置有了更科学的依据,特别是考虑了人口密度指标,体现了城镇作为人口密集的非农业居民点的根本属性。

总体而言,这一标准较此前有所放宽,因而再一次推动市镇数量的快速增加。1993年当年城市个数由517个增到570个,增加了53个,是新中国成立以来城市增加最多的一年。1993~1996年又增加了96个,平均每年增加32个。1997年国家暂停改县市政策,这股快增势头才得到抑制,2000年城市数量为663个(表11—5)。与此同时,建制镇的数量也从1992年的10 587个增加到2000年的20 312个,几乎翻了一番,平均每年增加1 200多个。

表11—5　　　　1993~2000年不同规模等级城市数量变动

规模等级	城市个数		
	1993	2000	增加倍数
合计	570	663	0.16
特大城市	32	40	0.25
大城市	36	53	0.47
中等城市	160	218	0.36
小城市	342	352	0.03

资料来源:《1994年中国城市统计年鉴》、《2001年中国城市统计年鉴》。

(三)户口制度进一步松动,为家庭关系引致的城乡迁移创造更大的空间;跨省区的人口城乡流动加剧

1998年7月,《国务院批转公安部关于解决当前户口管理工作中几个突出问题意见的通知》提出:(1)今后实行婴儿落户随父随母自愿政策,对以往出生并要求在城市随父落户的未成年人,可以逐步解决其在城市落户问题。(2)放宽解决夫妻分居问题的户口政策,对已在投靠的配偶所

在城市居住一定年限的公民，应根据自愿的原则准予在该城市落户。（3）男性超过60周岁、女性超过55周岁，身边无子女需到城市投靠子女的公民，可以在该城市落户。（4）在城市投资、兴办实业，购买商品房的公民及其直系亲属，凡在城市有合法固定的住所、合法稳定的职业或者生活来源，已居住一定年限并符合当地政府有关规定的，可准予在该城市落户。该通知要求各省、自治区、直辖市政府结合本地发展情况和综合承受能力，制定相应的具体政策，并强调对于在城市落户的人员，不得收取城市增容费及相关费用。这是1978年以来户籍制度改革迈出的最大的一步。

1992年和1993年跨省迁移分别占农村剩余劳动力迁移的17.1%和19.4%，形成了跨地区流动的"民工潮"。1993年全国民工流动总量为2 000万人，1994年上升到2 500万人。农村剩余劳动力转向城镇就业的规模越来越大，1992年和1993年分别达到698万和1 544万人。转移到城市劳动力的常居城市的比例也趋于上升。

北京、上海、广州等沿海开放城市是流动人口的主要导入地。据2000年的普查，上海的流动人口总量已达到387万人，相当于常住人口的四分之一。北京、广州的流动人口总量也都突破了300万人。

随着时间的推移，城市流动人口在城市的平均滞留时间不断延长，返回率越来越低。他们的身份也在转变，逐步成为实质上的城市常住人口，从而促进了中国农村人口的城市化[①]。据国家统计局农调总队对全国31个省市区、800多个县、6万多农户，约15万个农村劳动力的调查，1997年农村劳动力转移速度达到6.4%。根据这次抽样调查资料推算，1997年全国农村剩余劳动力转移到第二、第三产业的人数占农村劳动力总数的6.4%，约为3 000万人，按可比口径比1996年提高了0.82个百分点，转移速度有所上升。1997年从非农返回到农业的劳动力占农村劳动力总数的比重为0.6%，比上年下降1个百分点；增减相抵，1997年净转移劳动力占农村劳动力总数的比重为5.8%，比上年上升2个百分点。这表明农村剩余劳动力转移数量增加，而且趋于稳定，返回率下降。当年农村剩余劳动力转向外省的占33.8%，上升了6.1个百分点；在本省内转移的占

---

① 陈小明：《民工潮与中国城市化》，《社会科学》，2000年第8期。

66%，比上年下降5.9个百分点；转移到国外的为0.2%，有所减少。

（四）城镇等级体系趋向完善

截至2000年，在全国663个城市中，特大城市40个，大城市53个，中等城市218个，小城市352个。中小城市由90年代初期的快速发展转为平稳发展时期。这表明城镇体系趋于完善。城市数量的增加主要出现在1992~1996年间，1996年后城市数量增加缓慢，再加行政区划调整的影响，甚至出现了城市数量减少的现象，但由于城市人口的持续增长各级城市平均规模却在持续增大，1996~2000年特大城市由34个增加到40个，大城市也由44个增加到53个。仍然显现出城市化加速的强劲势头。

进入90年代以来，农村剩余劳动力向城镇转移还表现在向小城镇转移方面。东部发达地区的乡镇企业在80年代初步发展起来的基础上，开始向规模经营发展，通过建立"乡镇工业小区"、"乡镇工业城"、"农民商城"等形式，创建新的小城镇，使农村非农产业向小城镇集聚，开创了农村工业化与农村城市化的同步发展。

截至2000年，全国农村小城镇共有5万多个，其中建制镇已从1978年的2 850多个，增加到2万多个，另外还有3万多个集镇。全国不包括县城在内的小城镇，拥有人口1.5亿人，其中有1亿人属非城镇户口。由于乡镇企业的发展，山东已有1 000万农民进入小城镇。苏南地区每个小城镇容纳人口已从过去的几百人、几千人增加到现在的平均两万人以上。这一时期东部地区小城镇人口增长有一半以上是机械增长人口，中、西部地区也有三成以上是机械增长人口。

（五）大都市区、城市带逐步成形

90年代人口城市化的另一特点就是都市圈和城市带的出现，主要表现在东部沿海地带城市密集的区域和以内陆特大中心城市为核心的平原或盆地区域，其中形态结构较为完整、内部经济功能协作性较强、人口与经济都达到了一定规模的都市圈有三个，一个是以上海为中心，南京、杭州为次中心的长江三角洲城市带，一个是以北京、天津为中心的环渤海都市圈，另一个则是以广州、香港、深圳、珠海为中心的珠江三角洲城市带。这三个城市群好比三个巨大的增长极，集聚效应十分明显，据统计，其总人口只占全国人口的7.53%，土地占全国的1.24%，但GDP却占全国总额的30%，利用外资额更高达73%。

此外，以沈阳、大连、哈尔滨、长春为中心的东北都市圈，以武汉为中心的长江中游都市圈，以重庆、成都为中心的长江上游都市圈，以西安为中心的关中平原都市圈，以贵阳为中心的贵州高原都市圈，也都达到了一定的规模，并成为区域经济增长的核心。

（六）城市化区域差距进一步加大

1993～2000年间，城市化区域差距发生了根本变化。从各省区城镇人口占全国城镇人口比重变动来看，改革开放以前增长缓慢的沿海省区山东、广东、广西、河北、江苏、浙江等，1992年后都成了城镇人口百分比增幅较大的省区，而城镇人口增长较慢，城镇人口百分比下降的省区，除京、津、沪三个直辖市和辽宁外，却全是改革开放以前增长最快的北方内陆省区，如黑龙江、内蒙古、吉林、青海、新疆。如果把城市中的暂住人口也包括进去，则所有沿海省市城镇人口的实际增长速度将更快。

从新增城市数量来看，东部地区城市增加速度明显快于西部。1992～2000年新增151个[①]，其中东部新增城市85个，中西部分别新增45个、21个，分别占56.3%、29.8%和13.9%。1993年东部地区、中部地区和西部地区的城市数量分别占全国总数的43.3%、37.7%和19.0%，到2000年663个城市东、中、西的分布分别为44.5%、37.3%和18.2%。城市发展的地区差异不仅体现在城市数量变化上，城市规模的地区差异也在显著拉大。

历史的结论

（一）新中国人口城市化的基本特征

1. 城市化起点低，发展呈不规则阶段性。

新中国的城市化是建立在农业基础不发达、工业规模小而分散的二元经济结构基础之上，加之城市化发展进程中政策的制约，城市化的波折过程是必然的。从新中国城市化曲线来看，中国城市化曲线有两次明显的低谷期，其一是城市化水平从1960年的19.7%，降至1963年的16.8%，曲线呈现陡降趋势，短短三年内城市化降了2.9%，是整个新中国城市化过程中城市化波动最大的时期；其二是城市化从1964年的18.4%，降至

[①] 不包括1996年后因行政区划调整而减少了的城市。

1972年的17.13%，特点是城市化长期呈缓慢降低的趋势，时间持续8年之久，城市化水平降低1.07%。此外，从个别年份来看，1955年和1991年城市化低于上一年，都是由于经济结构调整造成的。从城市数的变化来看，城市数曲线呈现两次高峰，其中1961年城市数达到208个，主要是由于"大跃进"中盲目扩大工业建设，造成城市数量的增加；在1997年中国城市数668个，曲线达到第二峰值，这完全是由城市建制政策的调整造成的；改革开放以来，城市化呈加速趋势，市镇设置也降低了标准，城市数量迅速增加，但到1996年，国家针对"整县改市"模式中存在的问题，停止审批新的"县改市"，而与此同时某些县级市改为地级市的一个区，造成市总数的减少（图11—6）。

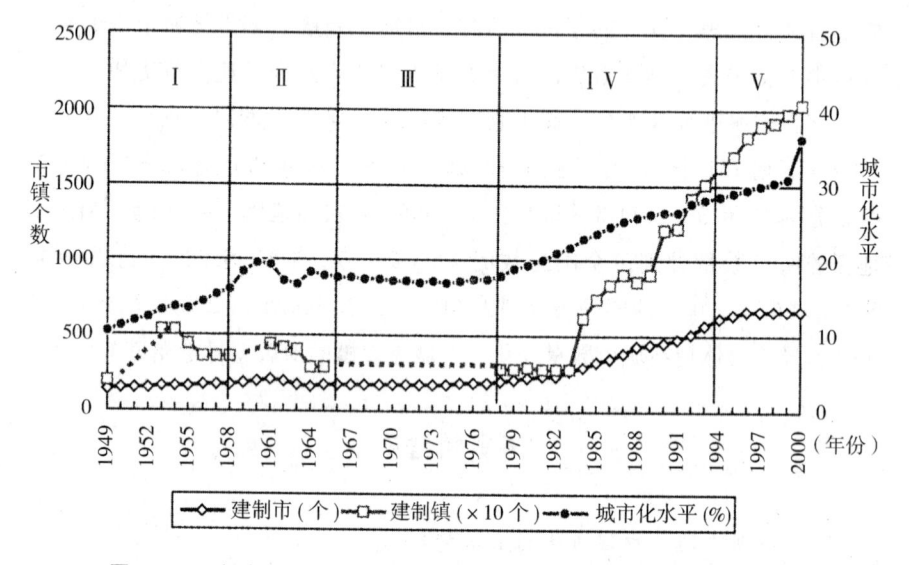

图11—6 新中国成立以来中国城市化水平与市镇数量变化的阶段性

资料来源：《2001年中国人口统计年鉴》。相关年份《中国城市统计年鉴》。1978~1987年建制镇资料来源于《2001年中国人口年鉴》；1987~1989年建制镇资料来源于：孔祥智《制度创新与中国农村城镇化》，中国经济出版社2001年版；1990~1995年建制镇资料来源于：罗宏翔《建制镇人口规模的演变》，《人口学刊》，2001年第1期；1996~2000年建制镇资料来源于相关年份《中国行政统计年鉴》。

2. 人口城市化区域与规模发展不平衡。

新中国城市化不仅体现为空间格局的不平衡，而且表现出规模结构的发展差异。由于历史的原因，中国东、中、西部三大区域的经济发展水平和城市化水平一直是不平衡的，改革开放以来，这一差距日益扩大，中国城市化水平和城市密度呈东高西低，东密西疏，由东向西递减分布的特征。截至 2000 年，全国城市化水平为 36.22%，东部城市化水平为 49.5%，城市数量占全国城市总数的 45%，而且大城市、特大城市较集中；而西部城市化水平仅为 28.73%，城市数占全国城市总数的 18%，大城市较少，且城市首位度较高。2000 年三大区域城市比例为 1：0.84：0.41。（表 11—6）

从整个新中国的城市发展的历程来看，城市空间分布呈现"先西后东"的发展趋势。在 1949～1978 年期间，中国共新设置城市 90 个，其中只有 15 个是位于东部沿海地区，有 46 个位于中部地区，有 29 个位于西部地区。到 1978 年中国的城市数量增长到 193 个，其中有 69 个位于东部沿海地区，占 35.8%，有 84 个位于中部地区，占 43.5%，有 40 个位于西部地区，占 20.7%。由此可见，与 1949 年相比，东部沿海地区在城市总数量中所占的比重下降了，而中部地区和西部地区所占的比重却都上升了，尤其是西部地区上升幅度最大。在 1978～1996 年期间，中国共新设置城市 474 个，其中有 230 个分布在东部沿海地区，占 48.5%，有 161 个分布在中部地区，占 34.0%，位于西部地区的只有 83 个，占 17.5%。由于东部沿海地区的城市增长速度快于中部地区和西部地区，所以在全国城市总数量中东部地区城市所占的比重上升了，而中部地区和西部地区城市所占的比重却下降了。1978 年以后，三大区域的城市人口的增长也表现出与城市数量的增长相同的趋势，在 1985～2000 年期间，也只有东部沿海地区的城市人口的增长速度超过了全国的平均速度。

从各规模城市的发展速度来看，优先发展的城市规模等级呈现"先大后小"的变化趋势。1949 年，中国东部集中了全部的百万以上城市和 50% 以上的大、中、小城市。随着"一五"计划的顺利实施以及大规模工业化建设的展开，中国城市建设的重心开始由沿海转向内地。自 1963 年城镇建制调整到 70 年代中期，由于国家选择了以重工业为主导的高积累的经济发展道路，城镇建设资金多用于已有城市的改建与扩建，新城镇的设置受到严格的限制，小城镇数量增加有限，大城市发展相对较快，从 1957 年到 1985 年，大城市数比例由 15.7% 增加到 19.6%，而小城市数比

表11—6 新中国城市空间与规模结构变化

地带	1949年城市 大	1949年城市 中	1949年城市 小	1949年城市 总	1985年城市 大	1985年城市 中	1985年城市 小	1985年城市 总	2000年城市 大	2000年城市 中	2000年城市 小	2000年城市 总
东部	9	8	44	61	24	38	40	102	46	104	145	295
				0.51				0.32				0.45
中部	2	5	39	46	18	40	75	133	38	78	131	247
				0.39				0.41				0.37
西部	2	4	6	12	10	16	63	89	9	36	76	121
				0.10				0.27				0.18
全国	13	17	89	119	52	94	178	324	93	218	352	663
	10.9%	14.3%	74.8%		19.6%	29%	51.4%		14.0%	32.9%	53.1%	

资料来源：顾朝林《中国城镇体系历史、现状、展望》，第199页，浦善新《中国行政区划概论》，知识出版社1995年版，第380页，《2001年中国人口统计年鉴》。

说明：1. 百分号表示城市规模结构，小数表示城市地区结构
2. 东中西地带的划分采用传统划分方案
3. 大城市包括人口大于100万的特大城市
4. 1949年城市总数136个，其中17个人口数不详（多数为小城镇）

例由 64.1% 降到 51.4%。80 年代以来，随着乡镇企业的迅速发展以及城镇建制标准的放宽，中小城市快速增加，到 2000 年，小城镇比例达到 53.1%，而大城市数的比例降为 14%。

3. 人口城市化滞后于工业化进程。

由于新中国的城市化建立在旧中国半封建半殖民地的经济基础之上，农村占主导地位的自然经济一直占有较大比重，因而初期城市化就落后于工业化进程，在随后的城市发展中，城市化落后于工业化的趋势不仅没有改善，反而更趋弱化。1952 年工业化初期，中国城市化落后于工业化 5.1 个百分点，其后在中央计划经济体制之下，从原苏联引进大量的技术和设备，工业化水平迅速提高，但城市化始终进展缓慢。而且在"变消费城市为生产城市"的影响之下，城市第三产业长期被忽视和抑制，使大部分城市变成了功能不全、结构失调的单纯的工业基地。而城乡隔离政策阻止了乡村人口进入城市，企图以此维持农业的发展并减轻对城市基础设施的压力，其结果是妨碍了城市的正常发展，同时导致农业人口大量剩余，农业技术进步缓慢，农业比较劳动生产率日益低下。到六七十年代，工业建设布局的调整使工业进一步远离城市，工业化与城市化的差距进一步扩大，到 1978 年城市化已落后于城市化 26.4 个百分点。改革开放 20 多年来，城市产业结构和城乡之间的要素流动均有所改善，工业化与城市化的差距有所减小，至 1998 年城市化率低于工业化率 14.6 个百分点。

城市化滞后，造成轻重工业比例长期失调，劳动密集型的第三产业发展不足，工业产值不断增加的条件下就业增长缓慢，80 年代后期随着经济结构的调整，城市"下岗"职工大量增加，城市内部的失业问题也难以解决，对农村剩余劳动力的吸纳能力就更加有限了。

4. 政府行为主导人口城市化进程。

自 1957 年到改革开放期间，单一的所有制形式，造成城市发展投资主体单元化，使城市化极大地依赖于政府的投资[①]。改革开放以来，所有制由国有、集体为主向"主体多元化"转变；财税体制由"统收统支"向"分灶吃饭"、"财政包干"的"分税制"转变；流通体制由"一统天下"向多元化发展；城市化由国家自上而下的推动向自上而下推动与自

---

① 陈甬军：《政府在城市化进程中的作用分析》，《福建论坛》，总 228 期，第 16～20 页。

下而上的自发运作相结合趋势发展。这些改革和变化有利于城市生产要素的流动和城乡关系的变化，促进了城市化进程。

从中国城市化动力机制来看，中国城市化及其基础——工业化都是由政策的高强度计划所控制，主要体现在：城市的建立和发展受政府支配，城市的功能结构偏重于工业，呈现出工业型城市化，形成政治中心和经济中心二位一体的城镇网络；其次，政府是城市化的主体，能通过各种强有力的措施限制农村人口向城市的盲目转移，同时可使政府采取强有力的方式从农业中积累城市化、工业化初始阶段的建设资金。同时国家投资的大型项目建设（如大型钢铁基地、石油基地、港口等）一般也会促进所在地区的城市化发展，如中国的攀枝花（钢铁）、大庆（石油）、伊春（林业）、克拉玛依（石油）等城市的发展都是来源于重点项目建设的带动。

国家政策的制定和调整对城市化进程的作用十分巨大。新中国成立以来，直接影响城市化进程的政策主要是人口户籍管理政策和设市、设镇标准的变化，前者限制了中国人口的自由流动，减缓了城市化进程；而后者则使中国城市数量和人口经常发生波动，不能真正体现中国城市化的真实水平。特别自1983年全国实行"市管县"体制以来，城市人口急剧增加，出现了城市化水平的虚假膨胀，导致目前评估中国城市化水平口径不一，说法各异。但也应注意到，随着市场经济体制的建立，尤其是90年代以来，出现了城市投资主体多元化倾向，政府行为对城市化的影响正在减弱。

（二）新中国人口城市化的启示

1. 人口城市化要与国民经济发展相适应。

城市化发展是人口由农村向城市集中，二、三产业向城市空间积聚的过程。国内外许多学者就城市化与人均 GDP 之间的关系进行过分析，尽管二者没有完全的相关性，但有一点仍是大家所公认的，即经济发展是城市化的动力源泉。纵观新中国城市发展历程，不论"一五"时期的城市化还是改革开放以来的城市化过程，城市化的健康发展都是以经济的健康发展为依托。而"大跃进"时期的城市化只有量的扩充，没有质的提高，必然导致城市化的倒退。从中我们可以得到这样的启示，只有建立在经济快速发展基础上的城市化才是有效的和持续的。

2. 中国人口城市化的区域选择必须做到均衡与非均衡的统一。

由于中国自然、历史与社会经济条件的差异，城市化的东、中、西地带性差异是不可避免的。在城市化过程中，如何选择优先发展的区域涉及公平和效益的关系问题，东部地区城市体系完善，城市的积聚效应和辐射功能较强，但城市土地资源有限，人口密度偏高；而中、西部地区城市体系中大城市和特大城市数量较少，城市规模偏小，再加上城市分布比较分散，所以城市的聚集作用和辐射作用较弱，城市之间在生产环节上的配套和分工协作较差。优先发展城市基础较好的东部地区，不利于西部地区城市化，不利于全国城市体系整体优化。但如果单纯强调发展西部城市，对于大中城市相对集中的东部地区难以有效发挥积聚效应。因此说城市化发展要做到均衡与非均衡的统一。

3. 人口城市化要构筑在合理的城市规模体系基础上。

围绕制定城市发展方针，对于城市规模大、中、小的争论由来已久，从新中国城市发展过程来看，改革开放前的20年，抑制中小城市的发展，城市化对经济发展的拉动作用有限，大城市的功能不仅没有得到加强，反而有所削弱。改革开放以来，国家实施了"严格限制大城市的发展规模，积极发展中小城市"的城市发展方针，中小城市增加较快，但它在土地利用的非集约化、工业积聚的非规模化、技术传播的滞后化等领域的劣势越来越凸显出来，与此同时，大城市的规模积聚效益得不到有效发挥。90年代后期，国家也越来越认识到大城市在经济发展中的积极作用，强调走城市化道路，特别是加快大城市的发展，拉动经济的发展。由此看来，合理的人口城市化过程应该建立在合理的城市规模体系上。大城市是经济发展的核心，对经济积聚的规模效益显著，而中小城市是大城市经济扩散到区域的桥梁和纽带，是城市化由近域推进到广域扩展的基点。

4. 应提高政府制定城市发展政策的科学性。

城市化过程伴随着经济发展过程而产生，但其自身又有规律性。中国目前仍处于市场经济的初级阶段，而且作为发展中的社会主义国家，中国经济在今后的很长时间内都将采取一种赶超的模式，社会主义国有资产在城市集中等实际条件都直接造成了中国城市发展的政府推动型模式。所以，中国的城市化异于西方城市化的一个重要特征，就是"政府推动"的因素大于"自然演变"的因素，即政府行为在城市化进程中起着关键的、不可替代的作用。这就增加了中国提高城市发展决策的科学的紧迫感,在中国城市化进程中,应大力强化土地利用管理,提高城市规划的法律效力,加强政府对城市建设的参与力度和对城市化发展的调控强度。政府应通过制定相关的法规和政策,引导城市和产业的空间发展方向;通过城市规划的真正实施,调控城市和区域的土地利用结构。并尽可能应用新技术和新的管理手段,提高政府决策部门的管理水平,以推动中国城市化进程的健康发展。

5. 建立统一的城镇人口统计口径。

城镇人口的实质内涵是居住在城市或集镇地域范围之内,享受城镇服务设施,以从事二、三产业为主的特定人群,它既包括城镇中的非农业人口,又包括在城镇从事非农产业或城郊农业的农业人口,其中一部分是长期居住在城镇,但人户分离的流动人口。由于城镇的实体地域范围是在不断变化的,对其范围内的人口进行统计缺乏可操作性,因此中国城镇人口统计主要依托城镇行政建制和户籍统计。如何建立一种具有连续性、科学性和可比性的城乡人口统计口径,从一开始就是伴随中国城市化研究的一个重要课题。无论在规范化还是在理论建构和计量分析方法运用方面都显得不足,为避免概念上的混乱,应尽快建立不同空间尺度的相互衔接的城市地域概念,形成规范概念表述:市中心—城市建成区—城市地区(城市实体地域概念)—城市经济统计区(类似于国外的大都市区)—城市行政地域(含辖县)。在这一概念框架下,根据不同的需要选取不同范围的城镇人口数据。

附表　　　　　　　新中国成立以来中国城市化发展主要数据

年份	总人口 (万人)	城镇人口 (万人)	城市化水平(%)	非农人口 (万人)	城市数 (个)	建制镇数 (个)	镇人口 (万人)
1949	54 167	5 765	10.6	9 441	136	2 000	—
1950	55 196	6 169	11.2	9 137	150	—	—
1951	56 300	6 632	11.8	8 674	151	—	—
1952	57 482	7 163	12.5	8 291	157	—	—
1953	58 769	7 826	13.3	8 729	163	5 402	3 372
1954	60 266	8 249	13.7	9 229	166	5 400	3 485

续表

年份	总人口（万人）	城镇人口（万人）	城市化水平(%)	非农人口（万人）	城市数（个）	建制镇数（个）	镇人口（万人）
1955	61 465	8 285	13.5	9 335	165	4 487	3 477
1956	62 828	9 185	14.6	10 002	175	3 672	3 372
1957	64 653	9 949	15.4	10 618	178	3 596	3 717
1958	65 994	10 721	16.2	12 210	176	3 621	3 891
1959	67 207	12 371	18.4	13 567	183	—	4 553
1960	66 207	13 073	19.7	13 731	199	—	4 577
1961	65 859	12 707	19.3	12 415	208	4 429	3 599
1962	67 295	11 659	17.3	11 271	198	4 219	3 284
1963	69 172	11 646	16.8	11 584	174	4 032	3 400
1964	70 499	12 950	18.4	11 677	169	2 877	2 941
1965	72 538	13 045	18.0	12 122	171	2 902	3 083
1966	74 542	13 313	17.86	12 340	173	—	3 137
1967	76 368	13 548	17.74	12 637	172	—	3 388
1968	78 534	13 838	17.62	12 554	176	—	3 258
1969	80 671	14 117	17.50	12 403	176	—	3 343
1970	82 992	14 424	17.38	12 660	180	—	3 412
1971	85 229	14 711	17.26	13 350	181	—	3 378
1972	87 177	14 935	17.13	13 632	181	—	3 535
1973	89 211	15 345	17.20	13 992	181	—	3 659
1974	90 859	15 595	17.16	14 079	181	—	3 710
1975	92 420	16 030	17.34	14 278	185	—	3 757
1976	93 717	16 341	17.44	14 517	188	—	3 378
1977	94 974	16 669	17.55	14 674	188	—	3 901
1978	96 259	17 245	17.92	15 230	193	2 850	4 039
1979	97 542	18 495	18.96	16 186	216	2 851	4 275
1980	98 705	19 140	19.39	16 800	223	2 874	4 415

续表

年份	总人口（万人）	城镇人口（万人）	城市化水平(%)	非农人口（万人）	城市数（个）	建制镇数（个）	镇人口（万人）
1981	100 072	20 171	20.16	17 413	233	2 845	4 492
1982	101 654	21 480	21.13	17 910	239	2 819	4 579
1983	103 008	22 274	21.62	18 378	271	2 786	4 482
1984	104 357	24 017	23.01	19 686	295	6 211	5 228
1985	105 851	25 094	23.71	21 054	324	7 511	5 721
1986	107 507	26 366	24.52	20 903	347	8 464	5 963
1987	109 377	27 674	25.32	21 592	381	9 121	6 143
1988	111 026	28 661	25.81	22 551	432	8 614	6 035
1989	112 704	29 540	26.21	23 371	446	9 088	6 236
1990	114 333	30 191	26.41	22 274	461	11 999	6 385
1991	115 823	30 543	26.37	24 418	475	12 152	6 537
1992	117 171	32 372	27.63	25 298	517	14 191	6 770
1993	118 617	33 351	28.14	26 344	570	15 072	6 683
1994	119 850	34 301	28.62	27 638	618	16 210	6 488
1995	121 121	35 174	29.04	28 563	640	16 992	6 930
1996	122 389	35 950	29.37	29 459	666	18 171	6 879
1997	123 626	36 989	29.92	30 211	668	18 925	7 045
1998	124 810	37 942	30.40	30 465	668	19 216	7 230
1999	125 909	38 892	30.90	31 242	667	19 756	7 474
2000	126 583	45 844	36.22	31 121	663	20 312	7 850

资料来源：同图11—6。

第十二章 婚姻人口

在人口学中，婚姻是作为人口运动的一个重要特征被研究（婚姻是影响人口再生产的重要因素，婚姻对死亡、迁移也有不同程度影响）。新中国成立50年人口的婚姻状况发生较大变化。50年中人口结婚率由新中国成立初期较大波动态势转变为20世纪末较平稳的中等平台水平，平均初婚年龄和晚婚率有较大程度提高；离婚率在50年代中期略微上扬之后，在20世纪60年代至80年代的近30年间一直处于较低水平，但90年代开始逐渐上升；50年中丧偶人口及终身不婚人口比重始终较低且变化较小。

第一节 结婚

一 结婚率

（一）粗结婚率

结婚率是反映人口婚姻状况的重要指标。在纵向考察一国一地区人口结婚状况变动时，往往用粗结婚率[①]反映其变动趋势。据有限的不完整的统计资料，1949年以来中国人口结婚率总的趋势呈上升态势，自50年代至70年代波动性上升后，80年代至90年代进入一个较高平台并趋于稳定。据有关调查统计资料[②]，50年代结婚率全国平均为10.89‰，60年代

---

① 粗结婚率是一定时期内的结婚数目与同期年平均人口（或年中人数）之比，通常用千分比表示，其中含初婚和再婚。目前国际通用的结婚率是指结婚对数与总人口之比，中国国家统计局历年公布的结婚率是结婚人数与总人口之比。本章沿用中国国家统计局的数据及计算方法。

② 参见《中国人口》北京分册、天津分册、陕西分册、山西分册、青海分册、吉林分册、甘肃分册、河南分册、湖南分册、上海分册、江苏分册，中国财政经济出版社；国家统计局编：《中国统计年鉴2001》，中国统计出版社2001年版。

平均为9.44‰，70年代为11.56‰，80年代平均为16.44‰，90年代平均为15.46‰。（见图12—1）。

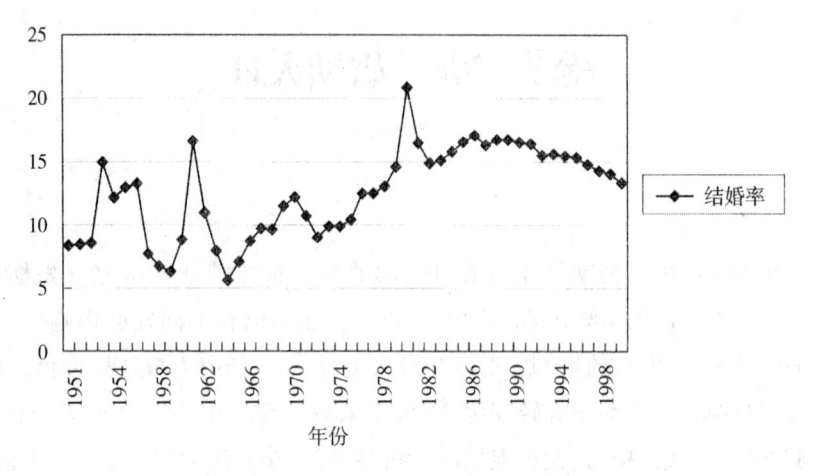

图12—1 1951～2000年中国人口结婚率①

在新中国的50年中，中国人口结婚率有过几次较大的波动，从图12—1可见，50年代中期的1954年②，60年代初期的1962年，70年代初期的1970年，80年代初期的1981年，均为这一时期人口结婚率波动的峰谷。但是1954年、1962年和1970年的峰值，即便为当时所处那个年代的高峰年，它们在50年的发展中亦只相当于80年代的平均水平。50年中人口结婚率的第一高峰年是1981年，峰值为20.87‰。

50年代中期人口结婚率的迅速增长与1950年颁布实施的《中华人民共和国婚姻法》及其后贯彻婚姻法运动有十分密切关系。1950年4月，中央人民政府委员会第七次会议通过了《中华人民共和国婚姻法》，并于

---

① 图12—1中1951～1977年结婚率根据《中国人口》北京、天津、陕西、山西、青海、吉林、甘肃、河南、湖南、上海、江苏等省分册数据整理。1978～1984年结婚率参见国家统计局社会统计司编《中国社会统计资料1990》，中国统计出版社1990年版，第36页。1985～2000年结婚率根据国家统计局编《中国统计年鉴2001》表22—37、表4—1整理，中国统计出版社2001年版。
本表未包括台湾省。
② 有些文献由于统计资料不完整，将1952年作为50年代结婚率的高峰年（见毛况生主编《中国人口·湖南分册》，中国财政经济出版社1987年版，第337页）。笔者认为按照当时中央人民政府将1953年3月作为贯彻婚姻法宣传月的史实及一些史料记载，50年代中国人口结婚率的高峰年应在1953～1954年。

同年5月1日实行。其后，中共中央政务院及最高人民法院、司法部曾连续发出通告和指示，要求各地认真宣传贯彻执行并进行必要的检查。1951年9月26日中央人民政府政务院发出《关于检查婚姻法执行情况的指示》，同日，最高人民法院、司法部亦发出《关于认真执行〈中央人民政府政务院关于检查婚姻法执法情况的指示〉的通知》；1951年10月31日，最高人民法院、司法部又发布《关于检查司法干部处理婚姻案件的思想作风及对于干涉婚姻自由杀害妇女的行为开展群众性司法斗争的指示》；1953年2月1日中央人民政府政务院再次发出《关于贯彻婚姻法的指示》，规定1953年3月为贯彻婚姻法运动月。至此，全国掀起宣传贯彻婚姻法的高潮。据山东省民政部门和司法部门资料记载[1]，当时全省有60多万干部参加宣传婚姻法运动，从省到县均成立了由法院、检察院、妇联、民政、报社、监委共同组织的贯彻婚姻法检查委员会，山东省人民政府发出的《关于贯彻执行婚姻法的布告》（1951年9月）印发张贴到村，各地还利用报纸、广播、图片展览、座谈等各种形式，结合本地有教育意义的典型案例进行宣传。在当时，从中央到地方，对将是否正确贯彻执行新婚姻法，上升到比较高的政治高度，将"党员是否执行婚姻法作为整党内容之一"[2]。中央人民政府政务院在1951年关于检查婚姻法执行情况的指示中曾严肃指示，每个干部均应认识到能否认真坚决的执行婚姻法，能否采取严肃负责的慎重态度，解决婚姻案件，保护妇女的合法利益，能否积极支持群众（特别是被压迫的妇女群众）反封建婚姻制度和反封建思想的正义斗争，能否在处理本身的婚姻时，以身作则地遵守婚姻法，这些都是自己政治上是否愿意彻底反对封建主义的严重考验，也是能否严格的遵守人民政府法令的严重考验[3]。据福建省史料记载，1953年3月婚姻法运动月后，婚姻登记率大大提高，1954年申请结婚登记上升到115276对，比1952年增加5倍，其中男女双方完全自愿批准登记的114650对，

---

[1] 山东省省情资料库·民政库，第七卷／第一类／第一辑"旧制改革"，www.infobase.sd.cninfo.net。

[2] 山东省民政厅：《山东省1952年贯彻婚姻法情况报告》，山东省民政厅档案，永久：1952年第46卷。

[3] 山东省民政厅：《关于当前贯彻执行婚姻法中存在的问题和今后意见的报告》，山东省民政厅档案，永久，1962年337卷。

占申请结婚总数的 99.4%①。

60年代初结婚率出现波动性高峰,其原因一是由于当时自然灾害,一些人将结婚作为谋生手段。二是在1960年、1961年较低的结婚率后,出现一种补偿性结婚。据山东省档案记载,1960年以后,由于放松了婚姻法的宣传教育、群众生活发生困难等原因,部分地区出现了不够法定结婚年龄而结婚、养童养媳、借婚姻索取财物、弃夫另嫁等现象。据山东省馆陶、单县、嘉祥三个县不完全统计,在1961~1962年1年半的时间内,不够法定年龄而早婚的就有764人;费县、莒县、沂南三个县发现童养媳64人,她们年龄一般在10岁左右,较大的也只有十四五岁。这些地方借婚姻关系索取财物,多者竟达现款四五百元,粮食七八百斤②。青海省的史料也有同样记载,"60年代初,主要在三年自然灾害期间,早婚率上升、姑舅亲、童养媳和内流外流人口中临时性的婚姻先后出现,这些情况虽在1964年后逐渐减少,但影响是深刻的"③。甘肃省的资料记载,在1962年和1963年,甘肃省人口结婚率分别达到22.2‰和20.7‰,是新中国成立以来该省结婚率最高年份④。

70年代初人口结婚率的波动主要与"文化大革命"的发展进程有关。据吉林省资料记载,1970~1979年的10年间,1970年和1974年是两个高峰年,分别为16.5‰和17.5‰。产生这种现象的原因,主要是因为"文化大革命"中历年积累下来的要结婚的人数较多,不仅有适龄青年、大龄青年,还有因各种原因需要再、复婚的人一下子都集合到一起⑤。

80年代初人口结婚率迅猛增长与1981年新修改《婚姻法》正式实施有直接关系⑥。据福建省史料记载,"1981年因执行新婚姻法废止了地方

---

① 《福建省志·民政志》,第九章/第三节"结婚、离婚登记",福建省情资料库 www.fjsq.gov.cn。
② 山东省民政厅:《关于当前贯彻执行婚姻法中存在的问题和今后意见的报告》,山东省民政厅档案,永久,1962年337卷。
③ 翟松天主编:《中国人口·青海分册》,中国财政经济出版社1989年版,第308页。
④ 苏润余主编:《中国人口·甘肃分册》,中国财政经济出版社1988年版,第342页表11—5。
⑤ 曹明国主编:《中国人口·吉林分册》,中国财政经济出版社1988年版,第299页表11—8。
⑥ 该婚姻法1980年9月通过,1981年1月1日正式实施,见《中华人民共和国婚姻法(1980年9月10日第五届全国人民代表大会第三次会议通过)》,载于中国社会科学院人口研究中心编《中国人口年鉴1985》,中国社会科学出版社1986年版。

规定的晚婚年龄，申请结婚登记人数达到192 584对，是新中国以来最高年份"[①]。山东省的有关资料显示，1981年上半年济南市共登记结婚42 876对，相当于1980年上半年的2.5倍；其中农村结婚女性在23周岁及以上的占65.1%，大大低于1980年同期同一指标98.9%的水平[②]。

（二）结婚率的地区差异

在中国，人口结婚率在地区与地区之间的差异不是太大。据不完整资料记载，1956年全国8个省市人口结婚率的平均值为12.94‰，其最大与最小偏差值为6.83个千分点[③]；1982年全国30个省、市、自治区人口结婚率的平均值为17.63‰，最大与最小偏差值为26.03个千分点；1990年全国30个省、市、自治区人口结婚率平均值为16.05‰，最大与最小偏差值为15.40个千分点；2000年全国31个省、市、自治区人口结婚率平均值为12.79‰，最大与最小偏差值为15.63‰（见表12—1）。

表12—1　　　中国东部、中部、西部人口结婚率差异比较　　（单位:‰）

西部	1982年	1990年	2000年	中部	1982年	1990年	2000年	东部	1982年	1990年	2000年
四川	14.68	19.71	11.29	黑龙江	20.36	16.17	11.81	辽宁	23.61	19.46	12.87
贵州	6.57	12.78	15.85	吉林	22.60	18.68	12.86	河北	19.58	14.65	14.09
云南	11.57	16.10	14.52	内蒙古	19.01	14.79	12.79	天津	30.72	17.58	12.27
西藏	10.50	5.49	3.12	山西	20.51	14.69	9.99	北京	14.84	17.19	11.51
陕西	18.06	15.99	11.27	河南	15.86	17.36	14.30	山东	19.22	15.90	14.88
甘肃	15.19	15.95	9.98	安徽	22.90	16.58	16.44	江苏	14.91	15.71	13.36
青海	11.96	13.60	13.33	湖北	16.13	15.14	11.74	上海	32.60	15.94	10.74
宁夏	19.05	15.74	12.71	湖南	17.47	18.06	11.90	浙江	18.32	17.84	16.42

---

① 《福建省志·民政志》，第九章/第三节"结婚、离婚登记"，见福建省情资料库 www.fjsq.gov.cn。

② 张心侠：《论人口与计划生育》，山东省新闻出版局1995年版，第107页。

③ 1956年8个省市结婚率分别为：湖南（12.76‰）、北京（10.15‰）、天津（16.98‰）、陕西（11.87‰）、青海（12.79‰）、甘肃（12.57‰）、河南（11.90‰）、山东（14.48‰），出处见《中国人口》丛书各省分册。

续表

西部	1982年	1990年	2000年	中部	1982年	1990年	2000年	东部	1982年	1990年	2000年
新疆	22.34	20.89	18.75	江西	12.74	17.75	14.21	福建	11.37	20.73	14.18
广西	13.92	16.71	14.19	海南	—	8.50	9.69	广东	13.71	15.66	12.74
平均	14.38	15.30	12.50	平均	18.62	15.77	12.57	平均	19.89	17.07	13.31

资料来源：

［1］2000年数据根据国家统计局编：《中国统计年鉴2001》，中国统计出版社2001年版。

［2］1990年数据根据国家统计局编：《中国统计年鉴1991》整理，中国统计出版社1991年版。

［3］1982年数据根据中国社会科学院人口研究中心编：《中国人口年鉴1989》第377页表52整理，经济管理出版社1990年版。

综观50年，中国人口结婚率变动呈如下特点：

（1）人口结婚率波动受宏观婚姻政策调整及政治、经济因素变动影响较大，50年中三次结婚高峰，其中两次与婚姻法的修改有关，一次与自然灾害有关。

（2）结婚率波动呈周期性，其主要人口学原因是与人口再生产周期性密切相关，人口结婚率的波动造成人口出生率的波动，而人口出生率的波动又形成周期性的婚龄人口结婚高峰。

二 初婚

（一）平均初婚年龄

1. 女性人口平均初婚年龄

1949年以来的50年，中国女性人口平均初婚年龄发生较大变化，从1949年平均18.57岁，提升至1999年23.67岁（见表12—2），提升5.10岁。50年代平均初婚年龄均值为19.02岁，60年代均值为19.81岁，70年代均值为21.59岁，80年代均值为22.13岁，90年代均值为22.90岁。其中70年代平均初婚年龄提升幅度最大，其均值比60年代提升1.78岁（70年代平均初婚年龄较高原因，主要是"文化大革命"后期，大批城镇大龄青年婚配所致）。

表 12—2　　　1949~1999 年全国城乡女性人口平均初婚年龄　　（单位：岁）

年份	全国	城镇	农村	年份	全国	城镇	农村	年份	全国	城镇	农村
1949	18.57	19.16	18.44	1966	19.86	22.86	19.44	1983	21.8	23.9	21.2
1950	18.68	19.41	18.52	1967	20.03	22.73	19.57	1984	21.7	23.6	21.2
1951	18.69	19.43	18.54	1968	20.17	22.62	19.73	1985	21.7	23.4	21.2
1952	18.94	19.75	18.76	1969	20.29	22.45	19.94	1986	21.8	23.2	21.3
1953	18.94	19.85	18.71	1970	20.19	22.38	19.89	1987	21.9	23.4	21.5
1954	19.00	20.12	18.72	1971	20.29	22.80	19.96	1988	21.9	23.6	21.5
1955	19.07	20.28	18.81	1972	20.56	23.23	20.22	1989	22.0	23.9	21.6
1956	19.19	20.51	18.87	1973	20.95	23.48	20.66	1990	22.0	24.6	21.7
1957	19.23	20.40	18.90	1974	21.38	23.79	20.99	1991	22.2	23.6	21.9
1958	19.15	20.77	18.78	1975	21.74	24.13	21.36	1992	22.6	23.8	22.2
1959	19.35	20.81	19.01	1976	22.30	24.61	21.90	1993	22.67	23.44	21.55
1960	19.57	21.25	19.24	1977	22.57	24.99	22.11	1994	22.73	23.60	21.80
1961	19.70	21.46	19.40	1978	22.83	25.10	22.41	1995	22.93	23.94	22.05
1962	19.61	21.49	19.27	1979	23.12	25.40	22.64	1996	23.20	23.19	22.03
1963	19.58	21.49	19.25	1980	23.05	25.19	22.54	1997	23.39	24.34	22.57
1964	19.55	22.04	19.17	1981	22.82	24.71	22.28	1998	23.57	—	—
1965	19.74	22.57	19.30	1982	22.66	24.93	22.07	1999	23.67	—	—

资料来源：

[1] 1949~1982 年数据见赵维钢、俞惠琳：《解放以来女性初婚年龄的变动》，《全国千分之一人口生育率抽样调查分析》，人口与经济编辑部，1983 年。

[2] 1983~1992 年数据见蒋正华主编：《1992 年中国生育率抽样调查数据集》，中国人口出版社 1995 年版。

[3] 1993~1997 年数据根据蒋正华主编：《1997 年全国人口与生殖健康调查数据集》表 1—10 整理，中国人口出版社 2000 年版。

[4] 1998~1999 年数据源自"1995~1999 年全国各地区女性平均初婚年龄"，国家计划生育委员会网站 www.sfpe.gov.cn。

50 年中，城镇女性平均初婚年龄的提升幅度大于农村。1997 年与 1949 年比较，城镇女性平均初婚年龄提升 5.18 岁，而同期农村女性平均初婚年龄则提升 4.13 岁。表中可见，城镇女性在 60 年代即达到 22.10 岁的平均水平，而农村女性在 90 年代平均初婚年龄均值也只有 21.98 岁，表明在女性平均初婚年龄提升上，城镇要早于农村 30 年。

2. 男性人口平均初婚年龄

新中国成立 50 年，中国男性人口平均初婚年龄也有较大提升，从 1949 年的 20.97 岁提升至 1992 年的 24.32 岁[①]，提升 3.35 岁。50 年代全国男性人口平均初婚年龄的平均值为 22.14 岁，60 年代为 22.90 岁，70 年代为 23.66 岁，80 年代为 24 岁，1992 年达到 24.3 岁（见表 12—3）。

表 12—3　　1949~1992 年全国城乡男性平均初婚年龄　　（单位：岁）

年份	全国	城镇	农村	年份	全国	城镇	农村	年份	全国	城镇	农村
1949	20.97	21.80	20.70	1966	22.94	25.83	22.22	1983	24.0	26.0	23.5
1950	21.34	22.31	21.02	1967	22.96	25.80	22.19	1984	23.8	25.6	23.4
1951	21.65	22.73	21.31	1968	22.80	25.24	22.12	1985	23.6	25.3	23.2
1952	22.13	22.84	21.84	1969	22.69	24.97	22.05	1986	23.6	25.3	23.1
1953	22.17	23.24	21.82	1970	22.65	24.81	22.07	1987	23.6	25.2	23.2
1954	22.05	23.29	21.72	1971	22.75	25.00	22.11	1988	23.7	25.4	23.2
1955	22.20	23.51	21.76	1972	22.93	25.47	22.30	1989	23.6	25.7	23.1
1956	22.40	23.72	21.96	1973	23.28	25.73	22.69	1990	23.8	25.6	23.4
1957	22.46	24.03	21.96	1974	23.48	25.87	22.88	1991	23.8	25.5	23.3
1958	22.39	23.88	22.01	1975	23.90	26.08	23.35	1992	24.3	25.8	23.9
1959	22.56	24.18	22.10	1976	24.17	26.20	23.68	1993	—	—	—
1960	22.86	24.06	22.73	1977	24.33	26.25	23.82	1994	—	—	—
1961	22.85	24.16	22.44	1978	24.44	26.50	23.94	1995	—	—	—
1962	23.77	24.19	22.45	1979	24.68	26.72	24.15	1996	—	—	—

---

① 由于缺乏男性人口初婚年龄历史统计数据，此处有关男性平均初婚年龄的分析，均根据国家计生委 1988 年和 1992 年两次抽样调查的基础数据整理。其后国内组织的全国性大型抽样调查，均未再涉及男性初婚年龄。因此此处只能分析到 1992 年，下文有关男性初婚状况分析，均由于同样原因截止到 1992 年。

续表

年份	全国	城镇	农村	年份	全国	城镇	农村	年份	全国	城镇	农村
1963	22.61	24.16	22.18	1980	25.0	26.3	24.5	1997	—	—	—
1964	22.65	24.67	22.21	1981	24.7	25.9	24.2	1998	—	—	—
1965	22.82	25.56	22.19	1982	24.4	25.7	23.9	1999	—	—	—

资料来源：

[1] 1949～1979年数据根据国家计划生育委员会编印：《全国生育节育抽样调查全国数据卷（合计）、（城市市区）、（农村）》整理，中国人口出版社1990年版。

[2] 1980～1992年数据根据蒋正华主编：《1992年中国生育率抽样调查数据集》表1—2—5、表1—2—6整理，中国人口出版社1995年版。

50年中，城镇男性平均初婚年龄提升幅度大于农村。1992年与1949年比较，城镇男性平均初婚年龄提升了4.0岁，而同期农村男性平均初婚年龄提升了3.2岁。表12—3可见，城镇男性平均初婚年龄在50年代中期即达到农村男性70年代中期水平，表明城镇男性平均初婚年龄提升要早于农村20年。

（二）早婚

1. 女性人口早婚状况

本章研究的早婚人口是指19岁以下初婚人口，其在当年全部初婚人口中的比重，为早婚率。中国是一个女性人口早婚习俗沿袭多年的国家，新中国成立后，早婚习俗有所改变，但较缓慢。据对1988年国家计生委组织的全国生育节育抽样调查数据分析，就全国而言，女性人口早婚率由1949年70%的水平，在其后的年间降到20%以下，大约用了25年；就城镇而言，女性人口早婚率由1949年66.3%的水平降到20%以下，大约用了17年；就农村而言，女性人口早婚率由1949年的71.2%降到20%以下，大约用了41年（在1990年时中国农村人口早婚率还在24.1%的水平上）。见表12—4。

表12—4　　　1949～1997年全国城乡女性人口早婚率　　　（单位：%）

年份	全国	城镇	乡村	年份	全国	城镇	乡村	年份	全国	城镇	乡村
1949	70.0	66.3	71.2	1966	56.1	21.7	62.7	1983	25.6	3.9	33.4
1950	64.7	63.4	65.1	1967	52.3	15.2	61.8	1984	23.7	3.8	31.4

续表

年份	全国	城镇	乡村	年份	全国	城镇	乡村	年份	全国	城镇	乡村
1951	66.3	62.0	67.7	1968	51.5	19.6	59.6	1985	21.4	4.3	27.9
1952	65.8	58.1	68.3	1969	47.5	20.2	55.7	1986	21.2	3.4	27.1
1953	67.4	57.1	70.1	1970	47.9	18.9	54.9	1987	20.0	2.5	25.9
1954	66.6	56.4	69.9	1971	48.8	16.8	56.4	1988	18.8	2.6	24.2
1955	67.9	55.0	71.8	1972	43.7	13.9	50.9	1989	20.4	6.7	24.2
1956	66.3	52.3	71.01	1973	35.4	10.2	41.7	1990	20.4	5.7	24.1
1957	64.9	49.9	68.4	1974	29.8	8.2	36.3	1991	15.6	5.1	18.6
1958	64.5	47.8	68.7	1975	22.7	7.0	28.9	1992	14.7	5.5	17.2
1959	64.7	42.6	69.9	1976	19.2	3.2	24.2	1993	11.0	4.3	13.2
1960	61.1	38.3	66.3	1977	15.3	3.0	19.9	1994	10.2	3.5	12.1
1961	58.4	37.0	62.9	1978	13.2	3.1	17.1	1995	6.9	1.9	8.3
1962	56.7	30.0	62.4	1979	12.5	1.4	16.9	1996	7.6	3.7	8.7
1963	60.2	32.7	65.8	1980	15.2	2.0	21.0	1997	5.1	2.1	5.9
1964	62.0	31.9	67.5	1981	19.3	2.0	27.4	1998	—	—	—
1965	61.6	25.1	68.6	1982	27.0	3.9	36.1	1999	—	—	—

资料来源：

［1］本表早婚率指当年19岁以下年龄初婚人数与当年全部初婚人数之比。

［2］本表1949～1988年数据根据国家计划生育委员会编印：《1988年全国生育节育抽样调查全国数据卷（合计）、（城市市区）、（农村）》整理，中国人口出版社1990年版。1989～1997年数据根据蒋正华主编：《1997年全国人口与生殖健康调查数据集》整理，中国人口出版社2000年版。

2. 男性人口早婚状况

表12—5可见，1949～1992年的40多年间，中国男性人口有了大幅度的持续的快速下降。就全国而言，男性人口早婚率由1949年的41.7%降到20%以下，大约只用了18年的时间。就城镇而言，男性人口早婚率由1949年的35.5%降到20%以下，大约只用了6年的时间。就农村而言，男性人口早婚率由1949年的44.0%降到20%以下，大约用了22年

的时间。无论城乡，男性人口早婚率的下降均快于女性人口。

表12—5　　　　　1949~1992年全国城乡男性人口早婚率　　　（单位:%）

年份	全国	城镇	乡村	年份	全国	城镇	乡村	年份	全国	城镇	乡村
1949	41.7	35.5	44.0	1965	20.8	5.3	25.4	1981	5.2	0.5	7.7
1950	38.0	28.3	40.9	1966	18.7	4.3	23.3	1982	8.6	0.7	12.5
1951	36.7	29.1	39.7	1967	18.0	3.9	23.6	1983	8.7	1.2	11.9
1952	31.9	23.6	34.7	1968	17.3	3.9	22.0	1984	8.1	1.1	11.2
1953	30.9	20.7	34.2	1969	17.0	4.9	21.8	1985	8.0	1.2	10.6
1954	31.2	18.8	34.0	1970	17.2	3.9	21.7	1986	7.6	1.1	9.8
1955	29.5	15.4	34.1	1971	16.2	4.0	20.2	1987	8.0	1.1	10.7
1956	27.5	12.4	33.1	1972	14.4	4.4	18.0	1988	7.8	0.8	10.4
1957	26.0	11.3	30.7	1973	11.5	2.0	14.3	1989	7.1	0.7	10.0
1958	25.3	9.7	29.5	1974	9.1	2.0	11.7	1990	7.1	1.2	8.8
1959	23.8	10.0	28.4	1975	6.9	1.3	9.0	1991	6.7	1.7	8.4
1960	21.8	8.4	26.3	1976	5.2	1.2	7.0	1992	5.0	0.0	7.3
1961	21.4	8.4	25.4	1977	3.8	0.7	5.0	1993	—	—	—
1962	19.9	7.3	24.0	1978	3.5	0.6	4.8	1994	—	—	—
1963	21.3	8.4	25.2	1979	2.7	0.4	3.8	1995	—	—	—
1964	22.1	7.0	26.3	1980	3.8	0.8	5.5	1996	—	—	—

资料来源：本表1949~1988年数据根据国家计划生育委员会编印：《1988年全国生育节育抽样调查全国数据卷（合计）、（城市市区）、（农村）》整理，中国人口出版社1990年版。1989~1992年数据根据蒋正华主编：《1992年全国生育率抽样调查数据集》整理，中国人口出版社1995年版。

另外，男性人口早婚率比之女性较早进入低平台区。就全国而言，在70年代中期即进入10%以下的低平台区且再无出现较大反弹。就城镇而言，在50年代末即进入10%以下低平台区且持续30多年未有大的反弹，在1992年甚至出现早婚率为零的现象。就农村而言，在70年代中期进入10%以下低平台区，但在80年代中期略有反弹。

(三) 晚婚

1. 女性人口晚婚状况

本章所指晚婚是 23 周岁以上初婚者，其占当年全部初婚人数的比重为晚婚率。

中国女性人口晚婚状况在新中国 50 年中有了十分显著的变化。就全国而言，晚婚率由 1949 年的 6.6% 上升至 1997 年的 52.4%，上升约 6.9 倍。就城镇而言，晚婚率由 1949 年的 9.3% 上升至 1997 年的 74.7%，上升 7.0 倍。就农村而言，晚婚率由 1949 年的 6.0% 上升至 1997 年的 46.7%，上升 6.8 倍。在城镇，女性人口晚婚率由新中国成立初期的 10% 以下上升至 50% 以上，大约用了 23 年；但在农村 1949～1997 年的 40 多年间，女性人口晚婚率始终未达到 50% 的水平（见表 12—6）。表明在中国农村女性人口中晚婚行为被广泛接受及至社会规范的转变，是一个十分缓慢的过程。

表 12—6　　　　1949～1997 年全国城乡女性人口晚婚率　　　　（单位:%）

年份	全国	城镇	乡村	年份	全国	城镇	乡村	年份	全国	城镇	乡村
1949	6.6	9.3	6.0	1966	12.2	44.3	7.7	1983	30.0	64.1	20.2
1950	7.2	12.5	6.1	1967	12.6	43.1	7.5	1984	24.1	53.2	16.6
1951	6.8	14.1	5.3	1968	13.2	40.5	8.4	1985	21.9	46.6	15.1
1952	7.6	13.8	6.2	1969	14.1	38.7	10.0	1986	25.2	49.0	18.2
1953	7.0	12.9	5.6	1970	13.8	40.1	10.1	1987	29.0	55.0	22.0
1954	7.6	16.4	5.4	1971	14.0	46.1	9.9	1988	29.4	58.0	21.5
1955	6.6	13.9	5.0	1972	16.3	50.7	11.8	1989	30.5	60.2	22.7
1956	8.2	17.1	5.9	1973	20.1	55.8	15.2	1990	29.0	52.8	23.4
1957	8.0	16.7	5.6	1974	24.5	61.7	18.6	1991	31.8	53.4	26.2
1958	8.0	20.2	5.3	1975	31.0	68.4	25.0	1992	36.5	58.1	30.2
1959	9.3	20.5	6.7	1976	38.9	77.1	32.2	1993	38.3	62.0	30.6
1960	11.0	26.1	8.1	1977	42.2	81.4	34.9	1994	42.4	69.1	34.7
1961	11.5	26.5	8.9	1978	48.0	84.0	41.4	1995	45.6	71.4	38.5
1962	10.7	27.7	7.6	1979	52.9	88.8	45.7	1996	47.0	70.2	40.3

续表

年份	全国	城镇	乡村	年份	全国	城镇	乡村	年份	全国	城镇	乡村
1963	10.4	29.2	7.1	1980	45.6	73.3	37.1	1997	52.4	74.7	46.7
1964	10.4	35.1	6.6	1981	44.1	68.9	36.0				
1965	12.0	41.0	7.4	1982	36.9	66.5	26.9				

资料来源：

[1] 1949~1980年数据见文志夫等"新中国成立以来妇女的晚婚率和早婚率动态分析",《全国千分之一人口生育率抽样调查分析》,《人口与经济专刊》,1983年。

[2] 1980~1992年数据见蒋正华主编：《1992年中国生育率抽样调查数据集》表2—2—22、表2—2—23、表2—2—24,中国人口出版社1995年版。

[3] 1993~1997年数据见蒋正华主编：《1997年全国人口与生殖健康调查数据集》表1—10—1、表1—10—2、表1—10—3整理,中国人口出版社2000年版。

2. 男性人口晚婚状况

本章涉及的男性人口晚婚状况亦指23周岁以上初婚者。表12—7可见,中国男性人口晚婚状况在新中国50年中亦有十分显著的变化。就全国而言,男性晚婚率由1949年的31.0%提升至50%以上,大约用了24年,就城镇而言,男性晚婚率由1949年的36.9%提升至50%以上,大约只用了4年时间,且50年中晚婚率最高时达到95%以上。就农村而言,男性晚婚率由1949年的28.8%提升至50%以上,大约用了近30年时间,而且在80年代中期又出现回落为50%以下的现象。

表12—7　　　　1949~1992年全国城乡男性人口晚婚率　　　　（单位:%）

年份	全国	城镇	乡村	年份	全国	城镇	乡村	年份	全国	城镇	乡村
1949	31.0	36.9	28.8	1965	46.3	78.2	38.4	1981	75.5	93.8	68.9
1950	33.2	40.8	30.7	1966	47.3	80.6	38.7	1982	68.8	91.1	61.6
1951	36.6	44.1	33.6	1967	48.0	82.6	38.4	1983	61.6	91.0	52.8
1952	38.8	46.2	35.9	1968	46.4	77.8	37.4	1984	52.0	86.9	42.4
1953	39.8	51.0	36.6	1969	45.8	73.4	37.3	1985	46.6	80.8	37.5
1954	37.6	50.2	33.7	1970	45.7	74.6	38.6	1986	49.7	82.2	41.5
1955	37.4	51.3	32.6	1971	46.2	76.1	38.1	1987	51.6	85.6	42.3
1956	41.1	57.4	36.2	1972	48.5	79.7	40.8	1988	52.7	86.4	43.6

年份	全国	城镇	乡村	年份	全国	城镇	乡村	年份	全国	城镇	乡村
1957	42.8	61.6	35.7	1973	53.3	82.9	45.9	1989	53.3	80.5	45.5
1958	40.7	58.8	36.0	1974	57.4	88.1	49.3	1990	54.8	78.4	48.3
1959	43.3	62.7	37.2	1975	63.7	87.3	56.6	1991	54.6	80.6	47.0
1960	47.0	64.3	41.9	1976	69.0	91.0	62.5	1992	59.2	84.5	52.0
1961	47.4	68.1	41.4	1977	72.2	91.4	66.3				
1962	46.9	67.8	42.1	1978	74.2	93.2	68.1				
1963	44.0	65.6	38.9	1979	77.1	95.7	71.6				
1964	45.0	67.4	38.7	1980	76.5	94.0	71.2				

资料来源：

[1] 1949～1988年数据根据国家计划生育委员会编印：《全国生育节育抽样调查全国数据卷（合计）（城市市区）、（农村）》整理，中国人口出版社1990年版。

[2] 1989～1992年数据见蒋正华主编：《1992年中国生育率抽样调查数据集》，中国人口出版社1995年版。

三 再婚

（一）再婚比的变动趋势

中国关于人口再婚状况的分析指标，由于相关资料获取不同而出现多种指标。在80年代出版的《中国人口》丛书的各省分册中，再婚比的计算方法，有再婚人数与当年结婚人数之比，有再婚人数与已婚人数之比，亦有再婚人数与总人口之比。国内学者在表述再婚率的概念时，也出现口径不一致的问题。如马瀛通在其《人口统计分析学》一书中的表述是："再婚率的计算，其分母应是丧偶、离婚的这部分人，……年内每千名丧偶、离婚中的再婚数，便是再婚率。"[1] 沈益民在其编著的《近三十年世界人口普查和人口概况》一书中也表示了上述基本相同的观点[2]。但杨德清在其《计划生育学》一书和刘洪康在其《人口手册》一书中则表示不

---

[1] 马瀛通：《人口统计分析学》，红旗出版社1989年版，第343、399页。

[2] 沈益民：《近三十年世界人口普查和人口概况》，群众出版社1983年版，第493页。

同的观点，均认为"再婚率是指再婚者人数占全部已婚者人数的比重"①。

在实际的数据分析中，由于年度丧偶人数和已婚人数数据获得有较大难度，因此许多学者往往采用年度再婚人数与结婚人数之比作为再婚比的方法进行比较分析。本章进行的再婚比研究，即是再婚与结婚之比的计算方法。

据目前所能搜集到的统计调查资料，新中国成立50年来中国人口再婚比总体呈下降趋势，尽管在20世纪90年代末略有回升，但均未超过50年代初的水平。以北京市为例。《中国人口·北京分册》记载，再婚者在结婚登记中所占比重，以解放初期为最高。如前门区1951年时高达32.35%，1953年为30.88%；海淀区当时也达到21.19%。60年代后，再婚在结婚登记中所占比重开始下降，1963年为14.48%，1973年为7.73%，1974年为15.52%，1975年为10.36%，1976年为6.20%，1977年为4.01%，1979年为2.53%，1980年为2.25%，1981年为1.96%，1983年为3.51%，1984年为3.98%②；至1990年和2000年，北京市人口再婚比分别达到9.58%和14.72%③。云南省的史料亦记载，1953年该省华坪、呈贡两县及个旧市再婚人数占结婚人口的比重为27.81%，至1979年该省这一比重降至5.11%④；至2000年这一比重又降至4.37%，总体呈下降趋势⑤。

就全国而言，新中国成立50年中的后20年，人口再婚比由1981年的2.20%缓慢上升至2000年的6.09%，波动较少。见表12—8。

新中国50年中，人口再婚比以50年代较高，主要原因是新中国成立后第一部新婚姻法的颁布实施，摧毁了旧婚姻制度的束缚，多年守寡的妇女在新婚姻法的保护下纷纷再婚组建新的家庭。据湖南省史料记载，在

---

① 杨德清：《计划生育学》，江苏人民出版社1984年版，第204页。
② 李慕真主编：《中国人口·北京分册》，中国财政经济出版社1987年版，第307～308页。
③ 根据国家统计局编《中国统计年鉴2001》表22～38整理，中国统计出版社2001年版。
④ 邹启宇、苗文俊主编：《中国人口·云南分册》，中国财政经济出版社1989年版，第399页。
⑤ 李慕真主编：《中国人口·北京分册》，中国财政经济出版社1987年版，第307～308页。

1952 年上半年，即有 10 224 位寡妇再婚①。在福建省，1950 年 5 月至 1952 年底，寡妇再婚的也有 5 076 人②。另据北京市前门区的有关史料，1953 年再婚男女中，因丧偶再婚的占 42.19%③。

表 12—8 中国人口再婚比 （单位:%）

年份	再婚人数占当年结婚人数比重	年份	再婚人数占当年结婚人数比重
1979	3.69	1990	4.12
1980	3.44	1991	4.29
1981	2.20	1992	4.03
1982	—	1993	4.24
1983	—	1994	4.23
1984	—	1995	4.48
1985	3.04	1996	4.61
1986	2.86	1997	5.07
1987	3.32	1998	5.52
1988	3.67	1999	5.71
1989	3.98	2000	6.09

资料来源：本表 1979~1992 年数据根据冯方回编著《中国婚姻数据集》表 89 整理，中国人口出版社 1996 年版。1993~2000 年数据根据国家统计局编《中国统计年鉴 2001》整理，中国统计出版社 2001 年版。

50 年代再婚比高的另一原因是离婚再婚者较多。许多省市的资料均表明，50 年代初期是离婚率的高峰期，其离婚人口大多是青壮年人口，这部分人大多在离婚后按照婚姻自主原则又重新结婚。据北京市前门区 1953 年的资料，当年再婚者中属离婚再婚的占 55.80%。在再婚的 530 名妇女中，34 岁以下的占 72.26%，其中 15~19 岁组占 4.33%，20~24 岁组占 22.26%，25~29 岁组占 28.30%，50 岁及以上组仅占 3.20%④。表

---

① 毛况生主编：《中国人口·湖南分册》，中国财政经济出版社 1987 年版，第 341 页。
② 福建省地方志编撰委员会编：《福建省志·民政志》第九章/第三节，1997 年，见福建省省情资料库·民政志，www.fjsq.gov.cn。
③ 李慕真主编：《中国人口·北京分册》，中国财政经济出版社 1987 年版，第 308 页。
④ 同上。

明在那一时期许多人离婚的目的就是为了按照个人意愿重新获得幸福美满婚姻。

(二) 再婚比的地区差异

中国人口再婚比的地区差异较大。据民政部门提供的80年代和90年代各省、市、自治区资料分析,再婚比的地区差异大致可分为三类,一类在20%以上,二类在5%~15%区间,三类在5%以下。再婚比最高地区即一类地区是新疆,80年代和90年代均值分别为27.10%和24.26%;其次是京、津、沪三个直辖市和东北三省,以及河北、四川、青海等,为二类地区。在90年代京、津、沪三市再婚比均值分别为11.83%、10.19%和12.19%,辽、吉、黑三省分别为8.56%、7.04%和8.14%,河北、四川、青海三省分别为5.20%、5.21%和6.34%。再次是全国其他大部地区,为三类地区。(见图12—2)

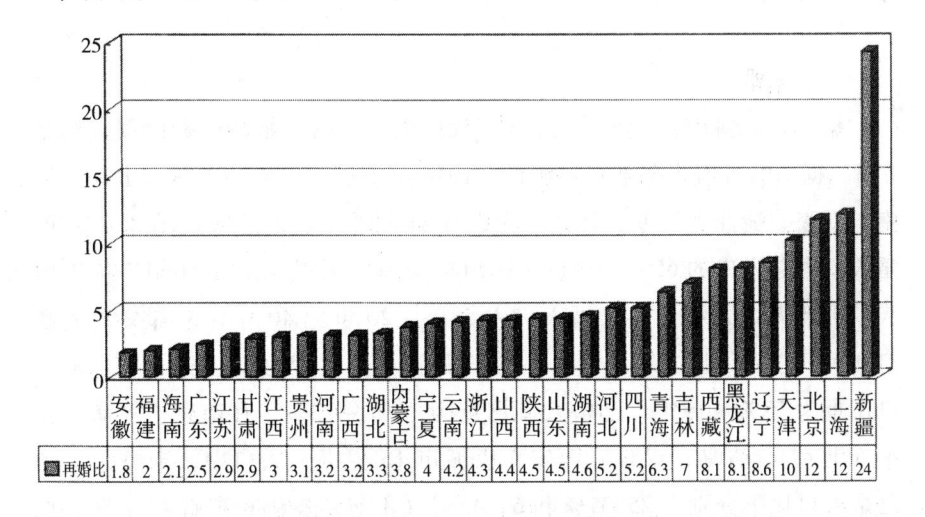

	安徽	福建	海南	广东	江苏	甘肃	江西	贵州	河南	广西	湖北	内蒙古	宁夏	云南	浙江	山西	陕西	山东	湖南	河北	四川	青海	吉林	西藏	黑龙江	辽宁	天津	北京	上海	新疆
再婚比	1.8	2	2.1	2.5	2.9	2.9	3	3.1	3.2	3.2	3.3	3.8	4	4.2	4.3	4.4	4.5	4.5	4.6	5.2	5.2	6.3	7	8.1	8.1	8.6	10	12	12	24

图12—2　90年代各省份人口再婚比[①]

再婚比地区差异的主要原因是地区婚姻文化的差异。在传统婚姻文化比较深重的地区,离婚人口及丧偶人口再婚往往要受到方方面面的限制,而有些地区则较少受传统的儒家婚姻文化影响,再婚比较自由。对此青海省的史料曾有诠释:在青海为了繁荣民族人口,宗教和习俗均不禁再

---

① 图12—2中各省份再婚比为90年代各年份平均值,根据冯方回编著《中国婚姻数据集》表89和1993~1999年各年度国家统计局编《中国统计年鉴》整理。

婚。……因而妇女在族内再婚，也较为自由。汉族妇女则不同，她们在解放前还受着"从一而终"的礼教束缚，再婚的自由为男子垄断。但"礼失而求诸野"，青海妇女是农村的主要劳力，在农业生产上不完全依附男子，所以对再婚并不都认为是奇耻大辱。所谓"饿死事小，失节事大"的礼教观念，在穷乡僻壤并不怎么神圣[①]。

第二节　未婚和终身不婚

未婚及终身不婚是人口婚姻状况中一种十分重要的婚姻现象。本章利用1988年国家计划生育委员会组织的全国生育节育抽样调查的一些基础数据，通过年龄移算包括初婚人口年龄后推转换为未婚人口等方法，推算出1953年、1964年和1979年全国人口的未婚状况及终身不婚状况。

一　未婚

据一些史料记载，20世纪20年代中国人口的未婚和已婚比例大约是4∶6。据当时政府内务部户口统计，1916年直隶、奉天、吉林、山西、河南、新疆、浙江、江苏、江西、湖北十省未婚人口占总人口的35％，已婚人口占总人口的65％。1912～1920年京师（即北京）九年间平均未婚人口占总人口的47％，已婚人口占53％。20世纪40年代末部分地方政府和民间学者的调查统计资料，在安徽等12个省15岁以上人口中未婚人口比重为18％～19％，已婚人口比重为71％～72％；在南京、上海、北平（北京）、青岛、汉口、西安六大城市15岁以上人口中，未婚人口和已婚人口比重分别占25.37％和67.42％（不包括丧偶和离婚人口）[②]。见表12—9。

新中国成立以来的50年中，中国人口未婚比与新中国成立前的40年代相比有了一定程度的提升，其发展轨迹大致可以分为两个阶段，1953～1979年为上升阶段，1982～1998年为缓慢回落阶段。表12—10可见，1953年未婚比为24.37％，1964年为25.62％，1979年为29.63％，成为

---

① 翟松天主编：《中国人口·青海分册》，中国财政经济出版社1989年版，第316页。
② 马侠：《婚姻·家庭·人口》，辽宁人民出版社1987年版，第10～11页。

建国 50 年中未婚比的高峰值；其后，缓慢下降，1995 年为最低点，未婚比 18.23%；1997 年后又开始缓慢提升；2000 年达到 20.25%。

表 12—9　1946～1947 年中国部分地区 15 岁以上人口的婚姻状况

地区别	15 岁以上人口总数	未婚(%)	已婚(%)	丧偶(%)	离婚(%)
安徽等 12 省	85 526 580	17.54	72.39	9.82	0.25
南京市	792 106	29.40	64.82	5.77	0.01
上海市	3 270 556	25.48	67.01	7.45	0.06
北平(北京)市	1 324 306	26.56	66.07	7.37	不到 0.01
青岛市	586 652	21.82	69.76	8.43	不到 0.01
汉口市	516 668	17.41	71.19	11.30	0.10
西安市	501 146	27.55	71.16	1.29	
六城市总计	6 991 434	25.37	67.42	7.17	0.04

资料来源：马侠：《婚姻·家庭·人口》第 11 页表 2，辽宁人民出版社 1987 年版。

新中国成立以来人口未婚比变动的基本特征是：

(一) 未婚比变动比较平稳

新中国 50 年中，人口未婚比的变动一直是在 18%～29.7% 的区间波动，最高值与最低值相差大约有 10 个百分点左右。在 50 年代至 70 年代的 30 年间，未婚比在 24.37%～29.63% 的区间波动，波动范围在 5 个百分点之内。80 年代至 90 年代末，人口未婚比由 1990 年的 25.13% 下降至 1995 年的 18.23%，下降 6.9 个百分点。50 年的变动轨迹表明人口未婚比基本比较稳定。

表 12—10　新中国成立以来部分年份全国 15 岁及以上人口婚姻状况　(单位:%)

年份	未婚 合计	未婚 男	未婚 女	有配偶 合计	有配偶 男	有配偶 女	丧偶 合计	丧偶 男	丧偶 女	离婚 合计	离婚 男	离婚 女
1953	24.37	29.96	18.75	—	—	—	—	—	—	—	—	—
1964	25.62	32.76	17.88	—	—	—	—	—	—	—	—	—
1979	29.63	34.27	24.68	—	—	—	—	—	—	—	—	—

续表

年份	未婚 合计	未婚 男	未婚 女	有配偶 合计	有配偶 男	有配偶 女	丧偶 合计	丧偶 男	丧偶 女	离婚 合计	离婚 男	离婚 女
1982	28.57	32.71	24.22	63.68	61.93	65.52	7.16	4.45	10.00	0.59	0.92	0.25
1984	29.34	33.62	25.05	63.27	61.20	65.34	6.88	4.42	9.36	0.51	0.76	0.25
1985	28.91	33.05	24.74	63.81	61.92	65.72	6.77	4.26	9.29	0.51	0.76	0.25
1986	28.20	32.27	24.07	64.67	62.86	66.51	6.63	4.14	9.15	0.50	0.74	0.26
1987	27.05	30.95	23.04	65.94	64.22	67.70	6.50	4.08	9.01	0.50	0.75	0.25
1990	25.13	28.95	21.10	68.18	66.42	70.03	6.10	3.80	8.53	0.59	0.83	0.34
1995	18.23	20.42	15.65	78.94	76.65	81.66	2.09	1.98	2.24	0.73	0.95	0.45
1997	19.53	23.09	15.94	73.63	72.19	75.08	6.02	3.69	8.38	0.82	1.04	0.59
1998	19.33	22.83	15.80	73.72	72.35	75.09	6.06	3.70	8.45	0.89	1.12	0.66
2000	20.25	23.69	16.72	73.27	71.75	74.82	5.58	3.44	7.78	0.90	1.12	0.68

资料来源:

［1］本表1953～1979年数据根据国家计划生育委员会编:《全国生育节育抽样调查全国数据卷（合计）》年龄移算整理,中国人口出版社1990年版。

［2］1982～1986年数据见袁永熙主编:《中国人口·总论》,中国财政经济出版社1991年版,第398页。

［3］1987年数据根据冯方回编:《中国婚姻数据集》整理,中国人口出版社1996年版。

［4］1990年数据根据国务院人口普查办公室编:《中国1990年人口普查资料》整理,中国统计出版社1993年版。

［5］1995年数据根据全国人口抽样调查办公室编:《全国1%人口抽样调查资料1995》表4—4整理,中国统计出版社1997年版。

［6］1997年数据见国家统计局编:《中国统计年鉴1998》,中国统计出版社1998年版。

［7］1998年数据见国家统计局编:《中国统计年鉴1999》,中国统计出版社1999年版。

［8］2000年数据根据国务院人口普查办公室编:《中国2000年人口普查资料》（下册）整理,中国统计出版社2002年版。

（二）男性人口未婚比高于女性

表12—10可见,1953年中国人口未婚比男性高于女性11.21个百分点;1964年男性高于女性14.88个百分点;1982年男性高于女性8.49个百分点,1990年男性高于女性7.85个百分点;2000年男性高于女性6.97个百分点。50年中男女未婚比差距逐步缩小。

男女未婚比差距逐步缩小的原因，主要是男性未婚比的下降幅度大于女性。50 年中，男性未婚比下降了 13.85 个百分点，而同期女性未婚比下降了 9.40 个百分点。

（三）25 岁以下青年人口中未婚比逐渐增高

20 世纪 20~30 年代，中国人口婚姻状况的一个突出特点是 20 岁及以上青年人口已婚较多，未婚较少。男孩和女孩在 10~14 岁就开始婚嫁。60% 以上的男性在 10~24 岁期间陆续完婚，50% 的女性在 10~19 岁期间陆续完婚。20~24 岁年龄组中，女性未婚比仅有 5% 左右，男性未婚比在 35% 左右[1]（见表 12—11）。

表 12—11　　1929~1931 年中国分年龄和性别的人口婚姻状况　　（单位:%）

年龄	未婚 男 南方	未婚 男 北方	未婚 女 南方	未婚 女 北方	已婚 男 南方	已婚 男 北方	已婚 女 南方	已婚 女 北方	丧偶 男 南方	丧偶 男 北方	丧偶 女 南方	丧偶 女 北方	离婚 男 南北方	离婚 女 南北方
10~14	99.3	96.8	98.3	96.2	0.7	3.2	1.7	3.8	0.0	0.0	0.0	0.0	各年龄组离婚百分比未超过 0.3	各年龄组离婚百分比未超过 0.05
15~19	78.3	69.1	50.6	44.3	21.4	30.6	49.0	55.4	0.4	0.3	0.3	0.3		
20~24	31.3	36.5	6.5	3.7	66.7	61.5	91.5	94.7	1.9	2.0	1.8	1.6		
25~29	14.1	21.7	0.5	0.4	82.6	75.2	96.3	96.4	3.3	3.1	3.2	3.1		
30~34	7.7	11.5	0.1	0.0	87.5	84.0	95.5	95.2	4.8	3.8	4.4	4.8		
35~39	5.1	10.0	0.2	X	88.4	84.5	91.7	91.3	6.5	5.5	8.1	8.7		
40~44	3.9	7.9	0.2	X	87.2	84.5	85.6	86.3	8.9	7.6	14.2	13.6		
45~49	2.9	6.8	0.2	0.0	85.0	81.5	75.6	77.8	12.1	11.6	24.2	22.2		
50~59	2.0	4.6	0.1	X	78.9	78.8	58.2	63.6	19.2	16.6	41.6	36.4		
60~69	1.3	3.3	0.0	0.0	67.7	67.9	32.6	43.8	30.9	28.8	67.4	56.2		
70~79	1.3	3.0	0.0	0.1	47.7	49.7	13.4	20.1	50.9	49.5	86.6	79.8		
80 岁及以上	1.8	3.0	0.0	0.0	22.8	22.2	3.6	4.8	75.4	74.7	96.4	95.2		

资料来源：

[1] 本表数据来自卜凯著《中国土地利用》，见马侠：《婚姻·家庭·人口》第 15 页表 4，辽宁人民出版社 1987 年版。

[2] 本表中 "X" 为 0.05 以下。

---

[1] 马侠：《婚姻·家庭·人口》，辽宁人民出版社 1987 年版，第 15 页表 4。

新中国成立后，各个年代15～19岁、20～24岁年龄组中的人口未婚比，无论男女，均呈递增态势。2000年15～19岁组人口未婚比，男性为99.72%，比1953年提升13.43个百分点，女性为98.75%，比1953年提升35.11个百分点；20～24岁组人口未婚比，男性为78.65%，比1953年提升36.61个百分点，女性为57.46%，比1953年提升45.47个百分点（见表12—12）。

表12—12　　　　　中国未婚人口年龄、性别状况　　　　　（单位：%）

年龄	1953年 男	1953年 女	1964年 男	1964年 女	1982年 男	1982年 女	1990年 男	1990年 女	1995年 男	1995年 女	2000年 男	2000年 女
15～19	86.29	63.64	94.67	76.01	99.09	95.62	98.20	95.32	99.36	97.94	99.72	98.75
20～24	42.04	11.99	50.04	15.74	71.98	46.45	62.45	41.35	68.65	47.44	78.65	57.46
25～29	16.55	3.04	21.55	1.82	23.59	5.27	16.71	4.29	18.17	5.53	24.68	8.67
30～34	4.21	1.06	6.01	0.48	8.86	0.68	7.16	0.64	6.16	0.82	7.45	1.35
35～39	2.89	0.70	3.51	0.40	6.79	0.28	5.73	0.30	4.63	0.34	4.12	0.51
40～44	2.67	0.48	2.84	0.33	5.71	0.19	5.17	0.24	4.45	0.21	3.82	0.29
45～49	2.03	0.37	2.59	0.42	4.37	0.18	5.07	0.18	4.28	0.18	3.96	0.21
50～54	3.66	0.37	2.41	0.39	2.97	0.21	4.48	0.17	4.33	0.15	4.13	0.19
55～59	3.12	0.26	2.10	0.43	2.97	0.21	3.54	0.19	3.86	0.14	4.15	0.15
60～64	2.25	7.41	3.15	0.29	2.54	0.29	2.45	0.28	3.23	0.16	4.03	0.15
65岁及以上	0.00	0.00	5.40	1.58	2.54	0.29	2.45	0.28	2.24	0.28	2.75	0.23
70岁及以上	4.21	0.58	2.44	0.42	2.77	0.28	3.24	0.09	3.29	0.20	3.63	0.19

资料来源：

[1] 表中1953年、1964年数据根据国家计划生育委员会编：《全国生育节育抽样调查数据卷（合计）》年龄移算整理，中国人口出版社1990年版。

[2] 1982年、1990年、1995年、2000年数据根据各次人口普查数据整理。

表12—12的数据还表明，在新中国成立初期的1953年，女性人口约40%在15～19岁即退出未婚行列进入已婚行列，男性人口约60%在20～24岁组退出未婚行列进入已婚行列。而在2000年，女性人口40%退出未婚行列的年龄组是在20～24岁，男性人口70%强退出未婚行列进入已婚行列的年龄组是在25～29岁。2000年与1953年相比，无论男女，半数

以上的人口退出未婚行列进入已婚行列的年龄均推迟了 5 岁。这一变化表明，50 年来中国人口早婚现象乃至童婚现象已基本消除。

（四）不同地域人群未婚比差异缩小

据有关史料记载，20 世纪 30～40 年代，中国人口未婚比的地域差异较大。1937 年山东省邹平县调查，其人口未婚比为 33.85%，而云南省环湖区 1944 年调查，其人口未婚比达到 43.26%；浙江省 1932 年调查其人口未婚比为 43.0%；福建省（1936 年）为 46.3%；江苏省句容县（1943 年）为 48.46%；云南省呈贡县（1940 年）为 39.92%[①]。

20 世纪 80 年代，中国人口未婚比与 30～40 年代相比，整体有了大幅下降，且地域差异逐步缩小。1982 年男性人口未婚比东、中、西部平均值分别为 33.16%、33.42% 和 31.69%，女性未婚比东、中、西部平均值分别为 25.21%、24.45% 和 23.62%。无论男女，其东、中、西部地区差异不足 2 个百分点。

20 世纪 90 年代至 2000 年，全国地区间人口未婚比差异略有加大。2000 年东、中、西部男性人口未婚比平均值分别为 24.04%、23.48% 和 26.21%，女性人口未婚比平均值分别为 18.58%、15.82% 和 17.85%，无论男女，其东、中、西部地区差异不足 3 个百分点。（见表 12—13）。

表 12—13　　　　中国东、中、西部人口未婚比差异比较　　　　（单位：%）

	省份	1982 年 男	1982 年 女	1990 年 男	1990 年 女	2000 年 男	2000 年 女
东部	辽宁	31.82	26.54	23.92	18.15	19.77	14.42
	河北	30.70	23.25	24.20	17.82	23.86	18.90
	北京	33.08	27.69	25.88	18.10	26.66	20.33
	天津	32.58	27.96	21.85	16.62	21.46	17.32
	上海	34.23	26.88	22.37	13.61	22.58	16.92
	山东	31.59	24.67	26.64	20.94	22.40	18.08
	江苏	31.76	23.18	25.29	17.94	19.05	13.68
	浙江	34.62	23.80	28.80	19.53	22.96	15.79

① 马侠：《婚姻·家庭·人口》，辽宁人民出版社 1987 年版，第 10 页。

续表

	省份	1982年 男	1982年 女	1990年 男	1990年 女	2000年 男	2000年 女
	福建	33.68	22.65	29.68	20.37	27.68	20.45
	广东	37.58	25.90	34.62	25.18	33.94	29.90
	平均	33.16	25.25	26.33	18.83	24.04	18.58
	黑龙江	30.40	25.86	26.76	21.30	20.57	15.11
	吉林	31.56	26.45	25.35	19.83	21.48	15.77
	内蒙古	33.60	25.66	30.07	22.54	23.78	17.00
	山西	30.53	21.65	28.33	19.82	22.66	15.32
	河南	32.61	24.63	28.76	22.04	22.85	16.55
中部	安徽	35.09	24.78	31.65	23.43	22.16	14.56
	湖北	32.98	25.50	28.07	20.35	22.35	14.32
	湖南	33.06	23.27	29.63	20.35	24.27	14.57
	江西	31.94	22.24	30.76	21.84	22.36	13.11
	海南			33.52	22.96	32.33	21.90
	平均	32.42	24.45	29.29	21.45	23.48	15.82
	陕西	31.88	23.93	28.16	19.84	23.22	15.40
	甘肃	31.00	22.73	30.26	22.26	23.32	15.55
	新疆	29.64	20.80	32.76	23.72	27.36	19.14
	四川	32.75	22.25	31.29	22.27	19.71	10.98
西部	贵州	30.71	23.54	32.48	24.80	24.55	14.46
	云南	30.89	23.56	30.76	22.81	25.50	16.11
	广西	35.40	25.93	33.86	23.61	31.97	19.84
	宁夏	31.26	24.61	30.23	23.82	23.76	18.30
	青海	31.70	25.21	33.92	25.10	25.21	17.42
	西藏			35.67	30.10	37.47	31.27
	平均	31.69	23.62	31.94	23.83	26.21	17.85

资料来源：根据1982年、1990年、2000年各次人口普查数据整理。

二 终身不婚

终身不婚是指某人口年内50岁及50岁以上未婚者。这批未婚者与同龄人口之比称作不婚率。本章利用1988年国家计划生育委员会组织的全国生育节育抽样调查基础数据,通过年龄移算主要是初婚人口年龄后推转换为未婚人口等方法,推算出1953年、1964年全国人口终身不婚状况;同时根据1982年、1990年、2000年几次人口普查数据,对全国人口不婚状况做一纵观50年的大体轮廓分析。

前表12—10和表12—11可见,在20世纪20年代末30年代初,中国人口不婚率男性为1.6%,女性为0.03%[①]。新中国成立后,男性人口和女性人口不婚率均呈逐步下降态势。2000年与1953年相比,男性人口不婚率由1953年的4.21%下降至3.63%,下降0.58个百分点。女性人口不婚率由1953年的0.58%下降至2000年的0.19%,下降0.39个百分点。

新中国成立以来人口不婚率的变化特点是:

(一) 人口不婚率变动很小

表12—12可见,50年来,无论男女,人口不婚率一直在一个较窄区间变动,男性人口不婚率1953、1964、1982、1990、1995、2000年分别为4.21%、2.44%、2.77%、3.24%、3.29%和3.63%,最高与最低差值仅为1.77个百分点。女性人口不婚率上述年份分别为0.58%、0.42%、0.28%、0.09%、0.20%和0.19%,最高与最低差值仅为0.49个百分点,表明50年来人口不婚率变动很小,不婚率一直较低。

(二) 城乡人口不婚率差异较小

1982年全国第三次人口普查资料显示,城乡人口不婚率差异较小,市、镇、县男性人口不婚率分别为1.70%、1.75%和3.06%,女性不婚率分别为0.43%、0.44%和0.25%。

1990年第四次人口普查资料显示,男性人口不婚率市、镇、县分别为1.66%、1.74%和3.84%,县高出市、镇1倍以上。女性不婚率市、镇、县分别为0.27%、0.31%和0.21%,其最高与最低差值0.10个百分点,表明无论城乡,女性人口不婚者在90年代已经极少。

城乡人口不婚率存在差异主要是农村男性人口。造成这种现象的原因主要是农村经济条件较差。据贵州省史料记载,在少数民族地区曾流行

[①] 马侠:《婚姻·家庭·人口》,辽宁人民出版社1987年版,第15页。

"七牛聘礼制"，聘礼要相当 7～9 只牛的价值。最贫困的地区也要 50～100 银元。一些家庭比较贫困的男性，由于无力支付这笔彩礼，只好打光棍，终身不婚①。山东省沂水县妇联 80 年代中期的调查报告提供的资料表明，在沂蒙山区男性青年婚配十分困难，431 个村 25～45 岁的男性未婚人数有 9 355 人。由于库区、边远山区经济收入低，吃水困难，交通不便等原因，山里姑娘不愿在当地受苦，平原姑娘更不乐意嫁到山沟来，男青年找媳妇普遍困难，许多家庭被迫转亲换亲（即用姐妹换媳妇），家中无有姐妹的，再好的青年也难找媳妇。据调查统计，贫困村的光棍汉约占应婚青年的 20% 以上，现已成婚的户中，转亲换亲的占 50%～60%②。

（三）不同地域不婚率的差异

根据 1987 年 1% 人口抽样调查分省分性别分年龄人口婚姻状况资料；首次算出 1987 年中国东、中、西部人口不婚率状况（见表 12—14）。

表 12—14　　1987 年中国东、中、西部人口不婚率差异比较　　（单位：%）

东部	男	女	中部	男	女	西部	男	女
辽宁	2.13	0.05	黑龙江	1.58	0.06	陕西	2.00	0.10
河北	4.98	0.05	吉林	1.98	0.05	甘肃	1.15	0.33
北京	1.98	0.22	内蒙古	4.65	0.09	新疆	1.30	0.07
天津	2.55	0.28	山西	3.26	0.01	四川	3.42	0.44
上海	0.95	0.46	河南	4.27	0.06	贵州	1.14	0.19
山东	3.49	0.06	安徽	3.44	0.10	云南	1.34	0.95
江苏	2.52	0.25	湖北	2.13	0.13	广西	3.48	0.26
浙江	3.55	0.15	湖南	1.98	0.14	宁夏	1.09	0.00
福建	4.41	0.27	江西	1.57	0.07	青海	2.93	2.18
广东	4.46	0.58						
平均	3.10	0.24	平均	2.76	0.08	平均	1.98	0.50

资料来源：本表根据 1987 年 1% 人口抽样调查数据计算整理，见中国社会科学院人口研究所编：《中国人口年鉴 1989》，经济管理出版社 1990 年版。

---

① 潘治富主编：《中国人口·贵州分册》，中国财政经济出版社 1988 年版。
② 山东省妇联权益部档案：《沂水县妇联调查报告》，1985 年 9 月 9 日。

表 12—14 提供数据表明，东、中、西部男性人口不婚率差异不太明显，东、中、西部男性不婚率分别为 2.80%、2.76% 和 1.98%，东部最高，中部次之，西部最低。然而，若分省观察，则差异比较明显。当年调查 28 个省、市、自治区中，男性不婚率最高为河北省（4.98%），最低为上海（0.95%），相差 4.03 个百分点，最高为最低的 5 倍强。就女性人口不婚率而言，东、中、西部分别为 0.24%、0.08% 和 0.50%。西部最高，东部次之，中部最低。若分省观察则差异较为明显，女性不婚率最高为青海省（2.18%），最低为宁夏回族自治区（为 0.00%），青海为宁夏的 2 倍略强。

第三节 离 婚

离婚是指婚姻关系法律上解除。新中国 50 年人口离婚率的变动基本是比较平稳的，也是比较低的。

一 粗离婚率

（一）粗离婚率变动趋势

粗离婚率是指年度内某人口每千人中的离婚数目（人数或对数）[①]。这一指标由于计算所需的基础数据较为容易获得，所以通常用粗离婚率这一指标来反映不同历史时期人口离婚状况的变动特点和趋势，并进行横向比较。

新中国 50 年来，人口离婚率的变动统计表明，50 年中全国人口离婚率的变动基本是比较平稳的，也是比较低的。根据《中国人口》丛书一

[①] 马瀛通在其《人口统计分析学》第 398 页（红旗出版社 1989 年版）中认为，粗离婚率应是离婚对数与年平均人口之比。沈益民在其《近三十年世界人口普查和人口概况》一书中也持同样的观点。杨德清等主编的《计划生育学》（第 202 页）却持不同观点，认为离婚率是年内离婚人数与年平均人口数之比。1988 年 8 月，民政部召集有关专家、学者以及从事婚姻统计的实际工作者，专题研究了计算离婚率的方法问题，并形成一致意见：离婚率＝年内离婚人数/年平均总人口×1000‰（见李荣时，"对中国人口离婚状况的初步分析"，《中国人口科学》，1993 年第 6 期）。国家统计局历年《中国统计年鉴》刊载的离婚率均是离婚人数与年平均人口之比，因此，本章出于与国家统计局数据一致且获取资料方便，均采用离婚人数与年平均人口数之比的公式计算粗离婚率。

些省份记载①及 1979~2000 年国家统计局在历年《中国统计年鉴》公布的数据整理，50 年代全国人口离婚率平均为 3.00‰，60 年代平均为 1.46‰，70 年代平均为 0.50‰，80 年代平均为 0.95‰，90 年代平均为 1.69‰，50 年间基本走势呈现由高向低而后略有抬高的格局。50 年中以 50 年代中期离婚率为最高，在其后的几十年中虽然有些起伏但均未达到 50 年代中期的高度。（见图 12—3）。

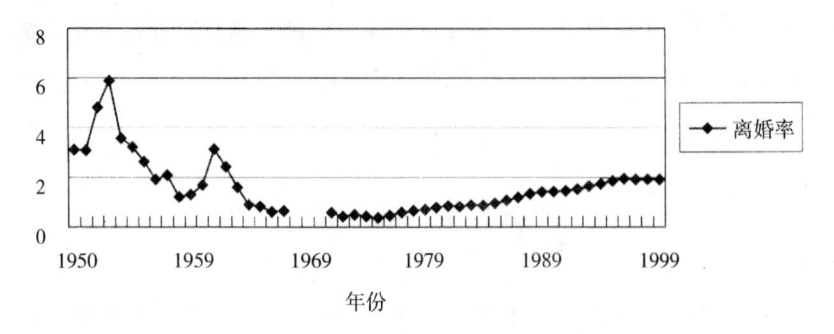

图 12—3　1950~2000 年中国人口离婚率

资料来源：本图中 1951~1977 年离婚率根据《中国人口》北京、天津、陕西、山西、青海、吉林、甘肃、河南、湖南、上海、江苏各省分册整理；1978~1984 年离婚率参见国家统计局社会统计司编《中国社会统计资料 1990》，中国统计出版社 1990 年版；1985~2000 年离婚率根据国家统计局编《中国统计年鉴 2001》表 22—37、表 4—1 整理，中国统计出版社 2001 年版。

对新中国 50 年人口离婚率的基本估计，亦可从法院系统审理离婚案件的变动情况予以印证。以山东为例。山东省法院提供的 1950~1999 年各级法院初审离婚案件收案统计数字表明，以每万人离婚案件收案数为指标进行分析，50 年中，以 1952 年和 1953 年为最高，每万人离婚案件收案数分别为 10.40 件和 12.90 件；以 1977 年为最低，每万人离婚案件收案数仅有 1.08 件；90 年代尽管离婚人数和离婚案件绝对数日益增多，但就每万人离婚案件收案数分析，仍低于 1952 年和 1953 年的水平，1997 年、1998 年、1999 年分别为 8.13 件、8.60 件和 8.49 件（见表 12—15）。

---

① 1950~1978 年数据根据天津、北京、湖南、青海、甘肃、河南、福建、四川、新疆、宁夏、山东等省份《中国人口》丛书各省分册整理。

表12—15　山东、江苏法院系统初审离婚案件收结情况

年份	山东 收案数（件）	山东 每万人离婚案收案（件）	江苏 离婚案（件）	江苏 每万人离婚案（件）	年份	山东 收案数（件）	山东 每万人离婚案收案（件）	江苏 离婚案（件）	江苏 每万人离婚案（件）	年份	山东 收案数（件）	山东 每万人离婚案收案（件）
1950	25 811	5.56	23 913	6.67	1967	14 712	2.47	—	—	1984	20 270	2.65
1951	36 493	7.71	27 166	7.43	1968	7 360	1.21	—	—	1985	20 606	2.68
1952	50 210	10.40	43 419	11.61	1969	—	—	—	—	1986	22 930	2.95
1953	63 522	12.90	51 145	13.40	1970	9 881	1.53	—	—	1987	26 086	3.31
1954	39 447	7.81	32 233	8.28	1971	10 486	1.60	—	—	1988	29 972	3.74
1955	33 356	6.45	30 234	7.59	1972	10 622	1.59	—	—	1989	36 767	4.49
1956	31 670	6.03	27 407	6.70	1973	10 985	1.62	—	—	1990	40 613	4.82
1957	32 043	5.96	26 030	6.22	1974	10 244	1.49	2 982	0.54	1991	—	—
1958	26 260	4.84	12 764	3.00	1975	10 415	1.49	2 754	0.49	1992	—	—
1959	23 188	4.32	10 369	2.42	1976	9 212	1.31	3 643	0.64	1993	—	—
1960	23 355	4.50	6 910	1.63	1977	7 679	1.08	2 776	0.48	1994	—	—
1961	39 199	7.44	2 456	0.58	1978	8 609	1.20	3 097	0.53	1995	—	—
1962	36 713	6.77	13 638	3.15	1979	9 469	1.31	3 871	0.66	1996	—	—
1963	32 191	5.76	13 767	3.10	1980	12 396	1.70	5 952	1.00	1997	72 489	8.13
1964	26 566	4.74	11 994	2.66	1981	15 917	2.15	8 464	1.41	1998	75 991	8.60
1965	25 063	4.39	—	—	1982	17 531	2.34	8 125	1.33	1999	75 413	8.49
1966	15 233	2.60	—	—	1983	17 683	2.33					

资料来源：

[1] 山东省数据根据山东省法院民庭提供的数字整理。

[2] 江苏省数据见杜闻贞主编：《中国人口·江苏分册》第271页，其中1950～1956年为婚姻纠纷案；中国财政经济出版社1987年版。

其他一些省市散见的史料也反映出新中国50年中一些省市人口离婚案件及离婚率以50年代的1953年为最高的基本格局。《福建省志·民政志》记载，在1950～1995年间（缺1958～1977年），以1954年申请离婚的为最多，有33 920对，全省每万人申请离婚的达25.33对，同年准予离婚23 921万对，每万人平均为17.86对①。整个80年代和90年代前半期，在民政部门和法院申请离婚的均未超过2万对；90年代后期，1997年开始突破一年批准离婚案件2万件（为民政和法院合计数）的水平，达到21 508对，在其后的2000年达到28 787对，但这两个年份该省每万人离婚对数也只有6.45对和8.29对②，均未达到1954年17.86对/万人水平。

另外，江苏省的有关离婚案件的史料也表现出与上述几省同样的变动趋势。表12—15可见，在1950～1982年的30多年间，每万人离婚案以1953年为最高，达到13.40件/万人；其后逐年下降，在70年代每万人离婚案均在0.50件左右徘徊；80年代初有所提升，但远未达到1953年的水平。安徽省的相关史料也同样表现出新中国成立50年中以1953年离婚案件为最多的基本特点。1953年全省法院判决与调解的离婚案为4.46万件，高于1952年（3.77万件）和1954年（2.09万件）③，同样也高于1999年和2000年民政和法院共同办理的离婚案件（1999年该省为3.76万对，2000年为3.63万对④）。

新中国50年中，人口粗离婚率曲线凸显50年代中期和60年代初期两个高峰。50年代人口离婚率出现高峰其主要原因是，1950年颁布的《婚姻法》在许多条款中对包办婚姻、重婚纳妾、买卖婚姻等做出废止的规定。同时在1950年婚姻法及其后的贯彻婚姻法运动中，全国各地司法、妇联、共青团、工会、民政等部门大力宣传并积极维护婚姻当事人婚姻自

---

① 《福建省志·民政志》，第九章/第三节"结婚、离婚登记"，福建省情资料库 www.fjsq.gov.cn。
② 见1997年和2000年国家统计局编：《中国统计年鉴》，中国统计出版社1998、2001年版。
③ 郑玉林主编：《中国人口·安徽分册》，中国财政经济出版社1987年版，第307页。
④ 见1997年和2000年国家统计局编：《中国统计年鉴》，中国统计出版社1998、2001年版。

由的合法权益,对许多包办婚姻、买卖婚姻及重婚纳妾婚姻的解体起到十分重要的作用。山东省法院的资料记载,"为更好地贯彻执行婚姻法,全省从省到县均成立了贯彻婚姻法检查委员会,省法院、省检察院及妇联、民政、报社、监委共同组织了婚姻法检查组","全省各级人民法院共抽出500名左右的干部参加了基点试验和宣传婚姻法办公室工作。在运动末期,有的地区还组成婚姻法庭,有的进行巡回就审。……随着婚姻法宣传贯彻的不断深入,各地受理的婚姻案件也逐步增多。……1951年全省共收婚姻案件40 029起,比1950年上升35.6%。"① 另据山东省民政厅1951年的档案记载,"本年度一至九月全省共收民事案件38 950起,其中婚姻纠纷26 215起,占民事案64%起。在婚姻案件中,以离婚与解除婚约为最多,在城市占93%,在农村占98%,而提出离婚的绝大多数又是女方,离婚的主要原因是旧婚姻制度的包办、强迫、买卖以及虐待、早婚等"②。

福建省民政部门的有关资料也记载了50年代初该省贯彻婚姻法时期离婚案件的具体情况。"从1950年5月至1952年底,……申请离婚的有15 735对,经审查批准其离婚的14 411对(占申请离婚总对数的91.6%),其中由妇女提出离婚的有8 991起(主要原因,相当一部分是父母包办、买卖婚姻或长期受丈夫虐待,也有是姑嫂换婚、等郎配等),占批准离婚数的62.4%。……1954年批准离婚登记的为23 921对,经调解不离的5 084对,转人民法院处理的4 915对。通过《婚姻法》广泛深入的宣传也打破了闽东部分山区的'典妻'、'租妻'婚姻恶俗"。③

50年代中期,军人、干部的离婚案件虽然在当时较为突出,但并不占多数。据山东省民政厅的档案记载,1954年至1955年两年来,济南市共处理婚姻纠纷案1 527件,其中涉及军人的婚姻纠纷案48件,占婚姻

---

① 山东省司法厅:"公布、贯彻婚姻法",山东省情资料库·司法库,第三卷/第五类/第三辑,www.infobase.sd.cninfo.net。
② 山东省民政厅:"山东省一年来执行婚姻法的总结与今后继续贯彻执行的意见(草稿)",山东省民政厅档案,永久:1951年34卷。
③ 《福建省志·民政志》,第九章第三节"结婚、离婚登记",见福建省情资料库,www.fjsq.gov.cn。

纠纷案的3.14%①。另据山东省法院的资料记载，国家自新中国成立初期就提出要保护革命军人的婚姻。1950年《婚姻法》第19条明确规定，"现役革命军人与家庭有通讯关系的，其配偶提出离婚须得革命军人的同意"。在那一时期，人民法院受理的军人婚姻案件主要是革命军人的家庭因与军人失去联系及得不到军人经济上的帮助等原因提出离婚案件，其他情况较少②。

60年代初及90年代人口离婚率虽然有所抬升，但远远低于50年代的水平。

表12—16　　　　几个年份分地区人口离婚率　　　　　（单位：‰）

年份	人口离婚率				
	0.99以下	1.00~1.99	2.00~2.99	3.00~3.99	4.00以上
1954		北京(1.90)四川(1.69)	甘肃(2.50)	天津(3.81) 河南(3.83) 山东(3.48) 福建(3.57)	青海(4.89) 宁夏(5.40)
1982	天津(0.79)河南(0.68) 湖北(0.69)湖南(0.77) 广东(0.69)广西(0.73) 四川(0.60)贵州(0.80) 云南(0.77)西藏(0.28) 陕西(0.88)甘肃(0.76) 宁夏(0.99)河北(0.91) 上海(0.92)江苏(0.47) 浙江(0.55)安徽(0.47) 福建(0.50)江西(0.69) 山东(0.56)河南(0.68) 湖北(0.69)湖南(0.77) 广东(0.69)广西(0.73) 四川(0.06)贵州(0.80) 云南(0.77)西藏(0.28)	北京(1.17) 山西(1.52) 内蒙古(1.00) 辽宁(1.13) 吉林(1.18) 黑龙江(1.32) 青海(1.58)			新疆(8.29)

---

① "济南市贯彻婚姻法运动委员会办公室两年来贯彻婚姻法工作总结"，山东省民政厅档案，长期：1955年142卷。
② 山东省司法厅："几种婚姻案件的审判"，山东省情资料库·司法库，第三卷/第五类/第三辑，www.infobase.sd.cninfo.net。

续表

年份	人口离婚率				
	0.99以下	1.00~1.99	2.00~2.99	3.00~3.99	4.00以上
1990	陕西(0.88) 甘肃(0.76) 宁夏(0.99) 江苏(0.77) 安徽(0.82) 福建(0.82) 江西(0.93) 山东(0.89) 广东(0.81) 西藏(0.64) 海南(0.81)	天津(1.52) 河北(1.19) 山西(1.51) 内蒙古(1.68) 浙江(1.03) 河南(1.09) 湖北(1.20) 湖南(1.21) 广西(1.03) 四川(1.49) 贵州(1.32) 云南(1.30) 陕西(1.48) 甘肃(1.23) 宁夏(1.50)	北京(2.62) 辽宁(2.87) 上海(2.44) 青海(2.45)	吉林(3.11) 黑龙江(3.07)	新疆(7.39)
2000	西藏(0.92)	河北(1.58) 山西(1.44) 江苏(1.50) 浙江(1.85) 安徽(1.21) 福建(1.66) 江西(1.17) 山东(1.35) 河南(1.40) 湖北(1.57) 湖南(1.70) 广东(1.10) 广西(1.28) 贵州(1.47) 云南(1.69) 陕西(1.77) 甘肃(1.49) 海南(1.00)	天津(2.67) 内蒙古(2.73) 四川(2.42) 青海(2.58) 宁夏(2.19)	北京(3.85) 辽宁(3.85) 吉林(3.74) 上海(3.80)	黑龙江(4.06) 新疆(5.72)

资料来源：

[1] 本表1954年数据源于《中国人口》丛书上述省份分册。

[2] 本表1982年数据根据中国社会科学院人口研究所编《中国人口年鉴1989》整理，经济管理出版社1990年版；并根据姚新武等编《中国常用人口数据集》整理，中国人口出版社1994年版。

[3] 本表1990年、2000年数据根据《中国统计年鉴1991》、《中国统计年鉴2001》整理。

[4] 本表离婚率的计算口径是离婚人数与总人口之比。

（二）人口离婚率的地区特点

全国各省、市、自治区人口离婚率的地区特点主要表现为：其一，人口离婚率的地区差异正在逐步缩小，1982年全国人口离婚率最低的西藏自治区（0.28‰）和最高的新疆维吾尔自治区（8.29‰）二者差值为8.01个千分点；2000年全国人口离婚率最低省份和最高省份仍然是西藏（0.92‰）和新疆（5.72‰），但二者差值降为4.80个千分点。其二，大多数省份人口离婚率一直保持在较低水平，虽然略有增长，但增长幅度非常缓慢，且呈现组群式变动倾向。2000年与1982年相比，有18个省份人口离婚率从0.99‰以下组群式移动到1.00‰/1.99‰区间（见表12—16）。

在80年代至2000年，新疆一直是全国人口离婚率最高的省份，且离婚率的水平高出其他省份几倍。据国内学者90年代对新疆维吾尔族聚居区调查，在喀什莎东县阿热勒乡和和田墨玉县扎瓦乡，成年维吾尔族人有离异经历者约在75%左右，一生中平均结婚3.5次；阿克苏地区82位80岁以上维吾尔族长寿老人结过一次婚的仅占17.1%，男性平均结婚5.7次，女性2次[①]。

二 离婚人口基本特征

（一）离婚年龄

据山东社会科学院人口研究所的学者对山东省济南市、济宁市、临沂县（现改为市）、掖县（现改为莱州市）人民法院1953年、1964年、1979年、1982年办理的离婚案卷调查[②]，1953年离婚者离婚时点年龄，其中19岁以下占5.53%，20~29岁占57.69%，30~39岁占27.20%，40~49岁占7.69%，50~59岁占1.20%，60岁以上占0.70%。1964年离婚者离婚时点年龄，19岁以下占5.56%，20~29岁占53.70%，30~39岁占29.63%，40~49岁占8.80%，50~59岁占1.85%，60岁及以上占0.46%。1979年离婚者离婚时点年龄，19岁以下占0.00%，20~29岁占43.06%，30~39岁占45.83%，40~49岁占7.64%，50~59岁占1.39%，60岁及以上占2.08%。1982年离婚者离婚时点年龄，19岁以下占0.19%，20~29岁占57.87%，30~39岁占33.33%，40~49岁占7.30%，50~59岁占1.12%，60岁及以上占0.19%。1982年与1953年比较，19岁以下和60岁以上年龄组比重出现下降，30~39岁年龄组比重有所上升，在这两个年份中，离婚者离婚年龄均以20~29岁组为最高，均超过50%以上。四川省离婚案件调查资料记载，50年代至70年代四川省离婚人口年龄构成也同样呈现年轻型变化，1953年男性和女性20~29

---

① 曾毅：《中国八十年代离婚研究》，北京大学出版社1995年版，第130页。
② 本次离婚案卷查阅及整理由山东社会科学院人口研究所鹿立进行，1953年查阅208件案件，1964年查阅108件，1979年查阅72件，1982年查阅267件。

岁组的比重分别为 49.58% 和 52.03%，而 1982 年 20～29 岁男性和女性比重已分别上升至 50.64% 和 54.36%（见表 12—17）。

表 12—17　　　　1953～1982 年几个年度四川省部分地区
离婚人口年龄构成　　　　（单位:%）

年龄组	1953 男	1953 女	1964 男	1964 女	1979 男	1979 女	1982 年 男	1982 年 女
15～19	5.80	16.63	0.50	11.90	0.00	0.55	0.34	5.70
20～24	28.23	31.10	26.10	35.70	3.31	17.68	11.41	22.15
25～29	21.35	20.62	29.16	22.65	37.57	44.75	39.03	32.21
30～34	14.65	14.00	20.35	16.50	25.99	17.68	23.17	23.15
35～39	11.00	9.39	12.02	7.29	17.13	10.50	12.08	5.70
40～44	7.30	4.25	5.00	3.65	9.39	4.99	6.04	4.70
45～49	3.95	1.97	3.84	1.54	3.31	1.10	4.20	2.01
50～54	2.21	0.60	2.65	0.58	1.10	1.65	0.03	2.68
55～59	0.78	0.24	0.38	0.19	1.10	0.00	1.01	0.00
60～64	1.14	0.18	0.00	0.00	1.10	1.10	1.34	0.68
65～69	0.12	0.00	0.00	0.00	0.00	0.00	0.34	0.34
70 以上	0.12	0.00	0.00	0.00	0.00	0.00	0.00	0.00
不详	3.35	1.02	—	—	—	—	1.01	0.68
合计	100.00	100.00	100.00	100.00	100.00	100.00	100.00	100.00

资料来源：刘洪康主编《中国人口·四川分册》，中国财政经济出版社 1988 年版，表 292 页表 11—7。

据国内学者 80 年代初和 80 年代末 90 年代初十区（县）调查[①]，80 年代初，男性离婚者离婚时点年龄分布为：15～19 岁比重占 0.18%，20～29 岁占 43.69%，30～39 岁占 33.11%，40～49 岁占 13.64%，50～59 岁占 5.53%，60 岁及以上占 3.85%；女性离婚者离婚时点年龄分布为：15～19 岁占 2.47%，20～29 岁占 54.61%，30～39 岁占 28.36%，40～49 岁占 9.39%，50～59 岁占 3.13%，60 岁及以上占 2.05%。80 年

---

① 曾毅：《中国八十年代离婚研究》，北京大学出版社 1995 年版。

代末90年代初,男性离婚者离婚时点年龄分布为:15～19岁比重占0.00%,20～29岁占29.10%,30～39岁占47.37%,40～49岁占13.86%,50～59岁占6.35%,60岁及以上占3.32%;女性离婚者离婚时点年龄分布为:15～19岁比重占0.39%,20～29岁占41.80%,30～39岁占41.07%,40～49岁占10.80%,50～59岁占4.49%,60岁及以上占1.45%。表现出无论男性或女性,其离婚年龄分布均呈由向20～29岁集聚转为向30～39岁年龄组集聚的倾向;同时还表现出无论是80年代初或90年代初,女性离婚年龄均低于男性(该项调查显示,80年代初男女平均离婚年龄分别为34.4岁和31.2岁,80年代末90年代初男女平均离婚年龄分别为35.8岁和33.2岁)。

(二)离婚原因

新中国50年来,离婚人口主要离婚原因发生较大变化。在50年代,大多数离婚者离婚原因是对不平等婚姻的一种反抗,其中多是属包办婚姻,或是配偶一方重婚纳妾、配偶久无音信或不同居,或配偶系反动分子等。据济南市法院1952年档案记载,在其当年终结的844件离婚案件中,其中由于"感情不合或感情破裂"(实则包办婚姻)离婚的占54.64%,"对方通奸或重婚纳妾"的占8.62%,"对方久无音信或不同居"的占7.94%,"对方系反动分子"的占6.58%,"对方生理缺陷或有恶疾"的占3.85%,"生活困难"占2.27%,"虐待或遗弃"占1.59%,"对方妨害人身自由或组织参加社会活动"的占0.68%,"其他"占13.83%。

60年代至80年代,因包办婚姻离婚的比重日愈降低,因"家庭琐事、经济纠纷"和"互相猜疑、感情不合"导致离婚的比重日愈增高。据山东社会科学院人口研究所的学者对山东省济南市、济宁市、临沂县(现改为临沂市)、掖县(现改为莱州市)人民法院1953年、1964年、1979年、1982年办理的离婚案卷调查,1953年、1964年、1982年因包办婚姻离婚的比重逐步降低,分别为29.8%、21.3%和9.7%,同期因家庭琐事经济纠纷离婚的比重逐渐升高,分别为5.8%、18.5%和43.1%。同时,在80年代因"一方受虐待"和"一方外出长期不归、下落不明"导致离婚的现象基本消失。[①]

---

① 1953年查阅208件案件,1964年查阅108件,1979年查阅72件,1982年查阅267件。

90年代初离婚人口离婚原因又有较大变化。据北京大学人口研究所的一项调查，在90年代初，离婚人口离婚原因是以"性格志趣不同"比重为最高，达到42.89%。其后依次为"家庭矛盾"（18.00%），"草率结婚"（10.74%）、"其他"（7.87%）、"生活作风"（7.39%）、"性生活不协调"（7.45%）、"病残"（5.45%）、"一方犯罪"（2.92%）[1]。在该项调查中，将"第三者插足"归类为"生活作风"。

"第三者插足"问题在80年代和90年代导致的离婚案逐渐增多并引起社会关注。据北京某区的调查，由第三者插足引起的离婚案，1982年占总数的14%，1983年占30%，1988年达到40%左右。另据上海市徐汇区调查，随机抽出的633件离婚案中，一方或双方有生活作风问题的占35.4%[2]。但据山东省高级人民法院1983年的情况报告，山东的第三者插足离婚案比重远远低于北京市和上海市，1981年受理的第三者插足离婚案占离婚案总数的11.75%，1982年为13.65%，1983年（1至9月底）为15%。从城乡所占比例看，市区高于地县，市区约占20%以上，地县约占15%以下[3]。90年代这一问题开始得到缓解。据济南市历城区人民法院1991年对815件离婚案调查，其中因重婚和第三者插足导致离婚的仅占14.6%；而因家庭生活矛盾导致离婚的占61.1%；因婚姻基础差、夫妻性格差异大、婚后无感情离婚的占22.7%；因患有疾病导致离婚的占4.05%[4]。

第四节 丧 偶

丧偶是指结婚后配偶一方死亡而另一方尚未再婚的人。一定时期丧偶人口的多少，反映了这一时期丧偶人口重新进入有配偶生活的状况，同时也间接反映出已婚人口死亡率的高低。新中国50年来，中国人口丧偶率呈逐渐下降趋势，尤其女性人口丧偶率有了较大幅度下降。

---

[1] 曾毅：《中国八十年代离婚研究》附录，北京大学出版社1995年版。
[2] 同上书，第96页。
[3] "山东省高级人民法院关于第三者插足破坏婚姻家庭案件的情况报告"，[83]鲁法民字第329号。
[4] 山东省济南市中级人民法院《法院工作简报》，1991年9月14日第42期。

一 丧偶率

（一）丧偶率的变动趋势

丧偶率是指15岁及以上人口每百人中丧偶人口的比重。据有关史料记载，1946年至1947年间，中国城市人口丧偶率为7.17%，农村为9.82%[①]。新中国成立后，随着人民生活水平和健康水平的提高，人口死亡率降低以及人们婚姻观念的改变，人口丧偶率逐步降低。1982年人口普查，全国人口丧偶率为7.16%，1990年及2000年人口普查，丧偶率又依次降为6.10%和5.58%（见本章第二节表12—10）。2000年比1947年下降了35%左右，表明新中国成立50年来中国人口丧偶率呈逐渐下降趋势。

表12—18　　　　　　几个年份分地区人口丧偶率　　　　　　（单位:%）

年份	人口丧偶率			
	4.00以下	4.01~5.00	5.01~6.00	6.01~7.00	7.00以上
1982			辽宁(5.39) 黑龙江(5.60) 吉林(5.88) 内蒙古(5.45) 新疆(5.16) 宁夏(5.03) 青海(5.95) 北京(5.59) 天津(5.78)	上海(6.68) 山西(6.88) 陕西(6.80) 甘肃(6.61)	河北(7.11)山东(7.41)江苏(7.32)浙江(7.21)福建(7.60)广东(7.96)河南(7.71)安徽(7.50)湖北(7.57)湖南(7.38)江西(7.45)四川(7.95)贵州(7.30)云南(7.32)广西(7.66)
1990		北京(4.95) 黑龙江(4.79) 内蒙古(4.76) 新疆(4.46) 宁夏(4.16) 青海(4.97)	辽宁(5.03) 吉林(5.08) 天津(5.49) 山东(5.83) 陕西(5.86) 甘肃(5.44)	河北(6.11)上海(6.37)山东(6.30)江苏(6.46)浙江(6.43)福建(6.52)广东(6.69)河南(6.34)安徽(6.16)湖北(6.44)湖南(6.38)江西(6.18)海南(6.09)四川(6.51)贵州(6.00)云南(6.10)广西(6.55)	西藏(7.31)

[①] 马侠：《婚姻·家庭·人口》，辽宁人民出版社1987年版，第11页表2。

续表

年份	人口丧偶率				
	4.00以下	4.01~5.00	5.01~6.00	6.01~7.00	7.00以上
2000	新疆(3.78) 宁夏(3.72)	辽宁(4.98) 北京(4.22) 黑龙江(4.63) 吉林(4.81) 内蒙古(4.44) 广东(4.58) 海南(4.90)	河北（5.27）天津 （5.05）上海（5.19） 山东（5.66）浙江 （5.74）福建（5.64） 山西（5.05）河南 （5.62）安徽（5.99） 湖北（5.94）陕西 （5.42）甘肃（5.43） 贵州（5.25）云南 （5.50）青海（5.13）	江苏(6.18) 湖南(6.26) 江西(6.09) 四川(6.80) 广西(6.10) 西藏(6.90)	

注：本表根据1982年、1990年、2000年各次人口普查资料整理。

（二）人口丧偶率的地区差异

与人口未婚比、人口离婚率、人口再婚比的地区差异比较，人口丧偶率的地区差异较小。1982年28个省、区、市中人口丧偶率差值为2.93个百分点；1990年30个省、区、市中人口丧偶率差值为3.15个百分点；2000年30个省、区、市中人口丧偶率的差值为3.18个百分点。总体观察，全国各省份人口丧偶率的地区差异是在整体下降趋势中的差异。表12—18可见，1982年全国28个省份中有15个省份人口丧偶率位于7.00%以上的区间，1990年全国30个省份中有17个省份人口丧偶率位于6.01%~7.00%的区间，而至2000年全国30个省份中有15个省份人口丧偶率位于5.01%~6.00%的区间，表明在近20年中几乎每10年就有半数以上的省份人口丧偶率下降1个百分点左右。

二 丧偶人口基本特征

（一）年龄特征

有关史料及1982年、1990年和2000年人口普查提供的数据表明，新中国成立以来，丧偶人口的年龄状况呈现由中青年型逐渐向老年型结构转变趋势。20世纪20年代末及30年代初，男性人口分年龄组的丧偶人口比重，自30~34岁组始即达到4.0%以上（为4.8%），50~59岁组丧偶人口比重达到19.2%[①]。1982年、1990年、2000年这一状况发生较大

---

① 马侠：《婚姻·家庭·人口》，辽宁人民出版社1987年版，第15页。

变化。男性人口丧偶比达到4.00%以上的年龄组移至45～49岁组（为4.00%），比20年代末30年代初提升了3个5岁年龄组；1990年男性人口丧偶比达4%以上的年龄组移至55～59岁（为5.39%），2000年与1931年相比男性人口丧偶比达到4%以上年龄组后移了5个5岁年龄组。

女性丧偶人口年龄状况的变动趋势与男性基本相同。20世纪20年代末30年代初，女性人口丧偶比出现4%以上年龄组也是在30～34岁组，1982年这一状况出现在45～49岁组，1990年同样出现在45～49岁组，2000年后移至50～54岁组（见表12—19）。

表12—19　　　　中国几个年份分年龄组的丧偶人口状况　　　　（单位:%）

年龄组	1982年 合计	1982年 男	1982年 女	1990年 合计	1990年 男	1990年 女	2000年 合计	2000年 男	2000年 女
15～19	0.00	0.00	0.00	0.01	0.01	0.01	0.00	0.00	0.00
20～24	0.05	0.05	0.05	0.07	0.07	0.07	0.04	0.03	0.05
25～29	0.21	0.24	0.15	0.20	0.22	0.19	0.18	0.16	0.20
30～34	0.55	0.63	0.47	0.43	0.47	0.39	0.41	0.37	0.45
35～39	1.24	1.25	1.21	0.86	0.89	0.84	0.74	0.61	0.87
40～44	2.56	2.28	2.84	1.88	1.66	2.13	1.39	1.08	1.72
45～49	5.03	4.00	6.12	3.75	2.90	4.71	2.50	1.85	3.18
50～54	—	—	—	7.10	4.93	9.54	4.79	3.26	6.43
55～59	12.63	8.44	17.12	12.38	8.12	17.07	8.54	5.39	11.91
60岁及以上	43.66	26.97	58.13	38.19	23.60	51.44	30.36	18.45	41.68

资料来源：本表根据1982年、1990年、2000年各次人口普查资料整理。

（二）性别特征

中国丧偶人口的性别特征十分明显。20世纪20年代末30年代初，无论南方或北方，40～44岁组至60～69岁组的各年龄组人口中，女性丧偶比均为男性的2倍左右（见本章第二节表12—11）。出现这种性别差异主要与女性丧偶人口再婚较难有关。据1935年山东省邹平县调查，是年全县丧偶人口中男性为5 234人，女性为10 157人，女性近乎男性2倍[①]。

[①] 吴顾毓：《邹平实验县户口调查报告》，1937年，中华书局发行。

其原因，据有关史料记载，在山东省许多地方，寡妇再婚要受到非议，"女子既嫁，不幸而夫亡，多守节。间有再醮者，亦为乡里所不齿"[1]。

新中国成立后的50年来，丧偶人口的性别差异仍然比较明显。主要表现在60岁及以上年龄组中男女丧偶比的性别差异较大。1982年该年龄组男女人口丧偶比分别为26.97%和58.13%，女性为男性的2.16倍；1990年该年龄组男女丧偶比分别为23.60%和51.44%，女性为男性的2.18倍；2000年该年龄组男女丧偶比分别为18.45%和41.68%，女性为男性的2.26倍。这种人口现象的出现，主要原因为，其一，男性人口丧偶比的下降速度大大快于女性。2000年与1931年相比，全国60岁及以上男性丧偶比下降30多个百分点，下降了六成多，而同期同年龄组女性丧偶比只下降了不足五成。其二，历史原因造成的较大的性别差异在相当长的时期内难以消弭。20年代末30年代初，中国老年女性丧偶比呈较高比重，50～59岁女性人口丧偶比在南方达到41.6%，在北方达到36.4%；60～69岁年龄组丧偶比在南方达到67.4%，在北方达到56.2%；70～79岁年龄组丧偶比，在南方达到86.6%，在北方达到79.8%；80岁及以上人口丧偶比，在南方达到96.4%，在北方达到95.2%（见本章第二节表12—11）。这种分性别丧偶人口年龄状况的基本格局，一直延续至新中国成立后颁布的新婚姻法保障寡妇再嫁，才逐渐减少了女性人口丧偶比。

丧偶人口的性别差异还表现在平均丧偶年数方面。据北京大学人口研究所1998年进行的"中国高龄老人健康长寿研究"提供的数据表明，研究调查各年龄组高龄丧偶人口中，女性平均丧偶年数均高于男性40%～65%。80～84岁组中，平均丧偶年数男性为16.64年，女性为23.90年，高出男性7.26年；85～89岁组中，男性为16.81年，女性为27.60年，女性高出男性10.79年；90～94岁组中，男性为19.42年，女性为31.29年，女性高出男性11.87年；95～99岁组中，男性为23.00年，女性为34.83年，女性高出男性11.83年；100～105岁组中，男性为26.87年，女性为40.15年，女性高出男性13.28年[2]。

---

[1] 林修竹：《山东各县乡土调查录》，1920年。
[2] 郑真真：《中国高龄老人丧偶和再婚的性别分析》，《人口研究》，2001年第5期。

(三) 文化特征

表12—20提供的数据表明，80年代至90年代，不同文化程度人口丧偶比发生了一些变化：无论男女大学文化程度丧偶比均呈下降趋势，其男性丧偶比由1982年的1.19%下降至2000年的0.70%，女性丧偶比由1982年的2.07%下降至2000年的1.19%，均下降了四成多。同时，高中以下各类文化程度人口丧偶比均有不同程度增加，尤以文盲半文盲人口丧偶比增加幅度最大。其男性丧偶比由1982年的12.58%增至2000年的17.69%，增加5.11个百分点；女性丧偶比由1982年的19.03%增至2000年的30.14%，增加11.11个百分点；至2000年女性文盲半文盲丧偶者绝对数已达到2 365万人。表明低文化程度女性丧偶人口再婚几率明显低于高文化程度人口。

表12—20　　　　各类文化程度人口丧偶比　　　　（单位:%）

文化程度	1982 男	1982 女	1990 男	1990 女	2000 男	2000 女
大学	1.19	2.07	0.80	1.54	0.70	1.19
大专	—	—	0.60	0.89	0.52	0.85
中专	—	—	0.73	1.26	0.78	1.33
高中	0.56	0.43	0.61	0.60	0.73	1.15
初中	1.00	0.55	0.93	0.74	1.16	1.25
小学	4.04	2.11	4.12	2.62	5.86	5.78
文盲半文盲	12.58	19.03	14.71	23.12	17.69	30.14

资料来源：

[1] 1982年"大学"包括大学肄业或在校。

[2] 本表根据1982年、1990年、2000年各次人口普查资料整理。

(四) 职业特征

表12—21提供的数据表明，中国各类职业人群丧偶比的差异较小。1982年男性各类职业人口丧偶比最高与最低差值仅为3.2个百分点（最高是服务性工作人员，丧偶比为4.01%，最低是办事人员和有关人员，为0.81%）。1982年女性各类职业人口丧偶比最高与最低差值为3.67个百分点（最高亦是服务性工作人员，为4.70%，最低是各类专业技术人

员，为1.03%）。2000年各类职业人群丧偶比差异进一步缩小，男性各类职业人群丧偶比最高与最低差值降至2.63个百分点（最高是农林牧渔劳动者，为3.01%，最低是国家机关、党群组织、企事业单位负责人，为0.38%），女性各类职业人群丧偶比最高与最低差值为2.91个百分点（最高是农林牧渔劳动者，为3.72%，最低是各类专业技术人员，为0.81%）。

表12—21　　　　　各类职业人群丧偶比　　　　　（单位:%）

职业类别	1982年 男	1982年 女	1990年 男	1990年 女	2000年 男	2000年 女
各类专业技术人员	1.10	1.03	0.74	0.93	0.54	0.81
国家机关、党群组织、企事业单位负责人	1.02	4.22	0.64	2.74	0.38	1.57
办事人员和有关人员	0.81	1.47	0.61	1.21	0.81	1.04
商业工作人员	2.06	2.77	1.32	1.83	0.77	1.57
服务性工作人员	4.01	4.70	2.97	2.59	0.77	1.57
农林牧渔劳动者	3.30	2.55	2.91	2.62	3.01	3.72
生产工人、运输工人和有关人员	0.94	1.30	0.56	0.76	0.50	0.84
不便分类的其他劳动者	1.33	4.00	0.59	0.69	1.57	2.10

资料来源：本表根据1982年、1990年、2000年各次人口普查资料整理。

另外，如上所述，由于有些职业人群丧偶比快速下降，有些人群丧偶比变动较慢，使得某些职业人群丧偶比凸显。如1982年丧偶比较高的"服务性工作人员"，在整个80年代和90年代其丧偶比快速下降，2000年与商业人员一并下降至男0.77%，女1.57%；而农林牧渔劳动者丧偶比在整个80年代和90年代基本未变，从而成为2000年各类职业丧偶比最高的人群。

第五节　夫妻年龄差及婚姻挤压

夫妻年龄差及婚姻挤压（又称婚姻拥挤）是男女人口婚配是否平衡在人口领域的重要表现。由于人口出生性别比及人口年龄结构的非均衡发展以及夫妻年龄差偏好常常引发男女人口婚配失衡及婚姻挤压，人口学将之作为十分重要的人口婚姻现象进行研究。新中国50年来夫妻年龄差的基本格局为夫大于妻,但平均夫妻年龄差呈下降趋势;80年代初曾一度出现婚姻拥挤现象,但其后得到缓解。

一 夫妻年龄差

(一) 夫妻年龄差的变动趋势

夫妻年龄差是指丈夫年龄与妻子年龄之差。夫妻年龄差的不同模式,既是不同婚姻文化的反映,从中也传递着婚姻拥挤程度的信息。

新中国成立以来有关夫妻年龄差的全国性调查及统计资料均较少。据国内学者对国内某些省市的研究结果,在我国北方大城市(北京市),平均夫妻年龄差呈下降趋势,50年代为3.10岁,60年代为2.86岁,70年代为1.90岁,80年代为1.24岁,90年代(至1995年)为1.66岁[①]。

表12—22提供的数据表明,其一,无论在1982年、1987年或1990年,大多数夫妻均是丈夫年龄大于妻子年龄,夫大于妻的比重1982年为72.83%,1987年为70.48%,1990年为70.01%。表明在20世纪80年代及90年代初,中国男女婚配的年龄模式仍是以夫大于妻为主。其二,1990年与1982年相比,夫妻年龄差较大组的比重呈下降趋势,丈夫年龄大于妻子10岁及以上组、5~9岁组、4岁组、-4岁组、-5~-9岁组、-10岁及以上组比重均程度不同有所下降;而同时夫妻年龄差较小组的比重呈上升趋势,如夫妻年龄相同组比重由10.37%上升至12.95%,丈夫大于妻子1岁组由11.88%上升至13.90%。表明在这一期间男女婚配的年龄模式开始向夫妻年龄差逐渐缩小的趋势发展。而这一趋势表明,婚配男女可以在与自己年龄相仿、年龄跨度较小的区间找到配偶。

表12—22　　　　1982年、1987年和1990年中国夫妻年龄差　　　　(单位:%)

丈夫年龄大于妻子年龄	1982年	1987年	1990年
10岁及以上	6.32	5.05	4.43
5~9	23.18	21.25	19.33
4	9.20	9.07	8.63

---

① 邓国胜、郭志刚:"婚姻拥挤研究——兼论中国生育率下降的代价",中国社会科学院人口研究所编《中国人口年鉴1999》,中国人口年鉴编辑部1999年版,第100页。

续表

丈夫年龄大于妻子年龄	1982 年	1987 年	1990 年
3	10.56	11.04	10.83
2	11.69	12.90	12.89
1	11.88	11.17	13.90
0	10.37	12.49	12.95
－1	7.07	7.75	8.00
－2	4.27	4.57	4.49
－3	2.50	2.36	2.29
－4	1.29	1.11	1.07
－5～－9	1.46	1.12	1.04
－10 岁及以上	0.22	0.12	0.14

资料来源：见邓国胜、郭志刚"婚姻拥挤研究——兼论中国生育率下降的代价"，中国社会科学院人口研究所编：《中国人口年鉴1999》，中国人口年鉴编辑部1999年版，第105页。

在中国，影响夫妻年龄差的主要因素有：

1. 夫妻年龄差偏好

夫妻年龄差偏好是长期以来社会形成的夫妻年龄差规范。尽管法律上对夫妻年龄差并没有限制，任何可婚男女都可以与自己年龄相差很大或很小的异性结婚，但事实上一定时期一定地区大多数人往往偏好某一约定俗成的婚配模式。在中国北方，许多地区认同妻大于夫的婚配模式，"女大三，抱金砖"，正是这种婚配模式的真实写照。山东的史料记载，在济南近郊的章丘县（现改为章丘市），"男子结婚，多在十五岁左右。每喜娶长妇。盖因男子弱冠，往往出外经商，娶妇为照料家事计，竟沿成此习也"[①]。当然，在我国许多地方，婚配的年龄模式是夫大于妻。

20世纪80年代以来，随着改革开放的不断深入，人们的婚姻文化及夫妻年龄差偏好均不同程度地发生了变化。愈来愈多的人愿意选择与自己年龄相仿的异性作为配偶。据国内学者1995年进行的"中国婚姻质量"研究成果数据表明，在90年代中期，夫妻年龄差的差距呈继续缩小态势，

---

① 林修竹：《山东各县乡土调查录》，1920年。

夫妻年龄相同或丈夫大1~3岁的比重已达56.8%，高出1990年同类人群6.2个百分点（其他分组为：妻子年龄大于丈夫3岁以上的占1.8%，大于丈夫1~3岁的占12.2%，丈夫年龄大于妻子4~6岁占20.8%，大于妻子6岁以上的占8.4%）。同时，研究还表明，无论城乡，夫妻年龄差与婚姻质量均呈负相关关系，它对婚姻稳定的作用值在城市为-0.024，在农村为-0.005①。由此，愈来愈多婚姻当事人的夫妻年龄偏好发生变化。

2. 政策因素

中国1950年颁布实行并在1980年修订的《婚姻法》中，均对男女最低法定结婚年龄作出具体规定。1950年《婚姻法》第四条规定，"男二十岁，女十八岁，始得结婚"。1980年修订的《婚姻法》第五条规定，"结婚年龄，男不得早于二十二周岁，女不得早于二十周岁"②。其后，许多地方还实行女23周岁、男25周岁始得结婚的晚婚规定。这些法律法规，均按夫大于妻2岁的婚配年龄模式规定结婚夫妇最低法定结婚年龄，一定程度上造成夫妻年龄差并造成夫大于妻2岁的基本模式。

3. 历史事件影响因素

夫妻年龄差具有弹性变动的特点。当由于战争、自然灾害或其他历史事件引发正常的婚配失衡时，往往通过扩大夫妻年龄差的途径达到婚配平衡。在新中国的50年间，50年代和60年代的夫妻年龄差为最高，而这一时期正值抗美援朝、土地改革、"反右"以及自然灾害严重时期，这些历史事件严重影响了城乡人口正常的婚配秩序，使得许多人不得不通过扩大夫妻年龄差的途径寻找配偶。以男女平均初婚年龄差计算，全国50年代平均为3.11岁，60年代平均为3.09岁，其中1962年达到4.16岁（见本章第一节表12—2、表12—3），为新中国50年中最高的年份③。

---

① 徐安琪、叶文振：《中国婚姻质量研究》，中国社会科学出版社1999年版，第230、283、285页。

② 中国社会科学院人口研究中心编：《中国人口年鉴1985》，中国社会科学出版社1986年版，第65页。

③ 邓国胜、郭志刚在"婚姻拥挤研究——兼论中国生育率下降的代价"一文中认为，在人口分析中常常只能以容易获得的男女平均初婚年龄差，甚至男女平均单身年数差替代平均夫妇年龄差。据对北京市1995年1%人口抽样调查资料分析，各年代平均夫妇年龄差和平均初婚年龄差呈现较为一致的变动趋势，两者的相关系数高达0.95（见《中国人口年鉴1999》第100页，中国人口年鉴编辑部，1999年）。

(二) 夫妻年龄差的基本特征

1. 文化特征

中国社会科学院人口研究所 1991 年组织的《当代中国妇女地位抽样调查》数据表明，全国城乡按妻子文化程度划分的夫妻年龄差，城市中以不识字文化程度组的夫妻年龄差较大，夫大于妻 4 岁及以上的比重为 34.29%；夫妻年龄差最小的以大学专科和大学本科比重最高，夫与妻同龄或夫大于妻 1 岁的比重分别为 40.84% 和 49.61%。表明文化程度愈高，夫妻年龄差愈小。农村中以中专文化组的夫妻年龄差较大，夫大于妻 4 岁以上比重达到 39.02%；夫妻年龄差较小的人群以初中比重为最高，夫与妻同龄或夫大于妻 1 岁的比重为 36.40%。另外，在城市中，初中及以上各文化程度者中，均是以夫与妻同龄或夫大于妻 1 岁比重为最高；在农村，高中以下及大学专科文化程度者中，均是以夫与妻同龄或夫大于妻 1 岁比重最高，大学本科文化程度者中夫妻年龄差较大的比重较高，夫大于妻 4 岁及以上比重高达 33.33%。

表 12—23　　1991 年城乡按妻子文化程度划分的夫妻年龄差　　（岁,%）

文化程度	城市 合计	<0	0~1	2~3	4+	农村 合计	<0	0~1	2~3	4+
不识字	100.00	1.43	38.57	25.71	34.29	100.00	21.46	30.22	24.68	23.63
识字很少	100.00	3.70	26.27	36.30	33.33	100.00	20.60	35.88	27.21	16.31
小学	100.00	11.03	30.46	73.50	35.01	100.00	19.89	34.37	25.45	20.29
初中	100.00	10.13	31.66	30.61	27.60	100.00	21.68	36.40	24.27	17.66
高中	100.00	11.71	34.43	29.69	24.18	100.00	25.33	31.56	27.59	15.52
中专	100.00	12.44	34.34	27.72	25.49	100.00	17.07	24.39	19.51	39.02
大学专科	100.00	14.33	40.84	26.02	18.81	100.00	16.67	35.71	21.43	26.19
大学本科及以上	100.00	11.81	49.61	25.72	12.86	100.00	0.00	8.33	58.33	33.33

注：本表根据中国社会科学院人口研究所编《当代中国妇女地位抽样调查资料》表 2—3—4 整理，万国学术出版社 1994 年版。

2. 生育特征

表 12—24 提供的数据表明，夫妻年龄差不同的夫妇其生育子女数量也不同，无论城乡，随着夫妻年龄差增加，生育 1 孩的比重逐步降低。在

城乡夫妻年龄差为0~1岁组、2~3岁组、4岁及以上组生育1孩比重分别为75.77%、72.61%和62.85%；在农村上述各分组生育1孩比重分别为48.32%、45.94%和44.17%，均呈逐级降低态势。同时，随着夫妻年龄差增加，生育2孩和3孩的比重却在增加。在城市，夫妻年龄差为0~1岁组、2~3岁组和4岁及以上组生2孩的比重分别为19.68%、21.07%和26.98%，生3孩的比重分别为4.55%、6.32%和10.17%；在农村上述夫妻年龄差分组中生2孩的比重分别为35.91%、36.10%和36.76%，生3孩的比重分别为15.77%、17.96%和19.07%。

表12—24　1991年城乡按夫妻年龄差划分的生育子女状况　（单位:%）

夫大于妻年龄差	城市				农村			
	合计	1孩	2孩	3孩	合计	1孩	2孩	3孩
<0	100.00	74.19	20.90	4.91	100.00	48.07	38.55	13.38
0~1	100.00	75.77	19.68	4.55	100.00	48.32	35.91	15.77
2~3	100.00	72.61	21.07	6.32	100.00	45.94	36.10	17.96
4+	100.00	62.85	26.98	10.17	100.00	44.17	36.76	19.07

注：本表根据中国社会科学院人口研究所编《当代中国妇女地位抽样调查资料》表4—21，表4—22，表4—23整理，万国学术出版社1994年版。

二　婚姻挤压

婚姻挤压又称"婚姻拥挤"、"婚姻剥夺"，是指由于年龄别性别比、特殊历史事件等一些因素干扰，一些男性或女性失婚。当未婚男性过剩、未婚女性短缺时，称为男性婚姻拥挤；当未婚女性过剩、未婚男性短缺时，称为女性婚姻拥挤。

新中国成立以来，全国可婚人口的婚姻挤压是男性挤压型，这一态势从1950年起持续几十年，其中以70年代中期和80年代初期最为严重。国内学者认为，1950~1990年间中国近40年历史上的婚姻挤压是男性挤压型，而且起伏波动很大。第一时期，1950~1960年，婚姻挤压的较低水平波动时期，其婚姻挤压指数平均值为0.009。第二时期，1960~1970

年，婚姻挤压的第一次高水平波动时期，婚姻挤压指数的平均水平为0.019，波峰在1965年，达到0.034。第三时期，1970~1980年，婚姻挤压的第二次更高水平的波动时期，婚姻挤压指数平均水平为0.036，波峰值在1974年，为0.054。第四个时期，1980~1987年，婚姻挤压回归到较低水平的波动，但这次的波动水平显著于1950~1960年的低水平波动[1]。另有学者通过分年龄组性别比及男大女2岁性别比的计算对1953年、1964年、1982年、1990年和2000年几个年度婚姻挤压进行描述性分析，认为1953年中国婚姻状况存在一定的男性婚姻挤压，但情况不严重，15岁以上各年龄组同龄人口性别比未超过110；1964年中国婚姻状况存在较严重的男性婚姻挤压，15岁以上各年龄组有3个5岁年龄组同龄人口性别比超过110；1982年这种婚姻挤压更为严重，有4个5岁年龄组同龄人口性别比超过110；1990年有3个5岁年龄组同龄人口性别比超过110；2000年婚姻挤压略有缓解，虽然未有分年龄组同龄人口性别比超过110，但除60~69岁、70~74岁外，其他各个5岁年龄组性别比均在105以上[2]。

从1982年、1990年和2000年几次人口普查数据分析，80年代初是全国人口婚姻挤压较严重时期。1982年在20~50岁分年龄组人口中，非婚姻状况人口（包括未婚、丧偶、离婚）性别比，有3个年龄组超过800（31岁组为828.1，32岁组为832.0，34岁组为839.6），有3个年龄组超过700（29岁组为781.5，30岁组为785.0，33岁组为784.9），性别比在200以下的仅有8个年龄组。在20~49岁的30个年龄组中，平均每岁年龄组性别比为438.3。90年代初至90年代末，人口婚姻挤压的状况得到逐步缓解，1990年分年龄组非婚姻状况人口性别比峰值最高为641.9，在20~49岁的30个年龄组中，平均每岁年龄组性别比为370.9；2000年非婚姻状况人口各年龄组性别比峰值最高为349.0，平均每岁年龄组性别比为238.5，远远低于1982年的水平（见表12—25）。

---

[1] 郑维东、任强：《中国婚姻挤压的现状与未来》，《人口学刊》，1997年第5期。
[2] 陈友华等：《中国婚姻挤压研究与前景展望》，《人口研究》，2002年第3期。

表 12—25　　全国几个年份非婚姻状况人口分年龄性别比

(包括未婚丧偶离婚)

年龄	1982 年	1990 年	2000 年	年龄	1982 年	1990 年	2000 年
20	120.7	126.2	113.5	35	669.5	578.9	299.0
21	127.0	147.0	124.8	36	615.4	550.6	267.3
22	164.4	169.6	140.4	37	582.1	522.6	247.8
23	204.8	206.6	159.1	38	471.2	479.8	236.5
24	262.1	254.2	187.7	39	475.7	424.2	215.8
25	340.2	314.9	224.0	40	404.4	385.8	218.4
26	433.9	381.3	264.3	41	383.1	350.5	225.1
27	567.4	429.7	298.9	42	344.1	318.3	236.1
28	687.4	462.6	328.6	43	284.4	287.7	220.5
29	781.5	464.3	341.7	44	263.0	259.1	206.0
30	785.0	553.8	349.0	45	220.5	235.6	204.9
31	828.1	608.3	346.2	46	193.6	218.5	187.5
32	832.0	641.9	335.7	47	179.2	199.5	181.5
33	784.9	609.3	342.5	48	164.1	183.6	169.5
34	839.6	596.3	328.0	49	139.9	166.2	154.0

注：本表 1982 年数据根据第三次全国人口普查 1%户抽样资料整理。1990 年、2000 年根据第四次、第五次人口普查资料整理。

历史的结论

(一) 总体趋势

综观 1949 年以来中国人口婚姻状况各个侧面的变动，总体是处于传统型向现代型的转变，许多指标值处于发展中国家前列水平，但仍有一些指标值变动迟缓，带有深重的中国经济文化的历史特色。

20 世纪中叶至 20 世纪末，世界各国人口婚姻状况的变动趋势以及中国所处的历史阶段是：

——人口未婚比呈现由高向低再由低向高 "U" 型趋势。人口未婚比由高向低阶段，是民众生活由贫困转向温饱的阶段，愈来愈多的人有经济能力成家立业；人口未婚比由低向高阶段，是人们婚姻观念和婚姻模式由传统型向现代型的转变阶段，愈来愈多的人推迟初婚年龄以至采取独身的生活方式。这些婚姻观念和价值取向的变化，导致人口未婚的再次升高，但后一阶段的"高"与前一阶段的"高"有着本质不同。在20世纪70年代至80年代，男性未婚比30%以上的国家，除低收入国家如几内亚（37.2%）、利比里亚（33.9%）、墨西哥（37.4%）、智利（39.1%）、哥伦比亚（47.8%）外，即是高收入国家如法国（30.2%）、瑞典（33.6%）[1]。在这一期间，印度（23.8%）、伊朗（27.0%）、埃及（24.2%）男性人口未婚比均在25%左右，处于"U"型的底部。中国在80年代初属人口未婚比30%以上低收入国家水平，但2000年人口未婚比降至23.7%，相当印度、伊朗、埃及70年代的水平。

——人口有偶率呈现由低向高再由高向低的"∩"型变动趋势。以男性人口为例。男性人口有偶率低于60%的国家有：利比里亚（29.2%）、墨西哥（50.6%）、智利（54.2%）、哥伦比亚（43.0%）；男性人口有偶率高于70%的国家有：印度（70.0%）、伊朗（70.0%）、埃及（72.1%）；男性人口有偶率位于60%~70%区间的国家有：美国（62.6%）、法国（64.1%）、大不列颠（英格兰、威尔士）（69.4%）、日本（67.3%）[2]。这一期间印度、伊朗、埃及处于"∩"型的顶部；中国在80年代初属人口有偶率低于60%或相当60%的水平，2000年男性有偶率升至71.8%，相当印度、伊朗、埃及70年代的水平。

——人口离婚率呈现由低向高缓慢上升趋势。1950年至1997年近50年间，发达国家和发展中国家人口离婚率均呈上升趋势。美国人口离婚率由1950年的2.47‰上升至1995年的4.44‰，上升近1倍；加拿大人口离婚率由1950年的0.39‰上升至1995年的2.62‰，上升5倍多；日本虽然与中国一衣带水，在传统婚姻文化方面与中国有着许多相近之处，但人口离婚率在近50年中发生较大变化，由1950年的0.93‰上升至1997

---

[1] ［苏］G.U.乌尔拉尼斯主编、魏津生等译，《世界各国人口手册》表68，四川人民出版社1982年版。

[2] 同上。

年的1.79‰，上升近1倍。一些中等发达国家如新加坡、韩国，在近20年间人口离婚率也有较快增长，新加坡人口离婚率由1980年的0.7‰上升至1997年的1.25‰，上升近1倍；韩国同期人口离婚率上升1倍多①。一些发展中国家如委内瑞拉、墨西哥等，近几十年中虽然人口离婚率一直处于较低水平，但总体趋势呈缓慢上升态势。中国人口离婚率在近20年间虽然也呈上升趋势，但总体处于较低水平，属发展中国家向中等发达国家继而向发达国家发展进程中的第一阶段。需要说明的是，50年代中期中国人口离婚率虽一度达到1‰以上水平，但那一时期离婚率属受各种因素刺激的人口离婚率，不代表正常情况下人口离婚率水平。

——人口平均初婚年龄呈现大幅提升态势。

1993年，世界发达国家女性平均初婚年龄已高至28岁左右，其中丹麦已达29.2岁，比利时28.3岁，瑞典28.3岁，芬兰和法国分别为27.3岁和27.0岁，这些国家女性平均初婚年龄比1973年大约提升了3~5岁不等，其中比利时提高幅度最大，提升了5.2岁②。在此期间，中国女性平均初婚年龄由21.2岁提升至22.7岁，提升1.5岁，提升幅度明显低于发达国家；这一阶段中国女性平均初婚年龄基本接近发达国家70年代初的水平。但毋庸置疑，随着中国现代化的进程，中国女性人口平均初婚年龄还将进一步提升，接近或达到发达国家水平。

（二）主要影响因素

综观近50年来中国人口婚姻状况的变动特点，可以认为，中国人口婚姻状况的变动，在社会主义市场经济制度建立之前，主要受制于法律因素及传统婚姻文化因素的影响；在社会主义市场经济制度建立之后，主要受制于市场经济因素及现代婚姻文化因素的影响。50年代前期和80年代初期中国人口结婚率和离婚率形成50年中两个较高的高峰，即是法律因

---

① 此处离婚率为"离婚对数/年均总人口"。1950年至1975年数据见邬沧萍主编《世界人口》，中国人民大学出版社1983年，第270页。1980年数据见国家统计局编《中国人口统计年鉴1991》，中国统计出版社1992年版。1997年数据见国家统计局编《中国人口统计年鉴2000》，中国统计出版社2000年版。

② 1993~1994年数据见 Population Bulletin of The United Nations: Below Repla-cement Ferility, Table 7, Special. Issue Nos. 40/41 1999。1973~1974年数据见林富德等编：《世界人口与经济的发展》，其为平均结婚年龄，中国人民大学出版社1980年，第127页。

素（婚姻法的贯彻实施）直接作用的最好例证。而在近50年中，尽管政府一再提倡和鼓励晚婚，但人口早婚率几十年一直保持较高水平，说明传统婚姻文化根深蒂固制约着人们的婚姻行为，它的作用在比较闭塞的农村地区，往往大于法律因素。另外，就中国人口婚姻状况的地区差异而言，南北传统婚育文化差异的影响实际上大于经济差异。如人口结婚率的差异、早婚率的差异以及晚婚率的差异等，均显示出南北方差异大于东、中、西部差异。

社会主义市场经济制度建立之后，市场经济的法则在进一步强化法律因素作用的同时，强烈冲击着传统的婚姻文化。人们自觉地推迟结婚年龄，接受"无过错离婚"和再婚，改变"从一而终"的婚姻理念。另外，市场经济不断加快的竞争，加快中国人口婚姻状况摒弃传统落后模式的进程，转向现代的更具有人性化的模式。

（三）主要规律

新中国成立以来的50年中，中国人口婚姻状况的变动呈现许多内在的规律性。

其一，当宏观因素干扰较少时（如宏观人口婚姻政策的直接调整，全国性政治运动的全面展开，全国性的自然灾害等），人口结婚率以及相关的平均初婚年龄等的变动主要受人口的文化教育程度、职业状况的影响；当宏观因素干扰较重时，人口结婚率等一些相关婚姻指标的变动主要受宏观性因素的影响，包括宏观计划生育政策的影响。

其二，人口结婚率等婚姻指标值变动，有较强的补偿性。每一次结婚率高峰之后必然有低谷出现，这种低谷的持续时间一般取决于高峰的持续时间。

其三，人口婚姻挤压的解决往往是通过扩大夫妻年龄差。这种人口问题解决主要靠人口自身调节，不是靠政策。50年代前期、60年代前期以及70年代后期中国人口都曾形成程度不同的婚姻挤压，但最终都通过婚姻人口自发地提高平均初婚年龄和扩大夫妻年龄差的方式予以解决。

其四，人口平均初婚年龄的提高不是一蹴而就的。它受制于各种因素影响，如宏观婚姻政策，婚姻挤压的程度，婚姻人口的文化教育程度、职业层次，以及市场经济的开放程度。20世纪70年代末80年代初，中国男女人口平均初婚年龄在形成一个高峰之后又出现近乎10年的较长时期的回落，仅用文化因素和经济因素的变动予以诠释，难以解释清楚；希望靠一、二个变量调整就能促使平均初婚年龄稳步提高，也是不现实的，对此应有清醒认识。

其五，人口婚姻政策的调整直接影响人口结婚率继而影响人口出生率。新中国50年来几次生育高峰都与结婚率高峰，与婚姻政策的调整有密切关系。这种由于政策变动造成出生人口以及人口年龄结构不均衡发展的现象，希望通过更理性的方式予以解决。

当代齐鲁文库·山东社会科学院文库
THE LIBRARY OF CONTEMPORARY SHANDONG
SELECTED WORKS OF SHANDONG ACADEMY OF SOCIAL SCIENCES

山东社会科学院 ◎ 编纂

新中国人口五十年（下）

路遇 ◎ 主编

中国社会科学出版社

目　录

第十三章　家庭人口 …………………………………………（621）
　第一节　新中国家庭的类别比例分布及变化 ………………（623）
　　一　按户内社会关系结构的类别比例的分布及其变化 ……（624）
　　二　按户内人数和户内代数的类别比例分布的变化 ………（626）
　第二节　新中国平均户规模的发展变化 ……………………（628）
　　一　平均户规模变化的两大阶段 ……………………………（628）
　　二　平均户规模扩张阶段中的两个特殊时期 ………………（632）
　　三　新中国50年平均户规模变化的主要原因 ……………（638）
　　四　若干年份户均人口结构变化的比较 ……………………（639）
　第三节　中国人口立户模式的特点和水平 …………………（642）
　　一　中国家庭户人口性别年龄别户主率的主要特点 ………（643）
　　二　中国与其他国家和地区的户主率模式的比较 …………（646）
　　三　分化立户水平的国际比较 ………………………………（648）
　　四　中国1990年市镇县性别年龄别户主率模式的比较 …（650）
　　五　中国1990年市镇县人口分家立户水平的总体比较 …（652）
　第四节　中国人口立户水平的变化动态 ……………………（654）
　　一　中国1950～1980年之间若干年份立户水平的间接
　　　　标准化比较 ………………………………………………（655）
　　二　中国改革开放以来户主率水平的直接标准化比较 ……（658）
　第五节　中国家庭的养老功能 ………………………………（667）
　　一　从人口按年龄在不同家庭类型中的分布比例看家
　　　　庭养老的重要性 …………………………………………（667）
　　二　从老年人口户居状况变化看中国的主导家庭模式 ……（670）

三　市镇县老年人口户居安排的差异及变化趋势……………（672）
　　四　老年人户居类型的人口影响因素………………………（673）
　　五　20世纪90年代老年人与子女之间的代际经济交流
　　　　状况……………………………………………………（676）
　历史的结论……………………………………………………（680）

第十四章　少数民族人口……………………………………（683）

第一节　人口数量的变化……………………………………（684）
　　一　旧中国的少数民族及其人口特点………………………（684）
　　二　新中国少数民族社会地位和人口数量的巨变…………（685）
　　三　各民族人口变动的原因…………………………………（693）
　　四　对策与建议………………………………………………（693）

第二节　人口分布及其变动…………………………………（694）
　　一　少数民族人口的地区分布………………………………（695）
　　二　各民族的人口分布及其变动……………………………（697）
　　三　省（区市）民族人口的构成……………………………（704）

第三节　性别年龄构成………………………………………（707）
　　一　性别构成的特点与变化…………………………………（707）
　　二　各民族人口年龄构成的特点与良性转变………………（710）

第四节　婚姻、家庭…………………………………………（717）
　　一　婚姻………………………………………………………（717）
　　二　家庭………………………………………………………（727）

第五节　出生率与生育率的变化……………………………（731）
　　一　出生人数与出生率的变化………………………………（731）
　　二　出生孩次构成的变化……………………………………（733）
　　三　总和生育率的变化………………………………………（734）
　　四　生育模式的加速转变……………………………………（738）
　　五　早育率的变化……………………………………………（741）

第六节　受教育水平的变化…………………………………（744）
　　一　各民族受教育水平的变化………………………………（745）
　　二　各民族成人文盲下降……………………………………（749）

　历史的结论……………………………………………………（753）

第十五章 劳动力资源构成与配置 (757)

第一节 新中国的劳动力资源状况 (759)
一 劳动力资源和劳动适龄人口 (759)
二 劳动适龄人口的总量与变化 (761)
三 劳动适龄人口的性别与年龄构成 (762)
四 劳动适龄人口的地区差异 (763)

第二节 新中国的劳动力资源利用 (765)
一 新中国成立初期和"一五"时期（1949～1957年） (765)
二 "大跃进"和经济调整时期（1958～1966年） (766)
三 "文化大革命"时期（1966～1976年） (767)
四 改革发展时期（1977～2000年） (769)
五 1982年、1990年、2000年人口普查的劳动力资源利用 (772)

第三节 新中国的劳动力资源配置 (778)
一 新中国成立初期和"一五"时期（1949～1957年） (778)
二 "大跃进"和经济调整时期（1958～1966年） (782)
三 "文化大革命"时期（1966～1976年） (784)
四 改革时期（1977～1988年） (785)
五 治理整顿和深化改革时期（1988～2000年） (789)

第四节 新中国的就业 (794)
一 新中国成立初期和"一五"时期（1949～1957年） (794)
二 "大跃进"和调整时期（1958～1966年） (798)
三 "文化大革命"时期（1966～1976年） (799)
四 改革前期（1977～1988年） (801)
五 治理整顿和深化改革时期（1988～2000年） (805)

历史的结论 (814)

第十六章 人口与资源环境 (819)

第一节 人口与资源环境问题的历史债务和隐性再累积（1949～1957） (819)
一 中国生态环境的先天脆弱和历史债务 (819)
二 生态环境的局部修复和保护 (822)

三　人口高增长压力和资源环境问题的隐性再累积 ……………（823）
第二节　人口与资源环境危机的凸现和全面加剧
　　　　（1958～1971）………………………………………………（826）
　　一　1958年"大跃进"导致资源环境恶化 ……………………（826）
　　二　1959～1961年的人口生态状况……………………………（827）
　　三　十年动乱开始导致生态危机全面加剧 ……………………（828）
　　四　人均耕地锐减，人地关系日趋紧张 ………………………（830）
第三节　人口与资源环境关系的继续恶化和行动转折
　　　　（1971～1977）………………………………………………（831）
　　一　人口与资源环境危机继续加剧 ……………………………（831）
　　二　重大决策失误导致的损失 …………………………………（835）
　　三　人口控制和环境保护政策终于启动 ………………………（836）
第四节　两项基本国策的确立和人口与资源环境问题的
　　　　再凸现（1978～1989）………………………………………（838）
　　一　两项基本国策的确立 ………………………………………（838）
　　二　生育率下降过程中的人口压力加重 ………………………（839）
　　三　资源环境问题的再凸现：第三次环境恶化 ………………（842）
第五节　可持续发展战略的确立和人口与资源环境问题
　　　　的综合治理（1990～2000）…………………………………（849）
　　一　可持续发展战略的提出 ……………………………………（849）
　　二　人口控制的成效及其资源和环境效益 ……………………（852）
　　三　环境保护的进展 ……………………………………………（855）
　　四　人口与资源环境形势依然严峻 ……………………………（860）
历史的结论 ……………………………………………………………（869）

第十七章　计划生育事业 ……………………………………………（873）
第一节　提出计划生育 ………………………………………………（873）
　　一　20世纪50年代前期的社会经济状况与节制生育的
　　　　提出 ……………………………………………………………（873）
　　二　中共中央第一次发出关于节制生育的文件 ………………（876）
　　三　社会知名人士积极提倡节制生育 …………………………（878）
　　四　毛泽东提出"计划生育"的概念 …………………………（882）

五　初步开展节制生育……………………………………（884）
　　六　节育活动遭受挫折……………………………………（887）
第二节　以城市和人口稠密的农村为重点开展计划生育……（889）
　　一　加强计划生育的领导，中共中央、国务院及其领导
　　　　人发出一系列指示………………………………………（889）
　　二　建立计划生育工作机构………………………………（894）
　　三　以城市为重点，计划生育工作逐步展开……………（896）
　　四　避孕药具和节育技术的研究与应用…………………（899）
第三节　计划生育在城乡全面实行……………………………（902）
　　一　计划生育再次发动……………………………………（902）
　　二　人口增长纳入国民经济计划，"晚、稀、少"的生
　　　　育政策形成………………………………………………（905）
　　三　加强计划生育组织建设、避孕药具生产供应、节育
　　　　技术服务…………………………………………………（907）
　　四　计划生育宣传教育，避孕节育活动在城乡全面展开，
　　　　控制人口增长成绩显著………………………………（909）
　　五　人口学术活动复生，两种生产理论成为开展计划生
　　　　育的理论依据……………………………………………（911）
　　六　人口与计划生育领域的国际交往与合作……………（912）
第四节　实行计划生育被定为基本国策………………………（914）
　　一　提倡一对夫妇只生育一个孩子………………………（914）
　　二　完善计划生育政策，制定计划生育法规……………（916）
　　三　研究制定人口规划和控制目标………………………（918）
　　四　计划生育组织建设、科学技术、国际交往进一步加强…（920）
　　五　大力开展宣传教育，总结推广"三为主"经验………（922）
　　六　成立计划生育协会、人口学会、人口福利基金会…（924）
第五节　计划生育持续稳定健康发展…………………………（926）
　　一　中央坚持不懈地加强对计划生育工作的领导………（926）
　　二　计划生育法律法规体系的形成和完善………………（931）
　　三　总结"三结合"经验，把利益导向机制引入计划生
　　　　育工作……………………………………………………（934）

四　计划生育服务网络进一步健全，以避孕节育为主要
　　　　内容的优质服务全面开展……………………………（938）
　　五　计划生育宣传教育、计划统计、国际交往等项工作
　　　　有更大的发展，非政府机构进一步发挥作用…………（940）
　历史的结论……………………………………………………（947）
第十八章　人口普查和抽样调查……………………………………（954）
　第一节　第一次全国人口普查（1953年）……………………（955）
　　一　普查的特点和组织实施……………………………………（955）
　　二　主要调查结果………………………………………………（958）
　　三　主要数据质量评估…………………………………………（960）
　　四　主要收获……………………………………………………（961）
　第二节　第二次全国人口普查（1964年）……………………（962）
　　一　普查的组织实施……………………………………………（962）
　　二　主要调查结果………………………………………………（965）
　　三　主要数据质量评估…………………………………………（966）
　　四　主要收获……………………………………………………（966）
　第三节　第三次全国人口普查（1982年）……………………（966）
　　一　普查的主要特点和组织实施………………………………（967）
　　二　主要调查结果………………………………………………（969）
　　三　主要数据质量评估…………………………………………（972）
　　四　主要收获……………………………………………………（974）
　第四节　第四次全国人口普查（1990年）……………………（978）
　　一　普查的特点和组织实施……………………………………（978）
　　二　主要数据……………………………………………………（981）
　　三　主要数据质量评估…………………………………………（985）
　　四　主要收获……………………………………………………（988）
　第五节　第五次全国人口普查（2000年）……………………（991）
　　一　普查的特点和组织实施……………………………………（992）
　　二　主要数据……………………………………………………（994）
　　三　主要数据质量评估…………………………………………（998）
　　四　主要收获……………………………………………………（999）

第六节　人口抽样调查 …………………………………… (1000)
　　一　定期的人口抽样调查 ………………………………… (1001)
　　二　开展专项抽样调查 …………………………………… (1004)
历史的结论 ……………………………………………………… (1017)

第十九章　户籍管理制度 …………………………………… (1021)
第一节　户口登记制度的形成 ………………………………… (1022)
　　一　国民经济恢复时期的户籍管理制度 ………………… (1022)
　　二　社会主义制度基本确立时期的户籍管理制度 ……… (1024)
　　三　《中华人民共和国户口登记条例》的颁布 ………… (1027)
第二节　居民身份证制度的建立与完善 ……………………… (1030)
　　一　居民身份证制度的酝酿与试行 ……………………… (1030)
　　二　居民身份证制度的正式确立 ………………………… (1031)
　　三　居民身份证制度的逐步完善 ………………………… (1033)
第三节　户口统计制度的演变 ………………………………… (1034)
　　一　户口统计体制的演变 ………………………………… (1034)
　　二　户口统计以户口登记为基础 ………………………… (1039)
　　三　户口统计以报表制度为主渠道 ……………………… (1042)
　　四　对户口统计年报质量的检验 ………………………… (1043)
第四节　户口迁移制度的发展 ………………………………… (1045)
　　一　户口迁移制度以控制城镇人口增长为特征 ………… (1046)
　　二　户口迁移制度的政策、法律依据 …………………… (1051)
　　三　户口迁移制度的实施 ………………………………… (1053)
　　四　"农转非"控制指标的形成 ………………………… (1055)
第五节　户籍管理制度改革的稳步推进 ……………………… (1059)
　　一　户口迁移政策的逐步放开 …………………………… (1060)
　　二　"农转非"控制办法的调整 ………………………… (1063)
　　三　流动人口管理逐步纳入法制轨道 …………………… (1065)
　　四　小城镇户籍管理制度改革的积极探索 ……………… (1066)
　　五　完善农村户籍管理制度 ……………………………… (1068)
　　六　人口信息管理的现代化进程 ………………………… (1069)
历史的结论 ……………………………………………………… (1070)

第二十章　新中国领导者人口思想………………………………(1077)

第一节　毛泽东人口思想………………………………………(1077)
 一　革命加生产即能解决中国吃饭问题…………………(1077)
 二　人口多是中国的基本国情……………………………(1080)
 三　人口非控制不行，要有计划地生育…………………(1082)
 四　实行计划生育，一要政府认真抓，二要坚持群众路线…(1084)
 五　提倡男女平等，改变重男轻女风俗…………………(1086)
 六　人口素质应该在德育、智育、体育几方面都得到发展……(1088)

第二节　周恩来人口思想………………………………………(1089)
 一　计划生育是伟大的事业………………………………(1089)
 二　把人口生产纳入国家计划……………………………(1092)
 三　大力开展计划生育宣传教育，制定有效的政策和措施…(1094)
 四　搞好避孕药具的研制工作……………………………(1096)

第三节　邓小平人口思想………………………………………(1097)
 一　人多是中国的基本国情，也是最大的难题…………(1097)
 二　人口问题是个战略问题………………………………(1099)
 三　人均水平的重要意义…………………………………(1101)
 四　计划生育是中国的基本国策…………………………(1103)
 五　努力提高人口素质……………………………………(1105)
 六　中国实行计划生育是对人类发展的贡献……………(1107)

第四节　江泽民人口思想………………………………………(1109)
 一　充分认识我国人口与计划生育工作的重要性、长期性和艰巨性……………………………………………(1109)
 二　人口问题从本质上讲是发展问题，是可持续发展的关键…………………………………………………(1113)
 三　在社会主义市场经济条件下，控制人口增长属于政府调控职能………………………………………………(1118)
 四　建立人口与计划生育工作领导责任制，坚持党政一把手亲自抓、负总责………………………………(1119)
 五　开展计划生育工作必须坚持群众路线………………(1122)
 六　综合治理人口问题……………………………………(1125)

七　努力建设社会主义先进生育文化……………………（1130）
第二十一章　人口科学研究进展……………………………（1133）
　第一节　1949～2000年中国人口研究发展的主要阶段及
　　　　　其特点………………………………………………（1133）
　　一　1949～1957年：初期探索阶段…………………………（1134）
　　二　1957～1977年：挫折和相对停滞阶段…………………（1136）
　　三　1977～1982年：复苏和重新探索阶段…………………（1139）
　　四　1982～1992年：日趋繁荣和学科建设阶段……………（1143）
　　五　1992～2000年：扩展与深化阶段………………………（1147）
　第二节　人口科学研究重点进展（专题研究上）………………（1151）
　　一　控制人口增长研究…………………………………（1151）
　　二　生育和生育率研究…………………………………（1156）
　　三　死亡和死亡率研究…………………………………（1165）
　　四　人口素质研究………………………………………（1171）
　第三节　人口科学研究重点进展（专题研究中）………………（1176）
　　一　人口老龄化理论研究………………………………（1176）
　　二　女性人口理论研究…………………………………（1181）
　　三　人口迁移与城市化理论研究………………………（1185）
　　四　家庭人口学研究……………………………………（1194）
　第四节　人口科学研究重点进展（专题研究下）………………（1198）
　　一　人口与经济发展理论研究…………………………（1199）
　　二　人口、资源、环境与可持续发展理论研究…………（1204）
　　三　民族人口学研究……………………………………（1210）
　　四　历史人口学研究……………………………………（1214）
第二十二章　人口大事记……………………………………（1225）
主要参考著作…………………………………………………（1291）
后　　记………………………………………………………（1308）

第十三章　家庭人口

　　本章研究新中国50年来家庭的变化历程，从家庭结构与规模的不同侧面，利用人口统计数据描述家庭变迁的不同阶段，各阶段有关家庭人口统计指标的量化水平，导致家庭变化的社会经济原因和人口原因，以及新中国50年中重大历史事件对中国家庭发展所产生的特殊影响。

　　家庭是社会的基本单位。绝大多数的人都落生于家庭之中，在家庭的抚育下，长大成人，然后结婚成家。或许他们形成了一个新的家庭，或许使原有的家庭延续下去。到了晚年，人们在家庭中得到养老送终。个人的一生基本上都是在家庭中度过，随着年龄的变化，在家庭中扮演一定的角色。反过来，家庭也对于个人的生活产生重要影响。因此，个人的生活也反映出家庭状况的特征。

　　家庭是历史的产物，家庭的结构、规模要适合和反映社会、经济、政治、文化、宗教等方面的需要和影响，同时也受到地理环境和人口自然发展的影响。有关家庭的观念在不断地变化，家庭的特征随社会发展而变化，在社会生活中发挥着本身的功能。

　　家庭的变迁反映着社会经济的变迁，并且还体现着人口发展的阶段特征。家庭在一定时期中又是一个相当稳定的社会基本群体单位，反过来，家庭的稳定有助于社会的稳定，家庭功能的良好发挥有助于社会的发展和人民生活质量的提高。

　　家庭研究的困难之一在于缺乏量化资料。由于家庭的定义立足于婚姻血缘关系，但是在空间上却可能是分裂的。家庭在空间上的分裂造成家庭资料取得的困难，一方面家庭与人口普查的基本单位户并不完全吻合，另一方面只从血缘和婚姻定义的家庭也比较难于数据的收集与分析。为了解决研究问题和出于实用，户在很大程度上被作为家庭的代表或近似指标。

家庭与户虽然是两个不同的概念，然而两者之间有较大的重合。在中国历史上，户就作为纳税、征兵、劳役、生产、消费等很多方面的统计单位，历史资料比较丰富。民国时期的户口统计中的户既包括普通家庭户，也包括其他非家庭的公共户①。例如 1928 年的户口统计曾把户分为普通户、船户、寺庙户和公共处所户，四者比重分别为 99.28%、0.19%、0.22% 和 0.31%。普通户即家庭户，船户是那些江湖河港地带从事打鱼和水上运输的人口，世代栖息舟船，实际也是普通家庭户。这两部分家庭户合在一起约占总户数的 99.47%。所余寺庙和公共处所户仅占 0.53%，非家庭户在总户数中的比重是很小的。

1949 年建立中华人民共和国至今，人口管理同样是以户口的形式进行的。公安部门所公布的许多统计资料都是基于户籍管理制度取得的。此外，人口普查也是以户为单位进行登记的。新中国建立以来，已经分别在 1953 年、1964 年、1982 年、1990 年和 2000 年进行过全国人口普查，并且在 1987 年和 1995 年还进行了普查之间的全国 1% 人口抽样调查，积累了十分丰富的统计资料。

中国 1982 年人口普查办法明确定义家庭户为："有家庭成员关系的人口，或者还有其他人口，居住并生活在一起的，作为一个家庭户；单身居住的，也作为一个家庭户。同时将集体户定义为：没有家庭成员关系，单身居住在机关、团体、学校、工厂、矿山、工地、人民公社、农场、公司、商店、医院、托儿所、敬老院、寺院、教堂等单位内集体宿舍的人口以及监狱、劳改和劳教场所的人口，一个单位作为一个集体户。上述单位分支机构集体宿舍的人口、单位驻地以外的集体宿舍的人口，作为另一个集体户。"② 以后各次普查，基本上沿用了类似的定义。

根据中国 1982 年人口普查的汇总结果，集体户户数在总户数中只占 0.49%，集体户人口只占总人口的 3.27%；1990 年人口普查总户数中集体户所占比例为 0.61%，集体户人口所占比例为 3.00%；2000 年人口普查总户数中集体户所占比例为 3.06%，总人数中集体户人口所占比例为

---

① 马侠：《家庭规模和结构的发展变化》，载许涤新主编：《当代中国的人口》，中国社会科学出版社 1988 年版，第 343~374 页。

② 国务院人口普查办公室和国家统计局人口统计司：《第三次全国人口普查办法》，载《中国 1982 年人口普查资料》，中国统计出版社 1985 年版，第 584~585 页。

5.18%。这说明绝大多数人口在家庭户中生活，绝大多数的户是家庭户。从中国的具体情况看，由于家庭户户数和人口占总户数和总人口的绝大部分，因此即使采用笼统的户资料也可以大体反映家庭户方面的变化，如果直接应用家庭户的数据来研究当代家庭规模、结构及其发展趋势则更有效。

家庭与户既有差别又有重合。户与家庭的区别在于它侧重于人们生活单位的空间位置，作为一户的首要条件是共同生活起居，而不注重其中的婚姻血缘关系。这样一来，在一户的不一定是一家，而一家人也可能不在一户。对家庭所作的社会学和人口学的研究，多数是以户或家庭户资料为基础。如果从婚姻关系、亲属关系、家庭网络等方面研究家庭，单纯使用家庭户资料不够，还必须有专门设计的家庭调查。但是从生育子女，赡养老人，生产消费，日常生活等方面研究家庭，家庭户资料的有效度很高。因此，本章主要是通过户和家庭户的资料来反映新中国50年的家庭史。

第一节 新中国家庭的类别比例分布及变化

家庭（户）的特征错综复杂，但是可以归纳为几种主要类别划分，并通过其类别分布的变化来反映历史变迁。这些类别划分的特征根据包括户内的关系结构、户内的人数、户内的代数。

社会学通过对户内存在的婚姻和血缘关系对家庭进行分类。通常把家庭划分为五类[①]：

（1）单身家庭：指当时只有一人生活的家庭；

（2）核心家庭：指一对夫妇（含一方去世、离婚的）及其未婚子女所组成的家庭；

（3）主干家庭：指一个家庭中有两代以上，而每代只有一对夫妇（含一方去世或离婚）的家庭；

（4）联合家庭：指一个家庭中至少有两代人，且同一代人中有两对

[①] 刘英：《中国城市家庭的发展与变化》，载刘英、薛素珍主编：《中国婚姻家庭研究》，社会科学文献出版社1987年版。

或两对以上夫妇（含一方去世或离婚）以上的家庭；

（5）其他类型家庭：指上面四种类型以外的家庭。

上述五种类型中，核心家庭、主干家庭以及联合家庭是社会学家庭分类中的典型类别。严格地说，单身家庭不是群体，不构成家庭，应该称之为单身户。因此，核心家庭是各种家庭模式中最简单的组合形态，在此基础上其他不同的组合复加形成主干家庭与联合家庭。所谓其他类型家庭则是一些非典型的复杂情况。

此外，社会学和人口学都通用的家庭（户）分类方式还有：按照户内人数划分的分类，按照户内代数划分的分类。这两种分类方法简单明了，容易操作，在关于家庭（户）的人口统计和社会调查中被广为应用，有关资料比较多。

一 按户内社会关系结构的类别比例的分布及其变化

无论从户籍管理还是人口普查的人口统计中都不包括按户内社会关系结构划分的类别比例。只有一些社会调查提供了这种家庭类别划分的比例分布数据。这些社会调查的规模都相对较小，覆盖区域也比较狭窄，其结果实际上很难推断到全国家庭发展的总体情况，不同调查的结果之间也缺乏可比性。

根据中国社会科学院人口研究中心的七省地农村的调查和中国社会科学院社会学研究所于1998年所进行调查的结果（表13—1），说明几十年来核心家庭所占的比重日益增多，联合家庭所占比重逐渐减少，而主干家庭比重相对比较稳定。但是20世纪80年代初时，主干家庭的比例相对于1930~1940年代来说有比较明显的增加，而90年代末又比1980年初有所降低，大致回到了原来的水平。

表13—1　　　　　　　农村家庭结构的变迁

家庭关系结构类型	婚时娘家婆家家庭结构 1930~1940年	调查时家庭结构 1980~1981年	1998年
核心家庭	31.90	36.38	55.89
主干家庭	42.48	54.09	43.45
联合家庭	21.62	3.42	0.33

续表

家庭关系结构类型	婚时娘家婆家家庭结构 1930~1940年	调查时家庭结构 1980~1981年	1998年
单身及其他家庭	4.00	6.09	0.33
总计	100.00	100.00	100.00
案例数量	1 050	525	900

注：1930~1940年和1980~1981年数据引自中国社会科学院人口研究中心的七省地农村的调查结果①，并加以类别合并。1998年数据引自五地调查数据中的青浦、太仓和宜宾三地农村样本数据汇总结果②。

1983年"中国五城市婚姻家庭研究"调查和1993年"中国七城市婚姻家庭研究"调查提供了一些关于中国城市家庭结构变迁的资料（表13—2）。可以看出，城市中核心家庭比例在20世纪50年代至80年代初有所增加，但是在80年代以后有略微降低。而主干家庭比例在50至60年代有所降低，但80至90年代反而有所提高。联合家庭以及单身及其他类型家庭的比例在新中国50年中基本上都处于减少趋势。

表13—2　　　　　　　　城市家庭结构的变迁

家庭结构	不同结婚年代的家庭类型比例（%） 类型%					
	1949年以前	1950~1965	1966~1976	1977~1982	1983	1993
核心家庭	53.05	52.20	63.66	68.42	66.41	64.97
主干家庭	20.91	21.15	18.29	20.15	24.29	25.28
联合家庭	8.17	6.06	3.90	3.12	2.30	2.19
单身及其他家庭	17.87	20.58	14.15	8.31	7.00	7.67

---

① 马侠：《家庭规模和结构的发展变化》，载许涤新主编：《当代中国的人口》，中国社会科学出版社1988年版，第359页。

② 沈崇麟、杨善华、李东山主编：《世纪之交的城乡家庭》，中国社会科学出版社1999年版，第68页。

续表

家庭结构	不同结婚年代的家庭类型比例（%）类型%					
	1949年以前	1950~1965	1966~1976	1977~1982	1983	1993
总计	100.00	100.00	100.00	100.00	100.00	100.11
案例数量	3 257	3 153	1 717	1 732	4 385	5 616

注：1983年以前各年数据引自1983年"中国五城市婚姻家庭研究"（北京、天津、上海、南京、成都）调查中调查对象回顾的结婚时婆家与娘家家庭结构两表案例数合并后计算①。1983年数据系该次调查时调查对象的家庭结构②。1997年数据引自1993年"中国七城市婚姻家庭研究"调查（北京、上海、成都、南京、广州、兰州、哈尔滨）数据整理③。

二 按户内人数和户内代数的类别比例分布的变化

1982年、1990年和2000年三次全国人口普查都提供了按户内人数和户内代数分布的家庭户数，使我们得以更全面准确地比较家庭户数中的结构变化。表13—3提供了有关统计结果，还提供了1931年金陵大学美籍教授卜凯在22省的调查结果作为对比④。

表13—3　　　　　按户内人数分类的家庭户比例　　　　　　（%）

	1931年	1982年	1990年	2000年
一人户	2.5	7.97	5.53	8.3
二人户	8.3	10.08	9.5	17.0
三人户	15.4	16.05	20.76	29.9
四人户	19.0	19.54	24.14	23.0

---

① 仇立平：《城市家庭结构变动模拟实验报告》，载刘英、薛素珍主编：《中国婚姻家庭研究》，社会科学文献出版社1987年版，第143页。

② 刘英：《中国城市家庭的发展与变化》，载刘英、薛素珍主编：《中国婚姻家庭研究》，社会科学文献出版社1987年版，第85页。

③ 沈崇麟、杨善华：《当代中国城市家庭研究》，中国社会科学出版社1995年版，第39页。

④ 卜凯：《中国土地利用》。转引自马侠：《中国家庭户规模和家庭结构分析》，《人口研究》，1984年第3期。

续表

	1931 年	1982 年	1990 年	2000 年
五人户	17.9	18.35	19.29	13.6
六人户	13.0	13.11	10.65	5.1
七人户	8.8	7.95	5.45	1.8
八人+户	15.1	6.94	4.69	1.2
合计	100	100	100	100

马侠曾经将20世纪80年代家庭户按户内人数的分布比例与可得到的30至40年代的相应数字作过比较①。他指出，人口多（七人及以上）的家庭户所占比重在几十年来有了大幅度的下降，人口少的户所占比重却有了增加。一些回顾性社会调查（如中国五城市婚姻家庭调查、中国社会科学院人口研究中心在七地生育史调查）的结果也显示出同样的趋势。

通过比较，我们看到在20世纪80年代中家庭户的按户内人数的分布是在向三人户、四人户和五人户进一步集中。在1982年和1990年这三种类型都处于比例最大的前三位，然而在1982年时它们的合计比例为53.9%，到1990年时却一跃提高到64.2%，增加了10个百分点以上。到2000年时，五人户比例并没有增加，而是明显减少，并且已经退出前三位，而二人户比例则排在第三位，因此应该说20世纪最后10年中家庭户的按户内人数的分布是在向二、三、四人户集中。这两个年份处于前三位的三类户类型所占的合计比例从1990年的54.4%提高到2000年的70.0%，增加幅度超过了15个百分点。

表13—4提供了1982、1990、2000年全国人口普查家庭户按户内代数分类的变化。在这三次普查中都是二代户所占的比例最高。然而很值得注意的迹象是，一代户的比例在1990年以后有了明显的上升（8个百分点），而二代户比例则有相应幅度的下降。此外，三代以上户所占比例在这三次普查中的比例大体维持不变，甚至在2000年还略有上升。

---

① 马侠：《中国家庭户规模和家庭结构分析》，《人口研究》，1984年第3期。

表13—4　　　　　　按户内代数分类的家庭户比例　　　　　　　（%）

户类型	1982年	1990年	2000年
一代户	13.77	13.53	21.70
二代户	67.46	68.02	59.32
三代+户	18.76	18.45	18.98
合计	100.0	100.00	100.00

以上这些家庭分类结构比例实际上都是以家庭户为分析单位的统计。它们提供了不同年代的家庭测量，反映出家庭结构的变化。但是，家庭是由个人组成的。家庭变化反映人口内部的分化组合变化，并且人口的发展变化本身对家庭结构也产生很大的影响。其实，家庭结构的变化也反映了人口的变化，但是采用以家庭为单位的分类比例测量便较难再与人口的发展变化联系起来进行分析了。

下面，将按照另外一套分析思路对新中国家庭的变化进行分析，着力于量化地测量家庭规模、立户水平及其变化，并力图以社会经济变化和人口变化来解释家庭方面产生的变化。

第二节　新中国平均户规模的发展变化

平均户规模及平均每户中拥有的人数，即通过总人数除以总户数计算得到。这是使用最普遍的家庭测量指标。新中国50年来拥有十分完全的全国的人口数和户数统计，根据这两个指标的基础数据便可以计算出各个年份的平均户规模。这些基础数据在表13—5中提供。表中还提供了历次全国人口普查统计的平均家庭户规模。图13—1描绘了平均户规模的变化动态。

一　平均户规模变化的两大阶段

如果忽略图13—1中平均户规模曲线在1960年左右出现的下凹，那么新中国50年平均户规模的变化可以分成两大阶段，分界点是1973年。前一段总体趋势是平均户规模的扩大；后一段是平均户规模持续缩小。

其中，在平均户规模的扩大阶段中，1960年到1962年的情况很特

图 13—1　中国历年的平均户规模变化

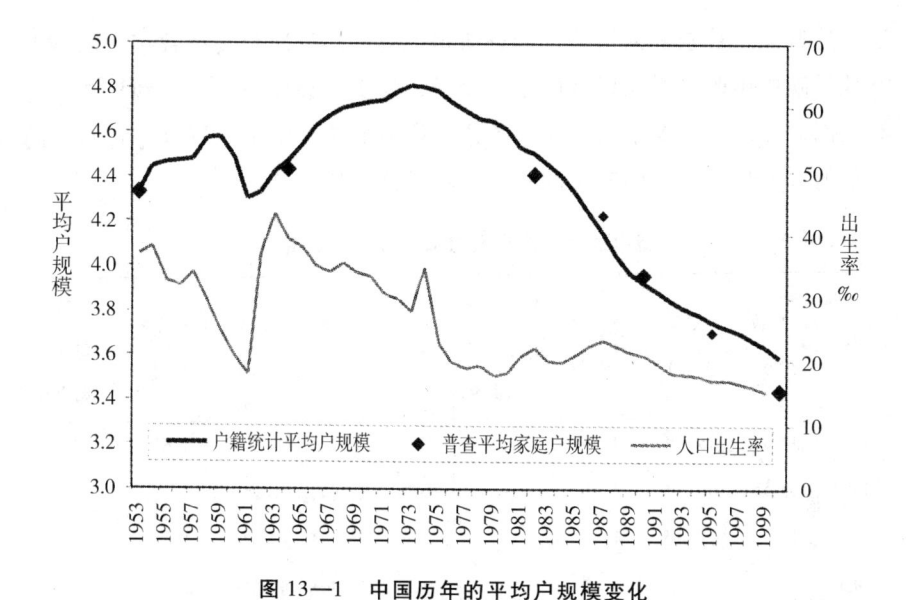

别，一反扩大趋势发生突然下降。这与当时面临的经济困难及其有关政策相联系，但这个下降不是趋势性的，一旦局面缓和过来，平均户规模又回到上升趋势上去了。对于这一时期社会经济与人口、家庭发展的特殊情况将在后面专门讨论。

1974 年以后平均户规模才开始持续下降。尽管图中显示出这种下降趋势再未有过逆转，其实这只是由于平均户规模这一统计指标是个比较粗糙的指标，因而不能揭示 20 世纪 80 年代和 20 世纪 90 年代中家庭变迁中所发生的更复杂的情况。

图 13—1 中的曲线是根据公安年报户籍统计的人口数和户数所计算出来的平均户规模。实际上，公安户籍统计中与人口普查一样是有家庭户和集体户之分的，然而所公布的公安户籍统计资料中的人口数和户数都未区别这两种口径，因此图中曲线所代表的平均户规模只是用公安户籍统计的总人口除以总户数所得到的平均数，其中混入了集体户人口和集体户户数的扰动影响，并不能十分贴切地反映家庭户的变化。

自从 1982 年全国人口普查以来，已经又在 1990 年和 2000 年进行了两次人口普查，并且都发表区别家庭户和集体户的人口数和户数，并且提供了家庭户的平均户规模。此外，还分别在 1987 年和 1995 年进行过两次普查间的全国 1% 人口抽样调查，也都提供了有关家庭户的详细统计数字。这些人口普查和人口抽样调查所提供的平均家庭户规模数字,能够更好地反映中国改革开放以来的家庭变迁,避免了集体户的人口和户数的扰动,因此在表13—5中同时提供了这一渠道的统计结果,可以将它们与同年份的公安户籍统计的笼统的平均户规模做一比较。

表13—5　　　　　　新中国建立以来人口和户数的基本资料

年份	户数（万）	人数（万）	户籍平均户规模	人口普查平均家庭户规模★	年份	户数（万）	人数（万）	户籍平均户规模	人口普查平均家庭户规模★
1953	13 579	58 796	4.33	4.33	1977	20 235	94 974	4.69	—
1954	13 553	60 266	4.45	—	1978	20 641	96 259	4.66	—
1955	13 754	61 465	4.47	—	1979	20 986	97 542	4.65	—
1956	14 048	62 828	4.47	—	1980	21 396	98 705	4.61	—
1957	14 431	64 653	4.48	—	1981	22 057	100 072	4.54	—
1958	14 420	65 994	4.58	—	1982	22 538	101 541	4.51	4.41
1959	14 661	67 207	4.58	—	1983	23 000	102 495	4.46	—
1960	14 746	66 207	4.49	—	1984	23 476	103 475	4.41	—
1961	15 307	65 859	4.30	—	1985	24 134	104 532	4.33	—
1962	15 533	67 295	4.33	—	1986	24 927	105 721	4.24	—
1963	15 637	69 172	4.42	—	1987	25 834	107 240	4.15	4.23
1964	15 759	70 499	4.47	4.43	1988	26 933	108 978	4.05	—
1965	15 953	72 538	4.55	—	1989	27 888	110 676	3.97	—
1966	16 098	74 542	4.63	—	1990	28 830	113 274	3.93	3.96
1967	16 341	76 368	4.67	—	1991	29 458	114 511	3.89	—
1968	16 671	78 534	4.71	—	1992	30 039	115 563	3.85	—
1969	17 072	80 671	4.73	—	1993	30 574	116 597	3.81	—
1970	17 515	82 992	4.74	—	1994	31 104	117 674	3.78	—
1971	17 962	85 229	4.74	—	1995	31 658	118 788	3.75	3.70
1972	18 222	87 177	4.78	—	1996	32 168	119 866	3.73	—
1973	18 555	89 211	4.81	—	1997	32 663	120 903	3.70	—

续表

年份	户数（万）	人数（万）	户籍平均户规模	人口普查平均家庭户规模★	年份	户数（万）	人数（万）	户籍平均户规模	人口普查平均家庭户规模★
1974	18 906	90 859	4.81	—	1998	33 209	121 818	3.67	—
1975	19 311	92 420	4.79	—	1999	33 766	122 812	3.64	—
1976	19 787	93 717	4.74	—	2000	34 553	123 922	3.59	**3.44**

数据来源：1954~1994年各年总人口和总户数引自国家统计局人口与就业统计司《中国人口统计年鉴—1995》，中国统计出版社1995年版，第354页。1995年及以后各年总人口和总户数引自国家统计局人口和社会科技统计司《中国人口统计年鉴—2001》，中国统计出版社2001年版。(所有数字均为公安年报户籍人口统计数。)

★1953、1964、1982、1987、1990、1995、2000年的平均家庭户规模均为历次全国人口普查或1%人口抽样调查公布的统计数字，用粗体数字表示。

图13—1中通过一些菱形的点显示了严格按家庭户口径统计的人口普查的平均户规模水平，其中较小的菱形点代表普查间1%人口抽样的统计。在新中国较早年代它们与公安户籍统计的笼统的平均户规模之间还比较吻合，但是随着时间发展，两者之间开始出现比较明显的差别。

全国人口普查和普查间1%人口抽样调查的数据表明，在1982年时中国平均家庭户规模为4.41人，在1987年已降到平均每户4.23人，而在1990年时已经是3.96人，突破了新中国建立以来一直处于4人以上的局面。到2000年已经降到3.44人。

一般而言，集体户的规模明显大于家庭户的规模，因此笼统计算的平均户规模会大于严格按家庭户口径计算的平均户规模。然而，在1987年和1990年，我们却看到平均家庭户规模高于笼统的平均户规模。这一情况不仅反映两种渠道统计口径的差异，其实也揭示了80年代家庭户一些特殊的变化，对此也将在后面专门论述。进入90年代以后，中国社会、经济、人口都发生了一系列重大变化，这不能不对家庭产生影响。我们看到图中的平均家庭户规模又重新降到笼统的平均户规模之下去了，并且差距越来越大。比如，2000年公安户籍统计的平均户规模为3.59人，而人口普查统计的家庭户规模却只有3.44人。其中的差距不仅反映了有没有区别家庭户和集体户，还反映了另一种统计口径上的不同。公安户籍统计是按人口的户籍所在地统计的，而人口普查却是按人口的常住地统计的（居住或离开户籍地半年以上便在现住地登记）。由于 90 年代现实中已经存在大量事实上的人口迁移，然而很多迁移者由于种种原因并未办理户口随迁，于是户籍统计很难反映这种人口迁移和家庭分化的现实。而普查统计则并不拘泥于户籍的限制，因而能够更好地反映人口和家庭的生活现状。

二　平均户规模扩张阶段中的两个特殊时期

1. 20 世纪 50 年代初期的分家立户高潮

第一个特殊时期是 20 世纪 50 年代初期，家庭户数量曾有较大幅度增加。由于图 13—1 的平均户规模曲线起始于 1953 年，因此未能反映出新中国建立初期的第一次人口分化立户高潮。然而，这一时期中户数的增加速度大大超过人口增长的速度，因而平均户规模显著缩小。这是与土地改革和战争时期结束联系在一起的，广大农民经济上的翻身，有了成家立业的基础，其结果是大量新户的产生和平均户规模的下降。所以新中国开始有户规模统计时（1953 年），户规模应该正处于数量的低谷。也就是说，就平均户规模而言，在 1953 年之前和之后的平均户规模都相对较高。

根据马侠搜集和整理的资料[①]，从 20 世纪初到 40 年代末，旧中国官方统计的平均户规模大致保持在 5.17 至 5.38 人左右。同时期的民间学者的一些调查也表明那时的平均家庭规模在 5 人左右是可信的。

因此，相对于 40 年代而言，新中国建立后的家庭户规模大大缩小了。马侠曾就此指出，变化主要是发生在新中国成立前后之交短短几年之中的骤减（由 1947 年的 5.35 人降到 1953 年的 4.3 人）。主要原因不是由于人口的减少，而是由于户数的猛增。通过分析当时社会的背景，可以得到导致当时户数猛增有以下几个原因：

（1）土地改革

其中最主要的原因是 1950 年至 1952 年的土地改革，没收了地主阶级的土地、多余的房屋和其他生产资料，无偿地按人口分配给无地、少地和无房的农民。

---

① 马侠：《中国家庭户规模和家庭结构分析》，《人口研究》，1984 年第 3 期。

根据其他方面的有关资料记载①，1950年6月，政府颁发了《土地改革法》，同年冬季开始，新解放区陆续开展大规模土地改革运动。到1952年8月，除部分少数民族地区外，土地改革基本完成，全国约有3亿无地、少地的农民分得了约4 600多万公顷的土地，使广大农民从受奴役的附庸状态下解放出来，有了自己的生计，建立了自己的家庭户。

　　这样使不少多代同堂的户、几个兄弟婚后不分家的户以及其他种种人口较多的户得以分居，单独组合成许多小家庭户。户数猛增使得户的平均人口骤降。1953年家庭户数（13 384.6万户）比1947年户数（8 620.4万户）增加4 700多万户②。在短短六年之间增加这样多家庭户，在中国历史上是不曾有过的。

　　在这一时期中，除了生产资料所有制改变这种社会经济变革对家庭分化立户所产生的重大影响之外，还有另外一些社会因素也对家庭分化产生了影响。而这些影响在以往的研究中尚未提及。

　　（2）战争结束后的结婚高峰

　　在经历了长期战争时期之后，进入新中国成立初期的和平建设时期，因此军队里有大量服役军人复员。由于复员军人多是青壮年男性，很多人处于未婚状态，复员回乡结婚成家。新婚立户、或夫妻团圆后的分家立户都会对当时的人口的分化立户有所影响。但是由于这方面的统计资料很少发布，因此尚未得到更具体的研究分析。

　　在这段时期中，结婚率异常之高也是户数迅速增加的一个因素。根据1982年1‰人口生育率调查的回顾性婚姻资料分析③，在抗日战争胜利前夕的1944年全国妇女的总和初婚率降至整个20世纪40年代的最低点，只有0.908④，这表明很多妇女因为战争影响不能结婚。抗战胜利以后，总和初婚率迅速回升，到1946年便达到0.988。而在1947年至1951年，

---

① 戴桂英：《国民经济恢复时期》，载马洪主编：《现代中国经济事典》，中国社会科学出版社1982年版，第47页。

② 马侠：《中国家庭户规模和家庭结构分析》，《人口研究》，1984年第3期。

③ 赵旋：《四十二年（1940~1981年）来妇女的初婚状况》，载《人口与经济专刊：全国千分之一人口生育率抽样调查分析》，人口与经济编辑部，1983年版。

④ 总和初婚率是表达各年龄组初婚水平的概括性指标。中国妇女终身不婚的水平极低，因此正常情况下，年度的总和初婚率应该十分接近1（即100%最终要结婚）。

连续4年总和初婚率异常之高，均超过了1，分别为1.043、1.050、1.135和1.016。显然，这是随着解放战争的节节胜利和新中国的建立，平息了战争，社会稳定，生活有了保证，因而以往多年被阻滞的结婚集中得到实现的结果。在中国，结婚后另立门户的可能性便会显著加大。因此，这些年结婚率高也是新户大量增加的一个因素。

（3）婚姻法实施后的离婚高峰

当时户数的迅速增长还有一个重要的社会原因，便是新中国成立后所颁布的第一部法律——中华人民共和国婚姻法的发布。旧社会的封建婚姻制度是人民的桎梏，更是妇女的枷锁。新中国第一部婚姻法的颁布和实施，启动了一项极其深刻和十分广泛的婚姻家庭关系变革。

根据第一部婚姻法起草小组成员罗琼的回忆[1]，实际上中国共产党早在1931年的革命根据地便曾经颁布过由毛泽东同志亲自签发的《中华苏维埃共和国婚姻条例》，1948年秋冬刘少奇同志代表中共中央向中共中央妇女运动委员会布置了起草《婚姻法》的工作，由邓颖超同志主持了《婚姻法》的起草工作。新中国建立以后，又广泛征求各方面的意见，对婚姻法初稿进行了多次修改。最后，于1950年4月13日提交中央人民政府委员会第七次会议通过，并经过毛泽东主席明令公布，自1950年5月1日起施行。新婚姻法的基本原则是，废除封建的包办强迫和买卖的婚姻制度，实行男女婚姻自由，一夫一妻，男女权利平等，保护妇女和子女利益。当时最大的问题是贯彻婚姻自由，既包括结婚自由，也包括离婚自由。当时，人民群众、特别是青年男女，纷纷要求照婚姻法办事，实行婚姻自由，改变旧的家庭关系。但是新中国伊始，由于旧的封建的婚姻制度尚未彻底铲除，群众仍受着旧传统、旧思想的浓厚影响，遗留的婚姻问题很多。包办强迫、买卖婚姻、虐待妇女、早婚、重婚、纳妾、童养媳等现象大量存在。婚姻在离婚方面所受的障碍比实行结婚自由还要大，很多妇女常常因为离婚不自由而发生自杀与被杀等惨事。报刊媒体上对这些事例进行了大量披露和讨论。

1952年全国农村土地改革基本完成后，废除了封建土地所有制，按

---

[1] 罗琼：《砸碎封建婚姻枷锁的重要法律——忆第一部婚姻法诞生前后》，《人民日报》，1990年5月3日。

乡村全部人口，不分男女老幼统一平均分配土地，作为封建婚姻制度的经济基础已被摧垮，人民群众反封建的觉悟大大提高，反对封建婚姻制度的要求也变得十分迫切。中央人民政府政务院于1953年2月通知地方各级政府，决定1953年3月在全国范围内开展宣传、贯彻婚姻法的运动月，使婚姻法家喻户晓，深入人心。

第一部《婚姻法》的宣传实施的成果，一方面反映在原有大量不和睦的婚姻关系改造好了，改变了妇女受虐待的情况；另一方面，人民法院判离了大量受理的家庭关系特别恶劣的案例。"仅1952年下半年以前统计全国共处理了九十九万三千多件离婚案，使近二百万男女得到解放，加上1953年以来所处理的离婚案件，已达几百万件之多了。"[①] 1953年是一个离婚的高潮，但是随着原有封建婚姻问题的逐步解决，婚姻纠纷案件数量逐年减少。"1953年全国民事案件共有一百八十五万多件，其中婚姻纠纷案件有一百一十七万多件，占总数的63.2%；1954年民事案件总数下降到一百二十多万件，婚姻纠纷案件下降到七十一万多件，占总数的58.84%；1955年民事案件下降到九十五万多件，婚姻纠纷案件下降到六十一万多件，占总数的63.73%；1956年民事案件总数下降到七十三万多件，婚姻案件下降到五十一万多件，占总数69.7%。"[②] 可见，虽然婚姻案件占民事案件的比例有所上升，但是，"以1953年和1956年相比，在婚姻案件的绝对数字上，前者比后者多一倍以上。"[③] 当时婚姻案件的性质主要是离婚，而离婚的主要原因是包办、强迫、买卖婚姻、压迫虐待歧视妇女，以及重婚、通奸、纳妾、遗弃等，提出离婚要求的大多数是女性，当事人的成分和年龄主要是青壮年劳动人民[④]。根据天津有关统计资料的收集整理和分析[⑤]，天津市20世纪50年代初的粗离婚率都在1.5‰以上，最高时曾超过3‰。这么高的离婚率后来从未达到过，80年代以后

---

① 刘云祥：《关于正确认识与处理当前的离婚问题》，载《离婚问题论文选集》，法律出版社1958年版。
② 幽桐：《对于当前离婚问题的分析和意见》，《人民日报》，1957年4月13日第7版。
③ 同上。
④ 孟庆树：《关于部分婚姻案件材料的初步研究》，载中央人民政府法制委员会编：《婚姻问题参考资料汇编》第一集，新华书店1950年版。
⑤ 徐安琪、叶文振：《中国婚姻研究报告》，中国社会科学出版社2002年版，第212页。

虽然粗离婚率一直不断攀升，到1998年时也不曾达到过1.5‰。虽然现在仍缺乏那时全国性的具体离婚统计数字，但是从天津市的历年离婚统计的动态可以反映出20世纪50年代初全国普遍发生过的特高离婚率。

虽然，当时离婚的人口后来大部分都会再婚（重婚、纳妾者除外），然而多数在离婚和再婚之间一般都有一定间隔，因而当时大量的离婚会导致一户变成两户，增加家庭户的数量。

（4）新中国成立初期的大量人口迁移

新中国成立初期，党和政府便开始着手建立户籍管理制度，但是主要目的是为镇压反革命、确立革命秩序，以及掌握人口变动和统计人口。先在城市做起，农村户口从集镇试点，然后逐步推广，本来准备十年完成这个工作。但是1953年，抗美援朝取得伟大胜利，国民经济恢复工作完成，国家面临准备全国人民代表大会及地方各级人民代表大会召开，同时要为第一个国民经济五年计划提供准确的人口资料，进行了第一次人口普查。公安部门配合这次调查，进一步核实了户口，促进了城乡户口登记制度的初步建立。20世纪50年代户口迁移十分活跃。当时自发性的迁移与有组织的计划迁移并存，但是当时国内迁移基本上不受户籍管理制度的限制。"据历年全国人口统计年报资料，这个时期的迁移量，平均每年都在2 500万人以上，年平均迁移率都高于40‰，不仅具有很大的迁移规模，而且一直保持着高峰的迁移率。"[1] 这一方面是由于经济建设和政权建设等各方面对于干部职工和社会劳动力的大量需求，另一方面社会上的亲属投靠，农民盲目流入城市谋生，部分地区灾民外流等各种自发性迁移，也是不可忽视的重要方面。根据《现代中国经济事典》记载[2]，1949年中国城镇人口5 765万，乡村人口48 402万；到1952年时，城镇人口为7 163万，乡村人口为50 319万。也就是说，这段时间中，城市人口的平均年增长率为7.5%，而农村人口的平均年增长率不到3.7%，城市人口增长率是农村人口增长率的2倍以上。所以，这一时期的大量人口迁移也会导致原来家庭的分化，产生大量新户。

---

[1] 张庆五：《户籍管理学》，中国人民公安大学出版社1986年版，第122页。
[2] 杨长福：第一章概况，三、人口，载马洪主编：《现代中国经济事典》，中国社会科学出版社1982年版，第14页。

总之，以上四个原因都会导致新中国成立初期的分化立户加剧，产生了大量新户，因而户数增长速度大大高于人口增长速度，使平均户规模发生了大幅度下降。

2. 20世纪60年代初期的分家立户高潮

新中国建立以后在平均户规模扩张阶段中的第二个特殊时期可以从图13—1上一目了然。这个时期正处于1959~1961年的三年困难时期。由于"大跃进"和人民公社化运动中的左倾错误，加上当时的自然灾害和苏联政府背信弃义地撕毁合同，中国国民经济发生了严重困难。农业生产从1959年起连续三年大幅度下降，平均每年下降9.7%。轻工业生产从1960年开始起也连续三年下降。国家财政连续四年出现赤字，市场供应和人民生活都遇到了极大的困难[①]。

由于当时的经济困难，粮食匮乏，出生率从1957年的34‰直落到1961年的18‰，而死亡率却从1957年的11‰上升到1960年的25‰，结果是出现了新中国历史上唯一的人口负增长时期（-4.6‰）[②]。虽然这一时期人口一直处于低增长甚至负增长，然而同时期的户数却出现异常性增长，1961年户数增长率甚至高达37‰，造成户规模大幅度下降。因此，在这一特殊时期，平均户规模暂时中断了扩大的趋势，形成一个十分显著的低谷。户数年增长率达到37‰是解放几十年来极高的一个年份。在20世纪50年代、60年代中的其他年份和70年代从无二致，这段时期中其他年份的户年增长率最高也就是26‰左右[③]。

户数脱离人口增长而超常增长，反映出当时家庭分化水平大为提高。这一时期的家庭分化显然是与当时的经济调整和疏散城市人口的政策有关。与家庭分化有关的调整政策包括，充实农业第一线的劳动力和疏散城市人口。到1962年，农业劳动力比1958年增加了5 786万人，总数达到21 278万人，超过了1957年的水平。当时大力缩短基本建设战线，压缩重工业生产。坚决对工业企业实行关停并转，精简职工，减少城市人口。

[①] 刘洪：《第二个五年计划与经济调整时期》，载马洪主编：《现代经济事典》，中国社会科学出版社1982年版，第56页。

[②] 国家统计局人口统计司：《中国人口统计年鉴—1988》，中国统计出版社1988年版。

[③] 郭志刚：《当代中国人口发展和家庭户的变迁》，中国人民大学出版社1995年版，第14~15页。

当时工业企业数由1959年的31.8万个减少到1962年的19.7万个,减少了38%。与此相适应,从1961年起,又花了很大的力量做了精简职工和城镇人口的工作。精简下来的职工,绝大多数回到农村参加农业生产。这一精简使全国共减少职工1 887万人,城镇人口2 600万人①,它实际上导致了一次由城返乡的大迁移,无疑促使了家庭分化。

当然,这一时期很低的人口出生率也会对家庭规模的收缩起一定影响,但是显然这个时期家庭规模收缩的决定作用并不是出生数量的减少。因为这一时期家庭规模的收缩是与户数的骤然增加相联系的,而新生人口的减少不会产生这种影响。有关人口出生率对家庭规模的一般性影响,将在下一节中讨论。

但是,应该说这一阶段平均户规模的下降只是困难时期调整政策的一时性作用,并未真正改变家庭分化立户的基本机制。因此,随着困难时期度过和经济复苏,家庭分化立户又重新回到原有的轨道,户数的增长按较慢的速度发展,而平均户规模又重新回到扩张的变化动态中去了。

三 新中国50年平均户规模变化的主要原因

从新中国的平均家庭户规模变化的历史来看,虽然解放初期的国民经济恢复时期和第一个国民经济五年计划时期以来,经济和社会的发展都取得了很大的成就(忽略三年国民经济严重困难时期),但是实际上在1973年以前,中国的家庭户规模的动态趋势总的来说是在不断扩大。

而1973年以后,家庭户规模进入了不断收缩的阶段,然而又很难简单将这种缩小归因于工业化和现代化的发展。

其实,中国平均户规模变化的转折点是与中国计划生育工作的广泛开展相联系的。1970年,面对国民经济已经不堪承载的人口重负,周恩来总理明确指出:"不能把计划生育和爱国卫生运动放在一起。计划生育属于国家计划范围,不是卫生问题,而是计划问题。"②1973年12月国务院计划生育领导小组办公室在北京召开的全国计划生育工作汇报会上提出了

---

① 刘洪:《第二个五年计划与经济调整时期》,载马洪主编:《现代经济事典》,中国社会科学出版社1982年版,第56页。

② 杨魁孚:《中国人口与计划生育大事要览》,中国人口出版社2001年版,第43页。

"晚、稀、少"的具体的计划生育政策，对国家宏观的人口计划指标加以微观上的操作化。自此，全国性计划生育工作得以大力推行，并轰轰烈烈地展开，中国人口进入了国家政策指导下的迅速生育转变。

从图13—1中所附的人口出生率的水平变化（以右侧副坐标度量）与平均户规模的动态比较，便可以看出，平均户规模动态的大阶段是与出生率变化的两级台阶对应的。平均户规模的扩张阶段所对应的人口出生率（除个别年份外）都在30‰以上的高台之上；而平均户规模的收缩阶段则正是起始于1973年，对应的人口出生率水平则是处于低于20‰的次级平台上。

就严谨的人口学分析而言，真正对某一年份平均户规模起决定性影响的并不是某一年出生率的高低，而是该年的人口年龄结构。这是因为，就成家立户的可能性而言，不同的人口部分之间存在着极大的差异。比如少儿人口没有能力单独自立一户，需要父母或成年亲属来抚育，纯粹属于家庭户中的附属人口。中国的计划生育工作大大地降低了出生率，年复一年，便会改变整个人口结构，使得人口中的少儿比例越来越低。少儿人口的相对减少在相当长一个时期中并不会影响基本上是由成年人口数量所决定的户数变化，因而平均每一户中所承载的少儿人数越来越少，就会导致平均户规模越来越小。因此，生育转变是一个基本动因，然而需要通过多年的低出生影响的积累，才能逐步改变人口年龄结构，导致对平均户规模的影响越来越大。

所以，新中国50年前半期平均户规模的扩张，实际上是由于这一阶段出生率较高，导致了人口中少儿比例不断提高所致。而后半期平均户规模的收缩，则是由于持续的计划生育工作，降低了出生率，导致少儿比例越来越少的结果。因此，可以得出一个结论，新中国50年户规模的大体变化主要是由于出生率下降导致人口年龄结构的转变所决定的。

四 若干年份户均人口结构变化的比较

平均户规模只是从平均户内人数角度定量描述了家庭的变化，但是它没有进一步区分户内的不同人口。此节企图从更为细致的角度描述户中的不同人口的历史性变化情况，即计算平均每户的少儿人数、成年人数、老年人数，并通过这三个指标与平均户规模的比较来进一步分析新中国50

年平均户规模变化中各部分人口变化的影响。

由于只有全国人口普查才提供分年龄的人口资料,并且所提供的人口年龄结构都是总人口统计口径的,并未提供按家庭户口径的人口年龄结构。鉴于集体户人口占总人口比例极小,因此本节直接采用这五次全国人口普查的总人口年龄结构作为家庭户人口结构的近似值来使用,但是户规模则采用了普查结果公布的平均家庭户规模。从技术上讲,尽管这是一种不太严格的匡算,但足以说明主要是由于人口结构的变化导致了家庭户平均规模的变化。表13—6提供了有关基础数据及分析结果。

表13—6　　中国人口年龄结构的变化与平均每个家庭户内人口结构的变化

年龄结构比例(%)	1953	1964	1982	1990	2000
0~14岁	36.28	40.69	33.59	27.69	22.89
15~64岁	59.31	55.75	61.5	66.74	70.15
65+岁	4.41	3.56	4.91	5.57	6.96
合计	100.00	100.00	100.00	100.00	100.00
平均家庭户规模(人)	4.33	4.43	4.41	3.96	3.44
0~14岁	1.57	1.80	1.48	1.10	0.79
15~64岁	2.57	2.47	2.71	2.64	2.41
65+岁	0.19	0.16	0.22	0.22	0.24
差额的比较	1953~1964	1964~1982	1982~1990	1990~2000	
户少儿人数变化量(人)	0.23	-0.32	-0.38	-0.31	
户规模变化量(人)	0.10	-0.02	-0.45	-0.52	
两个变化量之比	2.32	16.06	85.5%	59.4%	

注:历次普查的人口年龄结构和家庭户规模数据引自国务院人口普查办公室、国家统计局人口和社会科技统计司编《2000年第五次全国人口普查主要数据》,中国统计出版社2001年版,第7~8页。

首先,我们看到表13—6中各年份0~14岁少儿人口的比例变化与平均家庭户规模的变化十分对应。从1953年到1964年,少儿比例增加,则户规模也增加。后三次人口普查时的少儿人口比例不断缩小,而户规模也是不断缩小的。下面我们用各年的平均家庭户规模(即平均每户中的人数)直接乘以相应年份的年龄结构比例,便得到了平均每户中的少儿

（0～14岁）人数、中青年（15～64岁）人数、老年（65+岁）人数。这种做法实际上是根据总人口的年龄结构比例将平均每户的人数进行了相应的分解。然后，我们来分别分析平均每户中不同年龄段人口数的变化，它可以揭示出平均户规模的变化中的不同成分。

根据这五次全国人口普查所计算的平均每户少儿人口数的比较，可以看出对应平均户规模扩张阶段（1973年以前），户均少儿人数显著增加，比如1964年平均每户中的少儿人数比1953年多了0.23人；而在平均户规模缩减阶段（1973年以后），户均少儿人数显著减少，比如2000年比1964年平均每户减少了1个孩子。也就是说，同时期中平均每户减少的人数（4.43－3.44＝0.99），几乎就是减少的少儿人数。

当然，这只是一种匡算。实际上在不同阶段中，每户少儿人数减少量占家庭户规模减少量的比例关系有所不同。在表13—6的第三层列出各段时间中每户少儿人数的变化量和户规模的变化量，并且提供了两个变化量之间的比值。这四段时期中两个变化量之比都是正的，这表明两个变化量的变化方向均是相同的。

在前两个阶段中，由于户少儿人数的变化量比户规模的变化量大，这一比值表明的是户少儿人数变化量为户规模变化量的倍数。比如，1953～1964年期间，尽管每户中少儿人数增加量很大，但平均户规模却没有增加那么多，这说明这段时期户数增加很快（前面已讨论过这段时间户数增加的有关原因），每户中的中青年人数和老年人数却减少了，因而部分地抵消了少儿人数增加对户规模增加的影响。而在1964～1982年期间，每户少儿人数显著地减少了，但是平均户规模并没有减少相应的幅度，这是由于户内的中青年人数和老年人数都增加了，因而部分地抵消了少儿人数对户规模的影响。也就是说，这两个阶段中，由于其他因素的抵消作用，少儿人数的变化作用并未完全在户规模的变化所表现出来。但是，其对户规模的影响作用却是实实在在地存在着。

在后两个阶段中，户少儿人数变化量小于户规模变化量，因此这一比值可以理解为是户规模变化量中由于户少儿人数变化所占的比例。比如，1982～1990年家庭户规模下降了0.45人，而同期每户少儿人数下降了0.38人，所以，每户少儿人数的减少量占了平均户规模减少量的85.5％。可见，该时期中家庭户规模的下降虽然的确存在其他原因（可解释户规模缩小量的另外15%），但可以说这段时期户规模的缩小主要是由于少儿人口数的减少。在1990～2000年期间，平均家庭户规模又继续缩小了0.52人，而每户少儿人数的减少量为0.31人，仅占平均户规模减少量的59.4%。我们看到在后两个阶段中，每户的中青年人数虽然也在减少，然而由于人口老龄化的原因，每户中老年人数有所增加。

总的来说，相比户平均规模和户均少儿人数的变化幅度，户均中青年人数和老年人数的变化相对较小。这是因为，与少儿人口不同，这两部分人口都具有自立成户的能力，因而他们的人口数量总是密切地与户数保持着一定的数量关系。这种数量关系发生变化的时候，则意味着分家立户模式发生了变化。比如，我们发现从1953年到1964年间，每户中青年人数减少了0.1人，每户中的老年人数也有所减少，这种变化便反映了那时立户模式确有较大的暂时变化，成年人之间分离生活的倾向较高。虽然1982年时户规模已经处于下降阶段，这只是由于户内少儿人数减少了，但是并不代表这时的人口分化立户水平提高了，因为1982年时每户的中青年人数是这四个年份中最高的（2.71人），从这个指标反映出户分化程度实际上相对很低，因而户内成年人的拥挤程度很高。

本节的分析证明了在中国平均家庭户规模变化当中，人口结构的变化、特别是少儿比例的变化有十分重要的影响。同时，正是由于这个原因，不能简单地将家庭户规模的扩大或缩小直接视为家庭分化立户水平变化的证明。也就是说，平均家庭户规模一方面受到人口数的影响，另一方面受到家庭户数的影响。但对于户数而言，只与人口中有能力立户的成年人口有关，而与少儿人口无关。而家庭分化立户水平则应该是反映成年人口自立门户的水平。实际上，即使是成年人之中，不同群组的立户水平也有很大差异。因此，从自立门户的角度描述哪些人可能性较高，哪些人的可能性较低，是更为深入地研究成年人中如何分化立户的规律性的必由之路，这实际上是在描述人口立户的模式。

第三节　中国人口立户模式的特点和水平

全国人口普查数据可以提供每一个家庭户的户主信息，因此能够计算出每个性别年龄组人口中户主所占的比例。这种比例在人口统计学中称为户主率，即人口中成为户主的比例。尽管中国人口普查中对于每户中由谁来申报为户主并无严格定义，然而通常户主都是户中社会经济活动能力强、并且是家中主事的决策者。所以，对不同特征的人口组计算出的户主率可以较好地反映不同特征的人口在立户水平上的差别。

本节利用 1982 年、1990 年、2000 年三次全国人口普查原始数据的再抽样数据样本汇总计算了性别年龄别户主率[1]，用以反映中国人口的立户模式。户主率水平越高表明对应人口组中单独立户的倾向性越高，而较低的户主率则表明该类人口的依赖性较大[2]。少儿人口中几乎没有户主，其户主率接近于 0，因此本节不讨论其户主率问题。

一　中国家庭户人口性别年龄别户主率的主要特点

将 1982 年、1990 年和 2000 年的性别年龄别户主率（表 13—7）画成曲线图以后，就可以一目了然地看出不同性别人口的立户水平是如何随年龄变化的。从图 13—2 中可以看到，三次人口普查数据所计算的性别年龄别户主率曲线既有变化，但又十分类似，维持着一种比较稳定的模式。

首先，分析一下中国性别年龄别户主率的基本模式（参见图 13—2）。我们可以看到中国人口的立户倾向有以下特点：

1. 男高女低。这是因为，绝大多数成年男女是结为夫妇生活的，然而却往往以男方为户主。这种情况虽然常常是出于习惯和偶然性，然而却是对现实社会中男女在家庭中地位差别的反映。

2. 男子取得户主地位的可能性的变化大致可划为 3 个阶段。在 15 岁至 35 岁之间，户主率水平急剧上升，这是因为在这段年龄中，正是结婚高峰期，大批男青年由于结婚成家而成为户主。35 岁至 65 岁这一段曲线较为平缓，是男子作为户主较为稳定的时期。而 65 岁后的一段，男子户主率开始下降，这是由于他们开始衰老，而他们的下一代正值盛年，因而有的人向下一代移交了户主地位。

3. 女性的年龄别户主率相对于男性而言水平很低，然而却是随年龄

---

[1] 由于 1953 年和 1964 年两次普查已不可能得到原始数据，因而无法进行相应计算。

[2] 实际上，平均户规模便是就总人口所计算的户主率的倒数，而成年人户主率则是平均每户的成年人数的倒数。

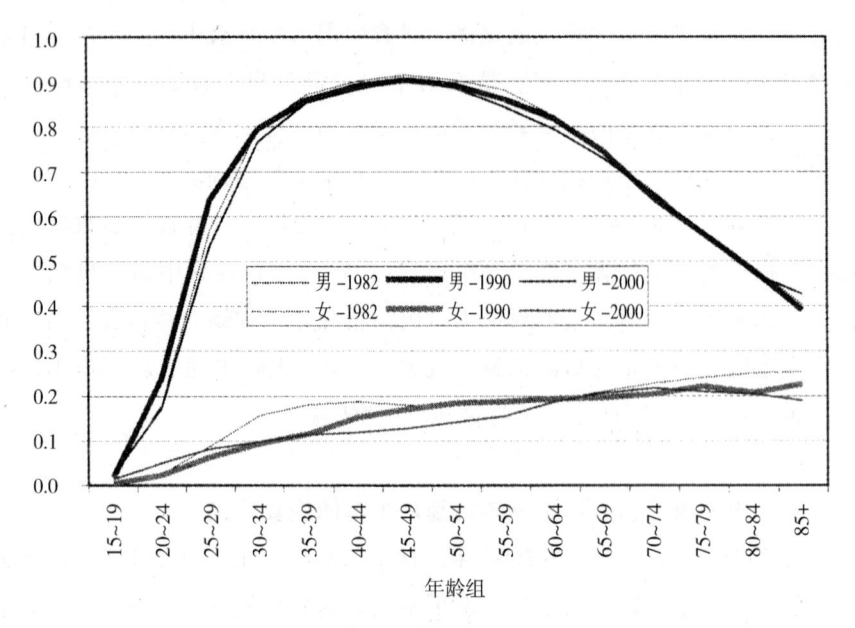

图 13—2 中国历次普查的家庭户人口性别年龄别户主率

不断提高的，这实际上反映出女性随着年龄提高，处于丧偶的情况越来越多，许多人便接替成为户主。

表 13—7　　　中国历次普查家庭户人口的性别年龄别户主率

年龄组	1982 年 男性	1982 年 女性	1990 年 男性	1990 年 女性	2000 年 男性	2000 年 女性
15～19	0.0225	0.0053	0.0195	0.0046	0.0247	0.0150
20～24	0.1796	0.0259	0.2403	0.0239	0.1730	0.0501
25～29	0.5688	0.0883	0.6366	0.0639	0.5341	0.0814
30～34	0.7940	0.1557	0.7944	0.0925	0.7660	0.0980
35～39	0.8712	0.1800	0.8589	0.1159	0.8532	0.1132
40～44	0.9011	0.1868	0.8902	0.1521	0.8828	0.1191
45～49	0.9146	0.1795	0.9032	0.1699	0.9045	0.1274
50～54	0.9031	0.1769	0.8925	0.1843	0.8862	0.1414
55～59	0.8821	0.1836	0.8610	0.1877	0.8437	0.1547
60～64	0.8237	0.1915	0.8182	0.1943	0.7943	0.1872

续表

年龄组	1982 年 男性	1982 年 女性	1990 年 男性	1990 年 女性	2000 年 男性	2000 年 女性
65~69	0.7433	0.2101	0.7459	0.1958	0.7300	0.2059
70~74	0.6558	0.2286	0.6408	0.2043	0.6506	0.2174
75~79	0.5649	0.2411	0.5622	0.2221	0.5667	0.2094
80~84	0.4877	0.2508	0.4803	0.2072	0.4726	0.2041
85+	0.4034	0.2550	0.3915	0.2262	0.4274	0.1900

从不同年份户主率变化的角度来看，男性户主率曲线在处于迅速上升的年轻年龄段是1990年的水平最高，它表示出1990年时男性青年单独立户要早于1982年和2000年。在处于比较稳定的中年段和明显下降的老年段，1982年男性水平高于1990年，而1990年水平又略高于2000年，2000年只有在高龄组（85岁以上）才出现高于以往水平的情况。

三次普查的女性户主率比较揭示出女性立户水平的变化比男性显著。可以看出，1982年女性户主率水平在绝大多数年龄组都处于最高水平。而1990年女性户主率与2000年相比，也在绝大多数年龄组处于较高位置，只有在15岁至29岁的年轻段2000年水平高于1990年水平。显然，这显示了改革开放以来，女青年参与社会生活和流动的动量明显增大了。但是这种动量仍然受到结婚成家生育子女的限制，因而在中年段2000年女性户主率水平却大大低于1982年和1990年的水平。

以上三次普查户主率的比较说明，中国分性别年龄别的立户模式的变化并没有按照许多经济学和社会学理论所描述的那样存在着"现代化导致家庭分化或家庭核心化"的明显趋势。虽然，改革开放以来，平均家庭规模急剧缩小，但这并不能归结于家庭分化立户水平有明显的提高。前面曾经对几次普查的人口按较粗的年龄段进行分组分析的结果已经说明，平均家庭规模的缩小主要受到少儿人口比例减小的影响。这里又将成年人口按性别年龄别分别开来比较其户主率的变化，也仍然看不出家庭分化水平提高的明显迹象。

二　中国与其他国家和地区的户主率模式的比较

中国性别年龄别户主率所反映出的家庭模式，需要进一步通过比较才能更为清楚地显现出自己的特点。为了获得一个相对的概念，用《联合国1987年人口年鉴》[①]中发表的美国（1985年）与韩国（1980年）的性别年龄别户主率与中国同时期（1982年）的性别年龄别户主率作一比较。

美国是核心家庭化程度很高的国家，将中国与美国的户主率模式进行对比，既可以取得中国分化立户的相对水平的概念，也可以获得对核心家庭化与户主率模式之间关系的了解。将中国1982年、美国1985年和韩国1980年的性别年龄别户主率制成曲线图比较（图13—3）[②]。

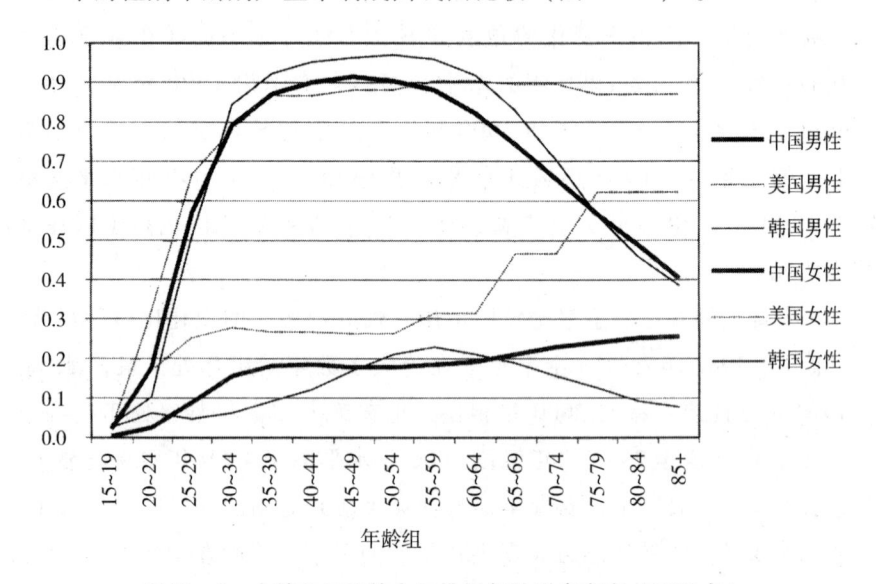

图13—3　中韩美三国的人口性别年龄别户主率（1980年）

从图13—3中看到，同为东方家庭模式的中国和韩国之间虽然也有所不同，但中韩之间的差别要是比起他们与作为西方家庭模式代表的美国在户主率模式上差别来就完全不是一个层次的问题了。

---

①　United Nations, United Nations 1987 Population Year Book. New York: United Nations, 1987.
②　美国户主率数据发表时不是完全按照5岁分组的形式，而只是在年轻段采用5岁分组，在35岁至74岁之间采用10岁一段分组，在75岁以上采用开口组。制图时各5岁组直接使用所在大分组的户主率值。

美国的男性户主率在青年阶段和老年阶段都明显地高于中韩两国的水平，而其女性户主率在所有年龄组都大大高于中韩两国的水平。美国年轻段户主率较高说明青年一代离开父母独立生活很早，特别是女性年轻段的高户主率说明美国女青年很多人在未婚之前就开始独立生活了。女性户主率很高同时也反映出美国女性不结婚的比例和离婚的比例很高。图中最引人瞩目的是美国老年人口的户主率极高，男性老年组的户主率几乎不存在下降，女性老年组的户主率则是越来越高。这种户主率模式反映出在美国核心家庭模式占有主导地位，因此美国的老年人中空巢家庭流行，不与成年子女在一起共同生活，因而很少有将户主身份让渡给子女的情况。而且，美国老年妇女就是在离婚或丧偶以后也仍然倾向于独立一户生活，这种现象反映在户主率上就是，在美国老年男性的户主率水平根本不下降的情况下，美国老年女性的户主率不断持续上升。

与美国相比，作为东亚家庭模式的中国和韩国在户主率模式上特征是：成年人口的有配偶比例很高，并且在夫妇中大多以男方为户主，于是显现出中年男性的户主率高于美国，而另一方面女性的户主率则相对很低[①]。

特别是，中国和韩国的户主率模式还反映出东亚多代同堂家庭的特点。由于很多老年人与子女在一起共同生活，就产生了代际之间户主身份让渡的现象。在老代当户主的情况下，中青年组的户主率就会有所降低，在子代当户主的情况下，老年各组的户主率也会有所降低。

这两个方面都充分显示出东西方家庭模式的巨大差异。

总的来说，虽然中国和韩国在户主率的模式和水平上有一定差异，但是他们的户主率模式都体现了非常明显的东亚传统家庭的特征，即男性老年的户主率都有非常明显的大幅度下降，女性老年户主率的水平也比较低，反映出多代同堂的特点。而美国的户主率模式却充分体现了核心家庭占主导地位的特点，在模式上属于完全不同的类型。

[①] 韩国45岁至65岁年龄段的女性户主率有一个十分奇特的突起。这种特征在其他亚洲国家如泰国、马来西亚、菲律宾等国都不存在，从这一突起的年龄上看，很有可能与1950年代战争所形成的丧偶情况甚多有关。

三 分化立户水平的国际比较

上一节比较了不同类型的立户模式,本节将分析比较中国的分化立户水平在国际上到底处于什么位置,这对于新中国立户水平和家庭变迁可以提供一个更为基本的参照。

加拿大人口学家伯奇(T. Burch)1980年曾提出一个指标——总体立户指数I_H,比较了当时世界各国的分化立户水平[①]。这一指数实际上是一种对性别和年龄结构进行间接标准化比较的成年人户主率的水平指数。I_H指数值的理论取值范围为区间[0,1],取值越接近1,说明立户水平越高,接近于世界之最。因此可以提供十分简单明晰的测量概念。并且,这一指标不仅可以排除各国人口中少儿人口所占比例不同的影响,也基本上控制了成年人口内部性别年龄结构差异的影响[②]。

伯奇发表了所计算的33个国家在20世纪60年代的总体立户指数I_H的计算结果,这些结果数据可以用来与中国同期的立户水平进行比较(表13—8)。

表13—8　中国与各国(1960年左右)的总体立户指数比较

国家	I_H值	国家	I_H值
新加坡	0.65	法国	0.77
阿根廷	0.66	挪威	0.77
印度	0.67	比利时	0.78
日本	0.68	匈牙利	0.79
尼加拉瓜	0.68	奥地利	0.79
意大利	0.68	美国	0.80
澳大利亚	0.71	瑞典	0.82
瑞士	0.71	捷克	0.83

---

① Burch, Thomas K. Household Size and Structure in Demographic Transitions. Proceedings of the Social Statistics Section of the American Statistican Association: 149~153, Washington DC ASA, 1980.

② 他用这些国家的总体立户指数与相应更为细致的直接标准化的成年人户主率进行了比较,结果表明两种指标之间的相关程度极高(r = -0.92),可见采用这个指标符合初步研究的要求。

续表

国家	I_H 值	国家	I_H 值
加拿大	0.72	联邦德国	0.83
巴西	0.75	丹麦	0.84
中国（1953）	0.741	中国（1964）	0.807
中国（1982）	0.713	中国（1987）	0.711

资料来源：其他国家数据摘选于伯奇的论文。中国的数据根据三次全国人口普查和1987年全国1%人口抽样调查的公布的人口数据计算。

比较结果表明，中国的1953年和80年代立户水平虽然远比不上美国、瑞典和联邦德国，但是却并不是像人们往往想象的那样低。中国1953年的总体立户水平相对于中国当时的社会经济发展程度能够到达0.74实在有些令人吃惊，这一水平不仅远高于亚洲的邻国新加坡、印度和日本在20世纪60年代的水平，而且也高于一些欧美国家如意大利、澳大利亚、瑞士和加拿大。毫无疑问，这在很大程度上反映了一次大规模的社会革命对家庭的影响。而中国1964年的总体立户水平则已经处于当时世界各国的较前端，甚至高于美国同时期的水平。但是如前所述，这是与当时中国政府应对困难环境而采取的企业关停并转和大规模疏散城市人口到农村去的时期性政策的结果有关，反映了特殊时期中许多家庭分离的特殊情况。然而家庭是一种十分稳定的社会组织，如果其他方面的变化不大，在正常的发展过程中，有回归原来模式的倾向。所以我们看到，中国1982年时的总体立户水平相比1964年的水平不仅没有提高，反而明显下降了。

尤其值得注意的是，在1982年到1987年之间，中国由于改革开放，社会经济方面出现了许多较明显的变化，并且中国社会学界已经开展了若干较大规模的城市和农村的婚姻家庭调查研究，当时社会学界对于中国家庭发展趋势曾有过许多争论，主要是中国是否正在迅速向核心家庭化方向发展抑或主干家庭模式仍然会相对稳定，持不同见解的研究人员都多多少少地拥有一些小规模的抽样调查数据作为自己意见的印证。然而，这里所应用的大规模人口数据所提示的却是总体立户水平的下降，即成年人口在家庭户中更为拥挤了，这显然与核心家庭化的见解相反。这一比较只是提出了问题，但现在还不能肯定这种测量结果究竟是由于总体立户指数还不够细致地控制人口性别年龄结构，还是出于其他方面的原因。

四 中国 1990 年市镇县性别年龄别户主率模式的比较

城乡二元结构是中国社会经济发展的基本特征之一。下面根据 1990 年人口普查的抽样数据，计算了中国分市、镇、县的各行政区类的性别年龄别户主率，列在表 13—9 内，相应的性别年龄别曲线在图 13—4 内表示。

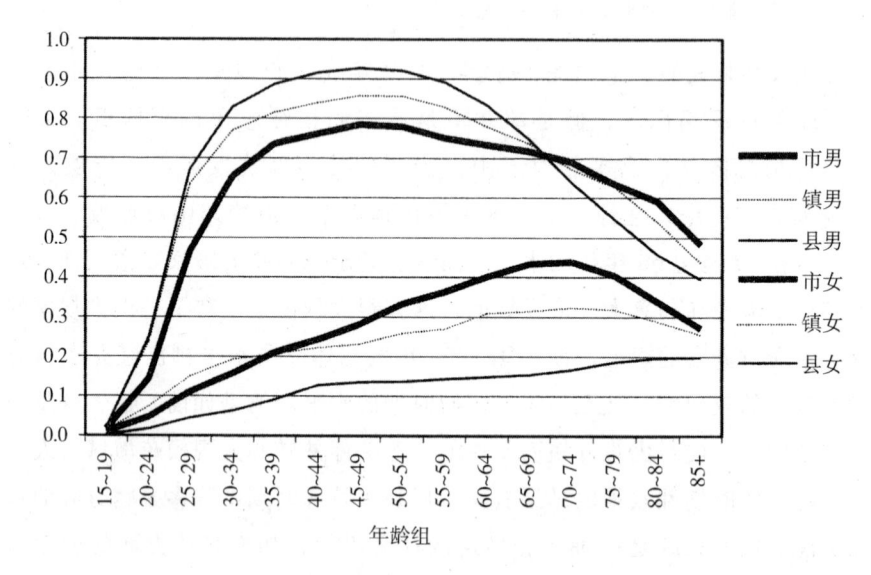

图 13—4　中国 1990 年市镇县人口性别年龄别户主率

从图 13—4 的性别年龄别曲线图可以看到，不论是市、镇、县，总的模式都与一般立户规律相同：男高女低；男子户主率先上升，在中年持平一段，老年又下降；而女子则几乎是保持着缓慢上升。但是，也可以发现三种行政区的立户模式的确有各自的特点。

从男性户主率曲线来看，峰值最高的是县，其次是镇，而市的峰值水平最低。但是我们又发现，在 65 岁以后，按曲线高度的排序却正好与峰值排序掉转了一个方向。相对来说，市男性曲线峰值虽低，但居高不下。而县虽然峰值最高，然而下降很快反而变成了最低水平。从女性户主率来看，市、镇、县曲线之间不存在交错。其中水平排序以市最高，镇居中，县最低。

因此可以断定，男女立户水平之间有反向对应关系，男子峰值户主率越高，女子户主率越低。这主要是因为，在 30 岁至 50 岁之间的绝大部分人口都是有配偶共同生活的，双方只可能推一人为户主。因而男女立户水平成了互补关系。市区男女立户水平较为接近，反映出市区人口多为国家职工，男女同工同酬，且男尊女卑旧文化习俗的改变较大，男女之间地位较为平等，但是男女之间仍然存在文化程度和社会活动能力方面的明显差异，以及习惯势力的影响。

镇行政区这方面的差异要大于市行政区，而农村地区这方面的差异要比城市里大得多。因此，男女户主率之间的差异便大小不等。

此外，在分析户主率曲线时，除了要分析户内男女之间地位的差异之外，还应考虑代际之间的地位变化。比如，市男子户主率总水平较低而 65 岁后却相对居高不下，表现出市区老年男性多为国家职工，退休之后仍然有较高和稳定的经济来源，因而始终保持自己的地位，同时也表现出年轻一代中有较多人仍与父辈同居一处，因而未能取得户主地位。城市里住房较紧张，年轻人难于找到新居自立一户，也是造成这个结果的重要原因。

相反，农村人口主要靠劳力收入，到了晚年，又没有较好的社会保障，因而老年男性自然容易失去过去户主的地位。由此，我们可以得出解决老年问题的重点在农村这一结论。

表 13—9　　　　　中国 1990 年市镇县的性别年龄别户主率

年龄组	市 男性	市 女性	镇 男性	镇 女性	县 男性	县 女性
15~19	0.0167	0.0106	0.0192	0.0142	0.0196	0.0032
20~24	0.1447	0.0476	0.2401	0.0743	0.2513	0.0171
25~29	0.4653	0.1110	0.6342	0.1497	0.6704	0.0444
30~34	0.6559	0.1575	0.7702	0.1930	0.8289	0.0629
35~39	0.7349	0.2107	0.8149	0.2067	0.8872	0.0909
40~44	0.7599	0.2436	0.8394	0.2223	0.9160	0.1277
45~49	0.7841	0.2820	0.8576	0.2317	0.9278	0.1354

续表

年龄组	市 男性	市 女性	镇 男性	镇 女性	县 男性	县 女性
50～54	0.7788	0.3323	0.8568	0.2593	0.9207	0.1371
55～59	0.7495	0.3627	0.8285	0.2695	0.8915	0.1438
60～64	0.7331	0.4017	0.7793	0.3093	0.8345	0.1484
65～69	0.7168	0.4341	0.7361	0.3147	0.7467	0.1541
70～74	0.6905	0.4391	0.6729	0.3236	0.6380	0.1667
75～79	0.6346	0.4033	0.6267	0.3189	0.5460	0.1864
80～84	0.5905	0.3381	0.5393	0.2881	0.4583	0.1980
85＋	0.4826	0.2715	0.4362	0.2550	0.3946	0.1991

最后，在分析户主率曲线图时，还应考虑人口代际结构因素，具体说就是老一代和年轻一代的代际人口比例问题。是否成为户主并不像生育和死亡那样仅局限于本年龄组人口的情况。由于中国的主干家庭模式仍很流行，几代人共同生活在一户中的情况十分普遍，因此不仅不同性别人口之间因婚姻关系而有户主率上的对应关系外，不同年龄的人口也会存在代际关系之间的户主率对应性。所以在分析户主率模式时，除了需要考虑户内地位的让渡问题外，还要考虑因为主干家庭中老辈身边只留一对晚辈共同生活，有相当一部分子女必然要分出去另立新户。因此，代际比例会影响到中青年的户主率水平。

五　中国1990年市镇县人口分家立户水平的总体比较

为了控制少年人口的影响，采用每户中的成年人数比较好。每户中的成年人数便是成年人口户主率的倒数。实际上这个反向指标反映出的不是分化立户水平，而是每户中成年人数的拥挤程度。直接用正向指标为成年人口户主率比较立户水平时，虽然控制了少年人口，但并没有控制成年人口内部的性别年龄结构差异。我们知道，在市镇县的成年人口结构之间存在着差异，不控制这种差异，立户水平比较结果便可能受到干扰。

成年人口内部结构的差异影响可以通过人口统计学的直接标准化比较来控制。直接标准化比较实际上是通过将不同地区的性别年龄别户主率应用于同一个标准人口结构,来反推出标准化户数,再应用这一标准化户数除以标准人口的成年人口数,得到直接标准化的成年人口户主率。因为在比较时,只应用了各地区的性别年龄别户主率,与各地区的实际人口结构无关,所以便排除了实际人口结构的影响。

下面将采取直接标准化的方法来比较 1990 年市镇县之间的立户水平,用 1990 年全国家庭户总人口作为标准人口,有关比较结果在表 13—10 中提供。表中同时也提供了平均户规模和平均每户成年人数这些不同程度上较"粗"的反向指标。

表 13—10　　　中国 1990 年市镇县立户水平的直接标准化比较

反向指标	市	镇	县
平均家庭户规模	3.39	3.47	4.12
平均每户成年人数	2.67	2.57	2.90
性别年龄标准化的平均每户成年人数	2.89	2.64	2.85
性别年龄婚姻状况标准化的平均每户成年人数	2.82	2.65	2.85
正向指标			
成年人户主率	0.3746	0.3886	0.3449
性别年龄标准化成年人户主率	0.3462	0.3787	0.3508
性别年龄婚姻状况标准化成年人户主率	0.3547	0.3771	0.3506

注:标准化比较采用直接标准化方法,并以 1990 年全国家庭户人口性别年龄结构作为参照。

从表 13—10 中的反向指标来看,虽然应用平均家庭户规模时,表示出在户内拥挤程度上有县大于镇、市的水平最低的结果。可想而知,这不过是由于市镇县生育水平不同、因而少儿人口比例不同所造成的。

如果用平均每户中的成年人数来测量户内成年人口的拥挤程度时,便可以发现,在这个指标值上仍然是县最大,然而这时市已经变为大于镇了。

然而,进一步控制成年人口中性别年龄结构的影响后,计算出的直接标准化的平均每户成年人数时,我们可看到市的拥挤程度变为最高,县的拥挤程度其次,而镇的拥挤程度最低。

与此对应,正向指标性别年龄别直接标准化的成年人口户主率上则反映出，镇的分化立户水平最高，县其次，市最低。

　　这些不同指标的结果说明，市的实际平均户规模小是由于市区人口计划生育工作更好，出生控制更严，因而少儿比例小所造成的，而不是实际家庭分化水平高。实际家庭分化水平最高的是镇，它的性别年龄别标准化户主率最高。从家庭分化程度来说，甚至县也比市的水平高。这种具有较强可比性的分化立户指标结果与人们的通常感觉相去甚远。

　　需要强调的是，以上结果并不否认市区居民存在较强的分化立户的意愿，而只是显示了实际上他们并未达到自己的意愿。意愿与现实之间的障碍极可能是城市里的住房严重短缺问题。而这个问题在县镇地区就不太严重，因而在那里从意愿到现实的困难就小得多。镇比县在经济和文化发展水平上要高一些，传统生活方式影响要弱一些，又没有十分严重的住房困难，因而从这一角度来分析时分化立户水平最高。

　　实际上还有另外一个重要原因也导致了市的分化立户水平低，这便是婚姻状况结构的影响。家庭人口学分析表明不同婚姻状况的人口具有不同的分化立户倾向。在城市中晚恋晚婚比较普遍，这便形成了城市青年中处于未婚状态的人相对很多，然而在20世纪90年代初时城市住房改革尚未普遍铺开，取得住房主要还是靠单位分配，在分配时老职工要排在年轻职工之前，已婚职工要排在未婚职工之前，多数单位由于住房紧张，甚至根本不考虑未婚职工的住房分配问题。这种情况便加剧了许多未婚的城市青年不得不"挤"在父母的住房中。但是，如果进一步控制婚姻状况结构的影响，便能发现具有更大可比性的性别、年龄、婚姻状况别三维标准化的成年人口户主率指标上所反映出来的分化立户水平的排序为，镇高于市，而市已经高于县了。但是，市与县的水平比较接近。

　　以上结果不仅比较了市镇县立户水平，而且旨在揭示出，采用不同的测量指标，其结果是大不一样的。这里并不是说，不同指标之间有好坏之分，而是说不同的指标所测量的对象实际上是不同的，所以应该针对所研究的问题选择有效性最强的指标。

第四节　中国人口立户水平的变化动态

　　本节将通过标准化比较的方法来反映新中国50年中人口分化立户水

平的变化动态。

以往这一方面的研究文献由于数据资料和分析方法的限制，所做的多是援引历年户规模的变化动态来间接反映家庭分化立户水平。但是，户规模的变化是多方面因素变化的反映，其中不仅包括家庭分化立户水平的变化，还包括人口结构的变化。本章第二节中曾经采用人口年龄结构变化的大致匡算证明了这一点，着重分析了少儿人口比例的影响。在第三节中又提供了性别年龄别户主率反映了成年人口的不同部分在分化立户倾向性上有十分显著的差异，实际上已经揭示出，成年人口内部的性别年龄结构也会影响最终户数的形成，并进而影响平均户规模。所以，用户规模这样一类笼统的指标来反映人口分化立户水平的变化的有效性很差，有时甚至会完全歪曲了立户水平变化的真实过程。

根据不同年份的性别年龄别户主率曲线的比较，可以得到立户水平变化的结果。然而，这种比较要对所有人口分组比较，也就是说，其概括性不够强。特别是当一些人口组户主率上升而另一些人口组户主率下降时，即使只涉及两个年份，描述起来便很困难。所以，通常都是采用人口统计学的直接标准化或间接标准化比较方法，既能够排除人口结构变化的影响，又保持了高度的概括性。这两种标准化比较方法中，直接标准化方法更为准确，但必须拥有确切的性别年龄别户主率数据资料。而间接标准化则只需拥有一个年份的性别年龄别的户主率数据作为家庭立户模式的标准，然后用不同年份的人口性别年龄结构信息来对成年人口户主率水平加以修正。

本节将首先对20世纪50年代至80年代若干年份的立户水平进行间接标准化的比较，然后再以中国1982年以来若干年份的性别年龄别户主率做直接标准化比较。

一　中国1950～1980年之间若干年份立户水平的间接标准化比较

1982年第三次全国人口普查以前的全国人口调查数据都没有公布过人口的性别年龄结构数据，更没有提供过原始数据供细致的人口分析。但是在1982年普查资料公布时，同时也提供了1953年和1964年的分性别和年龄的人口数据。并且，根据这两次普查得到的分性别年龄别的人口数据和以往若干年份公安部内部发布的全国部分地区人口汇总的人口结构数据①，再利用1990年全国家庭户人口的性别年龄别户主率作为立户模式的一般规律，便可以应用间接标准化做统计比较②。在控制成年人口性别年龄结构变化影响的条件下，观察中国1950~1980年期间全国家庭分化立户水平的大致变化，有关统计结果列在表13—11中。

表13—11　中国1953~1981年之间若干年份立户水平的间接标准化比较

年份	立户调整系数	间接标准化成年人户主率	间接标准化每户成年人数
1953	0.9888	0.3484	2.870
1956	0.9680	0.3411	2.932
1957	0.9884	0.3483	2.871
1958	0.9595	0.3381	2.958
1963	1.0417	0.3670	2.724
1964	1.0450	0.3682	2.716
1978	0.9332	0.3288	3.041
1980	0.8896	0.3135	3.190
1981	0.8681	0.3059	3.269

注：1953年和1964年应用全国人口普查性别年龄别人口表，其余各年应用公安部内部发布的《人口年龄统计资料汇编》中的人口年龄统计表。间接标准化计算以1990年家庭户人口性别年龄别户主率为标准。

表13—11中第一列调整系数实际上代表着，相应年份在排除了成年

---

① 中华人民共和国公安部内部发布的1956年、1957年、1958年、1978年、1980年、1981年的《人口年龄统计资料汇编》；1956年人口统计含河北等19个省、市、自治区的126个市2个县171个乡镇的4561万人；1957年人口统计含河北等19个省、市、自治区的126个市2个县171个乡镇的5 224万人；1958年人口统计含北京等23个省、市、自治区城乡典型地区的6 067万人；1963年人口统计含10 181万人（该年人口分组与众不同，曾根据1964年人口结构倒推调整）；1978年人口统计含9 081万人；1980年人口统计含9 826万人；1981年人口统计含48市、20个市辖区和147个县的11 405万人。

② 分析中的两个技术问题的处理：这些人口分布表并未区分家庭户人口和集体户人口，但因为集体户人口比例很小，将人口分布表当作家庭户人口分布来使用导致的差异不大。采用本章表13—1中户籍统计的相应年份平均户规模作为参数，便可以计算表上人口的相应户数，于是便能够完成整个间接标准化分析。

人口内部性别年龄结构影响以后的、相对于1990年分化立户水平的相对指数①。调整系数值小于1意味着成年人分化立户水平低于1990年，反之则说明立户水平高于1990年。根据前面对户数变化和平均户规模的分析，新中国建立后的第一次分家立户高峰在1950年前后，在表13—11中可看到1953年的立户调整指数的确相对较高；第二次分家立户高峰在1960年前后，而表13—11中在此段时期之后的1963年和1964年立户调整系数依然很高，它们是1950~1980年之间最高的，由于系数值已经大于1，表示在经历三年困难时期的调整之后，1963年和1964年立户水平甚至是高于1990年的。1953年和1964年两个时点构成了整个系列中的两个峰顶，在两者之间的1957年立户调整指数也很高。并且，现在还可以得知其中1964年立户水平最高。但是，1964~1981年之间的几个年份的立户调整系数则出现了不断下降，与此相应，间接标准化的成年人口户主率（排除了成年人口内部性别年龄结构以后的成年人单独立户的比例）也是下降的，标志着这段时期中家庭不仅没有加剧分化，成年人拥挤程度越来越高，间接标准化的每户成年人数越来越高。值得注意的是，这里1978年以后所表现的立户水平下降，与本章第二节所分析的相应时期的平均户规模的下降，由于二者在表示立户水平时分别为正反指标，因此变化方向正好是相反的。也就是说，这段时间中，虽然户规模不断变小（主要是因为户中少儿人数的减少），但至于每户中成年人的人数则是增加的（注意这里已经排除了年份之间性别年龄结构变化的影响）。也就是说，采用较好的立户水平指标，才能够更准确地把握家庭分化立户的变化。

总而言之，对若干年份数据的标准化分析揭示出，在1950~1980年间，1950年代立户水平在较高水平上波动，1960年代初立户水平达到最高，此后总的趋势是立户水平不但没有提高，反而表现出拥挤程度越来越严重。并且，1964年以后立户水平下降的幅度还比较大。实际上这段时期覆盖了10年的"文化大革命"，国民经济停滞不前，教育受到空前的破坏，虽然每年新进入劳动年龄的人口数量很大，但就业十分困难，经济

---

① 实际上本章第三节第三小节中伯奇提出的I_H指标的原理在本质上就是这个调整系数，所不同的只是他从全世界不同地区的性别年龄别户主率中最高者构成了一套最大分组户主率来作为标准率序列。

收入很低，住房困难问题特别严重。加上计划生育工作推迟了青年结婚成家的年龄，也导致成年子女会在父母的家庭中滞留较长时间。

由于所用数据的代表性问题和没有严格按照家庭户人口和家庭户户数的口径，上述间接标准化统计结果在表现立户水平的绝对水平上可能存在一定的偏差[①]。但是，作为一个相对水平的比较来理解，仍能提供许多重要信息。

二 中国改革开放以来户主率水平的直接标准化比较

根据中国1982年、1990年、2000年的家庭户人口的性别年龄别户主率，此外还有1987年全国1%人口抽样调查所计算出的家庭户人口的性别年龄别户主率[②]，下面将用1990年全国家庭户成年人口的性别年龄结构为基准来对其进行直接标准化的比较。从人口统计的角度，直接标准化比较比间接标准化比较更加准确，但是所需要的基础数据更多。

对立户水平的直接标准化比较的统计结果列在表13—12中，用以在排除了成年人口内部性别年龄别结构变化影响的条件下，揭示中国1980年以来家庭分化立户水平变化的趋势。表中也提供了直接标准化的平均每户中的成年人数这一指标。

表13—12　全国人口普查及1%人口抽样调查的直接标准化立户水平比较

年份	直接标准化成年人户主率	直接标准化每户成年人数
1982	0.3570	2.80
1987	0.3425	2.92
1990	0.3523	2.84
2000	0.3374	2.96

注：全国人口普查和1%人口抽样调查均是对家庭户成年人口的5岁年龄分组的户主率标准化，85岁以上为开口组。直接标准化所用的标准人口结构均采用1990年普查家庭户成年人口的相应人口结构作为标准人口结构。

[①] 虽然所有年份的公安部统计人数量都非常大，但显然样本的选择不是严格的随机抽样，因此分析结果可能存在偏差。

[②] 参见郭志刚：《当代中国人口发展与家庭户的变迁》，中国人民大学出版社1995年版，第43~45页。

在 1982～1987 年的 5 年中，直接标准化成年人户主率从 0.357 下降到 0.342，代表着平均每 100 个成年人将会少建立 1.5 个家庭户，说明这段时期立户水平有所下降。而在 1987 年至 1990 年的三年中，标准化成年人户主率又有所上升。并且，即使回升之后也尚未恢复到 1982 年的水平。特别值得注意的是，1990～2000 年之间立户水平又出现了下降。本章第二节表 13—6 的结果可进一步计算出在 1990 年和 2000 年期间平均每户的成年人数（中青年＋老年）分别是 2.86 人和 2.65 人，看起来户内成年人拥挤有所缓解、分化立户水平有所提高。但是在控制了成年人口内部结构变化以后，表 13—12 却揭示出立户水平是在下降、成年人拥挤程度有所提高（每户 2.84 人比 2.96 人）。这其实反映出 2000 年时处于立户高峰年龄的成年人相对较多，所以 2000 年实际分的户也多，但是就这些人的分化立户水平来看其实不如 1990 年。

1980 年以后，中国已经处于改革开放的大潮之中，社会经济发展十分迅速，并且家庭户规模越来越小，人们普遍都理所当然地认为家庭户分化应该处于加速的进程。然而，仔细的人口统计分析却从量化指标上显示出在这 20 年中，中国分化立户水平至少存在着两段下降（1982～1987 年和 1990～2000 年），因此需要专门对此进行更仔细的分析和验证。

1. 20 世纪 80 年代前期的家庭团圆迁移大潮

至于 20 世纪 70 年代末期及 20 世纪 80 年代初期立户水平的下降，郭志刚曾进行过专门研究[①]。他在对 1982 年全国人口普查和 1987 年全国 1％人口抽样调查的家庭户数据进行标准化比较时便已经发现了这段时间中户主率水平的下降。自从 1979 年以来，中国的改革和开放促使经济有了长足的发展。农村地区实行了家庭生产责任制，城乡都鼓励私营企业的发展，人口迁移和流动的行政控制也松弛灵活多了。在这种社会经济环境中，人民的生活方式有了很大的变化，生活水平有了很大的提高。谋求发展与致富的积极性空前高涨，个人发展和家庭发展有了广阔的前景。资金和劳动力按照市场需要进行流动调整，大量农业过剩劳动力转向工业、服务业，转向城镇，新兴行业、企业、新兴发展地区吸引了大量的人才流

---

① 参见郭志刚：第 7 章，1982 年至 1987 年户主率水平的下降与迁移的关系，《当代中国人口发展与家庭户的变迁》，中国人民大学出版社 1995 年版，第 181～228 页。

动,人口迁移和流动大量增加。根据经典家庭变迁理论,可望社会化分工和迁移会导致进一步的家庭分化,男女之间的平等、上下代人之间的平等以及离婚水平的提高会导致户主率的提高,特别是女性户主率的提高。单身户和核心家庭将会增加它们的比例,传统的多代家庭将会逐渐减少。然而,统计资料却显示出,平均每户成年人数在1982年为2.90人,但是在1987年却增加到3.01人,反映出成年人更为凝聚和拥挤。此外,其他一些统计指标也表现了这种聚集,比如虽然特别大规模的家庭户所占比例在这段时期中的确下降了,但是较大规模的家庭户如三人户、四人户和五人户的比例却都提高了,特别是一人户和二人户的比例有所下降。同时,多代家庭户的比例是上升的,不仅二代户的比例上升,而且三代及三代以上户的比例也是上升的,而且变化的绝对幅度和相对幅度还高于二代户的变化。这些统计结果均出乎意料,与家庭发展的经典理论相抵触,它们显示出这段时期不但没有加剧家庭分化,反而出现了家庭聚合的迹象。

通过一系列的统计分析发现,该时期的户主率下降主要体现为:1.女性户主率的下降;2.有配偶人口的户主率下降;3.城市人口户主率的下降。并且,户主率下降与迁移有较强的联系。尽管在通常情况下迁移的增加本应导致家庭分化和提高户主率,然而文献研究却发现这一时期迁移的构成有一些不同寻常之处。可以将这一时期的迁移粗略地划分为两类:一类是经济发展型,一类是落实政策型。前者是应经济改革和经济发展的需要而生,以寻求经济利益和个人发展为目标,这才是经典家庭发展理论中所指的迁移。然而后者却是中国特有的迁移类型,它是以落实新的政策以纠正以往错误政策的不良后果相联系的。在这段时期中,回迁人群占有重要地位[1]。种种落实政策型的迁移确有可能产生了家庭合并、亲属团圆的结果。

夫妻分居是当时一个特殊问题,这一问题在城市中、在有较高文化程度的人口中尤为突出,比如科技人员、干部、教师。1954年中国实行了户籍管理制度,目的之一是控制向城市尤其是大城市的自发人口迁移。文化程度较高的人一是由于择偶范围较广、二是由于工作调动可能性较大,夫妻在两地的情况较多,而户籍迁移和工作调动的双重困难又阻挠了夫妻

---

[1] 杨云彦:《八十年代中国人口迁移的转变》,《人口与经济》,1992年第5期。

团圆。新中国建立以后，党和政府曾经组织几次大规模的有计划的人口迁移。为了巩固边防、开发新的工业基地，开发内地，开发边疆，动员了大批干部、工人、技术人员、复员军人、知识青年奔赴祖国最需要的地方，形成了20世纪50年代的迁移浪潮。同时在历次政治运动中都有一部分人因种种原因下放、遣送。在"文化大革命"前后，三线建设、城市知识青年上山下乡再次形成了大规模迁移。在同一时期中还有大批干部、知识分子以种种名义下放。此外也有部分城市居民因种种原因离开城市。

十一届三中全会以后，开始落实各项政策，平反冤假错案，使得相当一大批干部知识分子回到城市，回到自己的工作岗位。同时，党和政府强调知识分子属于工人阶级的一部分，提高知识分子的政治地位，改善他们的工作条件和生活条件，特别是中年知识分子作为现代化的中坚骨干，开始得到应有的特别重视。作为一项具体的措施，1980年末曾专门举行了全国会议，制订计划和步骤解决干部夫妻两地分居的问题[1]。之后，大量的干部、知识分子的夫妻两地分居困难通过调动和迁移得到解决。此外，早年支援边疆的人员由于人才流动或退休，也源源不断返回家乡城市。

"文化大革命"中上山下乡的知识青年从70年代后期就开始返城，1 700万知识青年返城形成了那时的迁移浪潮。虽然主要部分在80年代初已经解决，但是在以后的几年内不断延续，仍然是向城市迁移的重要组成部分。根据张开敏的研究[2]，在1978年至1986年期间，进入上海的迁移主要是知识青年返城。一些知识青年返城较迟，原因是在农村时已经结婚，或者已经就近参加工作。他们只好等待其他机会返城，比如考大学，对调工作，顶替父母的工作等。这些知识青年返城以后都有一段艰难的时期，陈岩平对北京首批知识青年所作的调查表明，他们最亟待解决的首要问题是住房问题。很多人拉家带口，却没有自己的"窝"，只好和父母、兄弟姐妹挤在一起[3]。

另外一个政策性迁移的重要来源是中国的裁军[4]。在1984年，解放军就宣布在工程兵和铁道兵部队裁军。1985年8月1日，中国政府宣布

---

[1] 《中国百科年鉴》，1981年。
[2] 张开敏：《解放以来上海的人口迁移》，《人口与经济》，1990年第6期。
[3] 陈岩平：《20年回顾与展望》，《社会学与社会调查》，1989年第6期。
[4] 《中国百科年鉴》，1985年。

裁军100万，这一工作要在两年中完成。政府安排了10亿元人民币以安置退役的百万大军。民政部计划安置10万名军官和40万名战士，其余的将通过劳动人事部门就业。全国准备了3万套住房用于离退休的军官。政府还对退役官兵的教育、培训、医疗以及家属的安置工作做了安排。因此，裁军将形成那一时期的另一重要迁移来源。

这三种政策型迁移与一般的迁移有一些不同之处。首先，知识青年返城是要回到父母的身边去，夫妻分居问题的解决导致夫妻团圆，大部分裁军退役的官兵也要回家，形成夫妻团圆、家庭团圆。于是他们形成了一股与一般的迁移不同的回家大潮，并导致家庭户的聚合和户主率水平的下降。此外，落实政策是积多年的遗留问题于一旦解决，所以一下形成很大的潮流，这样迁移带有突发性和集中性。裁军也同样具有这一特点。新中国建立后几次大规模迁移几乎都带有这一性质，都是在政府政策和计划的指导下形成的，或者产生于政治运动。但是，这一次的不同之处在于它不是促进了家庭分化，而是促进了家庭聚合。因此，20世纪70年代后期和80年代前期中，政策型迁移的影响压过了经济型迁移的影响，使得家庭聚合超过了家庭分化，以致户主率水平下降。其结果，分居的夫妻重新团圆时，一方面使1987年时有配偶但不在同户生活的那些户主的比例比1982年时明显下降，由于女性户主数量本来相对较少，则这一点表现得更为显著；另一方面是有配偶女性的户主率明显下降。根据以往有关研究[①]，有配偶的女性成为户主与夫妻不在一户生活（由于丈夫根本不在本地或在集体户中）高度相关，比如1982年市区的有配偶女性户主中有45%为丈夫不在本户中，而镇和县的有配偶女性户主中相应比例则高达84%。由于80年代解决了大量夫妻分居问题，到1987年时，有配偶女性的户主率大大降低，这一现象在市区表现极为明显。而市区有配偶女性户主中丈夫不在本户的比例同时降到21%，而镇和县的相应比例也降至63%。

根据文献研究，这次由于落实政策而引发的家庭聚合大潮大约持续到1985年，以后虽然陆续还有此类情况发生，但数量已经少得多了。根据

---

① 郭志刚：《当代中国人口发展与家庭户的变迁》，中国人民大学出版社1995年版；第205页。

现有的标准化户主率比较结果,我们可以肯定,1987～1990年之间,家庭分化开始加剧,立户水平出现上升。这一回升至少持续了三年,标准化成年人口户主率从1987年的0.34上升到1990年0.35。这一幅度相当于在排除了成年人内部性别年龄结构以后,每户成年人数从2.92下降到2.84,拥挤情况有所缓解。但是,表13—12统计揭示出1990年的分化立户水平并没有恢复到1982年的水平。根据80年代的立户水平的比较,可以得知1987年的低水平实际上反映了一种非自然的情况,它并不是反映成年人愿意拥挤在一户中,而是出于一些当时的某些特殊情况。对1987年立户水平的多元回归分析表明,住房困难户比例对当时立户水平的提高有显著的阻碍作用[1]。之后,随着社会经济的发展,总人口尤其是80年代初那些返迁人口在就业和住房条件方面的改善,这种户内成年人的拥挤状况在80年代后期逐步得到了改善。

2. 关于20世纪90年代立户水平的再次下降

从表13—12结果反映出,1990～2000年期间立户水平又出现了新的下降。这一结果也十分令人费解和怀疑。在这一时期,随着经济腾飞,人民生活水平不断提高,住房状况大幅度改善。户籍对居住和就业方面的限制逐渐松动,迁移流动加剧。按说,这些社会条件的变化,都会促进家庭分化。并且,同时期家庭户规模和平均每户成年人数都显著缩小。这些都会使我们可望同期的立户水平会有所提高。但是更为精细的统计分析结果却正好显示了相反的情况。对于这种情况,需要更多的数据来验证和考察。

90年代以来,若干年份的《中国人口统计年鉴》中提供了年份人口变动调查所得到的家庭户人口（规模分别在75万～191万人之间不等）的性别年龄别户主率[2],因此还可能进一步检验和分析这段年代的立户水平下降。用对普查家庭户数据同样的方法对这些年份的户主率也进行直接标准化比较,有关统计结果列在表13—13中,用以检验从普查数据得到的关于90年代立户水平下降的结果,并更具体揭示中国90年代期间不同年份的立户水平变化。

---

[1] 郭志刚:《当代中国人口发展与家庭户的变迁》,中国人民大学出版社1995年版,第168～170页。

[2] 国家统计局人口和社会科技司:《中国人口统计年鉴》,中国统计出版社,1991年、1994年、1996年、1997年、1998年、1999年版。

表 13—13　20 世纪 90 年代若干年份人口变动抽样的直接标准化立户水平比较

年份	直接标准化成年人户主率	其中的 15~39 岁分量	其中的 40~64 岁分量	其中的 65+岁分量
1991	0.3424	0.1538	0.1540	0.0345
1994	0.3328	0.1482	0.1514	0.0332
1996	0.3308	0.1469	0.1504	0.0335
1997	0.3289	0.1473	0.1489	0.0328
1998	0.3226	0.1414	0.1486	0.0326
1999	0.3204	0.1395	0.1480	0.0329

注：各年份人口变动抽样调查是对家庭户成年人口的 5 岁年龄分组的户主率标准化，分组户主率数据取自国家统计局人口和社会科技统计司编各年的《中国人口统计年鉴》，该年鉴用 65 岁以上来作为开口组。直接标准化所用的标准人口结构采用 1990 年全国普查家庭户成年人口的相应人口结构作为标准人口结构。

需要说明，由于来源于普查的户主率数据的年龄分组均采用 85 岁及以上为开口组，而人口变动调查的户主率却采用 65 岁及以上作为开口组。因此后者的年龄分组不够细致，特别是处于人口老龄化迅速发展的时代，便不能反映老年人口中各年龄组之间的立户水平的变化和人口结构的变化。所以，比较略为粗糙。

表 13—13 中对人口变动抽样数据的标准化立户水平比较（第 2 列）同样显示出在 90 年代的确存在着立户水平的下降，并且所呈现的完全是单一方向的下降。所以，尽管两个系列结果之间的绝对水平可比性较差[1]，但是这两个不同来源的统计结果都同样反映了 90 年代立户水平的下降趋势，可以互相印证。所以，尽管尚不能解释其下降的原因，但是我们可以肯定这一下降是事实。

实际上，表 13—13 中第 2 列的直接标准化户主率只是在假设 1990 年家庭户人口各性别年龄组人口比例（代表百分比的小数）不变条件下，分别乘以各年份人口变动抽样得到相应性别年龄组的标准化户主率，然后加以总计得到的。如果我们只将 15~39 岁的各性别年龄组的标准化户主

---

[1] 由于普查系列统计的老年年龄组划分更细，就绝对水平而言应该更为准确。

率加总，得到的便是直接标准化成年人户主率结果中包含的 15~39 岁组部分的分量。用同样的方法我们还可以得到其中包含的 40~64 岁组部分的分量，以及其中 65 岁及以上的分量[①]。也就是说，可以将各年的标准化户主率水平分解为不同的年龄段的分量，以检查到底是哪一部分成年人口的立户水平发生了变化。

各年龄段的分量列在表 13—13 中的第 3、4、5 列中。我们看到，15~39 岁段和 40~64 岁段的分量基本上都是随着年份单调下降的。并且，其中 15~39 岁段下降的幅度相对较大。而 65 岁以上段分量则是随着年份呈波动状略有下降。这三段分量的合计便是标准化成年人户主率，因此对各年龄段户主率分量下降采用相对数进行年份之间的比较，可以更为直观地看出变化发生在哪里（见表 13—14）。

表 13—14　　不同年份各年龄段分量占标准化户主率的相对比例

年份	各年龄段分量所占比例（%）		
	15~39 岁	40~64 岁	65+ 岁
1991	44.9	45.0	10.1
1994	43.3	44.2	9.7
1996	42.9	43.9	9.8
1997	43.0	43.5	9.6
1998	41.3	43.4	9.5
1999	40.7	43.2	9.6

从表 13—14 中各年龄段分量所占的相对比例可以看出，15~39 岁组户主率分量比例下降最大，变化了 4 个百分点。40~64 岁组户主率分量比例下降了 1.8 个百分点。而 65 岁以上的分量比例下降幅度最小，只有 0.5 个百分点。

实际上，从图 13—2 中 1990 年和 2000 年的户主率曲线比较中，也可

---

① 由于原资料中 65 岁以上为一开口组，因此未能对老年人口内部年龄结构的变化进行完全的排除。但是由于老年人口特点是年龄越高时性别比越低（即由于死亡水平的性别差异较大而导致男性人数显著少于女性人数），因而在对老年人口性别结构进行标准化时，其实也部分地排除了年龄结构的影响。

以看出类似的情况。比如，尽管2000年时15～39岁女性的户主率比1990年相应水平略高，但男性的户主率几乎全是低于1990年相应水平的。而在40～64岁，2000年男性水平基本上都略低于1990年相同水平，而2000年女性水平则十分明显地降低了。

20世纪90年代年轻段立户水平的下降显然是与晚婚相联系的。90年代平均初婚年龄持续上升。根据对1997年全国人口与生殖健康调查数据的分析[①]，1990年全国女性平均初婚年龄为21.67岁，到1996年时已经上升为23.09岁。其中，农村女性在这两个年份的平均初婚年龄分别为21.22岁和22.74岁，而城市女性则分别为23.31岁和24.13岁。另据国家计划生育委员会的资料[②]，1995～1999年全国女性平均初婚年龄分别为22.93岁、23.20岁、23.39岁、23.57岁、23.62岁。可见90年代期间，女性平均初婚年龄几乎提高了2岁，变化极为显著。总的来说，晚婚往往导致较晚分家立户。在90年代，社会、经济、教育发展加速，青年人将更大的精力投入劳动致富和接受更多的教育，追求新的生活方式，不再像从前那样急于结婚成家生孩子。全国人口普查数据表明，1990年每10万人中拥有的大专及以上教育程度的人口为1 422人，而2000年时则达到了3 611人[③]。也就是说，即使不考虑原有大专以上教育程度人口中的死亡，10年中这一教育程度人口比例又净增了150%。图13—2中年轻男性户主率降低是与此相关的，年轻女性户主率的提高实际上也是与就业和接受教育的迁移相关的，而不是与结婚成家相关的。因为，这段时期中无论是城市女性还是农村女性，结婚都推迟了。

同时，在20世纪90年代中迁移流动本身也发生一些变化。出于经济原因的迁移在早期，往往是经济活动能力较强的人先行迁移流动，离开自己的家庭。但是随着时间变化和人们对家庭生活的需要，便会开始大量出

---

① 郭志刚：《中国近期生育水平的研究》，载国家计划生育委员会计划财务司和中国人口信息研究中心编：《1997年全国人口与生殖健康调查论文集》，中国人口出版社2000年版，第16页。

② 国家计划生育委员会计划财务司和中国人口信息研究中心编：《人口与计划生育常用数据手册2001》，第72页。

③ 国务院人口普查办公室、国家统计局人口和社会科技统计司：《2000年第五次全国人口普查主要数据》，中国统计出版社2001年版，第10页。

现投亲靠友的迁移流动，许多分离的夫妇与子女再度在迁入地团圆，乃至已经出现合家同时迁移。此外，后来不仅本人小家庭的其他成员迁来，甚至很多迁移者因为经济能力更强、居住条件更好，便将家乡的老年父母也接过来了。比如深圳本是在迁移人口基础上形成的新兴城市，在1990年时的老年人口中便已经有25.2%是原来内地老人随子女迁到深圳来的①。所以，这就形成了不同阶段迁移对家庭分化或聚合的不同影响，即在迁移的第一波往往是促使了家庭的分化，而在第二波又会导致家庭的聚合。我们在图13—2中所看到的2000年中年女性的户主率水平比1990年明显降低很可能也是出于这个原因。

总之，90年代中国立户水平有所下降，这一从全国普查的大规模调查数据得到的统计结论则是可信的。尽管在同时期中，整个社会背景是经济高速发展、住房条件大大改善、迁移流动大量增加、家庭户平均规模急剧缩小，但是的确也仍然存在着能够导致立户水平降低的种种因素。但是，由于这一统计结果刚刚被揭示出来，对于其可能的原因还不能提出更为确凿的证据，或者还可能有其他未知的原因。

第五节　中国家庭的养老功能

养老是家庭传统上的重要功能之一。中国家庭模式的变化是否反映家庭养老正在逐渐被社会养老替代，也是家庭史研究的重要问题。

一　从人口按年龄在不同家庭类型中的分布比例看家庭养老的重要性

对家庭户人口按年龄组中不同户居类型中人口的累计比例的分析可以使我们对中国家庭立户的规律有更深入的认识，对于研究中国特有的家庭生命周期有着重要的启发意义，同时更明确地揭示出人口对家庭类型的制约作用。

所汇总的家庭户类别包括单身户、一代户、夫妇二人户、二代户、隔代户、三代以上户。其中所谓隔代户指户内世代横跨三代，然而缺损中间一代，如只有爷爷奶奶加孙辈这一类的户。为了对各年龄组人口在各种户

---

① 杨中新：《深圳老年人口社会保障与实践》，《市场与人口分析》，1995年第5期。

类型在分布情况得到一个综合的概念，我们将各年龄组总人口作为100%，计算出各种类型户人口在该年龄组中所占的比例。这样可以帮助我们排除由于人口随年龄提高而减少所造成的分析上的困难，以便于不同年龄组之间的比较。尤其重要的是，这种分析可以清楚地告诉我们，不同的户类型对不同年龄的人口有着不同的意义，特别是对老年人口的分析对理解中国的主导家庭模式十分重要。

由于这种表格很大，不易把握，所以这里仅提供相应的统计区域图作为更直观的表达。图13—5中对各年龄组人口分别将在不同户类型中的比例叠加起来。由于各户类型人口比例都用同样图案表示，因此可以清楚地看出某一户类型在不同年龄人口中的比例变化，以反映某种户类型对不同年龄人口的意义。

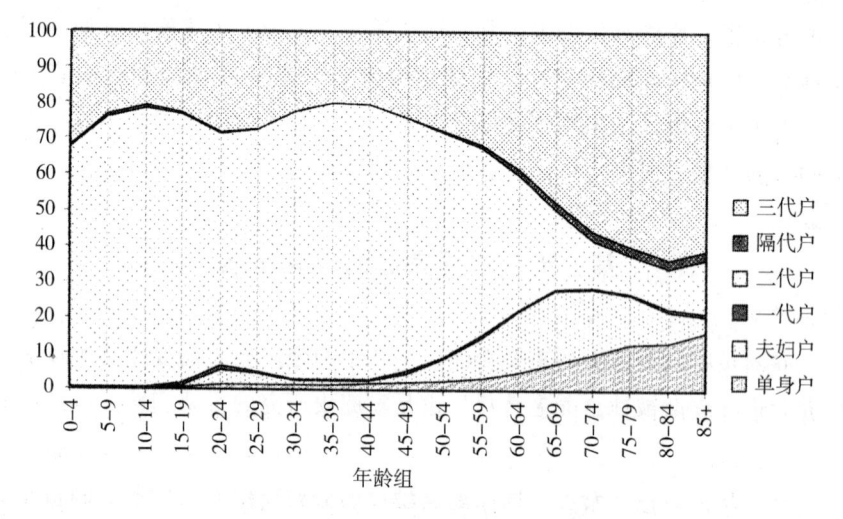

图13—5　中国1990年分布年龄按户类型人口累计比例（%）

根据已有的分析①，区分性别、市镇县来做这种分析还可以进一步反映男女之间和城乡之间的差别，对不同年份进行比较也能揭示出变化，但是总的来说，这种按年龄的不同户类型人口比例分布大体上都比较接近，因而也可以视为一种比较稳定的模式。

图13—5显示出，生活在单身户中的人口比例是随年龄提高而增加

---

① 郭志刚：《当代中国人口发展与家庭户的变迁》，中国人民大学出版社1995年版，第133～145页。

的，在年轻段是因为单独立户的能力越来越强，后来则是因为丧偶离婚的情况越来越多。夫妇二人户人口比例在人们初婚立户至初育之间这一阶段暂时显现，且比例很小，后来则会因为生育一子女而转至二代户，所以这时比例变得更小。而进入老年后又再度显现。第二次显现为一稳定特征，比例较大，持续时间也长，最后随着高龄丧偶概率日益增大，夫妇二人户的人口比例越来越小。

图13—5还显示出，在55岁以下的各年龄组，二代户人口占了全部人口的大多数。但是也可以看到，二代户人口并不只是涉及中青年和少儿部分的人口。在老年段，尤其是在"年轻老年"段，二代户人口仍占有相当的比例。因此，二代户实际上并不是核心家庭的独占性特征，它同时还是主干家庭模式的副特征。一部分二代户本是从主干家庭中分出来的，老代的存活子女越多，这类分支二代户就越多。这种两代户发源于主干家庭模式，并且随着子代结婚生子，还重新加入三代户的行列。这一点是应该加以注意的。

隔代户人口所占比例只有在老年人口中才有一定位置，总的来说没有显著意义。研究文献中曾经有人指出隔代抚育孙子女的现象在20世纪80年代有所增加[①]。这里的统计证明，在"年轻老年"阶段的人口的确存在这种情况。但是，隔代户的另一个意义却尚未在文献中被提及，即对处于"老老年"的人口来说，他们本身已经很衰老，而他们的孙子女早已长大成人，所以更可能是相反的情况，即隔代养老。一般来说，隔代户人口来源于三代户的发展。当第二代发生死亡和必须迁移时，直接赡养和照料老代的责任就落到孙代的肩上。特别是那些长期与老代生活在同一家庭之中的孙代，与老代朝夕相处，在感情上和经济上有着极为密切的联系。因此当上述情况发生后，赡养老代就成了责无旁贷的必然结果。

三代户以上户在中青年阶段中便一直占有十分显著的地位，特别是进入老年阶段以后逐渐成为主要的家庭户类型。这标志着主干家庭模式在中国仍然占据主要地位，即大多数老年人是生活在多代同堂的家庭中度过自己晚年的。主干家庭（即三代以上户）可以是不断延续发展的，也可以

---

① 刘英：《中国城市家庭的发展与变化》，载刘英、薛素珍主编：《中国婚姻家庭研究》，社会科学文献出版社1987年版。

从分化立户的核心小家庭（一代户或二代户）中重新发展起来。在这个意义上，许多小家庭的建立并不单纯意味着家庭模式的核心化，而是反映了父代和子代之间代际人口比例在主干家庭模式下的发展过程。在主干家庭分家立户的模式中，兄弟姐妹多的一代人中分出去的就多，兄弟姐妹少的一代人分出去的就少。

综上所述，可以得到这样一个概念，中国老年人口的大多数与后代在一起共同生活。与此同时，也应看到有相当比例的老年人不与后代在一起居住，说明核心家庭模式在中国确实也有一定的地位。

二 从老年人口户居状况变化看中国的主导家庭模式

如果将老年单身户人口比例与夫妇户人口比例合计起来，便可以大致反映有关老年人口中空巢家庭（即子女不在身边）的流行程度。这一指标不仅反映老年人的问题，而且反映出核心家庭被整个社会接受的程度。空巢阶段是核心家庭生命周期中特有的阶段，在主干家庭和联合家庭的发展过程中是不存在的，所以它是核心家庭的代表性特征。同时它不太受人口年龄结构的影响，相比之下，核心家庭（指夫妇正在抚养未成年或未婚子女的家庭）的数量却会受到人口年龄结构的很大影响。因此，简单地用核心家庭比例的增加来作为家庭核心化的佐证是不妥的，因为在主干家庭仍占主要地位的社会当中，当老代有较多的存活成年子女，这些子女成年后就会有很多人分出去另立门户，从而导致核心家庭数量及比例的增加。然而，老年空巢家庭所占的比例因为不涉及老年人口以外的情况，控制了上述影响，因而可以比较准确地描述核心家庭模式被社会接受的程度。

还可以将老年人口中在二代户、隔代户和三代户的合计比例作为老年人与后代共同生活的比例（由于一代户对这一研究目的的意义不清楚，两边的合计都没有包括一代户）。表13—15中提供了1982年、1990年、2000年在老年人口中按照是否与后代共同生活划分的比例，以比较不同时期的水平和变化趋势。

总的来说，1980~2000年期间，与后代共同生活的老年人大约占70%左右，而在空巢家庭生活的比例占30%左右。我们还看到，女性老人比男性老人更倾向于与子女共同生活，这一来是由于老年人中在经济能力上还存在男强女弱的明显差异，二来是由于死亡率差异，丧偶老年人口中女性大大多于男性，而老年丧偶以后，成年子女更可能将其父母中存活的一方接回自己的家中来照料。

表 13—15　　　　中国三次普查老年人口户居安排的比例

年份	在二代以上户的比例（%）			在空巢家庭户的比例（%）		
	男性	女性	合计	男性	女性	合计
1982	71.62	74.24	73.06	26.83	24.57	25.58
1990	69.45	75.01	72.49	29.78	24.44	26.86
2000	61.57	69.55	65.78	37.42	29.85	33.43

从不同年份之间的对比，无论以哪种口径，与后代共同生活的老年人比例基本上都处于减少趋势，而生活于空巢家庭的老年人比例则处于上升趋势。并且，可以看出，90年代的变化幅度要明显大于80年代的变化幅度，这实际上可以反映出核心家庭化的趋势。

为了评价这一水平，取得一个粗略的概念，可以将中国的水平跟其他一些国家和地区做一比较。第二次世界大战前，美国有52%的老人与子女同住[1]，从1950年到1970年，与子女一起生活的老年人从31%下降到9%[2]。美国在半个世纪前家庭核心化的程度就远远高于中国在2000年的水平，并且在1950~1970年期间，家庭核心化发展的速度极快。与美国的家庭核心化程度相比，中国与之差距巨大，其中包含着文化传统、经济发展和社会制度等各方面的差异。将中国的情况与同属东方文化、但经济发达的日本做一比较。1960年时日本65岁以上的老人与子女同住的比例为87.3%，1970年时为79.9%，而到1980年时为69.8%[3]，1997年时日本老年人与子女同住的比例为54.3%[4]。40年中降低34个百分点，家庭核心化的速度也是很快的，但是从水平上比起美国来仍然差得很远。从中

---

[1] 朱传一：《美国的老年学研究与老龄问题》，载袁缉辉主编：《老龄问题》，复旦大学出版社1986年版。

[2] 李松：《从一些数字看美国老年人问题》，《世界知识》，1985年第24期。

[3] 张萍：《日本的婚姻与家庭》，中国妇女出版社1984年版。

[4] Kim, Ki Ik and Daisaku Maeda, A comparative study on sociodemographic changes and long-term health care nees of the eldely in Japan and South Korea. Journal of Cross-Cultural Gerontology, 16: 237~255, 2001.

国文化圈的其他地区来看①，在80年代的我国香港，60岁以上的老年人约有1/4或单独居住、或同其他老人住在一起，这意味着大多数老年人是与后代同住的；在我国台湾，80年代初有75%以上的60岁以上老年人同成年子女生活在一起，但据说单独生活的比例又有所增加。新加坡1982年对55岁以上老年人的调查说明，有81.4%的老年人仍同子女共同生活。1994年时韩国老年人中仍有53.8%与子女共同生活。

这些数据表明，相邻国家和地区老年人口与后代共同生活的比例水平与中国的统计比较接近。日本、新加坡、韩国及中国台湾、香港等地的经济都比中国大陆要发达得多，但是至今老年人中半数以上仍与子女共同生活。这种共同性反映出同类型家庭伦理和传统文化的巨大作用，以及在这种深层文化基础上三代同堂家庭模式为社会主导的稳定性。

三　市镇县老年人口户居安排的差异及变化趋势

新中国50年发展中，城乡二元结构的特点十分突出。下面用同样的方式来比较一下市镇县三种不同类型地区之间老年人口户居安排之间的差别，以及不同年份之间的比较，以揭示变化的趋势（见表13—16）。

表13—16　市镇县老年人口（65岁及以上）户居安排的比例

年份	地区	在二代以上户的比例（%）男性	女性	合计	在空巢家庭户的比例（%）男性	女性	合计
1987	市	72.36	76.87	—	27.42	22.87	—
	镇	71.53	75.88	—	28.38	24.05	—
	县	74.46	78.05	—	25.49	21.89	—
2000	市	56.75	64.00	60.51	42.16	34.96	38.42
	镇	55.22	65.74	60.79	43.36	33.28	38.02
	县	64.25	72.00	68.35	34.83	27.62	31.01

注：1987年的统计结果引自郭志刚《当代中国人口发展与家庭户的变迁》，中国人民大学出版社1995年版，第142页。

---

① 周永新：《东亚和东南亚发展中国家的城市老年人》，载《老龄问题国际讨论会文集》，劳动人事出版社1988年版。

表13—16表明，1987年时老年人口在二代以上户（代表与后代同住）的比例是县最高，市次之，镇的比例最低。而从老年人口中在不与后代居住的空巢家庭户的比例的次序，则正好与此相反。城市与农村在经济、文化、观念、生活方式方面都存在明显差异，城市空巢家庭化程度比农村高是很容易理解的。但是，就上述这些社会经济因素而言，镇的发展水平也都低于市的水平，但是镇的空巢家庭化程度却比市还要高，这可能应该归因于镇的住房紧张程度远没有市那么高。此外，老年人口的户居安排也存在着比较明显的性别差异，女性老年人显得更依赖于子女。

到2000年时，老年人口户居安排的次序格局基本未变，仍然是镇的空巢家庭化程度最高，市次之，县的水平最低，且女性老年人口空巢家庭化程度明显低于男性。但是与1987年相比，2000年在两种不同比例指标水平上发生了非常显著的变化，可以看出，各种类型地区的男女两性老年人口与子女同住的比例都明显下降，而居住于空巢家庭的老年人口比例则都明显上升了。

四 老年人户居类型的人口影响因素

老年人口户居类型是由哪些因素决定的，不是纯粹的个人意愿的问题，还要受到许多客观条件的限制。这些客观条件中也包括人口方面的制约。比如居住在核心家庭（一代户）中的老年人中可能有一部分是因为没有存活子女才不得不单独居住的。只有那些拥有存活子女、而不与之同住的老人才可能在不同家庭模式中选择。这一选择不仅局限于有无存活子女，而且与存活子女的多少、存活子女的性别有关。

根据1990年全国人口普查资料的数据可以研究老年60岁至64岁女性所居住的户类型与其存活子女之间的关系[1]。之所以只分析这个年龄组的老年妇女是因为在该年人口普查中，这是调查存活子女数的最高一个女性年龄组。户类型划分中包括单身户、夫妇户、一代户、二代户、隔代户、三代以上户以及集体户。

分析结果显示出，这一老年妇女组人数在存活子女数上的分布十分不

---

[1] 郭志刚：《当代中国人口发展与家庭户的变迁》，中国人民大学出版社1995年版，第236~252页。

均衡，3个存活子女以上的人数很多，只有1个存活子女的人数很少，而没有存活子女的人数最少。随着不同存活子女数的变化，在同一户类型中生活的人数比例存在着明显变化。这说明，存活子女数对于老年妇女选择户类型有相当重要的作用。反过来说，存活子女数越少，在单身户和夫妇户这两种户类型中的人数比例就越多。首先无子女的老年妇女是不可能与子女同住的，因此她们不与子女同住是无可奈何的选择。分布比例显示出，在无子女的老年妇女中，有49%的人生活在单身户和夫妇户中。而有1个子女的老年妇女中，这一比例一下子降到了27%，产生了很大的落差。可想而知，即使有1个子女也并不能完全保证可以与子女生活在一起，因为还有可能受到其他因素的限制，使老年妇女不能与其同住。比如：（1）子女离家外出工作或学习，其父母由于户口问题不能随迁；（2）中国的传统是养儿防老，如果只有1个女儿，通常要外嫁而不能相随；（3）由于上下两代的家庭矛盾而不能相容，等等。但是，对于存活子女数较多的老年妇女来说，则可以有相对较大的选择余地，使她们得以与子女同住。分析结果一方面显示出，随着存活子女数的增加，老年人单独生活的比例随之下降。但是，同时另一方面也存在着核心家庭模式的特征。即使是在有3个以上存活子女的老年妇女中仍然有20%的人不与子女同住而单独生活。

在二代户或三代以上户中，人数比例的变化正好与上述情况相反。总的来说，这一比例是随着存活子女数的增加而增加的。比如，从无子女到有1个子女，在三代户中的人数比例从32%提高到51%。但是有2个子女的老年妇女中，三代户人口比例只增加到53%。到了3个以上子女时，这一比例反而比2个子女的比例略有降低。这可以认为是家庭生命周期的影响。对于多子女的老年妇女，生育间隔拉得很长，上下两代之间的年龄差就会很大，因此当最小的子女因结婚最晚而留在身边时，这些子女可能尚未结婚或尚未有孙子女出生，这时尽管仍然是在主干家庭模式下，但仍然表现为二代户。我们看到多子女老年妇女在二代户的分布比例的确很大。

该分析还发现一个很意外的问题，即统计结果中显示出无存活子女的老年妇女中居然有39%的人是作为直系亲属生活在二代户和三代以上户中。按说无子女的老年妇女不太可能发生这种情况。

《第四次全国人口普查表填写说明》中关于妇女存活子女数的定义是:"这位妇女生过的子女中,到普查标准时间尚存活几个男孩和几个女孩,包括居住在一起的,也包括不居住在一起的,但不包括到普查标准时间已死亡的子女。生过(活产)子女数和其中现在存活子女数,都是指亲生子女。不包括丈夫前妻留下的子女和过继的子女,原则上也不包括领养的子女。有的妇女对领养关系一直保密的,可以作为本人生育的子女和现在存活的子女填写。"

根据这一填写原则,上述情况可以从两个角度来分析。第一种情况,如果认为这些妇女申报无存活子女都是事实的话,就可以认为这一部分老年妇女目前的子女不是亲生的,而是通过其他途径取得的。实际上,在无子女的老年妇女中有如此之大的比例要通过其他途径取得子女,以使自己得以生活在传统的养老家庭模式中,正是从另一个角度显示出这种养老方式在目前条件下的重要性。第二种情况,如果这些老年妇女是因为种种原因未申报自己实际上拥有的存活子女数,那么她们就不应该出现在无子女的类别中。这样一来,无子女老年妇女的户类型比例就会变动很大,相应在空巢核心家庭生活的比例将应该是75%,而不是结果中显示的近50%。这样一来,有无存活子女对于老年人生活的户类型的决定作用就更为显著了。由于老年妇女就在子女身边生活而不申报其子女的可能性极小,所以前一种情况更可能符合实际。

综上所述,有无存活子女以及存活子女的数量的确对于老年人口的户居有着十分明显的作用。

该研究还通过选择出那些纯粹儿子户和纯粹女儿户进行了对比,以检查存活子女的性别对于老年妇女户居类型的影响。与纯子户的老年妇女在各种类型的分布比例相比,纯女户的老年妇女比例有如下差别。第一,在单身户和夫妇户中生活的比例有十分明显的增加,特别是对于只有一两个女儿的老年妇女,在单身户生活的可能性要比只有一两个儿子的老年妇女要几乎高一倍,在夫妇户的可能性要高出60%。但是到多子女时,这种差异有所下降,因此随女儿生活的情况是存在的。第二,作为直系亲属在二代户、三代户中生活的比例,纯女户要比纯子户明显减少。只是有3个以上女儿的老年妇女在三代户中生活的比例是一个例外,它不仅比只有一两个女儿的比例高,而且比纯子户的相应数字还高。主要原因是这些妇女在二代户的比例相对较低（纯子户为38％，而纯女户只有19％）。第三，纯女户老年妇女在假三代户的比例有明显增高。这反映出，一些老年妇女愿意与晚辈同住，在与女儿女婿共同生活不方便的时候，就更倾向于将外孙接来一起住。进一步的分析说明这种现象在城市尤为突出。以上这几种差别都可以看出，儿子对于养老问题的重要性，子女的性别对于老年人口选择户类型的影响作用。尽管统计结果显示出中国社会中子女养老中的"男女有别"，但是相当大量的只有女儿的老年人口也生活在二代户和三代户中，也就是说是与女儿和女婿共同生活的。

总之，老年人口对于家庭户类型选择受到其存活子女条件的影响。有无存活子女以及存活子女数量的多少对于老年人口与下代共同生活起到很大的限制作用。一部分无子女老年人通过过继、领养等方式取得子女，以得以生活在传统家庭养老环境中；一部分老年人（其中相当比例的人是无子女的）作为其他亲属和非亲属生活在别人的家庭户中。此外，存活子女的性别也对于老年人口的户居类型起着重要影响，将儿子留在身边是更为普遍的情况。

五　20世纪90年代老年人与子女之间的代际经济交流状况

中国是个传统的家庭养老的社会，养儿防老既是一种深入人心的社会观念，也是人们通过家庭建立和子女繁衍达到老有所养的现实手段。因此，生育子女（特别是儿子）的动力之一就是对自身老年保障的投资。多生育子女便是多加一层保险，并且期望老年时能多有一份子女的回报。

家庭养老包括三个主要方面，一是经济供养，二是生活照料，三是精神慰藉。其中经济供养是老年人生活中最基本的问题。

1979年改革开放以来，经济发展十分迅速，收入水平迅速提高，人民群众的经济能力大为增加，老年人也是同样，因此老年人依赖子女供养的程度下降，在经济上具有了更大的独立性。90年代有的研究发现，子女数量对家庭养老功能没有直接影响[①]。在一些经济发达的地方，比如上海市，子女数的多少与老人从他们那里得到的净经济供给总量已经没有太

---

① 夏传玲、麻凤利：《子女数对家庭养老功能的影响》，《人口研究》，1995年第1期。

大关系了①。

处于人口转变和社会经济变革和发展的背景之中,社会养老保障事业不断发展,中国家庭养老的状况也在不断变化。90年代时老年人依赖子女从经济上供养的局面是否真的已经彻底改观,对此问题将从两个方面加以分析。首先,对老年人口与其子女之间的代际经济流动的类型加以分析。然后,分析老年人获得的来自其子女的经济供养金额的影响因素,并在其中考察子女数对于老年人老年经济保障的作用。

1. 不同年龄老年人对子女经济供养的依赖

由于个体老龄化是一个过程,在不同年龄所表现的特征会有所不同。因此,在分析老年人对子女经济供养依赖性时,必须注重老年人的年龄因素。由于年龄越老受死亡率影响越大,因而人数越少,如果只看老年人总体上的情况,便会偏重表现了较年轻的老年人的情况,在一定程度上抹煞了高龄老年人的情况。并且,调查和分析中老年人的年龄定义的越低,这种情况便会越严重。因此,区分年龄组加以分析有助于把握不同个人老龄化阶段的情况。

表13—17提供了根据1992年中国老年人供养体系调查资料的分析结果②,通过计算子女净供给金额的方法来分析。子女净供给金额定义为子女对父母的资助减去父母对子女的资助。当净供给为负值时,表示父代仍在抚养子代;当净供给为正值时表示子代在供养父代;当净供给等于0时既可能表示有代际经济流动但流动量相同,也可能表示代际之间无经济往来。

从表13—17中可以看到,无论城乡的老年人都是随着年龄的提高,仍在抚养子女的比例显著下降,而接受子女供养的比例显著上升。无论城乡,经济净流动额等于0的类型的比例在各年龄之间变化不太大,显示出这是抚养型与供养型之间的过渡类型,老年人随着年龄的提高会逐步先从抚养子女转变为既不需要抚养子女也不需要子女供养的状态,然后再逐步转向接受子女供养的状态。从表中还可以看出,如果不区分年龄组来分析,只看所有年龄合计的一行,其实反映的是较为年轻的老年人的情况

---

① 桂世勋、倪波:《老人经济供给"填补"理论研究》,《人口研究》,1995年第6期。
② 郭志刚:《老年人家庭的代际经济流动分析》,《中国老年学杂志》,1996年第5期。

(大约与65~69岁组水平相近)。因此，表13—17说明，1992年时老年人仍然对子女经济供养的依赖性很大，而且年龄越高这种依赖性就越高。

表13—17　　　　1992年老年人代际经济净供给的类型比例　　　　　　（%）

年龄组	城市 <0 抚养子女	=0 均等	>0 子女供养	合计	农村 <0 抚养子女	=0 均等	>0 子女供养	合计
60~64	34.5	37.7	27.8	100	9.4	27.8	62.8	100
65~69	24.0	37.5	38.5	100	7.1	22.5	70.4	100
70~74	17.4	37.5	45.0	100	4.7	19.9	75.4	100
75~79	12.2	32.3	55.5	100	2.5	13.9	83.5	100
80~84	7.6	31.0	61.4	100	2.4	13.5	84.1	100
85+	6.0	23.1	70.9	100	0.8	10.8	88.4	100
合计	23.9	36.4	39.7	100	6.3	21.8	71.9	100

表13—17中还表现出城乡老年人之间的显著差别，城市老年人刚进入老年时仍表现具有较大经济能力，有72%的老年人不需要子女来供养，但是年龄很高（85岁及以上）时，需要子女供养的老年人比例仍达到70%以上。而农村老年人由于缺乏社会老年保障，基本上从一进入老年阶段，便主要依赖于子女来供养了。实际上，老年人在对子女供养的依赖性上还存在着明显的性别差异，女性老年人的依赖性大大高于男性老年人。

从各年龄组合计的统计结果看，即使在城市地区，也存在着近40%的老年人尚须子女供养。考虑到年龄别的差别，子女供养的作用仍不能忽视。

随着社会经济的发展和老年保障制度的逐步建立，中国老年人对于子女供养的依赖性会逐步削减。但由于人口寿命将不断延长，未来不仅人口老龄化加剧，而且老年人口中的高龄化也会加剧，因此老年人对子女供养依赖性的年龄特点需要得到足够的重视。

2. 1992年城市老年人所得子女供养金额的影响因素

对中国1992年中国老年人供养体系调查资料中的城市老年人进行多元回归分析表明[①]，在控制了来自于国家的经济帮助金额、来自于亲属经

---

① 郭志刚、张恺悌：《对子女数在老年人家庭供养中作用的再检验》，《人口研究》，1996年第2期。

济帮助金额、老年人自己的收入、医疗费用开支，以及老年人本人的性别、年龄其他6个自变量的条件下，子女数仍然具有对城市老年人所得子女净供养金额的独立解释作用。也就是说，子女数量对老年父母经济供养的影响仍然不能忽视。

回归结果表明，老年人自己的收入对子女净供养量有反向作用，即自己个人收入越高，所得到的子女净供养量越少。国家帮助越多或亲属帮助越多，净供养量则越少。老年人的年龄越大，就需要越多的子女供养。医药费支出对子女净供养存在正向作用，医药费支出越多，相应得到的子女供养量越多。老年人在其得到的净供养额上存在显著的性别差异，男性老年人比女性老年人的子女净供养量平均少116元。在控制了其他诸多自变量的条件下，子女数的影响作用仍然十分显著。表明如果其他条件不变，每多一个子女，就意味着老年人每年能多得到39元子女供养费。各自变量的回归结果都很合乎逻辑，很容易理解。同时，这一模型各自变量的标准化回归系数的比较可以得知7个自变量在解释子女净供养金额方面的相对重要性：排在第一位重要的是老年人自己的收入水平，排在第二位的是国家帮助的水平，第三位便是老年人的子女数，第四位是老年人的性别，第五位是老年人的年龄，第六位是医药支出，排在最后一位的是亲属的帮助。

这一分析表明，如果老年人有较高的收入水平，或者国家有较高的支持帮助，便可以减少抑或消除在经济上对于子女的依赖。但是，中国城市老年人在1992年仍未达到经济上基本自立，更不要说农村的老年人了。就一般而言，老年人的经济缺口还是很大的。首先，养老保险的覆盖面还十分狭窄。这种情况不仅是农村的普遍现象，在城市里尤其是在女性和高龄老年人中同样大量存在。其次，由于中国离退休金制度和养老保险制度都还没有更好地贯彻反向相关（即对弱势群体支助要大）的原则和与物价紧密相关的原则，因此很多离退休人员的收入低于支出，并且离退休时间越长则缺口越来越大。经济体制转轨导致养老来源不稳定，水平低，差距大。离退休人员的收入受原企业人员的年龄结构和经营状况的影响较大。离退休金低，其他经济补助少，不能按时发放等现象仍然存在。并且，老年医疗开支巨大是普遍现象，而社会医疗保险制度对老年人医药开支的均匀化调节作用不明显，且因原单位的经营状况不佳致使医药费不能及时得到垫付和报销的问题还比较多。尤其是在发生大病时，更容易在医药费上有很大困难。

分析中老年人的年龄和性别的作用其实反映了这两个变量对老年人经济缺口的影响。比如，年龄一方面表达了随年龄变化而来的特征，如年龄越老医药开支越大，同时也反映了不同年份出生的人经历十分不同，因而导致老年时社会经济状况和待遇上的差异。在社会发展进程中，无论是年龄差异还是出生队列差异都不会完全消除。

历史的结论

根据以上对新中国50年来家庭变化史资料的分析，可以大体得出以下几个结论：

（一）新中国50年来平均户规模的变化主要是反映了人口结构的变化

与以前许多家庭的研究文献不同，本章不是将家庭户平均规模当作家庭分化立户水平的测量指标，而只是将其作为一个既受家庭分化立户水平影响、也受人口结构变化影响的"粗"指标。

本章对新中国50年来平均家庭户规模的研究分析表明，实际上平均户规模的变化主要是反映了同期人口年龄结构的变化，而人口年龄结构的变化则主要是由于1973年以后党和政府在全国范围中大力推行计划生育。所以中国的家庭户规模的变化动态具有两大段的特征。在全国性计划生育高潮开始之前的第一段中，由于生育水平很高，少儿人口比例不断扩大，人口结构日益年轻化，因此每户中平摊到的少儿人数增加，导致了家庭户规模的扩大。而在全国大力推行计划生育的第二段中，生育率大幅度下降，其结果是少儿人口比例不断减小，每户中平摊到的少儿人口数明显减少，因此家庭户规模不断收缩。

（二）中国人口立户模式和立户水平基本稳定

本章以人口的性别年龄别户主率描绘了中国人口的立户模式。这一模式表示出在户主率水平上有明显的男高女低的特点，实际上体现出成年人口成婚率很高，而往往由男方担任户主。同时，这一模式表现出男性老年人户主率随着年龄提高而迅速降低，实际上体现出中国多代同堂家庭比较普遍，因此户内存在着户主地位由老年一代让渡给下一代的情况。通过不同年份的性别年龄别户主率的曲线比较、直接标准化比较、间接标准化比较等一些人口统计方法，表明新中国 50 年中立户水平存在着一定的变化，但变化幅度总的来说不大，因此可以说中国人口的立户模式和立户水平都是基本稳定的。

（三）中国人口分化立户水平的阶段性变化

新中国 50 年中存在着立户水平的阶段性变化。

1982 年以前的若干年份立户水平因缺乏户主率资料，因此采用间接标准化比较，可以大致总结如下。50 年代初，立户水平上升主要是与土地改革、第一部婚姻法的出台，以及当时的迁移所引起的分家立户相联系的。60 年代初，立户水平升到新中国 50 年中的最高水平，这一水平甚至比 1990 年时还要高。这一特殊的立户高峰是与三年困难时期的经济调整和疏散城市人口的措施密切联系的。整个 1950～1964 年期间，立户水平表现为在较高水平上波动。但 1964～1981 年期间立户水平不断下降，一方面可能反映出立户水平从特殊原因导致的特高水平向家庭机制内在水平的回归，一方面也是"文化大革命"时期国民经济停滞、生活水平低、就业住房问题严重，以及全国推行计划生育导致初婚年龄迅速上升等时期原因的后果。

1982 年以后若干年份的立户水平是根据家庭户人口与户主率进行的直接标准化比较，因而其结果更可靠。1982～1987 年期间立户水平下降，其原因是落实有关政策所产生的返家迁移所导致，其中包括解决干部和知识分子的两地分居问题、知识青年返城，以及百万大裁军。1987～1990 年期间立户水平有所上升，但主要应该作为前一段特殊原因形成的家庭户内成年人口拥挤问题的缓解来理解，并不是因为分家立户机制有了大的变化。这是因为，虽然 1990 年以后经济发展加速、住房条件大大改善、迁移量一直很大，然而立户水平不但没有提高，反而有所下降。并且根据 90 年代各年份全国人口变动调查数据的分析也证实了这一结果。对这一时期导致立户水平下降的可能原因的研究尚是空白，但至少初婚年龄的大幅度提高、高等教育的迅速发展等方面的变化可能对立户水平产生反向作用。

纵观新中国 50 年中立户水平的变化，可以看出很多都是由于某一政策出台所导致的时期性影响，只有 90 年代的情况尚不能肯定。

（四）中国家庭代际关系对于养老保障仍十分重要

中国老年人口中的大部分都与后辈同居一户，这反映出主干家庭模式仍然占据主导地位。从1982年以后，老年人与后辈的合住比例有明显降低，而生活于空巢家庭的比例明显增加，反映出家庭模式有核心化趋势。但是，老年人即使不与子女同住，也不意味着代际亲情关系断裂，实际上老年人口在经济供养、生活照料和精神慰藉方面都仍然需要子女和亲属的帮助。并且，这种需要是随着年龄不断提高而逐渐增长的。家庭养老对于不同地区、不同性别、不同年龄的老年人口的重要性存在着明显的差异。

第十四章　少数民族人口[1]

中国是一个历史悠久、民族众多的国家。

但是，在旧中国，由于存在民族压迫和民族歧视，许多少数民族的民族成分不能得到承认和确定。因此，究竟有多少个民族一直说不清楚。新中国成立后，实行了各民族一律平等的政策，长期被压迫、受歧视的少数民族纷纷提出自己的民族成分和族称问题。经过民族识别，政府认定了55个少数民族。

中国各民族中，有52个民族有自己的单独语言。

1949年以前，只有19个有自己单独语言的民族有文字。而沿用至今的传统文字只有12个民族的15种文字。新中国成立后，国家帮助14个民族创制了14种拼音文字[2]。

各个少数民族的社会经济发展很不平衡。20世纪50年代初除了与汉族发展水平基本相同或接近的民族外，还存在封建领主制经济、奴隶制经济和处于原始社会末期的经济。

少数民族中的宗教信仰更呈现内容纷繁、形式多样的格局：有的民族信仰大乘佛教，有的信仰小乘佛教，有的信仰藏传佛教；有的信仰伊斯兰教、基督教、天主教、新教（中国称耶稣教或基督教）。东正教也在一些民族中传播[3]。

各个民族都有自己的传统文化、风俗习惯，成为影响各少数民族的人口问题与人口特点，也对各民族人口再生产与生活质量等方面的改善，在

---

[1] 本章第二节由黄荣清撰写。

[2] 刘锷、何润著：《民族理论与民族政策纲要》，中央民族学院出版社1990年版。

[3] 同上。

一定程度上起着积极或消极的作用。经过政府和各民族的努力，50年来各民族人口数量、人口素质等都发生了很大的变化，人口构成有了明显的良性转变，甚至有个别民族已经实现了人口现代化。当然，众多民族，特别是西部地区的民族面临着人口与社会、经济、资源、环境的严峻挑战。

由于只有全国人口普查时才能提供各民族人口数据，而且第一、二次普查只有数量和分布两项，三次普查缺少死亡统计，四、五次普查的民族人口项目比较齐全。因此，用较早时期的数据进行纵向分析受到了局限。

第一节　人口数量的变化

一　旧中国的少数民族及其人口特点

由于旧中国历代政府奉行民族歧视、民族压迫政策，成为难以弄清少数民族成分及其人口特点的决定性因素。第一，民族族称混乱：虽然大多数人承认各少数民族是"民族"，但也有人却称之为"宗族""宗支""支族"，如陈尔寿等编著的《中国地理概述》即是一例，甚至对少数民族的族称、地名等还冠以带有歧视和侮辱性的称谓，如"猺""犽狐""獠僳""夷""蛮"等[1]。第二，全国有多少个民族，说法不一：陶履慕等认为中国"除汉族外，还有41个少数民族"[2]；陈尔寿等则认为："中华立国五千年，合汉、满、蒙、回、藏、苗六大宗支于一堂"[3]，但在专著的表中列出了30多个"族"或"支族"的名称；张其昀的《中国民族志》也列出了30多个民族[4]，甚至蒋介石在《中国之命运》一书中断言："我们中华民族是多数宗族融合而成的。……他们有由于地理环境的差异所决定的不同文化。由于文化上的差异，产生了不同的宗族姓氏。然而在最近的五千年间，他们之间有大量的接触。产生了经常的人口迁移，以致他们不断地互相融合，并且变成了一个民族"。第三，对少数民族人口的数量估计悬殊：陶履慕等引用民国11年（1932年）的调查材料，"估计全国人口约40 492.7万人，其中汉族占一半以上"；陈尔寿

---

[1]　陈尔寿、何敏求、程潞编著：《中国地理概述》，正中书局发行，民国35年版。
[2]　陶履慕、扬文询译：《中外地理大全》，上海中华书局发行，1978年版。
[3]　陈尔寿、何敏求、程潞编著：《中国地理概述》，正中书局发行，民国35年版。
[4]　张其昀著：《中国民族志》（万有文库），上海商务印书馆，民国18年。

等估计少数民族人口总数 2 860 万人；孙中山估计不超过 1 000 万人[1]；对于穆斯林人口的估计更为悬殊：白蓓莉教授引用 Syed Khalil Christi 估计的 1935~1936 年为 11 500 万，以及 1935~1936 年出版的《中国年鉴》则估计为 4 810.4 万或者 5 500 万[2]；陈尔寿等则估计 472.9 万人（1946 年）。西藏历史上的最高人口是多少，也一直十分混乱，如孙中山 1900 年编写的《支那现势地图》中说"（西藏）人口 600 万"[3]；牙含章认为曾有过 1 000 万人[4]；甚至英国查理逊在《西藏及其历史》（1962 年版）中称"18 世纪藏族有 3 300 万人"[5]。造成西藏人口混乱的原因，可能是把西藏与吐蕃的范围未加区别，或者把全国藏族地区和西藏地区人口混为一谈。不过大多数学者认为，以当时的自然、社会、经济条件，养活 100 万左右人口是可能的。第四，有的少数民族人口长期处于停滞、萎缩，甚至于濒于灭族边缘，如内蒙古的蒙古族（清朝乾隆年间）由 118 万减为 1949 年的 83.5 万人[6]；鄂伦春族人口由 1915~1917 年（俄人史禄图调查）的 4 111 人，减至 1934 年的 3 700 人，再减至 2 697 人，到 1945 年仅剩下 2 000 多人[7]；赫哲族人口在清康熙初年（约 1661 年）约有 1 2000 余人，1930 年下降为 1 980 人，而到 1945 年时，仅剩下 300 余人[8]，面临着严峻的生存危机。

二 新中国少数民族社会地位和人口数量的巨变

新中国奉行民族平等、团结和共同繁荣政策。因此，党和政府对民族问题和民族人口问题，给予了特别的关心，组织了庞大的队伍进行调查研究，使少数民族及其人口状况发生了天翻地覆的变化：第一，不论社会、经济类型的人口多少一律称为民族，及时革除带有歧视和侮辱性的族名和地名；第二，下大力气弄清全国单一民族总数，并统一其族称，逐渐夯实

---

[1] 张其昀著：《中国民族志》（万有文库），上海商务印书馆，民国 18 年。

[2] Barbara L. R. Pillsbury: *This is an offprint from journal institute of Muslim Minority affairs*, 1984. Vol. 3. No. 2.

[3] 胡焕庸等：《中国人口地理》（下），华东师范大学出版社 1986 年版。

[4] 同上

[5] 同上。

[6] 沈斌华等：《中国蒙古族人口》，内蒙古大学出版社 1997 年版，第 54 页。

[7] 秋浦：《鄂伦春人》，民族出版社 1981 年版。

[8] 刘忠波：《赫哲人》，民族出版社 1981 年版。

和量化多民族国家的称号：在1953年进行的第一次人口普查时，汇总登记自报的民族名称多达400多个，政府经过与各方面反复协商，及时认定了41个少数民族，但是，对于遗留下来的许多民族名称、民族成分，均需加以解决。于是，政府组织人力进行大规模民族识别工作。

经过大规模的民族识别后，到1964年第二次全国人口普查时国家正式认定的少数民族成分增加到53个。根据民族识别和本民族意愿，其中有的民族进行了归并，如1953年人口普查时的"沙人""浓人"归并入壮族；"雅库特族"归并入鄂温克族。有的民族的族称有了新的更改，如1953年人口普查时的"民家"改为"白族"，"水家"改为"水族"，"土人（青海）"改为"土族"，"索伦族"改为"鄂温克族"。

1965年和1979年国家又分别确认珞巴族和基诺族为单一民族。到1982年第三次人口普查时，全国的少数民族便增加到55个。

1978年中国共产党的十一届三中全会以后，经过民族识别和本人（或本民族）意愿，有许多人要求更正或恢复为少数民族；有的民族更改了族称，如原"崩龙族"于1985年改称"德昂族"，"毛难族"于1986年改称"毛南族"；有的则进行了归并，如"苦聪人"于1987年并入拉祜族。

至此，中国（大陆）成为由汉族和55个少数民族组成的多民族国家，并且统一了民族名称，为统计和核实少数民族人口数量、文化素质、婚姻、生育、死亡等各种构成等的定量分析奠定了基础，也为少数民族人口研究的长足发展提供了可能。

（一）少数民族人口数量（合计）的增长

1. 1953~2000年少数民族人口的增长。1949年新中国成立后，由于不可能及时进行民族识别和人口普查，因此，全国少数民族究竟有多少人口仍然不清，直到1953年全国第一次人口普查时，在中国几千年历史上，才第一次核实少数民族人口为3 401.38万人，从此少数民族人口进入了快速增长时期，到2000年更达到10 449.07万人，比1949年增长2.07倍（同期全国（大陆）和汉族人口分别增长1.15倍和1.10倍），见图14—1：

各个时期少数民族人口增长的绝对数和平均每年增长率都有或大或小的变化（见表14—1）：

表 14—1　　　　　　1953~2000 年少数民族人口的增长

时期	净增人口（万人）	平均每年增加（万人）	平均每年增长（%）
1953~1964	587.01	53.46	1.46（全国 1.64）
1964~1982	2 655.04	147.50	2.88（全国 2.10）
1982~1990	2 413.29	301.66	3.95（全国 1.50）
1990~2000	1 392.35	133.88	1.38（全国 0.91）

资料来源：根据图 14—1 资料编制

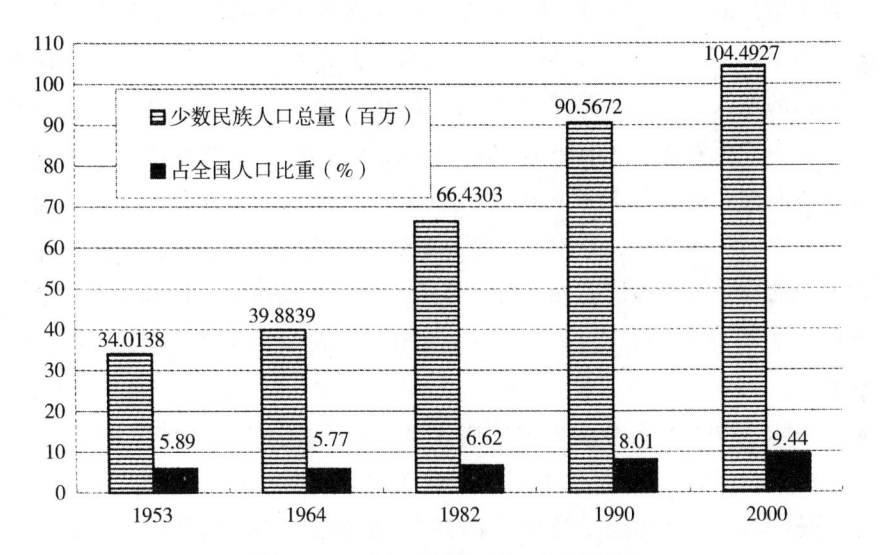

图 14—1　新中国少数民族人口增长

资料来源：1953~1990 年为《中国民族人口资料》，中国统计出版社 1994 年版；2000 年为《中国 2000 年人口普查资料》，中国统计出版社 2002 年版。

注：历年民族人口数不包括其他未识别民族人口和外国人加入中国籍人口数。

1953~2000 年，全国净增少数民族人口达 7 047.69 万人，相当于 1953 年全国少数民族人口的 207.18%。

1953~1964 年，全国少数民族人口由 3 401.38 万人增至 3 988.39 万人，而占全国人口的比例，则由 5.89% 降为 5.77%，这是少数民族人口增长幅度相对低于全国人口造成的。平均每年增加的绝对数和平均每年增长率，都是表 14—1 各个时期的最低值，而且平均每年增长率还低于全国平均水平的 0.18 个百分点。但是按 "70 法则" 计算，如果今后以此速度发展，全国少数民族人口仅 49 年就可能翻一番。这个时期民族人口的增长，是新中国对少数民族大力扭转历史上人口下降而实行的 "人口兴旺" 政策初见成效的回报。

1964~1982 年，全国少数民族人口和占全国人口的比例分别提高到 6 643.43 万人和 6.62%（1982 年），净增人口达 2 655.04 万人，不仅是各个时期净增人口的最高值，而且还占到 1953~2000 年净增人口总数的 37.68%，已相当于 1953 年全国少数民族人口的 78.06%。这一时期的平均每年增加的绝对数比上一个普查年度提高了 175.91%，平均每年增长率提高了 1.42 个百分点，比全国平均水平也高 0.78 个百分点。这一时期高增长的原因，除了继续实行 "人口兴旺" 政策而进一步升华的高自然增长为主导因素外，还有就是 1978 年党的十一届三中全会以后进一步恢复和落实国家的民族政策而引发的一部分 "回归" 少数民族人口。由于民族人口的高速增长，给本来经济基础薄弱、人口文化素质低下、生存条件严峻的许多民族地区，在社会、经济、教育、就医、住房和生态环境等方面，施加了更大的压力，也为日后民族人口持续出生高峰酿造了巨大的潜能。

1982~1990 年，全国少数民族人口与占全国人口的比例，分别进一步增加到 9 056.72 万人和 8.01%。这个时期民族人口增长的最大特点，不仅是 "高"，而且是 "超常规的高"。虽然这个时期的净增人口总数（2 413.29 万人），稍低于 1964~1982 年，但平均每年增加的人口高达 301.66 万人，高出上一普查年度的 104.52%，特别是平均每年增长率高达 3.95%，不仅高于全国平均水平（1.50%）的 2.45 个百分点，而且比上一普查度还高 1.07 个百分点。如此的高幅度增长，在世界人口史上是少见的，这正是中国（大陆）少数民族人口变动的重要特点，因为这段时期的民族人口增长，有两个因素在起着主导作用，其一是自然增长；其二是社会增长，系指因更改民族成分而引发的某些民族人口的或增或减的社会行为。这是由于政府依据部分公民 "更改" 民族成分的愿望和要求，于 1981 年 11 月 8 日，国务院人口普查领导小组、公安部、国家民委联合发出：《关于恢复或改正民族成分的处理原则的通知》[①] 后，各地区根据"通知"规定："凡属少数民族不论其在何时出于何种原因未能正确表达本人的民族成分，而申请恢复其民族成分，都应予以恢复；不同民族结婚所生的子女的民族成分，不满18周岁者由父母商定，满18周岁者由本人决定，……"经过几年的有组织的落实和少数民族政策的优惠实施，便发生了各个民族的社会变动人口大量涌现。我们为了适应有关部委和科学分析民族人口超常规增长的需要，黄荣清教授对此问题进行了量化研究，所得到的结论是，在1982~1990年期间的总增长人口中的社会变动，汉族表现为-14.15%，即因此减少了1387万人，而少数民族人口的社会变动则占到56.64%（即自然增长仅占43.36%），这意味着社会变动对少数民族人口增长起了如此的重要作用，也意味着民族平等政策已深入人心，得到了各民族认同的积极效应。

在各个少数民族中，社会增长比例最高的为满族、土家族和侗族，分别高达90.94%、88.97%、80.37%；百万人口以下的少数民族的社会增长比例也高达74.68%；当然，也有藏、维吾尔、壮、朝鲜、哈萨克、黎等族的社会变动为0值，即这些民族的人口增长完全属于自然增长。

1990~2000年，少数民族人口和占全国人口比例又进一步提高，分别达到10 449.07万人和8.41%，这期间的平均每年增加人口达133.88万人，比1953~1964年期间多80.42万人，平均每年增长率为1.38%（全国为0.91%），如今后以此速度发展，则翻一番的时间仅为43年。值得注意的是，这期间应该基本上属于自然增长，因为依据民族人士的意见，国家民委、公安部在此之前（即1989年）联合发出了《关于暂停更改民族成分的通知》[②] 指出："自本通知下发之日起，在全国各地一律暂时停止更改民族成分工作。……"接着于1990年，国家民委、国务院第四次人口普查领导小组、公安部又联合发出《关于中国公民确定民族成分的规定》[③]，其主要内容为："确定民族成分，必须以国家正式认定的民族为准；个人的民族成分只能依据父或母的民族成分确定，民族通婚所生

---

① 吴仕民：《中华人民共和国政策法规选编》，中国民航出版社1997年版，第106页。
② 吴仕民：《中华人民共和国法规选编》，中国民航出版社1997年版，第121页。
③ 同上书，第124页。

子女，在年满 18 周岁以前由父母商定，满 18 周岁者由本人确定，年满 20 周岁者不得再更改民族成分，……"看来仍有一些民族人口还有社会变动问题。

（二）各少数民族人口的不平衡

各个少数民族人口的不平衡，主要表现在人口数量多少不等与人口增幅的差异。

1. 人口规模十分悬殊。人口在 100 万以上的民族，已由 1953 年的 10 个，增加到 1982 年的 15 个，再增加到 1990 年和 2000 年的 18 个，其中到 2000 年时人口达到 1 000 万以上的民族，已由 1982 年时的一个民族（壮族）发展到 2 个（新增满族），而回族、苗族和维吾尔族，正积极向 1 000 万人口靠近；人口在 5 万以下的民族，至今还有 20 个民族，其中不足 1 万的还有高山、塔塔尔、独龙、鄂伦春、赫哲、门巴和珞巴 8 个民族；中国少数民族中最小的民族是珞巴族（2 905 人），而最大的民族为壮族，人口已达到 1 618 万人（2000 年），二者相差达 5 550 倍。

2. 人口增幅高低悬殊。新中国成立以来，党和政府十分关心少数民族人口发展，并采取了许多积极措施。因此，1953～2000 年全国和汉族人口的年平均增长率分别达到 1.63% 和 1.57%，而少数民族（合计）则高达 2.40%，其中绝大多数民族的人口，普遍地有了更高的增长和更大的发展。但各个民族人口的增幅有高有低（表 14—2）。

表 14—2　　　　　1953～2000 年各民族人口的增长　　　　（单位:%）

年平均增长率	民族别	占全国少数民族的比例
2.04～8.80	蒙古、回、苗、满、侗、瑶、白、土家、哈尼、黎、畲、高山、拉祜、水、东乡、土、达斡尔、仫佬、羌、布朗、撒拉、毛南、仡佬、锡伯、阿昌、普米、塔吉克、鄂温克、德昂、保安、裕固、京、独龙、鄂伦春、赫哲、门巴、珞巴和基诺（38 族）	69.09
1.44～1.91	藏、维吾尔、彝、壮、布依、哈萨克、傣、傈僳、纳西、柯尔克孜、怒（11 族）	20.00

续表

年平均增长率	民族别	占全国少数民族的比例
1.16	朝鲜（1族）	1.82
0.55~0.69	景颇、佤（2族）	3.64
-7.83~-0.20	乌孜别克、俄罗斯、塔塔尔（3族）	5.45

资料来源：根据五次人口普查机器汇总资料计算和编制。

表14—2反映出各民族人口发展的特点：

第一，属于高速增长和超常规高速增长的民族，多达38个，其中包括蒙古、回、苗等10个100万人口以上的民族，其中相对最高的有仡佬（8.80%）、土家（7.78%）、高山（5.65%）、京（4.66%）、锡伯（4.96%）、羌（4.64%）、赫哲（5.26%）、珞巴（5.72%）、毛南（4.40%）等。

第二，较高速增长的有11个民族，其中包括藏、维吾尔、彝等7个100万人口以上的民族。

第三，较低增长的只有朝鲜族1个民族。

第四，接近零增长已有景颇（0.55%）和佤（0.69%）2族。

第五，俄罗斯（-7.83%）、乌孜别克（-0.20%）和塔塔尔（-0.73%）3族发生了负数增长。

在1990~2000年期间全国和汉族人口进入了低增长时期（平均每年增长率，分别为0.91%和0.87%），而各少数民族人口则表现为多元性的变动（表14—3）：

表14—3　　　　1990~2000年各民族人口变化的差异　　　（单位:%）

年平均增长率	民族别	占全国少数民族的比例
2.04~4.31	瑶、土家、高山、东乡、土、仫佬、毛南、塔吉克、仡佬、保安、独龙、珞巴、羌（13族）	23.64
1.40~1.96	蒙古、藏、维吾尔、苗、彝、布依、侗、白、水、撒拉、阿昌、俄罗斯、鄂温克、德昂、京、鄂伦春、门巴、基诺（18族）	32.73

续表

年平均增长率	民族别	占全国少数民族的比例
1.03～1.33	回、哈尼、哈萨克、纳西、傣、黎、布朗、佤、畲、柯尔克孜、普米、裕固（12族）	21.82
0.53～0.99	傈僳、拉祜、景颇、达斡尔、锡伯、怒、赫哲（7族）	12.73
0.002～0.08	壮、满、朝鲜（3族）	5.45
-0.34～-1.69	乌孜别克、塔塔尔（2族）	3.63

资料来源：根据1990年、2000年人口普查机器汇总资料计算和编制。

从表14—3可以看出以下几个特点：

第一，属于高速增长和超常规高速增长的民族还有13个民族，其中相对最高的有土家（3.30%）、高山（4.31%）、羌（4.26%）、毛南（3.85%）、保安（3.38%）和东乡（3.11%）5个民族。

第二，较高速度增长的还有18个民族，包括了蒙古、藏、维吾尔等100万人口以上的8个民族。

第三，较低增长的有12个民族，包括了回、哈尼、哈萨克等5个100万人口以上的民族。

第四，属于接近零增长的已有壮、满、朝鲜3个100万人口以上的民族，其中朝鲜族在此期间只增加了481人，而且吉林省的朝鲜族，由1990年118.36万人减少为2000年的114.57万人，净减少37 879人。

第五，有乌孜别克（-1.69%）和塔塔尔（-0.34%）两个民族出现了负数增长。

在现代社会，一个国家、地区或一个民族的人口过快增长，都不利于人口教育与健康素质的提高、国民经济的发展和人均经济收入的增加与生活质量的改善，不利于自然资源的合理利用和生态环境的维护与优化，对中国各民族来说，不利于人口与社会、经济、资源、环境的可持续发展，不利于各民族共同繁荣工程的跨越式推进与加快实现。同时，对于个别民族，特别是人口很少的民族，如果人口不断出现负数增长，也应该引起国家和该民族的重视，就是说应该组织科研力量找出人口减少的实质原因，提出可行性对策，并认真执行，以达到稳定、健康发展的态势。

三 各民族人口变动的原因

新中国成立以来各少数民族人口变动，是民族政策及各个时期民族人口政策起了决定性的作用。

各民族人口变动因素，既与全国、地区有相同的一面，又有不同的地方，具体地说有以下几点：

1. 自然变动因素。即有的民族长期处于高生育率状态；有的民族人口死亡率相当时期保持较高或很高水平；有个别民族迅速转变为低出生、低死亡态势。

2. 社会变动因素。有的民族有过归并或转化而引发人口变动；有的民族因更改民族成分，特别是相当数量的汉族"回归"为少数民族，引发其人口超常规增长；有的因民族通婚，其子女多选报为少数民族，引发某些民族人口的增多等。

3. 国际迁移变动因素。有的民族曾有过数量不等的人口向国外迁移，而降低人口增幅或者人口减少。

四 对策与建议

在当代，人口已成为经济、社会、资源、环境的中心，特别是在发展中国家和地区，人口问题已对经济、社会、资源、环境提出了严峻的挑战，其中人口增长规模和增长幅度又成为人口问题的突出重点。因此，人口数量的增长幅度，如何有利于促进人口素质的提高？如何与经济、社会发展相协调？如何有利于资源、环境的可持续发展？便成为应该优先考虑和妥善处理的战略性问题。

从新中国成立50年来，中国和各民族人口的增长规模和增长幅度是相当可观的，各级政府和普通家庭，已深切感受到对就业、教育、就医、生活质量、生态等方面的严重压力。从20世纪70年代开始广大群众配合政府大力进行缓解人口压力的计划生育工作，到20世纪90年代已初见成效，因为全国和20多个少数民族已进入了低增长阶段。当然，还应看到有更多的少数民族，还在较高增长或高增长轨道上运行。为此，提出以下建议：

第一，努力在近10年内把少数民族人口增幅降到1.00%左右，就是说把人口翻一番的时间延长到70年左右。这样，对于每个家庭、每个民族和民族地区的繁荣昌盛，都会更为有利。为此，必须从提高民族地区计划生育的质量下功夫，即在稳定民族人口生育政策和完善计划生育法规的基础上，坚持"三为主""三结合"，其中特别是把"宣传教育为主""服务为主"放在工作的主导地位。

第二，进一步大力发展民族教育，消除青壮年、特别育龄妇女文盲，提高其文化教育水平，这样就能从根本上治理多生、超生，提高生殖健康水平。因此，把总和生育率稳定在2.0左右非常必要。

第三，进一步贯彻落实有关部委的"全国一律暂时停止更改民族成分的工作"和"关于中国公民确定民族成分的规定"，把更改民族成分人口降到最低值或者完全停止。

第二节 人口分布及其变动

各个民族的人口，在地域分布上，往往有特定的指向。这是因为，民族在形成过程中，往往都和特定的地域有必然联系。人们只有长期生活在共同地域之内，共同的语言才能产生，共同的经济生活才能发展，民族文化以及反映在这种文化上的民族共同心理性质才会形成。这些共同地域通常称为民族地区。不同民族有不同的共同地域。当然，由于人口的增长，生产力的进步，民族与民族之间的交往，任何一个民族的人口也不会全部集中在一个或几个特定地域，由于人们在地域之间的流动以及居住地域的改变，一个地域可能会有多种民族存在。尤其是当今社会、经济的迅速发展促使地域之间的联系愈加密切，现代交通工具的发达，使人们在地域间的流动更加方便，由此，民族和民族之间的交往更加频繁。可以说，在世界上任何一个大的地域，都不会只居住着一个民族。这种情况在我国表现得尤为明显。我国有五千多年的文明史，长期的历史演变，在中华大地上形成了当今以汉族人口占多数，55个少数民族共同组成的"多元一体"的中华民族大家庭。从全国范围看，虽然汉族多住中原，少数民族多住边疆，但两者之间并无明显界限。汉族和少数民族之间，少数民族之间的经济、文化交流从未停止过，这样形成了在中原地区，有一定数量的少数民族居住，在边疆少数民族聚居地区，也有一定数量的汉族居住，有的少数民族地区，汉族人口甚至占多数，从而形成了全国地区内汉族与少数民族的交错杂居，"你中有我，我中有你"的状态。这种状态，反映了中华各民族之间在政治、经济、文化等各方面的密切关系，正是在长期经济、文化的密切交往中形成了汉族离不开少数民族，少数民族离不开汉族的内在联系。

一 少数民族人口的地区分布

我们知道，在历史上，我国少数民族绝大部分居住在西部和东北内蒙。汉族大都居住在中原地区。为了方便以下的叙述，根据各个民族的世居地和对地区的传统区分，对大陆31个省（直辖市、自治区）作如下的分组：

（1）东北内蒙古地区，包括东北三省和内蒙古；（2）西北地区，包括西北5省（区）；（3）西南广西地区，包括西南4省（区）1市和广西；（4）东南中南地区，即除了上述15个省市区外，其他16个省、市，简称为中原地区。

从各地区看，西南广西地区集中了少数民族人口的一半以上。1953年，西南的少数民族人口达2 029.75万人，占全部少数民族人口的57.94%。2000年，西南少数民族人口为4 718.35万人，占全部少数民族人口的比例达50.25%。

从少数民族占当地人口的比重看，在第一次人口普查（1953年）时，以西北地区为最高，达19.61%。1964年以后，由于新认定的少数民族大多在西南，西南少数民族占当地人口比例升高，2000年达22.32%。（见表14—4）

东南、中南地区的人口占了全国人口的大多数，占全国的比重达60%以上，这里的少数民族人口却较少。但这里是少数民族人口增加最快的地区，随着年代的推移，中原地区少数民族人口数量、占全部少数民族人口的比例、少数民族人口占当地人口的比例一直在增高。1953年，这里只有306.78万少数民族，占全国少数民族人口的8.76%，占当地人口的比重为0.82%，这两个指标在当时都是最低的。到2000年，东南、中南地区少数民族人口达1 909万人，超过了东北内蒙古、西北地区的少数民族人口数量，这里的少数民族人口占少数民族人口总数的比例为18.14%，分别比东北地区、西北地区高了1.5个百分点。少数民族人口占当地人口的比重亦增加到2.42%。（见表14—4）

表14—4　　　　　各地区普查人口和少数民族人口

地区	人口（万人）					少数民族人口（万人）				
	1953	1964	1982	1990	2000	1953	1964	1982	1990	2000
东北内蒙古	5 097	7 508	11 022	12 079	12 819	484	589	935	1 486	1 580
西北	3 483	4 492	6 935	7 952	8 926	683	748	1 227	1 490	1 746
西南广西	11 810	13 006	19 913	22 102	23 694	2 030	2 210	3 714	4 718	5 287
中原	37 598	44 116	62 524	70 917	78 823	307	443	851	1 438	1 909
全国	57 988	69 122	100 394	113 051	124 261	3 503	3 990	6 727	9 132	10 523
	占全体少数民族人口比例（%）					占当地人口比重（%）				
东北内蒙古	13.81	14.77	13.90	16.27	15.02	9.49	7.85	8.48	12.30	12.33
西北	19.50	18.74	18.23	16.32	16.59	19.61	16.65	17.69	18.74	19.56
西南广西	57.94	55.38	55.22	51.67	50.25	17.19	16.99	18.65	21.35	22.32
中原	8.76	11.11	12.65	15.75	18.14	0.82	1.00	1.36	2.03	2.42

资料来源：根据历次人口普查资料整理计算。

分省区看，以广西、云南、贵州、新疆的少数民族人口最多，占全国少数民族人口的比例都超过了10%。其中以广西的少数民族人口最多，1953年，广西少数民族人口为741.41万人，占少数民族人口的21.16%，2000年，广西少数民族人口达1 682.96万人，为全国少数民族人口的15.99%。少数民族人口最少的省区为江西和山西，1953年，江西的少数民族人口只有0.93万人，1964年为2.21万人，在全国各省区中是最少的。2000年，山西省少数民族人口为10.32万人，上海为10.39万人，是全国少数民族人口最少的两个省区。

总的来说，新中国成立以来，各个民族、各个地区的少数民族人口都在增加。但由于人口增加的速度不同，导致了人口分布格局的变化。从几十年的人口变动来看，原来少数民族人口较少的中原地区和一些省市，少数民族人口增加的速度高于西部和东北内蒙古的少数民族人口的增速。因而中原地区的少数民族人口的数量和占全国的比例不断增加，这说明，少数民族人口由从世居地向中原扩散的趋势。

二 各民族的人口分布及其变动

以下，我们来看一下各个民族的人口分布变动情况。主要从各民族在世居地的人口和占该民族总人口的比例变动来分析。

以东北内蒙为世居地有 8 个民族。他们是满族、朝鲜族、赫哲族、蒙古族、达斡尔族、鄂温克族、鄂伦春族、锡伯族。1953 年，蒙古族人口 145 万，东北内蒙的蒙古族人口为 131 万人，占全部蒙古族人口的 89.98%，到 1982 年及以前，东北内蒙的蒙古族人口增速高于全体蒙古族人口的增速，所以，东北内蒙蒙古族人口占全体蒙古族人口比例也有所上升，1982 年达 91.03%。但从 1982 年以后，由于全国其他各地蒙古族人口增加得较快，东北内蒙的蒙古族人口在全国的比例逐渐缩小，2000 年，东北内蒙的蒙古族人口增加到 498 万人，但占全国蒙古族人口的比重却已下降至 85.64%。

锡伯族的世居地虽然在东北，但在清朝时，由于屯垦戍边，有相当一部分人口移居新疆。东北的锡伯族，由于和当地的汉族、满族杂居，其生活习俗已和当地的汉族、满族无异。而新疆的锡伯族，由于居住比较集中，在语言、文字、习俗等方面保持了较多的特点。在 1953 年，全国锡伯族人口为 1.90 万人，新疆的锡伯族为 1.27 万人，占 67% 左右。而东北的锡伯族人口为 6 201 人，只占锡伯族人口 32%。以后，随着锡伯族人口的自然增长及恢复自己的民族成分，东北的锡伯族人口增加很快，占全部锡伯族人口的比重也迅速增加。2000 年，东北锡伯族人口为 14.77 万人，占锡伯族人口的 78.22%。

表 14—5　　　　各民族的人口和世居地的人口

(1953 年，1964 年，1982 年，1990 年，2000 年)　　(千人)

地区	民族	1953 世居地	1953 全国	1953 比例(%)	1964 世居地	1964 全国	1964 比例(%)	1982 世居地	1982 全国	1982 比例(%)
东北内蒙	蒙古族	1 305.6	1 451.0	89.98	1 777.3	1 965.8	90.41	3 106.6	3 411.4	91.07
	朝鲜族	1 110.3	1 111.3	99.91	1 332.0	1 339.6	99.43	1 751.5	1 765.2	99.23
	满族	2 085.8	2 399.2	86.94	2 239.2	2 695.7	83.07	3 660.7	4 305.0	85.03

续表

地区	民族	1953 世居地	1953 全国	1953 比例(%)	1964 世居地	1964 全国	1964 比例(%)	1982 世居地	1982 全国	1982 比例(%)
	达斡尔族				60.6	63.4	95.53	89.2	94.1	94.74
	锡伯族	6.2	19.0	32.60	16.2	33.4	48.30	55.1	83.7	65.79
	鄂温克族	5.0	5.0	99.92	0.6	0.6	96.15	19.3	19.4	99.56
	鄂伦春族	2.3	2.3	99.82	2.7	2.7	99.59	4.1	4.1	99.37
	赫哲族				0.7	0.7	98.34	1.4	1.5	96.51
西北	回族	1 524.3	3 530.5	43.18	1 870.9	4 473.1	41.82	3 412.4	7 228.4	47.21
	维吾尔族	3 608.2	3 610.5	99.94	3 991.9	3 996.3	99.89	5 956.6	5 963.5	99.88
	哈萨克族	509.3	509.4	99.99	491.5	491.6	99.97	907.2	907.5	99.96
	东乡族	155.8	155.8	99.99	147.4	147.4	99.99	279.0	279.5	99.82
	柯尔克孜族	70.9	70.9	99.99	69.6	70.2	99.18	112.4	113.4	99.11
	土族	58.6	58.6	100.00	77.0	77.3	99.56	142.3	159.6	89.14
	撒拉族	30.7	30.7	99.98	34.6	34.7	99.95	69.0	69.1	99.88
	塔吉克族	14.5	14.5	99.99	16.2	16.2	99.96	26.6	26.6	99.91
	乌孜别克族	13.6	13.6	99.76	7.7	7.8	98.97	12.2	12.2	99.82
	俄罗斯族	22.2	22.7	97.86	1.2	10.3	11.71	2.7	2.9	92.25
	保安族	5.0	5.0	100.00	5.1	5.1	99.92	9.0	9.0	99.72
	裕固族	3.9	3.9	99.97	5.7	5.7	99.86	10.5	10.6	99.31
	塔塔尔族	6.9	6.9	99.71	2.3	2.3	99.13	4.1	4.1	98.96
西南 广西	藏族	2 053.7	2 753.1	74.60	1 880.7	2 501.2	75.19	2 805.3	3 870.3	72.48
	苗族	2 072.3	2 490.9	83.19	2 310.4	2 782.1	83.05	4 027.6	5 021.2	80.21
	彝族	3 227.3	3 227.8	99.99	3 379.2	3 381.0	99.95	5 448.7	5 453.6	99.91
	壮族	6 853.0	6 864.6	99.83	8 331.6	8 386.1	99.35	13 249.1	13 383.1	99.00
	布依族	1 237.7	1 237.7	100.00	1 347.3	1 348.1	99.94	2 114.8	2 119.3	99.79
	侗族	589.3	712.8	82.67	615.5	836.1	73.61	1 082.1	1 426.4	75.86
	瑶族	557.3	665.9	83.68	633.6	857.3	73.91	1 030.5	1 412.0	72.98
	白族	567.0	567.1	99.98	705.5	706.6	99.84	1 129.4	1 132.2	99.75

续表

地区	民族	1953 世居地	1953 全国	1953 比例(%)	1964 世居地	1964 全国	1964 比例(%)	1982 世居地	1982 全国	1982 比例(%)
	哈尼族	481.2	481.2	100.00	628.7	628.7	99.99	1 058.5	1 058.8	99.97
	傣族	478.9	479.0	100.00	535.2	535.4	99.97	838.9	839.5	99.93
	傈僳族	310.1	310.1	100.00	270.6	270.6	99.99	481.8	481.9	99.98
	佤族	293.5	293.5	100.00	200.2	200.3	99.99	298.6	298.6	99.98
	拉祜族	139.1	139.1	100.00	191.2	191.2	99.99	304.2	304.3	99.97
	水族	133.6	133.6	99.99	155.8	156.1	99.79	286.0	286.9	99.68
	纳西族	143.4	143.5	99.97	156.4	156.8	99.73	250.8	251.6	99.69
	景颇族	101.8	101.9	99.99	57.8	57.8	99.98	92.9	93.0	99.96
	仫佬族				52.8	52.8	99.88	90.1	90.4	99.66
	羌族	35.7	35.7	99.98	49.0	49.1	99.78	102.6	102.8	99.78
	布朗族				39.4	39.4	99.99	58.5	58.5	99.98
	毛南族				22.3	22.4	99.85	38.0	38.2	99.59
	仡佬族				26.8	26.9	99.91	54.1	54.2	99.93
	阿昌族				12.0	12.0	99.99	20.4	20.4	99.96
	普米族				14.3	14.3	99.97	24.2	24.2	99.83
	怒族				15.0	15.0	99.97	22.9	22.9	99.95
	德昂族				7.3	7.3	99.97	12.3	12.3	99.93
	京族				4.2	4.3	98.97	11.6	13.1	88.43
	独龙族				3.1	3.1	99.90	4.6	4.6	99.76
	门巴族				3.8	3.8	99.61	6.2	6.2	99.58
	珞巴族				0.0	0.0		2.1	2.1	99.37
	基诺族				0.0	0.0		12.0	12.0	99.94
中原	土家族				512.7	524.8	97.71	2 234.4	2 836.8	78.76
	黎族	359.1	361.0	99.48	438.1	438.8	99.84	814.7	887.1	91.84
	畲族				234.1	234.2	99.97	371.6	372.0	99.91
	高山族	0.0	0.3	7.29	0.3	0.4	76.78	1.0	1.7	60.55

表 14—5　　　　各民族的人口和世居地的人口（续）

（1953 年，1964 年，1982 年，1990 年，2000 年）　　　（千人）

地区	民族	1990 世居地	1990 全国	1990 比例(%)	2000 世居地	2000 全国	2000 比例(%)
东北内蒙	蒙古族	4 262.6	4 802.5	88.76	4 978.8	5 813.9	85.64
	朝鲜族	1 890.6	1 923.4	98.29	1 797.1	1 923.8	93.41
	满族	7 660.8	9 846.8	77.80	7 915.4	10 682.3	74.10
	达斡尔族	114.7	121.5	94.45	122.6	132.4	92.58
	锡伯族	135.5	172.9	78.36	147.7	188.8	78.22
	鄂温克族	26.1	26.4	99.11	29.2	30.5	95.73
	鄂伦春族	6.9	7.0	98.18	7.7	8.2	94.31
	赫哲族	4.1	4.2	96.05	4.1	4.5	90.97
西北	回族	4 075.6	8 612.0	47.32	4 779.8	9 816.8	48.69
	维吾尔族	7 193.6	7 207.0	99.81	8 349.7	8 399.4	99.41
	哈萨克族	1 110.1	1 110.8	99.94	1 248.6	1 250.5	99.85
	东乡族	372.7	373.7	99.74	512.2	513.8	99.68
	柯尔克孜族	141.9	143.5	98.83	158.8	160.8	98.75
	土族	185.8	192.6	96.48	221.2	241.2	91.72
	撒拉族	87.3	87.5	99.75	102.6	104.5	98.23
	塔吉克族	33.2	33.2	99.94	39.6	41.0	96.55
	乌孜别克族	14.7	14.8	99.77	12.1	12.4	98.00
	俄罗斯族	8.2	13.5	60.80	9.1	15.6	58.48
	保安族	11.6	11.7	99.73	16.4	16.5	99.31
	裕固族	12.2	12.3	99.34	13.5	13.7	98.18
	塔塔尔族	4.9	5.0	97.82	4.7	4.9	96.16
西南广西	藏族	3 296.7	4 593.1	71.78	3 831.0	5 416.0	70.73
	苗族	5 522.8	7 383.6	74.80	6 456.8	8 940.1	72.22
	彝族	6 562.3	6 578.5	99.75	7 686.1	7 762.3	99.02
	壮族	15 269.3	15 555.8	98.16	15 413.1	16 178.8	95.27

续表

地区	民族	1990 世居地	1990 全国	1990 比例(%)	2000 世居地	2000 全国	2000 比例(%)
	布依族	2 533.7	2 548.3	99.43	2 884.8	2 971.5	97.08
	侗族	1 691.6	2 508.6	67.43	1 939.8	2 960.3	65.53
	瑶族	1 531.1	2 137.0	71.65	1 708.2	2 637.4	64.77
	白族	1 472.6	1 598.1	92.15	1 703.0	1 858.1	91.66
	哈尼族	1 250.7	1 254.8	99.67	1 428.2	1 439.7	99.20
	傣族	1 021.0	1 025.4	99.57	1 151.0	1 159.0	99.31
	傈僳族	573.0	574.6	99.72	628.9	634.9	99.05
	佤族	348.8	352.0	99.09	386.3	396.6	97.41
	拉祜族	408.8	411.5	99.34	448.8	453.7	98.91
	水族	344.8	347.1	99.33	398.1	406.9	97.84
	纳西族	275.6	277.8	99.23	306.0	308.8	99.07
	景颇族	119.0	119.3	99.74	130.8	132.1	99.00
	仫佬族	158.6	160.7	98.71	199.1	207.4	96.04
	羌族	197.4	198.3	99.56	303.2	306.1	99.06
	布朗族	82.0	82.4	99.57	90.9	91.9	98.91
	毛南族	71.8	72.4	99.18	105.0	107.2	97.95
	仡佬族	437.3	438.2	99.80	567.4	579.4	97.94
	阿昌族	27.7	27.7	99.76	33.6	33.9	99.02
	普米族	29.5	29.7	99.31	33.1	33.6	98.63
	怒族	27.1	27.2	99.78	28.3	28.8	98.32
	德昂族	15.4	15.5	99.83	17.8	17.9	99.39
	京族	17.6	18.7	94.16	21.3	22.5	94.76
	独龙族	5.7	5.8	98.19	6.2	7.4	83.22
	门巴族	7.4	7.5	99.17	8.6	8.9	96.65
	珞巴族	2.3	2.3	97.76	2.8	3.0	94.06
	基诺族	18.0	18.0	99.68	20.8	20.9	99.41

续表

地区	民族	1990			2000		
		世居地	全国	比例(%)	世居地	全国	比例(%)
中原	土家族	3 587.7	5 725.1	62.67	5 094.2	8 028.1	63.45
	黎族	1 026.7	1 112.5	92.29	1 185.1	1 247.8	94.97
	畲族	633.2	634.7	99.76	662.4	709.6	93.35
	高山族	1.8	2.9	63.05	2.8	4.5	62.83

资料来源：根据历次人口普查资料整理计算。

朝鲜族、满族、鄂温克族、鄂伦春族、达斡尔族、赫哲族（后2个民族是在1953年以后才认定的）等6个民族，在东北的人口比例，在历次普查中一直在下降，特别是满族，1953年，东北满族人口占全部满族人口的比例为83.03%，到2000年，已降至74.1%，下降了近9个百分点。90年代以后，朝鲜族、赫哲族的人口分布变动最为显著，不但表现为在世居地人口比例下降，且世居地的绝对人数也下降。

除满族、锡伯族、蒙古族外，其他5个民族在世居地的人口比例还保持在90%以上。

世居西北的13个民族为回族、维吾尔族、哈萨克族、东乡族、柯尔克孜族、土族、撒拉族、塔吉克族、乌孜别克族、俄罗斯族、保安族、裕固族、塔塔尔族。其中，回族和俄罗斯族比较特殊，回族在全国各地都有广泛的分布。在1953年，西北回族为152万人，占回族总人口的43.18%，2000年，西北回族人口为478万人，占回族总人口的48.69%，总的来说，几十年来，西北回族占回族总人口的比例总在50%以下浮动。俄罗斯族中很大一部分是在俄国十月革命后移入我国的，主要分布在新疆和东北。新中国成立后，又有相当多的人迁到国外。1953年，西北俄罗斯族人口为22 172人，占俄罗斯族人口的97.86%。1953~1964年，由于大量的俄罗斯族人迁出，尤其是西北俄罗斯族人口迁出更多，到1964年，西北俄罗斯族人口锐减至1 210人，占俄罗斯族人口比例亦减至11.71%。1964~1982年，又有相当多的俄罗斯族人口移居国外，也可能由于中苏关系紧张，许多人改报了其他民族成分，全国俄罗斯族人口从1964年的1万多人减少到不到3 000人（1982年），减少了七成以上。但这时期西北的俄罗斯族人口却并没有减少，而是增加了近一倍，所以，在西北的俄罗斯族人口占该民族总人口的比例又上升至92.25%。以后，各地的俄罗斯族人口逐步增加，2000年，俄罗斯族人口在西北的比重为58.48%。

世居地在西北的其他11个民族有两个共同的特点，一是他们聚居的程度非常高，1953年时，这11个民族在西北的人口都占本民族人口总数的98%以上，至今（2000年），除土族外，还占到95%以上。二是在世居地的人口比重在每个时期都在减少。土族从1953年的99.56%减少到91.72%，减少了7.84个百分点，其他民族的比重也不同程度有所减少。

世居地在西南的有藏族、苗族、彝族、壮族、布依族、侗族、瑶族、白族、哈尼族、傣族、傈僳族、佤族、拉祜族、水族、纳西族、景颇族、布朗族、毛南族、仡佬族、阿昌族、普米族、怒族、京族、独龙族、门巴族、珞巴族、基诺族等30个民族。其中，藏族、苗族、瑶族、侗族分布相对分散，藏族人口除在西南外，在西北（青海、甘肃）亦有相当数量。1953年，西南藏族人口数量为205万人，占全部藏族人口的74.6%，2000年为383万人，占藏族人口比重的70.73%。苗族除在西南，在中原地区也有一定数量。西南苗族人口在1953年为207万人，占苗族总人口的83.19%，2000年，西南苗族的人口比重下降至72.22%。瑶族在广东有一定数量的人口，1953年，西南瑶族占全部瑶族人口比重83.68%，2000年，其在西南的人口比重下降至64.77%。侗族在西南的人口比重，1953年为82.67%，2000年下降至65.53%。

西南的其他26个民族，其聚居程度都非常高，在西南的人口一般都占该民族人口的90%以上。其共同的特点是：随时间的不断推移，在人口不断增长的同时，在西南世居地的人口比重不断下降。

列入中南、东南的4个民族中，高山族的世居地在台湾，大陆的高山族散居全国各地。1953年，全国申报为高山族的329人，其中287人在广西大苗山地区，实际上是把自称住在"高山"上的人作为"高山族"来看待，这是误报。1964年，中原地区高山族人口为281人，占全部高山族人口的比重为76.78%，2000年，中原地区高山族的人口为2 803人，比重为62.83%。畲族人口主要集中在浙江、福建一带，在1990年以前，中原地区畲族人口占本民族人口都在99%以上，2000年普查，有几千人在贵州出现，估计是改报民族成分所致。这样，在中原地区的人口比重下降至93.35%。黎族的世居地在广东、海南，2000年，中原地区黎族占黎族总人口的94.97%。土家族人口主要集中在中原的湖北、湖南，2000年，在中原的土家族人口为509万人，占全部土家族人口的63.45%。

从上面的分析我们可以知道，世居地在东北、西北、西南的少数民族，从1953年以来，虽然在世居地的人口在增长，但他们在世居地占本民族人口的比重，大多在下降，进一步可以发现，在中南、东南地区，各个民族的人口比重都在上升，这说明，西部及东北的少数民族正在不断向东南、中南地区扩散。

三 省（区市）民族人口的构成

新中国成立后，各个少数民族人口不断向全国各地区扩散，由此，各民族人口在各地区分布越来越分散，各地区的民族成分越来越多。在1953年，只有蒙古族、满族、回族等三个民族分布在全国29个省区（调整后的1990年区域，共30个地区，但1953年人口普查时，西藏未进行调查，所以未计入内），到1964年则有8个民族在全国各省区都有分布，1982年则增加到18个，1990年又增加了4个，到2000年，则有28个民族在全国各省区都有分布。几十年来，各个民族的居住地都在扩散。以仫佬族为例，1953年，该族人口集中在1个省区，现在每个省区都有。土族、塔吉克、拉祜、裕固、保安等5个民族人口在1953年时只分布在2个省区，现在这些民族的人口分布在26个省区以上。与此同时，各个地区的民族的构成亦越来越复杂。1953年，全国各地区人口组成中，北京的民族成分最多。除汉族外，有36个少数民族（只缺2个民族，第一次普查认定的少数民族有41个，后合并为38个）。排在其后的四川省，有25个少数民族，而河北、海南、宁夏的少数民族成分在10个及10个以下。而到2000年，已有11个省（区市），即北京、广东、江苏、山东、安徽、四川、河南、湖南、云南、广西、贵州的人口中，各个民族的成分齐全，另外，还有6个省区只缺1个民族，民族数最少的宁夏，也有42种少数民族。

表 14—6　　历次普查各省（直辖市、自治区）的少数民族人口

地区	少数民族人口（万人）					占当地人口比重（%）				
	1953	1964	1982	1990	2000	1953	1964	1982	1990	2000
北京市	21.5	28.4	32.2	41.4	58.5	4.29	3.75	3.49	3.83	4.31
天津市	9.4	13.3	16.4	20.3	26.7	2.04	2.12	2.12	2.31	2.71
河北省	46.4	60.1	85.3	240.9	290.3	1.41	1.53	1.61	3.94	4.35
山西省	2.0	4.0	6.4	8.2	10.3	0.14	0.22	0.25	0.29	0.32
内蒙古	111.4	160.5	299.7	416.7	485.8	14.36	13.00	15.55	19.42	20.83
辽宁省	156.1	185.9	291.0	616.6	671.8	7.73	6.90	8.15	15.63	16.06
吉林省	119.3	134.2	183.0	252.5	245.3	10.67	8.57	8.11	10.24	9.15
黑龙江省	96.8	108.7	161.4	199.9	177.2	8.18	5.40	4.94	5.68	4.89
上海市	3.2	4.4	5.0	6.2	10.4	0.29	0.40	0.42	0.47	0.63
江苏省	6.4	8.3	11.1	15.3	26.0	0.17	0.19	0.18	0.23	0.36
浙江省	8.4	10.6	16.2	21.3	39.5	0.37	0.38	0.42	0.51	0.86
安徽省	13.6	15.5	26.2	32.4	39.8	0.44	0.50	0.53	0.58	0.67
福建省	14.2	14.7	25.2	46.7	58.4	1.10	0.88	0.97	1.55	1.71
江西省	0.4	0.9	2.2	10.1	12.6	0.02	0.04	0.07	0.27	0.31
山东省	25.8	29.8	40.8	50.6	63.3	0.52	0.53	0.55	0.60	0.70
河南省	40.4	51.7	80.0	101.0	114.4	0.93	1.03	1.07	1.18	1.25
湖北省	4.1	18.3	177.9	214.1	259.7	0.15	0.54	3.72	3.97	4.36

续表

地区	少数民族人口（万人）					占当地人口比重（%）				
	1953	1964	1982	1990	2000	1953	1964	1982	1990	2000
湖南省	68.0	127.6	220.1	482.4	641.1	2.07	3.43	4.08	7.95	10.13
广东省	5.8	16.2	18.2	35.5	126.9	0.18	0.44	0.34	0.57	1.49
广西	741.4	874.4	1393.6	1657.8	1683.0	37.86	37.69	38.26	39.24	38.38
海南省	37.3	39.5	87.6	111.7	131.4	13.95	11.96	15.45	17.03	17.38
重庆市	—	—	—	—	197.4	—	—	—	—	6.47
四川省	203.6	172.9	366.2	489.0	411.9	3.13	2.54	3.67	4.56	5.00
贵州省	393.9	401.0	742.3	1124.2	1333.6	26.19	23.39	26.00	34.71	37.84
云南省	563.5	640.1	1032.2	1235.8	1415.9	32.89	31.21	31.71	33.42	33.42
西藏	127.4	121.5	180.1	211.5	245.8	100.00	97.07	95.17	96.32	93.94
陕西省	5.6	9.4	13.3	15.6	17.6	0.36	0.45	0.46	0.48	0.50
甘肃省	96.3	95.5	155.5	185.7	219.9	8.66	7.56	7.95	8.30	8.75
青海省	85.4	82.9	153.6	187.8	221.7	50.95	38.65	39.42	42.14	45.97
宁夏	50.5	65.0	124.4	154.9	189.6	33.34	30.86	31.94	33.27	34.56
新疆	445.1	494.9	779.8	946.1	1097.0	93.05	68.07	59.61	62.42	59.43

资料来源：历次人口普查资料。

注：1990年以前的人口是根据1990年的区域调整后的数。

少数民族占当地人口比重较多的地区为西藏、新疆、广西、青海、宁夏、云南等省区。在历次人口普查中，少数民族人口占当地人口的比例都超过了 30%（贵州在 20 世纪 90 年代以后少数民族的人口比例也超过了 30%）。其中，以西藏的少数民族人口占当地人口比重最高，超过了 90%。少数民族人口占当地人口比重较低的地区有山西、上海、江苏、浙江、安徽、江西、山东等省市，这些地区少数民族人口占当地人口的比重都不到 1%。其中以江西、山西的少数民族人口比重最低，1953 年，江西少数民族人口占当地人口的比重只有 0.04%，2000 年为 0.31%；2000 年，山西少数民族人口比重也只有 0.32%。

从 1953 年以来，少数民族人口和占当地人口比例一直在增加的有天津、河北、山西、上海、江苏、浙江、安徽、江西、山东、河南、湖北、湖南、陕西等 13 个省区。

第三节 性别年龄构成

由于民族人口性别、年龄构成的现状，是以往人口自然变动或者加上迁移变动、社会变动等单因素或多因素作用的结果，同时，它们对未来人口的发展规模、速度、类型和趋势也将积极地发挥惯性作用，并能影响它们的特点及其转变的速度。因此，民族人口性别年龄构成如何，也能对各民族人口的现代化、人口与社会、经济、资源、环境的可持续发展，以及民族繁荣发展等，都具有间接性的重要意义。

限于资料，本节只能利用 1982～2000 年有关数据进行分析，但有的民族的性别、年龄构成的特点、问题与转变仍然相当突出。这些都很难用一般人口学理论与常规说得清楚，很可能都与各自的民族因素有关。由于没有进行深入调查，现在还不可能进行具有说服力的解读。

一 性别构成的特点与变化

限于篇幅，只对百万以人口的民族性别比进行比较，而且只选择总人口、出生婴儿、0 岁、65 岁及以上人口性别比，因为从中已经能看出各自的特点和变化（表 14—7）。

表 14—7　　　　1982~2000 年各民族人口性别比的变化　　　　（女 = 100）

民族	总人口 2000	总人口 1982	0 岁 2000	0 岁 1982	≥65 岁 2000	≥65 岁 1982
全国	106.3	105.16	117.79	107.89	89.57	79.8
汉	106.34	105.58	118.55	108.49	89.45	79.71
蒙古	97.86	105.64	107.22	89.36	91.67	118.95
回	103.89	103.39	110.13	102.32	143.55	91.09
藏	99.25	95.77	103.65	103.64	68.94	55.91
维吾尔	103.55	105.13	103.78	106.9	129.87	139.57
苗	108.73	105.18	116.26	101.22	92.9	82.17
彝	105.74	101.89	110.77	102	84.06	76.21
壮	107.66	101.61	122.44	105.82	77.28	68.92
布依	106.27	101.79	114.75	95.27	80.67	63.29
朝鲜	98.96	97.87	106.09	85	61.94	80.55
满	108.04	114.48	113.18	109.45	109.79	129.15
侗	112.41	108.93	125	105.32	100.87	86.47
瑶	116.65	105.42	117.07	107.39	91.06	80.34
白	103.95	100.55	102.52	95.04	89.53	99.69
土家	109.52	108.94	116.63	114.1	101.72	112.9
哈尼	109.32	102.2	113.92	107.93	82.07	63.3
哈萨克	102.81	100.05	105.77	90.42	102.76	134.29
傣	99.79	106.2	102.01	84.82	77.62	186.29
黎	107.86	98.55	116.94	94.63	77.31	64.96

资料来源：①中国 1982 年人口普查 1% 户抽样资料。
②中国 2000 年人口普查资料。

（一）总人口性别比。2000 年各民族总人口性别比在平衡区间（96~100）[①] 的有蒙古、回、藏、彝等 10 个民族，其他满、壮、土家等 8 个民族，均高于平衡区间值，其中低于 100 的有蒙古、朝鲜和傣 3 个民族。

---

① 划分指标，是根据刘长茂主编：《人口结构学》，中国人口出版社 1991 年版，第 14 页。

若再进一步细分，又可以分为两类：

1. 性别比在 96~106，即性别比基本平衡的有蒙古、回、藏、维吾尔、彝等 9 个民族。

2. 性别比大于 106，即性别比失调的有苗、壮、满等 9 个民族，其中特别是侗族和瑶族分别高达 112 和 117，更显得性别比失调。

在 1982~2000 年间，大部分民族性别比进行了不同程度的自我调整。如由基本平衡值向比例失调值转变的有苗、壮、瑶、哈尼和黎 5 个民族；由失调再升高的有土家族；也有由不失调向基本平衡方向转变的有满族。

（二）出生婴儿性别比。只有 2000 年各民族的出生婴儿性别比资料，他们高于国外 103~107[①] 一般水平的有蒙古（109.79）、回（112.44）、维吾尔（114.22）、苗（111.89）、彝（120.07）、壮（110.55）、布依（108.44）、朝鲜（109.54）、满（126.72）、侗（126.76）、白（121.82）、土家（115.96）和傣（112.08）13 个民族，其中有侗、白两个民族高于汉族同年的水平（121.10）；而低于国外一般水平的，也有哈萨克（100.79）、黎（97.55）两个民族；只有藏族（104.68）、瑶族（105.36）和哈尼族（104.95）与国外一般水平相似。

由于出生婴儿是人口性别比的自然基础，也是总人口性别构成变化的起点，其重要性就可想而知了。因此，应该引起各民族、特别是那些相当高的民族的高度重视，应该进行调查研究，弄清其引发的基本原因，采取有效的措施，加快其向良性方向转变。

（三）0 岁人口性别比。国外资料证实，由于生理原因，出生婴儿成长到 0 岁的过程，在正常条件下男婴儿比女婴儿的死亡率一般要高一些，这样到 0 岁时，其性别比应该稍低于出生婴儿性别比，从 2000 年各民族表现来看，按此规律发展的有蒙古、回、藏、维吾尔、彝、朝鲜、满、白和傣 9 个民族；而向相反方向走势的则有苗、壮、布依、侗、瑶、土家、哈尼、哈萨克和黎 9 个民族。

2000 年 0 岁人口性别比明显偏高的有回、苗、彝、壮、布依、满、侗、瑶、土家、哈尼和黎 11 个民族，其中又以壮（122.44）、苗（116.26）、侗（125.00）、土家（116.63）、黎（116.94）等表现得更为

[①] 划分指标，是根据刘长茂主编：《人口结构学》，中国人口出版社 1991 年版，第 27 页。

突出。应该引起这些民族人士的充分关注和认真对待。

1982~2000年的各民族0岁人口性别比，也在不断发生转变。由很低转变为正常值的有朝鲜、白、哈萨克、傣4族；由很低或较低转变为过高值的有蒙古、苗、彝、壮、布依、侗和黎等族，这也应该引起有关民族人士的高度重视，并采取有效的对应措施；当然，只有一直在过高值区间运行的有满、土家等民族，为什么会这样？应该进行调查研究，弄清情况，对症下药。

（四）老年（≥65岁）人口性别比。世界各国和中国的汉族，一般都表现为老年人口性别比偏低，但在中国的各个少数民族，有的表现为大同小异，有的则持大异的面貌。

2000年的百万人口以上民族老年人口性别比偏低的有蒙古、彝、苗等12个民族，其中以朝鲜族（61.94）和藏族（68.94）明显过低，表明其存活的男性老人过少，这可能与他们的生活方式和保健质量等有密切关系，应该引起他们的足够重视；而满、侗、哈萨克等6个民族则出现了与常规相悖的偏高现象，其中又以维吾尔（129.87）和回（143.55）两个穆斯林民族特别偏高，是否男性有特殊的保健和养老秘诀?! 以及是否与妇女地位低下和生育孩子过早、过密、过多有关?! 很值得进一步调查研究。

1982~2000年，各民族的老年人口性别比发生了某些变化：第一，有的民族由偏高或过高转为正常值的有蒙古族和傣族；第二，过高的态势稍有下降或大有下降的有维吾尔、满、土家和哈萨克4族；第三，由正常转变为偏高的有白族和侗族都有同样的表现。为什么会发生以上三种类型的转变呢?! 也是我们还未弄清楚，是今后应该研究的问题。

二 各民族人口年龄构成的特点与良性转变

1982~2000年百万人口以上民族人口的年龄构成仍然具有自己的特点，虽然都在转变，但转变的速度很不相同：有的很慢，有的则快得超出人们预料，进而影响到他们未来人口的发展速度和规模等的极大差异（见表14—8）。

（一）具有三种类型的年龄构成

1. 老年型。在18个百万人口以上转变得最快的要算朝鲜族，已由

表 14—8　　　　1982～2000 年各民族人口年龄构成的良性转变　　　　（单位：%）

民族	0～14 岁 2000	0～14 岁 1982	65 岁及以上 2000	65 岁及以上 1982	老少比 2000	老少比 1982	年龄中位数（岁）2000	年龄中位数（岁）1982
全国	22.9	33.59	7.1	4.75	31.06	14.14	30.8	22.9
汉	22.46	33.19	7.25	4.77	32.38	14.37	31.2	22.9
蒙古	27.03	39.43	3.96	3.41	14.64	8.65	26.7	19
回	27.32	36.67	5.7	4.18	20.86	11.4	27.8	18.7
藏	30.99	39.66	5.11	4.79	16.5	12.08	24.4	19.8
维吾尔	32.97	40.34	4.77	5.21	14.45	12.92	22.8	19.7
苗	29.8	42.38	5.42	4.17	18.19	9.84	28.3	18.8
彝	30.27	42.19	4.79	3.9	15.82	9.24	25.2	18.9
壮	24.45	39.86	6.8	4.92	27.81	12.66	28.2	19.5
布依	30.87	39.69	5.66	5.09	18.34	12.82	26	19.4
朝鲜	15.79	28.36	7.02	4.12	44.39	15.53	35.7	24.3
满	23.99	33.94	5.64	4.58	23.5	13.49	30.6	21.3
侗	27.78	38.64	6.18	4.54	22.27	11.75	28.1	19.4
瑶	27.01	40.39	5.51	4.44	20.4	10.99	26.3	18.9
白	27.31	38.78	6.23	4.48	22.7	11.55	27.3	19.4
土家	26.27	37.52	6.61	4.63	5.07	12.34	29.1	19.7
哈尼	27.81	42.58	4.67	3.45	16.79	8.1	25.8	18
哈萨克	30.8	47.35	2.93	2.97	9.53	6.27	22.7	16.2
傣	26.88	37.4	5.41	4.38	20.13	11.71	27.3	19.7
黎	31.09	44.18	4.77	3.99	15.31	9.03	22.7	17.3

资料来源：根据 1982 年、2000 年人口普查机器汇总资料编制。

1982年的高层次年轻型飞快地与汉族一道率先实现全方位的老年型，但比汉族的程度还要更甚一些，因为到2000年的少年儿童系数已骤降至15.79%，不仅比1982年下降了约14个百分点，而且比汉族还低6个百分点，也比发达国家（2000年）的19%低3个百分点，更比相对最高的黎族（31.09%）低15个百分点，这将使未来结婚人群和出生婴儿的规模，大大缩小，并将走上人口萎缩态势；老年（≥65）人口系数则提高到7.02%，虽已超过国际通用老年型指数，但由于朝鲜族老年人口死亡率高于其他民族，与它的人口转变速度相比，还未达到应有的更高水平，发生朝鲜族老年系数比汉族平均水平还低0.23个百分点的现象，并非偶然，不过朝鲜族将面临加大对老年人的照顾、赡养和医疗费用的支付等问题；年龄中位数已提高到35.7岁，不仅超过汉族的4.5岁，比相对最低的维吾尔族高12.5岁，而且比1982年飞快地提高了11.4岁，比汉族提高的8.3岁尤甚，更比维吾尔族提高的3.1岁快了许多。

朝鲜族人口年龄构成转变最快的时间不在20世纪80年代，而是在20世纪90年代期间（表14—9）。

表14—9　　　　　中国朝鲜族人口年龄构成的转变　　　　　（单位：%）

民族	0~14岁			≥65岁			老少比			年龄中位数（岁）		
	2000	1990	1982	2000	1990	1982	2000	1990	1982	2000	1990	1982
全国	22.90	27.69	33.59	7.10	5.57	4.75	31.06	20.12	14.14	30.8	25.3	22.9
汉族	22.46	27.13	33.19	7.25	5.67	4.77	32.38	20.90	14.37	31.2	25.5	22.9
朝鲜族	15.79	24.74	28.36	7.02	4.59	4.12	44.39	18.55	15.53	35.7	27.7	24.3

资料来源：根据上述三次人口普查资料计算。

20世纪80年代的朝鲜族少年儿童系数只下降了3.62个百分点，比汉族的6.06个百分点还低，但20世纪90年代却大幅度地下降了8.95个百分点，不仅比汉族的4.67个百分点加快了91.65%，而且比本身前一个年代更加快了147.24%；20世纪80年代的年龄中位数提升了3.4岁，仅比汉族提升的2.6岁多0.8岁，但进入20世纪90年代骤然大幅度提升8.0岁，不仅比汉族提升的5.7岁高40.35%，而且更比本民族上一年代升幅高135.29%。这些都是出生婴儿数量与人口出生率大幅度下滑的必然结果。

2000年的朝鲜族人口老年型，由他们的人口金字塔显示和更为清晰（图14—2）。

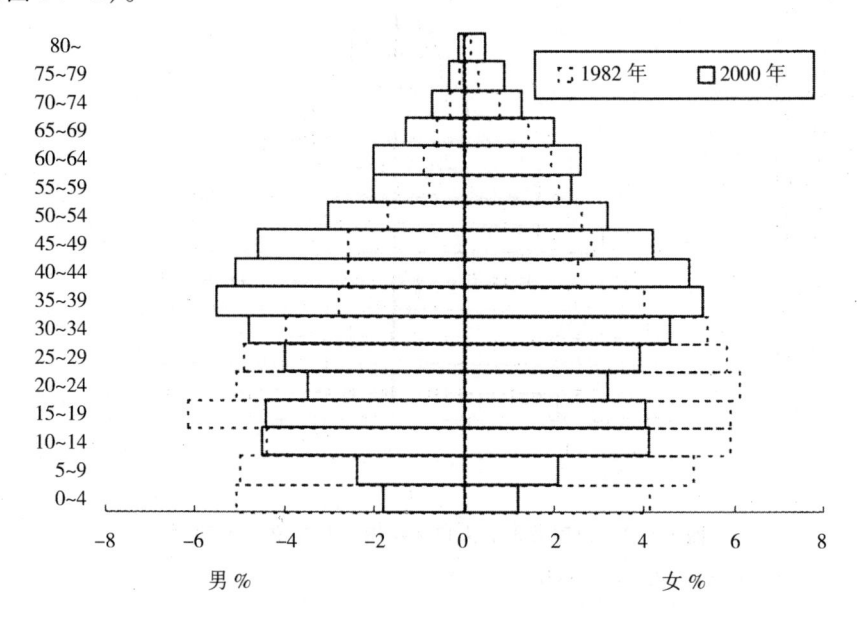

图14—2 中国朝鲜族人口年龄金字塔（1982年、2000年）

资料来源：根据1982年、2000年人口普查资料编制。

此图不仅是1982~2000年的塔形转变为老年型图塔形的直观反映，而且从发展趋势来看将面临人口缩减的态势。

2. 接近成年型。与国际通用指标对照，蒙古、回、满等民族的年龄构成，2000年已转变为向成年型靠近的类型，但还有一些指标有较大或较小的距离，仍须在降低人口出生率方面加大努力。在1982~2000年期间，他们的年龄构成也进行了较大的转变，如蒙古族和满族的少年儿童系数分别下降了12.4个和9.95个百分点，都已超过了成年型指标的下限值；不过蒙古族的老年系数则仅由3.41%上升为3.96%，接近国际通用指标（4%~7%）的下限值；蒙古族的年龄中位数仅由19岁上升为26.7岁，还与国际通用指标的底线差近4岁，而满族则由21.3岁提高到30.6岁，已达到国际通用标准的下限值。这样，他们的育龄妇女规模和生育趋势，仍有相当大的潜能，适龄劳动人群的走势仍很旺盛，从年龄金字塔塔形的显示更为直观（图14—3）。

3. 年轻型。以维吾尔、藏、彝、哈萨克、哈尼、布依、苗、黎等民

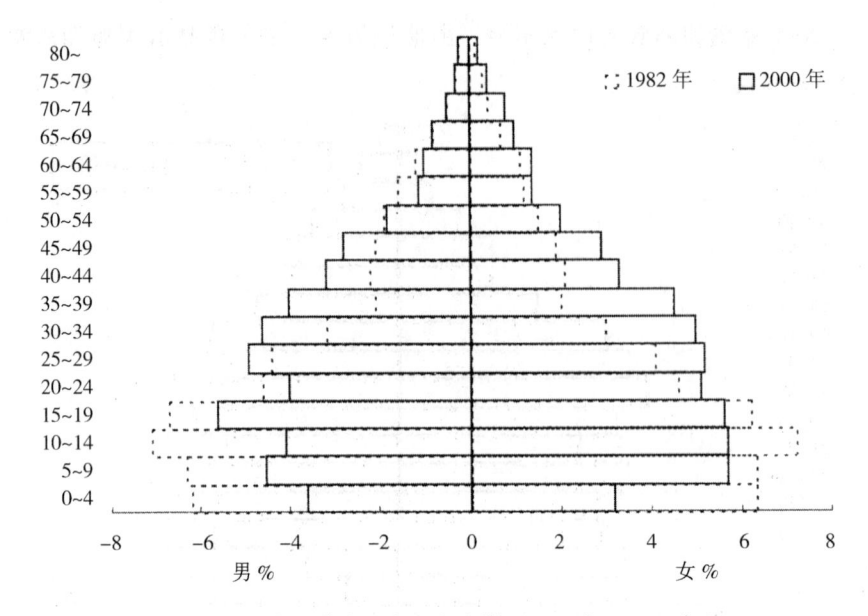

图 14—3　中国蒙古族人口金字塔（1982年、2000年）

资料来源：1982年、2000年人口普查资料。

族表现得较为典型。虽然，他们也在不停地转变，即2000年比1982年都有了不同的进步，不过与上述1、2类民族相比，转变得要慢一些，因为他们的少年儿童都还在30%左右，老年系数一般还在5%左右，甚至哈萨克族还低于3%；年龄中位数一般都在25岁左右，甚至维吾尔族和哈萨克族仅为22岁多。因此，这些民族未来的育龄妇女人群和活产婴儿规模还将相当的大，人口的增长势头不仅相当猛烈，而且持续的时间还将相当的长，人口对经济、社会、资源、环境的压力绝不可轻视。我们从维吾尔族年龄金字塔可以看出他们以往的缓慢变化和增长型塔形（图14—4）。

（二）抚养比的变化

从20世纪80年代初开始，全国各个民族根据地区和民族实际，逐步地开展计划生育。由于生育率的不断降低，大多数家庭的孩子逐渐减少，相应的少年儿童抚养比也逐渐减轻，特别是年轻型人口的民族，在少年儿童抚养比降低的同时，老年抚养比也明显下降。当然，不论哪种类型的民族，总抚养比都在明显地降低，这有利于提高民族家庭的生活质量和人口素质，是推进民族繁荣发展进程的不可或缺的一个重要条件（表14—10）：

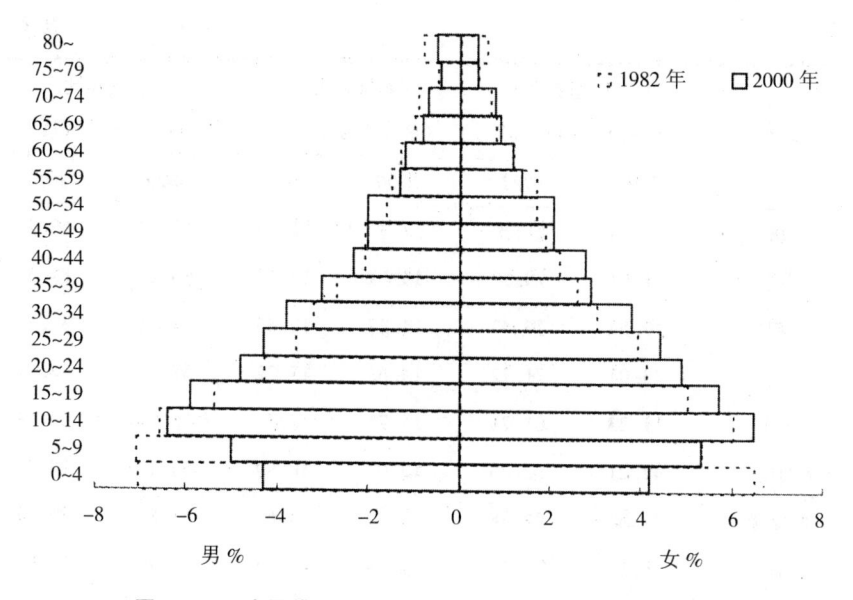

图 14—4　中国维吾尔族人口金字塔（1982 年、2000 年）

资料来源：1982 年、2000 年人口普查资料。

表 14—10　1982～2000 年中国百万人口以上民族的抚养比变化　（单位:%）

民族	少年儿童抚养比 (0~14)/(15~59) 2000	1982	老年抚养比 (60+)/(15~59) 2000	1982	总抚养比 (0~14)+(60+)/(15~59) 2000	1982
全国	32.88	57.12	15.67	12.92	47.55	70.04
汉	33.4	56.14	15.88	13.01	49.28	69.15
蒙古	40.6	71.51	9.59	9.85	50.19	81.36
回	42.69	64.46	13.47	11.32	56.19	75.78
藏	47.89	75.17	6.65	14.37	54.54	89.54
维吾尔	55.4	77.91	12.65	15.22	68.05	93.13
苗	48.77	82.58	13.52	12.28	62.29	94.86
彝	48.74	81.81	12.3	12.1	61.04	93.91
壮	37.32	72.43	15.41	13.96	52.66	86.39
布依	51.32	75.43	14.97	14.61	66.29	90.04
朝鲜	21.79	43.75	15.79	10.5	37.58	54.25

续表

民族	少年儿童抚养比 (0~14)/(15~59) 2000	1982	老年抚养比 (60+)/(15~59) 2000	1982	总抚养比 (0~14)+(60+)/(15~59) 2000	1982
满	35.44	57.56	12.3	12.04	47.74	69.6
侗	44.51	70.83	15.69	12.48	60.2	83.31
瑶	40.54	76.47	14.27	12.85	54.81	89.32
白	43.07	71.72	14.63	13.22	57.7	84.94
土家	41.23	67.74	15.71	12.8	56.94	80.54
哈尼	42.21	82.26	12.02	10.94	54.23	93.2
哈萨克	47.83	98.48	7.49	9.5	55.32	107.98
傣	41.31	67.17	12.39	12.43	53.7	79.6
黎	50.51	89.02	11.94	12.47	62.45	101.49

资料来源：根据1982年、2000年人口普查机器汇总资料编制

表14—10总抚养比较为突出的有以下几个民族：

1. 朝鲜族。由于从20世纪70年代初便自动地与汉族同步开展计划生育，而且成效较汉族更加突出，因为总和生育率从1974年开始便降至生育更替水平以下（1.89），以后的20多年持续下降，导致少年儿童抚养比便节节降低，到2000年已低至21.79%，不仅是各个少数民族的最低者，更比同年的汉族（33.40%）低11.61个百分点；但随着人口老年化的到来，相应地老年抚养比也在不断攀升，到2000年已升至15.79%，仍然居于各少数民族的首位，不过稍低于汉族（15.88%）水平；最为明显的是，总抚养比值最低，2000年已降为37.58%，位于全国56个民族之冠，这已成为提高朝鲜族每个家庭生活质量的有利因素，也是导致全体朝鲜族人口文化素质居于各民族之首的重要原因。当然，也是相互促进、相互推动的良好范例。

2. 满族的少年儿童和总抚养比之低，仅次于朝鲜族，而居于表14—10中的第2位，已经成为提高全民族的人口素质和家庭生活质量的明显受益者。

3. 哈萨克族的突出表现，是在1982~2000年期间的抚养比下降幅度

最大者，如少年儿童抚养比下降了 50.65 个百分点，总抚养比下降了 52.66 个百分点。不过由于起点很低，以致到 2000 年这二者的抚养比，仍然相当的高，尚需在继续维持低生育率水平方面努力。

4. 维吾尔族。虽然抚养比也在不断下降，但与其他民族相比，到 2000 年仍然是表 14—10 中少年儿童抚养比和总抚养比值的最高者，对于提高维吾尔族的人口素质和家庭生活质量的消极影响不可低估，表明维持低生育率水平的任务还不能松懈。

第四节 婚姻、家庭

婚姻、家庭是一种社会历史现象，它随着社会的发展而发展。新中国成立前或者民主改革前，由于中国的少数民族存在着多种多样的社会、经济类型和传统文化，反映到婚姻、家庭方面，便形态万千、多彩多姿。而且，各种各样的婚姻、家庭都不同程度地起着推动各民族人口发展的作用。当然，用现代科学观点去分析，有的也有一定的消极作用。

一 婚姻

（一）少数民族婚姻种类

主要介绍几种婚姻、家庭形式的特点与变化

第一，走访婚，也叫"阿注婚"（普米语）或"阿肖婚"（摩梭人语），为朋友或伴侣之意。当男女长到 13 岁，举行成人仪式后，便可以结交"阿肖"，经女方同意，男子傍晚即去女方家同宿，次日早晨离开。与走访阿肖婚姻适应的"家庭"形态，纯由母系血亲组成，称母系亲族，或者叫母系家庭[①]。

在云南省宁蒗县泸沽湖周围居住的纳西族（摩梭人）、普米族和蒙古族地区，除流行走访阿肖婚外，同居阿肖与正式结为夫妻也有一定比例。

据调查，1956 年民主改革时，永宁区一部分村落 18 岁以上成年男女实行"走访婚"的人数占同龄人口的 73.5%，而 1987 年 15 岁以上男女

[①] 严汝娴：《中国少数民族婚姻家庭》，中国妇女出版社 1986 年版。

合计实行"走访婚"的人数则占同龄人口的29.5%①。

"走访婚"妇女的总和生育率为2.84，比一夫一妻（含同居阿肖）婚的3.98为低（1986年）。

第二，多偶婚制。直到1949年中华人民共和国成立时，汉族和各少数民族的婚姻、家庭以一夫一妻制为主，但同时也还存在着一夫多妻，或者一妻多夫的婚姻、家庭形式。

一妻多夫婚残存在藏族、门巴族和珞巴族地区，据推算"西藏东部占15%，北部占50%"②；1983年四川甘孜县来马公社和新龙县沙堆公社的一妻多夫婚分别占8.4%和23.3%③；1988年西藏的"15岁及以上已婚人口中，有两个以上配偶的占3.0%，其中一妻多夫婚占88.1%，一妻多夫占15岁及以上已婚妇女的5.15%"④；又据20世纪90年代中期的一些农村的婚姻调查资料显示："最近10年来，多夫、多妻家庭在农村有逐渐回升之势，如贡嘎县吉德秀镇某村的一妻多夫家庭占该村总户数的10%左右；江孜县班觉伦布村一夫多妻占4.42%，一妻多夫家庭占9.73%。"⑤

第三，内婚制。由于受政治、社会、宗教、地域封闭等因素的影响，有的民族实行民族内婚，或者实行宗教内婚，有的则实行等级内婚，这样便容易导致近血缘通婚。据调查，1985年新疆维吾尔族的近亲婚配率为16.35%，塔吉克族为18.87%，乌孜别克族为19.84%，柯尔克孜族和回族分别为17.10%和15.34%；贵州的苗族和布依族分别为27.55%和32.79%，侗族和彝族分别为20.45%和26.63%，水族和瑶族分别为27.91%和27.91%。⑥其引发的后果是，不仅影响其后代的智力低下，而且流产率、死产率和畸形胎儿等都比随机婚配者高得多。

第四，不落夫家（或称暂住娘家）婚，在旧中国南方十多个民族中流行，其中以布依族保存得比较完整。据1990年调查，青年男女（个别的不到10岁）举行"办酒"（即结婚）仪式后，夫妻不能同宿，女方即

---

① 张天路：《民族人口学》，中国人口出版社1998年版。
② 转引自张天路：《民族人口学》，中国人口出版社1998年版，第201页。
③ 《民族学研究》（第七辑），民族出版社1984年版。
④ 常崇煊：《中国生育节育抽样调查论文集》，人口动态编辑部，1991年。
⑤ 《民族研究》，1999年第3期。
⑥ 转引自张天路：《民族人口学》，中国人口出版社1998年版，第181页。

返回娘家居住几年①后，由男方主动设法让女方留住男家同宿。这种婚姻的好处是：由于多为父母包"办酒"后，男女双方还可以通过"赶表"（当地赶场集日的公开谈情活动）另选配偶；推迟妇女初育年龄。当然，由于通婚距离较短，容易导致近亲通婚；由于"办酒"仪式不通过结婚登记，结婚年龄往往低于法定婚龄。

第五，民族通婚。又称为民族外婚或异族通婚。过去一直没有这方面的定量研究，直到1990年后才对人口普查资料进行开发后发现，民族通婚比例最高的为满（65.13%）、蒙古（52.21%）和土家（49.23%）3族；相对最低的为维吾尔（0.99%）、哈萨克（7.54%）和朝鲜（11.12%）3族。②随着市场经济的深入发展和各民族间来往的频繁，民族通婚比例将会与日俱增。

民族通婚的优点在于：在新中国民族政策向少数民族倾斜的情况下，其子女多填报少数民族成分，或人数较少的民族成分，这有利于少数民族人口数量的增长；由于民族通婚是绝对的远血缘婚姻，有利于后代智力和体质的提高。

由于婚姻是生育行为的基础和前提，因此，分析各民族人口的婚姻状况，特别是妇女婚姻状况的特点与问题，不仅对于提高计划生育工作质量有直接作用，而且还能对优生、优育与提高人口生活质量起着不容忽视的作用。

各民族妇女的婚姻状况、特点和问题，既受经济、教育、宗教、传统文化和风俗习惯等因素的制约和影响，又对这些因素具有某种程度的反弹力。

（二）各民族妇女婚姻状况的变化

1. 1982~2000年各民族妇女婚姻状况的变化。在两个人口普查年时点的各民族婚姻构成都在发生不断的变化。

不论全国、汉族和绝大部分的未婚比都发生了不同程度的下降，但也有藏族、维吾尔族和瑶族有所升高（表14—11）：

---

① 转引自张天路：《民族人口学》，中国人口出版社1998年版，第213~217页。
② 黄荣清：《中国各民族人口的增长——分析与预测》，北京经济学院出版社1995年版，表3—5。

表 14—11　1982 年、2000 年百万人口以上民族妇女婚姻状况的变化

(单位:%)

民族	未婚 1982	未婚 2000	有偶 1982	有偶 2000	丧偶 1982	丧偶 2000	离婚 1982	离婚 2000
全国	24.22	16.72	65.52	74.83	10	7.78	0.93	0.68
汉	24.3	16.49	65.51	75.08	10	7.79	0.19	0.64
蒙古	30.89	21.33	60.75	72.07	8.01	5.87	0.36	0.73
回	25.46	18.39	65.72	73.75	8.28	6.6	0.54	1.26
藏	14.09	27.94	76.71	58.2	7.64	10.47	1.55	3.38
维吾尔	13.12	20.68	70.92	67.96	10.65	6.9	5.4	4.46
苗	21.02	15.98	69.46	76.41	9.24	7.26	0.25	0.33
彝	24.11	17.95	67.89	73.17	11.18	8.34	0.53	0.54
壮	24.92	21.09	63.55	69.68	11.32	8.85	0.22	0.38
布依	28.81	16.65	66.07	74.78	10.42	8.2	0.2	0.37
朝鲜	25.64	17.92	62.65	68.73	11.1	10.84	0.6	2.51
满	30.84	18.37	61.73	74.95	7.13	5.7	0.3	0.91
侗	23.04	15.88	66.44	76.3	10.35	7.37	0.17	0.45
瑶	21.58	21.88	67.68	70.14	10.13	7.9	0.63	0.38
白	24.32	17.87	65.09	74.28	9.65	7.15	0.93	0.75
土家	25.6	14.38	63.91	77.6	9.91	7.65	0.58	0.41
哈尼	19.26	15.19	68.07	75.85	10.37	8.21	2.3	0.75
哈萨克	—	32.31	—	60.23	—	6.8	—	0.63
傣	—	17.64	—	73.28	—	7.72	—	1.37
黎	—	25.23	—	66.49	—	7.93	—	0.35

资料来源:(1) 1982 年为当年 100% 人口普查资料,其中藏族婚姻状况,未含西藏妇女 (因没有对婚姻普查)。
(2) 2000 年为当年人口普查 10% 抽样资料。(中国 2000 年人口普查资料,中国统计出版社 2002 年版)

到 2000 年未婚比相对较高的为信仰伊斯兰教的哈萨克族（32.31%）和信仰藏传佛教的藏族（27.95%），其次为分布在亚热带地区的黎族（25.22%），他们分别比全国平均水平（16.72%）高 15.59 个、11.23 个和 8.5 个百分点，当然高于全国平均水平的还有蒙古、回、维吾尔、彝、壮、满、瑶、白和傣 9 个民族；当然，也有很低的，如朝鲜族（13.92%）、哈尼族（15.18%）、侗族（15.88%）和满族（15.98%）。

1982~2000 年，各民族的有配偶比，普遍都有所提高，但是藏族和维吾尔族例外，却分别下降了 18.47 个和 2.95 个百分点。到 2000 年时有偶比高于全国平均水平的有苗、满、侗、土家和哈尼 5 个民族；有偶比最低的为藏族和哈萨克族，仅分别为 58.24% 和 57.75%。

1982~2000 年，各民族的离婚比普遍有所上升，但也有维吾尔、土家和哈尼 3 个民族在下降。到 2000 年时离婚比较高的为藏族、维吾尔族、朝鲜族和傣族。

1982~1990 年全国妇女未婚比下降了 3.12 个百分点，而各少数民族则表现为 8 个民族上升，7 个民族下降，其中降幅最大的为满族和朝鲜族，分别下降了 8.17 个和 7.18 个百分点。

1990~2000 年全国妇女未婚比进一步降低了 4.38 个百分点，而各少数民族则除了维吾尔族升高 4.4 个百分点外，其他 17 个民族都在下降，其中降幅最大的为土家族、侗族、布依族和彝族，分别降低了 12.30 个、8.75 个、8.43 个和 7.98 个百分点。

2. 有配偶比率的变化。在最近 3 次人口普查年度的有配偶比率大部分民族表现为逐年升高（表 14—12）：

表 14—12　　　　各民族妇女有配偶比率的变化　　　　（单位:%）

民族	1982 年	1990 年	2000 年 初婚	2000 年 再婚	2000 年 合计
全国	65.52	70.03	72.5	2.33	74.83
汉	65.53	72.71	72.87	2.21	75.08
蒙古	60.75	65.93	69.81	2.26	72.07
回	65.72	70.67	71.1	2.65	73.75
藏	76.71	57.15	56.42	1.78	58.2

续表

民族	1982年	1990年	2000年 初婚	2000年 再婚	2000年 合计
维吾尔	70.92	69.36	50.96	17	67.96
苗	69.46	68.36	73.69	2.73	76.41
彝	67.89	68.56	70.71	2.46	73.17
壮	63.55	66.78	68.01	1.67	69.68
布依	66.07	65.86	72.58	2.2	74.78
朝鲜	62.65	69.55	64.76	3.97	68.73
满	61.73	71.48	72.29	2.66	74.95
侗	66.44	67.83	73.47	2.83	76.3
瑶	67.68	68.19	67.58	2.56	70.14
白	65.09	66.54	71.67	2.61	74.28
土家	63.91	65.67	74.58	3.02	77.6
哈尼	68.07	72.48	69.62	6.23	75.85
哈萨克	—	55.97	58.62	1.65	60.27
傣	—	70.99	68.06	5.22	73.28
黎	—	65	64.6	1.89	66.49

资料来源：根据3、4、5次全国人口普查抽样资料编制。

注：1982年藏族未包括西藏（因当年西藏未普查婚姻项目）。

全国由1982年的65.52%，上升为1990年的70.03%，到2000年更上升为74.83%，蒙古、回、彝、满、侗、傣、黎、壮、瑶、白、土家、哈尼、哈萨克等13个民族均有同样的走势；有的民族表现为曲折升高，如苗族和布依族表现为，经过降低后再度升高；有的民族则表现为，经过升高后再有所下调，朝鲜族即属于此类；有的民族还表现为由高降低和再度降低，信仰伊斯兰教的维吾尔族正是如此。

不过，从2000年各民族妇女有配偶比率的初婚和再婚构成中反映出某些特点，如全国的再婚份额仅为2.33%，汉族更低仅为2.21%，而藏、壮、哈萨克和黎4族都低于此值，特别是哈萨克族和壮族更低至1.65%和1.67%，表明她们再婚的可能和机会太少；当然，绝大部分民族妇女的再婚比率都比全国和汉族为高,其中特别是傣、哈尼和维吾尔 3 族更高一些,分别达到 5.22%、6.23% 和 17.00%,表明她们能享受到更多的再婚机遇和再度过上男欢女爱的幸福生活。

(三) 各民族妇女平均初婚年龄的变化

1. 几个民族妇女平均初婚年龄的提高。1950~2000 年的 50 年间维吾尔族等平均初婚年龄由低到高发生了相当大的变化(表 14—13):

表 14—13　　1950 年以来几个民族妇女平均初婚年龄的变化　　(单位:岁)

民族	1950	1955	1960	1965	1970	1975	1980	1985	2000
维吾尔(墨玉县)	14.5	14.5	15	14.8	14.6	15.3	16.3	(17.3)	18.9
维吾尔(乌鲁木齐市)	16.9	17.0	17.5	20.0	20.4	20.4	21.9	(23.0)	—
仡佬	18.8	19.6	20.0	20.1	20.2	20.9	21.7	21.6	21.3
土家	18.9	19.1	19.2	19.3	20.0	21.2	21.8	21.3	21.6
傣	19.3	19.4	18.3	18.6	18.8	18.7	18.9	20.2	20.4
基诺	19.6	21.1	19.2	19.6	18.1	18.8	19.3	19.3	20.4
布朗	20.3	18.8	20.3	18.8	18.7	18.8	19.5	19.5	20.9
佤	18.5	18.7	18.6	18.7	18.0	19.5	19.8	19.5	20.3
羌	19.1	19.8	20.6	20.6	19.5	20.6	21.5	21.3	20.9

资料来源:1950~1985 年来自《八个少数民族妇女婚育情况抽样资料汇编》,《人口动态专刊》,1989 年;2000 年是根据当年人口普查抽样资料计算的数据。

注:( )内为 1984 年数。

1950 年时除了维吾尔族(新疆墨玉县)妇女平均初婚年龄最低外,其他几个民族妇女的平均初婚年龄都在 19 岁左右。上表反映出几个特点:

第一,维吾尔族妇女的平均初婚年龄始终表现为城市高于农村,而且二者之间的差距愈来愈大。

第二,1950~2000 年间,各民族妇女平均初婚年龄都有所提高,但提高的幅度有大有小:如维吾尔族(墨玉)提高幅度最大,50 年间提高了 4.4 岁,平均每 10 年提高 0.88 岁;以布朗族提高幅度最小,50 年间提高 0.6 岁,平均每 10 年只提高 0.12 岁。

第三,2000 年时各民族妇女的平均初婚年龄比较接近,但有一定的差距,最低维吾尔族与相对较高的土家族,相差 2.7 岁。

2. 百万人口以上民族妇女平均初婚年龄的变化。在 1990 年与 2000 年期间，各民族妇女平均初婚年龄发生了程度不等的变化（表 14—14）：

表 14—14　　　　　1990 年、2000 年百万人口以上民族
妇女平均初婚年龄的变化　　　　（单位：岁）

民族	1990 年	2000 年	民族	1990 年	2000 年
汉	21.14	21.8	满	22.17	21.8
蒙古	22.54	21.76	侗	21.72	21.5
回	21.74	21.27	瑶	21.72	21.51
藏	23.81	22.08	白	22.09	21.42
维吾尔	19.54	18.91	土家	22.37	21.61
苗	21.41	20.75	哈尼	20.04	20.15
彝	20.92	20.86	哈萨克	23.58	21.62
壮	22.26	22.13	傣	20.87	20.38
布依	22.44	22.03	黎	22.04	21.37
朝鲜	22.74	22.39			

资料来源：（1）根据 1990 年全国人口普查 100% 资料编制。

（2）根据 2000 年全国人口普查 1% 抽样资料编制。

表 14—14 中的数据反映出以下几个特点：

第一，2000 年与 1990 年相比的妇女平均初婚年龄，降低的多，上升的少。除哈尼族妇女平均初婚年龄仅提高 0.11 岁以外，其余 17 个少数民族都有所降低，降幅最大的为哈萨克族和藏族，分别下降了 1.96 岁和 1.73 岁。

第二，1990 年的妇女平均初婚年龄高于汉族水平（21.14 岁）的有蒙古、回、藏、苗、壮、布依、朝鲜、满、侗、瑶、土家、哈萨克和黎 13 个民族；而到 2000 年时高于汉族（21.80 岁）的转变为只有藏、壮、布依和朝鲜 4 个民族。

第三，2000 年时的妇女平均初婚年龄相对较高的为朝鲜族（22.39 岁）和藏族（22.08 岁）；相对最低的为维吾尔族（18.9 岁）和哈尼族（20.15 岁）。

（四）早婚状况的变化

新中国成立后许多民族学和人口学的论文和专著，对各少数民族妇女的早婚情况都曾有涉及，有的民族受宗教影响，如"在西北一些地区，回民较集中，伊斯兰教较盛行的地方，按照伊斯兰教的规定：女子九岁、男子十二岁为'出幼'（即离开了幼年，进入成年期），之后即可结婚，因而早婚现象较为盛行，一般女孩十三四岁结婚"[1]；东乡族女孩13～17岁结婚[2]；保安族女孩15岁结婚[3]；维吾尔族个别地方的女孩14岁结婚[4]；塔吉克族女孩十三四岁结婚[5]。另外，有的民族地区流行"成人典礼"，如分布在云南、四川两省交界的泸沽湖周围地区的纳西（摩梭人）、普米等民族的男女青年，"按习惯，十三岁举行成人仪式后，就可以找'阿肖'，……偶居"[6]；海南黎族的某些地区，过去当女孩长到十二三岁时，家长就在大房子的旁边修建"隆闺"（寮房），接待男青年来访，……当时十二三岁结婚的可谓比比皆是[7]；拉祜族习惯早婚，结婚年龄一般在十五六岁[8]；坳瑶女孩有九岁就结婚的，一般十四岁左右结婚[9]。

新中国成立后，随着新的民族政策和民族人口政策（包括婚姻政策）的深入贯彻，以及各民族的社会、经济、教育、城镇化等的发展，各民族妇女的早婚状况也在不断地变化（表14—15）：

表14—15　　　　几个民族妇女19岁及以下初婚率的变化　　　　（单位：%）

民族	年龄组	1950年	1960年	1970年	1980年	1985年
维吾尔族 （墨玉县）	<10	8.6	2.4	3.9	—	—
	10～14	13.4	10.0	13.7	7.9	25.6
	15～19	5.2	7.7	9.4	15.4	14.2

---

[1] 严汝娴：《中国少数民族婚姻家庭》，中国妇女出版社1986年版，第81页。
[2] 同上书，第92页。
[3] 同上书，第120页。
[4] 同上书，第135页。
[5] 同上书，第168页。
[6] 同上书，第334页。
[7] 同上书，第530页。
[8] 同上书，第308页。
[9] 同上书，第484页。

续表

民族	年龄组	1950年	1960年	1970年	1980年	1985年
维吾尔族（乌市）	<10	1.2	—	—	—	—
	10~14	4.1	1.5	0.6	0.1	—
	15~19	11.3	11.7	8.7	2.6	2.3
仡佬族（贵州）	<10	—	0.8	—	—	—
	10~14	2.4	0.6	0.5	—	—
	15~19	13.4	9.3	8.2	2.9	1.5
土家族（湘西）	<10	—	—	—	—	—
	10~14	0.9	0.4	0.2	—	—
	15~19	12.6	14.4	9.0	3.7	2.9
羌族（四川）	<10	—	—	0.7	—	—
	10~14	1.0	0.2	0.6	0.1	—
	15~19	17.9	11.1	13.8	5.0	7.9
傣族（云南）	<10	—	—	0.4	—	—
	10~14	1.3	0.8	0.3	0.6	—
	15~19	13.5	16.1	14.6	9.8	8.0
布朗族（云南）	<10	—	1.2	1.8	—	—
	10~14	0.7	1.1	2.2	1.9	0.4
	15~19	9.4	12.5	16.4	13.3	9.9
基诺族（云南）	<10	—	—	2.9	—	—
	10~14	2.2	1.6	2.9	0.3	1.3
	15~19	7.3	12.6	14.8	13.4	13.0
佤族（云南）	<10	0.8	—	—	—	—
	10~14	2.1	3.2	1.5	0.5	—
	15~19	12.1	15.2	10.9	11.2	10.2

资料来源：根据《八个少数民族妇女婚育情况抽样资料汇编》资料编制（《人口动态专刊》，1989年）。

对表 14—15 的几点分析：

第一，10 岁及以下妇女初婚率，只在维吾尔、仡佬、羌、布朗、基诺和佤 6 个民族中出现，其中有的民族只发生在个别年度，而且 1970 年都为终止年。

第二，几个民族 10～14 岁妇女都有初婚率记载，但各个民族终止的时间有早有晚：维吾尔族农村一直坚持到 1985 年，而城市维吾尔族则截止于 1980 年；仡佬族和土家族都同时截止于 1970 年；傣族和佤族则延长至 1980 年；而布朗族和佤族则贯穿始终。

第三，各民族 15～19 岁妇女，从 1950～1985 年的初婚事实都连续不断，所不同的是：其一，各个民族妇女初婚率有高低之分，以 1985 年为例，较高的为维吾尔族（墨玉）、基诺族和佤族，分别为 14.2%、13.0% 和 10.2%；最低的为仡佬族和乌鲁木齐市的维吾尔族，分别为 1.5% 和 2.3%；其二，各民族妇女初婚率的纵向变化不同，如 1950～1985 年的贵州仡佬族、湘西土家族、乌市维吾尔族和四川羌族都呈下降走势；而墨玉县的维吾尔族、云南的布朗族、基诺族和佤族，有的表现为有所升高，有的表现为曲折发展。

直到 1990 年少数民族 15～19 岁妇女的已婚比率，不仅仍然存在，而且高低悬殊，如维吾尔族和哈尼族分别为 28.81% 和 18.10%；彝族和藏族分别为 13.48% 和 11.37%；回族和苗族已降至 8.60% 和 9.89%；布依族、侗族和瑶族也分别降为 6.39%、6.62% 和 5.81%；白族和壮族则已降到 4.68% 和 4.89%；处于最低行列的则有满族（3.41%）、土家族（2.57%）和朝鲜族（2.13%）[1]。

二　家庭

（一）各民族家庭户规模的变化

家庭户平均人口规模的扩大或缩小，主要取决于每个家庭户生育孩子数量的增多或减少。从开发第五次全国人口普查资料中发现，各民族妇女生育率大大降低，平均每个妇女生育孩子的数量大大减少，这便有效地引发了家庭户人口规模的普遍缩小（表 14—16）：

---

[1] 张天路：《中国民族人口的演进》，海洋出版社 1993 年版。

表 14—16　　　　1990 年、2000 年各民族家庭户人口规模　　　（单位：人）

民族	1990 年	2000 年	1999/2000 缩小%	民族	1990 年	2000 年	1990/2000 缩小%
全国	3.96	3.46	12.20	朝鲜	3.87	3.02	21.96
汉	3.92	3.34	14.18	满	4.15	3.34	19.52
蒙古	4.94	3.60	27.13	侗	4.64	3.68	20.69
回	4.48	3.81	14.96	瑶	5.13	3.79	26.12
藏	5.52	4.52	18.12	白	4.9	3.76	23.27
维吾尔	4.75	4.30	9.47	土家	4.17	3.27	21.58
苗	4.82	3.85	20.12	哈尼	5.36	4.17	23.13
彝	4.88	3.90	20.08	哈萨克	5.94	4.79	19.36
壮	5.08	3.70	27.17	傣	5.42	4.49	17.16
布依	4.98	3.96	21.69	黎	5.76	4.57	20.66

资料来源：（1）根据1990年人口普查100%资料计算。

（2）根据2000年人口普查1%抽样资料计算。

2000年与1990年相比，全国和汉族家庭户平均规模，进一步缩小为3.46人和3.34人，即分别缩小了12.20%和14.80%。

在18个百万人口以上少数民族中，不论1990年还是2000年，朝鲜族的家庭户规模都小于全国和汉族水平，而且2000年比1990年下降幅度达到21.96%，也比全国和汉族降幅为高；2000年时，各民族家庭户规模在4.0以下的有蒙古、苗、彝、布依、瑶、回、壮、朝鲜、满、侗、白和土家12个民族，他们的下降幅度，除满族和回族较低外，其他民族都较高，特别是蒙古族的降幅高达27.13%，为18个民族的佼佼者；表中家庭户规模最大的为哈萨克族（4.79人），其次为黎族（4.57人）和藏族（4.52人）；家庭户规模降幅最小的为维吾尔族，下降了9.47%，其次为傣族，下降了17.16%。

各民族家庭户规模的缩小，有利于改善和提高家庭生活质量，有利于提高人口教育素质。

（二）各民族家庭户构成的变化

1. 家庭户规模构成变化的总态势

1990年至2000年的全国家庭户规模构成的明显变化是，1～3人户数构成由41.05%提高为55.29%，而4人及其以上各户都有所萎缩（表14—17）。

表14—17　　　　　1990年、2000年各民族家庭户规模构成　　　　（单位:%）

民族	年度	1人户	2人户	3人户	4人户	5人户	6人户	7人户	8人户	9人户	10人户
全国	1990	6.27	11.05	23.73	25.82	17.74	8.41	3.92	1.72	0.73	0.60
	2000	8.30	17.04	29.95	22.95	13.62	5.11	1.82	0.68	0.27	0.26
汉	1990	6.37	11.25	24.18	26.01	17.64	8.13	3.68	1.57	0.65	0.53
	2000	2.58	11.06	27.92	26.77	18.63	7.90	3.09	1.14	0.49	0.42
蒙古	1990	4.25	7.91	19.92	26.83	19.04	11.04	5.86	2.84	1.29	1.02
	2000	5.30	13.25	31.90	27.44	14.11	5.37	1.76	0.58	0.14	0.14
回	1990	4.92	9.37	21.21	23.96	17.64	10.50	5.96	3.19	1.60	1.65
	2000	6.87	13.88	27.11	22.73	16.10	7.70	3.37	1.51	0.56	0.46
藏	1990	6.91	7.84	11.55	15.36	15.75	13.30	10.63	7.64	4.95	6.07
	2000	10.29	9.64	16.16	18.82	16.01	10.41	7.36	4.69	2.78	3.83
维吾尔	1990	6.09	10.47	15.49	17.17	16.54	12.57	9.36	5.67	3.04	2.80
	2000	5.99	10.46	18.63	21.37	20.64	11.74	5.93	2.82	1.33	1.09
苗	1990	4.55	7.52	14.86	22.68	21.97	13.89	7.74	3.78	1.69	1.33
	2000	6.88	12.53	22.28	27.40	17.74	7.94	3.22	1.25	0.48	0.29
彝	1990	5.05	7.83	14.28	21.70	20.86	14.66	8.43	4.10	1.79	1.30
	2000	7.74	10.71	19.76	28.20	19.92	8.95	3.10	1.06	0.39	0.17
壮	1990	4.95	6.85	12.77	20.59	20.81	15.25	9.56	5.10	2.37	1.76
	2000	9.58	13.43	22.54	25.61	17.24	7.24	2.67	1.06	0.37	0.27
布依	1990	4.67	6.65	13.42	20.12	22.61	15.87	9.15	4.43	1.54	1.18
	2000	6.51	11.07	20.88	26.95	19.99	8.94	3.55	1.31	0.53	0.26
朝鲜	1990	3.42	11.49	30.27	31.97	14.43	5.58	1.89	0.62	0.22	0.11
	2000	10.73	22.21	37.06	19.26	7.55	2.16	0.75	0.14	0.07	0.07
满	1990	3.41	9.74	29.15	32.15	15.51	6.43	2.35	0.82	0.28	0.16
	2000	4.92	17.06	37.88	25.21	10.56	3.31	0.73	0.25	0.06	0.02
侗	1990	4.83	7.79	16.13	25.16	22.26	12.64	6.47	2.82	1.16	0.72
	2000	8.15	14.92	23.56	27.60	15.94	6.67	1.96	0.82	0.23	0.14

续表

民族	年度	1人户	2人户	3人户	4人户	5人户	6人户	7人户	8人户	9人户	10人户
瑶	1990	4.83	7.26	13.81	22.50	21.25	13.78	8.29	4.37	2.11	1.78
	2000	8.67	12.50	21.46	26.79	18.55	6.78	2.96	1.48	0.47	0.34
白	1990	4.19	7.75	15.24	23.98	21.03	13.48	7.45	3.77	1.76	1.34
	2000	8.98	11.62	21.72	28.07	18.35	7.13	2.55	1.03	0.35	0.20
土家	1990	6.34	11.20	20.86	28.17	19.99	8.68	3.28	1.05	0.30	0.13
	2000	10.53	19.40	28.04	24.11	12.13	4.25	1.12	0.27	0.08	0.06
哈尼	1990	3.36	5.16	11.53	19.64	21.11	15.88	10.28	6.03	3.39	3.62
	2000	7.01	8.45	18.80	28.82	18.61	10.44	4.66	1.80	0.87	0.55
哈萨克	1990	2.33	4.33	10.45	13.90	15.73	14.78	13.79	10.64	7.05	7.01
	2000	1.42	5.76	19.19	21.62	22.56	12.79	7.86	4.34	2.47	1.98
傣	1990	2.51	4.30	10.83	23.13	20.47	16.34	10.18	5.59	3.19	3.54
	2000	6.46	6.77	17.35	29.50	19.52	12.83	4.75	1.66	0.79	0.36
黎	1990	4.32	6.15	9.80	14.50	19.79	16.14	12.11	8.04	4.37	4.78
	2000	5.72	7.51	13.23	22.07	24.60	13.44	6.93	4.23	1.16	1.12

资料来源：(1) 根据1990年人口普查100%资料编制。

(2) 根据2000年人口普查1%抽样资料编制。

汉族家庭户规模构成的明显变化是，1人户和2人户有所萎缩，3~5人户有所扩张，6人及以上户有所缩小。

18个百万人口以上的少数民族家庭户规模构成变化则表现为几种不同的类型：

第一，与全国家庭户构成变化相似的有回、朝鲜、满和土家4个民族，即他们都转向以小规模家庭户（1~3人户）为主类型；

第二，转向以1~4人户为主的家庭类型有蒙古、苗、彝、布依、侗、瑶、哈尼、白和傣9个民族；

第三，转向以1~5人户为主的家庭类型有藏、维吾尔、土家、哈萨克和黎5个民族。

2. 1人户构成问题。2000年比1990年1人户构成有所降低的有汉、维吾尔和哈萨克3个民族，其他各个民族都有所扩大；2000年时1人户构成最低的为哈萨克族，仅为1.42%，而构成在10%以上的则有藏、朝鲜和土家3个民族；在7.0%~9.58%的有彝、壮、侗、瑶、白和哈尼6个民族。这些民族的1人户构成如此的高，究竟是什么原因？有哪些不良后果？该怎么办？都是应该进一步调查研究的。

3. 3人户构成较高的民族（2000年）有朝鲜族（37.06%）、满族（37.88%）、蒙古族（31.90%）和土家族（28.04%），与相对较低的藏族（16.16%）、傣族（17.35%）和黎族（13.23%），形成鲜明的对比。

新中国成立50年来，随着经济、社会、教育的发展与城镇化水平的不断提高，各民族的婚姻、家庭都发生了很大的良性变化，特别是20世纪90年代的转变更为突出，这有利于人口教育素质和生活质量的提高，有利于各民族的发展繁荣。

第五节 出生率与生育率的变化

一 出生人数与出生率的变化

20世纪80年代以来，各民族的出生人数、出生率都发生了显著的变化（表14—18）。

表14—18　　　　1981~2000年各民族人口出生数和出生率的变化

民族	1981年 出生数（万人）	1981年 出生率（‰）	1989.7.1~1990.6.30 出生数（万人）	1989.7.1~1990.6.30 出生率（‰）	1999.11.1~2000.10.31 出生数（万人）	1999.11.1~2000.10.31 出生率（‰）
全国	2 402.92	23.65	2 378.09	21.04	1 182.14	9.51
少数民族(合计)	187.75	28.26	225.28	24.94	147.43	14.27
蒙古	7.95	23.30	12.73	26.51	6.32	10.70
回	16.97	23.48	20.74	24.05	12.95	14.10
藏	12.57	33.04	12.16	26.47	8.54	16.49
维吾尔	22.30	37.39	22.86	31.72	15.09	16.76
苗	15.71	31.29	19.42	26.30	15.41	18.23
彝	16.66	30.55	17.09	25.98	14.54	18.38
壮	40.84	30.52	31.47	20.23	19.04	12.15

续表

民族	1981 年 出生数（万人）	1981 年 出生率（‰）	1989.7.1~1990.6.30 出生数（万人）	1989.7.1~1990.6.30 出生率（‰）	1999.11.1~2000.10.31 出生数（万人）	1999.11.1~2000.10.31 出生率（‰）
布依	6.67	31.47	6.81	26.72	5.63	20.19
朝鲜	3.46	19.60	2.87	14.92	0.94	5.29
满	7.31	16.98	22.39	22.75	9.44	9.15
侗	3.77	26.43	6.22	24.79	4.19	15.35
瑶	4.52	32.01	5.25	24.57	3.15	12.61
白	2.42	21.37	4.12	25.78	2.72	15.5
土家	6.02	21.22	13.69	23.91	10.02	13.54
哈尼	3.78	35.70	3.61	28.77	2.53	20.79
哈萨克	3.48	38.75	3.20	28.81	2.07	14.90
傣	2.32	27.64	2.81	27.40	1.53	11.51
黎	3.58	40.36	3.00	26.73	1.88	15.46

资料来源：根据全国 3、4、5 次人口普查资料编制。

1989 年比 1981 年全国的出生人口数下降了 1.03%，而少数民族的出生人数则提高了 20.26%，而且少数民族出生婴儿数占全国出生婴儿数的比重，都超过了少数民族人口占全国人口的比重，即分别为 9.47% 和 7.82%，表明少数民族人口出生势头正当旺盛。但是到 2000 年时全国的出生人数大幅度回落，比 1989 年下降了 50.29%，少数民族（合计）虽然只下降了 34.56%，但这已经出乎我们的预料了。不过少数民族的出生人数占全国出生数的比重仍在攀升，即提高到了 12.47%，高于少数民族占全国人口比重的 4.06 个百分点，这正是少数民族人口生育政策比汉族宽松的正面反映。

各少数民族出生人数，也同样经历了由 1981 年走向 1989 年的更高峰转而到 2000 年的大回落，即 2000 年比 1989 年降幅最大的为朝鲜族（67.25%）、满族（57.84%）和蒙古族（50.35%），降幅在 40% 以上的有回、彝、壮、瑶、哈萨克、傣和黎 7 个民族，降幅在 30% 以上的有藏、维吾尔、侗、白和哈尼 5 个民族，降幅相对较小的有布依族（17.33%）、苗（20.65%）和土家族（26.81%）。

全国和少数民族的人口出生率，1989年都比1981年有所下降，到2000年则都出现了大幅度的下降，即分别比1989年下降了11.5个和10.7个千分点。

各少数民族1989年比1981年则表现为有的上升，如蒙古、回、满、土家、哈萨克、白等民族，其他民族都有不同程度的下降；到2000年时都出现了猛烈下降的良好态势，即使相对较高的彝、布依、苗和哈尼4族，也仅在19.00‰左右，而降到最低水平的已有朝鲜族和满族，竟然降至5.29‰和9.15‰。

二 出生孩次构成的变化

1981年的多孩率，全国和汉族分别为38.07%和36.98%，而少数民族（合计），则高达50.87%，各个少数民族中高于此值的已有藏、维吾尔、苗、彝、布依、瑶、哈尼、哈萨克和傣9族，其中最高的为哈萨克、维吾尔、藏和哈尼4族，都在60%以上；相对较低的已有朝鲜族（8.30%）和满族（12.58%）。

表14—19　　　　各民族人口出生孩次构成的变化　　　　（单位:%）

民族	1981 1~2孩	1981 ≥3孩	1989 1~2孩	1989 ≥3孩	1999.11.1~2000.10.31 1~2孩	1999.11.1~2000.10.31 ≥3孩
全国	61.93	38.07	80.72	19.28	94.12	5.88
汉	63.02	36.98	81.81	18.19	95.26	4.74
少数民族(合计)	49.13	50.87	70.65	29.35	94.12	5.88
蒙古	57.48	42.52	82.84	17.76	96.52	3.48
回	57.69	42.31	74.31	25.69	85.17	14.83
藏	39.35	60.65	53.50	46.50	71.43	28.57
维吾尔	35.38	64.62	41.81	58.19	73.62	26.38
苗	40.55	59.45	68.49	31.51	85.46	14.54
彝	41.18	58.82	69.72	30.28	81.43	18.57
壮	52.78	47.21	77.02	22.98	92.12	7.88

续表

民族	1981 1~2孩	1981 ≥3孩	1989 1~2孩	1989 ≥3孩	1999.11.1~2000.10.31 1~2孩	1999.11.1~2000.10.31 ≥3孩
布依	47.83	52.17	65.47	34.53	85.79	14.21
朝鲜	91.62	8.30	96.33	3.67	95.95	4.05
满	87.42	12.58	92.99	7.01	98.41	1.59
侗	53.06	46.94	76.27	23.73	90.93	9.07
瑶	44.25	55.75	73.55	26.45	91.11	8.89
白	51.24	48.76	77.98	22.02	97.43	2.57
土家	67.28	32.72	79.63	20.37	90.92	9.08
哈尼	39.42	60.50	65.44	34.56	84.58	15.42
哈萨克	26.15	73.85	45.96	54.04	87.92	12.08
傣	62.93	37.07	77.14	22.86	95.42	4.58
黎	50.39	49.01	60.39	39.61	75.00	25.00

资料来源：根据全国3、4、5次人口普查资料编制。

注：1981年的藏族数据未包括西藏（因为未普查生育项目）。

1989年全国和各个民族的多孩率普遍下降，其中最高的为维吾尔族（58.19%）和哈萨克族（54.04%），藏族和黎族，也分别高达46.50%和39.61%；在30%以上的还有苗、彝、布依和哈尼4族；相对最低的为朝鲜族和满族，仅分别为3.67%和7.01%。

2000年时的多孩率情况大为改观，全国和少数民族（合计）同为5.88%；最高值仅为28.57%（藏族）、26.38%（维吾尔族）和25.00%（黎族）；低于5.00%以下的除了汉族以外，还有蒙古、朝鲜、满、白和傣5个民族，其中最低的为满族，仅为1.59%。

三 总和生育率的变化

（一）妇女总和生育率经历了由高到低的转变

全国妇女总和生育率由1964年和1970年的高生育率转变为1972年开始下降（为4.85），到1975年又下降为3.50，到1980年则进一步降为接近或达到生育更替水平，此后继续下降，到2000年时仅为1.22（表

14—20)。

表 14—20　　　　各民族妇女总和生育率的变化

民族	1964年	1970年	1975年	1980年	1985年	1989年	2000年
全国	6.08	5.70	3.50	2.31	2.20	2.29	1.22
少数民族（合计）	6.72	6.49	5.52	4.00	3.07[①]	2.91	1.65
维吾尔（新疆墨玉县）	7.14	6.41	5.69	5.09	5.47[①]	4.65	1.99
维吾尔（新疆乌鲁木齐）	5.53	4.94	4.46	2.49	2.79	—	—
仡佬（贵州省）	7.27	7.69	6.82	4.74	3.84	2.82	2.13
土家（湘西）	7.60	7.39	4.74	3.75	3.06	2.54	1.96
傣（云南）	8.13	7.14	4.21	3.03	3.10	2.68	1.46
布朗（云南）	6.14	5.49	7.28	6.51	4.75	4.23	2.00
基诺（云南）	5.40	6.25	5.76	3.18	3.33	2.98	1.17
佤（云南）	7.79	6.81	6.56	5.30	4.36	3.96	1.89
羌（四川）	5.96	6.59	6.09	4.74	3.93	2.91	1.47
朝鲜[②]（延边）	4.55	4.15	1.70	1.72	1.89	1.56	0.70
西藏[③]	4.92	5.40	4.94	5.19	4.49	4.22	1.85

资料来源：A. 1964~1980年的全国、汉族和少数民族（合计）数据摘自《全国千分之一人口生育率抽样调查资料》，中国人口情报中心，1986年。

B. 1989年和2000年为全国4、5次人口普查资料（属于各民族的全国性资料）。

C. 维吾尔、仡佬、土家、傣、布朗、基诺、佤和羌8族的1964~1985年资料摘自《八个少数民族妇女婚育情况抽样数据集》，《人口动态专刊》，1989年12月。

D. 2000年数据来自《2004年人口普查中国民族人口资料》，民族出版社2003年版。

注：①少数民族（合计）为1986年数，维吾尔族为1983年数。

②1964~1980年资料摘自《1982年吉林省生育率抽样调查资料分析》，《人口学刊》（专刊），1984年；1985年数据摘自《西北人口》，1989年第1期。

③1964~1985年资料摘自常崇煊主编：《全国生育节育抽样调查报告集》（西藏卷），中国人口出版社1993年版。

由于少数民族开展计划生育晚若干年，妇女总和生育率初始下降始于1980年，此后持续下降，到1989年时与全国的差距大为缩短，2000年时又进一步缩小。

信仰伊斯兰教的维吾尔族，不仅城市比农村历年的妇女总和生育率要低得多，而且下降的时间要早得多，并且始于开展计划生育以前，下降幅度也要大得多，可能与目睹汉族家庭计划生育的良好效益有关。

土家族、傣族和基诺族妇女生育率的下降，也是始于开展计划生育之前（1980年），而且降幅很快，到2000年都已降到生育更替水平以下，与她们的积极传统文化和生育观念的转变密切相关。

仡佬族、布朗族和佤族妇女总和生育率下降时间，始于开展计划生育之后，但到2000年都已降至生育更替水平线以下，其成效相当可观。

延边朝鲜族妇女总和生育率的转变则是另外一种景象，20世纪40年代和50年代分别高达5.18和5.90，到1964年降至4.55，此后持续下降，从1974年（1.74）开始，即在生育更替水平线以下运行，成为全国和各民族的前驱。到2000年时更降至0.70，不仅低于全国平均水平42.6%，而且比发达国家的1.5还低53.33%。这与朝鲜族全民重视现代学校教育和受教育水平冠于全国各民族，以及生育观念由数量型转变为素质型密不可分。

西藏是藏族人口占绝对优势的地区，其妇女总和生育率的独有特点是：经历了由低到高，再由高到低的转变。比如1950～1958年在3.01～3.85之间徘徊，这是由于当时还在达赖集团的噶厦政府的控制下，妇女的不婚率、不育率还很高的局面还未得到改变所致；1959年平叛和民主改革后，妇女的不婚率和不育率不断下降，群众生活得到了改善，藏族妇女的总和生育率开始升至4.00以上，以后又提高至5.00以上，虽然从1985年开始仅在藏族干部和城镇居民中开展计划生育，但由于藏族没有姓氏，传宗接代观念淡薄，藏传佛教容易接受计划生育等原因，群众普遍具有计划生育的愿望和自觉性，以致在广大农牧区还没有开展计划生育的情况下，出乎意料地发生了妇女总和生育率由1989年的4.22陡降至1.85的低水平，十分罕见地下降了56.16%。

（二）妇女总和生育率的超速下降

当1982年国家正式发布对少数民族实行适当放宽的生育政策时，已有蒙古、回、朝鲜、满、白、土家、傣等妇女总和生育率先超前下降，甚至其中的朝鲜族和满族，已降至生育更替水平以下；当然，也有更多的民族还较高或很高，在 5.00 以上的还有 8 个民族，（详见表 14—21）：

表 14—21　　　　1981~2000 年各民族妇女总和生育率的变化

民族	1981 总和生育率	1989 总和生育率	1989 15~19 岁生育率(‰)	1999.11.1~2000.10.31 总和生育率	1999.11.1~2000.10.31 15~19 岁生育率(‰)	1981~2000 总和生育率下降%
全国	2.61	2.29	8.82	1.22	5.96	53.26
少数民族(合计)	4.24	2.91	14.33	1.65	—	61.08
蒙古	3.16	2.24	16.30	1.14	6.55	63.92
回	3.13	2.62	33.60	1.53	19.43	51.17
藏	5.84*	3.80	39.30	1.86	22.50	68.15
维吾尔	5.59	4.65	75.40	1.99	30.11	64.40
苗	5.34	3.15	37.60	2.05	29.78	61.61
彝	5.21	3.07	39.40	2.04	24.69	60.84
壮	4.67	2.91	24.06	1.42	8.36	69.59
布依	5.15	3.53	21.80	2.32	26.63	54.95
朝鲜	1.91	1.56	8.36	0.70	0.93	63.35
满	2.10	1.85	16.30	1.09	3.99	48.10
侗	4.45	2.67	26.60	1.81	12.30	59.33
瑶	5.39	2.93	40.00	1.45	9.93	73.10
白	3.26	2.81	28.30	1.60	13.25	50.92
土家	3.26	2.54	15.60	1.65	9.95	49.39
哈尼	5.66	3.39	77.80	1.96	52.54	65.37
哈萨克	6.85	4.74	12.90	1.56	8.23	77.23
傣	3.65	2.68	74.90	1.46	29.64	60.00
黎	7.55	3.50	56.30	1.81	18.51	76.03

资料来源：根据 3、4、5 次人口普查资料编制。

*藏族 1981 年数据另行加工处理得到。

1989 年的总和生育率普遍下降，有 3 个民族降至生育更替水平左右，只有维吾尔族（4.65）和哈萨克族（4.74）相对较高，3.00 以上的有彝族（3.07）、苗族（3.15）、哈尼族（3.39）、黎族（3.50）、布依族（3.53）、藏族（3.80）6个民族。

2000年的总和生育率发生了惊人的变化：在生育更替水平线以下的已有17个民族，占100万人口以上民族的94.44%，其中低于全国平均水平的有蒙古、满和朝鲜3个民族，更难以想象的藏族（其中西藏农牧区仅提倡生育3孩）和维吾尔、哈萨克两族（农牧区可以生育3孩或4孩），也分别降到了1.86、1.99和1.56，而朝鲜族更降至0.70，为100万人口以上民族中的最低者。相对较高的只剩下1个民族——布依族（2.32），但已十分接近生育更替水平。这就是说少数民族虽然开展计划生育的时间较晚，政策又适当放宽，在降低生育率方面，也在走跨越式的下降道路，基本上实现了与全国和汉族同期达到低生育水平，再一次证明："不能笼统地说少数民族落后"。但今后的任务是，一方面要继续巩固和维持低生育水平，另一方面要使某些民族过低的生育率回升到比较理想的水平。

四 生育模式的加速转变

1981年特别是20世纪90年代以来，各民族妇女生育模式发生了显著的转变，即普遍由自发型高生育模式，加速转变为节制型低生育模式。

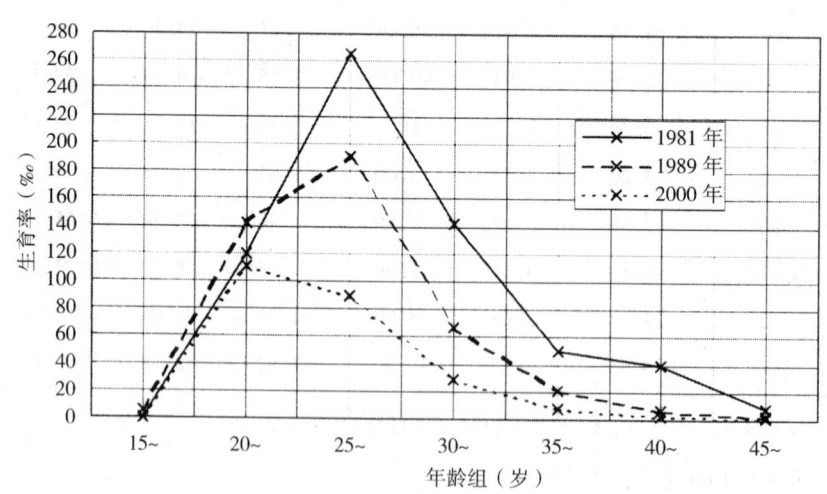

图14—5 中国蒙古族妇女生育模式的变化

资料来源：全国第3、4、5次人口普查资料。

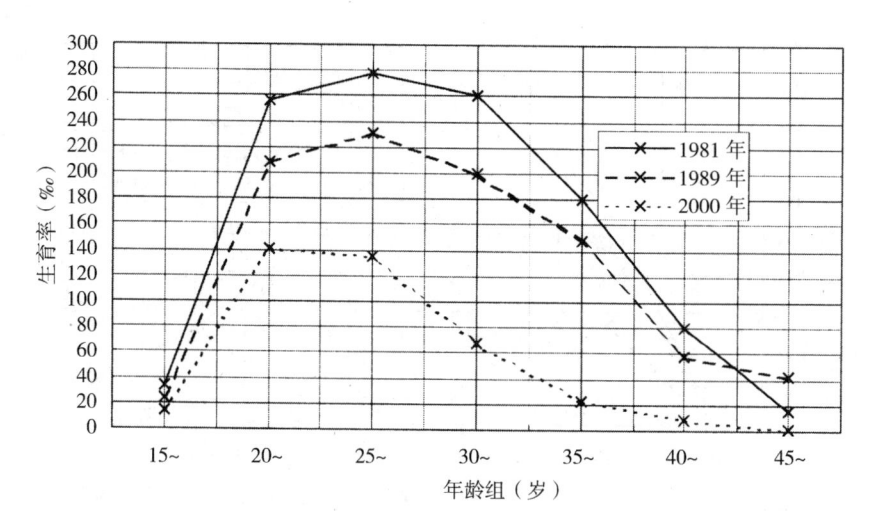

图 14—6　中国维吾尔族妇女生育模式的变化

资料来源：全国第 3、4、5 次人口普查资料。

蒙古族妇女由 1981 年的高生育模式转变为 1989 年的节制型生育模式，再转变为 2000 年的低生育模式，具体表现为，由 1981 年的 15 年 0.1 以上生育率水平宽度（其中 0.2 以上 5 年，峰值高达 261.39‰），转变为 1989 年的 10 年，峰值降为 192.25‰，再转变为 2000 年的 5 年，其峰值仅为 111.56‰，而且 45～49 岁组的生育率变为 0 值。

维吾尔族是全民信仰伊斯兰教的民族，妇女生育率一直很高，计划生育工作有相当的难度。但其妇女生育模式也发生了意想不到的转变，即由 1981 年 0.1 以上生育率水平宽度达到 20 年（其中 0.2 以上 15 年），峰值高达 275.83‰；到 1989 年时，虽然 0.1 以上生育率水平宽度仍为 20 年，但 0.2 以上生育率水平宽度不仅缩小为 10 年，而且峰值也降为 242.42‰；到 2000 年时却惊人地发现，已转变为节制型低生育模式，即 0.1 以上生育率水平宽度减缩为 10 年，峰值降为 142.61‰。

主要分布在海南省的黎族，四季炎热，在一些深山地区直到 20 世纪 80 年代生产和生活水平还相当低下，还保有早婚、早恋习俗。1981 年的自发型生育模式出奇的高，0.1 以上生育率水平宽度有 5 年，0.2 以上生育率水平宽度竟达到 20 年，峰值高达 432.43‰；虽然到 1989 年仍为自发型生育模式，但已有所趋缓，即 0.1 以上生育水平宽度转变为 10 年，0.2 以上生育率水平宽度缩减为 10 年，而且峰值也降为 242.42‰，比 1981 年

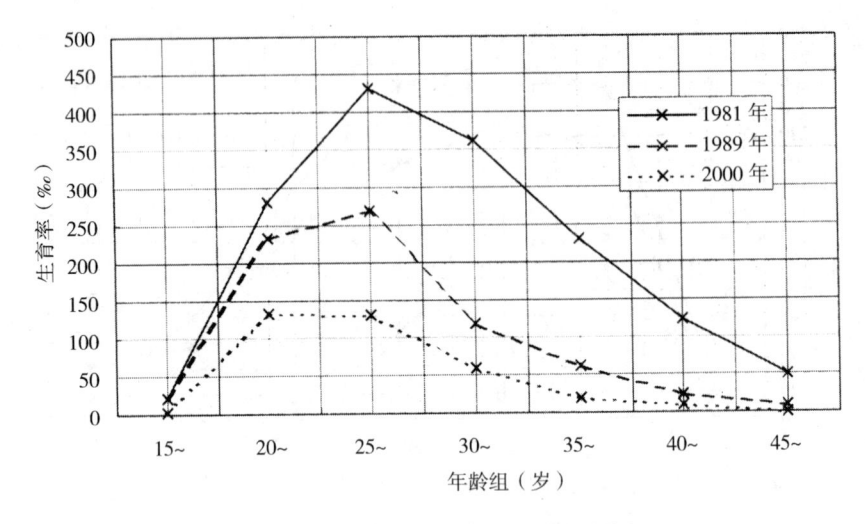

图 14—7　中国黎族妇女生育模式的变化

资料来源：全国第 3、4、5 次人口普查资料。

降低了 190 个千分点；出乎人们预料的是，2000 年也转变为节制型低生育模式，0.1 以上生育率水平宽度压缩至 10 年，峰值进一步降为 135.85‰，而且 45~49 岁组的妇女生育率已出现 0 值。

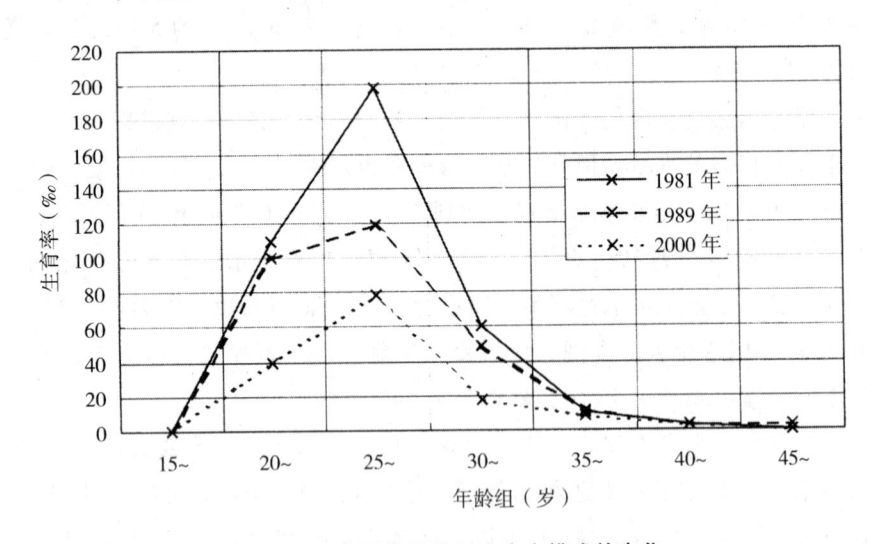

图 14—8　中国朝鲜族妇女生育模式的变化

资料来源：全国第 3、4、5 次人口普查资料。

朝鲜族妇女生育模式，则属于更为超前型的转变态势，因为 1981 年时已转变为节育型低生育模式，0.1以上生育率水平宽度已缩减为10年（比同年的蒙古族少5年），峰值已降至197.53‰，比同年蒙古族的峰值还低64个千分点，而且45~49岁组妇女已停止了生育；1989年向进一步的节育型低生育模式推进，0.1以上生育率水平宽度虽然仍为10年，但其峰值再降为118.48‰，比1981年又降了79个千分点；2000年持续跃进为更低的节育型生育模式，即0.1以上生育率水平宽度已经消失，而且峰值也仅为76.92‰。不过笔者认为这样的生育模式太低了，应该设法使之有所回升，当然回升的难度要比降低要大得多。

五 早育率的变化

一般来说少数民族受经济、社会、教育滞后和早恋、早婚习俗等因素的影响，早育（15~19岁组）率与全国平均水平相比要高一些。而且各族之间又表现得非常悬殊，如信仰伊斯兰教的维吾尔族就相当的高，而土家族却比较的低，即使同为维吾尔族，城市比农村又要高得多；藏族人口占96%以上的西藏，由于地处高原，气温低下，女性的月经初潮期往往比内地、特别是比亚热带地区的民族要推迟几年，使得妇女早育率也比较低（表14—22）：

表14—22　　　　　各民族15~19岁组生育率的变化　　　　（单位：‰）

民族	1960年	1965年	1970年	1975年	1980年	1985年	1989年	1999.11.1~2000.10.31
维吾尔（新疆墨玉县）	178.34	176.40	252.00	192.06	123.68	131.81[①]	75.40	30.11
维吾尔（乌鲁木齐）	84.03	68.42	98.90	44.16	7.96	7.79[①]	—	—
仡佬（贵州）	22.29	43.14	27.99	20.52	9.96	11.24	10.80	20.03
土家（湘西）	23.40	41.34	28.84	14.14	6.29	10.12	15.60	9.95
羌（四川）	31.64	50.26	43.61	41.58	12.40	21.84	23.80	18.97
傣（云南）	76.27	68.61	87.45	65.65	48.87	60.31	74.90	29.64
布朗（云南）	74.32	70.03	98.73	109.20	77.46	51.72	61.30	42.46

续表

民族	1960年	1965年	1970年	1975年	1980年	1985年	1989年	1999.11.1~2000.10.31
佤(云南)	89.69	146.74	113.07	81.08	35.07	58.03	81.90	53.26
西藏	25.00	34.00	38.00	28.00	34.00	28.00	26.74	14.68
全国	38.00	53.00	39.00	20.00	8.00	16.00	21.99	5.96

资料来源：A. 维吾尔等8个民族1960~1985年数据来自《八个少数民族妇女婚育情况抽样数据汇编》，《人口动态专刊》，1989年。

B. 藏和全国1960~1985年数据摘自陈胜利等《中国各省生育率手册》，中国人口出版社1993年版。

C. 1989年和1999.11.1~2000.10.30的各民族、西藏和全国数据摘自全国第4、5次人口普查资料。

注：为1983年数据。

表14—22的一个重要表现是，随着社会的进步和经济、教育的发展，各个民族的早育率也在不断地降低，降幅最大的要算维吾尔族，2000年与1960年相比下降了148.23个千分点（如与1970年相比则下降了221.89个千分点），傣族下降了46.63个千分点，土家族和羌族分别下降了13.45个和12.62个千分点等。

再从表14—21中的18个100万人口以上民族的早育率来看，2000年比1989年降幅在80%以上的有朝鲜族；降幅在70%以上的有满、瑶2个民族；降幅在60%以上的有蒙古、维吾尔、壮、傣等5个民族；降幅相对较低的有哈尼族（32.47%）、布依族（22.16%）和苗族（20.80%）。

到2000年时，各民族的早育率仍相当悬殊，相对较高的为哈尼族（52.54%）、苗族（29.78%）和维吾尔族（30.11%）；低于全国平均水平（5.96%）的已有满和朝鲜2个民族。

6. 子女存活率的变化与差异

1989年至2000年各民族平均每个妇女活产、存活子女数，以及存活率等方面都发生了相当大的变化，但各民族间仍存在着一定的差异（表14—23）：

表 14—23　各民族平均每个妇女活产、存活与存活率的变化　（单位：人）

民族	1989 年 活产	1989 年 存活	1989 年 存活子女占活产子女的百分比	2000 年 活产	2000 年 存活	2000 年 存活子女占活产子女的百分比
全国	2.10	1.96	93.33	1.32	1.30	97.86
汉	2.08	1.94	93.27	1.31	1.28	98.14
蒙古	2.13	1.98	92.96	1.28	1.25	97.94
回	2.26	2.06	91.15	1.46	1.41	96.78
藏	2.42	2.08	85.95	1.51	1.41	93.44
维吾尔	2.99	2.37	79.26	1.89	1.70	89.86
苗	2.55	2.15	84.31	1.68	1.58	94.27
彝	2.74	2.22	81.02	1.67	1.56	93.57
壮	2.37	2.24	94.51	1.48	1.45	98.03
布依	2.44	2.07	84.84	1.65	1.55	93.81
朝鲜	1.86	1.76	94.62	1.02	1.01	98.45
满	1.80	1.72	95.56	1.16	1.14	98.59
侗	2.28	2.00	87.72	1.55	1.48	95.22
瑶	2.42	2.15	88.84	1.48	1.43	96.60
白	2.35	2.05	87.23	1.48	1.42	96.01
土家	2.20	1.87	85.00	1.48	1.42	95.81
哈尼	2.94	2.36	80.95	1.80	1.60	89.05
哈萨克	2.95	2.54	86.10	1.51	1.45	96.14
傣	2.54	2.14	84.25	1.56	1.45	93.36
黎	2.64	2.46	93.18	1.78	1.74	97.70

资料来源：全国第 4、5 次人口普查资料。

第一，关于活产子女数。各民族平均每个妇女活产子女数的明显变化是，2000 年普遍比 1989 年减少，如 1989 年在 2.00 个以上有 17 个民族（含汉族），其中相对最高的有维吾尔族（2.99 个）、哈尼族（2.94 个）和哈萨克族（2.95 个）；到 2000 年时的所有民族都降到 2.00 个以下，而且相对最高值已转变为 1.78 个（黎族）、1.89 个（维吾尔族）和 1.80 个

(哈尼族)。

2000年比1989年的活产子女数的下降幅度相对较大的有哈萨克族，由2.95个降为1.56个，降幅达到48.81%；其次为朝鲜族，由1.86个降为1.02个，降幅为45.16%；降幅相对较小的有布依族和侗族，分别下降了32.38%和32.02%；其次为土家族和黎族，分别下降了32.73%和32.58%。

第二，关于子女存活率。1989年子女存活率在90%以上的有7个民族（含汉族），相对最高的为满族（95.56%）和朝鲜族（94.62%）；存活率相对最低的为维吾尔族，仅为79.26%，其次为哈尼族和彝族，分别为80.95%和81.02%；2000年的突出变化是，存活率在90%以上已提升至17个民族（含汉族），其中相对最高并升高至98%以上的已有汉、壮、朝鲜、满4个民族；相对最低的也提升到89.86%（维吾尔族）和89.05%（哈尼族）。

1989~2000年子女存活率的突出特点是，存活率相对较低的民族用大跨度的步伐向前猛进，如跨度最大的有维吾尔族、土家族、哈萨克族和彝族，分别提高了10.60%、10.81%、10.04%和12.55%，其次为苗族和傣族，也分别提高了9.96%和9.71%。正因为如此，才出现了各民族平均每个妇女的存活率，日趋集聚到高水平线上的可喜局面。

新中国各个时期的民族人口政策，都最大限度地体现了代表各民族的根本利益，因而得到了各民族大多数群众的衷心拥护，积极支持，从而取得了人口数量增长、人口素质提高、生育率从高水平迅速降到低序位，实属举世罕见。今后的任务有两个：第一，继续稳定低生育水平；第二，政府和有关民族人士要千方百计地使总和生育率低于1.0以下的民族回升到1.0以上，虽然，这是发达国家多年来想解决而未能实现的难题，但我们必须闯出一条路子，为少数民族人口健康发展作出新的贡献。

第六节 受教育水平的变化

在现代社会，特别是进入知识经济时代，一个国家或民族能否对世界产生影响甚至有所贡献，绝不是取决于人口数量多少或增长快慢，而最为核心和起决定性作用的是全民受教育程度和科学技术水平，是否能与发达国家并驾齐驱。这对于发展中国家及其各个民族来说，似乎要求过高，但社会历史和客观现实就是这样的无情。如果做不到这一点，势必就要挨打，就要被淘汰。

众所周知，过去说中国少数民族落后，其实质是什么呢？应该说是现代学校教育落后、现代教育程度和科学技术水平太低，进而限制全民族人口素质的提高和经济、社会的发展。因此，"科教兴族、教育为本"，加速提高全民族的人口教育科技素质，乃是中华各民族复兴和现代化建设的唯一选择和所应遵循的基本方略。

1949年以前，由于许多民族和民族地区还是现代学科教育的空白，成人（≥15岁）文盲率高得惊人，一般都在90%以上，甚至有的高达98%，其中特别是女性文盲率更高。许多地方还过着刻木、结绳或用羊粪蛋、石子、黄豆记事的原始生活。

1949年新中国成立后，政府十分重视民族教育，对过去没有现代教育学校的民族地区立即着手设立小学、中学；在很多民族地区除了汉族学校吸收少数民族学生入学以外，还专门设立了民族中、小学校；在北京和民族地区专门开办了中央民族学院和中南、西北、西南、广东、云南等民族学院。以上所有学校在20世纪90年代以前不仅都是全部公费，甚至还给民族学生提供衣服、补助等费；1978年以后，各地大专院校对少数民族学生实行不同程度地降低录取分数线；1990年以后还对民族地区，专门提供另外的教育专款等等。这样，少数民族的在校学生便由1952年的156.89万人[1]（占全国在校学生的2.88%）增加到1990年的151.15万人[2]（占全国少数民族人口的14.92%和占全国在校学生的7.70%）增长了7.61倍，到2000年又增加为1774.83万人（占全国少数民族人口的16.99%和全国在校学生的8.04%），比1952年增长了10.31倍。

一 各民族受教育水平的变化

1982～1990年期间，全国100万人口以上民族每百人中各类受教育人数和受教育水平都发生了较大的变化（表14—24）。

---

[1] 《中国民族工作年鉴》，中国农业出版社2001年版。

[2] 同上。

表 14—24　　1982～2000年中国百万人口以上民族每百人中受教育人数的变化　　（单位：人）

民族	年度	小学	初中	高中	大专以上	有知识人口	受教育水平（年）
全国	1982	35.23	17.89	6.78	0.62	60.51	4.64
	2000	35.54	33.99	10.32	3.54	83.39	7.00
汉	1982	35.77	18.15	6.78	0.62	61.32	4.69
	2000	35.05	34.81	11.42	3.63	84.91	7.21
蒙古	1982	34.12	16.82	7.94	0.81	59.63	4.64
	2000	34.14	31.76	13.58	4.79	76.64	7.30
回	1982	26.21	16.65	6.35	0.69	49.90	3.94
	2000	33.47	26.37	10.74	3.71	74.29	6.26
藏	1982	16.52	3.33	1.00	0.20	21.05	1.62
	2000	31.12	6.83	3.71	1.18	42.84	3.12
维吾尔	1982	33.00	10.28	3.49	0.33	47.09	3.38
	2000	47.46	22.05	7.08	2.44	79.01	6.07
苗	1982	24.72	7.15	1.93	0.12	33.92	2.38
	2000	45.36	19.21	4.99	1.27	70.83	5.25
彝	1982	23.35	6.02	1.25	0.08	30.07	2.11
	2000	45.57	14.48	4.24	0.93	65.22	4.70
壮	1982	36.97	13.80	5.29	0.22	56.28	4.13
	2000	42.99	32.15	8.37	1.88	85.39	6.78
布依	1982	26.54	8.70	1.75	0.14	37.14	2.61
	2000	44.68	17.90	4.31	1.18	67.74	5.00
朝鲜	1982	28.48	30.69	18.35	1.96	79.48	6.99
	2000	19.70	45.05	23.94	8.27	96.96	9.43
满	1982	38.29	23.17	9.15	0.87	71.48	5.62
	2000	34.89	37.64	11.27	4.38	88.18	7.53
侗	1982	33.60	10.54	3.01	0.21	47.36	3.36
	2000	45.06	25.71	12.29	1.86	85.22	6.83

续表

民族	年度	小学	初中	高中	大专以上	有知识人口	受教育水平（年）
瑶	1982	32.37	7.73	3.03	0.14	43.27	3.04
	2000	48.07	25.49	6.80	1.70	82.26	6.09
白	1982	33.60	12.75	3.59	0.41	50.35	3.66
	2000	68.24	26.67	13.70	2.66	91.27	6.99
土家	1982	39.62	14.08	4.76	0.16	58.68	4.24
	2000	43.25	27.16	13.94	2.06	86.41	7.04
哈尼	1982	18.00	4.79	0.86	0.04	23.68	1.62
	2000	43.06	12.93	6.25	1.19	62.43	4.53
哈萨克	1982	38.71	13.57	4.58	0.44	57.30	4.16
	2000	43.65	27.39	11.82	3.67	86.53	7.09
傣	1982	29.13	6.09	1.20	0.10	36.52	2.46
	2000	52.18	16.12	4.56	0.88	73.74	5.27
黎	1982	29.08	11.03	4.17	0.15	44.43	3.27
	2000	40.57	30.06	6.92	1.19	78.74	6.16

资料来源：根据1982年、2000年人口普查100%资料编制。

注：2000年的高中（包括中专）、大专及以上（包括大专、本科、研究生）。

1. 1982~2000年各民族每百人中各类受教育人数，已有几点明显的提高：

小学程度提高的有回、藏、傣等15个民族，其中以彝、苗、白、哈尼等族提高的幅度最大，可能是儿童入学率提高所致；蒙古和全国、汉族平衡；只有朝鲜族和满族有较明显下降，表明他们的教育程度在向更高层面移动，因为他们的初中程度已分别提高到45.05人和37.64人（2000年），是100万人口以上各民族首先占领这个"高地"，这有利于进一步提高人口文化素质。

高中程度人数普遍有所提高，这除了高中教育有所发展外，更主要的是加快了职业高中教育的发展。但各民族的发展很不平衡，提高幅度在5~12倍的有彝、壮、布依、侗、哈尼、哈萨克、傣、黎、苗、维吾尔、藏、满、瑶、白和土家15个民族。到2000年高中程度相对最高的是朝鲜族（23.94人），比汉族还高12.52人；相对最低的为藏族（3.71人）；在5人以下的则还有苗、彝、布依和傣4个民族。提高教育程度的层次构成任务，还需下很大功夫。

1982~2000年，大专及以上程度人数，全国和汉族分别提高了571.97%和585.48%，而各个少数民族提高的幅度普遍都超过此水平，其中提高幅度最大的，要算起点很低的民族，如哈尼（提高了2 975.00%）、土家（1 287.50%）、瑶（1 214.29%）、彝（1 162.50%）和苗族（1058.33%）5个民族；而提高了793%~885%的也有壮、布依、侗、哈萨克、傣和黎6个民族。但是，到2000年时，全国和每个民族每百人所拥有的大专及以上程度人数仍然不够高，其中相对最高的为朝鲜族（8.27人），高于汉族水平（3.63人）的已有蒙古、满和哈萨克3个民族；相对最低的则有傣族（0.88人）和彝族（0.93人）；在2.50人以下还有藏、维吾尔、苗、壮、布依、侗、瑶、土家、哈尼和黎10个民族，表明各个民族发展大学教育、培养高级人才的任务更加艰巨。不过，有一点要特别指出的是，到2000年时表14—24中的所有民族，都有了本民族的研究生，全国和汉族分别为0.07人和0.07人，回族为0.06人，蒙古族则已提高到0.08人，而朝鲜族相对最高，达到0.17人，其他民族由于研究生人数很少，无法计算出比例，这一新动向很值得珍惜和发扬。

各民族每百人中拥有的有知识人数（包括在校学生和社会各阶层人士），应该说也是衡量各民族教育程度发展的一个重要指标。1982~2000年各个民族都有不同程度的提高，表明在提高人口文化素质、开发人力资源方面都取得了或大或小的成绩。到2000年时，最高的为朝鲜族，高达96.96人，而高于汉族水平（84.91人）的已有壮（85.39人）、满（88.18人）、侗（85.22人）、白（91.27人）、土家（86.41人）和哈萨克（86.53人）6个民族。当然，也还有相对较低的，如藏族（42.84人）、彝（65.22人）和哈尼族（62.43人）。

2. 全国民族人口受教育水平（年）或者称为受教育年限，是衡量受教育程度的综合性指标，计算公式为 $M = \sum AC$[①]

[①] 国务院人口普查办公室编：《人口普查资料分析技术》，1991年版，第107页。

A 是假定文盲、小学、初中、高中、大学的受教育年限为 0、6、9、12、16

C 为各种文化程度占总人口的比例（%）

从表 14—24 中看出，1982~2000 年各民族人口的受教育水平都有不同程度的提高，其中以白族提高了 3.3 年为最快，藏族（提高 1.36 年）和满族（提高 1.94 年）相对较慢；到 2000 年时，平均受教育水平相对最高的为朝鲜族，达到了 9.43 年，即全民族平均已相当于初中毕业以上水平，当然与发达国家相比，还有不小的差距；超过汉族水平（7.21 年）的只有蒙古（7.30 年）、满（7.53 年）、朝鲜 3 个民族；相对最低的为藏族，只有 3.12 年。

二 各民族成人文盲下降

降低甚至消除成人文盲，是提高各民族人口文化素质的极为重要而最基本的任务。但由于过去文盲率很高，新中国成立后人口增长快，以及各个民族对民族教育的重视程度和具体的实际困难不同等原因，导致各民族所取得的成就有大有小的区别。

文盲人数减少，文盲率降低。新中国成立 50 年来，各民族人口成人文盲率不断降低，文盲人数也在曲折地减少，以 1982~2000 年资料为例（表 14—25）。

表 14—25　　　1982 年、1990 年、2000 年各民族成人文盲状况的变化

民族	1982 年 人数（万人）	占同龄人口的%	1990 年 人数（万人）	占同龄人口的%	2000 年 人数（万人）	占同龄人口的%
全国	22 996.45	34.49	18 160.91	22.21	8 699.21	9.08
汉	21 171.22	33.82	16 303.47	21.53	7 585.45	8.60
蒙古	64.35	30.89	24.91	17.82	35.62	8.40
回	191.82	42.14	193.91	33.11	126.75	17.77
藏	177.87	75.80	204.44	69.39	177.72	47.55
维吾尔	159.04	44.97	116.06	26.58	51.92	9.22
苗	172.60	60.17	201.43	41.85	124.43	19.83

续表

民族	1982 年 人数（万人）	1982 年 占同龄人口的%	1990 年 人数（万人）	1990 年 占同龄人口的%	2000 年 人数（万人）	2000 年 占同龄人口的%
彝	119.14	63.79	211.38	49.71	125.60	23.20
壮	274.39	33.66	218.47	21.17	83.45	6.83
布依	72.52	57.78	72.30	42.81	48.83	23.77
朝鲜	14.66	11.31	10.13	7.00	4.63	2.86
满	53.29	18.76	77.77	11.41	44.95	5.54
侗	41.37	47.25	48.51	28.53	23.25	10.87
瑶	40.33	48.82	40.48	29.92	17.93	9.32
白	30.56	42.62	32.53	30.35	14.84	10.99
土家	66.40	36.08	101.80	25.24	69.33	11.71
哈尼	44.26	66.06	48.04	60.45	30.75	29.76
哈萨克	—	—	7.83	12.34	2.32	2.68
傣	—	—	28.73	42.21	13.12	15.71
黎	—	—	19.37	28.51	10.40	12.09

资料来源：根据全国第3、4、5次人口普查资料编制。

注：全国和1990年各民族为100%资料，1982年和2000年各少数民族为1%和10%抽样资料。

1. 文盲率不断下降，但文盲人数增减却有些曲折。全国成人文盲率已由1982年的34.49%降为2000年的9.08%，下降了25个百分点，但下降幅度高于此值的已有藏、维吾尔、苗、彝、壮、布依、侗、瑶、白和土家等族，其中降幅最大的有彝族，下降了40.59个百分点，苗族和瑶族，则分别下降了40.34个和39.00个百分点，侗族也下降了36.38个百分点；降幅最小的为朝鲜族和满族，分别下降了8.45个和13.22个百分点。

到2000年时，成人文盲率低于全国平均水平（9.08%）的已有蒙古族（8.40%）、壮族（6.83%）、满族（5.54%）、哈萨克族（2.68%）和朝鲜族（2.86%）。

根据笔者的经验，在分析发展中国家及其民族的文盲问题时，除了分析文盲率指标外，还应观察文盲人口数量的变化，因为文盲率降低并不完全等于文盲人口同时减少，如1990年100万人口以上的民族成人文盲率都有不同程度的下降，但文盲人数比1982年增多的却有回、藏、苗、彝、满、侗、瑶、白、土家和哈尼10个民族，即使2000年时也出现了蒙古族的文盲人数比1990年增多42.99%的状况。

当然，1990~2000年期间，全国文盲人数减少了52.10%，降幅高于此值的已有壮族、瑶族、白族、哈萨克族和傣族，分别减少了61.80%、55.71%、54.38%、70.37%和54.33%；降幅相对较小的有藏族（13.07%）、土家族（31.90%）和布依族（32.46%）。

新文盲人数占各民族文盲总数的比例与新文盲率状况。分析发展中国家及其民族文盲问题时，还应观察新文盲状况，因为这才能更深入探析新中国的教育政策贯彻落实所取得的成就与存在的问题。

这里首先碰到的问题是，如何确定新文盲的界限，笔者认为2000年时的新文盲应界定在15~54岁年龄组，因为这批人群是1946年及其以后年度出生的，按6岁上学计算，他们应该在1952年及以后年份上学读书成为有知识人群，或者其中有些人未能入学成为文盲人群。按此思路，计算出各民族的新文盲状况（表14—26）。

表14—26　　　　　2000年各民族新文盲状况　　　　　（单位：%）

民族	总文盲率 合计	男	女	新文盲占总文盲数的比例 合计	男	女	新文盲率 合计	男	女
全国	9.08	4.86	13.47	29.58	28.03	30.14	3.29	1.67	5.01
汉	8.60	4.51	12.86	26.34	24.23	27.11	2.78	1.23	4.31
蒙古	8.40	5.41	11.24	46.91	49.42	45.75	4.49	3.04	5.87
回	17.77	11.77	23.90	58.42	56.27	59.52	12.46	11.23	19.87
藏	47.55	35.14	59.66	73.50	74.69	72.84	41.86	30.85	53.46
维吾尔	9.22	8.37	10.11	39.14	40.20	38.20	4.26	4.02	4.50
苗	19.83	10.74	29.51	54.29	45.80	57.57	13.00	5.90	20.74
彝	23.20	14.65	32.09	58.39	54.57	60.92	16.15	10.14	21.49
壮	6.83	2.61	11.24	20.97	22.11	20.69	1.75	0.70	2.90

续表

民族	总文盲率 合计	总文盲率 男	总文盲率 女	新文盲占总文盲数的比例 合计	新文盲占总文盲数的比例 男	新文盲占总文盲数的比例 女	新文盲率 合计	新文盲率 男	新文盲率 女
布依	23.77	11.02	37.00	47.29	49.42	47.69	13.76	6.54	21.63
朝鲜	2.86	0.91	4.77	10.93	27.27	7.87	0.39	0.30	0.48
满	5.54	3.47	7.76	22.22	22.19	22.25	1.45	0.91	2.02
侗	10.87	4.89	17.45	34.84	27.17	37.20	4.65	1.63	7.99
瑶	9.32	4.97	14.12	36.36	33.49	37.49	4.02	1.95	6.36
白	10.99	5.22	16.98	34.97	30.93	36.30	4.65	1.94	7.51
土家	11.71	5.94	18.00	35.27	28.60	37.67	5.09	2.09	8.38
哈尼	29.76	19.52	40.62	62.36	54.48	66.39	21.75	12.31	32.01
哈萨克	2.68	1.88	3.48	37.93	56.57	27.52	1.14	1.20	1.08
傣	15.71	10.16	21.19	41.07	42.38	40.49	7.59	5.00	10.21
黎	12.09	6.67	17.86	34.71	33.12	35.35	4.89	2.52	7.51

资料来源：根据2000年人口普查《中国民族人口资料》，民族出版社，2003年计算。

2000年，全国男女合计的新文盲数占总文盲人数的比例为29.58%，高于此值的100万人口以上的民族多达15个，其中相对更高的为藏族（73.50%）、哈尼族（62.36%）、彝族（58.39%）、回族（58.42%）、布依族（47.29%）和苗族（54.29%）；相对最低的为朝鲜族（10.93%）、壮族（20.97%）和满族（22.22%）。这两组数据显示出新中国成立后各民族在控制人口增长、发展义务教育和消除文盲等方面所取得的不同成就，以及存在不同程度的问题。与此同时，自然也提出了新世纪急需采取的应对措施，即在扫除现有文盲、防止和杜绝今后产生新文盲等方面，要下更大的功夫。

女性新文盲占总文盲的比例高于男性的有11个民族，其中差幅最大的为侗族、哈尼族、苗族和布依族，分别比男性高10.03个、11.91个、11.77个百分点，表明这些民族女性的受教育权利大大低于男性。但是，也有7个民族女性的比例低于男性，其中低幅最大的为朝鲜族和哈萨克族，分别低19.4个和29.05个百分点，为什么出现这样的情况？很值得研究。

各民族的新文盲率，都大大低于相应民族的总文盲率，但各民族间高低悬殊，相对较高的有藏族（41.86%），其次为哈尼族（21.75%）和布依族（13.76%），表明今后消除现有新文盲的任务还很艰巨；而相对很低的则有朝鲜族（0.39%），其次为哈萨克族（1.14%）、满族（1.45%）和壮族（1.75%），表明过去几十年在消除文盲方面取得了巨大的成绩。

各民族的女性新文盲率都高于男性，其中高于男性最突出的有哈尼族和藏族，分别高 19.70 个和 22.61 个百分点，其次为布依族、苗族和彝族，分别高 15.09 个、14.84 个和 11.35 个百分点。

各民族女性新文盲率高低十分悬殊，最高的为藏族（53.46%）和哈尼族（32.01%），而最低的朝鲜族和哈萨克族，仅分别为 0.48% 和 1.08%。

新中国成立以后，对少数民族的教育政策，实施了倾斜力度，不仅迅速填补了现代学校教育的空白，而且加快了民族教育事业的发展，因而少数民族的受教育水平得到了较大幅度的提高，成人文盲率不断下降，特别是 20 世纪 90 年代更加突出。但是，各民族人口的文化素质发展很不平衡，2000 年时的 18 个 100 万以上人口民族中，受教育水平最高的为朝鲜族（9.43 年），最低的藏族（3.12 年）；成人文盲率最低的为哈萨克族（2.68%）和朝鲜族（2.86%）；最高的为藏族（47.55%）和哈尼族（29.76%）。特别是从新文盲占文盲总数的比例中，更能看出新中国成立以来在发展义务教育方面所取得的不同成就和存在的问题，如 2000 年时新文盲数比例最高的为藏族（73.50%）和哈尼族（62.36%），其次为彝族（58.39%）和回族（58.42%），比例最低的为朝鲜族（10.93%）和壮族（20.97%），其次为满族（22.22%）。表明各个民族由于干部和群众，在重视和推行"科教兴族，教育为本，教育优先"的行动方面有所不同，从而得到了如此悬殊的回报。

历史的结论

新中国成立 50 年来，由于认真、全面地贯彻执行了向少数民族倾斜的民族政策和民族人口政策，在各族人民的充分理解和积极支持下，取得了诸多突出的成就（其中有些出乎意料或者令人惊异）：少数民族人口由1953年的3 401.38万人增长至2000年的10 449.07万人（相当于同年英法两国人口之和11 920万人的87.66%），时期增长了2.07倍；总和生育率由高或者很高迅速转变为低生育水平（其中有几个民族还低于全国平均水平）；受教育水平有了很大的提高（其中有的民族现代学校教育从零起步，有多个民族已超过汉族水平）；妇女平均初婚年龄有较大的提高（其中有的民族已高于全国平均水平）；年龄构成在积极地向成年型转变，其中有的民族已全方位地实现了老年型；等。

但是，民族人口数量增长仍嫌过快；低生育水平仍需进一步稳定；相当多民族的受教育水平还较低，成人文盲率还相当高；各民族的人口与经济、社会、资源、环境可持续发展还很不协调。由于各民族的人口状况和问题的起点不同，社会、经济、传统文化各异，对解决人口问题的认识程度和采取对策的迟早与力度不同，因而所得到的回报便有明显的差异，这便成为民族人口的基本特征，在人口增长（1953~2000年）方面，30多个民族高速或超常规高速增长。2个民族低增长，3个民族为负数增长；在年龄构成方面，大多数民族还属于年轻型（2000年），部分民族转变为成年型，个别民族老年化程度比汉族更显著；在女性平均初婚年龄方面（2000年），22岁以上的有4个民族，而不到19岁的还有1个民族；在18个百万人口以上民族的总和生育率方面（2000年），2.45的布依族和0.70的朝鲜族反差甚大；2000年平均受教育年限，最高的9.43年，最低的仅近3.12年；2.68%与47.55%的成人文盲率（2000年）相差悬殊。

几点重要的经验：

第一，实施了与时俱进的民族人口政策。当解放初期有的民族人口减少不利于其生存与延续，难以满足原始或传统再生产的游牧、狩猎、渔猎和农业生产所需要的大量的劳动力，以及民族人士和群众渴望停止人口下降，实现人口增长的要求时，政府及时制定和实施了鼓励生育的人口兴旺政策，经过实施很快便遏制住了人口下降的局面，转而出现缓慢增长。1964年以后，普遍进入了人口高幅增长时期。国家为了缓解人口对经济、社会的巨大压力，从1971年开始对汉族实行计划生育。虽然民族地区的民族人口问题同样严峻，由于种种原因，步入了酝酿计划生育活动阶段。由于民族人口问题日趋严重和民族人士对计划生育初步有了认识，乃于

20世纪80年代初才对少数民族开始实施适当放宽的计划生育政策，这是历史性的重大转变。有利于推动民族人口、经济、社会的现代化和加快民族发展繁荣进程。

第二，《中华人民共和国民族区域自治法》的第44条赋予了民族自治地方是否开展、何时开展计划生育以及生育指标设定、采取哪些适合民族特点的方法和措施的法律权利。也保证了各民族地区能制定出因民族、因地区制宜的计划生育条例，从而受到了广大民族群众的拥护和支持，并取得了积极的成效，如吉林延边朝鲜族自治州的少数民族计划生育与汉族同步展开，民族妇女总和生育率迅速下降至0.70左右（2000年），文化素质提高至全国各民族之冠；新疆维吾尔自治区的少数民族计划生育工作始于1988年，条例规定城市夫妻可以生育2孩，经批准可以生育3孩，农村少数民族夫妻可以生育3孩，经批准可以生育4孩，由于得到群众的配合，全国维吾尔族的总和生育率已奇迹般地陡降至1.95；西藏在城镇对少数民族夫妻实行2孩生育要求，广大的农村、牧区还处于提倡和宣传状态，由于广大群众对计划生育的积极性很高，以致全区藏族妇女总和生育率已降为1.85（2000年）等。

第三，优先考虑和加强宣传教育工作。如内蒙古、西藏等地在"人口兴旺"和计划生育的转型期，花费几年时间宣传人口和计划生育对民族繁荣、家庭致富、素质提高等的作用和好处，以及多生多育、人口高幅增长的害处等，各少数民族群众还耳闻目睹了汉族家庭因计划生育而引来的种种实惠，许多家庭便自觉地少生少育，使妇女总和生育率超前于开展计划生育之前明显下降。

第四，及时树立人口与民族繁荣的科学理念。从认识上与理论上加以论证，即把民族繁荣分为传统型和现代型两种类型，实施现代型民族繁荣15项定量指标，以及"人口、教育、经济协调发展的设想，即人口增幅应遵循有利于文化素质的有效提高和经济的快速发展为基本原则"，推动了少数民族计划生育的进一步开展和民族人口研究的有序进行。

第五，大力发展民族教育，努力提高民族人口受教育水平，是推动经济、社会发展和解决民族人口问题的强大动力，是降低死亡率、生育率和人口高速增幅，以及脱贫致富等重要条件。新中国成立以来，各民族的成人文盲率和受教育水平都发生了翻天覆地的变化，许多民族已超过全国和汉族水平，特别是朝鲜族由于解放以来一直认真实行"科教兴族"的发展战略。在生育率、死亡率、人口增幅、城镇化等方面都已走在前面。

几点重要的教训和对策设想：

第一，"人口兴旺"政策的时间拖长了一些。少数民族的"人口兴旺"政策的推行，一般说来从1950~1984年，而有的民族还要延续到1990年左右，即长达40年左右（汉族仅稍多于20年），如此长时间的人口高出生、高增长，不仅给当时的经济、社会、资源、环境等带来了相应的压力和严重的影响，更为21世纪人口"惯性作用"增添了更大的推动力，这是今后所面临的不可回避的新挑战。

第二，受教育水平的提高还远远不能满足民族地区的现代化建设和西部大开发的需求，特别是有的民族受教育年限还很短，成人文盲率还相当高，是国家和民族地区政府今后所面临的严峻挑战。因此，进一步提高"科教兴国""教育为本""教育优先"的认识水平，并加大其实施力度，把尽快提高各民族的教育、科技素质，作为优先考虑和重中之重的任务来对待，已成为推动少数民族经济、社会的发展繁荣，以及解决人口问题的强大动力和基本源泉。

第三，据2000年人口普查的民族妇女生育资料，今后的任务应该是在稳定低生育水平的同时，还应设法把某些民族妇女过低的生育率恢复到比较理想的水平。

第四，社会变动成为1978~2000年的民族人口增长的一个重要因素，规范这方面的工作应该成为近期民族工作的一项重要任务。

第五，民族人口研究成果对民族发展繁荣和计划生育工作起了积极的作用，今后应重视和加强这方面的工作，尽快培养出1~2个专门研究少数民族人口的接班人。

第十五章 劳动力资源构成与配置[①]

劳动力资源是一个国家或地区具有劳动能力的人口的总和，是能够为总人口创造财富、提供生存发展条件的积极人口；劳动适龄人口是常用的反映劳动力资源数量的近似数据。本章阐述新中国成立 50 年来劳动力资源的基本状况和各时期的劳动力资源配置利用问题。

本章有关劳动力资源的主要数据来源，是最具权威性的全国人口普查资料和国家发布的国民经济统计（以各年度《中国统计年鉴》和《中国劳动统计年鉴》为主），并采用了大量有关的文献资料。需要说明的是，人口普查和经济统计这两个最主要数据来源，相同范畴的数据存在一定的不同，其原因主要在于统计计算口径的不同（如从业人口标准、劳动年龄划分口径等）。在国民经济统计中，还存在数据正式发布后又调整的问题（大如对"大跃进"时期经济指标的多次修正，小如下岗职工人数在第二年的修正），以及统计口径不合理的问题（如现行的失业率计算指标）。我们在研究写作中对资料去伪存真，分析对比，尽量使用最合理的数据和给予必要的说明。有的数据问题尚有待研究，如 1982 年第三次人口普查中的在业人口 52 150 万人数据和国民经济统计中的 1982 年 45 295 万人数据，相差 6 855 万人的巨大数字，决不是两个统计存在几个月的"时间差"所能解释的，2000 年第五次人口普查和国民经济统计的从业人员数据之间也存在类似的差距，这需要通过专题研究加以解决。

新中国成立 50 年来，劳动适龄人口大幅度增加，1964 年至 1982 年间增长速度最快，1982 年以后增长速度减缓。新中国的劳动力资源利用

[①] 本章作者有姚裕群、吴晓军、颜廷健、程琳，姚裕群教授担任写作设计、主要执笔和统稿工作。在本章写作中，杜鹏教授给予了指导和帮助，刘艳和霍丽萍也从事了一定的写作工作。

状况是：在新中国成立初期和"一五"时期，随着国民经济发展，从业人员缓步增长，城乡从业人员的比例和三大产业结构变动小。"大跃进"运动中劳动力资源大规模流向城镇和第二产业，变化极其异常，导致国民经济的重大比例失调和灾难性的后果；其后进行经济调整，从业人员大量精简和返回农村。"文化大革命"期间，城镇青年大规模上山下乡，中国出现城乡劳动力资源的大对流。20世纪70年代劳动力资源结构开始向第二产业转移。80年代改革开放以来，中国经济迅速发展，国家重视劳动力资源的使用，采取了改革的举措。劳动力资源在第一产业持续下降，第二产业和第三产业稳步提高，城镇化和工业化加速。1988年治理整顿，严格控制使用劳动力资源。1992年以后深化改革，20世纪90年代前期第一产业下降明显，90年代后期第三产业增加较快，第二产业内部则进行着较大的结构调整。

劳动力资源配置反映一个国家引导劳动力资源流动的手段，表明劳动者就业的渠道和方式。劳动力资源配置的结果能够体现一个国家的经济发展水平，对人口流动以至人口再生产也有一定的影响。新中国成立50年来，劳动力资源配置方式发生巨大变化。1949年至1978年间是统包统配制度的形成和发展阶段。1979年以后是市场化就业制度产生和发展的阶段，与此同时，还伴随着非公有制经济的发展和农村劳动力向城市的转移。

新中国的劳动力资源配置和就业，在新中国成立初期和"一五"时期，随着国民经济的快速恢复得到发展，消灭了旧中国遗留下来的大规模失业。社会主义改造完成后，中国的所有制结构发生了根本变化，国营经济和集体经济成为主体，个体私营经济趋于被消灭。劳动力资源配置方式和城乡劳动者就业也随着经济体制的改变发生了巨大的变化，政府统一调配城镇劳动力，限制农村劳动力流动，基本上形成了以计划为主要手段的国家统包统配劳动力资源配置方式和劳动者就业模式。"大跃进"开始后，进一步强化了劳动力资源配置计划，使劳动者就业模式更加单一。"文化大革命"期间，由于极左思潮的泛滥，追求纯而又纯的"国营"这一所有制形式，进一步强化了统包统配的劳动力资源配置制度。

改革开放以来，中国选择了市场经济的发展道路，国家以经济建设为中心，对劳动力资源实行市场配置，培育和完善劳动力市场。20世纪90

年代以来,在全面推进改革的形势下,中国出现大规模下岗问题,国家实施再就业工程,促进企业富余过剩劳动力资源的再配置。世纪之交,下岗的严峻压力局面有了一定的缓解。中国是农村人口和第一产业劳动力数量巨大的国家,改革以来国家逐步放宽户口限制,进行城乡统筹就业的试点,解决农村就业问题,实行农民合理进城务工的有序化工程,促进了农业剩余劳动力资源的合理配置。中国第三产业从业人员比重的增加,对过剩劳动力资源得到配置和促进经济发展,具有积极的作用。

就业问题历来是各国经济社会发展中的重大问题。鉴于中国人口众多和劳动力资源严重过剩的基本国情,解决好就业问题意义极其重大。新中国多次受到失业问题的困扰,主要有20世纪50年代初旧中国遗留的失业问题、80年代初的上山下乡返城青年的大规模失业问题和90年代末的下岗问题。国家在各时期均实行了多种就业方针政策,较顺利地解决了前几次就业问题。

世纪之交,中国面临经济全球化和加入 WTO 的巨大挑战,也有着消化上亿过剩劳动力资源、将其由包袱变为财富的艰巨任务。搞好中国劳动力资源的配置利用任重而道远。

第一节 新中国的劳动力资源状况

一 劳动力资源和劳动适龄人口

(一) 劳动力资源

劳动力资源指一个国家或地区具有劳动能力的人口的总和,是能够为总人口创造财富、提供生存发展条件的积极人口,在整体人口中居于极为重要的地位。就一般情况而言,人到达一定年龄就具有一定的劳动能力,再超过一定年龄便丧失劳动能力,年龄是在人口总体中划分劳动力资源的基本标志。

一个国家或地区的劳动力资源,由下列8个部分构成:[①](1)处于劳动年龄之内、正在从事社会劳动的人口,它占据人力资源的大部分,可称为"适龄就业人口"。(2)尚未达到劳动年龄、已经从事社会劳动的人

---

① 姚裕群:《人力资源概论》,中国劳动出版社1992年版,第47~49页。

口，即"未成年劳动者"或"未成年就业人口"。（3）已经超过劳动年龄、仍然从事社会劳动的人口，即"老年劳动者"或"老年就业人口"。（4）处于劳动年龄之内、具有劳动能力并要求参加社会劳动的人口，它可以称为"求业人口"，亦即失业人口。（5）处于劳动年龄之内、正在从事学习的人口，即"就学人口"。（6）处于劳动年龄之内、正在从事家务劳动的人口。（7）处于劳动年龄之内、正在军队服役的人口。（8）处于劳动年龄之内的其他有劳动能力人口。

图15—1中标记①~⑧的部分，即劳动力资源。其中前三部分人口，构成就业人口的总体，即国民经济统计中的"从业人员"数。前四部分人口为从业人员与失业人员的总和，统称为经济活动人口，是已经开发的劳动力资源，构成社会劳动力供给。后四部分并未构成社会劳动力供给，是尚未开发而处于潜在状态的劳动力资源。

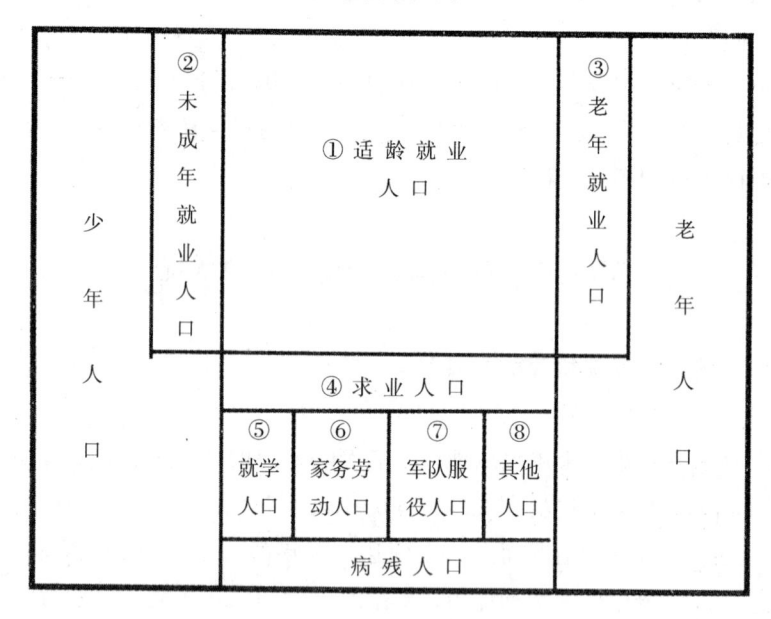

少年人口	②未成年就业人口	①适龄就业人口			③老年就业人口	老年人口
		④求业人口				
		⑤就学人口	⑥家务劳动人口	⑦军队服役人口	⑧其他人口	
		病残人口				

图15—1 劳动力资源构成

（二）劳动适龄人口

劳动适龄人口指国家规定的劳动年龄界限内的人口。各国由于社会经济条件的不同，对法定劳动年龄有各自不同的规定。大部分国家把15岁作为法定劳动年龄的下限，把64岁作为法定劳动年龄的上限，居于15~

64 岁之间的人口被称为劳动适龄人口。中国劳动适龄人口规定的界限是：男性 16~59 岁，女性 16~54 岁。

社会生活的现实是，在劳动年龄以外存在着一部分具有劳动能力或正在参加社会劳动的人，在劳动年龄以内也存在着一部分没有劳动能力或不能参加社会劳动的人，二者的数量均不大且可以相抵，因此可以用劳动适龄人口的数量来代替劳动力资源的数量。下面的图可以反映劳动适龄人口与劳动力资源的近似关系。

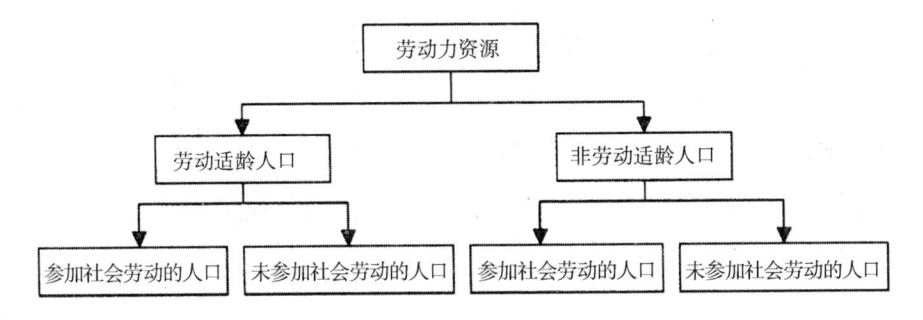

```
                    劳动力资源
                  ┌──────┴──────┐
              劳动适龄人口      非劳动适龄人口
              ┌────┴────┐      ┌────┴────┐
        参加社会    未参加社会  参加社会    未参加社会
        劳动的人口  劳动的人口  劳动的人口  劳动的人口
```

图 15—2 劳动力资源与劳动适龄人口的关系[①]

二 劳动适龄人口的总量与变化

新中国成立国 50 年来，基于人口总量的大幅度增加，中国的劳动适龄人口也呈现不断增加的趋势（见表 15—1）。从相对数上看，新中国成立以来五次人口普查的数据，除 1964 年与 1953 年相比有所下降以外，各次人口普查劳动适龄人口在总人口中的比重均呈现出增长的状态，这说明中国人口的生产性在提高。在中国经济水平尚不发达的基本国情下，劳动适龄人口的大幅度持续增加，蕴含着劳动力资源过剩和社会就业的压力。

从劳动适龄人口增长速度看，1964 年中国的劳动适龄人口数量比 1953 年增长了 4 166 万人，年均增长速度为 1.19%；1982 年比 1964 年增长了 20 938 万人，年均增长速度为 2.69%；1990 年比 1982 年增长了 12 816 万人，年均增长速度为 2.65%；而 2000 年比 1990 年增长了 10 634 万人，年均增长速度为 1.47%。（见表 15—1）很明显，1964 至 1982 年间劳动适龄人口增长的人数最多，速度也最快。这是因为，1982 年的 16~19 岁组人口是

[①] 查瑞传：《人口普查资料分析技术》，中国人口出版社 1991 年版，第 415 页。

1963~1967年中国第二次生育高峰出生的人口，25~29岁组人口是1953~1957年中国第一次生育高峰出生的人口，当他们达到劳动年龄后，就会导致劳动适龄人口数量的迅速增加。1982年以后，中国劳动适龄人口增长速度减缓，主要原因是中国实行计划生育政策以后生育率下降所致。

表15—1　　　　中国历次人口普查的劳动适龄人口状况①

	总人口数（人）	劳动适龄人口数（人）	占总人口的比例（%）	比上期增加（万人）	比上期增加（%）
1953年	567 446 758	299 831 361	52.84%	—	—
1964年	694 581 759	341 491 424	49.17%	4166	13.89
1982年	1 003 913 927	550 872 915	54.87%	20938	61.31
1990年	1 130 510 638	679 025 949	60.06%	12815	23.26
2000年	1 242 612 226	785 368 567	63.20%	10634	15.66

三　劳动适龄人口的性别与年龄构成

按国际劳动适龄人口标准计算，中国1953年到2000年五次人口普查的性别比，分别为105.57、106.49、107.30、107.16和105.85，在105~108之间波动。（见表15—2）

表15—2　　　历次人口普查劳动适龄人口的性别构成②

	劳动适龄人口数（万人）			占劳动适龄人口比重（%）	
	合计	男	女	男	女
1953年	29 983	15 937	14 046	53.15	46.85
1964年	34 149	18 304	15 845	53.6	46.4
1982年	55 087	29 414	25 673	53.4	46.6
1990年	67 903	36 169	31 734	53.27	46.73
2000年	78 537	41 500	37 037	52.84	47.16

---

① 此表数据按中国标准计算，即男16~59岁，女16~54岁。
② 此表有关性别比的数据按国际标准计算，即男女均为16~64岁。

从年龄中位数看，1953~1964年中国男性劳动适龄人口的年龄中位数呈下降趋势，下降了2.04岁；1982~2000年男性劳动适龄人口则表现出持续老化的趋势，年龄中位数不断上升，其中，1982~1990年上升了0.21岁，升幅不大，1990~2000年升幅明显加大，上升了1.86岁。中国女性劳动适龄人口的年龄结构从1953~1982年都一直表现出不断年轻化的趋势，其年龄中位数下降了2.19岁，但从1982年开始年龄中位数上升，1982~1990年的上升幅度不大，仅为0.23岁，1990~2000年上升速度大大加快，十年间增加了3.46岁。

很明显，1990~2000年十年间是中国人口劳动年龄迅速提高的时期。（见图15—3）

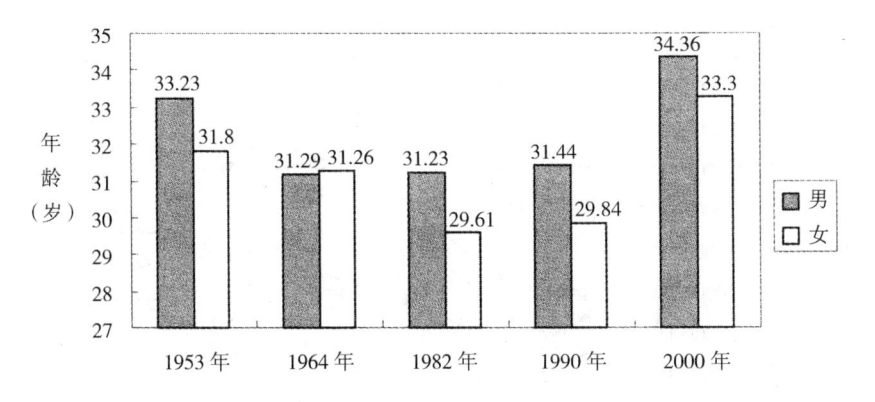

图15—3 历次人口普查分性别年龄中位数

四 劳动适龄人口的地区差异

中国分为东部、中部、西部三个地区。按照梯度理论①，东部地区为沿海地区，中部地区指没有海岸线的内陆地区，西部地区指边远尤其是边疆少数民族地区。东部包括北京、辽宁、河北、天津、山东、江苏、上海、浙江、福建、广东、广西和海南11个省、直辖市；中部包括吉林、黑龙江、山西、内蒙古、安徽、江西、河南、湖北和湖南9个省、自治区；西部包括陕西、甘肃、青海、宁夏、新疆、四川、重庆、贵州、云南和西藏10个省、自治区和直辖市。从总体上看，中国的东部地区人口稠密，劳动适龄人口数量众多，自然资源拥有量较少；西部地区人口稀少，

---

① 陈义平：《西部开发存在人口问题吗》，《人口研究》，2000年第4期。

劳动适龄人口数量较少，自然资源拥有量较多，但自然地理气候条件差；中部地区人口和自然资源的状况介于二者之间。

表 15—3　　历次人口普查东、中、西部劳动适龄人口状况

普查年份	东部	中部	西部
1953 年	143 150 760	116 672 522	73 710 530
1964 年	163 936 505	133 532 801	86 981 477
1982 年	259 541 051	217 484 727	137 351 561
1990 年	313 202 134	267 659 355	173 653 903
2000 年	345 688 084	300 713 726	192 867 790

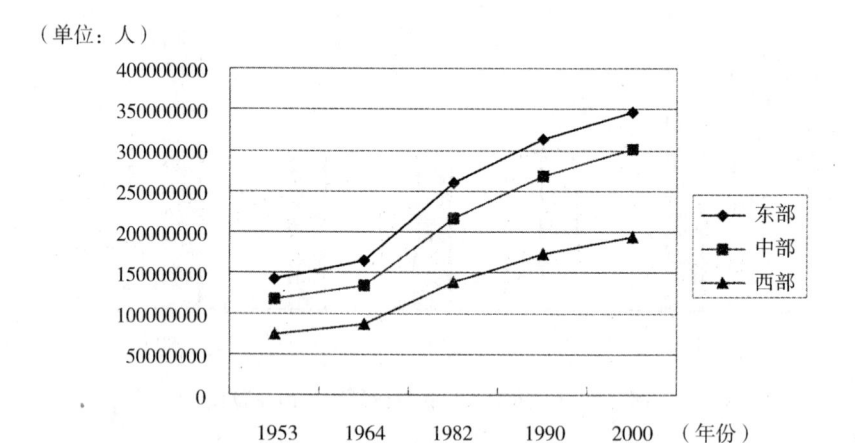

（单位：人）

图 15—4　历次人口普查东、中、西部劳动适龄人口状况

从劳动适龄人口的地区分布角度看，1953 年东部劳动适龄人口总数是中部的 1.23 倍，中部是西部的 1.58 倍；[①] 1964 年，东部仍是中部的 1.23 倍，中部是西部的 1.54 倍；[②] 1982 年，东部是中部的 1.19 倍，中部是西部的 1.58 倍；1990 年，东部是中部的 1.17 倍，中部是西部的 1.54 倍；2000 年，东部是中部的 1.15 倍，中部是西部的 1.60 倍。（见表 15—3 和图 15—4）总的来看，1953～2000 年东、中部的差距远小于中、西部

[①] 1953 年东部地区未包括海南；西部地区未包括宁夏。
[②] 1964 年东部地区未包括海南和天津；西部未包括西藏。

的差距，而且，东中部与西部的差距表现出扩大的趋势。

第二节 新中国的劳动力资源利用

一 新中国成立初期和"一五"时期（1949~1957年）

新中国成立初期和第一个五年计划时期，劳动力资源利用的基本状况是随着国民经济恢复和发展，从业人员缓步增长。

1949年新中国成立以来，中国政府致力于发展经济，1953年至1957年实行第一个五年计划，进行大规模经济建设，建立了现代工业体系的基础，取得了较显著的成绩。在这一时期，中国的从业人员随着国民经济的恢复和发展处于缓步增长的状态。1949年底中国从业人员总数为18 082万人，占总人口的33.4%，[①] 1957年底中国从业人员总数为23 771万人，占总人口的36.8%，1949年至1957年的年均增长速度为3.48%。

城乡从业人员比例和产业结构，反映了经济社会发展水平和劳动力资源利用的总体格局。该时期从业人员总体中，城镇从业人员比例很小，乡村从业人员的数量巨大，一直处于86%~88%的高比例。从三大产业结构的角度看，1952年第一产业从业人员为17 317万人，占总从业人员的83.5%；第二产业从业人员仅有1531万人，占7.4%；第三产业从业人员占总从业人员的9.1%。1957年第一产业从业人员数为19 309万人，占总从业人员的81.2%；第二产业从业人员为2 142万人，占总从业人员的9.0%；第三产业从业人员为2 320万人，占总从业人员的9.8%。这一期间，第一产业从业人员比重虽有一些下降，但一直处于占总体4/5以上的绝对支配地位；第二、三产业从业人员的比重有所上升，但上升幅度很小，除一个年度外均处于10%以下的很低水平；第二产业从业人员总量为2 142万人，第三产业从业人员总量为2 320万人，二者的绝对量均很低。上述城乡和产业结构格局反映了中国经济以农业为主的落后状态。（见表15—4）

[①] 国家统计局社会统计司：《中国劳动工资统计资料1949~1985》，中国统计出版社1987年版。

表 15—4　建国初和"一五"时期全国从业人员数①　　（单位：万人，%）

年份	从业人员 合计	占总人口	城镇	乡村	第一产业 人数	构成	第二产业 人数	构成	第三产业 人数	构成
1952	20 729	36.1	2 486	18 234	17 317	83.5	1 531	7.4	1 881	9.1
1953	21 364	36.3	2 754	18 610	17 747	83.1	1 715	8.0	1 902	8.9
1954	21 832	36.2	2 744	19 088	18 151	83.1	1 882	8.6	1 799	8.2
1955	22 328	36.3	2 802	19 526	18 592	83.3	1 913	8.6	1 823	8.2
1956	23 018	36.6	2 993	20 025	18 544	80.6	2 468	10.7	2 006	8.7
1957	23 771	36.8	3 205	20 566	19 309	81.2	2 142	9.0	2 320	9.8

二　"大跃进"和经济调整时期（1958～1966年）

中国 20 世纪 50 年代后期，劳动力资源利用状况是"大跃进"运动中劳动力资源大规模流向城镇和第二产业；其后的数年经济调整时期，从业人员大量精简和返回农村。

1958 年开始，中国为快速推进建设搞"大跃进"，全民"大炼钢铁"，大量劳动力资源就业，大量农民进城和进入工业。仅 1958 年一年，城镇就增加从业人员 2 100 万人，增加数量是前 6 年的 3 倍，增加比例达到 65.4%。该年第一产业锐减 5 000 万人，比例下降 23.0%，是国际一般年下降速度 0.5% 的 400 多倍；第二产业增加近 5 000 万人，一年剧增 17.6%。（参见表 15—5）1958 年中国劳动力资源利用结构变化极其异常。

表 15—5　"大跃进"和经济调整时期全国从业人员数　　（单位：万人，%）

年份	从业人员 合计	占总人口	城镇	乡村	第一产业 人数	构成	第二产业 人数	构成	第三产业 人数	构成
1957	23 771	36.8	3 205	20 566	19 309	81.2	2 142	9.0	2 320	9.8
1958	26 600	40.3	5 300	21 300	15 490	58.2	7 076	26.6	4 034	15.2

---

① 国家统计局、劳动和社会保障部：《中国劳动统计年鉴 2000》，中国统计出版社 2000 年版，第 404 页。本章无特殊说明的统计资料，均来源于中国统计出版社出版的国家统计局、劳动部（1998 年以后为劳动和社会保障部）合编：《中国劳动统计年鉴》1997～2001 年各卷和中国统计出版社出版的国家统计局编：《中国统计年鉴》，1997～2001 年各卷。

续表

年份	从业人员 合计	从业人员 占总人口	城镇	乡村	第一产业 人数	第一产业 构成	第二产业 人数	第二产业 构成	第三产业 人数	第三产业 构成
1959	26 173	38.9	5 389	20 784	16 271	62.2	5 402	20.6	4 500	17.2
1960	25 880	39.1	6 119	19 761	17 016	65.7	4 112	15.9	4 752	18.4
1961	25 590	38.9	5 336	20 254	19 747	77.2	2 856	11.2	1 987	11.7
1962	25 910	38.5	4 537	21 373	21 276	82.1	2 059	7.9	2 575	9.9
1963	26 640	38.5	4 603	22 037	21 966	82.5	2 038	7.7	2 987	9.9
1964	27 736	39.3	4 828	22 908	22 801	82.2	2 183	8.4	2 575	9.9
1965	28 670	39.5	5 136	23 534	23 396	81.6	2 408	8.7	2 636	10.0
1966	29 805	40.0	5 354	24 451	24 297	81.5	2 600	8.7	2 908	9.8

"大跃进"以后，中国进入经济调整时期。该时期城镇和第二产业从业人员大批返回乡村和农业就业，1962年城镇从业人员减少到4 537万人的最低点、第二产业减少到2 059万人的最低点。

就总体格局而言，1958年至1965年中国从业人口的年均增长速度为1.08%。1958年底，中国从业人口总数为26 600万人，占总人口的40.3%，其中城镇劳动者为5 300万人，乡村劳动者为21 300万人；1966年底，中国从业人口总数为29 805万人，占总人口的40.0%，其中城镇劳动者为5 354万人，乡村劳动者为24 451万人。在此期间，1964年中国进行了第二次人口普查，普查结果从业人员数为27 188万人，占总人口的39.1%。

从三大产业的角度看，到1966年，第一产业从业人口为24297万人，占从业人员总数的81.5%；第二产业从业人口为2 600万人，占总数的8.7%；第三产业从业人口为2908万人，占总从业人员的9.8%。尽管出现过1958~1960年间第二产业重工业异常发展的问题，但经过调整后的三次产业结构与1957年相比变化幅度不大，依然处于比较落后的局面。（见表15—5）

三 "文化大革命"时期（1966~1976年）

1966~1976年十年"文化大革命"期间，中国出现劳动力资源在城乡之间的大对流，20世纪70年代劳动力资源开始由第一产业向第二产业转移。

"文化大革命"期间，中国搞政治运动影响了经济发展和劳动管理工作，国家对城市中学毕业生无法安置，采取了大规模上山下乡的做法。20世纪70年代初，城镇需要劳动力，从农村招收上千万当地青年而后又精简返回农村，导致劳动力资源的大对流。

1966年至1976年十年间，中国从业人员的年均增长速度为2.68%。1966年全国从业人员总数达到29 805万人，占总人口的40.0%；其中城镇劳动者为5 354万人，乡村劳动者为24 497万人。1976年全国从业人员总数为38 834万人，占总人口的41.4%；其中城镇劳动者为8 692万人，占22.4%；乡村劳动者为30 142万人，占77.6%。

从三大产业的角度看，1966年全国第一产业从业人员为24 297万人，占总从业人员的81.5%；第二产业从业人员为2 600万人，占总从业人员的8.7%；第三产业从业人口为2 908万人，占总从业人员的9.8%。1976年，第一产业从业人员数为29 443万人，占总从业人员的比重下降到75.8%；第二产业从业人员为5 611万人，占总从业人员的14.4%；第三产业从业人员为3 780万人，占总从业人员的9.7%。1966年至1976年间，第一产业从业人员的比重下降了5.7个百分点，第二产业上升了5.7个百分点，反映了经济的一定发展。第三产业的比重在10年间则变化不大，说明中国的经济结构仍然相当落后。（见表15—6）

表15—6　"文化大革命"时期全国从业人员数　　　（单位：万人,%）

年份	从业人员 合计	占总人口	城镇	乡村	第一产业 人数	构成	第二产业 人数	构成	第三产业 人数	构成
1966	29 805	40.0	5 354	24 451	24 297	81.5	2 600	8.7	2 908	9.8
1967	30 814	40.3	5 446	25 368	25 165	81.7	2 661	8.6	2 988	9.7
1968	31 915	40.6	5 630	26 285	26 063	81.7	2 743	8.6	3 109	9.7
1969	33 225	41.2	5 825	27 400	27 117	81.6	3 030	9.1	3 078	9.3
1970	34 432	41.5	6 312	28 120	27 811	80.8	3 518	10.2	3 103	9.0
1971	35 620	41.8	6 868	28 752	28 397	79.7	3 990	11.2	3 233	9.1
1972	35 854	41.1	7 200	28 654	28 283	78.9	4 276	11.9	3 295	9.2

续表

年份	从业人员 合计	占总人口	城镇	乡村	第一产业 人数	构成	第二产业 人数	构成	第三产业 人数	构成
1973	36 652	41.1	7 388	29 264	28 857	78.7	4 492	12.3	3 303	9.0
1974	37 369	41.1	7 687	29 682	29 218	78.2	4 712	12.6	3 439	9.2
1975	38 168	41.3	8 222	29 946	29 456	77.2	5 152	13.5	3 560	9.3
1976	38 834	41.4	8 692	30 142	29 443	75.8	5 611	14.4	3 780	9.7

四　改革发展时期（1977～2000年）

中国改革开放以来经济迅速发展，国家重视劳动力资源的使用，进行了改革和结构调整的举措。中国的第一产业从业人员比例大大下降，第二产业和第三产业稳步提高，城镇化和工业化进程加速。

（一）改革前期（1977～1988年）

1977年至1988年间，中国从业人员增加14 857万人，其中城镇增加5 000万人，乡村增加近1亿人，1988年全国的从业人员总量达到54 334万人，增长速度较快，达到年均2.97%的水平。1977年到1988年，从业人员在城乡间的分布有一定的变化，城镇为14 267万人，占26.3%，乡村劳动者为40 067万人，占73.3%。

从三大产业的角度看，1977年至1988年间从业人员的比重变化较明显，其中第一产业比重下降了15.1个百分点，第二产业上升了7.6个百分点，第三产业上升了7.6个百分点。到1988年，第一产业从业人员数量达到32 249万人，占总从业人员的比重为59.4%；第二产业从业人员12 152万人，占总从业人员的22.4%；第三产业从业人员9 933万人，占总从业人员的18.3%。这一时期三大产业从业人员比重的明显变化，说明了中国工业发展和第三产业扩大的现代化进程。（见表15—7）

表15—7　　　　　改革前期全国从业人员数　　　（单位：万人，%）

年份	从业人员 合计	占总人口	城镇	乡村	第一产业 人数	构成	第二产业 人数	构成	第三产业 人数	构成
1977	39 377	41.5	9 127	30 250	29 340	74.5	5 831	14.8	4 206	10.7
1978	40 152	41.7	9 514	30 638	28 318	70.5	6 945	17.3	4 890	12.2

续表

年份	从业人员 合计	占总人口	城镇	乡村	第一产业 人数	构成	第二产业 人数	构成	第三产业 人数	构成
1979	41 024	42.1	9 999	31 025	28 634	69.8	7 214	17.6	5 177	12.6
1980	42 361	42.9	10 525	31 836	29 122	68.7	7 707	18.2	5 532	13.1
1981	43 725	43.7	11 053	32 672	29 777	68.1	8 003	18.3	5 945	13.6
1982	45 295	44.6	11 428	33 867	30 859	68.1	8 346	18.4	6 090	13.4
1983	46 436	45.1	11 746	34 690	31 151	67.1	8 679	18.7	6 606	14.2
1984	48 197	46.2	12 229	35 968	30 868	64.0	9 590	19.9	7 739	16.1
1985	49 873	47.1	12 808	37 065	31 130	62.4	10 384	20.8	8 359	16.8
1986	51 282	47.7	13 292	37 990	31 254	60.9	11 216	21.9	8 811	17.2
1987	52 783	48.3	13 783	39 000	31 663	60.0	11 726	22.2	9 395	17.8
1988	54 334	48.9	14 267	40 067	32 249	59.4	12 152	22.4	9 933	18.3

（二）治理整顿期（1988~1991年）

1988年中国面对经济过热问题，实行治理整顿的政策，该时期严格控制经济规模和严格控制劳动力。由此，第二产业从业人员人数在1989年异常下降，第一产业从业人员在全部从业人员所占比重，在1990年和1991年连续提高。

从总体上看，该时期全国从业人员数量增长迅速，总量增加10 465万人，年均增长速度达到6.05%的高水平。该时期从业人员在城乡之间和三大产业之间的变化不大。（见表15—8）

表15—8　　　　　治理整顿时期全国从业人员数　　　　（单位：万人，%）

年份	从业人员 合计	占总人口	城镇	乡村	第一产业 人数	构成	第二产业 人数	构成	第三产业 人数	构成
1988	543 34	48.9	14 267	40 067	32 249	59.4	12 152	22.4	9 933	18.3
1989	55 329	49.1	14 390	40 939	33 225	60.0	11 976	21.6	10 129	18.3
1990	64 749	57.3	17 041	47 708	38 914	60.1	13 856	21.4	12 378	18.5
1991	65 491	57.1	17 465	48 026	39 098	59.7	14 015	21.4	13 098	18.9

在这一时期，存在1989年到1990年从业人员数据跳跃式增加的现象，增加数量达9 420万人，增加比例达17%之高。应当指出，1990年的数据是由第四次人口普查得出，数据准确可靠，1989年及其以前若干年代的数据则是依据国民经济统计，存在着误差，未经调整和修正。

（三）深化改革时期（1992～2000年）

1992年开始，中国再一次明确了市场经济道路，进一步改革开放，这大大推动了劳动力资源的有效利用，为中国的持续经济增长提供了人力条件。1996年开始中国实行"九五"计划，在产业结构战略性调整的同时，致力于解决企业职工下岗问题，改善了劳动力资源的利用状况。

1992年至2000年间，中国从业人员数的增加放慢，总数由65 554万人到71 150万人，占总人口的57.3%，年均增长速度为1.03%。2000年，城镇劳动者为21 247万人，乡村劳动者为49 876万人。

从三大产业的角度看，1992～2000年，结构变化前期较快，后期基本持平。第一产业从业人员从占总从业人员的58.5%下降到50.0%；第二产业从21.7%略升到22.5%；第三产业提高较多，从19.8%提高到27.5%，上升了8.3个百分点。

该时期突出的现象有：其一，1994年第三产业从业人员的数量和比例在20世纪70年代以来首次超过第二产业，而后第三产业继续增长，说明中国经济结构在向良性的方向发展；其二，20世纪90年代前期第一产业比例下降迅速，90年代有一半时间绝对数量也下降，反映了中国经济向非农产业转移的进步过程；其三，1996年第一产业从业人员下降到50%的水平，而后在该水平一直维持了5年。（见表15—9）

表15—9　　　　　　深化改革时期全国从业人员数　　　　（单位：万人，%）

年份	从业人员 合计	占总人口	城镇	乡村	第一产业 人数	构成	第二产业 人数	构成	第三产业 人数	构成
1992	66 152	57.0	17 861	48 291	38 699	58.5	143 55	21.7	141 63	19.8
1993	66 808	56.9	18 262	48 546	37 680	56.4	14 965	22.4	15 515	21.2
1994	67 455	56.8	18 653	48 802	36 628	54.3	15 312	22.7	16 880	23.0
1995	68 065	56.9	19 040	49 025	35 530	52.2	15 655	23.0	17 927	24.8
1996	68 950	57.0	19 922	49 028	34 820	50.5	16 203	23.5	18 432	26.0

续表

年份	从业人员 合计	从业人员 占总人口	城镇	乡村	第一产业 人数	第一产业 构成	第二产业 人数	第二产业 构成	第三产业 人数	第三产业 构成
1997	69 820	57.1	20 781	49 039	34 840	49.9	16 547	23.7	18 860	26.4
1998	70 637	57.1	21 616	49 021	35 177	49.8	16 600	23.5	19 205	26.7
1999	71 394	57.2	22 412	49 980	35 768	50.1	16 421	23.0	19 823	26.9
2000	72 085	57.3	23 151	48 934	36 043	50.0	16 219	22.5	20 228	27.5

五　1982年、1990年、2000年人口普查的劳动力资源利用

中国的1982年、1990年、2000年三次人口普查，提供了改革开放以来劳动力资源配置和利用的翔实材料。

（一）在业人口规模增加

按照中国第三次人口普查的数据，1982年在业人口总数为52 150万人，占总人口的比例为51.9%；1990年第四次人口普查在业人口总数为64 724万人，占总人口的比例上升到57.25%；2000年第五次全国人口普查时，在业人口数为70 395万人，占总人口的比例为56.65%。

从在业人口的总规模看，2000年比1982年增加18 245万人，年均增长速度为1.7%。其中，1982到1990年的年均增长速度为2.74%，1990年到2000年的年均增长速度下降到0.84%，增幅下降的趋势明显。

（二）在业人口的性别年龄结构略有不同

中国在业人口中的两性数量，1982年男性为29 366万人，女性为22 784万人。1990年比1982年男性增加6 257万人，增长21.3%；女性增加6 317万人，增长27.2%。2000年在业人口中男性为38 475万人，女性为31 920万人，与1990年相比，男性增加2 852万人，增长了8.0%；女性增加2 849万人，增长了9.8%。在业人口的性别比（以女性为100）1982年为129，1990年下降到123，2000年下降到121，这反映了中国女性在业人口占总在业人口的比例有缓慢提高的趋势。

从年龄的角度看，1982年在业人口平均年龄为33.49岁，1990年上升为34.3岁，2000年在业人口的平均年龄高达37.9岁，在业人口的年龄呈现老化趋势。分性别来看，1982年在业人口中男性平均年龄为35.12

岁，女性平均年龄为 31.39 岁；与 1982 年相比，1990 年男性在业人口的平均年龄上升了 0.38 岁，女性上升了 1.41 岁；2000 年比 1990 年，男性在业人口的平均年龄上升了 3.1 岁，女性上升了 4.2 岁，分别达到 38.6 岁和 37 岁，女性在业人口的平均年龄上升幅度明显大于男性在业人口的平均年龄上升幅度。

（三）在业人口受教育程度提高

1982 年中国高中文化程度以上的在业人口占总在业人口的 11.4%，小学及以下文化程度的为 62.5%，即有一半以上的在业人口文化程度在小学及以下。1990 年高中文化程度以上的在业人口占总在业人口的比重上升了 5.6 个百分点，小学及以下文化程度的下降了 22.5 个百分点；2000 年高中以上在业人口比重达到 17.4%，其中具有大学教育水平的在业人口比重比 1990 年提高了 2.8 个百分点，小学及以下文化水平的在业人口占总在业人口的 40.9%。文化素质是在业人口素质的主要表现，文化素质的提高说明在业人口总体素质在逐步改善。

（四）行业结构有所调整

在业人口的行业构成是国民经济结构极为重要的反映。1982 年人口普查结果显示，中国的物质生产部门在业人数占全部在业人口的 94.4%，非物质生产部门占 5.6%。1990 年非物质生产部门的比重上升为 6.67%，2000 年达到 9.41%。非物质生产部门的比重逐步上升反映了中国的劳动力资源利用结构开始向良性转化。

表 15—10　　　　　　　在业人口的行业构成①　　　　（单位:%）

	1982 年	1990 年	2000 年
农林牧渔水利业	73.70	72.24	64.38
工业	13.71	13.38	14.13
地质勘探和普查业	0.15	0.12	0.13
建筑业	2.10	1.80	2.68
交通运输、邮电通信业	1.73	1.82	2.58

① 表中 2000 年交通运输邮电通信业中包含仓储业；2000 年地质勘探和普查业包括水利管理业。

续表

	1982 年	1990 年	2000 年
商业、饮食业、物资供销及仓储业	2.96	3.98	6.69
房地产、公用事业管理及居民服务业	0.47	0.96	2.38
卫生、体育和社会福利业	0.78	0.80	1.06
教育、文化艺术事业	2.37	2.33	2.56
科学研究和综合技术服务业	0.24	0.23	0.22
金融保险业	0.19	0.33	0.59
国家机关、政党和社会团体	1.54	2.00	2.35
其他行业	0.05	0.02	0.25

从表15—10在业人口13个行业大类的分布及变化中可以看出：1990年与1982年相比，比重上升最快的是房地产公用事业管理及居民服务业，1990年为1982年的2.06倍；下降最快的是地质普查和勘探业，1990年仅为1982年的80.0%。2000年与1990年相比，情况有所不同，除其他行业外，比重上升最快的是房地产公用事业管理及居民服务业，2000年为1990年的2.48倍。除农林牧渔水利业外，各行业人口构成都处于上升状态。从在业人口与行业发展的关系看，第三产业发展尤为迅速。中国在业人口最多的行业是农林牧渔水利业，其比重在1982～1990年间下降了1.46个百分点，1990～2000年这一比重继续下降。

在各行业中，性别比明显特征的行业是，建筑业男性占绝对主导的地位，交通运输、地质勘探、国家机关也非常突出；卫生体育和社会福利业则处于女性比例较大的相反局面。1990年与1982年相比，性别比上升幅度较大的行业是建筑业（上升了70.7）和交通运输邮电通信业（上升了104），下降幅度最大的是金融保险业（下降了60.9），较为稳定的是农业与科学研究和综合技术服务业。2000年与1990年相比，性别比上升幅度最大的是建筑业（上升了300），下降幅度最大的是机关政党团体（下降了80）。见表15—11。

表 15—11　　　　　　　分行业在业人口的性别比　　　　（以女性为 100）

行业	1982 年	1990 年	2000 年
农林牧渔水利业	116.3	111.2	106.2
工业	145.0	132.8	133.2
地质勘探和普查业	353.1	301.2	310.0
建筑业	429.9	500.6	800.3
交通运输、邮电通信业	337.1	441.1	451.4
商业、饮食业、物资供销及仓储业	131.3	113.9	101.4
房地产、公用事业管理及居民服务业	122.9	124.3	137.2
卫生、体育和社会福利业	107.8	86.9	80.5
教育、文化艺术事业	182.6	141.5	102.2
科学研究和综合技术服务业	172.9	170.9	176.1
金融保险业	213.8	152.9	113.7
国家机关、政党和社会团体	389.0	340.3	260.3
其他行业	172.1	235.6	197.0

（五）部分职业类别比例变化显著

1982 年以来三次全国人口普查的职业构成中，1982 年在业人口中体力劳动者，即"农林牧渔劳动者"与"生产工人运输工人和有关人员"的总和占据了绝大部分，达到 87.98%，这主要是因为中国物质生产部门的劳动生产率低，在工农业生产中还使用较多的劳动力资源。随着社会的发展，农林牧渔水利业生产人员和生产运输设备操作人员及有关人员缓慢下降，两者合计的比例 1990 年比 1982 年下降 2.24%，2000 年又比 1990 年下降 5.84%，直接从事体力劳动的在业人口比重有所下降，但仍占很大比重。

商业人员和服务业人员两个类别的比例明显增加，在 2000 年人口普查中这两个类别合并为一类，由 1982 年的 3.82% 上升到 1990 年的 5.41%，2000 年进一步增加到 9.2%。办事人员和有关人员也有一倍以上的增加。从事脑力劳动的国家机关、党群组织、企事业单位负责人的比重由 1982 年的 1.55% 上升到 1990 年的 1.75%，2000 年略有下降到 1.7%。各类专业技术人员比重稳步上升，由 1982 年的 5.07% 到 1990 年的

5.31%，2000年提高到5.7%。

表15—12　　　　各职业人员占从业总数的比重　　　　（单位:%）

职业类别	1982年	1990年	2000年
国家机关、党群组织、企事业单位负责人	1.55	1.75	1.7
专业技术人员	5.07	5.31	5.7
办事人员和有关人员	1.3	1.74	3.1
商业工作人员	1.81	3.01	9.2
服务性工作人员	2.01	2.4	—
农林牧渔水利业生产人员	72.02	70.58	64.5
生产运输设备操作人员及有关人员	15.96	15.16	15.4
不便分类的其他劳动者	0.09	0.05	0.1

　　从不同职业的性别构成看，1982~2000年间除了"生产工人、运输工人和有关人员"及"不便分类的劳动者"这两类职业的性别比变化有所波动以外，其他职业的性别比均呈现不断下降的趋势，国家机关、党群组织、企事业单位负责人类别的下降趋势尤为明显。1982~1990年这一职业类别的性别比下降了94.2，1990~2000年这一下降幅度加大，达到272。

　　商业服务性人员的性别比在1990年比1982年下降了9.4，2000年则处于男女两性持平的水平。各类专业技术人员性别比不断下降，2000年下降到93.3，是唯一的女性多于男性的职业类别。不同职业类别的性别比不断下降说明有越来越多的妇女参与工作，女性人口的广泛就业和专业技术人员中女性多于男性的现象，是妇女社会地位提高的表现。

表15—13　　　　分职业在业人口的性别比　　　　（以女性为100）①

职业类别	1982年	1990年	2000年
国家机关、党群组织、企事业单位负责人	863.1	768.9	496.9
办事人员和有关人员	308.6	289.7	230.4
生产工人、运输工人和有关人员	182.3	180.3	199.1

---

　　① 2000年人口普查将商业工作人员和服务性工作人员两个类别合并为"商业、服务业人员"一类。

续表

职业类别	1982 年	1990 年	2000 年
各类专业技术人员	161.3	121.0	93.3
商业、服务性人员	113.4	104.0	100.0
农、林、牧、渔、水利业生产人员	113.7	108.6	106.1
不便分类的其他劳动者	139.9	135.6	176.2

从在业人员平均年龄的角度看，最高的类别是国家机关、党群组织、企事业单位负责人，其次是各类专业技术人员，二者的平均年龄从1982年到2000年有所下降，其他类别均有所提高。国家机关、党群组织、企事业单位负责人是持续下降，1982到1990年下降1.1岁，1990到2000年下降1.8岁，其平均年龄的下降与干部年轻化政策有一定关系。

表 15—14　　　　分职业在业人口平均年龄　　　　（单位：岁）

职业类别	1982 年	1990 年	2000 年
国家机关、党群组织、企事业单位负责人	44.7	43.6	41.8
办事人员和有关人员	36.5	36	37.7
生产工人、运输工人和有关人员	31.3	31.2	33.2
各类专业技术人员	38.6	35.4	36
商业工作人员	34.3	34.5	35.3
服务性工作人员	36	36.2	—
农、林、牧、渔、水利业生产人员	33.6	34.5	39.5
不便分类的其他劳动者	27.4	28.1	36.4

（六）失业人口状况

从失业者年龄的角度看，三次人口普查均显示其年龄段主要集中在15~29岁，占全部城镇失业人口的一半以上，但这一比例呈下降趋势，1990年仅15~24岁城镇待业人口占全部城镇待业人口的80.49%，2000年15~29岁失业人口占总失业人口的50.1%。这反映了我国失业人员以青年为主的局面已经改观，中老年失业问题已经突出。

在我国的失业人口中，有相当一部分人是因为文化素质和专业技术水平偏低而被淘汰下来的。根据三次全国人口普查统计结果，在失业人员中，1982年初中及以下文化程度者占64.3%，1990年这一比例为72.2%，2000年为60.6%。

第三节 新中国的劳动力资源配置

一 新中国成立初期和"一五"时期（1949～1957年）

（一）劳动力资源配置走向行政为主的格局

新中国成立后的最初三年，基本任务是恢复国民经济和解决失业问题，政府通过各种手段解决失业问题有着明显的效果，[①]也起到了劳动力资源配置的作用。1953～1957年，中国实行了第一个五年计划，开展大规模经济建设，集中力量进行以156个项目为中心、由694个大中型项目组成的工业建设。政府通过行政手段进行有计划的劳动力资源配置，保证了国民经济发展的需要。

在劳动力管理方面，国家建立了政府统一分配工作、统一调配劳动力和就业后不被辞退的固定工制度，这种方法占据了劳动力资源配置的大部分。在国家对手工业和私营工商业进行公私合营的社会主义改造后，劳动力资源配置趋向于单一化。

（二）劳动力统一调配和固定工制度

1. 劳动力统一调配制度

1950年6月，政务院在《关于救济失业工人的指示》中规定："在招雇新工人和职员时，由当地劳动部门设立劳动介绍所统一介绍"。劳动部还规定跨省、区雇用和调配人员必须经劳动部门审批，在全国范围内实行了劳动力统一介绍的制度。

早在"一五"计划前，东北地区就实行了建筑工人的统一调配制度。1952年，政务院提出劳动力统一介绍要逐步向统一调配过渡。1953年中国建立了建筑工人调配机构，1954年在全国范围统一了建筑工人的招收和调配制度。1955年该制度扩大到工矿企业和交通运输等各个部门。

在该时期，中央也认识到劳动力统一调配的局限性。1953年7月，

[①] 参见本章第四节。

中央劳动就业委员会指出实行无所不包的劳动力统一调配为时尚早，应当适当缩小调配范围。① 1955年4月，中共中央针对当时各企业、事业单位存在的人员过多现象，决定实行"先调剂后招收"的办法。

2. 固定工制度

新中国成立到1957年，基本上实行固定工制度。固定工制度的特征是：采取统包统配的办法就业，就业后没有规定工作期限，国家对职工在地区、部门和单位之间调配，一般不予辞退。这形成了劳动力资源就业后的终身制。

（三）不同所有制的劳动力资源配置

1. 公有制经济职工迅速增长

1949年到1952年是国民经济恢复时期，国家在解放区经济和没收了官僚资本的基础上，建立了社会主义国营经济，国营经济成为劳动力资源配置的主要方向。1949年到1952年，全国职工人数总数增长了97.5%，国营单位职工人数则增长1.24倍；到1957年全国职工人数增长2.06倍，国营单位职工人数则增长2.96倍，达到1 921.9万人，占职工总数的78.4%。

公私合营单位的职工人数1949年为10.5万人，1955年增加到89.9万人。1956年国家实行对个体手工业和资本主义工商业的全行业公私合营，一年之间公私合营人数就增加了262.7万人，达到352.6万人。公私合营使社会主义公有制经济在国民经济中的比例进一步增加，1957年人数达到226.6万人，占全国职工的92.5%，居于绝对的统治地位。②

2. 1956年后私营经济接近消亡

1949年底，在私营企业就职的职工人数为295.7万人，占职工总数的36.9%，其中在工业部门就职的私营企业职工占到全部职工总数的53.7%。国家对私营工商业和个体手工业采取扶持的政策。1951年达到高峰后有一定下降，公私合营前的1955年为218.9万人，占全国职工总数的11.5%。

1956年公私合营，私营经济人数一年就减少了98.7%。到1957年，

---

① 刘嘉林、毛凤华等编著：《中国劳动制度改革》，经济科学出版社1988年版，第7页。
② 参见本章表15—15。

私营企业的职工人数为 2.5 万人，仅占职工总数的 0.1%，在工业部门就业职工中私营企业职工的比重也下降到 0.2%，私营经济处于接近消亡的状态。

表 15—15　　　　　　1949～1957 年全国职工人数①　　　（单位：万人）

年份	合计	国营 数量	国营 占总人数%	公私合营	合作社营	私营
1949	800.4	485.4	60.6	10.5	8.8	295.7
1950	1 023.9	653.5	63.8	13.1	25.6	331.7
1951	1 281.5	833.9	65.0	16.7	45.8	385.1
1952	1 580.4	1 079.7	68.3	25.7	107.7	367.3
1953	1 825.6	1 302.9	71.4	28.0	127.8	366.9
1954	1 880.9	1 358.8	72.2	54.9	178.0	289.2
1955	1 907.6	1 440.2	75.5	89.9	158.6	218.9
1956	2 423.0	1 879.4	77.6	352.6	188.2	2.8
1957	2 450.6	1 921.9	78.4	345.7	180.5	2.5

3. 公私合营后个体劳动者大大下降

1949 年中国城镇个体劳动者有 724 万人，1953 年达到 898 万人的高峰，净增 184 万人。1956 年搞合作化运动，个体劳动者人数猛降到 16 万人。1957 年纠正过激行为后，个体劳动者的人数有所回升，达到 104 万人，但与 20 世纪 50 年代前期的水平相比仍然差距巨大。

表 15—16　　　　1949～1957 年全国城镇个体劳动者人数　　（单位：万人）②

年份	1949	1952	1953	1954	1955	1956	1957
人数	724	883	898	742	640	16	104

---

① 国家统计局社会统计司编：《中国劳动工资统计资料 1949～1985》，中国统计出版社 1987 年版。

② 同上。

（四）劳动力资源配置的相关方面

1. 工资制度与职工福利

计划经济实行劳动力资源配置，必然导致工资计划。新中国成立初期，工资制度混乱，主要有供给制、原职原薪制和以实物计算为基础的货币工资制三种。1952 年后全国各大行政区进行第一次全国性工资改革，主要内容是：规定全国统一以"工资分"为工资的计算单位；根据按劳分配的原则，初步建立了工人和职员的新的工资等级制度，在大多数企业实行工人 8 级工资制。

第一次工资改革后，建立了经常性的职工升级制度，国家机关由供给制向工资制过渡。从 1953 年到 1957 年实行的第一个五年计划期间，进行第二次全国性工资改革，统一了各地区、各行业之间的工资标准，以利于劳动力统一调配。

为了弥补水平较低的工资，各项职工福利制度得到发展，主要有为方便职工生活的集体福利设施、各种补助和文化体育设施。

2. 劳动保险制度建立

1951 年 2 月 22 日，政务院颁布实施《中华人民共和国劳动保险条例（草案）》。1953 年 1 月 2 日，政务院又修订公布了《中华人民共和国劳动保险条例》及其实施细则。上述劳动保险条例与实施细则详细规定了企业职工的五方面待遇：（1）因工负伤、残废、死亡待遇；（2）疾病、非因工负伤、非因工残废待遇；（3）死亡待遇；（4）养老待遇；（5）生育待遇。劳动保险金由工会管理。

20 世纪 50 年代前期，国家机关和事业单位由供给制改行工资制，各项劳动保险制度也陆续建立。1952 年实行了公费医疗制度，1955 年颁布实行《国家机关工作人员退休处理暂行办法》。国家机关和事业单位的劳动保险制度与企业的制度大体相同，具体标准互有高低。

3. 劳动关系

新中国成立初期和"一五"时期，私营企业的职工人数在全部职工中占 1/3 至 1/4 的比重，劳资争议不断发生。政府设立了劳动争议处理机构，发布劳动争议处理法规，推动劳资双方签订集体合同、建立协商会议，积极处理劳动争议，保护劳资双方的合法权益。

1956 年，私营工商业社会主义改造的基本完成，劳动关系发生重大变化，劳动争议案件明显减少，劳动争议处理机构相继撤销。

二 "大跃进"和经济调整时期（1958~1966年）

（一）"大跃进"和劳动力招收失控

1958年5月中国共产党八届二次会议通过"鼓足干劲，力争上游，多快好省地建设社会主义"的总路线，由于急于求成，忽视客观规律，轻率地发动了"大跃进"运动。在"大跃进"的氛围下，1958年6月，劳动部党组就工业企业补充劳动力问题向中央的请示报告提出：根据一些省市、部门和国家计委、经委的计算，"二五"计划职工人数需要增加一倍甚至更多，提出将招工计划权限下放到省级。中共中央同意了这一请示报告。[①]

在招工管理权限下放后，1958年下半年职工人数急剧膨胀，全国职工人数1958年末增加了2083万人，相当于前8年增加职工人数总和的1.2倍。1959年1月中共中央发布通知停止招收新职工和临时工转正，但收效甚微。3年的经济冒进，职工人数达到5 969万人，大大超过工业生产的实际需要量。

"大跃进"期间，由于大量从农村招工，加上职工家属进城等原因，使得农业劳动力1957年至1958年一年间就减少3 818万人，减少19.8%；1960年比1957年减少近2 300万人，减少了近12%，[②] 这导致农业生产受到严重影响和全国性经济困难。"大跃进"时期的劳动力失控，是计划配置劳动力资源中的一次极其严重的失误。

（二）三年调整和大规模精简职工

1961年中国进行经济调整，采取缩短工业建设战线、精简职工和减少城镇人口的措施。[③] 中共中央决定三年内减少城镇人口2 000万以上。经过努力，1961年精简职工798万人，城镇人口减少1 000多万人；1962年精简职工935万人，城镇人口减少约1 200万人；1963年全国精简职工100多万人，城镇人口减少300多万人。国民经济比例严重失调和劳动力

[①] 刘嘉林、毛凤华等编著：《中国劳动制度改革》，经济科学出版社1988年版，第20页。

[②] 国家统计局社会统计司编：《中国劳动工资统计资料1949—1985》，中国统计出版社1987年版。

[③] 何光主编：《当代中国的劳动力管理》，中国社会科学出版社1990年版，第123页。

资源过度配置的问题得到一定的纠正。

（三）恢复严格的劳动力计划控制

1959年1月中共中央发布的停止招工通知，旨在严格控制招工以解决经济比例严重失调问题。1960年底劳动部召开全国厅局长会议提出，由中央批准劳动力计划，招工审批权控制在中央和省委，加强工资基金和粮食户口管理，严肃处理私招乱雇。在三年经济调整时期，跨地区的职工调配也严格控制。

（四）探索劳动用工制度改革

1958年5月，刘少奇在中共中央政治局扩大会议上提出"两种劳动制度"的意见。1959年劳动部颁布规定，在用工制度上"分别采用长期工、合同工、亦工亦农的办法"。① 其后各地在招工时，一般对城市来源的签订劳动合同，农村来源的实行亦工亦农制度。

（五）改造残存私有制

在这一时期，国家实行积极改造残存私有制的方针，1958年4月，中共中央发出了《关于继续加强对残存的私营工业、个体手工业和对小商小贩进行社会主义改造的指示》，组织个体手工业户加入合作社，把集体工商业并入或转为国营企业。其结果是使劳动力资源配置途径进一步单一化。

（六）劳动力资源配置的相关方面

"大跃进"时期，由于极"左"思潮的影响，按劳分配的原则受到冲击，取消了计件工资和奖励制，造成企业职工收入下降。在农村公社化的运动中，出现过公共食堂和半供给半工资制度，城市部分企业也实行半供给半工资制度。国民经济调整时期，逐步恢复计件工资和奖励制度。

1958年到1965年，国家先后三次调整部分职工的工资，提高工资水平，改进工资标准。1965年5月，进行"一条龙"工资标准的改革试点，目的是实行全国统一的职工工资标准。当时全国以西南地区为主有50多个单位参加试点，不久即由于"文化大革命"而停止。

----

① 何光主编：《当代中国的劳动力管理》，中国社会科学出版社1990年版，第166～169页。

三 "文化大革命"时期（1966～1976年）

（一）强化计划管理和所有制升级

1966年中国发动了"文化大革命"。在这期间，国营企事业单位继续实行严格的劳动力计划控制。集体所有制单位向全民所有制升格和归口管理，按计划招收劳动力。个体经济被当作资本主义尾巴遭到批判和取消。1976年，在全国城镇社会劳动者总数中，全民所有制职工从1966年的3 934万人增加到6 860万人，增加了2 926万人，所占比重由75.7%提高到79.1%；集体所有制职工则仅增加549万人，所占比重下降了3.4%；个体劳动者只剩下19万人，处于濒临消灭的状态。由此，城镇劳动力资源配置基本上只剩下计划分配工作一条途径。

"文化大革命"开始时，民间的斗争矛头指向新型劳动制度，大批临时工、合同工、轮换工包围和冲击国家机关，纷纷要求转为固定工。国家把几百万临时工、合同工、轮换工转为固定工，从而国营企业的用工基本上形成单一固定工制度的局面。

（二）城镇青年大规模上山下乡

"文化大革命"开始后，在1966～1968年的3年中，由于高等院校不招生，工厂企业也很少招工，城镇积累起来的几百万中学毕业生的去向安排成为重大问题。国家采取了安排上山下乡的计划配置办法。据统计，从1966年到1976年的10年间，城镇初高中毕业生1 600多万人上山下乡（包括到农场）。

（三）城乡大对流和无效配置

新中国成立后出生的人口在"文革"时期陆续进入劳动年龄，每年大约200万人，但当时的政策既不允许在城镇就业也不能升学，只能到农村去，接受贫下中农再教育。1968年开始大规模的上山下乡运动持续数年，1973年以前毕业的城镇知识青年基本上都上山下乡。

20世纪70年代初，在城市发展经济需要劳动力的情况下，由于当时继续坚持上山下乡政策，既不从城镇招工，也不招收已经上山下乡的青年，因而招收了1 000多万农村青年进城工作。这形成城乡之间的劳动力大对流。而后，由于增加人数过多出现了职工人数超过5 000万、工资总额和商品粮均超过国家计划的"三突破"问题①，造成国家在财政和粮食供应方面过度负担的经济压力。对此，国家很快将上千万已经进城就业的农村青年清退回农村，这反映了劳动力资源的无效配置。

（四）劳动力资源配置的相关问题

"文化大革命"开始后，按劳分配原则被否定，取消了计件工资和奖励制度，使企业的多种工资形式变成了简单的计时工资制，而且停止了计时工资的正常考核和正常升级工作，造成职工长期不能进行正常的工资调整，出现大量的劳酬不符和平均主义现象，严重挫伤了职工的劳动积极性。1967年与1968年甚至没有编制国民经济计划。

该时期，劳动保险制度被全盘否定和批判，管理机构被撤销，专职干部被下放，使劳动保险工作遭到严重损失。

四 改革前期（1977~1988年）

（一）改革与劳动力资源配置

中国共产党十一届三中全会以后，中国开始了改革开放，农村实行以家庭为基础的联产承包责任制，城镇国有部门推行放权让利的企业改革措施。改革过程中，乡镇企业迅速崛起，大量农业剩余劳动力涌入乡镇企业，个体私营等其他经济类型也取得一定发展。在国民经济有着良好发展势头的情况下，1988年底全民所有制工业企业所占工业产值比重已经下降到56.8%，计划体制的覆盖范围大大缩小。

中国的劳动力资源配置随着改革而发生变化。1978年，城镇从业人员中，国有单位占78.3%，城镇集体单位占21.5%，城镇个体劳动者只有15万人，仅占城镇从业总数的0.16%。到1988年，国有单位的从业人员占70.0%，城镇集体单位占24.7%，个体劳动者和私营企业从业人员达到659.3万人，是1978年人数的43.9倍，占当年城镇从业总数的4.6%。②

这一时期劳动力资源配置面临的突出问题是上山下乡返城青年的待业（即失业）问题。1980年国家实行了"劳动部门介绍就业、自愿组织起来

---

① 刘嘉林、毛凤华等编著：《中国劳动制度改革》，经济科学出版社1988年版，第25页。
② 国家统计局：《中国统计年鉴2000》，中国统计出版社2000年版，第118页。

就业和自谋职业"相结合的三结合就业方针,发挥国家、集体、个人三方面的积极性,解决了就业问题,使劳动力资源通过变通和灵活的途径得到配置利用。

在待业问题初步得到解决的同时,中国开始进行劳动合同制等方面的改革。

(二) 集体经济和个体经济的发展

1978年全国知识青年上山下乡工作会议召开,而后国家调整和结束了城镇知识青年上山下乡政策。为解决返城青年的就业问题,中共中央、国务院高度重视发展非国有的城镇集体经济和个体经济。据统计,1979年到1987年全国城镇就业的7 043.1万人中,到全民所有制单位就业的占60%,到集体所有制单位的占30%,从事个体劳动的占10%。如果扣除大专院校、技工学校以及复员退伍等统一分配人员(他们基本上都分配到全民所有制单位),剩下的城镇待业人员就业去向是:到全民所有制单位占27.3%,去集体所有制单位的占49.9%,从事个体经济和临时劳务的占22.8%。城镇集体经济和个体经济成为劳动力资源配置的主要渠道。

(三) 劳动服务公司的发展

劳动服务公司是适应城镇就业安置的需要而创建和发展起来的。1978年9月李先念副总理在国务院务虚会议上讲话中提出"要成立劳动服务公司",负责介绍待业人员就业,组织临时性劳动和培训。

劳动服务公司作为劳动力资源配置的重要渠道,分为两类:一类是统筹劳动就业工作,组织待业人员从事经济事业,输送和管理企业临时用工、开展就业训练的政府就业管理服务机构[1];一类是进行企业登记的工商企业,即劳动就业服务企业。经过10年的努力,1988年全国共建立劳动服务公司64 272所,除介绍了大批人就业外,在劳动服务公司企业中也安置了800万人就业。

(四) 农村劳动力转移与乡镇企业的发展

党的十一届三中全会以后,农村联产承包责任制全面实行,劳动力剩余现象显露,其转移出路成为重大问题。由于城市经济的发展,农转非人

---

[1] 该类劳动服务公司大部分改名为劳动就业管理局或劳动就业服务局。

员增加，并有大量农村劳动力进城务工经商。1984年10月，国务院发布《关于农民进入城镇落户问题的通知》，明文规定允许务工、经商、办服务业的农民自理口粮到集镇落户。

表15—17　　　　　　乡镇企业从业人员数量①　　　　（单位：万人）

年份	合计	乡办	村办	农业	工业	建筑业	交通运输业	商业饮食业
1978	2 826.56	1 257.62	1 568.94	608.42	1734.36	235.62	103.83	144.33
1979	2 909.34	1 314.44	1 594.90	533.00	1 814.38	298.45	116.90	146.61
1980	2 099.67	1 393.81	1 605.86	456.07	1 942.30	334.67	113.56	153.07
1981	2 969.56	1 417.55	1 552.01	379.94	1 980.80	348.83	107.38	152.61
1982	3 112.91	1 495.00	1 617.91	344.00	2 072.81	421.29	112.94	161.87
1983	3 234.64	1 566.95	1 667.69	309.22	2 168.14	482.72	109.71	164.85
1984	5 208.11	1 879.17	2 103.00	283.93	3 656.07	683.49	129.30	455.32
1985	6 979.03	2 111.36	2 215.69	252.38	4 136.70	789.95	114.18	1 685.82
1986	7 937.14	2 274.88	2 266.40	240.80	4 761.96	1 270.37	541.26	1 122.75
1987	8 805.18	2 397.45	2 320.78	244.18	5 266.69	1 373.98	623.14	1 297.19
1988	9 545.45	2 490.42	2 403.52	249.99	5 703.39	1 484.81	684.16	1 423.10

乡镇企业是农村剩余劳动力资源再配置的重要渠道。改革前的1978年，全国共有乡镇企业152.4万家，在其中就业的劳动者为2 826.6万人，占当时农村劳动力总数的9.3%。② 1988年增加到1 888.16万家，从业人员9 545.45万人，主要集中在工业和建筑业。见表15—16。1978—1988年，中国的乡镇企业创造的总产值为18 679.3亿元，③在农村经济和整个国民经济中都有着举足轻重的地位。

(五) 劳动用工制度改革

1. 加强职工调配和劳动力流动

"文化大革命"结束以后，国家加强了对夫妻两地分居职工和上下班

---

① 国家统计局：《中国统计年鉴1992》，中国统计出版社1993年版。
② 胡伟略等：《近期我国人力资源开发研究》，中国环境科学出版社1998年版，第176页。
③ 国家统计局：《中国统计年鉴1996》，中国统计出版社1997年版。

路远职工的调配,并加强对重点建设项目技术工人的抽调和对经济调整中"关停并转"企业数百万多余职工的调剂安置。

2. 实行劳动合同制

在城市经济体制改革尤其是企业改革开始启动的情况下,国家开始了对劳动制度的改革。1986年7月,国务院颁布了实行劳动合同制的四项暂行规定,要求对城镇新就业人员除国家另有特别规定者外,普遍实行劳动合同制。[①] 劳动合同制度的主要内容为:(1)企业招用常年性工作岗位的工人,统一实行劳动合同制,在平等自愿和协商一致的基础上,以书面形式明确双方的责任、义务和权利。(2)国家改革国营企业招工制度,招工面向社会公开招收。企业不得内部招工,不再实行"子女顶替"的办法。(3)提出国营企业辞退违纪职工的条件,企业拥有了比除名更大的用工权力。(4)颁布《国营企业职工待业保险暂行规定》,宣告破产企业的职工、濒临破产企业在法定整顿期间被精简的职工、企业终止和解除劳动合同的工人、企业辞退的职工,可以享受待业保险。

3. 搞活固定工制度

1984年以来,河南、河北、黑龙江等省的一些企业,结合经济责任制实行对在职员工的优化劳动组合,这是改革固定工制度的措施。一些地区和企业还进行了劳动、人事、工资、保险制度的综合配套改革。从劳动合同制、优化劳动组合到综合配套改革的实施,标志着中国的劳动力资源配置进行全方位的突破。

在搞活固定工制度的情况下,出现了企业富余人员问题。这一时期的企业富余人员尚未形成社会就业压力。

(六)劳动力资源配置的相关问题

1. 工资调整与改革

1977年到1983年,国家分期分批调整职工工资,并恢复和改进了计件工资和奖励制度。1980年国营企业开始了利润留成的改革试点,1983年国营企业开始实行第一步"利改税"后,改进了工资、奖金制度。

20世纪80年代中期,国家配合用人制度的改革,在企业工资管理方

[①] 郑杭生主编:《从传统向现代快速转型过程中的中国社会》,中国人民大学出版社1996年版,第231页。

面统一逐步下放企业内部分配自主权，实行工资和经济效益挂钩[①]的管理办法。在国家机关和事业单位，进行结构工资制的改革。

2. 劳动保险的恢复和发展

在这一时期，职工劳动保险制度开始恢复和整顿。进而，实行医疗费与个人经济利益挂钩的试点，探索向社会统筹医疗保险过渡；实行退休费社会统筹改革试点，使企业摆脱退休费过重的包袱；建立合同制工人退休养老保险；建立职工待业保险制度。

3. 劳动争议处理制度

为配合劳动合同制这一新的用人体制，1987年7月国务院颁布了《国营企业劳动争议处理暂行规定》。在各级劳动行政部门，组建了劳动争议处理机构，开展劳动争议仲裁等工作。

五　治理整顿和深化改革时期（1988～2000年）

（一）治理整顿期间的劳动力控制

20世纪80年代开始，一些部门和地方政府盲目地追热点、搞"发展"，导致建设项目大量重复上马。1988年中国出现经济过热问题，通货膨胀严重。1988年第四季度国家治理整顿，进行经济紧缩，对劳动力资源配置实行非常严格的控制。其政策有：大量基建项目下马，清退劳动力，农民工返回农村；控制劳动工资计划，全民所有制单位劳动力指标不增加，计划招工停止；全民所有制单位的退休人员等自然减员不补充。

（二）劳动力资源配置市场化

1. 基本内容

1992年以后，中国明确了走市场经济的道路，随着治理整顿的结束，经济环境逐步宽松。1993年11月，中国共产党十四届三中全会通过了《关于建立社会主义市场经济体制若干问题的决定》，提出建立社会主义市场经济体制的改革目标，也正式明确了"劳动力市场"的提法和内容。

1994年7月，全国人大常委会通过和正式颁布《中华人民共和国劳动法》，于1995年1月1日实行。《劳动法》的出台，从法律的角度规范了劳动力市场配置的主要内容。

---

① 即"工效挂钩"。

1997年中国共产党十五大为促进改革，提出对国有企业实行"鼓励兼并、规范破产、下岗分流、减员增效和实施再就业工程"的政策。

1998年，国家提出"劳动者自主就业、市场调节就业、政府促进就业"的新就业方针，强调劳动力资源通过市场途径配置，旨在形成就业公平竞争、工资杠杆灵活、劳动关系法制化和有社会保障的局面。

2. 用工制度改革

20世纪90年代初开始，在国有企业实行全员劳动合同制。全员劳动合同制的范围包括企业干部、固定工人、劳动合同制工人及其他人员（包括统一分配的大中专毕业生、城镇复员退伍军人、军队转业干部等）。到90年代中期，企业比较普遍地实行了劳动合同制，初步解决了用工制度改革中的双轨制问题。

3. 劳动力市场机构建设

劳动力市场机构是市场配置劳动力资源的场所，中国的劳动力市场主要有劳动保障部门的公立职业介绍所和人事部门的人才交流中心，此外还有大量行业部门、企业和私人举办的职业介绍所、人才市场和猎头公司等机构。劳动力市场管理的内容包括市场场所设施、工作机构设置、市场法规和中介服务等，中介服务主要有劳动力供求信息采集与发布、职业介绍和职业指导。2000年，为发展和规范劳动力市场，保护劳动者和用人单位的合法权益，劳动和社会保障部颁布了《劳动力市场管理规定》。

4. 其他措施

在劳动力资源配置市场化的体制下，中国采取了多方面的具体措施，主要有：发布劳动力市场工资指导价位；竞争性企业实行工资自主分配，垄断性行业实行国家控制工资总额、企业内部自主分配的工资制度；对国有企业经营者实行年薪制和期权制；推行集体合同制度与工资集体协商制度；等。

为了保证劳动力市场体制的运行，政府采取多方面的措施，下大力建设社会保障体制。

在世纪之交，中国大力发展高新技术，积极与国际接轨。在劳动力资源配置尤其是对投资人和技术专家的政策方面，政府进一步放开，取消了许多行政限制如一些城市的户口制度，提供多种优惠条件。

（三）职工下岗和再就业

20世纪90年代中期以来，国有企业以及集体企业出现了职工大规模下岗现象。下岗是在国有企业改革中，固定职工身份被打破和进入市场就业，即存量劳动力资源进入市场再配置；再就业工程则是实行体制转换、达到再配置的手段。1998年5月中共中央、国务院联合召开"全国国有企业下岗职工基本生活保障和再就业工作会议"，并于6月份发布了《关于切实做好国有企业下岗职工基本生活保障和再就业工作的通知》。

随着市场导向就业机制建立步伐的加快，在世纪之交，部分省市特别是经济发达的省市如上海、北京、广东、浙江、江苏等，已经停止下岗职工进入再就业服务中心的过渡性政策，开始实行富余人员辞退、直接进入劳动力市场的措施，基本上完成了体制转换。

（四）非公有经济迅速发展

20世纪90年代，非公有制经济迅速发展，构成劳动力资源市场配置的重要部分。从职工人数的角度看，1988年国有经济为9 984万人，城镇集体经济为3 527万人，包括股份制企业和三资企业的"其他单位"仅有97万人，占职工总数的0.7%。经过10余年，国有经济职工人数在1995年达到最高峰后又减少到2000年的9 260万人，城镇集体经济则减少到2 008万人，各类其他单位则迅速增加到2 200万人，占职工总数的16.3%。外资企业在中国的发展十分迅速。据国家统计局发布的第二次全国基本单位普查的结果，2001年末中国外商投资企业的数量达到56 770家，吸纳从业人员644万人。此外，私营、个体从业人员也有非常大的发展，从1988年的659.3万人增加到2000年的3 404.0万人。上述"其他单位"和私营个体经济两方面合起来看，2000年已经达到5 600万人之多。世纪之交，知识经济兴起、全球化步伐迅速，许多高新技术人才、经营管理人才、出国留学人员和海外投资商在中国创业，使用了大量高质量劳动力资源。

（五）农村剩余劳动力资源配置

1. 政府的配置举措

"三农"问题在中国影响重大，政府在20世纪90年代以来进行了一系列的工作。1991年5月，劳动部、农业部、国务院发展研究中心共同推动"中国农村劳动力开发就业试点项目"。1993年劳动部推出"城乡协调就业计划"第一期工程。1994年，劳动部颁布了《农村劳动力跨省流动管理暂行规定》，实施以就业证卡管理为中心的农村劳动力跨地区流动就业制度。

1997年6月，国务院批转公安部《关于当前户籍管理中几个突出问题的意见》规定，从农村到小城镇务工或兴办第二、第三产业的人员等，可以办理城镇户口。2001年3月30日，国务院批转公安部《关于推进小城镇户籍管理制度改革的意见》，对办理小城镇常住户口的人员，不再实行计划指标管理。这是中国户籍制度改革的重大举措。各地纷纷出台相应政策，改革小城镇户籍管理办法。

2001年11月中央经济工作会提出以城镇化促进农业剩余劳动力的转移，实现城乡劳动力资源的合理配置。2002年中央2号文件要求对进城农民要"公平对待，合理引导，完善管理，搞好服务"，提出逐步形成城乡统一的劳动力市场。

2. 促进在当地的配置

中国采取多种措施，充分利用农村当地资源优势，积极调整农业和农村经济结构，发展效益农业和劳动密集型农业，发展农村非农产业，引导乡镇企业发展与小城镇建设相结合，扩大农村水利、交通运输、农村电网等基础设施建设规模，以促进农村剩余劳动力在当地的配置。

乡镇企业从业人员在1996年达到最高峰的13 508.3万人，2000年减少为12 819.5万人，其中集体企业3 832.8万人、私营企业3 252.5万人、个体企业5 734.2万人。乡镇企业从业人员的数量处于不稳定状态，表明乡镇企业吸纳劳动力资源的能力在减弱。

3. 跨地区流动的监控和引导

中国政府注意引导农村劳动力跨地区合理流动，通过加强信息网络建设和职业中介服务，开展农村劳动力输出前培训，组织有序化的流动，并建立农村劳动力外出就业和返乡创业双向流动就业机制。1993年开始实施了"农村劳动力流动有序化工程"，20世纪90年代以来，农村转移到城镇就业的劳动力达到8 000多万人。

国家对农村劳动力流动进行监测，以把握对流动规模，保证城市的秩序。1999年，劳动和社会保障部在全国100个县市建立了农村劳动力流动就业监测点，分析农村劳动力的流动和需求状况，及时发布信息，引导其合理流动。世纪之交，就业监测点发展到 400 多个。

（六）社会保障体制的全面建设

1. 社会保障的内容

在中国，社会保障包括社会救济、社会保险、社会福利和社会优抚，其中最主要的内容是社会保险。中国社会保险体系中的三大保险为养老保险、医疗保险和失业保险，此外还有工伤保险和生育保险，它们对于市场配置劳动力资源中发生困难的群体进行必要的帮助，构成社会安全网，是中国推行市场经济体制的重要保证条件。

此外，中国的社会保障还包括对于不符合社会保险条件的劳动力资源及其相关人群的其他社会保障内容，如下岗职工的基本生活保障、领取失业保险金超过两年的人享受居民最低生活保障。

2. 养老保险制度

1995 年国务院发布《关于深化职工养老保险制度改革的通知》，确定了基本养老金社会统筹与个人账户相结合的制度。1992 年，民政部出台《县级农村社会养老保险基本方案（试行）》，实行社会养老与家庭养老相结合，以自助为主、互助为辅，国家给予政策扶持，农村务工、务农、从商各类人员的养老制度一体化。

3. 医疗保险制度

1994 年，国务院对江苏镇江市和江西九江市进行医疗保险制度改革试点。1998 年 12 月，国务院颁布了《关于建立城镇职工基本医疗保险制度的决定》，实行保障职工基本医疗的"基本水平、广泛覆盖"原则，建立了社会统筹与个人账户相结合的制度，并加快医疗机构改革。

4. 失业保险制度

1993 年 4 月，国务院发布了《国有企业职工待业保险规定》，对保险对象、保险水平和项目、保险费来源、给付条件等做了详细规定。1999 年 1 月，国务院颁布了《失业保险条例》，规定了缴费比例、享受标准和给付等，依法扩大失业保险的覆盖氛围，加强制度建设，并进行下岗职工基本生活保障向失业保险并轨的试点。[①]

[①] 刘永富主编：《中国劳动和社会保障年鉴 2001》，中国劳动社会保障出版社 2001 年版，第 5~6 页。

5. 问题与完善

经过多年的努力，中国"初步建立起城镇企业职工基本养老保险制度、基本医疗保险制度、失业保险制度和城市居民最低生活保障制度，形成了社会保障体系的基本框架"，①"对维护社会稳定、推动改革和发展发挥了重要作用"。② 但是，中国还存在着社会保障仍主要依托企业和事业单位、没有实现社会化管理、下岗职工经费的"三三制"办法难以完全落实、养老保险基金收支地区差异大和资金入不敷出、拖欠离退休人员养老金、部分人员生活很困难的问题③。

在全面推进国有企业改革和塑造市场经济环境的形势要求下，2000年12月国务院召开全国社会保障工作会议，推行"完善城镇社会保障体系"的试点方案，进一步落实下岗职工基本生活保障和离退休人员养老金发放的"两个确保"，安排社会保障资金筹集这一关键工作和加强对社会保障体系工作的领导，④ 以解决上述问题。

第四节 新中国的就业

一 新中国成立初期和"一五"时期（1949～1957年）

（一）第一次就业问题：1949～1957年

新中国出现的第一次就业问题，发生在新中国成立初期的经济恢复时期和第一个五年计划时期。新中国成立初期存在数量巨大的失业问题，其性质是旧中国遗留严重的失业以及社会发生巨变所导致的失业。据统计，1949年末全国城镇失业的人数为472.2万人，城镇失业率高达23.6%。⑤ 随着国家的安置解决措施和经济发展，中国的失业率水平大幅度下降。

造成新中国第一次失业问题的原因是：（1）旧中国遗留严重的失业问题。（2）多年战争造成经济凋敝，使城镇劳动需求严重萎缩。（3）新

---

① 朱镕基：《在全国社会保障工作会议上的讲话》，2000年12月27日。
② 同上。
③ 同上。
④ 同上。
⑤ 国家统计局社会统计司：《中国劳动工资统计资料1949～1985》，中国统计出版社1987年版，第109页。

中国成立前后,大量官僚资本、外国资本和民族资本抽逃,致使许多企业关闭或歇业。(4)在旧军队、旧政府中任职的大量人员需要新的就业出路。(5)随着社会改造,有的旧产业关闭(如迷信品生产),从而一些人失业;等。

为了有效地解决失业问题,中央人民政府和各地人民政府建立了劳动就业委员会。经过几年大规模的就业安置,到第一个五年计划之前的1952年末,全国城镇失业人数下降了100万人,但仍然有372.6万人,城镇失业率高达13.2%。

"一五"计划期间国民经济顺利推进,政府为解决就业问题实施了多项措施,中国的失业率逐步下降。到1957年末,全国城镇累计就业人数为273.8万人,失业人数下降到200.4万人,失业率下降到5.9%,基本上缓解了失业问题。(见表15—18)

表 15—18　　　　1949~1957 年中国失业与就业情况[①]

年份	城镇失业人数 (万人)	城镇失业率 (%)	当年就业人数 (万人)	累计就业人数 (万人)
1949	474.2	23.6	—	—
1950	437.6	—	36.6	36.6
1951	400.6	—	37.0	73.6
1952	376.6	13.2	24.0	97.6
1953	332.7	10.8	43.9	141.5
1954	320.8	10.5	11.9	153.4
1955	315.4	10.1	5.4	158.8
1956	212.9	6.6	102.5	261.3
1957	200.4	5.9	12.5	273.8

(二) 1949~1957 年的就业政策

经济恢复时期和"一五"计划时期的就业政策,包括以下内容:

1. 帮助失业人员解决就业出路

社会主义的政治理想,是保障劳动群众的工作和生活权利,使"人

---

① 资料来源:中国劳动工资统计资料(1949~1985),中国统计出版社1987年版。

人有工作、人人有饭吃"。政府采取了多种行政手段促进失业人员就业，包括：进行失业登记及转业训练；① 发放失业救济金以及生活困难的一次性补助；以工代赈，生产自救，临时就业；组织失业的手工业者和商贩成立合作社，或者安排进行个体生产经营；开展转业训练，增强就业能力；提供优厚条件，动员农村有紧密联系的城镇失业人员返乡务农和组织到人少地多的未开发地区。

2. 采取行政手段维持就业，防止新的失业出现

（1）"包下来"和"给出路"的政策。政府对原国民党官办企业的职工和在教科文卫行业工作的人员，在人民政府接管后实行维持"原职原薪"的政策；对原国民党军队和政府中没有较大罪恶和问题的人员，全部安排新的工作。这一措施也基于有利于全国解放的政治考虑。②

（2）限制企业解雇人员。政府限制私营企业盲目招收和无理解雇工人。1954年，国家进一步做出规定，无论公私企业，均不得因企业提高生产效率而解雇富余的员工，企业的富余人员由原企业组织学习和培训。

（3）在经济改造中维持就业。1955～1956年，国家对私营企业实行公私合营中，采取"分口包干、统筹安排"的办法，由国营企业各主管部门分别管理对口行业的私营企业，对其资本、财产、生产经营、人员等进行全面安排和处理。资方人员安置到政府机关或企业工作，工人在原企业留用或统一调剂到其他部门行业。

（4）控制招收农村劳动力。国家规定，城市企业需要招收农村劳动力时，必须经过地方劳动部门统一调配或组织招收。政府劝阻农民盲目流入城市，以免出现新的失业。

3. 适度发展私营经济

政府允许私营工商业适度发展，对私营企业实行了"公私兼顾、劳资两利"的政策，使其在原材料分配、加工订货、产品收购包销、资金贷款等方面享有与国营企业基本相同的待遇，使资本家愿意继续经营下

---

① 国家劳动总局政策研究室编：《中国劳动立法资料汇编》，工人出版社1980年版。
② 陈云：《目前财经工作中应注意的问题》，《陈云文选1949～1956》，人民出版社1984年版，第15页。

去，从而维持劳动力的雇用。1949年，全国私营工业企业共有12.3万多家，雇佣人数达164万人，占全国工业劳动力总数的53.7%。政府注意防止现存企业停工倒闭，造成新的工人失业。

4. 建立"统一就业"的制度

（1）培养干部，统一分配工作。新中国成立初期，政府在各大城市创办人民革命大学吸收失业工人、工程技术人员和知识分子，进行短期的政治教育和职业训练，再由政府统一分配，安置到政府行政部门和文教事业单位工作。

（2）统一介绍就业。1952年8月，政务院批准的《关于处理失业工人办法》中指出，"为了配合国家建设计划，逐步解决失业、半失业和剩余劳动力问题并争取逐步实现合理使用劳动力起见，应从统一介绍就业开始，逐步达到统一调配劳动力。"

统一就业制度的内容是：凡需要雇用工人或职员的各个公私企业，必须先将要雇用人员的条件及待遇办法草案交到当地劳动局，经审核批准后再由劳动力调配机关统一介绍人员，或从劳动局所指定的当地失业人员中进行小范围的选择，并经调配机关审查批准后方可雇用。

（3）复员转业军人和毕业生统一安排就业。政府明文规定，城镇复员转业军人、大中专毕业生、技工学校毕业生、城镇中学和高小毕业生，都由国家统一安排就业。

5. 一定的就业灵活性

（1）部分地区自由招工。新中国成立初期，政府允许一些经济基础较好地区（如东北、华北地区）急需劳动力的工矿企业、经济部门，自行从社会上的劳动力和失业者中招收工人和技术人员，满足本企业的需要。

（2）实行"介绍就业和自行就业相结合"的方针。针对"统一介绍就业"政策不利于广开门路解决失业问题的缺陷，1953年5月中央劳动就业委员会、劳动部和内务部提出"介绍就业和自行就业相结合"的方针，从而打开就业的另一扇门。国家鼓励个人通过关系自找工作，实现就业。政府缩小了统一就业和统一调配的范围，给予企业少量的用人自主权。

二 "大跃进"和调整时期（1958～1966年）

（一）第二次就业问题：1958～1966年

新中国第二次就业问题，包括"大跃进"盲目扩大就业和其后的调整两个阶段。这次就业问题的基本格局是：城镇劳动力不合理地剧增而后大量精简（主要是返回农村），公开失业被消灭，后期出现一定的待业人员。

1958年中国开展"大跃进"运动，大炼钢铁和大搞各种建设项目，城镇吸收了大量劳动力就业。在"大跃进"期间上年存留的200万失业人员全部吸收后，采取了动员城镇家庭妇女走出家门就业和从农村大量吸收劳动力进城就业的措施。[①]"大跃进"不仅使劳动需求信号过度，而且实际吸收的就业数量也大于当时的劳动需求信号。[②]

"大跃进"之后开始经济调整，国家严格控制城镇就业，把2 000多万过剩的在职劳动力精简回农村，大大减轻了城镇就业压力。在这一时期，城镇劳动需求大大下降，部分城镇新成长劳动力不能获得就业岗位，在国家统一计划安置就业的体制下，成为"待分配"即待业的人员。1963年末，全国城镇有200万劳动力未能得到配置。[③]

从1958年到1966年以至其后的1977年，中国消灭了公开失业，政府承担了对城镇劳动力"包就业"的责任。

（二）1958～1966年的就业政策

"大跃进"和经济调整时期的就业政策，包括以下内容：

1. "大跃进"期间动员劳动力就业

1958年中国开展"大跃进"运动，出现了劳动供给不足的假象，城镇新成长劳动力远远不能满足需要。在这种情况下，政府不但动员各行各业的职工、学校师生员工参加"大炼钢铁"的运动，还动员家庭妇女等非劳动力就业。

[①] 马洪主编：《现代中国经济事典》，中国社会科学出版社1982年版，第515页。
[②] 张玉璞、刘庆唐：《劳动力系统配置论》，劳动人事出版社1989年版，第297页。
[③] 胡鞍钢等著：《扩大就业与挑战失业——中国就业政策评估（1949～2001年）》，中国劳动社会保障出版社2002年版。

2. 城市精简职工

"大跃进"期间大量招工,严重超过了城镇的需要量。1961年,政府采取了精简职工的政策,动员一部分职工退休或回乡、下乡,从而减少城镇就业的劳动力。到1963年6月,共精简职工1 940万人,减少城镇人口2 600万人。

3. 部分城市青年上山下乡

1962年,国家在实行精简职工政策的同时,规定对"具有下乡条件的……不能在城镇就业的青年学生,可以安置到农场(包括牧场、林场、渔场)。"由此开始了有计划上山下乡的举措。1964年初,国家提出"安置城市青年上山下乡,要以插队为主"的精神。[1] 从1962年至"文化大革命"之前,全国城镇有139万青年通过上山下乡渠道就业。[2]

三 "文化大革命"时期(1966~1976年)

(一)第三次就业问题:1966~1976年

新中国第三次就业问题发生在十年"文化大革命"时期。该时期就业问题的基本格局是:国家严格控制劳动力,城镇毕业学生大规模上山下乡而后大量返城。

1966~1976年,中国发生了名为"文化大革命"的大规模政治运动,国民经济受到一定的冲击和影响,在所有制方面集体企业升格,限制和取消个体经济。上述原因使得劳动需求狭小和就业岗位严重不足。同时,20世纪50年代初出生的人口成为60年代末的大规模劳动供给,在"文化大革命"初期这批人初高中毕业(被称为"老三届")后积压数年没有就业出路,而不能离校。

为了解决城镇毕业学生的就业出路,国家组织了大规模上山下乡,把城市就业的压力转移到农村。1967~1976年十年间共有1 403万人上山下乡,其中插队人数为1 211万人。1969年是上山下乡规模最大的年份,数量达到267.38万人。20世纪70年代初企业恢复招工,高中开始恢复招

---

[1] 顾洪章、马克森主编:《中国知识青年上山下乡大事记》,中国检察出版社1997年版,第42~44页。

[2] 顾洪章、胡梦洲主编:《中国知识青年上山下乡始末》,中国检察出版社1997年版,第34~36、78~79页。

生，一部分城镇毕业生得以升学和在城市就业，上山下乡的规模缩小。1974年以后上山下乡规模又有一定扩大。

在上山下乡政策的实施中，由于多方面的原因，造成农民、知识青年与家长、对口单位、政府"四不满意"① 的局面，上山下乡青年不能稳定在农村而逐步返城。1975年以后，在农村就业的下乡青年通过招工、招生、征兵、提干和病退、困退的原因而大量调离农村，每年达到100多万人，1975年和1976年调离农村的人数均在130多万人的水平②。"文化大革命"结束时，上山下乡青年返城规模更大。

（二）1966～1976年的就业政策

十年"文化大革命"时期的就业政策，包括以下内容：

1. 制止已上山下乡青年返城

"文化大革命"开始以后，上山下乡工作停顿，许多上山下乡青年返回城镇，上访请愿，要求把户口迁回城镇。1967年2月，中共中央、国务院发出《关于处理下乡上山知识青年外出串联、请愿、上访的通知》，要求串联、请愿、上访者返回本地，搞好生产；并要求对安置中的问题，由各级党委负责逐步解决。

2. 大规模上山下乡

（1）老三届毕业生大规模上山下乡。1967年北京市10名中学生自发到内蒙古的牧区插队当普通农民、牧民，而后影响到各地。由于大学在"文化大革命"之中停止招生，城市各企事业单位也因此停止招工，"老三届"的初中、高中学生积存数量达1 100万人，其中家居城镇的有400万人。③ 他们没有升学和就业的去向，因此国家采取了大规模上山下乡的政策。中共中央、国务院在1968年提出学校毕业生分配实行"面向农村、面向边疆、面向工矿、面向基层"的方针，并以面向农村、插队落户为主。

（2）从"接受再教育"到"插队落户"。1968年12月《人民日报》发表毛泽东主席的指示，提出"知识青年到农村去，接受贫下中农的再

---

① 顾洪章、胡梦洲主编：《中国知识青年上山下乡始末》，中国检察出版社1997年版，第145～146页。

② 同上书，第308页。

③ 同上书，第96页。

教育，……要说服城里干部和其他人，把自己初中、高中、大学毕业的子女，送到农村去，来一个动员。"1968~1969年，全国形成上山下乡的高潮，一些省市的中学毕业生全部上山下乡，北京、天津、上海三大城市的中学毕业生有70%上山下乡。

大批城市青年上山下乡以后，其劳动和生活问题未能解决好，加之"接受再教育"的宣传使人理解为上山下乡是临时性的，因而不能稳定在农村就业。而后，国家提出"上山下乡、插队落户"的口号。

3. 上山下乡区别情况

中国"文化大革命"前的上山下乡基本上实行自愿原则。"文化大革命"中，上山下乡一度成为城镇中学毕业生就业的唯一道路，并带有一定的强制性。1973年起，在上山下乡对象方面有了一定的灵活性，国家政策规定：病残、独生子女、多子女身边只有一个子女、中国籍的外国人子女不上山下乡，可以在城市就业；矿山井下、野外勘探、森林采伐等行业职工子女，可以按政策顶替父母工作；各省市自治区可以给一部分毕业生分配城市工作。

四　改革前期（1977~1988年）

（一）第四次就业问题：1977~1988年

新中国第四次就业问题发生的时间，包括"文化大革命"结束后的过渡时期和经济改革前期。该时期就业的基本格局是：大规模上山下乡青年返城形成待业即公开失业，而后较快得到解决；较长时期维持低失业水平。

20世纪70年代末期，大批上山下乡的城镇青年返回城市，1977~1979年从农村调离的人数，扣除招生和征兵的人数，达到665.49万人。但是，由于城市不能迅速提供足够的就业岗位，出现了严重的待业问题。中国的待业实际上是在计划经济统包统配安排就业体制下的失业。1979年，全国的城镇待业人数达到567.6万人，城镇待业率达到5.4%，是1958年消灭公开失业后至20世纪末最高的失业率。

为解决这一问题，国家在20世纪80年代初提出了"三结合"就业方针。经过数年的努力，在80年代中期基本上解决了这次待业问题，失业率下降到2%左右的低水平，并一直维持到80年代末。（见表15—19）

劳动服务公司在解决待业问题上起了重要的作用。

表15—19　　　　中国1978~1988年失业与就业情况

年份	城镇失业人数（万人）	城镇失业青年（万人）	城镇登记失业率（%）	当年就业人数（万人）
1978	530.0	249.1	5.3	544.4
1979	567.6	258.2	5.4	902.6
1980	541.5	382.5	4.9	900.0
1981	439.5	343.0	3.8	820.0
1982	379.4	293.8	3.2	665.0
1983	271.4	222.0	2.3	628.3
1984	235.7	195.9	1.9	721.5
1985	238.5	196.9	1.8	813.6
1986	264.4	209.3	2.0	793.1
1987	276.6	235.1	2.0	799.1
1988	296.2	245.3	2.0	844.3

（二）1977~1988年的就业政策

"文化大革命"结束至改革前期的就业政策，包括以下内容：

1. 调整政策和结束上山下乡

1978年10~12月，全国知识青年上山下乡工作会议召开。会议确定了"调整政策，逐步缩小上山下乡的范围"的原则。1980年，国务院知青领导小组下发了文件。会议和文件的内容包括：

（1）解决知青问题的基本思路。中共中央副主席邓小平指出，第一步应做到城市青年不下乡，然后再解决从农村吸收人的问题。要开辟新的经济领域，做到容纳更多的劳动力。[①]

（2）上山下乡政策的变化。政策的变化包括缩小上山下乡范围，和不再搞分散插队而举办集体所有制的农、工、林、牧、副、渔场队与到企事业机关单位生产基地。城镇则应积极开辟新领域、新行业，扩大就业门

---

① 顾洪章、马克森主编：《中国知识青年上山下乡大事记》，中国检察出版社1997年版，第154页。

路。国务院知青领导小组下发的文件中提出"能够做到不下乡的,可以不下",意味着上山下乡政策的终止。①

(3) 重新安排在农村插队的知青。对其中上山下乡较早的老知青,要限期解决。

2. 多方面解决城镇待业问题

面对上山下乡青年返城形成大规模待业的局面,为了从深层次解决问题,开创劳动就业新局面,1980年8月召开全国劳动就业会议,确定了新时期就业工作的基本原则。中共中央转发了会议文件《进一步做好城镇劳动就业工作》。文件要求各级党委和政府解放思想,从实际出发,结合经济发展规划制订就业计划,把解决当前就业问题同加速现代化建设结合起来。具体政策包括:

(1) 搞活劳动体制。文件指出,在控制大中城市人口的前提下,逐步做到允许城镇劳动力在一定范围内流动;逐步推行公开招工、择优录用的办法,使企业与劳动者有一定的选择权;允许在组织合作社或合作小组进行生产经营,和从事个体工商业和服务业劳动,实现就业;国家逐步举办社会保险和社会救济事业。劳动体制搞活的目的,是使就业途径拓宽。

(2) 提出"三结合"就业方针。"三结合"就业方针的内容,是"在国家统筹规划和指导下,实行劳动部门介绍就业,自愿组织起来就业和自谋职业相结合"。这一方针的实质,是"以生产资料公有制为主体、多种经济成分并存"的经济政策在劳动就业政策和城市经济工作中的体现,是政府就业政策的突破,对中国的就业工作有长期的指导作用。

(3) 广开门路、搞活经济。1981年10月,中共中央、国务院颁布42号文件《关于广开门路,搞活经济,解决城镇就业问题的若干规定》,指出要通过调整产业结构和所有制结构,在发展经济和各项建设事业的基础上,扩大劳动力需求,以有计划有步骤地解决城镇劳动力的失业问题。《规定》要求,积极采取有力措施,广开门路、搞活经济,促进集体经济

---

① 顾洪章、马克森主编:《中国知识青年上山下乡大事记》,中国检察出版社1997年版,第160~172、192页。

和个体经济发展,政府提倡和指导失业者到集体经济单位就业或从事个体经营,自谋职业;同时,建立健全劳动服务公司机构,大力加强技术培训工作;严格控制农村劳动力流入城镇,以避免增加城镇就业压力。

为了进一步发展经济,拓宽就业渠道,1983 年 4 月国家下发了《国务院关于城镇劳动者合作经营的若干规定》、《〈国务院关于城镇非农业个体经济若干政策性规定〉的补充规定》和《关于城镇集体所有制经济若干政策问题的暂行规定》。这些文件进一步放宽了对集体经济、合作经营以及个体经济的限制,促进其恢复与发展,为自谋职业打开了大门,缓解了城镇待业的压力。

(4) 就业逐步走向市场。上述各种政策措施反映出国家在着手改变就业模式,尝试通过市场途径实现就业,而后一些地方还举办了劳务市场。

3. 开展就业服务

就业服务是政府劳动就业服务部门以及其他机构对求职者谋求职业所提供的各项服务的总称。其具体内容包括:

(1) 建立就业工作机构。1978 年以来,中国组建了大批名为"劳动服务公司"的待业青年就业工作和管理机构。此外,一些劳动部门的技工交流机构也从事就业工作和管理。20 世纪 80 年代中期以来,一些地方的职业介绍机构建立,成为就业服务工作的主要组织。

(2) 组织生产自救,分担就业。在中国兴办的劳动服务公司中,有大量具有生产自救特点的集体所有制经济组织和劳动就业服务企业。国家和社会对其给予扶助支持,如减免税收。1981 年中共中央、国务院 42 号文件指出,厂矿企业和机关团体为安置富余职工和待业青年就业,可以举办劳动服务公司。这是运用社会力量分担就业的措施。

(3) 发展就业训练。国家规定,实行"先培训后就业"的政策。为此,就业服务机构在各地设立了就业训练中心,根据社会需求开展短期劳动技能训练,帮助待业青年及其他人员获得就业技能,促进社会就业问题的解决。

(4) 保证失业者生活。1986 年中国实行劳动合同制,实行待业保险制度是其配套措施之一。这是适应市场用人体制的社会保障内容,它可以为待业人员解决基本生活来源。

五 治理整顿和深化改革时期（1988～2000年）

（一）第五次就业问题：1988～2000年

新中国第五次就业问题发生在治理整顿与深化改革两个时期。这次就业问题的基本格局是：在推进市场经济进程中，已就业人员严重过剩的问题逐步暴露，公开失业与下岗大量增加。该时期就业的两大焦点是城镇企业职工大规模下岗问题和农村剩余劳动力大规模盲目进城务工问题。[①]

1. 治理整顿期间的就业问题

据国家劳动部20世纪80年代后期做出的七年劳动就业预测，中国20世纪80年代后期至90年代中期处于又一次劳动供给高峰，社会将存在巨大的就业压力。在1988年末开始治理整顿，国家严格控制城市就业，相当数量的基本建设项目下马。治理整顿虽然控制住了经济过热的局面，但代价是经济不景气、企业陷入三角债，不仅大大限制了劳动需求，使待业率有所提高，而且出现了数百万的企业停工待工人员。

中国农村过剩劳动力数量达到1.3亿，占农村劳动力总数的1/4以上。[②] 在治理整顿开始、基建项目下马的第一个春节过后，1989年2月10日开始，广州出现大批外省民工涌入寻找工作的现象，形成"百万民工下广州"的局面，中国的民工潮开始产生。[③]

对此，国家采取了一系列政策措施，使上述就业问题得到一定的缓解。

2. 企业职工下岗

20世纪90年代，中国深化国有企业改革，逐步把企业推向市场，企业有了比较大的竞争压力，产生节约使用劳动力资源的内在要求。但是，中国的企业在管理体制、经营环境和自身素质等方面存在诸多问题，许多企业存在相当严重的富余人员问题。1995年全国富余人员有657.0万人，其中国有企业富余人员为419.4万人；1996年全国富余人员增加到有965.0万人，其中国有企业富余人员为659.3万人。在中国改革迅速但社

[①] 李辰主编：《就业、改革、出路》，中国社会科学出版社1991年版，第111页。

[②] 郑杭生主编：《从传统向现代快速转型过程中的中国社会》，中国人民大学出版社1996年版，第234页。

[③] 夏积智、张小建主编：《中国劳动力市场实务全书》，红旗出版社1994年版。

会保障缺位的情况下，国有企业和集体企业的富余人员难于顺利排出企业，因而形成未离开企业但已经丧失工作岗位的"下岗"问题。下岗问题实际上即失业问题，它成为20世纪90年代后期中国最重大的经济问题和社会问题。

中国下岗职工数量巨大，许多下岗职工生活困难、就业困难，成为新的社会贫困层[①]，并成为国有企业改革的难点和重大的社会不安定因素，引起党和国家的高度重视。中央和各地区、各部门都采取了很多政策措施。

为解决长期就业转失业人员的就业难问题，1993年末中国开始实施"再就业工程"。由于下岗问题比就业转失业人员问题严重得多，再就业工程的对象就调整到下岗职工上。1998年5月，中共中央、国务院召开"全国国有企业下岗职工基本生活保障与再就业工作会议"，决定在各企业建立再就业服务中心，负责解决下岗职工的生活来源、下岗职工管理、就业培训、为下岗职工缴纳社会保险各项工作，并负责组织其再就业。经过努力，中国下岗职工的生活困难问题已经基本得到解决，在这种情况下，解决再就业出路就成了中国就业工作的重点。

一方面，中国在卓有成效地推进再就业工程，另一方面，随着经济结构的调整和体制的改革，下岗职工在继续增加。据缩小了口径、数字大为减少的新统计方法计算[②]，1998年末全国下岗职工人数仍然达到871.3万人；1999年末全国下岗职工人数达到941.7万人的高峰；2000年末略有下降，数量为911.3万人。[③] 随着中国企业改革的进一步深化和国有企业人数的大幅度减少，下岗问题开始逐步缓解。

2002年9月，中共中央、国务院再次召开全国再就业工作会议，目标是进一步研究和部署促进下岗职工再就业的政策落实问题。

---

① 根据国务院研究室的研究结果，中国企业不景气、停发、减发工资所造成的贫困职工人数有1 100万人。

② 原下岗职工总体的数字是从企业中下岗的全部人数，包括下岗后没有工作正在积极寻找工作的人、下岗后已经在打工等就业的人和下岗后不再要求就业而退出劳动供给的人三部分。1998年以后，新统计口径只计算第一种，其数字大约只相当于原下岗职工数字一半左右。

③ 国家统计局人口和社会科技统计司、劳动和社会保障部规划财务司：《中国劳动统计年鉴2000》，中国统计出版社2000年版，第409页；国家统计局人口和社会科技统计司、劳动和社会保障部规划财务司：《中国劳动统计年鉴2001》，中国统计出版社2001年版，第403~404页。

3. "民工潮"劳动力资源进城压力

1989年以来,大批农村劳动力资源无序流入城市寻找工作,并在每年春节之后形成高峰,对铁路运输、大城市就业以及城市治安等方面造成很大压力,成为"民工潮"。1993年,中国开始实行进城民工就业证卡制度的"有序化工程"①,以分解春节后的民工进城务工高峰,促使民工进城流动的合理化。

20世纪90年代末期,民工进城就业的数量比90年代前期大大增加,但盲目流动现象大为减少,民工潮的压力有了一定的缓解。

4. 城镇登记失业率上升

20世纪80年代末期,中国又一次新成长劳动力高峰期到来和国民经济实行治理整顿,城镇登记失业率水平在1986~1988年持续3年2%的水平后于1989年上升到2.6%。90年代中期以来,城镇登记失业率在下岗人员人数增加的同时也逐步增加。其后,企业对富余人员采取了"由下岗到失业"的排出手段,下岗职工数量开始有一定减少,登记失业率则在1997~2000年维持四年3.1%的稳定水平后开始有明显的增加,2001年末达到3.6%。(见表15—20)

表15—20　　　　中国1988~2001年登记失业与就业情况

年份	城镇失业人数② (万人)	城镇登记失业率 (%)	下岗职工年末数 (万人)	国有企业下岗年末数 (万人)
1988	296.2	2.0	—	—
1989	377.9	2.6	—	—
1990	383.2	2.5	—	—
1991	352.2	2.3	—	—
1992	363.9	2.3	—	—
1993	420.1	2.6	—	—
1994	476.4	2.8	—	—

---

① "有序化工程"是与"再就业工程"一起,是1993年11月国家劳动部提出和进行试点的。

② 1993年以前为待业人数和待业率。

续表

年份	城镇失业人数[①] （万人）	城镇登记失业率 （%）	下岗职工年末数 （万人）	国有企业下岗年末数 （万人）
1995	519.6	2.9	563.5	356.2
1996	552.8	3.0	814.8	542.0
1997	576.8	3.1	995.4	691.8
1998	570.1	3.1	871.3	591.7
1999	575.0	3.1	937.2	652.7
2000	595.0	3.1	911.3	657.2

5. 城镇全部失业率2000年达到7%

20世纪90年代初以来，中国出现了劳动合同制到期后被辞退的"就业转失业人员"，新的公开失业出现。国家在该方面正式颁布的唯一统计数字是城镇登记失业率，它仅仅反映城镇之中由政府劳动行政管理部门直接管辖的登记失业水平。

中国的下岗职工中，有大量以"下岗"等形态存在的变相失业，20世纪90年代下半期其数量大于城镇登记失业的数量。（见表15—20）此外，还存在未被统计的进城农民失业和大中专毕业生失业等人员。就总体而言，中国的失业问题在20世纪90年代中期以来逐步严重。根据国家统计局的调查数据，中国城镇的全部失业率水平1995年为4.5%。[②] 2000年中国城镇的全部失业率提高到7%的水平。[③]

（二）1988～2000年的就业政策

治理整顿时期与深化改革时期的就业政策，包括以下内容：

1. 治理整顿时期的就业紧缩政策

1988年中国经济过热，从第四季度开始国家进行经济紧缩式的治理整顿。相应的就业紧缩政策有：控制全民所有制单位劳动力指标，停止计

---

① 1993年以前为待业人数和待业率。
② 本数据来自国家统计局人口与就业统计司发布的《中国人口主要数据1996》。
③ 参见姚裕群：《中国城镇失业率已进入风险区》，《中国青年政治学院学报》，2002年第5期；国家自然科学基金项目《中国失业率与失业风险控制研究》课题报告三：《1978～2000年中国城镇真实失业率与失业人数估算》。该数据与第五次人口普查的结果一致。

划招工，城市清退农民工劳动力（主要是对下马的建设项目）。

2. 广开门路、拓宽就业渠道的政策

为了解决失业问题，1990年4月国务院下发了《关于做好劳动就业工作的通知》，提出继续实行"三结合"就业方针的指导思想，除全民所有制单位按国家计划安排就业外，更多的要靠发展集体经济和发挥个体经济、私营经济的作用，广开就业门路、积极拓宽就业渠道。具体政策主要有：（1）广开就业门路，继续扶植集体企业，鼓励到乡镇企业就业，鼓励个体私营经济，发展社会服务业，组织劳务输出。（2）继续办好劳动服务公司。（3）加强对困难企业、困难地区就业安置的政策扶植。（4）合理控制农村劳动力的转移规模，减轻城镇就业压力。（5）挖掘企业潜力，在企业内部消化和妥善安置富余人员；困难企业积极进行联合与并转，尽量减少关停，等。[①]

20世纪90年代在所有制方面，国有部门吸纳就业的能力逐渐下降，1995年达到10 955万人的最高峰后有不小的下降，个体、私营、外资企业吸纳就业的能力大大增加，国家把非公有制部门的就业作为就业的主要渠道。在产业方面，扩大第三产业的就业一直是国家的就业政策方向；90年代后期，在第三产业中的一些部门已经饱和以至人员过剩的情况下，国家把发展社区服务作为就业的主要方向。在用工制度方面，国家鼓励灵活就业和自谋职业、自我创业。

3. 强化劳动就业服务

在多年劳动就业服务工作的基础上，劳动部提出建立和发展具有中国特色的劳动就业服务体系的任务，要求建立健全劳动就业法律规章制度，加强就业服务工作机构建设，运用各种工作手段为求业者提供服务。20世纪90年代以来，公立职业介绍机构进行正规化建设，获得较大的发展。

由于企业职工下岗问题突出，就业服务除面向社会失业人员外，也面向企业下岗职工，担负其再就业的各项服务工作，并采取了免费服务等优惠政策。

4. 开展就业教育和培训

中国实行"先培训后就业"的政策，大力发展职业技术教育和就业

[①] 劳动部劳动力管理与就业司编：《走向社会主义市场经济的劳动就业》，中国劳动出版社1993年版，第11~15页。

培训事业，以提高求职者的就业能力。1997 年以后，在全国城镇实行劳动预备制，凡普通初高中毕业生，均参加 1～3 年的就业技能教育。1999 年开始，实行职业资格证书制度，作为就业和上岗的资格。

为了促进下岗职工的再就业，中国对下岗职工实行免费培训的制度。

5. 合理控制企业裁员

随着企业转换经营机制的进程，国有企业劳动制度改革逐步深化，20 世纪 80 年代末推行对固定工的优化劳动组合；90 年代前期实行"打破三铁"（铁饭碗、铁工资、铁交椅）的措施；1993 年国家发布了《全民所有制工业企业转换经营机制条例》，给予企业自主招工和依法辞退职工的权力。1994 年 8 月，劳动部发布通知，全面推行劳动合同制，标志着中国劳动制度的全面搞活。1994 年 11 月，劳动部颁布了《企业经济性裁减人员规定》，根据劳动法的有关规定，对用人单位的经济性裁员作出一些限制和要求。

1998 年全国国有企业下岗职工基本生活保障与再就业工作会议决定，凡有下岗职工的国有企业，必须建立再就业服务中心，由企业承担排出富余人员的第一步工作，对其进行分流安置和下岗后的管理。1998 年 8 月，劳动和社会保障部发布通知，规定职工下岗的程序，并规定夫妻一方已经下岗、省部级以上劳模、军烈属、残疾人几类人为不得下岗人员的保护政策。

6. 引导农村剩余劳动力就业

解决农村剩余劳动力的就业出路，是一个既重大又紧迫的问题。中国的政策主要是：

（1）在农村就地转移。农村剩余劳动力的就地转移政策，包括大力发展农村工副业和养殖业、大力发展乡镇企业等政策。1992 年以后，中国在乡镇企业就业的人数（除 1997 年外）一直保持在上亿人[①]，实现了大规模"离土不离乡"的非农就业。

（2）大力发展小城镇。国家允许和鼓励农民进入小城镇经商和务工，参与和推动小城镇的经济发展。2001 年以后国家对县镇的户口限制已经

[①] 国家统计局人口和社会科技统计司、劳动和社会保障部规划财务司：《中国劳动统计年鉴 2000》，中国统计出版社 2000 年版，第 404 页。

放开，这有利于农村劳动力进一步到小城镇就业。

（3）根据城市需求吸收劳动力。1989年以来，由于农村剩余劳动力在春节以后集中、盲目地大量涌入大城市，出现了"民工潮"，造成庞大的就业压力。1993年末开始，劳动部提出《农村劳动力跨地区劳动有序化——"城乡协调就业计划"第一期工程》，即"有序化工程"。

有序化工程的目的是解决农村剩余劳动力流动的盲目性和它所导致的各种问题，政策思路是立足于城市的需要有限度地接纳农村转移出来的劳动力就业。其主要内容为：在全国范围内建立起农村劳动力跨地区流动就业的"证卡"制度，劳动力输出地区办理流动卡作为进城就业的资格，输入地区凭流动卡办理就业证；强化输出地区和输入地区间的计划与协调，有需求方向才办理流动卡；加强铁路交通运输的控制与管理等。20世纪90年代对民工潮流动的设点监测，也构成实现有序化的政策手段。

7. 市场就业

中国共产党十四大提出建立社会主义市场经济，国家劳动部与人事部致力于培育发展劳动力市场与人才市场。1998年，根据我国就业发展的新形势，国家提出《劳动者自主就业、市场调节就业、政府促进就业》的新就业方针。市场就业需要良好的劳动市场设施，10余年来，中国在各个省、地、县都建立了职业介绍所和人才交流中心，国家劳动部和人事部在全国各大区建立了区域性的劳动力市场和人才市场，如设在天津的中国北方劳动力市场、设在广州的中国南方人才市场等。

世纪之交，中国研究和推动如何将旧体制的"中人"[1]尽快导向市场就业的体制，以完成与国有经济战略性调整和国有企业改革相伴随的人员调整任务[2]，即完成解决国有企业富余人员分流下岗和再就业问题的任务，过渡到全面的市场就业格局。

（三）再就业工程

1. 建立和推进阶段：(1993~1998年5月)

中国的再就业工程在1993年底提出，其主要内容是通过提供及时有

---

[1] "中人"指以前按计划经济做法国家分配工作、享受"铁饭碗"的国有单位在职工人和干部。

[2] 于法鸣主编：《建立市场导向就业机制》，中国劳动社会保障出版社2001年版，第10页。

效的就业服务、兴办劳服企业组织开展生产自救、通过政策扶持鼓励组织起来就业和自谋职业等措施,帮助长期失业者和国有企业富余人员实现再就业。

再就业工程的具体政策为:(1) 对失业 6 个月及 12 个月以上者,要求其参加职业指导和转业训练、参加求职面谈和工作试用以及生产自救;(2) 对关停企业中经劳动部门批准发放救济金的困难职工,一般发放三个月救济金,并要求他们参加上述活动;(3) 政府有关部门在资金、场地和税收等方面支持和鼓励失业人员和厂内待业人员自愿组织起来就业和自谋职业。

1995 年国务院转发了原劳动部《关于实施再就业工程的报告》,再就业工程的范围扩大到企业富余人员与下岗职工,其新的含义是:综合运用政策扶持与就业服务手段,充分发挥政府、企业、劳动者和社会各方面的作用,实行企业安置、个人自谋职业和社会安置相结合,重点帮助失业 6 个月以上的职工和生活困难的企业富余职工,使其尽快实现再就业。

1996 年在济南召开全国 200 个城市再就业经验交流会,推动再就业工程的发展。1996 年末中国在 111 个试点城市推进严重亏损企业的破产与兼并工作,1997 年 3 月针对工作中出现的新问题,国务院发布了《关于在若干城市试行国有企业兼并破产和职工再就业有关问题的补充通知》,进一步调整和完善了相关政策措施,把搞好国有企业富余职工的再就业工作作为进一步推进经济改革、使企业顺利实现转轨的根本保证。

上海、青岛、大连等城市建立了"再就业服务中心",由产业部门如上海市纺织控股(集团)公司搞企业排出富余人员的"托管",这一经验在全国若干城市推广。①

2. 制度化建设阶段:(1998 年 5 月 ~ 2002 年 9 月)

1998 年 5 月,中共中央、国务院联合召开"全国国有企业下岗职工基本生活保障和再就业工作会议",并于 6 月份发布了《关于切实做好国有企业下岗职工基本生活保障和再就业工作的通知》(中发[1998]10 号),对下岗职工基本生活保障和再就业工作进行了全面部署和安排,并提出一系列明确的方针政策。1998 年 8 月劳动和社会保障部根据会议精

---

① 杨光、路德主编:《再就业工程大全》,中国言实出版社 1998 年版,第 160 ~ 163 页。

神和再就业工作的形势，印发了《关于加强国有企业下岗职工管理和再就业服务中心建设有关问题的通知》。

上述会议和通知确定了以下政策：第一，存在下岗职工的国有企业，要全部建立再就业服务中心，担负起对下岗职工的身份认定、培训、分流和管理；第二，规范企业安排职工下岗的程序；第三，对下岗职工实行基本生活保障制度，从而形成"社会保障三条线"；[①] 第四，企业为下岗职工缴纳各项社会保险费；第五，再就业经费由财政、社会（主要为失业保险基金的结余）、企业三方面负担，实行"三三制"；第六，提高失业保险金的缴费比例，由职工工资总额的1%提高到3%，由企业缴纳2%，个人缴纳1%。

此后，中国的再就业工程走上制度化建设的顺利发展道路，为解决下岗职工再就业问题起了相当大的作用。

3. 全面落实政策阶段：（2002年9月以来）

1998年5月全国下岗职工基本生活保障和再就业工作会议以后的4年间，从国家到地方制定了大量再就业政策。2002年9月，中共中央、国务院为全面完成国有企业改革、进一步落实促进再就业的政策，召开全国再就业工作会议。基于这一会议的精神，印发了《关于进一步做好下岗失业人员再就业工作的通知》，对进一步开展再就业工作提出了明确要求，在下岗职工基本生活保障制度即"保生活"基本到位的基础上，将再就业的岗位开发作为党和国家工作的重点，推出了税费减免、社会保险补贴等多方面的具体政策，扶持和鼓励下岗职工再就业。

随着市场就业机制步伐的加快，一些经济发达地区已取消了再就业服务中心，"下岗"正在退出历史舞台。北京市自1998年开展再就业工作以来，建立再就业服务中心1 067家，累计接收下岗职工30.03万名，2002年11月完成了"下岗职工全部出中心"的工作，并同时取消了再就业服务中心。上海、广东等省市也已完成了向市场导向就业机制的过渡，企业有富余人员就直接辞退，进入劳动市场就业。

[①] 对下岗职工的另外两条"社会保障线"是下岗结束后的失业保险金和失业保险领取满两年停止后的城市居民贫困救济金。

历史的结论

劳动力资源是一个国家或地区具有劳动能力的人口的总和，是总人口中的积极人口。劳动适龄人口是常用的反映劳动力资源数量的近似数据。劳动力资源的配置利用是经济社会发展中的重大问题，是人口发展的重要领域，劳动就业问题则是经济社会发展和人口发展最关键的问题。

新中国成立50年来，中国劳动适龄人口的总量和占总人口的比重都表现出不断增加的趋势，这说明了中国人口生产性的提高，也蕴含了劳动力资源过剩和社会就业的压力问题。1964年至1982年间劳动适龄人口增长的人数最多，速度也最快。1982年以后劳动适龄人口增长速度减缓，是20世纪70年代计划生育政策实行后中国生育率下降的结果。

从总体上看，这50年间全国就业人口总量处于持续增长、增幅下降的趋势，且增幅下降速度有所加快。这种情况的出现，除了人口和劳动适龄人口数量与结构变化的影响外，与中国劳动力配置进一步市场化、出现公开失业问题也有一定的关系。

1982年、1990年和2000年三次全国人口普查显示，在业人口中女性的比例有所上升，卫生体育和社会福利业中女性比例甚至超过男性比例，但在一些环境艰苦、需要付出较多体力、工作场所远离生活场所的行业及某些脑力劳动行业，男性仍占主要地位。在业人口的年龄结构向老年型转变，在业人口的平均年龄增加。这三次全国人口普查还显示，中国在业人口文化素质不断提高，在业人口文化程度从小学程度为主体向初中程度为主体的变化趋势，具有大学文化水平的在业人口增长速度很快。农业中在业人口文盲半文盲比例最多，农业劳动者中缺乏高文化素质人员，而且三次普查的统计数字表明有加重的趋势，这对于农业现代化和农村的发展都极为不利。

新中国成立50年来，国家在劳动力资源配置途径方面经过长期的摸索走上了市场配置道路，并解决了数次社会就业问题。

在新中国成立初期和"一五"时期，随着国民经济计划顺利推进，政府采取了多项措施解决失业问题，使严重的失业问题逐步缓解。政府通过行政手段进行有计划的劳动力资源配置，保证了国民经济建设的发展需要。在国家对手工业和私营工商业进行公私合营的社会主义改造后，劳动力资源配置走向单一化的劳动力资源配置，形成了与当时所有制形式相适应的劳动力统一调配和固定工制度。

在"大跃进"的形势下，国家放松招工审批管理权限，劳动力招收失控，大量农村劳动力进入城镇，使城镇人口大量增加，农业第一线的劳动力急剧减少，造成全国的经济困难。"大跃进"失败后，国家开始经济调整，恢复严格的劳动力计划指标控制方式，精简职工和减少城镇人口，严格控制城镇就业，劳动力资源配置严重失调问题得到一定的纠正。城镇就业的劳动力在不合理地剧增后被大量精简（主要是返回农村），公开失业被消灭，但后期出现一定数量的相当于失业的待业人员。

"文化大革命"开始后，国家强制升级所有制结构，集体企业升级，限制和取消个体经济；强化劳动力资源的计划管理，劳动管理体制僵死，使国营企业用工制度基本上成为单一的固定工制度，城镇劳动力资源配置方式基本上只有计划分配一条途径。与此同时，为了解决城镇毕业学生的就业出路，国家组织大规模上山下乡，把城市就业的压力转移到农村。但是，上山下乡青年未能有效地安置在农村，而后大规模返城。

党的十一届三中全会以后，中国改变了上山下乡政策，实行了多渠道就业的"三结合就业方针"，发展集体经济和个体经济，大力组建劳动服务公司，解决了上山下乡返城青年的待业问题。配合中国的经济建设，国家在劳动力资源配置方面逐步走向正轨，并进行改革。政府加强了职工调配和劳动力流动，实行劳动合同制以搞活用工制度，进行工资制度改革，恢复和发展劳动保险事业，建立劳动争议处理制度。这一时期，中国的劳动力市场开始得到恢复和发展，不仅成为配置劳动力资源的新途径，对解决城市就业问题也有一定的积极作用。中国还注意发展乡镇企业和促进农村劳动力转移。

20世纪80年代末期，中国新成长劳动力高峰期又一次到来，国家进行治理整顿，下马建设项目，强化劳动力资源计划配置，严格控制招工。在这样的形势下，城镇失业率上升，出现企业停工待工问题，大批农村劳动力资源流入城市寻找工作，形成每年春节之后的"民工潮"。

1992年以后，治理整顿工作结束，经济环境逐步宽松，市场经济成为中国发展的主旋律，劳动力市场成为中国劳动力资源配置的主要途径。

1993年开始国家明确提出推行全员劳动合同制的任务,实现用人体制的全面转换。在体制改革、经济结构调整和市场竞争的形势下,国有企业受到巨大的压力,相当多的企业不景气,出现了大量国有企业以及集体企业职工下岗现象。下岗问题成为20世纪90年代中后期中国最重大的经济问题和社会问题。为此,中国实行了再就业工程。随着建立市场就业机制步伐的加快,一些经济发达地区已取消了再就业服务中心,企业富余人员直接进入劳动市场就业,"下岗"正在退出历史舞台。

1998年,国家提出"劳动者自主就业、市场调节就业、政府促进就业"的新就业方针,旨在形成就业公平竞争、工资杠杆灵活、劳动关系法制化、经济风险有社会保障的劳动力市场新格局,为此政府进行了有关的法制建设、社会保障体系建设和市场服务机构的建设。20世纪90年代,非公有制经济迅速发展,对中国劳动力资源的市场配置起了重要作用。

中国在20世纪后20年的经济发展和结构调整中,将发展第三产业作为重要内容。第三产业也成为扩大就业的主方向。20世纪90年代后期,在第三产业一些部门过剩的情况下,国家把社区服务业作为就业的主要方向。

中国的农村劳动力资源严重过剩,国家从促进农村就业、发展乡镇企业、发展小城镇和适度向大中城市转移的途径,引导其合理配置。国家注意解决"民工潮"带来的负面影响,对民工跨地区进城流动实行了定向和证卡管理的有序化工程。政府对户口的控制在逐步弱化。国家的目标是进一步促进农业剩余劳动力的转移,逐步形成城乡统一的劳动力市场,实现城乡劳动力资源的合理配置。

从总体上看,中国的劳动力资源配置是随着所有制结构的变化而变化,走过了从计划到市场的发展过程,在这一过程中也解决着所遇到的就业问题。在这个长期的发展过程中,消化着中国的过剩人口,创造着社会财富,发挥着人口的积极作用。随着社会主义市场经济体制的确立和完善,劳动力资源配置和就业将完成向市场导向机制的全面转换,这将有利于中国经济社会的进一步发展和中国人口的现代化。

从新中国成立50年的劳动力资源发展与配置活动中,可以得出以下经验教训:

1. 体制的选择，对于劳动力资源的配置利用及其结果具有决定性的影响，也对人口再生产产生巨大影响。市场体制是人类社会发展实践证明比较成功的模式。中国改革开放前的 20 多年，劳动力资源配置是在计划体制下由行政手段完成，缺乏内在的发展动力，致使经济效益很低。而且，计划经济还可能造成劳动力资源的较大错配。改革开放 20 多年来，中国发展多种所有制经济，逐步走向劳动力资源市场配置，这调动了社会多方面配置劳动力资源的动力和劳动者个人的工作积极性，基本适应了中国经济 20 年 8% 高增长率的需要，创造出较大的经济效益。这也为提高中国人民的生活水平和促进人口质量的提高奠定了坚实的物质基础。市场配置资源的体制还具有能够积极挖掘需求、迅速进行劳动力资源配置和较快纠正资源错配问题的功能。

2. 要认识劳动力资源在社会经济生活中的能动性力量，充分调动其巨大的创造财富的作用。尽管中国的劳动力资源长期处于数量上比较严重的供过于求局面，但积极开发利用劳动力资源仍然是重要的政策措施。为此，中国大力引进外部资金，大力推动经济建设，大力发展第三产业和劳动密集型经济，大力促进消费，大力开拓社会就业岗位，有利于在既定的劳动力资源过剩、人口过剩的情况下，把必须消费社会财富的"人口"更多地转化为能够创造社会财富的"人手"。20 世纪 80 年代初对大规模上山下乡返城青年实行的"三结合就业方针"，80 年代以来大规模农村剩余劳动力进城务工经商、上亿农业剩余劳动力进入乡镇企业就业，90 年代中期以来的数千万下岗职工的再就业，都是使中国数量巨大的过剩劳动力资源得到了利用的成功经验。

3. 必须基于中国的国情，实事求是地进行经济建设和劳动力资源的配置。新中国成立以后的前 20 多年，人口众多已感觉劳动力过剩，但仍然处于盲目的扩大再生产状态，加上经济发展缓慢，使劳动力资源处于严重的过剩状态。在"大跃进"时期，尽管劳动力资源的配置通过计划来安排，但宏观决策的任意性和盲目性相当大，配置中的错误导致国民经济灾难性的后果，并对人口本身产生破坏性的影响。上述严重的教训值得长期汲取。

4. 政府在劳动力资源配置中具有重要作用，要充分认识和正确运用。世界银行指出，政府具有解决市场失灵的能力，但也存在政策运用得当与否的问题。中国在解放初解决大规模失业的努力、"大跃进"中纠正劳动力猛增而实行大规模精简清退的措施，都是必要和正确的；"文化大革命"结束后政府组织待业青年就业的措施、90年代后期再就业工程的实施和对农村劳动力进城的适度控制，也都是必要和正确的。而"大跃进"初期在全国处于浮夸严重的局面时下放劳动力指标控制权限、"文化大革命"时期搞上山下乡运动等做法，则应当在中国未来的经济社会发展中引以为戒。

第十六章 人口与资源环境[①]

在中国人口与资源环境关系的演进发展历史上，新中国五十年是一个转折性的重要时期。本章将新中国五十年人口与资源环境关系的演进历程大体分为五个阶段或时段，其时间节点大体为1958年、1971年、1978年和1990年。划分的主要根据，一是对人口、经济、资源消耗和环境污染等变量增长基本走势的判断；二是施行控制人口增长和保护环境政策的重大行动转变；三是人口增长和环境恶化客观进程中的重大事件；四是反映人地关系、消费水平、资源消耗、环境污染等状况变化的有关指标。

由于不同时期的人口状况在本书其他各章已有详尽描述，因此，本章关于新中国五十年人口与资源环境关系演进发展历史轨迹的阶段性描述，所用资料比较侧重于资源环境方面。要说明的是，人口与资源环境状况涵盖的内容非常宽泛，因资料有限等原因，很难对应涵盖内容的每个方面都按历史时序作出系统完整的描述。

第一节 人口与资源环境问题的历史债务和隐性再累积(1949~1957)

一 中国生态环境的先天脆弱和历史债务

(一) 自然生态环境的先天脆弱性

中国幅员辽阔、类型丰富多样的自然资源和生态环境既有世界上其他许多地区不可比拟的得天独厚和得地独优之处，同时也有其一定的先天脆

---

① 本章与俞海山共同撰写。

弱、易于失衡的自然地理特性。中国科学院可持续发展研究组在分析中国的自然结构和地理特征时列出了以下一组数据：65%的国土面积是山地或丘陵，33%的国土面积是干旱地区或荒漠地区，70%的国土面积每年受到季风气候的影响，55%的国土面积不适宜人类的生活和生产，35%的国土面积经年受到土壤侵蚀和沙漠化的影响，30%的耕地面积属于pH值小于5的酸性土壤，20%的耕地面积存在不同程度的盐渍化或次生盐渍化，17%的国土面积构成了全球的世界屋脊[①]。中国科学院生态环境研究中心关于我国生态环境预警研究结果，将中国自然生态环境先天不足的脆弱性概括为以下几个特征：①从地质基础看，夹峙于世界两大活动地带之间，新构造运动比较活跃，地震、山崩、泥石流灾害较为频繁，威胁人类和自然生物种群的生存；②从地貌结构来看，山地面积大，地势高差显著，地形呈西高东低三大阶梯，易于形成水土流失；③从气候条件来看，多属大陆性气候，季风影响显著，既带来农业之利，又形成农业之害，是典型的多灾之国；④生态环境脆弱带类型多、分布广，变化快，成为生态破坏的贫困地区。全国生态脆弱带面积总计达92.7万平方公里，占国土总面积的9.7%。

中国科学院可持续发展研究组依据"生态环境应力指数"与"地表起伏度"的基本关系，计算出世界各国的生态环境应力与全球平均生态环境应力。据统计，全世界陆地的平均海拔高度约为860米，而中国大陆的平均海拔高度达到1 595米，是世界陆地平均高度的1.85倍。以世界大陆平均海拔高度为基准，每增加100米的高度，区域开发成本将在原来的基础上提高3.2%~3.4%。设全球平均的生态环境应力为1.00，中国的平均生态环境应力成本则为1.25。这意味着，由于自然生态环境的因素，在世界平均发展水平下用1美元可以办成的事，在中国办成同一件事要花费1.25美元。因此，中国国土本身的自然结构与地理特征，使得中国生态环境所承受的"应力"或"胁迫"，明显地超出了全球平均的水平。

[①] 中国科学院可持续发展研究组：《1999中国可持续发展战略报告》，科学出版社1999年版，第12页。

表 16—1　　　　　　　中国发展成本与世界平均成本的对比

分类的发展成本	比例
牧业发展成本（中国平均：世界平均）	1.03∶1.00
农业发展成本（中国平均：世界平均）	1.05∶1.00
林业发展成本（中国平均：世界平均）	1.08∶1.00
矿业发展成本（中国平均：世界平均）	1.30∶1.00
基础设施成本（中国平均：世界平均）	1.28∶1.00
工业发展成本（中国平均：世界平均）	1.25∶1.00
水利工程发展成本（中国平均：世界平均）	1.21∶1.00
自然保护成本（中国平均：世界平均）	1.27∶1.00
土壤侵蚀速率（中国平均：世界平均）	1.40∶1.00
自然灾害频率（中国平均：世界平均）	1.28∶1.00
生态恢复成本（中国平均：世界平均）	1.36∶1.00
区域开发成本（中国平均：世界平均）	1.27∶1.00

资料来源：中国科学院可持续发展研究组，《1999 中国可持续发展战略报告》，科学出版社 1999 年 3 月第 1 版，第 13 页。

（二）历史积累的生态债务

中国历史上，曾经历了封建社会前期和晚期两次大的人口倍增和生态环境破坏[1]：

第一次环境恶化时期——秦至西汉。先秦时（公元前 3 世纪以前），全国人口仅 2 000 万，周朝设有机构重视山林泽川的保护，森林覆盖率达 53%，黄河较清。但从秦到西汉，人口成倍增长，至西汉平帝元始二年（公元 2 年）已达 5 959 万人。为了解决吃饭问题，国家鼓励屯垦戍边，黄土高原上许多游牧区被垦为农业区。森林与草原遭到破坏，水土流失日趋严重，黄河由浑变黄，逐步淤积成为悬河，频繁地泛滥与改道。

第二次环境恶化时期——明清以后。明（公元 14 世纪）、清至今 600 多年间，环境急剧恶化，森林遭到毁灭性的破坏。如北京地区和湘江下游

---

[1] 胡鞍钢等：《生态赤字：未来民族生存的最大危机》，《科技导报》，总第 30 期，第 60 页。

地区的森林都毁于明清时期。水土流失空前严重。明朝近300年间，黄河决口60多次。清朝实行鼓励人口增长的政策，清雍正二年（1724年），全国人口为2 500万，仅仅42年，到乾隆三十一年（1766年），人口翻了3番，达20 900万。道光二十九年（1849年），人口又翻了一番，达47 000万。

历史上的生态退化基本上是小农经济条件下人口压力的结果。在各朝强盛时期，人口急剧增长，导致剩余人口向周边扩散。周边地区多为生态敏感区，尤其是北方，如河套一带，持续几代人的农垦造成了严重的土地沙化。当各朝衰落时，北方民族向南压迫，使中原人口南迁，又将南方的原住民挤向山区，造成南方山区的水土流失和石山化。旧中国的长期战争和社会动乱，使中国人口的生存环境遭到了严重的破坏。新中国成立前夕，生态环境质量已下降到历史最低点，主要表现在沙漠化、水土流失、森林缩减和草原退化等方面。新中国成立之初，历史上遗留下来的生态债务计有1亿公顷退化草原，6万平方公里人为因素形成的沙漠和116万平方公里的水土流失面积；东北西部、华北北部、西北东部，森林覆盖率仅3%，历史上五谷丰登的平原地区森林覆盖率只有1%。

二 生态环境的局部修复和保护

新中国成立后，长期的战争和社会动乱引起的环境破坏停止了，历史上遗留下来的环境问题，在一些地区开始得到控制和局部修复，贫困和发展不足所带来的一些环境问题，如缺乏干净的饮用水、营养不良等，开始逐步得到解决。1950年至1952年3年内，全国营造防护林86.67万公顷，占同期全国造林总面积的57%；1953年至1957年，又造400多万公顷防护林，占同期全国造林总面积的29%。1956年一届人大三次全会提出划定自然保护区的第92号提案；同年10月先后在吉林、黑龙江、陕西、甘肃、浙江、广东、四川、云南等省划定20多处自然保护区。

1956年国家卫生部、国家建委联合颁发的《工业企业设计暂行卫生标准》和1957年国务院颁发的《中华人民共和国水土保持纲要》，都提出了保护环境方面的要求。这一阶段环境保护的主要内容是改善工人群众的生产劳动条件，根治疾病的传播源，改善一批脏乱差的区域环境，如北京的龙须沟、上海的棚户区等。

在实施第一个五年计划中,全国广泛开展了资源"综合利用"活动。一些有污染危害的工业企业,特别是156项大中型工矿企业,还采取了某些防治污染的措施,如污水处理和消烟除尘装置等。这些措施在一定程度上减轻了工业污染的危害。因此,这一时期,中国虽然还没有形成保护环境的明确概念,但是,由于上马的工业项目比较注意规划布局和污染防治,除少数沿河建设的火电厂外,环境污染并不严重。在城市基础设施建设、江河治理和改善城市环境卫生等方面,都取得了一定的进展。

三　人口高增长压力和资源环境问题的隐性再累积

(一) 中国历史上第三次人口倍增拉开帷幕

继中国历史上封建社会前期和晚期两次大的人口倍增台阶之后,20世纪50年代开始,又进入了人口基数和增长势头均为史无前例的第三次人口倍增台阶。新中国成立后的第一次生育高峰,拉开了中国历史上第三次人口高增长台阶的帷幕,也奠定了20世纪后50年人口增长的基本格局。

第一次生育高峰出现于1953年至1957年,年平均人口出生率和年平均增长率分别为34.7‰和24.1‰,出生人数为2 100多万,年平均增加绝对人数为1 400多万。1949~1957年,中国人口净增1亿多,相当于20世纪前50年的人口净增数。

随着人口急剧增长、资源开发活动迅速扩大和工业化的迅速发展,生态破坏在许多地区逐渐加剧,环境污染开始产生和扩展。总体看,从新中国诞生伊始,生态环境就处于边保护、边恢复、边破坏的状况[①]。

(二) 人口高增长压力下的移民垦荒

人口多、耕地少,是中国的一个最基本国情,也是中国人口与资源环境紧张关系的一个最基本反映。中国历史上前两次人口倍增出现时都同时出现过大规模的移民垦荒,以此来缓解人地关系紧张趋势。20世纪50年代随着人口增长高峰的出现,大规模移民垦荒再掀高潮。

出现于20世纪50年代的人口生育高峰,同时伴随着由东部人口稠密地区向西北、东北地区的移民和大规模垦荒,其农业移民有200万人左

---

① 曲格平、李金昌:《中国人口与环境》,中国环境科学出版社1992年版,第197页。

右。1953～1957年，大西北净迁入人口达167万人左右，占了新中国50年大西北人口净迁入累计量的绝大部分。1949年至1957年，是新中国50年内耕地面积增加最多和最快的一个时期，共增加耕地174.33万公顷（表16—2）。按1985年全国耕地概查数推算，1949年全国耕地面积为1.42亿公顷，1957年耕地面积扩展至新中国50年内的峰值1.56亿公顷，年均递增1.18%。同期全国人口年均递增率为2.24%，粮食总产量年均递增7.04%；人均耕地占有量由1949年的0.26公顷减少到1957年的0.24公顷，人均粮食占有量由209公斤增加到306公斤。

表16—2　　不同时期中国人口和耕地年均递增情况变化

时期	耕地 %	耕地 万公顷	人口 %	人口 百万人	人均耕地 %	人均耕地 亩/人
1949～1957	1.18	174.33	2.24	13.11	-1.02	-0.04
1957～1961	-1.40	-219.67	0.46	3.02	-1.85	-0.07
1961～1965	0.05	7.07	2.44	16.70	-0.02	-0.08
1965～1971	-0.28	-41.00	2.72	21.15	-0.03	-0.08
1971～1978	-0.07	-15.07	1.75	15.76	-1.84	-0.04
1978～1985	-0.26	-36.33	1.26	12.56	-1.47	-0.03
1985～1989	-0.21	-29.73	1.43	15.37	-1.66	-0.03
1989～1996	-0.99	-134.13	1.38	15.98	-2.36	-0.04
1996～2000	—	—	0.98	12.07	—	—

资料来源：1949～1989年数据根据朱国宏《人地关系论》，复旦大学出版社1996年3月第1版，第107、113页。1996年、2000年数据根据《中国统计年鉴》(2001)，2000年耕地面积沿用1996年普查数。人均耕地面积如以公顷/人为单位数字太小，所以用亩/人。

（三）人口高增长压力下资源环境问题的逐渐显露和隐性再累积

1. 大规模移民垦荒导致自然生态恶化。

中国的宜农荒地主要分布在生态脆弱、人口稀少的边远地区。在这些地区大规模垦荒，虽然在表面上使人口高增长压力下耕地、粮食资源紧张的矛盾得到了一定的暂时缓解，但却付出了更大的生态代价。这种生态代价一方面表现为不合理垦殖直接引起森林、草原被毁和土地沙化、盐渍化等后果，另一方面更多的是为今后埋下了严重的生态隐患。新中国成立初期，全国表土流失面积为116平方公里，至50年代末已扩大到150万平方公里，占全国土地的15.6%。新疆50、60年代建起50个军垦农场，开垦荒地102万公顷，不合理垦殖破坏原始植被造成48万公顷沙化土地，44万公顷受盐渍化威胁。

2. 农村燃料生物质能耗和化肥施用量的迅速增长导致土壤质量下降。

中国农村的生活能耗，90%是以秸秆和薪柴为主的生物有机能源。以每户每天至少烧柴8公斤计，50年代全国约1亿农户每年要烧掉3亿吨生物有机燃料，约占每年秸秆生产总量的3/4。在人均耕地占有量趋于缩减的情况下，提高人均粮食占有量水平完全依靠单位面积产量的提高。1952年至1957年，全国农村的农田灌溉面积从1 995.87万公顷增加到2 733.87万公顷，化肥施用量由7.8万吨增加到37.3万吨。土壤有机肥来源的大量减少和无机化肥的大量施用，使土壤生态平衡受到了严重的损害。

3. 环境问题逐渐显露。

由于当时工矿企业排放废水、废气、废渣基本上不受约束，由此造成了一定程度的污染。主要的环境问题有：空气和水污染、废水灌溉的生态影响，以及与住房建设、城市规划和职业病有关的环境问题。在上海、北京、青岛、天津、沈阳、抚顺、鞍山、大连等城市进行的有关空气污染对健康影响的研究显示，当时工业污染已经对居民身体状况造成危害。例如沈阳市工业比较密集的铁西区，二氧化硫的浓度高于对照区9倍以上；大连的一个漂白工厂排出的氯气高于当时苏联排放标准的8.8倍；在抚顺环境污染地区的中小学生发病率，高于环境质量较好地区儿童的10倍；在北京，居住在石景山钢铁厂附近的13岁儿童，许多人的肝大于正常儿童，这一地区的发病率与高浓度的二氧化硫有关。

4. 新中国成立后的第一次生育高峰对资源环境形成持久性的巨大压力。

20世纪50年代生育高峰对资源环境的压力，就当时而言，主要表现为消费人口迅速增加对作为基本生活资料的粮食来源——耕地资源的压力。尤其是，这次生育高峰形成了巨大而持久的人口惯性，对今后一个长时期里中国人口与资源环境的紧张关系，产生了深刻影响。也就是说，20

世纪 50 年代的中国人口高增长，很大程度上是今后资源消耗和环境污染高增长的前奏。

概而言之，这一阶段的主要特点是"高、低、低"，即人口高增长、经济低增长、资源消耗—环境污染低增长。当然，这里的所谓高和低，都是相对而言。这一时期的经济增长速度应该说是比较快的，但其起点和达到的水平显然属于低水平状态；资源消耗—环境污染低增长，主要是相对于以后的几个阶段而言，而这种低增长的基础是新中国成立前夕环境质量已经下降到历史最低点。新中国成立后第一次生育高峰的资源环境后果，就当时而言仅是得到局部的显露，而更大程度上则是处于隐性潜伏状态。

第二节 人口与资源环境危机的凸现和全面加剧（1958~1971）

一 1958 年"大跃进"导致资源环境恶化

1958 年，中国实行了一条急于求成，单项生产指标（钢铁）突进的经济冒进战略，即所谓"大跃进"。"大跃进"运动由追求钢产量的高指标、高速度开始而拉开了帷幕。

为达到钢产量的高指标，全民动员、土法上马、大炼钢铁，堪称新中国成立后第一次恶性的大范围生态退化事件。短时间里，工艺落后、能效极低的小钢铁上了 60 万座，小煤窑上了 5.9 万个，小电站 4 000 多个，小水泥上了 9 000 多个。但是，宏观经济决策上的失误不仅没有创造钢铁产量大跃进的经济奇迹，而且导致了大范围的资源破坏和环境污染。

工业企业由 1957 年的 17 万个猛增到 1959 年的 60 多万个。大量设备简陋、效益低下，既不符合环境保护要求、又不采取任何控制污染措施的小企业蜂拥而起，加之管理混乱，"三废"排放放任自流，环境污染在许多地区蔓延。不少城市的工业区出现了烟雾弥漫、污水横流、渣滓遍地的状况。

为了大炼钢铁，许多地区砍光了森林。如太行山、沂蒙山、武夷山等，原有的成熟林甚至原始森林被毁于一旦。西北沙漠地带的胡杨林也被成片砍下。安徽省大别山岳西县是老解放区，1958 年地方上组织 90 万群众进山砍树烧炭，大炼钢铁，破坏了 13 万多公顷森林。挖河、挖田掏铁沙，破坏了沿河灌溉系统，殃及几万亩将收割的水稻，大片农田颗粒不收。在1958年以前，岳西群众不知什么是旱灾和水灾，以后就开始一年一小灾，三年一中旱。结果在不到两年时间里，大跃进的"经济奇迹"没有出现，而大量的森林资源却"奇迹"般地消失了。

1958～1963年，随着"大跃进"的全面展开，各项建设用地迅速增加，特别是大型工矿企业、水利工程以及城乡建设等发展相当快，虽然其间也重视荒地开垦工作，但入不敷出，耕地面积由1957年年底的11 183.0万公顷下降到1963年年底的10 277.67万公顷，较1957年净减少905.33公顷，年均减少150.9万公顷，为新中国成立后耕地总量萎缩最快的一个阶段。"大跃进"时期掀起的大修水库热，由于违背自然规律，也付出了沉重的生态损失代价。1958年，内蒙古赤峰地区为了修建红山水库，几十万株松树被砍。晋西北黄土高原丘陵地区修建大小水库110座，其中大中型11座总库容8.6亿立方米，结果出现了大量淤积，有些已变成了泥库。

片面强调"以钢为纲""以粮为纲"，引起了普遍性的大面积毁林开荒、毁草开荒和围湖造田活动。这类活动大多发生在生态脆弱地区，这就对中国生态环境带来严重的负面影响；反过来，自然灾害又对农业生产造成严重的负面影响，形成生产破坏环境、环境妨碍生产的恶性循环。从长远观点看，大跃进导致的生态损失比当时引起的经济损失更大。在"大跃进"中被毁灭的原始森林已永远不可能再生，因滥伐加剧的水土流失在可以预见的将来不会出现逆转[1]。

二 1959～1961年的人口生态状况

宏观决策的失误，加之自然灾害的影响，造成了继1958年"大跃进"之后连续三年国家经济和人民生活陷于严重的困境；在新中国50年的人口与资源环境关系史中，这三年的人口生态状况确实是灾难性的。

（一）人口生存环境严重恶化

1958年以后，向西部生态脆弱地区的移民和毁林、毁草开荒继续不断；各地又盛行填塘造田，尤其南方的湖北、安徽、江苏、浙江等省即达

---

[1] 戴星翼：《走向绿色的发展》，复旦大学出版社1998年版，第60页。

267万亩以上。1958～1960年，大西北又净迁入200多万人口。青海1958年至1960年建大小农场534个，草原大面积开垦。内蒙古东部锡林郭勒盟草原，1961年在阿巴戛旗开垦1.5万多公顷，种春小麦、糜子、燕麦等，最初二三年亩产35.40公斤，几年后连种子都收不上来，只长连牛羊都不吃的臭蒿。呼伦贝尔1959年、1960年一次就开荒20多万公顷，鄂尔多斯每年大面积开荒又撂荒，沙漠化面积平均每年增加近7万公顷。青海1959年、1960年垦荒38万公顷，大多数连种子也收不回，撂荒20多万公顷。全国耕地面积从1957年以后转为减少，1959年至1962年全国粮食出现大减产；1962年全国粮食总产量从1957年的1 950亿公斤下降至1 600亿公斤，全国人均粮食占有量降到237.75公斤，这是一个吃不饱的数字！

（二）人口自然变动非正常负增长

由于人口生存环境严重恶化，粮、油、棉和燃料等基本生活资料严重匮乏，城镇居民的基本生活资料实行低水平的凭票计划供应，许多农村地区在基本口粮难以保证的情况下出现严重的饥荒，导致成千上万人口非正常死亡。中国人口死亡率于1960年达到顶点。根据国家统计局的数据，1960年人口死亡率达到25.43‰，而这一年人口出生率仅为20.86‰，人口自然增长率为－4.57‰，全国人口比1959年减少了1 000万人。安徽、河南、四川省一些县的人口死亡率竟超过100‰。河南光山县1960年的人口死亡率竟达到骇人听闻的218.9‰[1]。1959年至1961年，全国人口出现继生育大高峰之后的突发性非正常负增长，由67 207万人减少到65 859万人。据有关资料，安徽省凤阳等县当时饿死的人约占全县总人口的1/4左右[2]。

三　十年动乱开始导致生态危机全面加剧

（一）60年代初期的短暂调整和第二次人口生育高峰出现

1962年至1965年，中国对国民经济实行了"调整、巩固、充实、提高"的方针。经过三年时间的整顿，压缩了大批盲目上马的工业项目，

---

[1]　葛剑雄等：《人口与中国的现代化》（1850年以来），学林出版社1999年版，第121页。
[2]　郭书田、刘纯彬：《失衡的中国》，河北人民出版社1990年版，第19页。

混乱的工业布局得到了调整。同时也加强了资源管理，如1963年接连发布了《森林保护条例》和《矿产资源保护条例》。但是，扩大农业耕地为主的土地资源开发历来是缓解我国人地关系紧张矛盾的最主要手段之一。继50年代大规模农垦（黑龙江和新疆）之后，进入60年代之后中国开展了旨在恢复"大跃进"时期农业损失的又一次大规模土地资源开发活动。1965年，全国耕地总面积为1.47亿公顷，比1961年增长28.33万公顷；粮食总产量（1 945亿公斤）则大体上恢复到1957年的水平。要指出的是，这种大规模的土地资源开发，一方面加强了农业发展的物质基础，使人地紧张关系得到一定的缓解；另一方面，违背自然规律的过度开发又导致了严重的生态破坏。

随着国民经济的整顿恢复，1962年开始中国又进入了第二次人口生育高峰。1962年人口出生率由上年的18.02‰陡升至37.01‰，1963年达到了新中国50年人口出生率的最高峰43.37‰。这一次无论峰值或持续时间都远超过了第一次，这一期间，我国人口出生率和增长率年平均分别为34.99‰和25.6‰，年平均出生人数在2 600万以上，年平均增加绝对人数为1 900多万。这次生育高峰的最初几年与国民经济三年困难时期之后的补偿性生育有关，之后则是由于"文化大革命"混乱局面极大地延误了推行计划生育的时间。

（二）文化大革命导致第二次大范围环境破坏

从时间表看，中国的人口高增长与资源消耗—环境污染高增长及与之密切相关的经济社会大波动和政策大失误总是有着某种难解难分的联系。第二次生育高峰期在其最初几年里环境污染高增长的势头尚不甚明显。但是，1966年"文化大革命"爆发，使工农业生产和城市建设等领域刚刚建立起来的极为有限的环境保护政策，被当作资本主义和修正主义的"管、卡、压"受到批判和否定。于是，资源破坏和环境污染无遏止地蔓延开来，已在曲折历程中初步形成的人口增长控制措施也无法推行，中国在人口控制和资源环境管理方面又经历了一次严重的倒退。60年代后期至70年代前期，是新中国成立后第二次人口高增长与第二次资源消耗—环境污染高增长同时并存的时期。

在这一时期开展的"三线"（靠山、分散、进洞）建设中，许多排污量大的工厂进入了深山峡谷，形成局部地区严重的大气和水体污染；部分新上马的大中型企业布局不当，使污染形势迅速恶化。在城市布局方面，当时不加区别地提出了"变消费城市为生产城市"的口号，造成工业企业布局混乱，许多企业建在大中城市的居民区、文教区、水源地甚至名胜游览区内。一些文化古城和旅游城市，如北京、杭州、苏州，也建起了一批重污染企业。这种不合理的工业布局，加重了污染的危害性。据当时一些主要城市测定，每月每平方公里的降尘量在 100～400 吨之间，局部地区甚至超过了 1 000 吨。一项对 44 个城市地下水的调查表明，有 41 个城市受到污染，占 93.2%。其中遭到严重污染的城市有 9 个，占 20.5%[①]。

四　人均耕地锐减，人地关系日趋紧张

在中国这样一个资源制约型的人口和农业大国，人口与资源环境关系的历史轨迹很大程度上反映于人地关系尤其是人口与耕地关系的变化。如表16—2所示，第一阶段（1949～1957）是人增地也增但人增快于地增（人口与耕地年均净增率分别为 2.24% 和 1.18%），因而导致人均耕地量有所减少（年均递减 1.00%）。1957 年以后，中国耕地面积转为不断趋于减少。从 1958 年到 1969 年，人口年均净增率为 1.86%，耕地面积年均递减率为 -0.57%，人均耕地占有量年均递减率为 2.37%，是新中国成立以后耕地面积及其人均占有量减少最快的一个时期。要指出的是，这一时期的耕地面积急剧减少是在不断垦荒扩耕和多数年份城市化基本上处于低水平停滞不前（停留在略高于 17% 的水平上）状态下出现的，也就是说，耕地损失主要直接导因于生态环境的人为破坏。

从本阶段的不同时段看，1957～1959 年是人增而地减以地减速度为明显较快，导致人均耕地急剧减少（人口年均递增 1.96%，耕地年均递减 2.36%，人均耕地年均递减 4.25%）；1959～1961 年是人减地减但以人口减少速度为较快，因而导致人均耕地有所增加（人口年均递减 1.01%，耕地年均递减 0.43%，人均耕地年均递增 0.60%）；1961～1969 年是人增地减而以人口增速为较快状态下的人均耕地减少（人口年均递增 2.57%，耕地年均递减 0.16%，人均耕地年均递减 2.66%）。总趋势

---

① 李周：《中国环境问题》，河南人民出版社 2000 年版，第 4 页。

是人均耕地锐减，人地关系日益紧张。

这一阶段是新中国成立以后人口与资源环境状况急转直下趋于明显恶化的时期。无论从政策失误背景下人口高增长的资源环境后果，还是从人口高增长背景下政策失误的人口生态后果看，都以这一时期为最典型。从人口、经济、资源消耗—环境污染三变量的增长的基本走势看，以1958年的"大跃进"导致的第一次环境大破坏、继后三年的人口生态灾难及其间出现的人口自然变动非正常负增长直至开始于1962年的第二次生育高峰和出现于"文化大革命"时期的第二次环境大破坏为主线，明显地表现为"高、低、高"（人口高增长，经济低增长，资源消耗—环境污染高增长）的恶性状态。这一时期的人口高增长以1959~1961年的人口自然变动非正常负增长为前奏而一直延续至1975年，同时生育高峰又叠加了开始于60年代后期的劳动年龄人口增长高峰。这一时期的经济低增长以1958年政策失误导致的盲目攀高拉开序幕，以"文化大革命"导致的国民经济接近崩溃为基本内涵。这一时期的资源消耗—环境污染高增长也是以1958年的"大跃进"导致的第一次环境大破坏为"序曲"，又以出现于"文化大革命"时期的第二次环境大破坏为"主旋律"。因此，这个阶段的人口高增长和经济低增长并非前一阶段的简单复制，而资源消耗—环境污染高增长则为史无前例。当然，上述"高、低、高"的恶性趋势仍将延续至下一阶段，但其特征将有变化。

第三节 人口与资源环境关系的继续恶化和行动转折（1971~1977）

一 人口与资源环境危机继续加剧

推行计划生育促使人口出生率明显下降，但难以遏制人口压力日益增大的总趋势。"文化大革命"导致了积重难返的人口与资源环境后果。第二次生育高峰与前次生育高峰演变成的劳动年龄人口高峰相互叠加，作为消费者和生产者的人口对作为消费资料和生产资料的资源的巨大压力同时加剧。

低消费水平上的人口压力继续表现为对作为最基本生活资料——粮食及其最基本来源——耕地的需求压力。在人均耕地日益减少、后备宜耕土地资源不足的背景下，对我国生态条件有全局性影响的政策是"以粮为纲"。随着"以粮为纲"政策的强力推行，毁林开荒、毁草种粮、毁湖造田愈演愈烈，但是，人均耕地锐减势头难以逆转，人地关系更趋紧张。1969～1977年，全国总人口年均递增2.06%，耕地面积年均递减0.19%，人均耕地占有量年均递减2.25%。

（一）森林锐减，生态破坏

山区在"向荒山要粮"的口号下大片毁林造田，造成森林资源锐减，生态平衡严重破坏。在改革开放前的30年里，中国至少有25%的森林被砍伐；全国每年消耗林木资源2亿立方米，其中2/3是计划外的滥伐、乱伐所造成的。由于森林破坏，使全国水土流失面积达到150万平方公里。仅黄河、长江每年带走的泥沙量就有26亿吨，相当于冲走了40万公顷良田的表层肥土。自然灾害越来越严重，其中90%是水旱灾害，其根本原因是森林和植被的破坏。

例如，云南省1950年森林覆盖率为50%，到1980年已下降到24.9%。森林覆盖率下降影响气候调节。1950年前该省平均每9年一次大灾，而在1950年到1980年的30年间发生了11次大灾，遭受大灾危害的频率提高了2倍。

四川在50年代至70年代森林资源下降了30%。森林减少导致灾害加剧。该省50年代平均2年至3年发生一次春旱，到70年代增加到十年九旱。

拥有大面积热带雨林的西双版纳和海南岛也遭到劫难。西双版纳森林覆盖率由1949年的69.4%下降到1980年的26%，位于西双版纳景洪县的大渡岗一带竟然变成了荒原。同期，海南岛森林覆盖率由25%下降到7.2%。大面积毁林破坏原有的生态平衡，水文条件急剧恶化，1978年的一场大旱，竟然造成大部分河流断流，水库干涸。

又如甘肃子午林区，1980年以前是陇东主要水源涵养林，由于毁林开荒，林缘后移10公里。林区面积缩小，年降雨量减少17～42毫米，相对湿度降低了3%～4%，洪水含沙量增大一倍。黑龙江平原，由于森林面积锐减，直接影响气候。50年代中期年降水量为600毫米，到70年代末降为400毫米。

(二) 草原退化、沙化严重

对草原的大规模开垦，尤其是大量开垦半荒漠地区的草原，是新中国成立后沙漠化进程加速的主要原因。开垦的结果，往往是破坏了覆盖于荒漠和沙地表面的植被，使荒漠草原最终变为沙漠，使固定沙丘变为流动沙丘。根据50年代与70年代末航片的对比分析，我国沙漠化土地每年以1 560平方公里的速度扩展，因沙漠化丧失土地资源3.9万平方公里。其中，农牧交错地带是沙化最严重的地区，这一地区的沙化面积占沙漠化总面积的73%。

根据内蒙古自治区有关部门统计，从20世纪60年代末到70年代中，共开垦草原362.8万公顷，相当于自治区牧区草原面积的1/10。内蒙古的乌兰布和沙漠原有固沙植物梭梭林2 000平方公里，这些宝贵的植被在"文化大革命"中成为"开荒"的对象被砍伐殆尽，结果，原先的固定和半固定沙丘成为连片的流沙，不仅吞没了开垦出的农田，还侵占了原先的牧场，最后连建设兵团的营房也被流沙埋没。新疆开垦草原340多万公顷，其中伊犁州许多牧业县开垦的春秋牧场占牧场总面积的40%~60%，严重损害牧业的发展。我国草原大多分布在内蒙古、新疆等干旱地区，年降水量在400毫米以下，如果没有灌溉，草原开垦后不仅农作物生长不良，而且会引起大规模沙化。土地沙化反过来又影响产草量。截至70年代末，我国牧区共开垦草原3 000万公顷，占可利用草场面积的13.35%，由此而引起的沙化、退化和盐渍化面积约6 667万公顷，占可利用草原面积的29.7%。草原自然生产率下降30%左右。

表16—3　　　　　　　　草原生产率的变化　　（单位：公斤/亩）（鲜重）

	森林草原	草甸草原	干草草原	荒漠草原	半荒漠
50年代	300	275	210	150	100
60年代	250	250	190	135	90
70年代	250	225	160	120	80

资料来源：丁举贵等《农业生态经济学》，河南人民出版社1990年版，第309页。

由于不适当地毁草开荒，破坏植被，使得草原退化、沙化严重。1980年之前的15年，沙漠面积扩大了27 000平方公里。

（三）围湖造田，后患无穷

为了扩大耕地面积，提高粮食产量而进行的围湖造田，使全国湖面迅速减少。湖北省是世界上著名的淡水湖泊密集分布区，新中国成立初期有1 066个湖泊，中水位时，水域面积约84万公顷。由于大搞围湖造田，湖泊数量和水域面积大幅度减少，到1977年末，只剩下326个湖泊，水域面积约23万公顷，减少库容30亿立方米[①]。湖南省洞庭湖，1949年有湖泊面积4 350平方公里，因陆续围垦，至1977年仅剩2 740平方公里，减少湖面37%，调洪容积减少了115亿立方米[②]。一般来说，围湖造出的田地，肥力较高，又靠近水源，因此往往成为人口密度较高的地区。然而，这些地区恰恰又是易受洪涝灾害的险地。为此，人们每年要修筑堤岸，一旦突发险情，还要付出家毁财破以至人亡的惨重代价。

（四）环境污染，加快蔓延

1975年5月国务院环境保护领导小组印发的《关于环境保护的10条规划意见》的通知中，对当时环境状况作了如下评价："当前最突出的是随着工业事业的发展，排放的有害废水、废气、废渣越来越多，对自然环境造成了污染。据调查，一些主要河流、湖泊、海湾，如长江、黄河、松花江、鸭绿江、图们江、辽河、海河、淮河、珠江、漓江、湘江、滇池、官厅水库、白洋淀、渤海、胶州湾等水系、海域都受到不同程度的污染，有的污染危害已相当严重。不少城市和地区的饮用水源被污染，水质显著下降。许多城市和工业区，黑烟滚滚、空气污浊，有害物质增多。废渣堆积如山，占用大量农田，淤塞航道，毒化环境。不少工矿企业职业病有所增加。此外，农业上由于使用某些高残留农药，许多农副产品含有过量的农药残毒；同时，在粮食加工、食品生产过程中，不适当地添加了许多有害的化学物质。有些地区，不适当地开垦草原、采伐林木、兴修水利，也破坏了自然环境。"

违背自然规律的行为必然受到大自然的报复，其重要信号之一就是自然灾害加剧。据统计，从1950到1958年，全国平均每年受灾面积约2 000万公顷，而从1972年到70年代末，全国平均受灾面积约3 333万

---

① 胡有泉：《保护湖泊自然生态环境刻不容缓》，《光明日报》，1979年12月21日。
② 陆钦侃：《从今年和去年的水灾谈长江防洪问题》，《人民日报》，1981年9月3日。

公顷，增长67%①。

水污染造成了严重后果。1974年农民用蓟运河水浇小麦，由于河水中含有过量的有害物质，致使近5万亩小麦枯死。水污染对水产品影响也很大。全国淡水鱼捕捞量，50年代为60万吨，60年代为40万吨，70年代为30万吨，工业污染是淡水鱼捕捞量直线下降的重要原因。此外，污水中的有害物质在土壤中积累并被植物吸收，污染食品。

"以粮为纲"的初衷本是为了保证庞大人口基本生存条件的粮食安全，但很大程度上却引来了适得其反的后果。在生态脆弱地区开垦荒地的努力使这些地区的生态更趋脆弱，从而陷入"越垦越穷，越穷越垦，越垦越要人，越垦越要生"的人地关系"怪圈"。据统计，全国1/3耕地为低产田，主要分布在山西、陕西、甘肃、宁夏、内蒙古、青海、新疆等省区和云贵部分区县，粮食年均亩产100公斤左右。50年代尚能自给，70年代都变成缺粮区，原因即在于长期以来生态破坏最严重，或是自然生态平衡十分脆弱，产量很不稳定，粮食增长抵消不了人口增长的需求。

二　重大决策失误导致的损失

根据牛文元的研究，过去的重大失误有三次是全国性的，影响深远。其一是50年代中期，错误地批判了马寅初的《新人口论》，从而贻误了控制人口增长的时机；其二是1958年实行"大跃进"政策，结果在不到两年的时间内就给中国经济和生态环境带来了灾难性的后果；其三是长达10年的"文化大革命"，既使中国丧失了绝好发展机遇，又把中国的经济带到了崩溃的边缘。如果不发生三次重大失误，人口数量和质量将分别为现状（以20世纪90年代中期状况为100%）的83.6%和110.5%，森林覆盖率和土壤侵蚀率将分别为现状的120.0%和94.0%，生态环境应力和自然资源承载力将分别为现状的94.4%和123.0%（表16—4）。可以认为，新中国成立以后出现的第一、第二次环境全面恶化，其主要原因即在于重大决策的失误。

---

① 李周等：《中国环境问题》，河南人民出版社2000年版，第13页。

表 16—4　　　　　　　　重大决策失误所致的损失

项目	现状（%）	当不发生三次重大失误时（%）
人口数量	100	83.6
人口质量	100	110.5
国内生产总值（GDP）	100	119.3
人均 GDP	100	136.9
贫困人口	100	0.0
富裕度	100	119.5
森林覆盖率	100	120.0
土壤侵蚀率	100	92.0
荒漠化率	100	96.2
城市环境	100	95.0
生态环境应力	100	94.4
自然资源承载力	100	123.0

资料来源：Niu（牛文元）. Futures Research Quartery. 1997, Vo. 13：5～7.

三　人口控制和环境保护政策终于启动

在人口与环境问题上，20世纪70年代初，不论从世界还是中国看都是一个重大的转折。如上所述，从环境恶化的趋势看，这一阶段基本上是始于60年代后期的第二次环境恶化的继续。之所以要把进入70年代以后至改革开放开始前划为一个阶段，主要就是因为中国终于在这个时期开启了控制人口增长和保护环境的政策行动，这是一个不可忽视的重大转折。

进入70年代，中国开始系统地制定和实施计划生育政策，标志着中国人口政策新时代的来临。1973年开始全面推行计划生育。1974年，毛泽东批示：人口非控制不行。中共中央和国务院明确指示：在生育上完全无政府主义是不行的，要有计划生育。

与此同时，世界为中国的环境保护提供了一个极好的机遇。1972年6月5日至16日，联合国在斯德哥尔摩召开了人类环境会议，中国派代表团参加了这次会议。联合国人类环境会议不仅是世界环境保护的里程碑，也成为我国环境保护事业的转折点和环境政策发展的新起点。

1973年8月，国务院主持召开了第一次全国环境保护会议，揭开了中国环境保护事业的序幕。会议产生了三项主要成果：一是作出了环境问题"现在就抓，为时不晚"的结论；二是审议通过了"全面规划，合理布局，综合利用，化害为利，依靠群众，大家动手，保护环境，造福人民"的环境保护工作方针；三是审议通过了中国第一个环境保护文件《关于保护和改善环境的若干规定》。1973年11月，国务院批转了会议报告和规定，并且指出：对现有城市、河流、港口、工矿企业、事业单位的污染，要迅速作出治理规划，分期分批加以解决，要在资金、材料、设备上给以保证。从此，中国环境保护事业被明确提到政府的议事日程上。1974年5月，成立了国务院环境保护领导小组及其办公室，各部门、各省市也陆续建立起环境管理机构和环境保护科研、监测机构。在一些部门和地区，开展了污染源调查和治理。

尽管70年代前半期仍然处于新中国成立以后的第二次人口生育高峰期，1971~1977年全国人口由8.5亿人增加到9.5亿人，然而，整个70年代是中国人口出生率和自然增长率实现由高向低转变的重要转折时期。这一重要转变，起到了使人口对资源环境的压力有所相对缓解的作用。尽管环境保护行动的初步启动并没有也不可能逆转环境恶化的总体趋势，但毕竟也在一定程度上使环境急剧恶化的状况得到了局部的有限缓解。例如，70年代中期推广利用沼气，就对环境保护起到了一定的积极作用。根据国家科委生物能源办公室的报告，1978年全国有700万个沼气池，其中四川就有500万个。通过沼气的推广，替代了一部分煤，减少了对运输的压力；节约了大量农作物秸秆（改革开放前秸秆是农村最主要的燃料，每年消耗量约为4.5亿吨），从而增加了农民收入；替代了一部分薪炭柴，从而保护了林业资源；沼气残留物的含氮量相当丰富，可以用来提高土壤肥力，从而增加农产品产量。虽然沼气在中国的能源消费结构中只占很小一部分，估计只占全国能源总量的1.9%，但由于它可以替代秸秆、煤、薪柴炭成为部分农村能源的主要来源，所以还是起到了一定的保护森林和改善农村生态环境的作用。

另一方面也要看到，进入20世纪70年代，过去累积和潜伏的人口和环境问题，逐一加快显露。1972年，黄河出现第一次断流；70年代中期起，中华大地连连出现特大自然灾害。60年代后期到70年代前期，第一次生育高峰期出生的人口全部进入劳动年龄，劳动年龄增长高峰与第二次生育高峰相互叠加，人口压力急剧加重。不论从第二次生育高峰还是"文化大革命"导致的第二次大范围环境恶化看，本阶段都是前一阶段的继续。但是，20 世纪 70 年代中国毕竟开始启动实施了控制人口增长和保护环境的政策，这是一个重大的历史转折；其效果主要体现于人口增速趋于明显下降，人口总量年均递增率仍属较高，达 2.06%，但每年的增速已经呈现逐年下降的明显趋势：1969～1977 年，人口出生率和自然增长率分别由 34.11‰和 26.18‰下降为 18.93‰和 12.06‰，这是新中国人口增速由高向低转变的历史转折时期。保护环境政策的启动也取得了一些效果，但资源消耗—环境污染仍然处于高增长状态。因此，从人口、经济、资源消耗—环境污染增长状况看，基本上呈现由"高、低、高"向"低、低、高"转变的阶段性特征。

第四节 两项基本国策的确立和人口与资源环境问题的再凸现（1978～1989）

一 两项基本国策的确立

1977 年以后，中国政府进一步认识到人口与环境问题的严重性，陆续提出了一系列重大政策法规，并在改革开放之初把计划生育和环境保护确立为两项基本国策，这是人口与环境问题应对行动的又一次重大转折。1978 年 2 月，在《中华人民共和国宪法》中首次规定："国家保护环境和自然资源，防止污染和其他公害。" 1979 年颁布《中华人民共和国环境保护法（试行）》以后，又陆续出台了几项专门的法律和政策规定。1980 年 9 月 25 日发表了《中共中央关于控制我国人口增长问题致全体共产党员、共青团员的公开信》，大力提倡"一对夫妇只生一个孩子"。1981 年设立国家计划生育委员会。1982 年，党的十二大确立计划生育为基本国策；1983 年，第二次全国环境会议确立环境保护为基本国策，同时确定中国环境保护的战略方针是：经济建设、城乡建设、环境建设同步规划、同步实施、同步发展，实现环境效益和经济社会效益的统一。1984 年颁布《中华人民共和国水污染防治法》；1987 年颁布《中华人民共和国大气污染防治法》；1989 年举行第三次全国环境保护工作会议，并正式颁布《中华人民共和国环境保护法》。大体而言，改革开放后的第一个十年，既是中国人口控制政策步入稳定实施的重要阶段，也是中国环境保护走向法制化和体系化的重要阶段。

中国不但在人口控制和环境保护这两个方面分别采取了一系列重大政策措施，而且，在促使人口、资源、环境和发展互相协调、互相适应方面也作了艰苦的努力。在1978年开始实施的"三北"防护林体系工程中，历时12年，出动上亿人次，完成人工造林913.33万公顷，有效地改善了中国北方的生态环境，这是中国利用人力资源丰富的优势进行大规模环境建设的典型例证。再如，贵州毕节地区是典型的溶岩山区，人口多、耕地少，山上的林木被砍伐殆尽，水土流失严重，生态环境恶化，自然灾害频仍。面对这种情况，贵州省政府按照人口、粮食、生态全面规划、综合治理、协调发展的总体战略，在毕节地区建立了"人口生态环境协调发展实验区"，努力做到抓好当年生产与开发农业后备资源紧密结合；扶贫开发与计划生育紧密结合；解决温饱与实现中长期目标紧密结合，积极发展多种经营，逐步走上了人口、粮食、生态环境良性循环的轨道。又如安徽省金寨县集山区、老区、库区和贫困区于一体，形成了独特的县情。过去因修建两个大水库淹没耕地近6 700公顷、山地9 300多公顷，移民10万人，致使人地矛盾突出，缺粮情况严重。同时，由于人口生育无计划，生态平衡被破坏，出现了山光、水浑、田瘦、人穷的状况。为了扭转这种状况，该县在国家重点扶持下，从1982年起确定了"少生孩子多栽树，系列开发抓支柱"这一全面开发山区的指导思想。经过10年努力，全县人口数量得到了控制，人口素质有所提高，基本上摆脱了贫困落后的面貌。又如安徽省颍上县，70年代就在小张庄进行"治工改水、植树造林、农田建设、改善和保护生态环境"，取得显著成绩，被联合国选为"全球500佳"环保模范[①]。

二 生育率下降过程中的人口压力加重

中国改革开放之初，正是新中国第二次劳动年龄人口增长高峰开始出

[①] 沈益民：《加强人口和环境的全民意识是当务之急》，中国社会学人口与环境社会学专业委员会编：《中国人口与环境》，中国环境科学出版社1993年版，第69页。

现和第三次人口出生高峰即将来临之时。新中国成立后第一次人口生育高峰演变成的第一次劳动年龄人口增长高峰出现于20世纪60年代后期至70年代前期；第二次生育高峰演变成的第二次劳动年龄人口增长高峰正好开始出现于1978年。这个劳动年龄人口增长高峰一直延续到90年代初，并与出现于80年代初的出生小高峰和始于1986年的第三次出生高峰（第二次生育高峰的周期影响，延续至1996年）相重叠。

在全国人口总量突破10亿人（1981年）、经济增长加快而又基本上以大量消耗资源的粗放型增长为特征、人均消费水平提高而又基本上以实物消费为主的情况下，人口压力备感沉重。还要指出的是，中国经济体制改革首先开始于农村，农村经济体制改革促使农村剩余劳动力问题由隐性转化为显性，使农村过剩人口对资源环境的压力由耕地资源进一步扩延到非耕地资源。1978～1988年是中国农村劳动力非农化转移较快的时期，期内农村总劳力增加9 428.7万人，其中农业和非农产业劳动力分别增加3 000.1万人和6 428.6万人。农村剩余劳动力非农化转移对资源环境的影响既有其积极的方面，也有不可忽视的负面影响。改革开放以后，中国城镇化进程趋于加快但又相对滞后于经济发展水平和工业化、非农化水平。城镇化滞后既加剧了农村人口压力，同时加剧了城镇人口压力。多重因素的人口压力与多重经济结构的压力相互交织，使改革开放新形势下的资源环境问题出现了许多新的特点。

从资源总量上看，中国自然资源无疑是丰富的，堪称资源大国，因为中国许多种类的资源总量都在世界上位居前列，如国土面积仅次于苏联和加拿大，位居第3位；耕地面积仅次于苏联、美国和印度，位居第4位；永久性草地，仅次于澳大利亚和苏联，位居第3位；森林和林地仅次于苏联、巴西、加拿大和美国，位居第5位；河川径流量位居第6位；可开发水能资源位居第1位；矿产资源中，钨、锑、锌、钛、钒、稀土、硫铁矿、磷镁矿、萤石、重晶石、石膏、石墨等已探明的储量，均位居世界首位；而位居前5位的，还有锡、汞、煤、钼、石棉、滑石、镍、铅、铁、锰、铂等。如以占世界总量的比例来衡量主要自然资源的总体丰富程度，那么，中国仅次于苏联和美国，位居第3位。

然而，中国同时又是第一人口大国，而且与其他国家的人口差距甚大。因而，从人均水平的相对量上看，中国资源不仅算不上丰富，甚至可说是短缺的。

表 16—5　　　　　　中国人均资源占有量及其比较（1985）

	世界平均	中国	苏联	加拿大	美国	巴西	印度	中国占世界平均的比率(%)
土地总面积(公顷)	2.77	0.91	8.07	39.31	3.92	6.28	0.43	32.9
耕地面积(公顷)	0.31	0.10	0.84	1.84	0.80	0.56	0.22	32.3
草地面积(公顷)	0.66	0.27	1.35	1.22	1.01	1.22	0.02	40.9
森林面积(公顷)	0.84	0.13	3.37	12.85	1.11	4.15	0.09	15.5
河川径流量(立方米)	9 680	2 490	16 985	123 010	12 437	38 294	2 345	25.7
可开发水能量(千瓦)	0.47	0.36	0.97	3.72	0.78	0.67	0.09	76.6
矿产资源总值(万美元)	1.77	1.04	5.06	12.58	5.67	1.90	—	58.8

资料来源：中国科学院和国家计委自然资源综合考察委员会编《中国自然资源手册》，科学出版社 1990 年版，第 2 页。

由表 16—5 可见，中国人均资源量除可开发水能量和矿产资源总值外，其余各项均不足世界平均水平的一半，绝大多数甚至不足世界平均水平的 1/3。从现实看，中国也存在着资源短缺的状况，主要表现在全国性的耕地资源短缺，整个北方地区和部分南方地区的水资源短缺，森林资源短缺，有色金属和贵重金属短缺等。不仅如此，在现有资源中，质量低下的还占有相当比重，如耕地资源中，低产田占耕地总面积约 1/3；草地资源中，低产草地也占 1/3；而许多矿产则属于贫矿，如铁矿中，贫矿高达 95% 以上，铜矿中，低品位占 2/3。此外，中国自然资源在全国各地的分布也极不平衡。

人口与资源环境承载力的矛盾日趋加剧，不少研究结果认为，长期以来中国人口处于"超载"状态。按 1978 年内罗毕联合国沙漠化会议提出的标准，干旱和半干旱地区的环境承载力分别是每平方公里 7 人和 20 人。而在以干旱、半干旱气候为主的中国大西北地区，1982 年时人口密度已达每平方公里 22 人。

三 资源环境问题的再凸现：第三次环境恶化

（一）改革开放之初的环境状况

中国改革开放之初，环境恶化已经达到相当严重的程度。

一是空气污染，表16—6反映了1979年中国部分城市的环境污染状况。应该说，这里的四个城市并不是当时中国大气污染最严重的地区。有些城市的飘尘比这些城市还要高，危害自然也就更大。

表16—6 1979年中国部分城市的飘尘量及可能对健康的影响及经济损失

	飘尘数值 （微克/立方米）	飘尘最高值 （微克/立方米）	每年损失 工作日（万个）	每年额外死 亡人数（人）
北京	80	160	2 500	850
上海	150	200	4 000	1 300
武汉	170	400	2 200	3 500
广州	190	190	2 000	1 700

资料来源：曲格平《中国环境问题及对策》，中国环境科学出版社1989年版，第290～291页。

1980年，工业废气中二氧化硫和烟尘年排放量高达3 682.4万吨。中国许多城镇空气质量下降。国家卫生部标准规定每月每平方公里的降尘量是6～8吨，但几乎所有的城市都超过这项标准，一般都在30～40吨，有的高达百吨，某些工业区甚至高达数百吨到上千吨。由于尘埃量积存过大，曾发生压塌厂房的事件。辽宁省本溪就是一个典型的例子。本溪是一个重工业城市，在43.2平方公里的市区集聚着420家工厂，其中排污企业占一半以上，每年排放的有害气体947亿立方米，烟尘9.1万吨，工业粉尘12.2万吨，二氧化硫10.5万吨，滚滚的烟尘形成一个巨大的气盖，严严实实地扣在本溪市上空。以致在1979年的资源卫星照片上，本溪只是一片白烟，看不见城市。恶劣的环境严重危及本溪市民的身体健康，该市呼吸道发病率居全国之首，肺癌发病率高达0.03486‰。兰州是大气污染比较严重的城市，特别在冬季，整个城市被烟雾所笼罩，日月无光，有时白天行车也要开灯。一些地区喊出了"还我蓝天，还我清水"的呼声。

二是水污染和缺水。1980年，中国的工业废水排放量高达225.2亿吨。全国27条主要河流中，有15条受到比较严重的污染。有的江河（或其段落）、湖泊成了鱼虾绝迹的"死水"。作为上海饮用水源的黄浦江，每天要接纳400万吨的工业和城市污水。每到夏季，江水发黑发臭。有些以江河为工业水源和饮用水源的城市，由于水质败坏，不得不停产或另找其他水源。地下水污染也十分严重。根据对44个城市地下水源的调查，有41个受到污染，许多有害物质的含量超过了饮用水标准。北京、天津、青岛、邯郸等大中城市每天缺水300多万立方米。为了缓和人口和淡水资源的矛盾，在用水紧张时期，有些城市只好按人口定量供应用水的办法。天津市估计，1980~1981年的9个月中，因缺水而减少工业产值达100亿元。

三是噪声污染。噪声在65分贝时对工作、学习就产生不良影响，而夜间45分贝就影响人们的休息。据测定，1980年，北京、上海、天津、南京、杭州、武汉、广州、重庆、哈尔滨等城市，市区噪声污染都在80分贝以上，有的街道的地区夜间的噪声强度仍高达70分贝。当时，城市噪声的主要来源是交通噪声，即行驶摩擦、震动和喇叭声。当时仅有十几万辆汽车的北京和几千辆汽车的杭州，比拥有两百万辆汽车的东京的交通噪声还高。

据过孝民、张惠勤的测算，1983年的环境污染损失为380多亿元，生态破坏损失为490多亿元，两者合计，约占国民生产总值（GNP）的15.6%。

中国的环境问题与长期以来基本上以粗放型为特征的经济增长方式有密切关系。在1951年到1980年间，中国工业的年平均增长速度为12.5%，比美国的4%、苏联的8.6%、日本的11.5%、英国的2.3%、印度的5.9%都要高，同期，中国工业产值占工农业总产值的份额由17%上升到70%。然而，工业增长基本上是靠追加物质资本投入带来的，技术进步对经济增长的贡献率极低。中国的资源利用率指标和减轻环境负面影响的指标，不仅大大低于发达国家，而且也低于韩国、巴西这样的发展中国家。总要素生产率年平均增长只有0.2%，对经济增长的贡献率仅仅为2.7%，即整个经济增长的97.3%是靠追加物质生产资料投入带来的[①]；

---

① 郭克莎：《中国：改革中的经济增长与结构变迁》，上海三联书店1993年版，第79~81页。

而发达国家总要素对经济增长的贡献率达到或超过60%。截至改革开放前夕，我国国民收入增长了9倍，能源消耗增长了14倍，有色金属和铁矿消耗增长了23倍，与此同时，"三废"污染日益严重。1980年，工业废渣年生产量高达4.85亿吨。

从最基本的人地关系看，1981年中国人口增加到9.9亿，比1952年增加4.2亿，即增加了73%，而人均耕地则从1952年的3.96亩减少到1981年的2.14亩。虽然由于单产提高，全国粮食产量由1952年的3 278亿斤增加到1981年的6 500亿斤，增长了近一倍，但人均粮食占有量只增加82斤，即增加14%。因为绝大部分粮食被同期新增加的73%的人口占去了[①]。

表16—7　单位工业产值材料消耗率的国际比较（1980年）

	能源 （千克标准煤/美元）	钢材 （吨/百万美元）	货运量 （吨公里/美元）
中国	1.06	353	6.74
印度	0.99	379	6.43
韩国	0.48	291	1.22
巴西	0.32	103	4.12
日本	0.3	146	1
法国	0.3	88	—
美国	0.47	132	5.32
英国	0.23	91	—
联邦德国	0.26	95	—

资料来源：The World Bank, China: Economic Structure in International Perspective, Annex 5 to China: Long‐term Issues and Option (A World Bank Country Study), Washington D.C., 1985.

（二）新中国成立以后的第三次环境恶化

改革开放以后，尽管中国把人口控制和环境保护提到了基本国策的高度，但由于人口增长的惯性、粗放型经济增长方式的沿袭和人民生活消费

[①] 曲格平：《人口激增对环境的压力和冲击》，《人口研究》，1982年第10期。

水平提高等因素，人口对资源环境的压力继续增大，资源环境问题又一次凸现，形成新中国成立以后的第三次环境恶化。

20世纪80年代，中国经济处在初步工业化和产业结构转变的历史过程中，大量农业劳动力正很快流向非农产业，同时，在城市工业与传统农业之间出现了乡镇企业这一具有中国特色的产物，但是由于人口增长过快，农村社会劳动力的绝对数并没有相应减少，在传统农业领域仍然滞留着数量巨大的劳动人口。这就形成了当代中国特有的多重经济结构，即传统农业、乡镇企业和城市工业三位一体的多重经济结构。多重的经济结构形成了对环境的多重压力：农村人口对自然生态环境的生态破坏压力；城市人口和工业对大气、水体、土地的环境污染压力，以及由乡镇企业造成的同时具有环境污染和生态破坏特点的双重压力。

1. 乡镇工业崛起与环境污染蔓延。

新中国成立以后的第三次环境恶化与乡镇工业密切有关。改革开放以来迅速兴起的乡镇工业，对于振兴农村经济起到了举足轻重的作用，这已为实践所证明。但是由于乡镇工业布局分散、经营粗放，许多乡镇工业生产过程中所产生的各种废物基本上未经任何处理就排放到环境之中，致使农村生态环境遭受严重破坏，甚至给人们的身体健康带来巨大威胁。1979年至1984年，兴建乡镇企业占耕地1亿多亩，比国家30年基建征用土地还多166.67万公顷。乡镇企业使中国环境污染由点到面，由城市向农村蔓延。这在其他国家很少遇到，可以说是中国特有的环境问题。据统计，1989年，全国有1 800万个乡镇企业，其中乡镇工业700万个，占40%。据1991年完成的首次全国乡镇工业污染源调查，1989年乡镇工业主要污染行业的工业废气排放量为1.2万亿立方米，其中烟尘排放量301万吨，二氧化硫排放222万吨，氟化物排放14万吨，乡镇工业废水排放18.3亿吨，其中化学耗氧量155万吨，悬浮物112万吨。工业固体废物排放量0.4亿吨。

种植业劳动力向二、三产业转移，采矿业是转移的主要行业之一。据统计，1978年全国乡村企业产原煤9 073万吨，1991年增加到29 931万吨，增加2.3倍。1978年全国乡村企业生产水泥332万吨，1991年增加到7 084万吨，增加11倍。小煤矿和石灰石采矿点多为露天开采，盲目性很强，在有些地方几乎处于无政府状态，有的好好一座山林被弄得千疮百孔，停采后又不采取任何措施，对地表植被造成严重破坏，造成水土严重流失。根据有关研究，1978～1988年，乡镇企业造成的污染经济损失为355亿元，生态破坏的经济损失为258亿元，占其利税总额的79.79%[①]。要指出的是，20世纪80年代中国乡镇企业的异军突起，很大程度上是为了安置农村剩余劳动力的需要，即缓解农村人口压力的重要举措。因此，乡镇工业对资源环境带来的负面效应，很大程度上也反映了人口对资源环境的压力。

2. 人地关系紧张和自然生态破坏。

20世纪80年代迅速崛起的乡镇企业吸纳了大量由农业分离出来的剩余劳动力，但是，在劳动年龄人口增长高峰的背景下，农业劳动力的绝对数量仍然日趋增多，而耕地则呈不可逆转的减少趋势。剩余劳动力的增多对自然生态环境构成的巨大压力，导致自然生态破坏的继续加剧。例如，被誉为"植物王国"的西双版纳，整个80年代毁林200多万亩，全州森林覆盖率由55.7%下降到30%以下，对气候和生态都产生了不利的影响。风景游览区的自然保护区的破坏也很严重，不少地方的园林、名胜古迹和自然风景区被侵占、损坏。加上滥捕乱猎，野生动物资源遭到严重破坏，不少鸟兽绝迹，像珍贵的野牛、老虎、大象、大熊猫等也濒于灭绝。

农村家庭联产承包责任制的实行，对提高农业生产效率起到了积极的推动作用，但是，在农户小规模分散经营的情况下，也出现了为追求产量而不顾保护地力的倾向。越来越多的农户舍弃农家有机肥，而代之以大量施用无机化肥。1978～1989年，全国农用化学肥料施用量由884.0万吨增加到2 357.1万吨，平均每年递增9.3%。大量地施用化肥虽然提高了产量，但却引起了土壤有机质含量的减少等不良的生态后果。农村剩余劳动力由粮食种植业转向从事林业、牧业或其他经济作物种植业，虽然有利于大农业内部结构的合理调整，但如引导不当，往往会使森林植被或草原植被遭到破坏，带来的直接后果，最严重的就是水土流失。如中国东北地区盛产蚕和人参，在农村经济体制改革之后，一部分农业剩余劳动力转向放养柞蚕和种植人参。1980～1992年期间，仅辽宁省本溪县柞蚕放养面

---

① 王健民：《我国乡镇工业的发展、环境问题和对策研究》，《环境科学》，1993第4期，第14页。

积就由近 986 公顷增加到 2 500 多公顷，增加了 1.5 倍，放养柞蚕多为中老年劳动力，文化程度较低，有很大比例为文盲半文盲，对先进技术接受较慢，超载放养较为普遍，这就使部分蚕场出现稀化、矮化和沙化，郁闭度明显降低，水土流失严重。丹东地区有 39 万多公顷蚕场，轻度以下流失面积已占蚕场总面积的 78.5%，年流失量达 540 万吨。

据有关资料，全国年均受灾和成灾面积，80 年代分别为 4 155 万公顷和 2 038 万公顷，平均每年因灾害而造成的粮食减产数量，80 年代达到 180.5 亿公斤。

3. 城镇化加快和城镇生态环境问题。

改革开放之前，中国的城镇化长时期处于低水平的停滞不前状态；改革开放以后，中国城镇化加快发展，但又明显地相对滞后于经济发展或工业化、非农化水平。这种状况导致了中国特点的"农村病"和"城市病"同时趋于加剧。可以认为，城镇化滞后是加剧城乡人口压力和环境问题的"双刃剑"。20 世纪 80 年代中国城镇化的滞后既表现为人口城镇化实际水平滞后于经济发展水平，又表现为城镇建设发展（城镇人口承载能力增大）滞后于城镇人口增长。由此既导致了农村人口压力的过度加剧，又导致城镇人口压力的过度加剧。据统计，全国城镇人口已由 1949 年的 5 700 多万人增加到 1989 年的 29 540 万人，增加了 5.18 倍；工业生产发展更快，全国工业总产值 1983 年比 1949 年增长了 40 多倍，而城市公用设施方面，供水能力只增加了 14 倍，下水管道只增长了 3.4 倍，城市道路只增加了 1.98 倍。由于过去长时期城镇基础设施建设滞后留下的历史欠账，以及 80 年代城镇基础设施建设明显滞后于城镇人口实际规模的扩大，因此，城镇人口过密、交通拥挤、住房不足、污染加剧等问题十分突出。

4. 第三次环境恶化的原因。

新中国成立以后出现于改革开放新形势下的第三次环境恶化的原因，与过去两次相比有很大的不同。陈卫在 1996 年曾以化肥、汽车和电力 3 个行业的资料来测算中国污染物相关因素的作用程度[1]，结果发现：人口

---

[1] 林富德、翟振武主编：《走向 21 世纪的中国人口、环境与发展》，高等教育出版社 1996 年版，第 202~209 页。

增长、经济发展和技术进步三个因素在1980年以前对环境污染都是正影响，而1980年以后技术进步转为负影响；1980年以前，技术进步的作用最大，1980年以后经济发展的作用最大。以化肥使用为例，化肥污染中，1980年以前人口增长的作用为+2.0%，经济发展的作用为+3.3%，技术进步的作用为+14.5%，也就是说，技术进步的作用是人口增长作用的7倍多。类似地，电力产生的污染中，技术进步的作用（+5.7%）是人口增长作用（+1.9%）的3倍。1980年以后，化肥污染中，人口增长的作用为+1.5%，而经济发展的作用为+13.2%；电力污染中，经济发展作用是人口增长作用的10倍。不过，这并不意味人口增长的作用不重要或不起作用。事实上，人口增长过快、过多，一直是加剧环境恶化的重要因素。只是，在经济增长速度明显加快而人口增长速度放慢的情况下，后者的重要性相对减弱。

20世纪80年代，中国经济发展速度明显加快而相应的环境污染治理没有跟上。虽然80年代是中国环境保护投资增长最快的一个时期，总投资额由1981年的19.7亿元增加到1989年的102.5亿元，增长了5.2倍，但问题在于环境保护投资的历史欠账太多，环境保护投资比例明显偏低，与经济增长对环境保护投资的要求不相适应。1983~1988年，基本建设和更新改造两项的环境保护投资所占比例始终低于国家规定的7%的比例。以更新改造为例，1988年应用于环境保护的更新改造资金是68.64亿元，而实际上只有12.13亿元，二者相差56.51亿元[①]。除了环境保护治理跟不上外，80年代中国环境污染加剧的主要原因还与经济发展中的产业结构、投资结构等分不开。中国的工业污染占总污染量的70%，而工业中，几乎所有的支柱产业都与环境污染有关，甚至是环境污染的大户。

1978年开始中国进入了改革开放的新时期，与此同时，中国的人口发展与资源环境状况的演变也进入了一个新的发展阶段。这一阶段人口控制和环境保护的行动转折以两个基本国策的提出和实施为主要标志。从人口发展看，已经转为低速增长，但绝对增量大，尤其是劳动年龄人口进入了一个新的增长高峰期，同时又迎来了第三次人口出生高峰。改革开放新

---

① 曲格平：《中国的环境与发展》，中国环境科学出版社1992年版，第206~209页。

形势下和生育率下降过程中的人口压力及其对资源环境的冲击,与过去相比呈现许多新特点。基本上为粗放型的经济高增长、乡镇工业蓬勃兴起而城镇化发展明显滞后,是导致又一次环境恶化的重要原因。从人口、经济、资源消耗—环境污染增长状况看,已基本上呈现由"低,高,高"的阶段性特征,即人口低速增长,然而"低中有高";经济高增长,然而"高中有低"(技术进步低增长);资源消耗—环境污染高增长,然而也是"高中有低",即环保行动的力度增大使资源消耗—环境污染高增长的程度有所降低。

第五节 可持续发展战略的确立和人口与资源环境问题的综合治理(1990~2000)

一 可持续发展战略的提出

1992年在里约热内卢举行的联合国环境与发展大会通过《21世纪议程》,反映了在实施可持续发展战略上的全球共识和最高级别的政治承诺。中国政府向大会提供的正式文件是1990年10月就开始精心编写的《中华人民共和国环境与发展报告》。中国政府在1992年联合国环境与发展大会上作出了实行可持续发展战略的政治承诺,并于当年7月开始组织编制《中国21世纪议程——中国21世纪人口、环境与发展白皮书》。1992年8月,中共中央、国务院颁布了指导中国环境与发展的纲领性文件《中国环境与发展十大对策》,正式提出了实行可持续发展战略,并将其列为十大对策的第一条。同年,国家环境保护总局、国家计委颁布了《中国环境保护战略》。

1993年9月,国务院颁布了全国分领域的10年环境保护行动计划《中国环境保护行动计划(1991~2000)》。1994年3月25日,国务院第16次常务会议讨论通过了《中国21世纪议程——中国21世纪人口、环境与发展白皮书》,这是全球第一部国家级的《21世纪议程》,它把可持续发展原则贯穿到我国社会经济发展的各个领域,明确提出了跨世纪人口、经济、社会、环境和资源协调发展的奋斗目标。1994年7月,国务院决定《中国21世纪议程——中国21世纪人口、环境与发展白皮书》将作为各级政府制定国民经济和社会发展中长期计划的指导性文件。1994

年9月起，国家计委、国家科委组织有关部门和专家，开展了将《中国21世纪议程——中国21世纪人口、环境与发展白皮书》纳入国民经济和社会发展计划的研究和培训项目，培训了近300名国务院有关部门和各省市区计划、科技部门的干部，完成了研究报告，为《国民经济和社会发展"九五"计划和2010年远景目标纲要》体现可持续发展思想奠定了基础，还在北京、湖北和贵州开展了通过"九五"计划实施《中国21世纪议程——中国21世纪人口、环境与发展白皮书》的试点工作。

1995年，在党的十四届五中全会上，江泽民首次从政治高度对人口、资源、环境和可持续发展问题作了整体性的重要论述，指出："在现代化建设中，必须把实现可持续发展作为一个重大战略。要把控制人口、节约资源、保护环境放到重要位置，使人口增长与社会生产力的发展相适应，使经济建设与资源、环境相协调，实现良性循环。"1996年7月，江泽民在第四次全国环境保护会议上指出："经济的发展，必须与人口、环境、资源统筹考虑，不仅要安排好当前的发展，还要为子孙后代着想，为未来的发展创造更好的条件，决不能走浪费资源、走先污染后治理的路子，更不能吃祖宗饭、断子孙路。""在社会主义现代化建设中，必须把贯彻实施可持续发展战略始终作为一件大事来抓。"1997年，江泽民在党的十五大报告中指出："我国是人口众多、资源相对不足的国家，在现代化建设中必须实施可持续发展战略。坚持计划生育和环境保护的基本国策。正确处理经济发展同人口、资源、环境的关系。"

从1991年起，中共中央、国务院每年春季在北京召开全国计划生育工作座谈会；1997年开始，又将计划生育与资源环境保护结合起来，每年召开人口资源环境工作座谈会，将实施可持续发展战略、落实计划生育和环境保护基本国策摆上重要议事日程。2000年3月12日，江泽民在座谈会上再次强调："我国是世界上人口最多的发展中国家，人均资源很有限，必须始终坚持把控制人口、节约资源、保护环境放在重要的战略位置。""坚持做好人口资源环境工作，关系到我国经济和社会的安全，关系到我国人民生活的质量，关系到中华民族生存和发展的长远大计。"

《中国21世纪议程——中国21世纪人口、环境与发展白皮书》是从中国国情出发而制定的关于经济、社会、资源与环境相互协调的可持续发展的总体战略、对策和行动方案。从20世纪80年代把计划生育和环境保护列为两项基本国策，到 90 年代提出和实施可持续发展战略，体现了与时俱进的又一次重大行动转折。中国可持续发展战略的提出和完善，伴随着相关领域法制化建设的不断推进。截至 2000 年底，中国已制定和颁布了《环境保护法》等 6 部环境法律和《森林法》等 12 部资源法律，395 项各类国家环境标准。修改后的《刑法》增加了"破坏环境与资源保护罪"的规定。国务院颁布了 29 件行政法规，国务院各部门发布了 30 多部与可持续发展有关的行政法规，地方发布了 600 多项环境保护、资源管理法规。适合社会主义市场经济的环境与资源保护法律体系框架的逐步形成，使中国可持续发展战略的实施走向法制化、制度化和科学化的轨道。

中国同联合国有关机构如开发署（UNDP）、环境署（UNEP）、教科文组织（UNESCO）、可持续发展委员会（UNCSD）、亚太经社理事会（ESCAP）等和全球环境基金（GEF）以及一系列国际环境公约的秘书处一直保持着良好的合作关系。1979 年以来，为保护候鸟、大熊猫及其他野生动物，中国同日本及世界野生生物基金会签署了协议；积极参与了一系列有关全球性环境问题的公约谈判，并率先批准了这些公约，积极地履行公约规定的义务。中国签订的主要国际环境公约和协议有：《关于保护野生生物资源的合作协议》《关于建立保护大熊猫研究中心的协议书》《有灭绝危险的野生动植物国际贸易公约》《保护候鸟及其栖息地的环境协议》《保护臭氧层维也纳公约》《控制危险废物的巴塞尔公约》《关于消耗臭氧层物质的蒙特利尔议定书》《联合国气候变化框架公约》《生物多样性公约》《防治荒漠化国际公约》《湿地公约》。此外，从 1980 年到 1999 年 2 月，中国同 24 个国家签订了 28 项关于环境领域合作的议定书、协定、备忘录或联合公报。

1996 年，召开了第四次全国环境保护会议；全国人大通过了《国民经济与社会发展"九五"计划和 2010 年远景目标纲要》；同年还发布了《国务院关于环境保护若干问题的决定》。

1998 年，国务院颁布《全国生态环境建设规划》。同年国家环保总局颁布《全国生态环境保护纲要》，明确了中国保护生态环境的目标、任务和措施。1998 年新土地管理法以法律形式确定"珍惜、合理利用土地和切实保护耕地"为基本国策。这就形成了继计划生育、环境保护之后的第三个基本国策。三个国策先后出台，浓缩了我国人地关系的演变过程。

随着可持续发展战略的明确提出,过去先后提出的三项国策逐渐融为一个不可分割的整体。

二 人口控制的成效及其资源和环境效益

随着社会经济的发展和计划生育工作的开展,我国在生产力水平尚不发达,传统观念影响比较深的情况下,实现了人口再生产类型从高出生、低死亡、高增长到低出生、低死亡,低增长的历史性转变。专家研究结果表明:人口增长率每下降一个千分点,人均 GDP 增长率可提高 0.36～0.59 个百分点。1971～1998 年的 28 年间,由于开展计划生育,全国少生了 3.38 亿人,为家庭节省抚养费 6.4 万亿元,为国家节省抚养费 1 万亿元,共节省抚养费 7.4 万亿元。这对于国民经济的快速发展、人民生活的改善和综合国力的提高,对于缓解人口给经济、社会、资源、环境带来的压力产生了积极影响。由于中国实行计划生育,使世界 60 亿人口日的到来推迟了 4 年,也为稳定世界人口作出了积极的贡献。

表 16—8　中国实行与不实行计划生育条件下的人均耕地、能源产量等指标

	人均耕地（亩/人）		人均能源生产总量（千克标准煤）		能源消费总量（万吨标准煤）	
	实行计划生育	不实行计划生育	实行计划生育	不实行计划生育	实行计划生育	不实行计划生育
1978	1.55	1.47	652	618	57 144	60 345
1980	1.51	1.40	646	599	60 275	65 029
1985	1.37	1.21	808	714	76 682	86 794
1986	1.34	1.18	820	719	80 850	92 178
1987	1.32	1.15	835	729	86 632	99 200
1988	1.29	1.12	863	751	92 997	106 895
1989	1.27	1.10	902	781	96 934	111 954
1990	1.26	1.08	909	783	98 703	114 620
1991	1.24	1.06	905	773	103 783	121 536
1992	1.22	1.03	915	775	109 170	129 022
1993	1.20	1.01	937	786	115 993	138 340

续表

	人均耕地（亩/人）		人均能源生产总量（千克标准煤）		能源消费总量（万吨标准煤）	
	实行计划生育	不实行计划生育	实行计划生育	不实行计划生育	实行计划生育	不实行计划生育
1994	1.19	0.99	991	823	122 737	147 709
1995	1.18	0.97	1 065	877	121 176	159 293
1996	1.16	0.95	1 084	884	138 948	170 365
1997	1.15	0.93	1 068	862	142 000	175 914

资料来源：林晓红、袁建华、江效东，"中国计划生育的资源效益"，根据《中国统计年鉴》（1998）计算。

中国人口控制取得的巨大成效，在很大程度上减轻了对资源短缺及生态环境恶化的压力。从表16—8可见，1978年在实行计划生育与假设不实行计划生育（在计算未实行计划生育情况下人均耕地面积时，充分考虑到由于人口增加而造成耕地总量的减少，其中包括国家基建占地、乡村集体占地、农民个人建房占地因素）的前提下，全国人均耕地面积（按官方公布的历年统计数）只相差0.08亩；到1997年经过多年来计划生育工作的成功开展，在实行计划生育与假设不实行计划生育的前提下，全国人均耕地面积相差0.22亩。

随着经济的发展和生产力水平的提高，中国的粮食生产能力明显提高。1949年全国粮食总产量为11 318万吨，1997年达到49 417万吨，粮食净增加38 099万吨。但是，由于人口众多，按人口平均的人均占有量却较少。以1990年为例，全国人均粮、肉、奶的产量约为发达国家平均水平的1/2、1/3及1/50。在社会发展及科技进步的前提下，假设粮食产量在实行与不实行计划生育的条件下保持不变，由于实行了计划生育，使中国的人均粮食产量由1970年的293.24公斤提高到1997年的401.74公斤。如果不实行计划生育，1997年全国的人均粮食产量将下降为324.29公斤，与实行计划生育相比，将减少77.45公斤。

从森林资源状况看，1978年以来，全国森林采伐量超过生长量，每年赤字达1亿立方米，天然林从1971~1975年的9 817万公顷下降到1981~1985年的8 635万公顷。据近10年统计，全国森林资源大约每年以 2%~3% 的速度减少，森林蓄积量下降 22%。1997 年，中国森林面积 13 370 万公顷，森林蓄积量 101.97 亿立方米，活立木总蓄积量 117.9 亿立方米，森林覆盖率为 13.92%。1990 年我国人均森林面积为世界人均水平的 1/6 弱，人均林木蓄积量为世界人均水平的 1/7 弱，人均草原面积为世界人均水平的 1/3 弱。由于计划生育工作的开展，在很大程度上缓解了人口对森林资源的压力。1997 年，全国人均森林面积为 0.11 公顷，人均森林蓄积量为 8.20 立方米，人均活立木蓄积量为 9.53 立方米，人均草地面积为 0.32 公顷。如果不实行计划生育，人口对森林资源的压力将进一步加大，人均森林面积、人均森林蓄积量、人均活立木蓄积量、人均草地面积将分别下降为 0.09 公顷、6.62 立方米、7.69 立方米、0.26 公顷。

新中国成立以来，随着人口的迅速膨胀及工农业生产的发展，全国用水量增长速度很快，到 70 年代末期全国用水量达到 4 700 多亿立方米，为 1949 年的 4.7 倍。全国城市生活用水量从 1980 年的 33.9 亿吨增长到 1994 年的 142.2 亿吨，人均生活用水量则从 1980 年的 46.8 吨增长到 1994 年的 70.8 吨。由于实行计划生育，在很大程度上减轻了中国人口对水资源的压力。1997 年全国水资源人均占有量为 2 275 立方米。如果不实行计划生育，全国水资源人均占有量则将降到 1 836 立方米，二者相差 439 立方米。

中国是世界上矿产品种类比较齐全的少数几个国家之一，20 多种矿产储量居世界前列，但人均矿产资源不足世界平均水平的 1/2。如果不实行计划生育，人均占有量将进一步下降，与世界人均水平的差距将更为明显。

能源短缺是一个世界性的问题，中国的能源也很紧张。1997 年，中国人均能源生产量为 1 068 千克标准煤。假设能源生产总量不变，如果不实行计划生育，中国能源人均生产总量将降为 862 千克标准煤，两者相差 206 千克标准煤，即人均能源生产量将降低 19.3%。

表 16—9　　　1997 年中国实行计划生育与不实行计划生育的
人均矿产资源保有储量

	实行计划生育人均矿产资源保有储量（单位：吨）	不实行计划生育人均矿产资源保有储量（单位：吨）
煤	810.90	654.57
铁矿石	37.49	30.26

续表

	实行计划生育人均矿产资源保有储量（单位：吨）	不实行计划生育人均矿产资源保有储量（单位：吨）
磷矿石	12.30	9.92
钾盐	0.37	0.30
盐	329.62	260.72

资料来源：林晓红、袁建华、江效东，"中国计划生育的资源效益"，根据《中国统计年鉴》（1998）计算。

随着人口的增加，经济的发展以及人民生活水平的提高，中国能源消耗总量急剧增加。1970 年，中国能源消费总量为 29 291 万吨标准煤，1997 年增长到 142 000 万吨标准煤，增长了 3.85 倍。假设人均能源消费总量不变，如果不实行计划生育，中国能源消费总量则将从 1970 年的 29 291 万吨增长到 1997 年的 175 914 万吨标准煤，将增长 1 倍。1997 年中国能源消费总量将在目前的基础上增长 23.9%。

三 环境保护的进展

从 1990 年起，根据《中华人民共和国环境保护法》的规定，国家环保总局每年公布上一年度的中国环境状况，国家环保总局规划财务司公布全国环境统计公报。1996 年 3 月，全国人大通过的《中华人民共和国国民经济和社会发展"九五"计划和 2010 年远景目标纲要》提出，到 2000 年，力争使环境污染和生态破坏加剧的趋势得到基本控制，部分城市和地区的环境质量有所改善。到 2010 年，基本改变生态环境恶化的状况，城市环境质量有比较明显的改善，建成一批经济快速发展、环境清洁优美、生态循环良好的城市和地区。从 1990 年以来国家环保局发布的历年《中国环境状况》和《环境统计公报》看，环境保护的成就是明显的。特别是"九五"期间，全国环境污染恶化的趋势得到基本控制，部分城市和地区环境质量有所改善。2000 年，城市环境空气中主要污染物浓度持续下降，酸雨区范围和频率保持稳定；工业废水对地表水的污染得到一定的控制；"三河三湖"水质恶化趋势基本得到控制；近岸海域海水水质总体上有所改善，渤海近岸污染程度减轻，东海近岸污染略有加重；重点城市道路交通噪声大都控制在轻度污染水平；全国辐射环境质量良好。

（一）生态建设加快推进

改革开放以后，中国调整了农业政策，利用科学技术提高了单位土地面积的产量，逐步解决了12多亿人的吃饭问题。粮食总量出现了阶段性供过于求，粮食库存大体相当于一年的粮食产量，这就为进一步改善生态环境问题打下了良好的基础。自80年代始，中国就实施了"三北"防护林等建设工程，使4万多平方公里的"不毛之地"变成了林地，在北部筑起了一道绿色长城；同时，开展了黄河、长江等七大流域水土流失综合治理，加大荒漠化治理力度，推广节水灌溉技术，加强草原和生态农业建设，使生态建设和保护进入新的发展阶段。20世纪90年代，中国在实施西部大开发战略中，明确提出把生态环境保护和建设作为这一战略的重要组成部分，并采取了"以粮食换森林、以粮食换草地"的政策，动员广大群众退耕还林、退耕还草、封山绿化，政府向农民补贴粮食，无偿提供种苗，让他们在坡耕地和草地上种林种草，以改善生态环境，再造一个山川秀美的大西北。

为了控制燃煤造成的大气污染，中国采取了积极措施。其中包括：采取节能措施，努力提高能源效率；大力发展石油、天然气资源勘探和电力资源及其他替代能源的开发。1980年以来，中国把节能置于能源政策的优先地位，取得了很大成效。1996年与1980年相比，每万元国内生产总值能耗量几乎减少了一半。通过对外合作引进资金和技术，石油生产有了较快发展，1997年以来，中国的石油年产量达到1.6亿吨，天然气年产量达到220亿立方米。天然气勘探取得了令人鼓舞的进展，相继在西部四个盆地和近海大陆架发现了一批大气田。与此同时，还积极开发新能源和可再生能源，1996年与1990年相比，太阳能利用增长了5.8倍，风力发电增长了13.8倍，地热能利用增长了2.7倍。大力开发清洁用煤技术，积极推广使用洗煤、型煤，研制开发脱硫、脱氮和消烟除尘技术，限制民用炉灶直接燃用原煤。

中国每年用于污染治理的投入已占GDP的1%。国家结合产业结构调整和技术设备更新改造，努力推行清洁生产，积极实施ISO14000标准，关闭、淘汰和改造了一批能耗高、污染重的企业和项目，使工业企业污染治理达标率有了明显提高；同时，还重点开展了淮河、辽河、海河和巢湖、滇池、太湖治理工程，二氧化硫和酸雨控制工程，北京市大气污染治理工程，以及渤海湾污染治理工程，使重点流域和地区的环境质量有所改善。

1994年，举世瞩目的三峡工程正式开工。这项跨世纪的工程以"防洪、发电、通航"为三大主要目标，具有巨大的经济社会和生态效益。三峡移民规模逾百万，其安置采取开发性移民方针，得到全国各地区的大力支持。三峡工程虽将淹没库区沿江大片土地，但将从整体上极大地优化沿江生态和经济社会发展环境，其环境人口容量效应不仅体现于三峡库区，还将体现于整个长江中下游沿江地带[①]。在中国人口与资源环境历史上，三峡工程揭开了新的一页。

(二) 认真履行国际环境公约

中国政府信守承诺，认真履行已签署的国际环境公约，采取积极措施解决环境问题，为保护全球环境作出了不懈努力。在履行《蒙特利尔议定书》方面，中国制定了《中国消耗臭氧层物质逐步淘汰国家方案》，实施了对哈龙和氯氟碳化学晶实行生产配额制度，禁止新建生产和使用消耗臭氧层物质的设施，禁止在气雾剂产品生产使用氯氟碳类物质，禁止在非必要场所配置哈龙灭火器。在履行《生物多样性公约》方面，国家编制了《中国生物多样性保护行动计划》《中国海洋生物多样性保护行动计划》等多项计划，颁布实施了《自然保护区条例》；在全国大规模地开展植树种草、封山育林、退耕还林等行动，在有些地区停止了上万名伐木工人的砍树活动，通过国家补贴使他们由伐木变为种树，恢复和保护生态环境，有效缓解了荒漠化的危害；大力开发和研制防治荒漠化的实用技术，积极开展国际合作，筹建了第一个"亚洲荒漠化监测与评价区域网络"。在履行《湿地公约》方面，中国政府采取了积极措施。在遭遇1998年长江特大水灾之后，国家采取了退田还湖、保护湿地的行动。在履行《气候变化框架公约》方面，尽管中国不在温室气体的限排国家之列，但中国通过推广节能技术、开发新能源、加强农村能源建设以及大规模的植树造林等多项措施，自1980年至1996年，累计减少二氧化碳排放量27.5亿吨。

(三) 污染排放量出现结构性下降

1998年和1999年，全国污水排放总量依然增长，但工业废水排放量

[①] 朱宝树：《三峡工程的环境人口容量效应》，"人口与经济"，1992年第6期。

以及其中的 COD（用以反映废水中的有机物污染程度）排放量在 1997 年达到高峰后呈下降趋势。城市生活污水排放量于 1999 年首次超过了工业废水，这反映出城市污水处理基础设施在这些年虽有进步，但还远远跟不上需要（表 16—10）。

表 16—10　　　　中国 1990 年~2000 年的废水排放量　　　　　（亿吨）

年度	生活	工业	总量
2000	221	194	415
1999	204	197	401
1998	194	201	395
1997	189	227	416
1996	116	300	416
1995	91	282	373
1994	149	216	365
1993	136	220	356
1992	125	234	359
1991	100	236	336
1990	105	249	354

资料来源：国家环保（总）局：《全国环境统计公报》。

1995 年到 1999 年，全国县以上工业企业工业废水排放量由 2 218 943 万吨，减少到 1 607 678 万吨；工业二氧化硫排放量由 1 405 万吨减少到 1 078 万吨；工业粉尘排放量由 639 万吨减少到 458 万吨；工业固体废物产生量有升有降，变动不大。总体上工业"三废"有所减少。

1995 年以后，废气中主要污染物的排放状况也有了不同程度的改善。（表 16—11）

表 16—11　　2000 年与 1995 年废气中主要污染物排放状况对比　（单位：万吨）

	二氧化硫	烟尘	工业粉尘
1982 年	1 275	1 458	1 303
1985 年	1 303	1 323	1 282
1990 年	1 495	1 324	781

续表

	二氧化硫	烟尘	工业粉尘
1995 年	2 370	1 744	1 731
2000 年	1 995	1 165	1 092

资料来源：国家环境保护总局：《中国环境状况公报》。

（四）自然保护区建设进展加快

据统计，1956 年全国只有 1 个自然保护区，1978 年增加到 34 个，1989 年 573 个，2000 年已增加到 1 227 个。从自然保护区面积占国土面积的比例看，改革开放之前几乎可以忽略不计，1978～1989 年由 0.13% 上升到 2.82%，2000 年已上升到 9.85%。

中国积极实施濒危物种拯救工程，建立珍稀濒危物种基地 200 多处；抢救病危大熊猫数百头，人工繁育数十头，使大熊猫种群达到 1 000 头以上；抢救濒危鸟类朱鹮，已由原先的 7 只发展到 150 多只；建立了 400 多处珍稀植物迁地保护繁育基地和种质资源库，保护植物 18 000 种。

表 16—12　　　　　中国自然保护区发展概况

年度	自然保护区数量（个）	面积（公顷）	占国土面积比例（%）
1956	1	1 133	—
1965	19	648 874	0.07
1978	34	1 265 000	0.13
1985	333	19 330 000	2.0
1989	573	27 063 017	2.82
1991	708	56 066 650	5.54
1995	799	71 906 700	7.49
1997	926	76 979 000	7.64
1999	1 146	88 000 000	8.80
2000	1 227	98 210 000	9.85

资料来源：国家环保总局《中国环境状况公报（2000）》。

（五）森林蓄积量上升

根据第五次全国森林资源调查结果，我国森林面积居世界第 5 位，人工林面积居世界首位，森林蓄积量居世界第 7 位。全国林业用地面积为 26 329.5 万公顷，森林面积 15 894.1 万公顷，森林覆盖率为 16.55%；活立木总蓄积量 124.9 亿立方米，森林蓄积量 112.7 亿立方米。除台湾省外，全国人工林面积 4 666.7 万公顷，人工林蓄积量为 10.1 亿立方米，中国人工林面积居世界首位。全国林木年均净增长量为 45 752.5 万立方米，年均净消耗量为 37 075.2 万立方米，继续呈现长大于消的趋势。

（六）城市生态环境改善

为了解决城市环境问题，中国采取了积极措施。主要包括：调整城市能源结构，积极发展城市燃气和集中供热，逐步做到以气代煤、以热代煤，以减少燃煤带来的大气污染。1998 年全国用气人口达到 1.6 亿人，城市居民燃气普及率已达 78.9%（1980 年为 68.4%），集中供热普及率已达 12%。发展清洁汽车，控制尾气污染，40 多个环保重点城市实现了汽油无铅化，在公交、出租车中积极推广燃气汽车。大力开展城市基础设施建设，多方筹资建设城市污水处理厂和垃圾处置场，1998 年城市生活污水和垃圾处理率分别达到 30% 和 60%。加强了城市绿地建设，1998 年城市人均绿地面积已达 6.1 平方米。

四 人口与资源环境形势依然严峻

（一）人口总量与土地资源人口承载量的关系面临"峰极相逼"的严峻态势

孙本文早在 1957 年就对中国适度人口问题进行了研究。他主要考虑粮食生产水平和劳动就业等因素，认为如果把中国人口总数限制在 8 亿以内，是最适宜的。

1979～1980 年，田雪原、陈玉光主要从经济发展角度研究了中国适度人口数量。他们认为，消费和积累在一定比例的条件下，经济的发展和国民收入的增长一方面决定着消费资料的增长，从而决定着一定消费水平下的社会总人口；另一方面通过积累和固定资产的增长、技术水平和装备水平的提高制约着劳动人口的数量，从而也决定着人口总的数量。从现代工业、农业和第三产业的劳动人口比例和稳定的零增长率社会人口的年龄组比例推算，我国总人口数量应保持在 6.5 亿～7 亿之间对经济的发展最为有利。

宋健、宫锡芳、宋子成、孙以萍等从食物供应和水资源供应的角度，提出了在百年左右时间里中国饮食水平要达到 20 世纪 80 年代初美国和法国的水平，理想人口应在 7 亿以下；按照发达国家的平均用水标准衡量，则应在 6.3 亿~6.5 亿之间。

胡保生、王浣尘、朱楚珠和李维岳等用系统工程中的多目标决策技术和方法，对 20 多个社会、经济、资源因素进行可能性和满意性分析，提出中国理想人口目标应保持在 7 亿—10 亿之间。

中国科学院国情分析研究小组于 1989 年完成的《生存与发展》课题研究报告中指出，中国土地资源的合理人口承载量为 9.5 亿人。土地资源潜在自然生产力——年生物生产量约为 72.6 亿吨干物质，从保证人口低消耗型的基本需求和保护生态环境的角度来看，其理论的最大承载人口能力约为 15 亿~16 亿人。

中国科学院、国家计委自然资源综合考察委员会完成的《中国土地资源生产能力及人口承载量研究》，从土地资源生产能力角度出发，预测出中国土地资源的最大生产能力为 8.3 亿吨，播种面积亩产为 398 公斤，如果人均粮食标准为 500 公斤，最大人口承载量为 16.6 亿人；如果人均粮食标准为 550 公斤，最大人口承载量则为 15.1 亿人。

从中国人口总量增长的实际情况看，1990~2000 年，已由 11.43 亿人增长到 12.67 亿人。种种人口预测结果显示，在继续严格控制人口增长的前提下，本世纪前叶中国人口总量将增加到约 15 亿人的峰值。按上述研究结果，这个势必将要达到的人口峰值即为中国土地资源最大承载人口能力的理论极限。可见，世纪之交的中国人口与土地资源承载力的关系已经趋于"峰极相逼"的紧张状态。

(二) 人口消费水平提高对资源环境的压力日益加重

从人口与消费的关系看改革开放之前的三十年里，中国人口压力主要表现为人口高增长和人均消费低增长模式的消费总量增长的沉重压力。改革开放尤其是进入 20 世纪 90 年代以后，则逐步转变为人口低增速、高增量和人均消费高增长导致的消费总量增长的压力加重。90 年代初期，中国出现的高消费势头引起了学者们的关注。1994 年后半年在社会学者与经济学者之间展开了一场"轿车文明"的争论，社会学家主张根据国情放弃高消费的"轿车文明"，而经济学家则认为"轿车文明"是工业文明的核心，危机可以在发展中得以解决。

1996年布朗在继"谁来养活中国"之后，又发表了"中国对美国和地球的挑战"的报告。报告再次强调，随着中国经济的进一步发展，中国12亿人口的消费方式正在发生巨大的变化，如改善住房，购买汽车等，饮食结构也在向以肉食为基础的方向发展。从环境资源的角度看，这种变化将使中国对自然资源的需求不断增大，这对美国和世界都是一种"挑战"，而且追求西方的消费模式会对环境的破坏产生巨大影响。因此，布朗希望中国不要再走美国及西方发达国家的消费型经济的老路，并向世界表明如何建立一种从环境资源的角度看可持续发展的经济道路。

由于消费水平、消费模式对未来世界环境资源有着不可忽视的重要影响，不少专家学者提出了可持续消费的概念，对发达国家高消费模式进行反思。中国科学院国情分析研究小组在对中国的人口、资源、环境和发展等问题进行了系统的研究之后，认为中国必须走节省资源、适度消费的发展道路。由于人口数量和人口增长的刚性和人口消费变量的弹性特征，从某种意义上讲，人口消费变量较之于人口变量，对我国未来环境资源的影响更有着举足轻重的作用，在更大程度上影响着我国可持续发展战略的实现。

值得一提的是，在"民以食为天"的中国，有些人的食物消费出现了嗜食野生动物的陋习。许多集贸市场、餐馆酒楼非法经营野生动物，成为屡见不鲜、屡禁不止的现象。遍及全国各地的许多城镇，每年销售和消费的各种野生动物及其产品数量不断刷新纪录。自然界的一些稀有物种，已经成为一些食客餐桌上并不罕见的美味佳肴。野生动物经常是各种病毒的宿主，因此，滥捕滥食野生动物，不仅加剧生态破坏，还将成为威胁人类自身健康的危险隐患。

（三）长期累积的生态隐患频频显露

进入20世纪90年代，中国对人口和资源环境问题的综合治理达到史无前例的力度；同时，长期累积的生态隐患的突发性显露也达到了史无前例的程度。例如，黄河哺育了中华民族灿烂的农耕文明，被国人称为"母亲河"；然而，日趋严重的水土流失已使黄河含沙量高居世界首位，其泥沙的90%源于黄河中游的黄土高原地区。从70年代到90年代，黄河断流情况越来越严重。一是年度首次断流时间不断提前：从70年代、

80年代的4月份断流提前到90年代2月份断流；1998年黄河首次出现跨年度断流。二是年断流天数不断增加：从70年代、80年代年均断流15天，增加到90年代年均断流102.4天，最高的1997年为226天；断流的月份从70年代、80年代主要集中在4、5、6三个月份，扩展到90年代主要集中在2~7月和10月份；1999年开始，由于国家实行黄河水资源调度上的新措施，才使年断流天数降为42天。三是断流河段长度不断延长：从70年代平均断流长度242公里，80年代256公里，增加到90年代的427公里，最长的1997年为704公里。70年代、80年代在花园口站月平均流量小于750立方米每秒时，下游才可能发生断流。进入90年代，在花园口站月平均流量为1 100立方米每秒时，也可能发生断流。

再如，1991年江淮、太湖及长江中下游地区百年罕见大水灾，与1954年相比水情小而灾情大，原因在于长江上游水土流失，下游水利失疏。淮河流域洪水按60天计仅相当20年一遇，但400多万公顷农田受淹，5 000多万人遭灾，直接经济损失300多亿元。值得指出的是，1954年淮河流域人口不足7 000万，平均每平方公里250人；1989年已近1.5亿人，每平方公里537人。蓄洪区于50年代初时仅几十万人，耕地66 000多公顷；80年代末已增加到300多万人，耕地则扩大到33万多公顷。巨大人口压力下，人与河湖争地，圩堤越围越高，河道愈挤愈窄；全流域水土流失面积已达74 000平方公里，占全流域总面积的27%。

1998年春夏之交，长江发生特大洪灾，其特点是低水位、高损失，很大程度上也与长期以来巨大人口压力下水土流失加剧有很大关系。长江流域1957年水土流失面积约为36.38万平方公里，占流域面积的20.2%。到90年代，全流域水土流失面积已达56.97万平方公里，占流域面积的31.5%。在此期间水土流失面积增加了56.6%。水土流失带来的一个严重后果，就是使长江变成"黄江"——90年代长江每年流经三峡的泥沙量已达7.2亿吨，仅次于黄河。专家估计，河源区的土地沙化极可能使长江成为第二条黄河。

全国每年遭受自然灾害的土地面积和因自然灾害所造成的损失呈直线上升趋势。据统计，20世纪50年代全国受旱灾面积平均为1 133万平方公里，80年代扩大到2 333万平方公里，90年代增加到2 667万平方公里，这些受灾面积的80%分布在北方。50年代中国洪涝灾害的直接经济损失为200亿元,到了90年代初便增加到600亿元,而1998年长江及嫩江流域洪灾的损失估计接近3 000亿元。由土地沙漠化引起的黑风暴灾害频繁。1952～1996年,西北地区就有50次强沙尘暴,其中黑风暴达30次,这是一种严重的自然灾害。20世纪50年代中国共发生沙尘暴5次,60年代8次,70年代13次,80年代14次,90年代23次,而2000年一年就发生了12次。

(四) 土地资源紧张和矿产资源消耗高增长达到一个新台阶

中国土地总面积居于世界第三位,但人均土地面积仅为0.77公顷,相当于世界人均土地的三分之一;2000年中国耕地面积12 823.31万公顷,人均耕地面积仅为0.10公顷,不足世界人均耕地的一半。耕地利用程度高,垦殖率已达13.7%,超过世界平均数3.5个百分点。20世纪80年代以来,我国土地资源开发开始出现了重大转变,城镇居住、道路交通和工矿生产等用地的比重迅速上升,其结果,以往多年耕地扩大的成果被吞噬殆尽,到1995年耕地总量只能维持在60年代中期的水平。2000年,占用耕地156.6万公顷,其中建设占用16.3万公顷,生态退耕76.3万公顷,农业结构调整占用57.8万公顷,灾毁耕地6.2万公顷。补充耕地29.1万公顷,其中开发未利用土地18.4万公顷,复垦废弃地6.6万公顷,土地整理增加耕地4.2万公顷。占、补平衡后2000年实际占用耕地127.5万公顷。

20世纪50年代以来,矿产资源逐步取代耕地资源而占居中国社会生产资源投入的主导地位。1953～1992年,中国主要矿产品如生铁、钢材、铜、铝、铅、锌、水泥、煤炭和石油的消费量分别增长了:35、37、27、205、16、50、78、16、238倍。与同期中国经济总量增长的19倍和人口增长的1倍相比,这种变化清晰地表明了中国社会经济发展进程中三者间的基本函数关系,即:矿产资源消费增长＞经济总量增长＞人口增长。煤炭开采进入90年代一直在10亿吨以上,1995年最高达13.61亿吨,1999年10.45亿吨。石油开采维持1.5亿吨左右,1999年1.6亿吨。90年代中期钢产达1亿吨后,年采铁矿石多在3亿吨以上。世纪之交,中国近95%的能源、80%的工业原材料和70%的农业生产资料来自于矿产资源,从而确定了矿产资源在国家经济发展中的基础地位。新中国成立以后的50年内,不断加大矿产资源的开发力度。其结果,中国成为世界主要矿产品生产大国。然而，相对脆弱的矿产资源基础最终无法满足急剧扩大的社会生产需求。70年代末中国开始大规模进口铁矿石。1993年开始中国又从石油产品净出口国变为净进口国①。

（五）自然生态恶化和环境恶化仍在加剧

一是自然生态继续恶化。全国水土流失面积达到367万平方公里，占国土总面积的比例已达38.2%。西南和西北最严重，耕地水土流失面积分别占全国的24.85%和22.39%。黄土高原的水土流失侵蚀速率比唐代以前增加了2倍以上。据观测资料推算，水土流失中人为因素约占70%。黄土高原每年向黄河倾泻泥沙5.18亿吨，大量水库被淤积，大片表层熟土被流失，土壤有机质下降到1%以下。甘肃、宁夏两省区流失的氮磷钾，相当于损失化肥2 222万吨，相当于全国1年的化肥生产总量。

值得一提的是，随着城市化加快，在城市建设迅速发展的一些地区，由于土地开发不当，还出现了水土流失的"城市化"问题。除大连、深圳、青岛等少数城市外，全国绝大部分城市都未设水土保持机构。20世纪末，深圳经济发展最迅速的时候，城市水土流失也达到惊人程度，其总面积一度达到近200平方公里，布吉河年流失泥沙26万吨，直接输入河道16万吨。珠江三角洲包括广州、珠海等12个城市在内，人为造成水土流失年均40多平方公里。山东济南、潍坊、泰安等7城市城区总面积不足900平方公里，而水土流失面积达269平方公里，每年淤积河道和排水道泥沙近70万吨②。

我国荒漠化面积已经达到262.2万平方公里，占国土总面积的27.3%，其中沙化土地面积为168.9万平方公里。从土地荒漠化的速度看，50~60年代年均沙化1 560平方公里，70~80年代年均沙化2 100平方公里。1999年，全国沙化土地面积达174.31万平方公里，占国土面积18.2%。与1994年普查同等范围相比，1995年至1999年5年间，沙化土地年均增加3 436平方公里③。新中国成立以后的50年内，全国共有1 000万公顷的耕地不同程度地沙化。而且荒漠化土地面积仍以每年2 460

---

① 张雷：《我国现代人地关系的资源环境基础》，《中国人口资源与环境》，总第40期，第34页。

② 《新民晚报》，2001年11月12日。

③ 《文摘报》，2002年2月21日。

平方公里的速度在扩展。荒漠化的主要表现形式有草地退化、耕地退化和林地退化，其中草地退化 10 523.7 万公顷，耕地退化 772.6 万公顷，林地退化 10 余万公顷。荒漠化导致了发展滞后与生态失衡的恶性循环。受荒漠化影响的省市区已达 18 个之多，其中不仅有新疆、西藏等边疆地区，而且还包括山东、天津、北京等经济发达地区。早在 1991 年，北京就被内罗毕国际会议列为"沙漠化边缘城市"。一些环境问题的报告指出：中国的荒漠化所造成的直接经济损失每年约为 65 亿美元，约占全球荒漠化经济损失的 15.5%。

二是环境污染继续加剧。改革开放 20 年，中国的工业加快发展，年均增长率达到 11.8%。这一方面提高了中国的综合国力，为环境保护提供了重要的物质基础；另一方面，由于工业结构的重型化和技术水平的低下，也带来了严重的污染问题。在西方工业结构中居次要地位的能源原材料工业，在中国仍处于扩张阶段，一直呈现着增长势头。中国过去这些基础产业一直很薄弱，制约着经济的发展，优先发展这些基础工业，对推动经济发展是非常必需的，这也是西方工业化国家所走过的路程。但这些基础工业扩张的结果是，矿产资源开发和消耗量大幅度增加，污染物排放量也随之成倍增长。

从水污染状况看，污水排放总量由 1990 年的 24 亿吨增加到 1995 年的 47 亿吨。国家水利部于 1995 年完成的中国水资源质量评估结果表明，受污染的河长已从 1984 年第一次全国水资源质量评估时的 21.8% 上升到 46.5%，不过 10 年，污染河长就增长了 1 倍以上。著名的"三河三湖"（"三河"指淮河、海河、辽河，"三湖"指太湖、滇池和巢湖）已成为我国污染最严重的水域。2000 年，中国七大重点流域地表水有机污染普遍，各流域干流有 57.7% 的断面满足Ⅲ类水质要求，21.6% 的断面为Ⅳ类水质，6.9% 的断面属Ⅴ类水质，13.8% 的断面属劣Ⅴ类水质。主要湖泊富营养化问题突出。从 1998 年开始，全国废水排放量虽有下降，但仍居高位。

从大气污染状况看，尽管 80 年代以来中国在煤的消费量翻了一番的情况下，大气颗粒物排放量增长有限，但废气排放总量和二氧化硫的排放量还是直线上升。大气污染已经成为严重的社会公害。中国的大气污染仍以煤烟型污染为主，1997 年国家环境公报表明，工业烟尘排放量占到

83.6%。二氧化硫排放量虽然从1998年后有明显下降，但二氧化硫排放量仍居世界首位。烟尘排放总量仍然很高，远远超过世界卫生组织规定的标准（60~90微克/立方米）。2000年，监测的338个城市中，36.5%的城市达到国家空气质量二级标准，63.5%的城市超过国家空气质量二级标准，其中超过三级标准的有112个城市，占监测城市的33.1%。城市空气质量总体上比1999年度好转，达标城市比例上升，超过三级的城市比例下降。参加全球大气监测的北京、沈阳、上海、西安、广州5个城市的总悬浮物指标均属受监测尘污染最严重的10个城市之列。

从海洋环境状况看，2000年，二、三、四类和劣四类水质区面积分别为10.2万平方公里、5.4万平方公里、2.1万平方公里、2.9万平方公里。上海、浙江、辽宁、天津、江苏近岸和近海海域污染较重。海水中的主要污染物是无机氮、磷酸盐、油类以及汞、铅等。2000年，中国海域共记录到赤潮28起，比1999年增加了13起，累计面积1万多平方公里。其中，东海11起，累计面积7800多平方公里。

从工业固体废物排放状况看，2000年，全国工业固体废物产生量为8.2亿吨，其中县及县以上工业固体废物产生量为6.7亿吨，乡镇工业的产生量为1.5亿吨。工业固体废物排放量为3186万吨，其中乡镇工业的排放量为2146万吨，占排放总量的67.3%。危险废物产生量为830万吨，其中县及县以上工业产生量为796万吨，占产生总量的95.9%。

1997年下半年，世界银行环境经济专家的一份报告指出：中国环境污染的规模居世界首位，大城市的环境污染状况在目前是世界上最严重的，全球空气污染最严重的20个城市有10个在中国。中国已经成为继美国之后的第二个"污染超级大国"。导致中国环境污染严重的重要原因是矿产资源消耗高增长和利用效益低增长，中国能源利用率仅30%，而发达国家都在50%以上；中国单位产值能耗为美国的2.2倍，英国的3.1倍，德国的5倍和日本的6倍；中国单位产品的产污系数也明显偏高。

（六）环境污染导致重大经济损失，威胁人民群众的生命健康

据中国社会科学院估计，1993年的环境污染损失超过千亿元，生态环境损失超过2000亿元，两者合计，约占国民生产总值（GNP）的10.03%。世界银行的报告说，如果把污染给中国国民经济造成的损失折合成美元计算，那么水污染每年给中国造成至少40亿美元的损失；大气

污染每年造成的损失则高达500亿美元，合计之数接近1995年中国国内生产总值的8%。

由于水污染等原因，淮河流域近50%的河段已经失去了使用价值，100多万人饮水困难，有些地方的癌症发病率高出平均水平50倍。该流域在短短几年内发生较大水污染事故160多起，经济损失无法估量。环境污染严重威胁着人的生命和健康。恶性肿瘤已经成为城市居民首位死亡原因，平均死亡率为127人/10万人，大城市高达135人/10万人。在占全国煤炭资源贮藏总量70%的山西，因土法炼焦等落后开发方式，癌症发病率高达2%，新生儿死亡率高达3%，畸形率达5%[1]。

随着人口增长和人口流动的日趋频繁，在环境污染、不文明消费等致病因素增多的情况下，人类自身已经成为病毒增长、演变和传播的巨大"培养钵"；人类的许多活动，都在不断为自己制造着致病环境。新中国从其成立初期开始，就对公共卫生和健康问题给予了重视。1989年，又制定了传染病防治法。但总体看，公共健康系统的建设和发展仍属滞后，公共卫生投入在整个医疗系统投入中所占比重还不到20%。一旦发生严重的流行性疫情，公共健康防御系统的缺失将会导致严重的后果。

20世纪90年代，中国人口与资源环境的关系演进又进入了一个新的阶段。其主要特点，一是第三次人口出生高峰平稳度过，低生育水平保持稳定，但低增速与高增量依然同时并存。二是将人口与资源环境问题的综合治理统一纳入可持续发展的重要议程。三是环境污染和生态破坏加剧的趋势得到基本控制，但"局部改善、整体恶化"的格局基本未变。人口增长、经济增长、资源消耗—环境污染增长三者的基本特点表现为"低、高、高"。但在"低、高、高"中，人口低增长"低中有高"，即低增速与高增量同时并存；经济高增长和资源消耗—环境污染高增长则为"高中有低"，前者是指高增速与仍为较低的发展水平同时并存；后者则是指总体高增长与结构性降低同时并存。

世纪之交的中国庞大人口总量正在日益逼近土地资源人口承载能力的最大理论极限，在人口与资源环境关系历史上，中国已经进入了一个最为严峻的重要转折时期。

---

[1] 刘光辉、张福生：《资源与财富大国》，山西经济出版社1996年版，第32页。

历史的结论

1. 新中国 50 年人口、经济、资源消耗—环境污染增长速度变化的基本轨迹：从"高、低、低"转向"低、高、高"。

总体看，在中国人口与资源环境关系的演变发展的漫长历史上，新中国 50 年是处于继封建社会前期、后期之后的又一次人口倍增台阶及与之相联系的又一次环境恶化期。具体而言，出现于 1951～1957 年、1962～1975 年、1986～1996 年的三次人口生育或出生高峰；发生于 1958 年"大跃进"、"文化大革命"、改革开放后的三次环境恶化；实施于 20 世纪 70 年代、80 年代、90 年代的三次行动转折，又使新中国 50 年人口与资源环境关系的演变发展呈现出一定的阶段性。1949～1957 年为第一阶段，其主要特点表现为第一次生育高峰及在其巨大压力下的生态环境问题隐性再累积。第二阶段以 1958 年"大跃进"导致资源环境大破坏为前奏，是新中国成立以后人口与资源环境状况急转直下趋于明显恶化的时期。70 年代为第三阶段，人口与资源环境的紧张关系继续加剧，但人口控制和环境保护的政策行动终于启动。80 年代改革开放新形势下，经济高增长的同时又出现了第三次环境恶化；两项基本国策的提出和实施成为进入一个新阶段的重要标志。20 世纪 90 年代，环境恶化加剧的趋势虽然仍在继续，但逐渐得到基本控制；可持续发展战略的提出和实施，标志着又一个新阶段的开始。

从新中国 50 年人口、经济、资源消耗—环境污染三者的增长水平的阶段性特征看，大体呈现为由"高、低、低"型向"低、高、高"型转变的基本历史轨迹。但是，在世纪转换之际的"低、高、高"中，与人口低增速同时并存的是人口高增量，经济高增速仍未达到经济发展高水平；而资源消耗—环境污染增长则"高中有低"，即生态环境恶化的部分指标已经转变为增速有所降低，甚至绝对下降。

2. 新中国人口与资源环境的相互关系的演变发展，是生态环境的自然和历史基础、人口、经济社会和技术条件、政策环境等诸因素综合作用的结果。

新中国生态环境自然历史基础的先天脆弱性、人口增长的压力之大、经济社会发展和政策环境变化之曲折，以及中国庞大人口的生存发展基本上只能由本土资源支持等国情特点，决定了中国人口与资源环境问题的特殊严峻性。人口数量过多或增长过快过多，虽然并非生态破坏和环境恶化的全部或唯一的原因，但在过去50年里和今后一个长时期里，始终是一个不可忽视的重要加剧因素。中国改革开放以来经济高速增长取得了很大成就，但也付出了巨大的环境代价。过去50年的历史表明，在人口与资源环境关系问题上，政策因素起着十分重要的作用。"大跃进"、"文化大革命"对中国资源、环境带来了巨大的负面影响。改革开放以来，中国控制人口增长和遏制环境恶化取得巨大成就，很大程度上也是由于采取了正确的人口和环境政策。还要指出的是，中国人口与资源环境不是一个封闭系统。虽然中国不会也不可能主要依靠大量进口国外资源支持本国庞大人口，也不会搞"污染出口"，但在逐渐融入全球经济的过程中，中国的人口与资源环境状况势将日益引起全球关注；国际贸易和环境方面的国际公约、发达国家设置的"绿色壁垒"等，将会直接或间接地对中国产生影响。对此，必须要有正确的国际化应对政策。

3. 在通向经济与人口、资源环境协调发展和可持续发展道路上，中国正处于一个十分关键而紧迫的历史转折关头。必须进一步增强全民族的忧患意识和历史紧迫感及使命感，加快建立完善突发性事件的应对和预警机制，努力实现中国人口与资源环境关系的历史性转折。

历史经验表明，每当中国人口增长日益逼近资源环境所能承受的一个临界值时，长期累积的生态隐患往往都会以各种方式突发性地显露。新中国50年，中国人口由5.42亿增长到12.67亿人，现已进入有史以来又一个"峰极相逼"的临界状态。从人口与资源环境关系的角度看，中国计划生育成功的深刻历史意义，在于避免了未来人口峰值超越土地资源最大人口承载能力那样一种"险峰"。但又必须正视，如果放松人口控制和环境保护，未来人口峰值超越资源环境最大人口承载能力那样一种"险峰"也并非完全不可能出现。世纪转换之际，中国许多环境问题的显露，都可视为这种"峰极相逼"的临界症状。在今后的几十年里，过去累积的各种生态隐患以及新产生的各种环境问题，很可能将会进一步地突发性显露。为此，必须加快建立各类突发性事件或灾害的应对及预警机制，进一步增强全民族的忧患意识，切忌盲目乐观。中国历史上出现于新中国成立之后的第三次人口倍增台阶，预计将是中国人口的最后一次倍增台阶。中国人口将在达到 15 亿人水平上的峰值后转向稳定零增长或低速负增长，这是人类社会发展历程中的一个重大转折，其重要意义怎么估计也不会过高。实现这一重大历史转折的历史使命，就落在当今新时代的中国人身上。因此，必须进一步增强全民族的历史紧迫感及使命感。转机与危机、机遇和挑战同时并存。可以相信，"险峰"过后，必有"无限风光"。

4. 坚持以人为本和以发展为硬道理，对人口与资源环境问题实行综合治理，将中国人口多的压力最大限度地转化为环境保护的动力。

人力资源是第一资源。坚持以人为本，就是坚持以人为发展之本，以人的发展为本。重建人口与资源环境的和谐关系，一是有赖于环境保护系统，二是有赖于人类自身的保护系统。要进一步把保护广大人民群众的生命健康安全和根本利益放在第一位，加强公共健康防御和服务体系的建设。在中国亟待加强的诸多公共服务领域中，计划生育可谓是最强有力并卓有成效的公共服务，要像抓计划生育那样来抓好公共服务，并将人口和计划生育管理进一步纳入公共服务的发展轨道，在人口管理与公共服务的结合点上探索以人为本的"大人口"工作新思路。要通过搞好全社会宏观层面和企业微观层面上的人力资源开发和管理，来推动各类物力资源的合理开发和环境保护，重建经济发展与人口资源环境的协调关系。

坚持以发展为硬道理，就是坚持发展中的人口与资源环境问题必须通过发展来解决。发展不是单纯追求经济增长，而是经济与社会、资源环境的协调发展。已在全国范围内实施的退耕还林（草）这项利国利民的大工程，其重要前提就是国民经济发展和综合实力的增强。从两项基本国策到可持续发展战略的提出和实施，深刻体现了中国对人口与资源环境问题实行综合治理的政策走向，必须长期坚持。在中国人口已经过多并将继续增长的既定前提下，如何最大限度地化中国人口对资源环境的压力为保护资源环境的动力，这是中国未来发展中面临的一个重大课题。人口众多是中国的一个基本国情，保护环境是中国的一项基本国策，利用人口众多的条件来保护和改善资源环境状况，应该成为具有中国特色环境保护道路的一个重要特征。要采取正确的政策扶持和引导，不断提高人力资源的质量。要充分发挥市场经济的基础性作用，在国家宏观调控下，积极发展资源产业、环境产业和"绿色企业"，开展生态工程，进行植树造林，改善城乡生态环境。所有这些，不但有助于缓解就业压力，而且有利于改善环境质量，可谓是"一举多得"。

5. 注意西部大开发和城镇化加快发展进程中的人口与资源环境问题，走中国特色的城乡协调型的城镇化和城镇化推动型的城乡经济与人口资源环境协调发展道路。

中国西部地区自然资源丰富但生态环境十分脆弱。在历史上，西部地区的生态破坏和环境恶化已经相当严重。改革开放前30年里，数次大规模的不合理移民垦荒，又使西部地区的自然生态遭到了很大的破坏。因此，西部大开发必须加倍重视环境保护。要进一步通过环境移民等途径，努力缓解生态脆弱地区人口压力与环境承载力的尖锐矛盾。西部地区生态环境的脆弱性决定了其不宜接纳大量移民，东部向西部的人口迁移流动必须数量适度，以西部经济社会发展所需要的人力资源为主。在东部发达地区向西部地区进行产业梯度转移的过程中，必须避免污染转移的可能倾向。

改革开放以后，我国城镇化加快发展但又相对滞后于工业化、非农化和经济发展水平。城镇化滞后对城乡人口压力和资源环境问题的加剧，往往具有一种"双刃"效应。改革开放以后，中国不少地区在城镇化加快发展进程中，已经出现了城乡人口密度同时趋于下降、城乡生态环境同时趋于好转的迹象；然而，城镇化进程中城乡发展有欠协调的情况依然存在。要指出的是，在中国人口增长态势既定的前提下，缓解城乡人口压力的重要途径即在于积极稳妥地推进城镇化。走有中国特色的城镇化推动型的城乡经济与人口、资源环境协调发展道路，其重要之点就在于，要使城镇化取得对缓解城乡人口压力都有利的"双赢"效应。也就是说，要实施城乡协调型的城镇化战略和城镇化推动型的城乡协调发展战略。

新中国50年的人口与资源环境走过了一段曲折的历程，中国必须而且可以成功地走出一条中国特色的可持续发展道路。这就是历史的结论。

第十七章 计划生育事业

中国的计划生育事业开始于20世纪50年代。1953年提出节制生育，1957年开始叫计划生育。计划生育，在50年代末至60年代初和60年代后期经历了两次大的挫折与停顿，70年代初开始在全国范围内逐步推行。先在大中城市，而后推向小城镇和农村；先在东、中部地区，而后推向西部、边远地区；先在汉族居民中实行，而后推向少数民族居民中，直至在全国城乡居民中广泛实行计划生育。开始实行计划生育时只是宣传教育倡导，后有计划生育政策和人口计划。计划生育政策和人口计划管理也是不断发展和不断完善的。在计划生育事业发展过程中，计划生育组织机构（政府机构和非政府组织）由建立到逐步健全；计划生育工作者队伍逐步壮大；节育科学研究和节育技术服务逐步加强；计划生育领域的国际合作与交往逐步扩展；计划生育管理由卫生部门为主转向由单独建立的计划生育部门为主，由少数几个部门参与转变为党委、政府领导下多个部门齐抓共管，全社会参与；计划生育措施由单纯的避孕节育方面发展到生育、生活、生产诸多方面，逐步形成一条综合治理的道路；实行计划生育的成绩由小到大，由局部到全局，逐步成为促进社会进步，国家实现可持续发展战略目标的重要因素。

第一节 提出计划生育

一 20世纪50年代前期的社会经济状况与节制生育的提出

1949年中华人民共和国成立。全国人口是多少？各方面的估计值从4.0亿到4.8亿；联合国人口统计年鉴公布的中国人口为4.5亿（1941～1944年）；中华民国内政部公布1948年全国人口为4.6亿。

1953年，为了配合全国人民代表大会选举，同时也为制订国民经济第一个五年计划（1953～1957年），中央人民政府政务院决定于1953年6月30日0时进行第一次全国人口普查。普查结果是：全国总人口为6.02亿，其中大陆人口为5.8亿；0～14岁人口占总人口的36.0%，65岁及以上老年人口占3.6%，属年轻型人口。在人口普查的同时，通过抽样调查的方式，对3 018万人进行了人口动态调查。抽样调查结果显示，当时全国人口出生率为37‰，死亡率为17‰，自然增长率为20‰。由此推算，当时全国年出生人口为2 200万人，年净增人口为1 200万人。同20世纪40年代相比，中国的人口出生率维持在高水平上，死亡率则迅速下降，自然增长率有较大幅度的提高。中国正从高出生率、高死亡率、低增长率阶段迈向高出生率、低死亡率、高增长率的过渡阶段。按照人口发展的规律，中国不可避免地面临一个人口急剧增长和膨胀的时期。

　　第一次全国人口普查和大样本人口抽样调查的结果，令人惊讶不已，更让人堪忧，也深深地触动了当时的国家领导人和关注国家发展前途的社会有识之士。

　　当时国家经济刚刚恢复，开始建设。而人口状况同国家发展之间的矛盾逐渐表现出来，并逐步被人们认识。一是有限的耕地面积同不断增长的农业人口数量之间的矛盾，二是有限的就业岗位同迅速增加的城镇劳动力数量之间的矛盾。

　　第一次全国人口普查结束后的1953年9月29日，政务院总理周恩来在讲到《第一个五年建设计划的基本任务》时，表达了自己的忧虑："我们的农业发展很不平衡，在地区的分布上，有的地区人口很密，每人平均得不到一二亩地；有很多地区则人口极少，移民也不容易一下都移了去。所以，在长期内发展生产要靠增加单位面积产量，这就需要我们很大的努力。我国的人口还在增加着。我们大致算了一下，我国人口大概每年平均要增加一千万，那么十年就是一万万。中国农民对生儿育女的事情是很高兴，喜欢多生几个孩子。但是，这样一个增长率的供应问题，却是我们的一个大负担。人多，这是我们的一个优点。但是，优点也带来了困难，这样多的人口，要满足他们的需要，就是一个很大的负担。"①

---

　　① 周恩来：《第一个五年建设计划的基本任务》（1953年9月29日），《周恩来经济文选》。

政务院副总理邓小平针对卫生部限制节育的规定提出异议,对卫生部通知海关查禁避孕药具表示反对。1953年8月,他明确指示卫生部要改正限制节育、禁止避孕药品和用具进口的做法,并敦促抓紧下发了《避孕及人工流产办法》。全国民主妇女联合会副主席邓颖超于1954年5月27日写信给邓小平,表示反对国家卫生机关限制节育的做法。她在信中说,目前我国的人口出生数相当高,首先在机关的多子女母亲或已婚干部的自愿节育、实行避孕者中,推行有指导的避孕,是可行而又必须的,也不致有何不良影响,国家卫生机关应主动地拟定办法,帮助干部解决避孕问题。信中还表达了邓颖超对开展推行避孕工作的急切心情。5月28日邓小平明确批示:"我认为避孕是完全必要的和有益的,卫生部对此似乎是不很积极的,请文委同卫生部讨论一下,问问他们对此问题的意见,如他们同意,就应采取一些有效的措施。"①

从1953年人口普查后,很多人提出并呼吁在中国开展节制生育,但在社会上,在党内,在党和政府的一些机关,认识并不一致,甚至也有不少人持不赞成的态度。为了扭转一些人的思想,统一大家在节制生育问题上的认识,1954年12月27日中共中央和国家领导人刘少奇在国务院第二办公室主持召开节制生育问题座谈会,并在会上作了重要讲话。他说:"关于节育问题,我们党、我们的卫生机关和宣传机关,是提倡还是反对?有些人是反对的,有的人还写了反对文章。现在我们要肯定一点,党是赞成节育的。"有些人反对在中国开展节制生育,主要理由之一就是苏联老大哥鼓励生育,并大力提倡表彰"母亲英雄"。对此,刘少奇指出,苏联之所以鼓励生育,是因为在第二次世界大战后,人口减少,又有大量荒地可以利用,增加人口有利。中国有自己的特殊情况,"我们中国要不要搞'母亲英雄'和提倡生育呢?我们不要搞,我看将来也不搞,可能永远不搞。""我们已经有六万万人,每年生的比死的多得多。全国每年出生二千多万人,除掉死的还增加一千多万人,中国大概不会因为节育闹人口恐慌。"刘少奇在讲话中还分析了人口过快增长对经济发展的影响,他说:"人口增加后有没有困难?有困难,困难很多,而且一下子解决不了。例如北京的粮食、布匹、药品就都不够。国家在这方面有很大负担,

---

① 彭珮云主编:《中国计划生育全书》,中国人口出版社1997年版,第146页。

很多个人也有困难。总之，小孩生多了困难很大，父母、家庭、小孩子本身都困难，社会和国家也困难。……因此，应当赞成节育，不应反对。反对的理由都不能成立。说节育不人道，这不对。说节育影响不好，这不是实际问题。"为了统一认识，刘少奇还对如何做思想工作的步骤和方法提出了意见："公开登报宣传现在不必进行。但是可以作口头宣传。首先搞一个党内指示，在党刊上发表，先把党内思想统一起来，使干部看法一致。""在卫生机关和医院中，对医务工作人员讲清楚道理是必要的，以澄清思想。"① 刘少奇作为党和国家最高领导人之一，针对党内和社会上尚有争议的节制生育问题，发表了如此态度鲜明的讲话，为统一大家的认识打下了基础。

1956年9月16日，在中国共产党第八次代表大会上，周恩来在《关于发展国民经济第二个五年计划的建议》的报告中提出："在第二个五年计划期间，必须继续发展卫生医疗事业，进一步开展体育运动，并且适当地提倡节制生育。……为了保护妇女和儿童，很好地教养后代，以利民族的健康和繁荣，我们赞成在生育方面加以适当的节制。"

二 中共中央第一次发出关于节制生育的文件

中华人民共和国成立初期，党和政府致力于国民经济的恢复与建设，没来得及研究和制定明确的人口和计划生育政策。有关部门出于保护妇女健康、关心群众生活的考虑，同时受传统生育观念和苏联奖励多子女的"母亲英雄"的影响，制定了一些实际上是鼓励多生多育的社会经济政策和卫生医疗政策。比如：农村的土地既按阶级成分也按人口进行分配；城市采取低工资、多就业的政策；生活资料的分配，照顾多子女家庭；医疗部门对绝育手术和人工流产采取严格限制的办法等。

随着时间推移和社会经济的发展变化，面对国家人口总量多、增长速度快同社会经济发展的矛盾，党和政府及社会有识之士开始关注人口问题，酝酿和提出节制生育的主张。随着经济建设规模的不断扩大，许多人民群众尤其是妇女走向社会投身于社会生产的人数与日俱增，而过多过密的生育影响了他们的工作、学习、生活以及对子女的教养。同时，随着生

---

① 彭珮云主编：《中国计划生育全书》，中国人口出版社1997年版，第146~147页。

活水平和文化教育水平的不断提高，认为子女越多越好的传统观念开始逐步改变。为了减轻家庭负担，许多人民群众，其中主要是机关干部和企事业机构的职工对节育提出了迫切要求，纷纷向有关部门反映，要求提供科学避孕知识、方法的指导和节育技术服务。

然而，这个时期，对于节育问题的看法，党内党外、广大人民中间还存在着分歧。在报纸杂志和其他大众媒介中，主张节育的有之，宣传人口众多优越性的有之，反对节制生育的也有之。甚至有人认为不断迅速的人口增长是社会主义人口规律的客观要求，是社会主义优越性的表现，通过节制生育来控制人口就是赞同马尔萨斯的《人口论》的观点，是反动的，因而反对任何节制生育和控制人口增长的提法。

刘少奇召开节制生育问题座谈会以后，中央人民政府卫生部党组于1955年2月写出了《关于节制生育问题向党中央的报告》。卫生部在报告中检讨了过去草率地采取反对节育的政策和盲目地不赞成绝育的态度后，明确表示："根据党中央指示的精神，我们认为在中国今天的历史条件下，是应当适当地节制生育的；在将来，也不应反对人民群众自愿节育的行为。我们这样主张，和反动的马尔萨斯人口论以及新马尔萨斯主义者毫无共同之点。"报告还对节育不符合"人财兴旺"的要求，节育不人道的观点进行了批评，对苏联提倡母亲英雄，中国反而提倡节育作了解释。报告针对支持还是反对节制生育的问题指出："我们党对于这样一个争论，自应有明确的态度，对于反对节育的观点，应在干部和群众中作适当的批判，以澄清干部和群众的思想。"报告还指出，节育不是不人道的做法，相反，节育是一种对家庭和孩子负责任的做法。"我们适当地提倡节育丝毫不意味着父母对孩子不负责任或减轻了抚养新生一代的重要性。把孩子们的生活、教育管理得更完善，使他们的身体健壮，受到更好的教育，这正是我们的责任。"[①]

根据上述认识和方针政策，报告提出拟采取以下各项措施：（1）做好节育用具和药品的生产、供应和进口工作。（2）适当放宽对实施人工流产的限制，对结扎输卵管手术做出新规定。（3）作好宣传教育工作。使群众对节育有正确认识，并防止可能的偏向。但不应形成一种宣传

[①] 彭珮云主编：《中国计划生育全书》，中国人口出版社1997年版，第1~2页。

运动。

1955年3月1日，发出了《中共中央对卫生部党组关于节制生育问题的报告的批示》。《批示》指出："节制生育是关系广大人民生活的一项重大政策性的问题。在当前的历史条件下，为了国家、家庭和新生一代的利益，我们党是赞成适当地节制生育的。各地党委应在干部和人民群众中（少数民族地区除外），适当地宣传党的这项政策，使人民群众对节制生育问题有一个正确的认识。"①

新中国成立后发出关于节制生育问题的正式的中央文件，1955年3月1日是第一次。它确立了节制生育的重要地位，为控制中国人口增长，在全国范围内开展避孕节育活动奠定了政策基础和思想基础。在中国计划生育史上具有重要的意义。

三　社会知名人士积极提倡节制生育

新中国成立初期，中国人口众多是极大好事的观点笼罩在学术界和理论宣传界。1953年全国人口普查结果和人口众多带来的一系列社会经济问题，使人们重新关注人口问题，一些社会知名人士纷纷建言献策，提倡节制生育。邵力子是最早倡导计划生育的代表人物之一。早在1954年9月第一届全国人民代表大会第一次会议上，邵力子提议传播避孕的医学理论，指导避孕方法，供应避孕药品，他从减轻国家负担、保护妇女健康的角度提倡避孕节育。1954年12月，邵力子在《光明日报》发表《关于传播避孕常识问题》的文章，认为传播避孕常识和新马尔萨斯主义毫无共同之点，进而规劝青年夫妇应当预先订出生育计划，建议母亲们延长哺乳期以推迟再怀孕。1955年7月，邵力子在全国人大一届二次会议上又提出"请加强避孕常识的宣传和放宽对节育技术的限制"的提案。1956年1月，他在浙江省人大一届二次会议上发言，阐述避孕节育的必要性，主张对有避孕要求者不必限制，医生对已生育多孩的妇女应同意作节育手术。1956年6月，邵力子在全国人大一届三次会议上发言，《光明日报》以《要做好节育问题的宣传和指导》为题发表。他建议进一步放宽对节育技术措施的限制，男女结扎不必限制在有六个以上孩子的人。"如果已

---

① 彭珮云主编：《中国计划生育全书》，中国人口出版社1997年版，第1页。

有三个或四个孩子的夫妇，双方同意由一方接受这样手术，即应予以准许。"他还自费印制了《关于传播避孕常识问题》的小册子。1957年2月，邵力子在《文汇报》发表《敬告年轻的父母们》，告诉青年男女不要怕麻烦，担负起节制生育的责任。3月，《人民日报》以《有计划地生育孩子》为题登载了邵力子在全国政协二届三次会议上的发言。他明确表示不赞成以法令或权力限制人工流产和持久性避孕手术，并建议修改婚姻法第四条，把最低婚龄提高到男23岁、女20岁。

1957年3月15日，《人民日报》以《广泛宣传晚婚和计划生育》为题，报道了王历耕等19位政协委员在全国政协二届三次会议上的联合发言，他们还提交了相应的提案。他们提出，要向人民宣传在合理的年龄结婚，提倡计划生育和实行避孕，以便"保护妇女儿童，更好地教育后代，以利民族健康繁荣，有利社会主义建设"。他们从卫生工作者的角度积极提倡晚婚、避孕、计划生育，主张"人工流产只应在万不得已的情况下才做"。他们认为，所谓计划生育就是用避孕方法主动地控制生育的密度和次数，这样既免得子女过多过密，也可避免人工流产的损伤。

1957年3月17日，《人民日报》刊登医学专家钟惠澜在全国政协二届三次会议上《必须有计划地节制生育》的发言。他按年增2%的速度测算，36年后中国人口将翻番，达到12.6亿。他认为人口增长太多太快，对国家、对个人都不利。其主要理由是人民的经济文化生活水平的提高受到了限制，妨碍了家庭的美满幸福生活，妨碍了青年人事业的发展，影响青年本身的健康和工作，影响着后代的衣食住行、教育文化和健康，产生了或加重了失学和失业问题。他反对早婚，赞成迟婚。认为有计划地节制生育是具有莫大经济政治意义的伟大措施。

1957年3月全国政协二届三次会议上，侯德榜委员发言认为，农村人口迅速增加，现有耕地面积在缩小，表示拥护毛主席、周总理、李富春副总理提出的有计划地生育。会上，邓季惺委员作了《计划生育符合社会主义利益》的发言。她认为人口过多给国家建设和改善人民生活带来了困难，并提出了控制人口的几点建议：健全户籍管理制度，掌握人口数字和变化情况；提倡晚婚，反对早婚，适当提高结婚的最低年龄；除少数民族地区外，普遍宣传节制生育的道理和方法，特别是要面向广大的农村，做到家喻户晓、男女皆知，尤其要注意启发男人自觉自制；放宽施行绝育手术的条件。此次会上，李德全委员作了《节育是一件艰巨复杂的工作》的发言，指出："节育避孕，适当地调剂生育密度，有计划地进行生育，不但不是不道德，而正是应有道德的表现，也是国家对人民高度负责的表现。""对人工流产及绝育手术的施行，今后当主要取决于个人的自愿，废除一切限制，但这不等于是意味着在提倡人工流产。"这次全国政协会议期间，《新闻日报》发表会议旁听散记《节育避孕及其他》，报道了周建人、马寅初、苗海南、李建生、杨之华等委员赞成节制生育的意见。

1957年2月15日，罗青、费孝通、吴景超、戴世光、赵承信、李景汉、潘光旦、雷洁琼等十多位社会学家与人口学家聚会，座谈人口问题。陈达在会上提出了一份人口问题研究提纲，为降低人口出生率，提出要节制生育和提倡晚婚。会后，《人民日报》发了新闻报道，影响很大。1957年3月30日，《文汇报》编辑部召开人口问题座谈会，会上有十几位学者发言。胡焕庸、陈长蘅、李穆生、许世瑾、宋承先等认为：中国人口已经过多，急需有计划地控制人口快速增长，他们的发言发表后，在社会上引起了很大反响。1957年，经济学家全慰天在《大公报》上发表《社会主义经济规律与中国人口问题》一文，认为"从社会主义基本经济规律来看，我国目前完全没有增加劳动力的必要，也没有增加人口的必要。"陈长蘅在《文汇报》发表长文《谈谈过渡时期的中国人口问题》，他认为"解放后旧中国长期的人口压迫已大半消逝，但早婚繁育习惯尚存，同时死亡率已锐减，故人口增加太快。这会牵累国家工业化和农业现代化的速度，拖长过渡时期。"吴景超在《新建设》发表的《中国人口问题新论》认为，中国必须实行节育，降低人口出生率，从而降低人口的自然增长率。

著名的经济学家和教育家马寅初从1954年起就把人口问题作为研究的主要课题。1954～1955年，他曾先后三次到浙江省调查人口问题，并分析研究了国内外的一些人口资料。1955年7月，他在全国人大一届二次会议浙江组会议上作了《控制人口与科学研究》的书面发言。1957年2月，他在最高国务会议上畅谈了我国人口问题。1957年4月27日，《文汇报》刊登《马寅初谈人口问题》的长文，认为"人口太多就是我们的致命伤"；"不能再这样无计划生育下去，要推迟结婚年龄、避孕，这还不够，要用行政手段控制生育"。1957年6月，马寅初在全国人大一届四次会议上系统地阐述了对人口问题的主张，7月5日，《人民日报》全文发表了他的发言，这就是著名的《新人口论》。

在《新人口论》中，马寅初指出我国人口增长率比解放前明显加快，并列举了七个原因：（1）结婚人数增加，生育的机会也就增加了；（2）医疗卫生和各种福利事业的发展，政府对孕产妇和婴儿的福利照顾使婴儿死亡率下降；（3）老年人死亡率减少；（4）国内秩序空前安定，人民死于非命的减少；（5）随着社会制度的改变，尼姑与和尚大半还俗结婚，娼妓问题也得到解决；（6）希望多福多寿、五世其昌、儿孙满堂的封建传统观念影响很深；（7）政府对一胎多婴的家庭除了奖励以外，还有经济上的补助。他认为，我国人口太多，增殖率太高，"如果继续这样无限地发展下去，就一定要成为生产力发展的阻碍。""若每年还要生出1300万人来，这个问题就日益严重，不知要严重到什么程度。"

《新人口论》指出我国人口问题主要反映在人口状况同国民经济发展之间的矛盾上，主要表现在：（1）人口多和生产设备水平之间的矛盾。要提高劳动生产率，就要大力积累资金，加强每个工人的技术装备，同时还要控制人口。因为如果人口增殖顺其自然，资金很难迅速积累，技术装备水平也无法提高；（2）人口多同积累资金之间的矛盾。要改善人民生活，一定要扩大生产和再生产，要扩大生产和再生产，一定要增加积累，要增加积累，一定要增加国民收入，而我国的国民收入是偏低的，在分配时，因人口大，所以消费大积累少，这点积累又要分摊在这许多生产部门之中，觉得更小了；（3）人口多同工业原料增长有矛盾，要加速积累资金，最好发展轻工业，要发展轻工业需有足够的原料才行。轻工业的原料绝大部分来自农业，所以各种经济作物与粮食互争土地，二者之间一定要求得一个适当的平衡。因人口增多，粮食必须增产，经济作物的面积就要减小，直接影响轻工业的发展；（4）人口多同提高科学技术之间的矛盾。为了发展国民经济，必须先发展科学研究，而增长了的生产力乃是深刻的科学发展的物质基础。所以必须首先推进产业部门的技术装备，从速提高劳动生产率。要达到这个目的，唯有一面加速积累资金，一面努力控制人口，不让人口的增殖拖住科学研究前进的后腿；（5）人口多同粮食增产之间的矛盾。粮食是人们必需的生活资料，我国人口众多，增殖又快，必然要求粮食的生产也要迅速增长。而由于人口众多，人均耕地面积在减少，况且还受自然灾害影响，故就粮食而论，亦非控制人口不可；（6）人口多同提高人民生活水平之间的矛盾。人口增加过快，生活改善受到很大限制。粮食紧张，猪肉紧张，布票对折使用，煤也不够烧，一切都牵连着人口问题。所以为了尽快提高人民生活水平，也非控制人口不可。

马寅初提出了一系列控制人口的建议：（1）把人口计划纳入经济计划当中。他建议"把人口增长的数字订入第二个或第三个五年计划当中，使以后计划的准确性可以逐步提高"；（2）认真搞好人口动态统计。1953年的人口普查是很好的，但只是人口静态统计。为了实施明确的人口政策，帮助科学基金兴科学研究，还必须作人口动态统计，如出生、死亡、结婚、离婚、迁徙等；（3）要大力宣传控制人口的观点，破除宗嗣继承观念，以及早生贵子，五世其昌，不孝有三、无后为大等封建残余思想；（4）在宣传工作起到一定成效后，修改《婚姻法》，实行晚婚，男子25岁，女子23岁结婚比较适宜；（5）要制定相应的行政措施来保证控制人口的实施，主张只生两个孩子的有奖，生三个孩子的要征税，生四个孩子的征重税，以征得的税金作为奖金，国家财政不进不出。

《新人口论》是中央提出节制生育的方针后，马寅初在学术上、理论上的深入阐发和论证的结晶，是在大量调查和反复研究的基础上，结合党的方针政策而形成的马克思主义与中国经济发展的实际结合。从现在的观点来看，它还有着一些不完全正确的地方，但作为当时最新最全面的人口论著，它在我国计划生育思想史上具有极其重要的地位。

四　毛泽东提出"计划生育"的概念

1953年我国第一次人口普查的结果公布后，人们开始注意到人口增长过快的问题，人口过快增长无疑会带来严重的教育、就业、粮食等多方面的社会经济问题。生育子女过多过密，会影响人们的工作、学习、生活和对子女的教养。许多人要求摆脱家庭羁绊和多子女的拖累，实行节制生育，但又苦于缺乏避孕节育的知识和药具，而往往采取一些不科学、甚至对健康有害的办法。不少人向有关部门写信，要求给予帮助和指导。1954年以后，邓小平、刘少奇、周恩来先后对节制生育问题作过批示，发表过讲话，召开过专题会议。社会著名人士邵力子、马寅初等先后在许多场合提出了控制人口和开展避孕药具研究的问题。

毛泽东在1956年提出了计划生育的概念。他在同南斯拉夫妇女代表团谈话时说："过去有些人批评我们提倡节育，但是现在赞成的人多起来了。夫妇之间应该订出一个家庭计划，规定一辈子生多少孩子。这种计划应该同国家的五年计划配合起来。目前中国的人口每年净增长1 200万到1 500万。社会的生产已经计划化了，而人类本身的生产还是处于一种无政府和无计划的状态中。我们为什么不可对人类本身的生产也实行计划化呢？我想是可以的。我们有一位民主人士叫邵力子，他就提倡节育。"在这里，毛泽东第一次把生育和计划结合起来，"计划生育"的概念初显端倪。

毛泽东对中国人口多这一现实，采取了两点论的态度，他说："中国人多也好也坏，中国的好处是人多，坏处也是人多。""人多就嘴巴多，嘴巴多就要粮多"。"北京现在有360万人口，将来要是有3 600万人口，北京市市长如何得了。你们将来当了市长怎么办？需要安排工作，安排小孩子，解决交通运输问题，那时逛公园也要排队。""中国6亿人口，增加10倍是多少？60亿，那时候就快要接近灭亡了。"

1957年2月27日，毛泽东在最高国务会议上说："在这里，我想提一下我国的人口问题。……这也是一个重要的问题，……。对于这个问题，似乎可以研究有计划地生育的办法。""要提倡节育，要有计划地生育。我看人类是最不会管理自己了。工厂生产布匹、桌椅板凳、钢铁有计划，而人类对于生产人类自己就是没有计划了，这是无政府主义，无组织无纪律。"在同年3月1日的最高国务会议上，毛泽东又说："人类要自己控制自己，有时候使他能够增加一点，有时候使他能够停顿一下，有时候减少一点，波浪式前进，实现有计划的生育。……这个问题很值得研究，政府应该设机关，还要有一些办法。人民有没有这个要求？农民要求节育，人口太多的家庭要求节育，城市、农村都有这个要求，说没有要求是不适当的。"在这里毛泽东明确地提出了要"有计划地生育"。毛泽东在提出"计划生育"概念的同时，还阐述了很多实行计划生育的主张。

在1957年最高国务会议上，毛泽东还说："人类总而言之要自己控制自己就是了，""是不是可以搞成有计划地生产，这是一种设想。这一条马寅初讲得好。"从长远的观点来说，"总而言之，人类要自己控制自己。"就目前来说，"政府应设一个部门"，"组织人民团体来提倡"，"要解决一些技术问题，要拨一笔经费，要想办法，要做宣传。"毛泽东还看到了实行计划生育的难点和弱点，他说："你现在要人家节育，但我们一是工具不够，二是宣传不够。农民字都不认识，还有早婚的习惯，你强迫他节育，又不行，他不能控制自己。"

1957年10月9日，毛泽东在扩大的中共八届三中全会上，进一步提出了实行计划生育的规划、步骤和教育问题。他说：计划生育，要来个十年计划。"少数民族地区不要去推广。人少的地方也不要去推广，就是在人口多的地方，也要进行试点，逐步推广，逐步达到普遍计划生育。计划生育，要公开作教育……。""将来要做到完全有计划的生育，没有一个社会力量，不是大家同意，不是大家一起来做，那是不行的。"

毛泽东关于计划生育的思想和提法，在1957年公布的《1956年到1967年全国农业发展纲要》中得到了充分的体现。《纲要》第二十九条提出："除了少数民族的地区以外，在一切人口稠密的地方，宣传和推广节制生育，提倡有计划地生育子女，使家庭避免过重的生活负担，使子女受到较好的教育，并且得到充分的就业机会。"《纲要》是第一次在公开的正式文件中明确提出"有计划地生育子女"即计划生育。它比以前文件中提出过的节制生育，在概念上，内容上更全面、更准确、更丰富。它是后来开展的中国计划生育工作的起点，也是各级政府组织推动这场伟大社会实践的纲领和原则。

五　初步开展节制生育

在党和国家"适当地节制生育"的思想指导下，1953～1957年，各级政府、企事业单位制定了一系列措施来促进节制生育，有关群众团体采取多种方式来积极配合节育倡导，部分新闻单位也运用各种手段来宣传晚婚和避孕。

作为计划生育主管部门的卫生部，在1953年至1957年之间开展了一系列有关节制生育的工作。1953年8月以后修订了《避孕及人工流产办法》。1954年11月发出关于改进避孕及人工流产问题的通报。1956年3月再次修改人工流产与绝育手术的有关规定。1956年8月发出《关于避孕工作的指示》，要求各级卫生部门广泛开展避孕知识宣传与技术指导，改变过去不作公开宣传的做法；各级医疗保健机构均须负责进行避孕技术指导工作。各省、市卫生部门必须负责训练避孕指导干部，大城市、工业城市可按需要设立指导门诊部，专门负责开展避孕指导工作；做好避孕药具供应和质量检查。1957年5月，卫生部又一次修改人工流产及绝育手术的具体办法，去掉一些烦琐的手续。

国家的医药公司从1954年起开始供应避孕药物。当时国内无生产厂家，避孕药物数量少，质量低，供应渠道也不通畅。后来这种情况有了改善，1956年避孕套销售量比1955年增加250％，子宫帽增加100％，坐药增加60％。1957年避孕药具销售量比1956年增加500％。销售方法也有所改进。过去药品销售部门不公开销售，医院药房和保健站也不予以代售。经过改进后，大城市的医药公司经销，在公私合营的药房里也能买到。没有医药公司的县城，由当地百货商店和合作社经销。各医院和保健站也代售。大的机关和厂矿由单位的合作社和医务所代销。这就为需要避孕的群众提供了方便。

1957年，中华医学会成立节育技术指导委员会，由20多名妇产、泌尿等科专家组成，林巧稚任主任委员。同年8月，经教育部批准，在华东师范大学地理系建立了我国第一个人口研究室。由创制我国第一张《人口密度图》，画出从瑷珲至腾冲的人口界线的著名地理学家胡焕庸主持研究工作。但是不久，在左倾思想影响下，该研究室便被撤销。

共青团、妇联等群众团体在提倡晚婚和节育工作中也是一支活跃的力量。各级团组织配合科学普及和医药卫生部门举办科学卫生讲座，举办小型展览会，向青年进行生理卫生知识教育，同时，还进行晚婚问题的讨论，引导青年把精力用在学习和工作上，不宜过早地背上家庭和孩子的包袱。团组织还协助医药卫生部门和商业部门作避孕药具供应和节育指导工作，帮助那些不会使用避孕药具的青年学会使用。

各级地方政府从1954～1957年反右斗争以前，一些大、中城市如北京、上海、天津、青岛、石家庄、沈阳等地也逐步开展了一些节育活动。自然，在中国庞大的育龄人群中，接受节育指导的，还仅仅是很少一部分人。

北京市根据卫生部颁发的《避孕及人工流产办法》，放宽了对绝育和人工流产的过严限制，在市区大医院，后来又在一些有条件的医院、门诊部、卫生所开设了节育指导门诊，对要求作节育的群众给予指导和咨询。当时北京市接受节育指导的人并不多，节育活动还很不普及。医学教授钟惠澜在1957年这样描述北京医院为群众做节育手术的情况："过去几年中，我们医学界对避孕的宣传工作和具体措施重视不够，进展很慢。除了各大医院做了一些很被动的人工流产和结扎输卵管的手术外，也曾为极少数妇女配了子宫颈帽，偶尔为男子进行结扎输精管手术。但一般说来，节育工作没有积极展开，主要原因是思想问题。"

上海市在1957年召开的二届三次人民代表会议上作出决议，要求在市区推行节制生育，提出力争在第二个五年计划期间把出生率降到20‰以下，在全国首先提出了降低生育率的要求，并广泛宣传。当年6月，举办了节育展览会，14万人参观，达到了初步宣传节育知识的目的。全市共开设了159处节育指导门诊，并放宽了对节育手术的限制。

天津市从1953年就开始进行了节育宣传，1957年由市政府牵头，成立了市节制生育委员会，并在群众中开展了一些节育活动。

河北是节育活动走在全国前面的省，那里1953年就开始了节育宣传工作，1954年建立了节制生育领导小组，日常工作由卫生厅承办。1954年9月，河北省取消了对避孕的限制，并帮助群众节育。1956年2月，卫生厅发出文件，指出"各地卫生部门的干部必须认识到，避孕是人民民主权利，政府不该予以限制"；"各地卫生部门和医疗机构、妇幼保健院、接生站，都有传授避孕技术的义务"；"医务部门可以陈列避孕药品，予购者以方便。"1958年1月，河北省发出《关于开展节育宣传运动的指示》，指出节育是"关系人民切身利益的大事，是一场移风易俗，改变生活习惯的群众运动。"省里决定，以后每年举行一次节育宣传运动，使节育的宣传达到家喻户晓，男女皆知，使有避孕要求的人学会避孕方法。1956～1957年，全省培训避孕知识宣传人员23 553名，建立避孕指导站1 230处，避孕药具销售点3 134处，38个县市建立了节制生育委员会。据河间等6个县统计，避孕率达到28%。1958年初，河间县景和乡育龄妇女要求避孕的占51%。还制定了《河北省节育工作十年计划》（1958～1967年），提出要在10年内逐渐改变早婚习惯，到1967年，全省人口出生率可降至14‰左右，人口自然增长率可降至5‰左右。但后来规划未能实施。

同时，一些新闻单位也开始宣传晚婚和节育。《健康报》1955 年发表题为《进行避孕知识的宣传和指导》的社论，1957 年发表《大力推行节育工作》的社论。《光明日报》1956 年 8 月发表《积极宣传避孕知识》的社论。《中国青年报》同年 8 月配合卫生部发布避孕工作指示，发表《生孩子最好有计划》的社论。同年 7 月，《人民日报》发表《应当适当节制生育》的社论。在此前后，上海《文汇报》先后两次开展晚婚、节育和人口问题的讨论。

1955 年、1956 年两年同前几年相比，全国人口出生率和自然增长率出现了一定程度的下降趋势：1954 年出生率为 37.9‰，1955 年为 32.6‰，1956 年为 31.9‰；在死亡率逐年下降的情况下，1954 年的自然增长率为 24.79‰，1955 年为 20.32‰，1956 年为 20.50‰。可见，初步的节育活动取得了一定的成效。

六　节育活动遭受挫折

1957 年夏天开展的反右派斗争被严重扩大化了。表现之一就是把许多学术问题当成政治问题来批判，人口问题就是受到波及的一个方面。

1957 年 10 月 4 日，《人民日报》发表了《不许右派利用人口问题进行政治阴谋》的署名文章，点名或不点名地批判了费孝通、吴景超、陈达、李景汉、陆钦范和马寅初等人。指责他们是利用人口问题、节育问题向党向社会主义进攻。说他们算人口过多与积累资金的矛盾的账，是"用算账的办法，来证明社会主义是搞不成的。""右派利用人口问题的战略意义就在：一方面，在理论上和思想上开辟颠覆社会主义的道路；一方面，在理论上和思想上开辟资本主义复辟的道路。"1958 年，时为中共中央政治局候补委员的陈伯达、康生，先后点名批判马寅初及其《新人口论》。此后，在北京大学和全国主要报刊上的批判文章达数百篇之多。在当时的那种政治环境下，人口学界从 20 世纪 50 年代末期到 70 年代中期的 10 多年间，再也没有人发表人口方面的学术文章。就这样，用政治大帽子把刚刚兴起的讨论控制人口增长、实行计划生育的热情压了下去。

对马寅初及其他主张控制人口增长的社会学家、人口学家的批判并没有使计划生育工作立即停止下来。1957 年 10 月 9 日，毛泽东在中共八届扩大的三中全会上的讲话中，专门讲了一段实行计划生育的问题。1957

年 10 月 25 日中共中央发布的《一九五六年到一九六七年全国农业发展纲要（修正草案）》增加了一段有关计划生育的内容。1958 年 3～4 月，卫生部召开全国节育工作汇报会。会议认为，节育是广大人民的迫切需要，许多地方已经开展起来，河北省河间县、河南省登封县、四川省南充县、山东省文登县是节育工作开展得好的地方。1958 年 5 月，《光明日报》还介绍了河北省河间县落实节育措施的情况。

1958 年开展的"大跃进"运动，造成了社会主义建设过程中的一次严重失误，对控制人口和实行计划生育工作产生了不利的影响。中共中央及中央主要领导人在对待人口与计划生育问题上的认识和态度也发生了一些变化。1958 年 1 月 28 日，毛泽东在最高国务会议上的讲话中说："人多好还是人少好？我说现在还是人多好，恐怕还要发展一点。你现在要人家节育，但我们一是工具不够，二是宣传不够。农民字都不认识，还有早婚的习惯，你强迫他节育，又不行，他不能控制自己。人类还不能掌握这个劳动力的扩大再生产，几亿人口还不能掌握自己的命运。我看要搞到七亿人口，就会紧张起来，邵（力子）先生那个道理就会大兴。邵先生之道大兴之日，是七亿人口到八亿人口之时，你现在讲，他横直不听。但是我并不是说不要做宣传，不要制造工具。要做宣传，要尽可能做宣传。我是赞成节育的，并且赞成有计划地生育的。像日本人一样能控制。现在人多一些，气势旺盛一些。要看到严重性。同时也不要那么很怕。我是不怕的，再多两亿人口，我看问题就解决了。走到极点就会走向反面。现在我看还没有达到极点。中国地大物博，还有那么一点田。人多没有饭吃怎么办？少吃一点。要节省。一方面讲节育，一方面要节省，要成为风气。"1958 年 3 月 23 日，毛泽东在成都会议上，陶鲁笳发言时插话说："要破除迷信，'人多了不得了，地少了不得了'。多年来认为耕地太少，其实每人二亩五分地就够了。宣传人多，造成悲观空气，不对。应看到人多是好事，实际人口七亿五到八亿时再控制。现在还是人少，很难叫农民节育。少数民族和人口少的地区可不节育，其他地方可试办节育。一要乐观，不要悲观；二要控制。人民有文化了，就会控制了。"1958 年 12 月中共八届六中全会《关于人民公社若干问题的决议》中说："过去人们经常忧愁我们的人口多，耕地少。但是 1958 年农业大丰产的事实，把这种论断推翻了。"

一是对马寅初等人的批判，二是"大跃进"的舆论形势，三是三年困难（1959~1961年）的影响，使实行计划生育的宣传和节育措施的推行受到严重挫折，甚至根本无法实行而自然地被搁置起来。

1959年开始出现了连续三年的严重经济困难。人口出生率、自然增长率下降，死亡率上升。1959~1961年，人口出生率由1958年的29.22‰先后降至24.78‰、20.86‰、18.02‰；死亡率由1958年的11.98‰先后升至14.59‰、25.43‰、14.24‰；人口自然增长率由1958年的17.24‰先后降至10.19‰、-4.57‰、3.78‰。1961年末全国总人口为65 859万人，比1958年末的65 994万人净减少135万人，形成了新中国成立以来第一次人口增长的低谷。

第二节　以城市和人口稠密的农村为重点开展计划生育

1959~1961年三年困难时期后，国民经济好转，人民的物质生活和营养状况明显改善，结婚和生育人数大幅上升，从1962年起出现了全国性的生育高峰。在这种情况下，人口与计划生育再度引起中共中央、国务院和社会的重视，以城市和人口稠密的农村为重点逐步开展了计划生育活动。

一　加强计划生育的领导，中共中央、国务院及其领导人发出一系列指示

据已掌握的资料，从1960年到1970年，中共中央、国务院发出有关人口与计划生育的文件有13件。

1962年10月，中共中央、国务院《关于当前城市工作若干问题的指示》中指出："今后一个长时期内，对于城市、特别是大城市人口的增长，应当严格加以控制。"同年12月，中共中央、国务院专门发出《关于认真提倡计划生育的指示》。指示中明确提出：在城市和人口稠密的农村提倡节制生育，适当控制人口自然增长率，使生育问题由毫无计划的状态逐步走向有计划的状态，这是我国社会主义建设中既定的政策。提倡节制生育和计划生育，不仅符合广大群众的要求，而且符合有计划地发展我国社会主义建设的要求。鉴于最近几年放松了节制生育和计划生育的工

作，中共中央和国务院认为有必要向各级党委和政府重申重视和加强对这一工作的领导，并作了如下指示：（一）认真加强对节制生育和计划生育工作的领导；（二）做好计划生育的宣传和技术指导；（三）做好避孕药品、用具的生产供应工作；（四）在讲清人工流产有害妇女健康的前提下，卫生部门应制订具体办法并积极创造条件，帮助群众人工流产或施行绝育手术。

1963年10月，中共中央、国务院发文批准《第二次城市工作会议纪要》，《纪要》第六部分《积极开展计划生育》中指出：城市人口出生率过高，对国家、集体和个人都是不利的。积极开展计划生育，降低人口的出生率，是一项极其重要的任务。争取在三年调整时期（指1963～1965年），把城市人口的自然增长率降到20‰以下；在第三个五年计划期间（指1966～1970年），降到15‰以下；在第四个五年计划期间，降到10‰以下。为实现上述要求，应当采取以下措施：（一）加强对计划生育工作的领导；（二）在全国形成一个计划生育的群众运动；（三）加强计划生育的技术指导；（四）有关部门要积极安排节育药品、用具和器械的生产，保证原料、材料的供应；（五）职工做节育和结扎手术，一律免费，并且给予短期休养时间，工资照发；居民做节育和结扎手术的费用，可以酌情减免；（六）大力提倡晚婚。

1964年4月，国务院批转卫生部、财政部《关于计划生育工作经费开支问题的规定》，在国家预算科目中，增设了"计划生育支出"一款。1964年全国计划生育支出预算为2 000万元。

1964年5月，国务院又批转科学技术委员会、卫生部、化工部《关于计划生育科学研究工作的报告》。

1965年6月，中共中央、国务院批转《上海市委、市人委关于计划生育工作的报告》。中央的批语指出："上海市1964年人口自然增长率已经下降到14.5‰，这是一个很大的成绩。这个事实说明，只要领导重视，政治思想工作放在首要地位，认真地贯彻执行党的群众路线，始终坚持说服教育和群众自愿的原则，辅之以必要的奖励计划生育的措施，积极加以提倡，不搞硬性规定，不搞强迫命令，使计划生育成为广大群众的自觉行动，人口出生率是可以较快的降下来的。各地应当参照上海的做法，结合本地区情况，切实地总结自己的经验，更好地把计划生育工作开展起来。""各有关部门,应当加强计划生育的各项技术措施,积极开展科学研究工作,努力提高计划生育的科学技术水平,不断改进和提高避孕用具、药品的质量,降低成本,及时组织供应。"

在城市计划生育工作初步取得成绩时,中共中央在1965年9～10月召开的中央工作会议指出:计划生育的重点应当转向农村。

1966年1月,中共中央在1965年10月25日卫生部部长钱信忠《有关计划生育的几个问题》给中央的报告(中发[66]70号文)上批示:"实行计划生育,是一件极为重要的大事。中央1962年曾经指示各级党委加强领导,实行计划生育;近几年来的经验证明,这不仅符合广大群众要求,而且符合有计划发展我国社会主义建设的需要。同时,只要方法对头,群众自愿,就能够做出成绩来。钱信忠同志所写的有关计划生育问题的材料很好。当此第三个五年计划开始实行的时候,请各地党委按照中央、国务院1962年12月的指示,参照这份材料,认真总结经验,逐步推广,在城市和人口稠密的农村,积极开展计划生育工作,使人口增长的幅度继续下降,同发展经济和改善人民生活的要求相适应。"这份材料总结的主要经验是:(一)党委统一领导,各部门分工配合,项项工作落实到基层;(二)必须在抓城市的同时,以抓农村为重点;(三)把群众工作和政治思想工作放在首位;(四)组织好两支队伍(群众性的积极分子队伍,技术工作队伍);(五)加强计划生育的技术措施;(六)采取鼓励计划生育的一些措施,不搞硬性限制,坚持反对强迫命令。

文化大革命前期,计划生育工作受到影响。但是中共中央和国家领导人仍然在强调计划生育的重要性,要求各地、各有关部门要重视并认真地抓。1970年6月,中共中央转发的《关于南方十三省、市、区血吸虫病防治工作的进展情况报告》中指出:"除四害,讲卫生,提倡计划生育,绝不是一件小事,它是振奋人民精神、移风易俗、改造世界的大事。各地都应当重视起来,每年认真地抓几次。"

20世纪60年代,中共中央主席毛泽东在接见外宾、卫生部部长和对卫生工作的谈话、指示中至少有4次讲到了计划生育。1965年1月,他在和美国友好人士埃德加·斯诺谈话时,埃德加·斯诺问:主席对中国计划生育的进程感到满意吗?他说:"不满意。在农村还没有推广。最好能制造一种简便的口服避孕药品。"1965年6月,他在对卫生工作的指示中强调:"巡回医疗队下农村开展卫生工作,要搞计划生育。"1965年8月,他在接见卫生部部长钱信忠时指示:"天津计划生育不要钱,看来国家出了钱,实际是划得来的,国家出点钱保护生产力是合适的。药钱拿不起也可以不拿。你们开展农村卫生工作后,要搞节制生育。"1970年12月,他在再次会见埃德加·斯诺时说:"农村里的女人,头一个生了是个女孩,就想个男孩子。第二个生了,又是女孩,又想要男孩子。第三个生了,还是女孩,还想要男孩子,……一共生了九个,都是女孩子,年龄也四十五岁了,只好算了。重男轻女,这个风俗要改。我看你们美国可能也是重男轻女,要有一个时间才能改变。"

国务院总理周恩来一直亲自抓我国的计划生育工作。从1961年至1970年期间,他除了亲自主持制定1962年中共中央、国务院《关于认真提倡计划生育的指示》和1963年中共中央、国务院批准的《第二次城市工作会议纪要》(包括计划生育内容)等一系列重要文件外,他还在许多会议的讲话中,在接见外宾、外国记者、作家时,在批阅文件中,共有29次讲到了计划生育。他对在我国实行计划生育的重要意义作了深刻的阐述,对加强计划生育的领导以及计划生育的方针、政策、宣传、教育、科学技术、避孕药具等都作了明确指示。他第一次提出,在20世纪内,把我国人口净增长率降到1%的人口控制目标。

1962年,当生育高峰刚刚出现时,周恩来就指出:"从长远来看,我们不仅要减现在的城镇人口,减现在的职工,还要控制人口的增长。在人口多的城市,在人口密的地区,应该提倡节制生育、计划生育。至于人口稀的地方,像江西省的农村,或者边远的省、自治区,比如西藏、青海、新疆、内蒙古,那些地方多增加一些人是好的。这也要因地制宜,区别对待。""要公开宣传节育,对年满18岁的男女青年不管结婚未结婚,都可以讲给他们听。男婚女嫁这有什么秘密呀,宣传节育过去抓迟了。"他不仅大力提供节制生育和计划生育,还积极提倡晚婚。他说:"为了国民经济、体育、教育、科学技术的发展,我们要提倡晚婚节育。这个问题不但在城市要大声疾呼,在农村也要大声疾呼。""要计划生育,一对夫妇生两个就够了,不吃亏了。""在绝育问题上,男同志应负主要责任,要提倡男的结扎输精管。据日本朋友讲,男的结扎输精管没有后遗症,最好由男的动手术。但这要在社会上造成一种风气。"1963年周恩来陪同朝鲜贵宾参观东北地区某工厂，当了解到副厂长孙燕文自愿做了男性输精管结扎手术，表示很满意，他说："在计划生育这件事情上，孙燕文夫妇做出了好榜样，特别是丈夫方面主动把计划生育的责任担当起来，这是值得人们学习的。"

随着形势的深入发展，周恩来对实行计划生育的意义从理论与实践上做出更加深刻的阐述。1963年，他说："我们应该提高认识，晚婚和节育是为了我们社会主义建设和革命，为了我们国家富强和个人幸福。""我们现在提倡计划生育，我们认为这样做有利于我国人民生活水平的逐步提高，有利于母亲的健康，有利于后代的体质和教育。"1965年，他又说："避孕是个战略问题，要同备战、备荒和科学试验结合起来。""在增加生产、计划生育的基础上改善人民生活，不约束人口，生活怎能改善？""计划生育是进步的，是共产主义的。我们有社会主义制度，能够做到计划生育，这是个大问题。我们是无产阶级的计划生育，和资产阶级为了个人享乐搞节制生育不同。""怎样能使我国人口有计划地生育，这是一个伟大的事业。现在全国有七亿人，如果不实行计划生育，人口增长太快，生产跟不上，这是个大问题。"他还指出："计划生育是一件大事，要有规划。""二十世纪内，如果能使中国人口净增长率降到1%以下，那就太好了。"

为了把计划生育工作真正落到实处，周恩来对加强宣传教育、注意工作方法，做好技术服务和避孕药具的生产供应，以及对实行计划生育的夫妻给予优惠和奖励政策等发表了一系列讲话和指示。1965年，他指出："对计划生育要进行宣传教育。一方面要有一些规定，如在工资、住房、供应等方面，对实行计划生育的，要给予优待，一方面要自觉自愿，绝对不能强迫命令。又要自觉自愿又要有所约束。要用各种办法帮助人们避孕。怎样使我国人口能有计划地生育，这是一个伟大的事业。"1965年，他在上海机场等候外宾，当得知欢迎人群中有一位纺织女工只有一个孩子时，高兴地说："好！你是计划生育的模范，大家都要向你学习。"1969年，他说："口服避孕药是一件大事情，要列入1969年计划，要单独提出来。""今年是宣传和试点，明年推广，后年普及。""要计划生育，要节育。这件事，毛主席至少讲过三次，一次是订'一五'计划的时候，一次是'大跃进'的时候，一次是订'三五'计划的时候。毛主席讲，'计划生育是好事，但避孕药一要免费，二要有效'。……。毛主席的两条主张，今、明两年一定要实现。……总之，快要到8亿人口了，节育工作一定要抓好。……今年药减价，明年免费，搞得好今年就可免费。"1970年他说："计划生育属于国家计划范围，不是卫生问题，而是计划问题。你连人口增加都计划不了，还搞什么国家计划！避孕药免费供应，又不要造成浪费。要做到完全没有副作用，要考虑农村使用，要方便农村。"

中央领导人的这些讲话、谈话、指示，在当时，对激励和推动计划生育工作的发展起到了重要作用。

二 建立计划生育工作机构

20世纪50年代和60年代初期，计划生育工作主要由中央人民政府卫生部管理，国务院没有设立专门的独立机构。有关节育宣传和技术指导工作，开始由卫生部妇幼司的妇女卫生处负责，1962年末，改由妇幼司新设立的计划生育处负责。为落实1963年《第二次城市工作会议纪要》提出的要求，1964年1月15日成立了国务院计划生育委员会，国务院秘书长周荣鑫兼任委员会主任。委员会的主要任务是负责节育宣传、技术指导工作，进行调查研究和督促检查。委员会下设办公室，杨振亚任办公室主任。

在地方，1963年开始，大部分省、直辖市、自治区和较大的地、县先后成立了计划生育工作机构，由党委或政府领导人负责，下设办公室，配备专职工作人员。

1963年，北京市成立了由副市长万里任主任的计划生育委员会。

河北省在1963年5月成立了计划生育委员会，由副省长杨一辰任主任，后改由省委书记张承先任主任。1963年11月，省委、省人委作出《关于加强计划生育领导和建立各级计划生育机构的决定》，要求市、地、县由党委一位书记具体领导，一位副市长（或副专员）、副县长具体抓计划生育工作，各级人民委员会设立计划生育办公室，负责日常工作。1964年1月，省计划生育办公室从省卫生厅分出，作为省人民委员会隶属的办事机构，配备专职干部。

黑龙江省，除10个边境县外，县级以上都成立了计划生育委员会，设立了办公室，每个办公室配备专职工作人员1人至3人，全省共有专职人员152人。各地人民公社（乡）和部分生产大队（村）以及机关企事业单位也成立了计划生育委员会或领导小组。较大的工厂设立了计划生育办公室或指定专人负责计划生育工作。

上海市计划生育委员会，由市委书记石西民任主任，下设办公室。各区、县也成立了相应机构。街道设立推广委员会，由党委一名书记兼主任。街道办事处主任、妇委书记、团委书记、派出所所长、地方医院院长是推广委员会委员，各居民组和里弄成立了推广小组，由5人至8人组成。企事业单位也成立相应组织，形成一个全市的工作网。

安徽省，1963年成立省计划生育工作7人领导小组，以省卫生厅和省妇联作为办事机构。1965年7月，将省计划生育工作7人领导小组改为省计划生育14人委员会，下设办公室，从省卫生厅、省妇联、省总工会抽调4名干部集中办公。

河南省计划生育委员会，由副省长张柏园兼主任，省计委、科委、卫生厅、民政厅、文化局和药检、供销等有关部门及工、青、妇等群众团体负责人参加。

湖北省，1963年成立省委计划生育领导小组，下设办公室，由省卫生厅厅长兼任办公室主任，设5名专职办事人员。1965年，办公室从省卫生厅迁到省人民政府机关办公，成为省委、省政府直属的厅一级办事机构。各地、市、县也都成立了计划生育领导小组办公室，绝大部分设在卫生局内，由卫生局长兼办公室主任，每个办公室设2名至3名办事人员。

湖南省将1957年成立的节制生育委员会改为计划生育委员会，并明确为厅一级机构，下设办公室。由省编委下达省、地、县计划生育委员会行政编制280人。

广东省成立省计划生育指导委员会，由省委书记尹林平任主任，下设办公室，编制15人。

截至1964年底，全国共有25个省、直辖市、自治区成立了计划生育行政领导机构，未成立的有内蒙古、西藏、宁夏3个自治区和江西省。全国专职计划生育工作人员2 000人左右，尽管队伍还不够大，但是有了专门机构和专职人员从事计划生育工作，使计划生育工作活跃起来，有力地推动计划生育工作的发展。

三 以城市为重点，计划生育工作逐步展开

我国的计划生育工作首先是在城市开展起来的。中共中央、国务院1962年《关于当前城市工作若干问题的指示》《关于认真提倡计划生育的指示》、1963年《第二次城市工作会议纪要》发出以后，随着计划生育机构的建立，城市计划生育工作得到进一步开展，并带动农村的计划生育工作。

(一) 提倡晚婚

晚婚是降低人口出生率，减慢人口增长速度的有效办法之一。提倡晚婚反对早婚也有利于男女青年的身体健康、学习、工作以及家庭生活的安排。提倡晚婚并不是结婚年龄越晚越好。青少年卫生学教授叶恭绍发表文章认为：结婚年龄男子25~29岁、女子23~27岁比较适宜。随后中共中央、国务院进一步明确了青年适当晚婚的年龄；卫生部提出了鼓励晚婚、限制早婚的若干要求；一些省、自治区、直辖市也根据各自的具体情况，对晚婚年龄及对晚婚的政策照顾做出规定。由于大力提倡，广泛深入地宣传，加上政策上适当地限制和奖励措施，在城市和一些农村开始形成晚婚的新风尚，青年平均初婚年龄有所提高。

(二) 广泛开展宣传教育

加强宣传教育是开展计划生育工作的一个重要环节。从1962年开始逐步在全国大规模地开展了计划生育宣传教育活动。各省、自治区、直辖市培训了大批计划生育宣传员，深入到城镇和部分农村基层向群众宣传实行计划生育的重要意义，有关计划生育的政策、避孕节育科学知识，动员广大群众自觉自愿采取避孕节育措施，实行计划生育。各地在宣传教育中，采用和创造的方法多种多样，因地因人制宜，多数采取个别谈话、面对面的宣传教育，有的召开小型座谈会，举办讲演，利用幻灯、图片、小册子等方式进行宣传。卫生部、国务院计划生育办公室和各省、自治区、直辖市还组织医学专家编写出版了大量图文并茂、简明易懂的避孕节育科普读物，如《节育手术问答》《输精管结扎术》《避孕知识》《计划生育知识》《避孕方法介绍》《常用的几种避孕方法》等。

(三) 技术队伍的建设和技术服务工作

组建计划生育队伍和技术服务机构是做好技术服务工作的基础，是落

实避孕节育措施，保证完成计划生育任务的重要环节。为此，各省、自治区、直辖市积极采取措施，把妇产科、泌尿科医生组织起来，开设计划生育门诊，开展各种节育手术。据不完全统计，全国开展节育手术的单位有4 000 余处，至 1963 年底，共做各种节育手术 69.6 万余例。如上海市开展节育手术的医疗单位有 147 个，增设了 100 多张专用床位，1957 年至 1964 年上半年全市有 17.5 万育龄夫妇做了结扎手术，其中，37% 是 1962 年以后做的。天津市 1963 年至 1964 年做结扎和上节育环手术 303 990 例，做人工流产 123 760 例。当时存在的突出问题是，技术力量还不能够满足群众需要，医务技术人员的数量不够，技术水平和质量不高，避孕药品、用具的品种规格不全且质量不高，节育手术器械不足，这些都影响了计划生育工作的开展。

（四）计划生育经费及节育技术费用的减免

1964 年 4 月国务院作出规定，把计划生育经费列入国家和省、自治区、直辖市的计划之内，建立了计划生育经费的专款制度，明确专款使用范围，包括：城乡居民施行男、女结扎手术，放、取节育环及人工流产的全部手术费和手术费以外的各项费用（如挂号费、住院费、检查费和医药费）的减费部分；各级计划生育委员会和卫生部门印发的计划生育技术资料，以及举办计划生育展览会等必须开支的宣传活动经费；卫生部门为开展计划生育工作，对集体办的医疗单位的人员、个人开业医生和群众积极分子进行短期训练所需的教材费、教员待遇和学员伙食补助费、路费、误工补贴以及其他必要的训练费用；卫生部门所属医疗保健机构，为开展计划生育工作，添置必要的手术器械设备的购置费；计划生育指导所的人员经费和业务费；对从事计划生育工作有卓越成绩的人员的奖励费。根据规定，1964 年全国计划生育支出预算为 2 000 万元，1965 年全国使用计划生育经费为 2 763 万元。除了执行国务院的规定外，一些省、市还规定城市职工做节育手术的休息期间工资照发，不影响全勤奖；免费供应避孕药具。由于采取了以上措施，1963 年以后，采取各种避孕节育措施的人多起来了，计划生育技术措施逐步落到实处，对降低出生率起到了促进作用。

（五）计划生育规划、目标和生育孩次政策

1963 年第二次城市工作会议以后，根据中共中央、国务院的要求，一些省、自治区、直辖市结合本地区实际，制订了具体的人口计划和规划。如：河北省1963年制定的《计划生育十二年规划》，要求到1975年城市人口出生率降到13‰；自然增长率降到7‰。上海市提出，争取在1967年前，使人口出生率下降到15‰，农村下降到20‰；城市人口自然增长率控制在10‰左右。为此，要有20%到25%的育龄夫妇做结扎手术，20%左右的已婚育龄妇女上节育环，相当数量的育龄夫妇使用药具避孕。

在这期间，舆论宣传开始出现"一个不少，两个正好，三个多了"的提法。有的地方对群众生育孩子数提出了要求。如天津市1962年11月提出："生两个孩子为合理，有条件的可以生三个"。上海市提出在市区提倡"少、稀、晚"的三条原则，具体要求是：每对夫妇生育子女数控制在2至3个以内，每胎间隔4～5年，初产妇年龄在26岁以上。天津、上海等省、市的这些规定，为20世纪70年代初全国提出统一的"晚、稀、少"生育政策进行了有益的探索。

（六）城市人口出生率和自然增长率开始低于农村

至1964年底，全国168个大、中、小城市全部开展了计划生育，由于以城市为重点的计划生育工作的开展，城市计划生育效果比较明显。1963年以前，各年城市的人口出生率和自然增长率都高于农村。1954～1958年城市人口出生率平均为39.80‰，县平均为32.34‰；城市人口自然增长率年平均为31.30‰，县平均为20‰。以1964年为转折点，此后，各年的城市人口出生率和自然增长率都低于农村，而且，城乡差距不断扩大。1964～1966年城市人口出生率分别为32.17‰、26.59‰、20.85‰，县人口出生率分别为40.27‰、39.53‰、36.71‰；城市人口自然增长率分别为24.90‰、20.90‰、15.26‰，县自然增长率分别为28.10‰、29.47‰、27.24‰。

计划生育在城市开展起来后，逐步向农村扩展。在大城市，以城区为重点，带动各自的郊区。1964年北京、天津市各组织200余人，上海市组织400余人，组成计划生育小分队，深入郊区农村，巡回宣传晚婚和节育的意义，宣传避孕节育知识，开展节育手术，培训基层节育技术人员。在一些省，则确定若干人口密度较高的县为试点。河北省安次县、束鹿县、深泽县，吉林省榆树县、怀德县、扶余县，江苏省海安县、太仓县、东台县、浙江省肖山县、河南省偃师县、四川省彭县，……都是这样的计划生育试点县。至1965年，全国已有约400个县开展了计划生育工作。

四　避孕药具和节育技术的研究与应用

20世纪60年代以前，避孕药具种类少、质量低，数量也不足。60年代初期，国内能够生产的避孕药具主要有坐药、避孕套、子宫帽、避孕药膏等。60年代中期，国内能生产节育环（主要是不锈钢丝环和塑料环）。国内口服避孕药经过研究、鉴定和试生产，于1967年开始正式生产。节育技术主要是输卵管结扎、输精管结扎和人工流产，这三种节育技术主要在大中城市和试点县进行。当时在农村推广这种技术还有一定困难，一是技术人员不足，二是农民接受这种技术难度较大。

1964年1月，卫生部召开全国计划生育技术工作会议，要求各地普遍建立计划生育技术门诊，培训、扩大技术队伍，提高手术质量，加强科学研究和妇幼保健工作。会议认为，当前应当重视下列一些方面的科学研究，例如：关于口服避孕药的研究；改进人工流产和结扎手术方法，以及寻找可以不作手术如改用注射或服药等方法的研究；研究改进现有的避孕工具和药剂；对于早期妊娠诊断和避孕的免疫学方法研究；发掘整理中医中药避孕、绝育和人工流产的办法。凡是安全、有效、简便的避孕方法，如避孕套、尿道压迫、体外排精、阴道隔膜、节育环、避孕药剂、安全期避孕等，都应该向群众进行实事求是的宣传，由群众自愿选择。会议要求各级卫生部门应积极主动地配合化工、商业等部门，做好避孕药品、用具产品质量的鉴定与监督工作，力求做到品种多、规格全、质量好，保证安全有效。会后，卫生部党组向中共中央写了《会议情况汇报》。随后又发出《关于加强计划生育技术工作领导的通知》。

1964年3月，国家科委、卫生部、化工部在上海召开计划生育科学研究工作座谈会。会议认为，为了迅速有效地降低人口增殖率，除了必须深入宣传计划生育的意义，并采取正确的政策外，还必须使科学技术工作跟上去。会议着重讨论了大力推广节育环，积极研究试用口服避孕药，提高阴茎套、阴道隔膜的质量，推广人工流产吸引术，提高绝育手术质量，加强基础理论研究等项工作。为了切实加强计划生育的科学技术工作，要采取以下措施：（一）加强科学技术组织领导。成立科学技术委员会计划生育专业组，设药物、器具和临床试验三个分组。（二）加强计划生育的研究基地。以北京、上海现有力量为基础，形成计划生育研究中心。（三）加速形成专业化的技术队伍。（四）切实安排避孕药物用具的试验生产工作。（五）积极开展宣传教育工作。会后，三部委向国务院写了《关于计划生育科学研究工作的报告》，国务院批转了这个报告。

1967年6月，国家科委、卫生部、燃化部又在上海召开全国口服避孕药鉴定会，对5种短效口服避孕药进行鉴定。1968年，上海、北京、江苏、浙江等地对口服避孕药1号做了减量观察试验，并取得成效。1969年全国生产避孕药3 650万人份。

为了加强计划生育的科研工作，落实国家十年科技规划，国务院各有关部门抓紧避孕方法和节育技术的研究与应用。

（一）建立科研组织。1963年，卫生部成立计划生育科研专题委员会，由王淑贞、林巧稚等24位教授、专家组成。办事机构设在上海第一医学院妇产科医院。1964年，成立国家科委计划生育专题组，由钱信忠等有关方面专家34人组成。办事机构设在上海市计划生育委员会。此外，1963和1964年，安徽省、四川省先后成立了计划生育科学技术研究指导机构。

（二）女用口服避孕药的研究与生产。开始我国研究仿制的避孕药有5种。通过了复方炔诺酮和复方甲地孕酮两种女用口服原料药和制剂的鉴定，并决定在医务人员指导下推广应用。1968年，又通过了1/4剂量复方炔诺酮（1号避孕片）和复方甲地孕酮（2号避孕片）的鉴定，并决定首先在上海第九制药厂、上海第十二制药厂生产。这是中国第一批口服避孕药生产车间。1969～1970年，在浙江仙居制药厂、天津红旗制药厂、东北制药总厂、山西大同制药厂等五家药厂建立了第二批口服避孕药生产车间，并且相继投入生产。这些药厂1970年生产口服避孕药3 400万人份。1970年在上海第九制药厂开始生产我国仿创结合的复方己酸孕酮长效注射液（避孕针1号）。

（三）宫内节育器的研究和生产。宫内节育器的生产，开始于20世纪50年代，由上海药讯医疗器械厂（后改名为上海医用缝合针厂）的原金首饰工匠用贵金属白金丝为原料做成圆环，作为避孕工具。后来，该厂与几家医院合作，研究并试制生产金属圆环，经临床试用，避孕效果较好。但当时制作工艺落后，生产数量不大（1957年仅生产2 000只），没有公开销售。60年代初期，国家实行了收购包销政策。从此，宫内节育器开始成为我国一种新的避孕方法。截至1966年，全国已放置节育环260多万人，成功率达百分之八十以上。

（四）避孕套的研究和生产。1963年，在已有工作的基础上，国家制定并颁布了避孕套生产工艺规范和质量检测标准，保证了避孕套生产和质量的规范化。1965年，天津乳胶厂由国家投资270万元，引进了一套日本产的避孕套联动生产线，年产量可达6 000万人份。

（五）外用避孕药具的研究和生产。20世纪50年代开始使用醋酸苯汞避孕片、避孕栓和避孕套，以及子宫帽、阴道隔膜等。60年代后期开始，上海医药工业研究院研究了NP9，并将其制成膜剂，以代替醋酸苯汞。

（六）女性输卵管结扎术（中断术）的研究与应用。20世纪50年代采用这种手术的主要对象系多子女产后的产妇，或具有医疗上指征的妇女。60年代后，这项手术做得较多，而且有多种不同结扎方法，如对抽芯近端包埋法、双折结扎切除法、压挫结扎、峡部结扎切除法、伞端结扎切除法、经阴道途径结扎法等，对这些方法都进行了研究、探讨、比较和改进。1964年，在上海召开的全国计划生育学术会议上，一致认为抽芯近端包埋法最好，成功率高，并发症少，已成为我国通用的标准结扎法。

（七）男性输精管结扎术的研究与应用。自60年代起，即提倡男性输精管结扎术，并不断研究改进，提高手术技术水平。这项结扎术具有简便、安全、副作用少、不需住院等优点。但由于重男轻女及旧传统观念的影响，推行时阻力较大。60年代，许多地方进行了输卵管和输精管复通术的研究与临床应用。

（八）负压吸引人工流产术。1958年前，人工流产主要采用刮宫术。1958年，我国医生吴源泰、蔡光宗、王家光等首创负压吸引人工流产，临床应用效果好。1965年福州市妇幼保健所姚津生医师根据负压吸引原理，创制了火罐式负压吸引瓶代替电动吸引器。这种方法便于携带，安全、简便，可以就地取材，适合于无电源的广大农村。

（九）中医中药避孕节育的研究与应用。我国科学工作者刘宝善早在20世纪50年代通过民间调查发现食用粗制棉籽油可引起男性不育。60年代,湖北省在汉川"烧热病"调查时,又发现食用粗制生棉籽油可引起男性不育症。经过实地调查和研究,证明棉籽油中的棉酚具有抗生育的作用。后来,棉酚抗生育研究列入国家重点研究课题,开展了大量的研究工作,并引起世界卫生组织和一些国家的关注。在终止妊娠方面,对天花粉蛋白和芫花萜进行了研究,并应用于临床试验。

(十)其他有关避孕节育的研究有加温节育、利瓦诺引产术、免疫早孕诊断等。

20世纪60年代,有关避孕药具和节育技术的研究、生产与应用,取得了很大成效。对控制人口增长,降低生育率,提供了可靠的技术保证,对70年代以后的科学研究打下了良好基础。纵观60年代的计划生育工作,经历了一个曲折的过程。1960年和1961年仍属于我国三年经济困难时期,计划生育工作处在停顿状态。1962年开始恢复,并逐步发展。60年代,我国的人口和计划生育发生了两个重要变化。一是改变了出生率和自然增长率城市高于农村的状况,从1964年开始城市的出生率和自然增长率都低于农村。二是出生率、自然增长率和总和生育率呈逐年下降趋势。由于受"文化大革命"的影响,这种下降非常缓慢,甚至在个别年份还有所回升。60年代中期,尽管出生率下降,但人口总数还是增长较快,1964年第二次全国人口普查结果,我国总人口(不包括港、澳、台)为69 122万人,1964年底超过7亿,1969年超过8亿,1970年底达82 992万人,10年增长人口为16 785万人。出生率的下降,说明计划生育已开始见到成效。

第三节 计划生育在城乡全面实行

20世纪70年代,我国经历了"文化大革命"的中后期。在极其困难的情况下,中共中央、国务院仍采取措施,把一度放松和中断的计划生育工作抓起来,并逐步推广到全国城乡。

一 计划生育再次发动

1970年2月,国务院总理周恩来在全国计划会议上指出:"现在人口很多,70年代人口要注意计划生育,"文化大革命"期间有点放松,青年结婚的早了，孩子生的多了，特别是城市人口增加很多。凡是人口多的省、市要特别注意计划生育。"1971年2月，周恩来要求参加中西医结合会议的代表留下来，专门讨论计划生育工作。会后，卫生部、商业部、燃料化学工业部联合写了《关于做好计划生育工作的报告》，国务院7月转发了这个报告。国务院在批语中指出："计划生育，是毛主席倡导多年的重要事情，各级领导同志必须认真对待。除人口稀少的少数民族地区和其他地区外，都要加强这项工作的领导，深入开展宣传教育，使晚婚和计划生育变成城乡广大群众的自觉行动，力争在第四个五年计划期间做出显著成绩。"

1972年7月，毛泽东在一次谈话中指出："关于避孕工作，我看要送上门去，避孕药物、器械这些东西，免费提供，挨家送，因为人家不好意思来领嘛。"①

1973年8月，周恩来在接见全国知识青年上山下乡工作会议代表时指出："有的出生率已经下降的地方，疏忽了一下，今年上半年出生率又提高了，不能疏忽。人口增长要和国民经济的发展相适应。现在，平均年龄高了，老年人多活几年，总是好事；婴儿死亡率低了，也很好嘛。这两头一增，就要求我们更好地抓紧计划生育。打仗也要有青壮年人；壮年人多，也便于转移。平时、战时，计划生育都是需要的。人口每年都有增长，农村也要实行计划生育。现在农村这方面的进展比城市慢一些。从城市去农村的知识青年，在这方面要起推动作用。"②

1974年12月，毛泽东在国家计委《关于一九七五年国民经济计划的报告》上就人口与计划生育问题作了他最后的也是非常重要、非常明确的一次批示："人口非控制不行。"③ 这对进一步推动全国的计划生育工作起了重要的作用。

1974年12月，中共中央发出《通知》，转发了《关于上海开展计划生育和提倡晚婚工作的报告》及河北省《关于召开全省计划生育工作会议的报告》。中央在《通知》中指出："各地的计划生育工作有了较大的

---

① 彭珮云主编：《中国计划生育全书》，中国人口出版社1997年版，第133页。
② 同上书，第136页。
③ 同上书，第133页。

发展，取得了显著成绩。全国人口自然增长率，从1965年的28.5‰，下降到1973年的21‰，……。但是，发展很不平衡，到1973年底，除人口稀少的少数民族地区外，仍有13个省人口自然增长率还在20‰以上。"同时强调指出："先进地区的经验说明，搞好计划生育，关键在于各级党委要把这项工作列入议事日程，切实加强领导，经常抓，抓得紧。""做到各级有人抓，层层有人管。实行计划生育是一场破旧立新、移风易俗的深刻的思想革命……要充分发动和依靠群众，做好深入细致的思想工作，在群众自觉的基础上，把生育计划落实到人，不要强迫命令。""要认真总结和推广先进单位的经验，把计划生育工作搞得更有成效。"中央的这个文件总结了恢复开展计划生育工作4年来的基本情况和基本经验，有力地推动了各地的工作。

1975年1月，"文化大革命"后期复出担任副总理并协助总理主持国务院工作的邓小平在卫生部关于召开卫生工作会议的请示上批示："要特别注意节制生育问题。"[①] 同年8月，国务院在批转这次会议的报告时指出："各级领导要进一步加强卫生工作和计划生育工作的领导，摆上议事日程，认真讨论和检查，切实解决存在的问题，把工作做得更好。"

1973~1977年，国务院计划生育领导小组办公室先后召开了四次全国计划生育工作汇报会。1978年2月，国务院在批转第四次汇报会的报告时，在充分肯定计划生育工作取得显著成绩的同时指出："有些地方人口自然增长率高，还降不下来。今后计划生育工作任务仍很艰巨，望各级领导要作为一件大事来抓。"要"因地制宜，落实节育措施，做好药具生产和供应，提高节育手术质量。""要加强计划生育科学技术和人口理论的研究。"

1973年7月，国务院恢复成立计划生育领导小组及其办公室，1975年、1978年先后两次对其领导成员做了调整、补充。1978年6月时任中共中央副主席、国务院副总理的李先念在新调整的国务院计划生育领导小组第一次会议的讲话中指出："计划生育问题，是个战略问题。要把它提到全局观点来考虑，提到战略观点来考虑。这是关系到四个现代化的问题，关系到我国繁荣富强的问题。""各级党委一定要把计划生育工作列

[①] 彭珮云主编：《中国计划生育全书》，中国人口出版社1997年版，第137页。

入党委的重要议事日程，经常讨论，常抓不懈"。① 同年 10 月，中共中央在批转《关于国务院计划生育领导小组第一次会议的报告》时指出："计划生育是毛主席倡导多年的一项伟大事业。计划生育工作搞得好不好，直接关系到发展国民经济十年规划纲要和四个现代化的实现，关系到中华民族的健康、科学文化水平的提高和国家的繁荣富强。全党同志应充分认识这项工作的战略意义，增强抓好这项工作的自觉性。""几年来，计划生育工作取得了很大的成绩。应该不断总结经验，巩固和发展大好形势，把这项工作提高到新的水平，取得更好的成效。"中央批转的这个《报告》提出："提倡一对夫妇生育子女数最好一个最多两个。生育间隔三年以上。"《报告》还提出了 36 个字的计划生育工作方针："书记挂帅，全党动手，宣传教育，典型引路，加强科研，提高技术，措施落实，群众运动，持之以恒。"

二 人口增长纳入国民经济计划，"晚、稀、少"的生育政策形成

20 世纪 50 年代提出计划生育时，主要是开展宣传教育，普及科学技术知识，提供避孕节育技术服务，没有人口增长指标，也没有生育政策。

1963 年 12 月，中共中央、国务院批准的《第二次城市工作会议纪要》中提出："争取在三年调整时期，把城市人口的自然增长率降到 20‰以下；在第三个五年计划期间，降到 15‰以下；在第四个五年计划期间，降到 10‰以下。"

1970 年 6 月，周恩来在接见卫生部军管会人员时指出："计划生育属于国家计划范围，不是卫生问题，而是计划问题。你连人口增加都计划不了，还搞什么国家计划！"② 1971 年 1 月，他同卫生部及直属单位负责人谈话时说："如果能晚婚，又有有效药物，人口增长率就有办法控制了。""在十年内能降到百分之一至二之间就不错。"③ 1971 年 7 月，国务院转发的《关于做好计划生育工作的报告》中提出："在第四个五年计划期间，使人口自然增长率逐年降低，力争到 1975 年，一般城市降到 10‰左右，

---

① 彭珮云主编：《中国计划生育全书》，中国人口出版社 1997 年版，第 155 页。
② 同上书，第 136 页。
③ 同上。

农村降到15‰以下。"1973年6月，国家计委《关于国民经济计划问题的报告》中提出："要大力开展计划生育，降低人口出生率。争取到1975年，把城市人口净增率降到10‰左右，农村人口净增率降到15‰以下。"① 从此以后，在全国国民经济发展的五年计划和年度计划中，开始有了人口增长指标。

1971～1975年"四五"国民经济发展计划执行的结果是：人口自然增长率由1970年的25.83‰降到1975年的15.69‰，其中城市降到9.32‰，农村降到16.58‰，基本达到了规划要求。

1975年8月，国务院批转的《关于全国卫生工作会议的报告》提出："力争在'五五'期间，人口自然增长率农村降到10‰左右，城市降到6‰左右。"执行的结果是：1980年，全国人口自然增长率降到11.87‰，其中农村降到12.35‰，城市降到8.69‰。人口计划没有完成。

1978年2月，国务院批转《全国计划生育工作汇报会的报告》时提出："力争在三年内把我国人口自然增长率降到10‰以下。"实际的结果是，1978～1980年的三年，人口自然增长率分别为12.00‰、11.61‰、11.87‰，都没有降到10‰以下。

为了有效地控制人口增长速度，不仅要有适当的人口发展计划，也要有合理的计划生育政策。计划生育在城乡逐步推开以后，制订计划和政策的必要性就凸显出来了，各地相继开始了计划生育政策的探索。

1971年，上海市在金山县召开现场会，推广钱圩公社三大队创造的"计划生育十年早知道"的经验，全市按"晚、稀、少"的要求，层层制订生育计划。北京市和湖北省也先后提出了"一个不少，两个为好，三个多了"的生育孩子数的要求。

卫生部军管会在1972年1月召开的17省、市计划生育工作座谈会上，11月召开的27省、市、自治区计划生育负责人座谈会上，都讨论了"晚、稀、少"的计划生育政策问题。1973年12月国务院计划生育领导小组召开的第一次计划生育工作汇报会上，提出了"晚、稀、少"的政策。"晚"是指男25周岁以后、女23周岁以后结婚，女24周岁以后生育；"稀"是指生育间隔为3年以上；"少"是指一对夫妇生育子女数不

---

① 彭珮云主编：《中国计划生育全书》，中国人口出版社1997年版，第65页。

超过两个。1975年8月，国务院在批转《关于全国卫生工作会议的报告》的批语中明确提出：要"按照'晚、稀、少'的要求，把生育计划落实到人，不要强迫命令。"

1978年10月，中共中央批转的《关于国务院计划生育领导小组第一次会议的报告》中提出："提倡一对夫妇生育子女数最好一个，最多两个。生育间隔三年以上。"

20世纪70年代全国的生育政策，也是最先有的全国生育政策，就是"晚、稀、少"，在适当晚婚晚育的基础上，一对夫妇不超过两个孩子，间隔不少于3、4年。这个政策，主要是在城市和汉族居民中实行的。在少数民族地区当时还没有提出明确的生育政策。

自提倡计划生育以来，国家采取的是以奖励为主的政策。1970年5月，财政部和卫生部联合发出《通知》，规定从1970年起在全国实行避孕药品免费供应。1974年1月，国务院计划生育领导小组、卫生部、商业部、财政部、燃化部又发出《关于在全国实行免费供应避孕药和避孕工具的紧急联合通知》，规定了避孕药具的免费发放范围、供应方法、注意事项等，使这项奖励措施得到顺利实施。1977年12月，国务院计划生育领导小组、财政部、卫生部发出《关于计划生育事业费开支范围的规定和加强财务管理的意见》，规定了计划生育事业费的免费范围包括节育手术费、检验费、挂号费、医药费、住院费、术后治疗费等。为了支持和保证计划生育工作的顺利进行，国家财政和地方财政拨出计划生育经费逐步增长，1971年为5 952万元，1973年以后超过亿元，1978年达到19 764万元。

1978年全国人大通过的《中华人民共和国宪法》第五十三条规定："国家提倡和推行计划生育。"这是第一次把计划生育纳入宪法，为计划生育工作的开展起了重要的推动和保证作用，也为制定计划生育政策和人口发展计划提供了法律依据和保障。

三　加强计划生育组织建设、避孕药具生产供应、节育技术服务

（一）建立和加强计划生育领导机构及办事机构

1964年成立国务院计划生育委员会，下设办公室。在这前后，大部分省、市、自治区和较大的地、县也成立计划生育委员会或计划生育办公

室。1966年"文化大革命"开始后，这些机构大多瘫痪。

1971年根据国务院转发《关于做好计划生育工作的报告》的要求，卫生部军管会业务组内设立了一个小的计划生育办事机构。1973年7月，国务院发出《关于成立国务院计划生育领导小组的通知》，任命国务院业务组成员华国锋为组长，23个有关部门（单位）负责人为成员。下设办公室，栗秀真为办公室主任。1975年，国务院调整领导小组，组长改由副总理吴桂贤兼任。1978年国务院再次调整领导小组，组长由副总理陈慕华兼任。

至1975年底，全国各省、市、自治区都建立了计划生育领导小组及其办公室，领导和组织全国城乡开展了计划生育工作。

1971年11月，卫生部军管会在江苏省如东县举办人口密度较高的13个省、市及有关部门参加的计划生育工作经验交流学习班；1972年1月又在河北省乐亭县召开17个省、市、区计划生育工作座谈会；1972年11月在山东省昌潍地区召开27个省、市、区计划生育工作负责人会议。国务院计划生育领导小组成立后，1973年至1977年，连续召开了4次全国计划生育工作汇报会。20世纪70年代，卫生部军管会及国务院计划生育领导小组先后领导和组织了全国的计划生育工作。

（二）避孕药具的研制、生产、供应

国内生产使用的宫内节育器是惰性材料制成的，脱落率较高。1972年，上海医用缝合针厂引进和仿制国外活性材料制成的宫内节育器，生产了Tcu200和Vcu200，在临床应用中取得较满意的效果。

女用甾体避孕药在20世纪60年代研制出来。70年代对短效口服避孕药进行了减量研究，从原剂量的1/2降至1/4，再降至1/8。长效口服避孕药研制，1977年通过国家级鉴定，生产使用了18-甲基炔诺酮。此外，还研制了使用于夫妻两地分居探亲时使用的速效避孕药——探亲丸、探亲1号、18甲探亲片、53号抗孕片。

男性避孕药具。70年代避孕套已广泛推广使用。从1971年开始对棉酚抑制精子生成进行了大量基础和临床研究。研制并推广使用了外用杀精剂烷苯醇醚、壬苯醇醚。

从1974年起，全国免费供应的避孕药具有：口服避孕药I号、II号、18甲（短效）和炔雌醇片，避孕套，子宫帽，避孕栓，避孕膏，避孕膏注入器，外用避孕药片，上海探亲片1号、53号，1号长效避孕针，天津探亲药片。

20世纪70年代，虽有"文化大革命"动乱的干扰，但避孕药具的生产和供应还是不断增加的，基本上能满足需要。1975年国内生产避孕药具（不包括宫内节育器）已达23种，其中：短效口服避孕药1 875万人份，速效口服避孕药（探亲药）70万人份，长效口服避孕片46万人份，外用避孕套、子宫帽、避孕片6.5亿个（片），约435万人份，其他避孕栓、膏234万支。全国避孕药具共计2 408万人份。

（三）节育技术服务

20世纪70年代，在做好城市避孕节育技术服务的同时，把大力加强农村的避孕节育技术工作作为重点。城市派出大批医疗队和节育技术服务小分队到农村开展节育技术服务，培训公社卫生院的医生开展节育手术。到1973年，全国1/3的公社卫生院装备了能做输卵管结扎、输精管结扎、放（取）宫内节育器、人工流产四项节育手术的医疗器械设备。在少数生产大队为赤脚医生配备了放（取）宫内节育器的设备。从1971年至1978年全国共做放置宫内节育器手术940余万例，加上输卵管结扎、输精管结扎手术共1 280余万例。

在城乡节育技术服务工作中，大力抓了手术质量，严防事故，注意安全。1973年、1978年两次对原来制订的《节育手术常规》进行了修改，提出了节育手术后假期的建议。

四 计划生育宣传教育，避孕节育活动在城乡全面展开，控制人口增长成绩显著

20世纪70年代，计划生育在除少数民族以外的全国广大城乡普遍推行，计划生育宣传教育活动也广泛深入开展起来。

首先是宣传毛泽东的人口思想，宣传周恩来等中央领导人关于计划生育的指示。毛泽东关于"人类要控制自己，做到有计划地增长。""人类在生育上完全无政府主义是不行的，也要有计划生育。""人口非控制不行"等一系列讲话和批示，在传达和广泛宣传以后，对当时统一全国人民的思想认识，推动计划生育工作起了十分重要的作用。这个时期，周恩来在会议讲话、批示以及同群众的谈话中，多次阐述我国实行计划生育的目的、意义、政策。中央和地方各级宣传机构、计划生育系统及有关部门，都把宣传毛泽东、周恩来等领导人的言论和中共中央、国务院关于计划生育工作的指示作为推动计划生育的重要手段和首要工作。这是70年代计划生育工作能够排除"文化大革命"动乱的干扰，顺利推行，取得成就的一个重要原因。

70年代的计划生育宣传教育，把避孕节育知识的宣传作为重点。基层卫生人员和计划生育工作人员接受培训后，深入各村各户，宣传如何使用节育工具和服用避孕药物，指导已婚育龄夫妇延长生育间隔。1972年，人民卫生出版社发行《计划生育宣传手册》400万册。这一时期，河北、天津、山西、辽宁、黑龙江、浙江、河南、云南、陕西、甘肃等地也先后编写出版了计划生育科普知识读物。

根据周恩来1973年4月同医务人员谈话中提出的要在青少年中进行生理卫生知识宣传的精神，教育部指定若干中学对学生进行生理卫生知识宣传教育试点，湖南省衡阳七中、湘潭县盐埠中学是最早的试点单位。1975年，教育部、卫生部发出《关于加强中小学卫生教育的几点意见》的通知，规定在高中学生中进行晚婚和计划生育教育，使高中学生在成年前就懂得青春期生殖系统发育变化等生理现象。各省都在试点中学开设了人口与计划生育课程。

20世纪70年代，计划生育在全国城乡广泛深入、扎扎实实地推行，计划生育工作取得显著成效。

一是人口增长速度显著下降。1978年同1970年相比，人口出生率由33.43‰降到18.25‰，下降了45.4%；自然增长率由25.83‰降到12.00‰，下降了53.4%；年净增人口由2 114万降到1 147万，下降了45.7%。

二是妇女生育率显著下降。妇女总和生育率由1970年的5.81降到1978年的2.72，下降了53.2%。

三是妇女生育胎次构成发生明显变化。在当年出生的全部婴儿中，属于第一胎、第二胎的上升，属于第三胎及以上多胎的下降。1977年同1970年比较，第一胎由20.73%升至30.80%；第二胎由17.06%升至24.59%；多胎由62.12%降至44.55%（注：引自《栗秀真文集》252页）。

四是结婚年龄明显提高。妇女平均初婚年龄由 1971 年的 20.19 岁提高到 1978 年的 22.83 岁，升高 2.64 岁。早于 18 岁结婚的妇女早婚率由 1970 年的 18.6% 降到 1978 年的 3.7%。晚于 23 岁结婚的妇女晚婚率，全国由 1970 年的 13.8% 提高到 1978 年的 48.0%；同期城市妇女晚婚率由 40.1% 提高到 84.0%，农村也由 10.1% 提高到 41.4%。

五　人口学术活动复生，两种生产理论成为开展计划生育的理论依据

20 世纪 70 年代以后，中共中央、国务院进一步提倡和推行计划生育，国家领导人反复强调人口与计划生育问题，在全国普遍推行计划生育的新形势下，学术界对人口问题的讨论和研究又开始活跃起来。

1973 年北京市成立计划生育研究室。1974 年，吉林大学、河北大学也先后成立人口研究室。1978 年，中国人民大学成立人口研究所。一批学者参加到人口理论工作队伍中来，开始对马克思主义人口理论进行研究。在研究过程中，他们注意同计划生育工作实际结合。在较短时期内，人口研究队伍迅速扩大，并迅速取得一批人口理论研究成果。

1973 年，北京经济学院成立了人口研究室，结合计划生育的实际问题，开展了研究工作。1973 年 12 月，广东省汕头地区党校举办了全国第一个人口理论学习班，探讨、研究社会主义人口理论。1975 年广东省连续举办了两期人口理论学习班，培训县计划生育干部，有 14 个省派人参加学习。1974 年 11 月，在江苏省无锡市举办了第一次全国人口统计学习班。1976 年 9 月，国务院计划生育领导小组办公室在河北省举办了人口理论学习班，有 18 个省、市、区派人参加学习。1977 年，十几个省和一些大军区相继举办马克思主义人口理论学习班，向领导干部和基层计划生育干部讲授人口和计划生育的基础理论知识。

1977 年 12 月，北京经济学院人口研究室出版了中华人民共和国成立以来第一部《人口理论》，同时还出版了《人口研究》杂志（1978 年转由中国人民大学人口研究所出版）。

1977 年 12 月，国务院计划生育领导小组办公室在广东省汕头召开全国人口理论学习班，参加的人员有 24 个省、市、自治区计划生育办公室的负责人，15 个省级党校和部分高校的有关人员，共 60 余人。学习班对马克思主义"两种生产"理论、社会主义社会的人口规律，建立马克思主义人口理论体系等人口理论问题进行了讨论。

1978年11月1日至7日,国务院计划生育领导小组办公室在北京召开第一次全国人口理论讨论会,参加会议的有来自全国各地9个科研单位的研究人员,28个省、市、自治区党校和48所高等院校的教师,28个省、市、自治区和6个大军区计划生育办公室的负责人等,共170余人。会议代表集中讨论了实行计划生育与实现四个现代化的关系和社会主义人口规律问题。代表们认为,我国确实存在着严重的人口问题,实行计划生育,有计划地控制人口增长,是解决我国人口问题的重要途径,也是促进经济发展,实现四个现代化的重要内容。对社会主义人口规律,以及人口规律同经济规律等问题进行了讨论。国务院副总理兼国务院计划生育领导小组组长陈慕华出席会议并讲了话。她说,大家要解放思想,要打开"禁区"。理论要联系实际,认识要受实践的检验。哪些是正确的,我们就要发扬、就坚持,哪些是错误的,我们就改正。不仅要研究理论问题,而且要针对群众中存在的思想认识问题,多做宣传指导工作。这次会议对推动中国人口科学的研究,起到了积极作用。

六 人口与计划生育领域的国际交往与合作

20世纪70年代,随着我国在联合国合法席位的恢复,我国的人口及计划生育的国际交往也开始活跃起来。这一时期,我国多次参加人口与计划生育领域的国际会议。

1973年4月,联合国亚洲及远东经济委员会第29次会议在东京举行,我国代表在全体委员会议上就中国的人口问题做了发言,主要阐明的观点是:我国实行的是有计划地增长人口的政策。这一政策是符合广大群众的切身利益和愿望的。计划生育是按国家指导和群众自愿相结合的原则进行的,国家免费提供避孕药具和医疗服务,对于患不孕症的,也给予积极治疗。各国根据国情制定不同的人口政策,这是各国的内政,人口政策不能强求一律。实践证明,人类要控制自己,做到有计划地增长,在我们的国家是能够逐步实现的。

1973年11月2日,联合国人口委员会第十七次会议上,以观察员身份出席的中国代表在发言中阐述了中国的人口问题和人口政策。

1974年4月11日，联合国人口委员会特别会议上，中国观察员阐明了我国对人口问题的立场。

1974年8月，在罗马尼亚布加勒斯特，由联合国主持召开了第一次世界人口会议，共有136个国家参加。中国卫生部副部长黄树则在会上发言，阐述了我国政府对世界人口问题的基本观点和主张：（1）对世界人口现状的基本看法。第三世界的人口占全世界人口的70%以上，人民的创造力是无限的，人类对资源的开发和利用能力是无限的。（2）人口问题产生的根源及解决的途径。发展中国家的人口现状是由国际和国内政治经济条件决定的。解决发展中国家的人口问题，必须反对帝国主义、新老殖民主义，特别是超级大国的侵略和掠夺。他还以我国为例，说明打破不平等的国家经济关系，发展民族经济和文化是解决人口问题的首要途径。（3）关于人口政策的制定和实行。人口普查的进行和统计资料的公布完全属于各国的内政和主权，只能由各国政府根据本国的具体情况自己决定，反对别国干涉。黄树则在谈到我国的计划生育政策的制定和实施时说，我国是在积极发展经济，提高人民生活水平的基础上，普遍发展城乡的医疗卫生及妇幼保健事业，在降低人口死亡率的同时，实行计划生育，调节人口出生率。在人口稀少的少数民族地区和其他地区采取有利于人口增长的适当措施，但对个别子女较多，有节育要求的也给予指导和帮助。国家对人口稠密的地区和人口稀少的少数民族地区，实行的是不同的人口政策。

这一时期我国还开展了一些国际交往活动。

1972年冬，联合国人口基金执行主任萨拉斯到中国访问，提出希望与我国在人口领域开展合作。限于当时的国内环境，该项工作当时没有实际进展。

1973年10月，国务院计划生育领导小组办公室主任栗秀真率团参加巴基斯坦计划生育协会成立20周年大会，并在会上做了发言。

1974年2月4日，联合国世界人口会议秘书长洛里斯及联合国秘书处人口司司长塔巴到中国访问，国务院计划生育领导小组办公室主任栗秀真出面接待，会谈中主要谈了为同年8月召开世界人口大会做准备的有关问题。

第四节 实行计划生育被定为基本国策

1978年末,中共十一届三中全会召开,开始实行对内改革对外开放的政策,至80年代,国家的经济建设和社会事业有了快速的发展。同时,在全国城乡进一步广泛深入推行计划生育并取得显著成效。

一 提倡一对夫妇只生育一个孩子

1979年3月,中共中央副主席、国务院副总理邓小平在党的理论务虚会上作报告时,进一步强调了严格控制人口增长的重要性。他提出:"要使中国实现四个现代化,至少有两个重要特点是必须看到的:一个是底子薄。……第二条是人口多,耕地少。……我们要大力加强计划生育工作,但是即使若干年后人口不再增加,人口多的问题在一段时间内也仍然存在。"[①]

1982年1月,中共中央批转《全国农村工作会议纪要》指出:"我国人多地少,控制人口、保护耕地是我们的重大国策。"1982年9月,中共中央总书记胡耀邦在中共十二大的报告中指出:"在我国经济和社会的发展中,人口问题始终是极为重要的问题。实行计划生育,是我国的一项基本国策。"

20世纪70年代,中国计划生育实行的是"晚、稀、少",一对夫妇生育两个孩子的政策。面对国家要实现现代化,而人口多成为现代化建设的沉重包袱的现状,人们在思考:怎样才能进一步降低人口出生率、减慢人口的增长?应该实行什么样的生育政策?

1978年10月,中共中央批转的《关于国务院计划生育领导小组第一次会议的报告》提出:"提倡一对夫妇生育子女最好一个最多两个。"1979年3月,山东省荣成县鞠洪泽、鞠荣芬等136对夫妇在学习中央这个文件后向全公社、全县发出《为革命只生一个孩子》的倡议。《倡议书》说:"我们这136对夫妻,通过学习党中央的指示,决心听党的话,只生一个孩子,不再生二胎。我们少生一个孩子,就是为四化多做一份贡

[①] 彭珮云主编:《中国计划生育全书》,中国人口出版社1997年版,第137页。

献。"这份倡议书被新闻媒体广为宣传后，提倡一对夫妇只生育两个孩子的舆论在全国迅速传播。

1979年初，四川省在什邡县进行一对夫妇只生育一个孩子的试点，国务院计划生育领导小组用简报的形式，向全国各省作了介绍。1978～1979年期间，河北、辽宁、上海、北京、天津、江苏、吉林、山西等省、市先后作出有关计划生育的规定中都有提倡一对夫妇只生育一个孩子的要求或规定。

对如何合理控制中国人口增长问题，学术界也很关注。1979年3月，中国人民大学人口研究所刘铮、邬沧萍、林富德向中央提交《对控制我国人口增长的五点建议》。建议中呼吁："千方百计杜绝一对夫妇生育三个和三个以上孩子，大力提倡一对夫妇只生育一个孩子。"① 1980年2月13日，《光明日报》发表宋健、田雪原、李广元、于景元对我国未来100年人口发展趋势测算的文章。他们认为，一对夫妇平均生育子女数为3个、2.3个、2个都是不可取的。到2000年，若要人口不超过12亿，一对夫妇生育孩子数只能在1.5个以内。

群众积极分子的要求，学术界的建议，一些地方的规定，为中央的决策做了准备，奠定了基础。

1979年12月18日，国务院副总理、国务院计划生育领导小组组长陈慕华在全国各省、市、自治区计划生育办公室主任会议上说："提倡一对夫妇最好生一个孩子，是我们计划生育工作的着重点转移。过去我们说'最好一个，最多两个'，现在提出来'最好一个'，后面那个'最多两个'没有了。这是我国目前人口发展中一个战略性要求，……"②

1980年9月7日，国务院总理在五届全国人大第三次会议的讲话中强调："国务院经过认真研究，认为在今后二三十年内，必须在人口问题上采取一个坚决的措施，就是除了在人口稀少的少数民族地区以外，要普遍提倡一对夫妇只生育一个孩子，以便把人口增长率尽快控制住，争取全国总人口在本世纪末不超过十二亿。"

1980年9月25日，中共中央发出《关于控制我国人口增长问题致全

---

① 《人口研究》，中国人民大学出版社，1980年第3期。
② 彭珮云主编：《中国计划生育全书》，中国人口出版社1997年版，第160页。

体共产党员、共青团员的公开信》。《公开信》提出："为了争取在本世纪末把我国人口总数控制在 12 亿以内，国务院已经向全国人民发出号召，提倡一对夫妇只生育一个孩子。这是一项关系到四个现代化建设的速度和前途，关系到子孙后代的健康和幸福，符合全国人民长远利益和当前利益的重大措施。中央要求所有共产党员、共青团员特别是各级干部，用实际行动带头响应国务院的号召，并且积极负责地、耐心细致地向广大群众进行宣传教育。"

二　完善计划生育政策，制定计划生育法规

1980 年《公开信》对号召全国人民实行计划生育起了极大的推动作用。《公开信》关于"提倡一对夫妇只生育一个孩子"的生育政策同 70 年代实行的"晚、稀、少"生育政策有了明显不同。在执行过程中也有部分群众和干部，主要是一些农民和农村干部，不理解、不接受。表现出来，一方面是群众抢生超生，一方面是干部强迫命令。为了顺利推行计划生育，要把计划生育政策建立在合情合理、群众拥护、干部好做工作的基础上，因而提出要完善现行的计划生育政策。

《公开信》在规定"提倡一对夫妇只生育一个孩子"的同时，还提出"某些群众确实有符合政策规定的实际困难，可以同意他们生育两个孩子，但是不能生三个孩子。"地方在贯彻《公开信》的规定中，一般都把"确实有符合政策规定的实际困难"划定在一个很小的范围之内，主要是在三种情况下可以生两个孩子：（1）第一个孩子有非遗传性残疾，不能成长为正常劳动力的；（2）重新组合的家庭，一方只有一个孩子，另一方未生育过的；（3）婚后多年不育，抱养一个孩子后又怀孕的。据调查，这三种情况在已有一个孩子夫妇总数中的比例不到百分之五。很显然，这是不能满足群众最低要求的。

1981 年 9 月，中共中央书记处会议专门研究了计划生育政策。认为今后在城市仍然应毫不动摇地继续提倡每对夫妇只生一胎，在农村则要根据实行责任制以后的新情况，一方面抓紧工作，一方面适当放宽。至于农村放宽到什么程度，有两个方案：第一，提倡每对夫妇只生一胎，允许生两胎，杜绝三胎；第二，一般提倡每对夫妇只生一胎，有实际困难的，可以批准生两胎。究竟采用哪种方案，会议决定再听听意见。1981 年 12

月，在中共中央召开的省、自治区、直辖市党委第一书记座谈会上，再次讨论了计划生育政策问题。大家对第二方案的看法比较一致，但对是否写明有实际困难可以批准生二胎的情况，则意见不一致。1982年2月，中共中央、国务院《关于进一步作好计划生育工作的指示》对这个问题的表述是："农村普遍提倡一对夫妇只生育一个孩子，某些群众确有实际困难要求生二胎的，经过审批可以有计划地安排。不论哪一种情况都不能生三胎。"这个《指示》发出的同时，中共中央办公厅、国务院办公厅发出〔1982〕2号文件，详细解释了"有实际困难的夫妇"主要是指第一个孩子为女孩的夫妇。

1982年10月，中共中央办公厅、国务院办公厅转发的《全国计划生育工作纪要》指出：要把政策建立在更加切合实际的基础上，使党的政策真正变成群众的自觉行动，从而更有效地、持久地控制人口增长。在1982年2月，中共中央、国务院《指示》之前，各省、市、自治区规定了三种情况可以生二胎。在贯彻《指示》过程中，很多省、自治区、直辖市对农村又新增加四、五种或六、七种可以生育二胎的情况：（1）两代或三代单传的；（2）几兄弟只有一个有生育能力的；（3）男到独女家结婚落户的；（4）独男独女结婚的；（5）残废军人；（6）夫妇均系归国华侨的；（7）边远山区和沿海渔区的特殊困难户。据调查，上述共十种可以生二胎的情况，在已有一个孩子夫妇总数中的比例也只有百分之十左右。

1984年4月，中共中央批转国家计划生育委员会党组《关于计划生育工作情况的汇报》。中央在批语中指出："要继续提倡一对夫妇只生育一个孩子。同时要进一步完善计划生育工作的具体政策，当前主要是：（1）对农村继续有控制地把口子开得稍大一些，按照规定的条件，经过批准，可以生二胎；（2）坚决制止大口子，即严禁生育超计划的二胎和多胎；（3）严禁徇私舞弊，对在生育问题上搞不正之风的干部要坚决予以处分；（4）对少数民族的计划生育问题，要规定适当的政策。可以考虑，人口在1 000万以下的少数民族允许一对夫妇生育二胎，个别的可以生育三胎，不准生育四胎。"上述文件发出以后，农村的生育政策进一步完善。各省、自治区、直辖市对农村夫妇可以生育两个孩子的规定大致可分为三类：第一类，允许若干种情况可以生二胎，即大体维持1982年10

月中央两办转发《全国计划生育工作会议纪要》的规定；第二类，允许第一个孩子为女孩的加上若干种情况可以生二胎，使可以生二胎的情况在已有一个孩子夫妇总数中的比例达到百分之五十或稍多一点；第三类，允许所有农村夫妇有计划地生二胎。第一类、第三类都只是少数省、区、市，大部分省、自治区属于第二类。

20世纪80年代，推行计划生育的一个特点是大多数省、自治区、直辖市制定、颁布了计划生育地方法规，计划生育工作逐步纳入依法行政的轨道。广东省于1980年第一个由省人大常委会通过并颁布《计划生育条例》。至1990年底，除北京市、海南省和新疆、西藏自治区外，26个省、自治区、直辖市颁布了《计划生育条例》。

三 研究制定人口规划和控制目标

我国制定人口发展规划始于20世纪70年代前期，从1973年开始，全国国民经济和社会发展计划的年度计划和五年规划中都列有人口增长率和总人口数指标，80年代更加制度化。同时，地方各级也都制订相应的年度人口计划和五年人口规划。

1979年6月，国务院总理所作《政府工作报告》中提出："今年我们要力争使全国人口增长率降到10‰左右，今后要继续努力使它逐年下降，1985年要降到5‰左右。"

1980年3月，中共中央转发的《李先念同志关于当前经济问题的报告》中提出："我们应当力争在1985年把人口增长率下降到5‰，在本世纪末以前做到不增不减。从现在起，就要按照这个目标，尽快拟订计划和措施，……"

1980年9月国务院总理在五届全国人大第三次会议的讲话和中共中央的《公开信》、1982年9月中共十二大的报告及1984年4月中共中央批转国家计划生育委员会党组《关于计划生育工作情况的汇报》的批语中，都提出："到本世纪末，必须力争把我国人口总数控制在十二亿以内。"上述人口计划和人口规划都是提出要争取达到的目标，对于推动计划生育工作是起了积极作用的。但是执行结果都没有能够达到。人口增长率1979年为11.61‰，1980年为11.87‰，都高于10‰的计划指标；1985年人口增长率为14.26‰，离5‰左右的规划指标差距更大。

怎样把人口计划订得科学合理,既能推动工作,又比较切合实际?20世纪末的人口控制目标,到底是12亿以内,还是12亿多一点?80年代中期进行了积极的讨论和探索。

20世纪70年代末和80年代前期都没有完成人口计划。1982年第三次全国人口普查提供了准确的人口及人口变动数据。根据对实际情况的进一步了解,国家相应调整和修改了1983~1985年的年度人口计划和"七五"人口计划。1985年9月中国共产党全国代表会议通过的《中共中央关于制定国民经济和社会发展第七个五年计划的建议》中提出:"力争五年内人口年平均增长率控制在12.5‰左右。"1986年5月,中共中央批转的《关于"六五"期间计划生育工作情况和"七五"期间工作意见的报告》中指出:"六五"期间,平均年人口递增长率为11.74‰;"七五"期间,"力争五年内人口年平均增长率控制在12.5‰左右。"

1984年7月,人口研究工作者马瀛通、张晓彤给中共中央写了一份《人口控制与人口政策中的若干问题》的研究报告。该报告分析了现行计划生育政策的利弊,分析了20世纪末把我国人口总数控制在12亿以内的目标的可行性,提出了新的政策建议,并建议将人口控制目标由12亿以内调整为12亿左右。时任中共中央总书记的胡耀邦在这份报告上批示:"这是一份认真动了脑筋,很有见地的报告。提倡开动机器,深入钻研问题,大胆发表意见,是我们发展大好形势,解决很多困难的有决定意义的一项。请有关部门测算后,代中央起草一个新文件,经书记处、政治局讨论后发出。"此后,中共中央、国务院发出的有关计划生育的文件及中央领导人讲话,都没有再提"12亿以内"的人口控制目标。1988年3月,国务院代总理李鹏在第七届全国人大第一次会议上所作的《政府工作报告》中正式提出"本世纪末把我国人口控制在12亿左右的目标"。

国家提出到20世纪末的人口控制目标以后,为了合理确定地方各级的人口控制目标,国家计划生育委员会经国务院批准,开始研究和制订全国人口区域发展规划。1983年在昆明召开启动会议,并确定,这项工作先在山东省、湖南省和新疆维吾尔自治区试点,其他省、自治区、直辖市各选择一两个县试点。

为了搞清我国人口的生育水平和避孕节育状况,20世纪80年代国家计划生育委员会在统计、公安、民政、计划等有关部门协助下组织了两次较大规模的抽样调查。一次是1982年进行的全国千分之一人口生育率抽样调查，调查人口为101万；一次是1988年进行的全国生育节育抽样调查，调查人口215万，占当时全国总人口的千分之二。这两次抽样调查获得了反映中国人口发展过程的比较系统的、完整的历史资料，为分析中国妇女婚姻、生育的历史与现状，考察计划生育工作的成果，为搞好人口预测，制订人口规划，为加强计划生育工作的科学管理提供了可靠依据。

1979年到1990年，是中国推行计划生育的重要阶段，计划生育工作取得长足的发展，人口增长速度在较低的水平上波动。

人口出生率，1978年为18.25‰，1982年、1987年分别上升到22.28‰、23.33‰，1990年回落到21.06‰；自然增长率，1978年为12.00‰，1982年、1987年分别上升到15.68‰、16.61‰，1990年回落到14.39‰；妇女总和生育率1978年为2.72，除1979年为2.75，1982年为2.87外，各年都是下降的，1990年为2.17，接近生育更替水平。全国大陆总人口数由1978年的96 259万增加到1990年的114 333万，年均增加1 506万，年均递增率为14.44‰。

四　计划生育组织建设、科学技术、国际交往进一步加强

1. 组织建设

20世纪70年代，计划生育工作由国务院计划生育领导小组及其办公室负责。这是一个临时性的机构。70年代末以后，实行计划生育被确定为基本国策，制定了严格的计划生育政策和人口控制目标，在全国广泛深入推行。很显然，临时性机构难以适应工作的需要。为此，1981年2月，国务院提交了设立国家计划生育委员会的议案。3月6日，五届全国人大常委会第十七次会议审议通过了这个议案，正式成立国家计划生育委员会，任命陈慕华副总理兼任国家计划生育委员会主任。5月10日，中共中央批准钱信忠、崔月犁、栗秀真、顾秀莲任国家计划生育委员会副主任。国家计划生育委员会的成员包括国务院有关部门（国家计委、国家科委、国家农委、国家民委、卫生部、化工部和医药总局、文化部、教育部、民政部、财政部、公安部、国家劳动总局），有关群众团体（全国总工会、共青团中央、全国妇联），解放军总政治部、总后勤部，新华社、人民日报、广播事业局的负责人和国家计划生育委员会的专家委员，共

34人。同年7月，国务院批转了《国家计划生育委员会同有关部门职责分工的意见》。1982年5月钱信忠，1983年12月王伟，1988年1月彭珮云先后接替前任，担任为国家计划生育委员会主任。

国家计划生育委员会成立以后，各省、自治区、直辖市以及各地（市）、县都先后建立计划生育委员会，并逐步形成由中央到省、到地、县到乡（街道）的计划生育工作网络。

为了加强计划生育宣传、服务等项工作，国家计划生育委员会先后建立一批直属事业机构，有：国家计划生育委员会科学技术研究所（1979年成立时称为北京计划生育科学研究所，由中国医学科学院代管）；中国人口信息研究中心（1980年成立，曾先后称为情报资料中心、情报中心、情报研究中心、情报信息中心）；中国计划生育宣传教育中心（1981年成立时称为北京计划生育宣传教育中心，党、政、人事由北京市管理）；南京人口管理干部学院（1981年成立，曾先后称为南京计划生育干部培训中心，南京计划生育管理干部学院）；中国人口报社（1984年为《健康报》计划生育版，1987年成立中国计划生育报社）；国家计划生育委员会药具服务中心（1988年建立）；中国人口出版社（1989年建立）。

2. 科学研究

20世纪80年代，根据国家第六个五年（1981~1985）和第七个五年（1986~1990）科技攻关项目计划，国家计划生育委员会承担了计划生育药具与避孕方法研究的攻关任务。国家计生委同卫生、医药、化工等部门及高等院校合作，"六五"期间组织200多个单位、2 000余名科技人员参加攻关，获得21项科研成果；"七五"期间组织119个单位、1 000余名科技人员参加攻关，获得25项科研成果。两次攻关的主要成果有：(1) 宫内节育器的放置与改进；(2) 避孕药具的使用与创新；(3) 人工流产新药——15甲基前列腺素的合成及使用效果；(4) 新型抗早孕药物——催经止孕药物米非司酮、抗早孕药物磺酰前列酮、光学活性前列腺素胺盐；(5) 长效避孕皮下埋植剂；(6) 计划生育基础及应用基础研究；(7) 计划生育科研用仪器——激光光散射精子测量仪；等。

3. 国际交往

20世纪70年代，我国开始参与人口与计划生育领域的国际交往，但次数少、规模小。70年代末实行对外开放政策后，这方面的交流与合作多了起来。主要有：(1) 中国派代表参加有关人口的国际会议：国际80年代计划生育会议（1981年4月，雅加达）、第三次亚洲及太平洋地区人口会议（1982年9月，科伦坡）、墨西哥城国际人口会议（1984年8月）、国际21世纪人口论坛（1989年11月，阿姆斯特丹）。(2) 同一些国际人口与计划生育组织建立合作关系，有联合国人口委员会、联合国人口基金、联合国亚太经社会人口委员会、国际人口方案管理委员会、人口理事会、国际计划生育联合会等。同联合国人口基金连续进行了几个周期的中国国别合作项目：第一周期（1980～1984年）、第二周期（1985～1989年）、第三周期（1990～1994年）……。(3) 双边国际交往与合作：中国计划生育协会同日本家族计划国际协力财团的合作从1980年开始持续至今；1984年中国人口情报资料中心同东西方人口研究所的合作研究；1985年国家计生委同巴基斯坦人口福利局的合作；以及同其他一些国家政府、非政府组织、科研机构、企业的合作等。(4) 获得国际人口奖：1983年钱信忠获联合国首届人口奖；1988年国家计划生育委员会获国际人口方案管理委员会的年度人口奖；1988年中国计划生育协会获争取更好世界协会年度稳定人口奖；4次获全球人口新闻优胜奖（1982年《中国日报》获最佳日报奖；1984年新华通讯社获亚洲最佳通讯社奖；1985年、1986年《健康报·计划生育版》两次获最佳专版奖）。

五　大力开展宣传教育，总结推广"三为主"经验

中国提倡和推行计划生育，始终把宣传教育放在首位。20世纪80年代，根据计划生育工作发展时期的特点，大力开展了有特色的宣传教育工作。

1980年9月25日发表的《中共中央关于控制我国人口增长问题致全体共产党员、共青团员的公开信》，是当时计划生育宣传教育的中心内容。国务院计划生育领导小组召开全国计生办主任会议，研究《公开信》的贯彻落实问题，要求在1980年冬、1981年春，全国广泛深入集中进行宣传活动，使《公开信》家喻户晓，深入人心。中共中央宣传部、国务院计划生育领导小组联合制发了《宣传要点》。并召开宣传工作座谈会，副总理、国务院计划生育领导小组组长陈慕华，中共中央书记处书记、宣传部长王任重到会讲了话。

1982年2月，中共中央、国务院发出《关于进一步做好计划生育工作的指示》，同年10月，中央两办又转发《全国计划生育工作会议纪要》，对控制我国人口增长和做好计划生育工作提出了新的更严格的要求。面对当时出现新的人口出生高峰的形势，重要对策之一是加大宣传教育的力度。为此，1982年12月，中共中央宣传部、国家计生委等9部门联合发出《关于开展全国计划生育宣传月活动的通知》，并召开首都计划生育宣传月动员大会。这次宣传月的集中活动持续了三个月，其规模之大、动员之广、影响之深，在计划生育宣传史上是空前的。

在宣传《公开信》和开展计划生育宣传月活动期间，开展算账对比和"五访五问"是两项很有特色、效果很好的活动。

算账对比历来是中国共产党做群众思想工作的有效方法。1983年1月，中共中央政治局委员胡乔木在云南省视察计划生育宣传月活动情况时，发现许多地方的宣传月仅仅停留在形式上，只看到几条标语、横幅，缺乏深入人心的宣传内容和方式。他提出"要用层层算账的办法，比如说吃饭人口增加，国家耕地有限，如果允许每对夫妇生三个、四个孩子，国家供养不起，就有（粮食）不够吃的问题。这样算账，群众就容易懂了。"随后，《人民日报》发表新华社评论员文章《大家都来算人口、耕地、粮食账》。接着，全国各地层层，直到每个家庭，广泛开展了算账对比活动。"不算不知道，一算全明白"，既提高了干部群众的认识，也增强了实行计划生育的自觉性。

"五访五问"活动是20世纪80年代初基层干部创造的。提出一对夫妇只生育一个孩子以后，一些地方搞了"一刀切"，把"提倡生一个"变成"只准生一个"，加上工作方法简单、生硬，很多群众有意见。四川和一些地方的基层干部在计划生育宣传教育工作中，访问生了第一个孩子后不再要求生第二个孩子的夫妇、访问计划生育战线的模范人物和积极分子，访问做了节育手术的人，访问新婚夫妇；对他们问寒问暖、问母子健康、问家庭困难、问他们对计划生育工作的意见。这样一来，干部工作方法改进了，群众的疑虑和困难解决了，干群关系密切了，计划生育也比较容易推行了。后来，四川省计生委把这种做法总结概括为"五访五问"。1983年下半年，国家计生委主任王伟到四川考察，肯定了这一项活动，并组织起草《做好五访五问的思想工作》，以社论形式在《健康报·计划生育版》上发表。此后"五访五问"成为计划生育宣传教育工作的一项重要内容，在全国各地普遍开展。

经常性的计划生育宣传教育，20世纪80年代初，吉林省四平市总结了"三普及教育"的经验，即普及人口理论知识，普及避孕节育知识，普及计划生育方针、政策，后来加上普及优生优育知识，称为"四普及教育"。1985~1987年国家计划生育委员会宣传教育司先后编写了《计划生育科普丛书》《人口知识丛书》，其中包括：青春期卫生知识，新婚卫生知识，遗传、优生与优育知识，避孕与节育知识，人口理论，我国人口状况，人口与计划生育辩证关系等。这两套丛书发到全国各地以后，使计划生育宣传教育工作更加理论化，规范化。

各地在开展计划生育宣传教育中，还有不少创造。黑龙江省克山县自1985年以来，按同生育有关的不同年龄段，分为青春期、婚前期、孕产期、育儿期、中老年期，根据各期的特点和需要分别提供相应的人口与计划生育基础知识教育和服务，干部群众称之为"五期教育"。1988年8月，国家计生委在黑龙江省齐齐哈尔市召开全国人口与计划生育基础知识教育经验交流会，推广克山县"五期教育"的经验。以后通过"五期教育"普及人口与计划生育知识的活动在全国迅速普及开展起来。

在提倡和推行计划生育工作中，有一项长期起作用的经验和重要工作方针，就是"三为主"。这是山东省荣成市总结的。"三为主"就是：开展宣传教育与进行经济限制，以宣传教育为主；避孕与计划外怀孕后采取补救措施，以避孕为主；经常性工作与突击活动，以经常性工作为主。1983年5月，国家计生委在山东荣成召开全国计划生育工作现场会。各省计划生育部门负责人及中央有关部门、人口理论工作者和新闻单位的代表150人参加会议。会议认为，"三为主"体现了党的方针政策与控制人口目标与具体实际工作的统一性，应作为计划生育工作的指导方针，在全国推广。经过20年的努力，全国大多数地方在计划生育工作中基本做到"三为主"。然而全面真正做到"三为主"，仍然是各地继续努力的目标。

六　成立计划生育协会、人口学会、人口福利基金会

20世纪70年代末，计划生育在全国进一步提倡和推行。为动员全社会的力量积极参与，计划生育协会等社会团体先后成立并陆续开展活动。

中国计划生育协会。于 1980 年 5 月 29 日经国务院批准成立，后来在民政部注册登记，1988 年 3 月，人事部核批了事业编制。中国计划生育协会的首任会长为全国政协副主席、国务院计划生育领导小组副组长王首道。中国计划生育协会成立以后，各省、自治区、直辖市也先后成立地方计划生育协会，并逐步向地（市）、县（区）、乡（街道）、村（居委会）延伸，形成协会组织网络。在基层协会发展会员，开展多种活动。中国计划生育协会和地方计划生育协会的主要任务是：（1）发动会员带头实行计划生育，组织协会全体成员发挥各自的专长，在计划生育这一社会工作中起到积极的作用；（2）宣传人口科学知识，宣传国家的计划生育方针、政策、法规，宣传避孕节育、优生优育等婚育科学知识，引导和帮助群众实行计划生育；（3）全心全意为育龄群众实行计划生育、优生优育提供各种服务，推动兴办人口福利事业和计划生育保险储蓄事业，为育龄群众排忧解难，帮助群众勤劳致富；（4）参与计划生育的民主管理、民主监督，听取和集中会员的意见和要求，维护会员和育龄群众的正当权益，发挥党和政府联系群众的桥梁、纽带作用；（5）积极开展国际交往，进行双边和多边的合作与交流活动；（6）调查研究，组织培训，表彰先进，交流经验，搞好本协会的自身建设。1981 年 11 月，中国计划生育协会成为国际计划生育联合会的准会员，1983 年 11 月转为正式会员。此后积极参加了国际计划生育联合会及其在亚太地区的活动。1986 年 12 月中国计划生育协会理事会会议提出"把协会工作的重点建在村上"以后，计划生育协会活动在全国城乡特别是在农村基层进一步开展起来，对于动员人民群众实行计划生育，降低人口增长速度，增进群众生殖健康起着越来越大的作用。

中国人口学会。经过两年的酝酿筹备，并经当时主管人口与计划生育工作的国务院副总理陈慕华批准，1981 年 2 月 27 日正式成立中国人口学会，后来经民政部注册登记。中国人口学会第一届理事会推选经济学家马寅初为名誉会长，选举中国社会科学院副院长许涤新为会长。学会成立时由中国社会科学院管理，1988 年转为国家计划生育委员会管理。中国人口学会是从事人口学术活动的全国范围的群众性学术团体。其主要任务和活动是：（1）组织、指导、推动会员研究人口理论、宣传人口政策、调查研究现实人口问题；（2）召开不同形式、规模、内容的人口科学讨论会和座谈会；（3）组织国际间的人口学术交流活动；（4）举办人口学讲座和培训班，普及人口科学知识，培养人才，提高研究水平；（5）组织和推荐优秀的人口科研成果和资料的出版，进行交流。中国人口学会成立以后，绝大多数省、自治区、直辖市先后成立了地方人口学会。

中国人口福利基金会。经中国人民银行批准，民政部注册登记，于1987年6月成立，由国家计划生育委员会管理。中国人口福利基金会为全国性民间社会福利团体。其主要任务是：（1）以农村贫困地区为重点，资助和鼓励群众发展生产，少生优生，勤劳致富奔小康，建设文明幸福的家庭；（2）支持帮助农村妇女提高文化素质，参与经济活动，提高社会地位；（3）资助农村贫困地区发展妇幼保健、养老保险和保障事业；（4）资助有关人口问题的科学研究、生育调节研究、避孕节育和优生优育知识传播，生殖疾病咨询和防治事业；（5）设立奖励基金，奖励在中国人口和计划生育事业中作出贡献的单位和个人；（6）发展在人口福利事业方面的国际交流与合作。

第五节 计划生育持续稳定健康发展

20世纪90年代，我国的社会主义现代化建设进一步发展，人口与计划生育事业进入了持续、稳定、健康发展的时期。

一 中央坚持不懈地加强对计划生育工作的领导

（一）召开计划生育工作座谈会

从1991年开始，在每年的全国人民代表大会期间，中共中央、国务院都召开一次计划生育工作座谈会。座谈会前，中共中央政治局常委听取计划生育工作汇报。这已形成制度。各省、自治区、直辖市也仿效中央的做法，每年地方人代会期间，由党委、政府召开计划生育工作座谈会，听取汇报，专题研究计划生育工作。

1991年座谈会于4月7日在中南海怀仁堂举行。中共中央总书记江泽民、国务院总理李鹏、中共中央政治局常委乔石、宋平、李瑞环、政治局委员田纪云、李铁映、邹家华、国务委员宋健等领导人和各省的党政主要负责人，中央有关部门的负责人，国家计划生育委员会主任、副主任出席会议。各省计划生育委员会主任列席会议。会上，国家计划生育委员会主任彭珮云和国家计划委员会副主任郝建秀报告了全国人口形势、人口规划和为控制人口过快增长采取的措施，山东、河南、湖南省和广西壮族自治区的省长（主席）介绍了本省（区）开展计划生育工作的情况和经验，最后是总书记和总理讲话。江泽民说，要充分认识严格控制我国人口增长的重要性和紧迫性。严格控制人口增长，是实现第二步战略目标的一个必不可少的重要条件。对严格控制人口增长，要具有强烈的历史责任感和紧迫感。李鹏说，各级党委、政府要把人口计划纳入本地区的国民经济和社会发展总体规划，把计划生育列入重要议事日程。对计划生育，要在各级党委和政府的统一领导下，各有关部门协调一致，齐抓共管，实行综合治理。

在1992年3月29日的座谈会上，提出了"三个不变"的要求，即现行计划生育政策不变，人口计划指标不变，党政一把手负总责不变。在1995年3月18日的座谈会上，肯定了"三结合"的经验，即把计划生育工作同发展农村经济相结合，同帮助群众勤劳致富奔小康相结合，同建设文明幸福家庭相结合。

1997年3月8日第七次召开的座谈会，增加了环境保护的内容，改名为中央计划生育和环境保护工作座谈会。江泽民总书记在座谈会上强调，计划生育和环境保护都是必须长期坚持的基本国策，二者有着紧密的联系。必须毫不动摇地坚持以经济建设为中心，集中精力把国民经济搞上去，必须把经济发展与人口、资源、环境结合起来全盘考虑，统筹安排，努力控制人口增长，合理利用资源，切实保护环境，确保经济持续、快速、健康发展和社会全面进步。他重申了计划生育工作要继续坚持"三不变"，落实"三为主"，推行"三结合"。李鹏总理在座谈会上强调，计划生育工作年年都要抓紧不放松，确保到本世纪末把全国人口控制在13亿以内。

1999年3月13日第九次召开的座谈会内容又增加了保护资源，更名为中央人口、资源、环境工作座谈会，会议地点由中南海改在人民大会堂。江泽民总书记在座谈会上指出，促进我国经济和社会的可持续发展，必须在保持经济增长的同时，控制人口增长，保护自然资源，保护良好的生态环境。这是根据我国国情和长远发展的战略目标而确定的基本国策。

人口、资源、环境三者的关系，人口是关键。必须从战略的高度深刻认识处理好经济发展同人口、资源、环境关系的重要性，把这件事关中华民族生存和发展的大事作为紧迫任务，坚持不懈地抓下去。实行计划生育，控制人口增长，是一项涉及面广、难度很大的工作，只能加强，不能削弱。

2000年以后，中央人口、资源、环境工作座谈会如期召开。

（二）就计划生育工作发出文件

20世纪90年代，中央以决定形式两次发出文件指导计划生育工作。第一个决定是，1991年5月12日《中共中央国务院关于加强计划生育工作严格控制人口增长的决定》，即中发（1991）9号文件。主要内容有：1. 统一认识，切实加强对计划生育工作的领导。计划生育是关系到我国现代化建设战略目标能否实现的大事，是关系到民族兴衰的大事，已经到了刻不容缓、非抓不可的地步。各级党委和政府务必把计划生育工作摆到与经济建设同等重要的位置上来……党政第一把手必须亲自抓，并且要负总责。要实行和完善人口与计划生育工作目标管理责任制。2. 坚决贯彻落实现行政策，依法管理计划生育。3. 抓住重点，扎实稳妥地做好计划生育工作，严格控制人口增长，必须把着眼点放在基层，特别是广大农村。4. 齐抓共管，保证计划生育工作顺利开展。"八五"期间，各级财政用于计划生育的事业费支出要由目前的年人均一元逐步增加到人均二元。

第二个决定是，2000年3月2日《中共中央国务院关于加强人口与计划生育工作，稳定低生育水平的决定》，即中发（2000）8号文件。文件指出，我国在经济还不发达的情况下有效地控制了人口过快增长，使生育水平下降到更替水平以下，实现了人口再生产类型从高出生、低死亡、高增长到低出生、低死亡、低增长的历史性转变。今后，人口与计划生育工作的主要任务将转向稳定低生育水平，提高出生人口素质。中共中央、国务院的决定还包括以下内容：1. 稳定低生育水平是今后一个时期重大而艰巨的任务。2. 今后十年人口与计划生育工作的目标是：到2010年末，全国人口总数（不含香港、澳门特别行政区和台湾省）控制在14亿以内，年均人口出生率不超过15‰，出生人口素质明显提高；出生婴儿性别比趋向正常；育龄群众享有基本的生殖保健服务，普遍开展避孕节育措施的"知情选择"；初步形成新的婚育观念和生育文化；逐步建立调控有力、管理有效、政策法规完备的计划生育保障体系和工作机制。为实现上述目标，必须坚持以下方针：人口与发展综合决策；稳定现行的生育政策；综合治理人口问题；国家指导与群众自愿相结合；整体推进与分类指导相结合；以人的全面发展为中心。3. 完善人口与计划生育工作的调控体系和相关的社会经济政策。4. 建立适应社会主义市场经济体制的人口与计划生育工作管理机制。5. 切实加强党和政府对人口与计划生育工作的领导。到2005年末，各级政府投入计划生育事业费年人均超过10元。

20世纪90年代，中央指导计划生育工作的重要文件除了两个决定外还有：

1996年4月，中共中央办公厅、国务院办公厅《关于转发国家计划生育委员会关于开展计划生育"三结合"工作情况的报告》的通知。

1996年10月，国务院办公厅关于做好计划生育和母婴保健工作有关问题的通知。

1997年3月，国务院办公厅转发《国家计划生育委员会、国务院扶贫开发领导小组关于"九五"期间进一步做好扶贫开发与计划生育相结合工作的意见》的通知。

1997年3月，中共中央办公厅、国务院办公厅关于转发《中国计划生育协会关于进一步加强计划生育协会工作的报告》的通知。

2000年3月，中共中央办公厅、国务院办公厅关于转发《中国计划生育协会关于工作进展情况和今后工作意见的报告》的通知。

（三）召开研究人口问题的专题座谈会

1991年中共中央政治局常委同时兼任中国计划生育协会会长的宋平提出：就人口与计划生育工作的一些重要问题举行座谈会。邀请有关方面的专家、有关部门的负责人、有实际经验的计划生育工作者参加，本着理论与实际相结合的方针，对某些问题进行综合性、前瞻性研究与分析，为领导决策提供咨询服务。

第一次座谈会于1991年5月8日召开，讨论"优生"问题。宋平在会上指出：计划生育是我国的一项重要基本国策。要在控制人口数量增长的同时，大力宣传优生优育，逐步地把提高人口素质的工作放到重要位置上来。控制人口数量增长和提高人口素质这两方面的工作都要抓好。

第二次座谈会于1993年2月9日召开，讨论"人口问题的综合治理"。与会人员呼吁成立国家人口委员会，建立适应社会主义市场经济体制的管理机构，克服现有的计划生育委员会管理体制的矛盾与弊病，使人口管理上新的水平。会后，几十位专家联名向党中央、国务院递交了建立国家人口委员会的建议。

第三次座谈会于1993年4月24日召开，讨论"我国出生婴儿性别比的现状、原因和对策"。大家一致认为，对我国出生婴儿性别比升高的问题要有足够的认识和高度的重视。计划生育部门不仅要注意控制人口数量，而且要注意提高人口素质和人口结构，不仅要注意少生、优生、晚生，而且要使新生婴儿性别比保持正常的状态。要加强"生男生女都一样"的宣传，树立男女平等的社会主义现代文明新风尚。

第四次座谈会于1993年9月28日召开，讨论"妇女地位与计划生育"。与会同志从计划生育的角度提出了改善妇女地位，提高妇女素质，转变生育观念的有关政策。认为，实行计划生育是社会文明进步的体现，有利于提高妇女地位；妇女地位的提高，又有利于计划生育工作向深层次发展。要加强提高妇女地位的宣传教育，加强立法，完善政策保障，给妇女就业和发展提供更多的机会，为妇女实行计划生育创造良好的社会环境。

第五次座谈会于1994年11月23日召开，讨论"人口出现负增长引起的有关问题与对策"。会上，介绍了上海市户籍人口出现负增长的背景、原因和人口发展趋势，计划生育工作面临的新挑战。与会同志发表了看法，可归纳为：人口负增长问题不是单纯的人口问题，也是社会发展问题；人口老龄化给社会经济带来了沉重的负担，对老年人口的社会保障、社会福利、社会服务、卫生保健等问题应当认真分析和研究，作出规划，及早采取措施；劳动力在21世纪中叶以前不会出现短缺，就业问题可以用制定有关政策的办法进行地区间的调节；独生子女教育问题要研究，要加强；现阶段要稳定计划生育政策，计划生育工作部门要增加新的工作内容，机构不能削弱。要把计划生育与社会发展、家庭幸福、妇幼保健、生殖健康等结合起来。

（四）建立领导干部计划生育工作责任制度

20世纪80年代，一些地方在计划生育工作中对干部实行了责任制度，但在全国范围内普遍建立和实行领导干部计划生育工作责任制度则是90年代的一大特色。

在1991年4月召开的中央计划生育工作座谈会上，江泽民提出：计划生育工作关键在于各级党委和政府的高度重视，特别是党政第一把手必须亲自抓，并且要负总责。要把计划生育工作的好坏作为考核各级党委、政府的一项重要依据。在同次会上，李鹏也提出：各级人民政府都要实行和完善人口目标管理责任制。各级党政主要领导同志应当是完成人口计划的主要负责人。1991年5月《中共中央、国务院关于加强计划生育工作严格控制人口增长的决定》中明确规定：要实行和完善人口与计划生育工作目标管理责任制。

1991年11月，中共中央组织部、中华人民共和国人事部联合发出《关于把计划生育工作作为考核各级领导干部一项重要内容的通知》。通知的主要内容是：1. 要把完成人口计划的情况和计划生育工作的好坏，作为考核各级领导干部政绩的一项重要内容和选拔任用的一个重要条件。2. 大力表彰奖励在计划生育工作中有突出成绩的人员。计划生育工作达不到规定要求的，党政领导干部和分管副职不能评为先进个人。3. 严肃查处计划生育工作中失职违纪人员。

1991年总书记、总理的讲话和中共中央、国务院的决定发出以后，人口与计划生育工作目标管理责任制在全国范围迅速建立和推广。中组部、人事部的通知发出以后，责任制进一步完善，并落到实处。从中央到省、到地（市）、到县、到乡（镇）、到村，每年下级都要向上一级签订人口与计划生育工作责任书，党政一把手、党政主管副职和计划生育部门的一把手就是责任人。领导干部计划生育工作责任制的建立和推行，对计划生育任务和措施的落实起了重要的保证作用。

二　计划生育法律法规体系的形成和完善

人口与计划生育法律法规的框架应当是：上有宪法（根本大法）、人口与计划生育基本法律和某些必要的单行法律，接下来有行政法规，往下是政府规章和地方性法规，地方政府规章。

（一）宪法对实行计划生育作出规定

《中华人民共和国宪法》第二十五条规定："国家推行计划生育，使人口的增长同经济和社会发展计划相适应。"第四十九条第二款规定："夫妻双方有实行计划生育的义务。"第八十九条规定："国务院行使下列职权：……（七）领导和管理教育、科学、文化、卫生、体育和计划生育工作。"第一百零七条规定："县级以上地方各级人民政府依照法律规定的权限，管理本行政区域内的经济、教育、科学、文化、卫生、体育事业、城市建设事业和财政、民政、公安、民族事务、司法行政、监察、计划生育等行政工作。"

（二）制定地方计划生育法规

从1980年到2000年，全国有29个省、自治区、直辖市人大先后制定了《计划生育条例》。西藏、新疆两自治区由自治区人民政府颁发了政府规章。省、区、市的计划生育条例颁布后，多数都进行了修改，有的修改一次以上。

地方性法规和规章对生育政策的规定，可以分为四种类型：1. 除经过批准外，一对夫妻生育一个孩子。属于这种类型的有北京、天津、上海、江苏、重庆、四川6个省、直辖市。2. 除经过批准外，国家干部和职工、城镇居民一对夫妻生育一个孩子；只生育一个女儿的农民夫妻可以生育第二个子女。属于这种类型的有河北、山西、辽宁、吉林、黑龙江、浙江、安徽、福建、江西、山东、河南、湖北、湖南、广东、广西、贵州、陕西、甘肃18个省、自治区。3. 经过批准外，一对夫妻生育一个孩子；农民夫妻可以生育第二个子女。属于这种类型的有海南、宁夏、新疆（大部分地区）3个省、自治区。4. 经过批准外，一对夫妻生育一个孩子；少数民族夫妻可以生育2～4个子女。属于这种类型的有内蒙古、青海、宁夏、新疆4个省、自治区；西藏对牧区少数民族的生育数量没有规定。

（三）研究、起草、颁布人口与计划生育法

计划生育基本法律的制定工作开始于20世纪70年代末期，完成于2001年，前后经过20多年，可分为五个阶段。

第一阶段（1978～1980年）。由国务院计划生育领导小组办公室组织起草，其间八易其稿，形成《中华人民共和国计划生育法（草案）》。原拟提交1980年全国人大五届三次会议审议，因（草案）不成熟，未予提交。

第二阶段（1982～1988年）。1982年10月，中共中央书记处讨论计划生育工作时认为："计划生育工作的根本问题是要立法。不立法，计生育工作不能持久。"随后，国家计划生育委员会成立起草小组，开展调查研究，多次召开座谈会，至1988年先后起草修改12稿。最后还是因为立法条件不成熟，没有提交审议。

第三阶段（1989~1990年）。1989年2月，中共中央政治局常务委员会在听取国家计划生育委员会工作汇报后决定："为了使计划生育工作逐步纳入法制轨道，应积极为制定计划生育法做准备。在制定计划生育法之前，可以先由国务院制定和颁布计划生育条例。"随后，国家计划生育委员会开始起草《计划生育条例》，前后共修改9稿。1990年8月，国务院总理李鹏召开办公会议讨论。认为计划生育立法的条件还不成熟，决定条例暂不出台。待各省、自治区、直辖市的地方计划生育法规执行一段时间、积累一些经验以后，再考虑国家计划生育立法问题。

第四阶段（1994~1998年）。1994年1月，中共中央转发的《八届全国人大常委会立法规划》将《人口与计划生育法》列为第二类，即"研究起草、成熟时安排审议的法律草案"，人口与计划生育立法再次被提上议事日程。这期间，国家计生委成立了立法论证小组，做了大量调查研究、论证工作，但是对于立一个什么样的法，各方面的认识不统一，未能拿出法律草案。

第五阶段（1998~2001年）。1998年，九届全国人大常委会继续将《人口与计划生育法》列入立法规划。国家计生委启动了新一轮立法起草论证工作。2000年3月2日中共中央、国务院《关于加强人口与计划生育工作稳定低生育水平的决定》要求"加快人口与计划生育国家立法进程"。3月12日，江泽民总书记在中央人口、资源、环境工作座谈会上提出：争取在2001年颁布实施人口与计划生育法。全国人大李鹏委员长，姜春云、彭珮云、何鲁丽、蒋正华副委员长等都对人口与计划生育立法作了批示。国务委员王忠禹多次主持召开座谈会、讨论会、协调会，研究有关该项立法的重点、难点问题和法律讨论稿。在起草过程中，全国人大教科文卫委、法工委、国务院法制办提前介入，30多个相关部门、31个省、自治区、直辖市参与研究。在最后两年中，经国务院审议后，全国人大常委会三次审议，于2001年12月29日通过，2002年9月1日起施行。

《人口与计划生育法》的颁布实施，标志着我国计划生育法律体系初步形成。

（四）制定计划生育行政法规

计划生育行政法规有三部：《流动人口计划生育工作管理办法》；《计划生育技术服务管理条例》；《社会抚养费征收管理办法》。

《流动人口计划生育工作管理办法》是我国计划生育方面的第一部行政法规。它是经国务院批准，由国家计生委主任彭珮云于1991年12月26日签署发布实施的。《办法》实施几年后，原有的一些规定已经不适应流动人口计划生育工作发展的需要。从1995年起，国家计生委就修订《办法》多次进行调查研究和论证，反复征求有关部门、地方和有关专家的意见。在此基础上，形成修订的《流动人口计划生育工作管理办法（送审稿）》，经国务院法制办审议和国务院批准，由国家计生委主任张维庆于1998年9月22日发布，1999年1月1日起实施。

《计划生育技术服务条例》在20世纪90年代充分酝酿和大量调研、起草、论证、协调，于2001年6月13日国务院总理朱镕基签署发布令，2001年10月1日起施行。《条例》为实现计划生育技术服务依法行政和规范化提供了法律依据。《条例》共6章42条，包括总则，技术服务，机构及其人员，监督管理，罚则，附则。

《社会抚养费征收管理办法》是对20世纪80年代开始征收"超生罚款""计划外生育费""社会抚养费"行为的法律规定，国务院在2002年8月2日颁布、9月1日和《人口与计划生育法》同时施行。《办法》共15条，规定了社会抚养费征收标准和具体征收、缴纳方式，明确了社会抚养费征收主体，特别规定了流动人口社会抚养费的征收标准和征收主体。

计划生育法律体系中，除人口与计划生育法外，还有一些法律中有对计划生育作出规定的内容，如婚姻法、妇女权益保障法、母婴保健法、未成年人保护法、收养法、民族区域自治法等；除三部行政法规外，还颁布实施了一些带行政法规性质的文件，如中国计划生育工作纲要（1995～2000年）等。此外，国家计划生育主管部门制定和颁发了若干行政规章。

三 总结"三结合"经验，把利益导向机制引入计划生育工作

我国计划生育工作的重点在农村，难点也在农村。一方面，农民受传统观念的影响较深；另一方面，由于生产力发展水平低，农民在实行计划

生育过程中的一些实际困难没有得到很好解决，许多人少生了孩子却未能快富，有后顾之忧。农民群众对计划生育工作中的某些做法不满意，影响了党群关系和干群关系。为了做好计划生育工作，20世纪70～80年代，一些地方在计划生育工作中注意帮助群众解决生活和生产中的困难，探索把计划生育与扶贫结合，与发展生产结合。进入90年代后，吉林、辽宁、四川、江苏等地顺应改革开放和建立社会主义市场经济体制的新形势，在总结群众实践和借鉴国外有益经验的基础上，把农村计划生育工作与发展经济相结合、与帮助农民勤劳致富奔小康相结合、与建设文明幸福家庭相结合，受到广大群众的普遍欢迎。"三结合"经验的推广，减少了工作的阻力，推动了工作，把计划生育工作提高到了一个新的水平。

（一）计划生育与扶贫结合

20世纪80年代，贫困县之一的安徽省金寨县认识到，发展经济必须与计划生育相结合，总结了"贫困山区要致富，少生孩子多栽树"的经验，先后受到国家计生委和李鹏的肯定。1989年国务院办公厅转发了国家计生委、国务院贫困地区经济开发领导小组《关于扶贫工作与计划生育工作相结合的报告》。1996年10月国家计生委和国务院扶贫开发领导小组在贵阳联合召开全国扶贫开发与计划生育相结合工作经验交流会，国务委员陈俊生、彭珮云出席会议并讲话，中央16个有关部门和19个省、自治区的同志共130多人参加会议。正在贵阳考察的江泽民接见了与会代表，并肯定扶贫开发与计划生育相结合的经验。

（二）吉林探索"三结合"计划生育新路

1992年吉林省定为计划生育服务年。为适应改革开放和社会主义市场经济日益发展的新形势，贴近广大农民发家致富的愿望和需要，因势利导，积极探索计划生育工作新路。他们充分利用了三个载体。一是家政教育。采取多种形式进行伦理道德方面的教育，生产致富和操持家务能力的教育，烹调、营养、缝纫知识的教育，避孕节育、优生优育、妇幼保健知识教育，以及尊敬赡养老人、邻里和睦的社会主义道德风尚教育等。二是把计划生育工作与"双学双比"活动相结合。"双学双比"是在农村妇女中开展的"学文化，学技术，比成绩，比贡献"竞赛活动，同计划生育工作结合后，增加了学婚育科学知识，比计划生育工作中的成绩贡献。三是军民结合开展计划生育工作。充分发挥民兵的带头作用，把发展农村经济同落实计划生育工作任务紧密结合起来。国家计生委组织人员对吉林省的经验进行了现场参观、考察和讨论，还让吉林在全国的计划生育工作会议上作了介绍，得到了大家的肯定。

(三) 江苏省盐城实行少生快富文明工程

20世纪90年代，江苏省盐城在农村计划生育工作中，探索总结了少生快富文明工程，包括五项子工程。1. 致富子工程，通过开展结对帮富活动，组建经济联合体、少生快富合作社、少生快富专业联社、少生快富经济开发公司等，把计划生育户组织起来，帮助他们致富。2. 教育子工程，结合发展生产和经营致富，拓展和深化计划生育宣传教育。3. 服务子工程，为婚育人群提供系列化、社会化、优质化的生产、生活、生育服务。4. 福利子工程，除正常的小有所教、老有所养的措施外，强调把独生子女培养成才，帮助计划生育户种植银杏树，开辟社会保障新渠道。5. 邻里互助子工程，开展同学、同管、同帮、同富、同奖活动。少生快富文明工程是引进利益导向机制，把计划生育与发展经济紧密结合，调动了农民实行计划生育的积极性。1994年国家计生委在盐城召开全国计生委主任座谈会，国务委员、国家计生委主任彭珮云在会上作了《江苏省盐城市实行少生快富文明工程的启示》的报告。

(四) 10个部门联合发出《关于认真抓好农村计划生育"三结合"工作的通知》

计划生育"三结合"关系到农民和农村发展的全局，要进一步地持久地开展起来，只有在党政领导下，各涉农的有关部门密切配合，群众积极参与才会成为可能。基层的实践完全证明了这一点。在深刻认识的基础上，国家计生委积极同国家科学技术委员会、水利部、农业部、林业部、卫生部、国务院扶贫开发领导小组、中华全国供销合作总社、中国农业银行、中华全国妇女联合会协商讨论，1995年9月21日联合发出《关于认真做好农村计划生育"三结合"工作的通知》。通知要求各有关部门要树立全局观念，把推动计划生育"三结合"工作与自己的职责紧密结合起来，统筹安排，积极支持；要认真研究本部门有关方针、政策、制度同计划生育方针、政策、制度相互衔接的措施和办法，为实行计划生育的家庭提供优生、优育的政策和优质的服务，切实帮助他们解决生产、生活、生育中的具体困难。通知还明确了10个部门在推广计划生育"三结合"工作中的职责任务。

（五）国务院召开计划生育工作"三结合"经验交流会

为了总结交流各地开展计划生育"三结合"工作的经验，进一步统一认识，明确开展"三结合"工作的指导思想、目标、任务、具体政策措施和有关部门的职责，进一步动员各级政府及有关部门共同推动"三结合"工作在全国广大农村积极稳妥地开展，探索一条在新形势下进一步抓紧抓好计划生育工作，综合治理人口问题，促进人口与经济、社会协调发展的新路子，国务院于1995年10月在四川成都召开全国计划生育工作"三结合"经验交流会。各省、区、市分管计划生育工作的党政领导、农业厅（局）长、计生委主任、国家31个有关部门、单位的负责人共260人参加会议。中共中央政治局委员、国务院副总理姜春云、国务委员彭珮云出现会议并讲话。会上，大家围绕"三结合"问题进行深入探讨，并形成以下共识：第一，进一步明确了"三结合"工作的实质、内涵、特征和搞好这项工作的重大意义。第二，随着改革开放的不断深入和市场经济体制的逐步建立，计划生育在其工作思路和方法上必须实现两个转变：由以往仅就计划生育抓计划生育向与经济社会发展紧密结合，采取综合措施解决人口问题转变；由以社会制约为主向逐步建立利益导向与社会制约相结合，宣传教育、综合服务、科学管理相统一的机制转变。第三，"三结合"工作涉及农业和农村工作的全局，必须党政牵头，部门配合，群众参与，积极而又稳妥地推进。

（六）中共中央办公厅、国务院办公厅转发《关于开展计划生育"三结合"工作情况的报告》

1996年3月，《国家计划生育委员会关于开展计划生育"三结合"工作情况的报告》经党中央、国务院领导同志同意，以两个办公厅的名义转发。要求各地各部门、单位结合实际贯彻落实。国家计生委的报告回顾了计划生育"三结合"工作思路的形成过程及发展情况，以及1995年10月成都经验交流会以来的进展。指出，实行"三结合"是新形势下进一步抓紧抓好农村计划生育工作的必由之路，也是发展农村经济，加强社会主义精神文明建设，促进农民共同富裕的有效途径。为了积极稳妥地推进计划生育"三结合"工作，报告提出必须解决以下几个问题：第一，要统一各级对人口问题、如何做好计划生育工作和开展计划生育"三结合"

的认识；第二，要加强对计划生育"三结合"工作的领导；第三，各有关部门要密切配合；第四，要因地制宜、分类指导，从实际出发，积极稳妥地推进；第五，要切实解决资金投入问题。

四 计划生育服务网络进一步健全，以避孕节育为主要内容的优质服务全面开展

20世纪50年代提出计划生育以后，计划生育技术服务由卫生部门管理，由医院（妇产科、外科）和妇幼保健机构实施。60年代，一些医疗保健机构开设了专门的计划生育门诊，开展计划生育手术和其他节育技术服务，国家开始试行减收或免收节育技术服务费。70年代，计划生育工作重点由城市转向农村，由城市医疗保健机构派出医疗队、计划生育小分队为农民服务，同时加强公社卫生院的装备，培训公社卫生人员开展计划生育技术工作。国家制定节育手术常规，规范计划生育技术服务工作。1981年国家计划生育委员会和各级计划生育委员会成立后，计划生育技术服务的管理职责转向计划生育行政部门。这时候，一些地方将过去的计划生育小分队改建成计划生育服务站。开始在县里建立服务站，逐步发展到乡（镇）建立服务所，村里建立服务室，地（市）、省建立计划生育科研与技术服务机构。

（一）计划生育服务网络的健全与完善

到20世纪80年代末，大多数县建立了计划生育服务站，约1/3的乡建立了计划生育服务所。1991年5月，《中共中央国务院关于加强计划生育工作严格控制人口增长的决定》中要求："各地要因地制宜地加快县、乡、村计划生育服务网络的建设。"在这种情况下，地方把服务站（所）建设纳入经济社会发展规划，加快了建设步伐，到90年代末，全国已有81%的地区（市）、99%的县和88%的乡（镇）建立了计划生育技术服务机构。在这些计划生育服务机构中，有15万名专业技术人员，他们承担了70%以上计划生育服务。此外，在多数村里还建立了计划生育服务室。

卫生部门和其他一些部门的医疗保健机构和卫生技术人员仍承担了相当一部分计划生育技术服务工作，他们是完成计划生育技术任务的重要力量。

计划生育服务机构虽然主要承担计划生育技术服务工作，但不同于一般的医疗保健机构，它具有以下几个特点：1. 它的宗旨是直接为落实计划生育基本国策服务，为基层服务，为育龄群众服务。2. 它的职能是：开展人口与计划生育宣传教育，实施避孕节育、生殖保健服务，供应、管理、指导使用避孕药具，培训计划生育工作人员。3. 它的服务对象是广大育龄人群，重点是育龄夫妇，一般是健康人群，而不是专门针对病人的。4. 它的工作方针是面向基层，深入乡村，服务上门，方便群众。5. 它的设立贯彻"小而精"的原则，内部机构按职能设置，与医院模式不同。

（二）节育技术服务的深入开展

计划生育服务网络通过计划生育宣传教育、技术服务、避孕药具供应、计划生育工作人员岗位培训，创造了较好的社会效益和经济效益。据统计，1991～2000年的10年中，全国共实施各种节育手术（男性绝育、女性绝育、皮下埋植、放置宫内节育器、取出宫内节育器、人工流产）25 975万例，平均一年实施近2 600万例。到2000年，全国2.5亿已婚育龄妇女中，采取避孕节育措施的妇女（或配偶）为2.27亿，综合避孕率为90.4%。采取避孕节育措施的育龄夫妇中，有1 600万对是采用口服或长效避孕药、安全套、外用避孕药或其他方法避孕的。计划生育服务人员要定期逐户逐人地发放避孕药具，指导他们使用。为了了解避孕节育效果，防止副反应、意外怀孕和遗漏，乡计划生育服务所和村服务室的人员要经常进行随访观察，根据不同对象，每季度或每半年进行一次生殖保健检查。通过大量的、细致的技术服务工作，保证了较高的综合避孕率、采取避孕措施的及时率、有效率，减少了副作用和计划外怀孕，降低了人流率。既保证完成了出生人口计划，又维护了育龄人群的健康。在检查中，把查环查孕同查病、帮助妇女治病结合起来，改善了计划生育工作的形象，密切了党群、干群关系，群众更加自觉地实行计划生育。

为了做好计划生育技术服务工作，国家计生委制定了计划生育服务站（所）管理规范、技术服务装备标准。各级计划生育部门加强了对工作人员的培训。1992年国家计生委、卫生部、化工部、国家医药管理局联合编制了《我国现用避孕节育药具和技术名目》，对国内应用并将继续应用的避孕药具品种，国内应用并将继续应用的节育、绝育技术，在严格管理下继续小范围内应用的节育药物和技术，待批准后拟推广应用的新避孕节育药具分别作了规定。

（三）优质服务的提出与发展

我国计划生育优质服务工作的探索始于20世纪90年代初期。1994年开罗人口与发展会议之后，国家计生委引进生殖健康概念，积极开展生殖保健服务。提出到2010年，在全国75%的基层服务机构为各类育龄人群提供计划生育和生殖健康优质服务。1997在东部8省（市）的11个县（区）开展了优质服务试点工作。1998年，在实施联合国人口基金第四周期合作计划的32个县实行优质服务。到2000年，各种形式和内容的优质服务试点已经扩展到600多个县市。

计划生育优质服务是以技术服务为主，围绕生育、节育、不育开展生殖保健服务；结合当地实际积极推进避孕方法知情选择，努力提高出生人口素质；结合落实避孕节育措施开展的妇女病的普查和防治。从1999年起，先后在全国实施了计划生育生殖健康优质服务"三大工程"，即避孕节育优质服务工程，出生缺陷干预工程，生殖道感染干预工程。努力降低出生缺陷发生率、孕产妇死亡率、婴幼儿死亡率和性传播疾病的发生率，促进生殖健康目标的实现。

五 计划生育宣传教育、计划统计、国际交往等项工作有更大的发展，非政府机构进一步发挥作用

（一）宣传教育

20世纪90年代，计划生育宣传教育更加广泛，更加深入，并取得显著成效。

1. 拓宽宣传教育领域和工作思路。开展家政教育、少生快富、计划生育"三结合"、"三生"（生产、生活、生育）服务、提高妇女地位等活动，使宣传教育更加贴近群众的需要。在宣传教育中，突出少生快富文明奔小康，突出人口与经济、社会、资源、环境协调发展和可持续发展，突出计划生育工作思路、工作方法的转变，突出稳定低生育水平、继续抓紧抓好计划生育工作，突出以人为本、优质服务、生殖健康。把宣传教育工作融入社会发展，融入社会主义精神文明建设，融入到整个社会经济发展中。

2. 强化社会舆论宣传。1991年5月,中共中央宣传部发出《关于加强计划生育舆论宣传的通知》,要求各新闻舆论部门加大计划生育宣传的力度,把社会各方面的力量充分调动起来,在全国形成一个人人重视计划生育,人人为控制人口增长作贡献的新局面。90年代,在每年一次的中央计划生育工作座谈会时,在人口日、纪念日、元旦春节和其他可利用的时机,都开动宣传工具,利用宣传手段,开展社会宣传。到90年代末,有26家省级电台、26家省级电视台开设了计划生育栏目。中央和省两级电台、电视台共播出计划生育科教片228集,专题片1 092集,新闻片3 850条,各种节目3 000多个、1200多期。1993年11月,国家计生委、中共中央宣传部、文化部、广播电视部、新闻出版署联合发出《进一步繁荣人口与计划生育文艺创作的意见》,一大批以人口与计划生育为题材的电影、戏曲、小品、绘画、剪纸、诗歌、散文等节目和创作相继问世。

3. 开展婚育新风进万家活动。中共十五大以后,国家计生委适时提出开展婚育新风进万家活动,进行以树立科学、文明、进步婚育观念为核心的社会主义生育文化建设。1998年在延安召开座谈会启动和部署,1999年在湖南省衡阳、江苏省南京,2000年在江西省南昌先后召开现场会、汇报会、研讨会,推动婚育新风进万家活动的深入开展。在两三年时间内,各地创造了许多具有地方特色的形式和方法,成为深化计划生育宣传教育,宣传群众,凝聚人心,传播新风,转变观念的亮丽工程,成为20世纪90年代建设有中国特色社会主义文化的一个品牌。

4. 建立全社会齐抓共管计划生育宣传教育工作的机制。1996年8月,国家计生委、中共中央宣传部、国家教委、中共中央党校、广播电影电视部、文化部、卫生部、民政部、新闻出版署、全国总工会、全国妇联、共青团中央、中国科协等13个单位联合发出《关于进一步加强计划生育宣传教育工作的通知》,明确了各部门在计划生育宣传教育工作中的职责。形成由各级党委宣传部牵头,计划生育部门协调,有关部门密切配合,群众广泛参与的全社会开展计划生育宣传教育工作的运作机制。国家计生委先后发出《关于加强乡级人口学校的意见》《县级计划生育服务站宣传教育工作规范》《关于加强计划生育宣传品制作发行和市场管理的通知》等文件,使计划生育宣传教育工作逐步走上规范化、制度化、科学化、经常化的轨道。

(二) 人口计划与计划生育统计

1. 健全计划统计工作网络。计划生育主管部门设有负责计划生育统计工作的机构，国家一级叫处或司，省一级为处，地（市）一级为科，县一级或设有机构或设有专职人员，乡（镇）和村则由计划生育专干（宣传员）承担。对从事计划统计工作的人员，各级计划生育主管部门都注意进行培训，举办培训班，或以会代训，以提高他们的业务水平和工作能力。

2. 规范人口计划管理工作。1989年国家计生委印发《加强人口计划管理的初步意见》，1991年会同国家计委、人事部、财政部、民政部、公安部、国家统计局联合颁发《人口计划管理暂行办法》。《办法》对计划形式和指标体系，编制原则，编制、审批和下达程序，实施与检查，机构和职责，经费与保证条件，奖励与处罚等作了规定。1993年又颁布《基层人口计划管理实施办法》，进一步规范了县、乡两级人口计划管理工作。

3. 规范计划生育统计管理工作。1990年国家计生委会同国家统计局制发了《计划生育统计工作实施办法》，经过几年的实践，1999年又颁发了《计划生育统计工作管理办法》。《办法》分为总则，统计部门和统计人员，统计账卡和统计报表，专门统计调查和统计检查，统计资料的管理和公布，统计工作现代化，奖励与处罚，附则共8章42条。

4. 组织计划生育专门调查，包括抽样调查、重点调查、典型调查。20世纪90年代，全国性的抽样调查主要有：（1）1992年国家计划生育管理信息系统首次调查。采用抽样调查方法，分两阶段抽样：第一阶段无偏抽取县级单位，全国共抽中670个县（市、区）；第二阶段在抽中的县中，以村民小组和居民小组为单位，等比例抽样。最后全国共抽取2 302个村（居）民小组，样本人口为38.5万人，占全国总人口的0.329‰。调查结果对全国和多数省有较好的代表性。调查结果填补了1988年以后我国有关生育节育方面资料的空白，对正确认识人口形势，加强计划生育工作，具有重要价值。（2）1997年全国人口与生殖健康抽样调查。调查目的是回顾1991年以来全国人口的出生率水平，掌握育龄人口的避孕节育和生殖健康状况。调查分两期进行。第一期采用三阶段概率比例抽样方法，每阶段样本单位分别是县（市、区）、乡（镇、街道）和村（居）

民小组。全国共抽取 337 个县，1 042 个村（居）民小组，186 089 人，并以户为单位对全部人口进行调查，了解人口的基本情况。第二期从登记的育龄妇女中抽取调查 15 213 人，逐个了解生育、避孕节育、生殖保健方面的知识、态度和行为，以及计划生育需求和服务。调查结果对全国和沿海、中部、西部有较好的代表性，不反映各省、自治区、直辖市的情况。（3）1993 年起，每年对两个省的计划生育情况进行重点调查。

（三）人口与计划生育领域的国际交往

1. 参加有关的国际会议。主要有：

1992 年 8 月，第四次亚洲及太平洋地区人口会议在印度尼西亚的巴厘岛举行。会议的主题是"走向 21 世纪的人口和持续发展的目标和战略"。国家计生委主任彭珮云率中国政府代表团出席会议，她在大会上的发言中回顾了中国控制人口增长的成绩，阐述了中国解决人口问题的政策和措施。

1994 年 9 月，联合国在埃及开罗召开国际人口与发展大会。170 个国家、地区及国际组织的 1.5 万人参加，共商人类面临的两大难题：人口与发展，会议最后通过了《国际人口与发展大会行动纲领》。会前，李鹏总理发表书面讲话，阐明了中国政府对人口与发展问题的看法。国务委员兼国家计生委主任彭珮云率中国政府代表团出席大会。彭珮云在大会的发言中回顾了布加勒斯特（1974 年）、墨西哥城（1984 年）世界人口会议以来的变化，介绍了中国为解决人口与发展问题所做的努力，提出了解决人口与发展问题的主张。彭珮云的发言以及中国代表团参与会议的各项活动，为会议取得积极成果作出了贡献。

1999 年 6~7 月，联合国召开特别联大，全面审查和评价国际人口与发展会议行动纲领五年来的执行情况，对进一步实施行动纲领提出建议。140 多个国家派出代表团参加。以国务委员王忠禹为团长、国家计生委主任张维庆为副团长的中国政府代表团参加了会议。王忠禹在大会的发言中着重介绍了中国政府实施行动纲领取得的新进展，阐述了中国政府对人口与发展问题和进一步执行行动纲领的基本原则和立场。张维庆在大会结束时发言，重申了实施行动纲领必须全面理解人发大会所确定的原则和宗旨，必须充分尊重各国的主权。

1997 年 10 月，第 23 届国际人口科学大会在北京召开。这次大会由中国人口学会、国家计生委、联合国人口基金和国际人口科学联盟共同举办。有80多个国家、地区以及国际组织的人口科学工作者、卫生保健工作者、社会学工作者等共1 200人参加会议。李鹏总理出席大会开幕式并讲话。国务委员、国家计生委主任、中国人口学会会长彭珮云及500余名中国人口科学工作者出席。大会还举办了中国人口科学成果展，国际人口图书、杂志及电子出版物展览，生殖健康新技术、设备、药品及工具展览。大会前一天，中国人口学会举办了"中国人口论坛"。

1995年9月，联合国第四次世界妇女大会及其非政府论坛在北京举行。参加会议活动的有世界各国及国际组织的妇女、妇女工作者、关心妇女工作的人员数万人。国务委员兼国家计生委主任彭珮云任大会中国组委会主席。国家计生委副主任彭玉及肖碧莲参加中国政府代表团，常崇煊、刘汉彬、吴景春参加非政府论坛活动。会议期间还举办了"人口与经济、社会的协调发展""计划生育与生殖健康"研讨会。

1990年以后，中国派代表参加的有关重要国际会议还有：中国作为联合国人口与发展委员会成员参加了该委员会第26届（1991年）至第33届（2000年）会议，为筹备1994年国际人口与发展会议的三次会议（1991年、1993年、1994年），审议和评估国际人口与发展会议行动纲领执行状况的特别联大筹委会会议（1999年3月），审议和评估国际人口与发展会议行动纲领执行情况国际论坛（1999年2月），人口与发展南南合作伙伴组织理事会第三届年会（1997年）至第六届年会（2000年），人口与发展南南合作伙伴组织执委会（2000年），争取更好世界协会1991年春季理事会，意大利贝拉乔人口与发展论坛（1993年）等。

2. 开展国际合作项目活动。主要有：

中国/联合国人口基金合作项目。第三周期（1990~1995年）向中国计生系统投入940万美元开展8个项目活动；第四周期（1998~2001年）提供资金1 400万美元，开展生殖健康与计划生育项目。

中日国际计划生育结合项目。1982年开始实施"计划生育、妇幼保健、控制寄生虫结合项目"，每3年为一周期，到20世纪末已进行6个周期，覆盖42个县（市）。

日本同中国建立合作关系开展项目活动的组织还有：日本国际协力事业团、日本高龄化综合研究中心、日本亚洲开发协会、日本山形县生命科学研究所等。

美国公众媒介中心在中国开展人口与计划生育高级官员研修项目，1998～1999年间，组织国家计划生育委员会司局长、直属单位负责人、省级计生委主任（副主任）共103人，分五期到美国考察、研修。福特基金会1992年开始在中国开展"男性参与"计划生育活动；1998年开始进行中国计划生育优质服务国际合作项目；2000年进行艾滋病项目。美国适宜卫生技术组织2000年开始在中国进行青春健康项目。洛克菲勒基金1997年在中国进行"米非司酮用于减少非意愿妊娠及人工流产国际合作项目"等。

还有其他一些国际组织和国家的组织在中国开展了许多合作项目活动，对推动中国的人口与计划生育工作起了有益的作用。

（四）非政府机构进一步发挥作用

1. 中国计划生育协会。（1）加强协会组织建设。中国计生协自1980年成立后，于1986年、1990年、1995年、2000年先后召开全国会员代表大会。王首道、宋平、姜春云先后被选为会长。经过多年发展，已在省、地、县、乡、村级及企事业单位建立协会组织100万个，会员8 300万人，成为分布最广泛、下到最基层的、全国最大的非政府组织之一。1997年、2000年中共中央办公厅、国务院办公厅先后两次专门为加强计划生育协会工作发出《通知》，有力地推动了协会建设。大部分省、地、县党委、政府出台了加强协会工作的意见，为协会安排编制、调配专职工作人员。（2）拓宽服务领域提高服务质量。各级协会在落实"三为主"、开展"三结合"、提供"三生"服务的同时，把服务领域拓展到生殖健康、扶贫开发、社区发展、精神文明建设、参与村民自治等方面。制订了《中国计生协1996～2010年发展战略》和《计划生育协会民主参与和民主监督暂行办法》。开展了若干项目活动，收到好的效果。体现了"生命力在于活动，凝聚力在于服务"的精神。（3）宣传教育向广度和深度发展。一大批协会文艺宣传队活跃在基层，唱身边事，演身边人，传播婚育新风。把每年的5月29日中国计生协成立纪念日定为全国会员活动日。宣传同服务结合，与科技、文化、卫生"三下乡""婚育新风进万家""救助贫困母亲"等结合起来，增强宣传和活动的效果。协会主管的《人生》杂志发行55万份，《家庭报》发行20万份，在宣传教育、传播知识、交流经验、指导工作方面发挥了重要作用。

2. 中国人口学会。1981年成立，1985年、1990年、1994年、1998年、2002年先后召开中国人口科学讨论会暨会员代表大会，许涤新、刘铮、彭珮云先后被选为会长。学会有会员约2 000人，包括人口研究、人口教育、人口宣传、人口统计、节育技术等方面的人口科学工作者、医生和人口与计划生育管理人员。学会开展学术活动的形式，一是每四年举行一次大型的综合的人口科学讨论会和不定期举办专题学术活动。二是中国人口学会党政干部教育分会、生殖保健分会和若干专业委员会，分别就某一方面的人口问题进行研讨。专业委员会有：人口学科建设与期刊、人口与可持续发展、人口政策与法规、人口老龄化、人口经济、人口与社会、人口迁移与城市化、人口信息与统计分析、人口健康、民族人口、生育文化、人口国际比较，这些专业委员会每四年中开展1～2次学术活动。三是在1994年、1998年举办了两届中国人口科学优秀成果评奖活动，优秀成果从人口学专著、教材、论文、调研报告、译著、软件中选出，由省级人口学会和驻京各人口机构初评后推荐。

3. 中国人口福利基金会。1987年成立，1994年、1999年先后建立三届理事会。王首道、谷牧、何鲁丽先后担任会长。基金会开展的活动主要有：（1）筹集资金，资助有关人口福利的项目和活动，如资助开展计划生育与扶贫致富相结合的活动；资助举办全国优生优育师资培训班；资助出版发行普及人口理论知识和计划生育、妇幼保健知识方面的图书；资助宣传人口与计划生育的联欢会、慰问演出会；开办为妇女、儿童和老年人服务的门诊部，等。（2）设立"中华人口奖"。基金会1991年决定设立，联合中共中央宣传部、国家科委、国家计生委、中国计划生育协会等单位共同主办。1993年、1995年、1998年、2001年先后举办了四届评选颁奖活动。48名在中国人口与计划生育事业中以及与之密切相关的社会科学、自然科学领域内作出重大贡献的人士，包括国际组织代表获奖。（3）举办"幸福工程"，救助贫困母亲行动。这项大型社会慈善活动，旨在通过动员海内外各界的资金和力量来帮助贫困地区的贫困母亲治穷、治愚、治病，参与经济和社会发展，提高文化、身体素质及经济和社会地位，实现少生、优生、优育，脱贫致富，建立文明幸福家庭，进而促进贫困地区人口与经济、社会的协调发展。该工程于1995年启动，已在28个省（区、市）的451个县（区、市）建立项目点，投入资金1.6亿元，资助贫困母亲11.3万余人（户），直接受惠人口逾50万。

4. 中国人口文化促进会。1993年成立，由一批艺术家、人口专家、科学家、企业家、社会活动家、新闻工作者、计划生育工作者组成，旨在弘扬爱国主义，振兴民族精神，呼唤真、善、美，抨击假、恶、丑，推动社会主义精神文明建设，促进中国人口与计划生育事业，振兴中华，造福人类。促进会会长由彭珮云担任。开展的活动主要有：（1）组织促进会的艺术家到基层巡回演出，举办大型专题文艺晚会。（2）组织专家、艺术家深入基层、深入生活、编写剧目，联合有关方面拍摄制作电影、电视节目。（3）设立"中华人口文化奖"。联合国家计生委、文化部、广电总局、全国妇联、全国文联、中国作家协会共同主办，为中共中央宣传部批准的全国性常设综合文艺类奖项之一。从1993年以来每年举办一届，奖励以人口文化为题材的文学、美术、摄影作品和理论文章。

5. 全国计划生育职工思想政治工作研究会。1992年经民政部注册登记成立。吴景春、张玉芹先后任会长。旨在探索新形势下计划生育系统思想政治工作的内容、特点、规律和方法，开展全国计划生育系统的思想政治工作的理论与实践研究，推动计划生育工作的深入开展。研究会成立以后，举办了研讨会，围绕"加强职业道德建设，树立计划生育良好形象"进行了若干课题研究，1998年编辑出版了《计划生育职业道德》一书，作为全国计划生育系统公务员培训选修教材。

6. 中华全国新闻工作者协会人口分会。1993年成立，简称中国人口记协。杨魁孚任会长。它是全国通讯社、报刊社、广播电台、电视台中从事人口、计划生育新闻报道的新闻工作者的群众组织，接受国家计划生育委员会和中华全国新闻工作者协会的管理和业务指导。分会成立后，举办了省级人口报总编培训班、电视新闻研讨会、人口专业报理论研讨会。协助开展了全国人口新闻奖评选活动和全国人口专业报好新闻好论文评奖活动，在全国人口专业报上开展征文活动等。

历史的结论

中国计划生育已经走过了50年历程。我们应当怎样评价这段历史？

我们从中可以得到哪些启示？可以得出哪些结论？

（一）在中国实行计划生育不是什么人主观的臆造，也不是可有可无的行为，而是历史的必然产物

第一，实行计划生育可以从我们的老祖宗那里找到理论依据。马克思主义认为，社会生产包括两种："一方面是生活资料即食物、衣服、住房以及为此所必需的工具的生产；另一方面是人类自身的生产，即种的繁衍。"[①] 物质资料的生产和人类自身的生产有着内在的联系。马克思主义还认为："事实上，每一种特殊的、历史的生产方式都有其特殊的、历史地起作用的人口规律。"[②] 就是说，人口规律是由社会生产方式决定的，人口发展要同经济社会发展相适应。这是不以人的意志为转移的客观规律，只是人们在过去很长时期内不认识。进入现代社会以后，人们开始认识到这一点。因此我们实行计划生育，控制人口增长是由社会主义生产方式决定的，是社会发展的客观要求。

第二，中国的基本国情要求严格控制人口增长，实行计划生育。人口多一直是中国的一大特点。历史上中国人口就占世界人口的1/3到1/4。1949年新中国成立时为54 167万（中国大陆人口，下同），1970年为82 992万，2000年为126 743万，占世界人口1/5以上。20世纪50年代，毛泽东说："我们这个国家的好处就是人多，缺点也是人多，人多就嘴巴多，嘴巴多就要粮食多，……"刘少奇说："全世界的人口增加，以中国为最快，……人口增加后有没有困难？有困难，困难很多，而且一下子解决不了。"周恩来说："中国与日本不同，中国人口多。人多了会引起种种问题。"人口多怎么办？又不能输出，出路就在实行计划生育降低人口出生率，严格控制人口增长。

第三，严格控制人口增长，实行计划生育是实现社会主义现代化的一个基本条件。中共十一届三中全会提出了加快实现社会主义现代化的任务。人口多，增长又快，对实现社会主义现代化是一个不利的因素。一是不利于加速建设资金的积累，二是妨碍提高全民族的科学文化水平，三是影响改善人民生活。1979年邓小平说："要使中国实现四个现

[①] 《马克思恩格斯选集》，第4卷，第2页。
[②] 《马克思恩格斯全集》，第23卷，第692页。

代化，至少有两个重要特点是必须看到的：一个是底子薄，……第二条是人口多，耕地少。……我们要大力加强计划生育工作，……"20世纪70年代末，中国加大了推行计划生育的力度，把实行计划生育确定为基本国策。

第四，计划生育是国际社会普遍开展的一项活动，中国作为其中一个大成员，实行计划生育是很自然的。国际计划生育活动开始于20世纪初，兴盛于20世纪中叶以后。1952年成立的国际计划生育联合会，1967年联合国建立的人口活动基金，以及陆续建立的其他国际人口或计划生育机构，推动和领导了全球或地区的计划生育运动，世界大多数国家和地区参与进来。特别是发展中国家，他们从各自的国情出发，认识到实行计划生育的必要性和紧迫性，许多国家并且取得了相当的成绩，对降低世界人口增长率，稳定全球人口起了重要的作用。

以上分析说明，中国实行计划生育是必要的，它顺应了历史发展的趋势，是历史发展的必然。

（二）50年的计划生育工作取得了宝贵经验，走出了一条解决中国人口问题的道路

（一）坚持以马列主义、毛泽东思想、邓小平理论和"三个代表"重要思想为指导，加强人口与计划生育工作队伍建设，解放思想、实事求是、与时俱进、开拓创新，推动人口与计划生育工作思路和工作方法的改进，建立和完善适应新形势和新任务要求的工作机制。

（二）坚持人口与发展综合决策，把人口控制计划纳入国民经济和社会发展的总体规划，在大力发展经济的同时严格控制人口增长，做好计划生育工作，努力做到人口与经济、社会、资源、环境的协调发展和可持续发展。

（三）通过广泛深入、持久的宣传教育，在广大干部和人民群众中形成强烈的人口意识和人均观念，始终明确实行计划生育的重要性、紧迫性、长期性和艰巨性，形成全党动手，全民动员，共同抓紧抓好计划生育工作的局面。

（四）坚持各级党政一把手亲自抓、负总责，建立健全人口与计划生育工作目标管理责任制，对责任目标的完成情况进行认真的考核与奖惩。形成党政领导、部门指导、各方配合、群众参与的格局。建立综合治理人

口问题的机制。

（五）制定和实施正确的生育政策，既要符合国情，又是群众能够接受，对不同地区不同民族既有统一要求，又有区别对待。要保持生育政策的稳定性和连续性。建立健全人口与计划生育法律法规体系，做到依法行政。

（六）把计划生育工作的重点放在农村，特别是经济后进的农村地区，大力抓好农村人口和流动人口的计划生育。建立和加强计划生育工作网络，加强基层建设和基础工作。工作中坚持以宣传教育为主、避孕为主、经常性工作为主的"三为主"方针。

（七）坚持群众路线，坚持国家指导与群众自愿相结合的方针。国家通过宣传教育、提供服务、政策和计划引导，群众积极参与，共同做好计划生育工作。充分发挥计划生育协会、妇联和其他群众组织和社会团体的作用。在计划生育工作中实行群众自我教育、自我管理、自我服务。

（八）坚持以人的全面发展为中心，引入利益导向机制，把计划生育工作同发展经济、勤劳致富、建设文明幸福家庭结合起来。加强人口和计划生育科学技术研究，依靠科技进步，提供优质的避孕节育、生殖健康等项服务，最大限度地满足群众的需求。

（九）坚持以开放的姿态融入国际社会，加强人口与计划生育领域的国际合作与交流。积极学习借鉴国际社会的有益经验和科学方法，与国内实际工作有机结合，不断丰富工作内涵，提高工作水平。

以上9条基本经验，是人口与计划生育工作努力实践、艰辛探索的结晶，既是对过去50年的总结，也是继续做好今后工作的指南。同时在今后的实践中，要不断完善，与时俱进，推陈出新。

（三）50年实行计划生育走过的是一段曲折而又光辉的历程

50年，在人类发展过程中只是短暂的一刹那，而对于我们成就计划生育事业却是一段不平凡的曲折而光辉的历程。人们对实行计划生育，由开始的不认识到认识，由认识模糊到认识清晰；在行动上由不自觉不主动到自觉主动，由摇摆不定到坚定不移。

中国实行计划生育的直接动因是人口多，增长速度快。人口多是中国历史遗留下来的既成事实，我们不能在短期内改变。而人口增长速度快却是可以经过工作改变的。50年中，出现多次人口增长速度上升的时期：20世纪50年代前期、60年代初至70年代初、80年代前期、80年代末至90年代初。人口增长速度上升的客观现实一次一次提醒人们，要实行和加紧实行计划生育，只有毫不松懈地搞好计划生育，人口增长速度才能降下来，计划生育事业在波动起伏的曲折道路上发展前进。

50年中，对中国人口和计划生育问题有过几次大的讨论。20世纪50年代，围绕要不要节制生育，要不要实行计划生育，要不要学习苏联实行鼓励生育、奖励"母亲英雄"的政策，进行过认真的讨论。结论是：中国要节制生育，要实行计划生育，中国同苏联的国情不同，不能实行鼓励生育、奖励"母亲英雄"的政策。80年代围绕要不要实行一对夫妻只生育一个孩子的政策，20世纪末控制人口的目标要不要定在12亿以内，进行过认真的讨论。结论是：关于生育政策，中国要提倡一对夫妻只生育一个孩子，某些有实际困难的夫妻可以生育两个孩子，要分类指导、区别对待，不是搞"一孩化"。关于人口控制目标，既要严格要求，又要是经过最大努力能够实现。可以比12亿超过一些。90年代初，中国开始建立社会主义市场经济体制，人们讨论的问题是：人口生产要不要实行市场调节。结论是：中国人口总量太大，人口压迫生产力的情况长期存在。要严格控制人口增长，人口再生产不能放任自流。

50年中，实行计划生育的工作思路和工作方法上也是不断发展变化的。开始叫节制生育，以后叫计划生育；开始时工作集中在少生上，后来提出少生优生；进一步由计划生育发展到包括生殖健康、做好生殖保健；工作对象由生育年龄的夫妇扩展到青少年和老年人。70年代末80年代初，在局部曾一度出现要求过急、定高指标、搞一刀切和强迫命令的现象，以后都得到克服和改变。生育政策由"只生一个"到"开小口"（允许一部分夫妇生育两个孩子），再到稳定；人口控制指标由严格难以实现到既积极又切实可行；工作指导上改变"一刀切"为区别对待分类指导；工作方法上，总结和推广了"三为主"的经验。90年代提出以人为本、以人的全面发展为中心，逐步实现两个转变的思路，即由仅就计划生育抓计划生育向与经济社会发展紧密结合，采取综合措施解决人口问题转变；由以社会制约为主向逐步建立利益导向和社会制约相结合，宣传教育，综合服务，科学管理相统一的机制转变。在这种思想指导下，总结和推广了计划生育与扶贫开发相结合的经验，计划生育"三结合"的经验，变管理为服务、把管理融于服务之中的经验，避孕方法知情选择的经验，优质服务的经验等。经过几十年的努力，中国计划生育走上了健康发展的轨道。

（四）50年的实践证明，中国实行计划生育的决策是正确的，并且取得了显著成绩

经过全党、全国人民50年的探索和努力，中国人口与计划生育工作取得了显著的成绩。（一）随着经济和社会的发展，群众的生育观念发生了明显改变，人口增长速度显著下降，实现了人口再生产类型的历史性转变。50年间，人口出生率由37‰左右降至13‰左右，自然增长率由20‰左右降至7‰以下，总和生育率由6降至1.7。人口再生产由新中国成立以前的高出生率、高死亡率、低增长率的传统类型，经过高出生率、低死亡率、高增长率，转变到低出生率、低死亡率、低增长率的现代类型。据调查，妇女理想孩子数平均为1.8个，只略高于1.53的政策生育率。（二）人口总量增长速度减慢，由于"分母效应"的作用，从一个方面保证了人均收入不断提高，综合国力显著增强，小康战略目标基本实现。据研究，1971～1998年的28年中，仅因实行计划生育，我国少生3亿多人，为社会和家庭节约抚养费7.4万亿元，节约物质技术装备费6.99万亿元。这就为提前实现人均GDP比1980年翻两番作出了重大贡献。研究还表明，如不实行计划生育，20世纪末，人口可达16亿，人均GDP将低于700美元，小康战略目标就不能如期实现。（三）人口总量增长速度减慢，缓解了对资源、环境的压力，环境得到改善，资源利用效率提高，人力资源优势进一步发挥，使可持续发展能力不断增强。据测算，如不实行计划生育，资源、环境将不能保持目前的水平，人均耕地、粮食、森林、水资源、煤炭等均比2002年人均水平降低20%以上。（四）中国实行计划生育，人口增长速度减慢，带动了世界人口增长速度的减慢，缓解了世界人口的压力。据测算，由于中国成功实施人口与计划生育政策，使世界60亿人口日推迟了4年（1999年到达）。中国大陆人口在世界总人口中的比例在最近的20年中下降了2个百分点。

过去50年的实践证明，中国实行计划生育的决策是正确的，经过艰

苦努力，取得了光辉成绩，走出了一条综合治理人口问题的道路。在新世纪，实行计划生育的任务仍然艰巨。要继续降低人口出生率和自然增长率，稳定低生育水平，提高人口素质，实现人口与经济、社会、资源、环境的协调发展和可持续发展，实现人与自然的和谐。

第十八章 人口普查和抽样调查

人口情况是一个国家基本国情的重要方面。人口统计的任务在于以人口统计学为理论指南，搜集、整理和分析有关人口现象的质量和数量资料，在社会发展的一定历史条件下，通过统计方法研究人口数量、构成及其分布状况。

中国是一个文化悠久的国家，也是最早进行人口统计调查的文明古国之一，有几千年的历史。在漫长的历史发展中，中国积累了丰富的人口资料，是世界上唯一有长期不间断人口资料记录的国家。到19世纪中叶，西方国家已经开始进行现代人口普查时，中国由于列强入侵而逐步沦为半殖民地、半封建社会，根本不可能进行任何完整、准确的人口统计。当时进行人口调查的目的主要是为了满足国库的需要，以查明课税的对象或者是为了满足军事和徭役的需要。由于居民都想尽办法回避这种调查，所以当时获得的人口数据是不确实、不完整的。

在辛亥革命后的30多年中，尽管少数省的某些县进行过试验性的人口调查，一些人口学家也做过一些可贵的工作，但始终没有进行过全国性的人口调查。1928年当时的"国民政府"也曾计划进行一次全国性的人口调查，但由于缺乏组织技术上的准备，既没有负责组织这项调查的专门机构，也没有规定全国统一的调查标准时间。而且，这是在国民党官吏监督下进行的人口调查，对人民有害无益，必然遭到人民群众的反对和抵制。在1928年只调查了10%的人口，到1931年才凑起了47 480万人口的数字。这一切表明，在旧中国根本没有全国确实可靠的人口数字。能够有组织地进行全国人口调查，只是在中华人民共和国成立后才开始的。新中国为科学的人口调查工作开辟了广阔的道路。

1949年，中华人民共和国成立后，中央人民政府曾首先责成有关行政部门开始建立户口管理和人口调查登记工作。但是，由于行政调查的人口资料缺少性别、年龄、民族等资料，而且人口遗漏现象也较严重，难以满足国家管理和编制国民经济计划的需要。因此，进行一次全国性的人口调查已提到了中央人民政府的议事日程。

第一节　第一次全国人口普查（1953年）

新中国诞生后，人民成为国家的主人。从1949年10月到1952年底，是中国的国民经济恢复时期。这一时期，国家采取了一系列方针、政策和措施，完成了对封建土地制度的改革，制止了旧中国遗留下来的恶性通货膨胀，稳定了市场物价，恢复了被战争严重破坏的国民经济。中国的国民经济建设得到了迅速发展，政治稳定，人民团结。

为了更好地领导全国人民建设新中国，巩固新民主主义革命的成果，加速进行社会主义建设，中央人民政府决定在1953年召开由人民用普选方法产生的乡、县、省（市）各级人民代表大会，并在此基础上召开全国人民代表大会。由于各级人民代表大会的名额必须根据各级地区的人口数据来决定，人民代表也必须由选民推选出来。因此，选民数量必须明确。但是，新中国刚刚成立，没有比较准确、详细的人口数和选民数。为了使全国年满18周岁的公民都能依法参加选举，必须做好选民的登记，而选民的登记又必须以人口登记为依据。同时，中央还决定从1953年开始执行国民经济发展第一个五年计划。在制订第一个五年计划和制定全国统购统销计划时，也需要掌握全国人口状况。当时的内务部和国家统计局根据各省、自治区、直辖市上报的有关资料，会同有关部门整理汇编了新中国成立初期的人口数字。由于这些数字可靠性较差，作为一个年轻的社会主义国家需要有准确、全面的人口数据。为此，中央人民政府政务院于1953年4月3日发布了指示，明确在选举工作的同时，举行全国人口调查登记。

一　普查的特点和组织实施

从中国决定进行首次人口普查的背景看，这次人口普查具有两个明显的特点：一是这次调查首次超出了行政部门调查的范围，由中央人民政府统一组织有关部门协同进行；二是这次调查结合普选进行，为满足人民代表普选工作的需要，必须保证普查数据的准确可靠。由于这次普选在全国范围内并不是同一天进行，而是在较长时间进行的。如何防止调查登记中的重复和遗漏就成为一个很重要的问题。

针对上述特点，在组织实施这次普查的过程中，着重采取了一些有力措施。

（一）政府的统一领导

中央人民政府在发布《为准备普选进行全国人口调查登记的指示》的同时，还发布了《全国人口调查登记办法》。《办法》中规定，人口调查登记工作，由各级人民政府组织人口调查登记办公室进行。中央由内务部、公安部、国家统计局等有关部门组成，由内务部主持。各级人口调查登记办公室在同级选举委员会领导下进行工作。

（二）采取简便易行的调查方案

这次人口调查登记办法是根据现代科学的人口调查原则，结合中国的具体条件和民族特点制定的。

关于调查登记计算标准时间的确定。考虑人口调查是为了取得静态数字，必须规定具体的标准时间才能准确地反映人口数字。因而《办法》规定"公历1953年6月30日（旧历癸巳年五月二十日）24时为全国人口调查登记的计算标准时间"①。

关于调查登记的对象，《办法》中规定："凡中华人民共和国国民，均应进行登记。"② 为了防止人口调查登记的重复和遗漏，《办法》中规定："人口调查登记采用调查登记常住人口的办法。每人均应在其常住所登记为常住人口。一人只能在一个住所登记为常住人口，不得在两个或两个以上住所登记为常住人口。"在决定采用调查常住人口时，也充分考虑了应注意的问题。例如，从中国传统的家庭观念来讲，家庭成员中如有人参加了人民解放军，或者在国家机关工作，或者入了大学，在当时都被认为是家庭的光荣。这些人虽然长期不在家，但如果在人口调查时不登记这些人口，那是很难为该户所接受的。针对这个问题，在人口调查文件中明

---

① 引自《全国人口调查登记办法》，中央人民政府政务院发布，1953年4月3日。
② 同上。

确指出，哪些人算作临时外出人口，并规定临时外出人口以其外出时间不超过6个月为准；同时，在设计的人口调查登记表中单独列出了"在外人口"一格，并专门填写上述长期在外的家庭成员。在《办法》中明确"在外人口同时予以登记，但计算总人口时，只计算常住人口"。也就是人口调查资料汇总并不需要此栏数字，列出这一栏的目的，首先是适应人民群众的感情，其次是把容易与一般常住人口混同的"在外人口"单独列出来，避免常住人口登记上的错误。

关于调查登记的内容。考虑到中国尚缺乏普查经验，在制定调查办法时，曾在若干地方进行了试点，并对全国各方面情况做了估计。认为在当时条件下，如果调查内容过详，会增加工作的困难，以致影响到工作的质量。所以应力求切合实际，简便易行，调查内容尽量简化。在酝酿调查项目时，除了姓名、性别、年龄、民族外曾考虑是否还包括教育程度、职业和工作处所、社会成分等三个项目。后经研究，删除了这些项目。最后确定这次普查只调查姓名、性别、年龄、民族、与户主关系、本户住址等6个项目。调查登记主要采取由户主到登记站登记的办法。实践证明，这次普查的各项措施不仅切实可行，便利群众，而且在当时条件下也是比较科学的，收到了良好效果。这次普查组织了全体从事选举工作的干部参加调查工作，各级地方人民政府根据需要，还动员了教师、大中专学生、机关干部等共250万人参加。此外还有大量的基层干部和群众中的积极分子协助。

（三）广泛的宣传动员

在进行人口调查登记前，广泛地进行了宣传，使人民群众了解调查的意义和目的，以取得他们的热诚响应和支持。他们真心实意地把人口普查看作是将为参加普选、行使当家做主神圣民主权利的重要前提和把祖国建设好的必要措施。人民群众从新中国成立以来的切身体会懂得，祖国的富强是人民幸福的前提。

（四）调查前做好各项准备工作

首先要划分登记区，设立登记站，了解本区人口情况。然后安排好登记地点、时间和顺序。在调查登记中，要求各级人口调查登记机构和参加这项工作的人员要研究和熟悉全国人口调查登记办法、表式及说明等，掌握不重复、不遗漏的原则，准确地完成调查登记工作。在调查登记中，强调要尊重各地的风俗习惯，尤其在少数民族地区更要注意。工作态度要和蔼，问话要简明扼要，使群众很自然地回答调查的项目，高兴而来愉快而去。

（五）做好调查登记后的抽查、复查

这是检查人口调查的质量并借以发现错误纠正错误的一项工作。复查的重点是查重复、遗漏的人口和涉及选举权利的年龄错误。

（六）做好综合统计

这项工作关系到全部调查登记的成果，必须配备足够的干部，进行适当的训练，加强和提高统计干部的责任心和熟练的技术并制定统一办法和工作纪律。

实践证明，1953年为迎接普选而进行的全国人口调查登记，是中国第一次比较全面的和科学的人口调查。

二 主要调查结果

这次全国人口调查登记开始最早的是东北，完成最迟的为中南，全国人口调查登记工作共历时一年（1953年5月到1954年5月）。由于领导重视，工作人员认真负责，人民群众积极支持，这次人口调查登记收到了良好的效果。主要调查结果[①]如下：

（一）总人口：1953年6月30日24时的全国人口总数为601 938 035人。其中：

直接调查登记的人口为574 205 940人；

用其他办法调查的人口为27 732 095人，内有：

没有进行基层选举的和交通不便的边远地区8 397 477人（根据各该地方政府的资料）；

待解放的台湾省7 591 298人（根据1951年台湾公布的数字）；

国外华侨和留学生等11 743 320人（根据华侨事务委员会等机关的资料）。

（二）性别、年龄，在直接调查登记的人口中：男子为297 553 518

---

① 引自《中华人民共和国国家统计局关于全国人口调查登记结果的公报》，1954年11月1日。

人，占51.82%；女子为276 652 422人，占48.18%。

年龄在18岁和18岁以上的为338 339 892人，占58.92%。其中：80岁到99岁的1 851 312人，100岁和100岁以上的3 384人，最高年龄为155岁。

（三）民族：全国人口（没有进行直接调查登记的台湾省、国外华侨和留学生等人口未列入）中按民族构成划分：汉人547 283 057人，占93.94%；各少数民族共35 320 360人，占6.06%。人口在百万以上的少数民族有：蒙人1 462 956人；回人3 559 350人；藏人2 775 622人；维吾尔人3 640 125人；苗人2 511 339人；彝人3 254 269人；僮人611 455人；布依人1 247 883人；朝鲜人1 120 405人；满人2 418 931人。其他各族共6 718 025人。

（四）城乡人口：全国人口（没有进行直接调查登记的台湾省、国外华侨和留学生等人口未列入）中按城镇与乡村划分：城镇人口77 257 282人，占13.26%；乡村人口505 346 135人，占86.74%。

（五）人口分布：

地区别	人口数（人）
北京市	2 768 149
天津市	2 693 831
上海市	6 204 417
河北省	35 984 644
山西省	14 314 485
内蒙古自治区	6 100 104
辽宁省	18 545 147
吉林省	11 290 073
黑龙江省	11 897 309
热河省	5 160 822
陕西省	15 881 281
甘肃省	12 928 102
青海省	1 676 534
新疆省	4 873 608

续表

地区别	人口数（人）
山东省	48 876 548
江苏省	41 252 192
安徽省	30 343 637
浙江省	22 865 747
福建省	13 142 721
台湾省	7 591 298
河南省	44 214 594
湖北省	27 789 693
湖南省	33 226 954
江西省	16 772 865
广东省	34 770 059
广西省	19 560 822
四川省	62 303 999
贵州省	15 037 310
云南省	17 472 737
西康省	3 381 064
西藏地方和昌都地区	1 273 969
国外华侨和留学生等	11 743 320
合计	601 938 035

三　主要数据质量评估

1953年进行的中国第一次人口普查具备了现代科学人口普查的基本特征。即在全国范围内进行，包括所有的国民；由政府发布命令，制定调查方案，经过必要的组织和技术上的准备，统一进行；拟定了全国统一的普查项目和普查登记表；要求逐户、逐人地个别进行登记；规定了全国统一的人口普查登记对象和普查登记的标准时间；制定了统一的统计表格，对人口普查资料进行系统的整理汇总。这次普查所获得的资料，就其完整性和准确性来说确实是中国人口调查工作一个新的起点。

为了使这次普查资料全面、确实，曾及时组织了抽样复查，对已经调查登记的人口数目的正确程度进行检查。全国范围内共抽查了 5 295 万以上的人口（占直接调查登记人口的 9%），检查的结果是：重复的人口占 1.39‰，遗漏的人口占 2.55‰。[①] 这说明，通过这次普查得到的数据是完整可靠的，质量是很高的。

四　主要收获

中国在 1953 年成功地进行了第一次人口普查，它不仅是准备普选的一项重要措施，而且也为国家管理和经济文化建设计划提供了可靠依据，收获是很大的。

（一）通过普查，为国家实行普选，加强社会主义民主和政权建设提供了可靠的依据。1953 年到 1954 年，全国开展了第一次普选，全国参加投票的选民共 2.7 亿人，占登记选民的 85.8%，共选出基层人民代表 566.9 万名，逐级召开了乡、县、省（市）人民代表大会，选举产生了地方各级国家机关。1954 年 9 月召开了第一次全国人民代表大会第一次会议，会议通过了新中国第一部宪法，规定了人民代表大会制度是中国的根本政治制度。会议还选出了中央国家机关领导成员，制定了全国人民代表大会和地方各级人民代表大会组织法等重要法律。这标志着人民代表大会制度在中国的正式确立。

（二）通过普查，中国第一次掌握了全国人口底数，为制订发展国民经济的第一个五年计划和制订城乡人民生产资料和生活资料的计划供应，粮食和食油等统购统销计划，以及文教、卫生机构的设施建设、城市的规划建设等一系列政治、经济、文化规划的制定提供了可靠依据。正是在搞清国情国力的基础上，中央采取了一系列适合中国国情的建设方针和政策，使得第一个五年计划时期的中国经济迅速发展，取得了举世公认的成就。

（三）这次普查还为中国建立经常性的户口登记制度打下了基础。根据国家经济建设的需要，政府决定在全国范围内建立统一的户口登记制

---

① 引自《中华人民共和国国家统计局关于全国人口调查登记结果的公报》，1954 年 11 月 1 日。

度。通过这次人口普查，摸清了各个地区，特别是城市人口的居住状况，这就为建立户口登记制度，随时掌握户口变动情况，为国家经济建设提供准确资料创造了条件。

（四）这次人口普查推动了中国学者对人口问题的研究。很多学者利用这次普查资料，研究中国人口问题，并明确提出中国人口多已经阻碍了经济发展和人民生活水平的提高，建议节制生育，控制人口增长。

（五）从国际上来说，中国进行的首次人口普查第一次查清了世界上人口最多的国家的人口数据，这无疑是对世界人口科学的重大贡献。国外一些学者认为，1953年中国的人口普查是一次划时代的普查。它一方面证实了中国是世界上人口最多的国家，同时也认识到中国人口正在以过去没有过的高速度增长着。在此以前，世界只对自己约60%的人口增长、分布、结构等特征有了一些了解，而中国的1953年人口普查，把世界上被普查过的人口的比例数增加到85%。这使人口学家开始对世界人口现状和增长趋势有了新的认识。

第二节　第二次全国人口普查(1964年)

中国的国民经济经过了三年调整（1961～1963年），克服了一度发生的严重困难，经济情况已经出现全面好转的局面。当时，中国着手编制国民经济建设第三个五年计划和长远规划。人口资料是编制国民经济计划的重要依据之一。1953年第一次全国人口普查的11年间，随着社会主义建设的发展和人民生活水平的提高，中国人口在数量上有很大的增加，在结构上也发生了很大变化。由于多年未进行人口普查，再加上有些人没有很好地遵守户口登记制度，有的地方和单位又多报了人口，因此，国家对人口发展变化情况掌握得不够准确。为了查清人口底数，适应国家建设的需要，中国政府决定，于1964年进行第二次全国人口普查。

一　普查的组织实施

中共中央和国务院对这次人口普查非常重视，曾于1964年2月11日发出了《关于进行第二次全国人口普查工作的指示》，同时发布了《第二次全国人口普查登记办法》，为做好这次普查制定了一系列政策和办法，组织全国各族人民共同完成这次人口普查任务。

(一) 组织人口普查领导机构

中央成立了人口普查领导小组,下设办公室,由各有关部门抽调干部参加,统一领导全国人口普查工作。各中央局,各省、市、自治区也组成了相应的领导机构。县(市)和公社设立了人口普查办公室,由党委负责人主持。

(二) 制定人口普查方案

第二次全国人口普查方案,主要是根据1953年第一次全国人口普查和十几年来户口管理工作的经验而制定的。结合中国人多地广的具体情况,在确定人口普查对象时,仍选择了常住人口这个概念。《普查办法》[①]规定:"凡中华人民共和国公民都要进行登记","每个人都应当在常住户口所在地进行登记","一个人只能在一个地方登记"。《普查办法》还规定"以1964年6月30日24时为人口普查登记的计算标准时间"。这次普查登记的项目除保留第一次全国人口普查的6个项目外,又增加了本人成分、文化程度、职业3个项目。同时,《普查办法》要求对1964年上半年人口出生、死亡、迁入、迁出4个项目进行核对或登记。中央有关部门和各地希望多调查一些与自己业务有关的项目。但是,每增加一个项目,就要增加很大工作量。经再三考虑只确定了上述9个项目。

(三) 组织普查队伍

根据人口普查任务繁重、时间集中的特点,必须组织一支专门普查队伍。为进行这次普查,全国从机关、团体、学校、企事业单位、社教工作队、基层干部和社会青年中,组织了一支530余万人的普查队伍。其中,国家工作人员270余万(包括小学教员60余万),农村生产队和城市街道干部250余万,雇用社会青年10余万(主要是边远地区)。每个生产大队和户口段有国家工作人员3人至4人。组织这样一支队伍,由党委统一筹划,组织、人事部门具体负责抽调,层层检查,逐个落实。小学教员,由于有一定文化程度,在普查中是一支重要力量。较大的集体户口单位也抽出了专人参加本单位的普查工作。此外,还有大量协助普查工作的基层干部和群众中的积极分子未计算在内。1964年4月19日,中共中央

[①] 《第二次全国人口普查办法》,国务院1964年2月11日发布。

和国务院又向地方各级党委和政府发出通知，要求在最关紧要的半个月到二十天内（从开始训练到调查登记完毕），在不误生产的条件下，要把人口普查列为中心任务，集中力量，采取打歼灭战的办法一气呵成。

这样，一方面参加调查的人员比上次普查增加了近一倍，一方面，中央又提出了在一定时间把普查列为中心任务，从而使这项普查能够做到力量集中，行动迅速。

（四）训练普查人员

普查人员组织起来以后，必须认真进行专门训练，主要是提高普查人员对普查重要性的认识和明确普查任务和办法。普查人员的培训采用了两种办法：一是由县、市集中一次训练；二是集中训练县、社两级参加普查的骨干，再由他们分片训练所有参加普查的人员。特别强调普查人员在普查登记时必须实事求是，耐心询问，细致填写，防止多报、漏报、错报。

（五）层层进行试点

为了取得普查工作的具体经验，各级普查机构都在训练干部前，组织力量，由领导干部带队，选择不同类型的地区和单位进行了试点。在试点中，对这次普查的做法取得直接经验。

（六）宣传教育，发动群众

人口普查，是关系到每个人的一件大事，为了取得广大群众对人口普查工作的积极支持，各地普遍进行深入细致的宣传教育工作。中央人口普查办公室公布了这次人口普查的登记办法，并制定了统一的宣传提纲。各地根据提纲内容，结合本地情况向群众进行宣传，并讲解登记的内容和需要注意的问题，解除少数群众存在的误解和疑虑。

（七）现场登记、复查

这次人口普查登记，由于准备充分，宣传深入，在登记期间全力以赴，全国除遭受洪水灾害、救灾任务急迫的少数地区外，大多数地区从7月1日起，用7天至10天就完成了调查登记工作。

普查登记工作完成后，各地又认真进行了全面复查。复查的方法，一般是采取工作组之间相互复查，县、社专门组织工作组到重点地区和单位进行抽查。抽查时采取许多办法，一是，登门拜访，逐户核对；二是，普查人数同上年度人数以及分配粮食、分发布票人数相核对，发现问题，进行核实；三是，召开贫下中农会议，审查登记表册；四是将登记的人口张榜公布，由群众审查；五是，访问知情的积极分子。

（八）普查资料汇总

这次普查资料采取公社和街道、县市和直辖市的区、省（自治区、直辖市）以及中央四级汇总，层层审核，发现差错便于及时查清纠正。在汇总过程中，要求各级参加这项工作的统计人员要经过认真的训练，并严格遵守统计纪律和统计程序，必须对统计数字负责。

二　主要调查结果

第二次全国人口普查，从1963年10月开始，经过组织准备、宣传教育、登记复查、统计汇总等阶段，到1964年10月全部结束①。历时一年。

这次人口普查的几项主要统计数字②如下：

（一）总人口

1964年6月30日24时的全国人口总数为723 070 269人。28个省、市、自治区（按：天津市当时隶属河北省）的人口为694 581 759人，其中男子356 517 011人，占51.33%；女子338 064 748人，占48.67%。台湾省、港澳同胞和国外华侨等人口为28 488 510人。

（二）各民族人口

1964年6月30日，28个省、市、自治区共有汉族人口654 565 495人，占总人口94.24%；各少数民族人口39 993 046人，占5.76%。

（三）人口年龄

1964年6月30日全国劳动力年龄人口（指男子16～59岁，女子16～54岁）为341 491 424人，占总人口的49.17%。

不满1岁至14岁的人口为280 671 035人，占总人口的40.4%。其中：7岁至12岁的学龄儿童114 287 925人；6岁以下儿童135 422 127人。61岁以上人口为38 171 010人，占总人口的5.5%。百岁以上人口4 900人（男子2 134人，女子2 766人）。最高年龄为150岁，有1人。

（四）人口文化程度

1964年6月30日，28个省、市、自治区的人口中，具有大学文化程

---

① 中国从1960年起，暂停公布统计数字，故1964年第二次全国人口普查数字当时未公布。
② 引自《第二次全国人口普查结果的几项主要统计数字》，国家统计局提供，《统计》杂志，1981年第5期；中国统计出版社1981年版。

度的有 2 875 401 人，具有高中文化程度的有 9 116 831 人，具有初中文化程度的有 32 346 788 人，具有小学文化程度的有 195 824 459 人，13 岁以上不识字的人口有 233 267 947 人。

三　主要数据质量评估

第二次全国人口普查，自始至终注意采取有力措施，解决在普查登记中虚报或瞒报人口的问题。从调查登记的结果看，数字是比较落实的。这次普查工作的后期曾在 36 885 411 人的地区进行了质量抽查，抽查的人口占普查登记人口的 5.3%。抽查的结果是，重复的人口占 0.377‰，漏报的人口占 0.391‰，两项相抵，漏报 0.014‰。另外，还对调查的性别、年龄、文化程度等登记项目抽查了 57 056 366 人项，差错率为 4.29‰。这说明，普查的质量是好的。

四　主要收获

第二次全国人口普查工作，在党中央、国务院和地方各级党委、政府的坚强领导下，动员了各方面的力量，充分依靠了广大群众，发展是健康的，取得了很大收获。

（一）通过第二次全国人口普查，查清了全国人口总数，为国家制订计划和规划提供了可靠依据。

（二）通过普查，广大群众和基层干部受到了一次社会主义教育。广大群众普遍认识到查清人口是为了发展生产和安排人民生活，是党和政府对人民的关怀。许多群众想方设法把人口报实，主动更正差错。

（三）在这次人口普查的基础上整顿和健全了城乡户口管理制度。在农村普遍建立了公社和大队两级户口簿册，并建立、健全了出生、死亡、迁出、迁入四项变动登记册，固定了户口管理人员。在城市纠正了大量的户口项目差错，严密了户口管理制度。这为进一步加强经常性户口管理和人口统计工作奠定了基础。

第三节　第三次全国人口普查(1982 年)

党的十一届三中全会恢复了马克思主义的正确路线，随着全党工作重点的转移，政治上安定团结，经济上健康发展。1964年第二次全国人口普查后的18年间，中国人口状况发生了很大变化。由于"文化大革命"的干扰，正常的户口登记管理工作遭到破坏，经常性人口统计曾一度中断，全国人口数字长期不够清楚，给计划工作、行政管理和人口科学研究造成了很大的困难和不便。正如邓小平指出的："我们已经承认自然科学比外国落后了，现在也应该承认社会科学的研究工作（就可比的方面说）比外国落后了。我们的水平很低，好多年连统计数字都没有，这样的情况当然使认真的社会科学的研究遇到极大的困难。"[1] 当时，中国的人口自然增长率正面临回升趋势，计划生育遇到了许多新情况、新问题。为了准确地查清全国人口数字、人口的地区分布以及社会经济构成情况，为有计划地进行社会主义现代化建设，统筹安排人民的物质和文化生活，制定人口政策和规划提供可靠的资料。中共中央、国务院决定1982年进行第三次全国人口普查。

一 普查的主要特点和组织实施

这次人口普查的任务是很艰巨的。同前两次人口普查相比具有明显的特点。一是规模更大，第一次人口普查的规模是6亿人，第二次人口普查是7亿人，而这一次是10亿人。二是调查项目增加，第一次普查只有6项，第二次普查为9项，这次增加到19项。三是计算手段的改进，前两次都是手工计算，这次是中国首次用电子计算机进行数据处理。从中国当时的情况看，没有常设的人口普查机构，也没有一支稳定的普查专业队伍，特别是缺乏大规模使用电子计算机的经验。针对这些特点和困难，中国的普查工作人员立足本国的实际情况和前两次人口普查的经验，并认真研究和汲取外国的有益经验，在组织实施过程中逐步创造出一系列具有中国特色的人口普查做法。

（一）普查机构的设置

第三次人口普查和前两次一样，各级政府建立了强有力的普查领导机构。根据国务院指示，人口普查列为各级政府的一项重要议程。各级人口普查领导机构均由一位政府负责人担任领导，负责人口普查的组织实施。

---

[1] 《邓小平文选》第2卷，人民出版社出版1994年版，第181页。

在普查登记的半个多月内，各级政府把人口普查作为中心工作来抓。

（二）普查方案的制定

前两次人口普查虽然提供了重要经验，但同新情况、新任务有较大的距离。如何制定一个适合中国国情、具有现代化水平的人口普查方案，就成为十分复杂的问题。国务院人口普查办公室曾组织进行了国家级、省级、地区级和县级试点，主要是为了检验和充实人口普查办法。通过多级试点使地方各级普查组织者亲自取得实施普查办法和工作细则的经验。

国务院批准并发布的《第三次全国人口普查办法》规定，以1982年7月1日零时为全国人口普查登记的标准时间。与第二次人口普查相比，调查项目中主要增加了婚姻状况、在业人口的行业、职业状况和妇女生育状况等。普查办法还规定，人口普查登记方法，可以在普查区内按照方便群众的原则分片设立人口普查登记站，由基层干部组织户主或户主指定的户内熟悉情况的人到站申报；也可以由普查员到户访问填报。

这次普查结合中国的实际情况，又考虑到与国际上普查分类标准的可比，制定了更为合理、更为详细的分类标准，如《行业分类标准》《职业分类标准》等。

（三）户口登记资料的利用

中国户口登记的准确性是相当高的。1964年第二次人口普查结果表明，户口登记的人口数字与人口普查的人口数字相差只有8.4‰。但是，"文化大革命"使户口登记工作受到了干扰。在这次人口普查正式调查登记前，曾进行了户口整顿。这实际上是人口普查前一次比较深入的预查。通过这次户口整顿共查出和纠正了1 155万人的登记差错，其中重登人口610万人（占总人口的6.1‰），漏登人口545万人（占总人口的5.4‰），还纠正了一些人在年龄、文化程度等方面的登记差错。这就为人口普查登记创造了良好条件。

（四）现场调查登记、复查和验收

在调查登记工作开始前，普查员要实地考察自己负责的普查范围，并编制本普查责任区的"普查底册"。在编制"底册"过程中，又发现和纠正了一批差错。据一些地区的材料，发现和纠正的重登人口占3‰，漏登人口占2.5‰。现场调查登记完毕后，要对普查表进行复查，在复查过程中，又发现和纠正了一些差错，重登占 0.1‰，漏登占 0.2‰。复查完毕后要由上级普查组织进行验收[①]。验收合格的即可通过，凡不符合验收标准、不合格的必须重做，直到符合验收标准才可通过。

（五）实行严格的质量控制

第三次人口普查采取了严格的质量控制。主要特点在于，对每个主要工作环节，除了在工作过程中采取质量保障措施（严格执行工作计划和工作细则）使误差尽量少发生以外，又在每个工作环节之后增加了两道工序：一道工序是复查，其目的是减少已经发生的误差；再一道工序是验收，其目的是控制误差的最高率。只有合乎验收标准的数据才能转入下一个工作环节。如果超过规定的最高误差率，则必须在现场重做，即实行"短线反馈"。

（六）普查资料的数据处理和发表

这次普查数据浩瀚，需要及时、准确地对全部数据进行汇总、整理。在普查中运用电子计算机进行数据处理是保证完成普查不可少的条件。这次普查在联合国人口活动基金援助下，采用了国际上尚无先例的、先省级后中央级的两级分散式处理方式并主要依靠国内专家设计有 4 万条指令的大型软件。

这次普查资料的处理是分三步进行的。第一步，在调查登记后三个月内以手工计算的方法（用算盘和计算器）完成主要数据的汇总并发表公报；第二步，再用一年时间，用电子计算机完成 10% 抽样资料处理，并编印出版；第三步再用近一年时间用电子计算机完成全部资料的处理并编印出版。

二　主要调查结果

第三次全国人口普查工作，从 1979 年年底着手准备，1982 年 7 月 1 日开始普查登记，到 7 月 10 日，除了个别遭受水灾的地区略有推迟外，全部完成了普查登记。主要数据如下[②]：

[①] 验收标准（允许的最高误差率）为：人口数净误差率小于 1‰；人口数毛误差率小于 2‰；总记录项目误差率小于 2‰；性别项目误差率小于 1‰；年龄项目误差率小于 10‰。

[②] 引自《中华人民共和国国家统计局关于 1982 年人口普查主要数字的公报》。

（一）总人口。全国人口为 1 031 882 511 人。大陆 29 个省、市、自治区（不包括福建省的金门、马祖等岛屿，下同）人口和现役军人共 1 008 175 288 人，其中除西藏自治区交通极为困难的个别地方（28 601 人）是利用行政记录材料进行估算的以外，全部进行了直接调查。

（二）性别构成。29 个省、市、自治区和现役军人的人口中：男性 519 433 369 人，占 51.5%；女性 488 741 919 人，占 48.5%。性别比（以女性为 100 对男性的比例）为 106.3。

（三）各民族人口。29 个省、市、自治区共有汉族人口 936 703 824 人，占 93.3%；各少数民族人口 67 233 254 人，占 6.7%。

29 个省、市、自治区的 55 个少数民族中，人口超过百万的少数民族由 1964 年人口普查时的 10 个增加为 15 个。

（四）各种文化程度人口。29 个省、市、自治区人口中，具有大学毕业文化程度的 4 414 495 人，具有大学肄业文化程度的（包括大学在校生）1 602 474 人，具有高中文化程度的 66 478 028 人，具有初中文化程度的 178 277 140 人，具有小学文化程度的 355 160 310 人。高中、初中、小学文化程度的人，分别包括高中、初中、小学的毕业生、肄业生、在校生。

29 个省、市、自治区的文盲和半文盲人口（12 周岁以上不识字和识字很少的人）为 235 820 002 人。文盲和半文盲人口占总人口的比例为 23.5%。

（五）人口出生率和死亡率。29 个省、市、自治区 1981 年出生人口为 20 689 704 人，出生率为 20.91‰；1981 年死亡人口为 6 290 103 人，死亡率为 6.36‰；1981 年自然增加的人口为 14 399 601 人，自然增长率为 14.55‰。

（六）市镇总人口。29 个省、市、自治区中，居住在市（不包括市辖县）、镇的总人口为 206 588 582 人。其中 236 个市的总人口为 144 679 340 人；2 664 个镇的总人口为 61 909 242 人。市镇总人口占全国总人口的比例为 20.6%。

（七）人口的地区分布。各省、市、自治区人口和现役军人的人口如下：

地区别	人口数
北京市	9 230 687 人
天津市	7 764 141 人
河北省	53 005 875 人
山西省	25 291 389 人
内蒙古自治区	19 274 279 人
辽宁省	35 721 693 人
吉林省	22 560 053 人
黑龙江省	32 665 546 人
上海市	11 859 748 人
江苏省	60 521 114 人
浙江省	38 884 603 人
安徽省	49 665 724 人
福建省	25 931 106 人
（其中金门、马祖等岛屿的人口 57 847 人）	
江西省	33 184 827 人
山东省	74 419 054 人
河南省	74 422 739 人
湖北省	47 804 150 人
湖南省	54 008 851 人
广东省	59 299 220 人
（其中东沙群岛、南沙群岛的人口暂缺）	
广西壮族自治区	36 420 960 人
四川省	99 713 310 人
贵州省	28 552 997 人
云南省	32 553 817 人
西藏自治区	1 892 393 人
陕西省	28 904 423 人
甘肃省	19 569 261 人
青海省	3 895 706 人

续表

地区别	人口数
宁夏回族自治区	3 895 578 人
新疆维吾尔自治区	13 081 681 人
台湾省①	18 270 749 人
香港、澳门地区②	5 378 627 人
中国人民解放军现役军人	4 238 210 人

三 主要数据质量评估

中国第三次全国人口普查资料的可靠性如何？这是中国政府和人民以及国外人士所关注的问题。为了评价人口普查的可靠程度，多数国家通常采用的最重要、最直接的方法是在普查登记后进行事后质量抽查。第三次人口普查，中国也采取了这个方法。几项主要数字的抽查结果如下：

（一）人口总数

按照全国制定的有关细则规定，首先由省级人口普查办公室按照分级、等距、整群、随机抽样的办法，共抽取了972个生产队和居民小组（普查登记为187 362人）作为样本，组织人员逐户上门重新调查。抽查结果是：人口重报率为0.71‰，人口漏报率为0.56‰，人口净差率（重报减漏报）为0.15‰，人口毛误差率为1.27‰③。这表明，这次普查得到的总人口的误差率很低，数据的可靠程度是很高的。

这次普查的人口数（100 818万人）与国家统计局经常性人口统计的人口数（1981年底为100 072万人，1982年底为101 654万人）相比，若把经常性人口数也换算成1982年7月1日的数字则为100 768万人④，这

---

① 台湾省人口，是台湾当局公布的1982年6月底的数字；福建省金门、马祖等岛屿的人口，是台湾当局公布的1982年5月底的数字。

② 香港地区同胞的人数，是按香港当局公布的1982年6月底的数字推算的；澳门地区同胞的人数，是按澳门当局公布的1981年人口普查人数推算的。

③ 引自《中国第三次人口普查的主要数字》国务院人口普查办公室、国家统计局人口统计司编，中国统计出版社出版1982年12月版。（下同）

④ 1982年7月1日人口数=1981年底总人口+（1982年底总人口－1981年底总人口）×上半年增加人口占全年增加人口数的经验比例（44%）。

个数字相当于人口普查数的 99.95%，只相差 0.05%，两者十分接近。普查数据略高于经常性统计数据，说明普查数据更完整，更准确。

(二) 性别比

事后质量抽查结果表明，性别误差率为 0.03‰。人口普查得到的 1982 年中总人口性别比为 106.27。这与经常性人口统计 1981 年底总人口性别比为 106.10，1982 年底性别比为 106.25，都很接近。与前两次人口普查所取得的 1953 年总人口性别比 (107.56) 和 1964 年总人口性别比 (106.83) 也很接近，还有逐步降低的趋势。

关于出生婴儿性别比。这次普查结果，1981 年出生婴儿性别比为 108.47。另据国家计划生育委员会进行的全国 1‰ 人口生育率抽样调查，1981 年出生婴儿性别比为 107.8。这些数据略高于世界多数国家 103～107 的比例。

(三) 年龄构成

事后质量抽查结果表明，年龄误差率为 6.15‰。这说明人口普查得到的有关年龄构成资料的可靠性也是比较高的。

1982 年人口年龄分布与 1953 年、1964 年普查时的年龄分布非常一致，而且相互衔接。

再用国际上通用的惠普尔指数 (Whipple's Index)、迈耶尔指数 (Myer's Index) 来检验，这次人口普查中没有出现年龄偏好现象。惠普尔指数，男性人口为 102.1，女性人口为 101.9；迈耶尔指数，男性人口为 3.01，女性人口为 2.97[①]。

(四) 出生率

根据事后质量抽查结果，出生率的重登率为 0.78‰，漏登率为 2.61‰，净漏登率为 1.83‰，毛误差率是 3.39‰，误差率是很低的。这次人口普查结果，1981 年的出生率为 20.91‰。这个数据与国家计划生育委员会进行的全国 1‰ 人口生育率抽样调查结果，1981 年的出生率为 21.29‰ 是基本一致的，与国家统计局 1983 年初进行的人口变动情况抽样调查结果，1982 年出生率为 21.09‰ 的数据也很接近。根据以户口登记为基础的经常性统计，1981 年的出生人口是 1746 万人，出生率为 17.6‰。

---

① 一般认为惠普尔指数以接近 100 为好，迈耶尔指数以接近 0 为好。

这次普查结果，1981年出生人口为2 069万人，多出323万人，出生率高出3.31个千分点。这说明人口普查得到的出生率数据的可靠性是比较高的。

（五）死亡率

通过事后质量抽查，这次死亡人口的误差率是，重登率为2.64‰，漏登率为7.04‰，净漏登率为4.40‰，毛误差率为9.68‰。根据1983年初进行的人口情况抽样调查结果，1982年人口死亡率为6.60‰[①]，与普查所得到的1981年的死亡率（6.36‰）是很接近的。

通过这次人口普查，还取得了分年龄组的人口死亡数字。根据普查资料计算的全国人口平均预期寿命为67.88岁，男性为66.43岁，女性为69.35岁。这是中国第一次根据人口普查资料计算的人口平均预期寿命，它比过去依据部分地区的调查资料计算出的数据要完整、准确。普查结果，婴儿死亡率为34.68‰，男性为35.56‰，女性为33.72‰，比过去的调查资料高出很多，普查数据是接近实际的。

第三次人口普查所取得的主要数据，通过登记后进行的事后质量抽查和内部一致性检查以及与有关社会经济历史情况的对照，并运用某些国际通行方法的检验证明，这次普查资料的质量是好的，可靠性是较高的，可作为研究中国人口状况的依据。

四 主要收获

中国第三次人口普查是成功的。这次人口普查对于从中国的实际情况出发，进行社会主义现代化建设具有重要意义。这次人口普查取得了很大收获。

（一）为实行民主选举、制定人口政策、人口规划提供了可靠的依据

这次普查数据为第六届全国人民代表大会代表名额的确定提供了依据。在制定人口政策、人口规划和预测人口发展前景方面也发挥了重要作用。这次人口普查不仅查清了中国总人口数及其地区分布，而且核实、订正了有关方面原来掌握的偏低的人口出生率和总和生育率。这样就有可能比过去更有把握地预测20世纪末全国及各地区的人口数。在计划生育方

---

① 引自中华人民共和国国家统计局：《1982年国民经济和社会发展计划执行结果的公报》。

面，这次普查掌握了不同地区、不同民族的育龄妇女数及其生育率、多胎次生育的比例等资料，便于进行分类指导。在人口性别比方面，普查数据首次显示出少数地区出生婴儿性别比偏高，提出了值得引起注意的社会问题。

（二）为制定国民经济和社会发展计划提供了若干重要资料

这次普查提供了分民族、分城乡、分地区的较为详细的人口数据和劳动力的行业、职业构成数据，为制定经济和社会发展战略规划提供了依据。有关各地区人口的性别、年龄、职业、文化程度构成的数据，为研究城乡各类居民不同需求，制定生产计划提供了依据。有关不同规模和不同构成的家庭数据，为制定城市规划和民用建筑规划提供了依据。这次普查还可为制定商业、服务业、交通建设、环境保护等规划提供依据。

（三）为制定社会政策和规划提供了若干重要资料

这次普查不仅可以提供劳动力及其就业状况以及市镇待业人员的数量及其性别、年龄、文化程度构成状况，还可以预测未来每年进入和退出劳动年龄的人数，为制定劳动就业规划提供了依据。这次普查可以提供具有各种文化程度的人口数和文盲数，为制定教育规划和扫盲规划提供了依据。普查资料还可为制定社会福利政策，研究妇女、老龄化、青年等问题提供依据。

（四）推动了人口科学研究的发展

为了及时发挥第三次人口普查资料的作用，国家统计局曾于1982年10月27日发表了《关于1982年人口普查主要数字的公报》，1983年底公布了10%抽样的电子计算机汇总资料，1985年又公布了电子计算机汇总的全部资料，还发表了一些分析资料。这些资料的提供对于推动人口科学研究的发展具有重要作用。这次人口普查结束后，曾出现了实际工作部门与学术部门共同协作、人口科学研究蓬勃发展的新局面。有关人口分析文章、报告和出版著述显著增加。

1. 编撰了大型系列丛书《中国人口》[①]

《中国人口》丛书是一部区域性的人口科学著作，共32册（含总

[①] 孙敬之主编：《中国人口》，中国财政经济出版社1987年版。

论)、各省、自治区、直辖市、香港、澳门等各1册。《中国人口》丛书以中国大陆1953年、1964年、1982年三次人口普查资料和1982年全国1‰人口生育率抽样调查资料及国家统计部门经常性统计资料为主编写而成。

2. 编制了《中国人口地图集》①

《中国人口地图集》是一部大型科学参考图集。它以地图形式全面、系统总结和反映中国第三次人口普查的成果，表现中国人口、社会、经济特征及其区域分布差异，并利用前两次人口普查资料反映新中国成立30年来中国人口特征的变化。这部图集是深入人口研究的工具，也是反映有关人口研究的科学成果。这部图集由8部分组成，共计137幅图。1987年3月17日中华人民共和国主席李先念为本图集题名。编辑出版《中国人口地图集》是周恩来和前辈科学家生前的遗愿，是中国社会主义现代化建设的需要，是世界各国许多学者、专家的共同希望。

3. 编制了《中国分类（区域）模型生命表》②

模型生命表是通过人口死亡规律研究生命过程、探索人口规律、预测人口发展的一种重要工具。长期以来，国际上虽然有过这方面的研究，但都未能获得中国的原始生命表作为原始数据。1982年第三次人口普查第一次在中国进行了全面的人口死亡调查，并有专门的附表记录死者的个人资料。此外，1973~1975年由卫生部组织的全国癌症调查也取得了全国各地区的死亡原因方面的资料。这就为研究中国人口死亡模式提供了坚实的基础。

这项研究工作，在国务院人口普查办公室的统一组织下，由西安交通大学、四川省计经委电子计算中心等单位共同完成。在研究过程中，进行了各部门、多学科的通力合作，使用了大量机时进行分析和计算，规模之大是世界上少有的。通过筛选、归类，取得了1 926张表（男、女各半）作为建立分类（区域）模型生命表的基础，最终形成了西南、华中和华东、华北、东北、新疆五类区域360张模型生命表。

---

① 国务院人口普查办公室、中国科学院地理研究所编：《中国人口地图集》，中国统计出版社1987年版。

② 中国分类（区域）模型编辑委员会编：《中国分类（区域）模型生命表》，中国城市出版社（内部发行）。

《中国分类（区域）模型生命表》的研制成功，在国内外是第一次。它填补了国际上对中国人口研究方面的空白。这项成果对中国的人口研究和教育、卫生保健等研究提供了可靠的基础，对国内外人口研究都有广泛的影响。

4. 出版了《中华人民共和国人口统计资料汇编》（1949～1985）[①]

第三次全国人口普查后，国家统计局和公安部即着手进行这项工作，并于1988年1月编辑出版了《中华人民共和国人口统计资料汇编》（1949～1985）。这个汇编是一部大型专业性资料工具书，它将1949～1985年全国历年人口统计资料分层、分类进行了整理、汇集。它是掌握全国人口动态资料的一项基础工作。这部汇编适应了各有关部门和社会各界对人口数据的需要。

（五）对世界人口科学的发展作出了重要贡献

中国作为世界上人口最多的国家，在1982年进行的人口普查引起了国际人口学界的广泛关注。1982年10月，中国发表了人口普查手工汇总主要数字，并于1983年出版了10%电子计算机汇总的详细资料之后，国际人口学界一些专家根据多年研究人口问题的经验，运用数学方法，通过电子计算机对中国公布的全部数据反复进行了细致的逻辑检查，对第三次全国人口普查给予了充分肯定。联合国专家重松敏男（Toshio Shigematsu）说："这次普查开始时，联合国的专家没有一个人认为中国的数据处理能够按期完成。因为美国和日本1980年人口普查数据处理分别用了25个月和39个月。但是，中国由于创造性地采取了先由省分散处理，然后由中央集中处理的办法，只用了20个月。而且各项质量指标都达到先进水平"[②]。曾帮助我国人口普查工作的联合国人口与社会统计区域顾问瓦依诺·卡尼斯托（Vaino Kannisto）说："中国1982年人口普查在不止一种意义上永垂于人口普查的史册。它是中国第一次现代化的人口普查，完全符合公认的当代实践水平。"国际人口学会主席、菲律宾大学人口研究所所长康塞普馨（Mercedes R. Conception）评价道："这是一次高质量的普

[①] 国家统计局人口统计司编：《中华人民共和国人口统计资料汇编》（1949～1985），中国财政经济出版社1988年版。

[②] 李成瑞主编：《十亿人口的普查》，国务院人口普查办公室、国家统计局人口统计司编印：《1982年人口普查北京国际讨论会论文集》，1984年。

查。有了中国这次人口普查数字,全世界人口数字的准确程度提高了。"法国人口研究所所长杰拉尔·卡洛(Gerard Calot)说:"1982 年至 1984 年是世界人口学史上值得纪念的年代。在这三年中,中国这个世界上人口最多的国家,第一次向世界人口学界提供了自 1950 年以来这个国家人口演变的真实和大量的数据。由此,使我们对整个世界人口的认识得到了一个相当可观的飞跃。"美国人口学家罗纳德·弗里德曼(Ronald Freedman)指出"由于普查前进行了全面培训、试点调查,由于普查期间的监督、质量控制和检查,以及普遍的检查和抽样检查,差错率低是可信的。""即使实际差错率比报告的差错率大 10 倍(为 0.15%),中国的人口普查仍然是一项令人注目的成就。"

第四节 第四次全国人口普查(1990 年)

1982 年第三次全国人口普查以来,中国的人口状况发生了很大变化,迫切需要了解人口状况,分析人口发展趋势,并对 80 年代以来中国的计划生育、人口管理工作进行一次全面检查,更好地贯彻落实计划生育基本国策,实现经济和社会发展战略目标,描绘 21 世纪的宏伟蓝图。为此,国务院决定于 1990 年进行第四次全国人口普查。

一 普查的特点和组织实施

1990 年中国第四次人口普查,与已经进行过的三次人口普查相比,有它明显的特点:第一,普查规模大、项目多。这次普查,是当时人类历史上规模最大的人口普查,普查登记的项目共有 21 项。第二,准备时间短。从实际着手准备到 1990 年 7 月 1 日开始实施登记,只有两年多的时间。第三,工作难度增大。随着中国改革开放的不断深入和市场经济的发展,人口迁移和流动的数量增多,大批农村剩余劳动力进入城镇从事各种经济活动,他们出来的时间长短不一,散居在城镇各处,而户籍仍在农村;随着农村实行的家庭联产承包为主的责任制和棉布等部分生活必需品取消了人口定量供应制度,居民申报户口的积极性明显减弱,有些农村居民不愿申报超计划生育的人口,经常性人口统计漏登人数呈增长趋势。随着生活方式的改变,中国就业人口的职业、行业构成更加复杂,特别是大量农业人口向其他行业转移，兼业形式存在。这些都增加了取得准确普查登记资料的难度。

中国第四次人口普查的组织实施借鉴和继承了前三次人口普查，特别是 1982 年第三次全国人口普查和多次人口抽样调查的成功经验和传统做法，如建立一个有权威的人口普查指挥系统、组织一支高素质的普查队伍，进行国家、省、地和县以下多级试点，以及在各个工作环节实行严格的质量控制等。在 1990 年第四次全国人口普查的组织实施中还进一步采取了一些措施，如在广泛动员社会力量、改进普查方案、进行户口整顿、组织好现场登记、采用更为分散式的数据处理办法等。

(一) 采用广泛动员社会力量的办法进行人口普查

人口普查是一项大规模的社会调查。普查任务的完成不仅取决于普查工作系统本身，也取决于社会各界对普查工作的支持和广大人民群众的积极配合。《第四次全国人口普查办法》第四条明确规定："人口普查采取广泛动员社会力量的办法进行。"

人口普查的社会动员是通过组织动员和思想动员两种形式付诸实施的。组织动员，主要是从两个方面进行的。一方面是对政府各个部门的动员，调动一切力量配合人口普查机构共同完成人口普查任务。这项工作主要是依靠各级政府的负责人去做的。各级政府主要负责人出面亲自动员、组织各有关部门在各级人口普查领导小组的统一协调下，根据各自的职责承担任务。组织动员的另一个方面是广泛吸收各方面的人力、物力，从机关、企事业的干部、职工，学校的教师，离退休干部，街道积极分子和农村基层干部中抽调了 500 多万人组成了基层普查员、普查指导员队伍，具体实施人口普查的各项任务。

思想动员主要包括三个方面，一是通过有针对性的宣传教育，使各级领导干部提高对人口普查重要意义的认识，切实解决普查中的各种困难，使之负领导之责。二是教育各级普查工作人员以认真负责的态度履行职责。三是动员广大群众积极配合支持普查工作，承担起公民义不容辞的义务。

通过有效的组织动员和思想动员收到了巨大的社会效果。

(二) 对普查方案的改进

针对 1982 年第三次全国人口普查以来中国的政治、经济生活发生的重大变化,在制定1990年人口普查办法时做了以下改进。

1. 增加了调查项目。为了与上次人口普查进行对比,这次普查保留了上次普查的19个项目,又增加了"1985年7月1日常住地状况"和"迁来本地的原因"两个项目。主要是为了解五年来,随着改革开放的深入,人口迁移流动的数量、流向和流动原因等情况。

2. 扩充了调查内容。为了准确地反映中国城乡人口,特别是反映国家按照市镇粮食定量供应办法供应口粮的人口的变化和农村剩余劳动力的转移状况,在"户口状况和性质"项目中增加了"农业户口""非农业户口"的内容。为了反映中国人口的实际文化水平,了解人口和劳动力的素质情况,在"文化程度"项下增加了"学业完成情况"(如在校、毕业、肄业)。为了分析研究文化、婚姻、职业对健康的影响,改善医疗卫生条件,对死亡人口的登记增加了"文化程度""婚姻状况""生前的职业"等项目。

3. 延长了人口自然变动的时间跨度。为了更准确地计算出生率、死亡率、自然增长率和准确地估算人口的平均预期寿命,对出生人口和死亡人口的时间跨度由"普查前一年",改为"普查前一年半"。

(三)户口整顿为普查登记奠定了基础

前几次人口普查的经验充分证明,在人口普查前进行户口整顿,是保证人口普查登记质量的一项重要措施。特别是1984年开始实施的发放居民身份证的工作取得了很大进展,在人口普查登记中参考户口资料是符合中国国情的。

通过户口整顿取得很大收获:1. 全国共查出跨县、市范围人户分离的有1 630万人,县、市范围内人户分离的有2 846万人。2. 全国共查出各种户口待定人员2 715万人,其中出生后未报户口的孩子有2 219万人。在整顿户口期间,全国共为1 942万户待定人员落实了常住户口。3. 查出因参军、死亡、判刑等原因应销未销户口以及登记重复的有963万人,其中死亡未销户口的372万人。这就为提高人口普查登记数据的准确性提供了可靠保证。

(四)组织好现场登记

为了贯彻"不重、不漏、不错"的方针,在组织普查登记中坚持了以下做法。

1. 在划分普查区和普查小区时做到全面覆盖。中国的各级行政区域是比较清楚的。但 80 年代以来，随着住宅建设的发展，许多地方出现了相互交叉和渗透的现象，不同区域的居民户和村民户的住宅往往混合连在一起。因此，要求普查区和普查小区的划分，原则上以基层居委会、村委会、居民小组、村民小组的范围为基础，以街道、胡同、院落、河流等明显的自然标志为界限，地域之间相互不允许有空漏，地域范围内不允许有重复，保证 100% 的覆盖面，不留空白点。

2. 普查员、普查指导员认真摸底，做到在所负责的普查区内的所有住户都要实地查到。在深入摸底的基础上绘制普查区、调查区示意图。这在中国人口普查史上是一个新的发展。

3. 认真访查，做好普查登记工作。为了在普查登记中获得准确的调查数据，中国 1990 年人口普查的登记采用了普查员入户访问填表的方式。这与 1982 年第三次人口普查采用的由申报人按照约定的时间到人口普查登记站登记的方式有所不同。因为有些项目可能涉及调查对象的隐私（如婚姻、生育、领养子女等），入户询问登记比设站登记更有利于消除申报人的顾虑，更有利于保密，使其如实申报。

（五）采取了地区、省、中央三级分散式的数据处理模式

中国 1990 年人口普查的数据处理是在国务院人口普查办公室统一组织领导下进行的。全国参加数据处理的计算机技术和管理人员共 2 907 人，录入人员 8 889 人。由联合国人口基金提供的 401 台 386 微机用于数据处理、数据转换和技术培训，并对数据处理的有关技术问题提供了咨询服务。

数据处理任务分为两个阶段：第一阶段完成原始数据的录入、编辑、汇总制表；第二阶段完成人口数据库建设和人口统计分析研究。两个阶段工作交错进行。

二　主要数据

第四次全国人口普查，从 1990 年 7 月 1 日开始，经过全国各级普查机构的工作人员和近 700 万名普查员、普查指导员、质量检查员、广大基层干部和群众积极分子以极其负责的态度，深入城乡每个居民家庭，挨门逐户进行普查登记，这项工作于当年 7 月 10 日如期完成。主

要调查结果[①]如下：

（一）总人口。全国人口为 1 160 017 381 人。

大陆 30 个省、自治区、直辖市（不包括福建省的金门、马祖等岛屿，下同）和现役军人的人口共 1 133 682 501 人。

台湾省和福建省的金门、马祖等岛屿人口为 20 204 880 人。

香港、澳门地区中国同胞的人口为 6 130 000 人。

（二）家庭户人口。大陆 30 个省、自治区、直辖市共有家庭户 276 947 962 户，人口为 1 097 781 588 人，占总人口（不含现役军人）的 97.1%，平均每个家庭户的人口为 3.96 人。

（三）性别构成。大陆 30 个省、自治区、直辖市和现役军人的人口中，男性为 584 949 922 人，占 51.6%；女性为 548 732 579 人，占 48.4%。性别比（以女性为 100，男性对女性的比例）为 106.6。

（四）民族构成。大陆 30 个省、自治区、直辖市和现役军人的人口中，汉族人口为 1 042 482 187 人，占 91.96%；各少数民族人口为 91 200 314 人，占 8.04%。

人口在 100 万以上的民族有：

汉族	1 042 482 187 人
蒙古族	4 806 849 人
回族	8 602 987 人
藏族	4 593 330 人
维吾尔族	7 214 431 人
苗族	7 398 035 人
彝族	6 572 173 人
壮族	15 489 630 人
布依族	2 545 059 人
朝鲜族	1 920 597 人
满族	9 821 180 人

[①] 均摘自：《中华人民共和国国家统计局关于1990年人口普查主要数据的公报》第一、二、三号。

续表

侗族	2 514 014 人
瑶族	2 134 013 人
白族	1 594 827 人
土家族	5 704 223 人
哈尼族	1 253 952 人
哈萨克族	1 111 718 人
傣族	1 025 128 人
黎族	1 110 900 人

（五）各种文化程度人口。大陆 30 个省、自治区、直辖市和现役军人的人口中，具有大学（指大专以上）文化程度的 16 124 678 人，具有高中（含中专）文化程度的 91 131 539 人，具有初中文化程度的 264 648 676 人，具有小学文化程度的 420 106 604 人（以上各种文化程度的人分别包括各类学校的毕业生、肄业生和在校生）。

大陆 30 个省、自治区、直辖市和现役军人的人口中，文盲、半文盲人口（15 岁及 15 岁以上不识字或识字很少的人）为 180 030 060 人。文盲、半文盲人口占总人口的比例为 15.88%。

（六）人口出生率和死亡率。大陆 30 个省、自治区、直辖市 1989 年 7 月 1 日至 1990 年 6 月 30 日，出生人口为 23 543 188 人，死亡人口为 7 045 470 人。出生率为 20.98‰，死亡率为 6.28‰，自然增长率为 14.70‰。

（七）市镇总人口[①]。大陆 30 个省、自治区、直辖市中，居住在市、镇的总人口为 296 512 111 人，占全国总人口的 26.23%。其中市的总人口为 211 230 050 人，占全国总人口的 18.69%；镇的总人口为 85 282 061 人，占全国总人口的 7.54%。

（八）人口地区分布。全国各省、自治区、直辖市、地区和现役军人的总人口为：

---

① 市人口是指设区的市所辖的区人口和不设区的市所辖的街道人口。镇是指不设区的市所辖镇的居民委员会人口和县辖镇的居民委员会的人口。

地区别	人口数
北京市	10 819 407 人
（其中8个市辖县的人口为3 456 982人）	
天津市	8 785 402 人
（其中5个市辖县的人口为2 930 334人）	
河北省	61 082 439 人
山西省	28 759 014 人
内蒙古自治区	21 456 798 人
辽宁省	39 459 697 人
吉林省	24 658 721 人
黑龙江省	35 214 873 人
上海市	13 341 896 人
（其中9个市辖县的人口为5 127 460人）	
江苏省	67 056 519 人
浙江省	41 445 930 人
安徽省	56 180 813 人
福建省	30 097 274 人
（其中金门、马祖等岛屿的人口为49 050人①）	
江西省	37 710 281 人
山东省	84 392 827 人
河南省	85 509 535 人
湖北省	53 969 210 人
湖南省	60 659 754 人
广东省	62 829 236 人
（其中东沙群岛的人口暂缺）	
广西壮族自治区	42 245 765 人
海南省	6 557 482 人
四川省	107 218 173 人

① 均为台湾当局公布的1990年3月底数据。

续表

地区别	人口数
贵州省	32 391 066 人
云南省	36 972 610 人
西藏自治区①	2 196 010 人
陕西省	32 882 403 人
甘肃省	22 371 141 人
青海省	4 456 946 人
宁夏回族自治区	4 655 451 人
新疆维吾尔自治区	15 155 778 人
台湾省②	20 155 830 人
香港、澳门地区中国同胞③	6 130 000 人
中国人民解放军现役军人	3 199 100 人

三 主要数据质量评估

人口普查登记结束后，在全国范围内进行了事后质量抽样检查，用来评价人口普查登记的质量。抽查的样本是按分阶段、随机、等距、整群抽样的方法抽取的。全国共抽中 197 个县、市的 591 个调查小区，共 173 409 人。抽样检查结果如下：

（一）总人口

1. 总人口的漏登率为 0.7‰，人口重登率为 0.1‰，重漏相抵，总人口净差率为 0.6‰。尽管它比上次人口普查的 0.15‰ 要大，但与世界各国相比，总人口的准确性还是相当高的。

2. 与户籍管理部门的数据比较。这次普查结果，总人口为 113 368 万人，与 1982 年人口普查相比，8 年间增加了 1 255 万人，增长 12.45%，

---

① 与尚未同我国解决边界问题的国家接壤的省、自治区的人口普查数据，是按实施普查区域的人口计算的。

② 台湾当局公布的 1990 年 3 月底数据。

③ 香港地区中国同胞的人数，是按港英政府公布的 1989 年底的数据推算的。澳门地区中国同胞的人数，是按澳葡政府公布的 1989 年底的数据推算的。

年平均增长率为 1.48%。若扣除 1990 年上半年自然增加的人口，将普查数据推到 1989 年底，比户籍管理部门年度统计的总人口 110 676 万人多出 1 400 余万人。即年度统计数平均每年漏 186 万人。普查登记的 1989 年 7 月 1 日到 1990 年 6 月 30 日的人口出生率为 20.98‰，死亡率为 6.28‰，自然增长率为 14.70‰。根据普查数据推算，中国"七五"期间（1986~1990 年）平均每年出生人数应为 2 400 多万人，平均出生率为 22‰，比历年统计的平均值高 1.26 个千分点。有关部门和专家认为这次普查数据比较接近实际。

3. 与当时一些权威性的预测数比较。美国人口咨询局估计，中国大陆 1990 年年中人口数为 111 990 万人。[①] 比第四次人口普查数据少 1 378 万人。世界银行 1984 年发展报告（主题是人口变动）预测，1990 年中国大陆人口约为 109 400 万人[②]，比普查数少 3 968 万人。联合国 1984 年进行的预测，1990 年中国大陆人口为 112 400 万人[③]，比普查数少 968 万人。可见，中国的普查数据显然比一些权威性预测更符合实际。

（二）年龄

事后质量抽查的结果表明，这次普查年龄差错率为 3.07‰，性别差错率为 0.14‰。

用惠普尔指数和迈耶尔指数计算，1990 年人口普查得到的惠普尔指数，男性为 101.48，女性为 100.82，均接近于 100；迈耶尔指数男性为 5.76，女性为 3.66，均接近于 0，小于 10。这些数据表明，这次普查得到的年龄数据都在质量较好的范围之内。

（三）生育

事后质量抽查的结果表明，这次普查登记的出生人口漏报率为 1.03‰。

1990 年人口普查调查了前 18 个月的出生人数、育龄妇女的生育状况以及 15~64 岁妇女曾生子女数、存活子女数。根据这些资料，计算出各年龄组妇女生育的孩子数，得出了 1989 年出生人口约 2 393 万人，

[①] 美国人口咨询局：《1990 年世界人口数据表》。
[②] 世界银行：《1984 年世界发展报告》，第 254 页表 19。
[③] 联合国：《世界人口展望》，转引自《世纪转换之际的人口》，《人口研究》，第 111 期。

比这次普查中直接调查的 1989 年出生人口 2 468 万人，少 75 万人，相对误差为 3.04%。由于年龄别生育率受一些妇女为了回避超计划生育行为而未报 1989 年曾生育过，所以年龄别生育年可能略低于妇女的实际生育水平。

直接通过年龄别生育率计算的 1989 年总和生育率为 2.298（按单岁年龄组生育率计算为 2.253）[①]。如果假设每个年龄的生育率比实际水平都低 3.04%，则总和生育率将上升到 2.37。

（四）死亡

事后质量抽查结果表明，死亡人口的漏报率为 4.9‰。

利用肯尼斯·希尔（Kenneth Hill）的人口增长平衡法计算 1990 年人口普查登记中的死亡人口，在 1989 年只登记了 84.93%，漏登 15.07%，在 1990 年登记了 96.98%，漏登 3.02%。若按这个漏报率调整死亡人口数据，得到 1990 年的粗死亡率约为 6.84‰，与国家统计局进行的 1990 年人口变动情况抽样调查的粗死亡率 6.67‰相比，约高出 0.17 个千分点，两个数据比较一致。因此，普查登记的死亡人口在 1989 年漏报 15.07%，1990 年漏报 3.02%，是基本可信的。

通过对普查数据的评估表明，中国 1990 年人口普查的质量比较高，基本反映了中国人口的真实情况，从总人口的完整性来看，漏报率约在 0.6‰~1.38‰之间，其中，男性漏报率约 0.6‰，女性漏报率约 2.2‰。分年龄数据与 1982 年人口年龄分布基本一致，各年龄人口没有明显的堆积现象。分年龄的性别比数据与 1982 年有较强的一致性。普查的死亡数据相对讲质量差一些，可能由于回顾性调查死亡人口难度较大。文化程度数据质量较高。总之，中国 1990 年人口普查是一次高质量的普查。在普查本身数据之间和与 1982 年人口普查及其他独立的调查比较，都具有较高的一致性。这次普查数据可以作为制定政策、编制计划、研究人口问题、进行人口分析的可靠依据。

---

① 1990 年人口普查 1% 汇总资料，假设 1989 年育龄妇女的死亡水平保持在 1981 年的水平，利用 1981 年生命表的存活率，将 1990 年 7 月 1 日 16~50 岁妇女回推到 1989 年 7 月 1 日，并视其为 1989 年育龄妇女的年平均数。

四 主要收获

第四次全国人口普查是继1982年第三次人口普查以来又一次重大的国情国力调查。通过这次调查所得到的准确、翔实的资料对中国社会经济发展具有重要意义。

（一）为各级政府决策提供了依据。各级人口普查办公室将普查的主要数据和根据普查所做出的人口未来发展的预测及时提供给国务院和地方各级人民政府，为政府检查"七五"计划、制定"八五"计划和十年规划提供了可靠依据。各级人口普查办公室还向各级政府提供了一批有数据、有分析、有建议的报告和分析资料，这些材料成为国家和地方决策的有价值的参考依据。

（二）为更好地贯彻执行计划生育基本国策提供了依据。利用这次普查资料分析整理的人口再生产状况为检查计划生育规划执行情况提供了依据，特别是普查资料揭示了"七五"期间人口增长速度的回升，引起了各级政府和社会各界的重视，这为制定新的人口控制目标和完善计划生育政策、措施起了积极作用。

（三）为推动改革和经济发展提供了依据。充分利用普查资料对人均产值、人均收入、劳动生产率、人均生活水平提高速度、产业结构进行分析研究以及结合其他数据进行经济预测和市场分析，揭示在改革措施中人口因素的制约作用。

（四）推动了中国人口科学研究的发展。第四次全国人口普查资料又一次充实了中国的人口数据及与其相关的社会经济资料，因而对中国人口科学研究的横向和纵向发展提供了有利条件和广阔前景。

对人口普查资料的开发利用和分析研究是人口普查工作整体不可分割的部分，也是检验普查是否成功的一个重要标志。第四次人口普查资料的开发利用是通过以下一些渠道或形式组织进行的。

（一）资料发布

第四次全国人口普查的最终成果是以资料集和磁介质两种形式发布和提供的。

1. 发表主要数据公报。

从1990年10月30日至1991年7月3日国家统计局陆续发表了10期

公报，分别公布了中国的人口状况，并汇编了《中华人民共和国国家统计局关于 1990 年人口普查主要数字的公报》①和出版了《中国第四次人口普查的主要数据》②。

2. 编印出版《中国 1990 年人口普查 10% 抽样资料》。

为了在人口普查全部数据计算机汇总完成之前，尽快向各领导部门和社会各界提供所需资料，充分发挥人口普查社会效益，先用电子计算机对 10% 的普查区进行抽样汇总，并在此基础上编辑、出版了《中国 1990 年人口普查 10% 抽样资料》③。

3. 编印出版《中国 1990 年人口普查资料》。④

《中国 1990 年人口普查资料》是一套数据集，由四册组成。它是从电子计算机 100% 汇总的众多资料中选取的部分主要数据编辑而成的。

除上述数据资料集外，还以磁、光介质形式提供普查资料，即通过磁带、磁盘和光盘建立的电子计算机人口数据库，它不仅可以供用户随时检索，还可随时进行再加工以满足政府和社会各界的需要。这种动态的、严密的、科学的社会经济类型的数据库比书籍资料具有更大的优势。

(二) 编撰系列丛书

1. 编辑出版了《跨世纪的中国人口》⑤系列丛书。它是第四次人口普查资料分析研究的重要组成部分。丛书是一部由全国卷、各省、自治区、直辖市以及香港、澳门特别行政区组成的大型人口系列丛书，共 33 卷。

2. 编辑出版《环渤海——东北亚的黄金地带》⑥。国务院人口普查办

---

① 国务院人口普查办公室、国家统计局人口统计司编印：《中华人民共和国国家统计局关于 1990 年人口普查主要数据的公报》，1991 年版。

② 国务院人口普查办公室编：《中国第四次人口普查的主要数据》，中国统计出版社 1991 年版。

③ 国务院人口普查办公室、国家统计局人口统计司编：《中国 1990 年人口普查 10% 抽样资料》，中国统计出版社 1991 年版。

④ 国务院人口普查办公室、国家统计局人口统计司编：《中国 1990 年人口普查资料》，中国统计出版社 1993 年版。

⑤ 由全国及各地分卷编委会编写：《跨世纪的中国人口》，中国统计出版社 1994 年版。

⑥ 国家统计局人口统计司编：《环渤海——东北亚的黄金地带》，中国统计出版社 1994 年版。

公室组织北京、天津、辽宁、河北、山东、山西等有关省、市共同编撰了《环渤海——东北亚的黄金地带》，这是一部投资指南。

3. 编辑、出版《中国藏族人口》系列丛书①。国务院人口普查办公室组织藏族人口主要聚居区（西藏、青海、甘肃、四川、云南五省、区）共同进行了《中国藏族人口》课题研究，并在此基础上编辑出版了《中国藏族人口》系列丛书。

4. 编辑出版《80年代中国人口变动分析》《中国人口》续编②，该书补充了1990年人口普查数据。

5. 编辑出版《中国民族人口资料》③。该资料将前几次人口普查的民族人口数据进行了核对，并将口径和有关情况做了说明。

6. 编辑出版《当代中国西藏人口》④。本书汇集了中国藏族人口科学讨论会的40多篇论文，可以让人们更多更客观地了解和认识藏民族，并以有力的事实，确切的数据，批驳当时国外少数人制造的所谓西藏问题。

（三）课题研究

国务院人口普查办公室组织当时人口分析力量较强的政府部门、科研机构和大专院校对24个专题进行了深层次的分析，课题所涉及的内容较为广泛。课题人员还对一些社会热点问题进行深入细致的分析研究，并有针对性地提出一些咨询建议。《1990年人口普查数据专题分析论文集》⑤就是对上述分析文章进行精选而编成的。

（四）召开人口普查科学讨论会

1. 1992年2月召开了国内人口普查科学讨论会。

会议提交了93篇论文，这些论文反映出分析研究水平和研究方法较第三次人口普查有了很大进展和新的突破。会后编印了《当代中国人口——全国1990年人口普查科学讨论会论文集》。

---

① 孙兢新主编：《中国藏族人口》，中国统计出版社1994年版。
② 孙敬之主编、袁永熙第一副主编：《80年代中国人口变动分析》《中国人口》续编。
③ 国家统计局人口统计司、国家民族事务委员会经济司编：《中国民族人口资料》（1990年人口普查数据），中国统计出版社1994年版。
④ 国务院人口普查办公室、西藏自治区人口普查办公室编：《当代中国西藏人口》，中国藏学出版社1992年版。
⑤ 国家统计局人口与就业司编：《1990年人口普查数据专题分析论文集》，中国统计出版社1995年版。

2. 召开少数民族地区人口科学讨论会。

在国务院人口普查办公室组织下,新疆、内蒙古、广西、云南、西藏、青海等省、区联合召开了人口科学讨论会。这次会议把少数民族地区人口研究工作推向一个更新更高的阶段。

3. 召开中国 1990 年人口普查国际讨论会。

在这次讨论会上共宣读了 43 篇来自联合国有关组织的代表和 15 个国家及地区的百余名专家学者的论文[①]。这次会议得到与会专家的高度评价。美国人口学家寇尔(Coale Ansley)说:"十几年来,中国人口学研究水平的提高使我感到惊奇。"埃及统计局局长埃伯德尔(Abdel-Azeem, Farouk Said)说:"中国成功地用微机对 11 亿人口普查数据进行处理,解决了人口普查的瓶颈问题,开创了先例,为我们树立了榜样。"

中国的人口问题是一个举世瞩目的问题。中国进行的第四次全国人口普查是一项庞大的社会系统工程。在时间紧、任务重的情况下,这次普查取得了成功。值得指出的是,第四次人口普查对于西藏来说是第一次进行现代化大规模的社会调查。这次调查的项目比较齐全,对婚姻、生育、出生、死亡等状况进行了直接调查,并第一次自行使用电子计算机完成了全部人口普查资料的数据处理,从而第一次取得了完整、详细、准确的西藏人口统计资料。

第五节 第五次全国人口普查(2000 年)

1990 年第四次全国人口普查以后,中国人口状况发生了很大变化,对经济社会发展产生了重要影响。为查清 1990 年以后中国人口在数量、结构、分布和居住环境等方面的变化情况,为科学地制定国民经济和社会发展"十五"计划以及 2010 年远景规划提供可靠依据,统筹安排人民的物质和文化生活,实现可持续发展战略,国务院决定于 2000 年进行第五次全国人口普查。

第五次全国人口普查是世纪之交的人口普查,也是中国在社会主义市

[①] 国务院人口普查办公室、国家统计局人口统计司编:《中国 1990 年人口普查国际讨论会论文集》,中国统计出版社 1993 年版。

场经济体制初步建立后进行的首次人口普查。它对于全面实现中国现代化建设战略目标，研究下个世纪的社会、人口变化情况具有重要意义。

一　普查的特点和组织实施

1990年以来，中国社会经济发展与人口状况发生的变化，必然给第五次全国人口普查带来许多新的变化和新的特点。

（一）对普查的需求增加。随着中国经济的发展和居民生活水平的提高，政府和各界对普查的需求也增加了。在需要继续查清人口数量和地区分布的同时，还要求了解人们的素质结构、生活环境、生活质量的状况。

（二）流动人口增加。随着改革开放的不断深入和市场经济体制的建立，就业状况发生了急剧变化，大量农村剩余劳动力向城镇流动，使流动人口增加很快，这就给查准人口数量带来了难度。

（三）户籍管理弱化。中国有比较健全的户籍管理制度，这是前几次人口普查数据质量能够得到保证的基础。改革开放以来，由于户口与人们利益相关程度越来越低，使得无户口人员大量增加，居住地与户口登记地不一致的人越来越多，户籍管理很难适应这些变化的需要。

（四）公民配合程度下降。随着社会主义市场经济体制的建立，一方面人们保护隐私的意识在不断增强，另一方面在社会上商业性调查频繁增加，人们较为反感，从而影响了公民对普查登记的配合程度。

（五）抽调普查工作人员的难度加大。中国前四次人口普查是在计划经济条件下进行的。当时所有制形式比较单一，从各企、事业单位抽调普查工作人员比较容易。在市场经济条件下，所有制形式变化很大，出现了合资、民营、股份制、个人所有等形式，这就加大了从企、事业单位抽调普查工作人员的难度。

鉴于普查环境的较大变化，必然要求在普查办法、组织实施等方面做出相应的改进或采取一些新的措施，以适应中国社会经济的巨大变化，满足政府和社会各界对人口普查的需求。

（一）突出依法行政、依法普查的理念。为了保证普查工作的顺利开展和取得高质量的人口普查数据，这次普查始终注意突出依法行政、依法普查的理念。根据现行法律，国务院人口普查办公室制定了《2000年第五次全国人口普查办法》，经国务院批准颁布施行。《全国人口普查办法》

对普查方法、程序、权责、保密、公民如实申报的义务、瞒报行为的约束等方面进行了规范，体现了依法行政、依法普查的特点。《全国人口普查办法》中有关政策性规定，对确保普查数据质量起到了重要作用。《全国人口普查办法》还有针对性地规定了各级政府的领导责任、有关部门的责任、普查员的工作权限和任务、公民的义务、为普查对象保密的原则、普查资料的使用范围和管理等条款，使人口普查有章可循。

（二）与国际接轨，采用了新的普查办法和数据处理技术。

首先，这次普查采取普查和抽样调查相结合的方法，采用了国际上通行的长短表方式。即反映人口基本情况的项目进行普查，详细项目抽取10%的户进行调查。根据经济和社会发展的需要，这次普查增加了家庭住房、人口经济活动、迁移以及反映人们生活质量方面的项目。采用这种长短表方式，既扩大了信息量，又节省了工作量。

其次，这次普查使用了光电录入技术，采用了"光电录入、图像存贮、建立网站、三级处理"的模式。由于普查规模大，这次普查仍采用了分散录入、分级汇总的方式。这种处理模式与其他国家是不同的，因而组织方面的难度要比其他国家大。

最后，这次普查充分利用了普查地图。这次人口普查为了做到"全面覆盖、不重不漏"，严格按照地域的原则，划分普查区、绘制普查地图、编制普查登记底册，明确了普查员责任范围。普查员按照普查地图，走遍每座房屋，逐户查点询问、逐人逐项登记，从而保证了普查质量，也为建立人口地理信息系统打下了基础。

（三）调整常住人口的时间和空间标准，重新确定普查登记的标准时间。这次人口普查的对象仍是常住人口，但调整了常住人口的计算标准。一是常住人口的时间标准由"一年"缩短为"半年"。主要考虑到90年代以来，人们的居住地点和居住时间的变化比过去频繁的特点。二是将常住人口的空间标准由"县、市"，缩小为"乡、镇、街道"。主要是为了适应90年代以来，农村大量剩余劳动力向近距离的小城镇流动的实际情况，更好地反映人口流动的现状，查准人口数量。第五次全国人口普查还重新确定了人口普查登记的标准时间。中国前四次人口普查都是以7月1日零时为普查登记计算的标准时间。这次人口普查将标准时间改为11月1日零时。主要考虑到11月份人口流动量不大，天气的温度、降水量均较适宜普查，而6、7月份，全国不仅天气炎热，而且常遇到洪涝灾害，各级政府和广大群众大多忙于防洪、抢险和救灾工作，没有精力顾及人口普查。

（四）实行严格的质量控制。在普查工作的每一个环节都实施质量控制，每道工序完成后都要经过检验，凡质量未达到规定标准的必须返工重做。特别是对普查数据的采集规定了严密的操作规程。将整个普查区域划分成若干个普查区和调查小区，每个普查员负责一个调查小区的普查登记工作；普查员要在摸清调查小区边界和基本情况的基础上绘制调查小区地图，将每一个可能住人的建筑物都在地图中标明，在入户摸底的基础上普查员编制户口姓名底册。普查登记时，普查员在参照调查小区地图和户主姓名底册的基础上，逐户调查询问、逐人逐项登记。普查登记后，普查员要对普查登记表进行反复核查和交叉检查。整个普查登记遵循"区不漏房、房不漏户、户不漏人、人不漏项"的原则。按此操作规程获得的普查登记结果较好，也说明普查工作是较扎实的。

二 主要数据

根据国务院的决定，中国于2000年11月1日开始进行了第五次全国人口普查的登记工作。在国务院和地方各级人民政府的统一领导和全国各族人民的支持配合下，通过近千万普查工作人员艰苦努力，又经过事后质量抽查，圆满完成了人口普查的现场登记和复查任务。主要调查结果如下[①]：

（一）总人口

全国总人口为129 533万人。其中：

中国大陆31个省、自治区、直辖市（不包括福建省的金门、马祖等岛屿，下同）和现役军人的人口共126 583万人。

香港特别行政区人口为678万人。

澳门特别行政区人口为44万人。

台湾省和福建省的金门、马祖等岛屿人口为2 228万人。

[①] 摘自中华人民共和国国家统计局：《2000年第五次全国人口普查主要数据公报》第一号（2001年3月28日），第二号（2001年4月2日）。

（二）人口增长

中国大陆 31 个省、自治区、直辖市和现役军人的人口，同第四次全国人口普查 1990 年 7 月 1 日 0 时的 113 368 万人相比，十年零四个月共增加了 13 215 万人，增长 11.66%。平均每年增加 1 279 万人，年平均增长率为 1.07%。

（三）家庭户人口①

中国大陆 31 个省、自治区、直辖市共有家庭户 34 837 万户，家庭户人口为 119 839 万人，平均每个家庭户的人口为 3.44 人，比 1990 年第四次全国人口普查的 3.96 人减少了 0.52 人。

（四）总人口性别构成

中国大陆 31 个省、自治区、直辖市和现役军人的人口中，男性为 65 355 万人，占总人口的 51.63%；女性为 61 228 万人，占总人口的 48.37%。性别比（以女性为 100，男性对女性的比例）为 106.74。

（五）年龄构成

中国大陆 31 个省、自治区、直辖市和现役军人的人口中，0～14 岁的人口为 28 979 万人，占总人口的 22.89%；15～64 岁的人口为 88 793 万人，占总人口的 70.15%；65 岁及以上的人口为 8 811 万人，占总人口的 6.96%。同 1990 年第四次全国人口普查相比，0～14 岁人口的比重下降了 4.80 个百分点，65 岁及以上的人口的比重上升了 1.39 个百分点。

（六）民族构成

中国大陆 31 个省、自治区、直辖市和现役军人的人口，汉族人口为 115 940 万人，占总人口的 91.59%；各少数民族人口为 10 643 万人，占总人口的 8.41%。同 1990 年第四次全国人口普查相比，汉族人口增加了 11 692 万人，增长了 11.22%；各少数民族人口增加了 1 523 万人，增长了 16.70%。

（七）各种受教育程度人口

中国大陆 31 个省、自治区、直辖市和现役军人的人口中，接受大学（指大专以上）教育的 4 571 万人；接受高中（含中专）教育的 14 109 万人；接受初中教育的 42 989 万人；接受小学教育的 45 191 万人（以上各

---

① 家庭户人口不包括现役军人，也不包括相互之间没有家庭成员关系、集体居住的人。

种受教育的人包括各类学校的毕业生、肄业生和在校生)。

同1990年第四次全国人口普查相比,每10万人中拥有各种受教育程度的人数有如下变化:具有大学程度的由1 422人上升为3 611人;具有高中程度的由8 039人上升为11 146人;具有初中程度的由23 344人上升为33 961人;具有小学程度的由37 057人下降为35 701人。

中国大陆31个省、自治区、直辖市和现役军人的人口中,文盲人口(15岁及15岁以上不识字或识字很少的人)为8 507万人,同1990年第四次全国人口普查相比,文盲率由15.88%下降为6.72%,下降了9.16个百分点。

(八) 城乡人口①

中国大陆31个省、自治区、直辖市的人口中,居住在城镇的人口45 594万人,占总人口的36.09%;居住在乡村的人口80 739万人,占总人口的63.91%。同1990年第四次全国人口普查相比,城镇人口占总人口的比重上升了9.86个百分点。

(九) 人口地区分布②

地区别	人口数（万人）
北京市	1 382
天津市	1 001
河北省	6 744
山西省	3 297
内蒙古自治区	2 376
辽宁省	4 238
吉林省	2 728
黑龙江省	3 689
上海市	1 674

---

① 城乡人口是按国家统计局1999年发布的《关于统计上划分城乡的规定（试行）》计算的。

② 中国大陆31个省、自治区、直辖市的人口,是普查登记的2000年11月1日0时的数据(包括外来人口,不包括外出人口)。

续表

地区别	人口数（万人）
江苏省	7 438
浙江省	4 677
安徽省	5 986
福建省（不含金门、马祖等岛屿）	3 471
江西省	4 140
山东省	9 079
河南省	9 256
湖北省	6 028
湖南省	6 440
广东省	8 642
广西壮族自治区	4 489
海南省	787
重庆市	3 090
四川省	8 329
贵州省	3 525
云南省	4 288
西藏自治区	262
陕西省	3 605
甘肃省	2 562
青海省	518
宁夏回族自治区	562
新疆维吾尔自治区	1 925
香港特别行政区[1]	678
澳门特别行政区[2]	44

[1] 香港特别行政区的人口数为香港特别行政区政府提供的 2000 年 6 月 30 日的数据。
[2] 澳门特别行政区的人口数为澳门特别行政区政府提供的 2000 年 9 月 30 日的数据。

续表

地区别	人口数（万人）
台湾省和福建省的金门、马祖等岛屿①	2 228
中国人民解放军现役军人	250

三　主要数据质量评估

第五次全国人口普查遇到了前所未有的困难和新技术的挑战，由于这次普查始终以数据质量为中心，以工作的高质量确保普查数据的高质量，所以这次人口普查取得了成功。

（一）调查误差在允许的范围之内。普查登记工作结束后，按照全国的统一部署，各地认真进行了事后质量抽样调查。这次抽样调查采用计算机随机抽样和普查员异地调查的办法进行。全国共抽取 602 个调查小区，约 16 万人。抽查结果，总人口漏登率为 1.81%。这次抽查结果与原来曾认为查准人口数的最大困难是在流动人口的估计是一致的。这次普查漏登的人口中暂住人口（或称外来人口）达 80%。这次普查登记的误差（1.81%）在允许的范围之内，数据质量是较高的。

国际上一般认为，普查登记的误差率在 2% 以下是质量比较高的。据联合国统计局资料，在 1985~1994 年间举行的人口普查事后质量抽查的 59 个国家中，误差率在 2% 以下的有 32 个，误差率在 2%~5% 的有 11 个，误差率在 5% 以上的有 16 个。从中国人口总量的误差率看，尽管比前几次人口普查增大了，但仍然在 2% 以下，这样的误差率属于普查质量较好的范围之内，普查数据是准确、可信的。

（二）与户籍统计数据进行比较。通过户籍统计得到的人口数据可以作为评估全国人口总量的一个依据。2000 年 11 月 1 日的全国人口总量数据应该是 1999 年年底总人口数与 2000 年前 10 个月人口自然增加数之和。

1. 1999 年底，全国户籍统计的人口总数为 122 812 万人②。通过与人口普查和人口普查前户口整顿资料的比较分析，1990 年底户籍人口应

---

① 台湾省和福建省的金门、马祖等岛屿的人口数是由台湾当局公布的 2000 年 12 月的数据。

② 引自中华人民共和国公安部：《全国分县市人口统计资料1999》，群众出版社2000年版。

为 114 528 万人，即 1990 年年底户籍统计的人口总数就少 1 254 万人。从 1990~1999 年历年户籍人口的增长情况看，这部分人并没有逐年被补上。如扣除 10 年来自然减少人口 71 万人（按死亡率 6.5‰ 计算），则约有 1 183 万人未包括在 1999 年年底户籍统计中。

2. 2000 年前 10 个月自然增加的人口约为 841 万人。[①]

3. 未包括在户籍统计中的现役军人 250 万人。

4. 2000 年人口普查有户口待定人口 805 万人，假设户籍统计中只包括了 50%，则 1999 年年底户籍统计中仍有 403 万人未包括。

以上四项合计为 2 677 万人。若以 1999 年年底户籍人口（122 812 万人）为基数，加上四项合计数，到普查时，全国人口总数应为 125 489 万人。这个数据比人口普查直接登记的 124 337 万人还多 0.93%。这说明，这次人口普查直接登记数确实有较多漏报。

（三）普查数据反映了中国人口发展的实际：人口过快增长的势头得到了有效控制，人口素质进一步提高，老龄化进程加快，少数民族人口增长较快，家庭户规模继续缩小，城镇化进入快速发展的轨道。

事后质量抽样调查的结果和对普查数据的分析表明，这次人口普查的误差是合理的，普查数据客观、准确地反映了中国人口发展的实际情况。这说明第五次全国人口普查是一次成功的普查，可以信赖的普查。

四 主要收获

第五次全国人口普查取得了丰硕的成果。通过这次人口普查，查清了人口总量、性别、年龄、民族、行业、职业构成和受教育程度人口及构成以及就业、失业等经济活动状况，人口迁移流动状况、婚姻、生育状况，城镇化进程、居住环境等方面的情况。通过这些宝贵资料可以检查和回顾过去的人口计划执行情况，准确地把握中国的人口政策和社会经济发展规划，进一步控制人口增长，提高人口素质，更好地制定与人口有关的教育、民族、就业政策，调整产业结构和就业结构，解决失业问题，完善环境保护与社会保障体系，加快城镇建设，引导人口的有序迁移流动等问

---

① 按 1999 年人口自然增长率 8.18‰（《中国统计摘要 2002》，国家统计局，中国统计出版社）计算，假设全年自然增加人数是平均分布的。

题，从而促进经济和社会的协调发展，推动可持续发展战略的实施。

普查的目的在于应用。为充分发挥第五次全国人口普查的社会效益，国务院人口普查办公室对普查资料的开发利用采用多种形式进行。

（一）发布资料。包括发表人口普查主要数据公报，编印发行快速汇总数据，编印机器汇总资料和乡级、县级以及各民族人口普查数据；通过光盘等形式发布有关迁移、生育、教育、经济活动、住房等内容的专题数据集；建立宏观数据库；对各种已发布的数据实现网络在线查询；在遵守个人和家庭保密以及有关规定的前提下，国家级抽出一定比例的微观数据供科学研究使用。

（二）编撰系列丛书。组织县、市编写人口普查报告书，并由国家级组织编撰《世纪之交的中国人口》大型系列丛书。

（三）重点课题研究。在面向党政领导服务，针对党政领导关心的问题和社会焦点问题进行专题对策性研究的同时，针对有关经济和社会发展有重大影响的问题开展重点课题的分析研究，提出有新颖的观点和前瞻性的论述，对社会发展的某个领域具有较强的指导意义和较高的学术水平。

（四）召开人口普查科学讨论会。分别召开国内和国际人口普查数据分析研讨会以及人口普查方法研讨会，全面展示人口普查的研究成果，深入探讨普查技术。

（五）建立人口地理信息系统。国家级建立以县为单位的人口地理展示系统，省级建立以乡镇、街道为单位的人口地理展示系统；重点城市建立人口地理信息系统。在下次普查前建立覆盖全国的人口地理信息系统。

（六）开展面向社会公众的咨询服务，积极提供实用性强的系列化信息产品，方便公众查询。

第六节 人口抽样调查

抽样调查是根据一定的研究目的，从调查对象总体中，随机抽选一部分单位（样本）作为总体的代表，进行调查，并根据样本指标的数值来推断总体相应各项指标数值的一种调查方法。它是以概率论为理论基础的科学的调查方法。中国从1955年起开始采用抽样调查方法进行农民和职工家计调查。当时全国有6亿多人口，要了解居民家庭的收支情况，没有必要进行普查或建立全面调查性质的定期报表制度，采用抽样调查方法是唯一可行的方法。但在"文化大革命"期间，抽样调查曾被全盘否定，抽样调查工作在全国范围内也完全中断。党的十一届三中全会以后，抽样调查得到了充分肯定，并得到了恢复和发展。在1982年第三次全国人口普查的推动下，中国人口统计工作得到发展的一个重要方面是人口抽样调查方法的应用和推广。

中国的人口抽样调查主要采取定期人口抽样调查和不定期专项人口抽样调查两种形式进行。

一 定期的人口抽样调查

中国定期的人口抽样调查，主要以两种形式开展。一种是每年进行一次的人口变动情况抽样调查，一种是两次普查之间进行一次简易人口普查。

（一）建立人口变动情况抽样调查制度

为准确、及时地掌握全国年度的人口变动情况，更好地为检查人口政策和人口规划的执行情况提供依据，在第三次全国人口普查的基础上，从1982年开始，国家统计局会同有关部门建立了每年进行一次人口变动情况抽样调查的制度。

人口变动抽样调查的样本估计，是以出生率作为样本容量的依据，用样本随机抽样公式进行估算。以1999年全国人口变动情况抽样调查为例，在大陆31个省、自治区、直辖市共抽取912个县（市）、3 368个乡（街道）、5 206个村民小组（居民小组），共121.2万人。被抽样调查的人口数相当于全国人口总数的1‰。

这项调查对被抽选出的村民小组（居民小组）范围内的住户，以派员逐户访问的方式，由经过训练的调查员和调查指导员负责进行。1982年建立这项制度以来，根据国家需要，每年都在调查中增加或调整个别项目。如：1983年增加了儿童基本情况的调查项目，1985年增加了文化程度项目。1999年人口变动情况抽样调查项目有姓名、与户主关系、性别、出生年月、户口状况和性质、受教育程度、学业完成情况、是否工作、未工作原因、寻找工作的方式、能否应聘工作、就业者身份、婚姻状况、初婚年、月，妇女生育和存活子女数等。

通过每年一度的人口变动情况抽样调查，可以及时搜集到有关人口状况的丰富资料。

全国人口变动情况抽样调查的样本数量（1‰左右），对全国是有代表性的，但对省级人口状况研究，则样本数量显得不足。为此，1984、1985两年分别有15个省、自治区、直辖市扩大了样本数量，取得了对本地区有代表性的人口变动资料。各地扩大样本的工作是在国家统计局统一指导和设计下进行的。

人口变动情况抽样调查，从1982年到1999年已连续进行了17年，并形成了制度。国家统计局每年在《关于国民经济和社会发展计划执行结果的公报》中发表的当年人口自然变动方面的数据，就是通过这项调查取得的。

（二）建立简易人口普查制度

为掌握全国人口状况，经国务院批准，中国在1986年建立了一套定期人口普查制度，即每十年进行一次全国人口普查（在年号末位逢零的年份进行普查），两次普查中间进行一次1%的人口抽样调查，即简易人口普查。中国曾分别于1987年和1995年进行过简易人口普查。

1. 1987年1%人口抽样调查

20世纪80年代以来，中国的人口总量及其分布、人口文化素质和社会经济构成都发生了很大变化。为了查清人口变化情况，为有计划地进行社会主义现代化建设，执行"七五"计划，统筹安排人民的物质和文化生活，制定并检查人口政策和规划提供可靠依据。国务院决定于1987年进行一次简易人口普查。这项调查是在国务院和省、自治区、直辖市人民政府领导下进行的。

这次调查登记的标准时间为1987年7月1日零时。调查采取分层、三阶段、整群抽样的方法，以1985年底的总人口为抽样总体，在大陆29个省、自治区、直辖市抽取1 045个县（市辖区）共调查登记了10 711 652人（含现役军人），约占全国人口总数的0.999%。

1987年1%人口抽样调查的内容，按人调查的项目比1982年人口普查有所增加，由13项增加到17项，主要是增加了有关迁移和初婚状况的调查项目。

根据这次人口抽样调查数据，结合前几年的估算数据，经推算，1987

年 7 月 1 日零时，大陆 29 个省、自治区、直辖市和现役军人的人口总数为 107 233 万人。同 1982 年人口普查相比五年中增加 6 415 万人，增长 6.36%。[①]

这次调查结果表明，中国妇女生育率继续回升，生育峰值年龄提前，多胎现象较为普遍；婚姻关系稳定，早婚现象有所增加；人口死亡率继续下降，平均预期寿命达到 69 岁；劳动年龄人口增加，就业人口比重上升；家庭规模趋于缩小；城镇人口增加很快；少数民族人口增长迅速。

2. 1995 年 1% 人口抽样调查

90 年代以来，随着中国经济的发展，人民生活已从温饱向小康转变。但由于人口的不断增长，社会总需求和社会总供给的矛盾继续存在。同时，流动人口增多、就业、教育、医疗保健、住房、养老等一些新的社会问题也不断显现出来，需要认真研究对策加以解决，而且必须对人口基本情况有一个全面了解，使各项决策建立在科学的基础上。1995 年全国 1% 人口抽样调查就是在这样的背景下开展的。

这次调查采用了分层、多阶段、整群概率比例的抽样方法，设计效率为 1.7，误差率为 5%，把握程度为 95%，确定全国样本 1 200 万人。这次调查的项目比 1990 年人口普查增加了 15 项，主要是反映市场经济条件下出现的新问题，如反映人口迁移流动方面的项目以及反映婚姻状况、妇女生育史、市镇居民住房方面的项目。

根据这次抽样调查推算，1995 年 10 月 1 日全国大陆总人口为 120 778 万人，实际抽样比为 1.04%。

这次调查结果显示，1990 年以来，中国人口得到了有效控制，已进入到低生育水平国家的行列；死亡率水平继续呈平稳下降趋势；人口的受教育水平又有了很大提高。中国仍然是一个劳动力资源丰富、人口就业率很高、以农业为主的发展中国家。调查结果也显示，中国婚姻、家庭关系十分稳定，人口迁移流动在迅速扩大。

中国成功地进行了 1995 年 1% 人口抽样调查，获得的数据质量是比较高的。尽管存在少量漏报，但并不影响数据的使用。这次调查向世人展现了中国 90 年代中期人口变化的状况，为政府提供了可靠依据，为社会

---

① 见国家统计局：《关于 1987 年全国 1% 人口抽样调查主要数字的公报》，1987 年。

和研究部门探索中国人口的变化规律提供了宝贵资料。

二 开展专项抽样调查

人口专项抽样调查，是指为了深入了解和掌握全国人口与计划生育方面的状况，搜集有关的原始资料，由政府有关部门或科研单位就某项专题组织进行的抽样调查活动。

1982年以来，中国曾不定期地进行了多次人口专项调查活动。

(一) 1982年全国千分之一人口生育率抽样调查

为了正确认识和解决中国人口问题，加强计划生育工作的科学管理，有效地控制人口，国家计划生育委员会于1982年9月在全国28个省、自治区、直辖市（未含西藏、台湾），开展了全国千分之一人口生育率调查。

这次调查把测量生育水平作为重点，同时，也进行了一部分与生育相关内容的调查。如采取节育措施的情况，未采取避孕措施的原因，1979年以来人工流产史以及领取独生子女证的情况等。有关婚姻、生育史的调查，以回顾为主，主要是为了抢救历史资料和弥补有关数据的空白。对婚姻、生育问题，要求从1930年时15岁的育龄妇女（即调查对象的年龄上限定为67岁）调查起，以便了解50个年度的婚姻史，40个年度的生育史。

这次调查以1982年7月1日零时为调查计算的标准时点。实际调查是从1982年9月1日开始进行的。调查样本总人口为101.8万人，占28个省、自治区、直辖市总人口的1.015‰，涉及799个县（区），815个生产大队（居委会）。这是中国计划生育史上第一次系统的、周密的和科学的调查研究工作。

在现场调查结束后，曾随机抽取了1.68%的育龄妇女进行了标准调查。调查结果表明，两次调查的符合率达到98.83‰。妇女情况调查的质量抽查结果，项目总差错率为1.07‰，在规定的允许误差（2‰）以内。

这次抽样调查结果与1982年第三次全国人口普查可比项目结果基本一致。如这次抽样调查，1981年全国出生率为21.29‰，第三次全国人口普查结果为20.91‰。这表明，这次调查具有较高的准确性。

通过这次抽样调查，取得了很大收获。主要有：

1. 通过这次调查，获得了中国妇女40年来的婚姻、生育以及节育的有关情况，考察了多年来计划生育的成果，弥补了过去有关数据的空白和人口普查中有关生育资料的不足，为中国计划生育工作决策提供了可靠依据，也为做好人口规划、人口预测以及指导工作提供了科学依据。

2. 这次调查资料表明，中国计划生育工作已经取得了很大的成绩，但任务仍十分艰巨。据调查，1981年妇女总和生育率为2.63，其中农村总和生育率为2.91。若按此推算，到1993年中国人口就将达到12亿，到20世纪末有可能超过13亿。这表明控制人口过快增长的任务是很艰巨的。

3. 通过这次调查也发现了计划生育中的薄弱环节，看清了潜力，明确了重点，为计划生育的科学管理提供了依据。

（二）1984年全国儿童基本情况抽样调查

为制定有利于儿童健康成长的政策和措施，制定有关儿童的卫生、保健、营养、教育等发展规划，加强优生优育等与儿童有关的各个方面的科学研究，国家统计局于1984年春对全国儿童基本情况进行了一次抽样调查。调查的标准计算时间为1983年12月31日。这是中国第一次进行的以儿童为调查对象的专题调查。

这次抽样调查包括：29个省、自治区、直辖市被抽中的13.8万家庭户，1983年年末总人口数为56.9万人，其中，0~14岁儿童共17.9万人，占31.4%。抽取的样本是有代表性的。

这次抽样调查资料的汇总结果，用1982年人口普查资料和教育、卫生等有关部门的统计资料验证，证明抽样调查取得的资料基本上反映了客观实际情况，是准确可靠的。这次调查结果可以作为制定有关儿童政策、发展规划的科学依据。

1984年第一次全国儿童基本情况抽样调查结果显示了以下情况：

1. 中国儿童性别比基本正常。调查资料显示，儿童性别比为107.4，与当时世界平均水平（106）接近。

2. 学龄前儿童（0~6岁）入托率为11.3%，其中城市为34.4%，农村为6.0%。分年龄看，0岁婴儿基本上在家里抚养，入托率只有2.2%，随着儿童年龄的增长，入托的比重也相应提高。

3. 学龄儿童（7~14岁）入学率为81.4%，城市为93.1%，农村为78.8%。

4. 儿童身体发育基本正常，未发现严重疾病的儿童所占比重达98.6%，明显和严重不健康的儿童只占1.4%。

这次抽样调查结果表明，中国的托幼事业与广大群众的要求相比还有较大差距，应有一个更大的发展，迅速提高儿童的入学率，减少辍学率，并进一步加强和重视妇幼保健工作。

（三）1985年第一期深入的生育力调查（In-Depth Fertility Survey）

为深入了解中国生育力水平和发展趋势，分析研究妇女生育水平的变化和原因，为国家制定人口政策提供依据，1985年4月国家统计局在河北省、陕西省和上海市进行了第一期深入的生育力调查。

这项调查在国家统计局的组织领导下，由河北省、陕西省、上海市统计局和被抽中地区统计部门负责具体实施。计划生育、卫生、妇联、共青团、工会等有关部门和组织积极支持。本项调查曾在调查方法和分析方面得到了国际统计学会的大力支持和技术指导。

这项调查的调查对象为50周岁以下的已婚妇女。

生育力调查的内容包括个人、住户、社区三张调查表233个问题。有不少问题是在中国第一次进行调查。个人调查表是这次调查的主调查表，包括被调查人和家庭的基本情况，本人婚姻史、怀孕史、生育史以及本人对避孕方法的了解和应用，本人生育愿望和丈夫基本情况，共194个问题。住户调查表是通过被抽中户的住户人口登记，筛选出属于调查对象的合格妇女，并了解住户的家庭经济情况（共16个问题），以便对生育水平进行相关分析。社区调查表只对农村被抽中的基层社区单位村民委员会或生产大队进行调查。调查内容包括社区生产、收入情况，以及公共交通设施、教育、医疗及计划生育服务等共23个问题。

本次生育力调查中，河北省抽选50周岁以下的已婚妇女5 000人，陕西省和上海市分别抽选4 000人，代表本省、市的生育力水平。两省一市的抽样概率约为：河北0.5‰，陕西1‰，上海2‰。

生育力调查的现场调查员，由受过严格训练的妇女担任。调查指导员负责指导、检查，并请基层干部和群众积极分子担任陪调员。这次调查共组织培训了439名现场调查员。

这次调查结果清晰地勾画出河北省、陕西省、上海市婚姻、生育和避孕状况的轮廓。这两省一市同全国其他许多地区一样，新中国成立以来，结婚率高，婚姻关系稳定，初婚和初育年龄有很大推迟，生育子女数逐年减少，婴儿死亡率降低，避孕知识和措施得以普及和推广，国家计划生育政策在城乡得到广泛的响应。第六个五年计划期间，国民经济发展持续上升，而人口增长速度逐年下降。这充分反映出优越的社会主义制度使中国计划生育政策取得了很大成功，中国在婚姻和生育领域内发生了移风易俗的重大变革。

（四）1987年全国残疾人抽样调查

新中国成立以来，未曾进行过全国性的残疾人调查，有关残疾人情况的数据还是个空白。为了制定社会发展规划和有关残疾人工作的方针、政策以及研究解决残疾人的实际问题提供依据，1985年2月国务院决定在全国范围内进行一次残疾人抽样调查。

这项调查由民政部、国家统计局、国家计委、卫生部、教育部、公安部、国务院人口普查领导小组、中国残疾人福利基金会、中国盲人聋哑人协会共同组成全国残疾人抽样调查领导小组及其办公室，负责组织实施这次调查。省、自治区、直辖市残疾人抽样调查领导小组负责本省残疾人调查的组织实施。被抽中的县、市、市辖区残疾人抽样调查领导小组负责完成本地区的调查任务。

这次调查的标准时间为1987年4月1日零时。这次调查是在联合国确定的《国际残疾人十年》期间进行的。

这次调查采取以省（自治区、直辖市）为分总体，并采取分层、等距、整群抽样的方法。全国样本规模为150万人。按此样本调查，对推算总体残疾人数在全国和25个省、自治区、直辖市（未含新疆、宁夏、青海、西藏4个省、自治区）都有很好的代表性。

这次调查的主要内容包括：各类残疾人数量、性别、年龄、残疾等级、地区分布、致残原因、残疾人本人要求以及就学、就业、医疗、康复、生活、福利等基本情况。

残疾人调查属于特殊的社会调查，技术性很强。调查员必须由医生和熟悉调查统计业务知识的调查员组成。这些人员在组成后，均经过一段时间的专业培训，经测验合格后上岗。为保证调查的可靠性，在调查方案中要求各类残疾人要经过医生认真检验。

这次调查经过两年多的准备，29个省、自治区、直辖市于1987年4月1日至5月中旬，经过420个调查队、10 815名调查员和3万多名干部、陪调人员的共同努力，完成了入户调查、复查和调查质量抽查任务。对各省调查数据和调查质量的审核和综合分析表明，中国进行的首次全国残疾人抽样调查是成功的，调查质量是好的。

这次调查，经过三级抽样确定了3 169个整群，共调查369 816户，其中有残疾人的户占调查总户数的18.11%，全国共调查1 570 314人，占全国总人口的0.15%。在这次调查中，全国被抽中住户调查的平均见面率达到97.35%，医生检查、诊断可疑残疾人做到了人人见面。

这次调查定性五类残疾人和综合残疾人[①]占调查总人数的4.897%，推算总体，全国各类残疾人约有5 164万人。其中，听力语言残疾约1 770万人，智力残疾约1 017万人，肢体残疾约755万人，视力残疾约755万人，精神病残疾194万人，综合残疾约673万人。[②] 定性残疾人数占调查总人数的比例，同医学界临床分析、典型调查所得的比例也大体接近。在入户调查、复查完毕后，随机抽取86个调查单位重新入户调查，经过对10 080户、43 228人的核查，住户调查人数的差错率为1.06‰，定性残疾人数的差错率为1.16‰，符合原设计（2‰）的要求。全国调查的精确度为99.3%，达到原设计（超过95%）的要求。这说明，本次残疾人抽样调查所得到的数据是可信的，可作为制定政策和规划的依据。

1. 为维护残疾人的合法权益提供了依据。这次调查查清了中国有关残疾人的各项数据，为制定有关法律提供了重要资料。1990年12月全国人民代表大会常务委员会第十七次会议通过了《中华人民共和国残疾人保障法》，明确要发展残疾人事业，保障残疾人平等地充分参与社会生活，共享社会物质文化成果的权利。

2. 为制定残疾人发展规划提供了依据。5 000多万残疾人是中国社会中困难最多的一部分。各级政府把残疾人事业纳入国民经济和社会发展计划，切实解决残疾人在康复、教育、就业、参与社会生活方面存在的

---

① 指具有两种以上的残疾。
② 见全国残疾人抽样调查领导小组：《关于全国残疾人抽样调查主要数据的公报》，1987年12月7日。

问题。

3. 为国家有计划地开展残疾预防工作提供了依据。

(五) 中国 1987 年儿童情况抽样调查

为掌握儿童的发育、健康、疾病、接受教育、生存环境及死亡原因等情况，为国家制定有关儿童教育、卫生、保健等方针、政策提供依据，1987 年，经国务院办公厅批准，由国家统计局、卫生部、公安部、民政部、全国妇联、共青团中央等部门联合组织进行了一次儿童基本情况抽样调查。

为使这次调查能反映儿童的情况并兼顾沿海与内地、边远少数民族地区等不同地理位置和不同经济发展状况等因素，决定参加调查的有内蒙古、黑龙江、浙江、山东、湖北、广东、四川、云南、宁夏 9 个省、自治区。

这次抽样调查以 1987 年 7 月 1 日零时为标准时间。调查范围包括 9 个省、自治区的 84 个县、市，共调查了 192 367 户家庭，总人口为 811 842 人，其中 0~14 岁儿童为 234 659 人，占 28.9%。

这次调查的入户率接近 100%，儿童身高、体重的测查率达 98.6%。现场调查后，曾按规定组织了对每个调查员调查质量的抽查，每个点抽 10 户。抽查结果，人口总数的差错率为 1.0‰，儿童人数的差错率为 0.9‰，儿童性别的差错率为 0.8‰，说明这次调查误差率较低，调查质量较好。调查资料显示[①]：

1. 这次调查的 1 062 个村（居）民委员会中，设有完全小学或初级小学的占 91%。这说明政府和社会为绝大部分儿童就近入学创造了条件。

2. 设有医院、诊所、乡医或卫生员的村（居）民委员会占 87.6%。这说明大部分儿童的保健工作有人管理，患了疾病可就近得到初步诊治。

3. 这次调查的儿童中，有 92.7% 与父母生活在一起，由双亲抚养。据对 14 506 名 14 岁儿童家长的意向调查，有 82.5% 的家长不仅在身体健康方面爱护儿童，而且在性格、毅力等方面注意培养儿童的独立生活能力，有 72.3% 的家长关心儿童学习，在儿童智力开发、知识积累方面倾注心血。这反映了大部分儿童有一个良好的家庭环境。

[①] 中国儿童情况抽样调查办公室编：《中国儿童状况的调查与研究》，中国统计出版社 1990 年版。

4. 在被调查的 0~5 岁儿童中，有 13.5% 的儿童被送入幼儿园（托儿所）或学前班，较 1983 年底调查时上升 3.9 个百分点。

5. 在被调查的 6~14 岁儿童中，有 76.7% 的儿童在中小学学习，较 1983 年底调查时提高 1 个百分点。

6. 在被调查的 0~1 岁婴幼儿童中，0~3 月的儿童中有 68.8% 用母乳喂养。

这次调查数据对制定儿童事业发展规划和措施提供了可靠依据。这次调查也反映出一些值得注意的问题，如学龄儿童在校率较低、辍学现象严重，对儿童的理想教育不够，独生子女率城乡差别较大，儿童卫生保健工作还有待改善。

（六）中国 1987 年 60 岁以上老年人口抽样调查

为了解有关老年人口在生活、学习、就业、婚姻、家庭、医疗、健康、交往等方面的情况，1987 年进行了一次全国性的老年人口抽样调查。这项调查以中国社会科学院人口研究所为主，有国家计委、公安部、劳动人事部、国家统计局、中国老年学学会、中国老龄问题全国委员会等部门参加。

这次调查的标准时间为 1987 年 6 月 30 日 24 时。调查对象为 60 岁以上老年人口。调查内容包括性别、年龄、文化程度、婚姻、生育、在家庭的经济地位、行业、职业、收入、经济来源、医疗、健康营养、供养、生活料理和主要困难、居住条件、时间安排等。

这次调查共调查了老年人口 36 755 人，其中市 13 963 人，镇 3 856 人，县 18 936 人。市、镇范围包括了 28 个省、自治区、直辖市（未含西藏）的全部特大城市、大城市、部分中小城市和镇共 223 个。县的范围包括了 28 个省、自治区、直辖市共 830 个县。本次抽样采用了分层、多阶段、整群、随机抽样的办法。

全国 60 岁以上老年人口抽样调查按计划如期完成。这次调查达到了设计要求，取得了成功。经过科学论证，数据是可靠的，质量是比较高的。通过这次抽样调查，取得了丰富资料。[1]

---

[1] 中国社会科学院人口研究所：《中国 1987 年 60 岁以上老年人口抽样调查资料》（电子计算机汇总），《中国人口科学》编辑部，1988 年。

1. 1987年60岁以上老年人口年龄中位数为67.6岁。随着老年人口年龄组年龄的升高，性别比逐年下降：由60～64岁的107.8，下降到70～74岁的82.1，80～84岁的53.8，90岁以上的37.5。

2. 随着老年人口年龄的升高，文化程度呈不断下降的相反趋势。60～64岁人口文化素质指数①为2.67，70～74岁为1.57，80～84岁为1.10。

3. 老年人口有配偶率低，丧偶率高，而且随着年龄增高而加剧。60～64岁有配偶率为78.02%，70～74岁为49.35%，80～84岁为21.84%，85～89岁为14.97%。与此同时，60～64岁的丧偶率为18.93%，70～74岁47.40%，80～84岁为74.86%，85～89岁为84.31%。

4. 经济收入中退休金、子女供给、劳动收入占到全部收入的90%以上。高年龄组老年人口收入水平较低。

5. 城乡老年人口健康水平差别不大，基本上是良好的。健康状况良好的，市占15%，县占17.5%；健康状况较好的，市占30.6%，县占26.3%；较差的，市占18%，县占17.2%；很差的市占10.6%，县占8.2%。

这次老年人口抽样调查是对中国人口老龄化研究的一项重要贡献。它对中国老年人口问题的研究和解决，对繁荣和发展老年人口科学以及老年事业的发展起到了推动作用。

（七）1988年全国生育节育抽样调查

为掌握全国和各省、自治区、直辖市计划生育工作开展以来妇女的生育节育水平及其发展变化趋势，以便研究生育现象的自然规律，研究社会经济发展对生育的影响，研究在经济体制改革形势下日益增加的流动人口的生育状况，深入分析中国人口增长的形势，评估现行计划生育政策，加强科学管理，推动计划生育工作，经国务院批准，在1988年进行了一次全国生育节育抽样调查。

这次调查以国家计划生育委员会为主组织进行。有国家计划委员会、财政部、公安部、国家统计局等有关部门参加。

---

① 人口文化素质指数：主要指按人口平均接受教育的时间，为近似值。

这次调查共有67个调查项目，包括人口基本情况、自然变动、人口移动、婚姻、计划生育工作、样本点社区情况等，重点调查55岁以下已婚妇女的怀孕史、生育史、避孕史及月经、哺乳等情况。有些内容在中国是首次调查。

这次调查采取了不等比例抽样，全国总样本规模为216万人，平均抽样比为1.98‰。各省抽样比不等，在0.9‰至22.1‰之间，省级样本规模在4.2万至9.3万之间，平均7.2万人。这次调查样本点（村、居民小组）的规模较小，样本点总个数相对较多，又采取单阶段抽样，样本点分布均匀，抽样误差比较小。调查结果不仅对全国有很好的代表性，对省也有较好的代表性。这次调查共抽取了13 466个村（居）民小组或同级集体户，这些样本单位分布在占全国县级行政单位总数95%的2 707个县（市、区、旗），共调查到485 235户，2 151 212人，约占全国总人口的2‰。被重点调查的15~57岁已婚妇女共459 269人。参加这次调查的工作人员有27 000多人，组成7 900多个调查小组。调查人员绝大多数是县、乡级计划生育专职干部。为便于调查询问，调查人员中有一半以上为女性。所有调查人员都经过国家或省（地）级的严格培训和考核。

这次调查的标准时间为1988年7月1日零时。从1986年开始准备，1988年7月1日全面调查登记，同年10月底完成几项主要指标的手工汇总，1989年2月完成了第一批计算机汇总。

这项调查主要指标的精度达到了原设计要求。现场调查的回答率为99.95%。经过对随机抽取的29个样本单位的复查，在9 425项调查数据中，发现差错9项，现场调查的准确率为99.9%。

这次调查与以往较高质量的人口调查的可比指标相对照，一致性较高。以1981年全国妇女总和生育率为例，第三次全国人口普查结果为2.58，全国1‰人口生育率抽样调查结果为2.63，本次调查为2.61。各省、自治区、直辖市1981年妇女总和生育率与第三次全国人口普查结果也都是一致的。这表明，1988年全国生育节育抽样调查由于设计合理，准备充分，组织有力，获得的调查数据质量是好的，可信度较高。

通过这项调查，对中国人口增长形势有了一个比较正确的认识，从而可做出比较正确的估价，并能从多个侧面、多个因素进行较为深入的分析，为党和政府进行决策提供依据。特别是这种大规模的、深入的妇女生育、节育史调查，过去从来未进行过。这方面的许多资料在国内是空白。深入开发这次调查资料，将促进人口科学研究工作。

这次调查的内容涉及计划生育工作的各个方面，各地区、各部门都可以从调查数据中看到工作的成绩和问题，研究如何改进工作。这次调查还促进了计划生育部门管理信息系统的建立和发展。

（八）1992 年全国生育率抽样调查

改革开放以来，中国经济社会发展步伐加快，人口流动数量增加，城市化速度加快，群众的生产、生活方式有了新的变化。这些变化也影响着人们的婚姻、生育行为。在计划生育工作方面出现许多值得研究的新情况。为了研究新情况，更好地完成计划生育工作任务，解决实际问题，国家计划生育委员会于 1992 年 9 月至 10 月在全国 30 个省、自治区、直辖市进行了全国生育率抽样调查。

这次调查采用了两阶段、系统、整群的随机抽样方法[①]。第一阶段以县级为单位抽样，抽样比为 1/4；第二阶段在被抽中的县中，以村（居）民小组为单位随机抽样，抽样比约为 1.2‰。这次调查实际上涉及全国 670 个县（区、市），2 301 个村（居）民小组，样本规模为 38.5 万人，抽样比为 0.329‰。在 95% 的把握程度下，设计出生率误差为 0.70‰，对全国有较好的代表性。

这次调查共设有 33 个调查项目，其中有关样本点情况 16 项，有关全户情况、全部人口的基本情况和 15~49 岁已婚妇女的生育节育情况 17 项。这次调查内容重点为 15~49 岁已婚妇女的生育史和当年的节育情况。

这次调查没有规定统一的调查标准时间，而是定为 1992 年 9 月至 10 月调查当天的 0 时，采取哪个点培训结束、哪个点即开始调查的办法。经过计算，本次调查的平均调查时点为 1992 年 10 月 7 日。参加调查的调查员由样本点所在乡（镇、街道）的计划生育助理员担任。为了减少培训层次，保证培训口径的统一，本次调查人员的培训采取国家直接培训县级调查指导员，再由县调查指导员直接培训调查员两级培训的方法，共培训 600 多名调查指导员，2 300 多名调查员，这是一支训练有素的调查队伍。

由于当时人口与计划生育的瞒报、漏报现象比较严重，在这次调查中

---

① 蒋正华主编：《1992 年中国生育率抽样调查论文集》，中国人口出版社 1996 年版。

设计了严格的质量检查办法。这项检查采取随机抽样的方法，由国家统一抽调检查人员组成检查组，主要对调查数据进行核实。各种控制调查误差的做法也都被列入检查的范围之内。

为了取得基层干部和群众的合作，在调查中反复强调，本次调查结果不作为评价省及省以下各级计划生育目标责任制、评价各级领导政绩的依据，也不影响以往计划生育工作成绩。国家也不向各级反馈调查原始数据。现场调查结束后，由调查员将登记资料直接报国家计划生育委员会。

通过对年龄构成、婚姻状况、生育情况和死亡情况等方面的调查数据质量的严格检验，并与1988年全国生育节育抽样调查和1990年第四次全国人口普查10%抽样资料、国家统计局人口变动抽样调查等数据的对比以及资料内部关系的检验没有发现明显的问题。这表明，1992年全国生育率抽样调查是一次成功的调查，数据质量比较高，有很好的代表性，可用于分析中国人口规模和生育水平的变化情况，也可作为人口预测的依据。

调查结果显示，由于中国坚持不懈地实行计划生育的基本国策，妇女终身生育水平有了明显下降，初婚年龄逐年提高；一孩总和生育率下降，生育胎次间隔也在拉大。在这些因素影响下，使中国的生育水平在90年代初期达到了更替水平。

这次调查，不仅填补了1987年以后中国有关生育、节育资料的空白，也为各级领导掌握人口形势，研究计划生育工作中的新问题提供了宝贵资料。利用这些资料可以对有关人口构成、婚姻、生育、节育、死亡、迁移、城乡差别、性别偏好、计划生育与地理环境、交通、医疗、教育、农民的生活条件、经济收入水平的关系等进行深入研究。对研究如何进一步坚持计划生育这一基本国策，更有效地控制人口数量，不断提高人口质量有重要价值。

(九) 中国1992年儿童情况抽样调查

为全面掌握有关儿童生长发育、计划免疫及接受教育等基本情况，为政府制定有关妇女儿童政策，推动"三优工程"（优生、优育、优教）的实施提供依据，经国务院同意，国家统计局在国家教委、卫生部、民政部和全国妇联的协助下，于1992年在全国范围内，开展了一次中国儿童情况抽样调查。

这次调查以 1992 年 6 月 1 日零时为标准时间，采用入户访问的形式，根据全国统一的方案，在 29 个省、自治区、直辖市（未含西藏）的 240 个城市和 841 个县，共抽选 561 374 户进行了调查，被调查人口共 2 150 942 人，其中 0～14 岁儿童为 570 748 人，合格妇女 374 000 人。

这次调查的内容主要包括两个方面。一是儿童的健康成长情况，包括儿童喂养、患病、成长、预防接种、接受教育情况和有关卫生保健、环境等情况。二是与儿童成长有关的背景资料，包括家庭收入和育龄妇女生育情况。

中国 1992 年儿童情况抽样调查结果显示，15 岁及 15 岁以上的妇女中，有 73.56% 受过小学及小学以上的教育，文盲和半文盲占 26.4%。在被调查户中有 38.6% 的户使用自来水，城市为 94.2%，而农村只有 16.9%。1991 年出生的儿童中，在家出生的占 66.37%，城市为 7.15%，而农村高达 71.23%。1991 年全国婴儿死亡率为 31.42‰，城市为 14.02‰，农村为 37.53‰。全国 7～11 岁学龄儿童在校率为 75.1%，城市为 91.8%，农村为 70.3%。全国 54.3% 的 12～32 个月的儿童完成了四苗（卡介苗，小儿麻痹糖丸，白、百、破三联针，麻疹疫苗）全程免疫，城市为 74.8%，农村为 49%。在 0～3 个月的婴儿中纯母乳（指不添加任何辅食）喂养的，城市占 5%，农村占 22%。有 17.6% 的 5 岁以下儿童患过急性呼吸道感染，9.1% 的儿童得过腹泻。1991 年全国的低体重婴儿出生率为 6.27%，城市为 4.02%，农村为 7.43%。根据国际卫生组织的标准，对 5 岁以下的儿童，按年龄、身高计算，有 18.4% 的男性儿童和 19.3% 的女性儿童低于三个标准差，属重度营养不良。

这次调查资料对于全面了解中国儿童基本情况和国家制定儿童生存、保护和发展政策，制定社会发展的中长期规划提供了可靠依据。

通过这次调查也反映了中国儿童在受教育、接受计划免疫接种、医疗、母乳喂养、营养等方面存在的问题，要求切实贯彻义务教育法，特别是重视农村儿童的教育与医疗，加强计划免疫接种工作，宣传和提倡母乳喂养，解决儿童营养不良等问题。

（十）1997 年全国人口与生殖健康调查

随着社会主义市场经济的发展，计划生育管理和服务面临着许多新的问题，广大群众在生殖健康方面的需求不断增长。为回顾"八五"以来中国人口变动趋势，掌握育龄人群的避孕、生殖健康的现状，以及育龄人群对计划生育服务的需求，为进一步提高计划生育工作管理水平和服务质量提供科学依据，国家计划生育委员会于1997年组织了全国人口与生殖健康调查。这是继1982年、1988年、1992年进行全国生育率抽样调查后，组织进行的第四次全国范围的抽样调查。

全国人口与生殖健康调查分两期进行[①]。第一期调查内容为人口的基本情况和样本点的社区情况；第二期调查内容涉及育龄妇女的生育、避孕、生殖保健方面的知识、态度和行为，以及对计划生育需求和相关的生活、生产服务需求。两期调查间隔两个月。

这次调查考虑到90年代中期以后，各省生育节育情况的差异在缩小，在设计调查方案时主要把握的是全国和沿海、中部、西部几个大的区域的情况，并不对各省的生育节育水平做评估，也不要求调查数据对各省及省以下有代表性，所以这次抽样调查的样本量较过去几次调查有较大减少。

第一期调查采用多阶段、整群、概率比例抽样法，共抽取了分布在全国各省、自治区、直辖市337个县（市、区）的1 041个样本县，共调查登记了186 089人，其中常住人口169 687人。第二期调查的调查对象为第一期调查人口中的部分育龄妇女，共抽取了16 090人，调查登记了15 213人。

调查登记工作结束后，对28个省、自治区、直辖市的52个村（居）民小组、2 148户、8 913人进行了质量检查。检查结果表明，这次人口与生殖健康调查的数据质量是较好的，达到了预期目标。这次调查基本反映了中国妇女的生殖健康状况。

这次调查数据显示：育龄妇女生最小孩子时产前检查率为57.3%，城市为86.3%，农村为49.2%。在未做产前检查的妇女中，认为"不需要做"的人占63.1%，"不知道要做产前检查"的人占18.6%。有64.5%的人认为应该对在校学生讲授生育知识，有48.2%的人认为应该对未婚青年提供避孕咨询，但也有54.3%的妇女不同意向未婚青年提供避孕药具。做过计划生育手术的妇女对手术前后服务认为"很满意"的

---

① 见国家计划生育委员会计划财务司、中国人口信息研究中心编：《1997年全国人口与生殖健康调查论文集》，中国人口出版社2000年版。

占41%，认为"较满意"的占36.5%，认为"一般"的占14.4%。已婚育龄妇女的避孕率，在城市为82.4%，农村为84.2%。有偶育龄妇女对性生活"满意"的占56.8%，"较满意"的占17.8%，认为"一般"的占14.4%。这是中国第一次反映有关育龄妇女性生活的定量情况。

通过这次全国人口与生殖健康调查，取得了翔实的数据。它对指导工作和科学研究具有重要价值，有助于对中国人口和计划生育事业发展态势的认识，也促进了对中国人口生殖健康状况的研究。

进入20世纪80年代以来，中国在人口与计划生育方面有关部门和单位进行了多次抽样调查，除上述列举的以外，还有国家统计局1987年组织进行的第二期深入的生育力调查，中国社会科学院人口研究所组织进行的《中国1986年74个城镇人口迁移抽样调查》《1991年当代中国妇女地位抽样调查》《中国1992年10省市家庭经济与生育抽样调查》，全国妇联组织进行的《2000年中国少年儿童素质状况抽样调查》、全国妇联和国家统计局联合组织进行的《2000年第二期中国妇女社会地位抽样调查》等。

新中国成立50年以来，通过人口普查和抽样调查，在不同的发展阶段，取得了丰富、准确的人口资料，它在国家制定国民经济和社会发展规划、制定人口与计划生育政策、推动人口科学事业的发展等方面发挥了重要的作用。这些资料不仅是中国的宝贵财富，也是全人类的共同财富，深入开发这些信息资源必将对中国以及全世界的人口与发展产生积极的作用和广泛的影响。

历史的结论

中国是世界上人口最多的国家。全国地域960万平方公里，若干地区交通不便，生产力和科技、教育还比较落后，各地发展很不平衡，进行现代人口普查和抽样调查的历史还比较短。在中国进行人口调查的困难是显而易见的。但是，中国有优越的社会主义制度，有在人民心目中享有崇高威望的各级人民政府，有虚心好学、勤奋工作的广大干部和科研人员，有热爱社会主义祖国、积极参与和支持政府各项工作并有较高思想水平和组织水平的人民群众。这些都是成功进行人口调查的有利条件。为了使中国的人口调查能够赶上甚至在某些方面超过国际先进水平，中国人口调查的领导机构充分重视和运用上述有利条件，以实事求是的态度和坚韧不拔的努力，从中国的实际情况出发，认真学习、消化和运用外国的先进经验，使历次全国人口普查和各项全国性的人口抽样调查取得了成功。中国进行人口调查的主要经验是：

（一）实行强有力的组织领导。中国政府对于涉及广大人民群众的工作，具有统一领导、部门协作的传统。人口普查作为一项纵横交错、规模巨大、结构复杂的有机整体（社会系统工程），只有在政府的领导下才能完成。为此，国务院和地方各级政府都建立了具有权威性的普查领导机构（各级人口普查领导小组）。各级政府的人口普查领导小组组长均由政府的主要领导担任，领导小组副组长和成员由政府的一位秘书长和有关部门负责人担任。这样，不但保证了政府对人口普查工作的坚强领导，而且有利于各有关部门的密切协作和配合。在人口普查的各主要工作环节，都由领导小组作出部署，并协调各方面的工作，解决调查工作中遇到的实际问题和困难。各级人民政府把人口普查列为政府的一项重要议事日程，人口普查的重大问题要由人民政府讨论决定。

为了统筹人口普查整个过程中各个阶段、各个环节的工作，各级政府把人口普查的决策、组织和管理建立在严密的科学基础上。把人口普查工作作为一个大系统，使普查中的各种规定和目标明确，各个方面、各个环节的工作做到了全国统一、协调一致，并对一些工作进行了科学分解，使普查任务化整为零，许多工作平行作业，从而最大限度地利用了人力、物力、财力，缩短了工作的时间。这充分体现了政府强有力的领导、组织、协调能力。

（二）从实践中学。"一切经过试验"，"突破一点，指导全面"是中国一向提倡的工作方法。在制定调查方案时，都通过了多级试点来检验调查方案的科学性、可行性，力求使调查项目、指标的设置更加科学合理，便于收集到准确的人口信息。通过广泛深入的调查研究，反复论证，在"实践、认识、再实践、再认识"的往复循环中使认识逐步提高，方案逐步完善，从而制定出一套行之有效、操作性强的调查方案和工作细则。通过多级试点，还可以取得组织实施人口调查的经验，培训大批调查骨干。

（三）从本国的实际情况出发，吸收外国经验。中国十分重视外国人口调查的经验，既发扬虚心好学的精神，又本着创新和科学的态度。对待外国经验，只能按照本国的实际情况加以运用。中国的人口普查和抽样调查采取了一套具有中国特色的做法。实际上，其他国家进行的成功的人口普查也都具有本国特色。正是由于有了许多国家各具特色的经验，才能抽象出各国共同的一般经验。而这共同的一般经验，就包含在各国不同的经验之中。因此，各国经验才有可能、有必要互相借鉴；正因为这样，各国之间的做法不能相互照抄照搬，而必须使它适应于本国的土壤和气候，这样才能使它在本国的土地上生根、发芽、开花、结果。

（四）广泛的社会动员。人口普查是一次大规模的社会调查，是检验一个国家政治、经济、科技力量的重要尺度之一，是和平时期最大的社会动员。人口普查关系到社会的各个方面，关系到千家万户，关系到每一个人。因此，必须广泛、深入地发动全社会关心、支持、配合人口普查，才能保证人口普查的成功。

人口普查的社会动员包括组织动员和思想动员。首先要动员各地方和有关部门的领导者，还要动员基层干部，通过他们去动员广大人民群众；还要动员广大普查员、普查指导员、计算机技术和管理人员，做到领导、专业干部、群众三结合。历次人口普查在各级政府的组织下，运用了各种宣传工具，通过各种宣传媒介，进行了持久的、广泛的、深入的思想宣传教育，激发了爱国主义思想。经过广泛的宣传动员，广大人民群众真心实意地把人口普查看作是祖国顺利进行社会主义建设的必要措施，他们如实申报。人民群众是我们力量无穷无尽的源泉。广大普查工作人员在工作中所表现出的那种为消灭误差、达到高质量而战胜一切困难的奉献精神是同他们热爱社会主义祖国的精神分不开的。每次人口普查的成功都是部门协作、群众支持、普查员努力工作的结果。

（五）以提高数据质量为中心。人口普查的最终目的是为了取得高度准确的调查数据。人口普查能否达到比较高的质量，主要取决于各级政府的坚强领导、普查人员的艰苦努力和广大人民群众的积极合作。同时，在人口普查中必须采取一系列质量控制办法。

对于人口普查这样一个庞杂的社会系统工程来说，任何阶段、任何环节的工作，对整个系统都有牵一发而动全身的性质。因此，必须实行严密的质量控制。只有普查工作的每一个环节都得到了有效控制，才能切实保证人口普查各方面工作的高质量。

人口普查可能产生三方面误差，即方案设计中的误差，调查登记中的误差，数据处理中的误差。为了消除设计中的误差，曾进行了多次试点，对调查方案加以检验和修改。为了尽可能消除普查登记和数据处理中的误差，运用质量控制的理论，并根据多级试点的经验，除了在每一个工作阶段采取质量保障措施，使误差尽量少发生外，对已经发生的误差不能到全部工作的末尾再采取措施，进行"长线反馈"，而应当从开始就立足于基层，层层把关，通过"复查"和"验收"，实行"短线反馈"，即在下一道工序开始前，确保上道工序符合规定的质量标准。为此，调查的组织者规定了各个环节的质量验收标准和达到这些标准的方法，实行步步把关，层层检查，层层验收，凡不合格的必须返工重做，力争把误差消灭在现场。

按照领导、专家与群众相结合的原则，在调查工作中还建立了从中央到基层的质量控制体系，并建立了质量责任制。各级人民政府人口普查领导小组组长是各地区人口普查工作质量的全面负责人，各级人口普查办公室主任是人口普查质量控制实际执行的负责人。

以上主要经验，有的来自中国的传统经验，有的来自外国的先进经验，在实践中，把它们有机地结合起来，形成了一套具有中国特色的现代人口调查经验。这些经验表明，中国共产党和人民政府有着强大的凝聚力和号召力，可以实施强有力的领导和卓有成效的工作，可以集中力量办成办好大事；同时也说明生活在优越的社会主义制度下的广大人民群众对党和政府有着强大的向心力，只要上下同心，任何艰苦的工作都是可以完成的。

第十九章　户籍管理制度

　　户籍管理制度是一项重大的行政管理制度，其产生发展历史悠久。新中国成立初期，全国户籍管理制度先从城市开始建立，然后扩大到水上，农村处于试建阶段。随着社会主义计划经济体制的基本建立，户口登记和统计工作的制度建设得到发展，全国城乡户籍管理机构得到统一。1958年1月9日，第一届全国人民代表大会常务委员会第九十一次会议通过、并于同日以中华人民共和国主席令公布的《中华人民共和国户口登记条例》，成为全国城乡统一户口登记制度正式形成的重要标志。此后的20多年，户籍管理制度既有发展，又有曲折，总体趋势和特点是以《中华人民共和国户口登记条例》为依据，逐步形成以控制市镇人口增长为基本内容的户口迁移制度。1985年9月6日，第六届全国人民代表大会常务委员会第十二次会议通过、并于同日以中华人民共和国主席令第29号公布施行的《中华人民共和国居民身份证条例》，标志着居民身份证制度的正式形成。至此，全国户籍管理制度形成一套以户为单位、以人为对象，包括户口登记制度、居民身份证制度、户口迁移制度、户口统计制度、常住人口和暂住人口管理制度等内容的日益完善的制度体系。[1]

---

[1] 不少学者认为，现行户籍管理制度的内容还包括商品粮油定量供给制度、劳动就业制度、医疗保健制度等辅助性措施，以及在接受教育、转业安置、通婚子女落户等方面衍生出的许多具体规定，它们构成了一个利益上向城市人口倾斜，包含社会生活多个领域、措施配套、组织严密的体系。本章认为，这种对户籍管理制度外延的扩大化理解，并不符合中国现行户籍管理政策法规的精神。

第一节 户口登记制度的形成

一 国民经济恢复时期的户籍管理制度

新中国成立以前,党的工作重点在乡村,工作中心是进行革命战争。新中国成立后,党的工作重心由乡村转移到城市,而城市工作以生产建设为中心。1949年6月30日,毛泽东发表《论人民民主专政》这篇重要文章,阐述了新中国的国家性质。他指出:历史的经验表明,资产阶级共和国的方案在中国是行不通的。"总结我们的经验,集中到一点,就是工人阶级(经过共产党)领导的以工农联盟为基础的人民民主专政。"[①] 我们要经过人民共和国,由农业国进到工业国,由新民主主义社会进到社会主义社会和共产主义社会。他指出:"对人民内部的民主方面和对反动派的专政方面,互相结合起来,就是人民民主专政。"[②]

为了适应党的工作重心转移的要求,为了发挥户籍管理在人民民主专政国家机器中的重大作用,建国初期,户籍管理的指导思想是:经济上,围绕生产建设,恢复国民经济;政治上,镇压反革命活动,保卫新生政权。1950年10月,公安部召开第一次全国治安行政工作会议,规定户籍管理工作"先在城市做起,农村户口工作,可从集镇试办,然后逐渐推广"。[③] 户口工作的任务是"了解社会动态、阶级关系,搜集人口资料为施政之重要依据。保证人民居住迁徙之自由,安心从事生产建设。它是依靠人民,保卫人民民主权利,建立在人民群众支持拥护的基础上,实行对帝国主义的走狗、封建阶级、官僚资产阶级的统治。发现、控制反动分子,管制他们不许乱说乱动,取缔从旧社会遗留下来的封建会道门、盗匪小偷等不务正业分子,使他们改恶从善,以巩固革命秩序。"[④] 户口工作是经常的细密的群众性调查研究工作,必须是一般行政工作与对反动分子

---

① 《毛泽东著作选读》下册,人民出版社1986年版,第687页。
② 同上书,第682页。
③ 《罗瑞卿在全国治安行政工作会议上的总结报告》,载《户口管理资料汇编》第一册,公安部三局1964年版,第5页。
④ 《第一次全国治安行政工作会议文件》,载《户口管理资料汇编》第一册,公安部三局1964年版,第6页。

的调查管制兼顾。各地户口经过普查登记后，派出所建立户口登记簿，市公安局建立户口卡片。中央直辖市、各大行政区直辖市实行户口统计报告制度。

为了加强户口管理，防范反革命分子、危害治安分子的破坏活动，维护革命秩序，公安部于1950年8月12日制定了《特种人口管理暂行办法》（草案）。根据该暂行办法，凡曾为反动党团、特务、军政官员，或为反动派掌握的外围组织之活动分子，尚无证明其确已改悔者，及有反革命可疑尚不足构成侦察条件者，均得认为政治性之特种人口。凡属封建地主、封建会门、散兵游勇、隐藏武器、扰乱金融、假冒伪造、抢劫偷盗、贩毒、聚赌、窝娼等首要分子或可疑分子及前科犯、假释犯，均得认为社会性之特种人口。对特种人口的管理方针是：依靠群众调查，结合行政管理，进行宣传教育，以瓦解特种人口的反动思想，缩小其活动范围。对特种人口的管理方法包括公开管理和秘密调查。

为了维护社会治安，保障人民之安全及居住、迁徙自由，经中央人民政府政务院批准，公安部于1951年7月16日公布了《城市户口管理暂行条例》。根据该条例，除人民解放军、人民公安部队、人民警察等武装部队、机关、兵营，及各外国驻华使领馆之外交人员外，凡在城市之中、外居民，均须遵守该条例。户包括住家户、工商户、公寓户、船舶户、寺庙户、外侨户。户口管理一律由公安机关执行。户口遇有迁出、迁入、出生、死亡及结婚、离婚、分居、并居、失踪、寻回、收养、认领、雇工、解雇、开张、歇业或户主、职业等有变动时，均须分别报告，办理相关手续。来客住宿超过三日者，须向公安派出所报告。各户均须置户口簿，医院须另备住院病人登记簿，旅栈、客店须备旅客登记簿。《城市户口管理暂行条例》的颁布，是全国城市户籍管理制度形成的标志。

1952年10月18日，为了加强水上镇反运动，第五次全国公安会议决议规定，在发动群众的同时，着手建立水上户口工作，健全和加强水上公安工作。从此，水上户口管理工作初步展开。

总之，国民经济恢复时期，全国户籍管理制度是先从城市开始建立，然后扩大到水上，农村处于试建阶段。城市户籍管理偏重于了解人口基本情况，维护社会治安。由于刚解放时，部分国民党军政人员和官僚资本家溃散逃离，旧社会的残渣余孽受到收容改造，一部分居民迁出城市，加之城市经济暂处停滞状态，有的企业停产，大量人员待业，人民政府有组织地遣散城区的无业和非正当职业的人回乡参加农业生产，以及学生参军、参干，城市人口缩减，城乡户口迁移基本上不存在控制问题，公民的迁徙自由有着明确的法律保障。1949年9月29日，中国人民政治协商会议第一届全体会议通过的《中国人民政治协商会议共同纲领》规定："中华人民共和国人民有思想、言论、出版、集会、结社、通讯、人身、居住迁徙、宗教信仰及示威游行的自由权。"

二 社会主义制度基本确立时期的户籍管理制度

随着土地改革任务在全国范围内基本完成，国民经济恢复工作顺利进行，1953年，中共中央提出了由新民主主义向社会主义转变的过渡时期总路线。在过渡时期总路线和第一个五年建设计划精神的鼓舞下，全国城乡迅速形成工业化建设的高潮。与此同时，户籍管理制度在维护公民权益、维持社会秩序、配合国家建设方面发挥了很大的作用。

经过三年的国民经济恢复时期，全国的国民经济得到了很大发展，政治安定，人民团结，中央人民政府委员会决定召开各级人民代表大会，代表由各乡、县、省普选产生。为了配合全国人民代表大会及地方各级人民代表大会的选举，就必须做好选民登记工作。参照苏联1939年的人口普查模式，1953年4月3日，政务院发布了《为准备普选进行全国人口调查登记的指示》和《全国人口调查登记办法》，进行了第一次全国人口普查。在第一次全国人口普查的基础上，农村建立了简易户口登记制度，也为全国经常户口登记制度的建立奠定了基础。同时，它对于保障公民行使选举权利，对于依法剥夺地主阶级分子及其他反革命分子的选举权，提供了充分的依据。户口登记部门所签发的户口簿册、证件，也起到了证明公民身份的作用。

1954年12月20日，内务部、公安部、国家统计局发出《关于共同配合建立户口登记制度的联合通知》，规定农村户口制度的建立，民政部门应担负主要责任。城镇、水上、工矿区、边防要塞区等地方的户口登记工作由公安部门负责。1955年6月22日，国务院发出《关于建立经常户口登记制度的指示》，明确提出：全国户口登记行政由内务部和县级以上人民委员会的民政部门主管。办理户口登记的机关，在城市、集镇是公安派出所，在乡和未设公安派出所的集镇是乡、镇人民委员会。公安派出所和乡、镇人民委员会应建立户口登记簿和出生、死亡、迁出、迁入四项变动登记册。户口登记的统计时间定为每年一次，由基层户口登记机关分别填报，逐级汇总上报，全国户口统计由内务部汇总。

为了解决人口盲目流动对计划经济发展带来的影响，在实行统购统销制度的同时，中央政府还数次发文[①]，要求各地政府劝阻和制止农民盲目流入城市，并对劳动力调配实行计划管理。虽然国家对农民盲目流入城市采取了劝阻和制止的办法，但对正当合理的迁移并没有加以限制。1955年3月，内务部、公安部在《关于办理户口迁移的注意事项联合通知》中规定：对"那些确实因残、病、年老到城市依靠子女或亲友供养，子女随父母到城市上学，妻子到城市找丈夫同居，以及其他非从事农业生产而有正当理由到城市的居民，不能以盲目流入城市的农民看待，而应当发给迁移证。"同年6月22日，国务院在《关于建立经常户口登记制度的指示》中有关户口迁移的具体规定，也遵循着1954年第一部《中华人民共和国宪法》有关公民有居住和迁徙自由的原则。

城乡户籍管理制度逐步完善的目的之一，就是通过户籍管理，密切配合有关部门调查、发现和打击各种犯罪分子，维护社会秩序。1953年9月，公安部召开第二次全国民警治安工作会议，提出当时户口管理工作的主要任务是：抓紧对敌人社会基础的调查工作，并在现有基础之上，逐步地系统地健全重点户口管理工作，以严密掌握社会情况，发现与控制反革命与刑事犯罪分子的活动。户口管理的重点应放在大中城市、工矿所在地、水上、军事要塞及其周围地区，并应着重掌握各种违法犯罪嫌疑分子的动向。在已有基础的大中城市，应该注意整理现有户口材料，为全面建立完整的人口卡片工作做好准备。小城市及有派出所的集镇，已建立户口工作者，应予巩固；力量不足者，暂缓建立。农村户口管理工作暂不进行。以往由农村移住城市的人口，可由乡政府办理迁移手续。1954年6月，公安部又召开第六次全国公安会议，强调户口管理工作是控制反革命分子与一般刑事犯罪分子的一项必要措施，必须严密管理制度，加强社会

[①] 比如：1953年4月17日，政务院颁发了《关于劝止农民盲目流入城市的指示》；1954年3月12日，内务部、劳动部又联合发出了《继续贯彻劝止农民盲目流入城市的指示》。

面的控制。要有重点地加强大中城市、工矿地区、军事要地和边防口岸重点户口的管理工作，加强对反革命社会基础的调查研究工作，发现和限制反革命分子和一般刑事犯罪分子的活动。按照上述会议的精神，户籍管理部门认真开展户口登记调查工作，发现和打击了大量的反革命分子和其他犯罪分子，并对一般反动党、团、敌伪军、政、警、宪人员，以及反革命分子的家属进行了教育改造工作，分化瓦解了敌人，缩小了敌人活动的社会基础。

1956年3月10日至21日，公安部召开了全国户口工作会议。会议总结了建国以后户口工作的基本情况，提出了1956年以后户口工作的任务，即在全国社会主义高潮的有利形势下，依靠群众的力量，有计划、有步骤地加快户口业务建设的速度，为社会主义建设事业提供更全面、更准确的人口资料；积极配合对敌斗争，严密控制坏分子的动态，提供逮捕、管制和侦察线索的材料，加强对反革命分子和各种犯罪分子的教育改造工作，以便更好、更快地肃清反革命，进一步维护公民的合法权益。为了很好地完成这些任务，会议提出必须认真建立和健全户口登记制度；深入开展户口调查工作，健全与加强对重点人口的管理；加强户口统计工作；在省辖以上城市普遍建立人口卡片。为了保证上述任务的顺利实施，会议还要求户口工作必须更好地贯彻群众路线，建立和健全户口工作机构，提高户口管理人员的政治觉悟和业务能力，加强对户口工作的全面规划和领导。公安部还批准下达了《关于重点人口管理工作的暂行规定》。[1] 全国户口工作会议是在社会主义计划经济体制基本建立的背景下召开的。这次会议对于加强户口工作的制度建设和业务建设，进一步促进全国城乡统一户籍管理制度的形成，具有十分重要的意义。

全国户口工作会议以后，各地认真贯彻执行会议精神，户口业务建设和组织建设有了一定的进展。首先，在户口管理制度方面，农村不少地方建立了户口登记制度，有的在原有登记的基础上进行了户口整顿和普查核对，换发了户口簿，减少了户口差错和重复遗漏现象；大中城市的机关、团体、学校、企业户口，也初步登记管理起来；边防户口管理也引起了重

---

[1] 有关全国户口工作会议的文件，载《户口管理资料汇编》第一册，公安部三局1964年版，第56~94页。

视；船舶户口登记制度也根据公安部1957年8月12日颁布的《关于建立和健全船舶户口登记制度的通知》的精神进一步健全起来。其次，在户口统计制度方面，国务院于1956年1月13日发布《关于内务部和各级民政部门掌管的农村户口登记、统计工作和国籍工作移交公安部和各级公安部门接管的通知》，调整了户口统计体制。公安部接管全国户口统计任务后，在国家统计局的指导配合下，做了大量工作，取得显著成效。第三，加强了对盲目流入城市的农村人口的劝止、控制工作。1957年12月18日，中共中央、国务院联合发出《关于制止农村人口盲目外流的指示》，要求公安机关严格户口管理，各有关部门密切配合，切实做好制止农村人口盲目外流的工作。根据上述指示精神，各地通过对迁移和流动人口的管理控制，有效地制止了农村人口盲目外流，保障了农业生产，紧缩了城市人口，消除了城市紧张情况。第四，在重点人口管理方面，根据各地的经验，公安部及时修改了《重点人口管理工作暂行规定》，并于1957年11月10日正式下发。户籍民警重视了户口调查研究工作，不少民警的人口熟悉率达到百分之八十到百分之九十。不少城市加强了重点人口管理整顿工作，通过重点人口管理为侦察部门提供了大量的侦察对象和破案线索，协同有关部门处理了一批游民分子，并注意加强对重点人口的教育改造工作。第五，省市两级户口管理组织机构与任务不相称的局面已基本扭转，县级一般设置了专业的户口机构，配备了专职干部，户口管理的组织建设得到了加强。与此同时，各地还对基层户籍干警进行了政策业务教育，从而为户口工作的开展奠定了有力的思想基础。

三 《中华人民共和国户口登记条例》的颁布

为了维持社会秩序，保护公民的权利和利益，服务于社会主义建设，1958年1月9日，第一届全国人民代表大会常务委员会第九十一次会议通过、并于同日以中华人民共和国主席令公布了《中华人民共和国户口登记条例》。4月，公安部三局又下发了《关于执行户口登记条例的初步意见》。户口登记条例和关于执行户口登记条例的初步意见，全面规定了户口登记的立户标准和范围、主管机关、登记簿册、常住人口登记、暂住人口登记、出生登记、死亡登记、迁出登记、迁入登记、变更更正登记、户口调查、户口统计、对违反户口管理行为的处罚办法等多方面的内容，是全国城乡统一户籍管理制度正式形成的重要标志，也是当代中国户籍管理制度发展史上重要的里程碑。

（一）户口登记条例规定了户口登记的范围、立户标准、主管机关、登记簿册，统一了全国城乡户口登记制度的适用对象、管理主体和登记簿册等问题

首先，条例明确了户口登记的范围。条例规定，中华人民共和国公民都应当依照条例的规定履行户口登记。现役军人的户口登记，由军事机关按照管理现役军人的有关规定办理。居留在中华人民共和国境内的外国人和无国籍人的户口登记，除法令另有规定外，适用该条例。其次，条例规定了户口登记的立户标准。条例规定，户口登记以户为单位。同主管人共同居住一处的立为一户，以主管人为户主。单身居住的自立一户，以本人为户主。居住在机关、团体、学校、企业、事业等单位内部和公共宿舍的户口共立一户或者分别立户。户主负责按照本条例的规定申报户口登记。再者，条例明确了户口登记工作的主管机关。条例规定，户口登记工作，由各级公安机关主管。城市和设有公安派出所的镇，以公安派出所管辖区为户口管辖区；乡和不设公安派出所的镇，以乡、镇管辖区为户口管辖区。乡、镇人民委员会和公安派出所为户口登记机关。最后，条例规定了户口登记簿册。条例规定，户口登记机关应当设立户口登记簿。城市、水上和设有公安派出所的镇，应当每户发给一本户口簿。农村以合作社为单位发给户口簿；合作社以外的户口不发给户口簿。户口登记簿和户口簿登记的事项，具有证明公民身份的效力。上述规定，使户口登记的适用对象、管理主体、登记簿册得到统一，成为全国城乡统一户口登记制度建立的基础。

（二）户口登记条例规定了常住人口及其变动登记、暂住人口登记制度的内容，从而形成了严密完整的户口登记制度体系

根据户口登记条例，中国的户口登记制度包括常住人口登记、出生登记、死亡登记、迁出登记、迁入登记、变更更正登记、暂住人口登记等七项内容。第一，关于常住人口登记制度，条例规定，公民应当在经常居住的地方登记为常住人口，一个公民只能在一个地方登记为常住人口。公安机关设置一人一表式的《常住人口登记表》进行常住人口登记。历年来，常住人口登记的项目主要有：户别、户主姓名、与户主关系、姓名、性

别、民族、出生日期、宗教信仰、住址、本市（县）其他住址、出生地、籍贯、文化程度、婚姻状况、兵役状况、身高、血型、服务处所、职业等。第二，关于出生登记制度，条例规定，婴儿出生后一个月以内，由户主、亲属、抚养人或者邻居向婴儿常住地户口登记机关申报出生登记。第三，关于死亡登记制度，条例规定，公民死亡，城市在葬前，农村在一个月以内，由户主、亲属、抚养人或者邻居向户口登记机关申报死亡登记，注销户口。第四，关于迁出登记制度，条例规定，公民迁出本户口管辖区，由本人或者户主在迁出前向户口登记机关申报迁出登记，领取迁移证件，注销户口。第五，关于迁入登记制度，条例规定，公民迁移，从到达迁入地的时候起，城市在三日以内，农村在十日以内，由本人或者户主持迁移证件或其他相关证件向户口登记机关申报迁入登记，缴销迁移证件。第六，关于暂住人口登记制度，条例规定，公民在常住地市、县范围以外的城市暂住三日以上的，由暂住地的户主或者本人在三日以内向户口登记机关申报暂住登记，离开前申报注销；暂住在旅店的，由旅店设置旅客登记簿随时登记。第七，关于变更更正登记制度，条例规定，户口登记的内容需要变更或者更正的时候，由户主或者本人向户口登记机关申报，户口登记机关审查属实后予以变更或者更正。上述户口登记制度已构成一个严密完整的户口登记制度体系。其中，常住人口登记制度主要是掌握常住人口的基本情况，其他登记制度主要是掌握人口的变动情况。如果缺少其中任何一项，都不能掌握人口的全貌。

（三）户口登记条例所规定的户口调查制度，为预防、发现、控制违法犯罪提供了法律武器

户口登记条例规定，公民因意外事故致死或者死因不明，户主、发现人应当立即报告户口登记机关。公民迁往边防地区，必须经常住地县、市、市辖区公安机关批准。被假释、缓刑的犯人，被管制分子和其他依法被剥夺政治权利的人，在迁移的时候，必须经过户口登记机关转报县、市、市辖区人民法院或者公安机关批准，才可以办理迁出登记；到达迁入地后，应当立即向户口登记机关申报迁入登记。户口登记机关在户口登记工作中，如果发现有反革命分子和其他犯罪分子，应当提请司法机关依法追究刑事责任。根据上述精神，公安部三局在《关于执行户口登记条例的初步意见》中明确规定了户口调查制度。初步意见指出，户口调查是

户口登记机关为深入了解居民的出身、来历、政治情况、社会关系、言行表现以及户口登记事项是否真实等必须进行的一项经常工作，是户口管理工作掌握情况、发现问题的基本方法。只有做好户口调查，才能有效地达到严密管理的目的。初步意见还明确规定了户口调查的方式方法和基本制度。这些规定，既是严密户口登记制度的重要措施，又为户口登记机关预防、发现、控制违法犯罪提供了重要的法律武器，成为户籍管理制度不可分割的重要组成部分。

第二节 居民身份证制度的建立与完善

居民身份证是根据国家法律规定，对本国公民统一颁发、公民个人持有的具有证明公民身份效力的法定证件。中国的居民身份证包括居民身份证和临时身份证。

一 居民身份证制度的酝酿与试行

新中国成立后，少数大中城市和边境地区曾制发使用简易的身份证。20世纪50年代中期，国家计划在城市建立身份证制度，因当时的客观条件及种种原因而没有具体实施。党的十一届三中全会以后，由于实行对外开放、对内搞活的政策，社会主义现代化建设蓬勃发展，人口流动规模迅速扩大，人们在生产、生活的各个方面对身份证件的需求迅速增加。同时，随着国内各行各业进行改革，社会主义民主与法制不断完善，各方面要求颁发居民身份证的呼声很高，需要鉴别公民真实身份的必要性越来越明显，建立居民身份证制度势在必行。

1983年5月9日，公安部党组在给党中央的《关于加强和改革公安工作的若干问题》的报告中，正式提出"提请国家立法，实行《公民证》制度"。这个报告经党中央批准，于1983年5月28日作为中共中央文件转发。这是党中央关于实行居民身份证制度的第一个决定。1984年3月17日，中共中央在批转《中央政法委员会关于巩固发展严厉打击刑事犯罪活动第一战役的成果和准备第二战役的一些设想》的通知中要求："全国各城市都要逐步实行居民证制度。"4月3日，国务院常务会议讨论通过了公安部《关于颁发居民身份证若干问题的请示》和《中华人民共和国居民身份证试行条例》。4月6日，国务院发布了《中华人民共和国居民身份证试行条例》，并决定在北京地区进行发证试点。

二　居民身份证制度的正式确立

为了证明居民身份，便利公民进行社会活动，维护社会秩序，保障公民的合法权益，经过一年多时间的试点发证，1985年9月6日，第六届全国人民代表大会常务委员会第十二次会议通过，并以中华人民共和国主席第29号令公布了《中华人民共和国居民身份证条例》，并决定自1985年9月6日起施行。根据该条例，居住在中华人民共和国境内的年满16周岁的中国公民应当依法申请领取中华人民共和国居民身份证。正在服现役的人民解放军军人、人民武装警察，不领取居民身份证，由中华人民共和国中央军事委员会和中国人民武装警察部队总部颁发军人和武装警察身份证件。居民身份证登记项目包括姓名、性别、民族、出生日期、住址。居民身份证的有效期限分为10年、20年、长期三种。居民身份证由公安机关统一印制、颁发和管理。公民应当向常住户口所在地的户口登记机关申请领取居民身份证，并按照规定履行申请领取手续。居民身份证有效期满或者登记内容有变更、更正或者证件严重损坏不能辨认时，应当按照规定申报换领新证；丢失证件的，应当申报补领。公民被征集服现役的，在办理注销户口手续时应交回居民身份证；退出现役后，发还居民身份证或者再申请领取居民身份证。被判处拘役、有期徒刑以上刑罚的人和被劳动教养的人以及被羁押的人，尚未申请领取居民身份证的，在服刑、劳动教养和羁押期间，不发给居民身份证；已领取居民身份证的，由执行机关按照规定收缴其居民身份证，释放或者解除劳动教养后，由本人申请领取居民身份证或者将原居民身份证发还本人。公民出境按照规定需要注销户口的，在办理注销户口手续时，交回居民身份证。公民死亡的，由公安机关收回居民身份证。公安机关在执行任务时，有权查验居民身份证，被查验的公民不得拒绝。公民在办理涉及政治、经济、社会生活等权益的事务时，可以出示居民身份证，证明其身份。条例还对违反居民身份证管理行为的处罚办法做出了规定。该条例全面规范了居民身份证的申领、制作、颁发、查验等工作，是中国实行居民身份证制度的法律依据，也是中国居民身份证制度正式建立的标志。

依照《中华人民共和国居民身份证条例》第十九条的规定，经国务院批准，公安部于1986年11月28日公布了《中华人民共和国居民身份证条例实施细则》。该细则共9章40条，对居民身份证的申领、换领、补领、使用、签发、编号、管理、查验及其他事项做出了全面规定。

为了证明公民身份，便利公民进行政治、经济和其他社会活动，保障公民的合法权益，加强社会管理，维护社会秩序，经国务院批准，1989年9月8日，公安部印发《关于在全国实施居民身份证使用和查验制度的通告》，决定自1989年9月15日起，在全国范围内实施居民身份证的使用和查验制度。根据该通告，公民外出活动应当随身携带居民身份证，以备使用或者接受查验。国家各级行政管理部门、企业事业单位、人民团体和社会各有关部门，在办理涉及公民权益事务需要证明居民身份时，应当核查居民身份证的持证人的相片和登记内容，并登记证件的编号。任何承办单位和工作人员不得以任何理由扣留或者抵押公民的居民身份证。公安机关在执行任务时，有权查验公民的居民身份证，被查验的公民不得拒绝。执行任务的公安干警在查验公民的居民身份证时，应当首先出示本人的工作证件。对于违反居民身份证管理的行为，情节较轻的，应当给予批评、教育；情节较重，构成违反治安管理行为的，依据《治安管理处罚条例》予以处罚。伪造、变造居民身份证的或者窃取居民身份证情节严重构成犯罪的，依照《中华人民共和国刑法》的相关规定追究刑事责任。

为了顺利实施居民身份证的使用和查验制度，1989年9月8日，公安部印发《关于在全国实施居民身份证使用和查验制度的请示》的通知，对实施居民身份证使用和查验制度的有关具体问题做出了明确的说明。根据该通知，查验居民身份证是指《中华人民共和国居民身份证条例》授权给公安机关在执行任务时，为查明公民身份，依法命令或强制公民出示居民身份证，重点审查、检验证件的真实性、时效性、持证人相片及其登记内容。核查居民身份证是指国家各级行政管理机关（包括公安机关）、企事业单位、人民团体和社会各有关部门，在办理涉及公民权益事务需要证明其身份时，对公民出示的居民身份证的相片和登记内容进行核对检查。法律规定不发给居民身份证的公民（正在服刑、被劳动教养和被羁押的人除外）在办理涉及个人权益的事务时，16周岁以下的，可以使用户口簿、暂住证或者学生证；人民解放军、武装警察部队官兵、文职干部和军队离退休干部，可以使用军官证、警官证、文职干部证、士兵证和军队离退休干部证明，以证明身份。依法应当申领但尚未领到居民身份证，以及居民身份证丢失、损毁正待补领的公民，可以根据需要申领临时身份证。16周岁以上常住户口待定人员，应当按照有关规定履行申领临时身份证手续，以证明身份。

在居民身份证查验与核查的实践中，公安机关摸索出了一套查验与核查的技巧。公安机关在日常工作和执行公务时，查验居民身份证的工作多为当场完成。当场直观查验居民身份证，通常采用整体识别、图形识别、颜色识别、逻辑识别和卡人对比识别等方法。遇有可疑证件不能确定的，一般送交技术部门进行专用仪器检测和暗记检测。

三 居民身份证制度的逐步完善

为了健全和完善居民身份证制度，公安部于1989年9月15日颁布了《临时身份证管理暂行规定》，决定自1989年10月15日起实施。根据该规定，临时身份证具有证明公民身份的法律效力。居住在中华人民共和国境内的16周岁以上的中国公民，应当申领居民身份证而尚未领到证件的，居民身份证丢失、损毁尚未补领到证件的，可以根据需要申领临时身份证。居住在中华人民共和国境内的16周岁以上常住户口待定的中国公民，应当申领临时身份证。临时身份证式样由公安部制定。临时身份证登记项目包括持证人姓名、性别、民族、出生日期和住址。临时身份证有效期限分为一年、二年两种。临时身份证由公安机关统一印制、颁发和管理。持临时身份证的公民在办理涉及政治、经济、社会生活等权益事务时，应当出示临时身份证，接受承办单位工作人员核查。有关单位不得扣留公民的临时身份证或将其作为抵押。公安机关在执行任务时，有权查验公民的临时身份证，被查验的公民不得拒绝。

为了改进居民身份证制证技术，为居民身份证制度的全面有效实施奠定坚实基础，自1995年7月1日开始，全国统一使用新工艺印制的居民身份证。新的居民身份证采用透视全息图像防伪，透视全息图像分别由长城烽火台图像、中国、CHINA等字样组成。临时身份证正面印有长城烽火台、群山和网状图案，背面只有网状图案。

1999年8月26日，国务院做出《关于实行公民身份号码制度的决定》，决定自1999年10月1日起在全国建立和实行公民身份号码制度。公民身份号码是国家为每个公民从出生之日起编定的唯一、终身不变的身份代码。公民身份号码由户口登记机关负责编制、管理。户口登记机关在为公民办理出生登记时，按照GB11643—1999《公民身份号码》国家标准，为公民编制公民身份号码。居民身份证编号由15位升至18位。建立和实行公民身份号码制度，是国家加强社会管理的一项重要基础建设，也是实现社会信息化管理的重要措施，对于促进全国社会主义现代化建设和经济体制改革，方便群众生活和保护公民的合法权益，具有十分重要的意义。

第三节 户口统计制度的演变

户口统计制度是国家统计制度中的一项基础统计，是认识国情、研究国力、决定国策的重要工具之一。在社会主义建设中，户口统计本着为国民经济、社会发展服务的方针，积极提供人口数据，在满足国家和地方行政管理的需要方面发挥了重要作用。

一 户口统计体制的演变

（一）1956年以前，全国城市和农村的户口统计工作由公安、内务两个部门分别掌管，国家统计局负责业务指导

公安部主管国内城市户口统计工作，在治安局户籍管理处设有人口统计组承担全国城市户口统计汇总任务。1950年11月，全国治安行政工作会议决定，中央直辖市、各大行政区直辖市实行户口变动月报表，调查户口发现问题月报表，市民、民族、籍贯、年龄、文化、婚姻、宗教统计半年报表，以及市民职业分类统计表。1953年规定，统计城市户口的报表简化为：户口变动统计月报以及居民年龄、文化程度和职业分类半年报等四种报表。

内务部主管农村户口登记、统计工作的是户政司。1954年，内务部颁发《户口变动统计表》，全国统一实行户口统计年报制度。1955年4月，由内务部、国家统计局共同颁发了《城镇人口及乡村人口统计表》，计有户数、总人口、城镇人口及乡村人口，均按男女性别统计的各项指

标。1955年6月，国务院发出《关于建立经常户口登记制度的指示》，决定全国户口登记行政由内务部和县级以上人民委员会的民政部门主管。办理户口登记的机关，在城市、集镇是公安派出所，在乡和未设公安派出所的集镇是乡镇人民委员会。户口统计暂定每年一次，由基层户口登记机关分别填报，逐级汇总上报，全国户口统计由内务部汇总。

国家统计局设有人口文劳科，主要负责人口统计的业务指导，协调部门工作，审定全国人口统计报表制度，研究分析人口数据，从事人口统计指标和统计口径的划分工作，并会同有关部门整理汇编全国人口资料，对外提供人口统计数据等。

（二）1956年元月，国务院决定将内务部和各级民政部门掌管的农村户口登记、统计工作移交各级公安部门统一管理

公安部接管全国户口统计任务后，在国家统计局指导配合下，做了大量工作，取得显著成效。1956年8月，公安部、国家统计局下达《关于加强人口统计工作的联合指示》，明确指出："人口统计工作是公安部门经常的一项业务工作，公安部门应严格掌握人口数和人口变动情况，按时填报汇总人口变动统计表和其他有关人口的统计报表，负责督促检查报表的执行情况，并按期向统计部门提供人口资料。"同时要求各级统计部门"在统计方法和技术方面应协助公安部门，并加强对人口统计的督促和检查，对公安部门提供的人口资料进行加工整理，供各部门使用。"

为了加强人口统计工作，国家统计局局长薛暮桥在第六届全国统计工作会议的报告中特别指出："人口统计也是统计工作中的一个重大问题，国务院把人口统计的责任交给公安部门，公安部门掌握户籍管理，兼管人口统计，当然比较方便，但人口统计是一件相当复杂和繁重的工作，而且对计划、统计工作的影响相当大，统计机关对人口统计也不应采取袖手旁观的态度，而应当积极地协助公安部门来做好人口统计工作。"历史的实践证明，这一时期经过两个部门的共同努力，全国人口统计工作沿着健康发展的轨迹顺利实施。

1957年12月，公安部、国家统计局联合召开第一次全国人口统计会议。国家统计局所作的会议报告指出：新中国成立初期，国内初步建立的人口统计报表制度，所统计的户数、人口、性别、出生、死亡、迁出、迁入、婴儿死亡和城乡人口等项指标，大体掌握了全国人口的地区分布和人

口变动情况,年末人口统计报表提供的人口数据基本可以满足国家建设和行政管理的需要。据当时统计,国内第一个五年计划的前四年(1953～1956年),每年净增人口 1 300 万左右,每年平均增长速度为22‰,并据此预测"二五"期间人口增长的规模和幅度,为国家编制计划、决定政策提供了科学依据,尤其在对统购统销、计划供应、劳动力调配、文教卫生事业规划、市政建设、征集兵员、计划生育和控制城市人口增长等方面发挥了重要作用。这次会议特别强调了人口统计工作服务于国家建设和计划供应的迫切性,对于统一思想、提高认识、增强信心,尤其对扭转公安部门忽视人口统计工作,甚至当作"额外负担"等错误观念,起到了融会贯通之效,为后来的人口统计工作打开思路、增加活力奠定了基础。

(三) 进入60年代以后,全国户口年报工作的基本概貌和运作过程

20世纪60年代,户口统计年报制度在曲折中坚持执行。1960年的统计年报,翔实记录了国家困难时期人口变动的异常现象,成为研究探索1958～1960年的"大跃进"和"反右倾"错误所造成的国民经济严重困难时期国家和人民遭受重大损失的人口史料。据1960年末统计,全国总人口比1959年减少1 000万人,死亡率骤升到25.43‰,生育率大幅度下降,自然增长率出现负值。人口学者通过人口波动曲线描述呈现出来的新中国成立以来从未有过的低谷大兜,真实反映了当年国内人口过量死亡的严重后果(见图19—1),成为各级户籍统计部门在当时政治压力下信守统计纪律,翔实统计国内困难时期人口的最可贵史料。尽管如今仍有学者质疑这一数据"有明显的人为估计痕迹",说什么"现在公布的'大跃进'时期的统计数据是经过修正的","人口数字的情况可能也是如此"[1],但据笔者见证,经过重新核查历史档案,全国1960年比1959年总人口减少的实数为10 000 320人,而国家统计年鉴公布统计史料的口径以万人为单位,按四舍五入的常规,当然对这320人的尾数忽略不计。何况户口年报中的"整数"巧合现象不乏其例。比如,1961年人口年报中,贵州省的死亡人口是380 007人,通称38万;山东省的迁出人口为1 000 610人,简称百万。由此可见,上述望文生义,单凭字面上的整数附会臆断,无根之论,显系误解。

---

[1] 《人口研究》,2001年第5期,第46页。

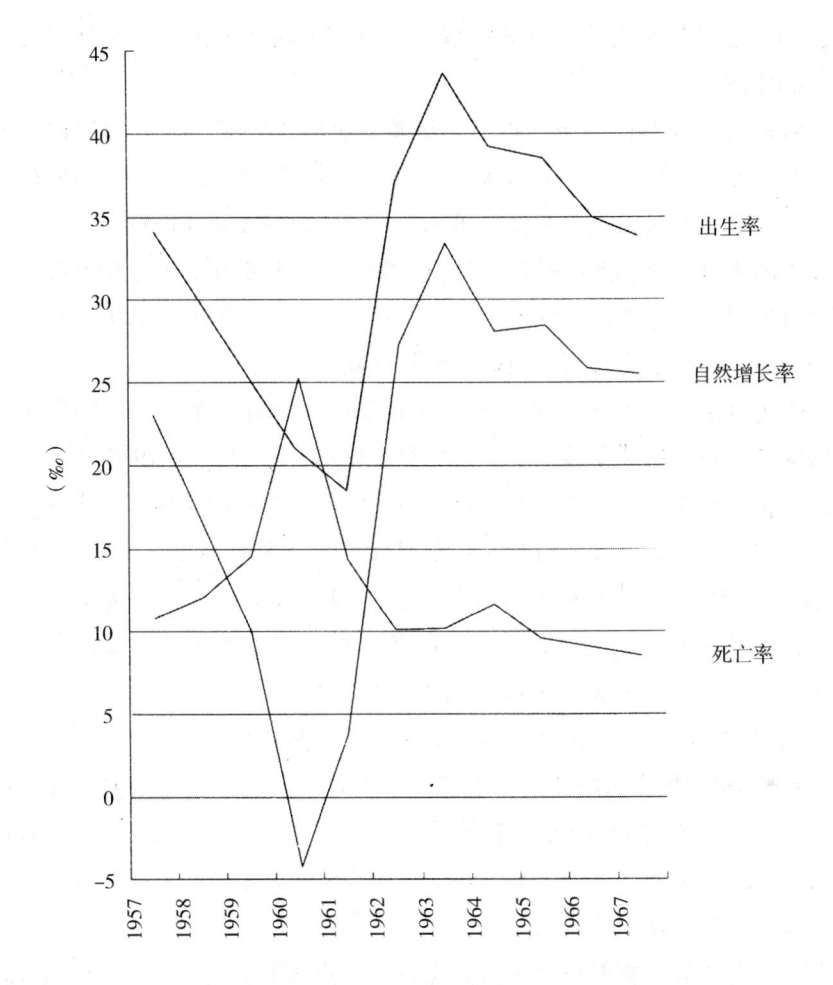

图 19—1 全国 1957～1967 年总人口波动曲线图

资料来源：①1957 年至 1962 年数据，见公安部 1963 年 3 月编印《1949～1962 年全国人口统计资料》第 3 页。②1963 年至 1966 年数据，见公安部 1974 年 2 月编印《历年人口统计资料汇编》第 11 页。

1962 年 4 月 4 日，国务院发布《关于加强统计工作的决定》，有力推动了全国户口统计工作的发展。12 月 8 日，公安部召开第二次全国人口统计工作会议，要求各级公安机关加强户口管理的领导，把人口统计当作一项长期而重要的任务来抓，省公安厅和大中城市公安局应配备具有专业知识的人口统计干部，专县公安局设户口专管人员，人民公社和生产大队建立户口簿册，公安特派员协助落实。公安部在批转这次会议文件时，特别强调"各级公安机关的领导应当亲自抓一下这个工作,一定要把人口数字搞准确"。

1965年,在国民经济经过三年调整克服经济困难和举办第二次全国人口普查整顿户口之后,人口统计年报纳入常规,经过多年不懈的努力,来自全国农村基层的"数据源"有以户口登记为基础的清楚底子,地区、年度之间人口数据的连续性便于分析比较,人口年报统计质量的准确、可信度逐年提高,这就为国民经济第三个五年计划(1966~1970年)的制定与实施及时提供人口资料奠定了可靠基础。

但为时不久,1966年陷入"文化大革命"动乱之中,党和国家遭受重大灾难,户口统计年报的实施受到严重阻碍,1967年至1969年的户口统计年报中断了三年。除有部分地区仍然坚持年报制度和保存了中断年份的人口资料外,大部分省份的人口统计工作陷入瘫痪状态。直到1970年"抓革命、促生产",形势略有好转后,人口年报工作有了一定程度的恢复,促使"四五"期间(1971~1975年)的人口变动统计年报制度坚持下来,适应了国民经济发展和地方政府之急需。

(四)70年代,全国户口统计年报工作逐步得到恢复和加强

根据1971年全国统计工作会议关于正式恢复基本统计报表制度的精神,在十分困难的条件下,不但很快恢复了全国人口变动情况和市、城镇人口的统计报表制度,而且基本补全了前三年暂时中断的全国人口基本情况的统计数据。从1971年到1979年,公安部在每个年度的9、10月份都向各省、自治区、直辖市发出认真完成本年度人口统计年报的正式通知,专门部署年末人口统计任务。1974年之前的通知,主要侧重于强调统计干部归队,保持专业干部稳定,对基层统计人员结合部署进行简单培训;强调在统计之前认真核实户口,防止重漏差错,明确统计口径,划清统计界限。1975年后的通知,主要强调对超计划生育瞒报的出生人口进行核实统计,对死亡人口及时注销,报表数字不经查实不准任意更改,严守统计纪律。每个省份选择一两个县统计人口年龄和死亡人口年龄进行统计上报。1977年增加非农业人口增减情况统计表,要求对人口变动数出现畸高畸低现象的要说明原因。1978年党的十一届三中全会确定了实事求是的思想路线,拨乱反正,全面纠正"文化大革命"及过去"左"的错误,户口管理和人口统计年报工作才有效地得到全面恢复和加强。

（五）80年代以来，人口统计体制出现多元化

20世纪80年代，公安部仍然沿着户口统计年报的常规提供人口资料。国家统计局在三次人口普查的基础上另建人口变动情况抽样调查制度，及时掌握全国人口变动数据，以应每个年度发布《国民经济和社会发展统计公报》之急需。1984年以后，国家发表统计公报的全国人口数即改用人口抽样调查数，取代了全国户口统计报表数。同时，随着国内人口学术活动的广泛开展，国际间人口方面的合作交流项目增多，联合国人口基金项目的实施等，促使有关部门先后从各自职责范围的不同侧面开展人口统计和人口抽样调查工作，诸如人口变动情况抽样调查、人口生育率抽样调查等等，逐渐形成人口统计的多元化体制。

这一时期的户口统计年报工作，在积累经验的基础上，为保障年报质量，采取了以下几项行之有效的措施：一是加强领导，市县公安局指定一名局级干部负责年报的组织工作，一抓到底。二是召开年报部署会议，传达上级年报通知精神，讲解指标含义，明确统计口径，按统计程序指导工作的方法，起到有效培训干部的作用。在普及人口年报信息微机管理操作技术时，也多采取"以会代训"的方式，一并部署年报任务。三是在统计之前认真核对户口，市县加强督促检查，发现问题及时查处，切实搞准户数、人口和四项变动登记，把重漏差错消灭在基层。四是抓好报表的审核汇总工作，一丝不苟，实事求是，严格统计纪律，不准调整平衡，不准瞒报篡改，如实上报人口数字。

（六）90年代，户口统计年报工作仍按常规运作

在统计手段上，工作重点已转向以人口信息管理为中心，并将基层派出所的户口月报、季报或年报，以及逐级户口统计的汇总任务改由计算机全部承担。

二　户口统计以户口登记为基础

中国户口统计历来是按"口系于户、户着于地"的原则进行的。现行户口统计的各项指标皆来自户籍注册登记。建立在户口登记基础上的户口统计工作，一向是国内人口统计年报的一大优势。

（一）户口统计与户口登记的区别和联系

户口统计，曾一度改称人口统计，它与户口登记既有区别又有联系。

所谓区别,一是工作内容不同。户口登记的项目以反映公民身份为主要标志;户口统计则以反映人口群体各项指标的数量表现。二是资料来源不同。户口登记的项目直接来自公民的申报及其有关的身份证明;户口统计则来自户口登记。三是目的、作用不同。户口登记的目的主要是为了证明公民身份,保护公民合法权益;户口统计主要是为了汇总人口数字,向国家提供人口资料。四是工作方法不同。户口登记主要依据国家户籍法律的有关规定进行注册登记,户口统计则是按照统计工作程序和方法进行汇总统计和对人口数据资料进行研究分析。

但是,两者之间又有密切的内在联系。第一,户口统计与户口登记的对象,都是住户与人口,两者基本上是同一的。第二,户口统计的基本依据是户口登记。没有正确的户口登记,就没有准确的统计数据。户口年报的统计质量在很大程度上取决于户口登记的质量。第三,户口统计的高标准,对户口登记提出严格的质量要求。因此,户口登记的项目,不论作为证明公民身份的法律依据,或者作为户口统计的数据源,对其准确可靠的质量要求是一致的。第四,户口登记的过程既反映人口自然变动过程,又反映公民住址变动中的人口迁移过程。而户口登记中的这些人口变动过程,正是户口统计所研究的人口变动情况的数量表现。反之,如果对户口登记的有关项目不去进行统计,当然也就无法了解户口登记的人口构成状况和户口变动的特点及发展趋势。

由于户口统计与户口登记之间的区别,形成了中国户籍管理工作两个并存的专业,构成了各自不同的专业体系。由于两者之间的内在联系,相互依赖,使户口统计与户口登记成为户籍管理制度不可分割的两个组成部分。户口登记为人口统计工作的健康发展奠定了有利的基础,而户口统计对户口登记的严格要求,又检验和推动了户口登记工作的严格管理。由于两者之间的相互制约,既促进了户口管理上的准确登记,又保证了户口统计原始数据的质量,达到共同提高的目的。

(二)户口登记为人口年报工作奠定了基础

依照《中华人民共和国户口登记条例》对公民注册登记,实施身份记载,具有广泛的社会功能,既有效地保护公民合法权益,又便于户口管理,也为户口统计创造了极为有利的工作条件。因为在册的户籍人口底册清楚,登记项目完整可靠,社区人口变动登记及时,能够准确地提供法定的原始数据资料，所以，在历年户口登记的基础上统计汇总的人口年报数据，基本上如实反映了国内不同时期人口增长变动的规模、趋势和规律、特征。在地区上，由乡镇、县市，乃至全国各省、直辖市、自治区逐级汇总的人口统计数据，能够适应国民经济、社会发展和人民生活的需要，已经成为国家各级人民政府行政管理、决定政策、规划工作不可缺少的重要依据。

全国户口登记之所以以户口登记为基础，主要立足于中国的国情，着眼于国家户口管理体制的现状和特色，考虑到户口统计与户口登记相互依存、不可分割的内在联系而决定的，目的在于疏通国家人口统计年报的主渠道，有效地保障人口统计质量，促使人口统计年报任务的顺利实施。

（三）坚持按户籍常住人口统计的原则

全国户口统计报表，原则上是依照户口登记的常住人口进行统计的。由于常住人口是国家的法定人口，户口登记机关对常住人口实行严格的登记管理制度，年末统计全国人口都以注册登记的常住人口为依据。按照常住人口登记的原则，纳入全国人口年报统计的重要指标有：第一，总户数。包括家庭户和集体户，也包括少数的人与户口分离暂时外出的户。第二，总人口。既包括户籍注册登记的常住人口，也包括人与户口分离的外出人口。第三，出生人口。由婴儿父母常住户口所在地统计所生育的有生命现象的婴儿，包括出生后随即死亡的婴儿。第四，死亡人口。是指常住人口的正常死亡和非正常死亡，包括出生后随即死亡的婴儿，也包括未落常住户口死亡的人。第五，迁出人口。是指已办户口迁出手续，迁出本市（不包括市辖县）本镇本乡的人，也包括参军入伍、依法逮捕、判刑被注销户口的人。第六，迁入人口。是指由外市（不包括市辖县）、外乡、外镇迁入落户的人，也包括复员退伍、入境定居、刑满释放回来已落户口的人。

为了弥补按常住人口登记进行人口统计之不足，对少数尚未登记为常住户口的人，全国人口统计年报制度又作了按现住地进行统计的规定。主要对象是：第一，在总户数的家庭中，是指在城乡均未落上常住户口的户。第二，在总人口中，是指在城乡均未落上常住户口的人，包括手持迁移证、出生证尚未办理落户手续的人，以及被注销户口的在押犯和依法判刑、劳改、劳教的人员。第三，在出生人口中，是指户口待定的妇女所生的婴儿。第四，在死亡人口中，是指未落常住户口而死亡的人。对尚未取得常住户口的人（户），规定由现居住地进行统计，就可以有效地防止重复和遗漏，使人口年报的人口数更加接近实际。

三 户口统计以报表制度为主渠道

中国自古以来就有根据户籍簿册统计人口的历史传统。现行人口统计年报表的数据源，仍然来自依法注册的户口登记资料。国家规定的人口统计年报任务也因此由各级户口登记机关来承担。实际上，建立在户口登记基础上的户口年报制度，已形成全国自下而上取得全国人口统计资料的重要来源。

自从1954年实施全国户口统计报表制度，先后颁发的户口统计报表共有16种之多。属于全面统计的有人口变动情况统计表、市、县城镇人口统计表和非农业人口增减情况统计表等；属于部分地区或某些年份填报的有人口年龄、死亡人口年龄统计表，以及职业、文化程度和民族统计表；属于省会市和大城市填报的有城市人口迁移状况季报表；在某个历史阶段填报的有集镇自理口粮常住人口统计表等。其中，最重要的是全国人口变动情况统计表。尽管多次精减统计报表，但这项全国性人口统计报表制度始终没有间断，延续至今已半个世纪。

中国户口统计年报制度之所以能够长期坚持下来，主要原因在于：

首先，它能适应经济发展、国家建设、行政管理等多方面的需要，及时提供人口数据。由于户口统计年报不同于十年一次的人口普查和平时的抽样调查，它以户口登记为基础所取得的人口数据比较及时可靠。仅从人口变动情况统计表所能提供的人口数据看，就有全国各地区的户数、人口数、男女数、出生死亡数、迁出迁入数、城乡人口分布数以及非农业人口数等，据此可以掌握从最基层的乡镇、市县、省、自治区、直辖市乃至全国的总户数、总人口及其本年度的人口变动数的最主要指标。如果通过交叉汇总或数理分析，还可计算所有地区的人口增长率、平均每户人数、男女性别比、出生率、死亡率、迁出率、迁入率、非农业人口比重或某些地区市镇人口的比重等。不仅提供每个年度人口增减变动的情况，还可提供年末的实有人口数。通过纵横比较方法，还可研究分析不同年份、不同地区、不同项目的统计表提供的人口数据资料，不仅在非普查年份弥补了人口统计的空白，而且可以起到其他统计方法难以起到的作用。如今，尽管人口普查已制度化，人口抽样调查颇受重视，但中国传统的人口报表制度所提供的人口资料，仍起到不可替代的地位和作用，应当引起重视。

其次，中国统一的户口统计报表制度，是及时掌握全国年末人口数量和人口变动情况的可靠途径。由于国家人口众多，人口变动量大，加上地域经济和社会发展的不平衡，决定了全国必须建立一套比较系统、比较科学而又符合国情的人口统计报表制度，才能保证人口数的准确。实践证明，人口统计质量与统计报表制度有密切联系，科学的人口报表制度对确保统计质量具有重要作用。全国户口统计数字的准确性就是建立在国家统一的报表制度基础之上的。像我们这样地域辽阔的国家，每年要及时掌握十多亿人口的增减变动情况，没有科学的统计报表制度是难以实现的。

再者，全国现行的一套户口统计报表制度相对比较稳定，指标体系比较切合实际，项目不多，符合国情，分级管理可兼顾地方所需，基本可以满足国家建设事业的需要；加之年报制度在统计范围、计算口径、指标含义、填报方法和报表时间上都有明确而统一的具体规定和严格遵守的统计纪律；每年年报，经过层层部署，明确任务要求，落实户口核对措施，先把户口底数查清核实，再作统计，全国上下步调一致，既保证户口年报的统一性和及时性，又确保户口年报的统计质量。

四　对户口统计年报质量的检验

国家户口年报的统计质量问题，通过多次人口普查和人口抽样调查数据的检验，证明中国20世纪80年代以前年度统计的人口总数是相当准确的。但到80年代后期，年报统计质量出现逐年下降的趋势，主要受到瞒报、漏报出生人口等诸多因素的影响。

自从1954年建立全国户口年报统计制度后，直到1964年进行第二次全国人口普查，当年7月1日取得的大陆人口总数是69 458万人。以此标准来检测1963年年末的户口年报数，采用简便的算法，是从"二普"7月1日普查的总人口69 458万人中，减去1964年上半年872万自然增长数[1]，尚余68 586万人，即应视为1963年户口年报总人口的回归数。

---

[1] 姚新武、尹华编：《中国常用人口数据集》，中国统计出版社1994年版，第90页。

而1963年末的户口年报原有数为69 172万人，两者相比的误差为586万人，年报的误差率也只占总人口的0.85%。再用同样方法检测1964年末的户口年报数，即在"二普"人口总数的基础上，加上1964年下半年自然增长1 055万人，1964年末总人口应为70 513万人，与同年末户口统计的总人口70 499万人相比，仅差14万人，说明经过"二普"整顿户口，人口年报的统计质量有了很大提高。

1982年进行第三次全国人口普查，拿1982年初和1982年末的户口年报数平均计算，得出1982年的年中人口数为100 806万，比这次普查结果100 818万人少12万人，相差1‰，十分接近。1982年10月27日，原国家统计局局长李成瑞在答新华社记者问时，就全国户口年报提供的数据质量作了解答。他说："这次人口普查公报中公布的大陆29个省、市、自治区100 817万的总人口数，同我国过去年度统计的人口数字十分接近。"还说："1981年底总人口99 622万人，加上今年（1982年）上半年人口增长数，再加上423万人民解放军，差不多就是这次人口普查得出的大陆总人口数。这说明我国每年统计的人口总数是相当准确的。"[①]

但自1982年"三普"之后，由于瞒报、漏报出生人口日益增多等诸多因素的影响，导致国内户口年报统计质量不断下降。如采用人口抽样调查推算的总人口数作依据，来检测1982年后的户口年报统计数，年报总人口的差额即出现逐年上升的趋势。（详见表19—1）

表19—1　　　全国1982~1987年抽样调查推算总人口
与户口年报总人口比较　　　（单位：万人）

年份	抽样调查推算总人口		户口年报数		相差人口	相差率(‰)
	总人口	比上年增加人口	总人口	比上年增加人口		
1982	101 590	—	101 541	—	49	0.48
1983	102 764	1 174	102 495	454	269	2.62
1984	103 876	1 112	103 475	980	401	3.80
1985	105 044	1 168	104 532	1 057	512	4.87

---

① 《中国人口普查主要文件·1982年》，国家统计出版社1983年版，第285~286页。

续表

年份	抽样调查推算总人口 总人口	比上年增加人口	户口年报数 总人口	比上年增加人口	相差人口	相差率(‰)
1986	106 529	1 485	105 721	1 189	808	7.58
1987	108 073	1 544	107 240	1 579	833	7.71

资料来源：《中国人口·总论》，中国财经出版社1991年版，第603页。

就以上户口年报逐年出现的人口差额而言，在我们这个地域辽阔的人口大国，公安机关的户籍部门在既无年报经费，又人力不足，特别是广大农村未设专人管理户口的情况下，能把这五年平均每年的年报差额数压缩到564万人，使相差率降到仅占年平均人口0.54%的较低水平，当然也是相当不易的。

依据1990年第四次全国人口普查的数据，也可以检验1990年户口年报的统计质量。由于"四普"调查时点是7月1日的年中数，为了调整统计口径，便于比较，采用简便的计算方法，将1990年初和1990年末的户口年报数相加除以2，计算出年平均人口为112 044万人，比对"四普"大陆总人口113 371万人，两者相差1 267万人，即可视之为年报的差额数，占人口比重的差错率已达1.12%。显然，户口年报质量逐年下降是一个不可回避的现实。如何正确评估户口年报的统计质量？不妨引用前任国家统计局局长李成瑞的话说："在国际上如果人口数误差率低于千分之十，就被视为质量较好。"[①] 现任国家统计局局长朱之鑫说："国际公认漏登率低于2%的是非常可信的。"[②] 如按上述论点加以评估，户口年报统计质量所具有的可信度也是可以接受的。

第四节 户口迁移制度的发展

户口迁移是国内常住人口改变居住地和住所，跨越一定的行政辖区，

[①] 《国家统计局局长李成瑞答新华社记者问》，载《人口普查主要文件》，1982年10月27日，第284页。

[②] 2001年3月28日，在国务院新闻办公室举行的记者招待会上，国家统计局局长朱之鑫答记者问。

将户口迁往他地注册落户的一种移动。依照国家法定程序实施的户口迁移制度，是中国户籍管理制度的一个重要方面。伴随着计划经济的发展，在执行《中华人民共和国户口登记条例》精神的基础上，国务院先后两次转发《公安部关于处理户口迁移的规定》，从而形成了以控制城镇人口增长为主要特征的户口迁移制度。

一 户口迁移制度以控制城镇人口增长为特征

建国初期的户口迁移制度，主要是为了掌握人口变动情况，基本上不存在迁移入户的控制问题。20世纪50年代，国家对盲目流入城市的农民虽然采取劝阻的政策，但仍然保障了人民群众的正当户口迁移。这一阶段户口迁移统计的量化指标仍然不断上升。据统计，50年代全国平均计算的迁入和迁出人口均在2000万以上，年度迁移率也都超过40‰，[①] 不仅具有较大的迁移规模，而且一直保持着高峰值的迁移率。

在计划经济条件下的户口迁移，以控制城镇人口为要务。当时，由于国内粮食短缺成为控制城镇人口的决定因素，户口迁移和粮食管理职能部门把贯彻国家控制农村人口迁往城市方针作为工作职责。1953年11月19日，政务院发布《关于实行粮食计划收购和计划供应的命令》，对市镇居民实行粮食定量供应制度，粮食部门签发的《市镇居民粮食供应证》以《户口簿》为法定依据。本户人口如有增减变动或年龄变更时，须凭户口及有关证明方能办理粮食关系，所以市镇的粮食供应制度一直依赖户籍管理制度而存在，两者对控制城市人口又是相互制约的关系，逐步形成户粮关系的"双轨制"。比如1955年8月25日国务院发布《市镇粮食定量供应暂行办法》，把供应常年吃商品粮的人口分为9个等级，除按体力劳动者的工种和职业区分重体力、轻体力、脑力劳动者和学生定量人口外，对居民户的粮食定量，又区分为一般居民和10周岁以上儿童。有关儿童的粮食定量，又按不同的年龄段区分为6周岁以上、不满10周岁，3周岁以上、不满6周岁，以及不满3周岁的儿童，均以户口登记的法定年龄为依据。加上户籍人口的出生、死

[①] 国家统计局、公安部三局编：《中华人民共和国人口统计资料汇编》，中国财经出版社1988年版，第978页。

亡、迁出、迁入、立户、并户等经常性户口变动引发粮食供应的变化，粮食部门核实粮食供应，同样依据户口变动调整粮食定量，办理粮食关系。

户口迁移之所以对农民迁往城镇采取严格控制的措施，主要是从当时的国情出发，为适应国民经济发展的需要而决定的。这是因为，城镇人口的增长，应与处在国民经济基础地位的农业生产水平相适应。任何一个国家在一定时期，如果排除从国外进口农产品的因素，城市人口增长的规模与速度，在很大程度上取决于本国农业生产能够提供农产品的数量。尤其在中国的不同时期，要解决六亿、八亿乃至十多亿人口的吃饭问题，不可能依赖从国外进口粮食，只能立足于国内。为了保障生活在计划经济年代城镇居民基本生活必需品的供应，政府不得不实行粮食统购统销的政策，采取按户按人定量供应的办法，以保障城镇居民生活的供应，实现社会的稳定。

户口迁移是一种伴随城市经济发展日益增强的社会现象，关系到人们的切身利益，与社会人际交往有着不可分割的密切联系，反映计划经济条件下经济发展的内在要求。1953年，全国开始实施第一个五年计划。大规模的经济建设带来职工队伍的迅速扩大，导致愈来愈多的农村人口被社会主义工业化过程中兴建的工矿企业所吸收，这既壮大了现代产业大军，促进了城市化的发展，但又招致大量农村人口盲目涌入城市，不但粮食供应和就业岗位接纳不了，而且给城市交通、住房、市政建设、公用基础设施等方面带来沉重压力。为了减轻城镇粮食供应的压力，抑制国家建设初期出现城市人口过量的迅速增长，1953年4月7日，前政务院发出了《关于劝止农民盲目流入城市的指示》。4月20日，《人民日报》发表了《盲目流入城市的农民应该回到乡村去》的社论。1954年，内务部、劳动部联合发出《继续贯彻劝止农民盲目流入城市的指示》，要求各地做好劝阻农民外流的宣传工作，积极领导农民从事农业生产，制止城市厂矿企业私自到农村招工，并对已经流入城市的农民动员返乡，但收效并不显著，仍然导致城市人口的过快增长。据统计，1957年，全国城市人口已从1949年的5 765万人上升到9 949万人，8年净增4 184万人。如果扣除44.8%的自然增长和10.7%的因城区的乡村建制改为街道，或通过体制变革方式改为市民，以及国家征用土地的就地转移①,属于户口迁移的净迁入仍占44.4%,其总量达到1 859万人,平均每年净迁入230余万人,对城市供应仍是一项不堪重负的压力。

中国人口众多,农民占全国人口的比重大。面对城乡不同条件下的劳动就业、经济收入与生活状况存在的明显差异,大批农村人口有待进城投亲靠友,农业过剩的劳动力无序流动,多方面、多因素促使农民进城落户的矛盾日益加剧。在这种情况下,国家又需要付出更多的财力、物力来保障市民最低生活的需要,克服城市经济生活中的严重困难。作为协调城乡户口迁移和粮食管理的职能部门,当然遵循国家控制城镇人口的基本方针,不得不对大量涌入城镇的农村人口实行严格控制的政策。尤其在计划经济困难的特定时期,如果城市人口过度膨胀,超过城市基础设施的负荷能力,必然会给居民住房、交通、水电等公用设施造成更大的压力,带来一系列社会矛盾,干扰社会秩序,影响市民的正常生活,加重市政管理的负担。城市人口过密,拥挤不堪,绿化面积减少,供水不足,能源紧张,环境污染,生态失调,都是难以解决的社会弊端,会带来不良的后果。由此可见,一个国家在一定时期一定条件下实行控制农村人口迁入城市的政策,适当调控城市人口增长的规模与速度,具有客观上的合理性和实践中的必要性,无可非议。

在1958~1960年的"大跃进"运动中,尽管户口、粮食制度仍持续起着稳定社会的作用,但由于国内工农业生产战线上以高指标、瞎指挥、浮夸风、"共产风"为主要标志的"左"倾错误泛滥,使国民经济遇到严重困难。由于"大跃进"来势过猛,特别是"大炼钢铁"运动,以劳动就业制度为突破口,大量招收农村劳动力进城务工,导致城镇人口的严重失控。尤其自1958年6月党中央对《劳动部党组关于招工调剂工作的报告》批示后,决定"今后劳动力招收调剂工作由省、市、自治区党委负责管理。招工计划经省、市、自治区党委确定后,即可执行。"② 将招工

---

① 须加注释的是,曾因受"农转非"人口统计的影响,往往把区划变动数笼统视为"人口机械增长",未免夸大了户口迁移量。为此,作为迁移史料的界定,应该从中剔除区划变动因素就地转化的变动量,以便使人口机械增长与相对而言的人口自然增长相对应,如实反映净迁移的增长量。

② 《中国劳动报》,1993年1月9日,第4版。

审批权下放后，全国各地增加职工的规模和强度越来越猛，仅 1958 年一年就从农村招收 1 104 万人，到 1960 年，三年共向农村招收职工 1 950 万人，导致全国城镇人口由 1958 年末的 10 721 万人骤升到 1960 年末的 13 073 万人，两年增加 2 352 万人，剔除 430 万的自然增长，机械增加 1 900 余万，达到了高峰。① 紧接着就是低谷。1961 年，为了扭转"大跃进"的严重失误，党的八届九中全会决定对国民经济实行调整、巩固、充实、提高的八字方针，当年减少城镇人口 1 000 多万人，其中精简职工 287.3 万人。但 1961 年末的城镇人口仍比 1957 年多出 2 758 万人。据薄一波的回顾，1962 年 2 月，经过刘少奇在中南海西楼会议室主持召开的政治局常委会讨论，"认为城镇人口还是过多，粮食副食的供应难以保证，应再多减一些"。因此，中央决定在 1962 年内再减少城镇人口 1 000 万人，其中精简职工 850 万人②，到 1963 年 6 月精简任务基本完成。这两年半，共计精简职工 1 887 万，压缩 2 600 余万城镇人口大部返乡，致使这个时期的城镇人口占全国人口的比重由 1960 年的 19.7% 下降到 1963 年的 16.8%，净迁移呈现了负值。两年大增造成三年大减，劳民伤财，给国家、人民带来严重损失。

接着是"文化大革命"十年动乱，正常的社会秩序遭到破坏，城乡户口迁移陷入"大进大出"的混乱局面。据 1979 年的相关资料粗略计算，这一时期先后动员 1 600 余万城镇知识青年下乡，有近千万干部职工及其家属下放农村，有 530 万城镇居民响应"不在城里吃闲饭"的号召离别城镇下乡劳动，再加国内大小"三线"③ 建设项目上马引起数十万人的迁移变动，以上累计市镇人口的迁出量达 3 000 余万人。与此同时，"文化大革命"初期，临时工、合同工、轮换工冲击国家机关，破坏劳动

---

① 张庆五：《户口迁移与流动人口论丛》，公安大学学报编辑部 1994 年版，第 112 页。
② 薄一波：《若干重大决策与事件的回顾》下卷，中共中央党校出版社 1993 年版，第 1050~1060 页。
③ "三线"，是 1964 年毛泽东主席提出的重要战略决策之一。根据薄一波所著《若干重大决策与事件的回顾》，有关"三线"地区的划分，后方地区为三线，中部地点为二线，沿海地区为一线。三线地区又可分为两大片，一是云贵川三省的全部或大部分，以及湘西、鄂西地区的西南为三线；二是陕甘宁青四省区的全部或大部分，以及豫西、晋西地区的西北为三线。同时，三线又有大小之分。西南、西北为大三线，中部及沿海地区为小三线。

管理制度，后来被迫将其改为固定工的有几百万人迁入城市。① 另外，又有大批农村人口通过各种渠道投靠亲属进城落户。由于城镇知识青年下乡，当时规定企业用人只能到农村招工，加上劳动管理体制处于混乱状态，有不少单位随意增人，致使大批农民被招工进城入户，又一次造成劳动就业失控。据统计，这一时期城镇人口的迁入量达2 000余万。② 1971年，原计划增加职工204万，实际招工526万，超额322万，结果导致"三个突破"，即年末职工人数（指全民所有制单位）突破5 000万人，工资总额突破300亿元，商品粮销量突破800亿斤，挖了库存百多亿斤。③ 为此，中央于1972年再次强调劳动就业要集中管理，各地区、各部门超计划增人要报中央审批。接着，国家计划委员会发出关于严格控制增加新职工的通知，1973年很快得以扭转。

1975年至1976年，由于"四人帮"的干扰破坏，这两年的非农业人口再次出现快速增长。在新迁入的870万市镇人口中，又从农村招工400余万，占46%，职工家属（含军属）进城"农转非"的百余万人，占12%。经公安部当时检查，内有20%～30%不符合迁移规定，多属带有派性的当权者利用职权营私舞弊、有章不循所造成。

综上所述，中国城镇人口的增长变动，经历了复杂曲折的发展过程。每当计划经济受到"左"的政治运动冲击时，往往导致城镇人口的大起大落，对城镇人口的机械变动产生不少负面影响，带来许多后遗症。1958年，在"以钢为纲"的政治口号下，将1 000多万农业劳动力仓促转移到城市工业部门，这样庞大的就业规模，既不考虑当时的实际需要，又不考虑国家财力，导致国民经济结构严重失调，于是被迫进行了三年调整，大批职工又被精简压缩回乡，劳民伤财。后来在"文化大革命"内乱期间，城乡人口转移又发生了类似规模的大出大进大移动，这种不按经济规律办事、不计后果的来回折腾，给国家、人民造成巨大损失。其后果，既无助于农村人口的产业转移，又延缓了城镇化的进程。

---

① 袁伦渠：《中国劳动经济史》，北京经济学院出版社1990年版，第280页。
② 朱铁臻主编：《中国城市手册》，经济科学出版社1987年版，第80页。
③ 邢赞勋：《三个突破的教训》，《中国劳动报》，1993年2月20日，第4版。

二 户口迁移制度的政策、法律依据

全国户口迁移制度，以国家法律、政策规定为依据，纳入国家法制建设的成文法规，主要有：

第一，1958年1月9日颁布的《中华人民共和国户口登记条例》。这一条例除对在全国实施常住、暂住、出生、死亡、迁出、迁入和变更更正等7项登记制度作了具体规定外，还将农村人口盲目流入城市的无序行为纳入法制管理。该《条例》第十条第二款规定："公民由农村迁往城市，必须持有城市劳动部门的录用证明，学校的录取证明，或者城市户口登记机关的准予迁入的证明，向常住地户口登记机关申请办理迁出手续。"国家之所以做出这些带有约束性的规定，是因为那时农村人口盲目涌入城市的现象比较严重，加之有些工矿企业和机关团体没有认真执行紧缩城市人口的方针，甚至私自从农村招工，雇用盲目流入城区的无户口人员，更加助长了这种混乱现象的严重性，给城市生产建设和社会生活秩序带来许多社会问题。为此，该条例本着控制城市人口过快增长的方针，对农村人口迁入城市做出一些限制性的规定是完全必要的。同时，也统一了全国户口迁移制度，严密了户口管理，保障了人民群众正当迁移的合法权益，既反映了社会主义经济建设的客观要求，也符合稳定社会秩序的实际需要。

第二，1964年8月14日国务院批转的《公安部关于处理户口迁移的规定》（草案）。为了妥善处理精简职工和压缩城镇人口的遗留问题，扭转各地控制城镇人口工作中对一些正当合理的迁移也加限制，以致城镇、农村都有一些人落不上户口，生活发生困难，要求解决户口问题的人民来信和上访申诉户口问题者日益增多，引起一些人的不满，该规定要求各地处理户口迁移问题既要正确地贯彻控制城镇人口的方针，限制不合理的盲目增长，又要保障人民群众正当合理的迁移，并且强调处理城市之间的户口迁移，还必须有全局观点，要从全国算大账，不要各算各的账，对正当合理的户口迁移，不能互相限制。该规定要求在地区之间，凡从城市、集镇迁往农村的，从城市迁往集镇的，从大城市迁往小城市的，从北京、上海迁往其他城市的，以及同等城市之间、集镇之间、农村之间相互迁移的，一律不要限制；从内地人口稠密地区迁往边远人口稀少地区的，也应允许落户。该规定还指出，限制入户的原则，是指从农村迁往城市、集镇，从集镇迁往城市的，要严加限制。从小城市迁往大城市，从其他城市迁往北京、上海的，要适当限制。但对有如下情形之一的不要限制：一是按照国家规定调动、招收、分配的职工、学生及批准随迁的家属；二是退职、退休、退学、休学和被清洗、开除、解除劳动教养、劳改释放后必须回家的；三是在农村无依无靠，不能单独生活，或有其他特殊情况，必须迁往城市、集镇投靠直系亲属的；四是有正当理由，需要从小城市迁往大城市投靠直系亲属的，应当允许迁移落户。多年的实践证明，这一规定，当时为了配合扭转国民经济一度出现的困难局面，贯彻中央关于调整、巩固、充实、提高的八字方针，精简大量职工，压缩城市人口，继续控制农村人口盲目流入城市，正确处理户口迁移中的遗留问题，做出的原则规定是符合实际的。同时，对于稳定社会秩序，保障公民正当合理的迁移落户发挥了重要的积极作用。

　　第三，为了继续贯彻从严控制市镇人口增长的方针，妥善处理全国无户口人员的落户问题，公安部在原有户口迁移政策基础上作了一些调整。1977年11月8日，国务院批转《公安部关于处理户口迁移的规定》，着重强调市镇人口的增长必须与农业生产的发展水平相适应。严格控制城镇人口是党在社会主义历史时期的一项重要政策。处理户口迁移，除了重申严格控制城镇人口的方针，保障人民群众符合国家规定的迁移外，也十分强调地区之间的迁移，要从全国一盘棋出发，正确处理国家、集体和个人的关系。尽管这一规定的实施对从严控制市镇人口和保障人民群众的正当迁移起到一定的积极作用，但也造成一些负面的影响：一方面，把严加限制农村人口迁往市镇的范围，从另一层面延伸到农业人口向非农业人口领域的转移，导致控制市镇人口的扩大化。也就是说，过去农民进城落户是一个"高门坎"，这次又来一个"农转非"的严加限制，实际上把控制城镇人口的范围扩散到广大农村地区，结果导致"农转非"入户矛盾的连锁反应更为扩展，致使市镇迁移落户的压力不仅来自大量的无户口人员[①]和市镇职工的农村直系亲属，而且来自农村地区，进一步加剧了城乡入户的矛盾，带来沉重的工作负担。另一方面，把适当控制的"从镇迁往市、

[①] 据1971年3月统计，全国无户口人员共有213.6万人，其中城镇91.5万人，工矿、林区60万人，农村地区62万人。1977年统计，全国无户口人员又不断增加到228.5万人。

从小市迁往大市"的地域范围,从当时吃商品粮的视角,又将农村地区一分为二,新增添"从一般农村迁往市郊、镇郊农村或国营农场、蔬菜队、经济作物区的"也应适当控制。如此严得过细,这些地界范围的区分如何操作,谁来界定,也是难题。再加处理户口迁移的原则中,职工调动随迁家属是按"随职工共同生活的市镇吃商品粮人口"来认定的,县及县以下集体所有制职工是农村户口的以及社区工业劳动者不得转为吃商品粮人口。这样,作为户口迁移政策的规定,既超越了部门职权范围,又将市镇户籍人口与吃商品粮人口两个不同概念绞在一起错位混用,使人们误以为市镇户籍人口就等于吃商品粮人口,无形中使控制城镇人口的范围又多了一个吃商品粮的"限制圈",增加一道屏障,形成阻力,给工作带来许多不利的负面影响。

三 户口迁移制度的实施

计划经济年代的户口迁移制度,大体上还是依据《中华人民共和国户口登记条例》的基本精神和国务院先后下达有关户口迁移政策的具体规定,继续贯彻严格控制城镇人口的方针,将限制农村户口迁入城镇的原则,包括"农业人口转为非农业人口"即通常说的"农转非"户口纳入法制的规范,对人民群众正当合理的迁移给以法律的保障。概括而言:

一是在迁移流向上,从地区层面说,确定了严加控制、适当控制与不应控制的界限。严加限制的包括:第一,从农村迁往市镇(含工矿区、林区)和由农业人口转为非农业人口的;第二,从其他市迁往北京、上海、天津三市的。适当控制的包括:第一,从镇迁往城市的;第二,从小城市迁往大城市的;第三,从一般农村迁往市郊、镇郊农村或国营农场、蔬菜队、经济作物区的。凡从市镇迁往农村,从市迁往镇,从大城市迁往小城市的,以及同等城市之间、集镇之间、农村之间的正当迁移,都应当准予落户,不得限制。

二是在有关组织调动、招工、招生等方面的迁移中,明确了部门之间的职责范围。要求在办理户口迁移时,凡符合国家规定调动的职工及随迁家属,按国家规定招收、分配的职工、学生以及复员、退伍、转业的军人等有组织的户口迁移,应凭着有关部门的证明办理入户手续。如新招职工凭市县劳动部门的录用证明,干部、工人调动凭组织、人事、劳动部门的调动证明，大专院校招生凭教育部门的录取证明，复员、退伍、转业军人凭复退、转业军人安置办公室的证明即可注册登记户口。对刑满释放和解除劳动教养的人，凭释放机关或劳动教养机关发给的证件登记户口。

三是市镇居民迁往上述户口控制地区的，一律报迁入地市、县公安局审批。经同意迁入的发给《准予迁入证明》，向原户口所在地办理迁出手续。迁入地在审批入户时，既要贯彻严格控制城市人口的方针，又要保障人民群众的正当迁移。凡与市镇职工、居民结婚的农村人口，确因长期病残，生活难以自理，农村又无亲属依靠的；市镇职工在农村的父母，确无亲属依靠，生活难以自理，必须到市镇投靠子女的；市镇职工寄养在农村的15周岁以下的子女投靠父母的；在青藏高原地区工作的职工家属，因不适应高原气候，需要迁回市镇家中的，或将未成年子女寄养在亲属处抚养的；从事地质勘探等野外流动性工作的女职工生了小孩，无法随身抚养，要求送回市镇家中抚养的等等，应当视为特殊情况，给予办理落户手续。也应看到，户口迁移涉及面广，情况复杂，政策性强，直接关系到国家建设和人民群众的切身利益，加之人们的迁移行为又受各种经济因素和社会因素错综复杂的影响，因此，贯彻执行户口迁移政策，正确处理户口迁移问题，又受从业人员和相关领导政策水平、业务素质、纪律作风的一定制约，在掌握政策中"控制"与"保障"的错位失误现象在所难免。实践的经验是，光强调从严控制，不保障符合国家规定的正当迁移是不对的。所谓从严，要严得合法，符合政策。要严得恰当，合乎情理。在掌握上，既要坚持政策的严肃性，又要注意政策的灵活性，处理结果还要靠实践去检验。总之，控制城镇人口和保障人民群众的正当迁移，都要依照国家规定的政策精神去办事。

四是平反冤假错案落实政策带来的户口遗留问题，前后延续的时间较长，也是涉及面广、影响较大的重要政策问题。党的十一届三中全会后，对于"文化大革命"以前政治运动和"文化大革命"中在"左"的思想指导下错误处理的历史遗留问题，有因"思想"定性的受害者，有因历史问题受诬陷者，有因莫须有的"罪名"蒙受不白之冤者，情况相当复杂，而且政策性强，加之初期平反处置的"个案"夹生，留有尾巴，致使后期平反纠错的调查核实工作的难度加大，特别是涉及撤销原案、宣告平反纠错、政治上恢复名誉的个案处理，不但善后工作量大，而且涉及受害人株连的家属子女户口、就业等切身利益，需要查处的过程较长。如从落实户口政策来说，原则上户口服从安置。凡平反落实政策的，入户问题基本上不作限制，主要尊重原单位和落实政策办公室的意见。凡已平反安置到哪里，就在哪里落户。据全国户口年报统计，1978年到1991年这14年，共计解决平反落实政策人员及其家属838万人的落户问题。从1978年开始平反的当年，即落实33万人的城镇户口，1979年达到高潮，使295万人的"农转非"户口得到解决。1980年和1981年，每年仍保持85万人的平反落户量。随着平反落实政策的难度加大，1983年的落户量下降到34万人。1984年略有上升，1985年则上升到49万人，1986年又缓增到52万人，直到1988年才呈现明显下降的态势，1991年已降到5万人，接近尾声。1986年平反落户量上升的主要原因是：1984年8月，《中央落实政策小组扩大会议纪要》下发之后，平反工作取得新的进展，特别是1986年元月23日中央组织部、中央统战部、劳动人事部、财政部、城乡建设环境保护部《关于进一步落实〈中央落实政策小组扩大会议纪要〉的补充意见》下发后，平反落户的政策界限更为明确具体。"对于因受错误处理造成夫妻两地分居的，或者受错误处理期间结婚，一方已复查平反回到城镇，配偶不论在农村或小城镇的，应不受户口指标或本人职务、学历等条件的限制，尽快解决其分居或城镇落户问题。未成年子女也应随同迁往。在城镇无子女照顾，而其子女均已成年的，应解决一个成年子女（包括该成年子女的配偶和未成年的孩子）的城镇户口。"这一文件下发后，伴随落实政策的新进展，许多落户问题得以顺利解决。普遍认为，这项工作影响至深，反响强烈，对安定团结、稳定社会具有重要的现实意义和历史意义。

四 "农转非"控制指标的形成

从20世纪50年代末到70年代末这一特定时期，是中国历史上风云变幻的多事之秋，也是计划经济面临粮食短缺的困难时期。1958—1960年的"大跃进"造成国民经济比例严重失调，致使国家人民生命财产遭受重大损失，接着是"三年困难"中"天灾人祸"之大误，带来国计民生的严重困难，导致60年代初期不得不大刀阔斧精简职工，压缩城镇人口几千万，动员返乡参加农业生产。这样，城乡人口对流大折腾，带来许多后遗症。紧接着又来一场"文化大革命",十年内乱所受创伤造成难以挽回的严重损失,不仅付出沉重代价,而且造成许多严重的社会问题。仅70年代后期户口迁移这一层面所暴露的问题,就突出反映在以下几个方面:

一是精减职工、压缩城市人口遗留的户口问题。由于当时压缩城镇人口的时间紧、任务重、要求急,过多运用行政措施和手段,工作粗糙,方式方法简单,致使动员返乡的安置工作不够落实,加之后续工作没有跟上,留下许多后遗症。有的地区工作转入常规管理后,单边理解从严控制城镇人口的政策,对户口迁移限制过严过死,既堵又挤,不仅留有尾巴的老问题没有化解,新暴露的问题也持续不断。据1978年全国信访会议统计,当时因"精简、压缩"倒流回城要求入户的有637万人。另据民政部统计,因1968年末《人民日报》发表《我们也有两只手,不在城里吃闲饭》的号召,到1970年,先后动员536万城镇居民下乡劳动。1978年,北京、天津、上海、河北、山东、安徽、福建、湖北、四川、贵州、陕西等11省、市、区调查统计,当时倒流回城的有21.98万人,占居民下乡人口总数的13.8%,估计全国倒流回城要求恢复户口的有74万人[①]。此外,还有被遣送回乡的人员。据全国信访会议统计,北京、河北等21省、市、区在"文化大革命"初期以种种"罪名"遣送回乡的有62.7万人,这样估算全国有80万遣返人员需要落实户口问题。

二是逐年积累留存社会的无户口人员大增。据1978年全国第三次治安工作会议统计,由于各种原因,全国历年积压的无户口人员达264万人,俗称"黑人黑户"。这一数据尽管与上述信访会议统计的数据有少量的交叉重复,但从另一层面看,也是值得关注的户口遗留问题。据北京、山西等14省市[②]的调查统计,71.7万元户口人员,包括以下三种情况:第一,持证未落户的有28.2万人,占39.3%。主要是基层管理人员未按迁移制度办事,擅自开"迁移证",不符合入户条件,迁入地不予落户。有的因刑满释放返回原籍,曾因户口已被注销,成为"口袋户口";第

---

① 另据1978年全国民政工作会议资料,当时倒流回城的约占下放居民总数的20%,全国约有百余万人。

② 即北京、天津、山西、内蒙古、辽宁、吉林、黑龙江、江苏、浙江、安徽、福建、湖北、云南、新疆。

二，自流谋生人口25.4万，占35.5%，仍以黑龙江、吉林、内蒙古、新疆为最多。这些地区曾在1969年对已定居多年的大多数人就地入户，但剩下部分和后续流入等待入户的仍有相当大的数量；第三，超计划生育的小孩有18.1万人，占25%。有的怕报户口被罚款故意隐瞒，也有少数是不到婚龄结婚的非婚生婴儿。

三是有关部门要求解决夫妻长期两地分居职工家属户口有419万，其中25年工龄以上的老职工家属占47.7%，煤矿及其他矿山职工家属占35.8%，三线职工家属占11.9%，科技骨干家属占3.3%，因工致残的家属占1.2%。

上述三项合计，共有1 400余万人，绝大部分是历史遗留问题。这一问题曾在1977年7月全国粮食会议作过酝酿讨论，当时认为数量过于庞大，不可能在短期内全部解决，只能按照国家计划和粮食供应情况提出一个分步实施的控制比例，即每年可批准从农村迁入市镇和转为非农业人口的职工家属人数不得超过非农业人口总数1.5‰的比例，由内部控制。①

由于这一时期全国市镇长期积压的户口问题格外集中，矛盾的热点特别突出，如按1.5‰的控制比例计算，1977年的入户量是22万人，仅占当时符合政策应予解决入户量的5%，显然这一控制比例订得过严，与户口迁移政策碰撞过甚。公安部1978年9月下达《关于户口迁移问题的解答的通知》中，将这一比例严格限定在市镇职工居民农村家属的入户范围之内，明确排除招工、招生的人数，随军家属入户、知识青年病退、困退回城，平反冤假错案落实政策和"下放"居民的回城人数。1978年和1979年，全国市镇控制入户的指标是42.8万人，而执行结果是这两年实际入户职工居民家属户口达到88万人，失控的比例翻了一番还多。主要是因为这一特定时期，市镇积压的"老大难"户口问题过多，亟待解决。据北京、天津、南京三市调查，在9 100余名无户口人员中，已在城市居住14年以上的占31%，其中农村户口已被注销，成为"黑人黑户"的占20%。1979年12月3日，新华社《国内动态清样》反映各地存在"黑人黑户"问题，中央领导即作批示："这个问题确实是一个较大的社会问题"，"该解决的一定要解决，不解决人心不安、不平"，并责成公安等有

---

① 《户口管理文件汇编》第二册，公安部三局1982年版，第109页。

关部门提出解决办法。为此，1980年6月，公安部本着批示精神，下达了《关于解决无户口人员落户问题的通知》，要求各地对职工家属已来城市投靠多年，农村失去生活条件，确有特殊困难无法返回的；职工因公致残、生活不能自理，其直系亲属已来城市照顾的；原城市居民因户口丢失或被注销，生活无着，已返回城市依靠亲属生活的等，经过查实，均应有计划地加以解决。如果一个城市这方面的问题过分集中，可先解决有贡献的科技人员，以及工龄长（20年或25年以上）、年龄大（40岁或45岁以上）的职工。在控制比例上也可略有增加，但不得超过2‰的幅度，由省、市、自治区统一控制使用。这就是2‰控制比例的由来和历史背景。

通过实践检验，"农转非"的控制指标虽然起到一定的平衡控制作用，但在大城市，由于人口基数大，相对分配的入户指标较多，便于调剂，略显宽松，而当时积压"农转非"最突出的是小城镇。如果是一个非农业人口3 000人的小镇，一年才有几个名额，过于偏低，入户矛盾很难处置，势必限制小城镇的发展。就全国而言，如按1.5‰的控制比例计算，1978年至1980年，全国市镇职工、居民家属"农转非"的控制指标是56.6万人，而这三年实际入户的"农转非"达到127万人，失控率达到124%，也反映了这一控制比例的过严过低。从1980年放宽到2‰之后，检验1981—1983年职工市民家属的"农转非"，这三年的控制限额是107.4万人，实际入户123万人，超额15.6万人，失控率下降到14.5%。不难看出，调整后，控制比例与政策上从严控制的入户数大体相近，比较符合实际。但到1984年后，情况发生重大变化。由于户口迁移政策方面的工作重点转向专业科技干部农村配偶的"农转非"，主要为了落实知识分子政策，稳定科技干部队伍，解除后顾之忧，适当扩大了科技骨干家属的入户范围。但由于有些地区评定科技职称放宽了条件，有的甚至将审批权限下放到地、市、州一级等多种因素，造成职工家属"农转非"的过猛增长。加之1983年4月22日国务院批转农林口《关于加强农业第一线科技队伍的报告》，决定对全民所有制科研院校、场圃单位吃自产粮的科技人员，恢复城镇户粮关系，子女享受市镇户口待遇。1984年6月11日，国务院、中央军委批转国务院科技领导小组办公室等部门《关于稳定和加强国防科技工业三线艰苦地区科技队伍的若干政策问题的报告的通知》规定，将三线地区工作年满35周岁的工程师及相当这一职称的干部，从1985年起分期分批解决夫妻两地分居问题，家属是农村户口、可转为城镇户口的不下数十万人。随着以上情况的重大变化，导致"农转非"入户的快速增长是必然的。如再用2‰的指标去衡量1984年到1986年末这三年职工、科技人员、市民家属的"农转非"，共达422万人，而指标控制的限额只有123.3万，实际超额298.7万人。这种客观情况起了重大变化后的失控率达到242%。由此可见，作为指标控制参数的指导意向已失去检验控制工作的积极意义，明显地暴露了它的不适性。（以上数据详见下表）

表19—2　　　全国1978~1986年"农转非"1.5‰~2‰
控制比例的执行情况　　　　　　（单位：万人）

年度	年末非农业人口	按比例控制数	职工、市民家属实际入户数	超额数	占控制数%
1978	14 780	22.2	32	9.8	44.1
1979	15 738	23.6	56	32.4	137.3
1980	16 380	24.6	39	14.4	58.5
以上按1.5‰控制比例计算，以下按放宽后2‰的比例计算					
1981	17 413	34.8	39	4.2	12.1
1982	17 910	35.8	37	1.2	3.4
1983	18 378	36.8	47	10.2	127.7
1984	19 686	39.4	105	65.6	166.5
1985	21 054	42.1	211	168.9	401.2
1986	20 902	41.8	106	64.2	153.6

注：本表数据摘自《全国户口统计年报》。1978~1980年的按比例控制数以1.5‰的比例计算，1981年以后的按比例控制数以2‰的比例计算。

第五节　户籍管理制度改革的稳步推进

党的十一届三中全会以后，中国进入改革开放的新时期，户籍管理制度改革也从此拉开序幕。户籍管理制度改革，大体可划分为初步探索（1979~1984年）、全面推进（1984~1992年）、进一步深化（1992年到现在）三个阶段，包括逐步放开户口迁移政策、调整"农转非"的控制办法、将流动人口管理逐步纳入法制轨道、积极探索小城镇户籍管理制度改革、完善农村户籍管理制度、推进人口信息管理的现代化等内容。

一　户口迁移政策的逐步放开

伴随着改革开放的不断深入进行，户口迁移政策与经济体制之间的矛盾更为突出，受到社会的广泛关注，也引起政府部门的高度重视。为此，国家对户口迁移政策逐步进行调整，主要措施包括：

第一，放宽"三投靠"人员的户口迁移政策，逐步解决干部、职工、专业技术干部夫妻两地分居、子女投靠父母、父母投靠子女的迁移落户问题。1980年1月21日，中央组织部、民政部、公安部、国家劳动总局发出《关于逐步解决职工夫妻长期两地分居问题的通知》，成为解决职工夫妻两地分居问题政策的先声。同年8月19日，国务院批转《国家农委、粮食部、公安部、民政部关于解决国营农业企事业职工户口粮食关系的几个问题的请示报告》，对国营农业企事业单位职工调动、退职退休安置、随迁家属子女的户口和粮食关系迁移问题做出了规定。9月3日，公安部、粮食部、国家人事局联合颁布《关于解决部分专业技术干部的农村家属迁往城镇由国家供应粮食问题的规定》，提出高级专业技术干部，或者年龄在40岁以上、工龄在20年以上的中级专业技术干部，或者有重大发明创造，在科研、技术以及专业工作上有特殊贡献，经省级人民政府或国务院各部委、各直属局批准的专业技术干部，其在农村的配偶和15周岁以下的子女（包括虽已成年，但因病残生活不能自理的）以及丧失劳动能力、在农村无依无靠的父母，应当准许将户口迁入城镇，由国家供应口粮，且不占公安部门正常审批的控制比例。1983年9月3日，国务院发布《关于招收退休、退职职工子女工作的规定》，原则上同意对正常退休的工人、家庭生活确实困难、或子女就业少的，可以招收其一名符合招工条件的子女参加工作。其中家居农村、户口迁回农村的退休工人，可招收其在农村的一名符合招工条件的子女参加工作。1984年6月11日，国务院、中央军委批转国务院科技领导小组办公室和国防科工委等部门的两个报告，提出了解决三线艰苦地区国防科技工业离休退休人员安置和职工夫妻长期两地分居问题的政策。7月6日，国务院批转《煤炭部、公安部、商业部、劳动人事部关于煤矿井下职工家属落城镇户口试点工作总结和在全国煤矿推行落户工作意见的报告》，规定了解决全国部分煤矿井下职工家属、父母、子女落城镇户口的政策。11月28日，公安部、劳动人事部、商业部、最高人民检察院联合做出了关于解决人民检察院劳改劳教检察派出机构干部的农村配偶、子女、父母迁往派出机构所在地区落户、由国家供应口粮问题的规定。1988年3月3日，劳动人事部、公安部、商业部联合发出《关于解决老工人夫妻长期两地分居有关问题的通知》，提出了切实解决老工人夫妻两地分居问题的政策。1989年2月21日，国务院、中央军委批转公安部、商业部、财政部、劳动部、人事部、总政治部的联合报告，规定了解决驻边防、海岛、沙漠和边远三类地区部队部分军官的农村户口家属可在原籍转为城镇户口，办理城镇居民粮、油供应手续，安排工作、子女入学等问题的政策。12月8日，国务院又发出《关于进一步解决干部夫妻两地分居问题的通知》，提出对在国内外取得博士学位的人员和获得国家级奖励的专业技术干部，不受解决干部夫妻两地分居专项户口指标的限制，及时解决其夫妻两地分居问题。专业技术人员实行职务聘任制后，对被聘为中级和中级以上专业技术职务干部的夫妻两地分居问题，要在解决干部夫妻两地分居专项户口指标范围内优先予以照顾。凡经组织、人事部门批准解决干部夫妻两地分居的调动，任何单位不得收取城市人口增容、城市建设、城市综合开发补偿等类费用。1998年7月22日，国务院批转《公安部关于解决当前户口管理工作中几个突出问题意见的通知》，又强调放宽解决夫妻分居问题的政策。对已在投靠的配偶所在城市居住一定年限的公民，应当根据自愿的原则准予在该城市落户。男性超过60周岁、女性超过55周岁，身边无子女需到城市投靠子女的公民，可以在该城市落户。对因工作调动等原因在其他地区离休、退休的人员，需要返回原工作单位所在地或者原籍投靠配偶、子女的，应当优先予以解决。1999年7月13日，人事部、公安部又发出《关于进一步做好解决干部夫妻两地分居问题工作的通知》，要求优先解决有突出贡献者和业务骨干的夫妻两地分居问题，加大解决干部夫妻两地分居工作的力度。中小城市可逐步放开解决干部夫妻两地分居问题的政策；有条件的大城市要逐步放宽条件；对于人口压力较大的特大城市，在严格控制人口迁移增长的同时，要采取积极有效的措施，缓解当地干部夫妻两地分居的矛盾。

第二，允许农民自理口粮进入集镇落户。改革开放以后，随着农村商品生产和商品交换的迅速发展，乡镇工商业蓬勃发展，越来越多的农民转向集镇务工、经商，迫切需要解决进入集镇落户的问题。1984年1月1日，中共中央在《关于1984年农村工作的通知》中，要求各省、自治区、直辖市选择若干集镇进行试点，允许务工、经商、办服务业的农民自理口粮进入集镇落户。1984年10月13日，国务院发出《关于农民进入集镇落户问题的通知》，规定凡申请到集镇务工、经商、办服务业的农民和家属，在集镇有固定住所，有经营能力，或在乡镇企事业单位长期务工的，公安部门应准予落常住户口，及时办理入户手续，发给《自理口粮户口簿》，统计为非农业人口，并把他们纳入街道居民小组进行管理，使他们同集镇居民一样享有同等权利，履行同等义务。据统计，1984～1990年，全国共有500多万农民到集镇落了自理口粮户口。[①] 允许农民进入集镇落户，对于发展集镇、搞活经济、改变人口和工业布局、维护社会稳定，具有重要的作用，也有利于农业剩余劳动力就近、有序地向小城镇转移。

第三，实行当地有效城镇居民户口制度，鼓励在城市经商、投资、购买商品房的居民及其亲属将户口迁入城镇。1992年10月，广东、浙江、山东、山西、河南等10多个省先后以省政府名义下发了实行当地有效城镇居民户口的通知。实行当地有效城镇居民户口制度的范围是小城镇以及国务院或者省级政府批准成立的经济特区、经济技术开发区、高新技术产业开发区，重点是县城以下的集镇；对象是在城镇投资兴办实业的外商（含华侨和港、澳、台同胞）国内亲属和聘用的管理人员、生产骨干和其直系亲属，在城镇投资兴办实业的（国内）单位所聘用的管理人员和生产骨干及其直系亲属，在城镇投资兴办实业或经批准在城镇购买商品房、自建房的国内居民及其直系亲属，华侨和港、澳、台同胞经批准用侨汇在城镇购买商品房或自建房需要照顾入户的内地亲属，到经济不发达地区工作的科技、教育、管理人才、能工巧匠及其直系亲属，到城镇从事科技开发或受聘的科技、教育、管理人才中有突出贡献的人口及其直系亲属，被征用土地的农民、落实政策人员、老工人在农村的家属以及长期居住在城

---

① 张庆五：《户口迁移与流动人口论丛》，公安大学学报编辑部，1994年编印。

镇的常住户口待定人员等符合国家现行政策规定但受指标限制不能在城镇入户的人员；办法是实行蓝印户口，其基本原则是当地有效，在当地按常住人口进行管理，统计为"非农业人口"。① 这是以经济手段取代行政手段的尝试，是全国户籍管理制度改革的一项过渡性措施。1998年7月22日，国务院在批转《公安部关于解决当前户口管理工作中几个突出问题意见》的通知中，又强调对在城市投资、兴办实业、购买商品房的公民及随其共同居住的直系亲属，凡在城市有合法固定的住所、合法稳定的职业或者生活来源，已居住一定年限并符合当地政府有关规定的，可准予在该城市落户。这个政策的实施，意味着户口迁移政策的进一步放宽。

二 "农转非"控制办法的调整

1977年11月8日，国家提出严格控制"农转非"的政策，并规定每年批准从农村迁入市镇和转为非农业人口的职工家属人数，不得超过非农业人口数的1.5‰。由于历史欠账过多，实际执行结果是"农转非"数量大大失控。为此，公安部于1980年6月4日下达《关于解决无户口人员落户问题的通知》，将控制比例增加到2‰。这个控制指标对大城市来说略显宽松，而对小城镇而言，则是杯水车薪。由于国家逐步放宽户口迁移政策，"农转非"数量虽然迅猛增长，但仍然难以满足农村人口迁移进城的需要。取消农村人口迁移进城的限制，改革"农转非"控制办法，成为人们议论户籍管理制度改革的焦点，部分省、市、县出现了政府以集资办农业、振兴经济等为名公开标价向群众出卖城镇非农业户口的做法。

为了维护国家户口管理法规、政策的严肃性，坚决制止出卖城镇非农业户口的错误做法。经国务院批准，国务院办公厅于1988年10月29日发布《关于制止一些市、县公开出卖城镇户口的通知》，要求各地要坚决执行国家的法规、政策，切实防止在管辖范围内出现出卖城镇户口的现象。已经出卖城镇户口的地方，市、县政府和有关业务部门必须注销已出卖的户口，并在原常住户口所在地予以恢复，所收钱款一律清退。1989年11月31日，国务院发出《关于严格控制"农转非"过快增长的通

---

① 殷志静、郁奇虹：《中国户籍制度改革》，中国政法大学出版社1996年版，第14~15页。

知》，决定把"农转非"纳入国民经济与社会发展计划，实行计划管理；"农转非"实行计划指标与政策规定相结合的控制办法；"农转非"的审批权收到省辖市一级以上人民政府（含地区行署），县和县级市人民政府无权审批；由计委、公安、粮食、劳动、人事等部门联合办公，严格把关。1990年7月15日，国务院办公厅转发《国家计委等部门关于"农转非"政策管理工作分工意见的报告》，强调加强对"农转非"政策的宏观管理。国务院各行业主管部门需要调整或制定"农转非"政策的，要提出具体解决方案，由劳动部、人事部和财政部分别提出审核意见后，报送国家计委、公安部、商业部集中审核；国家计委、公安部、商业部是"农转非"计划与政策的管理部门，负责对各行业主管部门提出的方案和劳动部、人事部和财政部分别提出的审核意见进行统筹研究和议定审核意见；"农转非"政策的调整或制定，最后一律由国务院负责审批。通过对"农转非"采取政策和指标双控制的办法，大量压缩了"农转非"的数量。

1992年4月以后，江西、河南、河北、山东、辽宁、云南、四川、广东、福建、吉林、湖北、安徽、贵州等省又先后出现公开或变相出卖非农业户口现象，进而形成全国性的卖户口高潮。1992年5月4日，公安部发布了《关于坚决制止公开出卖非农业户口错误做法的紧急通知》，要求各地公安机关对这种错误做法坚决予以制止和纠正。1992年8月31日，中共中央办公厅、国务院办公厅发出《关于立即制止出卖非农业户口的紧急通知》，要求各省、自治区、直辖市党委和人民政府必须采取坚决果断措施，立即制止违反户口管理规定、交钱就办理"农转非"户口的错误做法。1994年8月2日，公安部、财政部、中国人民银行又联合下发《关于坚决制止继续出卖非农业户口的通知》，要求各地坚决制止和纠正不讲条件、不分对象，交钱就办"农转非"户口的错误做法。

在坚决制止出卖非农业户口的同时，国家又对特殊对象的"农转非"问题提出了解决办法。1992年6月22日，国务院批转《人事部、国家计委、商业部、公安部关于部分专业技术和党政管理干部家属"农转非"问题的意见》，决定对被聘任或任命为高级专业技术职务、或在自然科学和社会科学研究方面获得国家级奖励、或取得博士学位，且本人享受探亲假待遇的干部，可在国家下达的"农转非"计划指标内优先解决其家属的"农转非"问题。年满 40 岁、工龄满 20 年、被聘任或任命为中级专业技术职务满 3 年，在发明创造、技术改进、科技成果推广应用和教学方面取得显著成效，或在经营管理方面取得明显经济效益和社会效益的专业技术干部；或年满 40 岁、工龄满 20 年、任副处长以上职务满 3 年，在工作中做出显著成绩的党政管理干部，且本人享受探亲假待遇的，可在国家下达的"农转非"计划指标内逐步解决其家属的"农转非"问题。对符合上述条件，在边远地区、艰苦行业工作，或工龄、任职时间较长的干部，可根据具体情况，在国家下达的"农转非"计划指标内优先安排解决其家属"农转非"问题。1994 年 8 月 13 日，国务院批转《铁道部、国家计委、公安部、国内贸易部关于解决部分铁路职工家属"农转非"问题意见》，对铁路运输系统和工程施工系统部分职工配偶、子女、父母的"农转非"问题提出了解决办法，并决定从 1995 年开始，分 5 年时间，解决约 30 万人的"农转非"问题。

三 流动人口管理逐步纳入法制轨道

党的十一届三中全会以来，随着经济改革和对外开放的逐步深化，商品生产与流通迅速发展，城乡间、地区间人口大规模流动。据估算，1982 年全国每天流动的人口约 3 000 万，1985 年上升到 4 000 万，1986 年上升到 5 000 万左右，1987 年上升到 6 000 万以上，1988 年增至 7 000 万，1991 年约为 7 000 万。[①]

人口大规模流动，是经济体制改革的必然结果，对促进城乡经济发展具有十分重要的意义。同时，又给各级行政管理工作提出了新课题。为了适应形势的变化，跟上改革的步伐，各地对流动人口的管理办法进行了积极探索。比如，1985 年 1 月 1 日，经上海市人民政府批准，上海市实施《外来寄住人口管理试行办法》，对外来开店、办厂、承包建筑等暂住人口，采用登记寄住户口的管理办法。1985 年 7 月 13 日，公安部颁布《关于城镇暂住人口管理的暂行规定》，决定在全国对流动人口实行《暂住

---

① 张庆五：《户口迁移与流动人口论丛》，公安大学学报编辑部，1994 年编印；《人口迁移与人口流动概述》，载《中国人口：八十年代人口动态分析》，中国财经出版社 1995 年版；《中国流动人口现状》，载《当代亚太》，1998 年第 7 期。

证》《寄住证》和旅客住宿登记制度相结合的登记管理办法。允许流动人口在城镇长期暂住居留，是对户口登记条例所规定的"暂住期限一般不超过三个月，超过三个月的要办理迁移手续或动员其返回常住地"条款的实质性更动，对于方便群众生活，保障流动人口的合法权益，维护社会秩序具有重要意义。1985年9月6日，国家决定在全国范围内实行居民身份证制度，对于更有效地证明处于流动状态中的公民的身份，发现和打击流窜犯罪分子的活动具有重要影响。

进入90年代，人口流动表现出异地转移的特点。由于农民还没有割断乡村的脐带，这就决定了这种异地转移的不彻底性。一年一度的"民工潮"，形成了对传统计划体制的巨大冲击波，既使农业受到影响，又对城市形成冲击。面对这种冲击，有的人只看到农民流动的负面效应，视"民工潮"为洪水猛兽，希望政府用堵的办法使人心归田。如何引导流动人口合理有序地流动，成为党和国家十分关注的问题。1995年7月8日至11日，全国流动人口管理工作会议在福建省厦门市召开。这次会议提出，流动人口管理工作的指导思想是，从全党全国工作的大局出发，对流动人口特别是对剩余劳动力的转移要因势利导，加强管理，兴利除弊。要通过加强农业综合开发，发展乡镇企业和加快小城镇建设等，就地消化和吸纳绝大部分剩余劳动力。在此前提下，可根据城市经济的需要，组织一部分农村剩余劳动力有秩序地进入城市工作和生活，并逐步建立健全相应的管理、教育、服务措施。会议还提出，流动人口管理应重点加强领导，促进农村剩余劳动力就近转移；加强对农村剩余劳动力跨地区流动就业的调控和管理；加强对外来人员落脚点活动场所的管理；做好清理盲流人员的工作，依法严厉打击流窜犯罪活动；加强对外来务工经商人员的服务和宣传教育工作。此前，为了加强流动人口管理，保障公民的合法权益，维护社会治安秩序，公安部根据《中华人民共和国户口登记条例》的有关规定，颁布了《暂住证申领办法》，决定对暂住人口实行暂住证的管理办法。

四　小城镇户籍管理制度改革的积极探索

小城镇户籍管理制度改革，可谓由来已久。改革开放以来，大量农民进城谋生，但受到了户籍管理制度的羁绊。1984年10月，国务院发出

《关于农民进入集镇落户问题的通知》，允许农民自理口粮到集镇落户，部分满足了农民进城的愿望。由于小城镇的经济缺乏活力，自理口粮户口对农民的吸引力不大。1992年10月，各地政府相继出台当地有效城镇居民户口政策。1993年11月14日，党的十四届三中全会通过《关于建立社会主义市场经济体制若干问题的决定》，指出要逐步改革小城镇的户籍管理制度，允许农民进入小城镇务工经商，发展农村第三产业，促进农村剩余劳动力的转移。随后，部分地方以公安部门为主体，对小城镇户籍改革进行试点，基本实行以公民住房、职业和生活来源为条件的落户制度。

1997年6月10日，国务院批转《公安部小城镇户籍管理制度改革试点方案》。按照该方案，小城镇户籍管理制度改革的范围限制在县（县级市）城区的建成区和建制镇的建成区，由省、自治区、直辖市人民政府在此范围内选择少量经济和社会发展水平较高、财政有盈余、城镇基础设施建设等具有一定基础、在当地具有一定代表性的小城镇，先期进行两年的户籍管理制度改革试点。在小城镇落户的对象和条件是：凡从农村到小城镇务工或者兴办第二、三产业的人员，小城镇的机关、团体、企业、事业单位聘用的管理人员、专业技术人员，在小城镇购买了商品房或者已有合法自建房的居民，在小城镇已有合法稳定的非农职业或者已有稳定的生活来源，而且在有了合法固定的住所后居住已满两年的，可以办理城镇常住户口。上述人员的共同居住的直系亲属，可以随迁办理城镇常住户口。外商、华侨和港、澳、台同胞在小城镇投资兴办实业，经批准在小城镇购买了商品房或者已有合法自建房后，如有要求，可为他们需要照顾在小城镇落户的大陆亲属办理城镇常住户口。在小城镇范围内居住的农民，土地已被征用、需要依法安置的，可以办理城镇常住户口。经批准在小城镇落户人员的农村承包地和自留地，由其原所在的农村经济组织或者村民委员会收回，凭收回承包地和自留地的证明，办理在小城镇落户手续。经批准在小城镇落户的人员，与当地原有居民享有同等待遇。方案下发后，绝大多数省、自治区、直辖市党委、政府十分重视，相继批转了公安厅、局提出的小城镇户籍管理制度改革试点工作实施意见，专门召开会议进行部署。据统计，到1999年底，全国有382个城镇进行了试点工作，共54万多人已在小城镇落户。①

2000年6月13日,中共中央、国务院发布《关于促进小城镇健康发展的若干意见》,规定从2000年起,凡在县级市市区、县人民政府驻地镇及县以下小城镇有合法固定住所、固定职业或生活来源的农民,均可根据本人意愿转为城镇户口,并在子女入学、参军、就业等方面享受与城镇居民同等待遇。此后,各地加快了小城镇户籍改革的步伐。2001年3月30日,国务院批转《公安部关于推进小城镇户籍管理制度改革的意见》,决定全面推进小城镇户籍管理制度的改革。按照该意见,小城镇户籍管理制度改革的实施范围扩大到县级市市区、县人民政府驻地镇及其他建制镇。凡在上述范围内有合法固定的住所、稳定的职业或生活来源的人员及与其共同居住生活的直系亲属,均可根据本人意愿办理城镇常住户口。已在小城镇办理的蓝印户口、地方城镇居民户口、自理口粮户口等,符合上述条件的,统一登记为城镇常住户口。对经批准在小城镇落户的人员,不再办理粮油供应关系手续。经批准在小城镇落户的人员,在入学、参军、就业等方面与当地原有城镇居民享有同等权利,履行同等义务。自2001年10月1日起,全国以两万多个小城镇为重点,全面推行小城镇户籍管理制度改革,其影响将十分深远。

五 完善农村户籍管理制度

长期以来,农村户籍管理工作一直比较薄弱,许多地方机构不健全,没有专人管理,户籍登记制度执行得不严格,出生不报、死亡不销等问题十分突出,有些地方甚至出现人口管理失控现象,致使人口统计数据不准确,既不利于各方面的行政管理,也对政府决策造成一定影响。改革开放以来,为了完善农村户籍管理制度,公安机关逐步对农村户籍管理制度进行了改革。主要措施是:解决无户口人员的落户问题;允许超计划生育的婴儿登记落户;推进农村户籍的城市化管理。

1997年6月10日,国务院批准《公安部关于完善农村户籍管理制度的意见》,要求统一城乡户籍登记制度,理顺农村户籍管理体制,实施严密管理并改进管理手段,逐步实现农村户籍管理的制度化、规范化和现代

---

① 张虹生:《农村富余劳动力的消化途径》,《开放潮》,2002年第9期。

化，促进农村经济发展，维护社会稳定。通知要求各地抓紧完成常住人口登记表、居民户口簿和门牌的制发工作，逐步在全国农村建立健全户籍管理机构，在本世纪末基本统一城乡户籍登记管理制度，切实改变农村户籍管理薄弱的状况。通知具体规定，农村要全面建立健全常住、暂住、出生、死亡、迁出、迁入和变更更正等项登记管理制度，全面执行居民身份证申领、换领、补领等规定并加强查验、核查工作，同时建立和完善户籍的调查、通报、统计、档案和门牌编制等项管理制度；严格执行公民在常住地登记常住户口的规定，为登记常住户口的每个公民建立常住人口登记表，为每个家庭制发居民户口簿；加强新生婴儿的出生登记工作，监护人对新生婴儿（包括超计划生育的、非婚生育的以及被遗弃的婴儿等）必须按照户籍管理的有关规定申报出生登记，新生婴儿可以随母或者随父登记常住户口；建立健全门（楼）牌的设置、编号、制作、安装和管理等项制度，为住户统一编制、装钉门（楼）牌，并加强经常性的管理，逐步实现门（楼）牌编制管理的科学化、规范化；按照一乡（镇）一所的原则，逐步建立健全乡（镇）公安派出所，并配足相应的警力。

六　人口信息管理的现代化进程

改革人口信息管理手段，探索利用计算机管理人口基本信息，是伴随着居民身份证制度的实施开始的。1984年4月6日，国务院批准《公安部关于颁发居民身份证若干问题的请示》，要求公安机关建立居民身份证计算机信息管理系统，逐步实现居民身份证管理的现代化。1986年11月5日，公安部发布《关于使用微计算机管理人口基本信息的通知》，拉开了人口信息管理现代化的序幕。1988年2月8日，公安部发出《关于进一步推广使用计算机管理人口基本信息的通知》，要求各地积极、稳妥地开发和推广使用计算机管理人口基本信息工作。1992年初，国家计划委员会对全国地级城市建立人口信息系统给予了专项经费支持。为了规范全国的人口信息系统建设工作，公安部于1992年7月4日印发了《人口信息系统建设任务和技术要求》。12月21日，公安部又印发《关于积极抓好人口信息计算机管理系统建设的意见》，根据公安部部长会议规定的"公安计算机信息系统要以人口信息管理为重点，工作从派出所抓起"的精神，提出了重点抓好公安派出所人口信息系统建设的要求，将公安派出所人口信息管理系统建设推向一个新高潮。经过多年的不懈努力，公安机关已将10多亿人口的基本信息储存到计算机管理系统。随着计算机技术和网络技术的迅速发展，江苏、湖南等省于1999年率先建成人口信息管理系统，实现全省人口信息的大联网。截至2001年底，全国共有三万多个公安派出所建立了人口信息管理系统，1 180个市县建立了市县管理系统，有250个地市建成"百城联网工程"，约有6.5亿常住人口信息初步实现网上查询①，在证明公民身份、进行户口统计、打击违法犯罪等方面发挥了极其重要的作用。

历史的结论

（一）应该充分肯定户籍管理制度的历史功绩

1. 当代中国严密的户籍管理制度，强有力地证明了公民身份，保护了公民的合法权益。

中国是社会主义国家，公民享有广泛的民主自由权利和经济、文化权益。在计划经济时代，公安机关通过健全的户口登记和管理，给城乡居民颁发《户口簿》，有效地证明了公民身份，从而为公民行使政治、经济、文化和社会生活等方面的合法权利提供了法律保障。改革开放以来，伴随着体制改革，人口大规模流动，公安机关及时改革户口登记管理办法，实行居民身份证制度，有效地证明了公民身份，便利了公民的社会交往活动，保障了公民的合法权益。居民身份证是依法颁发给居民、证明公民身份的法定证件；居民户口簿不仅是证明居民个人身份的法定证件，而且具有证明居民家庭关系甚至血缘关系的特殊作用。两者互相配合，互为补充，将在便利城乡居民的各种社会交往，强有力地证明公民身份，保护公民合法权益方面发挥越来越重要的作用。

2. 当代中国严密的户籍管理制度，在强有力地维护社会稳定方面有着不可替代的作用。

公安机关通过建立严密的户口登记和户口调查制度，熟悉了解人口的基本情况，掌握了各种违法犯罪动态，在此基础上，又通过对违法青少年

---

① 《人民公安报》，2002年1月3日，第4版。

和"两劳"(即劳动改造、劳动教养)释放人员进行帮助教育,对社会服刑人员进行监督改造,对各种民间纠纷积极疏导调解,及时化解了各类社会矛盾,预防控制了各种刑事犯罪活动和违反治安管理行为,消除了各种不安定因素,强有力地维护了社会治安秩序和国家政治稳定。居民身份证制度的实施,限制了不法分子的活动空间,预防、揭露、打击了各种违法犯罪活动,有效地配合了社会管理、安全防范和抢险救灾,大大便利了公安机关对各种违法犯罪案件、灾害事故和突发事件的及时处置,已成为中国公共安全机制的重要内容。在计划经济时代,公安机关还配合其他部门通过严格控制市镇人口盲目增长,有效地遏制了城市人口的过度膨胀,保持了社会的安定。

3. 当代中国严密的户籍管理制度,强有力地配合了其他各项行政管理,具有广泛的社会功能。

户籍管理的编户制度与行政区划基层政权相结合,使全国城乡社会组织结构更为严密,显示现代社会结构的整体性,为国家行政管理奠定了基础。户籍管理所具有的专业职能,决定了户籍服务的广泛性。一般而论,户籍制度是适应社会需要而产生,当然在社会实践中以其服务的宗旨履行它的专业职能。尤其对人们的通讯联系、人际交往、地址查询、传播社会信息、沟通国内外联系等,充分显示了编户制度更深层次的社会功能。户口登记是人口信息之源,在立户编户基础上建立计算机管理系统,既可满足户口管理、签发居民身份证的需要,又可通过人口信息网络,逐步实现人口基本信息资源的社会共享,适应现代科学管理社会的需要。户籍注册常住人口,确认公民户籍所在地的法定住所,注册住户家庭成员的称谓关系,界定直系、旁系亲属或非亲属,登记公民姓名、性别、出生年月日、民族、职业、文化和婚姻状况等,不仅标志着国家法律对公民身份的认定,具有证明公民身份的效力,便于公民行使权利和履行义务,也便于户口登记机关掌握辖区人口基本情况、适应行政管理的需要,服务于社会,又可在户口登记的基础上进行户口统计,更好地为国民经济建设和人口决策提供人口统计资料。

4. 当代中国严密的户籍管理制度,强有力地发挥了为社会主义经济建设服务的作用。

公安机关通过严密的户籍管理制度,半个世纪来不间断地为国家提供了大量的户口统计数据,方便了商业部门调配商品,方便了计划部门有计划地供应生活资料,方便了劳动部门调配劳动力和组织就业,方便了文化教育卫生部门发展文化教育和卫生事业,方便了兵役部门征集兵员,广泛地适应了经济发展、社会进步和行政管理等多方面的需要。通过对人口迁移与流动的合理控制,调节人口和劳动力的地区分布,成为户籍管理制度为经济建设服务的又一个重要内容。在社会主义市场经济条件下,公安机关通过深化户籍管理制度改革,加强人口信息的现代化管理,促进人口和劳动力的合理流动,将会在社会主义现代化建设事业方面发挥无可限量的巨大作用。

(二) 应该正确认识现行户籍管理制度的弊端

对中国现行户籍管理制度的弊端,学术界已作较系统的归纳。一般认为,现行户籍管理制度存在以下缺陷:第一,现行户籍管理制度阻碍人口的正常迁移、资本的合理流动,使各种生产要素难以实现最佳配置,违背了市场经济运行的基本要求。第二,现行户籍管理制度阻碍了中国城市化的进程。长期以来,隔断城市间、城乡间人口正常迁移的户籍管理制度妨碍了人口的集聚过程,使中国的城市化水平一直偏低,与工业化脱节。第三,现行户籍管理制度严格限制乡迁城、"农转非",阻碍了农村剩余劳动力的空间转移,引发了一系列的社会问题。第四,现行户籍管理制度限制了公民居住和迁徙的自由,强化了人们的地域观念和城乡观念,造成人与人之间事实上的不平等。第五,现行户籍管理制度在大量的自发迁移面前无能为力,以至于出现了众多的人户分离现象。尽管实行了居民身份证的使用和查验制度,但由于身份证的内容单一,人口信息网络不健全,依然难以保证对流动人口进行有效管理。[①]

不可否认,现行户籍管理制度的确存在诸多不足。但是,对这些不足既不能无限夸大,也不能脱离历史实际进行简单孤立的分析。无限夸大现行户籍管理制度的缺陷,往往是因为并不完全了解现行户籍管理制度。如果把现行户籍管理制度简单地等同于户口迁移制度,并且离开户口迁移制度形成的社会历史背景,孤立地强调公民的居住迁移自由,强调城市化和工业化,很容易得出取消户籍制度的结论。从对新中国五十年户籍管理制

---

① 班茂盛、祝成生:《户籍改革的研究状况及实际进展》,《人口与经济》,2000年第1期。

度的历史回顾中我们可以看到，中国户籍管理制度承担着证明公民身份、维护社会秩序、服务于经济建设的多种功能。赋予户籍管理制度以证明公民身份、服务于经济建设的人口信息管理功能，这是古今中外人口管理的通则，即便是市场经济极为发达的欧美诸国也不例外。户籍管理制度所承担的维护社会秩序的功能，具有其他任何制度都难以替代的特点。在计划经济时代形成的以控制市镇人口盲目增长为基本内容的户口迁移制度，其阻碍城市化进程、限制公民迁移自由的弊端，是随着改革开放的深入发展逐渐显露出来的。正因为它与建立社会主义市场经济体制的要求相距较远，需要适应城市化进程不断加快的形势，所以国家在不断地努力推进户籍管理制度改革。但从中国的国情出发，这种改革只能以渐进的方式进行。

(三) 户籍管理制度改革的正确发展方向

1. 用建设有中国特色社会主义理论作指导，改革现行户籍管理制度中与社会主义本质和根本任务不相适应的地方。

1992年，邓小平在南方讲话中说："社会主义的本质，是解放生产力，发展生产力，消灭剥削，消除两极分化，最终达到共同富裕。"[①] 他还说："社会主义阶段的最根本任务就是发展生产力，社会主义的优越性归根到底要体现在它的生产力比资本主义发展得更快一些、更高一些，并且在发展生产力的基础上不断改善人民的物质文化生活。"[②] 邓小平关于社会主义本质和根本任务的深刻分析，对于我们正确把握户籍管理制度改革的方向具有极其重要的指导意义。

新中国成立50年来，经过不断的探索，我们已经形成了包括户口登记、户口迁移、居民身份证件管理、户口统计、常住人口管理、流动人口管理等内容的户籍管理制度体系，在证明公民身份、维护社会稳定、服务于经济建设方面发挥了巨大作用。中国户籍制度虽经多次改革，逐步解决了户籍管理中群众反映强烈的突出问题，但从根本上说，中国户籍制度远不适应国民经济社会发展和依法治国方略的客观需要，面临改革创新的任务仍很艰巨。户籍管理制度还存在着不少与社会主义本质和根本任务不相

[①] 《邓小平文选》第3卷，人民出版社1993年版，第373页。

[②] 同上书，第63页。

适应的地方。比如：户籍管理制度制约了劳动力合理流动，在一定程度上阻碍了城乡经济的发展。"农转非"指标不分城市、集镇大小，一律规定每年从农村迁入市镇和"农转非"的人数不得超过现有非农业人口的2‰，导致了城市的畸形发展。流动人口管理工作相对滞后，造成人户大量分离，带来不少负面影响，流动人口的合法权益也难以得到保障。把人分成农业人口与非农业人口两个类别，并且在利益分配上向非农业人口倾斜，形成事实上的户口等级制度。以上这些与社会主义本质和根本任务不相适应的问题，需要我们站在建设有中国特色社会主义的高度，而不仅仅是站在地区和部门的角度来分析考察，需要我们带着建设社会主义的历史使命感从根本上加以解决。

2. 用社会主义初级阶段理论作指导，正确地把握户籍管理制度改革的原则。

党的十三大提出的社会主义初级阶段理论，正确地说明了中国社会主义所处的历史阶段，是我党正确制定初级阶段的基本路线和纲领的依据，对于我们正确把握户籍管理制度改革的原则具有十分重要的指导意义。

从社会主义初级阶段的国情出发，首先必须正确认识中国社会主义初级阶段的主要矛盾。中国社会主义初级阶段的主要矛盾是人民日益增长的物质文化需要同落后的社会生产之间的矛盾。从户籍管理制度改革的角度看，这个矛盾表现在：中国人口众多，农业人口比例大，农业剩余劳动力转移的任务十分艰巨；中国生产力不发达，经济发展不平衡，城乡差别还比较明显，城乡人口之间客观上存在着利益差别。党的十一届三中全会以后，全国城乡改革开放，带来了经济的高度繁荣，同时也使城乡隔绝的户口迁移矛盾空前显露。城乡之间、地区之间的人口大流动，来势凶猛的"民工潮"，强有力地冲击着原有封闭式的户籍管理体系。如何引导农村人口合理有序地向城镇流动，向非农业领域转移，就是户籍管理制度改革的矛盾焦点。

从社会主义初级阶段的国情出发，必须牢固树立只有通过改革才能逐步完善户籍管理制度内容的观点。在社会主义初级阶段，户籍管理制度改革的基本矛盾主要是发展生产力与比较僵化的户籍管理体制之间的矛盾，这种矛盾的性质不是对抗性的，可以通过改革的办法逐步加以解决。社会主义的本质和根本任务，决定了户籍管理制度改革的目标应该是解放生产力，发展生产力，消灭剥削，消除两极分化，最终达到共同富裕。具体而言，就是要随着户籍管理制度改革的完善，消除强加在户籍管理制度身上的等级差别，使人们的居住迁移更加自由，劳动力在地区间和产业间的流动更加灵活有序。要建立起这样一种与社会主义的本质和根本任务相适应的户籍管理制度，只有走改革之路。

从社会主义初级阶段的国情出发，还要正确处理积极推进户籍管理制度改革与保持社会稳定之间的关系。改革是解决中国各种问题的动力，稳定是推进各项改革的前提。改革离不开稳定，改革为稳定创造坚实的物质基础。就户籍管理制度改革面临的矛盾来说，城乡人口之间不能自由流动，农业剩余劳动力不能向非农业领域转移，农业人口与非农业人口之间的利益差别不能消除，就不能体现社会主义本质，就会引起社会的不稳定。因此，必须对现行户籍管理制度加以改革。同时，在步骤上，改革只能以渐进的方式进行，否则就会造成管理失控，形成社会动荡。正确处理改革与稳定的关系，还包括要使户籍管理制度改革同计划管理体制改革、劳动用工制度改革和社会保障制度改革配套进行。

3. 按照邓小平理论和"三个代表"重要思想的要求，深化户籍管理制度改革的内容。

第一，邓小平理论和"三个代表"重要思想提出了建设社会主义市场经济体制的总要求。学习邓小平理论和"三个代表"重要思想，就要根据这些总要求，围绕初级阶段的基本纲领和现代化的战略目标，探讨市场经济下户籍管理制度改革问题。比如，要根据中国劳动力资源充裕、人口就业压力大等特点，按照解放和发展生产力的要求，围绕产业结构的调整与优化，合理配置人力资源。围绕区域经济合理布局和协调发展的要求，改革户口迁移制度，促进劳动力在地区间合理有序的流动，促进生产力合理布局。围绕转变经济增长方式的要求，积极调整"农转非"政策，改革"农转非"控制办法，鼓励、引导农业剩余劳动力向非农产业转移。

第二，邓小平理论和"三个代表"重要思想提出了政治体制改革的总目标，阐述了社会主义的民主法制建设理论，回答了社会主义的领导力量和依靠力量等问题。学习邓小平理论和"三个代表"重要思想，就是要根据这些论述，精简政府机构，转换政府职能，加强宏观调控，理顺人口管理体制；要正确处理好政府不同部门之间、政府与社会、政府与市场之间的关系，统一协调管理人口自然变动、人口机械变动和人口社会变动，集中统一计划生育、人口统计、人口信息管理等人口管理职能，避免政出多门，效率低下；户籍管理的某些职能，社会和企业能够行使的，应交给社会和企业办理，而不要由户籍管理部门全部包办。要树立依法治国思想，建立政策调节与法律约束相结合的户籍管理机制。人口政策调节的范围主要在人口出生和死亡、人口迁出与迁入、人口社会变动等方面，人口法律控制的范围主要在户口登记、身份证件管理、人口调查与统计、各类人口管理等方面。当前，要借鉴国外民事、人口立法的经验，结合国情，制定一部具有中国特色的户籍法典，推动户籍法规的制度建设，将户籍管理纳入国家法规的规范。做好新形势下的户籍管理工作，必须坚持中国共产党的领导，代表最广大人民群众的根本利益，发扬走群众路线的优良传统，紧密依靠工人、农民和知识分子，最广泛最充分地调动一切积极因素，发挥他们当家作主的积极性，使户籍管理工作有一个坚实牢固的群众基础。

第三，邓小平理论和"三个代表"重要思想特别强调社会主义精神文明建设。学习邓小平理论和"三个代表"重要思想，就要全面围绕建设有中国特色社会主义的总要求，探讨户籍管理制度改革与社会主义精神文明建设的关系问题，发挥户籍管理制度的特有功能，提高劳动者的素质，促进社会文明和全面进步。比如，通过强化社区管理，紧紧依靠辖区居民，积极为困难户做好事，把党的温暖送给千家万户；通过辖区人口管理，积极帮助教育有各种违法行为的青少年，促使他们遵纪守法，做社会主义现代化事业的有用人才；通过对辖区各种社会服刑人员和刑满释放、解除劳动教养人员的帮助教育，限制其消极活动，净化社会风气；通过开展各种健康文明的文化娱乐活动，通过文明家庭、文明单位创建活动，促进人的素质全面提高，促进社会风气好转。

第二十章　新中国领导者人口思想

马克思主义人口理论是指导中国人口与计划生育工作的理论基础。中华人民共和国建立以后，中国共产党及国家领导人从中国基本国情和社会主义现代化建设需要出发，创造性地运用和发展了马克思主义人口理论，在人口与计划生育工作的伟大实践中，逐步探索了一条具有中国特色的综合治理人口问题的正确道路。

第一节　毛泽东人口思想

毛泽东是伟大的马列主义者和无产阶级革命家，是中国共产党和新中国最重要的缔造者。他为中国人民的革命事业和世界人类进步事业建立了不朽的功勋，并为我们留下了最宝贵的精神财富——毛泽东思想。毛泽东思想是个博大精深、永放光芒的科学体系。毛泽东人口思想乃是这个科学体系不可分割的组成部分。

一　革命加生产即能解决中国吃饭问题

1. 批驳"人多引起革命"的谬论

在1949年中国共产党领导的新民主主义革命取得胜利的前夕，美国国务院发表了《美国与中国的关系》白皮书和美国国务卿艾奇逊致杜鲁门总统的信，宣扬马尔萨斯"人口决定论"，歪曲中国革命是因为人口太多、不堪负担的压力，没有足够的东西吃，并说中国共产党也没有办法解决这个问题。

为了驳斥艾奇逊散布的反动谬论，毛泽东于1949年9月发表了《唯心历史观的破产》一文。在这篇著名的历史文献中，深刻地阐述了中国共产党领导中国人民进行革命的根本原因，对艾奇逊的观点给予了坚决批驳。毛泽东说："革命的发生是由于人口太多的缘故吗？古今中外有过很多的革命，都是由于人口太多吗？中国几千年以来的很多次的革命，也是由于人口太多吗？美国一百七十四年以前的反英革命，也是由于人口太多吗？艾奇逊的历史知识等于零，他连美国独立宣言也没有读过。华盛顿杰斐逊们之所以举行反英革命，是因为英国人压迫和剥削美国人，而不是什么美国人口过剩。中国人民历次推翻自己的封建朝廷，是因为这些封建朝廷压迫和剥削人民，而不是什么人口过剩。俄国人所以举行二月革命和十月革命，是因为俄皇和俄国资产阶级的压迫和剥削，而不是什么人口过剩，俄国至今还是土地多过人口很远的。"① 毛泽东运用大量历史事实，有力地驳斥了以艾奇逊为代表的"人多引起革命"的帝国主义分子的论调，也有力地批判了马尔萨斯的"人口决定论"，捍卫了马克思主义人口理论的基本观点，指明了发生革命的根本原因是阶级压迫和阶级剥削导致的必然结果，决定社会制度变革的根本原因在于社会生产方式的矛盾运动，而不在于人口数量的多少。

2. 解决中国人口吃饭问题的根本途径

艾奇逊把中国社会产生的人口问题都归之为中国人口太多。他说："中国人口在十八九两个世纪里增加了一倍，因此使土地受到不堪负担的压力，人民的吃饭问题是每个中国政府必然碰到的第一个问题，一直到现在没有一个政府使这个问题得到了解决。"还断言中国共产党也没有办法解决这个问题。毛泽东在《唯心历史观的破产》一文中，对旧中国人口问题产生的根源做出了科学的分析，也为中国解决人口问题指明了根本途径。毛泽东指出，旧中国"上海等处的失业问题即吃饭问题，完全是帝国主义、封建主义、官僚资本主义和国民党反动政府的残酷无情的压迫和剥削的结果。"② 还明确指出，"革命加生产即能解决吃饭问题。"③

毛泽东关于"革命加生产即能解决吃饭问题"的论断，揭示要从根本上解决人口问题，首先要进行革命，推翻旧的不合理社会制度，建立新

---

① 《毛泽东选集》第四卷，人民出版社 1991 年版，第 1510 页。
② 同上书，第 1511 页。
③ 同上书，第 1512 页。

中国。然后在新的社会制度下积极发展生产力，为解决人口问题创造必要的物质条件。毛泽东以无产阶级革命家和战略家的气魄和胆识向全世界宣告，中国共产党完全能够解决中国人的吃饭问题，其根本途径就是革命加生产。首先是要把革命进行到底，夺取全国彻底胜利，推翻旧制度，建立新中国。还教导全国人民要树立坚定信心，充分发挥人口积极因素，就能克服一切困难。毛泽东在《唯心历史观的破产》一文中有一段名言，即"世间一切事物中，人是第一个可宝贵的。在共产党领导下，只要有了人，什么人间奇迹也可以造出来。"① 毛泽东的这一观点，是针对艾奇逊的谬论而言的，也是就认识人在生产力要素中的重要作用而言，我们必须正确地辩证地加以理解。

新中国成立以后，毛泽东就解决中国人口吃饭和提高生活水平问题，又讲了发展生产的重要作用。1955年他在《〈中国农村的社会主义高潮〉的按语》中写道："社会主义不仅从旧社会解放了劳动者和生产资料，也解放了旧社会所无法利用的广大的自然界。人民群众有无限的创造力。他们可以组织起来，向一切可以发挥自己力量的地方和部门进军，向生产的深度和广度进军，替自己创造日益增多的福利事业。"② 1957年3月《在南京党的干部会议上的讲话》又强调指出："没有生产就没有生活，没有多的生产，就没有好的生活。好起来要多少年呢？我看大约要一百年……当然，也不要那么长了，分几步来走。要稍微好一点，也要有十几年。有二三十年就更好一点，有五十年可以勉强像一个样子，有一百年就了不起，那就比现在大不相同了。"③

从这些论述中我们应当认识到，在当时的历史条件下，毛泽东教导人们，一要坚定信心，相信共产党的坚强领导，相信人民群众的伟大力量，新中国一定能解决过去旧朝代和国民党反动政府所不能解决的问题，一定能解决中国人的吃饭问题，并不断提高生活水平；二要看到解决这个问题的长期性和艰巨性，要长期奋斗，更多地发展生产。

---

① 《毛泽东选集》第四卷，人民出版社1991年版，第1512页。
② 《中国人口报》，1993年12月27日第1版。
③ 同上。

二 人口多是中国的基本国情

自有文字记载以来,中国人口数量一直冠于世界之首,这是历史长期积累的结果,是必须正视的客观存在。毛泽东生活在这样一个世界第一人口大国的土地上,早在1920年,他在《致蔡和森的信》中批判无政府主义时就写道:"这种社会状态是定要造成人类死率减少而生率加多的,其结局必至于人满为患。"① 可见,毛泽东在早年就关注着中国人口问题,提出在生育问题上也不能搞无政府主义。新中国建立后,他多次论述,要正视人口多是中国的基本国情。

1. 辩证地分析我国人口众多的国情

毛泽东运用历史唯物主义观点辩证地分析了我国人口众多的基本国情。1957年是毛泽东讲人口问题最多的一年。1957年2月14日,他在接见全国学联委员时讲:"中国人口多也好也坏,中国的好处是人多,坏处也是人多。"② 作为世界第一人口大国,自然具有某种优势,当然也有困难。他对学联委员们说:"北京现有三百六十万人口,将来要是有三千六百万人口,北京市市长如何得了。你们将来当了市长怎么办?要安排工作,安排小孩子,解决交通运输问题,那时逛公园也要排队。"③ 当时,毛泽东深谋远虑,表明了人口忧患意识。明确提出人口如无限制地膨胀下去,就将给就业、教育、交通等一系列社会问题带来困难。早在1955年毛泽东在《关于农业合作化问题》一文中就指出:"中国的情况是:由于人口众多,已耕的土地不足(全国平均每人只有三亩田地,南方各省很多地方每人只有一亩田或只有几分田),时有灾荒(每年都有大批的农田,受到各种不同程度的水、旱、风、霜、雹、虫的灾害)和经营方法落后,以致广大农民的生活,虽然在土地革命以后,比较以前有所改善,或者大为改善,但是他们中间的许多人仍然有困难,许多人仍然不富裕,富裕的农民只占比较的少数,因此大多数农民有一种走社会主义道路的积极性。"④ 在这里已经深刻指出,由于人口过多,导致人均土地减少,并

---

① 《毛泽东书信选集》,人民出版社1983年版,第8页。
② 《中国计划生育全书》,中国人口出版社1997年版,第131页。
③ 同上。
④ 《毛泽东文集》第六卷,人民出版社1999年版,第429页。

制约着广大农民生活水平的提高。因为土地是最重要的一种自然资源，它为人们提供借以生存、生活和生产的基本空间，特别是耕种土地可以生产出人们所必需的粮食。土地问题一直是我国非常重要的问题，时刻不可忽视。1957年3月，毛泽东又讲人口多对粮食需求的压力。他在给干部讲话中说："一九四九年，人民政府成立的那一年，我们只有二千二百亿斤粮食。去年我们就有了三千六百亿斤粮食，增加了一千四百多亿斤。但是多少人吃呢？我们这个国家好处就是人多，缺点也是人多，人多就嘴巴多，嘴巴多就要粮食多，增加这一千四百亿斤粮食就不见了，有时还觉得没有粮食。一九四九年缺少粮食，现在还是不够。"①

毛泽东的这些论述实实在在，非常深刻地阐明了人口多给经济发展和社会生活造成的负面影响。但他又教导人们，面对人口过多的现状，不要悲观，还要看到人力资源的一面，要树立坚定的信心，去创造美好的生活。

要正确宣传和处理人口多的问题。1958年3月他有针对性地指出："宣传人多，造成悲观空气，不对"，"一要乐观，不要悲观；二要控制。人民有文化了，就会控制了。"② 毛泽东认为，人口问题是关系全局的大问题，要求全党全国认识和处理问题，都要从我国人口规模大这一基本实际出发。1956年他在《论十大关系》著作中指出："国家和工厂，国家和工人，工厂和工人，国家和合作社，国家和农民，合作社和农民，都必须兼顾，不能只顾一头。无论只顾那一头，都是不利于社会主义，不利于无产阶级专政的。这是一个关系到六亿人民的大问题，必须在全党和全国人民中间反复进行教育。"③ 1957年春天，毛泽东发表了《关于正确处理人民内部矛盾的问题》的光辉著作，其中强调指出："我们作计划、办事、想问题，都要从我国有六亿人口这一点出发，千万不要忘记这一点。"④ 毛泽东提醒人们要认识到，在我们国家，人口问题是个必须高度重视的大问题。1957年2月，他在最高国务会议第十一次（扩大）会议上讲："在这里，我想提一下我国的人口问题。我国人口增加很快，每年大约要增加

---

① 《中国计划生育全书》，中国人口出版社1997年版，第131页。
② 同上书，第132页。
③ 《毛泽东文集》第七卷，人民出版社1999年版，第30～31页。
④ 同上书，第227～228页。

一千二百万至一千五百万,这也是一个重要的问题。"① 这是明明白白地告诉人们,要正视中国的人口国情,必须牢固树立人口意识。

同时他多次告诫人们,不要只看到人口多的不利因素,在人口压力面前自甘落后,要充分发挥人力资源的作用,奋发图强,摆脱贫穷。1958年春天,毛泽东发表了一段至今人们还能熟记的一段讲话,即:"中国六亿人口的显著特点是一穷二白。这些看起来是坏事,其实是好事,穷则思变,要干,要革命。一张白纸,没有负担,好写最新最美的文字,好画最新最美的画图。"② 中国共产党执政以后,在领导全国人民进行社会主义建设的过程中,也遇到过挫折和困难,但是,中华人民共和国成立五十年来创造的辉煌,恰恰证明了毛泽东论断的正确。

三 人口非控制不行,要有计划地生育

第二次世界大战结束以后,世界人口和我国人口都在不断增长。人口问题,已成为全世界关注的重大课题。毛泽东作为一位伟大的战略家,从宏观的角度提出了人口要控制的基本观点,这是在新的时代对马克思主义人口理论的重大发展。早在1956年毛泽东主持起草全国农业发展纲要时,便写上"提倡有计划地生育子女。"他在1956年10月12日同南斯拉夫妇女代表团谈话中说:"过去有些人批评我们提倡节育,但是现在赞成的人多起来了。夫妇之间应该订出一个家庭计划,规定一辈子生多少孩子。这种计划应该同国家的五年计划配合起来。目前中国的人口每年净增一千二百万到一千五百万。社会的生产已经计划化了,而人类本身的生产还是处在一种无政府和无计划的状态中。我们为什么不可以对人类本身的生产也实行计划化呢?我想是可以的。我们有一位民主人士叫邵力子,他就提倡节育。"③ 1957年2月,毛泽东在最高国务会议第十一次(扩大)会议上讲:"我看人类是最不会管理自己了。工厂生产布匹、桌椅板凳、钢铁有计划,而人类对于生产人类自己就没有计划了,这是无政府主义,无组织无纪律。这样下去,我看人类是要提前毁掉的。中国六亿人口,增加十倍

---

① 《中国计划生育全书》,中国人口出版社1997年版,第131页。
② 《中国人口报》,1993年12月27日第1版。
③ 《毛泽东文集》第七卷,人民出版社1999年版,第153页。

是多少？六十亿，那时候就快要接近灭亡了。"① 这就充分揭示了人口膨胀同人类生存与发展的矛盾，向世人敲响了人口警钟，指出了控制人口增长的必然性和必要性。

毛泽东针对我国人口众多的现实，反复强调必须解决这个问题，并指明了解决人口问题的根本途径，即人类要自己控制自己，实行计划生育。"对于这个问题，似乎可以研究有计划地生育的办法。"② 毛泽东于1957年2月27日在最高国务会议第十一次（扩大）会议上讲："我们这个国家有这么多的人，这是世界上各国都没有的。要提倡节育，要有计划地生育。"③ 他对当时人口过快增长的状态很不满意，并作了实事求是的分析。他说，"现在我国人口每年增长一千多万。你要他不增长，很难，因为现在是无政府主义状态，必然王国还没有变成自由王国。在这方面，人类还完全不自觉，没有想出办法来。我们可以研究也应该研究这个问题……总而言之，人类要自己控制自己，有时候使他能够增加一点，有时候使他能够停顿一下，有时候减少一点，波浪式前进，实现有计划的生育。"④ 他在会上还高兴地说："这一条马老（寅初）今天讲得很好，我跟他是同志。从前他的意见没有放出来，有人反对，今天算是畅所欲言了。这个问题很值得研究，政府应该设机关，还要有一些办法。"⑤ 毛泽东公开表态支持马寅初人口论的观点，这是历史的本来面目。

毛泽东自提出"人类要自己控制自己，实现有计划的生育"观点之后，一贯坚持控制人口增长的指导思想。虽然在"大跃进"那两年没有强调人口问题，对康生等人猖狂批判马寅初新人口论也未加以制止，但他并没有改变要控制人口增长的根本主张，在1960年通过的全国农业发展纲要中仍列有宣传和推广节制生育的条款。1966年我国进入"文化大革命"动乱年代，全国城乡陷入无政府状态，从根本上失去了实行计划生育的社会环境。但是，就在他发动"文化大革命"，犯了错误的情况下，仍然清醒地坚持控制人口增长，实行计划生育的指导思想。他在接见外宾

---

① 《中国计划生育全书》，中国人口出版社1997年版，第131页。
② 同上。
③ 同上。
④ 同上。
⑤ 同上。

时讲了中国的计划生育情况。从 70 年代初开始在全国推行计划生育。1972 年，国务院正式提出了实行计划生育，使人口增长与国民经济相适应的要求。从 1973 年起，国家正式把人口列入国民经济计划。计划生育工作有了新的进展，晚婚晚育、少生优生的观念逐步扩大影响，在群众中涌现出一大批响应计划生育号召的带头人。1975 年，毛泽东在国家计委《关于一九七五年国民经济计划的报告》上批示："人口非控制不行。"① 在他年事已高逝世的前一年还念念不忘地关心着人口问题，再次重申"人口非控制不行"的科学论断。

四 实行计划生育，一要政府认真抓，二要坚持群众路线

1. 政府要把计划生育工作列为一项职能

毛泽东深知在中国实行计划生育控制人口增长的难度是很大的。一是封建传统生育观念影响深；二是群众科学文化水平低。要开展这项工作，必须在各级政府列上议事日程，由政府组织实施。1957 年 2 月 27 日，在最高国务院会议第十一次（扩大）会议上讲："关于这个问题，政府可能要设一个部门，或者设一个节育委员会，作为政府机关。人民团体也可以组织一个。因为要解决技术问题，设一个部门，要有经费，要想办法，要宣传。"② 3 月 1 日在这个会上再次提出要求，"政府应该设立一个部门或一个委员会，人民团体可以广泛地研究这一个问题，是可以想出办法来的。"③ "政府应该设机关，还要有一些办法。"④ 毛泽东当时提出这个要求是很明确的，也是具有创造性的，完全是从中国的实际出发。这就明确指出，要把开展计划生育，控制人口增长作为政府的一项职能，这项工作应当由政府组织领导抓好落实。但遗憾的是，毛泽东提出的这个要求，在很长时间里没有得到贯彻。

2. 要发动群众，宣传群众，服务群众

毛泽东认为，实行计划生育，不仅是我们国家的选择，也是人民群众自己的选择。要相信群众，依靠群众，看到群众的积极性。他向领导干部

---

① 《中国计划生育全书》，中国人口出版社 1997 年版，第 133 页。
② 同上书，第 131 页。
③ 同上。
④ 同上。

讲："人民有没有这个要求？农民要求节育，人口太多的家庭要求节育，城市、农村都有这个要求，说没有要求是不适当的。"① 同时毛泽东又指出，要发动群众，组织群众，把群众的积极性调动起来，使这件事情得到广大群众的理解和支持。他深刻地指出："将来要做到完全有计划的生育，没有一个社会力量，不是大家同意，不是大家一起来做，那是不行的。"② 这项工作一定"要得到人民的完全合作。"这些教导对指导当前的计划生育工作，仍具有重要的现实意义。

应当说，毛泽东当时不仅指出了解决中国人口问题的必要性，而且强调指出了解决这个问题的紧迫性。1957年10月9日在八届三中全会上讲："抓人口问题恐怕也是三年试点，三年推广，四年普遍实行。"③ 他还提出："计划生育，要公开做教育，无非也是来个大鸣大放、大辩论。我主张中学要上课，要教育怎么样生孩子，怎么样养孩子，怎么样避免生孩子，要生就生，要不生就不生。"④ 但是，由于当时社会条件的局限，毛泽东的这些设想并没变为现实。他本人对此也很不满意。1965年1月9日，他和美国友好人士斯诺谈话，斯诺问："主席对中国计划生育的进程感到满意吗？"毛泽东回答："不满意。在农村还没有推广。最好能制造一种简便的口服避孕药品。"⑤ 1970年12月18日，又一次与斯诺谈话，毛泽东说："现在有些进步了，但还很落后，识字的人还不多，女人节育的还不多。"⑥ 从此可以看出，就毛泽东个人愿望和主张来说，他很希望早日着手解决中国的人口问题。但当时还没有形成全社会的共识，客观上也存在实际问题和困难，没有认真贯彻毛泽东的这些指示。当时也未制定具体生育政策和办法，所以，在70年代以前我国控制人口增长方面收效不够明显。

毛泽东认为，动员群众实行计划生育，"要做宣传，要尽可能做宣

---

① 《中国计划生育全书》，中国人口出版社1997年版，第131页。
② 同上书，第132页。
③ 同上。
④ 同上。
⑤ 同上。
⑥ 同上。

传。"① 不能"强迫节育。"应当关心群众,为群众提供良好的服务。关心群众利益是毛泽东一贯的指导思想。早在1934年1月27日发表的《关心群众生活,注意工作方法》中就提出要解决群众的生产和生活问题,婚姻问题,生小孩的问题。1942年12月,毛泽东再次强调"必须给人民看得见的物质福利。"1965年8月接见卫生部负责人时说:"天津计划生育不要钱,看来国家出了钱,实际是划得来的,国家出点钱保护生产力是合算的。药钱拿不起也可以不拿。"② 1972年7月毛泽东提出:"关于避孕工作,我看要送上门去,避孕药物、器械这些东西,免费提供,挨家送,因为人家不好意思来领嘛。人体的八大系统都要研究,包括男女关系这种事情。要编成小册子,挨家送。不然,人家不好意思啊。"③ 毛泽东对开展计划生育工作的具体做法和工作方法,能够提出这样明确的要求,充分体现了人民领袖对人民群众的体贴和关怀,这对我们今天改进工作作风和工作方法,落实为人民服务的宗旨,仍具有十分重要的意义。

五 提倡男女平等,改变重男轻女风俗

人类社会要延续下去,必须通过人口的不断繁衍和更新。由于生理的原因,妇女在人口繁衍中具有独特的作用和贡献,她们承担着孕育、生育和养育子女的重担。这本来应当得到社会的承认和补偿。但在中国长期的封建社会统治中,几千年来形成的重男轻女、传宗接代的生育观念根深蒂固,使无数妇女深受其害。在半封建半殖民地的旧中国,广大妇女深受政权、神权、族权、夫权四条绳索束缚,挣扎在社会最底层。"重男轻女"、"传宗接代"、"多子多福"的生育观使妇女成为家庭生育的工具,严重地剥夺了她们的自由,损害了她们的健康。面对这种社会现状,毛泽东早在民主革命时期,就呼唤妇女解放和男女平等。1927年3月他在《湖南农民运动考察报告》中写道:"至于女子,除受上述三种权力的支配外,还受男子的支配(夫权)。这四种权力——政权、族权、神权、夫权,代表了全部封建宗法的思想和制度,是束缚中国人民特别是农民的四条极大的

---

① 《中国计划生育全书》,中国人口出版社1997年版,第132页。
② 同上。
③ 同上书,第133页。

绳索。"① 1940年2月8日在《给中央妇委的指示信》中精辟地指出："妇女的伟大作用第一在经济方面，没有他们，生活就不能进行。"② 同年在三八节纪念大会上讲："妇女的力量是伟大的。世界上什么事情，没有妇女参加就不成功。妇女们要自由平等，全国妇女就要团结起来。几万万妇女结成一个团体，这力量就要大得多。大家应当齐心合力，为争取全国妇女的自由平等而奋斗。"③ 1949年7月20日为《新中国妇女》杂志题词："团结起来，参加生产和政治活动，改善妇女的经济地位和政治地位。"④

新中国的成立，使妇女得到了历史性的解放。但是作为意识形态的传统生育文化，并非随着封建制度的消灭而消失。我国在旧社会所形成的"生育子女命中注定"、"重男轻女"、"传宗接代"、"多子多福"、"不孝有三，无后为大"等旧观念还将长期存在，潜移默化地影响着人们的生育意愿和生育行为，至今仍是实行计划生育的最大障碍。

在共产党执政新的历史时期，毛泽东继续倡导男女平等。1955年6月在《妇女走上了劳动战线》一文按语中写道："为了建设伟大的社会主义社会，发动广大的妇女参加生产活动，具有极大的意义。在生产中，必须实现男女同工同酬。真正的男女平等，只有在整个社会的社会主义改造过程中才能实现。"⑤ 1964年6月他发表了"时代不同了，男女都一样。男同志能办到的事情，女同志也能办得到"⑥ 的具有划时代意义的著名讲话。当然，在我们这个国家里，真正实现男女平等还需要一个相当长的历史发展过程。毛泽东在分析控制人口工作时剖析了重男轻女这个难点在我国的严重程度，1970年12月18日在会见斯诺时说："农村里的女人，头一个生了是女孩，就想个男孩子。第二个生了，又是女孩，又想要男孩子。第三个生了，还是女孩，还想要男孩子……一共生了九个，都是女孩子，年龄也四十五岁了，只好算了。"毛泽东接着说："重男轻女，这个

---

① 《毛泽东选集》第一卷，人民出版社1991年版，第31页。

② 《中国人口报》，1993年12月27日第1版。

③ 同上。

④ 同上。

⑤ 《毛泽东文集》第六卷，人民出版社1999年版，第452~453页。

⑥ 《畅游十三陵水库时的谈话》，《人民日报》，1964年5月27日。

风俗要改。"①

　　30年过去了，重男轻女这个风俗并没有完全改变，仍处于正在改变过程中，今天重温毛泽东的教导依然感到非常亲切。在中国实行计划生育，确实是婚姻、家庭、生育领域里破旧立新、移风易俗的一场思想革命，是一项最广泛的群众性思想教育活动。我们必须深入持久地开展宣传教育，积极建设社会主义新型生育文化，引导群众树立科学、文明、进步的婚育观念。要在全社会大力宣传男孩、女孩都是后代，女儿也是传后人，生男生女都一样的观点，进一步树立男女平等、计划生育的新风尚。

六　人口素质应该在德育、智育、体育几方面都得到发展

　　毛泽东非常重视人的全面发展，对提高人口的身体素质、思想素质、文化素质做过许多论述。他还特别关心农民的文化教育。在这里只列举他在50年代发表的很有影响的几条论述和指示。

　　1952年毛泽东为第二届全国卫生工作会议题词："动员起来，讲究卫生，减少疾病，提高健康水平。"同年版，为中华全国体育总会成立大会题词："发展体育运动，增强人民体质。"1953年6月在接见中国新民主主义青年团第二次全国代表大会主席团时说："我给青年们讲几句话：一、祝贺他们身体好；二、祝贺他们学习好；三、祝贺他们工作好。"②1957年2月在《关于正确处理人民内部矛盾的问题》著作中提出："我们的教育方针，应该使受教育者在德育、智育、体育几方面都得到发展，成为有社会主义觉悟的有文化的劳动者。"③ 上述四条都是人们熟记和经常引用的，对指导全面提高人口素质具有非常重要的意义。

　　毛泽东认为，要建设社会主义，必须兴办教育，提高人民的文化水平，同时还要培养高等专业人才。1955年在《中国农村的社会主义高潮》一文中，引用了列宁的一句名言："在一个文盲充斥的国家内，是建成不了共产主义社会的。"④ 接着写道："我国现在文盲这样多，而社会主义的建设又不能等到消灭了文盲以后才去开始进行，这就产生了一个尖锐的矛

---

① 《中国计划生育全书》，中国人口出版社1997年版，第133页。
② 《毛泽东著作选读》下册，人民出版社1986年版，第699~700页。
③ 《毛泽东文集》第七卷，人民出版社1999年版，第226页。
④ 《列宁全集》第39卷，人民出版社1986年版，第309页。

盾。现在我国不仅有许多到了学习年龄的儿童没有学校可进，而且还有一大批超过学龄的少年和青年也没有学校可进，成年人更不待说了。这个严重的问题必须在农业合作化的过程中加以解决。"① 1957 年 7 月，毛泽东在《1957 年夏季的形势》一文中指出："为了建成社会主义，工人阶级必须有自己的技术干部队伍，必须有自己的教授、教员、科学家、新闻记者、文学家、艺术家和马克思主义理论家的队伍。这是一个宏大的队伍，人少了是不成的。"

在毛泽东思想指引下，我国从 50 年代起，克服种种困难，建设了一大批学校，教育、科技、文化、卫生、体育等社会事业也很快地兴旺起来，国民素质不断提高，从而使社会主义建设快速向前发展。

第二节 周恩来人口思想

周恩来是伟大的马列主义者和无产阶级革命家，也是我国人口与计划生育事业的主要开创者和奠基人。他始终一贯地提倡和支持计划生育这项伟大事业，把人口生产纳入国家计划的轨道，为中国人口与计划生育事业做出了巨大的贡献。

一 计划生育是伟大的事业

1. 计划生育伟大事业是进步的，是共产主义的

周恩来高度重视我国人口问题，认为这是个关系中国社会发展与进步的重大问题。

1957 年 6 月，在《应该有计划地生育》中指出："有计划的生育，人口有计划的发展，不但可以使人民体质更加健康，使人民的生活水平得到提高，而且对国家的经济建设也是有作用的。"② 1963 年 7 月，在《应该确立社会主义人口论的正确观点》中讲："想到新中国的前途，大家都信心百倍，欣欣向荣的景象摆在我们面前。但是，我们要解决关键性的问题

---

① 《毛泽东文集》第六卷，人民出版社 1999 年版，第 455 页。
② 《周恩来经济文选》，中央文献出版社 1993 年版，第 355 页。

之———人口问题,解决得好,那就更成为不可战胜的力量了。"① 1965年11月在《农村卫生工作和计划生育问题》中指出:"怎样使我国人口能有计划地生育,这是一个伟大的事业。"② 1971年2月,在全国中西医结合工作会议结束前的讲话中,再次强调:"计划生育是件大事,卫生工作开展好是个好事,但人口增长太快对国家计划不利,把计划生育搞好是大事。"③ 周恩来把在我国全社会实行计划生育与建设社会主义现代化强国的伟大事业紧密联系起来,指明走实行计划生育之路才有利于国家的发展战略和整体计划。多年的实践不断证明周恩来关于计划生育是一项伟大事业的论断是非常正确的,是恰如其分的。它激励着广大干部和群众为这一伟大事业而努力奉献。

周恩来深刻地阐述了计划生育的性质和意义,1965年11月,他在中共中央政治局扩大会议上指出:"计划生育是进步的,是共产主义的。我们有社会主义制度,能够做到计划生育,这是个大问题。"④ 1963年7月在《应该确立社会主义人口论的正确观点》中曾讲过:"提倡晚婚,对于我们培养共产主义风气也是有好处的。当然,这跟文化有联系。"⑤

大家都知道,在原始社会、奴隶社会、封建社会、资本主义社会是不可能实行计划生育的。资本主义社会也只是实行家庭计划,整个社会的人口发展还是无计划的,严格来讲,家庭计划是不可称为计划生育的,因为它不是在全国全社会实行计划生育。

共产主义是人类最进步的社会制度。从广义来讲,共产主义作为社会制度,它包括社会主义及其初级阶段的先进社会制度,社会主义社会不仅有实行计划生育的需要,而且有在全社会实现计划生育的可能。这在我国已成为现实。在全社会实行计划生育,这是人类生育史上具有划时代意义的巨大变革和进步。它标志着延续几千年的仅把生育行为看成一家一户私事的旧观念,被兼顾国家、集体、个人三者利益而实行计划生育的社会主义新观念所取代。这当然是社会主义精神文明的体现,具有鲜明的进步意

---

① 《周恩来经济文选》,中央文献出版社1993年版,第515页。
② 《周恩来选集》下卷,人民出版社1980年版,第445页。
③ 《中国计划生育全书》,中国人口出版社1997年版,第136页。
④ 同上书,第135页。
⑤ 《周恩来经济文选》,中央文献出版社1993年版,第510页。

义。从思想体系来说，计划生育体现了高尚的思想道德与现代科技相结合，它继承了人类优秀传统和优秀文化成果，是一种社会主义新型生育文化，当然属于共产主义先进思想体系。

2. 人口增长要与发展经济相适应

新中国成立后，周恩来看到我国的人口状况及发展趋势，认为人口发展太快太多，已妨碍国家的经济发展。早在1953年9月，他在作第一个五年建设计划的基本任务的报告中指出："中国农民对生儿育女的事情是很高兴的，喜欢多生几个孩子。但是，这样一个增长率的供应问题却是我们的一个大负担。"① 周恩来多次反复强调人口过多带来的困难，必须控制人口过快增长，使之与经济社会发展相适应。1957年6月在《应该有计划地生育》中指出："人口多了会带来很多困难，特别是对国家建设。"同时明确提出："既然汉族人口多，可耕地面积不能增加，而人口又增长很快，这就会产生矛盾。如何解决呢？只有一条，那就是适当地节制生育，也就不得不在人口问题上注意起来。"②

周恩来为了让人民理解计划生育，还深入地阐述了为什么要实行计划生育的道理。1957年6月在《应该有计划地生育》中讲："我们必须加紧节育，一方面人口不断地增长，另一方面要照顾到人民的健康和生活的改善，同时还要建设我们的国家，建设工业，发展教育，培养后代。如果生孩子多了，学龄儿童一定多，现在有几百万，以后还可能到一千万以上。生出来了不教育不行，教育就得办学校，不仅仅是小学，还要办中学、大学。国家对教育投资太多会影响经济建设，这个问题也不得不注意。国民教育是普及教育，普及教育的基础是小学，如果生育减少，入学儿童也会相应减少。但是，无论是经济建设、教育、生活，都必须重视起来，都必须在目前所仅有的土地上担当起来。这就是我们节育工作的全部真相和根据，这就是我们所要讲的道理。"③

周恩来在中国社会主义伟大实践中坚持和发展了马克思主义"两种生产"理论。1963年7月，他在《应该确立社会主义人口论的正确观点》

---

① 《周恩来经济文选》，中央文献出版社1993年版，第163页。
② 同上书，第357~358页。
③ 同上书，第358页。

中指出:"发展人口必须跟生产、教育、劳动力的安排等方面都联系起来,不可能孤立地发展。"① 同年同月,他在北京市举办的应届高等、中等学校毕业生和归国留学生代表报告会上进一步阐明:"我们应该对我国人口的增长实行控制,有计划地生育。我们之所以把这个问题提到这样原则的高度,是因为它不仅仅是个个人问题。过去我们仅仅限于讲为母亲和婴儿的健康,为教育,这还不够。应该看到,首先国家的负担就很大嘛……我们应该把人口的发展加以控制。这对我们是有好处的,这就可以使国家的负担减轻,积累加多,使我们国家很快地能够富强起来;同时,使我们的科学水平更快地提高,迎头赶上世界的科学技术,使我们工业化的速度加快。"② 周恩来基于对中国人口国情的分析和实践经验的总结,反复论述人口状况必须与经济、社会发展相适应,控制人口增长,实行计划生育关系到社会主义事业的成败和国家的兴衰,关系到中华民族的根本利益。1973年8月,在接见全国知识青年上山下乡工作会议代表时强调:"人口增长要和国民经济的发展相适应。"③ 这是周恩来人口思想的一大飞跃,它丰富和发展了马克思主义"两种生产"理论,具有重大的理论意义和实践意义。

二 把人口生产纳入国家计划

1. 人口生产应当有计划

把人口生产纳入国家经济社会发展计划,是周恩来人口思想的一个突出亮点,是对人口与计划生育事业具有划时代意义的贡献,是运用和发展马克思主义人口理论的光辉典范。

周恩来认为生产有计划,人口发展不能无计划。在1956年8月,在接见印度农业合作化、农业计划及技术两代表团时说:"我们认为从人类发展方面看,经济、文化、生产可以计划,为什么人类发展不可以计划,人类可以主宰一切物质生活,如对自己的生育上不能主宰,这也是无政府。"④ 1963年7月,在《应该确立社会主义人口论的正确观点》中明确

---

① 《周恩来经济文选》,中央文献出版社1993年版,第509页。
② 《中国计划生育全书》,中国人口出版社1997年版,第151页。
③ 同上书,第136页。
④ 《中国人口报》,1998年3月2日第1版。

提出:"我们要有一个发展人口的计划,不能就这样听其自然,不管,因为我们国家大。""人口增长总要有一个计划。"① "结婚以后要节育,也就是计划生育。但是,光提倡不行,必须有计划。"同时要求"要实行晚婚、节育的政策及其有效的措施。"②

进入 70 年代,周恩来更加强调解决我国人口问题的紧迫性和实行计划生育的重要性。1970 年 6 月,他在接见卫生部军管会全体人员时明确指出:"计划生育属于国家计划范围,不是卫生问题,而是计划问题。你连人口增加都计划不了,还搞什么国家计划!"③ 从而确立了计划生育工作在我国经济社会发展计划中的重要地位。正是在周恩来人口思想的指导下,1973 年制订了我国历史上第一个人口增长计划,从此,把我国的人口发展正式纳入了经济社会的发展计划。这对我国人口与计划生育事业的发展产生了深远的影响,确实具有重要里程碑的意义。

2. 二十世纪末人口自然增长率控制目标

周恩来针对我国人口自然增长率居高不下的实际状况,深感开展计划生育工作光有一般号召不行,必须提出明确的工作要求,确定具体的奋斗目标。1965 年 8 月,他在最高国务会议上提出:"避孕是个战略思想,要同备战、备荒和科学试验结合起来,争取使人口增长率下降到百分之一,争取二三十年内做到,要做长期工作。"④ 同年 11 月,在接见中华医学会全国妇产科学术会议全体代表时说:"要使全社会都能够按照计划生育的要求,在二十世纪以内把人口年纯增长率控制在百分之一,这就很了不起。"⑤ 进入 70 年代,周恩来从我国实际人口状况出发,1971 年 1 月在接见卫生部及直属单位负责同志时又讲:"如果能晚婚,又有有效药物,人口增长率就有办法控制了。但这与文化有关,也急不得。能降到百分之二,然后再降到百分之一左右。"⑥

为了保证人口控制目标的实现,周恩来较早的提出了综合治理人口问

---

① 《中国计划生育全书》,中国人口出版社 1997 年版,第 149~150 页。
② 同上书,第 149 页。
③ 同上书,第 136 页。
④ 同上书,第 135 页。
⑤ 《中国人口报》,1998 年 3 月 2 日第 1 版。
⑥ 《中国计划生育全书》,中国人口出版社 1997 年版,第 136 页。

题的思想。1963年7月，他在北京市委举办的应届高等、中等学校毕业生和归国留学生代表报告会上又提出："我们要解决中国人口控制的问题，要考虑多方面的关系：控制人口的发展计划；城乡关系如何安排；工农业布局；劳动力安排；教育方针；生理卫生知识的传播；还有有关晚婚和节育的各种政策和措施。"① 1965年11月，在《农村卫生工作和计划生育问题》中又进一步提出了对实行计划生育实施鼓励措施的具体指导思想，他说："一方面要有一些规定，如在工资、住房、供应等方面，对实行计划生育的，要给予优待……又要自觉自愿又要有所约束。要用各种办法帮助人们避孕。"② 周恩来提出的奋斗目标和要求，激励着我国计划生育工作不断向前发展，经过多年的努力，我国已在20世纪末提前实现了他提出的设想。实践证明，周恩来对我国人口增长率下降的设想既是先进的，又是切合实际的。

三　大力开展计划生育宣传教育，制定有效的政策和措施

1. 首先要从宣传教育入手

实行计划生育是场移风易俗的思想革命。要改变人们在婚育领域现存的旧的传统观念，引导人们树立科学、文明、进步的婚育观念，并不是一件轻而易举的事。周恩来对在我国实行计划生育，非常强调宣传教育的重要性，提出要在人民群众中"大声疾呼"，开展宣传教育。他强调要把宣传教育放在首位。对计划生育宣传教育工作做了一系列重要指示。

1956年9月，在作关于发展国民经济的第二个五年计划的建议的报告中指出："为了保护妇女和儿童，很好地教养后代，以利民族的健康和繁荣，我们赞成在生育方面加以适当的节制。卫生部门应该协同有关方面对节育问题进行适当的宣传，并且采取有效的措施。"③ 同年11月，在讲经济建设的几个方针性问题时又指出"我们的党和青年团要用一定的力量宣传这个问题，这实际上是广大人民所需要的。"④

周恩来十分重视计划生育的宣传和思想教育工作。1962年11月，在

---

① 《中国计划生育全书》，中国人口出版社1997年版，第151页。
② 《周恩来选集》下卷，人民出版社1980年版，第445页。
③ 《中国人口报》，1998年3月2日第1版。
④ 《周恩来选集》下卷，人民出版社1980年版，第231页。

接见全国安置工作会议代表时说："要公开宣传节育，对年满十八周岁的男女青年不管结婚未结婚，都要讲给他们听，男婚女嫁还有什么秘密呀，宣传节育过去抓迟了。"① 1963年2月，在全国农业技术工作会议和解放军全军政治工作会议联合举行的报告会上进一步强调：首先要从宣传教育着手。晚婚、计划生育可以保护母亲和儿童的健康，增进儿童教育，减轻国家负担，这四大好处应该看到。1964年12月，在接见美国作家埃德加·斯诺时又谈到计划生育宣传教育的重要性。他对斯诺说："计划生育是可以做到的，但是需要做好宣传和教育工作，并且需要时间。"② 1965年11月，在接见中华医学会全国妇产科学术会议全体代表时特别强调："计划生育工作不宣传不行，不示范不行，不试点不行。""计划生育一定不能强迫命令，一定要自觉自愿的……"③

1970年6月在接见卫生部军管会全体人员时又指出："计划生育宣传工作要和免费供应避孕药配合，物质和精神不能分家，精神要起很大作用……主要还是靠宣传工作。"④ 他的这些重要指示，对我国计划生育工作确立把宣传教育放在首位，以宣传教育为主的工作方针具有直接指导意义。

周恩来不但向青年讲解晚婚晚育对身体、学习、事业有益的道理，而且对青少年的性知识教育也非常关心，强调要做好这方面的宣传工作。1973年4月，在对医务人员的讲话中指出："让青年懂得生理卫生知识很重要。女孩子有月经以前，男孩子遗精，发生手淫以前，就应当有这一方面的知识。现在封建思想在这方面的影响很大，把月经叫'倒霉'，怀孕害羞，说到生殖器官、性的问题就脸红。在小学、中学应当介绍这方面的知识。"⑤ 时间已经过去30年了，这项工作现在做得很不够。今天重温周恩来的指示，我们应当努力抓好青少年生殖健康教育工作。

2. 制定有效的政策和措施

计划生育是一项政策性很强的工作，没有一个比较完善的政策，工作

---

① 《中国计划生育全书》，中国人口出版社1997年版，第134页。
② 同上书，第135页。
③ 《中国人口报》，1998年3月2日第2版。
④ 《中国计划生育全书》，中国人口出版社1997年版，第136页。
⑤ 同上。

就难以开展。周恩来认为,在全国实行计划生育政策导向十分重要。1963年2月,在全国农业科学技术工作会议和解放军全军政治工作会议联合举行的报告会上提出:"要计划生育,一对夫妇生两个就够了,不吃亏了。"① 在此比较明确地提出了对生育子女要实行数量控制的政策。同年7月,在全国人大常委会上讲:"晚婚、节育必须采取有效的政策、有效的措施。过去有些政策是奖励生育,生孩子给多少布,等等。结婚就有布,他反而结婚更早,而不是晚婚。现在要加以限制。"② 1965年11月,在接见中华医学会全国妇产科学术会议的代表时说:"一方面要有一些规定,如在工资、住房、供应等方面,对实行计划生育的,要给予优待……又要自觉自愿又要有所约束。"③ 周恩来关于实行计划生育要制定政策和必要奖励及限制措施的思想是具有远见卓识的。

四 搞好避孕药具的研制工作

周恩来高度重视科学技术在计划生育事业中的重要作用。他视察过避孕药具的研制和生产,作了一系列指示。1965年2月在《关于卫生工作的指示》中要求:"由计划生育办公室搞一个切实可行的办法,加强领导,技术指导工作卫生部门要搞好。"④ 同年8月,在最高国务会议上的讲话中提出:"最好避孕器械、药品不要收费",并强调:"最好是口服药,省事。"⑤ 周恩来还注意关心避孕方法问题,1963年2月,在全国农业科学技术工作会议和解放军全军政治工作会议联合举行的报告会上提出:"在绝育问题上,男同志应负主要责任,提倡男的结扎输精管。据日本朋友讲,男的结扎输精管没有后遗症,最好由男人动手术。但这要在社会上造成一种风气。"⑥

周恩来提出要把避孕药的研究和生产列入计划,以保证计划生育的落实。1969年1月,在国务院计划起草小组工作会议上提出:"口服避孕药

---

① 《中国计划生育全书》,中国人口出版社1997年版,第135页。
② 同上书,第150页。
③ 《周恩来选集》下卷,人民出版社1980年版,第445页。
④ 《中国计划生育全书》,中国人口出版社1997年版,第135页。
⑤ 同上。
⑥ 同上。

是一件大事，要列入 1969 年计划，要单独提出来。"① 1969 年 3 月，在全国计划座谈会议上说："毛主席讲，'计划生育是好事，但避孕药一要免费，二要有效。'"② 1970 年 6 月，在接见卫生部军管会全体人员时再次提出要求："避孕药免费供应，又不要造成浪费。要做到完全没有副作用，要考虑农村使用，要方便农村。"③ 1971 年 1 月，在接见卫生部及直属单位负责同志时又讲："避孕问题还有什么新办法？一个月服一次的药已经有了。最彻底的就是绝育。男用的避孕药还是没有解决……如果能晚婚，又有有效药物，人口增长率就有办法控制了。"④ 1971 年 2 月，他在《解放日报〈情况简报〉第 2025 期上》批示："在制药上要大力改进，还要考虑不少人使用男性避孕套。"周恩来的这些指示，对今天进一步搞好计划生育科技工作仍有重要指导意义。

第三节　邓小平人口思想

党的十一届三中全会以后，在新的历史时期，邓小平以伟大的无产阶级革命家的气魄和胆识，对我国的人口与计划生育问题作了一系列精辟的论述，提出了我国的人口政策是带有战略性的大政策等重要观点，这是对马克思主义人口理论、毛泽东人口思想的继承、丰富和发展，是邓小平理论不可分割的组成部分，它为解决我国人口问题指明了正确的方向。

一　人多是中国的基本国情，也是最大的难题

1. 人口多特别是农民多，这种基本国情不容易改变

邓小平从中国的实际出发，深刻地分析了我国的人口状况，反复强调，人口多是中国的基本国情，必须控制人口过快增长。1975 年 4 月，会见阿尔及利亚革命委员会委员、农业和土改部部长塔耶比·拉比时说："人多是个麻烦事，无限制的增长不得了。"⑤ 同年 10 月，在会见英国保

---

① 《中国计划生育全书》，中国人口出版社 1997 年版，第 135～136 页。
② 同上书，第 136 页。
③ 同上。
④ 同上。
⑤ 《邓小平思想年谱（1975—1997）》，中央文献出版社 1998 年版，第 7 页。

守党上院领袖卡林顿时又说:"中国有中国的问题,中国自己有自己的条件,因为我们人口多。即使我们的生产能力和总产值达到了美国的水平,人民的生活水平跟你们西方的水平还差一个很大的距离。说赶上西方,就是比较接近,至少还要五十年。这不是客气话,这是一种清醒的估计。"①

1979年3月,在讲坚持四项基本原则时指出:"现在全国人口有九亿多,其中百分之八十是农民。人多有好的一面,也有不利的一面。在生产还不够发展的条件下,吃饭、教育和就业就都成为严重的问题……人口多特别是农民多,这种情况不是很容易改变的。"②邓小平从现阶段的实际出发,有针对性地侧重分析了人口太多给我国社会主义现代化建设事业带来的困难和不利影响。他指出:人多是中国最大的难题。1979年12月,在会见新加坡政府代表团时讲:"中国的问题太麻烦,人太多。"③ 1987年6月,在会见尼日利亚民主党代表团时讲:"我们建国以后,人口增加了将近一倍,大约是百分之九十。人口多也是个负担。"又讲:"人口多的大国有一定的优越性,但是困难也很多。"④ 1982年5月,在《我国经济建设的历史经验》一文中指出:"人多有人多的麻烦,很多问题不容易解决。"⑤ 1986年12月,在会见墨西哥总统德拉马德里时又讲:"中国的事情难办,人太多。这个问题非解决不行。"⑥

2. 人多地少是中国现代化建设必须考虑的特点

1979年3月,邓小平在讲坚持四项基本原则时指出:"要使中国实现四个现代化,至少有两个重要特点是必须看到的:一个是底子薄……第二条是人口多,耕地少……这就成为中国现代化建设必须考虑的特点。"⑦这是对中国国情的科学论断,也是认识和解决我国人口问题的基本出发点。从而提出了中国式的现代化建设必须从中国的特点出发的重要指导思想。

---

① 《邓小平思想年谱(1975—1997)》,中央文献出版社1998年版,第21页。
② 《邓小平文选》第二卷,人民出版社1993年版,第163~174页。
③ 《邓小平思想年谱(1975—1997)》,中央文献出版社1998年版,第140页。
④ 同上书,第190~191页。
⑤ 《邓小平文选》第二卷,人民出版社1993年版,第405页。
⑥ 《中国计划生育全书》,中国人口出版社1997年版,第138页。
⑦ 《邓小平文选》第二卷,人民出版社1993年版,第163~164页。

土地是人类赖以生存的物质基础。人地关系是经济社会发展的基本关系之一。人多地少是我国现代化进程中遇到的最大的困难之一，它将贯穿于社会主义初级阶段的始终。这个问题一直是邓小平非常关注的一个问题。1985年3月，在《和平和发展是当代世界的两大问题》中指出："我们算是一个大国，这个大国又是小国。大是地多人多，地多还不如说是山多，可耕地面积并不多。另一方面实际上是个小国，是不发达国家或叫发展中国家。"① 1980年1月，他在《目前的形势和任务》中告诫我们："我们要经常记住，我们国家大，人口多，底子薄，只有长期奋斗才能赶上发达国家的水平。"同时还说："我们对于艰苦创业，要有清醒的认识。中国这样的底子，人口这样多，耕地这样少，劳动生产率、财政收支、外贸进出口都不能一下子大幅度提高，国民收入的增长速度不可能很快。所以，我在跟外国人谈话的时候说，我们的四个现代化是中国式的。"② 1987年4月，在讲社会主义必须摆脱贫穷时又指出："中国科学技术落后，困难比较多，特别是人口太多，现在就有十亿五千万，增加人民的收入很不容易，短期内要摆脱贫困落后状态很不容易。必须一切从实际出发，不能把目标定得不切实际，也不能把时间定得太短。"③ 可见，邓小平特别强调我们的四个现代化是中国式的。正是在他的理论指导之下，我国把实行计划生育和保护耕地确定为基本国策，从而为实现可持续发展战略奠定了思想基础。

二 人口问题是个战略问题

1. 人口政策是一个带有战略性的大政策

邓小平从我国总体战略的高度，阐明了抓紧抓好计划生育对促进我国经济社会发展的重大意义。

1979年7月，在青岛接见中共山东省委常委时指出："人口问题是个战略问题，要很好控制。"④ 1979年10月，在会见格林率领的英国知名人士代表团并接受电视采访时说："现在，我们把计划生育、降低人口增长

---

① 《邓小平文选》第三卷，人民出版社1993年版，第105页。
② 《邓小平文选》第二卷，人民出版社1993年版，第259~260页。
③ 《邓小平文选》第三卷，人民出版社1993年版，第224页。
④ 《邓小平思想年谱（1975—1997）》，中央文献出版社1998年版，第126页。

率作为一个战略目标。"① 1981年1月，他对计划生育工作指示："计划生育工作是一项战略任务，一定要抓好。"② 1986年4月，在会见日本前首相福田赳夫时说："中国对人口增长实行严格控制，是从自己国家人民的利益出发的……这是中国自己的一项重大战略决策。"又说："我们认为，实行计划生育可以使中国更快地发达起来。"③ 1986年11月，在会见巴基斯坦总理居内久时说："有少数外国人骂我们的人口政策。他们真正用心是要中国永远处于不发达状态。中国有中国的情况。中国的人口如果不加控制，到本世纪末就会达到十五亿，人口的增长会超过经济的增长。因此，我们的人口政策是带有战略性的大政策。"④

邓小平把人口问题置于国民经济和社会发展的全局中去考察，揭示了人口与经济、社会、资源、环境的内在联系，精辟地阐明了严格控制人口增长是我国重大战略决策的重要观点，这对提高广大干部群众的人口意识具有重要的指导意义。

2. 解决中国人口问题主要是解决农村人口问题

邓小平历来十分关注农民问题，高度重视农村人口问题，认为农业、农村和农民问题是关系改革开放和现代化建设全局的重大问题。

1983年6月，在会见朝鲜劳动党中央政治局委员、书记局书记金正日时说："比如，在十一届三中全会上，我们首先处理农村问题，这是牵扯到占全国人口百分之八十的农民的问题。"⑤ 1984年10月，在《我们的宏伟目标和根本政策》一文中指出："对内经济搞活，首先从农村着手。中国有百分之八十的人口在农村。中国社会是不是安定，中国经济能不能发展，首先要看农村能不能发展，农民生活是不是好起来。翻两番，很重要的是这百分之八十的人口能不能达到。"⑥ 在邓小平看来，没有农村的稳定，就没有全国的稳定。没有农民的小康，就没有全国人民的小康。没有农业的现代化，就没有整个国民经济的现代化。如果农民有了积极性，

---

① 《邓小平思想年谱（1975—1997）》，中央文献出版社1998年版，第135页。
② 《中国计划生育全书》，中国人口出版社1997年版，第137页。
③ 《人民日报》，1986年4月24日。
④ 《中国人口报》，1995年5月1日第1版。
⑤ 《邓小平思想年谱（1975—1997）》，中央文献出版社1998年版，第256页。
⑥ 《邓小平文选》第三卷，人民出版社1993年版，第77~80页。

农村人口摆脱了贫困,国家发展的步伐就会加快。中国现代化建设的重点在农村,难点在农村,中国解决人口问题的重点在农村,难点也在农村,所以必须积极解决农村的人口问题。邓小平为我们指明了解决农村人口问题的道路。

三 人均水平的重要意义

1. 我国现代化建设的每一步都有人均水平的要求

邓小平在阐述我国经济建设的战略目标时,不仅提出了总的国力要求,而且对人均指标也提出了相应的要求。

1987年4月,在《吸取历史经验,防止错误倾向》一文中提出:"我们原定的目标是,第一步在八十年代翻一番。以一九八〇年为基数,当时国民生产总值人均只有二百五十美元。翻一番,达到五百美元。第二步是到本世纪末,再翻一番,人均达到一千美元。实现这个目标意味着我们进入小康社会,把贫困的中国变成小康的中国。那时国民生产总值超过一万亿美元,虽然人均数还很低,但是国家的力量有很大增加。我们制定的目标更重要的还是第三步,在下世纪用三十年到五十年再翻两番,大体上达到人均四千美元。做到这一步,中国就达到中等发达的水平。这是我们的雄心壮志。目标不高,但做起来可不容易。"[①]

这是邓小平提出的著名的我国分"三步走"基本实现现代化的战略构想,其中每一步都有人均水平的要求。要实现每个阶段的人均水平奋斗目标,一方面要坚决把经济搞上去;一方面要努力把人口出生率降下来,做到控制人口与发展经济同步进行,使之互相促进,逐步形成一种良性循环。

2. 人均指标体现综合国力的水平

在邓小平的著作和讲话中多处提到人均国民生产总值、人均粮食、人均土地以及煤、钢等按每人平均占有量计算的数据和指标。这是邓小平论述人口与经济社会发展时反复强调的十分鲜明的特点。

1979年12月,在会见新加坡政府代表团时说:"中国的问题太麻烦,人太多。每个人增加一元钱的收入,就要十几亿元。最近大平首相访问中

---

① 《邓小平文选》第三卷,人民出版社1993年版,第226~227页。

国的时候，他就向我提了几个问题：你们的目标究竟有多大？我说所谓四个现代化，只能搞个'小康之家'，比如说国民生产总值人均一千美元。即使我们的经济指标超过所有国家，人均收入仍不会很大。"① 1980年1月，在《目前的形势和任务》中讲："我们要经常记住，我们国家大，人口多，底子薄，只有长期奋斗才能赶上发达国家水平。例如煤产量，一九七八年，美国商品煤五亿九千九百多万吨，苏联原煤七亿二千四百万吨。我们去年的原煤也达到六亿三千多万吨，似乎不算少。但是，按每人平均占有量计算，我们就少多了。又如钢，日本差不多一个人一吨钢，美国和苏联是两个人一吨钢。现在欧洲的许多国家，比如法国、英国、西德，大体上也是两个人一吨钢。如果我们要达到两个人一吨钢，到本世纪末，就算只有十二亿至十三亿人口，也要六亿吨钢。这不可能，也不必要。如果我们达到一亿或两亿吨钢，那我们也是十二个人或六个人一吨钢。总之，我们拥有各种有利条件，一定能够赶上世界上的先进国家；但是也要认识到，为了缩短和消除两三个世纪至少一个多世纪所造成的差距，必须下长期奋斗的决心。在相当长的一段时间里，我们不能不提倡和实行艰苦创业。"② 1987年4月，在会见香港特别行政区基本法起草委员会委员时说："到本世纪末，中国人均国民生产总值将达到八百至一千美元，看来一千美元是有希望的。世界上一百几十个国家，那时我们恐怕还是在五十名以下吧，但是我们国家的力量就不同了。"③

党的十一届三中全会以后，邓小平从我国的实际出发，多次强调应当从人均水平和经济总量两个方面来看待我国实现社会主义现代化的目标。他非常重视人均水平，这就告诉我们必须重视人口数量的分母效应。邓小平认为，人均水平上去了，才能更有力地说明我国人民生活水平的提高，才能真正体现我国综合国力的水平，中国的国际地位才会提高。这一点对我们人口众多的大国来讲是非常重要的，这就要求我们必须牢固树立人均观念，有效地控制人口增长，以利于提高人均水平。

社会实践表明，衡量一个国家或一个地区生产、经济、社会进步和生

---

① 《邓小平思想年谱（1975—1997）》，中央文献出版社1998年版，第140页。
② 《邓小平文选》第二卷，人民出版社1993年版，第260页。
③ 《邓小平文选》第三卷，人民出版社1993年版，第215~216页。

活水平的一个重要尺度乃是人均指标。我们过去往往习惯于用总量指标排列名次，其实这并不太科学。虽然总量指标可以表明某种优势，但国民收入总量不是体现富裕程度的实质性指标，而人均国民收入才是真正体现富裕程度的指标。由此可见，控制人口增长的效益是不可低估的。我们只有树立了人均观念，才能更深刻地认识人口多带来的多种困难，才能看到与外国相比在人均水平上的差距，从而增强大力发展经济和控制人口增长的紧迫感。

四 计划生育是中国的基本国策

1. 计划生育是一项长期的重要任务

邓小平针对人口再生产周期长、惯性大的特点，科学地分析了我国的人口发展趋势，指出了计划生育工作的长期性。

1979年3月在论述"坚持四项基本原则"中指出："我们要大力加强计划生育工作，但是即使若干年后人口不再增加，人口多的问题在一段时间内也仍然存在。"① 1980年1月，在讲目前的形势和任务时语重心长地说："我们要经常记住，我们国家大，人口多，底子薄，只有长期奋斗才能赶上发达国家的水平。"② 这里讲的长期奋斗，既指要积极发展生产力，同时又要长期坚持控制人口增长。在邓小平人口思想指导下，党的十二大把实行计划生育确定为基本国策。1988年5月，邓小平在会见美国大通曼哈顿银行国际咨询委员会代表团的谈话中指出："中国是个人口众多的国家，到下个世纪中叶人口可能是十五亿左右，而且还一定要坚决贯彻控制人口增长的政策。"③ 1989年9月，在会见美籍华裔学者李政道夫妇时说："坚持计划生育政策我们不动摇。"④ 这就要求我们，必须把实行计划生育作为贯穿整个社会主义初级阶段的一项重要任务，自觉树立长期奋斗的思想，持之以恒，常抓不懈。

2. 控制人口增长应该立法

加强社会主义法制建设，依法治国，是邓小平理论的重要组成部分。

---

① 《邓小平文选》第二卷，人民出版社1993年版，第163~164页。
② 同上书，第260页。
③ 《邓小平思想年谱（1975—1997）》，中央文献出版社1998年版，第403页。
④ 《中国计划生育全书》，中国人口出版社1997年版，第139页。

他是我国领导人中第一个提出控制人口增长应该立法主张的，这在人口理论上是个重大的突破。

1979年3月，邓小平在中央政治局会议上提出："人口增长要控制……在这方面，应该立些法，限制人口增长。"① 从此为我国人口与计划生育领域的法制建设指明了方向。这是邓小平人口思想最突出的贡献，是对马克思主义人口理论和毛泽东人口思想的重大发展，也是人口理论创新的杰出体现。

在邓小平关于控制人口增长应该立法的思想指导下，1982年修改的《中华人民共和国宪法》第二十五条规定："国家推行计划生育，使人口增长和社会发展计划相适应。"第四十九条规定："夫妻双方有实行计划生育的义务。"第八十九条规定，国务院："领导和管理教育、科学、文化、卫生、体育和计划生育工作。"第一百零七条规定："县级以上地方各级人民政府依照法律规定的权限，管理本行政区域内的经济、教育、科学、文化、体育事业、城乡建设、工业和财政、民政、公安、民族事业、司法行政、监察、计划生育等行政工作。"从而确立了计划生育在国家发展中的重要地位。遵循邓小平的指示精神，多年来，国家有关部门积极着手计划生育法的起草和调研工作。经过长期努力，《中华人民共和国人口与计划生育法》于2001年12月29日正式颁布。

3. 想尽一切办法实行节育

从20世纪50年代起，我国领导人就积极倡导节制生育。1954年5月邓小平在对邓颖超来信批示中指出："避孕是完全必要的和有益的……应采取一些有效的措施。"② 1957年2月，在关于节育问题的谈话中说："节育问题，不是个小问题，它涉及我国人民长远生活的改善问题。现在我国每年净增人口一千五百万，长期下去，就没有办法改善生活了。现在人口已经是六亿五千万了，如果在第三个五年计划末期全国人口稳定在七亿至八亿上，就是我们在节育工作上的一个大胜利。我们要想尽一切办法实行节育。轻工业部计划生产避孕套，每年拿一千万元，即用一千吨橡胶可以一个钱不要地供应全国人民所需。宣传部的社论要快拿出来。节育宣传工

---

① 《邓小平思想年谱（1975—1997）》，中央文献出版社1998年版，第112页。
② 《千秋大业》画册，中国人口出版社1998年版，第12页。

作要像爱国卫生运动那样做到家喻户晓,深入人心。还要采用中西医的一切有效办法,进行技术指导。技术指导工作要深入居民小组。医院某些规定也要作相应的修改,以利于避孕工作的开展。"① 1957年7月,在青岛会议上的讲话中提出:"避孕要搞,避孕宣传工作要各省去做,每个合作社都要去做。"② 1975年1月,在卫生部给国务院的请示报告上的批示强调:"要特别注意节制生育问题。"③ 1979年10月,会见格林率领的英国知名人士代表团并在接受电视采访时的谈话中说:"我们提倡一对夫妇生一个孩子。凡是保证只生一个孩子的,我们给予物质奖励。"④ 1981年1月,在《关于计划生育的指示》中要求:"一定要抓好,要大造舆论,表扬好的典型。"⑤

从上面列举的邓小平关于节制生育的论述和指示中,我们可以清楚地看到,邓小平一贯十分重视节制生育,它不仅提出了原则要求,还提出了一系列积极措施,这不仅对我国当时开展计划生育工作起了重要指导作用,而且对现在和今后的计划生育工作仍然具有重要指导意义。

五 努力提高人口素质

1. 国力的强弱越来越取决于劳动者的素质

邓小平从中国发展的大局出发,既重视控制人口数量,又重视提高人口素质,特别强调在新形势下,全面提高人口素质的重要意义。

1978年3月,《在全国科学大会开幕式上的讲话》中讲:"生产力的基本因素是生产资料和劳动力。科学技术同生产资料和劳动力是什么关系呢?历史上的生产资料,都是同一定的科学技术相结合的;同样,历史上的劳动力,也都是掌握了一定的科学技术知识的劳动力。我们常说,人是生产力中最活跃的因素。这里讲的人,是指有一定的科学知识、生产经验和劳动技能来使用生产工具、实现物质资料生产的人。"⑥ 在讲话中还指

---

① 《千秋大业》画册,中国人口出版社1998年版,第17页。
② 同上。
③ 同上。
④ 《邓小平思想年谱(1975—1997)》,中央文献出版社1998年版,第135页。
⑤ 《中国计划生育全书》,中国人口出版社1997年版,第137页。
⑥ 《邓小平文选》第二卷,人民出版社1993年版,第88页。

出:"我们向科学技术现代化进军,要有一支浩浩荡荡的工人阶级的又红又专的科学技术大军,要有一大批世界第一流的科学家、工程技术专家。造就这样的队伍,是摆在我们面前的一个严重任务。"[1] 同年4月,《在全国教育工作会议上的讲话》再次提出:"必须培养具有高度科学文化水平的劳动者,必须造就宏大的又红又专的工人阶级知识分子队伍。"[2]

邓小平总结了第二次世界大战以来各国发展生产力的新情况和新经验,提出了:"科学技术是第一生产力"的著名论断。

1985年5月,在《把教育工作认真抓起来》中提出:"我们国家,国力的强弱,经济发展后劲的大小,越来越取决于劳动者的素质,取决于知识分子的数量和质量。"[3] 实践证明,邓小平这些论述是非常正确的。进入新时代,无论是在国内还是在国际上,各方面的竞争都是表现为人才和知识的竞争。

邓小平不仅重视人口的科学文化素质,而且也十分重视中华民族的思想道德素质。

1985年3月在《一靠理想二靠纪律才能团结起来》中讲:"有一点要提醒大家,就是我们在建设具有中国特色的社会主义社会时,一定要坚持发展物质文明和精神文明,坚持五讲四美三热爱,教育全国人民做到有理想、有道德、有文化、有纪律。这四条里面,理想和纪律特别重要。我们一定要经常教育我们的人民,尤其是我们的青年们,要有理想。为什么我们过去能在非常困难的情况下奋斗出来,战胜千难万险使革命胜利呢?就是因为我们有理想,有马克思主义信念,有共产主义信念。我们干的是社会主义事业,最终目的是实现共产主义。这一点,我希望宣传方面任何时候都不要忽略。现在我们搞四个现代化,是搞社会主义的四个现代化,不是搞别的现代化。"[4] 1986年11月,在《用坚定的信念把人民团结起来》中指出:"现在中国提出'四有',有理想、有道德、有文化、有纪律。其中我们最强调的是有理想。根据我长期从事政治和军事活动的经验,我认为,最重要的是人的团结,要团结就要有共同的理想和坚定的信念……

---

[1] 《邓小平文选》第二卷,人民出版社1993年版,第91页。

[2] 同上书,第104页。

[3] 《邓小平文选》第三卷,人民出版社1993年版,第120页。

[4] 同上书,第110页。

所以我说，人的因素重要，不是指普通的人，而是指认识到人民自己的利益并为之而奋斗的有坚定信念的人。"① 1987年3月在《中国只能走社会主义道路》中强调："我们历来提倡有理想、有道德、有文化、有纪律，其中最重要的是有理想、有纪律。理想就是社会主义现代化。很多人只讲现代化，忘了我们讲的现代化是社会主义现代化。要搞四个现代化，使中国发展起来，就要有纪律、有秩序地进行建设。这些是一九七八年我们党的十一届三中全会以来一直这样讲的，从来没有变过。"②

邓小平认为，我国劳动者应当有坚定的社会主义信念，具有较高的思想政治觉悟，这是我们社会主义的优势，一定要发挥这种优势。

2. 中国要把教育搞上去

邓小平认为，要提高中华民族的文化素质，就必须大力办好教育。实现社会主义现代化，科学技术是关键，基础在教育。

1985年5月，在《把教育工作认真抓起来》中指出："一个十亿人口的大国，教育搞上去了，人才资源的巨大优势是任何国家比不了的。有了人才优势，再加上先进的社会主义制度，我们的目标就有把握达到。"③邓小平对办好教育作了一系列重要指示，提出了当代中国教育改革和发展的指导方针，明确指出，教育要面向现代化，面向世界，面向未来。他要求各级领导干部要把教育作为大事来抓，特别强调对教育要增加投入，千方百计把教育搞上去。在邓小平科教兴国战略思想指导下，中国教育事业有了长足的发展，对提高人口素质发挥了越来越重要的作用。

六　中国实行计划生育是对人类发展的贡献

1. 实行计划生育，维护中国人民的生存权和发展权

邓小平认为，我国面对巨大的人口规模和严峻的人口形势，为了中华民族的现实利益和长远利益，为了维护中华民族的生存权和发展权，只能采取严格控制人口增长的政策。这是中国政府在特定国情条件下所做出的明智的、正确的选择。邓小平还有力地戳穿少数反华势力诬蔑中国计划生

---

① 《邓小平文选》第三卷，人民出版社1993年版，第190页。
② 同上书，第209页。
③ 同上书，第120页。

育的真正用心。

1986年4月,邓小平在会见日本前首相福田赳夫的谈话中说:"中国对人口增长实行严格控制,是从自己国家和人民的利益出发的,我们力争在本世纪内把人口控制在十二亿,这是中国自己的一项重大战略决策。美国国会干涉我们,说中国控制人口、节制生育不人道,他们希望中国不要控制人口,使中国永远处于落后状态。中国控制人口,使国家发展起来就是最大的人道主义。"① 同年12月,他在会见墨西哥总统德拉马德里时的谈话中说:"我们实行计划生育,控制人口增长取得了很好的效果,但美国国会却通过决议指责我们的人口政策。这是用心不良,是干涉。这是他们的社会本质决定的。当老大当惯了,到处指手画脚。他们说他们讲人道,我们不人道。其实他们是让中国走投无路,发展不起来,永远处于落后状态。"②

邓小平阐述的观点非常鲜明,讲得理直气壮,对国外少数别有用心的人给予有力的批驳。我们要坚定不移地落实计划生育基本国策,从根本上维护中国人民的人权。

2. 我国实行计划生育对人类作出了重大贡献

邓小平站在国际主义的高度,把中国的发展同全世界联系起来,特别是中国人口占全世界人口1/5之多,中国人口情况如何,与世界有着密切的联系。从这个意义上来讲,中国由于实行了计划生育,促进了经济发展和社会进步,也是对全世界作出了贡献。

1985年3月,邓小平在会见美国新闻界人士组成的"重访中国团"成员时的谈话中说:"如果在本世纪末,我们的国民生产总值实现翻两番,达到一万亿美元,中国就可以对人类作出更多一点贡献。如果再花五十年时间接近发达国家的水平,那么我们这个国家对人类的贡献就更大一些。"③ 1986年11月,在会见意大利总理克拉克西时的谈话中说:"如果中国达到中等发达国家水平,意味着占世界四分之一的人口摆脱了贫困。这就是中国对人类的贡献。"④ 1989年9月在会见美籍华裔学者李政道教

---

① 《邓小平思想年谱(1975—1997)》,中央文献出版社1998年版,第351~352页。
② 《中国计划生育全书》,中国人口出版社1997年版,第138页。
③ 《邓小平思想年谱(1975—1997)》,中央文献出版社1998年版,第312~313页。
④ 《中国计划生育全书》,中国人口出版社1997年版,第138页。

授夫妇时的谈话中说:"最近报纸报道,由于实行计划生育政策,过去十八年我国少生两亿多人口,不然现在就是十三亿人……总之,我们有我们的责任,要对世界上五分之一的人负责,要发展经济,使他们生活得更美好。"①

在邓小平人口思想的指引下,我国积极实行计划生育,在较短时间内,较好地控制了人口过快增长,提高了人口素质,为中国的发展发挥了巨大的作用,同时也为稳定全球人口作出了重要贡献。邓小平希望我国尽快地发展起来,承担起中华民族为人类社会作出更大贡献的历史责任。

第四节 江泽民人口思想

江泽民高举邓小平理论的伟大旗帜,在新形势下,从可持续发展的战略高度分析人口问题,结合国际、国内的最新实践,进一步指明了做好人口与计划生育工作的指导思想和方针政策,阐述了一系列重要观点,创造性地贯彻和发展了邓小平人口思想,为解决中国人口问题作出了杰出的贡献。

一 充分认识我国人口与计划生育工作的重要性、长期性和艰巨性

1. 搞好计划生育是实现我国战略目标的重要条件

江泽民高度重视我国的人口问题。在中国经济社会向前发展的关键时刻,深刻阐明了搞好计划生育,控制人口过快增长,是实现我国战略目标的重要条件。

1990年2月,江泽民在《致出席全国计生委主任会议同志的信》中指出:"90年代前期,我国正处在人口生育高峰期的峰顶,人口形势是严峻的。如果我们不能有效地控制人口增长,就会影响社会主义现代化建设的进程,影响人民物质文化生活水平的提高。"② 1991年4月《在中央计划生育工作座谈会上的讲话》中说:"计划生育工作关系到国家的兴亡。现在人口问题已经到了不抓确实不行的时候。这一点,全国所有地区认识

---

① 《中国计划生育全书》,中国人口出版社1997年版,第139页。

② 同上书,第180页。

是一致的,这确实是个大问题。我国现代化建设第二步宏伟战略目标能不能实现,关系到我国社会主义事业的兴衰成败,关系到中华民族的前途命运。严格控制人口增长,是实现第二步战略目标的一个必不可少的重要条件。"①

1992年3月,江泽民《在中央计划生育工作座谈会上的讲话》中又讲:"按照国家制定的人口计划,到本世纪末要把大陆人口控制在12.94亿。能否完成这个计划,直接关系到现代化建设第二步战略目标的顺利实现。因此,中央认为必须下最大的决心去完成这个人口计划。"② 1993年3月《在中央计划生育工作座谈会上的讲话》中再次指出:"在我国经济建设的战略目标中,不仅提出了总的国力要求,而且对人均水平也提出了相应的要求。控制人口增长,是实现我国第二步、第三步战略目标必不可少的重要条件。"③

江泽民把实行计划生育控制人口增长与实现我国确定的战略目标紧密地联系起来,对于增强广大干部群众的人口意识,提高抓好计划生育的自觉性,具有直接的指导意义。

2. 认清人口形势,保持清醒头脑

江泽民反复强调,我们必须从中国的基本国情出发,充分认识我国人口与计划生育工作的重要性、长期性和艰巨性。

1991年4月,江泽民《在中央计划生育工作座谈会上的讲话》中说:"当前我国的人口形势十分严峻。我国人力资源丰富,这固然对建设社会主义有有利的一面,但人口多,增长快,也始终是我们一个沉重的负担,它严重地制约着我国经济和社会发展的进程,影响着人民生活水平和全民族素质的提高。"④ 同时又讲:"我国是世界上人口最多的发展中国家,人口多,耕地少,底子薄,人均占有资源相对不足是我国的基本国情。如果对人口增长不实行严格控制,不把计划生育作为我国一项长期重大战略决策来抓,我国人口的素质不可能提高。""严格控制人口增长,既是全党和全国各族人民的一件大事,又是一项难度相当大的工作。必须进行基本

---

① 《中国计划生育全书》,中国人口出版社1997年版,第187页。
② 同上书,第195页。
③ 同上书,第200页。
④ 同上书,第187页。

国情和基本国策的教育。"①

1992年3月,江泽民在中央计划生育工作座谈会上又特别强调"要充分认识严格控制人口增长的长期性和艰巨性"。他在讲话中说:"我们必须清醒地看到,严格控制人口增长是一项长期的战略任务,不仅要认识它的重要性、紧迫性,而且要看到它的长期性、艰巨性。要有长期奋斗的思想准备,任何时候都不能有丝毫的松劲情绪……西方国家有些人攻击我们实行计划生育是侵犯人权。什么是人权?最根本的就是人的生存权……实行计划生育是从我国的实际出发制定的基本国策,在任何情况下都不能动摇,应该像郑板桥一首诗里所说的那样,'咬定青山不放松,任尔东西南北风'。"② 1993年3月,江泽民在第三次中央计划生育工作座谈会上,及时地有针对性地提出:"在充分肯定成绩的同时,必须清醒地看到,当前我国人口形势依然是严峻的。近两年虽然全国人口增长速度有所降低,但是人口基数很大,每年出生人口仍在2 000万以上,每年净增人口1 300万至1 500万。这样高的人口增长量,对于我们这样一个发展中国家来说,仍然是一个沉重的负担……由于人口的不断增加,一些相关的新的社会问题也不断显露出来。对此,我们必须有足够的认识……"

"应该看到,现在出现的低生育水平还是不稳定的。多年的实践证明,由于群众的生育观并没有完全转变,一些实际困难也没有得到根本解决,工作只要稍有放松,人口出生率就会出现回升。即使是计划生育工作成绩较好的地方,如果一旦放松计划生育工作,也会导致人口出生率回升。

还应该看到,全国计划生育工作发展很不平衡。一部分地区出生率仍然较高,计划外生育仍然较多。还有一些省、区生育高峰期相对全国滞后,对这些地区来说,今后的计划生育工作任务更加艰巨。

在改革开放的新形势下,计划生育工作也遇到一些新情况和新问题。有些地方和企业出现了放松和削弱计划生育工作的苗头,有的甚至把计划生育工作视为额外负担,不愿意管。流动人口日益增多,对他们的计划生育管理还不落实。总之,对计划生育工作的长期性与艰巨性,必须有充分

---

① 《中国计划生育全书》,中国人口出版社1997年版,第187页。
② 同上书,第194页。

的认识。我们要始终保持清醒的头脑，保持成绩，克服缺点，重视解决新出现的问题，再接再厉，坚持不懈地把计划生育工作抓紧抓好。"①

1994年3月，江泽民《在中央计划生育工作座谈会上的讲话》再次提出要"全面分析人口形势，坚定不移地抓紧抓好计划生育工作"。他在讲话中再次深入分析人口形势，指出："在肯定成绩的同时，也必须看到我国人口形势仍然不容乐观，千万不可麻痹大意……在我们这样一个有着几千年封建社会历史的国家里，尤其是在广大农村，要破除传宗接代、重男轻女的陈腐观念十分不易。农民家庭需要男性劳动力和养儿防老等实际问题的解决，也需要有一个过程。如果工作稍一放松，人口出生率就会出现回升。全国地区之间计划生育工作的发展还很不平衡，还有相当大的后进面……当前，在计划生育工作中仍然存在不少困难和薄弱环节，在建立社会主义市场经济体制的过程中又出现了一些新情况、新问题。这些虽然是前进中的问题，但必须认真对待。我们决不能因为计划生育工作取得了显著成绩就盲目乐观、麻痹松懈，而应该始终保持清醒的头脑，充分认识计划生育工作的长期性、艰巨性，坚持不懈、持之以恒、锲而不舍地抓紧抓好。"②

多年来，江泽民每次在中央召开的座谈会上都要分析人口与计划生育形势，及时提出要认清新形势，分析新情况，解决新问题。告诫各级领导干部和广大群众，务必长期坚持计划生育这项基本国策。不要盲目乐观，不要有丝毫放松，一定要头脑清醒，持之以恒，常抓不懈。1996年3月，在最后一次单独以人口与计划生育为内容的中央计划生育工作座谈会上，江泽民进一步强调，要"充分认识计划生育工作的长期性和艰巨性，坚定不移地抓出更大的成效。"他在讲话中说："在肯定成绩的同时，必须看到人口形势仍然不容乐观，计划生育仍是一项长期、艰巨的任务……目前较低的人口出生率还很不稳定，工作稍有放松，就可能回升。因此，各级领导必须充分认识计划生育工作的长期性和艰巨性，坚定不移地贯彻执行计划生育这一基本国策。"③

---

① 《中国计划生育全书》，中国人口出版社1997年版，第200页。
② 同上书，第213页。
③ 《中国计划生育全书》，中国人口出版社1997年版，第244～245页。

江泽民认为，对人口与计划生育形势要年年讲，经常讲，这绝不是简单的重复，只有讲清形势，才能明确任务，才能把计划生育这项基本国策真正持久地落实。这些年全国各地坚持这样做了，收到了很好的效果。

二　人口问题从本质上讲是发展问题，是可持续发展的关键

1. 自觉实行"两种生产"一起抓

在我国社会主义建设初级阶段，江泽民把坚持以经济建设为中心与坚持计划生育基本国策有机统一起来，进一步丰富和发展了马克思主义"两种生产"理论，体现了理论创新和实践创新，使"两种生产"一起抓成为普遍的社会意识，成为广大干部和群众的自觉行动，从而开创了"两种生产"一起抓的新局面。

1990年2月，江泽民在《致出席全国计生委主任会议同志的信》中指出："计划生育涉及到经济和社会发展的全局。"要"在发展经济、控制人口方面都取得成效"。[1] 1991年4月《在中央计划生育工作座谈会上的讲话》中说："要像抓经济工作那样，抓计划生育工作，真正把计划生育工作列入党委的重要议事日程。"[2] 1992年3月《在中央计划生育工作座谈会上的讲话》中指出："人口问题，既是一个社会问题，也是一个经济问题……如果我们不能把人口控制住，大量的经济成果就会被过快增长的人口抵消掉，这是一个问题紧紧联系的两个方面。"[3]

1993年3月，江泽民在中央计划生育工作座谈会上特别强调，在集中精力加快发展经济的同时，必须严格控制人口增长。他在讲话中说："我国实行计划生育是依据马克思主义关于人口生产要与物质资料生产相适应的理论，从我国的基本国情出发所作出的正确决策。实践证明，实行计划生育有利于发展社会主义社会的生产力，有利于增强国家的综合国力，有利于提高人民的生活水平，因而不仅过去是十分必要的，在确立社会主义市场经济体制以后，也仍然是十分必要的。计划生育这一基本国策要长期坚持下去，不能有丝毫的动摇。"同时又讲："从我国的基本国情

---

[1]《中国计划生育全书》，中国人口出版社，1997年版，第180页。

[2] 同上书，第187页。

[3] 同上书，第195页。

出发，以马克思主义基本原理为指导，积极解决人口问题，这是建设有中国特色社会主义事业的组成部分。要进一步深入学习领会邓小平同志关于'我们的人口政策是带有战略性的大政策'和'要大力加强计划生育工作'等重要论述，始终注意把实行计划生育、控制人口增长放在建设有中国特色社会主义的总体规划之中。无论是全国发展战略还是地区发展战略，都必须把人口问题考虑进来。我们要自觉实行'两种生产一起抓'，既要坚决把经济搞上去，也要坚决把人口出生率进一步降下来，控制在合适的范围内，这是时代赋予我们的历史使命。"①

江泽民在这次讲话中还有针对性地指出，要具体分析中国的实际情况，总结我们创造的经验。在我国绝不能消极等待经济发展了自然诱发生育率下降。我们可以发挥社会主义制度的优势，在经济还不够发达的情况下，把人口出生率降下来。他在讲话中深刻地指出："从根本上讲，生育率的下降取决于经济的发展和教育文化水平的提高。但是，那种认为只要经济发展了，人口问题就能自然而然地得到解决的观点是片面的。我国的国情和西方发达国家不同。如果等待经济发展了以后再来谈控制人口问题，就会贻误时机，导致人口失控。其后果是既影响经济的发展，又不利于人口自身的正常发展。我国计划生育工作的实践证明，只要加强领导，措施得当，相信群众，依靠群众，在经济文化水平较低的情况下人口增长率也是可以得到有效控制的。这是我国社会主义制度的优越性和政治优势的体现。"② 这段辩证的论述，是对马克思主义人口理论的创造性发展。这对指导我国的人口与计划生育工作，具有特别重要的意义。

1993年3月，江泽民《在中央计划生育工作座谈会上的讲话》中再次阐明："我国实行计划生育是依据马克思主义关于人口生产要与物质资料生产相适应的理论，从我国基本国情出发作出的正确决策。"③

2. 从可持续发展战略高度认识人口问题

江泽民从中国实际出发，对可持续发展理论作了一系列精辟的论述。特别是针对我国人口众多的基本国情，提出了人口、资源、环境三者的关

---

① 《中国计划生育全书》，中国人口出版社1997年版，第200页。

② 同上。

③ 同上。

系，人口是关键，人口问题是制约可持续发展的首要问题的观点，充分体现了时代特征和中国特色。

1995年3月，江泽民在中央计划生育工作座谈会上的讲话中指出："人口问题从本质上讲是发展问题。我们在经济、社会发展中遇到许多问题，诸如吃饭问题、就业问题、教育问题以及资源破坏、环境污染、生态失衡等等，都与人口基数大、增长快有着直接的关系。没有对人口增长的合理控制，没有人口与经济、社会、资源、环境状况相协调发展，要实现国民经济持续、快速、健康发展和社会全面进步是很困难的。去年版，我们发表的《中国21世纪议程——中国21世纪人口、环境与发展白皮书》，从我国的基本国情出发，提出了我国人口、经济、资源和环境协调发展的总体战略和行动方案。我们还召开了全国社会发展工作会议，明确提出，在集中力量进行经济建设的同时，必须十分注意推动社会全面进步，并且把解决人口问题，摆到了今后15年我国社会发展工作重点的首要位置。"① 同时还指出："我们不仅要妥善处理好当代人口与发展的关系，还要为子孙后代创造较好的生存和发展环境，这是历史赋予我们的责任。"② 同年9月，江泽民在《正确处理社会主义现代化建设中的若干重大关系》中讲："在现代化建设中，必须把实现可持续发展作为一个重大战略，要把控制人口、节约资源、保护环境放到重要位置，使人口增长与社会生产力的发展相适应，使经济建设与资源、环境相协调，实现良性循环。"③

1996年3月，江泽民在中央计划生育工作座谈会上进一步提出，必须从可持续发展的战略高度认识人口问题的重要性。他在讲话中说："党的十四届五中全会提出，在我国现代化建设中，必须把实现可持续发展作为一个重大的战略方针。所谓可持续发展，就是既要考虑当前发展的需要，又要考虑未来发展的需要，不要以牺牲后代人的利益为代价来满足当代人的利益。可持续发展，是人类社会发展的必然要求，现在已经成为世界许多国家关注的一个重大问题。中国是世界上人口最多的发展中国家，

---

① 《中国计划生育全书》，中国人口出版社1997年版，第221页。
② 同上。
③ 《江泽民论有中国特色社会主义》（专题摘编），中央文献出版社2002年版，第279页。

这个问题更具有紧迫性。"

人口问题是关系全局的重大问题。中国是一个有十几亿人口的大国，这是我们考虑社会经济发展问题的一个基本出发点。邓小平同志曾讲过，我们的人口政策是带有战略性的大政策。要实现可持续发展，首先必须合理控制人口规模。如果人口盲目地膨胀，与社会生产力的发展不相适应，不仅难以满足当代人的生活需要，而且势必破坏资源与环境，危及后代人的生存与发展。我们应当懂得，人口与经济建设的关系非常密切，控制好人口规模，就可以提高人均国民生产总值的水平，减轻人口过多对经济建设的压力；反之，经济建设成果的增长就会被盲目增长的人口抵消掉，我们就很难在日趋激烈的国际竞争中取得主动。我们要居安思危，要考虑中华民族的长远利益。

我们国家人口多，人均资源相对不足，这是制约我国经济和社会发展的一个重要因素。中国人口占世界总人口的22%，耕地面积只占世界耕地总面积的7%，而且人口还在增加，耕地还在不断减少，"八五"的前4年平均每年减少耕地500万亩。现在全国人均占有的耕地只有1.19亩。已经有1/3的省人均耕地不到1亩。我国粮食的产量虽然稳步增长但是人均占有量却有所减少。由于人口不断增加，加上人民生活的改善对粮食转化产品需求的增加，要保持现有的粮食消费水平，"九五"期间每年平均要增加100亿~140亿斤粮食，增产幅度要比前10年提高1倍左右。这是一个相当艰巨的任务。人口增长对环境的影响也不能低估。这些都要求我们把控制人口、节约资源、保护环境放到重要的位置，为子孙后代创造可持续发展的良好环境。

"所谓良好的人口环境，是指适度的人口总量，优良的人口素质，合理的人口结构。良好的人口环境，将促进人口与经济、社会、环境、资源的协调发展和可持续发展。我们一方面要利用经济与社会发展、教育普及、科学技术进步等有利条件，抓好计划生育工作；另一方面要通过抓好计划生育工作，促进经济发展与社会进步，促进教育普及和人口素质的提高。"[①] 同年7月江泽民在《保护环境，实施可持续发展战略》中指出："在社会主义现代化建设中，必须把贯彻实施可持续发展战略始终作为一

---

① 《中国计划生育全书》，中国人口出版社1997年版，第244页。

件大事来抓……经济的发展，必须与人口、环境、资源统筹考虑。不仅要安排当前的发展，还要为子孙后代着想，为未来的发展创造条件，决不能走浪费资源和先污染后治理的路子，更不能吃祖宗饭、断子孙路。"①1997年9月，江泽民在《高举邓小平理论伟大旗帜，把建设有中国特色社会主义事业全面推向二十一世纪》中讲："我国是人口众多、资源相对不足的国家，在现代化建设中必须实施可持续发展战略。坚持计划生育和保护环境的基本国策，正确处理经济发展同人口、资源、环境的关系。"②1998年3月江泽民在中央计划生育和环境保护工作座谈会上说："计划生育和环境保护，不仅具有近期效益，更具有远期效益；不仅经济效益，更有社会效益。各级领导干部要注意算大账，算大账就是算大局、全局之账。"③ 1999年3月，江泽民在中央人口资源环境工作座谈会上的讲话中强调："在世纪之交，促进我国经济和社会的可持续发展，必须在保持经济增长的同时，控制人口增长，保护自然资源，保持良好的生态环境。这是根据我国国情和长远发展的战略目标而确定的基本国策。"④ 同时，江泽民还明确指出："人口、资源、环境三者的关系，人口是关键。"这就更加突出了人口在可持续发展中的重要地位。2000年3月，江泽民在中央人口资源环境工作座谈会上又强调："我国是世界上人口最多的发展中国家，人均资源很有限，必须始终坚持把控制人口、节约资源、保护环境放在重要的战略位置。唯其如此，我们才能实现可持续发展。"⑤

2001年7月，江泽民在《庆祝中国共产党成立八十周年大会上的讲话》中提出："要促进人和自然的协调与和谐，使人们在优美的生态环境中工作和生活。坚持实施可持续发展战略，正确处理经济发展同人口、资源、环境的关系……努力开创生产发展、生活富裕和生态环境良好的文明

---

① 《江泽民论有中国特色社会主义》（专题摘篇），中央文献出版社2002年版，第280页。
② 同上。
③ 同上书，第281页。
④ 同上。
⑤ 同上书，第282~283页。

发展道路。"① 2002年3月，江泽民在中央人口资源环境工作座谈会上对可持续发展问题又作了精辟的论述，他在讲话中指出："人口问题是制约可持续发展的首要问题，是影响经济和社会发展的关键因素。"② 江泽民在这次重要讲话中还强调指出："实现可持续发展，核心的问题是实现经济社会和人口资源环境的协调发展。"③ 江泽民把可持续发展的理念中国化，又提出了西部大开发的战略，创造性地发展了可持续发展理论。这对指导我国社会主义建设具有重大的现实意义和深远的历史意义。

三 在社会主义市场经济条件下，控制人口增长属于政府调控职能

在我国确立社会主义市场经济体制以后，还要不要继续实行计划生育，靠劳动力市场来调节人口增长不行，像西方国家那样实行家庭计划行不行？当时人们对这些问题的认识并不完全一致。在这样的关键时刻，江泽民明确地回答了这个问题，及时指出在确立社会主义市场经济体制以后，对计划生育这一基本国策不能有丝毫的动摇，实现既定的人口控制目标，仍然是各级政府必须行使的宏观调控职能。

1993年3月，江泽民在中央计划生育工作座谈会上指出："实践证明，实行计划生育有利于发展社会主义社会的生产力，有利于增强国家的综合国力，有利于提高人民的生活水平，因而不仅过去是十分必要的，在确立社会主义市场经济体制以后，也仍然是十分必要的。计划生育这一基本国策要长期坚持下去，不能有丝毫的动摇……实现既定的人口控制指标，仍然是各级政府必须行使的宏观调控职能，全国各地区、各单位都必须按照现行计划生育政策法规认真地完成人口控制计划。"④ 1994年3月，他在中央计划生育工作座谈会上的讲话中说："现在一种观点认为，在社会主义市场经济条件下，人口控制也应当由市场调节。这种观点是不正确的，是一种误解。实行计划生育，是由我国的基本国情和社会主义现代化建设的需要决定的……如果不实行计划生育，人口盲目增加，会严重影响

---

① 《江泽民论有中国特色社会主义》（专题摘篇），中央文献出版社2002年版，第282～283页。
② 同上书，第290页。
③ 同上书，第283页。
④ 《中国计划生育全书》，中国人口出版社1997年版，第200页。

人均经济发展水平的提高，对于国家、对于个人，都是极为不利的。中国要发展，就必须在集中力量发展经济的同时，认真抓好计划生育工作，这绝对不能动摇。发达国家人口出生率低，这是在很长的时间中，由经济、文化、社会等方面的多种因素起作用所形成的。如果想通过发展市场经济自然而然地降低出生率，那将是一个漫长的过程，不利于加快现代化建设的进程，也不符合中国的国情。在建立社会主义市场经济体制的条件下，控制人口增长属于政府调控的职能。企图依靠市场调节来控制人口增长，是无法实现我国的人口计划的。这一点必须明确，不能含糊。"①

在我国计划生育工作面临重大新课题的形势下，江泽民及时阐明了在社会主义市场经济体制下，必须继续坚定不移地执行计划生育基本国策，在全社会实行计划生育，确保实现既定的人口控制目标，这充分体现了中央对解决我国人口问题的坚定决心。从而统一了广大干部群众的思想认识，明确了工作目标和前进方向，使计划生育事业不断健康向前发展。

四 建立人口与计划生育工作领导责任制，坚持党政一把手亲自抓、负总责

实行计划生育，严格控制人口增长，既是全党和全国人民的一件大事，又是一项难度很大的工作。这项工作能否搞好，关键在领导。江泽民从我国实际出发，科学地总结了我国多年来开展计划生育工作的基本经验，提出了党政一把手亲自抓、负总责的著名论断。

1991年4月，江泽民在中央计划生育工作座谈会上提出："各级党委和政府要高度重视计划生育工作，特别是党政一把手必须亲自抓，并且要负总责。要以对社会主义事业负责、对子孙后代负责的精神，切实加强对计划生育工作的领导。要像抓经济工作那样，抓计划生育工作，真正把计划生育工作列入党委的重要议事日程。今后要把计划生育工作的好坏，作为考核各级党委、政府的一项重要内容。"② 1992年3月，江泽民在中央计划生育工作座谈会上再次强调："坚持党政一把手亲自抓、负总责，坚决完成人口计划。"他在讲话中说："各级党委和政府要进一步提高认识，

---

① 《中国计划生育全书》，中国人口出版社1997年版，第213页。
② 同上书，第187页。

继续坚决贯彻落实中央《决定》，党政一把手不仅要坚持亲自抓，而且要负总责，实行人口与计划生育目标管理责任制。去年计划生育工作取得了很大的成绩，一个重要的原因就是采取了这条有力的措施。实行计划生育，控制人口增长，提高人口素质，是一项社会系统工程，涉及各个方面，难度很大，党政一把手不亲自负责，亲自抓，不把各方面的关系协调好，就很难把这项工作做好。"① 1993年3月，江泽民在中央计划生育工作座谈会上又讲："只要各级党委和政府高度重视、措施正确、真抓实干，计划生育工作是完全可以做好的。广大干部反映，中央发了《关于加强计划生育工作严格控制人口增长的决定》，并连续两年召开计划生育工作座谈会，强调'党政一把手必须亲自抓，并且要负总责'，抓住了搞好计划生育工作的关键，从而使这两年的计划生育工作有较大的进展。这确实是一条重要的经验，我们一定要坚持下去。"② 在这次讲话中，江泽民就党政一把手亲自抓、负总责提出了具体要求，他说："党政一把手对计划生育工作如何亲自抓、负总责，我想提几条主要的大家都应做到的要求：

1. 组织领导干部学习马克思主义人口理论，学习党和政府关于计划生育的方针政策，进一步统一和提高对人口问题的认识。在思想上牢固树立人口意识、人均观念和人口、经济、社会、资源、环境协调发展的整体观念。

2. 亲自主持召开党委和政府的会议，专题研究计划生育工作，定期听取汇报，检查人口计划执行情况，认真解决计划生育工作中存在的实际困难和出现的问题，切实加强基层工作网络，保证投入必要的人力、物力和财力，以保证计划生育工作在基层落到实处。

3. 把人口计划纳入当地经济和社会发展的总体规划，负责组织实施。明确各有关部门在计划生育工作中的职责分工，亲自协调督促各有关部门齐抓共管计划生育工作。

4. 亲自抓人口计划和人口目标管理责任制的实施与考核，在党政干部的政绩考核、奖励表彰、提拔晋升中要把计划生育作为一项重要的

---

① 《中国计划生育全书》，中国人口出版社1997年版，第195页。

② 同上书，第199页。

指标。

5. 抓好对党员和干部的基本国情和基本国策教育。总的来说，在计划生育工作中，广大党员和干部的带头作用是好的，但也确有一些党员和干部无视党纪和法律，自己超计划生育或包庇亲属超计划生育，严重损害了党在群众中的形象。各级党委应该教育党员、干部带头实行计划生育，发挥模范作用。各级党校、干校都要把人口与计划生育的教育作为必修课。"①

1994 年 3 月，江泽民在中央计划生育工作座谈会上又一次进一步强调党政一把手亲自抓、负总责问题。他在会上向领导干部讲："计划生育工作，党政一把手必须亲自抓，负总责，这是从多年的实践中总结出来的一条基本经验，应当长期坚持下去。越是难度大的工作，越需要领导的高度重视。近几年来，各级党委、政府对计划生育工作的领导有了很大的加强，但也不是所有地区、所有领导干部都做到了。因此，仍有进一步强调的必要。

去年以来，我根据大家的意见和经验对党政一把手提出了 5 条要求，希望大家认真落实。领导重视贵在自觉、贵在务实、贵在持久。下面我再强调三点：

第一，要学习理论，进一步提高自觉性。各级领导干部都要认真学习马克思主义人口理论的基本观点，学习毛泽东同志和邓小平同志关于人口和计划生育工作的重要论述，学习党和国家有关计划生育工作的各项方针政策，用科学的理论武装自己的头脑，真正理解人口与经济社会发展的辩证关系。近几年各级领导班子中新上来的同志很多，不少同志对人口和计划生育工作不太熟悉，各地区应加强对这些同志的培训，从而保证计划生育工作能够一届接一届地抓下去，而且越抓越好。

第二，要真抓实干，持之以恒。衡量领导是否重视计划生育工作，不能停留在发文件、作报告、提口号上，而要扎扎实实地落实到行动上。抓计划生育必须办实事，求实效，认真解决工作中的困难和实际问题。计划生育是一项长期、艰巨的任务，必须持之以恒、锲而不舍地抓，而不能时紧时松。

---

① 《中国计划生育全书》，中国人口出版社 1997 年版，第 201～202 页。

第三，要提倡摸实情、讲实话、报实数。现在不少地方对人口出生数字漏报、瞒报情况比较严重。由于对实际情况缺乏深入的了解和冷静的分析，许多领导干部过高地估计了近年来计划生育工作的成绩，产生了盲目乐观情绪，以为计划生育工作无须再花多大的力气，有的就很少过问这项工作了，这是当前必须引起高度重视的问题。从国家计生委抽查32个村的情况看，不仅仅是数字不实，更重要的是工作不落实和作风不求实。各级领导干部要深入实际，调查研究，掌握真实情况，及时发现问题，解决问题。要下决心最大限度地减少统计水分，把数字搞实，不要自欺欺人。"①

江泽民抓住党政一把手亲自抓、负总责这一条不放，年年讲，经常讲，反复强调党政一把手亲自抓、负总责不变。从而使这条基本经验广泛深入人心，大大地增强了各级党政一把手和领导干部抓紧抓好计划生育工作的自觉性和责任感，这也是这些年来我国计划生育工作取得伟大成就的基本经验之一。

五　开展计划生育工作必须坚持群众路线

江泽民高度重视广大群众的利益和人民群众的伟大作用。他强调指出，做好计划生育工作，必须认真坚持和执行党的群众路线，自觉坚持为了群众，相信群众，依靠群众，动员群众力量把这项造福于民的伟大事业推向前进。

1991年4月，江泽民在中央召开的第一次计划生育工作会议上的讲话中就指出："做好计划生育工作，必须坚持党的群众路线，充分相信和依靠群众，提高群众的自觉性。群众路线是我们党的根本工作路线，相信和依靠人民群众是我们党的力量源泉和胜利之本。我们要坚持不懈地向群众做好宣传工作，启发他们的觉悟，调动他们的积极性，使他们充分认识到计划生育是造福人民的伟大事业，也是人民群众自己的事业。

要做好群众的思想政治工作。我们共产党历来是很会做思想政治工

---

① 《中国计划生育全书》，中国人口出版社1997年版，第214页。

作和宣传工作的,这是我们的传统和优势。"① 1992年3月,江泽民在中央计划生育工作座谈会上强调,要深入群众特别是深入农民群众之中,坚持做好计划生育的思想工作。他在讲话中说:"计划生育是亿万人民群众自己的事情,关系到群众的切身利益,必须依靠群众的自觉。十多年来,我国农村各方面的工作都有明显的进步,但总的说来,经济文化水平还比较低,不少地区的农民还没有摆脱旧的传统观念的影响,生育的意愿与现行计划生育政策还有一定的距离。加上我们的社会保障制度还很不健全等实际问题,因此要使计划生育变成群众特别是广大农民群众的自觉行动,必须继续进行艰苦细致的思想教育和其他有关的工作。在计划生育工作中,要坚持走群众路线,充分信任和依靠群众,这是许多计划生育工作做得好的地方的一条共同的、也是最基本的经验……只要我们调动了绝大多数群众的积极性,并且通过群众当中的积极分子去做少数一时还想不通的人的思想工作,计划生育工作就一定可以做好……要关心农民群众的生产和生活,把思想教育和解决实际问题结合起来,多为群众办实事,办好事。"②

1993年3月,江泽民在第三次中央计划生育工作座谈会上提出了要"以改革的精神不断提高计划生育工作的水平"的要求。在讲话中再次阐述群众路线,并提出了计划生育工作"既要抓紧,又要抓好"的指导方针,正确处理开展工作中遇到的矛盾。

江泽民在中央计划生育工作座谈会上讲:"计划生育关系亿万群众的切身利益,必须积极、慎重、稳妥地对待,既要抓紧,又要抓好,把抓紧与抓好统一起来。实行计划生育是造福后代、功在千秋的伟大事业。我们要继续努力把这件事情办好;做到既有效地控制人口增长,又密切党群关系、干群关系,维护安定团结……

计划生育工作的对象是广大人民群众,在计划生育工作中遇到的矛盾一般都属于人民内部矛盾,属于人民群众的思想认识问题。我们要按照毛泽东同志关于正确处理人民内部矛盾的观点与方法来处理这些矛盾,不可把完成人口控制指标同密切党群关系对立起来。我们应当通过摆事实、讲

---

① 《中国计划生育全书》,中国人口出版社1997年版,第188页。
② 同上书,第195页。

道理的方法，民主讨论的方法，在做好思想疏导工作的基础上，认真地贯彻落实计划生育政策法规。计划生育工作应该同开展爱国主义教育、加强社会主义精神文明建设相结合，同帮助群众少生快富、建设文明幸福的家庭相结合，同开展各项为人民服务的活动相结合，要真心实意地给群众讲政策、讲科学、送感情、送温暖，为群众办实事、办好事，以取得群众的理解和支持。计划生育工作也要依靠科技进步，努力为育龄夫妇提供更为安全、有效、易于被群众接受的避孕节育方法。

计划生育工作的重点在农村，难点也在农村。中央要求切实把农业放在整个经济工作的首位，认真落实党的农村政策，切实保护农民的利益，减轻农民负担，调动农民的积极性。这是一个关系国家和社会稳定、关系工农联盟的重大问题，各个部门都要认真贯彻中央的指示，计划生育工作也要在关心维护农民利益的基础上健康发展。要把改进计划生育工作的方法，密切党群关系、干群关系，作为考核计划生育工作的一项内容。要切实加强对干部特别是农村干部的培训，提高他们的素质，帮助他们增强群众观点和法制观念，学习借鉴各地的先进经验，努力改进工作作风和工作方法，不断提高计划生育工作水平。"①

1994年3月，江泽民在第四次中央计划生育工作座谈会上又一次强调要坚持党的群众路线。他讲："切实帮助群众解决在生产、生活、生育中遇到的实际困难。各地区要认真贯彻计划生育工作既要抓紧又要抓好的指导方针，努力把抓紧与抓好统一起来。实现这两者的统一，最根本的是指导思想端正，工作要做细做好。"②

在中央召开的多次座谈会上，江泽民都讲要坚持群众路线。在他看来，只有执行党的群众路线，调动广大群众的积极性，才能使各项基本国策真正得到落实。江泽民关于群众路线的论述，充分体现了"三个代表"重要思想。按照江泽民提出的要求，计划生育这项代表广大群众根本利益、造福于民的伟大事业，越来越为群众所理解，越来越得到群众的拥护和支持，这是我国计划生育事业获得成功的根本原因所在。

---

① 《中国计划生育全书》，中国人口出版社1997年版，第201页。
② 同上书，第213页。

六　综合治理人口问题

江泽民认为，人口与计划生育工作是一项社会系统工程。决不能孤立地就人口谈人口，光讲计划生育政策还不够，还应当有必要的经济政策和社会政策来保证计划生育工作的开展。要逐步完善法制，使人口与计划生育管理走向法制的轨道。国家设立了计划生育委员会，作为计划生育工作的主管部门。但是，抓好计划生育工作不只是计划生育部门的事，需要各相关部门齐抓共管，形成合力，共同努力抓好。

1990年2月，江泽民在《致出席全国计生委主任会议同志的信》中指出："计划生育涉及到经济和社会发展的全局。各级党委和政府要把这项工作列入重要议事日程，切实加强领导，并组织各有关部门和群众团体共同做好。"① 1992年3月，江泽民在中央计划生育工作座谈会上讲："实行计划生育，控制人口增长，提高人口素质，是一项社会系统工程，涉及各个方面，难度很大……不把各方面关系协调好，就很难把这项工作做好。"② 1995年3月，江泽民在中央计划生育工作座谈会上指出："人口问题不只是数量问题，还包括人口的素质、人口结构与分布等问题。要把计划生育工作与发展经济、消除贫困、保护生态环境、合理开发利用资源、普及文化教育、发展医疗卫生事业、提高妇女地位、完善社会保障等方面的工作结合起来，统筹规划，综合考虑，实现相互促进，协调发展。

各级党委、政府要坚持把人口与发展问题纳入重要的议事日程……精心制定和实施本地区人口与经济、社会协调发展的战略、规划和方案，组织有关部门和社会各方面对人口问题进行综合治理，形成巨大的合力，以加快实现我国人口与经济、社会协调发展的进程。"③

"近年来，各地在计划生育工作中坚持实行以宣传教育为主、避孕为主、经常性工作为主的方针，坚持把计划生育工作同发展经济、帮助农民勤劳致富奔小康、建设文明幸福的家庭相结合，组织育龄群众因地制宜发展生产，参与各种经营活动，为他们提供社会化的服务，帮助他们解决生

---

① 《中国计划生育全书》，中国人口出版社1997年版，第180页。
② 同上书，第195页。
③ 同上书，第221~222页。

产、生活、生育中的具体困难,并对实行计划生育的家庭在政策、资金、技术等方面给予优惠,使农民从切身利益中看到实行计划生育的好处,改变传统的生育观念,把主要精力投入到勤劳致富中去。这种'三为主'、'三结合'的做法和经验取得了很好的效果,应继续坚持和发扬。各地还要把创建计划生育'合格村'的活动与'文明村'、'小康村'的建设紧密结合起来。"①

1996年3月,江泽民在第六次中央计划生育工作座谈会上再次强调"综合治理人口控制方面存在的问题",并提出了具体要求,他在讲话中提出:"各级领导干部要认真贯彻落实《中国计划生育工作纲要》,不断深化对人口问题的认识,正确处理人口问题同经济工作以及其他工作的关系,更加自觉地、扎实地、持久地抓好计划生育工作。各级党委、政府要组织协调有关部门和群众团体对人口控制方面存在的问题实行综合治理,逐步增加计划生育事业的经费投入,落实各项有关的政策、措施,稳定和加强各级计划生育机构。宣传部门要继续协调有关部门广泛深入地开展人口与计划生育宣传工作,加强正确的舆论导向。公安等有关部门要加强户籍管理和流动人口的计划生育管理。组织部门要把人口与计划生育工作的情况列为对领导干部的考核内容和考核标准,并建立相应的奖惩制度。农村基层计划生育工作要做到机构、人员、报酬三落实。"② "在我国广大农村,把计划生育与发展经济、帮助农民勤劳致富奔小康、建设文明幸福家庭相结合,是干部和群众在实践中的一个创造,是计划生育工作的一项重大改革,也是我们党的群众路线在计划生育工作中的体现。少生快富奔小康的口号,深受广大农民群众的拥护。通过推广'三结合',为妇女参与生产劳动、增加收入创造了条件,因而有利于提高妇女地位,对进一步实现男女平等、促进生育观的转变具有深远的意义。各级党政领导要充分认识'三结合'的意义,协调和组织有关部门推动'三结合'不断向前发展。"③

江泽民非常关心少数民族计划生育问题,提出了少数民族的繁荣昌

---

① 《中国计划生育全书》,中国人口出版社1997年版,第222页。
② 同上书,第245页。
③ 同上。

盛，要靠经济的开发和发展文化教育、科学技术事业的重要观点。1993年3月，江泽民在中央计划生育工作座谈会上说："在这里，我还要讲一讲少数民族也要实行计划生育的问题。我国的少数民族地区，由于历史原因和其他原因，大多数经济、文化比较落后。如果少数民族人口增长过快，就会给少数民族地区的经济、文化发展带来很大压力。少数民族的繁荣昌盛，要靠经济开发和发展文化教育、科学技术事业，靠提高人口的素质，而不是靠增加人口数量。这几年来，少数民族开展计划生育工作很有成绩。事实证明，少数民族实行计划生育，有利于摆脱贫困，有利于少数民族的全面发展。"①

江泽民针对我国计划生育工作的重点和难点都在农村的实际，明确指出，开展计划生育工作要充分发挥基层党组织的领导核心作用和共产党员的先锋模范作用。

1995年3月，江泽民在中央计划生育工作座谈会上说："要充分发挥基层党组织的领导核心作用和共产党员的先锋模范作用，使他们真正成为引导农民少生、快富、文明、奔小康的带头人。

要结合加强农村基层党组织建设，促使村党支部真正担负起贯彻计划生育基本国策的责任，真正做到计划生育工作有人抓，人员、任务、报酬都落实。多年的实践证明，凡是基层党组织坚强有力，计划生育工作就搞得好，否则，计划生育工作就搞不好。健全基层计划生育工作网络需要配备一些人员，花一些钱，这是必要的、值得的。各级党委、政府要切实加强对农村基层计划生育工作的领导，应该把村党支部能否承担起计划生育工作的担子，基层计划生育工作网络是否健全，党员和干部能否带头实行计划生育，作为检验农村基层党组织工作的一个重要内容。

搞好计划生育工作一条很重要的原则，就是党员和干部带头。许多计划生育工作做得好的地方，首先是因为党员和干部的表率作用，启迪和带动了周围的群众，形成了以实行计划生育为荣的良好风尚。"②

江泽民非常重视提高妇女地位对做好计划生育工作的重要作用。1995年3月，他在中央计划生育工作座谈会上指出："我国妇女担负着社会生

---

① 《中国计划生育全书》，中国人口出版社1997年版，第200页。
② 同上书，第222页。

产和人类自身再生产的双重责任,要做好人口与计划生育工作,必须做好妇女工作,努力提高妇女地位。

实行计划生育是实现妇女解放的一个重要条件。随着计划生育工作的深入发展,我国广大妇女摆脱了频繁生育和抚养多子女带来的沉重负担,从而能腾出更多的时间和精力学习文化科学知识,参与经济发展和各项社会活动,这不仅有利于提高妇女的自身素质,也有利于提高妇女的家庭地位、经济地位和社会地位。我国妇女已经成为全国政治、经济、社会各个领域中的重要力量,这是我国妇女发展史上的一个巨大进步。

今后,要把计划生育工作做得更好,也有待于妇女地位和妇女自身素质的进一步提高。各级党委、政府和全社会都应更加关注妇女问题,重视妇女工作。"

江泽民还十分重视群众组织在综合治理人口问题中的作用。1995年3月,他在中央计划生育工作座谈会上讲:"如何抓好农村基层的计划生育工作,我们在长期的实践中已积累了丰富的经验。宋平同志今天专门讲了发扬党的群众工作的光荣传统和政治优势,即依靠计划生育协会等群众组织,形成多数人做少数人的工作的局面,就是一条很重要的经验。各级党委、政府要对计划生育协会的工作加强指导和支持,帮助他们更好地发挥作用。"[1] 江泽民为计划生育协会题词:发挥协会作用,做好计划生育工作。1996年3月,江泽民在第六次中央计划生育工作座谈会上讲:"中国计划生育协会已经成立15年。现在遍布全国城乡的各级计划生育协会,已成为动员和组织广大群众参与计划生育工作的重要力量。各级党委、政府要重视发挥计划生育协会以及工会、妇联、共青团等群众团体在计划生育工作中的作用,支持他们发挥各自的优势,创造性地开展工作。"[2]

江泽民在综合治理人口问题的论述中,多次强调要抓好贫困地区和流动人口的计划生育工作。他指出,农村的计划生育工作要与发展经济相结合,与帮助农民勤劳致富奔小康相结合,与建设精神文明幸福家庭相结合。必须把扶贫开发与计划生育工作结合起来。对流动人口的计划生育工作,必须实行综合治理,建立由政府统一领导,各有关部门齐抓共管,流

---

[1] 《中国计划生育全书》,中国人口出版社1997年版,第222页。

[2] 同上书,第245页。

出地和流入地各负其责,以流入地为主这样一种工作体制。他还要求各地都要下大力气抓好优生工作,大力帮助边远贫困地区和少数民族地区提高出生人口素质。计划生育、卫生保健、教育等部门要通力合作,努力提高出生人口素质。

在计划生育工作进入稳定低生育水平新阶段以后,江泽民对综合治理人口问题提出了更高的要求。1999年3月,江泽民在中央人口资源环境工作座谈会上提出:"要进一步健全和完善同发展社会主义市场经济要求相适应的人口宏观调控体系、计划生育管理体制和有利于计划生育的社会保障机制,采取教育、法律、经济、行政等手段,使计划生育工作基本实现以宣传教育、避孕和经常性工作为主,确保全国人口控制在预定目标以内。"① 2000年3月,江泽民在中央人口资源环境工作座谈会上讲,在新的世纪里,要认真全面贯彻落实党中央、国务院作出的《关于加强人口与计划生育工作稳定低生育水平的决定》。要进一步采取综合措施,建立完备的调控体系,努力稳定低生育水平。要建立适应社会主义市场经济发展要求的人口与计划生育管理机制,形成党政负责、部门配合、群众参与、优势互补、齐抓共管的格局。党政主要领导要抓好协调工作,组织各方面力量,对人口资源环境问题进行综合治理。要完善人口资源环境方面的法律法规,为加强人口资源环境工作提供强有力的法律保障,促进人口资源环境工作走上法制化、制度化、规范化、科学化的轨道。2002年3月,江泽民在中央人口资源环境工作座谈会上指出:"人口资源环境工作要切实纳入依法治理的轨道。这是依法治国的重要方面。人口资源环境几方面的工作都有了基本的法律依据,既然立了法,就要坚持有法必依,执法必严、违法必究。各级领导干部要带头学法、知法、懂法,努力做遵守法律法规的模范,同时要坚持和督促有关部门严格执法,决不能知法犯法,干扰甚至阻挠有关部门依法行政。有关职能部门要秉公执法,决不允许徇私枉法。加强人口资源环境方面的法制宣传教育,普及有关法律知识,使企事业单位和广大人民群众自觉守法。全社会都依法办事,是做好人口资源环境工作的重要保证。"② 同时指出:"人口与计划生育工作的主

---

① 《江泽民论有中国特色社会主义》(专题摘篇),中央文献出版社2002年版,第290页。
② 同上书,第285页。

要任务是稳定低生育水平,提高出生人口素质,同时要重视劳动人口就业、人口老龄化、人口流动与迁移、出生人口性别比等问题。加快人口与计划生育领域的改革创新,建立和完善依法管理、村(居)民自治、优质服务、政策推动、综合治理的工作机制,全面提高人口与计划生育的管理水平和服务水平。"① 在中央的正确领导下,经过长期努力,我国探索出了一条综合治理人口问题的成功道路。今后要继续沿着这条道路向前发展。

七 努力建设社会主义先进生育文化

江泽民深刻地分析了在我国实行计划生育的艰巨性。他认为,计划生育是一项难度非常大的工作,既有历史原因,又有现实原因,既有观念问题,又有实际问题。就思想认识来讲,实行计划生育是一场婚育领域里移风易俗的思想革命,因此必须高度重视计划生育宣传教育工作。要把计划生育这项基本国策的道理向干部群众讲清楚,把宣传教育工作做到家,引导群众树立科学、文明、进步的婚育观念,把实行计划生育真正变为群众的自觉行动。2000年3月2日,中共中央、国务院作出《关于加强人口与计划生育工作稳定低生育水平的决定》。在《决定》中提出了努力建设社会主义新型生育文化,初步形成新的婚育观念和生育文化的要求。

1991年4月,江泽民在第一次中央计划生育工作座谈会上讲:"严格控制人口增长,既是全党和全国各族人民的一件大事,又是一项难度相当大的工作。必须进行基本国情和基本国策的教育。要在全社会进行广泛而持久的宣传教育活动……各级党校、干校、团校要把计划生育作为必修课,提高党员干部带头执行计划生育的自觉性。"② 在这次讲话中又提出:"我们要多做计划生育的宣传工作,晚婚晚育、少生优生要多讲。宣传教育要做到家,不要搞强迫命令。"③ 1992年3月,江泽民在中央计划生育工作座谈会上说:"不少地区的农民还没有摆脱旧的传统观念的影响,生育的意愿与现行计划生育政策还有一定的距离。加上我们的社会保障制度

---

① 《江泽民论有中国特色社会主义》(专题摘篇),中央文献出版社2002年版,第290页。
② 《中国计划生育全书》,中国人口出版社,1997年版,第187页。
③ 同上书,第188页。

还很不健全等实际问题，因此要使计划生育变成群众特别是广大农民群众的自觉行动，必须继续进行艰苦细致的思想教育和其他有关的工作……计划生育的宣传教育要做到家，要下功夫去解决群众中的思想认识问题，不要搞强迫命令。应该耐心地向农民反复宣传我们国家的基本国情和基本国策；通过算账对比，向农民讲清楚控制人口的增长同发展农村经济、摆脱贫困落后面貌和实现小康的关系；要宣传晚婚晚育、优生优育的科学道理，引导农民逐步改变旧的婚育观念，加深对计划生育基本国策的理解。"① 1993年3月，江泽民在中央计划生育工作座谈会上对计划生育宣传工作提出了明确的要求："要广泛开展宣传工作，引导群众破除'传宗接代'、'重男轻女'的旧生育观，树立男女平等、生男生女都一样的正确观点，树立计划生育光荣的新风尚。""计划生育工作应该同开展爱国主义教育、加强社会主义精神文明建设相结合。"②

1994年3月，江泽民在中央计划生育工作座谈会上分析人口形势时说："在我们这样一个有着几千年封建社会历史的国家里，尤其是在广大农村，要破除传宗接代、重男轻女的陈腐观念十分不易。""实行计划生育是婚姻、家庭、生育领域里移风易俗的思想革命，是新时期的一项艰苦、细致的群众工作。"③ 他在这次讲话中对进一步加强计划生育工作提出要求："各级党委宣传部门要重视计划生育的宣传和思想教育工作，要和政府一起积极组织协调计划生育、广播影视、新闻出版、教育、文化、卫生、工商、民政、司法等有关部门和工会、共青团、妇联、计生协、人口文化促进会等群众团体的力量，坚持不懈地加强计划生育的宣传和思想教育工作。应使广大干部群众懂得，按照国家的政策要求实行计划生育是每个公民应尽的义务，也是对国家和社会所作的一种奉献。这样做不仅对国家和集体有利，对家庭和个人也有利，而且有助于在全社会树立计划生育光荣的新风尚，树立男女平等、生男生女都一样的正确观念。各级党委应教育党员、干部带头实行计划生育，并应将此作为党员教育和干部教育的一项重要内容。要切实加强对农村基层的宣传和思想教育工作，真正做

---

① 《中国计划生育全书》，中国人口出版社1997年版，第195页。
② 同上书，第201页。
③ 同上书，第213页。

到进村入户，用群众喜闻乐见的形式，针对群众求富、求知的心理进行宣传。"① 1997年3月，江泽民在中央计划生育和环境保护工作座谈会上提出：要把计划生育作为社会主义精神文明建设的一项重要内容，纳入创建文明家庭、文明单位、文明村镇、文明社区的群众性精神文明创建活动。

党的十五大明确提出了建设有中国特色社会主义文化的基本目标，它代表着先进文化的发展方向，也为建设社会主义生育文化指明了发展方向。2001年7月1日，江泽民《在庆祝中国共产党成立八十周年大会上讲话》中指出："我们党要始终代表中国先进文化的前进方向，""在当代中国，发展先进文化，就是发展有中国特色社会主义的文化，就是建设社会主义精神文明。"② 计划生育工作从本质上讲，要着眼于引导群众树立科学、文明、进步的婚育观念，着眼于建设社会主义精神文明。我们要在"三个代表"重要思想指引下，努力建设有中国特色社会主义的先进生育文化，把计划生育这项造福于民的伟大事业不断推向前进。

---

① 《中国计划生育全书》，中国人口出版社1997年版，第213～214页。
② 《论"三个代表"》，中央文献出版社2001年版，第157～158页。

第二十一章 人口科学研究进展

第一节 1949～2000年中国人口研究发展的主要阶段及其特点

人口理论是人口研究的理论基础。前面我们系统地阐明了50年来我国人口发展各个主要方面、主要过程的主要情况和主要特点，但是还应当阐明上述发展的理论基础，如果我们不阐明作为上述发展的理论基础的人口理论的发展进程及其主要观点，那么，我们对50年来中国人口发展过程的理解将是不完全的、甚至是肤浅的。

中国人口思想源远流长，在近代更加丰富复杂，众说纷纭。改良派的代表人物如康有为、梁启超、严复，民主革命派代表人物孙中山、朱执信，早期马克思主义代表人物陈独秀、李大钊等，都有独到的人口思想，都把社会制度的改良或革命看作解决中国人口问题的根本出路。从20世纪30年代起，一些受过西方教育的社会学者或人口学者，最有影响的如陈长蘅、孙本文、陈达等，也曾围绕马尔萨斯人口论或适度人口论，针对中国人口状况发表见解，出版专著，并在大学里讲授人口学、人口问题和人口政策等课程。上述都是现代中国人口理论发展的思想历史背景。

本章考察新中国成立50年来中国人口科学研究的进展，主要是人口理论研究的进展。它的考察范围，涵盖1949～2000年中国人口科学研究的历程和主要成果，特别是1978年实行改革开放政策以后人口理论研究的进展的主要成果。它主要反映50年来中国人口科学研究在各个发展主要阶段、主要领域里具有代表性的观点和研究成果，体现50年来中国人口科学研究在不同阶段的发展水平和发展脉络。在第一节，我们考察50年来中国人口科学研究的纵向发展情况，根据对基本情况的对比分析我们将它在1949～2000年间的发展过程分为5个主要发展阶段，下面分别阐述这5个主要发展阶段的情况和特点。

一 1949～1957年：初期探索阶段

这个阶段正值新中国成立伊始，面对当时人口迅速增长的形势，人口理论研究主要包括：探索社会主义社会是否会产生严重的人口问题；人口迅速增长是否不利于国民经济有计划的迅速发展；中国是否应当实行计划生育、控制人口增长，这样做与马尔萨斯主义人口论有无本质区别等问题。

新中国成立初期在社会经济迅速复苏和发展的同时，人口也迅速增长。而这个阶段的人口急剧增长既是大量补偿性生育和死亡率下降的结果，又是当时占统治地位的人口思想影响下的产物。一方面，中国人口众多被认为是一件极大的好事，再增加多少倍人口也完全有办法，革命加生产就可以解决一切人口问题；另一方面，许多人接受了苏联流行的人口观点：人口不断增长是社会主义社会人口规律，社会主义制度优越性决定了社会主义社会不可能产生严重的人口问题。在上述思想影响下，主张节制生育和控制人口增长，就会被看作是马尔萨斯主义而受批判。大学里的社会学、人口学等课程也随之被当作资产阶级理论阵地而被取缔。

人口多是好事的思想和广大群众的生育处于放任自流的无计划状态，最直接的结果就是人口盲目地自发地急剧增长，给经济建设造成极大的人口压力。1950～1957年间平均出生率高于30‰，人口自然增长率由1950年的1.9%上升到1957年的2.9%，总人口由1949年的约5.42亿，升至1954年的约6.03亿和1957年的6.47亿，总人口在8年间增加了将近1/5。

在经济基础薄弱的条件下，中国人口增长过多过快，势必增加经济建设的困难。而且第一个国民经济五年计划在这个阶段开始实施，采取了传统的指令性计划经济的模式，这也和人口的无计划发展相矛盾。在这种情况下，对中国人口高速增长出现了不同看法，一些坚持正统人口观点的学者，例如王亚南在《马克思主义人口理论与中国人口问题》（1956）一书里仍然对人口增长抱乐观态度，继续强调要肃清马尔萨斯主义的影响[①]。相反

[①] 参考郭大力：《马克思主义的人口理论与中国人口问题》，科学出版社1956年版，第34页。

的，一些有识之士已经指出人口增长和经济发展之间存在着日益尖锐的矛盾，在百家争鸣方针鼓舞下，陆续发表了一些在当时颇有影响的论著，一再论证在社会主义社会实行计划生育和控制人口增长的必要性。

早在1954年初，邵力子就已经呼吁控制人口增长，提倡避孕节育（《人民日报》，1954年9月18日），1957年更主张《有计划地生育孩子》（《人民日报》，1957年3月20日）。陈达不仅在1957年2月组织了有14名学者参加的中国人口发展现状和问题讨论会，而且发表《节育、晚婚与新中国人口问题》（《新建设》1957年第5期），从人口学的角度阐明节育和晚婚的好处与必要性。吴景超发表《中国人口问题新论》（《新建设》1957年第3期），说明人口增长过多过快不利于提高劳动生产率和实现社会主义工业化，人口多了既增加消费又降低资金积累，而且加重了生产资料不足和劳动力过剩之间的矛盾。叶元龙的《论最适当的人口数目》（《文汇报》，1957年4月27日）孙本文的《八亿人口是我国最适宜人口数量》（《文汇报》，1957年5月11日），根据适度人口论说明中国必须控制人口增长。其他有影响的有关控制人口增长的论著还不少，但是影响最大、最深远、最有代表性的应数马寅初的《新人口论》。

早在1954年版，马寅初根据自己在浙江等地的调查，已经指出人口增长过快会妨碍经济发展的问题。1957年他重申要节制生育、控制人口增长，先后发表《我国人口问题与发展生产力的关系》（《大公报》，1957年5月9日）和《新人口论》（《人民日报》，1957年7月5日）等，深入和详细地分析了中国人口增长过多过快和发展生产力与经济建设的矛盾。

在论人口问题和发展生产力的关系时，他指出，生产力落后是中国社会的主要矛盾，解决的根本办法就是发展生产力、高速工业化，为此就需要从国民收入中积累大量资金，但是我国人口过多却把本来有限的资金吃掉一大半，以致影响积累，影响工业化，"因此，中国人口如继续这样无限制发展下去，就一定要成为生产力发展的障碍"。[①] 根据中国人口这种发展趋势，他预见到中国人口问题将越来越严重，因此大声疾呼一定要实行计划生育、控制人口增长，主张普遍推行避孕，提倡晚婚。

[①] 马寅初：《我国人口问题与发展生产力的关系》，转引自《新人口论》，北京出版社1979年版，第26页。

马寅初在《新人口论》里,深入和系统地论述了人口增长过多过快和经济建设的矛盾在各个主要方面的表现。他阐明:人口多而资金少是一个很重要的矛盾,人口增加得太快而资金积累得太慢,必然影响工业化和经济建设速度;工业原料、经济作物和粮食互争土地,人口无限增殖将破坏二者之间的适当平衡,人口增殖则粮食必须增产,经济作物的种植面积就要缩小,影响工业原料供应;人口增长过多,将降低人均耕地面积,增加对农业和粮食生产的压力;人口增殖过快会拖住科学研究前进的后腿,不利于改进技术装备和提高劳动生产率。他重申:中国一定要实行计划生育,"我们社会主义经济是计划经济,如果不把人口列入计划之内,不能控制人口,不能实行计划生育,那就不成其为计划经济。"① 他痛切地说明,不能把主张计划生育、控制人口增长都说成是马尔萨斯人口论,他的新人口论在立场上根本不同于维护资产阶级利益的马尔萨斯人口论,新人口论是从提高农民的劳动生产率以及农民的文化、物质生活水平出发。他认为,实行计划生育是控制人口最好最有效的办法,最重要的是普遍宣传避孕,切忌人工流产,同时要批判旧生育观,提倡晚婚、少育。其后不久,他在提倡控制人口数量的同时,还强调提高人口的质量,要去掉人口负担"方法是提高人口的质量,控制人口的数量"。②

在中国人口科学研究的早期探索阶段,特别是在1957年版,出现了对中国人口问题的百家争鸣的"春天"。有识之士已经明确地认识到,如果放任人口无计划地增殖,社会主义社会也可能出现严重的人口问题,在一穷二白的中国,人口过多将会成为发展经济的严重障碍,因此必须实行计划生育,控制人口增长,这样做是为了劳动人民的根本利益,同马尔萨斯人口论有本质的区别。遗憾的是,对中国人口问题的早期探索,很快就被强暴地贴上马尔萨斯主义的标签,淹没在大批判的浪潮里。

二 1957~1977年:挫折和相对停滞阶段

在这个阶段里,以马寅初为首的中国人口问题"探索者"受到不公正的批判,"人越多越好"的观点在人口理论研究中占据统治地位,人口

---

① 马寅初:《新人口论》,北京出版社1979年版,第27页。
② 马寅初:《为什么强调人口的质量?》,《新人口论》,北京出版社1979年版,第45页。

科学研究实际上已经成为禁区，长期处于停滞状态，甚至落后于1964年以来开始实行的计划生育的实践。这种情况一直延续到实行改革开放政策前夕。

1957年中开展的反右派斗争，使中国人口科学研究陷入"严冬"。原来对中国人口是否已经过多、"过剩"的争论，基本上还属于学术争鸣，从1957年10月起突然变成对右派的政治斗争。① 一切认为中国在社会主义制度下也会存在人口问题的观点以及应当实行计划生育、控制人口增长的主张，都被扣上马尔萨斯人口论的帽子；而马尔萨斯人口论在政治上早已被马克思批判为反动的，所以一切认为中国存在人口问题、应当实行计划生育和控制人口增长的言论，也都被批判为政治反动的右派言论。吴景超、陈达等人虽然一再说明自己的人口观点和马尔萨斯人口论有本质区别，也被粗暴地斥为利用马尔萨斯人口论向社会主义进攻的右派。

人口问题上的反右斗争的浪潮不断扩展，到1958年年初斗争的矛头逐渐集中到马寅初的《新人口论》，批判文章多达几百篇，绝大多数使用的手法是断章取义、无限上纲。当时"批判"的核心，实际上是论证马寅初人口论是马尔萨斯人口论的翻版或变种。面对汹涌的围攻，马寅初表现出一位真正人口学者敢于坚持真理的大无畏精神，声明至死应战，"决不向专以力压服不以理说服的那种批判者投降。"② 受到批判的还有马寅初强调发展经济必须保持部门之间均衡的"团团转"理论，也被斥为反对"大跃进"的资产阶级谬论。对马寅初等人的围攻是在所谓"大跃进"的年代，阶级斗争已经取代生产斗争成为中国社会主义社会的主要矛盾，当时浮夸虚报的成倍增长的产量，以及用"人海战术"搞运动的办法从事生产所造成的劳动力暂时短缺现象，掩盖了实际存在的人口增长与经济建设之间的矛盾，更增加了"批判者"围攻的气焰。概括起来说，在围攻马寅初的过程中所反映出来的当时中国的主流人口思想，主要有如下三点：

第一，认为社会主义制度的优越性决定了中国不可能产生人口过多、

---

① 参见李普：《不许右派利用人口问题进行政治阴谋》，《人民日报》，1957年10月4日。
② 马寅初：《附带声明》，《新建设》，1959年第11期，转引自《新人口论》，北京出版社1979年版，第54页。

劳动力"过剩"等人口问题。进而把主张实行计划生育、控制人口增长的观点都批判为马尔萨斯主义人口论，都批判为反社会主义的、反对"大跃进"和"三面红旗"的反动观点。"大跃进"过程中所出现的上述虚假现象，都成了"批判者"围攻马寅初的人口经济理论的论据，用以否定社会主义社会也可能产生人口问题，也会出现生活资料不能满足人口增长的需要以及相对于生产资料不足而出现的劳动力过剩即失业问题。

第二，把"人多是好事"引申为"人口越多越好"的错误观点，甚至说中国人口多是威力最大的原子弹、氢弹。进而把主张节制生育、控制人口增长的观点批判为仇视人民群众力量的马尔萨斯主义人口论、悲观论、"人口决定论"等等。强调"人定胜天"，人民群众的主观意志可以战胜一切客观困难。

第三，针对马尔萨斯的"人口论"提出了"人手论"，宣称人人都有两只手可以从事生产，而且生产先于消费，生产必然有剩余，不仅够自己消费，还可以供别人消费，所以"革命加生产"就可以解决一切社会问题。马尔萨斯主义人口理论是从单纯的消费观点出发，而且是以所谓"土地报酬递减规律"为基础的，这种"规律"已经被"大跃进"成倍增产的事实所粉碎。

然而，"大跃进"运动，终于以1959～1961年严重的经济困难和停滞、衰退而告终。面对这样的事实，许多坚持主流人口思想的人，仍然否认中国人口增长过多、过快对经济建设已经造成巨大的压力，否认在错误的人口经济思想支配下所出现的政策失误，却把问题归因于主观认定的阶级斗争日益尖锐化。这样，科学的、实事求是的人口科学研究便成了禁区。

应当指出，实际承担中国经济领导工作的周恩来等人，在经济建设的实践中已经感受到人口增长的沉重压力，认识到中国必须实行计划生育、控制人口增长。于是，中共中央、国务院在1962年12月13日颁布了《关于认真提倡计划生育的指示》，宣布在城市和人口稠密的农村地区提倡节制生育，适当控制人口自然增长率，使生育由无计划状态逐渐走向有计划状态，这是我国社会主义建设中的既定政策。而实行上述政策的理由是"有利于保护母亲和儿童的健康，有利于教养后代，有利于男女职工在生产、工作、学习中充分发挥自己的力量，也有利于我国民族的健康与繁荣。"① 随后在1964年1月15日又宣布成立国务院计划生育委员会。虽然，1962年的《指示》已经声明，决不能把我国提倡节制生育，同反动的马尔萨斯人口论混为一谈，但是并没有在理论上加以论证，没有提出符合中国社会主义建设实际的马克思主义的人口理论，因此也没能从根本上解决人口科学研究在这个阶段的相对滞后的状态。不仅如此，1964年开始的"四清运动"，1966~1976年的"十年动乱"，阶级斗争压倒一切，人口科学研究更无从谈起。虽然在1976年已经有人开始探索人口生产和物质资料生产的关系，个别人口研究机构也重新建立，但是在当时的政治禁锢下都没能发挥其在中国人口科学研究上应当有的影响。

三　1977~1982年：复苏和重新探索阶段

在这个阶段，开始实施改革开放政策，以实事求是的精神重新指导社会科学研究，人口研究受到的禁锢开始被打破，重新探索社会主义社会人口规律和人口问题，中国人口科学研究得以复苏。在这种条件下，人口研究机构初步恢复，人口研究队伍初步形成，中国人口学界提出了马克思主义"两种生产理论"，并把它看作科学人口理论的基石，同时为马寅初《新人口论》翻案，重新公开提出实行计划生育、控制人口增长的政策建议。

在这个阶段，中国所面临的社会经济状况为人口科学研究的复苏提供了客观基础。首先，由于上个阶段人口持续高速增长，1964年中国总人口达7.05亿，1969年达8.07亿，1974年更达9.09亿，每增加1亿人口所需时间已经由10年缩短到5年，到70年代末人口压力已经增大到难以掩饰的地步。同时，"十年动乱"使中国经济在70年代末已经走到崩溃的边缘，人口增长和经济发展之间的矛盾十分尖锐，沉重的人口压力表现在社会生活的各个方面，城镇失业人口以千万计，农村潜在过剩劳动力更以亿计，物资供应非常紧张，食物与住房经常短缺，建设资金严重不足。面对上述种种情况，人们再也无法否认社会主义社会也会存在严重的人口问题。

实行改革开放政策以后，提倡实事求是、解放思想，强调实践是检验

---

① 转引自彭珮云主编：《中国计划生育全书》，中国人口出版社1997年版，第4页。

真理的唯一标准,使人们有可能逐步打破思想上原有的禁锢,敢于正视现实存在的人口问题,检讨以往决策上的失误。与此相联系,在纠正以往政策偏差和冤假错案的过程中,出现了为马寅初、陈达、吴景超等学者平反、翻案的举措,引发了重新探索中国社会主义人口规律和人口问题的热情,从而推动了中国人口科学研究。特别应当指出的是,经过一些学者的仗义执言,马寅初的《新人口论》关于中国存在严重人口经济问题,应当实行计划生育、控制人口增长的观点,得到了广泛的肯定,《新人口论》在1979年重新出版,他所建议的控制人口的数量、提高人口的质量的主张,实际上已经成为改革开放后中国人口政策的基本要点。①

到70年代末,对人口理论研究的客观需要日益强烈,随着思想禁锢的逐渐消除,几次举办了全国性的研究中国人口问题的学术研讨会。在这个阶段,最有影响的是以下几次:1977年12月中旬国务院计划生育办公室在汕头召开的全国人口理论宣传教育工作座谈会;1978年11月上旬在北京召开的第一次全国人口理论科学讨论会;1979年12月中旬在成都召开的第二次全国人口理论科学讨论会;1981年2月下旬在北京召开的第三次全国人口科学讨论会。与会的人口学者人数越来越多,由最初的60多人,逐步增加到170余人、250余人到300多人,会议讨论的问题也越来越广泛。在1981年2月的会上,中国人口学会正式成立,成为团结广大中国人口学者开展人口研究的核心。

实践的需要推动了中国人口理论研究。刘铮教授在1977年12月举行的汕头会议上曾经指出,当时研究马克思主义人口理论是在计划生育工作推动下开展起来的,基本出发点就是根据实践提出的问题进行研究,在理论上加以说明。②事实上,当时人口增长和经济发展之间的尖锐矛盾,也促使人们致力于人口理论研究。大体说来,这个阶段中国人口理论研究关注的核心问题,已经从论证社会主义社会存在严重人口问题的可能性、论证实行计划生育和控制人口增长的必要性,推进到探讨中国在社会主义条件下存在严重人口问题的根源,探讨中国实行计划生育、控制人口增长的

---

① 田雪原最早为马寅初《新人口论》翻案,参看:《光明日报》,1979年8月5日。正是他重新整理、出版了《新人口论》。还可参看张纯元:《新人口论新在什么地方?》,《北京大学学报》(哲学社会科学版),1981年第3期。

② 参见刘铮:《关于人口理论教学的几个问题》,《人口研究》,1978年第1期。

理论根据，进而尝试建立结合中国实际的马克思主义人口理论体系。在这个阶段，中国人口学界围绕上述人口理论研究任务，讨论主要集中在以下几个方面：

第一，结合中国实际，重新探索社会主义社会人口规律，并明确提出建立马克思主义人口理论的任务。中国人口学界大多认为，产生严重人口问题的根源是人口增长和经济发展之间的矛盾，而这种矛盾产生的根源主要是错误地把"人口不断增长"说成是社会主义社会普遍存在的人口规律，因此正确地认识和揭示社会主义社会人口规律就成为中国人口理论研究的重要任务。当时围绕中国社会主义社会人口规律问题展开了热烈的讨论，发表了不少有关社会主义人口规律的有分量的文章，[①] 尽管对社会主义人口规律的要点的表述不尽相同，但都阐明"人口不断增长"不是社会主义社会普遍存在的人口规律，他们大都把人口有计划地发展看作社会主义人口规律最基本的要点，认为社会主义人口规律受社会主义基本经济规律和国民经济按比例有计划发展规律的支配，甚至是国民经济按比例有计划发展规律在人口领域的表现，从本质上说，它要求人口和经济按比例有计划地发展，以达到最大限度地满足人民不断增长的物质和文化生活需要的目的。此外，有人还把社会主义人口规律和资本主义人口规律作了对比分析，突出社会主义社会人口有计划发展的特点。

第二，重新认定马克思主义的"两种生产理论"的内涵及其在人口理论研究中的地位以及在人口决策中的作用。在论证社会主义人口发展过程的客观规律的同时，中国人口学界普遍认识到应当建立马克思主义人口理论体系，因此探讨了马克思主义人口学的研究对象、主要内容和基本观点。[②] 这个阶段在这方面最重要的贡献可能是对"两种生产理论"的重新认定。早在1977年12月汕头会议上，廖田平已经提出应当重新评价恩格斯关于人口和物质资料"两种生产"的理论。后来在1978年11月北京会议上他又发表了《马克思主义关于两种生产的理论》，认为两种生产理论是马克思主义人口理论的重要基础，系统地论述了马克思、恩格斯关于

---

① 许涤新：《有关人口理论的几个问题》（1978年11月3日），载：《人口研究》，1979年第1期；李竞能、纪明山：《试论社会主义社会的人口规律》（1978年11月5日），又《南开大学学报》，1980年第1期。

② 参见周清：《论对人口理论若干问题的讨论意见》，《人口研究》，1978年第1期。

两种生产理论的基本观点。在这个阶段围绕这个问题曾经引起热烈的争论，但是争论更促进了"两种生产理论"的完善，并被认定为马克思主义人口理论的基石。最先系统地结合我国人口经济发展实际论述了这个理论的是廖田平、温应乾1982年出版的《两种生产理论和我国的人口问题》一书。两种生产理论的核心是强调人口的再生产必须和物质资料再生产相适应，学者们还探讨了两种生产理论相互关系的基本规律、二者的比例关系及其在国民经济发展中的地位等问题。两种生产理论一问世就在计划生育实践中显示了强大的生命力，由理论转化为政策思想，成为国民经济和计划生育"两手一起抓"的理论根据。

第三，深入分析人口增长和社会经济发展以及四个现代化的相互关系，明确人口发展在社会经济发展中的地位与作用。通过深入研讨，绝大多数学者认为人口问题实质上是经济问题、发展问题，中国在经济建设过程里所出现的许多人口问题，从根本上说是人口无计划增长和国民经济有计划发展不相适应并且存在严重矛盾的结果。当时，中国人口学界最关注人口增长对经济发展的影响尤其是人口增长对经济建设的负面影响。人们在研讨过程中明确了马克思主义关于人口和经济相互关系的基本要点：人口是社会生产活动的主体，但是人口发展不能脱离一定的社会生产方式而存在，不同的社会生产方式有不同的人口规律；人口发展既取决于一定的社会经济条件，又有其相对独立性，有其自身的发展规律，人口发展对社会经济发展有促进或者延缓的作用；人口是数量和质量的统一体，人口发展不只是人口数量变化，而且也是人口质量由低级向高级的不断的运动过程；人口还是生产力和消费力的统一体，作为消费者的人口必须与消费资料生产相适应，而作为生产者的人口必须与生产资料生产相适应，要受劳动年龄和生产技术装备的制约，单纯从生产者角度考虑人口问题的"人手论"和单纯从消费者角度考虑人口问题的"人口论"都是片面的。有的学者认为在人口和消费资料生产的关系、劳动人口和生产资料生产的关系之外，还应当把总人口和劳动人口的关系、人口和积累的关系也列为人口和经济的基本关系。

在明确马克思主义人口理论基本观点的同时，划清了中国实行计划生育和马尔萨斯主义的节制生育的本质区别，并且开始引进西方现代人口分析方法，研究1982年第三次全国人口普查和其他大型调查数据，探讨中国人口发展的现状、特点与趋势。人们更加清楚地认识到，新中国成立以来中国人口基本上属于高出生、低死亡、高增长的再生产类型，人口增长的潜能和惯性很大，必须尽快全面实行计划生育以降低出生率和生育水平，否则经济建设将继续面临沉重的人口压力而难以迅速发展。在上述人口理论研究的基础上，中国人口学者提出了许多关于控制人口增长的具体的政策建议，其中最具影响的是刘铮等人1979年3月提出的《对控制我国人口增长的五点建议》。① 刘铮等人强调，要控制人口增长必须把政治思想教育和有效的经济措施相结合，同时也要采取有力的组织措施，并且最先明确提出："大力禁止三胎，提倡一对夫妇生一个孩子。"②

在这个阶段，已经有一些论述马克思主义人口理论基本观点的专著问世，比较有影响的如1977年12月北京经济学院人口研究室（中国人民大学人口研究所前身）编写出版的《人口理论》，1979年河北大学人口研究室出版的《人口概论》等。刘洪康主编的《人口手册》当时在传播人口理论知识方面也起了很好的作用。同时，随着人口研究复苏，人口研究机构适应客观需要纷纷成立，研究队伍不断壮大，已经包括大学、社会科学院、党校、计划生育和统计部门等几个系统的人口研究机构和研究人员。1980年4月高校系统召开人口研究规划协调会议时，已经有16所大学人口研究单位参加，其中有中国人民大学、北京大学、北京经济学院、河北大学、吉林大学、复旦大学、安徽大学、中山大学、四川大学、兰州大学、南开大学等人口研究机构。1982年出版的由杨德清主编，河北大学、南开大学和吉林大学人口研究机构合作编写的《人口学概论》，就是这次会议规划出版的人口专著之一。此外，在传播人口研究成果方面起重要作用的《人口研究》、《人口与经济》和《中国人口科学》等专业期刊，也是在这个时期问世的。可以说，这个阶段为其后中国人口理论研究的发展打下了坚实的基础。

四 1982~1992年：日趋繁荣和学科建设阶段

在这个阶段，随着改革开放、特别是人口控制和计划生育工作实践在

---

① 载：《人口研究》，1980年第3期，是由刘铮和邬沧萍、林富德合作写成的。
② 转引自：《刘铮人口论文选》，中国人口出版社1994年版，第61页。

全国的迅猛发展，人口理论研究日益繁荣，以"两种生产理论"为基石从各个方面探讨中国社会主义社会人口发展道路。同时，中国人口学者为人口学科建设做了大量工作，出版了一系列人口教材和专著，逐步建立起人口学科教学体系，能够独立培养从大学专科、本科生到硕士、博士研究生的人口研究专业人才。在此期间中国人口学者还做了大量的大型专题调查研究，能够运用定量分析方法进行实证研究，为人口研究进入理论研究和对策研究、实证研究紧密结合的新阶段创造了条件。人口研究的国际学术交流，也在这个阶段空前地活跃起来。

在 1982~1986 年间，中国人口研究比较着重于基础建设工作，其中一个重要方面是人口学学科建设、特别是大学教材建设。人口学教学体系的重建，促使一批人口学教材和基础性著作在 80 年代上半叶陆续出版。除《人口经济学》(1983)、《人口学》(1983)、《人口社会学》(1985)等书外，[①] 影响较大的是刘铮主编的《人口理论教程》（中国人民大学出版社 1985 年版）和《人口学辞典》（人民出版社 1986 年版）。这些著作当时不仅起了填补学科空白的作用，而且在一定程度上创造性地论述了中国社会主义社会人口发展道路问题。《人口理论教程》最主要的贡献是建立了以两种生产理论为基石、以人口再生产过程和人口规律为主要对象、包括人口质量、人口结构等各个主要方面的马克思主义人口理论体系，总结了改革开放以来国内人口理论研究的最新成就，并且系统地评述、批判了资产阶级人口理论，阐明了马克思主义人口理论的产生与发展，因此长期以来成为马克思主义人口理论的最佳教材。

在这个阶段，同样值得重视的是孙敬之教授主编的一部大型系列人口著作《中国人口》丛书。这是一部涵盖全国各地的区域性人口专著，包括《总论》和各省、自治区、直辖市和港、澳、台共 32 个分册，参加编写人员来自高校、社会科学院、计划生育和统计局等系统共计 800 多人，自 1983 年开始着手编写，1987 年起陆续出版。这部丛书主要利用 1982 年第 3 次全国人口普查资料和有关地区人口专题调查资料，分析与论述了各个地区人口发展的历史、现状（包括人口总量和人口因素变动、人口

---

① 指张纯元主编：《人口经济学》，北京大学出版社 1983 年版；梁中堂：《人口学》，山西人民出版社 1983 年版；桂世勋：《人口社会学》，上海华东师范大学出版社 1985 年版。

素质与结构等），特别是各民族人口状况，并预测了未来人口发展趋势。这项工作不仅填补了我国这方面人口研究的空白，而且在全国各地汇集、团结和锻炼了一支庞大的人口研究队伍。这无疑有利于其后中国人口研究在全国各地的广泛与纵深的发展。

在1986年还可以看到，作为人口研究基础建设的一个重要组成部分，从大学专科、本科到硕士、博士研究生的教学、培养体系已经初步建成。当时大学系统里已经有中国人民大学、北京大学、西南财经大学、南开大学、华东师范大学等被国务院学位委员会批准设立人口学或人口经济学、人口地理学的博士点，陆续招收、培养博士研究生。同时，在联合国人口基金资助下，还陆续派出数以百计的人口学者到国外进修、深造，同时又有外国人口学者到中国来讲学、进行研究与学术交流。这些无疑都有利于把中国人口研究推向更新、更高的水平。

1987~1992年间，中国人口研究在上述基础上继续往纵深发展，突出表现为开展了许多大型专题调查研究，发表了一系列人口专题研究报告与专著。首先是1982年第3次和1990年第4次全国人口普查资料的整理、开发与利用，还有1982年和1987年生育节育1‰或2‰抽样调查资料；以及1987年全国22个城市与40个县的婴儿死亡率抽样调查资料的分析、研究，使中国人口研究建立在科学的、比较全面与可靠的人口数据的基础上。人口迁移和人口流动也是当时大型人口调查研究的重点，如1987~1989年刘铮教授主持的9所高校进行的沿海36个小城镇人口迁移与经济发展典型调查；1987~1990年社会科学院人口所主持的全国74个城镇迁移人口抽样调查；1984年、1988年上海流动人口抽样调查等。在这个时期进行的其他重要的大型专题人口调查还有：1987~1990年社会科学院人口所等进行的全国60岁以上老人抽样调查及20个省、自治区、直辖市老年人口抽样调查；1990年社会科学院人口所主持的当代中国妇女地位抽样调查，以及家庭经济和生育率抽样调查；1987年国家统计局等进行的内蒙古等9省区84个县市儿童情况抽样调查，以及1992年国家统计局举办的全国儿童基本情况抽样调查；1987年全国残疾人调查；1990~1993年北京大学人口所等进行的不同地区23个贫困县人口经济情况调查等。

与前者相联系，这个时期十几个甚至几十个人口研究机构合作开展了许多大型人口专题研究项目，如：中国人口发展战略研究；改革开放中出现的最新人口问题；生育水平和收入水平（包括家庭经济与生育水平）的相关关系；计划生育与人口政策效益评估；农村人口与消除贫困问题；小城镇发展与人口流动；人口城市化模式与发展道路问题；生活质量与现代化建设；老年人口与经济发展；女性人口地位问题；社区发展与人口问题的综合治理；民族人口研究等。这些人口研究项目，对于促进社会主义现代化经济建设和控制人口增长，客观上起了积极的作用。

在这个阶段，中国人口研讨活动与国际学术交流十分活跃，比较突出的大型学术活动有：1984年由中国人民大学人口所等在北京举办的"人口与发展"国际研讨会；1985年11月中国人口学会在石家庄召开的第四次全国人口科学讨论会；1986年由中国人民大学人口所举办的亚太地区死亡人口问题北京国际研讨会；1987年10月由联合国人口基金委托南开大学在天津举办的人口城市化和城市人口问题国际讨论会；1990年1月中国人口学会举办的第五次全国人口科学讨论会；1991年8月国家计划生育委员会召开的中国生育节育抽样调查北京国际研讨会；1992年10月国务院人口普查办公室等举办的中国1990年人口普查国际讨论会等。概括起来，在1987～1992年间中国人口理论研究的重点问题是以下几个方面：

第一，分析、预测1980～2000年和2001～2050年中国人口发展趋势，研究确立2000～2050年中国人口发展战略目标，以及做好计划生育工作、降低生育水平、控制人口增长、实现人口发展战略目标的具体途径，最终实现人口零增长。同时，分析这种人口发展对经济发展的影响，对人口与生育政策的效益进行评估，还从经济、资源、环境等各个方面探讨中国适度人口问题。

第二，注重研究中国农村人口问题，特别是农村人口实行计划生育、降低生育水平、改善经济状况、脱贫致富的具体途径。探讨实行计划生育的"三结合"典型以及人口问题"综合治理"模式。与此相联系，研究农村多胎生育的社会经济根源，进行多元、多层次分析；研究中国家庭经济和生育率水平的关系，进行微观分析、主要是家庭生育决策的成本——收益分析；研究社区发展、社区建设和地区生育水平的关系，进行中观分析。

第三，研究中国农村剩余劳动力人口的出路问题，农村人口乡村—城市迁移流动所形成的"民工潮"问题，以及农村人口的非农化、城市化问题。与此相联系，城市人口问题特别是"大城市病"与城市贫困人口问题也日益受到重视，并深入探讨中国城市化的主要模式和发展道路问题。

除上述外，中国人口出生性别比偏高的形势与根源，中国人口老龄化的迅猛发展趋势及其对策，中国女性人口的家庭地位和社会地位的变化，婚姻状况和家庭状况的变化对人口发展的影响等，也都是这个时期中国人口研究的热点问题。围绕这些问题，中国人口学界曾经进行热烈的讨论，发表了许多有分量的论文与专著。总的说来，这个阶段可以说是中国人口研究更有规划、广泛协作、成果空前丰收的阶段。

五 1992~2000年：扩展与深化阶段

在这个阶段，中国人口研究进一步扩展与深化，研究主旨从人口再生产和物质资料再生产相适应，提升到人口、经济、社会、资源、环境的协调发展和可持续发展。在这个基础上，人们重新认识人口在社会经济发展中的地位与作用，同时广泛探索21世纪中国人口发展趋势和可能面临的人口经济问题，并将主要研究力量集中探讨中国人口转变未来深层次的发展，以及实现稳定低生育率水平、实现既定人口发展战略目标与人口零增长等问题。人们致力于人口理论研究和实证研究、对策研究更紧密的结合。

这个阶段，可以说是中国人口研究在新体制、新战略思想下总结过去、展望未来的阶段。在这个阶段中国人口研究的外部环境又发生了实质性的变化：一是中国政府正式推行社会主义经济体制由计划经济向市场经济转型的政策，市场经济成为社会主义初级阶段人口发展的主要经济基础；二是联合国正式提出可持续发展战略，得到世界的认同；三是20世纪即将过去、21世纪即将来临，虽然中国妇女总和生育率已经降低到更替水平以下，到20世纪末叶人口自然增长率降低到1%以下，人口再生产在总体上转变为低出生、低死亡、低增长的类型，但是在21世纪上半叶总人口规模仍将增大，人口研究进入了总结过去、展望未来的关键时期。

还应当指出，同前一阶段相比，中国人口研究还面临资金相对短缺的问题，不仅联合国原来对中国人口研究的资助已经停止，而且国内相关资助也相对紧缩。在这种条件下，特别是和上一个阶段相比，中国人口研究机构举办的大型人口调查研究以及大型学术研讨会和国际学术活动，数量似乎没有以前多，但若从学术水平来看，质量更胜从前。同时，在资源相对短缺的条件下，围绕有资助的研究项目的竞争日益激烈，各地人口研究机构之间的发展不平衡现象也日益突出，各地人口研究机构在不同程度上进行了调整。然而，不能因此认为中国人口研究较前衰退，虽然那些严重缺乏人力资源与资金设备的人口研究机构压缩了规模、甚至处于停滞状态，但是那些资源比较雄厚的人口研究机构仍然大步向前发展，研究领域不断扩展与深化，研究水平不断提高，效果显著。当然，如果各级政府对人口研究加大投入，当可获得更加丰硕的成果。

在这个阶段，中国人口学界也进行了不少大型人口调查研究，除人口生育政策效益评估和农村人口问题的调查研究继续进行外，比较重要的是人口普查资料的开发、研究，包括被称为"小普查"的1995年全国人口抽样调查和2000年第5次全国人口普查资料的分析；这两次人口普查，继增设迁移项目之后，又增设了以往缺少的家庭婚姻状况、就业状况、城镇居民住房情况等调查项目，增加了调查内容，提高了资料的有用性。此外，1993年前后杭州大学人口所等进行的区域人口城市化及其经济发展的调查研究，1998年北京大学等进行的中国高龄老人健康长寿调查研究等，都是有一定影响的人口专题调查研究。

这个阶段人们加强了对人口数据的专题分析和实证分析，比较突出的如国家统计局主持的1990年人口普查数据专题分析。该研究项目包括如下9个专题：中国人口年龄性别结构与地区分布研究；现代中国的婚姻与家庭；1990年人口普查婚姻管理与普查数据分析报告；中国人口老龄化过程与对策分析；中国人口文化教育状况比较研究；中国在业人口行业、职业构成分析；中国人口预测；人口增长与经济发展研究报告；人口增长与经济社会发展的分析。这个时期的人口专题研究，都注意运用先进的定量分析方法，甚至创造性地提出新的分析方法，因此其研究成果往往更受国内外人口学界的重视。

在这个阶段也举办了许多大型学术研讨会和国际学术交流活动，最有影响的应是国际人口科学联盟1997年10月在北京举办的第23届国际人口科学大会。参加这次大会的国内外人口学者近2000人，正式与非正式专题讨论会超过70个，讨论内容涉及当前人口研究的各个主要方面。此次大会在北京召开，反映了国际人口学界对中国人口研究近年来所取得的丰硕成果的充分肯定。在这次大会开幕前夕，中国人口学会还举办了"中国人口论坛"，从300多篇应征论文中挑选出53篇在论坛的8个专题会上发表，包括人口普查与人口统计现代化、人口转变与计划生育、人口迁移与城市化、人口老龄化与养老保障、婚姻与家庭、人口与可持续发展、妇女问题、妇女健康问题等。①

在这个阶段，比较有影响的学术交流活动还有：1994年1月中国人口学会在北京举办的第六次中国人口科学讨论会，提交论文超过150篇，中心议题是社会主义市场经济条件下的人口问题与人口研究；1995年7月由社会科学院人口所等在山西临汾举办的人口与可持续发展研讨会；1995年9月北京大学等举办的人口与可持续发展北京国际研讨会；1996年9月由中国人口学会人口政策专业委员会等在汉中举办的中国欠发达地区人口与可持续发展研讨会；1998年5月中国人口学会在北京召开的第七次全国人口科学讨论会，中心议题是总结近年来中国人口与计划生育事业以及人口研究的成绩、展望21世纪中国人口发展趋势与可能面临的人口问题。

在这个阶段，人口分支学科、交叉学科和新兴学科也得到了不同程度的发展，例如在可持续发展理论盛行以后，作为博士点专业的人口经济学已经扩展为人口、资源、环境经济学。此外，历史人口学、民族人口学等也涌现了许多有分量的成果，甚至是大型系列专著。这种发展趋势，无疑会使人口研究的内容日益丰富。概括起来说，在这个阶段中国人口研究中比较关注的主要是以下几个方面的问题：

第一，是人口与可持续发展，亦即人口和经济、社会、资源、环境的协调发展与可持续发展问题。可持续发展战略思想一经提出，立即受到中国人口学界的重视，人口与可持续发展的关系成为人口研究的热点之一。人口研究的理论基石，由此从两种生产相适应提高到协调发展与可持续发

---

① 参见中国人口学会：《中国人口论坛文选》，1997年。

展的理论高度。学者们探讨了诸如人口与可持续发展的中国特色与中国道路问题，人口在可持续发展中的地位与作用，人口的数量、质量、构成等与可持续发展的关系等问题；还有的试图对可持续发展概念进行诠释、补充，或者从可持续发展的角度把"两种生产"理论扩展为"三种生产""四种生产"理论，即增加生态环境再生产以及精神产品再生产。此外，有的中国人口学者还探讨了实现可持续发展的一些比较具体的问题，如：人口老龄化与可持续发展，计划生育与中国人口经济可持续发展，中国贫困地区人口与可持续发展，中国干旱地区的可持续发展问题等。

第二，社会主义市场经济体制下人口研究面临的新问题。首先研究人口计划生育与环境保护基本国策在社会主义经济体制向市场经济转型时期的实施问题，在市场经济条件下实施计划生育所面临的经济基础、必要性、可行性、运行机制、工作方式、行为规范和评价标准等问题。实用人口学的重要性被重新强调，一些人口研究和教学机构着手建立实用人口学、工商人口学或者市场人口学等课程，并出版《市场与人口分析》杂志以及《市场人口学》（1996）等专著。[①]

第三，进入新世纪以后中国将会面临的重大的人口经济问题。中国人口学者普遍认为，21世纪中叶以前，中国总人口数量仍将持续增长，2045年左右总人口有可能超过15亿，控制人口增长的任务仍旧十分艰巨，人口对就业、粮食、耕地、淡水、自然资源与生态环境的压力仍将持续增加。人们预见到中国在21世纪上半叶将会面临一系列严重的人口经济问题：劳动年龄人口持续增长在城乡形成的就业问题，农村剩余劳动力增加对非农化与城镇化的压力增大，"民工潮"对城市的持续冲击，人口老龄化的持续高速发展，出生人口性别比偏高所形成的婚姻挤压现象日益严重，人口的文化科技水平长期偏低不能适应现代化建设的需要，等等。针对上述问题，分析形势，寻找对策，就成为中国人口研究的另一方面的热点。

第四，中国实现人口发展战略目标的具体途径。和前述相联系，为实现通过计划生育控制人口增长和保护环境的基本国策，实现中国人口发展战略目标，即总人口在2000年不超过13亿、2010年不超过14亿、2045

[①] 指张纯元、曾毅主编：《市场人口学》，北京大学出版社1996年版。

年不超过15亿，中国人口学界对实现的具体途径进行了大量的科学分析与对策研究，为今后实施稳定低生育水平的政策提供了科学论据。同时，人口学者还围绕中国社会主义社会人口发展道路问题，中国人口转变与"后人口转变"问题等，展开了热烈的讨论。人口学者还重新深入探讨人口学的研究对象、方法、范畴与任务等问题，强调人口研究应当体现人口学的特色，以便在新世纪把中国人口研究推向新阶段。

总的说来，可以把1949~2000年中国人口科学研究的历程，概括如下：道路曲折，几代奋斗，改革开放，日益繁荣，学科扩展，成果显著。然而，如前所述，中国人口科学研究在21世纪上半叶仍将面临严峻的挑战，中国人口学者在新世纪里仍将是任重而道远。

第二节 人口科学研究重点进展（专题研究上）

上一节，我们考察了中国人口科学研究在1949~2000年间各个主要阶段纵向发展的综合情况与主要特点，分析并概括了各个阶段中国人口学者研究的主要问题和获得的主要成果，从而阐明了这50年来中国人口科学研究进展的脉络。由这一节起，我们考察中国人口科学研究的重点进展情况，亦即分专题来考察和论述中国人口科学研究在这50年的进展，重点是1978年实行改革开放政策以后的研究进展情况。为论述上的方便，本专题研究分为上、中、下3节，本节（第二节）着重考察控制人口增长、生育和生育率、死亡和死亡率、人口素质等专题研究的进展情况。

一 控制人口增长研究

中国人口数量长期居世界第一，总人口在新中国成立初已经超过5亿，其后持续增长，1964年超过7亿，1981年超过10亿，2000年接近13亿。人口增长过多过快成为中国长期存在的严重阻碍社会经济发展的问题，而且对资源和生态环境形成日益沉重的压力。自新中国成立以来，是否控制、如何控制人口增长的问题，一直是中国人最关注的人口问题，一度也是争论最激烈的人口问题。正因如此，控制人口增长研究，一直在中国人口科学研究中占据举足轻重的地位，而且几经波折，由肯定、否定又复归肯定。概括起来，1949~2000年间中国有关控制人口增长的人口科学研究，主要从两个方面进行探讨，并论证控制人口的必要性：一是从人口增长和经济发展的关系进行考察，特别是人口增长对经济发展的压力与负面影响；二是人口增长与资源、环境的关系，特别是人口增长对生态环境与可持续发展的影响。每一个方面在不同时期又曾提出不同的观点作为分析的重点，有的观点在不同时期也曾一再提出，只是形式略有差异。下面我们就从上述两个方面进行论述，为区别于下文的"人口和经济发展研究"及"人口、资源、环境与可持续发展研究"专题，在此只考察与控制人口增长研究有关的论点。

1. 从人口增长（过多、过快）对经济发展的压力与负面影响来考察控制人口增长问题

在这个方面，最早提出来论证中国必须控制人口增长的观点，是认为人口增长过多、过快，不利于发展生产力，不利于现代化经济建设。在50年代中期一些有识之士已经从这个角度论证中国必须控制人口增长，代表作是马寅初的《新人口论》（1957），其中已经阐明，人口增长过多、过快，同加速资金积累、提高劳动生产率相矛盾，不利于发展生产力与提高人民生活水平。改革开放不久，《控制人口促进四化》一文，在上述观点的基础上更进一步阐明，加快实现四个现代化必须控制人口增长，人口增长过多、过快，加深了总人口和生活资料、劳动力人口和生产资料之间的矛盾，当务之急是大力控制人口数量和尽快提高人口质量。[①] 刘铮等在《对控制我国人口增长五点建议》（1979）里，也阐明了人口增长过多、过快，加重了国家和人民的负担，使安排劳动力就业比较困难，使人民在衣、食、住、教育等方面的需求难以满足，主张全面实行计划生育、杜绝多胎、提倡一对夫妇只生一个孩子，以控制人口增长。有的学者更从人口投资和经济技术投资的矛盾来深入分析上述人口经济矛盾，指出人口增长势必增加人口投资而相应压缩经济技术投资，从而延缓经济建设速度。[②]

两种生产理论，人口再生产必须和物质资料再生产相适应的观点，在80年代是中国人口学者用来论证控制人口增长必要性的主要论据。廖田

---

① 参见田雪原：《控制人口促进四化》，1979年9月11日，转引自《田雪原文集》，中国经济出版社1991年版。

② 参见张纯元主编：《人口经济学》，北京大学出版社1983年版，第八章。

平、温应乾在《两种生产理论和我国的人口问题》(1982)里,在阐明两种生产理论的基础上分析中国人口增长过多、过快所形成的人口经济问题,系统地论证控制人口增长的必要性,以及马克思主义人口论和马尔萨斯人口论的本质区别。刘铮在1984年也论述了中国控制人口增长的客观依据,强调这是实现四个现代化的客观要求,中国人口多、底子薄,控制人口增长成了实现现代化经济发展的重要条件,单纯靠经济发展来刹住人口增长要经历漫长的过程,而且经济发展本身不能改变人口惯性的作用,因此在发展经济的同时必须大抓计划生育,也就是两种生产一起抓。[①]

其后,《人口控制关系"三大步"战略》一文,更从人口对经济发展战略的影响,论证了中国控制人口增长的必要性。[②] 作者认为:人口数量制约着经济发展的战略目标,人口数量和人均指标是负相关关系;劳动力数量则制约着每个劳动力平均技术装备水平,从而制约着劳动生产率水平和经济增长速度;被抚养人口状况制约着积累率的高低,被抚养人口越多,消费基金的需要量就越大,积累基金的比例就越低;同时,人口素质状况制约着经济发展的各种途径。因此,必须继续实行计划生育,严格控制人口增长,大力提高人口素质。

进入20世纪90年代以后,对中国控制人口增长的研究更加广泛与深入,随着经济体制转向市场经济,从人口与经济的关系来论证控制人口增长的必要性,已经不限于人口增长对经济发展的压力,而且涉及经济体制转换和控制机制创新问题,如利益导向问题,养老保障问题,社区发展与综合治理问题,脱贫问题等。一些学者建议充分利用社会主义制度因素、特别是行之有效的诱导机制和约束机制,《人口控制的理论与实践》一书更进一步探讨了中国控制人口增长的理论基础。[③] 有的学者认为,为了严格控制人口增长和降低生育率,需要切实推进中国老年保障事业,解决育

[①] 参见刘铮主编:《人口理论问题》,中国社会科学出版社1984年版。类似看法还可参考田雪原:《中国人口控制和发展趋势研究》,经济科学出版社1985年版。

[②] 参见张纯元:《人口控制关系"三大步"战略》,《中国人口报》,1989年10月29日。

[③] 见陈剑:《人口控制现实与未来思考》,《第五次全国人口科学讨论会论文集》,1990年;冯立天、陈剑:《人口控制的理论与实践》,中国人口出版社1991年版。还可看杨魁孚:《积极建立控制人口增长的社会制约机制和利益导向机制》,《人口与经济》,1992年第2期。

龄夫妇的后顾之忧。① 有的强调指出中国人口控制的重点在农村，关键在于根除农村的超生、多育，其根源主要不是追求家庭利益的最大化，而是风险的最小化，因此必须结合社区建设解决好养老保障问题。② 有的学者更把社区人口控制称为中观人口控制，以区别于国家的宏观人口控制和家庭的微观人口控制，并阐明前者在后二者之间的桥梁作用。③ 在90年代中期，从经济体制转向市场经济的角度考察中国人口控制问题的论述十分丰富，明确指出在市场经济下仍然必须严格控制人口增长。④

在联合国强调可持续发展思想，并且把摆脱贫困看作是实现可持续发展的必要条件以后，在20世纪90年代前期不少中国人口学者把控制人口增长和摆脱贫困问题结合起来研究。《贫困与发展道路》等著作系统地考察了中国贫困人口状况，认为中国农村贫困人口形成的主要原因，除所处自然环境恶劣、经济力低下外，更由于人口增长过多、过快所导致的"人口压迫生产力"，因此必须在发展经济的同时控制人口增长；或者认为人口不断增长会破坏积累基金与消费基金的比例关系，形成人口多、质量低、经济发展缓慢的恶性循环，并系统地考察了中国贫困地区社会经济发展中的人口负效应；或者阐明贫困是多育的土壤，二者形成恶性循环，要摆脱贫困就必须节制生育、控制人口、实现人口零增长。⑤ 不难看出，从人口增长对经济现代化发展的压力来论证中国控制人口增长的必要性，内容十分丰富，并且具有很强的说服力。

2. 从人口增长（过多、过快）对资源、环境的影响来考察控制人口增长问题

早在《从现代科学看人口问题》一文，中国学者已经用资源和生态

---

① 参见桂世勋：《中国老年社会保障与人口控制》，《人口控制与社会发展》，人口动态，1992年。

② 参见彭希哲、戴星翼：《传统变革与挑战》，复旦大学出版社1992年版。

③ 参见田雪原主编：《人口与社区发展研究》，兵器工业出版社1993年版。

④ 比较有影响的如：李竞能、李建民：《试论我国社会主义市场经济条件下的人口控制》，《第六次全国人口科学讨论会论文集》，1994年；翟振武等主编：《跨世纪的中国人口发展》有关章节，《人口研究》，1994年增刊；《人口研究》编辑部：《市场经济条件下进入低生育时期的中国人口控制》，《人口研究》，1995年第1期；邬沧萍、穆光宗：《低生育率、市场经济和中国人口控制》，《中国人口科学》，1996年第3期。

⑤ 参考何承金等主编：《贫困与发展道路选择》，四川大学出版社1992年版；王冰、辜胜阻主编：《人口与经济发展研究》，武汉大学出版社1994年版；原华荣：《人口与发展》，兰州大学出版社1995年版。

环境的观点来论证控制人口增长的必要性，指出人口零自然增长是人类社会不可避免的目标，人类在地球以外无生存环境，保持生态系统的稳定与平衡是人类对子孙后代的责任①。中共中央1980年9月25日发表的关于控制我国人口增长问题的《公开信》也强调指出：人口增长过快，不但给国家建设和人民生活增加困难，使保证粮食、原材料生产和供应更加困难，而且还会使能源、水源、森林等自然资源消耗过大，加重环境污染，使生产条件与人民生活变坏，很难改善，因此提倡一对夫妇只生一个孩子，控制人口增长。其后《中国人口控制的理论与实践》等论著，又从资源的角度探讨中国现代化后最高人口容量问题，进而论述中国人口控制的理论与实践。②

《人口理论教程》（1985）较早地从人口理论的角度阐述了人口与生态环境的关系以及人口容量问题。③ 作者强调要保持人口和生态环境的平衡，亦即生态平衡，为此要控制人口增长，解决人口增长、经济增长所造成的资源浪费和环境污染问题，并且阐明人口容量实质上就是资源与人口的适当比例问题，科学的人口容量就是能够保持生态平衡的人口。《人口生态学》等书则从人口生态学的角度，系统分析了人口和自然资源、生态环境的相互关系，中国人口生态环境的基本特征以及人口容量问题，并且说明中国人口多、底子薄、经济落后等基本国情是产生人口生态问题的重要原因，所以必须有效地控制人口增长。④《人口与发展》一书则从人口与发展的高度，对中国人口增长趋势给予土地和粮食的压力，系统地做了定量分析和对策研究，考察了中国人口增长对工业化、城市化、现代化、自然资源和生态环境的影响，进而探讨如何有效地控制人口增长与实

---

① 宋健：《从现代科学看人口问题》，《光明日报》，1980年10月3日。
② 宋健等：《从食品资源看我国现代化后能养育的最高人口数量》，《人口与经济》，1981年第2期。又宋健、于景元：《人口预测和人口控制》，人民出版社1982年版；《人口控制论》，科学出版社1985年版；宋健等：《中国人口控制的理论与实践》，1985年。
③ 《人口理论教程》的"人口与生态环境"一章的作者是邬沧萍，其后他还发表了许多这方面的文章。
④ 参见朱宝树主编：《人口生态学》，江苏科学技术出版社1989年版。关于人口容量还可参看：陈百明主编：《中国土地资源生产能力及人口承载量研究》，中国人民大学出版社1991年版；陈卫、孟向东：《中国人口容量与适度人口问题研究》，载于学军等主编：《中国人口发展评论——回顾与展望》，人民出版社2000年版。

现人口转变、实现适度人口目标等问题。①

90年代越来越多的中国学者结合可持续发展来分析人口与资源、环境的关系，并在这个理论基础上进一步探讨中国控制人口增长问题。比较有影响的如《当代中国人口对环境的影响及其协调对策》，系统考察了人口增长对各种自然资源的压力、对生态环境的影响，这种影响主要表现为人均资源占有量、人均存储量和资源质量下降，人口密度与环境负荷增加。作者强调，要进一步协调人口与资源、环境的关系，完善以严格控制人口增长为核心的人口政策体系。② 还有的人口学者认为，中国是环境恶化、生态破坏问题严重的地区之一，正面临土地资源危机、水资源危机、森林与草植被破坏等生态系统构成要素退化问题，环境资源效益低，人口增长对中国国土生态系统的压力越来越大，因此必须控制人口增长，实现人口和生态环境的协调发展。③ 中国人口学者从人口和资源、环境的关系来论证人口控制必要性的著述相当丰富，对认识这个问题起了积极的作用，然而，建立一种密切结合中国实际的全面、系统和深层次的控制人口增长理论的任务，还有待于完成。

二 生育和生育率研究

首先应当指出，我们在此所着重考察的是中国关于生育（生育率）的理论研究，而非调查研究和对策研究，也不涉及生育率变动过程本身，不系统介绍那些研究中国现代生育率水平、特点、发展趋势的观点，下面各个专题同此处理。

中国现代生育率理论研究热潮的兴起，是在80年代中期，在此之前人们关注的是生育率变动过程及其有关的调查研究与对策研究。直到80年代上半期，中国生育（生育率）理论研究还处于起步阶段。从人口理论研究来说，当时研究的主流是总人口的规模、增长速度和发展水平，及其与社会经济发展的相互关系，论证实行计划生育以控制人口增长的必要性，对生育问题的研究主要服从于上述目的，大多停留于描述生育（生育率）现

---

① 参见胡鞍钢：《人口与发展》，浙江人民出版社1989年版。
② 参见曲格平等：《当代中国人口对环境的影响及其协调对策》，《中国环境报》，1991年4月4日。
③ 参见翟振武等主编：《跨世纪的中国人口与发展》，《人口研究》，1994年增刊。

状和发展趋势，主要是在"两种生产理论"的基础上对生育率变动进行宏观分析，还没有深入到作为人口变动内在因素的生育率本身的人口学内涵。

80年代中期以后，情况发生了根本性的变化，生育率变动已经明显地成为制约人口增长的主要因素，同时也受西方现代人口研究以生育率为中心的影响，生育（生育率）理论研究逐渐成为中国现代人口理论研究的热点和中心。中国人口学者为了弄清生育率变动的内因和规律性，利用科学的统计资料、普查资料和抽样调查资料，对生育率变动做了比较全面、系统和深入的分析，特别是对制约生育率变动的主要因素做了比较系统的理论分析，同时也对不同人口构成、不同地区尤其是城乡之间的差别生育率进行了对比分析和实证研究。

从80年代末开始，特别是进入90年代以后，中国现代生育（生育率）理论研究转而以微观分析为主流，从家庭或育龄夫妇个体的角度对生育率变动进行微观分析。这时，研究的重点已经从外部条件对生育率变动的影响，转向生育率变动本身的内在因素，特别是决定微观生育意愿、生育行为的主要因素。直到90年代中期，生育率理论研究仍在中国人口理论研究中占据中心地位，这种中心地位在90年代后期才受到人口与可持续发展及人口老龄化等方面研究的冲击。本题下文分别从生育率变动决定因素研究和生育率转变、生育模式转变研究来谈。

1. 生育率变动决定因素研究

有关生育率变动决定因素的研究，可能是中国现代生育率理论研究最丰富的内容。这个方面的理论研究，有从经济学角度进行的属于生育经济学的理论分析，有从社会文化角度进行的理论分析，也有从人口学因素角度进行的理论分析，还有根据中国国情探讨计划生育对生育率变动的影响的理论分析。现分述如下：

（1）强调经济发展对生育率变动有决定性影响的理论观点。

在中国生育率变动决定因素研究中，可以说，从生育经济学角度进行的理论分析占据主流。刘铮主编的《人口理论教程》曾明确地指出，"妇女生育率变化的原因只能从对妇女生育状况有决定性影响的社会经济因素中去寻找。事实证明，妇女生育率下降是社会经济发展的必然结果。在对生育率影响的一切社会因素中，归根到底经济因素是决定性的因素。"[①]

[①] 刘铮主编：《人口理论教程》，中国人民大学出版社1985年版，第74页。

虽然，他同时还指出，一般说来，经济因素要通过许多中间环节才能逐步影响人们的生育意愿和生育行为。

在80年代中期，对生育率变动决定因素的宏观经济分析最先成为研究热点。有的人口学者认为，社会经济对生育率变动的影响主要表现在地区差别上，包括收入水平、文化水平、城镇化水平、妇女劳动性质等许多方面。① 然而，在诸多经济因素中收入水平当时最受重视，特别是人均收入水平和生育率变动的关系。刘铮（1985）曾经认为，收入水平和生育率水平是负相关变动关系，人均收入水平越高的地区，其妇女生育率水平越低。这个观点当时被许多人所认同，直到80年代末90年代初才被修正，收入水平和生育率水平的关系被认为是一条重心偏左的正态曲线：在人均收入水平开始上升阶段，生育率也随之上升，直到一定的临界点以后，收入水平的上升才导致生育率下降。②

《社会经济对中国生育率的影响》一文则认为收入分配结构对生育的影响比收入水平还大，对高收入阶层来说，生育对收入的弹性较小，而对低收入阶层来说，生育对收入的弹性较大。③ 对生育率决定因素的宏观经济分析一直流行到90年代中期，包括的社会经济因素越来越广泛，有的甚至包括国民生产总值、人均国民生产总值、国民收入、人均国民收入、人均社会总产值、人均工农总产值、人均消费水平、城镇化水平等一系列经济指标。④

进入90年代以后，中国对生育率变动决定因素的经济分析，以微观分析为主。虽然《人口经济学》等书已经分析人口投资或者孩子抚养费用等孩子生产成本问题⑤，但仍非独立的微观生育经济学研究。《论孩子成本—效益理论和人口控制》最先明确提出用成本—效益分析方法来研究中国家庭生育行为，作者还主持家庭经济与生育率变动机制的调查研究；⑥

---

① 林富德：《中国生育率转变的因素分析》，《人口研究》，1987年第1期。
② 参见彭希哲：《生育率变动的决定机制》，《传统变革与挑战》，复旦大学出版社1992年版。
③ 参见蒋正华：《社会经济对中国生育率的影响》，《人口研究》，1986年第3期。
④ 李宏规：《影响中国妇女生育率下降的社会经济因素与对策建议》，《第六次全国人口科学讨论会论文选》，1994年。
⑤ 张纯元主编：《人口经济学》（1983），刘铮主编的《人口理论教程》（1985）。
⑥ 参见田雪原：《论孩子成本—效益理论和人口控制》，《中国人口科学》，1989年第3期。

90年代中期在上述研究的基础上又提出孩子的"社会附加成本—效益"的概念，建立了孩子生产的成本—效益理论模型，即 Cn = Cd + Ci + Ce + Cm − Bt − Be − Bm（其中 Cn 是边际孩子总净成本；Cd 是某边际孩子的直接成本；Ci 是该边际孩子的间接成本；Ce 是该边际孩子的社会附加直接经济成本；Cm 是其社会附加间接成本；Bt 是其劳动—经济效益、养老—保险效益等全部主要效益；Be 是其生育政策直接经济效益；Bm 是其间接效益）。① 随着经济体制转向市场经济，有的学者从孩子生产的市场供求关系出发进行生育率变动机制经济分析，连续发表论著提出了"期望孩子交易价格理论模型"和"期望边际孩子交易价格"概念（即期望继续生育孩子的夫妇准备放弃生育孩子可以接受的一定出价），由此分析决定生育行为的机制，论证经济诱导机制对生育行为的影响。②

在这个时期，也有一些中国人口学者着重从经济学需求观点来研究决定生育意愿、生育行为的机制。他们把孩子看作特殊商品来分析，有的考察孩子价值和家庭规模的关系；有的考察孩子价值和家庭生育行为的关系，或者建立生育需求理论框架；有的不仅分析收入对孩子数量需求的影响，而且提出"家庭时间配置模型"对比妇女在市场工作和家庭工作上的时间配置，作为分析工具；有的直接进行生育需求的经济分析，把孩子对家庭、父母的效用分为必需效用与享受效用，根据家庭经济情况来考察其生育弹性的大小；有的把农民生育需求分为从物质生活引发的生育需求和从精神生活引发的生育需求，进行分析；《孩子需求论》则提出系统的生育孩子需求理论，详细分析孩子生产的成本与效用的具体内容。③

---

① 参见田雪原：《论孩子社会附加成本—效益》，《中国人口年鉴（1993）》，经济管理出版社1994年版。所谓"社会附加成本—效益"是指按照生育政策规定等因超过或满足生育子女数量而增加或减少的孩子成本与效益。

② 参见李小平：《期望孩子的交易价格及其在生育控制中的应用》，《中国人口科学》，1992年第5期；《期望孩子的交易价格原理及其应用》，中国广电出版社1993年版；同类文章又见《中国人口科学》，1994年第4期。

③ 参见解振明：《孩子的价值与家庭的规模》，《人口与经济》，1990年第2期；王俊祥：《孩子的价值及对孩子的数量、素质和性别选择》，《中国人口科学》，1990年第2期；蒋正华、李丽君：《家庭生育行为转变的经济学解释理论模型》，《人口与社会经济发展》，陕西人民出版社1993年版；周双超：《生育需求的经济分析》，《人口与计划生育》，1996年第2期；解振明：《中国农民生育需求的变化》，《人口研究》，1997年第2期；叶文振：《孩子需求论，中国孩子的成本与效用》，复旦大学出版社1998年版。

对于运用西方的成本—效益分析方法来研究中国生育率变动的决定机制，也有一些中国学者提出保留意见。他们或者认为这种方法带有资本主义特征，而且许多条件很难量化；或者认为使用这种方法的前提是市场经济发达、现代文化在生活中已占统治地位，而中国现时的市场经济还不够成熟，传统文化的影响还很大，因此在中国运用这种方法要慎重。[①] 也有学者指出上述对生育率变动机制的经济分析，实际上都是从利益最大化的角度考虑问题，把能否给家庭带来最大利益看作生育抉择的决定性因素，可是现时中国农民生育决定主要考虑的不是利益最大化而是风险最小化，是生育孩子存活率与养老保险问题。[②]

（2）强调生育政策或者社会—文化等非经济因素对生育率变动的影响的理论观点。

中国生育率的迅速下降，是70年代末全面实行计划生育以后出现的，生育政策无疑对生育率变动有重大影响。正因如此，在中国生育率变动决定因素研究中，生育政策的作用地位问题——究竟是社会经济发展还是计划生育政策对生育率下降起决定性影响，就成为有关研讨的热点问题之一。长期观点多强调社会经济发展的作用，而中、近期观点则多强调计划生育政策的作用。

在80年代上半期，不少学者认为实行计划生育对降低生育率起了关键性、甚至决定性的作用，中国社会经济落后，如果靠经济发展使生育率自然下降，将是一个漫长而痛苦的过程。80年代中期以后对计划生育政策的作用有不同意见，有的学者指出，在全面实行计划生育政策之前有的地方生育率已经下降，社会经济发展是生育率下降的基础，计划生育对生育率下降所起的是加速作用。[③] 有的也认为，计划生育并未取代经济发展的作用，而是和经济发展结合在一起对生育率下降发生作用。[④] 然而，还

---

① 参见蒋正华：《社会经济对中国生育率的影响》，《人口研究》，1986年第3期；李竞能：《中国家庭经济与生育研究在理论上应当注意的几个问题》，《人口与经济》，1994年第1期。

② 参见彭希哲等：《传统变革与挑战》，1992年；《试析风险最小化原则在生育决定中的作用》，《人口研究》，1993年第6期。

③ 参见邬沧萍：《中国生育率下降的理论解释》，《人口研究》，1986年第1期。

④ 参见林富德：《中国生育率转变的因素分析》，《人口研究》，1987年第1期；顾宝昌：《论社会经济发展和计划生育在中国生育率下降中的作用》，《中国人口科学》，1987年第4期。

有学者坚持认为，经济发展虽然为生育率下降提供了有利条件，但是实行计划生育是使中国生育率迅速下降到更替水平的主要原因；《计划生育评估》一书为强调计划生育对降低生育率水平的作用，做了系统的理论分析和实证分析。①

自80年代中期起，有相当多中国学者用社会—文化的观点来分析生育率变动的决定机制。在有关生育率变动原因的理论研究上，"社会—文化"是一个内容广泛的"菜篮子"，主要包含以下三个方面：第一，婚姻状况，初婚年龄，初婚和初育年龄的关系；第二，文化水平，受教育程度；第三，生活质量，特别是妇女地位、妇女的职业状况等。在80年代下半期，有关生育率和婚姻制度、婚姻状况、初婚年龄的关系的论述已经相当多，一般认为早婚导致早育、多育，会促使生育率上升，而晚婚导致晚育、少育，有利于降低生育率。② 这种观点在90年代仍然占主导地位。

进入90年代，文化、教育对生育意愿、生育行为的影响再度受重视。刘铮（1991～）在探讨人口现代化问题时强调，提高人口教育水平已经成为生育率下降的直接动力，优先发展教育是实现人口现代化的必由之路。③ 文化、教育因素的影响受到重视，无疑因为传统生育观仍然严重地影响中国育龄群众的生育意愿和生育行为，而"传宗接代"等旧生育观在中国有非常深远的历史根源，只有在发展经济的同时进行长期的思想教育、提高文化水平，才可能根本解决。④ 90年代中从文化教育的角度考察生育率变动的论述更加丰富，有的特别强调妇女文化程度、妇女职业状况的影响；有的分析妇女文化程度和生育水平的负相关关系：受教育程度越低生育率往往越高，反之受教育程度越高生育率往往相对较低，因为节育率和晚婚率同受教育程度一般是正相关关系。⑤ 其后有的学者在研究农民

---

① 参见秦芳芳：《中国计划生育对生育率影响的评估》，《中国人口科学》，1987年第1期；魏津生等：《中国计划生育评估：理论与应用》，华东师范大学出版社1992年版。

② 参见周清为：《人口理论教程》（1985）所写的第九章；林富德：《中国生育率转变的因素分析》，《人口研究》，1987年第1期。

③ 参见刘铮：《人口现代化与优先发展教育》（1991），《刘铮人口论文选》，中国人口出版社1994年版。

④ 参见李竞能：《生殖崇拜与中国人口发展》，《中国人口科学》，1991年第3期。

⑤ 参见刘选利：《生育水平与人口控制》，《跨世纪的中国人口》（综合卷），中国统计出版社1994年版；战捷：《文化与生育相关性研究》，《中国人口科学》，1994年第5期。

生育行为时,认为以往从"效用最大化"来分析只关注农民的经济利益,这种"经济人"的分析模式脱离中国实际;而从"风险最小化"来分析农民的生育行为,其优点是看到小农的脆弱性,但是可操作性差;应当从社会—文化来分析,比前二者更能体现农民生育的价值内涵、内在结构和运作过程。①

(3) 从人口学因素来分析生育率变动的理论模型。

从20世纪70年代末到90年代中,邦嘎斯(J. Bongaarts)的中介变量理论在西方现代生育率研究中占主流地位,这对中国现代生育率研究也有明显的影响。从80年代后期起,在中国陆续出现了一批以中介变量理论为基础的分析生育率变动的理论观点。同时,也有一些学者采用巴拉斯(W. Brass)、柯尔(A. Coale)的模型生命表方法来分析中国生育率变动。这些沿着规范人口学的方向进行的研究,也是中国现代生育率研究的重要组成部分。

从现有文献来看,1987年已经有中国学者在评估计划生育的影响时,利用因素分解法和中介变量理论模型来分析中国生育率下降的原因。② 90年代初,一些学者认为中介变量理论模型是一种研究生育率变动的比较精确和简易的方法,他们根据北京等9个省市的调查资料,利用中介变量理论模型来分析这些省市城乡决定生育的直接因素;也有学者在评介柯尔的已婚生育模型和邦嘎斯中介变量理论模型的基础上,建立自己的理论模型:"在有抑制因素作用下的年龄—胎次生育模型",其所谓生育抑制因素如婚姻、避孕、流产、哺乳等实际上就是中介变量模型所说的生育行为直接决定因素③。其后一些学者根据中国实际情况修正邦嘎斯等人的理论模型与方法,企图建立自己的生育理论模型和分析方法,有的则提出"孩次—持续时间生育模型"和"胎次妇女比"来分析中国生育率变动;也有的直接利用中介变量理论模型、提出"中介变量"来分析改革开放以来的中国生育率变动;还有的主张利用柯尔的方法分析中国生育率下降

---

① 参见陈振杰、陈震:《农民生育研究:理论的反思》,《人口研究》,1997年第3期。
② 参见秦芳芳:《中国计划生育对生育率影响的评估》,《中国人口科学》,1987年第1期。
③ 参见王绍贤等:《中国九省市城乡决定生育的直接因素研究》,《第五次全国人口科学讨论会论文选》,《中国人口科学》,1990专刊;黄荣清:《在有抑制因素作用下的年龄—胎次生育模型》,1990年。

的规律，考察晚婚、晚育在节制生育和控制人口增长中的作用；有的则提出"改进的巴拉斯相关生育模型"（分孩次相关生育模型），以之进行中国生育率定量研究。①

上述研究发展趋势一直延续到20世纪末，例如有的学者论述了影响妇女生育率的三要素：生育初始时间（婚姻），产后恢复生育能力的时间间隔，从某胎次以后不再生育的比率，并由此建立包括产次生育率和累计生育率的理论模型；又如主张用聚类分析法研究影响生育率的因素，将农村影响生育率的13个变量情况分为好、中、差三类进行分析。②也有学者在介绍中介变量等西方理论模型的同时，指出直接因素并不意味着是决定因素或根本因素，一些间接的社会经济因素才是决定生育的根本因素。③

2. 生育率转变及生育模式转变研究

简单说来，生育率转变是指生育率由高水平向低水平、直至更替水平的转变，它是人口转变的核心组成部分。其研究内容主要包括：生育率转变过程，它的主要阶段，导致转变的原因或决定性因素，它所显现的生育模式的变化及其特征等。在此，只着重阐述中国人口学者关于生育率转变过程、阶段划分、生育模式的变动特征等方面的观点。

刘铮在《人口理论教程》（1985）里已经谈到生育率转变和生育模式的变化，他指出："生育率变动趋势表现为由早婚、早育、多育的生育模式转变为晚婚、晚育、少育的生育模式。生育模式的变化通常表现为总和生育率及相应的分年龄生育率分布的变化。"④中国妇女生育模式的变化也符合上述生育率转变的一般规律。1988年他还指出，中国现代生育率转变的发展过程包括两个高峰期，一个低谷期，一个下降期。⑤这实际上

---

① 参见沙吉才主编：《改革开放中的人口问题》（二），北京大学出版社1994年版；林富德：《去婚龄影响以后的中国生育率转变形势》，《中国人口科学》，1994年第2期；张二力、陈胜利：《改进的Brass相关生育模型》，《中国人口科学》，1994年第6期。

② 黄荣清：《中国妇女生育水平的下降》，《中国人口论坛论文选》，1997年；康晓平、王绍贤：《农村社会经济及生活环境对生育率的影响》，《中国人口科学》，1998年第6期。

③ 于学军、解振明：《中国人口生育问题研究》，《中国人口发展评论——回顾与展望》，人民出版社2000年版。

④ 刘铮主编：《人口理论教程》，中国人民大学出版社1985年版，第72页。

⑤ 参见刘铮：《中国人口问题研究》，中国人民大学出版社1988年版。

是对中国生育率转变过程做了主要阶段的划分。中国人口学者对中国生育转变过程主要阶段的划分可以说是大同小异，如《人口转变论》将此过程分为5个阶段，即：20世纪50年代中第1个高峰阶段，50年代末至60年代初低谷期，1962～1970年第2个高峰阶段，70年代迅速下降阶段，80年代及其后在波动中继续下降阶段；又如《中国家庭动态》同样把中国生育率变动过程分为5个阶段：第1个是高出生率阶段（1952～1957年），第2个是异常的低出生率阶段（1958～1961年），第3个是高出生率阶段（1962～1970年），第4个是出生率迅速下降阶段（1971～1979），第5个是出生率在低水平上波动阶段（1981～今）；① 划分的标准主要是水平数量指标。

进入20世纪90年代，一些中国学者认为生育率转变还应当包括水平和数量以外的指标。如《孩子的价值及对孩子的数量、素质和性别选择》认为生育率理论研究应当包括孩子的数量、素质和性别选择；又如《论生育与生育观：数量、时间与性别》则提出生育和生育转变的"三维性"的概念，即包括数量、时间和性别；有的学者补充以生育的质量和方式。②

进入90年代，对于中国生育模式的转变及其特征，人口学者也有丰富的论述。如《生育模式》曾指出，中国生育模式在90年代已经由"早、密、多"型转向"晚、稀、少"型，在图像上则是由多峰、宽峰型转向单峰、窄峰型；《当代中国妇女生育模式》则指出，1987年中国妇女的原生性生育模式（实际生育水平）是一种计划控制型的生育模式，总和生育率已接近更替水平，从图像来看妇女生育曲线呈现明显的尖峰型，是中国20多年实行计划生育和提倡晚婚、晚育、少生、优生的显著成果的反映。③ 查瑞传《再论中国生育率转变的特征》（1996～？）一文也认为中国妇女的生育模式已经发生根本变化，生育水平正处在进一步下降的过

---

① 参见朱国宏：《人口转变论》，《人口与经济》，1989年第2期；曾毅：《中国家庭动态，生命表分析》（英文），1992年，威斯康星大学。

② 参见王俊祥：《孩子的价值及对孩子的数量、素质和性别选择》，《中国人口科学》，1990年第2期；顾宝昌：《论生育与生育观：数量、时间与性别》，《人口研究》，1992年第6期；穆光宗：《生育现代化的几个问题》，《人口研究》，1993年第2期。

③ 参见萧振禹：《生育模式》，《中国人口·总论》，中国财经出版社1991年版；宋廷献、李程：《当代中国妇女生育模式》，《中国生育率抽样调查北京国际研讨会论文集》，中国人口出版社1993年版。

程中，并指出分析中国妇女生育率的变化不能只根据总和生育率的下降，更不能将总和生育率与终身生育率混为一谈，因此他还考察了终身生育率和累计生育率的变化。①《中国生育率转变与人口展望》则认为中国生育率转变的特征主要是：第一，已形成一种晚婚、晚育、生育年距密集的现代型的生育模式；第二，生育率曲线的偏度下降，而峰度上升；第三，生育率的孩次结构发生战略性变化，重点移向一孩。②

人口学者还探讨了中国生育率下降的极限、生育率下降到什么程度最好，以及对未来人口发展的影响等问题。《人口研究》编辑部（1997~）曾组织对这个问题的讨论，大多认为生育率水平并不是越低越好，而是应当"适度"，而且用总和生育率水平来衡量不够准确，应当用终身生育率来确定是否已经达到或低于更替水平；有的还论证了生育率下降到更替水平和人口零增长的关系。③

综观中国现代生育率理论研究的上述成果可以认为，这个方面的中国人口理论研究已经基本上达到世界同类研究的先进水平。当然，从构成社会主义人口理论体系的有机组成部分的要求来看，今后建立生育（生育率）理论体系的研究工作仍然是任重而道远。

三 死亡和死亡率研究

中国有关死亡（死亡率）理论研究起步较晚，在80年代以前似乎还没有系统和深入研究中国人口死亡问题的专著问世。这一方面固然由于在此之前人口学在中国的发展受阻，而且人口研究偏重于总人口及其与社会经济发展的关系；另一方面更可能因为缺乏可靠的死亡统计资料作为研究的数据基础。直到80年代初，有关死亡率的论述还散见于人口统计学等教材里（刘铮、杨德清等，1981），中国现代死亡率理论研究，严格说来，起步于1982年第3次全国人口普查之后，这次普查为进行全国性的人口死亡研究提供了可靠的数据。

---

① 查瑞传：《再论中国生育率转变的特征》，《中国人口科学》，1996年第2期。
② 参见林富德、刘金塘：《中国的生育率转变与人口展望》，《中国人口论坛论文选》，1997年。
③ 参见《人口研究》1997年第2期；林富德等：《从生育率转变到人口零增长》，《第七次全国人口科学讨论会论文集》，1998年。

20世纪80年代的死亡（死亡率）研究的重点，是全国和各个省市的人口死亡水平和发展趋势。80年代上半期许多论述集中于婴儿死亡率和平均预期寿命的研究，有的开始编制生命表，同时探讨影响死亡率变动的决定因素。而在80年代下半期，随着孙敬之主编的《中国人口》丛书编写工作的开展，研究和论述全国及30个省区死亡（死亡率）状况的著述陆续发表。同时，各种差别死亡率的研究日益增多，掀起了中国死亡率研究热潮，死亡模式及其转变也逐渐为人口学者所关注。进入90年代以后，不少中国人口学者利用现代西方人口学研究方法，对死亡率变动进行实证研究和定量分析，甚至力图根据中国实际情况建立自己的分析死亡水平的理论模型。同时，仍以婴儿、儿童死亡率为有关研究的重点，包括其性别构成问题。概括起来，从人口理论研究的角度来看，现代中国人口死亡率研究的主要进展，可以从以下三个方面来考察：

1. 死亡率变动的决定因素研究

由于死亡率是出生率、生育率之外的决定人口自然变动的内在变量，因此人口学界历来对影响死亡率变动的决定因素的研究十分重视。中国人口学者注意到50年代以来死亡率的迅速下降，早就有学者根据1982年第3次全国人口普查资料分析中国人口死亡率变动趋势，认为促使死亡率下降的主要原因是：社会经济的迅速发展，医疗卫生条件的改善，以及直到70年代中期人口年龄构成的年轻化，并强调婴儿和年轻段人口死亡率下降在促使总人口死亡率下降中的作用。[①] 刘铮在《人口理论教程》（1985）里比较详细地论述了影响死亡率变动的社会经济因素，认为在阶级社会里其首要经济因素是人们的阶级地位，以及由阶级地位所决定的经济生活水平、文化水平、医疗卫生条件，因此不同阶级之间存在着差别死亡率；随着社会生产力的发展，科学和医学的进步，医疗卫生条件的改善，教育水平的提高，文化教育水平、医疗卫生条件对死亡率的影响日益重要，经济因素的影响退居次要地位；此外，婚姻状况也是影响死亡率的重要的社会因素，其影响有规律性：结婚的死亡率低，未婚的、离婚的、丧偶的死亡率都较高。其后在1988年他仍然强调，导致死亡率发生巨大变化的决定

---

① 王维志：《中国人口死亡率的初步分析》，《中国1982年人口普查北京国际讨论会论文集》，中国统计出版社1984年版。

因素是：社会经济的发展，人民生活水平的提高，医疗卫生事业的普及与发展。当时一些研究婴儿死亡率的学者也有类似的观点①

进入 90 年代以后，中国人口学者对死亡率变动决定因素的分析更加细致，更多地注意相关的人口学因素和人口生物学因素。他们或认为婴儿死亡率要受妇女生育年龄、月经初潮年龄、婴儿出生季节、哺乳期长短的影响；或强调人口学因素差异、性别比高低、社会经济因素差异、城乡差异、育龄妇女文化程度差异的影响，或提出人口环境因素、生物因素（如生育和营养状况）、经济因素（如收入、城市化水平）、社会因素（如教育、医疗卫生条件）的影响；或认为一个民族的健康水平由其所在地区的经济与文化水平、地理环境、医疗卫生状况所决定；有的学者则在分析死亡率性别差异时强调文化水平的影响，认为它和死亡率水平成负相关变动，文化水平越高则死亡率水平越低。②

在 20 世纪末，中国人口学者更清楚地认识到死亡率决定因素问题的多元性和复杂性。有的学者提出了一系列的影响因素：经济收入水平、消费结构、地区环境、家庭环境、受教育程度、生理因素等，情况很复杂，应当进行多元量化分析，以明确它们的作用方向和作用程度；有的学者则同意人口生物学观点，认为婴幼儿死亡水平由生物医学、人口、社会经济、环境四类因素决定；或者认为——长寿是自然环境、社会环境、生活方式、心理因素等多种因素长期综合作用的结果；有的学者在建立死亡力因子分解模型时指出，当前对人类健康的研究已经从传统生物模式转变为生物—社会—心理模式；有的学者则仍然强调生物学因素对死亡的作用，死亡趋势一般是先高后低，其影响因素有：物种密度，早期生活事件，出

---

① 参见刘铮：《婚姻状况、教育程度、职业状况和死亡率的关系》，《人口研究》，1986 年第 6 期；《我国人口死亡率的转变规律及地区比较分析》，《中国人口问题研究》，中国人民大学出版社 1988 年版；又费世宏：《婴儿死亡率与平均预期寿命》，《人口研究》，1985 年第 1 期；翟振武：《我国婴儿死亡率与平均预期寿命》，《人口研究》，1985 年第 4 期；罗茂初：《对我国婴儿死亡率的间接估计》，《人口研究》，1985 年第 4 期。

② 参见顾江等：《中国婴儿死亡率及其影响的因素分析》，《人口与经济》，1991 年第 4 期；沙神才：《中国婴儿死亡率研究》，《中国生育率抽样调查北京国际研讨会论文集》，1993 年；翟振武等：《跨世纪的中国人口发展》（1994）；金阳苏等：《1990 年中国 56 个民族平均预期寿命和死亡模式研究》，《中国人口科学》，1994 年第 1 期；谢书尧：《中国不同文化程度人口的死亡水平》，《中国人口科学》，1995 年第 3 期。

生季节、种族差异、生存环境压力、食物与营养、生育年龄等。[①] 还有一些学者企图建立自己的人口死亡理论模型，例如《中国不同地区死亡水平差异的模型分析》力图建立中国不同地区死亡水平差异分析的、死亡水平和社会经济发展程度的非线性模型，用下列公式表示：Y = KK/1 + exp（a + b/z）｛其中：Y 代表平均预期寿命，KK、a、b 为待定参数，z 表示经济发展水平｝；又如死亡力因子分解模型提出以年龄为自变量的死亡模型，即死亡的直接量度模型和以一定函数为变量的间接量度模型，还分析了各种死亡率模型的数学函数形式及其相互联系。[②]

2. 死亡模式转变、死因顺位变化研究

中国人口学者很早就考察了人口死亡模式和死因结构及其顺位变化，由此分析人口死亡状况和死亡率水平变化。最先系统分析中国人口死亡模型的可能是刘铮，他在《人口理论教程》（1985）里已经指出，人口由高死亡率到低死亡率的变化，导致分年龄死亡率构成的死亡模式也发生很大变化，其表现为："在高死亡率条件下，分年龄死亡率的分布是低年龄组死亡率（主要是婴儿死亡率和儿童死亡率）特别高，高年龄组死亡率也很高，形成了一条不对称的 U 形曲线。在低死亡率条件下，分年龄死亡率的分布特征是，低年龄组死亡率（婴儿死亡率和儿童死亡率）下降，死亡率高的高年龄组年龄后移，分年龄组死亡率分布近似平放的 J 形曲线。"[③] 他还指出，死亡模式的变化还表现为：高死亡率模式下低年龄组死亡人口占总死亡人口的比例大，而在低死亡率模式下高年龄组死亡人口占总死亡人口的比例大；高死亡率模式下死亡人口年龄中位数低，而在低死亡率模式下死亡人口年龄中位数高；高死亡率模式下平均预期寿命短，而低死亡率模式下平均预期寿命长。根据上述标准，他认为 80 年代中期的中国已经逐步转变为低死亡率模式。1988 年他进一步探讨中国人口死

[①] 参见孙福滨等：《中国不同职业人口的死亡水平特征》，《中国人口科学》，1996 年第 5 期；李树苗等：《中国婴幼儿死亡率的性别差异、水平、趋势变化》，《中国人口科学》，1996 年第 1 期；萧振禹等：《巴马百岁老人状况及长寿原因探讨》，《中国人口科学》，1996 年第 3 期；周云等：《决定长寿的因素是什么？》，《市场与人口分析》，1999 年第 1 期。

[②] 参见元昕：《中国不同地区死亡水平差异的模型分析》，《中国人口科学》，1996 年第 3 期；黄荣清：《人口死亡率的因子分解及其模型》，《第七次全国人口科学讨论会论文选》，1998 年。又《儿童少年期死亡率模型研究》，《中国人口科学》，1998 年第 2 期。

[③] 刘铮主编：《人口理论教程》，中国人民大学出版社 1985 年版，第 83 页。

亡率转变的规律,不仅再次详细论述了上述由高死亡率模式向低死亡率模式转变的特征,而且做了必要的补充,指出死亡模式的变化还表现为女性死亡率由高于男性逐步转变为低于男性,在死因变化上由以急性传染病为主的传统类型转变为以慢性病为主的现代类型。

80年代后期,在孙敬之主编的《中国人口》丛书各省分册里,有专节分析不同时期的死因结构。而在《中国人口·总论》(1991)里更系统地阐述了新中国成立30多年人口死因顺位的巨大变化,主要死因已由急性病、烈性病转变为慢性病。

进入90年代以后,对中国人口死亡模式和死因结构有更加具体、细致的研究。有的学者利用生育节育抽样调查资料,探讨1945～1988年中国人口死亡模式由高到低的转变过程,对其趋势和特点做了定量分析。在一些学者的论著里,也得出了中国人口死亡模式已由高死亡率类型转变为低死亡率类型的结论。[①] 对死因结构的分析也有新意,例如有的学者把死因结构的理论分析纳入死亡制度的研究范畴,从人口社会学的角度把死亡率看作一种社会制度现象来研究,认为死因可以分为3类:传染性疾病引起的死亡,退行性疾病引起的死亡,社会经济等外在环境因素引起的死亡,三者的比例反映了社会发展状况;也有人口学者分析了1993年中国5类地区65岁及以上老年人群死因结构的特征与地区差异,强调研究必须紧密结合中国实际,注意城乡差别,不宜与发达国家或其他发展中国家类比。[②]

3. 差别死亡率研究。婴儿死亡率和平均预期寿命研究。

从现有的中国人口死亡率研究文献来看,80年代以来关于差别死亡率的研究最多,首先是不同地区的死亡率差别研究,特别是城乡死亡率差别研究。有的研究较早地分析了1954～1981年间中国城乡死亡率的差异,指出二者差距随社会经济、医疗卫生等条件的变化而趋于缩小;刘铮

[①] 参见阎瑞、陈胜利:《40年来中国人口分年龄死亡率与寿命水平研究》,《中国生育节育抽样调查北京国际研讨会论文集》,中国人口出版社1993年版;梁鸿:《经济与人口死亡率的模型分析》,《人口与经济》,1994年第4期;郝虹生等:《性别与其他因素对儿童早期死亡率的作用》,《中国人口科学》,1994年。

[②] 参见佟新:《论死亡制度》,《中国人口科学》,1999年第6期;宋新明:《中国老年人群死因结构的特征与地区差异》,《中国人口科学》,2000年第3期。

(1985)也对比分析了1954～1981年市与县的人口死亡率,指出农村死亡率高于城市,城乡死亡率都在下降,城乡死亡率差距在缩小;其后刘铮(1988)又对比分析了不同类型省区的普通死亡率和婴儿死亡率,指出如果它们的社会经济、医疗卫生条件的差别比较大,它们的死亡率差别也大;有的学者在具体分析分省死亡率时也提出了类似的观点。①

90年代以后地区差别死亡率研究进入了一个更高、更深入的阶段。《中国人口·总论》在丛书各省分册死亡率研究的基础上,对中国人口死亡率状况做了全面的综合分析,综述了1977～1988年中国人口死亡率省际差异和城乡差异,指出1965年各省死亡率渐趋接近,1981年除西部几个省区外其死亡率差距已经很小,1988年除个别省份外各省人口死亡率都已稳定在低水平上。② 其后比较有影响的,或者对比分析了1981年和1989年各省区的死亡率;或者对中国不同地区死亡水平进行模型分析;或者提出死亡率的比例估计法等多种分析方法。③

人口性别、年龄差别死亡率研究,特别是婴儿死亡率研究也是论著较多的热点问题。除前面已经涉及的中国人口分年龄、性别死亡率的构成、变化趋势和特点外,90年代上半期还探讨了诸如婴幼儿出生率偏高所引发的死亡率差异问题,大多数学者认为形成的主要原因是死亡漏报与性别歧视。由于婴儿死亡率不仅反映人口死亡水平,关系到平均预期寿命计算的准确性,而且反映一国社会经济发展水平、社会文明程度和生活质量,因此中国人口学者对婴儿死亡率问题给予极大关注,发表了许多专论。如《中国婴幼儿死亡率的性别差异、水平、趋势变化》、《儿童少年期死亡模型研究》,分析了儿童少年期死亡模型的构造,各种模型的数学函数形式及其相互关系。④ 此外,中国人口学者对差别死亡率的研究还涉及婚姻状况、文化教育、职业和民族各个方面,并得出大体相同的观点。例如,从

---

① 参见刘铮:《人口理论教程》(1985),《中国人口问题研究》(1988);郝虹生等:《中国分省死亡率分析》,《人口研究》,1988年第4期。

② 参见王维志:《人口的死亡与死亡率》,《中国人口·总论》,中国财经出版社1991年版。

③ 参见李树茁等:《死亡水平与平均预期寿命》,《跨世纪的中国人口》(综合卷),中国统计出版社1994年版;亓昕:《中国不同地区死亡水平差异的模型分析》,《中国人口科学》,1996年第3期;黄荣清:《1995年中国不同地区死亡水平的测定》,《中国人口科学》,2000年第4期。

④ 参见李树茁等:《中国婴幼儿死亡率的性别差异、水平、趋势变化》,《中国人口科学》,1996年第1期;黄荣清:《儿童少年期死亡模型研究》,《中国人口科学》,1998年第2期。

婚姻状况来看，认为有配偶的死亡率水平最低，未婚的最高（女性未婚人口死亡率水平明显高于男性），离婚、丧偶的其次，婚姻关系稳定有助于降低死亡率水平。[①] 总的看来，中国人口死亡率理论研究在20世纪末已经取得相当丰硕的成果，一些学者建立了自己的理论模型，研究方法日益接近西方先进水平，已经为今后进一步的研究打下了坚实的基础。

四　人口素质研究

人口素质（人口质量）是中国人口理论研究的一个重要方面。然而，自1956年中国宣布社会主义改造完成之后，似乎人口素质问题也随之解决，以此体现社会主义制度的优越性，虽然也强调发展教育，并且提出了德、智、体全面发展的目标，但主要是从阶级斗争的角度考虑问题，同整个人口理论研究的情况一样，人口素质理论研究实际上也长期处于停滞状态。实行改革开放政策以后，人口素质理论研究也打破禁锢，从此繁荣起来。在20世纪80年代至90年代初，一方面着重阐明全国和各地人口素质的实际情况；另一方面又深入探讨人口素质的内涵，以及人口素质和中国现代化建设的关系。在90年代有关中国人口素质的理论研究的范围不断扩大，人力资本投资、生活质量、生育健康等陆续成为它的热点问题，出版了许多有分量的专著。据此，下面我们分两个方面来论述中国人口素质理论研究20多年的进展。

1. 人口素质的内涵，人口素质和现代化的关系

70年代末80年代初，中国人口学者探讨人口质量（人口素质）的内涵时，认为它应当包括科学文化水平、身体健康状况、思想品质3个方面，而且认为中国人口思想道德素质最能体现社会主义制度优越性。70年代末已有学者指出，控制人口数量促进四个现代化必须同时迅速提高人口质量，主要是科学文化水平和政治觉悟；刘铮在1979年也明确指出，当时中国劳动力质量和四个现代化的要求不相适应，然而社会化生产的发展与现代化的实现主要靠提高劳动生产率、靠科学技术水平

[①] 参见李建新：《中国人口婚姻状况与死亡水平差异》，《中国人口科学》，1994年第5期；郝虹生：《中国不同婚姻状况人口死亡率差异分析》，《人口研究》，1995年第5期；刘海城等：《全国分区域不同婚姻状况人口死亡特征研究》，《中国人口科学》，1998年第4期。

和劳动力质量的不断提高。① 杨德清主编的《人口学概论》（1982）认为，人口质量主要包括人的身体素质、文化技术修养和思想道德水平，影响人口质量变化的决定因素是社会生产方式，此外还受自然环境、遗传素质和社会环境的影响，后者如政治制度、文化教育、思想意识、生活方式、婚姻制度、医疗卫生条件等；衡量人口质量的主要指标是人均国民生产总值，人口生命素质指数和平均预期寿命。对上述观点《人口学》《人口素质论》提出不同意见，认为人口质量是一个反映人口各种构成的综合概念，包括人口性别年龄构成、健康状况构成、社会职业构成、阶级构成等，此外还有身体素质、平均寿命、智力、教育程度等各方面的构成。②

刘铮在其《人口理论问题》（1984）中，专门分析了人口质量问题，强调指出中国人口质量低和四个现代化的矛盾，而且认为应当区别人口质量和"人的质的规定性"，人口质量是一个历史范畴，包括思想道德品质、身体素质和科学文化水平。《人口理论教程》（1985）设有"人口质量"一章，对人口素质做了系统论述，对其内涵有比较深入的看法，认为人口质量指人本身具有的认识、改造世界的条件和能力，人口质量的高低实际上是指人们改造世界的条件和能力的高低；并用马克思主义观点论述了对优生应有的科学认识，分析了社会经济技术发展和教育对人口质量的影响，以及人口质量在社会经济发展中的作用。

上述关于人口素质的观点，基本上被刘铮主编的《人口学辞典》（1986）和孙敬之主编的《中国人口》丛书（1986～1991年）所采纳。虽然当时也有人主张人口质量只写文化素质和身体素质，但是受到激烈反对，认为这样安排无形中否定了社会主义制度优越性，社会主义正是在思想道德素质上超过资本主义社会。但仍然有学者不同意把思想道德包括在人口素质范畴里，坚持人口素质只由身体素质和文化科学素质组成的观点，认为若把思想道德包括进来，会因为缺乏统一的衡量尺度很难进行国

---

① 参见：《田雪原文集》（1991）；刘铮：《关于我国人口发展的几个问题》，《经济研究》，1979年第5期。

② 参见梁中堂：《人口学》，山西人民出版社1983年版；《人口素质论》，山西人民出版社1985年版。

际比较，在量化分析上会有许多难以解决的问题。① 直到 90 年代，关于人口素质内涵的这种争论仍然时有发生。一些学者认为这种争论存在着"人口素质"和"人的素质"的区分问题；也有学者认为应当用系统的观点思考人口质量，它并不是个人素质的简单加总，而是个体素质的有机组合，广义的人口质量不仅涵盖一定时空的人口系统中个体素质的总和，而且包含个体素质的整合与互动，具有系统性、组织性和动态变化的特征。②

中国人口学者探讨人口素质问题常常和现代化问题相联系，前面已见端倪。刘铮把发展教育、实现人口素质现代化看作是实现人口现代化的重要内容。《现代化进程中的人口素质》等专著，更系统地论述了人口素质与中国现代化的关系，他们考察了有关的理论研究的历史，还把人口与现代化的关系分为前现代化、现代化、后现代化 3 个阶段：前现代化阶段以人口数量的作用为主，现代化阶段表现为人口数量与人口质量相对立，后现代化阶段则以人口素质的作用为主；他们还对人口素质做了结构分析和模式分析、智力资源与智力投资及其成本—收益分析，并建立了人口素质衡量指标体系。③

可持续发展战略思想被世界普遍接受以后，人口素质也被看作实现可持续发展的重要条件之一。在 20 世纪末，人口学者对人口素质内涵的认识更加扩展了，例如有的学者提出人口质量六要素：生活质量、文化素质、身体素质、遗传素质、劳动质量和精神素质；有的学者主张用层次分析法来评估人口质量，主要指标层是身体心理水平、思想水平、知识水平、能力水平；有的学者认为人口质量是指一个国家的人民在改造自然和社会的过程里具有的体魄、智力、道德的总体水平，是综合国力的体现；

---

① 参见陈剑：《人口素质概论》，辽宁人民出版社 1988 年版；《关于人口素质研究的几个理论问题》，《中国人口科学》，1992 年第 4 期。附带说明，《人口理论教程》（1985）人口质量一章由张纯元执笔。

② 参见阎海琴：《重论人口质量》，《贵州社会科学》，1992 年第 4 期；李景毅：《人口质量的静态表现形式》，《中国人口科学》，1997 年第 1 期；穆光宗：《中国人口素质研究》，《中国人口发展评论》，人民出版社 2000 年版；谭琳：《我国生育率下降过程中的人口质量问题探讨》，《人口学刊》，1996 年第 3 期。

③ 参见潘纪一主编：《现代化进程中的人口素质》，百家出版社 1990 年版，上海；潘纪一、马淑鸾等：《人口素质与中国的现代化》，南京大学出版社 1992 年版，南京。

有的学者认为现代化人口素质的核心是现代化人格素质。① 应当看到，现代化人口素质的内涵及其对实现现代化建设与可持续发展的作用，仍有进一步深入研究的必要。

2. 人力资本投资，生活质量和生育健康

中国人口学者对人力资本投资的较早的论述，见于《人口经济学》（1983），其中温应乾在分析人口质量与劳动力资源时，已经谈到开发智力资源的重要意义。书中还把人力资本投资看作"人口投资"的重要组成部分。然而，中国人口学界对西方人力资本理论的系统评介出现较晚，可能始见于《现代化进程中的人口素质》一书，其中还论述了人力资本的主要特征、投资途径、成本—效益分析以及人力资本理论在中国的合理利用等问题。② 其后，《人口质量的经济分析》在以往分析人口素质的人口学意义的基础上，建立了人力资本—人口质量的经济分析的理论框架，测算了人口质量投资的个人内部收益率和社会内部收益率，以及中国人口质量存量。③ 也有学者提出"人才资本"以和"人力资本"相区别，主张增加人才资本投资，改革人才体制，建立市场生产人才体制，还主张用人才资本投资倾斜带动人力资本的形成。④《人力资源开发的理论与实践》等，则从劳动就业的角度探讨人力资本开发问题，特别是与此相关的市场问题，并且强调以人力资源开发为依托的集约型增长是中国未来经济增长的必由之路，分析了当前存在的人力资源利用程度低、素质不高、配置渠道不畅等问题。⑤ 还应指出，《人力资本通论》可能是20世纪末中国人口学界有关人力资本理论比较全面、系统的专著，不仅详细阐述了人力资本理论的源流、概念内涵、性质、特点、类型，人力资本与人力资源的关

---

① 参见方海等：《中国人口质量与可持续发展》，《中国人口科学》，1998年第5期；孙兢新：《提高中国人口科学文化素质问题探讨》，《南方人口》，1998年第4期；李竞能：《论现代化人口素质的基本内涵》，《中国人口科学》，2000年第1期。

② 此书由潘纪一主编，而有关人力资本部分的执笔人是陈飞翔。

③ 朱国宏：《人口质量的经济分析》，三联书店1994年版；《人口素质的人口学意义》，《西北人口》，1988年第2期。

④ 胡伟略主编：《近期我国人力资源开发研究》，环境科学出版社1998年版。

⑤ 徐天琪等主编：《人力资源开发的理论与实践》，杭州大学出版社1997年版；徐天琪等：《大力开发人力资源，促进经济增长方式转变》，《第七次全国人口科学讨论会论文选》，1998年。李建民：《人力资本通论》，上海三联书店1999年版。

系，人力资本的供求及其与经济增长、经济发展的关系等，而且对人力资本存量价值的衡量、人力资本产权、人力资本与个人收入分配等问题，都有自己独到的见解。可以说，20世纪末中国人口学界有关人力资本的理论研究，极大地丰富了现代人口素质理论研究。

中国人口学界对生活质量问题的研究，也是中国人口素质理论研究的一个重要组成部分。80年代初已经有学者向国内评介衡量生活质量的生命素质指数（PQLI）；其后有学者在1982年人口普查数据的基础上，利用PQLI对28个省市自治区的人口素质进行比较分析，阐明中国人口素质在各地的发展不平衡状况，三大直辖市和东部沿海地区高而西部内陆边沿地区低。① 80年代末90年代初，在联合国人口基金资助下中国人口学界进行了几个有关人口素质的研究项目，其中之一是对生活质量的研究，主要成果是专著《中国人口生活质量研究》作者将生活质量概念定义为人类生存的状况或条件的优劣程度，亦即一定经济发展阶段上人口生活条件的综合状况，反映人类为了生存和提高生存机会所进行的一切活动的能力及其效率；还分析了物质生活质量指数和人类发展指数、人口生活质量综合指数、文化教育素质指数、健康素质综合指数，并设置中国人口素质量化模型。也有学者论述了人口素质和生活质量的关系，或者探讨和健康相关的生活质量评估问题。②

在联合国1994年人口与发展大会强调生育健康的重要性之后，这个问题也开始成为中国人口学界的研究热点，同年10月在上海生育健康社会科学研究国际研讨会上讨论了生育健康的内涵、重要意义与具体做法。③ 也有学者结合中国实际对计划生育与生育健康的关系发表了比较系统的意见，认为直接用生育健康替代计划生育在中国是不现实的，但是可以协调二者的关系；更值得重视的是《生殖健康导论》的出版，作者从人口、特别是妇女的角度全面、系统地论述了生殖健康（生育健康）的

---

① 参见邬沧萍、侯文若主编：《世界人口》，中国人民大学出版社1983年版；马淑鸾：《我国人口生命素质指数比较分析》，《人口研究》，1986年第3期。

② 参见冯立天主编：《中国人口生活质量研究》，北京经济学院出版社1992年版。又郑晓英：《与健康相关的生活质量评估述论》，《人口研究》，1996年第4期。

③ 参见涂平等：《中国生育健康社会科学研究的回顾与展望》，《中国人口科学》，1995年第2期。

内涵，进而探讨中国生殖健康的理论与实践。[①]

总的说来，改革开放以来、特别是20世纪末，中国人口素质理论研究有长足的进展，在理论与实践的结合上取得了可贵的成果。然而，它在许多方面实际上还处于起步阶段，具有中国特色的更加系统与完善的人口素质理论体系还有待完成。

第三节 人口科学研究重点进展（专题研究中）

这一节，探讨人口老龄化、女性人口、人口迁移与城市化、家庭人口学4个专题研究的进展，仍然属于规范人口学的研究领域。家庭人口学研究主要探讨婚姻、家庭与人口再生产的关系，属于微观人口研究。改革开放以来，中国人口科学研究在这些方面也取得了显著的进展。

一 人口老龄化理论研究

人口老龄化是20世纪末世界普遍关注的人口发展过程，它和女性人口是近20年来在人口自然结构方面世界人口学界的两个研究热点。1982年人口普查表明中国人口年龄构成属于成年型，所以在此之前中国人口老龄化理论研究似乎尚未起步。从现有文献来看，中国最先研究人口老龄化的著述问世于80年代中。[②] 随着中国生育率在70~80年代的迅速下降，到90年代中国人口老龄化过程已经日益显现出来，对它的理论研究也随之日益活跃，已经不限于阐述人口老龄化的含义、趋势、成因、特点、后果与影响，而且扩展到解决老年人口各种具体问题的对策研究。从人口理论的角度，我们在此只探讨前类理论研究的进展。有关中国人口老龄化理论研究的著述相当丰富，从人口学、人口经济学或人口社会学来分析的都有，下面分两个方面来谈。

---

① 参见乔晓春、高凌:《关于计划生育与生育健康关系的讨论》,《中国人口科学》,1995年第2期；郑晓英:《生殖健康导论》,中国人口出版社1997年版；

② 参见曲海波:《中国人口老龄化的人口学原因》,《人口研究》,1984年版,作者是在邬沧萍教授指导下写作博士论文；张开敏:《上海人口的发展及其特点》(1984),《人口与发展》,中国人民大学出版社1987年版。又梁中堂的《人口学》(1983)可能是最先把西方人口老龄化理论研究情况系统介绍到中国来的人口著作。

1. 中国人口老龄化的含义、趋势、成因和特点

中国人口学者最早比较集中地谈论人口老龄化，是在1984年北京"人口与发展"国际研讨会上。当时已有中国学者系统分析中国人口老龄化进程，老年人口的年龄界限及其生活状况，认为生育率迅速下降是中国人口迅速老龄化的根本原因；也有学者指出人口迅速老龄化是上海人口发展特点之一；或者阐明上海人口年龄结构已经属于老年人口类型，人口老龄化是生育率和死亡率下降到低水平的结果，从根本上说是社会进步、生产力发展的必然结果，特点主要是速度快、在全国出现最早。[①] 刘铮主编的《人口学辞典》（1986）较早对人口老龄化的含义作出比较规范的定义，认为人口老龄化是指人口中老年人比重日益上升（以致超过一定界限）而儿童少年人口比重下降的现象，并强调应当严格区别"年老人口"和"人口老化"：前者指人口中老年人比重超过一定界限的状态；后者指人口年龄构成向年老人口转变的过程。当时已有学者明确指出，要面对人口老龄化的挑战，和西方发达地区不同，中国人口老龄化是在经济尚未发达的条件下出现的，"未富先老"是中国人口老龄化的一个鲜明特点；中国人口老龄化不仅速度快，而且绝对数量庞大。[②]

在80年代末90年代初，对中国人口老龄化的趋势与特点有更进一步的论述。《上海老年人口》序和《中国老年人现状》概括了中国人口发展在20世纪末21世纪初的三次冲击浪潮：人口激增浪潮，就业浪潮和人口老龄化的"银色浪潮"，后者是在经济尚未发达的条件下发生的；阐述中国人口老龄化的特点是：速度快，达到的水平比较高；老龄化的发展具有阶段和累进的性质，其地区分布不平衡，大体上自西北向东南逐步加深，层次分明。[③] 而《对中国人口老龄化特点和战略对策的新认识》一文认为，中国老年人口增长速度虽比一般发达国家快，但非最快，并非名列世界前茅；中国人口老龄化将有40年的高速增长期，但在各地发展不平衡；它是在经济欠发达的条件下发生的；中国老年人口素质差、适应能力低；

---

① 参见发表于《人口与发展》（中国人民大学出版社1987年版），曲海波：《老年人口状况分析》；张开敏：《上海人口的发展及其特点》；陈先淮：《论上海市人口的老化趋势》。
② 参见邬沧萍等：《面对人口老龄化挑战应做的准备》，《老年学杂志》，1986年第4期。
③ 参见田雪原：《上海老年人口》序，上海科技文献出版社1989年版；《中国老年人口现状》，《人口情报与研究》，1990年第1～6期，又《田雪原文集》，《中国经济出版社》，1991年。

中国人口老龄化进程受人口政策的影响大。① 也有学者将人口老龄化进程分为3个阶段：第一阶段（1982～2000年）中国将进入老年型国家行列；第二阶段（2000～2025年）人口老龄化将加速进行；第三阶段（2025～2040年）将达到很高水平。所列特点还有人口平均预期寿命提高幅度大等。②

90年代初就中国人口老龄化发表了一系列专著，如：《中国老年人口》《中国老年人口社会》《中国老年人口经济》《中国老年人口研究》《中国人口老龄化过程研究》等。这些书从人口学或者人口社会学、人口经济学各个方面全面和系统地论述了中国人口老龄化与老年人口问题。前3本书的主编还提出建立有中国特色的老年学、即研究人口老龄化发展规律的科学的建议，包括4个层次：第一层次研究人、处于衰老期的人；第二层次研究老化、包括个体老化和人口老龄化及二者的联系与区别；第三层次研究老化发展过程；第四层次研究其发展规律。最后一书的作者还做了中国人口老龄化主要影响因素（生育率、死亡率和年龄构成等）的量化分析。③ 这些论著无疑有力地推动了中国人口老龄化和老年人口的理论研究走上新水平。

中国人口学者利用1990年人口普查资料对人口老龄化发展过程又做了深入细致的分析。有的学者重申人口老龄化是人口发展的客观规律，进而分析其发展趋势与主要特点，指出它在21世纪初将加速发展，老年人口的绝对量和比重都将迅速增加，而且老年人口本身也将向高龄化发展；有的学者在研究项目报告里全面论述中国人口老龄化的各个主要方面的情况和主要特点，认为中国老年人口数量在今后百余年将始终居于世界首位。④

20世纪90年代中后期中国人口老龄化理论研究仍然十分活跃，发表

---

① 邬沧萍、徐勤：《对中国人口老龄化的特点和战略对策的新认识》，《第五次全国人口科学讨论会论文选》，1990年。

② 萧振禹等：《中国人口老龄化的发展趋势及其战略对策》，《第五次全国人口科学讨论会论文集》，1990年。

③ 前3本书由田雪原主编，中国经济出版社1992年版；又张纯元：《中国老年人口研究》，北京大学出版社1991年版；杜鹏：《中国人口老龄化过程研究》，中国人民大学出版社1992年版；杜鹏：《中国人口老龄化主要影响因素的量化分析》，《中国人口科学》，1992年第6期。

④ 参见邬沧萍、杜鹏：《中国人口老龄化分析》，《中国1990年人口普查国际讨论会论文集》，中国统计出版社1993年版；邬沧萍、萧振禹主持：《中国人口老龄化过程与对策分析》，《1990年人口普查数据专题分析论文集》，1995年。

了不少有分量的著述。有的学者结合中国生育率下降过程来分析人口老龄化，认为其后果未必是消极的；有的学者结合中国改革开放来考察跨世纪的人口老龄化前景；有的学者从生产、流通、分配、消费各个方面对人口老龄化进行经济分析；有的学者则结合城市化过程来考察人口老龄化，主张"城乡一体化发展"；有的学者把1982～2050年中国人口老龄化过程划分成3个阶段：1982～2000年为其前期阶段；2000～2030年为高速老龄化阶段；2030～2050年为高水平老龄化阶段，更值得重视的是"健康老龄化"理论的提出，作者主张实现健康老龄化，创建一个健康的老龄社会，并在1999年主编、出版《社会老年学》。这本专著是作者近20年的人口老龄化理论研究的具有代表性的著作，它标志着中国有关研究已经达到世界先进水平。[1]

2. 中国人口老龄化的后果和社会经济影响

人口老龄化的后果，特别是它的社会经济影响，历来是研究者关注的重要课题。中国人口学者围绕老龄化对社会经济发展的作用曾经有相当热烈的讨论，有的学者不同意将人口老龄化看作社会经济发展的消极因素，认为这种观点不利于正确认识未来人口经济发展前景，不利于开展计划生育和控制人口增长，人口老龄化是人口发展的必经之路；但相反的意见认为人口老龄化与社会经济发展之间没有必然的联系，不能肯定地说人口老龄化有利于社会经济发展；也有学者认为人口老龄化一定会对经济发展各个领域（如生产与消费）产生影响，而且主要是积极的影响；有的学者虽曾指出"银色浪潮"对社会经济发展的冲击，但又认为它对社会经济发展仍然有积极影响，人口老龄化虽然会加重社会与家庭的财政经济负担，但是在未来20多年里其社会负担相对较轻，是人口年龄结构变动的"黄金时代"，给中国的经济起飞提供

---

[1] 参见乔晓春发表于《第六次全国人口科学讨论会论文集》（1994）论文；翟振武等主编：《跨世纪的中国人口与发展》（1994）；于学军：《中国人口老化的经济学研究》，中国人口出版社1995年版；翟振武：《城乡一体化发展》，《人口研究》，1996年第6期；熊必俊：《中国人口老龄化趋势》，《中国人口论坛文选》，1997年；邬沧萍：《创建一个健康的老龄社会》，《人口研究》，1997年第1期；《社会老年学》，中国人民大学出版社1999年版。

了重要条件。①

有关人口老龄化对中国社会经济发展的影响的讨论,进入20世纪90年代仍然颇为热烈。有的学者指出,传统观点强调人口老龄化对社会发展的不利影响,如劳动力资源相对减少,劳动年龄人口高龄化,养老负担系数上升,国家用于养老的支出增加,依赖养老金人口增加,有储蓄能力人口减少、不利于资本形成等,但作者认为这些影响是局部的、暂时的、可以缓解的;不少学者也认为人口老龄化的后果不一定是消极的,如认为随生育率下降而出现的人口老龄化初期是抚养系数较低时期,对社会经济发展是有利的,并阐明,当总和生育率低于更替水平时,死亡率下降和寿命延长对人口老龄化的作用将更加突出,预计在1990~2030年间人口年龄结构将上升为影响人口老龄化的最主要的因素;也有学者认为人口老化不一定形成人口老化问题,要看它的发展程度与速度对社会经济发展是否造成影响而定,在不同条件下其利或弊是可以转化的。② 有的学者在考察上海人口老龄化时比较细致地论述了它对社会经济的积极与消极影响,认为主要问题是人口转变和经济发展水平不相匹配,在养老保障等方面产生相应的社会问题;除列出人口老龄化所带来的社会负担增加方面的问题外,有的学者还指出家庭小型化所导致的家庭养老功能削弱等问题。③ 中国学者还注意到人口老龄化过程中家庭代际关系的变化;或者人口老龄化对社会可持续发展的影响,并预见到21世纪上半叶中国将面临总人口和老年人口规模持续增长的两难境地。④ 20世纪90年代可以说是中国人口老龄化理论研究的一个繁荣与丰收的年代。

---

① 参见马瀛通:《加速人口老龄化,促进经济社会发展》,《中国人口科学》,1987年第2期;乔晓春对上述马文的"几点看法",《中国人口科学》,1988年第2期;曲海波:《论老年人口学的基本范畴及其理论框架》,《中国人口科学》,1988年第1期;田雪原:《上海老年人口》序,上海科技文献出版社1989年版。

② 参见熊必俊:《社会发展与人口老龄化》,《中国人口科学》,1994年第5期;杜鹏:《中国人口生育率下降与人口老龄化》,《中国人口科学》,1995年第5期。

③ 参见张开敏等:《上海人口老龄化的发展》,《中国人口论坛文选》,1997年;汪国栋:《中国人口老龄化问题与对策思考》,《人口研究》,1997年第4期。

④ 陈新月等:《人口老龄化过程中家庭代际关系的变化》,《南方人口》,1999年第3期;原新:《21世纪我国老年人口规模与老年人力资源开发》,《南方人口》,2000年第1期。

二 女性人口理论研究

1949年新中国建立以后,妇女解放、男女平等得以实现,一般认为女性人口的权利、地位问题已经基本解决了。直到改革开放之前,女性人口在人口理论研究中并没有成为重点。在80年代中期,一方面《人口理论教程》等书在系统论述人口性别构成的含义与基本原理时,或者《中国人口》丛书分析各地人口性别构成时,涉及女性人口的状况和发展趋势;另一方面已经有关于中国女性人口的著述问世,如《中国女性人口的社会经济概况》《中国妇女人口》等。[①] 然而,中国女性人口理论研究出现高潮是进入90年代以后的事,是在联合国人口与发展大会(1994)和北京国际妇女大会(1995)影响下形成的。有关研究的热点是以下3个方面:中国女性人口的社会地位与家庭地位的变化及其对人口变动的影响;社会经济生活及婚姻、家庭中的性别歧视,生育行为的性别偏好与人口性别失衡问题;女性人口的生育健康,贫困与可持续发展问题。上述研究的发展过程大体上可以分为3个阶段:1979~1984年是准备阶段,严格说来它尚未进入人口理论研究的视野;1985~1993年是对女性人口地位与发展问题理论研究的活跃阶段;1994~2000年是扩展与深化阶段,妇女生育健康问题、贫困问题等的实证研究为女性人口理论研究提供了坚实的基础。下面我们从两个方面来阐述中国女性人口理论研究自改革开放以来的进展。

1. 女性人口的社会地位、家庭地位及其对人口变动的影响

早在80年代中期人们在考察中国女性人口的社会经济概况时,就已经分析女性人口在社会经济方面的变化与存在的问题,认为她们的社会经济情况虽然比以往有很大改进,但是在职业与就业机会上还不如男性[②]。此后,许多学者从人口学的角度分析了中国女性人口的状况,已经有学者指出中国女性人口不适应现代化发展的关键问题是文化素质偏低,身体素质也不如男性;也有学者认为实行计划生育,少生、晚育有利于改善妇女

[①] 朱楚珠、蒋正华:《中国女性人口的社会经济概况》,《人口学刊》,1985年第3期;李慕真:《中国妇女人口》,《中国人口年鉴》(1985),经济管理出版社1986年版。

[②] 参见朱楚珠、蒋正华:《中国女性人口的社会经济概况》(1985)。

在家庭的状况。① 80年代末，联合国人口基金已将女性人口列为人口研究的重点之一，"当代中国妇女地位"就是它所资助的调查研究项目。

进入90年代，在为参加联合国人口与发展大会以及北京国际妇女大会做准备期间，发表了一系列讨论女性人口的权利和地位的著述。首先可以看到关于妇女地位衡量标准的文章，或设置教育、婚姻、生育、死亡率等5个方面19个指标来衡量妇女地位；或设置健康、教育、就业、婚姻、家庭等5个方面10个人口学指标来衡量和比较妇女地位。② 自1992年起，关于中国女性人口的地位的论著陆续出版，早期的如《当代中国妇女地位》《中国妇女地位概观》，作者都系统地论述了中国妇女地位的状况、成因与发展趋势，但是这些专著大多是从社会学、妇女问题的角度进行研究。较早从人口学的角度研究这个问题的，可以举1993年10月召开的当代中国妇女地位学术研讨会，会上探讨了妇女地位的概念，中国妇女的家庭地位及其与社会地位的关系，并指出它在地区间发展不平衡，经济发达地区妇女地位高于经济欠发达地区，城市高于农村，妇女地位的提高有助于降低生育率等。③ 同时有学者探讨家庭文化模式对妇女地位的影响，认为家庭中两性文化差距的缩小有利于妇女地位的提高；也有的学者设置了关于中国妇女家庭地位研究的理论框架和指标体系，指出一般假设妇女的家庭地位取决于其社会地位，而其社会地位则由其教育水平和工资水平决定，这种假设可能不正确，妇女的家庭地位主要取决于她对家庭资源的拥有和控制程度，以及她的自主程度和对家庭重大事件的发言权。④

---

① 参见郑桂珍：《女性人口素质与社会发展》，《人口信息》，1987年第3期；曾毅：《试论我国人口要素的变动对妇女家庭状况的影响》，《中国人口科学》，1988年第1期。关于中国妇女一般情况的专著还可参看朱楚珠、蒋正华：《中国女性人口》，河南人民出版社1992年版；熊玉梅等主编：《中国妇女理论研究十年（1981～1990）》，中国妇女出版社1992年版；熊郁等：《当代妇女最新理论概览》，天津人民出版社1993年版。

② 参见谭琳：《中国妇女地位的模糊聚类分析》，《中国人口科学》，1990年第4期；刘爽：《运用人口学指标衡量和比较妇女地位初探》，《人口研究》，1993年第1期。

③ 前者参看况世英等主编：《当代中国妇女地位》，西南财经大学出版社1992年版；陶春芳等主编：《中国妇女地位概观》，中国妇女出版社1993年版。后者参看张车伟：《当代中国妇女地位国际学术研讨会综述》，《中国人口科学》，1994年第2期。郝琳娜：《妇女地位与计划生育》，《人口与计划生育》，1994年第3期。

④ 参见沈安安：《家庭文化模式对妇女地位的影响》，《中国人口科学》，1994年第4期；刘启明：《中国妇女家庭地位的理论框架及指标构建》，《中国人口科学》，1994年第6期。

在这个时期，对中国妇女家庭地位做了比较全面和系统的论述的是《当代中国妇女家庭地位研究》一书。该书有比较坚实的专题调查资料作基础，系统地分析了妇女地位在婚姻、生育、经济、自我发展抉择权、家庭性别劳动分工等方面的表现，总体上说妇女家庭地位低于男性，农村妇女家庭地位低于城市妇女，地区间发展不平衡。① 其后，对妇女地位的考察范围进一步扩展与深化，如有的学者考察了中国妇女的经济地位、劳动地位、家庭地位、教育地位等状况与问题；有的学者进一步阐明妇女家庭地位的内涵，认为是指妇女在家庭中享有的威望和获取与控制家庭资源的权力，并考察了妇女的经济地位（特别是家庭收入管理权、支配权）、婚姻地位、生育地位、受教育地位、自我发展和家庭决策的参与程度。特别值得注意的是几篇对改革开放以来中国妇女地位理论研究具有总结性的论文，比较有影响的如《中国妇女地位问题研究》，作者在论述了中国妇女地位问题研究的进程与主要阶段之后，全面分析和概述了妇女地位研究的内容，包括妇女的法律地位、经济地位、政治地位、教育地位、婚姻地位、生育地位以及特殊群体的妇女地位，并建立了妇女地位研究系统指标体系，分析了度量妇女地位的视角，阐明选择这类指标的原则，还指出理论研究滞后和实际脱节等应当改进的缺陷。②

2. 女性人口在生育行为、婚姻家庭生活、社会发展中所遇到的性别歧视等

前面论述80年代中国妇女地位理论研究的进展时，事实上在许多地方已经涉及两性关系不平等、对女性存在着性别歧视的问题。这种性别歧视表现在就业、职业、收入、教育以至生育行为各个方面。到90年代初，在当时问世的全面考察中国女性人口发展状况的专著中，如《中国女性人口》即已指出男女在受教育、就业等方面存在着不平等。然而，中国人口学界将性别失衡、性别歧视看作人口研究的热点问题，起初是围绕生育行为里的男孩性别偏好问题而来的。当时依据1990年第4次全国人口

----

① 参见沙吉才主编：《当代中国妇女家庭地位研究》，天津人民出版社1995年版。

② 参见李乃蓉：《北京市人口学会妇女地位学术讨论会综述》，《中国人口科学》，1996年第2期；沙吉才、熊郁：《当代中国妇女地位分析》，《中国人口论坛文集》，1997年；刘鸿雁、解振明：《中国妇女地位问题研究》，《中国人口发展评论——回顾与展望》，人民出版社2000年版。

普查所获得的数据，国内外人口学界对中国新生婴儿性别比偏高的现象展开了争论。面对国外一些人口学者的论难，中国人口学者发表文章深入分析新生儿性别比偏高的成因，认为除生育上的儿子偏好外，主要由于新生女婴严重漏报，根源当然是传统文化遗留的对女性的性别歧视问题。① 在全面评述中国妇女地位与生育水平的关系时，也有文章分析了生育行为中的性别歧视现象，有的学者指出，虽然妇女地位提高是生育率下降的重要原因，但是纯女户的出现却暴露性别歧视的存在；有的学者则指出，育龄妇女实行计划生育还要受节育风险与性别歧视的影响；也有的学者指出中国仍然存在家庭暴力对女性的侵害问题。②

在联合国人口与发展大会（1994）和北京国际妇女大会（1995）精神影响下，中国人口学者不仅重视女性权益和反对性别歧视的研究，而且发表了不少探讨妇女与生育健康、脱贫和可持续发展等方面的论著。1995年出版的《妇女与持续发展》，阐明妇女对实现可持续发展的重要作用，再次强调妇女地位的高低直接或间接影响她在生育决策、生育行为和生育健康方面的状况，并指出妇女同时承担家务劳动和社会劳动，经常直接和资源、环境接触，对环境保护有不可忽视的作用。在《人口研究》（1995）编辑部举办的中国人口发展过程中的妇女问题研讨会上，参加者或强调要重视生育率中介变量和妇女地位的关系以及性别差异的研究，或强调中国妇女健康、生育健康是跨世纪的议题。而在上述编辑部举办的关于计划生育与生育健康问题讨论会上（1995），不仅论述了二者的关系，更把生育健康看作计划生育的重要目标。其后出版的《生殖健康导论》则全面论述了生殖健康的内涵，它的起源与发展等。③

中国女性人口问题还是中国人口论坛（1997）和第七次全国人口科学讨论会（1998）的重要议题。前者有关女性人口的重要论述如《妇女

---

① 参见李涌平：《婴儿性别比以及婴儿性别和一些社会经济变量的关系》，《中国1990年人口普查国际讨论会论文集》，中国统计出版社1993年。

② 郭大平：《妇女地位与生育水平》，《第六次全国人口科学讨论会论文选》，1994年；李新建：《论计划生育对中国妇女的双重影响》，1994年；谭琳：《婚姻家庭变革中妇女问题的国际比较研究》，《中国人口科学》，1994年第6期。

③ 参见谭琳、李新建主编：《妇女与持续发展》，天津科技出版社1995年版；郑晓瑛：《生殖健康导论》，中国人口出版社1997年版。还可看郑晓瑛等：《中国女性人口问题与发展》，北京大学出版社1995年版。

问题的人口学研究》，分析了妇女研究和人口研究的关系、中国女性人口研究进程与主要发展阶段、当前研究热点等，并论述了计划生育和妇女地位、生育健康、生育权利的关系等；后者如《性别歧视与妇女就业》《人们为什么重男轻女》，比较具体细致地分析了性别歧视对中国妇女的影响。① 以上说明，到20世纪90年代，中国女性人口理论研究发展迅速，并取得了实质性的进展，为今后更加系统、深入地研究以及创建理论体系，打下了坚实的基础。

三 人口迁移与城市化理论研究

人口迁移和城市化是人口发展过程的重要组成部分，有关它的理论研究是人口科学研究的重点之一。然而在1949～1979年间，中国人口迁移和城市化理论研究基本上处于停滞状态。这不仅因为中国人口理论研究在1957年以后受到禁锢，而且还由于当时社会经济条件的限制：在指令性计划经济下劳动力流动、人口迁移受到人口政策、户籍制度和配给制度的极大限制；城市尤其是大城市的发展也受到严格控制，乡村—城市间人口迁移受到严格的限制。而且当时还缺乏系统、可靠的人口迁移统计资料，无法为科学的定量分析提供必要的数据。改革开放以后，特别是城镇人口政策放宽和经济体制转向市场经济以后，情况发生了根本的变化，劳动力流动日益活跃，带动了人口迁移流动，同时农村生产体制的改革不断提高农业劳动生产率，使原来存在的大量剩余劳动力由隐性变为显性，他们在限制人口迁移的政策放宽之后大量涌入城镇，形成"民工潮"。在这种形势下，人口迁移和人口城市化从20世纪80年代起成为中国人口理论研究的重要课题。

在20世纪80年代，中国人口迁移和城市化理论研究一方面要阐明其基本原理；另一方面又要弄清中国在这方面的基本情况，还要进行大规模的专题调查研究（如小城镇人口经济发展调查研究），为全面、系统的理论研究提供可靠数据。进入90年代，有关研究更加扩展和深入，论著日

---

① 参见李新建、赵端美：《妇女问题的人口学研究》，《中国人口论坛文选》，1997年；李新建等：《性别歧视与妇女就业》，《第七次全国人口科学讨论会论文选》，1998年。还可看解振明：《人们为什么重男轻女？》。

益丰富，迅速形成研究热潮。关于中国人口迁移和城市化理论研究的进程，有学者将其分为3个阶段：1981～1987年为起步阶段；1988～1995年为大发展阶段；1995年以后是进一步深入阶段。[①] 这种阶段划分是大多数中国人口学者可以接受的。

改革开放以来，除阐明中国人口迁移和城市化的状况、趋势和特点外，研究重点主要是：经济体制转型期中国人口乡村—城市迁移、流动（"民工潮"）的动因、趋势与对策；还有中国人口城市化发展趋势、特点、模式和道路问题。从总体上说，中国人口迁移和城市化理论研究实质上是围绕中国农村庞大的剩余劳动力人口的出路问题而展开的。下面我们着重从3个方面来论述中国人口迁移与人口城市化理论研究的进展。

1. 中国人口迁移的含义、动因、趋势和特点研究

中国人口迁移理论研究起步于80年代初。《对建国以来人口迁移的初步研究》可能是现代中国最早比较系统地论述迁移问题的文章[②]，其中考察了中国1949～1979年的省际人口迁移状况，包括自发迁移与组织迁移。起初对人口迁移的概念大多定义为人口在地域空间上的移动，杨德清主编的《人口学概论》就是一例。刘铮主编的《人口理论教程》（1985）和《人口学辞典》（1986）则把人口迁移定义为"人口在地理上的位置变更"，泛指人口移动。

然而在80年代中期，由于中国建立户籍制度以及城乡间存在待遇差别，使人口迁移与人口流动出现概念和事实上的分离，因此当时就有文章如《国内人口迁移和流动研究的几个基本问题》，最先结合中国情况分析二者在概念和实际过程上的差别，界定"迁移"与"流动"的内涵，认为二者主要区别在于迁移（省际或省内）包含户籍的改变，而流动不包含户籍变更。[③] 这种界定后来被绝大多数中国人口迁移论著所采纳，将人口迁移和人口流动分别研究。

还应指出，中国移民运动历来有向东北或西北边疆迁移的传统，它在

---

① 参见杨云彦：《中国人口迁移与城市化问题研究》，《中国人口发展评论》，人民出版社2000年版。

② 仇为之：《对建国以来人口迁移的初步研究》，《人口与经济》，1981年第4期。

③ 魏津生：《国内人口迁移和流动研究的几个基础问题》，《人口与经济》，1984年第1期。

80年代仍是中国人口学者关注的问题，发表了一些有分量的著作。[1] 同时还有一些著作论述了人口迁移不同类型的划分，如国际迁移与国内迁移，定居性迁移与非定居性迁移，自发迁移与非自发迁移等，这些都不是中国人口迁移理论研究的主流。比较值得重视的是80年代后期问世的一些综述中国国内迁移情况的著作，例如《三十多年来我国的国内人口迁移及今后的展望》一文，作者利用户籍统计资料数据，全面分析了1954～1984年国内人口迁移状况；又如《上海人口迁移研究》，不仅考察了中国最大城市人口迁移的历史与现状，而且阐明当时国内人口迁移带有计划经济的特点，迁移行为取决于所执行的迁移政策，个人迁移意愿能否实现取决于它的条件是否符合迁移政策的具体规定。[2]

80年代后期，孙敬之主编的《中国人口》丛书30个分册的编写工作与有关调查研究的开展，对推动中国人口迁移研究起了积极作用，为中国人口国内迁移（省际与省内）的基本情况和发展趋势勾画出较前清晰的轮廓，为其后的深入研究奠定了良好的基础。在此期间一些高校和社会科学院人口所开展了小城镇人口迁移和经济发展研究，分别调查36个和74个小城镇人口迁移情况，作为其成果的分别是《中国沿海地区小城镇经济发展与人口迁移》和《中国城镇人口迁移》等，其中分析了迁移类型、迁移机制、迁移动因、迁出地与迁移距离、移民构成及它们与政策调整、经济发展的关系等，[3] 为中国城镇人口迁移的深入研究奠定了坚实的基础。

进入90年代可以看到不少有分量的中国人口迁移研究成果问世，如《中国人口·总论》"国内迁移"，《中国人口迁移》《人口迁移与社会发展：人口迁移学》《人口承载力与人口迁移》《中国人口迁移与发展的长期战略》等。这些专著系统整理了中国人口迁移的数据资料，全面探讨中国人口迁移的状况与趋势、结构、动因、分布等各个主要方面，而各有

---

[1] 李德滨：《解放后黑龙江移民问题探讨》，《社会》，1983年第1期；《黑龙江移民概要》，黑龙江人民出版社1987年版；原华荣：《论西北环境与移民》，《经济地理》，1985年第3期。

[2] 马侠此文载：《人口与经济》，1987年第2期；张开敏主编：《上海人口迁移研究》，上海社会科学出版社1989年版。

[3] 前书由刘铮主编，中国财经出版社1989年版；后书由马侠主编，中国人口出版社1994年版。

偏重，各有所长：如有的作出各省区不同年份的人口净迁移率表和分布图；或者提出人口迁移的计算公式，并把国内迁移分为9类进行分析；或者从环境承载力的角度探讨人口迁移、特别是向西部移民的可行性。[①] 这些专著在不同程度上为中国人口迁移理论研究走上更高阶段发挥了积极的作用，使人口迁移理论日益完善。

90年代中叶，随着经济体制转向市场经济，不少学者清楚地认识到经济迁移已经成为中国人口迁移的主流。同时，陆续有一些学者力图结合中国实际建立自己的人口迁移理论模型。比较有影响的如：人口迁移的"成本—效益模型"，它的公式是 $M = B/C \times R$（M是迁移倾向、迁移流量，B是迁移效益，C是迁移成本，R是个人资源）；有的学者则批评"推力—拉力理论"和"投资—利润理论"，提出环境容量理论模型，认为人口迁移的动因来自不断增长的人口数量所引起的人均占有量的减少，其公式为：$E = M(1 - C/D)$，E表示人口迁移势，M是人口数量，C是人口容量，D是人口密度，它表明E与D成正比变动而与C成反比变动；有的学者则评述人口迁移的均衡与非均衡模型；还有学者提出了空间相互作用无制约引力模型，用来分析80年代下半期中国区域经济发展中的收入与经济规模对省际迁移的影响，认为经济规模对人口迁移量的影响较大，经济收入的相应影响较小，还提出人口迁移弹性系数和劳动市场类型的关系问题；有的学者则同意经济发展水平决定移民规模的观点，结合中国贫困地区开发性扶贫移民的实际，构建了移民规模引力模型，从移民迁入区农业综合开发对劳动力需求来概算移民规模。[②] 这些理论模型的提出表明中国人口迁移理论研究已经进入更高阶段。

---

① 魏津生等：《中国人口·总论》，中国财经出版社1991年版；沈益民等：《中国人口迁移》，中国统计出版社1992年版；彭勋等：《人口迁移学》，山东大学出版社1992年版；张志良主编：《人口承载力与人口迁移》，甘肃科技出版社1993年版；杨云彦：《中国人口迁移与发展的长期战略》，武汉出版社1994年版。

② 张车伟：《关于人口迁移理论的一种生态学观点》，《中国人口科学》，1994年第1期；范力达：《人口迁移的均衡模型与非均衡模型评述》，《中国人口科学》，1994年第5期；王桂新：《中国人口迁移与区域经济发展关系之分析》，《人口研究》，1996年第6期；《中国人口迁移弹性与劳动力市场转变》，《南方人口》，1997年第2期；张涛、张志良：《移民效益评估理论与方法》，《中国人口科学》，1997年第5期。

2. 乡村—城市迁移、流动与"民工潮"研究

前面的分析事实上已经涉及人口流动的概念和实际，它是不改变户籍的异地人口移动。到80年代中期，流动人口、特别是农村流动人口大量涌入城市，已经是十分明显的事实，使上海等特大城市的人口问题更加突出。为深入了解人口流动实际情况，于是在1984年首先在上海举办了流动人口时点调查，取得了大量的一手资料，1988年再次调查，《上海流动人口》对调查结果做了系统分析，[1] 其后还多次调查，这些专题调查研究考察并分析了流动人口的规模、概况、构成、劳动就业状况，及其对计划生育和城市规划的影响。然而，这些流动人口调查研究还不是全国性的。

进入90年代以后，随着市场经济的发展，流动人口日益增加，有关研究更加深入，其成果起初见于1990年的第五次全国人口科学讨论会。会上有的学者探讨中国流动人口发展趋势，认为主流是乡村—城市流动，根源在于农业劳动力过剩及其非农化，关键是使其流向合理，有利于国民经济长期持续稳定、协调地发展；有的学者认为商品经济的发展是中国流动人口迅速增加的根本原因，推力是农村商品经济的发展和剩余劳动力的非农化，拉力是城市对劳动力的需求；或者主张把中国分为4类地区，分区考察流动人口发展趋势并做对比分析，认为人口迁移流动的动因主要是地区间经济发展不平衡。[2] 随后又发表了一些有分量的论述，如《流动人口对大城市发展的影响及对策》《我国流动人口发展的历程与对策》《人口流动与经济收入的增长》等[3]，探讨人口流动的规模与发展趋势，经济收入地区差异对人口流动的作用，及其对城市的影响。

90年代初已有专门分析中国乡—城人口迁移流动的文章问世。《中国城乡人口迁移势态分析》，认为人口迁移总趋势表现为经济欠发达地区农村人口向经济发达地区的城镇集中；《人口迁移与流动的成因、趋势与政

---

[1] 参见郑桂珍：《上海市流动人口调查初析》，《城市规划》，1985年第3期；张开敏主编：《上海流动人口》，中国统计出版社1989年版。

[2] 《第五次全国人口科学讨论会论文集》（1990）中王建民、胡琪：《中国流动人口的发展趋势和管理对策》；周君玉：《商品经济与城市流动人口》；郑廷桢：《中国地区人口迁移态势》。

[3] 所列第一为：李梦白等，经济日报出版社1991年版；第二为张庆五：《人口与经济》，1991年第6期；第三为张纯元见李慧京主编：《人口与社会经济发展》，陕西人民出版社1993年版。

策》认为人口迁移流动是经济发展和市场发育过程的必然结果，城乡地区收入差距则为其提供了追加动力；《对当前我国流动人口的认识与思考》考察了农村人口流动的特点，认为增加收入是人口流动的主要动力；还有的学者探讨农村劳动力外流对农村发展的影响，认为其动力机制是劳动的有效配置；或者认为中国乡—城人口迁移是现代化过程的必然结果，根源在于农村人多地少，剩余劳动力持续增加。[1] 一般认为，中国农村人口流动可分为"离土不离乡"和"离土又离乡"两个阶段。

90年代不少学者已经明确运用二元经济结构理论模型来分析中国人口乡—城迁移流动。例如，周志刚研究市场经济条件下劳动力流动机制时(1994)，认为实现的障碍是劳动供给膨胀与需求不足并存，二元经济结构阻碍劳动力流动机制的市场化；有学者曾指出，改革开放以来中国人口迁移的重要特征是非户口迁移的大量增加和两类迁移的二元化，这种二元化是基于户口制度的社会经济二元化的结果，关键是生产资料和劳动市场的分割。[2] 其后一些人口学者结合中国实际来修订、补充二元经济结构理论模型，如《我国乡村—城市迁移者劳动供给行为研究》和《当代中国乡—城迁移与经济发展》，提出了一个分析乡—城迁移的四元理论模型，在农业部门、工业部门和城市传统部门之外，把农村非农业部门作为第四部门，并且强调实现"乡村城市化"和"乡村工业化"。《中国三元劳动力市场格局下的两阶段乡—城迁移理论》则试图在二元经济结构基础上建立新的理论模型，[3] 认为现阶段中国劳动力市场具有三元结构：城镇完全竞争劳动力市场，城镇不完全竞争劳动力市场和农村完全竞争劳动力市场，乡—城迁移主要是在城乡两个完全竞争市场上进行的；在战略上可以

---

[1] 所列第一篇朱宝树：《中国1990年人口普查国际讨论会论文集》，中国统计出版社1993年版；第二篇蔡昉：《中国人口科学》，1995年第6期；第三篇李荣时：《人口研究》，1996年第1期；其后陈浩：《中国农村劳动力外流与农村发展》，《人口研究》，1996年第4期；赵立新：《中国农村劳动力转移问题研究》，《南方人口》，1997年第3期。

[2] 参见周志刚：《市场经济条件下劳动力流动机制问题研究》，《第六次全国人口科学讨论会论文选》，1994年；杨云彦：《改革开放以来中国人口"非正式迁移"的状况》，《中国人口科学》，1996年第6期；陈金水、杨云彦：《中国人口迁移的规模及二元特征》，《中国人口论坛文选》，1997年。

[3] 首篇是谢晋宇：《中国人口论坛文选》，1997年；其书为中国人口出版社2000年版。最后，朱镜德：《中国人口科学》，1999年第1期。

分为两个阶段：第一阶段的重点是增强城市经济吸纳民工的能力；第二阶段的重点是消除农民工和城市居民的差别待遇。这些观点具有创新性，是研究中国乡—城人口迁移的可以利用的分析工具。

3. 中国人口城市化的动因、趋势、特点、主要模式和发展道路研究

改革开放以前，中国人口城市化进展缓慢，长期落后于工业化进程，落后于世界甚至发展中国家平均水平，有关理论研究也长期处于停滞状态。改革开放以后、特别是1984年起城镇人口政策放松之后，人口城市化进程迅速发展，同时人口理论研究的禁锢已被打破，中国人口城市化理论研究也有比较迅速的发展。概括起来，有关研究的重点是：城市化的概念、现状、趋势、发展阶段和主要特点；城市化的动因，及其与社会经济发展、特别是非农化、工业化、收入水平的相互关系；城市化对人口发展、人口变动、特别是生育水平的影响；中国人口城市化的模式与发展道路；城市化和城市贫困、资源、环境、可持续发展的关系。

80年代初中国人口城市化理论研究大多从经济观点分析问题。比较有影响的如《关于我国社会主义城市化问题》，认为城市化水平与经济发展水平是正相关关系，受制于经济要素（如粮食产量、政府投资能力）的发展水平；《城市化与国民生产总值关系的规律性探讨》一文也认为城市化与国民生产总值是正相关关系，并根据人均GNP和城市化水平之间关系的世界模式预测中国城市化今后的发展水平。[1]

鉴于80年代初中国经济实力还很薄弱，不少人认为发展小城镇是中国人口城市化的必由之路，主张"城镇化"而非"城市化"，"小城镇，解决大问题"正是这种思潮的代表。1984年"人口与发展"北京国际研讨会上，也有学者认为中国城市化的关键是农村剩余劳动人口转移到城镇，变成非农业人口；有的学者认为中国人口城市化进程的特点是市镇人口增长数量多、速度快、波动大，但市镇人口占总人口的比重增长慢，主张新增市镇人口主要由新市镇来吸纳。[2] 对于上述大力发展小城镇的主

---

[1] 前篇是吴友仁文，载：《人口与经济》，1980年第1期；后为周一星文，载：《人口与经济》，1982年第1期。

[2] 费孝通：《小城镇，大问题》，《瞭望》，1984年第2345期；黄志贤：《中国人口城镇化的分析》，《人口与发展》，中国人民大学出版社1987年版；王嗣均、韩常先：《中国近代城市化速度和市镇人口的分配问题》。

张，当时也有学者提出不同意见，根据中国不同地区人口经济发展不平衡的特点，认为应当因时、因地制宜制定城市化政策，并且既要看到小城镇吸纳农村剩余劳动力的作用，也要看到广泛发展小城镇所面临的问题与困难，主张在现阶段以发展中、小城市为主；有学者甚至认为不宜过分限制大城市的发展，因为大城市的经济效益最大，经济辐射能力最强，在改革开放条件下最有利于带动整个经济的发展。[1]

改革开放后中国人口城市化的迅速发展引起国内外的广泛注意，在UNFPA的资助下1987年10月在天津举办了规模较大的"人口城市化和城市人口问题国际研讨会"。会上发表了许多值得注意的有关中国人口城市化的文章，例如《1949年以来中国人口城市化的回顾、考察与展望》，[2] 阐明了"城市化"的内涵，考察了1949~1982年中国人口城市化进程，肯定中国城镇人口地域分布的特点是：城镇人口绝对量从东与东南向西与西北递减，形成绝对量的梯度差异，城镇人口占总人口比重则从东北向西南递减，形成城市化率的梯度差异；作者还探讨中国人口城市化的真实水平，并分析各种观点与各种条件，预测中国人口城市化水平到2000年约为35%。又如《试论人口城镇化对控制我国人口增长的影响》说明城市化进程在中国会降低生育率，从而延缓人口增长；《改革开放给人口城市化带来新的生机》阐明改革开放以后设置城镇政策放松、国民收入增长、社会经济发展使中国人口城市化获得迅速发展的生机。[3]

前已指出，80年代下半期，人口学界进行了好几项有关城市化的调查研究项目，如小城镇人口迁移与经济发展、中国人口城市化的模式与发展道路等，此外1990年第4次全国人口普查增加了人口迁移的调查项目，所有这些都为深入研究城市化提供了科学依据，推动中国城市化理论研究走向繁荣。90年代初对中国人口城市化的特点有比较充分的论述，主要

---

[1] 李竞能、谢晋宇：《经济开发与城市人口发展战略》，《人口学刊》，1986年第1期；伍晓鹰：《人口城市化，历史、现实和选择》，《经济研究》，1986年第11期。又李竞能、谢晋宇：《中国城市化发展的道路》，《科技导报》，1991年第5期。

[2] 李竞能文，载：《南开经济研究》，1988年第4期。中国城镇人口地域分布特点参考王嗣均等学者观点。

[3] 《影响》曾毅文，载：《人口与经济》，1987年第6期；《生机》田雪原文，载：《中国人口科学》，1988年第2期。

特点是：城市化水平长期落后于工业化水平，改革开放后变化大，增长数量大、增长速度快，然而地区间差异大，非农化和城市化在一些地区脱节，一些地方受"反城市化思想"影响而比较落后。对于这些特点的成因和城市化地区差异问题，《试论中国城市化的进程与模式》《中国城镇化区域比较研究论文集》和《非农化与城镇化研究》等著述，都有系统和深入的分析与阐述；《现阶段中国人口城市化的主要模式》则阐明了改革开放以后，中国人口城市化走出了"计划投资城市化"的模式而日益多元化，可按照发展动力将其分为两大类：第一类是自生型模式，基本上由农村经济、乡镇企业自身成长而来，其典型如温州模式；第二类是辐射型模式，城市化是在大城市经济中心的辐射作用下成长起来的。[1] 后者又可分为3种：完全开放型，其典型如深圳模式；半开放型（经济开放但仍然控制人口），典型为京、津、沪等特大城市；内外结合型，典型如苏南模式，作者认为它是最符合社会主义初级阶段中国实际的城市化模式。

自90年代中期，中国人口城市化理论研究又进一步扩展与深化。不少学者关注城市化和农业现代化发展、非农化、乡—城迁移流动的关系，他们突出"城镇化"，认为它是工业化、现代化、经济市场化的必然趋势，而农村生产力的发展、非农产业的成长及其在城镇的集聚是城镇化的前提，工业化则是城镇化的加速器。[2] 同时，不少学者着重研究城市化地区差异与社会经济发展的关系，他们系统地研究了：均衡与非均衡区域发展政策的城市化效应，城市化地区差异与经济发展水平、发展速度的相关关系，城市化空间发展战略，隐性城市化，城市化可比标准等，并设置了城镇人口—经济增长模型。其后，隐性城市化成为研究热点问题，有学者认为隐性城市化会使环境恶化，不利于农村的可持续发展。[3]

随着市场经济的发展，大城市日益发挥经济中心的辐射作用，不少学

---

[1] 第一篇是王胜今文，载：《第五次全国人口科学讨论会论文选》，1990年；第二篇是王嗣均等主编，杭州大学出版社1992年版；第三篇是辜胜阻，浙江人民出版社1992年版；第四篇是李竞能文，载：《海峡两岸中国人口研讨会论文集》，中国人口出版社1992年版。

[2] 辜胜阻：《论中国人口城镇化的十大关系》，《人口研究》，1993年第1期；徐云鹏、辜胜阻主编：《当代人口迁移与城镇化》，武汉大学出版社1994年版；辜胜阻、简新华主编：《当代中国人口流动与城镇化》，武汉大学出版社1994年版。

[3] 参见王嗣均等《中国城市化区域发展问题研究》，高等教育出版社1996年版。戴星翼：《农村隐性城市化及其出路》，《南方人口》，1998年第4期。

者对原有限制大城市发展的政策提出异议，认为和市场经济发展规律、大城市超前发展规律相矛盾，中国城市化应当采取"规模扩大式"等。但同时有不少学者对上述观点表示异议，他们或者认为"分散型"是中国人口城市化的现实道路，或者强调中国应当以"自下而上"的城镇化为主，进而提出加速农村城镇化的对策，强调中国必须加快农村人口非农化、城镇化步伐，推动城乡劳动力转移的协调发展。① 总的看来，中国人口城市化理论研究在20世纪末叶已经取得可贵成果，但在理论构建、实证研究与定量分析方面仍显不足，结合中国实际的人口城市化理论模型也还有待建立与完善。

四 家庭人口学研究

家庭人口学是人口学的一个分支，是以婚姻、家庭与人口变动的关系为核心的人口理论体系的统称。它在西方形成于70年代末，而在中国兴起于80年代。新中国建立后对婚姻、家庭问题曾给予了相当大的关注，但是社会主义改造之后人们强调树立新社会观以取代传统的家庭观，既淡化家庭观念又强化稳定的婚姻关系，加以人口理论研究长期受到禁锢，因此家庭人口学理论研究一直被冷落，改革开放以后才逐渐复兴。有关论述最初出现在一些人口学、人口理论的教材上，例如杨德清主编的《人口学概论》（1982）、刘铮主编的《人口理论教程》（1985）等，已经系统地阐述了婚姻、家庭及其与人口再生产的关系的基本原理。《概论》不仅分析了结婚率（高低）、家庭规模（大小）对人口再生产的影响（正相关变动），而且考察了早婚、早育、妇女家庭地位和离婚等对人口再生产的影响。《教程》在此之外，论述了婚姻和家庭的职能、家庭结构、家庭生命周期、家庭经济等对人口再生产的影响。然而，中国家庭人口学理论研

---

① 参见陶然：《论大城市的发展潜力和人力政策选择》，《中国人口科学》，1995年第5期；王嗣均：《论我国现阶段大城市的成长》，《中国人口科学》，1995年第6期；林成策：《我国城市化的人口学效应浅析》，《南方人口》，1997年第4期。刘家强：《中国人口城市化——道路、模式与战略选择》，西南财经大学出版社1997年版；辜胜阻等：《中国自下而上的城镇化发展研究》，《中国人口科学》，1998年第3期；杨云彦："自下而上"城镇化的表象与诠释》，《第七次全国人口科学讨论会论文选》，1998年；朱宝树：《转型时期的农村人口城市化与非农化滞后问题分析》，《中国人口科学》，2000年第4期。

究，是在1982年和1987年两次生育抽样调查以及1982年和1990年两次人口普查提供相关的动态资料之后，才繁荣兴盛起来的。为论述上的方便，下文分两个方面来谈。

1. 中国人口婚姻理论研究：婚姻状况、婚姻模式、初婚年龄、婚姻市场与人口变动

在20世纪80年代，中国人口婚姻理论研究大多注重婚姻状况、特别是结婚率和初婚年龄等对生育水平的影响。在1984年"人口与发展"研讨会上就有分析中国人口初婚年龄的文章。其后《中国人口》丛书各省分册都论述了各地婚姻状况，包括其现状、特征、发展趋势，以及结婚率、离婚率、再婚率、初婚年龄等变量。80年代末90年代初，随着中国有关婚姻家庭的资料数据增多，一些系统论述中国人口婚姻、家庭的专著陆续问世，例如《中国婚姻家庭研究》《当代中国婚姻家庭与人口发展》。此外，《中国人口·总论》也设有论婚姻家庭的章节。[①] 它们在一定程度上对阐明中国人口婚姻家庭状况起了填补空白的作用。学者大多认为，当时中国人口婚姻状况的主要特点是结婚率非常高而离婚率比较低，初婚年龄趋向增高。

90年代初，有关中国婚姻的研究主要集中在对婚姻状况、特别是婚姻模式和初婚年龄变动的分析上。[②] 当时许多人口学者认为中国婚姻模式在总体上已经由传统型向现代型转变，但同时出现早婚、早育回潮的现象，成为许多人口学者关心的问题，认为这种回潮现象形成的原因主要是：青春（初潮）期提前，青少年社会化程度加快，农村劳动力需求增加，一些地区性别比偏高，教育管理放松使封建意识重新泛滥等，并指出早婚所引发的私婚、童婚、换婚、多育等严重问题，提出相应的对策建议。[③]

[①] 参见李荣时：《对我国人口初婚年龄的分析探讨》，《人口与发展》，中国人民大学出版社1987年版。《研究》是刘英、薛素珍书，社会科学文献出版社1987年版；《发展》是周清主编书，中国人口出版社1992年版。顾鉴堂、马侠：《人口的婚姻与家庭状况》，《中国人口·总论》，中国财经出版社1991年版。

[②] 婚姻模式是指婚姻关系的典型类型，如传统型多早婚，现代型多晚婚。

[③] 参见杨子慧、沙吉才：《早恋、早婚、早育回升的原因及对策研究》，《第五次全国人口科学讨论会论文选》，1990年；杨子慧：《中国1979～1987年15～19岁育龄妇女婚姻生育状况研究》，《中国节育生育抽样调查北京国际研讨会论文集》，中国人口出版社1993年版；李荣时：《中国人口早婚问题分析》，《中国1990年人口普查国际讨论会论文集》，中国统计出版社1993年版。

利用中国节育生育抽样调查资料，中国人口学者或分析中国人口初婚状况，或对比分析女性人口初婚年龄的变动，或考察20世纪中国婚姻模式的变化；后者采用"临时变化强度指标"来分析初婚强度，并图示初婚模式由传统型向现代型的变化，由平坡型转变成尖峰型、峰值后移。[1]

自90年代中叶起，陆续有中国人口学者运用婚姻市场理论分析中国初婚年龄变化和婚姻挤压现象。[2] 他们论述了婚姻市场理论的演进，考察了婚姻挤压的类型与后果，并对中国生育率下降过程中的婚姻市场做了实证分析，说明性别歧视、出生性别比失调和生育水平下降所导致的人口结构转变，必将导致中国婚姻市场上两性人口失衡、男性相对过剩。90年代后期，中国人口学者还关注市场经济转型时期婚姻的特征与趋势，婚姻稳定性以及早婚、离婚率上升、大龄未婚等问题。[3] 他们论述了婚姻关系由"低质量、高稳定"向重质量、重感情的变化，指出市场经济影响下经济婚姻和流动婚姻的增加，同时夫妻冲突增加，婚姻质量和婚姻稳定性存在着显著的正相关关系。

2. 中国人口家庭理论研究：家庭规模、家庭结构、家庭职能、家庭生命周期与人口变动

前已指出，有关中国人口婚姻家庭的基本原理的系统论述，最先出现在《人口学概论》（杨德清，1982）和《人口理论教程》（刘铮，1985）等教材上。后者更详细阐述了家庭规模、家庭结构、家庭生命周期对人口再生产的影响；总的趋势是：家庭户人口平均规模缩小，家庭结构由传统

---

[1] 参见赵旋：《中国人口初婚概况》，1992年；李竞能、郭阳：《中国女性人口初婚年龄的变动趋势及对比分析》，1993年；王丰等：《20世纪中国婚姻模式的变化》，1993年。

[2] 参见于学军：《论我国婚姻市场"挤压"的人口学因素》，《人口学刊》，1993年第3期；陈卫民：《初婚年龄变化因素的理论分析》，南开大学人口所博士学位论文，1994年；郭志刚等：《婚姻市场理论研究：兼论中国生育率下降过程中的婚姻市场》，《中国人口科学》，1995年第3期；《年龄结构波动对婚姻市场的影响》，《中国人口科学》，1998年第2期；李树茁等：《性别歧视和婚姻挤压》，《中国人口科学》，1998年第6期。

[3] 参见朱国宏等：《论市场经济环境中的早婚》，《当代人口》，1996年第1期；徐天琪：《转型期中国城市婚姻的特征及趋势》，《中国人口论坛论文选》，1997年；叶文振：《当代中国离婚态势和原因分析》，1997年；又《论市场经济对婚姻关系的影响与对策》，《人口研究》，1997年第2期；李迎生：《现代社会中的离婚问题：成因与影响》，《人口研究》，1997年第1期；叶文振等：《我国大龄未婚人口现象的原因和对策分析》，《第七次全国人口科学讨论会论文选》，1998年；又《中国婚姻的稳定性及其影响》，《中国人口科学》，1999年第6期。

大家庭向现代小家庭转型；这种变化有利于降低生育率水平，但仍然要通过控制生育来调整家庭规模与结构，使它们和社会主义现代化过程相适应。到 80 年代后期，在编写《中国人口》丛书分册的过程里，各地都利用人口普查资料搞清当地家庭户数、家庭平均规模及其发展趋势和城乡差异，还分析了家庭结构变化的主要原因。这个时期，中国家庭理论研究大多与生育有关，更如前在"女性人口"所述，与妇女家庭地位有关，生育观的转变和家庭功能的变化也密切相关。

中国人口家庭理论研究的繁荣出现在 90 年代，在其上半期已出现一批有影响的研究成果。《中国人口·总论》（1991）有关于家庭户的综合分析，认为发展总趋势是家庭户数量增加而家庭户平均规模缩小；作者还考察了家庭户城乡地区差别、不同规模家庭户的构成、家庭户类型与户主文化程度的关系、家庭世代关系的变化等，由此阐明中国家庭由传统型向现代型的转变。还有一些综合性的人口著作，或者探讨改革开放后中国家庭的变化，或者展望跨世纪的中国人口发展中的家庭。[①] 除分析家庭户在数量、规模、结构等方面的变化外，着重研究新的家庭问题：新时期家庭世代结构的变化，一人户家庭，家庭职能和收入水平对生育的影响，人口变动与家庭消费的关系等。一般认为，进入 90 年代以后家庭核心化趋势明显，家庭的经济职能和教育职能加强，家庭代际关系简化而"代沟"加深，这种变化总体上有利于降低家庭生育水平。在中国家庭户研究上，《当代中国人口发展与家庭户的变迁》也有显著影响，作者系统地阐明了 80 年代以来家庭户数量、规模、结构的变化，认为中国人口进入了分户、立户的高峰期，还分析了性别年龄别户主率。[②]

90 年代下半期，中国人口学者更注重家庭理论研究所遇到的新问题。比较有影响的，一是市场经济下家庭核心化趋势及其引发的老年保障问题，有学者认为市场经济下的家庭核心化趋势会导致大多数家庭养老保障职能的弱化，而且导致"共居养老"向"分居养老"转化，"家庭养老"向"社会养老"转化；二是家庭结构和代际关系的新变化，以及单亲家

[①] 参见沙吉才主编：《改革开放中的人口问题研究》第 13、14 章，北京大学出版社 1994 年版；亓昕：《婚姻与家庭》，孙兢新主编：《跨世纪的中国人口》（综合卷），中国统计出版社 1994 年版。

[②] 郭志刚书，中国人民大学出版社 1995 年版。

庭的增加，认为这种新变化的特征是：代际年龄距离拉大，家庭观念趋于淡化，代际分居比较普遍，独立性增强，代际关系趋向松散，代际矛盾将随老龄化加速而加剧，市场经济下要求建立代际互惠关系，单亲家庭将随离婚率上升而增加；三是当前中国家庭转型取向，并展望未来发展趋势，探讨预测方法，认为中心问题是如何实现由传统家庭向现代家庭的过渡，衡量的标准是：家庭成员在家庭生活中的自主程度，男女平等程度，联系的纽带，并预测上海等特大城市家庭户数量、规模、结构的变化趋势，或者建立多维家庭人口预测模型。①

总的说来，中国人口家庭理论研究在20世纪末叶已经取得十分显著的进展。然而，相对于人口理论研究的其他领域来说，它的发展空间还很大，例如家庭生命周期理论研究就有待加强。那种既能紧密联系中国实际、又能提高到理论高度进行系统、全面、深入分析人口家庭关系各个主要方面和新问题的专著尚不多见，作为社会主义人口理论重要组成部分的家庭理论模型还有待建立与完善。

第四节 人口科学研究重点进展（专题研究下）

这一节探讨人口与经济发展、人口资源环境与可持续发展、民族人口学、历史人口学4个专题研究的进展，基本上属于宏观人口研究领域，后二者更具有综合性质。改革开放以来，中国人口科学研究在这些领域都获得比较丰富的成果，并取得很大的进展，在许多方面已经可以列入世界先进行列。

---

① 参见夏勇海：《试论市场经济条件下的家庭"核心化"趋向与老年保障问题》，《中国人口论坛文选》，1997年；周海旺等：《九十年代上海家庭结构和代际关系的新特征》，1997年；熊跃根：《中国城市家庭的代际关系与老人照顾》，《中国人口科学》，1998年第6期；刘鸿雁：《单亲家庭研究综述》，《人口研究》，1998年第2期；王玉波：《中国家庭转型取向论纲》，《南方人口》，1997年第2期；王桂新：《上海家庭户变动趋势预测》，《中国人口科学》，1999年第2期；曾毅等：《多维家庭人口预测模型的建立及应用举例》，《第七次全国人口科学讨论会论文选》，1998年。还可参考：萧汉仕：《我国家庭空巢现象的成因及发展趋势》，《人口研究》，1995年第5期；彭希哲、黄娟：《人口态势对我国家庭模式的影响》，《社会学研究》，1996年第2期；谭琳、李家新：《新时期中国的家庭与人口问题》，《中国人口科学》，1997年第1期；储丽萍：《转变中的家庭》，《人口与经济》，1997年第4期。

一　人口与经济发展理论研究

首先应当指出，前面在考察控制人口增长理论、生育理论、人力资本和生活质量理论研究的进展时，事实上已经涉及人口与经济发展理论研究的进展（凡是前面谈过的在此不再重复）。在此，我们着重探讨人口经济宏观研究的整体进展。

新中国建立以来，人口理论研究在马克思主义理论指导下，一贯重视人口和经济的相互关系。然而，直至70年代末，人们大多着眼于社会经济发展对人口发展的决定作用，虽然在理论上也承认人口发展对经济发展有反作用，会促进或延缓经济发展，但实际上分不清重视人口增长的作用和"人口决定论"的本质区别。在1953年前后，许多学者一方面强调国民经济要按比例有计划发展；另一方面又断言人口不断增长是社会主义人口规律，甚至不承认社会主义社会也会产生严重的人口问题，结果使人口增长和经济发展的矛盾日益尖锐，人口增长过多、过快，严重阻碍社会经济发展。在20世纪50年代后期，如前所述，以马寅初的《新人口论》为代表，当时一些有识之士已经深入分析了人口和经济发展之间的矛盾，但是却受到不公正的批判，科学的人口和经济发展的理论研究也长期陷于停滞。

改革开放以后，一方面提倡实事求是、解放思想，打破长期以来对人口研究的禁锢，为马寅初《新人口论》等翻案；另一方面"十年动乱"，已经使人口增长和社会经济发展之间的矛盾十分尖锐，人口压力沉重，突出表现为失业问题十分严重，食物和住房异常短缺，建设资金严重不足，使人们迫切需要重视人口问题研究。而正确认识人口增长与经济发展的相互关系，解决好现存的人口经济问题，就成为当时人口理论研究的首要任务。80年代对社会主义社会人口经济关系的宏观分析，"两种生产理论"以及人口和经济相互关系的基本原理，就是在这种背景下问世的。进入90年代，随着经济体制向市场经济转型，人口与经济发展理论研究也面临新问题，从而进入市场经济条件下人口理论研究的新阶段。为论述上的方便，我们分别从以下两个方面来谈。

1. 人口和经济发展的相互关系

在20世纪80年代初，中国人口学者面对严重的人口经济问题，主要任务除论证控制人口增长的必要性外,还必须从理论与实际的结合点上阐明人口增长与经济发展之间的矛盾,并提出对策建议。当时人们比较关注的一是就业问题,就此发表了许多意见,例如刘铮较早指出:人口盲目地不断增长是劳动力人口得不到充分利用而陷于失业的根本原因之一(1979),并系统地分析了当时中国存在的就业问题(1980);还有学者从劳动适龄人口增长同生产资料增长不相适应、人口与经济发展比例失调的角度分析失业问题的根源;或者从人口增长与经济增长的关系来分析中国当时存在的就业问题,认为新增劳动力能否就业取决于积累率、劳动生产率和资金—劳力比例三个因素。[①] 人们同时还关注人口增长和国民收入分配的关系,并试图揭示人口发展与经济发展相适应的规律。人均国民收入是否增长被不少学者看作衡量人口增长与生活资料增长是否相适应的重要指标。[②]

前已指出,这个阶段中国人口学者在人口理论方面最重要的成果之一是"两种生产理论"的问世。它实际上是马克思主义人口理论关于人口与经济发展相互关系基本原理的基石。自廖田平于1978年11月重新提出这个理论,其后在中国人口学界引起热烈的讨论,到80年代初它的理论要点被概括如下:社会生产包括人口再生产和物质资料再生产,二者是互相联系、互相依存、互相制约、互相渗透的辩证关系;二者之间存在着一定的比例关系,这种比例关系是社会生产最基本的比例关系;人口再生产和物质资料再生产互相适应是社会生产发展的一般规律,适用于各个社会并具有各自的特点。然而,学者对两种生产的比例关系的作用地位有不同看法,一些学者强调这种比例关系是国民经济比例关系中最基本的带有全局性、战略性的比例关系,可以决定物质资料生产内部各种比例,包括两

[①] 参见刘铮:《关于我国人口发展的几个问题》,《经济研究》,1979年第5期;又《我国人口的就业问题》,《人口研究》,1980年第1期;田雪原:《控制人口促进四化》,《天津日报》,1979年9月11日;宋则行:《人口增长、经济增长与就业问题》,《人口与经济》,1981年第1期。还可参看黄志贤:《我国人口增长与经济发展关系的几个主要问题》,《人口研究》,1983年第3期。

[②] 参见陈玉光:《人口增长与国民收入的分配问题》,《人口与经济》,1980年第2期;邬沧萍:《衡量人口发展和经济发展相适应的客观规律》,《人口研究》,1980年第1期。还可参看李南寿:《论人口与经济的关系》,《人口研究》,1982年第2期;许涤新:《人口增长与社会经济发展的关系》,《人口研究》,1983年第2期。

大部类生产比例、积累和消费比例等；另一些学者则认为，两种生产的比例是社会生产的基本比例，自然对国民经济发展有制约作用，但是它并不直接决定国民经济的性质、发展规模和内部比例关系，因为人口生产本身并不属于国民经济范畴，而且社会生产除人口生产和物质资料生产外，还应当包括知识劳务生产。[1] 随后在两种生产理论的基础上还发表了不少深入分析人口与经济发展相互关系的论述，例如《关于人口和生活资料的关系》阐明了马克思主义人口理论关于二者关系的主要观点，及其与马尔萨斯人口论的本质区别。

在80年代上半期，中国人口学者对人口和经济发展相互关系的基本原理的系统论述，主要见于几种人口学教材。杨德清主编的《人口学概论》（1982）就设有"人口与经济发展"一章，分析了"两种生产"、人既是生产者又是消费者、劳动人口与生产资料、人口与积累、人口与生活资料、人口与资源等关系，论述比较简要。当时在中国人口学界影响较大的是《人口经济学》，作者在两种生产理论的基础上构建了以人口经济过程为主体的宏观人口经济学的理论框架，着重分析了人口增长对经济发展的影响，并提出了创新性概念"人口投资"及其与"经济技术投资"的关系，还有"人口经济效益"作为衡量人口与经济发展是否相适应的指标。[2] 刘铮主编的《人口理论教程》（1985）除系统、全面地阐明"两种生产理论"的原理外，也设有论"人口和经济发展"的专章，系统阐明了二者相互关系的基本原理，更进一步提出了"最优人口经济效益"作为"人口和经济发展相适应的标志"。

从80年代后期起，对人口增长和经济发展的相互关系的理论分析日益广泛与深入。除了前面已经提到的有关中国人口生活质量或者人力资源的论述涉及人口与经济关系外，首先是出现了一些结合中国国情来研究人口与经济发展的论著。比较有影响的如《区域人口与经济协调发展规划研究》，它以河南省的人口与经济发展规划为实例，系统论述了

---

[1] 参见廖田平、温应乾：《两种生产理论和我国的人口问题》，广东人民出版社1982年版；曹明国：《略谈两种生产》，《人口研究》，1982年第1期；李竞能、吴国存、李新建：《关于两种生产的几个理论问题》，《人口研究》，1982年第3期。李竞能：《关于人口和生活资料的关系》（1983），《人口研究》，1984年第1期。

[2] 参见张纯元主编：《人口经济学》，北京大学出版社1983年版。

用动态投入产出模型原理进行投资决策和发展规划的方法与运作过程；又如《人口与发展：中国人口经济问题的系统研究》，对人口、就业、消费、资源、环境作系统工程分析，特别是从人口与粮食的关系展望中国人口的生存与发展问题。此外，还有学者分析了人口增长与经济运行的关系，指出中国人口持续增长所造成的"资源"约束条件制约了经济发展。①

中国人口学界对人口与经济发展关系问题的重视，从下述事实也可以看出：1991年在西安由国家计委经研所主办了"人口与社会经济发展"国际研讨会，会后出版了论文集《人口与社会经济发展》，从许多方面探讨了中国实际存在的人口经济问题。文集中有用统计指标序数变动来分析中国不同地区人口增长对人均国民收入的影响的，用具体数字说明前者是压低后者的重要因素。② 在90年代初，已经有学者企图剔除人口增长的影响来探讨中国经济增长的真实水平，《人口—经济增长的理论研究》为了达到这个目的，提出了"人口—经济增长"和"差额人均收入"、"边际差额人均收入"等概念，建立了人口—经济增长的动态模型，用于对中国人口经济增长趋势作定量分析；作者把人口看作经济增长的内在因素，来考察人口增长在人口—经济增长过程中的作用机制、环节、范围的强度，人口—经济增长周期性波动及其生成机制与根源（人口膨胀—资源约束非均衡状态），中国人口—经济增长结构变动过程和理想状态，通过定量分析说明人口增长对差额人均收入水平的提高有很大的阻滞作用。这个理论模型及其分析受到许多人口学者的重视，被认为给人口经济学的研究开拓了新领域。③

在90年代中国学者对人口与经济发展相互关系的理论研究，有的是从资源、环境负载能力的角度探讨人口容量问题时涉及，还有的是从贫困

---

① 蒋正华等编著，中国展望出版社1987年版；胡鞍钢著，浙江人民出版社1989年版。张志刚：《人口增长与经济运行》，《人口研究》，1988年第6期；又《人口增长与经济运行之关系研究》，《人口与经济》，1988年第5期。

② 李慧京主编，陕西人民出版社1993年版。指李竟能载该书同名文。

③ 张世晴著，陕西人民出版社1994年版；又《中国人口增长在经济增长过程中的作用》，《中国人口科学》，1992年第4期。"人口—经济增长"指在人口增长条件下超过维持人口基本生活标准以上的人均国民收入的增长。

与可持续发展的角度探讨二者的关系，①作者都利用人口经济指标来说明问题。《现阶段中国人口经济问题研究》比较全面、系统地说明了经济体制转型以后人口与经济发展的基本关系。作者不仅论述了改革开放以来人口增长对经济发展的影响，以及社会主义初级阶段经济发展对人口发展的影响，对二者相互关系做了宏观分析、微观分析与中观分析，而且一方面根据人口转变的四阶段模型将人口发展过程分为四个阶段，来分析中国人口发展的具体情况；另一方面又根据人口自然增长率和人均国民收入水平划分了四种人口经济类型，来分析不同地区人口经济增长情况，为相关的人口决策提供了简明的分析工具。

2. 经济体制向市场经济转型条件下的人口经济研究

进入 90 年代，中国经济体制正式由指令性计划经济向市场经济转型，在新的条件下人口与经济发展的理论研究也走向新阶段：进行市场经济条件下的人口经济分析。在这种背景下中国人口学界掀起了以市场人口学、工商人口学为核心的实用人口学研究热潮，出版了《市场与人口分析》专业杂志，一些学者建议建立与发展工商人口学，②还举办了市场经济下人口经济问题学术研讨会（如温州、深圳）或专题讲座，出版了一系列专著。

经济体制向市场经济转型，首先遇到中国实行计划生育的经济基础（以往一般认为计划生育的经济基础是计划经济）与工作机制问题。有学者认为，即使在社会主义市场经济条件下，仍然必须有意识地去调整人口和经济的关系，因为仍然存在人口与消费资料、劳动人口与生产资料、人口增长与经济增长的关系以及相应的矛盾，必须运用正确与合理的手段加以调整，以实现人口和经济的协调发展，这是计划生育更高层次的经济基础。③然而，系统和全面说明市场经济条件下人口理论研究的重要性的

---

① 参见朱宝树：《我国人口与经济：资源承载力关系区域模式初探》，《人口学刊》，1991年第5期；又《人口与经济—资源承载力区域匹配模式探讨》，《中国人口科学》，1993年第6期。王冰、辜胜阻主编：《人口与经济发展研究》，武汉大学出版社1994年版。《现阶段》是李竞能书，中国人口出版社1999年版。

② 参见吴忠：《市场经济与工商人口学》，《中国人口科学》，1994年第1期；陆杰华、于学军：《中国工商人口学的兴起及发展前景》，《市场与人口分析》，1995年第2期。

③ 参见李竞能：《论社会主义市场经济下的计划生育》，《中国人口报》，1993年1月11日、18日，2月1日理论版。

是《市场经济与人口分析》《市场人口学》《人口分析与市场研究》等专著。①《市场人口学》的作者认为,市场人口学的特殊研究领域是不能离开供给的需求领域,它由作为消费者人口群体的人口总量、人口质量、人口结构、人口迁移与流动、人口分布、人口婚姻家庭势态及其购买欲望、购买能力的综合作用而形成;这个领域特有的矛盾及其运动规律就是市场人口学的研究对象,并由此构建了市场人口学的理论体系;他们认为人口是市场的主体,因此着重分析人口消费、人口因素的各个主要方面与市场需求的关系。这些专著的出版,无疑标志着中国的市场人口学研究已经进入一个全新的阶段。

到 90 年代中期,中国市场人口学研究更加活跃,许多论述深入分析人口和市场需求的关系。有的学者对市场需求作人口因素分析;有的学者深谈人口是市场的主体;有的学者从人口学观点系统分析市场需求。② 这个时期在《市场与人口分析》杂志上,还发表了大量有关发展养老保障事业、养老产业的对策建议。20 世纪末,有关市场经济条件下中国人口和经济发展的理论研究,比较有分量的,除《现阶段中国人口经济问题研究》中对社会主义市场经济下人口和经济、社会的协调发展以及人口转变的发展趋势的系统论述外,还有《跨世纪人口与发展》关于市场经济与人口控制的论述,《当代人口学科体系研究》关于工商人口学的产生和发展前景的论述。③

二 人口、资源、环境与可持续发展理论研究

在 20 世纪末叶,人口和经济、社会、资源、环境的协调发展与可持续发展,已经成为世人最关注的问题之一,特别是人口和自然资源、生态

---

① 《分析》吴忠、詹长智、曾毅书,北京大学出版社 1994 年版;《市场人口学》张纯元、曾毅主编书,北京大学出版社 1996 年版;《研究》郝虹生、刘金塘、高凌编著书,中国人民大学出版社 1996 年版。

② 参见李竞能:《人口因素对市场消费需求的影响》,《市场与人口分析》,1995 年第 1 期;李涌平:《论市场经济下人口规模对市场需求的影响》,《中国人口科学》,1995 年第 5 期;张纯元:《浅析人口是市场的主体》,《市场与人口分析》,1996 年第 2 期;楚军红:《人口与市场需求分析》,《北京大学学报》,1997 年第 4 期。

③ 田雪原:《跨世纪人口与发展》,中国经济出版社 2000 年版;吴忠观主编:《当代人口学科体系研究》,西南财经大学出版社 2000 年版。

环境的可持续发展问题已经成为关系全球生存与发展的战略性问题，势必受到中国人口学界的高度重视。有关人口、资源、环境与可持续发展的理论研究，自然成为中国人口科学研究的重要组成部分。然而，中国对人口、资源、环境与可持续发展的理论研究，实际上兴起于1994年前后、即这种战略思想被联合国公开纳入其人口行动纲领之后，在此之前，80年代只能说是可持续发展思想在中国的孕育阶段。

我们在前面已经论及，80年代在论证中国控制人口增长的必要性或者适度人口容量等问题时，已经涉及人口和自然资源、生态环境的协调发展问题，在此不再重述。在80年代末可以看到，已经有分析人口和资源、环境的理论模型问世，如人口—经济—资源系统模型；人口—粮食—土地—森林—环境反馈模型；资源系统承载人口容量能力模型；土地人口承载量系统动力学模型等。所有上述各项研究成果，为中国的人口与可持续发展理论研究奠定了坚实的基础。[①]

中国学者在1991年创办了《中国人口与环境》专业杂志，1993年又成立了"人口与环境社会学专业委员会"。而从现有文献来看，中国官方文件最早公开提出"实行持续发展战略"的，可能是1992年9月17日《人民日报》发表的"环境与发展十大对策"，其中指出：传统的经济模式以大量消耗资源和粗放经营为特征，不仅对环境造成极大损害，而且使发展难以持续，因此必须"转变发展战略，走持续发展道路"。正是在1992年中国政府把实行计划生育和保护生态环境并列为基本国策。但是，最先全面和具体地阐述中国政府的可持续发展战略的是《中国21世纪议程——中国21世纪人口、环境与发展白皮书》（1994年5月版），其中系统地阐明了可持续发展战略问世的时代背景、中国实现可持续发展的战略与对策等一系列问题，说明了那种通过高消耗追求经济数量增长和"先污染后治理"的传统发展模式已经不再适应当今和未来的发展要求，"而必须努力寻求一条人口、经济、社会、环境和资源相互协调的、既能满足当代人的需求而又不对满足后代人需求的能力构成危害的可持续发展的道

---

① 胡鞍钢：《人口与发展》；李竞能：《人口对中国森林滥伐和水土流失的影响》，1989年提交人口与资源、环境国际研讨会论文，载：《资源、环境与人口》，牛津大学出版社1991年版；李树蒔：《论中国经济资源与人口问题》，《第五次全国人口科学讨论会论文选》，1990年。

路。"(《白皮书》P.1)。

中国学者最先接触可持续发展问题是在讨论环境问题和人口与发展问题的国际会议上，1994年联合国人口与发展大会所阐明的可持续发展战略思想及其行动纲领，无疑加深了中国学者对可持续发展的认识，在这次大会之后掀起了可持续发展理论研究的高潮，表现为在90年代下半期发表了上百篇探讨中国可持续发展的文章，同时围绕人口与可持续发展问题多次举办研讨会，如1995年秋临汾讨论会，同年9月北京国际研讨会，1996年9月汉中"中国欠发达地区人口与可持续发展研讨会"，1997年北京中国人口论坛"中国人口与可持续发展"专题讨论会等。讨论的热点，除了评介1994年联合国人口与发展大会精神与行动纲领外，主要是探讨可持续发展的基本含义，中国实现可持续发展的必要条件与具体途径，人口在可持续发展战略中的地位与作用等，还提出关于可持续发展的新观点，甚至提出分析可持续发展问题的新的理论模型。下面我们从三个方面来谈。

1. 有关可持续发展的内涵和理论体系的新观点

在联合国人口与发展大会之后，中国人口学者发表了一系列论可持续发展的内涵的文章，如：《论人口与国民经济可持续发展》《人口与可持续发展》《人口、资源、环境、可持续发展》《人口与资源的可持续发展》《人口、经济、环境的可持续发展》《从两种生产相适应到可持续发展》等。[1] 从上述一些文章可以看出，中国人口学者对可持续发展的内涵的最重要的贡献，是把联合国行动纲领中可持续发展"以人为中心"的观点，演进为"以人为本"的思想。他们不仅阐明可持续发展的内涵是满足人的当今与未来的需要，而且进一步指出，可持续发展的实质是实现人的全面发展、全面提高人的生活质量，可持续发展以人的全面发展为中心。根据这个主导思想，有的学者建立"以人为本"的可持续发展理论体系，认为资源是可持续发展的起点与必要条件，人口是总体可持续发展的关键，环境是可持续发展的终点和目标，经济发展和社会发展是可持续发展

---

[1] 第一篇田雪原文，载：《中国人口科学》，1995年第1期；第二篇蒋正华文，载：《中国人口》、《资源与环境》，1995年第2期；第三篇李建民文，载：《人口研究》，1996年第1期；第四篇田雪原文，载：《中国人口科学》，1996年第1期；又田雪原文，载：《中国社会科学》，1996年第2期；第六篇李竞能文，载：《人口与计划生育》，1996年第5期。

的途径和调节器。①

一些学者把可持续发展看作是一个大系统，把人口和经济、社会、资源、环境看作它的子系统，把它们之间的协调发展看作可持续发展的必要条件和关键组合。有的学者强调各个因素之间协调发展的重要性；有的学者分析构成可持续发展的5个基本要素：地球表层系统提供的资源承载力，环境承载力，满足人类不断增长的物质需求的生产能力，人类社会系统的管理能力，发展的稳定能力，并主张在其相关关系的基础上建立研究可持续发展的理论模型；还有的学者运用系统论方法把可持续发展作为一个系统进行研究，分析代内与代际的公平与补偿问题。② 有的学者不仅主张把"两种生产"相适应推进到可持续发展，而且提出"两种生产"和环境再生产相适应的"三种生产"理论；甚至在"三种生产"之外再加上精神产品再生产，提出"四种生产"理论。③ 可见，中国人口学者对可持续发展理论的内涵和体系的研究十分活跃。

2. 围绕人口在可持续发展中的地位、作用的争论

自从1994年联合国人口与发展大会行动纲领阐明可持续发展以人为中心、以人为主体，强调解决人口问题对于实现可持续发展的重要性之后，围绕人口在可持续发展中的地位与作用问题，在中国人口学界展开了相当热烈的讨论。学者大多接受如下观点：世界人口、特别是发展中国家人口的持续、迅速增长，对社会经济增长以及自然资源、生态环境构成巨大的压力，是造成资源滥用、环境恶化的根本原因，因此要实现可持续发展必须解决人口问题（包括就业、脱贫、提高生活质量和生育健康等问题），必须实行计划生育，控制人口增长。这在事实上承认人口在可持续

---

① 见上注田雪原1992年发表的两篇论文。
② 参见蒋来文：《"人口与可持续发展"国际研讨会综述》，《中国人口科学》，1996年第3期；庞丽华：《中国欠发达地区人口与可持续发展研讨会综述》，《人口研究》，1997年第1期；穆光宗：《人口与可持续发展研究在中国：回顾与讨论》，《人口研究》，1997年第3期；倪跃峰：《论人口子系统在可持续发展战略中的地位与作用》，《人口研究》，1997年第4期；沈益民：《人口与可持续发展研究在中国》，《中国人口论坛文选》，1997年。袁建华等：《中国人口战略的可持续发展模拟》，《中国人口论坛文选》，1997年；战捷：《可持续发展中的公平与补偿研究》，《中国人口科学》，1997年第6期。
③ 参见原新：《干旱区可持续发展问题研究》，《中国人口论坛文选》，1997年；周丽萍：《可持续发展的几种再生产及相互关系》，《第七次全国人口科学讨论会论文选》，1998年。

发展中具有很关键的地位与作用。

引起争论的问题主要是：能否从"可持续发展的中心是人"的命题，引申出人口是可持续发展的中心的命题。肯定的意见认为：可持续发展的核心是人口持续地生存和发展问题；人口是可持续发展战略的基础结构与核心子系统；可持续发展的核心是人口，中国可持续发展的核心是人口问题，中国要实现可持续发展必须解决好人口问题，必须控制人口数量、提高人口素质、改善人口结构、走综合治理的路。[①] 否定的意见认为：从可持续发展的中心是人，推论人口是可持续发展的中心，背离原意[②]，人与人口不是一个概念，人口是一个抽象，一个统计学上代表人类群体数量的概念，人口问题本质上说是发展问题，如果把人口说成是可持续发展的中心在逻辑上是同义反复，而且容易滑入人口决定论，好像人口问题解决了其他问题也就解决了。当时还有第3种意见，例如认为"人口"与"人"只是群体与个体、具体与抽象之分，在含义上并无本质区别；或者认为，若把人口看作由人所组成的社会群体，具有社会属性，而不单是数量概念，从可持续发展的中心主体是人推论出人口在可持续发展中占有中心地位、起主体作用，还是妥当的。[③]

3. 几个值得注意的分析可持续发展的理论模型

在中国可持续发展研究进程中，一些学者企图建立自己的分析可持续发展的理论模型。1994 年 ESCAP 曼谷专家讨论会上，针对西方流行的艾里奇（R. Ehrlich）模型：I = PAT（I：环境影响；P：人口；A：人均消费；T：每单位消费使用技术所造成的环境恶化程度）忽视制度因素的弊病，中国学者提出修正模型：I = PAT/SRe（S：制度因素；Re：资源再生产率），其后又将模型进一步修订、扩展为：C = OMQSRe/EPATD（SRe、PAT 同前，C：可持续发展的连续性；O：适度产出比率；M：技

[①] 参见李竞能、徐斌：《向市场经济转轨时期的农业粮食保障和乡村可持续发展》，《人口与经济》，1996 年第 2 期；张维庆：《中国可持续发展的核心是人口问题》，《中国人口科学》，1997 年第 6 期。

[②] 郭志刚、翟振武：《关于人口与可持续发展有关问题的思考》，1998 年提交全国第七次人口科学讨论会论文。

[③] 参见李竞能：《人口和资源、环境、可持续发展》，《现阶段中国人口经济问题研究》，《中国人口出版社》，1999 年。

术模式；Q：生活质量指数；E：人口弹性系数；D：资源滥用和环境恶化程度），公式表明，可持续发展的连续性 C 同 OMQSRe 成正相关变动，而与 EPATD 成反相关变动；前者应当大于后者。①

在分析人口、资源、环境、可持续发展的关系时，有学者也提出了自己的理论模型：S = RAT/PCW（其中：S：人类可持续发展程度；R：地球生态环境与自然资源的生产能力；A：地球生态环境与自然资源的吸收能力；T：人类自身发展能力，包括科学技术水平；P：人口数量；C：GNP 或人均消费；W：单位 GNP 产出造成的污染量）。按照上述模型，R 与 A 实际上是地球的负载能力，可持续发展最基本的条件是 RAT 大于 PCW。人类只有在可持续发展的原则基础上调整自己的生殖行为、生产行为和消费行为，才能留给子孙一个健康的地球。②

在这个阶段，还有一些中国人口学者提出自己的理论框架或理论模型。如前面已经谈到的研究中国可持续发展战略的模拟分析模型，还有定量研究可持续发展的多元函数分析方法，或者定量分析人口质量动态行为的数量模型等。③

总的说来，中国人口与可持续发展理论研究所包含的内容，在其进程中愈来愈多、愈广泛。有的学者所提出的可持续发展的概念内涵和理论体系越来越庞大，主张可持续发展的理论体系以人口、资源、环境、经济、社会的协调发展为基本模式，相应的理论体系为全方位适度人口论、资源稀缺论、生态系统论、总体经济效益论、社会协调发展论。然而，也有学者提出另外的看法，④ 认为 1987 年最先提出并在 1994 年被广泛接受的可持续发展的定义，类似一种宣言和原则，而不是严格的理论概念，其定义内涵的多样性正反映了理论上的不成熟。这种观点实际上从根本上否定了现有的可持续发展理论研究。它虽然比较严峻，但是也在一定程度上表

---

① 参见李竞能、徐斌：《向市场经济转轨时期的农业粮食保障和乡村可持续发展》，《人口与经济》，1996 年第 2 期。

② 参见李建民：《人口、资源、环境、可持续发展》，《人口研究》，1996 年第 1 期。

③ 参见王维国：《可持续发展的定量研究方法》，《中国人口论坛文选》，1997 年；方海等：《中国人口质量与可持续发展》，《第七次全国人口科学讨论会论文选》，1998 年。

④ 参见田雪原：《以人为本的可持续发展理论及其理论体系》，《中国人口科学》，1999 年第 1 期。翟振武：《关于可持续理论的若干思考》，《中国人口科学》，1998 年第 5 期。

明：一个概念内涵科学、逻辑结构严谨、体系统一完整的、有中国特色的可持续发展理论体系，还有待努力使之更为成熟与完善。

三 民族人口学研究①

（一）旧中国的民族人口研究几乎是一片空白，据已查到的资料，仅有《中国东北的蒙族人口生态调查》②，于1940～1941年对1 061户蒙族的人口、年龄、自然变动、死亡、生育等进行了调查；川南叙永苗民人口调查③，对1943年146户苗民的年龄、性别、婚姻、教育程度、职业、生育、死亡等进行了调查。其他的《中国民族志》《中国地理概论》《中外地理大全》等对少数民族人口也有论述，但其数量差别很大，如有将近2亿人、不超过1 000万人、2 860万人等说法。

（二）新中国成立后的民族人口学研究，经历了1950～1978年的空白时期，1979年伊始和1982年以后的大发展时期。

1980年以后民族人口学的研究任务繁重，包括必须面对55个少数民族的基础研究和应用研究。当然这两个方面往往相互交织、相互推动，并都属于开拓性研究。

1. 基础研究。包括弄清各民族的人口数量、素质、构成、婚姻、生育、死亡等现状、特点和发展趋势；还包括民族人口学的理论建设和学科创建，以及研究方法等。为此，除认真开发历次人口普查、经常性统计资料外，还进行了大量的抽样、社区等调查。

（1）专著类。从1987～2000年已经出版了44本民族人口专著。其中《中国少数民族人口》④是中国第一本数据准确、比较全面的专著，其内容涵盖了人口数量、分布、生育、死亡、年龄与性别构成、文化素质、婚姻家庭、人口发展与民族繁荣等；《中国少数民族社区人口研究》⑤，汇集了对20多个民族社区调查内容和分析；《中国少数民族人口调查研究》⑥，

---

① 《民族人口学研究》，由张天路撰写。
② （日）三浦运一，刊于《中国卫生统计》，1985年第2卷第1期。
③ 胡庆钧，刊于《边政公论》，1945年第12期。
④ 张天路：《中国少数民族人口》，辽宁人民出版社1987年版。
⑤ 张天路主编：《中国少数民族社区人口研究》，中国人口出版社1992年版。
⑥ 张天路、黄荣清主编：《中国少数民族人口调查研究》，高等教育出版社1995年版。

包括蒙古、维吾尔、布依、朝鲜、满、土家、东乡和鄂伦春8个民族和西藏自治区的人口调查，以及对少数民族人口过快增长、生活质量、妇女人口、民族自治地方人口与经济发展等问题分析，还预测了少数民族人口发展趋势；《中国藏族人口》①《中国蒙古族人口》②《鄂温克族人口概况》③和《贵州少数民族人口发展与问题研究》④ 等，数据准确，内容全面，对有关民族人口进行了分析论证。

（2）新型研究方法类。在《中国各民族人口的增长——分析与研究》⑤ 一书中有：首次从1990年人口普查的"户主"及其"户主配偶"中计算出民族通婚状况，其比例在50%左右的有蒙古、土家、侗等族，最低的有维吾尔、哈萨克等族；量化各民族人口自然变动和社会变动（即更改民族成分）的规模及其比例，如1990年少数民族净增2 450万人中，自然增加人口和社会变动人口分别为43.36%和56.64%；在对少数民族人口预测方案设定中，除了应用人口学一般的假定条件外，还首次增加因民族通婚夫妇子女选报少数民族成分比例的方案，其结果更接近实际。《民族人口文盲分析新方法探索》⑥，作者认为除了利用文盲率指标外，尚须增加文盲金字塔法，因为它能清晰地显示发展中国家和地区（或民族）各个年度的新生文盲是已经消除（即消除型），还是不断减少（即转变型），或者在扩大（扩展型）。

（3）新兴学科——《民族人口学》的创建与不断完善。1989年出版了中国第一本《民族人口学》⑦ 共分10章，根据中国民族人口状况、特点和任务提出了一些新的论点：把研究对象界定为，以民族人口为研究对象，主要研究全国或各地区人口的民族构成、各民族人口构成、人口再生产特点、自然变动、迁移变动、社会变动和民族演变所引起的人口过程，以及民族人口与社会、经济、资源、环境相互关系的发展变化及其规律，

---

① 孙兢新主编：《中国藏族人口》，中国统计出版社1994年版。
② 沈斌华主编：《中国蒙古族人口》，内蒙古大学出版社1997年版。
③ 沈斌华、高建纲编著：《鄂温克族人口概况》，内蒙古大学出版社1991年。
④ 严天华主编：《贵州少数民族人口发展与问题研究》，中国人口出版社1995年版。
⑤ 黄清荣：《中国各民族人口的增长——分析与预测》，北京经济学院出版社1995年版。
⑥ 张天路：《民族人口文盲分析新方法探索》，《人口与经济》，1995年第6期。
⑦ 张天路编著：《民族人口学》，中国人口出版社1989年版。

并分析各种因素，尤其是民族因素对民族人口质量、素质和构成以及生育、死亡、婚姻等的积极或消极作用。

由于民族因素在形成其人口特点的特殊作用，因此，民族人口学研究对此十分重视。如《民族人口学》第五章民族因素与生育中的伊斯兰教提倡和鼓励早育、多育，成为早育率和高生育率的重要原因；藏传佛教认为生育是人生八苦之首，生儿育女是拉命债，再加上藏族没有姓氏和"传宗接代"的观念，以及妇女不育率很高等原因，导致过去妇女生育率相当得低；朝鲜族的文化素质相当得高，但1970年以后群众积极开展计划生育，使妇女总和生育率大幅度下降，到1989年和2000年已分别降至1.56和0.8以下的低水平。第八章的民族因素与婚姻，认为民族人口学研究除了研究人口婚姻范围外，还把婚姻形式（民族学研究的内容）与生育的关系首次列为研究内容：如"阿肖"婚（摩梭人语），实行男不婚女不嫁的走访婚，其妇女的总和生育率，走访婚（2.84）比一夫一妻婚（3.98）为低；又如过去一妻多夫婚流行地区，再加上藏传佛教不准住寺喇嘛结婚的因素，造成妇女的不（或未）婚率相当得高，便直接影响到育龄妇女群体生育潜能的发挥；再如内婚制（包括民族内婚和宗教内婚）流行的民族地区，往往近亲婚配率较高，所导致的后果是：后代身体发育和智力欠佳，自然流产率、死胎率和围产期死亡率较高；还有不落夫家婚，即女方婚后暂回娘家居住，几年后，再与丈夫同居，这起到了推迟妇女初育年龄的作用。

1990年人口普查增加了民族人口死亡登记项目，为弄清各民族人口死亡率、婴儿死亡率和平均寿命状况、特点和问题提供了依据。在联合国人口基金援助和各单位重视设置课题的努力下，使民族人口学研究成果累累，促成再版《民族人口学》[①]于1998年出版面市，除比旧版增加两章外，并对民族人口与健康素质（第八章）进行了重大修改。在残疾人口、婴儿死亡率、平均寿命和人口生活质量方面，由于各民族的经济、社会、文化素质、封闭程度和民族因素不同，使各民族间的差异度相当悬殊，特别以西南地区民族的问题最为突出，新增第11章《民族因素与人口政策的转变》，即由"人口兴旺"政策转入酝酿计划生育（20世纪70年代），

---

① 张天路编著：《民族人口学》（修订本），中国人口出版社1998年版。

再转变为1982年以后的适当放宽的计划生育阶段。

2. 应用研究。新中国成立后，少数民族人口增长快、素质低、经济发展滞后，生态环境恶化，民族人口学坚持应用研究。

（1）当1971年汉族开展计划生育后，对少数民族是否也开展计划生育进行酝酿时，较长时期内反对开展计划生育的呼声相当高。但不少学者主张少数民族也要实行计划生育，其中《论计划生育与民族繁荣》[①]提出少数民族只有发展和实现两个高度文明，才能称之为繁荣，主张实施"有计划地发展人口数量，努力提高人口素质，使人口与经济、教育发展相适应"的方略。

（2）西藏的自然、经济、社会和人口问题都很独特而神奇，又因达赖集团和一些居心叵测分子利用西藏人口，连篇累牍地编造谎言、高唱"人权"，大作反华与分裂活动的文章。我们研究西藏人口，弄清其人口特点与存在的问题，以推进西藏经济、教育发展，同时也用真实的数据和科学的分析向世界公布新旧西藏人口数量、文化素质、民族构成、婚姻、生育等方面的惊人变迁，以澄清是非、拨乱反正。为此用中文和多种外文发表了"西藏人口的发展"[②]，"美国之音"对此做了未加分析的全文广播。美国友人也来信称："希望以后多写这类有根有据和有说服力的文章，我们也好说话……"

（3）《西部大开发中的民族人口问题与对策》[③]，这是西部大开发中第一篇有关少数民族人口的文章，它指出西部世居少数民族及其人口分别占全国少数民族的83.64%和73.15%，民族自治地方占全国民族地区的90%（1990）；西部的民族人口问题严重、社会经济滞后、生态环境恶化，为此，必须加大计划生育服务、科教兴族、教育为本、教育优先的力度，使民族人口尽快转变成推进西部大开发的有力因素。

（4）吉林省延边州朝鲜族的总和生育率，从1965年以后持续下降，到1989年已降至1.55，1996年以后的自然变动一直保持负数增长，估计2000年的总和生育率在0.8左右，引起了国家计生委和延边州政府的高

---

① 张天路：《计划生育与民族繁荣》，载于《中国人口科学论集》，中国学术出版社1981年版。
② 张天路：《西藏人口的发展》，《北京周报》，1987年8月17日。
③ 张天路：《西部大开发中的民族人口问题与对策》，《人口研究》，2000年第5期。

度重视。张天路、黄荣清两次应邀参加研讨会，并为"延边州朝鲜族人口负增长问题"专题提出了对策建议。不过要使生育率回升到理想水平，是目前世界上还未解决的难题。

总之，民族人口学研究的基础差、资料少、力量弱，又要面对55个少数民族人口的基础研究和应用研究，其难度之大、任务之重非比寻常。好在20多年的研究有了一个良好的开端，新世纪更任重道远。

四　历史人口学研究①

新中国50年对中国历史人口学（从人口学角度看，人口史隶属历史人口学）的研究，大体可用两句话概括：前30年很少有人研究，其成果寥若晨星；后20年日趋繁荣，取得了许多重要成果。前30年的停滞，自然与人口科学研究被作为禁区而中断20多年有直接的关系；后20年的发展，自然与人口科学研究的禁区被解除、人口科学的繁荣与发展密切相连。

现在对新中国50年特别是后20年中国历史人口学研究所取得的成果，分类作些简要介绍。

（一）中国人口通史的研究。作为通史，其上限大体从上古、至少从先秦，其下限到新中国成立前后、至少到清朝末年。这种著作就其分量比较重、原创性较好的，先后有以下几部出版。

《中国人口史》②，这部书是作者"在浩繁的史料中挣扎了许多寒暑"，对中国历史人口的全国数字和地区分布数字，加以收集、审订、修改、补充而写成。该书分析了四千年间的"人口波浪线"，探索了人口增长分布和流动规律，作出了"人口分布不平衡是一种规律性的现象"、"人口分布所遵循的基本法则是经济分布法则"等结论。胡焕庸为本书作序说："作者的尝试，已经给我们研究中国人口史，开辟了一条新路子。"③

《中国人口发展史》④，这是一部比较简明的人口史，作者对此研究的

---

① 《历史人口学研究》，由路遇撰写。
② 赵文林、谢淑君：《中国人口史》，人民出版社1988年版。
③ 同上。
④ 葛剑雄：《中国人口发展史》，福建人民出版社1991年版。

空间范围、时间范围和具体内容作了明确界定，对中国历史上的人口调查制度与现存资料，对历代中国人口的数量及其变化特点和原因，对历史人口构成、再生产、分布与迁移以及其他一些人口问题作了有相当理论深度的分析。此书达到了作者预期的写成"一种比较简明的中国人口史"的目的。这本书的内容在作者主编的跨世纪出版的六卷本《中国人口史》中得进一步深化和拓展。

《中国人口史》[1]，此书是作者对历代史籍有关人口的记载，做了大量的去伪存真、拾遗补缺的考订工作完成的。资料扎实、考证严谨是本书的重要特点。例如，对三国人口的考证，三国户口之所以很低，主要是户口登记中的若干遗漏：①世家豪族荫附户口对封建国家人口的分割；②屯田生产者不列入郡县的编户；③"兵家"和"吏家"也不属于州县的管辖；④少数民族大多不在州县的编户之内。对这个考证谭其骧先生誉之为"不囿于前人所言的振聋发聩之作。"

《中国人口通史》[2]，在其前言中说："本书主要研究中国人口发展史的全过程。从远古迄于近现代，考察各个历史时期人口发展变化的原因，力求从多方面阐述人口发展与社会、经济、军事、文化等诸方面因素的关系，以及自然界对人口发展的影响。"本书精于考证，"重点考证人口数量，以廓清历史上一些混乱的户口统计。特别是对一些重大的历史疑案进行剖析，以及对户口统计断代的考证，使之形成一个基本上能准确反映各个历史时期人口发展变化的数据系列"。作者运用多种方法对历代近20个重要时点人口数量进行的独立而可信的考证，应当说是该书最主要的特点。同时，运用历史唯物主义的原理对中国历史上若干重大人口问题作了有相当理论深度的阐述。该书受到中央领导同志的关注。全国社科规划领导小组称该书"对中国历代人口发展状况及其经验的深入研究，已作为国家有关政策的重要依据"，"进一步推动了人口学学科的发展。"[3]

此外，值得一提的尚有《简明中国人口史》[4]，此书篇幅较小，但它却凝聚着作者对中国历史人口的理解与思考，介绍了我国人口的发展过程

---

[1] 王育民：《中国人口史》，江苏人民出版社1995年版。
[2] 路遇、滕泽之：《中国人口通史》，山东人民出版社2000年版。
[3] 刘云山同志在全国社科研究"十五"规划工作会上的讲话，2001年4月8日。
[4] 张敏如：《简明中国人口史》，中国广播电视出版社1989年版。

和有关朝代的主要人口政策以及人口构成与分布的状况及其变迁。出于教学需要，张呈琮还编写了《中国人口发展史》[①] 教材一书。

（二）中国人口断代史研究。所谓"断代史"是写某一朝代或某一历史阶段的史书。在这方面先后出版的几部著作是：

《西汉人口地理》[②]，从题目上看虽似人口地理方面的专题史，但从内容看，它却探讨了西汉时期的人口数量和人口增长率、地理分布、人口迁移、人口结构、人口调查制度等人口问题，实是一部断代的人口历史专著。对于这部书的价值，谭其骧先生在给此书写的序言中说："作者做了前人没做过的工作，在研究方法上作了新的尝试，填补了一项空白，这对中国历史地理学的学科建设是很有意义的。"

《中国近代人口史》[③]，这部书研究的是清初至新中国成立的历史人口。该书结合清代人口统计制度和所能搜集到的各种人口统计资料，对清代初期的编审人丁的实质、对清代中期建立在保甲基础上的民数统计、对清末人口统计的严重失实，进行了详细考察和分析；对传统的城乡人口结构、乡村人口结构、城市人口结构进行了考察；对清代和民国时期人口迁移作了系统论述。更为有意义的是本书对究竟是以人口解释历史还是以历史解释人口作了理论方面的探讨。直至目前仍有学者在研究实践中还弄不清这个问题，有意无意走到人口决定论中去。对这本书刘大可先生指出："基础工作扎实，信而有征，可谓难能可贵。"这确为一部资料翔实、论证严整的近代人口史专著。

翁俊雄所撰《唐初政区与人口》《唐朝鼎盛时期政区与人口》《唐后期政区与人口》《唐代人口与区域经济》[④]，构成了对唐代各个时期政区与人口问题探讨的系列论著，把对唐代各个时期人口的探讨与地理沿革的探讨密切结合，既深入地探讨了唐代人口史，也探讨了唐代历史地理。冻国

---

① 张呈琮：《中国人口发展史》，中国人口出版社1998年版。
② 葛剑雄：《西汉人口地理》，人民出版社1987年版。
③ 姜涛：《中国近代人口史》，浙江人民出版社1993年版。
④ 翁俊雄：《唐初政区与人口》，北京师范学院出版社1990年版；翁俊雄：《唐朝鼎盛时期政区与人口》，首都师范大学出版社1995年版；翁俊雄：《唐后期与人口》，首都师范大学出版社1999年版；翁俊雄：《唐代人口与区域经济》，台北市新文丰出版公司1995年版。

栋所撰《唐代人口问题研究》[1]，也是一部研究唐代人口严谨的断代史著作，为作者后来撰写《中国人口史·第二卷·隋唐五代时期》打下了坚实基础。

《中国人口史·第四卷·明时期》[2]，这本书是葛剑雄教授主编的《中国人口史》六卷本中的一卷，其他五卷出版不在本书时限内，故只介绍这一卷。这卷书对明代人口的研究，在前人研究的基础上有明显的进步和提高，有些问题作了创造性的研究。该书在分析了与洪武时期户籍管理有关的里甲制度、军户制度和工匠制度等的基础上，以府为单位重建了洪武时期全国的分府人口数；探讨了洪武时期的卫边人口，并对少数民族人口进行估测；从研究城镇、乡里的比例结构中，对明代城市人口进行了"复原"等，这些都体现了作者研究的开拓性和创新性思维。

（三）中国历史人口专题史研究。在这个题目下，人口迁移专题史的论著比较多，拟单独另设专题介绍。这里仅介绍以下几项研究。

《中国古代人口史专题研究》[3]。作者袁祖亮教授在这部书里，对中国古代各朝代的人口数量、自然增长率、死亡率、迁移分布进行了严密的专题研究和论述，对人地相称的制土分民规律进行了独到的探讨。他还主编有《中国古代边疆民族人口研究》[4]《丝绸之路人口问题研究》[5] 人口专题史著作。

王跃生研究员的论著《中国人口的盛衰与对策——中国封建社会人口政策研究》[6]《十八世纪中国婚姻家庭研究——建立在1781~1791年个案基础上的分析》[7]《十八世纪中后期中国人口数量变动研究》[8]《十八世

---

[1] 冻国栋：《唐代人口问题研究》，武汉大学出版社1993年版。
[2] 曹树基：《中国人口史·第四卷·明时期》，复旦大学出版社2000年版。
[3] 袁祖亮：《中国古代人口史专题研究》，中州古籍出版社1994年版。
[4] 袁祖亮主编：《中国古代边疆民族人口研究》，中州古籍出版社1999年版。
[5] 袁祖亮：《丝绸之路人口问题研究》，新疆人民出版社1998年版。
[6] 王跃生：《中国人口的盛衰与对策——中国封建社会人口政策研究》，科学文献出版社1995年版。
[7] 王跃生：《十八世纪中国婚姻家庭研究——建立在1781~1791年个案基础上的分析》，法律出版社2000年版。
[8] 王跃生：《十八世纪中后期中国人口数量变动研究》，《中国人口科学》，1997年第4期。

纪中后期中国的家庭结构》①，便是中国人口专题史的成功之作。在这些论著里，一是全面论述了中国封建社会的人口政策，对各种人口政策的产生背景、实施过程、演变与效果作了全面而有创新性的分析评价，使人们对中国传统社会人口政策有一个全面的认识。二是对1741~1799年的人口数量及其变动作了考察，针对清代1741年以后存在着漏报人口严重，以及少数民族人口和一部分特殊人口群体并未包含在各省乃至汇总后的全国总人数之中的状况，利用中国第一历史档案馆所藏档案资料，复原出十八世纪末叶的人口数量，弥补了《清实录》人口统计数字的缺陷，得出了十八世纪末中国总人口数量约为3.9亿、而不是3.1亿、人口年龄增长率在12‰~14‰的结论。三是立足于大量的个案资料考察中国传统社会晚期的婚姻家庭状态和特征，并将典型个案分析与诸多同类个案汇总起来加以分析，探讨了18世纪中后期的家庭结构及其影响因素。这在国内外对近代之前的婚姻家庭研究中具有开创性。

《人口与历史——中国传统人口结构研究》②。该书在中国人口史的研究中，第一次以全新的视角，较为全面系统地探讨了中国传统人口结构。该书对传统的人口规模结构、地域结构、城乡结构、乡村人口阶级结构、性别年龄结构、婚姻家庭结构六个方面从宏观到微观、先整体后部分地进行了全面考察，从理论到方法上都有创新，是一部有相当学术价值的专著。

《明清时期家族人口与社会经济变迁》（二册）③。作者从70年代末即开始发表有关研究族谱所载人口的论著，其内容包括了家族人口的婚姻、生育、死亡及增长等许多内容。这部书集作者对家族人口研究之大成，利用50种族谱中近20万个人口数据，对明清人口进行严格意义上的历史人口学研究，从而对明清历史人口学研究的发展作出了重要贡献。

古代户籍统计方面的专题研究也出版了几部专著。《中国古代户籍制度史稿》④，该书是国内第一部比较全面、系统地研究中国古代户籍制度史的专著，填补了此领域研究的空白，不仅对人口史，而且对法律

---

① 王跃生：《十八世纪中后期中国的家庭结构》，《中国社会科学》，2002年第2期。
② 姜涛：《人口与历史——中国传统人口结构研究》，北京出版社1998年版。
③ 刘翠溶：《明清时期家族人口与社会经济变迁》，台湾"中研院"经济所1992年版。
④ 宋昌斌：《中国古代户籍制度史稿》，三秦出版社1991年版。

史、经济史、社会史等学科的研究具有一定参考价值。该作者还出版了《盛唐气象——唐朝兴衰启示录》①。《明代黄册研究》的作者将发现的一批明代黄册的文书档案进行了专题研究，把黄册制度的研究推进到一个新阶段。还有，《中国历代人口与户籍》②等著作也对户籍的研究有独到见解。

（四）中国移民史研究。对这个专题研究的成果相对比较多，先后出版了许多重要迁移史著作。

《黑龙江移民概要》③作者在费孝通教授指导下，以大量的第一手调查材料和丰富的历史资料为依据，写成了这本阐述黑龙江移民历史和现状的书。本书分上下两篇，上篇为解放前黑龙江移民史要，较为系统地研究和介绍了黑龙江移民的由来与发展；下篇为解放后黑龙江移民概述，较为全面地探讨了解放后黑龙江移民的现状和基本经验。该书对许多移民问题作了深入探讨，如对黑龙江移民各阶段的历史划分、对黑龙江国外移民文化的分析、对黑龙江移民原因的分析等都有独到的见解。

《清代和民国山东移民东北史略》④，全书分三部分，一是清代移民，包括清代初期的流人和后期的流民两部分；二是民国时期移民；三是作者对回返移民访问手记。旧中国山东人往东北三省迁移，亦称"闯关东"，这是举世皆知的史实。但是，对这段史实历来无人系统研究。作者潜心三年调查和研究，写出此书，系统考察了清代和民国山东移民东北的全过程，第一次推算出山东移民东北的人数；考察移民迁出路线、经过、特点以及留住移民的具体生活，揭示了山东移民东北的意义，领先于国内外对这段史实的研究。

《中国的海外移民——一项国际迁移的历史研究》⑤，这是一部全面系统研究中国移民海外历史的专著，作者历经8年的"青灯黄卷寒夜冷笔"写成。书中将海外移民历史分为五个阶段：自秦至隋为发轫阶段，唐宋元明为自发阶段，明末清初为过渡阶段，晚清时期为高潮阶段，民国时期为

---

① 宋昌斌：《盛唐气象——唐朝兴衰启示录》，长春出版社1997年版。
② 杨子慧、张庆五：《中国历代人口与户籍》，天津教育出版社1991年版。
③ 李德滨、石方：《黑龙江移民概要》，黑龙江人民出版社1987年版。
④ 路遇：《清代和民国山东移民东北史略》，上海社会科学院出版社1987年版。
⑤ 朱国宏：《中国的海外移民——一项国际迁移的历史研究》，复旦大学出版社1994年版。

持续阶段。作者对各个阶段的中国海外移民情况作了深入的历史考证和理论剖析，具有重要的学术价值。

《中国移民史》（六卷本）①，这部书的前身是《简明中国移民史》②。该书对中国上自先秦下至民国的漫长的历史时期的国内移民作了全面深入的研究，不但对已有移民史成果进行了深化研究，而且发现了一些被长期忽略的移民运动。对秦、汉、魏晋南北朝时期的各种移民作了全面研究，对唐中叶起的北方人口的南迁，宋代北方人口南迁，南方发达地区向落后地区的迁移等都拓展了研究范围，有相当进展。对明初大移民的过程、移民数量、移民分布以及其对社会发展的影响作了重点讨论。通过大量乡土资料和实地资料，计算出了明清两代历次移民浪潮的移民数量。同时从多角度对迁移理论进行了探讨。总之，这是一部系统而完整的中国历史移民专著。

此外，在移民史方面尚有不少有分量的著作：《中国人口迁移》（沈益民，中国统计出版社1992年版）、《中国移民史略》（田方、陈一筠，知识出版社1985年版）、《近代中国移民史要》（李德滨、石方、高凌，哈尔滨出版社1994年版）、《中国近代移民》（池子华，浙江人民出版社1996年版）、《中国人口迁移史稿》（石方，黑龙江人民出版社1990年版）、《中国流人史》（李兴盛，黑龙江人民出版社1996年版）、《明清时期的两湖移民》（张国雄，陕西人民出版社1995年版）、《魏晋南北朝民户大流徙》（李剑农，武汉大学编译委员会1951年版）等。

（五）地方人口史、地方人口志研究。在地方人口史方面，《北京市历史人口地理》③是一部质量较高的著作，特别是对明清城市人口的研究颇具特色。其他尚有《天津人口史》④、《山西近现代人口统计与研究》⑤、《福建人口史论稿》⑥、《山东人口史》⑦、《四川人口史》⑧、《河北人口史》⑨、

---

① 葛剑雄主编：《中国移民史》（六卷本），福建人民出版社1997年版。
② 葛剑雄、曹树基、吴松弟：《简明中国移民史》，福建人民出版社1993年版。
③ 韩光辉：《北京市历史人口地理》，北京大学出版社1996年版。
④ 李竞能主编：《天津人口史》，南开大学出版社1990年版。
⑤ 李玉文：《山西近现代人口统计与研究》，中国经济出版社1992年版。
⑥ 陈景盛：《福建人口史论稿》，福建人民出版社1991年版。
⑦ 滕泽之：《山东人口史》，山东新闻出版局1987年版。
⑧ 李世平：《四川人口史》，四川大学出版社1987年版。
⑨ 高树林：《河北人口史》，河北人民出版社1986年版。

《哈尔滨人口变迁》①等重要著作。

在地方志方面，有《山东省志·人口志》②，这是一部在继承旧志的传统基础上，从内容到形式，从体裁到方法等方面进行了有益探索和创新的地方志专著。作者把在编纂人口志的实践中探索出的一些规律性的东西，撰写成《人口志编纂学》③，对人口志编纂中的一些重要问题作了深入全面的理论概括。《广东省志·人口志》④，系统地反映了广东省两千多年来，特别是新中国成立后广东人口发展的过程和特点。

（六）中国人口思想史研究。在这个领域也出现了一些有价值的论著。

《中国人口思想简史》⑤。这是一部简明而又比较系统地反映中国人口思想产生和发展的著作。重点介绍了从春秋到"五四"运动时期一些主要思想家和政治家的人口思想，以及产生这些思想的历史背景、它们在历史中的作用和当时的主要人口政策。

《中国人口思想史稿》⑥。这部书是作者积多年教学和研究的结晶，资料比较丰富，其中大量是作者首次发掘整理的。此书把中国人口思想的历史分为4个时期：先秦至西汉——人口思想的发轫期；东汉至唐——人口思想的承接期；宋元明清（鸦片战争前）——人口思想的发展期；近代——人口思想的融合期。作者力求以马克思主义思想为指导，对历史上各种人口思想作出历史唯物主义的分析。

（七）中国历史人口统计资料研究。这方面的研究散见于许多人口历史著作中，单独出书的介绍以下两部：

《中国历代户口、田地、田赋统计》⑦。本书是梁方仲教授生前多年悉心编纂的遗稿。全书根据二十五史、历代政书、部分地方志、文集以及近人所编有关统计材料，将中国自两汉到清末二千一百多年间历代户口、田

---

① 薛连举：《哈尔滨人口变迁》，黑龙江人民出版社1998年版。
② 路遇主编：《山东省志·人口志》，齐鲁书社1994年版。
③ 路遇：《人口志编纂学》，中国广播电视出版社1991年版。
④ 《广东省志·人口志》，广东人民出版社1996年版。
⑤ 张敏如：《中国人口思想简史》，中国人民大学出版社1982年版。
⑥ 吴申元：《中国人口思想史稿》，中国社会科学出版社1986年版。
⑦ 梁方仲：《中国历代户口、田地、田赋统计》，上海人民出版社1980年版。

地、田赋统计数字，经过考核测算，分门别类，综合编辑为二百多份表格。对于一些重要数字，并加以考订注释，具有很高的学术价值。它为研究我国经济、土地、人口的历史提供了重要数据。

《中国历代人口统计资料研究》①。这是一部大型历代人口资料汇编，是由国内八所高校和研究单位的34名学者，对中国历代人口资料进行搜集、整理，依照人口学的学科框架体系分类汇编在一起，形成了一本较为系统、完整的资料工具书。全书分上古至秦汉编、魏晋南北朝编、隋唐五代编、宋辽金元编、明代编、清代编和现代编八个部分。这本资料书的出版，为从事人口研究和实际工作的人员查阅、翻检历史人口资料提供了方便。编者曾表示要作一次修订，改正其中的某些舛误，再行出版。我们期待着该书的再版，这必将提高其资料的使用价值。

（八）海外学者对中国人口史的研究。这里简要介绍几位西方学者的成果。

《1368～1953年中国人口研究》②。何炳棣于1959年在哈佛大学出版了这本书。这的确是一部出色的研究明清人口的重要著作。此书对于明清时期的中国人口数据、人口调查制度、人口与土地关系等问题均作了创新性研究。尤其对"丁"的实质的研究更为人称道。他从明初制度入手，系统地解决了"丁"的含义，"丁"在清朝已经不是代表成年男性人口，而成为纳税单位了。这对于正确理解明清人口问题具有关键意义。

李中清教授多年从事中国人口史的研究。他分别与郭松义、康文林、刘翠溶、王丰、坎贝尔、安酫匿、杨向奎等学者发表和出版了许多优秀论著：《清代皇族人口行为和社会环境》③、《清代皇族人口统计初探》④、《中国乡村的命运与幸运》、《亚洲历史人口》、《1795～1820年间辽宁农村的成人死亡率》⑤、《1772～1873年间奉天地区粮价与人口变化》⑥、《人

---

① 杨子慧主编：《中国历代人口统计资料研究》，改革出版社1996年版。
② 何炳棣著、葛剑雄译：《1368～1953年中国人口研究》，上海古籍出版社1989年版。
③ 李中清、郭松义主编：《清代皇族人口行为和社会环境》，北京大学出版社1994年版。
④ 李中清、坎贝尔、王丰：《清代皇族人口统计初探》，《中国人口科学》，1992年第1期。
⑤ 李中清、安东尼、休恩：《1795～1820年间辽宁农村的成人死亡率》，新华书局1988年版。
⑥ 李中清、康文林、谭国富：《1772～1873年间奉天地区粮价与人口变化》，1988年中国经济史讨论会上报告。

类的四分之一：马尔萨斯的神话与中国的现实》①等。他在清朝皇族人口和中国一些区域人口研究方面取得了很高的成就。对清朝皇族人口的研究，早在 80 年代国人鞠德源就先后发表了《清朝皇族宗谱与皇族人口初探》②、《清代皇族人口呈报制度》③等有价值的论文。李中清则在此基础上根据中国第一档案馆收藏的延续 300 多年的清代皇族宗谱人口资料，对清朝皇族人口作了更加系统深入的研究，取得卓著的成绩。这从他主编的《清代皇族人口行为和社会环境》一书中的几篇论文④中可以得到充分印证。

施坚雅的《19 世纪四川的人口——从未加核实的数据中得出的教训》⑤一文，颇有分量，对清代四川人口统计制度、四川的人口密度、人口增长、户均人口和性别比都作了相当深入的研究。

段纪宪著的《中国历代人口社会与文化发展》⑥，对中国历史人口的研究有新颖独到之处。他从人口运动规律、家庭、王朝周期机制等不同角度，重新检视中国几千年来社会文化演变过程，追溯家庭社会文化的历史渊源，审查人口的量级规模在与它们的交织演变过程中的相互作用，审查旧的变量，寻找和检查新的变量。

日本学者池田温出版的《中国古代籍帐研究》⑦，也是一部有价值的著作。

以上所讲，可能还有遗漏的重要成果，但就此，也可以看出新中国成立以来对中国历史人口的研究已经取得了重要成绩。国外的相关研究我们要重视，但却不能小视我们国内在这方面研究的重大进展，完全没有必要言称外国如何如何。当然，我们也必须正视，对中国历史人口的研究，还

---

① 李中清、王丰：《人类的四分之一：马尔萨斯的神话与中国的现实》，生活·读书·新知三联书店 2000 年版。

② 刊于《明清档案与历史研究》，中华书局 1988 年版。

③ 刊于《历史档案》，1988 年第 2 期。

④ 即指三篇论文：《中国历史人口制度：清代人口行为及其意义》（李中清）、《两种不同的节制性限制机制：皇族人口对婚内生育率的控制》（王丰、李中清）、《两种不同的死亡限制机制——皇族人口中的婴儿和儿童死亡率》（李中清、王丰、康文林）。

⑤ 见施坚雅：《中国封建社会晚期城市研究——施坚雅模式》，吉林教育出版社 1991 年版。

⑥ 段纪宪：《中国历代人口社会与文化发展》，中国科学技术出版社 1995 年版。

⑦ （日）池田温：《中国古代籍帐研究》，中华书局 1984 年版。

仅仅迈出了第一步，任重而道远。目前宏观研究关注较多，而微观研究不足；定量分析薄弱的局面尚无根本改变；尚未形成一支稳定团结且素质较高的研究队伍；运用马克思主义唯物史观指导研究尚待加强；学术评论还需进一步向健康方向发展等。但是我们坚信，随着我国社会科学的日趋繁荣，历史人口学的研究将会出现一个百花争艳的局面。

第二十二章 人口大事记

1949 年

10 月 1 日　北京 30 万人在天安门举行典礼，庆祝中华人民共和国中央人民政府成立。在此之前，9 月 21~30 日，中国人民政治协商会议第一届全体会议召开，会议通过了《中国人民政治协商会议共同纲领》。该纲领除序言外，共分总纲、政权机关、军事制度、经济制度、文化教育政策、民族政策、外交政策 7 章 60 条。

10 月 22 日　中央人民政府民族事务委员会成立。

本年　年底全国（不包括台湾省和香港、澳门地区，以下同）总人口为 54 167 万人，出生率为 36.00‰，死亡率为 20.00‰，自然增长率为 16.00‰，总和生育率为 6.14‰。

1950 年

4 月 13 日　中央人民政府委员会第七次会议通过《中华人民共和国婚姻法》。规定"废除包办强迫、男尊女卑、漠视子女利益的封建主义婚姻制度。实行男女婚姻自主、一夫一妻、男女权利平等、保护妇女和子女合法利益的新民主主义婚姻制度"。

4 月 20 日　中央人民政府卫生部、中国人民革命军事委员会卫生部发布的《机关部队妇女干部打胎限制的办法》中规定：为保障母体安全和下一代之生命，禁止非法打胎；凡未经批准而打胎者，对其本人及执行打胎者，分别予以处分。

6 月 1 日　政务院发出的《关于开展职工业余教育的指示》指出：职工教育的内容以识字为重点。争取在三五年内做到职工中现有文盲一般能识字 1 000 个上下，并具有阅读通俗书报的能力。

6 月　中央人民政府颁布《中华人民共和国土地改革法》，开始了新解放区的土地改革运动。到 1952 年 9 月止，加上三年前即已完成土地改革的老解放区，完成土地改革地区的农业人口已占全国农业人口总数的 90% 以上。

7 月 25 日　政务院发布《关于劳动就业问题的决定》。

11 月 24 日　政务院第六十次政务会议批准并公布《培养少数民族干部试行方案》。

本年　年底全国总人口为 55 196 万人，出生率为 37.00‰，死亡率为 18.00‰，自然增长率为 19.00‰，总和生育率为 5.81。

1951 年

2 月 26 日　政务院发布《中华人民共和国劳动保险条例》。该条例共分 7 章 32 条。

3 月 22 日　《健康报》发表题为《努力推广妇幼卫生工作》的社论，文章指出："一年来全国各地已经改造了将近 6 万名旧产婆，在推广新法接生上是一件重大的收获，免除了许多婴儿和产妇的死亡与疾病的危害。"

5 月 16 日　政务院发布《关于处理带有歧视和侮辱少数民族性质的称谓、地名、碑碣、匾联的指示》，决定对历史上遗留下来的加于少数民族的称谓及有关少数民族的地名、碑碣、匾联等，如带有歧视和侮辱少数民族意思者，应分别予以禁止、更改、封存或收管。

6 月 30 日　《中华人民共和国土地法》颁布。

7 月 16 日　经中央人民政府政务院批准，公安部公布《城市户口管理暂行条例》。第一条规定：为维护社会治安，保障人民之安全及居住、迁徙自由，特制定本条例。

本年　年底全国总人口为 56 300 万人，出生率为 37.00‰，死亡率为 17.00‰，自然增长率为 20.00‰，总和生育率为 5.70。

1952 年

2 月　政务院第一百二十五次会议通过《中华人民共和国民族区域自治实施纲要》、《政务院关于地方民族民主联合政府实施办法的决定》、

《政务院关于保障一切散居的少数民族成分享有民族平等权利的决定》。

7月25日 政务院《关于劳动就业问题的决定》指出：城市各种失业人员的就业问题和城乡大量剩余劳动力之充分利用的问题，是在大规模的国家建设中必须解决的问题，在生产向前发展的前提下也是完全可以逐步得到解决的。

10月8日 毛泽东在接见西藏致敬团时指出：西藏地方大、人口少，人口需要发展，从现在二三百万发展到五六百万，然后再增至千几百万就好。还有经济和文化也需要发展。文化包括学校、报纸、电影等，宗教也在内。

10月31日 中央劳动就业委员会《关于解决农村剩余劳动力问题的方针和方法》，提出"面向农村，发展农、林、畜牧业生产为主"的处理方针。

12月31日 中央人民政府政务院文化教育委员会答复卫生部，同意卫生部呈报的《限制节育及人工流产暂行办法》（草案）和《婚前健康检查试行办法》（草案）。

本年 年底全国总人口为57 482万人，出生率为37.00‰，死亡率为17.00‰，自然增长率为20.00‰，总和生育率为6.47。

1953年

1月12日 卫生部通知海关：《查避孕药和用具与国家政策不符，应禁止进口》。

1月14日 卫生部批复华东军政委员会卫生部并抄送全国卫生机关及中国医药公司，重申对节育用具的制造销售应予登记，严加管理。

3月7日 最高人民法院、司法部给中南分院、中南司法部的《关于〈五代内〉的解释》的复函指出：所谓"五代"，是指从己身往上数，己身为一代，父母为一代，祖父母为一代，曾祖父母为一代，高祖父母为一代，旁系血统如从高祖父母同源而出的，即为五代以内。

4月3日 中央人民政府政务院发布《为准备普选进行全国人口调查登记的指示》和《全国人口调查登记办法》。

6月30日 中国进行第一次全国人口普查。普查的标准时间为1953年6月30日24时。登记项目为与户主关系、姓名、年龄、性别、民族以及本户住址等六项。

8月11日　政务院指示卫生部帮助群众节育，并批准卫生部修订的《避孕及人工流产办法》，其中指出：国家提倡避孕，但不许做大的流产手术。做节育手术要经有关部门批准。

9月9日　政务院批准中央民族事务委员会第三次（扩大）会议文件。文件强调内蒙古、绥远、青海、新疆等少数民族地区"贯彻'人畜两旺'方针"。

9月29日　政务院总理周恩来在中国共产党第二次组织工作会议上所作的《关于第一个五年建设计划的基本任务》的报告中指出："人多，这是我们的一个优点。但是，优点中也带来了困难，这样多的人口，要满足他们的需要，就是一个很大的负担。其中，农业是负担的一个主要方面。"

本年　政务院确认的少数民族共41个。

本年　年底全国总人口为58 796万人，出生率为37.00‰，死亡率为14.00‰，自然增长率为23.00‰，总和生育率为6.05。

1954 年

1月8日　中国共产党中央委员会发布《关于发展农业生产合作社的决议》。

5月27日　全国民主妇联副主席邓颖超写信给政务院副总理邓小平说：目前中国人口出生数相当高，首先在机关中的多子女母亲或已婚干部的自愿节制生育者中，推行有指导的避孕，是可行而又必须的，也不致有何不良影响，国家卫生机关应主动地拟定办法，帮助干部解决避孕问题。

5月28日　邓小平对邓颖超来信批示："我认为避孕是完全必要和有益的，卫生部对此似乎是不很积极的，请文委同卫生部讨论一下，问问他们对此问题的意见，如他们同意，就应采取一些有效的措施。"

9月18日　《人民日报》发表邵力子在第一届全国人民代表大会第一次会议上的发言，提议传播避孕的医学知识，指导避孕方法，供应避孕物品。

11月1日　国家统计局发表全国人口普查结果的公报：全国人口总数为58 260万人，少数民族人口数为3 532万人；城市人口占13.26%，农村人口占 86.74%。

11月10日　中央人民政府卫生部发出的《关于改进避孕及人工流产问题的通报》规定："避孕节育一律不加限制，但亦不公开宣传"；"一切避孕用具和药品均可以在市场销售，不加限制"；人工流产"经夫妇双方签名申请，医师证明，所在机关负责人批准，可以进行手术"；结扎输卵管"应严格根据医学上认为必要时才能施行"。

11月30日　商业部、卫生部发出《关于避孕药物的管理和供用办法》。

12月31日　全国人民代表大会常务委员会第四次会议通过《城市居民委员会组织条例》、《城市街道办事处组织条例》和《公安派出所组织条例》。

本年　年底全国总人口为 60 266 万人，出生率为 37.97‰，死亡率为 13.18‰，自然增长率为 24.79‰，总和生育率为 6.28。

1955 年

3月1日　中共中央批转卫生部党组关于节制生育问题向党中央的报告。批示指出：节制生育是关系广大人民生活的一项重大政策性的问题。在当前的历史条件下，为了国家、家庭和新生一代的利益，我们党是赞成适当地节制生育的。各级党委应在干部和人民群众中（少数民族地区除外），适当地宣传党的这项政策，使人民群众对节育问题有一个正确的认识。

6月1日　内务部发布国务院 1955 年 5 月 20 日批准的《婚姻登记办法》。

6月9日　国务院全体会议第十一次会议通过《关于建立经常户口登记制度的指示》，规定："全国户口登记行政，由内务部和县级以上人民委员会的民政部门主管。办理户口登记的机关，在城市、集镇是公安派出所，在乡和未设公安派出所的集镇是乡、镇人民委员会"。

8月25日　国务院公布《市镇粮食定量供应暂行办法》和《农村粮食统购统销暂行办法》。对农村实行粮食"三定"（定产、定购、定销）政策。

本年　年底全国总人口为 61 456 万人，出生率为 32.60‰，死亡率为

12.28‰，自然增长率为 20.32‰，总和生育率为 6.26。

1956 年

1 月 13 日　国务院决定将内务部和各级民政部门掌管的农村户口登记、统计工作和国籍工作移交给公安部和各级公安部门。

3 月 30 日　卫生部《关于人工流产及绝育手术的通知》指出：人工流产，可能影响到母体健康，甚至造成终身疾苦与生命的危险；绝育手术（包括结扎男子输精管和女子输卵管）将造成永久不孕，故均应加以掌握与限制。

8 月 6 日　卫生部发出的《关于避孕工作的指示》指出：避孕是人民民主权利，应由人民自由使用，政府应准备一切条件，来指导并解决群众对避孕的需要，以使广大群众能有计划地生育，调节生育密度。

9 月 16 日　在中国共产党第八次全国代表大会上，周恩来在《关于发展国民经济的第二个五年计划的建议的报告》中提出：为了保护妇女和儿童，很好地教养后代，以利民族的健康和繁荣，我们赞成在生育方面加以适当节制。

10 月 12 日　毛泽东在同南斯拉夫妇女代表团谈话时说：目前中国的人口每年净增 1 200 万到 1 500 万。社会的生产已经计划化了，人类本身的生产还是处在一种无政府和无计划的状态中。我们为什么不可对人类本身的生产也实行计划化呢？我想是可以的。

12 月 30 日　国务院发布《关于防止农村人口盲目外流的指示》。

本年　中国颁发了《矿产资源保护施行条例》。

本年　年底全国总人口为 62 828 万人，出生率为 31.90‰，死亡率为 11.40‰，自然增长率为 20.50‰，总和生育率为 5.85。

1957 年

2 月 15 日　北京劳动干部学校校长罗青主持召开人口研究座谈会，会上陈达提出一份人口问题研究提纲，就降低生育率一事提出两个关键性问题：节制生育和提倡晚婚。费孝通、吴景超、戴世光、赵承信、李景汉、潘光旦、雷洁琼等 14 人在会上发言。

3 月 1 日　毛泽东在最高国务会议第十一次（扩大）会议上的讲话中

指出:"人类要自己控制自己,有时候使他能够增加一点,有时候使他能够停顿一下,有时候减少一点,波浪式前进,实现有计划的生育。"

3月5日 《人民日报》发表社论《应该适当地节制生育》。对于如何节制生育,社论指出,第一应该改变早婚习惯;第二推广避孕方法,充分供应价廉可靠的避孕工具。

3月8日 《人民日报》刊载卫生部部长李德全在全国政协二届三次会议上作的《节育是一件艰巨复杂的工作》的发言。发言指出:有计划地进行生育,不但不是不道德,而正是应有道德的表现,也是国家对人民高度负责的表现。

3月28日 商业部、卫生部和供销合作总社发出联合通知,决定扩大供应避孕药具并全面降价。国产阴茎套零售价由原来的1.2角降低为5分,国产子宫帽由每个1.5元降低为1元,避孕药械实行全国统一价格。

6月6日 周恩来在会见日本医学代表团的谈话时说:有计划地生育,人口有计划地发展,不但可以使人民体质更加健康,使人民的生活水平得到提高,而且对国家的经济建设也是有作用的。

7月5日 《人民日报》刊载马寅初在第一届全国人民代表大会第四次会议上发表的书面发言《新人口论》。

7月18日 邓小平在青岛召开的省市委书记会议上讲话中说:现在人口增长速度太快,达2.5%~3.4%。避孕要搞,避孕宣传工作要各省去做,每个合作社都要去做。

8月20日 国务院副总理陈云在国务院常务会议上发言说:中国人多,必须提倡节制生育,中央和各省市都要成立专门委员会,可以号召共产党员不生第三个孩子。

8月 经教育部批准,在华东师范大学建立了中国第一个人口研究室。

10月9日 在中国共产党第八届中央委员会第三次全体会议上,毛泽东指出:少数民族地区不要去推广,人少的地方也不要去推广,就是在人口多的地方,也要进行试点,逐步推广,逐步达到计划生育。

10月10~31日 卫生部、化工部、商业部联合举办避孕工作展览会。展览表明中国避孕用具和药品生产有很大发展,阴茎套1957年预计生产4 500万个,将比1954年增长449倍,基本上满足国内需要。

10月12日　国务院发出"关于职工绝育、因病实行人工流产的医药费和休息期间工资待遇问题的通知"。

10月25日　中共中央公布《1956年到1967年全国农业发展纲要》（修正草案）。其中第二十九条提出："除了少数民族的地区以外，在一切人口稠密的地方，宣传和推广节制生育，提倡有计划地生育子女，使家庭避免过重的生活负担，使子女受到较好的教育，并且得到充分就业的机会"。

11月29日　《文汇报》报道：避孕药品除避孕药膏1956年因质量不稳定而下降外，都逐年增加。1956年与1954年相比，阴茎套增长90倍，阴道隔膜增长43倍。今年预计生产阴茎套4 500万个，阴道隔膜30万个，避孕药膏195万支。供应给群众的避孕用品已由4种增加到7种。

本年　中国公布《中华人民共和国水土保持暂行纲要》。

本年　年底全国总人口为64 563万人，出生率为34.03‰，死亡率为10.80‰，自然增长率为23.23‰，总和生育率为6.41。

1958 年

1月9日　《中华人民共和国户口登记条例》经全国人民代表大会常务委员会第九十一次会议通过并予以公布。条例的第四条第四款规定："户口登记簿和户口簿登记的事项，具有证明公民身份的效力"；第十条第二款规定："公民由农村迁往城市，必须持有城市劳动部门的录用证明，学校的录取证明，或者城市户口登记机关的准予迁入的证明，向常住地户口登记机关申请办理迁出手续。"

1月28日　毛泽东在最高国务会议上的讲话中说："人多好，还是人少好？我说现在还是人多好，恐怕还要发展一点。你现在要人家节育，但我们一是工具不够，二是宣传不够"；他还说："我是赞成节育的，并且赞成有计划地生育的。"

2月10日　《人民日报》发表马寅初《有计划地生育和文化技术下乡》一文。

2月　《经济研究》刊载《〈新人口论〉批判》，1958年2月以来全国主要报刊陆续发表文章批判《新人口论》。

3月23日　毛泽东在成都会议上陶鲁笳发言时插话中说："宣传人

多，造成悲观空气不对，应看到人多是好事，实际人口七亿五到八亿时再控制，现在还是人少，很难叫农民节育。一要乐观，不要悲观；二要控制，人民有文化了，就会控制了。"

4月15日 毛泽东在《介绍一个合作社》一文中说："我国在工农业生产方面赶上资本主义大国，可能不需要从前所想的那样长的时间了。除了党的领导之外，六亿人口是一个决定的因素。人多议论多，热气高，干劲大。从来也没有看见人民群众像现在这样精神振奋，斗志昂扬，意气风发。"

4月 卫生部党组给周恩来、毛泽东和中共中央写的《关于节育工作的报告》介绍了目前人口增长情况；各地节育工作的开展情况，认为节育工作在全国已形成全面发展的形势，出现了许多先进典型；并对开展计划生育提出建议。

9月 《红旗》杂志社论《大踏步前进的九年》中说：人愈多，就愈能多快好省地建设社会主义，就能愈快地促使社会生产力的发展，就能愈快地促使国家的物产丰富，兴旺强盛，就能愈快地促使人民群众的生活优裕、文化提高。

12月10日 中国共产党第八届中央委员会第六次全体会议通过"关于人民公社若干问题的决议"，其中提到：过去人们经常忧愁我们的人口多，耕地少。但是1958年农业大丰产的事实，把这种论断推翻了。只要认真推广深耕细作、分层施肥、合理密植而获得极其大量的高额丰产的经验，耕地就不是少了，而是多了。人口就不是多了，而是感到劳动力不足了。

本年 年底全国总人口为65 994万人，出生率为29.22‰，死亡率为11.98‰，自然增长率为17.24‰，总和生育率为5.68。

1959年

3月24日 卫生部副部长徐运北在全国妇幼卫生工作座谈会议上所作的总结报告指出：计划生育问题在卫生部门经过几个阶段，1954年前不宣传计划生育，甚至认为是犯法，事实上是保守思想结合旧观点，形成对广大人民生育问题不正确的认识。1956年经中央指示后有很大改进，改变了卫生部门不正确的看法。

4月15日　《人民日报》刊载《人口和人手》的文章,认为"主导的一面是手",中国要大大发展工业、农业、文化科学事业,"深深感到不是人口太多,而是人手不足"。

4月29日　毛泽东在《党内通讯》上发表文章指出:"须知我国是一个有六亿五千万人口的大国,吃饭是第一件大事"。

本年　一些报刊发表文章继续批判马寅初,马寅初也发表文章进行反驳,并对提高人口素质问题提出建议。

本年　年底全国总人口为67 207万人,出生率为24.78‰,死亡率为14.59‰,自然增长率为10.19‰,总和生育率为4.30。

1960年

4月12日　第二届全国人民代表大会第二次会议通过中共中央政治局制定的《1956~1968年全国农业发展纲要》。其中第二十九条规定:"除了少数民族的地区以外,在一切人口稠密的地方,宣传和推广节制生育,提倡有计划地生育子女,使家庭避免过重的生活负担,使子女受到较好的教育,并且得到充分就业的机会。"

7月7日　中共中央批转劳动部等《关于女工劳动保护工作的报告》。

本年　年底全国总人口为66 207万人,出生率为20.86‰,死亡率为25.43‰,自然增长率为-4.57‰,总和生育率为4.02。

1961年

4月3日　内务部在北京召开社会福利、优抚事业工作会议。

9月22日　周恩来在与一位西欧外宾的谈话中说:在人口密集的地方和工业区采取节制生育,看来是有效的。节育方针应该继续下去。节育的意义不只是在经济上,而且还有精神方面。

本年　年底全国总人口为65 859万人,出生率为18.02‰,死亡率为14.24‰,自然增长率为3.78‰,总和生育率为3.29。

1962年

4月5日　卫生部发出的《关于进一步开展计划生育避孕知识的宣传与技术指导工作的通知》中指出:为保护妇女、儿童健康,更好地教养后代，卫生部门必须贯彻农业发展纲要第二十九条关于节制生育提倡有计划地生育子女的精神。

10月6日 中共中央、国务院《关于当前城市工作若干问题的指示》中指出：今后一个长时期内，对于城市、特别是大城市人口的增长，应当严格加以控制。

12月18日 中共中央、国务院发出《关于认真提倡计划生育的指示》，指出：在城市和人口稠密的农村提倡节制生育，适当控制人口自然增长率，使生育问题由毫无计划的状态逐渐走向有计划的状态，这是中国社会主义建设中既定的政策。

本年 年底全国总人口为 67 295 万人，出生率为 37.01‰，死亡率为 10.02‰，自然增长率为 26.99‰，总和生育率为 6.02。

1963 年

2月26日 毛泽东、刘少奇、周恩来、朱德、邓小平等党和国家领导人接见出席全国农业科学技术工作会议和全军政治工作会议代表。周恩来在讲话中说：要计划生育，一对夫妇生两个就够了，不吃亏了。在绝育问题上，男同志应负主要责任，提倡男的结扎输精管。

3月16日 国务院第一百二十七次全体会议通过《统计工作试行条例》，规定国家统计的主要内容有20项，"人口"是其中的第一项。

4月18日 中共中央批转卫生部党组的《关于1963年卫生厅局长会议的报告》中说，卫生工作要大力支援农业，加强农村卫生工作，加强防疫措施和群众卫生运动，坚决同各种传染病作斗争，认真开展计划生育工作。

5月7日 内务部发出《关于做好当前五保户、困难户供给补助工作的通知》。

7月8日 周恩来在第二届全国人民代表大会常务委员会第一百零一次会议上讲话时指出：应该产生我们社会主义对人口的看法，确立人口论的正确观点。我们要有一个发展人口的计划。发展人口跟生产教育、劳动力的安排等方面都联系起来，不可孤立地发展。同时，周恩来还提出了研究中国人口的十个问题。

8月31日 《健康报》报道周恩来同孙燕文、李英夫妇的谈话。周恩来表扬他们间隔6年生育两个孩子，并对孙燕文自愿做了男性节育手术表示赞许。

9月18日　卫生部副部长徐运北在中共中央、国务院第二次城市工作会议上的发言中提出：从1963年起，把计划生育列入国家和省市的计划之内，在全国城市和人口稠密地区的农村（少数民族、牧区及个别情况特殊的地区除外），应普遍提倡适龄结婚，有计划的生育。

10月11日　卫生部《关于修改人工流产及男女结扎手术条件规定的通知》规定：结扎"男女任何一方要求手术，经医师检查，无手术禁忌症者，亦可实施手术"；"妇女要求施行人工流产术，凡无手术禁忌症，医疗单位应尽快争取早做，一般以3个月以内施行为宜。"

10月22日　中共中央和国务院批准《第二次城市工作会议纪要》。纪要指出：中国城市人口增长很快，出生率过高是一个重要的原因。1962年，城市人口的出生率为36‰，1963年上半年已经达到22.7‰，估计全年可能达到40‰左右。争取在三年调整时期把城市人口的自然增长率降到20‰以下；在第三个五年计划期间降到15‰以下；在第四个五年计划期间降到10‰以下。

本年　年底全国总人口为69 172万人，出生率为43.37‰，死亡率为10.04‰，自然增长率为33.33‰，总和生育率为7.50。

1964年

1月　国务院成立计划生育委员会。

2月11日　中共中央、国务院发布《关于进行第二次全国人口普查工作的指示》和《第二次全国人口普查登记办法》。确定以1964年6月30日24时为全国普查登记标准时间进行第二次全国人口普查。登记项目包括姓名、与户主关系、性别、年龄、民族、本人成分、文化程度、职业和本户住址九项。

4月4日　国务院批转卫生部、财政部《关于计划生育工作经费开支问题的规定》指出：在国家预算科目中增设"计划生育支出"一款，明确了国家在预算中安排的计划生育经费的开支范围。

5月18日　国务院批转科学技术委员会、卫生部、化工部《关于计划生育科学研究工作的报告》。报告提出推广节育环；研究试用口服避孕药；提高阴茎套、阴道隔膜的质量，实现机械化生产；推广人工流产吸引术；加强基础理论研究的工作安排。

7月1日　零时起进行第二次全国人口普查。这次普查的少数民族数据包括经国务院正式确认的53个少数民族。

12月16日　周恩来同美国作家埃德加·斯诺谈话时说：现在有些城市计划生育工作搞得好些，但在农村，这方面工作还不能一下子收到很大的效果。死亡率比出生率降低得还要快，老人活得长，婴儿死亡率更低。20世纪内，如果能使中国人口净增率降到1%以下，那就太好了。

本年　年底全国总人口为70 499万人，出生率为39.14‰，死亡率为11.50‰，自然增长率为27.64‰，总和生育率为6.18。

1965年

1月9日　毛泽东同美国作家埃德加·斯诺谈话，在回答斯诺问"对中国的计划生育的进程是否满意"时说："不满意，在农村还没有推广，最好制造一种简便的口服避孕药品。"

2月　国务院计划生育委员会在山东省文登县召开了现场经验交流会。会议肯定了文登县实行的"晚、稀、少"的生育政策。

7月　国务院计划生育委员会办公室在天津召开全国计划生育座谈会。会议肯定了天津市结合社会主义教育运动开展计划生育工作的经验。

8月23日　周恩来在最高国务会议上的讲话中说：避孕是个战略思想，要同备战、备荒和科学试验结合起来，争取使人口增长率下降到1%，争取二三十年内做到，要做长期工作。

9月20日　商业部、化工部、卫生部发出《关于降低避孕套价格的通知》，避孕套每只出厂价由3分降为1分，批发价由2.4分降为0.5分，零售价由3分降为1分。

11月1日　周恩来在中华医学会全国妇产科学术会议上的讲话中说：一方面要有一些规定，如在工资、住房、供应等方面，对实行计划生育的，要给予优待，一方面要自觉自愿，绝对不能强迫命令。既要自觉自愿又要有所约束。

11月16日　周恩来在中共中央政治局扩大会议上的讲话中指出：计划生育是进步的，是共产主义的。我们有社会主义制度，能够做到计划生育，这是个大问题。我们是无产阶级的计划生育，和资产阶级为了个人享乐搞节制生育不同。

本年　年底全国总人口为72 538万人，出生率为37.88‰，死亡率为9.50‰，自然增长率为28.38‰，总和生育率为6.08。

1966 年

1月28日　中共中央就钱信忠《有关计划生育的几个问题》的报告批示说：在城市和人口稠密的农村，积极开展计划生育工作，使人口增长的幅度继续下降，同发展经济和改善人民生活的要求相适应。

本年　年底全国总人口为74 542万人，出生率为35.05‰，死亡率为8.83‰，自然增长率为26.22‰，总和生育率为6.26。

1967 年

6月　国家科学委员会、卫生部、燃料化学工业部在上海召开全国口服避孕药鉴定会，肯定了Ⅰ号（复方炔诺酮）和Ⅱ号（复方甲地孕酮）两种女用口服药的效果，并决定在医务人员指导下推广应用。会议还决定组织力量作减量试验，探讨药物最低有效剂量。

本年　年底全国总人口为76 386万人，出生率为33.96‰，死亡率为8.43‰，自然增长率为25.53‰，总和生育率为5.31。

1968 年

8月　国务院成立计划生育领导小组，办公室设在卫生部，由栗秀真任办公室主任。有关计划生育工作由卫生部军管会业务组统一领导。

本年　上海、北京、江苏、浙江等地对口服避孕药Ⅰ号作减量观察试验，取得成效。

本年　年底全国总人口为78 534万人，出生率为35.59‰，死亡率为8.21‰，自然增长率为27.38‰，总和生育率为6.45。

1969 年

1月　周恩来在国务院计划起草小组工作会议上讲：口服避孕药是一件大事，要列入1969年计划，要单独提出来；今年是宣传和试点，明年推广，后年普及。

3月　周恩来在全国计划生育工作座谈会上提出："……总之，8亿人口快要到了，节育工作一定要抓好。今年药减价，明年免费，搞得好今年就可免费。"

本年　湖南省湘潭县盐埠中学开设青春期生理卫生和晚婚节育课。

本年　中国开始生产1个月注射一次的长效避孕针剂。

本年　年底全国总人口为80 671万人，出生率为34.11‰，死亡率为8.03‰，自然增长率为26.08‰，总和生育率为5.72。

1970年

2月　周恩来在全国计划会议上指出：70年代人口要注意计划生育。"文化大革命"期间有点放松，青年结婚的早了，孩子生得多了，特别是城市人口增长很多。凡是人口多的省、市要特别注意计划生育，劳力多了是好事，但要与经济发展相适应才好。

5月20日　财政部、卫生部军管会发出《关于避孕药实行免费供应的通知》，决定从1970年起，在全国实行避孕药免费供应。为支付避孕药费，财政部增拨3 080万元专款。

6月26日　周恩来接见卫生部军管会全体人员时说：计划生育宣传工作要和免费供应避孕药配合，物质和精神不能分家，精神要起更大的作用。计划生育属于国家计划范围，不是卫生问题，而是计划问题。

6月27日　中共中央转发中共中央血防领导小组《关于南方十三省、市、区血吸虫病防治工作的进展情况报告》中指出：除四害，讲卫生，提倡计划生育，绝不是一件小事，它是振奋人民精神、移风易俗、改造世界的大事。各地都应当重视起来，每年认真地抓几次。

9月4日　国家计划委员会《关于第四个五年国民经济计划纲要》中提出：要继续提倡晚婚和计划生育，免费供应口服避孕药。

本年　年底全国总人口为82 992万人，出生率为33.43‰，死亡率为7.60‰，自然增长率为25.83‰，总和生育率为5.81。

1971年

1月31日　周恩来在接见卫生部及直属单位负责人时说：去年还有

1 000多万免费的药没有赠送出去，农村领了不服用，商业部门没有赠送出去，宣传和政策不落实。如果能晚婚，又有有效药物，人口增长率就有办法控制了。但这与文化有关，也急不得。

7月8日　国务院转发卫生部军管会、商业部、燃料化学工业部《关于做好计划生育工作的报告》，提出：人口自然增长率力争到1975年，一般城市降到10‰左右，农村降到15‰以下。

7月　周恩来在接见全国慢性气管炎会议部分代表时说：现在我们要把平均年龄提高到70岁。第一是计划生育；第二是预防。

11月16~24日　卫生部军管会在江苏省如东县举办13省、市计划生育经验交流学习班。会议要求向全国各地推广江苏省如东县的工作经验。其经验中包括"把开展计划生育和普查普治妇女病、举办幼儿班相结合"的内容。

12月17日　卫生部军管会通知，从1972年1月15日起，计划生育工作由中国医学科学院管理。

本年　年底全国总人口为85 229万人，出生率为30.65‰，死亡率为7.32‰，自然增长率为23.33‰，总和生育率为5.44。

1972 年

1月17~25日　卫生部军管会在河北省乐亭县召开17省、自治区、直辖市计划生育工作座谈会。栗秀真在会上讲话说：要求育龄夫妇节育率达到50%左右，有10%的市、县人口自然增长率分别达到城市10‰以下，农村15‰以下。

6月5日　中国政府派代表团参加在斯德哥尔摩召开的联合国人类环境会议。会议通过《联合国人类环境会议的宣言》。10日，中国代表团团长唐克在会上发言说，中国政府历来主张实行计划生育，经过多年的宣传教育和采取必要的措施，已经开始收到一些效果。那种认为人口的增长会带来环境的污染和破坏，会造成贫穷落后的观点，是毫无根据的。

11月1日　卫生部军管会在山东昌潍地区召开全国27省、市、自治区计划生育工作负责人会议，总结了1970年以来计划生育工作在思想认识、组织领导、人口计划、计划生育政策和技术措施"五落实"方面的经验。

12月10日　中共中央转发商业部《关于当前粮食情况和意见的报告》，指出：在城乡人民中，要大力宣传和提倡计划生育。少数民族地区除外。

本年　年底全国总人口为 87 177 万人，出生率为 29.77‰，死亡率为 7.61‰，自然增长率为 22.16‰，总和生育率为 4.98。

1973 年

4月2日　周恩来对医务人员讲话时说：让青年懂得生理卫生知识很重要。在小学、中学应当介绍这方面的知识。医学科学院要负责组织写小册子，给小学、中学用，要有图。

4月16日　中国代表团参加在日本东京举行的联合国亚洲及远东经济委员会第二十九届会议。中国代表团副代表季龙发言说：中国人口的增长是比较快的，但是，生产的增长比人口的增长更快。有计划地增长人口，是中国的既定政策。实行这种政策，并不是由于中国存在什么"人口过剩"的问题，在中国，社会生产是有计划地进行的，这就要求人口的增长也是有计划的。

6月20日　国家计划委员会在《关于国民经济计划问题的报告》中提出：争取到1975年，把城市人口净增率降到10‰左右，农村人口净增率降到15‰以下。

7月16日　国务院批准恢复成立计划生育领导小组。

8月5～20日　中国第一次环境保护会议在北京举行。会议确定了中国环境保护工作方针："全面规划，合理布局，综合利用，化害为利，依靠群众，大家动手，保护环境，造福人民"。会议制定了《关于保护改善环境的若干规定》。

11月2日　在联合国人口委员会第十七届会议上，中国观察员于旺在发言中指出：中国实行有计划地发展国民经济的方针，其中包括有计划地增长人口这种政策。人口政策的制定，是属各国的内政。各国情况不同，人口政策也不能强求一样。

12月11～27日　国务院计划生育领导小组在北京召开全国计划生育工作汇报会，会议提出了"晚、稀、少"的计划生育政策。"晚"是指男25周岁以后、女23周岁以后结婚，女24周岁以后生育；"稀"是指生育间隔为3年以上;"少"是指一对夫妻生育不超过两个孩子。

本年 年底全国总人口为89 211万人,出生率为27.93‰,死亡率为7.04‰,自然增长率为20.89‰,总和生育率为4.54。

1974年

1月9日 国务院计划生育领导小组、卫生部、商业部、财政部、燃料化学工业部"关于全国实行免费供应避孕药和避孕工具的紧急联合通知",决定对14种避孕药具实行免费供应。

2月9日 卫生部《关于认真抓好节育手术质量的通知》,强调要培训技术队伍,提高手术质量;做好术后观察和随访;对中期引产术应严格控制,对于未经科学实验,不是安全有效的药物,严禁使用。

3月8日 《人民日报》发表纪念"三八"国际劳动妇女节的社论《妇女都动员起来》。社论指出:要批判和抵制反映在婚姻、家庭方面的旧风俗、旧习惯,用无产阶级观点对待恋爱、婚姻、家庭、子女教育等问题。提倡晚婚和计划生育。

3月11日 出席联合国人口委员会特别会议的中国观察员徐礼章在会上发言指出:人口政策和人口计划指标的制定,人口普查和统计资料的公布,属于各国的内政和主权,应当由各国政府根据本国人民的意愿来处理。

5月 国务院环境保护领导小组成立。

8月19~30日 联合国在布加勒斯特召开世界人口会议。中国代表团团长黄树则在会上发言,阐明中国对世界人口问题主要方面的观点和主张,强调发展民族经济、文化是解决人口问题的首要途径;坚决支持第三世界各国和其他国家按本国人民意愿和具体条件决定本国人口政策的立场。

9月1~24日 国务院计划生育领导小组在北京召开第二次全国计划生育工作汇报会及长效口服避孕药科研总结会。会议肯定了河北省南宫县的"领导重视,全党动手,发动群众开展计划生育工作"和辽宁省黑山县在基层生产队设"大嫂子队长"的工作经验。

12月29日 毛泽东在国家计划委员会《关于1975年国民经济计划的报告》上批示:"人口非控制不行。"

12月31日　中共中央发出继续开展计划生育的通知，并转发《关于上海开展计划生育和提倡晚婚工作的情况报告》和河北省《关于召开全省计划生育工作会议的情况报告》。

本年　年底全国总人口为90 859万人，出生率为24.82‰，死亡率为7.34‰，自然增长率为17.48‰，总和生育率为4.17。

1975年

2月1日　国务院计划生育领导小组、石油化学工业部、卫生部、商业部致函各省、市、自治区革命委员会，要求加强避孕药具、节育器械生产供应工作。

2月10日　中共中央批转《关于1975年国民经济计划的报告》。报告中指出：发展文教卫生事业，搞好计划生育，搞好环境保护。

4月30日　邓小平会见阿尔及利亚革命委员会委员、农业和土改部部长塔耶比·拉比，谈及人口问题时说：中国现在差不多9亿人口。我们力求在1980年前能把人口增长率控制到1.5%，1985年能控制到1%以下。

8月5日　国务院批转卫生部《关于全国卫生工作会议的报告》。这次卫生工作会议，重点研究了开展卫生革命和加强农村卫生工作；依靠群众、依靠集体办合作医疗，赤脚医生坚持参加农业集体劳动，参加集体分配的问题。

本年　年底全国总人口为92 420万人，出生率为23.01‰，死亡率为7.32‰，自然增长率为15.69‰，总和生育率为3.57。

1976年

6月24～27日　国务院计划生育领导小组在上海召开全国计划生育工作座谈会，会议认为：当前各省的县、社两级计划生育机构和人员的设置和配备十分不健全，建议把基层计划生育工作机构逐级建立到县、社。

12月13～29日　国务院计划生育领导小组在北京召开第三次全国计划生育工作汇报会。会议认为，北京、上海、天津、河北、辽宁、江苏6个省市的人口自然增长率已提前实现"五五"人口增长规划的指标；全国316个先进县中有188个县的人口增长率在15‰以下。

本年　年底全国总人口为 93 717 万人，出生率为 19.91‰，死亡率为 7.25‰，自然增长率为 12.66‰，总和生育率为 3.24。

1977 年

2月12日　国务院计划生育领导小组召开"女用长效口服避孕药科研总结会"。国务院副总理李先念在接见代表时说：科学技术要赶上去。长效避孕药，有的人吃了后有反应，头晕、恶心。科学上应针对这个问题研究一下，把副作用去掉。

9月22~30日　国务院计划生育领导小组在北京召开第四次全国计划生育工作汇报会，建议各级党委宣传部门把提倡晚婚和计划生育列入宣传工作计划；文化部门把它列入创作计划；各级党校、"五七"干校把讲授马克思主义人口理论列入教学计划；中学增加青春期生理卫生和晚婚节育课，农村政治夜校要有晚婚和计划生育的内容。

11月　商务印书馆出版马克思、恩格斯、列宁、斯大林《论人口问题》一书。

12月29日　卫生部和国务院计划生育领导小组在上海召开了第二次全国计划生育技术经验研讨会。会上就"宫内节育器、输卵管结扎术、人工流产和抗早孕有关问题、女性节育手术并发症的防治、男性节育手术及其并发症防治"等几个专题进行了交流和总结。

本年　年底全国总人口为 94 974 万人，出生率为 18.93‰，死亡率为 6.87‰，自然增长率为 12.06‰，总和生育率为 2.84。

1978 年

2月24日　国务院批转《关于全国计划生育工作汇报会的报告》，批语指出：全国人口自然增长率 1971 年为 23.4‰，1977 年预计降到 12‰左右。力争在三年内把中国人口自然增长率降到 10‰以下，为实现四个现代化，做出更大的贡献。

2月26日　国务院总理在第五届全国人民代表大会上所作的《政府工作报告》中指出：有计划地控制人口的增长，有利于国民经济的有计划发展，有利于保护母亲和儿童的健康，有利于广大群众的生产、工作和学习，必须继续认真抓好，争取在三年内把中国人口自然增长率降到1%

以下。

3月5日　第五届全国人民代表大会第一次会议通过的《中华人民共和国宪法》第五十三条规定：妇女在政治的、经济的、文化的、社会的和家庭的生活各方面享有同男子平等的权利。男女同工同酬。男女婚姻自主。婚姻、家庭、母亲和儿童受国家的保护。国家提倡和推行计划生育。《宪法》还明确规定"国家保护环境和自然资源，防止污染和其他公害"。

3月18~31日　全国科学大会将计划生育科学技术规划列入全国科学技术长远规划。会后成立国家科委计划生育专题组。

6月21日　国务院发出《关于调整补充国务院计划生育领导小组成员的通知》，任命国务院副总理陈慕华兼国务院计划生育领导小组组长。

6月26日　陈慕华在国务院计划生育领导小组第一次会议上的讲话中指出：要实现人口自然增长率降到1%以下的任务，关键在于加强党的领导。要有正确的政策，一个是晚、稀、少的问题，关键是少；再一个是社会保障问题。

6月26~28日　国务院计划生育领导小组召开第一次会议，会议提出搞好计划生育的36字方针："书记挂帅、全党动手、宣传教育、典型引路、加强科研、提高技术、措施落实、群众运动、持之以恒"；要求一对夫妇生育子女数"最好一个、最多两个"。

6月28日　中共中央副主席、国务院副总理李先念在国务院计划生育领导小组第一次会议上的讲话中指出：要把计划生育提到全局观点来考虑，提到战略观点来考虑，这是关系到四个现代化的问题，关系到中国繁荣富强的问题。

10月26日　中共中央批转《国务院计划生育领导小组第一次会议的报告》。报告中提出："提倡一对夫妇生育子女数最好一个，最多两个。生育间隔三年以上。"

11月1~7日　第一次全国人口理论科学讨论会在北京举行，讨论了社会主义社会的人口规律和有计划发展人口同发展经济、加速实现四个现代化的关系。陈慕华讲话说：大家思想要再解放一点，要打开"禁区"。

12月31日　中共中央批转的国务院环境保护领导小组《环境保护工作汇报要点》中指出：消除污染，保护环境，是进行经济建设、实现四个现代化的重要组成部分；我们决不能走先建设、后治理的弯路，要在建设的同时就解决环境污染问题。

本年　年底全国总人口为96 259万人，出生率为18.25‰，死亡率为6.25‰，自然增长率为12.00‰，总和生育率为2.12。

1979年

1月4~17日　国务院计划生育领导小组在北京召开全国计划生育办公室主任会议。会议提出：提倡每对夫妇生育子女数最好一个，最多两个，间隔三年以上；对于只生一胎，不再生二胎的育龄夫妇，要给予表扬；对于生第三胎和三胎以上的，应从经济上加以必要的限制。知识青年上山下乡、职工福利、劳动保险、城市住房分配、农村住宅基地、自留地以及社员口粮分配等有关政策，应当有利于计划生育。

1月15日　国务院发布"关于保护森林制止乱砍滥伐的布告"。

1月17日　陈慕华在全国计划生育办公室主任会议上讲话指出：从1971年到1977年7年中，中国大体少生了3 000万人。

2月　《中华人民共和国森林法（试行）》通过实施。

3月23日　邓小平在中共中央政治局会议上讲话说：争取到1985年把人口增长率降低到10‰以下，降不到这个水平不行，国家负担不起。在这方面，应该立些法，限制人口增长。

3月30日　邓小平在党的理论务虚会上作报告时指出：要使中国实现四个现代化，至少有两个重要特点是必须看到的：一个是底子薄。第二条是人口多，耕地少。中国式的现代化，必须从中国的特点出发。

3月　中国环境科学学会成立。

4月6日　陈慕华在国务院主持讨论起草《计划生育法》组织工作等问题的会议。

5月3日　国务院人口小组与联合国人口基金在北京签署了谅解备忘录，双方同意在人口普查、人口学训练和研究、人类生殖和计划生育科学研究、避孕药具生产和包装、计划生育和有关活动的宣传教育和通讯等方面进行合作。

6月18日　第五届全国人民代表大会第二次会议通过的《政府工作报告》中指出：要定出切实可行的办法，奖励只生一个孩子的夫妇，对无子女的老人逐步实行社会保险。1979年要力争使全国人口增长率降到

10‰左右，今后要继续努力使它逐年下降，1985 年要降到 5‰左右。

7 月 23 日　卫生部、财政部、农业部、轻工业部联合发出《关于宣传吸烟有害与控制吸烟的通知》。

9 月 13 日　中国第一部关于保护环境和自然资源、防止污染和其他公害的综合性法律《中华人民共和国环境保护法（试行）》公布施行。

9 月 14 日　中共中央批准北京大学党委为著名经济学家、人口学家、教育家马寅初先生彻底平反、恢复名誉的决定。决定指出：《新人口论》的观点是正确的，许多主张是可行的。

10 月 30 日　国务院人口小组与联合国人口基金共同签订 1980～1983 年的 5 000 万美元的 15 个合作项目。

12 月 15～20 日　国务院计划生育领导小组办公室在成都市召开全国各省、自治区、直辖市和全军计划生育办公室主任会议。会议认为，为确保实现人口自然增长率 1980 年降到 9.5‰、1981 年降到 8‰的指标，目前当务之急是尽快把计划生育工作的重点转移到提倡和奖励一对夫妇只生一个孩子的工作上来，逐年提高生一胎的比例，限制多胎生育。

12 月 18 日　陈慕华在成都召开的各省、自治区、直辖市和全军计划生育办公室主任会议上的讲话中说：要牢固树立有计划地控制人口增长这样一个战略思想，提倡一对夫妇最好生一个孩子，是我们计划生育工作的着重点转移。

12 月 29 日　邓小平在会见新加坡政府代表团时说：最近大平首相访问中国的时候，他向我提了个问题：你们的目标究竟有多大？我说所谓四个现代化，只能搞个"小康之家"，比如说国民生产总值人均 1 000 美元。

本年　年底全国总人口为 97 542 万人，出生率为 17.82‰，死亡率为 6.21‰，自然增长率为 11.61‰，总和生育率为 2.75。

1980 年

1 月 4 日　中共中央批转国家计划委员会《关于 1980 年国民经济计划安排情况的报告》和李先念《在全国计划会议上的讲话》，报告中指出：计划生育要采取立法的、行政的、经济的措施，鼓励只生一胎。

3 月 15 日　中共中央转发李先念关于当前经济问题的报告。报告的第九个问题"关于物质生产和人的生产"中说：在过去的许多年中，相对地说，我们注意了发展物质生产，但没有注意控制人的生产，不但没有抓好计划生育，而且还一度盲目地宣传人越多越好，造成全国人口的大幅度增长。结果，物质生产虽然有了比较大的增长，但按人口平均的占有量来说并没有多少提高，极大地影响了国家的积累，影响了建设速度，影响了人民物质和文化生活的改善。这是一个严重的教训。

5月29日 经国务院批准，中国计划生育协会在北京成立。王首道任会长。

6月4日 公安部《关于解决无户口人员落户问题的通知》中规定：对家住农村流入市镇，又不符合入户条件的（包括职工家属），应认真核对，排出名单，报请当地党委，责成有关单位认真做好工作，动员其返乡；同时责成农村社队，妥善安排，并分配口粮，所生子女也应准予随母落户。今后，凡与市镇职工结婚的农村妇女及所生子女，未经市镇批准迁入，不得擅自办理迁出手续。超计划生育小孩的，应进行教育，但不能不予落户。

6月26日 中共中央书记处召开会议，听取并讨论了陈慕华关于人口与计划生育工作的报告。中共中央总书记胡耀邦主持会议。会议指出计划生育是中国的大政方针。

9月7日 第五届全国人民代表大会第三次会议通过的政府工作报告指出，在今后二三十年内，必须在人口问题上采取一个坚决的措施，就是除了在人口稀少的少数民族地区以外，要普遍提倡一对夫妇只生育一个孩子，以便把人口增长率尽快控制住，争取全国总人口在本世纪末不超过12亿。

9月9日 邓小平会见联合国人口基金执行主任拉斐尔·萨拉斯一行的谈话中说，我们制订了控制人口的计划，争取到本世纪末不超过12亿。这个任务虽然艰巨，但我们必须这样做。否则，我们的经济不能很好地发展，人民的生活也不能提高。

9月9日 中国对外经济联络部副部长石林和联合国人口基金执行主任拉斐尔·萨拉斯签署《中华人民共和国政府和联合国人口基金之间的方案协定》。根据联合国开发计划署第二十七届理事会的决定，人口基金将在1980～1983年四年内向中国政府提供5 000万美元的技术援助。此外，人口基金还将努力通过"多、双边"途径从其他捐款国筹资援助发展生物研究所项目。

9月10日　第五届全国人民代表大会第三次会议通过了新婚姻法——《中华人民共和国婚姻法》，婚姻法第五条规定：结婚年龄，男不得早于22周岁，女不得早于20周岁。晚婚晚育应予鼓励。第十二条规定：夫妻双方都有实行计划生育的义务。

9月25日　中共中央发表《关于控制我国人口增长问题致全体共产党员、共青团员的公开信》。要求所有共产党员、共青团员特别是各级干部，用实际行动响应国务院提倡一对夫妇只生育一个孩子的号召。

10月7～14日　国务院计划生育领导小组在北京召开全国计划生育办公室主任座谈会。会议讨论了对独生子女的优惠政策、奖励办法、老年人社会福利和社会保险、晚婚晚育，以及制定人口长远规划和落实人口规划指标等问题。

11月11日　民政部经国务院批准，发布《婚姻登记办法》。

12月25日　中共中央宣传部、国务院计划生育领导小组联合发出《关于控制中国人口增长的宣传要点》，其中包括"要着重注意解决有人担心一对夫妇只生育一个孩子将会出现人口老龄化，劳动力和兵源不足，男女性比例失调，'四、二、一'人口扶养结构，独生子女智能差、难教养以及一个孩子不保险等思想认识问题"的内容。

本年　年底全国总人口为98 705万人，出生率为18.21‰，死亡率为6.34‰，自然增长率为11.87‰，总和生育率为2.24。

1981年

1月10～14日　国务院计划生育领导小组召开全国计划生育宣传工作座谈会。陈慕华传达了邓小平的指示："计划生育是一项战略性任务，一定要抓好，要大造舆论，表扬好的典型。"

2月21～27日　全国第三次人口科学讨论会和中国人口学会成立大会在北京举行。重点讨论了"两种生产"理论问题、马克思主义人口理论同马尔萨斯人口论的区别，以及当前中国的人口政策的几个问题。会上正式成立中国人口学会。马寅初被推举为名誉会长，许涤新任会长。

2月　国务院发布《关于在国民经济调整时期加强环境保护工作的决定》，指出：管理好中国的环境，合理地开发和利用自然资源，是现代化建设的一项基本任务。

3月6日　第五届全国人民代表大会常务委员会第十七次会议决定：为了加强对计划生育工作的领导，设立国家计划生育委员会。国务院副总理陈慕华兼国家计划生育委员会主任。

4月26~30日　中国计划生育协会副会长栗秀真等参加联合国人口基金、国际计划生育联合会和人口理事会在印度尼西亚的雅加达联合举办的国际80年代计划生育会议。会议通过了《雅加达宣言》。

5月25日　《文汇报》报道陈云对计划生育工作提出的五条意见：一、要大造舆论；二、要立法，要求一对夫妇只生育一个孩子；三、要实行奖励，照顾生一个孩子的家庭；四、要大搞优生，提高计划生育的技术；五、搞好社会保险。

5月30~31日　国家计划生育委员会在中南海举行第一次全体会议，强调要继续大力提倡一对夫妇只生育一个孩子，并讨论了有关的政策问题。

6月24日　中国著名经济学家、人口学家、教育家、中国人口学会名誉会长、北京大学名誉校长和中国经济学团体联合会顾问马寅初先生从事教育工作65周年和百岁寿辰。

9月8~14日、23~24日　国家计划生育委员会在北京召开计划生育政策座谈会。会议认为，农村实行生产责任制使计划生育工作遇到一些新问题：划分包产田后，农民认为人多就可田多、粮多，想多生孩子，更想生男孩子；过去一些经济限制办法不起作用了；有的地方基层干部松散，计划生育没人管了，人口出现回升趋势。

9月10日　中共中央书记处召开第一百二十二次会议，会议认为，今后在城市仍然应该毫不动摇地继续坚持提倡每对夫妇只生一胎，而农村则要根据农村实行责任制以后的新情况，制定一个为广大农民能够接受的比较坚定的长期的政策，使党的计划生育的方针政策和多数农民取得一致。

10月17日　中共中央、国务院发布《关于广开门路，搞活经济，解决城镇就业问题的若干规定》。

10月27日　中国医学会首届医学人口学专题学术会议在上海召开。会议从医学角度探讨中国人口生老病死的客观情况，并对计划生育指标和病伤死因统计指标、寿命表编制方法等提出建议。

10月27~30日　联合国人口基金发起召开的第一次亚洲议员人口和发展会议在北京召开。19个国家的议员、9个联合国组织的代表及13个非政府组织的代表参加了会议。会议把"亚洲的人口、资源和发展的趋势、规划和政策"作为主要议题。会议通过了《关于人口和发展问题的北京宣言》。提出了到2000年亚洲地区人口自然增长率下降为1%的目标。

10月31~11月4日　由国家计划生育委员会和中华医学会联合主办的全国优生学科普讨论会在北京召开。会议讨论了优生学的范围、内容及重要性，听取了有关优生工作的五个专题报告，交流了经验，提出了存在的问题。

11月30日　国务院总理在第五届全国人民代表大会第四次会议上所作的《政府工作报告》中指出：厉行计划生育，严格控制人口增长，是一项长期的战略任务。中国人口80%以上在农村，农村是计划生育工作的重点。

12月4日　教育部在湖南省衡阳市召开中学人口教育经验交流会议，认为对中学生进行人口教育十分必要。

本年　年底全国总人口为100 072万人，出生率为20.91‰，死亡率为6.36‰，自然增长率为14.55‰，总和生育率为2.63。

1982年

1月1日　中共中央批转的《全国农村工作会议纪要》中指出：中国人多地少，控制人口、保护耕地是我们的重大国策。

2月9日　中共中央、国务院发出《关于进一步做好计划生育工作的指示》，要求国家干部和职工、城镇居民，除特殊情况经过批准者外，一对夫妇只生育一个孩子。农村普遍提倡一对夫妇只生育一个孩子，某些群众确有实际困难要求生二胎的，经过审批可以有计划地安排。不论哪一种情况都不能生三胎。对于少数民族，也要提倡计划生育，在要求上，可适当放宽一些。

2月　国务院发布《征收排污费暂行办法》。

3月23日　国务院批准成立《老龄问题世界大会中国委员会》。

5月10日　中国人口学会名誉会长、中国著名经济学家、教育家马寅初因病在北京逝世，终年101岁。

6月　《水土保持工作条例》颁布实施。

7月1日　全国第三次人口普查开始。标准时间是1982年7月1日零时（即6月30日24时）。这次普查的少数民族数据包括经国务院确认的55个少数民族。

8月23日　第五届全国人民代表大会常务委员会第二十四次会议通过《中华人民共和国海洋环境保护法》。

9月1日　国家计划生育委员会开始在全国进行1‰人口生育率抽样调查。这次抽样调查将进一步了解中国人口生育率的历史与现状，掌握比较准确的生育率定量资料。

9月20～29日　中国代表团出席了在斯里兰卡首都科伦坡举行的第三次亚洲及太平洋地区人口会议。会议通过了《亚洲及太平洋地区人口与发展行动呼吁书》，要求各国在2000年时尽量使生育率达到低水平或更替水平。

10月11日　中共中央书记处召开第八次会议，讨论通过了国家计划生育委员会党组《关于全国计划生育工作会议纪要》。会议认为，计划生育工作的根本问题是要立法。各级领导要调查研究，探索规律，争取两年左右的时间研究制定出既能有效地控制人口，又比较切合实际的条例和法律。不立法，计划生育工作不能持久。

10月27日　国家统计局发布《关于1982年人口普查主要数字的公报》。全国总人口为1 031 882 511人。大陆29个省、自治区、直辖市（不包括福建省的金门、马祖等岛屿）人口和现役军人1 008 175 288人，其中男性占51.5%，女性占48.5%，少数民族人口占6.7%。

11月23日　《中华人民共和国计划生育法》起草工作第一次座谈会在河北省保定市举行。

11月24日　中共中央政治局委员、国务院副总理万里在全国农业书记会议和农村政治工作会议上的讲话中说：为了做好计划生育工作，必须对农民大力宣传男女平等，禁止溺死女婴和虐待生女婴的母亲。

11月30日　国务院总理在第五届全国人民代表大会第五次会议上作的《关于第六个五年计划的报告》中说：今后人口的年自然增长率，必须控制在 13‰ 以下。1985 年 29 个省、市、自治区的总人口，必须控制在 10.6 亿左右。

12 月 4 日　第五届全国人民代表大会第五次会议通过了《中华人民共和国宪法》。宪法第二十五条规定："国家推行计划生育，使人口的增长同经济和社会发展计划相适应"。

12 月 10 日　第五届全国人民代表大会第五次会议批准《中华人民共和国国民经济和社会发展第六个五年计划》（1981～1985 年），其中第二十九章指出：1985 年大陆人口总数控制在 10.6 亿人，出生率控制在 19‰ 左右，自然增长率控制在 13‰ 以内。

12 月 13 日　国家计划生育委员会、财政部作出《关于加强超生子女费管理的暂行规定》。

本年　国务院环境保护领导小组撤销，并入新成立的中华人民共和国城乡建设环境保护部，设立环境保护局。

本年　年底全国总人口为 101 654 万人，出生率为 22.28‰，死亡率为 6.60‰，自然增长率为 15.68‰，总和生育率为 2.87。

1983 年

1 月 1 日　中国正式加入联合国人口委员会。

1 月 2 日　中共中央"关于印发《当前农村经济政策的若干问题》的通知"指出：实现农业发展目标，必须注意严格控制人口增长，合理利用自然资源，保持良好的生态环境；森林过伐、耕地减少、人口膨胀，是中国农村的三大隐患；要有步骤地解决体制、政策问题和立法问题；要严格制止残害女婴甚至残害女婴母亲的行为。

2 月 9 日　中共中央转发公安部党组和全国妇联党组《关于坚决打击拐卖妇女、儿童犯罪活动的报告》和四川省委、省人民政府《关于坚决打击拐卖人口的违法犯罪活动，制止妇女盲目外流的通知（摘要）》，指出：要深入调查目前在保护妇女、儿童切身利益和合法权益方面（诸如恋爱婚姻、家庭关系、计划生育、劳动、学习和民主权利等）存在的实际问题，提出解决问题的措施，切实组织落实，使违法犯罪分子没有可乘之机。

2 月 11 日　国务院办公厅转发《全国妇幼卫生工作会议纪要》，指出：妇幼卫生工作是卫生事业的一个重要组成部分，对于贯彻执行计划生育基本国策，控制人口数量，提高民族素质，具有极为重要的意义。

3月1~4日　教育部委托中国人民大学人口理论研究所在北京召开纪念马克思逝世100周年人口理论讨论会。

3月18日　联合国人口奖评奖委员会宣布中国国家计划生育委员会主任钱信忠获联合国首届人口奖。同年9月在联合国总部举行了颁奖仪式。

3月20~28日　国家计划生育委员会在昆明召开全国人口发展区域规划会议，会议决定用一年半到两年的时间制定出全国人口发展的区域规划，并逐步制定出各省、市，自治区的和各县的人口区域规划。

4月7日　《人民日报》发表《一个值得引起重视的大问题》的评论员文章，指出：在一些地方，尤其是某些农村，不时发生溺杀、遗弃女婴的犯罪现象，人为地造成男女婴儿比例失调，这是一个值得引起重视的严重问题。为了对国家和后代负责，我们一定要重视男女比例失调的问题。对于残害女婴的违法犯罪行为，一定要依法制裁。

4月9~11日　《中华人民共和国计划生育法》起草工作第二次座谈会在南京市举行。

4月14日　国家计划生育委员会发布的《全国1‰人口生育率抽样调查公报》说：全国1.7亿15~49岁育龄妇女中，采取各种节育措施的有1.18亿人；全国只有一个孩子的3 300万对夫妇中，有1 400万对夫妇领取了《独生子女证》。

4月22日　经国务院批准，把"老龄问题世界大会中国委员会"改为"中国老龄问题全国委员会"。

4月28日　全国妇女联合会第四届第七次常委扩大会议通过《认真贯彻中央指示精神，坚决维护妇女儿童合法权益》的决议，提出：提高妇女素质，发挥妇联组织在精神文明建设中的作用；维护妇女儿童的合法权益，与歧视、虐待、残害妇女儿童的现象作坚持不懈的斗争。

5月7~11日　国家计划生育委员会在山东省荣成县召开了全国计划生育工作荣成现场会。会议将荣成县工作经验概括为"三为主"，即宣传教育与经济限制，以宣传教育为主；避孕节育与流产，以避孕节育为主；经常工作与突击活动，以经常工作为主。会议认为，"三为主"应作为计划生育工作的指导方针，在全国推广。

6月6日　第六届全国人民代表大会第一次会议通过的《政府工作报告》中指出：要坚持不懈地普遍提倡晚婚，提倡一对夫妇只生一个小孩，严格控制二胎，坚决杜绝多胎生育。认真落实有效的节育措施，坚决保护女婴和生女婴的妇女。为了促进计划生育工作的开展，要依靠各方面的力量，积极举办各种形式的养老事业。

8月26日　民政部公布经国务院批准的"中国公民同外国人办理婚姻登记的几项规定"。

8月31日　国务院办公厅转发国家统计局、国家计划生育委员会、国务院第三次人口普查领导小组《关于认真做好1983年人口变动情况抽样调查工作的意见的通知》。通知指出，统计、公安、计划生育各部门密切合作，认真做好人口变动情况抽样调查工作，并应在今后每年进行一次，形成一项调查制度。

9月23~26日　国家计划生育委员会在北京召开全国棉酚科学讨论会。大会认为，棉酚是中国首创的男用节育药，经临床和基础实验证明抗生育效果显著，被国内外所公认，是较有前途和目前唯一可能填补国际男用节育药空白的药物。但是，尚有一些副作用需要进一步研究探讨。

9月27~10月2日　卫生部在北京召开全国计划生育技术经验交流会，会议交流了近几年来计划生育技术工作的经验和成果。同时还就节育技术进行了学术探讨，并修改了《节育手术常规》，制定了《计划生育科研工作管理施行条例》等。

12月10日　最高人民法院、最高人民检察院、公安部发出《关于依法惩处利用摘除节育环进行违法犯罪活动的分子的联合通知》。

12月　第二次全国环境保护会议召开，提出了环境保护的战略方针："在国家计划的统一指导、协调下，实现经济建设、城乡建设和环境建设同步规划、同步实施、同步发展，实现经济效益、社会效益、环境效益的统一"。

本年　年底全国总人口为103 008万人，出生率为20.19‰，死亡率为6.90‰，自然增长率为13.29‰，总和生育率为2.42。

1984年

1月18日　中国派常驻联合国副代表米国钧出席联合国人口委员会

第二十二届会议，这是中国首次以会员国资格派代表与会。

2月17～20日　亚洲议员人口和发展论坛第一次会议在印度新德里举行。会议就人口与发展问题的评估、人口迁移与城市化、社区参与等问题进行了讨论，最后通过了《亚洲论坛新德里宣言》。宣言呼吁争取实现1981年《北京宣言》提出的奋斗目标。

3月9日　联合国人口基金将在1985～1989年（第二周期）提供5000万美元的资金，援助中国计划生育工作的30多个项目。

3月20日　经国家计划生育委员会批准，南京计划生育干部培训中心改名为南京计划生育管理干部学院。

3月26～31日　中国1982年人口普查国际讨论会在北京召开。这是中国在人口普查方面所召开的第一次国际学术会议。

4月13日　中共中央转发国家计划生育委员会党组《关于计划生育工作情况的报告》，指出：要继续提倡一对夫妇只生育一个孩子。在农村有控制地把口子开得稍大一些，按照规定的条件，经过批准，可以生二胎；坚决制止大口子，即严禁生育超计划的二胎和多胎；人口在1 000万以下的少数民族，允许一对夫妇生育二胎，个别的可以生育三胎，不准生四胎。

4月28日　中国人民大学人口学系正式设立，这是中国设立的第一个培养人口学专门人才的学系。

5月11日　第六届全国人民代表大会常务委员会第五次会议通过《中华人民共和国水污染防治法》。

5月31日　第六届全国人民代表大会第二次会议通过《中华人民共和国民族区域自治法》，其中第四十四条规定："民族自治地方的自治机关根据法律规定，结合本地方的实际情况，制定施行计划生育的办法。"

5月　国务院环境保护委员会成立。

6月22日　国家计划生育委员会发出的"关于计划生育政策应有利于解决30岁以上未婚青年婚姻问题的通知"指出，在提倡晚婚，执行晚婚规定时，对一方未到晚婚年龄（已到法定婚龄），另一方已30岁左右的，应根据男女双方的意愿，协助民政部门适时办理结婚登记手续；适当放宽对再婚夫妇的生育政策。

7月1日　《中华人民共和国计划生育法》起草工作第三次会议在北

京举行。

8月6~14日　中国派代表参加了在墨西哥首都墨西哥城举行的联合国国际人口会议。会议审查和评价了10年来执行《世界人口行动计划》的情况，讨论并通过了《关于人口与发展的墨西哥城宣言》和《关于进一步执行世界人口行动计划的建议》。

8月7日　聂荣臻写信给老龄问题全国委员会，提出要"让大家充分认识到老龄问题的重要性和迫切性，促进全社会都来关心研究解决有关老年人的问题"。

8月17~23日　全国第一次老龄工作会议在北京举行。

10月6日　邓小平会见中外经济合作问题讨论会全体中外代表时的讲话指出：我们确定了一个政治目标：发展经济，到本世纪末翻两番，国民生产总值按人口平均达到800美元，人民生活达到小康水平。我们的这个目标对发达国家来说是微不足道的，但对中国来说，是一个雄心壮志，是一个宏伟的目标。如果实现这个目标，中国的国民生产总值就会达到1万亿美元。更为重要的是，1万亿美元是一个很好的基础，在这个基础上，再发展30年到50年，力争接近世界发达国家的水平。

10月12日　国务院发布《关于农民进入集镇落户问题的通知》。通知指出："凡申请到集镇务工、经商、办服务业的农民和家属，在集镇有固定住所，有经营能力，或在乡镇企事业单位长期务工的，公安部门应准予落常住户口，及时办理入户手续，发给《自理口粮户口簿》，统计为非农业人口"。

11月8日　国家计划生育委员会印发《全国计划生育信访工作会议纪要》和《计划生育信访工作细则》。

本年　年底全国总人口为104 357万人，出生率为19.90‰，死亡率为6.82‰，自然增长率为13.08‰，总和生育率为2.35。

1985年

2月25日　教育部、国家计划委员会、劳动人事部、民政部发布《关于做好高等学校招收残疾青年和毕业分配工作的通知》。

3月1~10日　国家计划生育委员会在郑州召开了建设全国计划生育信息体系会议。国家计划生育委员会主任王伟在讲话中指出：科学的信息体系是指把计划生育系统同社会各有关方面相联系，同国际各有关方面相联系，在计划生育系统内部，各业务部门之间，上下之间相联系的自觉运动的过程。

3月7日　民政部、财政部发布的《关于调整抚恤和救济标准有关问题的通知》指出，今后，随着国家价格体系的改革和工资制度的改革，现行的抚恤、救济标准和事业单位供养人员的生活费标准需要适时地进行调整。

4月25~30日　联合国人口基金、国家计划生育委员会、中华全国妇女联合会在北京召开了亚洲太平洋地区妇女、人口和发展会议。会议就妇女参与人口与发展活动问题展开讨论，呼吁各国政府和国际组织共同努力，推动墨西哥城国际人口会议通过的各项建议得以有效地实施。

4月26日　国务院发布批转民政部等《关于扶持农村贫困户发展生产治穷致富的请示》的通知。指出：扶持农村贫困户要贯彻自力更生的原则，并辅之以国家和社会的积极帮助。要克服干部的单纯恩赐救济观念和群众中的依赖思想、悲观情绪，充分调动他们奋发向上的积极性。要动员和组织社会各方面力量，帮助他们发展生产，增强其自身的经济活力，这是贫困户治穷致富的根本出路。

4月　经国务院批准，国家统计局在河北省、陕西省和上海市进行了第一期深入的生育力抽样调查。此次调查是"世界生育力调查"的一部分。

5月14~19日　国家计划生育委员会在浙江金华地区召开了八省、市计划生育工作汇报会。会议就具体工作提出的意见包括：提高避孕有效率，大幅度减少人工流产数，生了二胎的提倡结扎，但不要"一刀切"，应当允许一些群众选择其他的有效节育措施。

5月19日　邓小平在全国教育工作会议上的讲话中指出：我们国家，国力的强弱，经济发展后劲的大小，越来越取决于劳动者的素质，取决于知识分子的数量和质量。一个十亿人口的大国，教育搞上去了，人才资源的巨大优势是任何国家比不了的。

6月6~14日　国家计划生育委员会和国家民族事务委员会在新疆乌鲁木齐市联合召开全国少数民族计划生育工作汇报座谈会。会议认为，要从各民族地区的实际出发，把计划生育真正建立在"合情合理、群众拥护、干部好做工作"的基础上。

7月13日　公安部发布《关于城镇暂住人口管理的暂行规定》。其中规定：对暂住时间拟超过3个月的16周岁以上的人，需申请领《暂住证》；对外来开店、办厂、从事建筑安装、联营运输、服务行业的暂住时间较长的人，采取雇用单位和常住户口所在地主管部门管理相结合的办法，按照户口登记机关的规定登记造册，由所在地公安派出所登记为寄住户口，发给"寄住证"。

7月15~26日　以国务委员陈慕华为团长的中国代表团出席了在内罗毕召开的"审查和评价联合国妇女十年成就世界会议"。陈慕华的发言介绍了十年来中国妇女地位的提高，阐述了中国对和平与发展的观点。会议通过了《1986~2000年提高妇女地位向前看战略》。

9月6日　第六届全国人民代表大会常务委员会第十二次会议通过了《中华人民共和国居民身份证条例》，条例规定：居住在中华人民共和国境内的年满16周岁的中国公民应按照本条例的规定，申请领取中华人民共和国居民身份证；居民身份证登记包括姓名、性别、民族、出生日期、住址。

9月23日　中国共产党全国代表大会通过的《中共中央关于制定国民经济和社会发展第七个五年计划的建议》中指出："七五"期间，进入婚育年龄的人口处于高峰，要把计划生育工作放在更加重要的地位，坚持不懈地抓下去，力争五年内人口年平均增长率控制在12.5‰左右。

9月28日　国家计划生育委员会发言人就美国国际开发署攻击中国人口政策发表声明。9月25日，美国国际开发署宣布它将不向联合国人口基金提供它曾承诺的1 000万美元的捐款。其理由是"联合国人口基金参与了中国计划生育项目的管理，而中国计划生育政策导致某些强迫堕胎的事例"。

11月5日　由美国人口学会组织的第五年度全球人口新闻奖颁奖仪式在北京举行，中国的《健康报·计划生育版》获得"最佳专版奖"。

11月6日　国务院副总理李鹏在会见联合国人口基金执行主任拉斐尔·萨拉斯时指出，中国的人口政策是中国的一项基本国策，并写入中国的宪法。我们决不会因为某一个超级大国的干扰而改变我们的国策。我们历来反对强制性堕胎和溺杀女婴。我们在报刊上揭露这些丑恶的现象，正是为了反对它，制止它。

11月19日　邓小平在会见巴基斯坦总理穆罕默德·汗·居内久时说：今后15年是中国经济发展的关键时期。从过去的7年的实践看，到本世纪末工农业总产值比1980年翻两番、人民生活达到小康水平的目标是可以实现的。中国的人口如果不加控制，到本世纪末就会达到15亿，人口的增长会超过经济的增长。我们的人口政策是带有战略性的大政策。

12月20日　国家计划生育委员会发出《关于在计划生育工作中大力加强社会主义精神文明建设的通知》。

本年　年底全国总人口为105 850万人，出生率为21.04‰，死亡率为6.78‰，自然增长率为14.26‰，总和生育率为2.20。

1986年

1月24日　全国中学人口教育经验交流会在北京召开，会议认为，控制人口数量，提高人口素质，要靠几代人的努力，人口教育要成为中学教育的重要组成部分。

3月15日　民政部发布经国务院批准的《婚姻登记办法》，同1980年的《婚姻登记办法》相比，主要增加了以下内容：明确了婚姻登记机关的执法地位；规定了婚姻登记档案管理和出证制度；规定了对违法婚姻的处理办法；对婚姻登记人员的条件作了明确规定。

4月12日　第六届全国人民代表大会第四次会议批准的《中华人民共和国国民经济和社会发展第七个五年计划》（1986～1990）中指出，1990年年末全国人口总数控制在11.13亿人以内。农村劳动力安排继续贯彻"离乡不离土"的方针，通过大力发展林业、牧业、渔业以及乡镇企业，吸收农村富余劳动力。五年内，城镇需要就业的劳动力共3 000万人左右。要广开门路，特别是大力发展集体经济和个体经济，发展第三产业，争取到1990年年底，使城镇需要就业的劳动力基本上得到就业。

4月12日　第六届全国人民代表大会第四次会议通过《中华人民共和国义务教育法》。其中第四条规定：国家、社会、学校和家庭依法保障适龄儿童、少年接受义务教育的权利。第五条规定：凡年满6周岁的儿童，不分性别、民族、种族，应当入学接受规定年限的义务教育。条件不具备的地区，可以推迟到7周岁入学。

4月15~20日　中国老龄问题全国委员会在北京召开全国老年学学术讨论会，同时成立了以老年生物学、老年医学、老年心理学、老年人口学、老年经济学和老年社会学为主要研究内容的中国老年学学会。

4月19日　国务院批转民政部《关于调整设市标准和市领导县条件的报告》。报告指出，为了适应城乡经济发展的需要，贯彻"控制大城市规模，合理发展中等城市，积极发展小城市"的方针，对1983年提出试行的设市标准和市领导县条件作出调整。

4月　卫生部颁布《妇幼卫生工作条例》，其中第五条为：开展优生、优育工作，提高民族健康素质。进行婚前检查，围产保健，产前诊断，优生、遗传疾病咨询和出生缺陷的监测等，预防和减少先天性、遗传性疾病。

5月19日　中国派出包括京、津、沪等12个城市的代表和城市规划专家参加在巴塞罗那召开的联合国人口和城市未来国际会议。会议重点讨论了世界大城市人口增长过快给市民生活带来的影响；通过了全面制定人口政策、实现人口平衡发展的《巴塞罗那宣言》。

5月30日　卫生部、劳动人事部、全国总工会、全国妇联颁布《女职工保健工作暂行规定》（试行草案），其中第二条指出，女职工保健必须贯彻预防为主的方针，注意女性生理特点和职业特点，认真执行国家有关劳动保护、劳动卫生的各项法规和政策。

6月2日　国家计划生育委员会在合肥市召开全国人口性别比问题研讨会。会议就中国人口性别比的现状、可能的正常值范围、计划生育工作与性别比的关系，以及进一步研究性别比问题的设想和建议等进行了探讨。

7月11日　国家计划生育委员会发出的《关于加强农村贫困后进地区计划生育工作的通知》指出，贫困后进地区计划生育部门要把帮助群众致富作为计划生育工作的重要内容，使治贫致富和计划生育有机地结合起来。

7月12日　国务院发布《国营企业实行劳动合同制暂行规定》、《国营企业招用工人暂行规定》、《国营企业辞退违纪职工暂行规定》、《国营企业职工待业保险暂行规定》。

9月19日　国家计划生育委员会、卫生部联合发出"关于转发北京市计生委、卫生局《关于不得任意进行胎儿性别预测的通知》的通知"。

9月28日　中国共产党第十二届中央委员会第六次全体会议通过《关于社会主义精神文明建设指导方针的决议》。

10月23～26日　中国计划生育协会在江苏省太仓县召开性知识教育研讨会。

11月1日　邓小平在会见意大利总理克拉克西时说，我们现在控制人口增长。即使这样，到本世纪末人口也可能超过12亿。到下个世纪30到50年，人口至少增长到15亿。国民生产总值将超过6万亿美元，人均国民生产总值可以接近发达国家水平或者达到中等发达国家水平，中国人民的生活将普遍好过。如果中国达到中等发达国家水平，意味着占世界1/4的人口摆脱了贫困。这是中国对人类的贡献。

11月28日　公安部公布同年11月3日国务院批准的《中华人民共和国居民身份证条例实施细则》。

12月5日　在全国成人教育工作会议上李鹏做了题为《改革成人教育，发展成人教育》的讲话。

本年　年底全国总人口为107 507万人，出生率为22.43‰，死亡率为6.86‰，自然增长率为15.57‰，总和生育率为2.40。

1987年

1月5日　为解决待业人员的就业和用工单位的劳动力不足，使之合理流动，上海市第一个劳动市场在闸北区开放。

1月14日　《健康报·计划生育版》改为《中国计划生育报》。

2月2日　国家统计局下达《1987年全国1%人口抽样调查的通知》，这次调查以户为单位进行登记。采取按常住人口登记的原则。有《1987年全国人口抽样调查表》和《死亡人口登记表》两种调查表格。今后每10年进行一次全国人口普查，两次普查中间进行一次1%人口抽样调查。

4月1日　经国务院同意，在全国29个省、自治区、直辖市进行一次残疾人抽样调查。全国残疾人抽样调查，在中国是第一次。通过调查，可以取得全国各类残疾人的丰富数据和资料，为今后制定中国社会发展规划和发展残疾人事业提供依据。调查的标准时间为1987年4月1日零时。

4月1日　国家统计局第二期深入的生育力调查在北京市、辽宁省、山东省、广东省、贵州省和甘肃省进行。生育力调查的内容包括向50周岁以下已婚妇女调查的个人调查表以及住户调查表、社区调查表三种调查表格。

6月10日 中国人口福利基金会正式成立。基金会是全国性的民间社会福利团体。其宗旨是：争取国内外团体和个人的支持与捐助，建立有关人口福利的资助项目和开展活动，推动人口福利事业的发展，为促进中国的人口与经济、社会协调发展作贡献。

7月1~31日 经国务院办公厅批准，国家统计局、卫生部等部门开始"中国儿童情况抽样调查"。这次调查在内蒙古、黑龙江、浙江、山东、湖北、广东、四川、云南、宁夏九省、自治区范围内，抽选部分村（居）委会作为抽样点，调查对象是抽样点包含的家庭户中全部0~14岁儿童。调查的标准时点是7月1日零时。

7月11日 据联合国人口专家预测，世界人口总数到1987年年中将达到50亿。联合国人口基金假定1987年7月11日世界人口达到50亿，并倡议世界各国在这一天举行各种活动。国家计划生育委员会、全国人大教科文卫委员会等九个单位在人民大会堂举办"世界50亿人口日"活动。

9月5日 第六届全国人民代表大会常务委员会第二十二次会议通过《中华人民共和国大气污染防治法》。

9月23~25日 亚洲议员人口和发展论坛第二次会议在北京举行。会议讨论了亚洲人口的现状和趋势、城市化、移民、老龄化、卫生与计划生育等问题，并通过了《亚洲论坛北京宣言》。宣言重申在2000年实现亚洲地区1%的年人口自然增长率的目标，强调家庭作为社会的一个基本单位，在解决人口与发展问题中发挥的关键作用。

10月25日 中国共产党第十三次全国代表大会通过的《沿着有中国特色的社会主义道路前进》的报告中说：人口控制、环境保护和生态平衡是关系经济和社会发展全局的重要问题。

10月30日 国务院发布《关于加强贫困地区经济开发工作的通知》。

本年 年底全国总人口为109 300万人，出生率为23.33‰，死亡率为6.72‰，自然增长率为16.61‰，总和生育率为2.59。

1988 年

1 月 20 日　国务院代总理李鹏在全国计划生育委员会主任会议上说："中国人口自然增长率已经由 20 世纪 50 至 70 年代中期的 20‰下降到 11‰~14‰的水平，已低于世界人口自然增长率的平均水平。如果不是计划生育，按 1970 年中国人口自然增长率推算，就会多生 2 亿人。"

3 月 10~13 日　国家计划生育委员会宣教司在辽宁省铁岭市召开人口和计划生育基础教育现场会。会议肯定了铁岭市"农村以计划生育中心户为主要组织形式，将育龄人群根据不同婚育状况，按'五期'（即青春期、婚前期、孕产期、育儿期、中老年期）编班划组，形成普及每个乡村的教育网络"的经验。

3 月 11 日　中国残疾人联合会正式成立。

3 月 25 日　李鹏在第七届全国人民代表大会第一次会议上所作的《政府工作报告》指出：实行计划生育，控制人口增长，提高人口素质，是中国的一项基本国策。加强环境保护也是中国的一项基本国策。

3 月 31 日　中央政治局常务委员会举行第十八次会议，讨论并原则同意国家计划生育委员会《计划生育工作汇报提纲》。会议认为：近两年人口出生率回升，一是受 60 年代、70 年代生育高峰的影响，当时出生的大量人口，现在到了生育年龄，因此又面临新的生育高峰；二是有些地方放松了计划生育工作，甚至撒手不管，放任自流。

6 月 19 日　国家教育委员会、国家计划生育委员会联合发出《关于在中学开展青春期教育的通知》。青春期教育包括性生理、性心理和性道德教育等三个方面，以社会主义道德教育为中心；要遵循严肃认真、积极稳妥、经过试点逐步推开的工作方针。

7 月 1 日　全国人大教科文卫委员会、国家计划生育委员会等单位在人民大会堂召开"亚洲 30 亿人口日"大会。

7 月 1 日　全国生育节育抽样调查正式开始进行，调查的标准时间为 7 月 1 日零时。

7 月 1 日　《中国计划生育报》更名为《中国人口报》。

7 月 21 日　国务院发布《女职工劳动保护规定》。对女职工在月经期、怀孕期、产期、哺乳期的劳动安排、工资待遇、产假时间、哺乳时间以及计划生育等问题作出具体规定。

7月23~27日 为了更广泛地得到更多专家学者的咨询意见，实现决策科学化、民主化，国家计划生育委员会在专家咨询组的基础上成立人口专家委员会。

8月17日 国务院批准国家统计局提出的《改革我国农业、非农业人口划分标准的试行方案》，不再以户口性质或是否吃商品粮为标准，而以直接从事的职业及其赡（抚）养的人口来确定。农业劳动者是指直接从事农、林、牧、渔业的在业人口，非农业劳动者指直接从事农、林、牧、渔业以外各种职业的人口。这个划分只供统计使用。户籍管理和其他待遇仍按有关规定执行。

9月3日 国务院同意国家计划委员会等部门编制的《中国残疾人事业五年工作纲要（1988~1992年）》。批转的通知指出：目前，中国有残疾人5 000万人以上，约占总人口的5%，这是一个有特殊困难的群体。调动社会各方面力量，发展残疾人事业，是关系国家发展、社会稳定和人民生活普遍改善的一件大事，是各级政府和全社会义不容辞的责任。

10月25日 公安部、国家计划生育委员会联合发出《关于加强出生登记工作的通知》。通知指出：有些地方违反国家户口管理规定，不给超生婴儿上户口，对新生儿不作出生登记，等等。这些问题严重影响了户口管理制度的实施和人口统计数字的准确性，也影响了社会安定和人民日常生活。

11月2日 国家教委在北京召开全国扫盲工作会议，提出近几年内每年力争扫盲400万人的任务。

11月5日 劳动部、国家教委、农业部、国家工商行政管理局和全国总工会联合就禁止使用童工发出通知，如有继续招用未满16周岁少年儿童做工从商者，有关当事人要承担法律责任。

12月1日 世界卫生组织宣布今天为第一个"世界艾滋病日"，北京举行多种宣传教育活动。卫生部部长陈敏章就此发表电视讲话，要求引起高度重视。

本年 国家环境保护局成立，并被确定为国务院直属机构。

本年 年底全国总人口为111 026万人，出生率为22.37‰，死亡率为6.64‰，自然增长率为15.73‰，总和生育率为2.31。

1989 年

2 月 23 日　中共中央政治局常务委员会召开第五十八次会议。会议讨论了《国家计划生育委员会关于计划生育工作几个问题的请示》，会议认为，计划生育政策是中国的基本国策，计划生育政策必须稳定，政策波动会引起多生、抢生，因此既不能再放宽，也不宜再收紧。为了使计划生育工作逐步纳入法制的轨道，应积极为制定《计划生育法》做准备。

3 月 14 日　卫生部公布，联合国儿童基金、联合国人口基金与中国合作开展《发展中国基层妇幼卫生》项目。这两个国际组织在 1990～1994 年间，将为中国老少边穷地区的 300 个县提供 2 000 万美元的无偿援助。

3 月 15 日　全国生育节育抽样调查领导小组公布《全国生育节育抽样调查公报》。调查结果显示，中国人口年龄结构开始进入成年型；早婚现象比较严重；据调查数据推算，全国 2.06 亿已婚育龄妇女中，有 1.47 亿对夫妇采取了各种避孕措施；近几年全国平均每年计划外出生人数有 960 万人左右。

4 月 14 日　据国家统计局计算，这一天中国大陆人口达到 11 亿。经国务院批准，1989 年 4 月 14 日为"中国 11 亿人口日"。

7 月 10 日　联合国秘书长函告中国常驻联合国代表，中国已于 1989 年 5 月 23 日再次当选联合国人口委员会委员，从 1990 年起任期 4 年。

9 月 1 日　国务院第四十七次常务会议通过《中华人民共和国噪声污染防治条例》。

9 月 8 日　公安部发布《关于在全国实施居民身份证使用和查验制度的通告》。

9 月 15 日　公安部发布《临时身份证管理暂行规定》。

9 月 29 日　中共中央总书记江泽民在庆祝中华人民共和国成立 40 周年大会上的讲话中说：根据邓小平同志提议，我们党制定了社会主义现代化经济建设大体分三步走的战略目标。第一步，实现国民生产总值比 1980 年翻一番，解决人民的温饱问题；第二步，实现到本世纪末国民生产总值再翻一番，人民生活达到小康水平；第三步，到下个世纪中叶，基本实现现代化，人均国民生产总值达到中等发达国家水平，人民过上比较富裕的生活。现在，第一步已经基本实现，正在实现第二步，这是最关键的一步。

11月6~9日　中国派代表参加在荷兰阿姆斯特丹举行的国际21世纪人口论坛。这是联合国人口基金为庆祝其开展业务活动20周年而举办的一次国际人口问题研讨会。会议通过了《阿姆斯特丹宣言——为了使后代生活得更美好》。

12月1日　北京举行"世界艾滋病日"报告会。会议认为，性病在中国再度蔓延，严重威胁人民的身心健康。控制性病传播是预防艾滋病的关键，也是当务之急。

12月18日　国务院办公厅转发国家计划生育委员会、国务院贫困地区经济开发领导小组《关于扶贫工作与计划生育工作相结合的报告》。报告指出，到1988年年底，全国被扶持的贫困户中仍有40%未解决温饱问题，重要的原因之一在于贫困地区的人口增长过快，影响了人均生活水平的提高。绝大多数贫困地区的人口增长目前尚处于失控或半失控状态。

12月26日　第七届全国人民代表大会常务委员会第十一次会议通过了《中华人民共和国城市居民委员会组织法》、《中华人民共和国环境保护法》和《中华人民共和国城市规划法》。

本年　国务院发出"关于严格控制'农转非'过快增长的通知"。

本年　年底全国总人口为112 704万人，出生率为21.58‰，死亡率为6.54‰，自然增长率为15.04‰，总和生育率为2.25。

1990年

1月3日　国务院批转国家土地管理局《关于加强农村宅基地管理工作的请示》。其中规定：超过计划生育的人口，不增加宅基用地指标；不符合法定结婚年龄的，不批准宅基用地。

3月20日　国务院总理在第七届全国人民代表大会第三次会议上所作的题为《为我国政治经济和社会进一步稳定发展而奋斗》的政府工作报告中指出：控制人口增长，保护耕地、矿产资源和生态环境，是关系中国经济和社会发展全局的重要问题，也是关系子孙后代的大事。

4月9日　国务院办公厅转发的全国人口普查领导小组《关于广泛动员社会力量搞好人口普查工作的请示》指出，人口普查需要动员的工作人员，包括各级普查机构的工作人员、普查员、普查指导员、户口整顿工作人员、编码员等共约 700 万人。

4月13日 第一部《中华人民共和国婚姻法》颁布 40 周年，第二部《婚姻法》颁布 10 周年纪念大会在北京举行。全国政协副主席钱正英发表题为《巩固和发展社会主义的婚姻家庭制度》的讲话。

4月18日 公安部举办 1989 年度公安系统人口统计数据新闻发布会，说明户籍统计的科学性与准确性以及公民身份证发放情况，并宣布将在"八五"期间逐步建立公安及户籍统计电子计算机管理网络系统。

4月27日 国务院发布的《关于做好劳动就业工作的通知》指出：在当前治理整顿时期，劳动力需求减少，待业队伍正在不断扩大，就业问题再次突出，不少地区已经压力很大。要广开门路，拓宽就业渠道；办好劳动服务公司，扩大就业安置；实行扶持政策，采取有效措施；扩大就业训练规模，提高待业人员素质；加强待业人员管理，搞好劳动就业服务；合理控制农村劳动力的转移，减轻城镇就业压力；挖掘企业潜力，妥善安置富余人员。

6月2日 国家环境保护局在北京首次公布《中国环境公报》，内容包括中国的环境污染状况、生态环境状况和环境保护工作情况。

6月5日 是"世界环境日"，其主题为"儿童与环境"。国家环境保护局局长金鉴明在电视讲话中指出，在中国一些地区污染严重，将直接影响中国人口素质。

7月1日 第四次全国人口普查开始进行普查登记工作，登记标准时间为 7 月 1 日北京时间零时（北京夏令时 7 月 1 日 1 时）。普查登记工作将在 7 月 10 日完成。

8月29日 中国常驻联合国代表李道豫大使代表中国政府正式签署了联合国《儿童权利公约》。中国是这个公约的第一百零五个签字国。

9月7日 第七届全国人民代表大会常务委员会第十五次会议决定，批准国际劳工组织 1951 年第三十四届大会通过的《男女工人同工同酬公约》和 1976 年第六十一届大会通过的《三方协商促进实施劳工标准公约》。以上两公约截至 1987 年年底，已分别有 108 个和 43 个国家批准。

9月13日 国家计划生育委员会办公厅转发卫生部"关于严禁用医疗技术鉴定胎儿性别和滥用人工授精技术的紧急通知"，要求任何卫生机构、计划生育部门（包括个体开业医）不许以任何理由用医疗技术及设备作胎儿性别检查。

9月29~30日　外交部部长钱其琛出席在纽约联合国总部举行的首次世界儿童问题首脑会议。会议通过了《关于儿童生存、保护和发展的世界宣言》和《90年代行动计划》。

10月30日　国家统计局发布《关于1990年人口普查主要数据的公报》（第一号）。公报公布了总人口、家庭户人口、性别构成、民族构成、各种文化程度、人口出生率和死亡率、市镇总人口、人口普查登记质量抽样检查结果等八个方面的数据。

11月20~24日　中国计划生育协会在北京召开第三次全国代表大会。会议认真总结了第二届理事会五年来的各项工作。全国各级计划生育协会已建立66.5万个，全国会员数已达2 810多万名。第三届第一次理事会选举宋平为中国计划生育协会会长。

12月28日　第七届全国人民代表大会常务委员会第十七次会议通过《中华人民共和国残疾人保障法》。该法第一条为：为了维护残疾人的合法权益，发展残疾人事业，保障残疾人平等地充分参与社会生活，共享社会物质文化成果，根据宪法，制定本法。

12月28日　第七届全国人民代表大会常务委员会第十七次会议通过《关于禁毒的决定》。决定指出：严惩走私、贩卖、运输、制造毒品和非法种植毒品原植物等犯罪活动，严禁吸食、注射毒品，保护公民身心健康，维护社会治安秩序。

12月30日　中国共产党第十三次代表大会第七届全体会议通过的《关于制定国民经济和社会发展十年规划和"八五"计划的建议》中指出，今后十年，争取年平均人口自然增长率控制在12.5‰以内。

本年　年底全国总人口为114 333万人，出生率为21.06‰，死亡率为6.67‰，自然增长率为14.39‰，总和生育率为2.71。

1991年

3月18日　国务院总理代表中国政府签署了《儿童生存、保护和发展世界宣言》和《执行90年代儿童生存、保护和发展世界宣言行动计划》。

3月25日　国务院总理在第七届全国人民代表大会第四次会议上所作的《关于国民经济和社会发展十年规划和第八个五年计划纲要的报告》中指出，五年内，要通过多种形式安置城镇劳动力就业3 200万人，争取在"八五"期间把城镇待业率控制在3.5%以内。严格控制城镇劳动力的机械增加，继续控制"农转非"人口的过快增长，防止未进入劳动年龄的人口进入劳动队伍。继续实行农村剩余劳动力"离土不离乡、就地转移为主"的方针。深化就业制度改革。加强劳动保护。

4月7日　江泽民在中共中央、国务院计划生育工作座谈会上的讲话指出：在整个社会主义建设的过程中，一方面必须抓好经济建设，坚持"一个中心，两个基本点"的基本路线，专心致志地发展社会生产力；另一方面必须抓好计划生育工作，严格控制人口增长，而且要努力提高人口素质。

4月9日　第七届全国人民代表大会常务委员会第四次会议通过的《中华人民共和国国民经济和社会发展十年规划和第八个五年计划纲要》中提出：继续坚定不移地执行计划生育基本国策，控制人口数量，提高人口素质，要把工作重点放在对流动人口计划生育的管理上，逐步降低人口自然增长率，争取今后十年平均年人口自然增长率控制在12.5‰以内。

4月15日　《禁止使用童工规定》经1991年1月18日国务院第七十六次常务会议通过，并发布实施。规定指出：童工是指未满16周岁，与单位或者个人发生劳动关系从事有经济收入的劳动或者从事个体劳动的少年、儿童。

6月26日　国务院《关于企业职工养老保险制度改革的决定》指出，中国企业职工的养老保险制度是50年代初期建立的，以后在1958年和1978年两次作了修改。近年来，又进行了以退休费用社会统筹为主要内容的改革。随着经济的发展，应逐步建立起基本养老保险与企业补充养老保险和职工个人储蓄性养老保险相结合的制度。

7月25日　国务院发布《全民所有制企业招用农民合同制工人的规定》，第三条为：企业招用农民工必须在国家下达的劳动工资计划之内，用于国务院劳动行政主管部门确定的需要从农民中招用劳动力的生产岗位和工种。

9月4日　第七届全国人民代表大会常务委员会第二十一次会议通过

《中华人民共和国未成年人保护法》。未成年人是指未满18周岁的公民。保护未成年人的工作，应遵循的原则是：保护未成年人的合法权益；尊重未成年人的人格尊严；适应未成年人身心发展的特点；教育与保护相结合。

9月4日　第七届全国人民代表大会常务委员会第二十一次会议通过《全国人民代表大会常务委员会关于严惩拐卖、绑架妇女、儿童的犯罪分子的决定》。

9月9日　国务院批准《流动人口计划生育管理办法》。其中第六条是：流动人口的计划生育由常住户口所在地和现住地人民政府共同管理。第十条是：流动人口在申请暂住证、营业执照、务工许可证等证件之前，应当到现居住地计划生育行政管理部门交验计划生育证明。

10月8日　国务院办公厅转发国家教委等部门《关于创造良好社会教育环境保护中小学生健康成长的若干意见》。

10月24日　中国人民保险公司、国家计划生育委员会、中国计划生育协会发出"关于进一步开展计划生育系列保险的通知"。

10月　国务院新闻办公室发表《中国的人权状况》白皮书。阐述了中国关于人权问题的基本立场和基本政策，以大量的事实介绍了新中国建立后中国人权状况发生的根本变化。

11月5日　国务院第二十九次会议通过《农村负担费用和劳务管理条例》，其中第八条中规定：乡统筹费用于乡村两级办学、计划生育、优抚、民兵训练、修建乡村街道等民办公助事业。

12月29日　《中华人民共和国收养法》经第七届全国人民代表大会常务委员会第二十三次会议通过，自1992年4月1日起施行。

12月29日　第七届全国人民代表大会常务委员会第二十三次会议决定，批准1989年11月20日由联合国大会通过的《儿童权利公约》。《公约》是在联合国主持下制定的具有较大影响的保护儿童权益的国际文书，于1989年12月20日在第四十四届联合国大会上一致通过，并于1990年9月2日生效。中国于1990年8月29日签署了《公约》。自《公约》开放签署至1991年9月，已有141个国家签署《公约》，97个国家批准或加入《公约》。

12月29日　国务院批转国家计划委员会等16个部门制定的《中国

残疾人事业"八五"计划纲要（1991~1995 年）》。

本年　年底全国总人口为 115 823 万人，出生率为 19.68‰，死亡率为 6.70‰，自然增长率为 12.98‰，总和生育率为 2.01。

1992 年

1 月 6 日　国务院发出《关于下达十年规划和"八五"计划分地区人口指标的通知》。十年规划的目标是，争取年平均人口自然增长率控制在 12.5‰以内。

2 月 16 日　国务院下达妇女儿童工作协调委员会编制的《九十年代中国儿童发展规划纲要》。《纲要》是根据中国儿童发展的现状和四个现代化建设事业发展需要，为确保经 1990 年世界儿童问题首脑会议通过、中国政府签署的《儿童生存、保护和发展世界宣言》和《执行 90 年代儿童生存、保护和发展世界宣言行动计划》两个文件在中国的实行而制定的。

3 月 8 日　国务院颁布《国家中长期科学技术发展纲要》。指出："社会发展科学技术的重点是：加强人口科学研究，坚决有效地控制人口数量，大力改进与完善现有节育技术及方法，做到安全、方便、经济和有效"。

3 月 29 日　中共中央、国务院召开全国计划生育工作座谈会。

4 月 3 日　第七届全国人民代表大会第五次会议通过《中华人民共和国妇女权益保障法》。

4 月 4 日　国务院发出《关于严格控制三峡工程坝区和库区淹没线以下区域人口增长和基本建设的通知》。

6 月 24 日　国务院批转的劳动部《关于劳动就业工作情况和下一步工作意见的报告》中指出：要继续贯彻劳动部门介绍就业、组织起来就业和自谋职业相结合的方针，在城镇，始终注意把待业率控制在社会可以承受的范围内；在农村，坚持"离土不离乡、就地转移为主"，通过大力发展农业和非农产业消化剩余劳动力，防止出现大批农民工涌入城市的现象。

8 月 19~27 日　中国代表团参加联合国亚洲及太平洋地区经济社会委员会和联合国人口基金在印度尼西亚巴厘岛联合召开的第四次亚洲及太

平洋地区人口会议。会议通过《关于人口与持续发展的巴厘宣言》。

9月12日　国务院办公厅转发民政部等部门《关于加强婚姻管理制止早婚早育的意见》。

10月12日　在中国共产党第十四次全国代表大会上，江泽民所作的题为《加快改革开放和现代化建设步伐，夺取有中国特色社会主义事业的更大胜利》的报告中指出：认真执行控制人口增长和加强环境保护的基本国策。重视研讨人口老龄化问题。要增强全民族的环境保护意识和合理利用土地、矿藏、森林、水等资源，努力改善生态环境。

11月9~12日　首届亚洲大洋洲男性学会议在南京召开。

12月8日　国家计划生育委员会印发江苏省射阳县创办"少生快富合作社"的做法和经验，希望各地学习和借鉴该县的经验，因地制宜，积极探索新形势下计划生育同农村商品经济、同农民致富奔小康、同建设文明幸福家庭相结合的新路。

本年　年底全国总人口为117 171万人，出生率为18.24‰，死亡率为6.64‰，自然增长率为11.60‰，总和生育率为1.86。

1993年

1月7日　国务院办公厅转发国家教育委员会《关于进一步改革和发展成人高等教育的意见》。

1月13日　国家计划生育委员会发出《关于严格制止在计划生育工作中向农民乱收费、乱罚款现象的通知》。

2月13日　中共中央、国务院印发《中国教育改革和发展纲要》。到本世纪末，中国教育发展的总目标是：全民受教育水平有明显提高；城乡劳动者的职前、职后教育有较大发展；各类专门人才的拥有量基本满足现代化建设的需要；形成具有中国特色的、面向21世纪的社会主义教育体系的基本框架。

3月15日　国务院总理在第八届全国人民代表大会第一次会议上所作的《政府工作报告》中指出：计划生育成绩明显，出生率下降5个千分点，相当于五年（1988~1992年）少生了1 500万人左右。

3月21日　江泽民在中共中央、国务院召开的计划生育工作座谈会上的讲话中指出：要进一步深入学习领会邓小平同志"我们的人口政策是带有战略性的大政策"和"要大力加强计划生育工作"等重要论述，始终注意把实行计划生育、控制人口增长放在建设有中国特色社会主义的总体规划之中。

4月5日　卫生部、国家计划生育委员会联合发出《关于重申严禁进行胎儿性别预测的通知》。通知重申：除为诊断伴性遗传性疾病外，任何部门、任何单位，严禁用现代医学技术如B超、染色体技术等，做胎儿性别预测。

4月12日　国务院发布《国有企业职工待业保险规定》。

4月20日　国务院发布《国有企业富余职工安置规定》。

5月24日　国家计划生育委员会、国家民族事务委员会印发《关于进一步做好少数民族计划生育工作的意见》。

7月8日　中国人口文化促进会在北京成立。中共中央总书记江泽民为该会题词："发展人口文化事业，促进社会文明进步"。

8月1日　国务院《关于修改〈扫除文盲工作条例〉的决定》发布，修改后的第七条中规定，个人脱盲的标准是：农民识1 500个汉字，企业和事业单位职工、城镇居民识2 000个汉字；能够看懂浅显通俗的报刊、文章，能够记简单的账目，能够书写简单的应用文。

8月19日　国务院发布《长江三峡工程建设移民条例》。条例第三条中指出：

国家在三峡工程建设中实行开发性移民政策，由有关政府组织领导移民安置工作；第四条中指出：三峡工程移民安置坚持国家扶持、政策优惠、各方支援、自力更生的原则，正确处理国家、集体、个人之间的关系。

8月27日　民政部、国家计划委员会等14个单位联合印发《关于加快发展社区服务业的意见》。

9月1日　胡锦涛在中国妇女第七次全国代表大会上所作的题为《高举有中国特色社会主义的伟大旗帜，进一步开创妇女运动的新局面》的祝词中指出：广大妇女要发扬创业精神，在解放和发展生产力中发挥"半边天"的作用。广大妇女不仅是社会主义物质文明的创造者，也是推动社会主义精神文明发展的重要力量。全面提高妇女素质，是中国妇女运动的一项战略任务。

9月11日　首届中华人口奖颁奖大会在北京举行。获首届中华人口奖工作奖的是赵志浩、张德玮、崔培华、徐爱光、叶文志、张知远、周海珍；获科学奖的是严仁英、吴阶平、刘铮；获特别荣誉奖的是马寅初。

9月22日　卫生部、民政部、国家计划生育委员会、财政部、国家医药管理局、中国残疾人联合会在北京召开中国2000年消除碘缺乏病目标动员大会。

10月15~16日　第一届东西方性学会议在北京召开，会议就两性学、性问题、性犯罪、性治疗、性教育、性学研究方法、性医学等进行了讨论。

10月26~29日　以"母子安全，儿童优生"为主题的国际妇幼卫生/计划生育学术交流会在北京召开。会议就儿童死亡率和死因、孕产妇死亡、宫内节育器和新技术、儿童常见病的防治、儿童营养、生殖健康教育、环境与优生等问题展开探讨。

11月12日　最高人民法院、最高人民检察院联合发出《关于依法严惩破坏计划生育犯罪活动的通知》。

12月27日　为纪念毛泽东诞辰100周年，《中国人口报》第一版刊登"本报编辑部"编辑的《毛泽东论人口和计划生育》。

本年　年底全国总人口为118 517万人，出生率为18.09‰，死亡率为6.64‰，自然增长率为11.45‰，总和生育率为1.85。

1994年

2月　《中华人民共和国执行〈提高妇女地位内罗毕前瞻性战略〉国家报告》发布。报告对于今后的行动目标提出：到2000年，将孕产妇死亡率降低一半；妇女平均寿命达到73岁；基本完成普查和重点医治农村妇女病；农村新法接生率达到95%，消灭新生儿破伤风；使缺水地区农村饮用水受益妇女人口达到95%。

3月4~7日　第十次亚洲议员人口与发展会议在北京举行。这次会议的主题是：《21世纪妇女：繁荣与和平战略》。

3月6日　公安部发布《租赁房屋治安管理规定》。其中第三条规定：公安机关对租赁房屋实行治安管理，建立登记、安全检查等管理制度。第四条规定：城镇街道居民委员会、村民委员会及其治安保卫委员会，应当协助公安机关做好租赁房屋的安全防范、法制宣传教育和治安管理工作。

3月10日　国务院总理在第八届全国人民代表大会第二次会议上所作的《政府工作报告》中指出，要认真解决新形势下出现的新问题，把计划生育工作重点放在农村和流动人口上，同发展经济、普及教育、提高人口素质和脱贫致富很好地结合起来。

3月22日　江泽民在中共中央、国务院召开的计划生育工作座谈会上的讲话中指出：现在有一种观点认为，在市场经济条件下，人口控制也应当由市场调节。这种观点是不正确的。实行计划生育，是由中国的基本国情和社会主义现代化建设的需要所决定的。在建设社会主义市场经济体制的条件下，控制人口增长属于政府调控的职能。企图依靠市场调节来控制人口增长，是无法实现中国的人口计划的。

3月25日　国务院第十六次常务会议通过的《中国21世纪议程——中国21世纪人口、环境与发展白皮书》指出：坚持计划生育政策，改善计划生育服务质量，把计划生育与扶贫、妇幼保健结合起来；提高人口素质，特别注意改善妇女受教育的条件，提高农民文化素质并转变他们的生育观念；促进社区经济发展，为农村妇女提供就业机会；建立老年社会保障制度。

4月1日　国务院批准发布《中华人民共和国人口与发展报告》，该报告是为将于1994年9月5～13日在开罗举行的国际人口与发展大会提供的正式文件。

5月5日　中国首次举办全国性的"预防碘缺乏病宣传日"活动。碘缺乏病是导致儿童智力低下的重要原因，加强碘缺乏病预防工作是提高人口素质的重要措施，每年5月5日定为"预防碘缺乏病宣传日"。

5月16日　国家计划生育委员会办公厅印发《计划生育管理工作人员职业道德规范》和《计划生育节育技术人员职业道德规范》。

5月19日　《人民日报》刊载《国家八七扶贫攻坚计划（1994～2000年）》。

6月17～20日　国家计划生育委员会在江苏盐城市召开全国计划生育委员会主任座谈会。会议肯定了盐城市实施"少生快富文明工程"的经验。

6月23～25日　卫生部、国家计划生育委员会、全国妇女联合会等单位在北京联合召开首次国际妇女生殖健康研讨会。

6月　国务院新闻办公室发布《中国妇女的状况》白皮书。全文包括：中国妇女的历史性解放；平等的法律地位；在经济领域中的平等权利与重要作用；广泛参与国家和社会事务的管理；在社会生活领域中的平等地位；中国妇女权益的组织保障；积极参与国际妇女活动八个部分。

7月5日　第八届全国人民代表大会常务委员会第八次会议通过《中华人民共和国劳动法》，该法共13章107条。

8月23日　国务院发布《残疾人教育条例》。

8月　为配合和支持将于1995年3月在丹麦首都哥本哈根举行的联合国社会发展问题首脑会议，经国务院批准，向会议提交《中华人民共和国社会发展报告》。报告指出：中国政府控制人口增长的目标是：90年代力争把人口年平均自然增长率控制在12.5‰以内，到2000年全国总人口（不包括台湾省）控制在13亿以内。妇女总和生育率降低到2.0以下。基本上实现人口再生产向"低出生、低死亡、低增长"的现代类型转变。

9月5~13日　自1974年在罗马尼亚首都布加勒斯特召开的第一届国际人口大会和1984年在墨西哥首都墨西哥城召开的第二届国际人口大会以来，十年一届的联合国第三届国际人口与发展大会在埃及首都开罗召开。中国政府代表团和中国非政府组织的代表参加会议。会议通过了《国际人口与发展大会行动纲领》。

9月28日　全国性健康教育展览会在北京举行。

10月26日　国家计划生育委员会、联合国人口基金和世界卫生组织联合举办的生殖健康社会科学研究国际研讨会在上海召开。

10月27日　第八届全国人民代表大会常务委员会第十次会议通过《中华人民共和国母婴保健法》。该法包括：总则、婚前保健、孕产期保健、技术鉴定、行政管理、法律责任、附则七章。

11月17日　劳动部发布《农村劳动力跨省流动就业管理暂行规定》。为引导农村劳动力跨地区有序流动，规范用人单位跨省招用农村劳动力和农村劳动力跨省流动就业的行为，保障双方的合法权益制定该规定。

11月23日　第四次人口问题座谈会在北京举行。主题是讨论上海市户籍人口负增长问题及其对策。

本年　年底全国总人口为 119 850 万人，出生率为 17.70‰，死亡率为 6.49‰，自然增长率为 11.21‰，总和生育率为 1.84。

1995 年

1 月 14 日　国务院批转国家计划生育委员会《中国计划生育工作纲要（1995～2000 年）》。

1 月 18 日　"幸福工程"第一次会议在北京召开。"幸福工程"——救助贫困母亲行动的主要任务是：治穷、治愚、治病。以无息贷款形式，扶助贫困母亲发展家庭经济，增加收入，摆脱贫困；帮助贫困母亲扫盲，学习掌握一两门生产技术，以及生殖健康知识；帮助贫困母亲检查和治疗常见的妇科病，并提供优生优育、妇幼保健和计划生育服务。

1 月 19 日　劳动部发出《关于在全国实施〈再就业工程〉的通知》。

1 月 27 日　卫生部召开预防和控制艾滋病专家座谈会。会议指出：艾滋病病毒感染者和艾滋病患者分布在全国 22 个省、市。

2 月 14 日　国家计划生育委员会、国家计划委员会、国家统计局等 6 个单位在北京召开"中国 12 亿人口日"大会。

3 月 18 日　第八届全国人民代表大会第三次会议通过《中华人民共和国教育法》。

4 月 1 日　国家计划生育委员会、中国人权研究会、中国计划生育协会联合召开人权与生殖权利研讨会。

4 月 4 日　中国已故经济学家、人口学家、教育家马寅初塑像揭幕仪式在北京大学举行。

4 月 14 日　流动人口计划生育管理工作座谈会在北京中南海举行。会议分析了新形势下流动人口计划生育管理的现状，提出了加强流动人口计划生育综合治理的初步意见。

5 月 6 日　中共中央、国务院作出的《关于加速科学技术进步的决定》中指出：全面实施《中国 21 世纪议程》。要切实加强社会发展领域的科学研究与技术开发。抓好一批环境、生态、资源的保护、治理与综合利用等示范性工程，建立一批以科学引导社会发展的综合试验区。在人口、资源、环境、医药卫生等社会发展的重点领域，抓好一批综合性、关键性的重大科技项目和研究开发基地。

6月5~12日　第十八次太平洋科学大会在北京召开。大会主题是：人口、资源和环境——前景与对策。

7月27日　国务院发出《关于印发〈中国妇女发展纲要（1995~2000年）〉的通知》。纲要的主要目标包括：提高妇女参与国家和社会事务决策及管理程度；组织妇女积极参与改革开放和现代化建设；切实保障妇女的劳动权益；大力发展妇女教育，提高妇女的科学文化水平；进一步提高妇女的健康水平，保障妇女享有计划生育权利；提倡建立平等、文明、和睦、稳定的家庭；有效遏制对妇女的暴力侵害及拐骗、买卖妇女的犯罪行为和卖淫嫖娼违法活动；重视和扶持边远、贫困和少数民族地区妇女发展；改善妇女发展的环境，提高她们的生活质量等。

8月29日　卫生部发布《中华人民共和国母婴保健法实施办法》。办法包括：总则、技术服务机构与人员、婚前保健、孕产期保健、婴儿保健、技术鉴定、管理与监督、处罚等八方面的问题。

8月　国务院新闻办公室发布《中国的计划生育》白皮书，内容包括：符合国情的战略决策；造福于民的社会事业；国家指导与群众自愿相结合；赢得人民的共识；满足育龄群众生殖健康的需要；在改革和发展中走向完善；保障人权的正确选择等七个问题。

9月4~15日　联合国第四次妇女代表大会在北京召开。大会通过《北京宣言》和《行动纲领》。

9月15日　美国人口学会主办的第十六届全球人口新闻奖在北京颁奖。《中国人口报》获特别国家奖。

10月1日　全国1%人口抽样调查开始。调查登记的标准时间是1995年10月1日零时。

10月23日　国家主席江泽民参加联合国成立50周年庆典时，在美国—中国协会等六团体举行的午餐会上的谈话中指出：对中国来说，确保人民的生存权和发展权，是首要的也是最大的人权保障。确保中国的社会稳定、经济发展和人民生活水平的提高，乃是不断改善人权状况的基本条件和重要内容。

12月28日　国务院新闻办公室发表《中国人权事业的进展》白皮书。其中指出：中国的计划生育是对世界人权事业的重大贡献。根据联合国人口基金的统计，目前世界人口已达到57亿，如不加以控制，到2050

年将达到 119 亿,世界将面临"人口爆炸"危机。中国实行计划生育,使中国的"12 亿人口日"推迟了 9 年。

本年 年底全国总人口为 121 121 万人,出生率为 17.12‰,死亡率为 6.57‰,自然增长率为 10.55‰。

1996 年

2 月 8 日 第二届中华人口奖颁奖仪式在北京举行。罗秋月、杜宜瑾、秦振华、赵玉茹、董殿华获"工作奖";邬沧萍、肖碧莲、李顺强、田雪原获"科学奖";许行贯获"荣誉奖"。

3 月 10 日 江泽民在中央计划生育座谈会上的讲话中指出:以可持续发展的战略高度认识人口问题的重要性;充分认识计划生育工作的长期性和艰巨性,坚定不移地抓出更大的成效;坚持党的群众路线,搞好计划生育"三结合",综合治理人口控制方面存在的问题。

3 月 17 日 第八届全国人民代表大会第四次会议批准《中华人民共和国国民经济和社会发展"九五"计划和 2010 年远景目标纲要》。主要目标是:到 2000 年版,人口控制在 13 亿以内,实现人均国民生产总值比 1980 年翻两番;到 2010 年人口控制在 14 亿以内,实现国民生产总值比 2000 年翻一番。"九五"期间,人口自然增长率控制在年均 10.83‰;五年新增城市就业人口 4 000 万人,向非农业转移 4 000 万农业劳动力;城市失业率力争控制在 4% 左右。

4 月 26 日 国务院批转的《中国残疾人事业"九五"计划纲要(1996~2000 年)》中关于"'九五'计划纲要的任务指标和主要措施"包括:康复、教育、就业、缩减贫困、盲人按摩、文化生活、社会环境、法制建设、残疾人组织建设等九个方面的内容。

4 月 国务院新闻办公室发布《中国儿童状况》白皮书,其中包括:儿童权益的保障;儿童的健康与保健;儿童的教育;残疾儿童的保护;儿童福利院五个方面的问题。

5 月 15 日 第八届全国人民代表大会常务委员会第十九次会议通过"关于修改《中华人民共和国统计法》的决定"。修改后的《中华人民共和国统计法》包括:总则、统计调查计划;统计资料的管理和公布;统计机构和统计人员;法律责任;附则等六章内容。

5月15日　第八届全国人民代表大会常务委员会第十九次会议通过的《中华人民共和国职业教育法》，内容包括：总则；职业教育体系；职业教育的实施；职业教育的保障条件；附则五章。

7月11日　《世界人口日》的主题是：《生殖健康与艾滋病》。

8月29日　第八届全国人民代表大会常务委员会第二十一次会议通过的《中华人民共和国老年人权益保障法》，内容包括：总则；家庭赡养与扶养；社会保障；参与社会发展；法律责任；附则六章。

本年　年底全国总人口为 122 389 万人，出生率为 16.98‰，死亡率为 6.56‰，自然增长率为 10.42‰。

1997 年

1月1~31日　第一次全国农业普查进行现场调查登记工作，普查的内容主要是：中国农业人口状况、农业劳动力、土地资源、乡镇企业和农村小城镇发展等基本情况。普查将为划分城乡人口标准、评估城市化水平、制定土地政策、农业政策提供科学依据。

2月24~28日　中国代表团出席了在纽约联合国总部召开的联合国人口与发展委员会第三十届会议。本届会议的主题是：落实1994年国际人口与发展大会各项建议的后续行动之一——国际迁移与发展。

3月1日　《中华人民共和国环境噪声污染防治法》颁布施行。

3月1日　国务院办公厅转发的国家计划生育委员会、国务院扶贫开发领导小组《关于"九五"期间进一步做好扶贫开发与计划生育相结合工作的意见》。其工作的目标是：制定和落实扶贫开发与计划生育相结合的政策，使贫困地区实行计划生育的农户尤其是独生子女户、双女户优先得到扶持，率先摆脱贫困，人均收入逐步达到或超过当地平均水平，真正起到少生、优生、快富的示范和榜样作用；在基本解决农村人口的温饱问题的同时，绝大多数国定、省定贫困县能够完成国家和省下达的年度人口计划和"九五"人口控制目标，改变越穷越生、越生越穷的恶性循环状况。

3月2日　国家计划委员会主任陈锦华在第八届全国人民代表大会第五次会议上所作的《关于1996年国民经济和社会发展计划执行情况与1997年国民经济和社会发展计划草案的报告》中说，1997年人口自然增长率要控制在 11.44‰。

3月8日　中央计划生育环境保护工作座谈会召开。江泽民主持会议并讲话。他指出：计划生育和环境保护都是我们必须长期坚持的基本国策。必须把经济发展与人口、资源、环境结合起来全盘考虑，统筹安排，努力控制人口增长，合理利用资源，切实保护好环境，确保国民经济持续、快速、健康发展和社会全面进步。要把计划生育作为社会主义精神文明建设的一部分，纳入创建文明家庭、文明单位、文明村镇、文明社区的群众性精神文明创建活动。必须把扶贫开发与计划生育结合起来，在积极搞好扶贫开发的同时，要坚定不移地贯彻落实计划生育政策。对实行计划生育的贫困户和计划生育搞得好的贫困县、贫困乡、贫困村，要在扶贫资金安排、异地搬迁、劳务输出、定点帮扶、技术培训等方面实行优先和优惠的政策，帮助他们率先脱贫，并通过他们带动其他贫困地区和贫困农户脱贫致富。

3月8～12日　国家计划生育委员会召开全国计划生育工作会议，彭珮云在讲话中指出：多年来，我们已经逐步摸索出一条有中国特色综合治理人口问题的道路，这就是坚持"三不变"（即坚持党政一把手亲自抓、负总责不变，现行计划生育政策不变，既定的人口控制目标不变），落实"三为主"（即计划生育工作要以宣传教育为主，避孕为主，经常性工作为主），推行"三结合"（即把计划生育工作与发展经济、帮助农民勤劳致富奔小康、建设文明幸福家庭结合起来），努力实现工作思路和工作方法的"两个转变"（即由孤立地就计划生育抓计划生育向与经济、社会发展紧密结合，采取综合措施解决人口问题转变；由以社会制约为主向逐步建立利益导向和社会制约相结合，宣传教育、综合服务、科学管理相统一的机制转变）。

5月28日　国务院批转卫生部等部门《关于发展和完善农村合作医疗的若干意见》。在中国农村，传染病和地方病仍严重威胁着农民的健康，慢性非传染性疾病的危害日益加重，因病致贫、因病返贫的现象比较严重。农村合作医疗制度是农民通过互助共济，共同抵御风险的制度。

6月10日　国务院同意并转发公安部《小城镇户籍管理制度改革试点方案》和《关于完善农村户籍管理制度的意见》。《方案》指出：应当适时进行户籍管理制度改革，允许已经在小城镇就业、居住并符合一定条件的农村人口在小城镇办理城镇常住户口,以促进农村剩余劳动力就近、有序地向小城镇转移,促进小城镇和农村的全面发展,维护社会稳定。同时,继续严格控制大中城市特别是北京、天津、上海等特大城市的机械增长。《意见》中要求在本世纪末基本统一城乡户籍登记管理制度,切实改变农村户籍制度管理薄弱的状况。

7月11日 《世界人口日》的主题是:为了新一代及其生殖健康和权利。

7月16日 国务院发布的《关于建立统一的企业职工基本养老保险制度的决定》指出,到本世纪末,要基本建立起适应社会主义市场经济体制要求,适应城镇各类企业职工和个体劳动者,资金来源多渠道、保障方式多层次、社会统筹与个人账户相结合、权利与义务相对应、管理服务社会化的养老保险体系。

9月12~18日 中国共产党第十五次全国代表大会在北京召开。中共中央总书记江泽民在大会上作了题为《高举邓小平理论伟大旗帜,把建设有中国特色社会主义事业推向21世纪》的报告。

10月11~17日 经国务院批准,第二十三届国际人口科学大会在北京召开。李鹏在大会上发表了题为《发展人口科学,促进社会全面进步》的讲话。主办会议的国际人口科学联盟是一个重要的国际学术组织,它致力于推动各国政府和国际社会关注人口问题,每隔四年召开一次大会。

11月1日 外来人口普查在北京举行,普查标准时点为11月1日零时,所涉及的对象包括所有在普查时点居住或停留在北京境内,但常住户口不在北京的外来人口;在北京的外籍和港澳台人士也列为普查对象。

12月1日 联合国艾滋病防治规划署决定,1997年12月1日"世界艾滋病日"更名为"世界艾滋病宣传运动"。主题是"艾滋病与儿童"。

12月5日 国务院办公厅发出《关于印发〈中国营养改善行动计划〉的通知》中指出,该行动计划是根据全球首次部长级世界营养大会通过的《世界营养宣言》和《世界营养行动计划》的会议要求,结合中国实际制定的。

本年 淮河流域工业污染源达标治理"零点行动"告捷。

本年 年底全国总人口为123 626万人,出生率为16.57‰,死亡率为6.51‰,自然增长率为10.06‰。

1998 年

1月5~7日 国务院办公厅在天津市召开全国加强计划生育技术服务，提高出生人口素质工作会议，彭珮云在发言中指出：中国每年约有20万~30万肉眼可见的先天性畸形儿出生，加上出生数月和数年才显现出来的先天残疾儿童，总数高达80万~120万。每年新生儿因发生窒息而导致脑瘫、癫痫和智力低下者有20万~30万。全国有1 800多个县属碘缺乏病流行区。环境污染、职业病、风疹病毒等感染对孕产妇、胎儿、婴儿的危害，尚未得到根本控制。在贫困地区尤其是一些少数民族地区，近亲或近血缘婚配现象依然存在，遗传病发病率、孕产妇死亡率和婴儿死亡率仍比较高。

2月4日 劳动部印发《"三年千万"再就业培训计划》，计划的总体目标是：从1998~2000年的三年中，为1 000万下岗职工提供职业指导和职业培训服务。

2月23~27日 中国代表团出席联合国人口与发展委员会第三十一届会议，会议主题是：落实1994年国际人口与发展大会各项行动纲领的后续行动之一——健康与死亡率。

3月2日 国家教育委员会、公安部印发《流动儿童少年就学暂行办法》。

3月5日 李鹏在第九届全国人民代表大会第一次会议所作的政府工作报告中指出：在经济发展的基础上，继续增加城乡人民收入，提高生活水平。做好下岗职工的再就业和生活保障工作，是今年各级政府的一项突出任务。加大扶贫攻坚力度，争取今年再有1 000万以上贫困人口解决温饱问题。

3月15日 中央计划生育和环境保护工作座谈会召开。彭珮云在会上的发言指出：到2000年要把全国人口总数控制在13亿以内；努力降低新生儿的出生缺陷发生率；育龄妇女享有初级生殖健康保健服务。到2010年要把全国人口总数控制在14亿以内；进一步提高人口素质；育龄妇女享有基本的生殖健康服务；努力解决人口老龄化问题以及部分地区出生婴儿性别比偏高的问题……

4月9日 国家计划生育委员会、卫生部、民政部、公安部、全国妇女联合会发出《关于综合治理出生婴儿性别比升高问题的通知》。该通知提出：加强宣传教育，树立健康文明的社会风尚；加强执法力度，保护妇女儿童合法权益；加强改进基层的管理与服务工作，防止出生性别比升高；努力创造良好的社会经济环境，提高妇女地位。

6月16日　国务院发出的"关于进行第五次人口普查的通知"中指出：国务院决定于2000年进行第五次全国人口普查。这次世纪之交的人口普查，不仅为全国人民所关心，也为世界所瞩目，对于实现中国现代化建设目标，研究下个世纪的社会、人口变化情况具有重要意义。

7月11日　《世界人口日》主题为：《走近60亿人口日》（据预测，1999年世界人口将达到60亿）。

8月3日　劳动和社会保障部等发出《关于加强国有企业下岗职工管理和再就业服务中心建设有关问题的通知》。

8月6日　国务院发出《关于实行企业职工基本养老保险省级统筹和行业统筹移交地方管理有关问题的通知》。

9月7日　国务院办公厅转发民政部《关于开展国际老年人年活动的意见》。1992年，第四十七届联合国大会举行老龄问题特别全会，通过了《1992～2001年解决人口老龄化问题的全球目标》和《世界老龄问题宣言》，确定1999年为国际老年人年。其主题是："建立不分年龄人人共享的社会"。

9月11日　劳动和社会保障部发出《关于进一步加强就业服务大力促进下岗职工再就业的通知》。

9月22日　国家计划生育委员会发布经国务院批准的《流动人口计划生育工作管理办法》。其中第六条规定：流动人口的计划生育工作由其户籍所在地和现居住地的地方人民政府共同管理，以现居住地管理为主。流动人口现居住地的地方人民政府负责对流动人口计划生育工作的日常管理，并将流动人口计划生育工作纳入当地计划生育管理。

11月4日　第九届全国人民代表大会常务委员会第五次会议通过《中华人民共和国村民委员会组织法》。

11月6～8日　第三届人口奖颁奖：王光美、栗秀真获荣誉奖；李翰章、张中伟、张敏才、姜淑琴、黄明获工作奖；于景元、宋育文、张纯元获科学奖。

11月12日　国务院印发卫生部等部门《中国预防与控制艾滋病中长期规划（1998~2010年）》。该规划中指出：中国自1985年6月发现第一例艾滋病病人以来，至1998年6月底，31个省、自治区、直辖市已报告艾滋病病毒感染者10 676例，其中艾滋病人301例，死亡174例。性病作为艾滋病传播的重要因素，自70年代以来，报告病例数逐年增加，1997年报告病例数46万人，发病率37/10万，比1996年增长了15.81%，在各类传染病发病率排序中仅次于痢疾、肝炎，居第三位。

12月14日　国务院发出《关于建立城镇职工基本医疗保险制度的决定》。该决定指出：医疗保险制度改革的主要任务是根据财政、企业和个人的承受能力，建立保障职工基本医疗需求的社会医疗保险制度。

12月14~18日　中国计划生育协会第四届第四次全国理事会在北京召开。会议选举姜春云担任计划生育协会会长。会议还通过了《中国计划生育协会关于切实加强村（居）协会建设的意见》和《中国计划生育协会关于评选全国协会工作先进单位和先进个人标准》。

12月24日　劳动和社会保障部发出《关于加强职业中介管理整顿劳动力市场秩序的通知》。

12月26日　中共中央同意将《人口与计划生育法》列为第九届全国人民代表大会常务委员会立法规划的第二类。

12月26日　国务院第十一次常务会议通过《失业保险条例》。

本年　太湖流域治理行动取得成功。

本年　年底全国总人口为124 761万人，出生率为15.64‰，死亡率为6.50‰，自然增长率为9.14‰。

1999年

1月14日　国家计划生育委员会为了加快《人口与计划生育法》起草的进程，决定成立人口与计划生育立法领导小组、立法起草小组和专家咨询组。

2月3日　国务院发布的《关于进一步做好国有企业下岗职工基本生活保障和企业离退休人员养老金发放工作有关问题的通知》要求：继续做好国有企业下岗职工基本生活保障和再就业工作；切实做好企业离退休人员养老金发放工作；抓紧做好养老保险行业统筹移交地方管理后的有关

工作；坚决制止和纠正违反国家规定提前退休的行为。

3月5日　国务院总理朱镕基在第九届全国人民代表大会第二次会议上所作的《政府工作报告》中指出：进一步实施可持续发展战略。加强对资源的规划和管理；加强对重点城市、区域、流域、海域的污染治理；加强城乡规划工作；坚持控制人口增长，提高人口质量。

3月13日　江泽民在中央人口、资源、环境工作会议上的讲话中指出：实现中国经济和社会跨世纪发展目标，必须始终注意处理好经济建设同人口、资源、环境的关系。人口、资源、环境这三方面的工作，是一个具有内在联系的系统工程。

3月19日　《邓小平人口思想学习纲要》出版发行新闻发布会在北京举行。

4月29日　劳动和社会保障部、民政部、财政部发布《关于做好国有企业下岗职工基本生活保障失业保险和城市居民最低生活保障制度衔接工作的通知》，通知中指出：国有企业下岗职工基本生活保障、失业保险、城市居民最低生活保障制度三条保障线，是目前条件下有中国特色社会保障制度的重要组成部分，对保障职工和城市居民基本生活，促进深化改革，保持社会稳定，具有十分重要的作用。

4月　滇池流域污染治理初见成效。

6月14日　《世界环境日》的主题是《拯救地球就是拯救未来》。

6月27日　国务院同意并转发劳动和社会保障部等部门的《关于积极推进劳动预备制度加快提高劳动者素质的意见》，包括：普遍建立和实行劳动预备制度；全面开展职业培训和教育；严格实行就业准入控制；采取积极的扶持政策；高度重视，加强领导，认真组织实施五个方面的内容。

8月26日　国务院发布的《关于实行身份号码制度的决定》中指出：建立和实行公民身份号码制度，是国家加强社会管理的一项重要基础建设，也是实现社会信息化管理的重要措施。公民身份号码是国家为每个公民从出生之日起编定的唯一的、终身不变的身份代码，将在办理涉及政治、经济、社会生活等权益事务方面广泛使用。

8月31日　劳动和社会保障部、国家计划委员会发布的《关于进一步做好残疾人劳动就业工作的若干意见》指出：残疾人就业率已经从

1987年的不足50%提高到1998年的73‰。但是，由于自身障碍和环境的影响，残疾人就业仍滞后于中国劳动就业的总体水平。

9月27日　国家计划生育委员会召开新闻发布会，公布了中国计划生育效益研究最新成果：自1971~1998年，28年间全国少生人口3.38亿人。

9月30日　国家计划生育委员会向中共中央、国务院呈报《关于我国计划生育效益研究成果的报告》。报告中说：中国1971~1998年因计划生育因素所减少的出生人口数达3.38亿，占同期各种因素共同作用所减少出生人口总数的54%。1971~1998年因计划生育因素而少生的大量人口，分别为家庭和国家节省少年儿童抚养费6.4万亿元和1万亿元，合计共为全社会节省7.4万亿元，接近1997年全年的国民生产总值。

10月12日　联合国确定今日是《世界60亿人口日》。国家计划生育委员会举行《世界60亿人口日大会》。朱镕基给大会致信说：中国30年来少出生3亿多人，使《世界60亿人口日》的到来推迟了4年，并探索出一条有中国特色的综合治理人口问题的道路。

10月20日　经中共中央、国务院批准，全国老龄工作委员会成立。

12月30日　经国家计划生育委员会委务会议审定，国家计划生育委员会主任张维庆签发，正式向国务院上报了《中华人民共和国人口与计划生育法（送审稿）》。

本年　年底全国总人口为125 786万人，出生率为14.64‰，死亡率为6.46‰，自然增长率为8.18‰。

2000年

1月12日　国家计划生育委员会向全国人大教科文卫委员会汇报了《人口与计划生育法》论证情况。

1月25日　国务院第二十五次常务会议通过并发布《第五次全国人口普查办法》。人口普查的现场登记工作从11月1日开始到11月10日结束。登记的标准时间为本年11月1日零时。

2月21日　国务院办公厅转发国务院体改办等部门《关于城镇医药卫生体制改革的指导意见》。

2月27日　国务院办公厅转发民政部等部门《关于加快实现社会福

利社会化的意见》，推进社会福利社会化的目标是：到 2005 年，在中国基本建成以国家兴办的社会福利机构为示范、其他多种所有制形式的社会福利机构为骨干、社区福利服务为依托、居家供养为基础的社会福利服务网络。

3 月 2 日　中共中央、国务院《关于加强人口与计划生育工作稳定低生育水平的决定》中阐述了：稳定低生育水平是今后一个时期重大而艰巨的任务；今后十年人口与计划生育工作的目标和方针；完善人口与计划生育工作的调控体系和相关社会经济政策；建立适应社会主义市场经济体制的人口与计划生育工作管理机制；切实加强党和政府对人口与计划生育工作的领导等五个方面的问题。

3 月 6 日　国家发展计划委员会主任曾培炎在第九届全国人民代表大会第三次会议上所作的《关于 1999 年国民经济和社会发展计划执行情况与 2000 年国民经济和社会发展计划草案的报告》中指出：2000 年人口自然增长率 9.2‰。

3 月 12 日　江泽民在中央人口、资源、环境工作座谈会上的讲话中指出：实施西部大开发战略，促进中西部地区加快发展，是党中央、国务院作出的一项关系到中国现代化建设全局的重大决策。西部大开发战略要实施好，必须实现人口资源环境的良性循环。

5 月 28 日　国务院发布《关于切实做好企业离退休人员基本养老金按时足额发放和国有企业下岗职工基本生活保障工作的通知》，要求积极筹措资金，确保不发生新的拖欠；进一步扩大社会保险覆盖范围，加强社会保险费征缴工作；确保企业离退休人员基本养老金按时足额发放，加快实现管理服务的社会化；确保国有企业下岗职工基本生活，大力促进下岗职工再就业；进一步完善城市居民最低生活保障制度。

6 月 13 日　中共中央、国务院发布的《关于促进小城镇健康发展的若干意见》中提出：发展小城镇要统一规划，合理布局；积极培育小城镇的经济基础；要充分运用市场机制搞好小城镇建设；要妥善解决小城镇建设用地；要改革小城镇户籍管理制度。

6 月 16 日　据《中国人口报》报道，国家计划生育委员会发出通知，要求各级计划生育部门要把学习"三个代表"的思想与学习贯彻《关于加强人口与计划生育工作稳定低生育水平的决定》精神紧密结合起来，结合当地实际，创造性地做好人口与计划生育工作。

7月11日　《世界人口日》的主题是：《拯救妇女的生命》。

7月31日　人口与计划生育专业网——人口世界网（www.popinfo.gov.cn）在上海正式开通。这是上海市政府主办的第一个集政务公开、知识普及、资料查询、咨询服务为一体，信息量大、功能较全、双向互动的网站。

11月1日　第五次人口普查正式开始入户登记。

11月2~4日　人口与发展南南合作伙伴组织第六届年会在北京举行。本届年会为部长级会议，16个成员国的政府代表团参加了会议。会议议题是：交流成员国在开展性病、艾滋病防治和青少年性教育方面的经验，研讨在南南国家间开展避孕药具和生殖健康新产品合作等问题。

12月19日　国务院新闻办公室发表了《中国21世纪人口与发展》白皮书。白皮书包括五个部分：前言；现状与前景；目标与原则；行动计划；保障措施。行动计划包括：实施计划生育与生殖健康优质服务；增强国民整体素质；保障妇女儿童权益；优化配置劳动力资源；缓解和减少贫困现象；保障老年人权益；改善人居生态环境。

本年　年底全国总人口为126 743万人，出生率为14.03‰，死亡率为6.45‰，自然增长率为7.58‰。

主要参考著作

李剑农：《魏晋南北朝民户大流徙》，武汉大学编译委员会，1951年。

王亚南：《马克思主义的人口理论与中国人口问题》，科学出版社1956年版。

孙敬之：《食物来源与人口增长》，科学出版社1957年版。

《列宁选集》，人民出版社1960年版。

《马克思恩格斯选集》，人民出版社1972年版。

中国人民大学人口所：《人口研究》杂志，第1~24卷，1977~2002年。

黄清连：《元代户籍制度研究》，台湾大学文学院1977年版。

马寅初：《新人口论》，北京出版社1979年版。

首都经济贸易大学人口所：《人口与经济》杂志，总第1~135期，1979~2002年。

《周恩来选集》，人民出版社1980年版。

梁方仲：《中国历代户口、田地、田赋统计》，上海人民出版社1980年版。

张庆五：《户口管理概要》，群众出版社1980年版。

陈达著、廖宝昀译：《现代中国人口》，天津人民出版社1981年版。

秋浦：《鄂伦春人》，民族出版社1981年版。

宋健等：《人口预测与人口控制》，人民出版社1981年版。

刘铮、邬沧萍、查瑞传：《人口统计学》，中国人民大学出版社1981年版。

费孝通：《生育制度》，天津人民出版社1981年版。

马洪：《现代中国经济事典》，中国社会科学出版社1982年版。

宋健、于景元：《人口预测和人口控制》，人民出版社1982年版。

胡焕庸、张善余：《世界人口地理》，华东师范大学出版社1982年版。

杨德清主编：《人口学概论》，河北人民出版社1982年版。

廖田平、温应乾：《两种生产理论和我国的人口问题》，1982年。

张纯元主编：《人口经济学》，北京大学出版社1983年版。

《中国卫生年鉴》，人民卫生出版社1983～2001年。

胡焕庸：《论中国人口之分布》，华东师范大学出版社1983年版。

梁中堂：《人口学》，山西人民出版社1983年版。

邬沧萍、侯文若主编：《世界人口》，中国人民大学出版社1983年版。

《毛泽东书信选集》，人民出版社1983年版。

李成瑞：《十亿人口的普查》，国务院人口普查办公室印1984年版。

《中国教育年鉴（1949～1981年）》，中国大百科全书出版社1984年版。

胡焕庸、张善余：《中国人口地理》（上、下），华东师范大学出版社1984年版。

刘铮主编：《人口理论问题》，中国社会科学出版社1984年版。

蒋正华：《人口分析与规划》，陕西科学技术出版社1984年版。

张萍：《日本的婚姻与家庭》，中国妇女出版社1984年版。

刘铮主编：《人口理论教程》，中国人民大学出版社1985年版。

《中华人民共和国经济大事记》，北京出版社1985年版。

田雪原：《中国人口控制和发展趋势研究》，经济科学出版社1985年版。

宋健、于景元：《人口控制论》，科学出版社1985年版。

梁中堂：《人口素质论》，山西人民出版社1985年版。

王浣尘：《人口系统工程》，上海交通大学出版社1985年版。

中国社会科学院人口与劳动经济研究所编：《中国人口年鉴》，1985～2001年。

国务院人口普查办公室和国家统计局人口统计司：《中国1982年人口普查资料》，中国统计出版社1985年版。

国家统计局:《中国统计年鉴》,中国统计出版社 1985~2002 年。

丁金宏:《人口空间过程:胶东半岛的实证研究》,华东师范大学出版社 1985 年版。

张纯元主编: 《马克思主义人口思想史》,北京大学出版社 1986 年版。

田方、林发棠:《中国人口迁移》,知识出版社 1986 年版。

黄树则等:《当代中国卫生事业》,中国社会科学出版社 1986 年版。

严汝娴:《中国少数民族婚姻家庭》,中国妇女出版社 1986 年版。

张庆五:《户籍管理学》,中国人民公安大学出版社 1986 年版。

袁辑辉:《老龄问题》,复旦大学出版社 1986 年版。

刘铮主编:《人口学辞典》,人民出版社 1986 年版。

桂世勋:《人口社会学》,山东人民出版社 1986 年版。

吴申元:《中国人口思想史稿》,中国社会科学出版社 1986 年版。

李澍卿:《人口素质观览》,河北人民出版社 1986 年版。

胡焕庸:《中国八大区人口增长、经济发展的过去与未来》,华东师范大学出版社 1986 年版。

《中国计划生育年鉴》,中国计划生育年鉴编委会 1986~1997 年。

高树林:《河北人口史》,河北人民出版社 1986 年版。

国务院人口普查办公室、国家统计局人口统计司主编:《中国第三次人口普查资料分析》,中国财政经济出版社 1987 年版。

许涤新主编:《当代中国人口》,中国社会科学出版社 1987 年版。

刘英、薛素珍: 《中国婚姻家庭研究》,社会科学文献出版社 1987 年版。

李德滨、石方:《黑龙江移民概要》,黑龙江人民出版社 1987 年版。

张天路:《中国少数民族人口》,辽宁人民出版社 1987 年版。

彭松建:《西方人口经济学概论》,北京大学出版社 1987 年版。

国务院人口普查办公室、中国科学院地理研究所编:《中国人口地图集》,1987 年。

国家统计局人口统计司编: 《中华人民共和国人口统计资料汇编(1949~1985)》,中国财经出版社 1987 年版。

路遇:《清代和民国山东移民东北史略》,上海社会科学院出版社

1987年版。

孙沐寒：《中国计划生育史稿》，北方妇女儿童出版社1987年版。

李成瑞：《中国人口普查和结果分析》，中国财政经济出版社1987年版。

葛剑雄：《西汉人口地理》，人民出版社1987年版。

李世平：《四川人口史》，四川大学出版社1987年版。

中国社会科学院人口所：《中国人口科学》杂志，总第1～93期，1987～2002年。

刘铮：《中国人口问题研究》，中国人民大学出版社1988年版。

辜胜阻：《婚姻 家庭 生育》，武汉大学出版社1988年版。

侯文若：《当代外国人口：理论、学科、研究》，经济科学出版社1988年版。

中国学生体质与健康研究组主编：《中国学生体质与健康研究》，人民教育出版社1988年版。

潘纪一：《人口生态学》，复旦大学出版社1988年版。

赵文林、谢淑君：《中国人口史》，人民出版社1988年版。

国家统计局、公安部三局编：《中华人民共和国人口统计资料汇编》，中国财经出版社1988年版。

徐以让：《人类家庭发展史》，天津人民出版社1988年版。

路遇主编：《山东人口迁移和城镇化研究》，山东大学出版社1988年版。

张心侠：《人口统计与规划》，山东人民出版社1988年版。

王胜今：《人口社会学》，吉林大学出版社1988年版。

马正亮：《甘肃少数民族人口》，甘肃科学技术出版社1988年版。

杨一星、张天路、熊郁：《中国少数民族人口研究》，民族出版社1988年版。

宋家钰：《唐代户籍法与均田制研究》，中州古籍出版社1988年版。

唐锡林主编：《儿童少年卫生学》，人民卫生出版社1989年版。

胡鞍钢：《人口与发展》，浙江人民出版社1989年版。

张开敏主编：《上海人口迁移研究》，上海社会科学院出版社1989年版。

陈如龙：《中华人民共和国财政大事记（1949~1985年）》，中国财政经济出版社1989年版。

路遇：《人口问题论》，中国广播电视出版社1993年版。

《邓小平文选》，人民出版社1993年版。

马瀛通：《人口统计分析学》，红旗出版社1989年版。

张天路：《西藏人口的变迁》，中国藏学出版社1989年版。

黄荣清：《人口分析技术》，北京经济学院出版社1989年版。

翟振武等：《现代人口分析技术》，中国人民大学出版社1989年版。

史成礼：《中国计划生育活动史》，新疆人民出版社1989年版。

熊必俊：《老年学与老龄问题》，科学技术文献出版社1989年版。

曹明国：《理论人口学》，吉林大学出版社1989年版。

钱信忠主编：《中国老年学》，河南科学技术出版社1989年版。

郭志刚：《社会调查研究的量化方法》，中国人民大学出版社1989年版。

《中华人民共和国典章制度全书》，中国民主法制出版社1989年版。

八大城市政府调查机构联合课题组：《中国大城市人口与社会发展》，中国城市经济社会出版社1990年版。

何光主编：《当代中国的劳动力管理》，中国社会科学出版社1990年版。

陆大道等：《中国工业布局的理论与实践》，科学出版社1990年版。

刘铮等著：《我国沿海地区小城镇经济发展和人口迁移》，中国展望出版社1990年版。

朱宝树：《人口生态学》，江苏科技出版社1990年。

陈剑、姚敏华：《人口与计划生育百科知识丛书》，团结出版社1990年版。

郭书田、刘纯彬：《城市化的过去、现在和未来》，西北人民出版社1990年版。

马宾：《中国人口控制：实践与对策》，中国国际广播出版社1990年版。

《胡焕庸人口地理选集》，中国财政经济出版社1990年版。

曹景椿：《中国计划生育道路》，辽宁大学出版社1990年版。

曲海波：《中国人口老龄化问题研究》，吉林大学出版社1990年版。

朱楚珠：《中国女性人口》，浙江人民出版社1990年版。

李竞能：《天津人口史》，南开大学出版社1990年版。

何光主编：《当代中国的劳动力管理》，中国社会科学出版社1990年版。

袁伦渠：《中国劳动经济史》，北京经济学院出版社1990年版。

国家统计局与就业统计司编：《1990年人口普查数据专题分析论文集》，中国统计出版社1990年版。

国家统计局人口统计司：《中国人口统计年鉴》，科学技术文献出版社1990年版。

游允中：《十一亿人》，中国统计出版社1990年版。

翁俊雄：《唐初政区与人口》，北京师范学院出版社1990年版。

刘长茂、张纯元：《人口结构学》，中国人口出版社1991年版。

潘纪一、朱国宏：《世界人口通论》，中国人口出版社1991年版。

查瑞传主编：《人口普查资料分析技术》，中国人口出版社1991年版。

姚裕群主编：《人口大国的希望：人力资源经济概论》，中国人口出版社1991年版。

《田雪原文集一、二、三》，中国经济出版社1991年版。

沈斌华、高建纲编著：《鄂温克族人口概况》，内蒙古大学出版社1991年版。

张秉忱、陈吉元、周一星：《中国城市化道路宏观研究》，黑龙江人民出版社1991年版。

李梦白、胡欣：《流动人口对大城市发展的影响及对策》，经济出版社1991年版。

《毛泽东选集》，人民出版社1991年版。

中国科学院/国家计委自然资源综合考察委员会：《中国土地资源生产能力及人口承载量研究》，中国人民大学出版社1991年版。

孙敬之主编：《中国人口》，中国财政经济出版社1991年版。

陈鹏：《中国婚姻史稿》，中华书局1991年版。

葛剑雄：《中国人口发展史》，福建人民出版社1991年版。

路遇：《人口志编纂学》，中国广播电视出版社1991年版。

顾鉴塘、顾鸣塘：《中国历代婚姻与家庭》，中央党校出版社1991年版。

张天路等：《中国穆斯林人口》，宁夏人民出版社1991年版。

宋昌斌：《中国古代户籍制度史稿》，三秦出版社1991年版。

陈景盛：《福建人口史论稿》，福建人民出版社1991年版。

魏津生、王胜今、解振明：《中国计划生育作用评估：理论与应用》，华东师范大学出版社1992年版。

李竞能主编：《当代西方人口学说》，山西人民出版社1992年版。

孟昭华等：《中国婚姻与婚姻管理史》，中国社会科学出版社1992年版。

顾宝昌：《社会人口学的视野》，商务印书馆1992年版。

曲格平等：《中国人口与环境》，中国环境科学出版社1992年版。

彭希哲、戴星翼：《传统变革与挑战》，复旦大学出版社1992年版。

何承金等主编：《贫困与发展道路选择》，四川大学出版社1992年版。

魏津生等：《中国计划生育评估：理论与应用》，华东师范大学出版社1992年版。

潘纪一、马淑鸾等：《人口素质与中国的现代化》，南京大学出版社1992年版。

冯立天主编：《中国人口生活质量研究》，北京经济学院出版社1992年版。

况世英等主编：《当代中国妇女地位》，西南财经大学出版社1992年版。

沈益民、童秉珠：《中国人口迁移》，中国统计出版社1992年版。

彭勋主编：《人口迁移学》，山东大学出版社1992年版。

翟振武主编：《人口数据分析方法及其应用》，外文出版社1992年版。

《中华人民共和国环境与发展报告》，中国环境科学出版社1992年版。

路遇主编：《齐鲁人口文萃》，中国人口出版社1992年版。

魏津生：《现代人口学》，重庆出版社1992年版。

周清主编：《当代中国婚姻家庭与人口发展》，中国人口出版社1992年版。

李若建编著：《人口社会学基础》，中山大学出版社1992年版。

姚远：《人口与近代中国》，高等教育出版社1992年版。

刘翠溶：《明清时期家族人口与社会经济变迁》，台湾"中研院"经济所，1992年。

张天路主编：《中国少数民族社区研究》，中国人口出版社1992年版。

孙兢新主编：《当代中国藏族人口》，中国藏学出版社1992年版。

王秀银：《人口迁移研究》，青岛海洋大学出版社1992年版。

李玉文：《山西近现代人口统计与研究》，中国经济出版社1992年版。

高尔生主编：《计划生育统计与评价》，中国人口出版社1992年版。

张志良、原华荣：《人口承载力与人口迁移》，甘肃科学技术出版社1993年版。

马瀛通：《人口控制实践与思考》，甘肃人民出版社1993年版。

高尔生主编：《医学人口学》，上海医科大学出版社1993年版。

国务院人口普查办公室、国家统计局人口统计司：《中国1990年人口普查资料》，中国统计出版社1993年版。

陶春芳等主编：《中国妇女地位概观》，中国妇女出版社1993年版。

张志良主编：《人力承载力与人口迁移》，甘肃科技出版社1993年版。

张天路、黄荣清：《中国民族人口的演进》，海洋出版社1993年版。

徐天琪：《人口政策概论》，杭州大学出版社1993年版。

曾毅：《人口分析方法及应用》，北京大学出版社1993年版。

吕荣侃、路遇：《婚姻、家庭与人口》，人民教育出版社1993年版。

《中国1990年人口普查资料》，中国统计出版社1993年版。

王秀银等：《人口控制比较研究》，中国统计出版社1993年版。

姜涛：《中国近代人口史》，浙江人民出版社1993年版。

冻国栋：《唐代人口问题研究》，武汉大学出版社1993年版。

林盛中：《鄂伦春民族人口新论》，黑龙江人民出版社1993年版。

国家统计局、劳动部：《中国劳动统计年鉴》，中国统计出版社1993~2002年版。

国家计划生育委员会：《人口与计划生育》，总第1~60期，1993~2002年。

路遇主编：《山东省志·人口志》，齐鲁书社1994年版。

曾毅：《中国人口发展态势及对策探讨》，北京大学出版社1994年版。

孙兢新主编：《跨世纪的中国人口》，中国统计出版社1994年版。

姚新武、尹华：《中国常用人口数据集》，中国人口出版社1994年版。

中国人民大学人口所编：《刘铮人口论文选》，中国人口出版社1994年版。

杨云彦：《中国人口迁移与发展的长期战略》，武汉出版社1994年版。

雷洁琼、杨善华、蔡文眉：《改革以来中国婚姻家庭的新变化》，北京大学出版社1994年版。

国家计委等：《中国21世纪议程——中国21世纪人口、环境与发展白皮书》，中国环境科学出版社1994年版。

朱国宏：《人口质量的经济分析》，三联书店1994年版。

李银河：《生育与村落文化》，中国社会科学出版社1994年版。

辜胜阻、简新华主编：《当代中国人口流动与城镇化》，武汉大学出版社1994年版。

沙吉才主编：《改革开放中的人口问题研究》，北京大学出版社1994年版。

孙兢新主编：《当代藏族人口》，中国统计出版社1994年版。

马侠主编：《中国城镇人口迁移》，中国人口出版社1994年版。

卢春恒等：《中国民族人口资料》，中国统计出版社1994年版。

朱国宏：《中国的海外移民》，复旦大学出版社1994年版。

张庆五：《户口迁移与流动人口调查》，公安大学学报编辑部1994年版。

李中清、郭松义：《清代皇族人口行为和社会环境》，北京大学出版社1994年版。

路遇：《农村人口治理与发展》，山东省新闻出版局1994年版。

李德滨、石方、高凌：《近代中国移民史要》，哈尔滨出版社1994年版。

北京大学人口所：《市场与人口分析》，总第1～45期，1994～2002年。

孙兢新主编：《环渤海——东北亚黄金地带》，中国统计出版社1994年版。

袁祖亮：《中国古代人口专题研究》，中州古籍出版社1994年版。

郑晓瑛等：《中国女性人口问题与发展》，北京大学出版社1995年版。

赵锦辉、乔国良：《人口死亡学》，黑龙江教育出版社1995年版。

郭志刚：《当代中国人口发展与家庭户的变迁》，中国人民大学出版社1995年版。

沈崇麟、杨善华：《当代中国城市家庭研究》，中国社会科学出版社1995年版。

原华荣：《人口与发展》，兰州大学出版社1995年版。

沙吉才主编：《当代中国妇女家庭地位研究》，天津人民出版社1995年版。

谭琳、李新建主编：《妇女与持续发展》，天津科技出版社1995年版。

黄荣清等：《中国各民族人口的增长——分析与预测》，北京经济学院出版社1995年版。

严天华主编：《贵州少数民族人口发展与问题研究》，中国人口出版社1995年版。

张天路、黄荣清主编：《中国少数民族人口调查研究》，高等教育出版社1995年版。

浦善新：《中国行政区划概论》，知识出版社1995年版。

阎瑞、陈胜利：《中华人民共和国分年龄死亡率与寿命水平研究》，中国人口出版社1995年版。

王育民：《中国人口史》，江苏人民出版社 1995 年版。

张纯元、李宏规、路遇、桂世勋：《中国农村计划生育综合治理研究》，山东新闻出版局 1995 年版。

段纪宪：《中国历代人口社会与文化发展》，中国科学技术出版社 1995 年版。

王跃生：《中国人口的盛衰与对策——中国封建社会人口政策研究》，社会科学文献出版社 1995 年版。

陈剑、张世琨编著：《跨世纪的行动——生殖健康》，中国人口出版社 1995 年版。

曹景椿：《流动人口计划生育管理》，辽宁人民出版社 1995 年版。

肖自力主编：《走向新世纪的中国人口》，中国人口出版社 1995 年版。

虞沈冠、陈友华：《人口统计分析方法研究与应用》，南京大学出版社 1995 年版。

曾毅、王德意、李荣时：《中国八十年代离婚研究》，北京大学出版社 1995 年版。

乔晓春：《中国人口普查研究：有关问题的理论探讨》，中国人口出版社 1995 年版。

袁方主编：《老年学导论》，社会科学文献出版社 1995 年版。

曾毅编著：《人口分析方法与应用》，北京大学出版社 1995 年版。

于学军：《中国人口老化的经济学研究》，中国人口出版社 1995 年版。

杨魁孚主编：《中国少数民族人口》，中国人口出版社 1995 年版。

范菁菁：《中国人口性别年龄结构》，中国人口出版社 1995 年版。

张国雄：《明清时期的两湖移民》，陕西人民出版社 1995 年版。

翁俊雄：《唐朝鼎盛时期政区与人口》，首都师范大学出版社 1995 年版。

翁俊雄：《唐代人口与区域经济》，台北市新文丰出版公司 1995 年版。

杨子慧主编：《中国历代人口统计资料研究》，改革出版社 1996 年版。

冯立天、戴星翼：《中国人口生活质量再研究》，高等教育出版社1996年版。

蒋正华：《1992年中国生育率抽样调查论文集》，中国人口出版社1996年版。

查瑞传、曾毅、郭志刚：《中国第四次全国人口普查资料分析》，高等教育出版社1996年版。

顾朝林：《中国城镇体系——历史、现状、展望》，商务印书馆1996年版。

李宏规主编：《生殖健康社会科学研究进展》，中国人口出版社1996年版。

殷志静：《中国户籍制度改革》，中国政法大学出版社1996年版。

张纯元、曾毅主编：《市场人口学》，北京大学出版社1996年版。

王建民：《中国流动人口》，上海财经大学出版社1996年版。

黄荣清：《关于中国人口死亡率与普查误差》，日本大学人口所1996年版。

马瀛通：《人口控制辨析论》，科学出版社1996年版。

朱国宏：《人地关系论》，复旦大学出版社1996年版。

殷志静、郁奇虹：《中国户籍制度改革》，中国政法大学出版社1996年版。

王嗣均主编：《中国城市化区域发展问题研究》，高等教育出版社1996年版。

魏津生、王胜今主编：《中国人口控制评估与对策》，高等教育出版社1996年版。

张纯元主编：《消除贫困的对策研究》，高等教育出版社1996年版。

韩光辉：《北京市历史人口地理》，北京大学出版社1996年版。

郑杭生主编：《从传统向现代快速转型过程中的中国社会》，中国人民大学出版社1996年版。

朱宝树主编：《从离土到离乡》，华东师范大学出版社1996年版。

李兴盛：《中国流人史》，黑龙江人民出版社1996年版。

吕荣侃主编：《人口科学概论》，北京师范大学出版社1997年版。

彭珮云主编：《中国计划生育全书》，中国人口出版社1997年版。

张风雨：《中国生育和避孕使用的多层次研究》，中国人口出版社1997年版。

高尔生、李鲁、宋桂香：《婴儿死亡率研究》，浙江大学出版社1997年版。

王桂新：《中国人口分布与区域经济发展》，华东师范大学出版社1997年版。

刘家强：《中国人口城市化》，西南财经大学出版社1997年版。

徐天琪等主编：《人力开发的理论与实践》，杭州大学出版社1997年版。

郑晓瑛：《生殖健康导论》，中国人口出版社1997年版。

张天路：《西藏人口的发展与问题研究》，外文出版社1997年版。

沈斌华等：《中国蒙古族人口》，内蒙古大学出版社1997年版。

杨魁孚主编：《中国人口问题论稿》，中国人口出版社1997年版。

王桂新：《中国人口分布与区域经济发展》，华东师范大学出版社1997年版。

牛文元：《可持续发展导论》，科学出版社1997年版。

葛剑雄主编：《中国移民史》（1～6卷），福建人民出版社1997年版。

田雪原主编、胡伟略副主编：《中国家庭经济与生育研究》，中国经济出版社1997年版。

高尔生、袁伟主编：《中国少数民族生殖健康》，中国人口出版社1997年版。

沈斌华、高建纲主编：《中国达斡尔族人口》，内蒙古大学出版社1997年版。

田雪原、党小清、马正亮主编：《中国各省区少数民族人口》，1997年。

袁祖亮主编：《丝绸之路人口问题研究》，新疆人民出版社1998年版。

《社会保障事典》编委会：《社会保障事典》，当代中国出版社1998年版。

顾宝昌：《纵论中国人口态势》，上海社会科学院出版社1998年版。

卓大宏主编：《中国残疾预防学》，华夏出版社1998年版。

马瀛通：《出生性别比新理论与应用》，首都经济贸易大学1998年版。

戴星翼：《走向绿色的发展》，复旦大学出版社1998年版。

朱国宏：《通向可持续发展的道路—中国人口资源与环境的协调发展研究》，复旦大学出版社1998年版。

叶文振：《孩子需求论，中国孩子的成本与效用》，复旦大学出版社1998年版。

胡伟略主编：《近期我国人力资源开发研究》，环境科学出版社1998年版。

张天路：《民族人口学》（修订），中国人口出版社1998年版。

朱云成主编：《中国城市人口》，中山大学出版社1998年版。

王瑞璞、杨魁孚主编：《中国人口问题纲要》，中国人口出版社1998年版。

张维庆：《中国计划生育概论》，中国人口出版社1998年版。

姜涛：《人口与历史》，北京出版社1998年版。

杨魁孚主编：《计划生育宣传教育》，人民出版社1998年版。

鹿立：《谁扛再就业大旗——再就业主体行为研究》，济南出版社1998年版。

查瑞传主编：《人口学百年》，北京出版社1999年版。

李竞能：《现阶段中国人口经济问题研究》，中国人口出版社1999年版。

国家统计局国民经济综合统计司：《新中国五十年统计资料汇编》，中国统计出版社1999年版。

严蓓：《新时期中国人口迁移》，湖南教育出版社1999年版。

沈崇麟、杨善华、李东山：《世纪之交的城乡家庭》，中国社会科学出版社1999年版。

中国科学院可持续发展研究组：《中国可持续发展战略报告》，1999~2002年。

李建民：《人力资本通论》，上海三联书社1999年版。

刘传江：《中国城市的制度安排与创新》，1999年。

顾朝林：《中国城市地理》，商务印书馆1999年版。

孙常敏：《世纪转变中的全球人口与发展》，上海社会科学院出版社1999年版。

中国可持续发展研究会刊：《中国人口·资源与环境》，1999~2002年。

李竞能：《人口经济理论研究》，南开大学出版社1999年版。

陆杰华：《人力资源开发与缓解贫困》，中国人口出版社1999年版。

钱建明等：《中国少数民族人口健康趋势研究》，成都科技大学出版社1999年版。

郭志刚主编：《社会统计分析方法——SPSS软件应用》，中国人民大学出版社1999年版。

全国人大常委会法制工作委员会研究室：《中华人民共和国新编劳动人事政策法规全书》，中国人事出版社1999年版。

高春燕：《社区人口与发展》，中国环境科学出版社1999年版。

袁祖亮主编：《中国古代边疆民族人口研究》，中州古籍出版社1999年版。

翁俊雄：《唐后期政区与人口》，首都师范大学出版社1999年版。

路遇、滕泽之：《中国人口通史》，山东人民出版社2000年版。

佟新：《人口社会学》，北京大学出版社2000年版。

杨魁孚、陈胜利、魏津生主编：《中国计划生育效益与投入》，人民出版社2000年版。

于学军、解振明主编：《中国人口发展评论：回顾与展望》，人民出版社2000年版。

吴忠观主编：《当代人口学学科体系研究》，西南财经大学出版社2000年版。

李立明主编：《流行病学》，人民卫生出版社2000年版。

钟水映：《人口流动与社会经济发展》，武汉大学出版社2000年版。

陈复等：《中国人口资源环境与可持续发展战略研究》，中国环境出版社2000年版。

李周等：《中国环境问题》，河南人民出版社2000年版。

中国科学院可持续发展研究组：《2000年可持续发展战略报告》，科学出版社2000年版。

何沁：《中华人民共和国史》，高等教育出版社2000年版。

张怡民主编：《中国卫生50年历程》，中国古籍出版社2000年版。

解振明主编：《计划生育与妇女地位》，中国人口出版社2000年版。

李竞能：《人口经济理论研究》，南开大学出版社2000年版。

王桂新、殷永元：《上海人口与可持续发展》，上海财经大学出版社2000年版。

王桂新：《区域人口预测方法及应用》，华东师范大学出版社2000年版。

葛剑雄主编：《中国人口史》（1～6卷），复旦大学出版社2000～2003年。

李中清、王丰：《人类的四分之一：马尔萨斯的神话与中国的现实》，生活·读书·新知三联书店2000年版。

蔡昉主编：《2000年：中国人口问题报告》，社会科学文献出版社2000年版。

李建民、原新等：《持续的挑战：21世纪中国人口形势、问题与对策》，科学出版社2000年版。

王跃生：《十八世纪中国婚姻家庭研究——建立在1781～1799年个案基础上的分析》，法律出版社2000年版。

国家统计局：《中国统计年鉴》，中国统计出版社2000年版。

万川主编：《户政管理教程》，群众出版社2000年版。

于学军、李建新主编：《低生育水平下的中国人口》，中国人口出版社2001年版。

李竞能：《人口理论新编》，中国人口出版社2001年版。

《查瑞传文集》：中国人口出版社2001年版。

张维庆：《人口理论与计划生育讲座》，人民军医出版社2001年版。

万川：《治安行政管理学》，中国人民公安大学出版社2001年版。

叶裕民：《中国城市化之路》，商务印书馆2001年版。

李树茁、朱楚珠：《中国儿童生存性别差异的研究和实践》，中国人口出版社2001年版。

杨魁孚、梁济民、张凡主编：《中国人口与计划生育大事要览》，中国人口出版社2001年版。

潘贵玉主编：《中华生育文化导论》，中国人口出版社2001年版。

王秀银、鹿立、崔树义主编：《现代人口管理学》，山东人民出版社2001年版。

姚裕群主编：《中国人力资源开发利用与管理研究》，首都师范大学出版社2001年版。

国务院人口普查办公室和国家统计局人口和社会科技统计司：《2000年第五次全国人口普查主要数据》，中国统计出版社2001年版。

中国学生体质与健康研究组主编：《2000年中国学生体质与健康调研报告》，高等教育出版社2002年版。

国务院人口普查办公室、国家统计局人口和社会科技统计司：《2000年人口普查资料》，中国统计出版社2002年版。

田雪原主编：《中国民族人口》，中国人口出版社2002年版。

滕星、王星主编：《20世纪中国少数民族与教育》，民族出版社2002年版。

《江泽民论有中国特色社会主义》，中央文献出版社2002年版。

朱宝树主编：《城市化再推进和劳动力再转移》，华东师范大学出版社2002年版。

穆光宗：《家庭养老制度的传统与变革》，华龄出版社2002年版。

穆光宗：《挑战孤独·空巢家庭》，河北人民出版社2002年版。

胡伟略：《人口社会学》，中国社会科学出版社2002年版。

胡鞍钢等：《扩大就业与挑战失业——中国就业政策评估（1949~2001年）》，中国劳动社会保障出版社2002年版。

高尔生等主编：《青少年及未婚青年生殖健康现状展望及策略》，第二军医大学出版社2002年版。

中国老年学学会：《走向积极的老龄化社会》，华龄出版社2003年版。

吕荣侃、龚学信、刘庆胜：《论世界人口转变的中国道路》，中国文联出版社2003年版。

蔡昉主编：《2002年：中国人口与劳动问题报告——城乡就业问题与对策》，社会科学文献出版社2003年版。

姚裕群：《走向市场的中国就业》，中国人民大学出版社2003年版。

潘贵玉主编：《婚育观念通论》，中国人口出版社2003年版。

后 记

在已出版的《中国人口通史》（路遇、滕泽之）前言中指出："原稿中的新中国部分，根据朋友的建议，待2000年中国第五次人口普查之后，拟增补为《新中国人口五十年》，再单独成册出版。我们采纳了这个建议。"经过近4年的努力工作，现在实现了这个诺言。

其实，《中国人口通史》主要的任务是对1949年新中国成立前历代人口数量作系统考证，使之形成一个能基本上准确反映各个历史时期人口数量变化的数据系列，《通史》的价值也主要在此。而新中国五十年人口的发展历史，可说是波澜壮阔，丰富多彩。对于这一段历史需要认真的科学的总结，把它写成一部浓墨重彩的信史。这不仅对于中国人口学学科的建设具有补白的价值，而且对中国21世纪实现人口现代化也具有重要借鉴价值和战略意义。

鉴于这种想法，我们于2001年年初向国家计生委党组写了准备开展这项研究的报告。国家计生委张维庆主任以及委党组对此报告十分重视，并向全国哲学社会科学规划领导小组报送了《关于申请新中国人口五十年专著立项的函》（国计生函〔2001〕50号）。函中说："路遇同志是我委人口专家委员会委员，他于2000年在我委的支持下出版的《中国人口通史》一书受到江泽民总书记的关注，这对我们广大人口和计划生育工作者也是一个极大的鼓舞和鞭策。但《中国人口通史》的内容只截止到1949年，而新中国成立五十年来，在党和国家三代领导集体的领导下，经过全党全国人民的艰苦努力，我国解决人口问题的伟大事业取得了举世瞩目的成就，客观地展现这一波澜壮阔的历史具有重要和深远的意义。为此，我委拟请路遇同志主持，组织全国相关专家共同编写《新中国人口五十年》专著，恳请将此书立项。"

同年8月1日，本课题组负责人接到全国哲学社会科学规划办公室下发的《2001年度国家社会科学基金特别委托项目立项通知书》。《通知书》中说："经全国哲学社会科学规划领导小组批准，你申请的《新中国人口五十年》课题列为2001年度国家社科基金特别委托项目，批准号为01@ZH012。""请你根据有关规定，认真开展研究工作，取得预期研究成果。"

在《国家社会科学基金特别委托项目暂行管理办法》中讲："国家社会科学基金设立特别委托研究项目，资助我国改革开放和社会主义现代化建设的重大理论问题和实践问题研究，资助基础学科、新兴边缘学科和交叉学科建设，以及有重大价值的历史文化遗产的抢救和整理。"

对于这项研究立为国家社科基金特别委托项目，我们深感荣幸，对完成此课题的研究充满信心，但也深知其分量之重。

立项后，课题组全体成员投入了紧张的研究工作之中，大体经历了四个阶段。

一是约请参编专家。根据设定的22个专题内容的专业要求，在全国范围内约请了国家有关部委、高校、科研机构23位教授、研究员、高级统计师为参编专家。

二是编写全书大纲。这是写好全书的基础，没有一个好的编写大纲，各专题撰写的思路就难以统一，质量也就难以保证。2001年10月下旬在中国人民大学人口所召开课题组全体成员会议，就全书的指导思想、编写目标、内容结构、编写要求等进行了研究。每位专家会后根据会议要求编写了各自承担专题的编写大纲初稿。为了集中大家的智慧，把大纲搞得扎实、完善，又将所有专题大纲初稿印发给每一位专家并提出修改意见。在充分吸收大家意见的基础上，项目负责人分别专题与承编专家商定修改方案。各专题大纲大都两议其稿，部分专题大纲三议其稿。经过课题组全体成员的共同努力，全书编写大纲编就。大纲对全书的编写提出了要求：①坚持正确的指导思想。要求在撰写过程中，必须以马克思主义为指导思想，运用辩证唯物论和历史唯物论全面地、客观地、历史地说明这50年的人口历史，力避主观性、片面性和表面性，绝不能搞形而上学和历史唯心论。既对50年人口发展的辉煌成绩和经验予以充分肯定，又对50年人口发展的失误和教训作出实事求是的历史分析，使之真正起到以史为鉴的作用。②准确把握史书的性质。要求在撰写过程中，必须十分明确写的是一部中国人口50年专题发展史。写历史要坚持"有史有论，以史为主；史论结合，论从史出"的原则。"史"要写出50年的人口动态发展全过程及其阶段性，重要的史实、重大的事件、重要的问题不能遗漏。"论"是指史论，是在写史实的基础上引申出理论，即是要深入总结历史的经验和教训，在史实与理论的结合上有所创新。总之每个专题应写成一部唯物的经得住时间检验的专题信史。③大纲的使用既要有原则性，又要有灵活性。要求初稿必须按大纲要求进行编写。随着史料数据搜集的丰富和研究的深入，在比较具体的问题上，在以准确、全面反映50年人口发展历史的前提下，允许执笔人自行作必要的变动。每个专题"历史的结论"部分，强调要下功夫提炼。④史料和数据的搜集要求尽可能齐全。党和国家及部门的有关决策文献，重大人口事件始末，国家统计系统、科研机构、社会团体等的普查、调查数据、个人著作、调查报告等均在搜集之列。在数据使用上要求充分运用新中国成立以来全国五次人口普查资料及国家统计部门公布的数据。断层的数据，尽可能通过科学考证予以补正。入书的史实和数据要逐一核实，对前后有歧异或抵牾者，要求在考订鉴别的基础上择善而从。对于没有十分把握的史实和数据宁缺毋滥。⑤语言文风要求精练创新、准确严谨、朴实流畅。特别强调精练创新，引用了清代郑板桥在与朋友讨论文章时写过的一副对联："删繁就简三秋树，领异标新二月花。"写文章就是要"删繁就简"，抓住事物的本质；写文章就是要"领异标新"，要进行创新性研究。值得一提的是，北京大学张纯元教授对项目设计方案、大纲编写都提出许多宝贵意见，并主动承担专题撰写任务。只是后来张教授由于健康原因，才不得不由其他教授来完成由他承担的撰写任务。

三是撰写初稿。这是参编专家贯彻大纲精神，研究实施的阶段。这个阶段大体用了一年的时间。大家首先是在占有丰富的史料和数据、并对其进行深入系统研究的基础上，编写出资料长编。再对资料长编进行去粗取精、去伪存真、由此及彼、由表及里的思考，找出其内在规律，厘清思路，胸有成竹，撰写出初稿。

四是修改定稿。诸位专家在完成初稿的基础上均按照大纲要求进行了自行修改，经再三斟酌，臻至较为完善后才交稿。然后，项目负责人分别与诸位专家逐章研究，商定修改意见，有的专题改到三遍，直到共同较为满意为止。在此基础上项目负责人统编全书，最后定稿。

此项科研成果上报国家社会科学规划办后，经严格审查，决定免予国家级鉴定，核准结项，于2004年2月10日颁发结项证书（证书号：2004@J005）。

书前"新中国人口五十年四图示"，由本书主编与国家统计局前副局长孙兢新共同设计审核，中国人民大学教授穆治锟制图，国家统计局人口和社会统计司于弘文核对。

这部书是中国人口学界第一个国家社科规划特别委托项目的最终成果，是一项凝聚着众多参编专家心血的填补学科空白的创新之作，是一部秉笔直书反映新中国50年人口发展进程的信史，是一部深入总结历史经验教训的资政著作，是一部可供广大人民群众深刻认识中国纷纭复杂人口问题的国情文献。当然，由于全书是出自众多专家之手，尽管项目负责人作了种种协调和统稿，但仍不可避免地在写作方法上、文风上，以至对某些问题的观点上，存在某些差异，有些章节在内容上也有某种合理交叉。这也有一个好处，它可以使我们充分领略诸位专家的研究风格。好在这是一部学术性质的著作，那就原原本本交给读者去品评吧。

在本书的立项、研究、出版过程中，全国哲学社会科学领导小组及其办公室、国家人口和计划生育委员会、中共山东省委宣传部、山东省哲学社会科学领导小组及其办公室、山东社会科学院、中国人口出版社等单位的负责同志给予了极大关注和鼎力支持，众多专家学者、各界朋友以各种方式给予了重要支持和帮助，恕不一一尊列大名，在此一并致谢。

本书不足之处，请读者指正。

路遇
2004年3月5日